S.F.
V.

Philippe Ariès und Georges Duby (Hg.)

Geschichte des privaten Lebens

S. Fischer

Geschichte des privaten Lebens

2. Band: Vom Feudalzeitalter zur Renaissance

Herausgegeben von
Georges Duby

Deutsch von
Holger Fliessbach

S. Fischer

Die französische Originalausgabe des 2. Bandes der ›Histoire de la vie privée‹
mit dem Titel ›De l'Europe féodale à la Renaissance‹
erschien 1985 bei Editions du Seuil, Paris.

Umschlaggestaltung: Buchholz/Hinsch/Walch
Satz und Druck: Wagner GmbH, Nördlingen
Bindung: G. Lachenmaier, Reutlingen
Printed in Germany 1990
ISBN 3-10-033611-9

Inhalt

Georges Duby
Einleitung 11

Georges Duby
I. Private Macht, öffentliche Macht 17
Vom Wort ausgehen 19
Das Private im frühmittelalterlichen Recht 23
Feudalstruktur und private Macht 31

Georges Duby, Dominique Barthélemy, Charles de La Roncière
II. Porträts 47
Georges Duby, Dominique Barthélemy: Französische Adelshaushalte im Feudalzeitalter 49
Georges Duby: 1. Gemeinschaftsleben 49
Träume und Visionen 49
Das Kloster als Vorbild 52
Die Topographie des Adelshaushalts 68
Die häusliche Gesellschaft 75
Das Geordnete und das Ungeordnete 78
Das Gefährliche: die Frauen und die Toten 87
Dominique Barthélemy: 2. Verwandtschaftsverhältnisse und Großfamilie 95
Metamorphosen der Sippe 97
Glück und Elend der großen Sippen 103
Das Bild der Gesellschaft in der Literatur 114
Verwandtschaftsehre und Sippenstrategie 120
Die Leiden des jungen Paares 125
Christliche Ehen 132
Frauen, Krieg und Frieden 143
Die eheliche Gemeinschaft 149
Ausblick 158
Charles de La Roncière: Gesellschaftliche Eliten an der Schwelle zur Renaissance.
Das Beispiel Toskana 161
Die privaten Milieus 161
Das Zuhause 172
Leben in der Hausgemeinschaft 200
Die persönliche Sphäre 210

Privater Zusammenhalt . . . 230
Zeugnisse der Solidarität . . . 245
Die private Zelle . . . 256
Die Beziehungen zur Außenwelt . . . 273
Obrigkeit und privates Leben . . . 289

Danielle Régnier-Bohler
III. Fiktionen . . . 299

Die Erfindung des Selbst: Auskünfte der Literatur . . . 301
Der Raum und das Imaginäre: Last und Lust der vier Wände . . . 303
Symbolische Stätten . . . 307
Geselligkeit . . . 316
Privates Leben: das Selbst und die anderen . . . 317
Die häusliche Gesellschaft: Gefährdung und Bewahrung . . . 321
Der Körper . . . 341
Das Individuum . . . 355
Identität . . . 362

Dominique Barthélemy, Philippe Contamine
IV. Interieur und privates Gehäuse . . . 371

Dominique Barthélemy: Domestizierte Festung: 11. bis 13. Jahrhundert . . . 373
Turm und Wohnung . . . 374
Grade der Unbequemlichkeit . . . 380
Der Wandel im späten 12. Jahrhundert . . . 382
Die Zeit der »festen Häuser« . . . 387
Saal und Kammer . . . 390
Philippe Contamine: Bäuerlicher Herd und päpstlicher Palast: 14. und 15. Jahrhundert . . . 399
Herd, Haus, Familie . . . 399
Park, Hag, Einfriedung . . . 405
Städtischer Raum . . . 410
Das Bauernhaus . . . 415
Das städtische Haus . . . 430
Der Papstpalast zu Avignon . . . 439
Höfe und Gärten . . . 444
Schlösser . . . 445
Gemeinschaftsunterkünfte . . . 449
Das Bett . . . 455
Ostentation und Privatheit . . . 465
Die Bedeutung des Wandels . . . 467

Georges Duby, Philippe Braunstein
V. Der Auftritt des Individuums . . . 471

Georges Duby: Situationen der Einsamkeit: 11. bis 13. Jahrhundert . . . 473
Der Wunsch nach Autonomie . . . 475
Anachoreten . . . 478

Fahrende Ritter . . . 480
Der Körper . . . 484
Private Andacht . . . 490
Philippe Braunstein: Annäherungen an die Intimität: 14. und 15. Jahrhundert . . . 497
Die Erfindung des Subjekts . . . 498
Erste Person Singular . . . 502
Das Individuum im Spiegel . . . 517
Die bekleidete Gestalt . . . 529
Kostüm und Betragen . . . 535
Der nackte Körper . . . 541
Rituale der Reinigung . . . 556
Empfindungen, Gefühle . . . 568
Einkehr und Entsagung . . . 574
Die Welt des Geistes . . . 577
Das Unsichtbare sehen . . . 584

Anhang

Bibliographie . . . 591
Bildnachweise . . . 596
Register . . . 597

Saal und Kammer. Illustration zu dem Roman *Renaud de Montauban* aus dem 15. Jh.
(Paris, Bibliothèque de l'Arsenal, Ms. 8073)

Georges Duby

Einleitung

In *Montaillou* schildert Emmanuel Le Roy Ladurie an zahlreichen Beispielen Frauen als klatschsüchtige und überaus neugierige Geschöpfe, die durch das Schlüsselloch zu erspähen versuchen, was in fremder Leute Wohnung vorgeht, und ihre Beobachtungen freimütig unter ihren Nachbarinnen verbreiten. Dann resümiert er: »Das Recht auf jeder Neugier vorzuenthaltende Privatangelegenheiten war die Errungenschaft eines späteren, insgesamt schon bürgerlich bestimmten Zeitalters.«

Das ist eine eindeutige Feststellung zu einer Frage, die wir mit diesem Buch wenigstens teilweise zu beantworten hoffen. Ist es zulässig (nicht bloß praktisch), im Mittelalter von »Privatangelegenheiten« zu sprechen, diese ferngerückte Zeit an dem Begriff der *privacy* zu messen, der erst im 19. Jahrhundert in England aufgekommen ist, in jener Gesellschaft, die damals auf dem Weg zu einer »bürgerlichen« Kultur am weitesten vorangeschritten war? Alles in allem glaube ich, daß man diese Frage mit Ja beantworten kann. Es war nicht weniger riskant, etwa den Begriff »Klassenkampf« auf das Feudalzeitalter anzuwenden; aber daß die Historiker es getan haben, hat sich zweifellos als fruchtbar erwiesen. Es zeigte nicht nur, wie sehr dieser Begriff einer Präzisierung bedurfte, sondern klärte vor allem das Wesen der Machtbeziehungen in einem archaischen Gesellschaftssystem, und zwar insbesondere jener Beziehungen, die mit dem Klassenkonflikt nichts zu tun hatten. Und so haben wir denn nicht gezögert, das Konzept vom »privaten Leben« zu gebrauchen, mag es auch noch so anachronistisch sein. Wir versuchen, die Scheidelinie ausfindig zu machen, die der Mensch der mittelalterlichen Gesellschaft zwischen dem Privaten und dem Nicht-Privaten zog, und diejenige Sphäre sozialer Beziehungen zu erschließen, die dem »privaten Leben« im heutigen Verstande entspricht.

Dabei können wir das Exploratorische und Vorläufige unserer Unternehmung gar nicht stark genug betonen. Der Leser erwarte kein fertiges Bild. Der Text, den er vor sich hat, steckt voller – offener und geheimer – Fragezeichen. So wie Archäologen, die ein nach der Großen Pest des 14. Jahrhunderts verlassenes Dorf zu rekonstruieren beginnen, haben wir einige Probe-Bohrungen gewagt, und so wie die Archäologen rechnen auch wir nur mit wenigen ergiebigen Fundstätten. Der Erfolg unseres Unterfangens ist von der Anzahl und Dichte der erhaltenen Quellen abhängig: nicht nur der schriftlichen Zeugnisse, sondern auch der überlieferten Gegenstände sowie der in Stein gehauenen und gemalten Darstellungen, die uns etwas davon verraten, wie die Menschen einst gelebt haben.

Wir beginnen um das Jahr 1000 n. Chr., weil um diese Zeit die Quellen beredter werden. Ein anderer, nicht minder dramatischer Wendepunkt lag zwischen 1300 und 1350 – danach erscheint alles in neuer Färbung. Der Umschwung beruhte zum Teil auf Zufall (er wurde namentlich durch die Große Pest von 1348 bis 1350 ausgelöst), er veränderte jedoch in wenigen Jahrzehnten die Lebensweise der Menschen in der ganzen abendländischen Welt von Grund auf. Im Zusammenhang damit steht ein bedeutsamer Wandel in der europäischen Kultur, deren Pole sich von der Nordhälfte Frankreichs nach Italien, aber auch nach Spanien und Deutschland verschoben. Andere Veränderungen hatten direkte Auswirkungen auf unsere Informationsquellen; sie erlauben uns einen genaueren Blick auf das, was wir hier »privates Leben« nennen. In der ersten Hälfte des 14. Jahrhunderts fiel ein Großteil des Schleiers, der bis dahin diese Realitäten verdeckt hatte.

Tiefgreifende Entwicklungen veranlaßten die Menschen damals, den materiellen Belangen mehr Interesse und Aufmerksamkeit zuzuwenden als jemals zuvor. In dem Maße, wie der *contemptus mundi*, die Haltung der Weltverachtung, schwand, galt der »äußere Schein«, wie trügerisch und sündig er noch immer sein mochte, nicht mehr für so verwerflich wie früher. Daher nahm um 1300 die Kunst – die Kunst, Lebensverhältnisse räumlich und plastisch zu erfassen, die Kunst der Maler und Bildhauer – eine, wie wir heute sagen würden, Wende zum »Realismus«. Den Menschen fiel es wie Schuppen von den Augen. Die Künstler begannen, penibel festzuhalten, was sie sahen, und sich dabei aller ihnen zu Gebote stehenden Darstellungstechniken zu bedienen. Da die Malerei über das größte Arsenal solcher Techniken verfügt, erlangte sie allmählich eine Vorrangstellung unter den Künsten – es entstanden die ersten Bildnisse intimer Szenen. Ab 1350 etwa öffnet der Blick des Malers dem Historiker das Innere der Häuslichkeit, des privaten Raumes, ganz ähnlich wie es die Neugier der Weiber von Montaillou wenige Jahrzehnte zuvor getan hatte. Zum ersten Male hat der Historiker die Möglichkeit, den Voyeur zu spielen und diskret zu beobachten, was in dieser geschlossenen Welt, in die beispielsweise van der Weyden die Jungfrau Maria und den Verkündigungsengel stellt, vor sich ging.

Aber das ist noch nicht alles. Auch die für den Historiker so nützliche gegenständliche Überlieferung nimmt nach der Mitte des 14. Jahrhunderts spürbar zu. Der Ertrag der Archäologie des mittelalterlichen Alltagslebens ist gerade für das Spätmittelalter besonders hoch; die Funde konzentrieren sich auf die wüstgefallenen Dörfer – die große Wüstungsperiode setzt unmittelbar nach dem Schwarzen Tod ein. Andererseits stammen von den Überresten der laikalen Architektur (der Burgen, Stadthäuser und bäuerlichen Gehöfte) die ältesten, bis auf wenige Ausnahmen, aus dem 14. Jahrhundert, worin sich fraglos der wieder gestiegene Lebensstandard nach der durch die Pestepedemie hervorgerufenen Verheerung spiegelt. Dasselbe gilt, wie der Besuch in einem beliebigen Museum lehrt, für Möbel und Schmuckstücke, die überdauert haben. So besteht beispielsweise im Museum von Cluny ein enormes

Mißverhältnis zwischen Exponaten aus der Zeit vor und nach 1300; bei den Ausstellungsgegenständen, die mit der Privatsphäre verknüpft sind, ist dieses Mißverhältnis sogar noch krasser.

In dem Maße, wie der Realismus auch in der Literatur seinen Einfluß geltend machte, beginnt die schriftliche Überlieferung, Dinge zu erhellen, die zuvor tief im Schatten lagen. Im höfischen Roman lichten sich die Nebel der Träumerei. Und die Dokumente, die in den Archiven in um so größerer Zahl vorhanden sind, je mehr man sich dem Ende des Mittelalters nähert, gewinnen an Informationsgehalt. Ebenso wie die Malerei erlauben sie uns, einen verstohlenen Blick durchs Fenster zu werfen, hinter die Vorhänge zu schauen, uns ins Innere des Hauses einzuschleichen und den Bewegungen der Bewohner nachzuhorchen.

Zu diesen neuen Quellen zählen nicht zuletzt Akten der öffentlichen Verwaltung; denn im 14./15. Jahrhundert hatte der Staat, stärker und mächtiger als früher, den Ehrgeiz einer lückenlosen Kontrolle und maximalen Nutzung der Ressourcen seiner Bürger entwickelt. Zu diesem Zweck mußte er wissen, was sich in den Köpfen der Leute abspielte, um Abgaben und Steuern leichter eintreiben, Widerstand besser brechen zu können. Die Staatsmacht führte Untersuchungen durch, sie verlangte Auskunft über Besitz und Eigentum (Vermögensdeklarationen), sie zerstörte das Geheimnis. Das Untersuchungsprotokoll des Inquisitors und späteren Papstes Jacques Fournier, aus dem Emmanuel Le Roy Ladurie seine Kenntnisse der Privatsphäre geschöpft hat, stammt aus dem frühen 14. Jahrhundert. Dieses Protokoll ist jedoch nur ein Beispiel für eine Vielzahl von Inquisitionsverfahren, die damals betrieben worden sind; zufällig hat es die Wechselfälle der Zeit überstanden.

Aber gerade weil sich in der Epoche von Montaillou der Konflikt zwischen kontrollierender und fordernder öffentlicher Gewalt einerseits und dem Individuum andererseits zunehmend verschärfte, versuchten die Menschen, sich zu wehren, und errichteten um ihr privates Leben jene »Mauer«, mit der sie den Zugriff des Staates abzuwenden hofften. Ab dem 14. Jahrhundert wissen wir sehr viel mehr darüber, was hinter dieser Mauer geschah, weil die Individuen sich mehr als früher des schriftlichen Austauschs bedienten, weil sie anfingen, sich zur Erledigung ihrer privaten Geschäfte eines Notars zu versichern (Ehekontrakte, Nachlaßverzeichnisse, Testamente). Und wenig später findet man in den Archivbeständen noch intimere Schriftstücke, die für den Historiker höchst aufschlußreich sind: Briefe, Memoiren, Rechnungsbücher.

Mit dem heraufdämmernden 14. Jahrhundert breitet sich ein ungeheures Panorama vor uns aus. Das, was die Leute gemeinhin »das Mittelalter« nennen – die Zeit, von der die historischen Romane handeln und in die uns Victor Hugo oder Jules Michelet zurückversetzen –, ist nicht die Zeit um das Jahr 1000 und auch nicht die Zeit von König Philipp August (1180–1223). Es ist – in seinen Gefühlslagen und Liebeshändeln, seinen Tischsitten und Etiketteregeln, in seiner Innerlichkeit und Frömmigkeit – das Mittelalter der Jungfrau von Orléans und Karls des Kühnen. Der Aufbau unseres Buches ist hauptsächlich von dem einschneidenden Wandel in der ersten Hälfte des 14. Jahrhunderts diktiert. Was davor liegt, erscheint weitaus unschärfer und ist für unsere Zwecke minder stichhaltig.

Die Nebel, die uns den Blick trüben, heben sich um das Jahr 1000 und verflüchtigen sich allmählich bis zum Beginn des 14. Jahrhunderts, dank einem stetigen materiellen Fortschritt und seinen Rückwirkungen auf die geistige Tätigkeit. Drei Jahrhunderte kontinuierlichen wirtschaftlichen Wachstums sind ein Faktum, das es ernstzunehmen gilt. Was uns jedoch hier interessiert, ist der Ausdruck des Wirtschaftswachstums im Alltagsleben. Die zunehmende Verbreitung des Geldes blieb nicht ohne Konsequenzen für den Begriff des persönlichen Eigentums, für die Idee, daß etwas einer bestimmten Person und keiner anderen gehöre. Eine weitere Folge des Fortschritts war der allmähliche Übergang von einer eher gemeinschaftlichen zu einer mehr individualistischen Existenzweise, die der Introspektion Vorschub leistete; in der Privatheit des Hauses bildete sich eine neuartige Intimitätszone heraus: die innere Privatheit des Selbst. Gleichzeitig beflügelte eine Atmosphäre allgemeiner Entspannung und ständiger »Renaissancen« die Aufmerksamkeit für ferne oder vergessene Kulturen wie den Islam, Byzanz oder das antike Rom. Am »exotischen« Gebaren anderer nahm man Strukturen wahr, die das Verhältnis des Öffentlichen zum Privaten anders als gewohnt regelten, und diese Wahrnehmung wirkte wiederum zurück auf das eigene Verhalten. Die Verbesserung des Lebensstandards, die ungleiche Verteilung der Früchte der expandierenden grundherrschaftlichen Produktionsweise und die steigende Differenzierung der gesellschaftlichen Rollen verstärkten das Gefälle zwischen Stadt und Land, reichen und armen Haushalten, Mann und Frau, während zur gleichen Zeit der sich beschleunigende Austausch von Erfahrungen, Ideen und Moden die regionalen Unterschiede tilgte und überall im Abendland einheitliche Verhaltensmuster ausprägte.

In einem Werk wie dem vorliegenden müssen alle Beobachtungen möglichst exakt datiert werden. Indes gehen wir von einem so unzureichenden Wissensstand aus, daß es nicht immer gelingt, unsere Kenntnisse streng chronologisch anzuordnen. Wir fanden es daher angemessener und zweckmäßiger, das Buch anders aufzubauen. Wir haben es nach Sachzusammenhängen gegliedert, da wir nicht verhehlen wollen, wie fragmentarisch unsere Einsichten sind. Das zweite Kapitel hat zwei Teile. Der eine befaßt sich mit dem privaten Leben zwischen 1000 und 1220, vornehmlich mit der Periode von 1150 bis 1220, in der das Tempo des Fortschritts merklich rascher wurde, der Wandel von Generation zu Generation wahrscheinlich so tiefgreifend war wie erst wieder in allerjüngster Zeit und die Quellen erstmals die menschlichen Verhaltensmuster außerhalb des Einflußbereichs der Kirche bekunden; dabei richtet sich unser Augenmerk auf den fruchtbaren Norden Frankreichs und die aristokratische Gesellschaft, da nur sie in dieser Zeit ein wenig aus dem Schatten der Geschichte heraustritt. Der zweite Teil ist einer Phase, einer Region und einer sozialen Schicht gewidmet, über die wir außerordentlich reichhaltiges Quellenmaterial besitzen – es handelt vom privaten Leben der toskanischen Eliten im 14. und 15. Jahrhundert. Die übrigen Kapitel des Buches sind gewagter. In ihnen untersuchen wir zwei Aspekte der Gesamtentwicklung der abendländischen Gesellschaft in einer längeren Zeitspanne – die Umgestaltung des häuslichen Raums und das Erstarken des Individuums –, wobei wir uns auf religiöse und künstlerische Ausdrucksformen von Individualität konzentrieren. Eingeschoben in diese Kapitel ist eine Studie über die künstlerische Einbildungskraft; sie beruht auf der zwischen dem 12. und 15. Jahrhundert verfaßten Literatur Nordfrankreichs. Die Deutung dichterischer Texte erfordert Behutsamkeit, doch vermittelt sie unersetzliche Informationen darüber, wie privates Leben tatsächlich gelebt wurde.

Dieses Buch ist ein Gemeinschaftswerk, und anfangs haben wir davon geträumt, so eng zusammenzuarbeiten, daß es unmöglich sein würde, die einzelnen Beiträge einem bestimmten Autor zuzuordnen. Es stellte sich jedoch bald heraus, daß dies zu ehrgeizig war. Gleichwohl gab es eine sehr fruchtbare Kooperation (zumal in den Sénanque-Colloquien, wo wir gemeinsam von den Berichten unserer geladenen Gäste über ihre Forschungen profitierten). Jeder von uns hat die Arbeit der anderen ergänzt und berichtigt. Doch zuletzt erschien es uns natürlicher und gerechter, für jedes Kapitel oder jeden Teil einen Hauptverantwortlichen zu benennen. Danielle Régnier-Bohler hat ihre Kenntnis der altfranzösischen Literatur an geeigneter Stelle entfaltet; Dominique Barthélemy befaßt sich mit den Verwandtschaftsverhältnissen und der Geschichte des Wohnens im Feudalzeitalter; Philippe Braunstein, Philippe Contamine und Charles de La Roncière erkunden die Rolle der Person, das »private Gehäuse« und die Bedeutung der Toskana in den letzten Jahrhunderten des Mittelalters; für die weiter zurückliegende Periode habe ich zu einigen Punkten selber ein paar Gedanken beizutragen versucht.

Ritterschar. Illustration aus dem *Miroir historial* des Vincent de Beauvais, 13. Jh. (Bibliothèque de Boulogne, Ms. 130)

Georges Duby

I. Private Macht, öffentliche Macht

Privatisierung öffentlicher Macht: eine Belehnung. Fresko vom Tour Ferrande in Pernes-les-Fontaines, um 1270.

Vom Wort ausgehen

Das private Leben im Feudalzeitalter – wie sah es aus? Zur Beantwortung dieser Frage bedarf es einer plausiblen Methode, und es gibt wohl, denke ich, keine bessere, als vom Wort auszugehen, das Gelände der Semantik zu erkunden und jenen Winkel zu ermitteln, in dem der Begriff des privaten Lebens verborgen liegt. Bei dieser Methode weiß ich mich im Einverständnis mit dem Geist der Gelehrten jener Epoche, mit der ich mich hier beschäftige; auch sie verstanden sich zunächst als Grammatiker, auch sie studierten zuerst das Wortfeld, um sich dann, im Fortschreiten vom Bekannten zum minder Bekannten, dem Unbekannten zu nähern.

In französischen Wörterbüchern des 19. Jahrhunderts – verfaßt zu einer Zeit, als der Begriff »Privatleben« erstmals in seiner vollen Bedeutung hervortrat – findet sich das Verbum »priver«, in der Bedeutung »zähmen, domestizieren«. Das Beispiel »oiseau privé« (»gezähmter Vogel«) im Wörterbuch von Littré erschließt die Bedeutung des Wortes: ein Geschöpf der Wildnis entreißen und in die vertraute Umgebung des Heims versetzen. Ferner finden wir das Adjektiv »privé«, das, allgemeiner gebraucht, für Familie, Heim, häusliches Interieur steht. Unter den von Littré angeführten Beispielen ist auch ein Ausdruck, der erst damals in Gebrauch kam: »Privatleben ist etwas Umschlossenes.« Daran knüpft er die folgende, höchst aufschlußreiche Bemerkung: »Es ist nicht erlaubt, das, was im Heim eines privaten Individuums *[particulier]* vor sich geht, zu erforschen und bekannt zu machen.« Wie das Wort »particulier« in seiner ursprünglichen, direkten und geläufigen Bedeutung zeigt, wird das Private hier dem Öffentlichen entgegengesetzt.

Um die Bedeutung des Privaten zu verstehen, müssen wir auf das Wort »öffentlich« (public) zurückgreifen. Die Definition Littrés lautet: »Einem ganzen Volk gehörig; ein ganzes Volk betreffend; aus dem Volk hervorgehend.« Mit anderen Worten: die Macht und die Institutionen, die sie stützen – der Staat. Die primäre Bedeutung mischt sich mit einer anderen: »Öffentlich« nennen wir das, was von allen geteilt wird, was allen zur Verfügung steht, was nicht privater Aneignung unterliegt, sondern jedermann zugänglich oder allgemein verteilt ist. Diese Ableitung führt zu dem Substantiv »Öffentlichkeit«; es bezeichnet Personen, die von der Verfügbarkeit öffentlicher Güter profitieren. Die Bedeutungsverschiebung geht freilich noch weiter: »Öffentlich« meint auch das, was »offen« sichtbar, »offen-kundig« ist. Daher beschreibt das Wort einerseits das Gegenteil von »privat« im Sinne des Privateigentums, des einem Einzelnen Gehörenden, andererseits das Gegenteil von »verborgen«, »versteckt« oder »abgeschieden« (im Sinne von »dem Blick der Öffentlichkeit entzogen«).

Im klassischen Latein kristallisiert sich eine ähnliche Bedeutungskonstellation um das Gegensatzpaar »publicus«/»privatus«. Bei Cicero bedeutet »*privatim* [im Gegensatz zu *publice*] handeln«, daß man nicht als *magistratus* kraft einer vom Volk ausgehenden und einem übertragenen Amtsgewalt handelt, sondern als Privatperson, also in einem anderen juristischen Kontext; privat war eine Handlung, die nicht in der Öffentlichkeit, auf dem Forum, vor den Augen aller vollzogen wurde, sondern in den eigenen vier Wänden, ohne Zeugen. Das Substantiv »privatum« bezieht sich auf die eigenen Mittel eines Menschen, sein Privatvermögen, aber auch wieder auf das Privathaus (»in privato«, »ex privato«: im Haus, außer Haus). »Privus« bedeutet sowohl »einzeln« als auch »eigen«. So haben das Französische des 19. Jahrhunderts und das klassische Latein ein und dasselbe Begriffssystem: Aus einer einzigen Wurzel, dem Begriff der Gemeinschaft des Volkes, erwachsen zwei Bedeutungen von »privat«; die eine meint das, was der gemeinsamen Nutzung entzogen ist, die andere meint etwas »Domestiziertes«, Häusliches – das private Individuum im Kreise derer, die ihm nahestehen. Im juristischen Sinne umfaßt das Private sowohl das, was sich der Jurisdiktion der »öffentlichen Gewalt«, der Gewalt des Volkes, entzieht, als auch das, was vor der Zudringlichkeit des Pöbels geschützt ist. Die »res publica« umfaßte alles, was zur Gemeinschaft aller gehörte und daher von Rechts wegen »extra commercium« lag, d. h. von den Geschäften des Marktes nicht berührt war. Die »res privata« hingegen vollzog sich »in commercio« und »in patrimonio«, unterlag also einer anderen Gewalt – nämlich der des »pater familias« –, die vornehmlich in den Mauern der »domus«, des Hauses, ausgeübt wurde.

Wenn wir uns dem Mittelalter zuwenden und die Glossare du Canges, Niermeyers oder Godefroys studieren, dann stellen wir fest, daß sich im Grunde nichts geändert hat – was nicht verwundert, da die semantische Struktur im 19. Jahrhundert dieselbe ist wie im klassischen Rom. Das Latein der Chroniken und der Urkunden bezeichnet als »publicus« das, was von herrscherlicher Macht abgeleitet ist, von den Vorrechten des Königs oder was der Jurisdiktion der Magistrate unterliegt, die für Frieden und Rechtsprechung im Volk zu sorgen haben (so in den Ausdrücken »via publica«, »functio publica«, »villa publica«, oder mit Marculfs merowingischer Formel: »publica judiciaria potestas«). Der »publicus« war der Beauftragte der herrscherlichen Gewalt; der »persona publica« oblag es, im Namen des Volkes zu handeln und die Rechte der Gemeinschaft zu verteidigen. Was das Verb »publicare« betrifft, so hatte es die Bedeutung »konfiszieren, beschlagnahmen, aus privater Nutzung oder Verfügung wegnehmen«. So lesen wir in einem Legat: »Si absque herede obirent ad monasterium publicatur praedia vel quid haberent hereditario jure« (»Falls sie [die Stifter] ohne Erben sterben, sollen ihre Eigengüter oder was sie nach Erbrecht besitzen, dem

Kloster übertragen werden«). Und in der Kirchengeschichte des Ordericus Vitalis lesen wir: »Si facultates inimicorum publicarentur paupertas egenorum temperaretur« (»Wenn die Besitztümer der Feinde beschlagnahmt würden, könnte die Armut der Bedürftigen gemäßigt werden«).

Im Gegensatz zu »publicus« und verwandten Wörtern nehmen »privatus« und seine Derivate unterschiedliche Bedeutungen an, die auf das Familiäre und Nicht-Festliche zielen. (In der Regel des hl. Benedikt sind mit den »privatis diebus« die Tage gemeint, die keine kirchlichen Feiertage sind.) Der Begriff des Festes wird für das Folgende noch von Bedeutung sein – wir werden Zeremonien und Bühnenspektakel betrachten, die Gesten und Gebärden, welche die Menschen dabei machten, die Worte, die sie sprachen, und die Form ihrer Selbstdarstellung. Für diese Art festlichen Betragens vermied man Wörter mit Assoziationen zum Privaten, die vielmehr den häuslichen Tätigkeiten vorbehalten blieben, insbesondere jenen, welche die Klosterregel den Mönchen vorschrieb. So trifft in einer Urkunde im Archiv des Klosters St. Gallen ein Stifter die Verfügung: »Filius meus privitatem habeat inter illis fratribus« (»Mein Sohn wird unter den Klosterbrüdern *privitas* haben«), d. h. er wird die Vorrechte genießen, die kollektiv den Mitgliedern dieser geschlossenen, isolierten, durch Mauern von der öffentlichen Gesellschaft geschiedenen Klostergemeinschaft zustehen. Das Wort »privatus« kann auch »zurückgezogen« bedeuten. In einer Genealogie, die Lambert von Saint-Omer zu Beginn des 12. Jahrhunderts verfaßt hat, wird mit »privata« das Leben des Grafen Robert von Flandern bezeichnet, das dieser eine Zeitlang im Kloster Saint-Bertin geführt hatte. Dieses Leben war in der Tat »privat«; denn der Graf, eine »persona publica« und mit der Herrschergewalt über sein Volk begabt, zog sich in der Fastenzeit jenes Jahres, in dem er sterben sollte, von der Welt zurück und entsagte zeitweilig seiner Herrscherrolle. Mit dem Entschluß, als Privatmann hinter Klostermauern zu leben, und mit dem Verzicht auf das Machtsymbol seiner Waffen wechselte er in einen anderen Rechtskreis, einen anderen *ordo* über: den des Büßers. In letzter Konsequenz der etymologischen Entwicklung bezeichnet das Wort »privatae« im Schriftlatein der Klöster die Latrinen.

In den romanischen Volkssprachen bedeutet das Wort »privat« fast dasselbe wie im Lateinischen. »Privé«, »privance« und »priveté« bezeichnen im höfischen Französisch Menschen und Dinge, die zum Familienkreis zählen: das Vertraute und nicht das Andere, Fremde, wie es in einem Chanson von Wilhelm von Aquitanien heißt, also das Häusliche, das, worüber der Hausherr Gewalt hat (»seine Männer angeführt von zwölfen seiner *privés*«, sagt Wace). Diese Bindung bleibt auch dann bestehen, wenn die Gruppe in die Welt hinauszieht (»wo immer ich bin, ich bleibe dein *privé*«, heißt es im Chanson d'Aspremont). Wir erkennen hier dieselbe Bedeutungsverschiebung zum Intimen und Geheimen wie im Latein und im modernen Französisch. Die *Quête du Saint-Graal* spricht von den »großen Geheimnissen und *privetés* Unseres Herrn«, und als Wace in dem auf Dudo von Saint-Quentin beruhenden *Roman de Rou* die Aristokraten der Normandie zusammenführt, die auf Abhilfe gegen die ihnen von Frankreich auferlegten Abgaben sinnen, sagt er von ihnen, sie hätten sich »privément« getroffen, mit anderen Worten: nicht so wie in den Volksversammlungen, wo alle ihre Meinung sagen und über gemeinsame Probleme beraten. Dieses Treffen ist zwar im Interesse der Gemeinschaft, aber es findet heimlich, hinter verschlossenen Türen statt. Dies belegt, daß die Wortbedeutung sich gewandelt hat: von der liebevollen Intimität zu heimlichen und daher verdächtigen Umtrieben – verdächtig in den Augen einer bedrückenden äußeren Macht. Es war daher die Pflicht dieser Macht, solche privaten Verschwörungen ausfindig zu machen und aufzudecken. So wurde das Verhältnis zwischen Öffentlichem und Privatem allmählich konfliktträchtig, und man begriff das Private zunehmend als das Innere einer Einhegung, einer geschützten Zone, gleichsam einer belagerten Festung.

Soweit der vorläufige Blick auf das Vokabular. Beachtenswert sind die geringen Bedeutungsschwankungen. Der Begriff des Privaten ist über Jahrhunderte hinweg konstant geblieben. Offensichtlich war die im lateinischen Wort »privatus« enthaltene Idee im Feudalzeitalter noch vollständig gegenwärtig: daß es nämlich Handlungen, Personen und Gegenstände gibt, die von Rechts wegen nicht der öffentlichen Macht unterworfen sind; damit sind sie in eine Sphäre verwiesen, die genau umgrenzt ist, um jeden Eingriff von außen zu verhindern. Ich habe jedoch nicht die Absicht, Privatheit überhaupt zu definieren, sondern das private Leben im Gegensatz zum öffentlichen Leben; deshalb sei vorab darauf hingewiesen, daß dieser Gegensatz an räumliche Kategorien gebunden ist. Der Raum des privaten Lebens ist offenbar der häusliche Bereich, umgeben von Mauern wie jenes Kloster, in das sich Graf Robert von Flandern zurückzog, um die Gedanken auf sein Seelenheil zu konzentrieren; in dem Augenblick, da er die Schwelle des Klosters überschritten hatte, stand sein ganzes Dasein unter einem neuen Vorzeichen. Doch gibt es, wohlgemerkt, Grade der Zurückgezogenheit. Der Begriff »privates Leben« ist insofern relativ, als man sich sukzessive vom Außen ins Innen zurückzieht – Forum, Weg, Straße, »strada«, Podium, Bühne, bis in jenes letzte Refugium, in dem das Individuum seine kostbarsten Gedanken oder Besitztümer birgt und sich in Haltungen einschließt, die in der Öffentlichkeit einzunehmen indezent wäre. Allerdings muß man zugeben, daß der Gegensatz zwischen privatem und öffentlichem Leben manchmal eine Sache nicht so sehr des Ortes als vielmehr der Macht ist.

Freilich verläuft die Scheidelinie nicht zwischen Macht und Nicht-Macht, sondern zwischen zwei Arten von Macht. Man denke sich zwei Reiche, in denen Frieden und Ordnung durch zwei unterschiedliche Prinzipien aufrechterhalten wurden. In beiden wurde das Individuum diszipliniert, überwacht, korrigiert und bestraft, doch Korrektur und Strafe wurden von unterschiedlichen Autoritäten besorgt. In dem einen Reich kam es darauf an, die »res publica« zu regieren, den »populus«, die Gruppe jener Männer (Frauen hatten darin keinen Platz), die in ihrer Gesamtheit den Staat bildeten, den Gemeinbesitz verwalteten und sich in die Verantwortung für das Gemeinwohl teilten. Das ist das Reich der kollektiven und daher unveräußerlichen Güter; das öffentliche Gut steht, wie die Römer sagten, »extra commercium«. Die »res populi« ist die »res nullius«, und ihre Verwaltung obliegt dem Magistrat, dem »rex« und der »lex«, dem König und dem Gesetz (verstanden als Stimme des Volkes). Zwischen der »res publica« und dem, was Texte des 12. Jahrhunderts explizit als »res familiaris« bezeichnen, steht eine wichtige juristische Barriere. In einem der Urkundenverzeichnisse der Abtei Cluny gibt es ein Dokument mit dem Titel *rei dispositio familiaris*. Es handelt sich um einen Verwaltungsplan, der 1148 auf Veranlassung von Petrus Venerabilis, dem Abt der Kongregation von Cluny, entworfen wurde und die Verbesserung der Klosterwirtschaft zum Ziel hatte, die in der Pflicht und Gewalt des Abtes als des »pater familias« lag. Die »res familiaris« war offensichtlich ein Eckpfeiler des Familienlebens, wobei »Familie« hier eine Gemeinschaft meint, die sich von der Gesamtheit aller anderen Menschen unterscheidet und die bestimmt wird durch den natürlichen Ort ihres Aufenthalts – besser gesagt: ihrer Einschließung –: das Haus. Diese private Gemeinschaft unterstand nicht der Geltung des Gesetzes, sondern ihrer Regel. Bestimmte Mitglieder dieser Gemeinschaft waren gleichzeitig Mitglieder der größeren Gemeinschaft und unterlagen daher der Jurisdiktion des Gesetzes, freilich nur so lange, als sie sich außerhalb der privaten Gemeinschaft bewegten und am öffentlichen Leben teilnahmen.

Privates Leben ist somit Familienleben, nicht individuell, sondern auf Gemeinsamkeit und gegenseitiges Vertrauen gegründet. Zu den verschiedenen damals gebräuchlichen Ausdrücken für »privacy« tritt, sie bereichernd, eine Vielzahl anderer Begriffe hinzu. Von diesen verdient »commendatio« besondere Erwähnung. Er ist insofern ein Schlüsselbegriff, als er den Eintritt in eine Beziehung anzeigt, auf der die Eintracht in der privaten Gruppe beruht. Wie soll man ihn übersetzen? Die »commendatio« war ein Akt, mit dem der Einzelne sich selbst als Person dem Führer der Gruppe – und durch ihn allen Gruppenmitgliedern – verband. Die eigentümliche Beziehung zwischen Gruppenmitglied und Führer nannte man im Lateinischen wie in der Volkssprache »Freundschaft«, und sie war der kräftige emotionale Kitt, der die Gruppe zusammenhielt. Solche Freundschaften bildeten ein Bollwerk gegen das »Gesetz«, das sich geltend machte, wo immer es konnte, und im Erfolgsfalle seine Gewalt durch eine Symbolik der Penetration bekundete. Ich erinnere an die Feierlichkeit spätmittelalterlicher Einzüge des Königs in seine Städte, mit ihren Inszenierungen und Schlüsselübergaben, da der Schlüssel – am Gürtel der Dame, d. h. der Hausherrin befestigt – das Symbol der feindlichen Macht war.

Das Private im frühmittelalterlichen Recht

Bevor wir damit beginnen können, den Stellenwert des privaten Lebens in der sogenannten Feudalgesellschaft zu ermitteln, müssen wir den Grenzverlauf zwischen zwei rivalisierenden Gewalten bestimmen, von denen die eine als »öffentliche« galt. Die Natur der Feudalgesellschaft trat auf dramatische Weise zutage, als zwischen 980 und 1020 die ohnehin zerrüttete Fassade des Staates, die lange Zeit die Gesellschaftsstruktur verhüllt hatte, vollends zusammenbrach. Was dann geschah, läßt sich als Usurpation des Staates durch private Gewalten beschreiben. In Wirklichkeit war die Machtstruktur, die sich nun der öffentlichen Anschauung darbot, nicht neu; es gab sie schon lange. Bis dahin war sie in den Quellen nur spärlich und gleichsam versehentlich erwähnt worden; plötzlich jedoch beginnen die Texte, freimütig von ihr zu sprechen. Darin bezeugt sich die Veränderung, die »feudale Revolution«. In offiziellen Dokumenten wurden diese Machtverhältnisse deshalb nicht erwähnt, weil sie noch im Begriffe waren, sich zu entwickeln, Gestalt zu gewinnen, fernab der Öffentlichkeit, in einem Bereich, der normalerweise nicht zur Schau gestellt wird. Die Beziehungen, die nun in den Vordergrund traten und den anderen den Rang streitig machten, waren von häuslicher, privater Art. In der Tat sind die Historiker sich einig: Die Feudalisierung verrät eine Privatisierung der Macht. So lesen wir in *La France médiévale* von J.-F. Lemarignier (S. 119): »Die Rechte der öffentlichen Gewalt nahmen schließlich einen patrimonialen Charakter an, und die Sitten – im Sinne von Rechten der öffentlichen Gewalt – wurden zum Gegenstand von Geschäften.« Patrimonium und Geschäft – das ist genau das, was im antiken Recht die »res privatae«, die sich »in commercio« und »in patrimonio« befanden, gegenüber den »res publicae« auszeichnete. Zugespitzt formuliert könnte man sagen, daß in der feudal werdenden Gesellschaft der öffentliche Sektor bis zur Unkenntlichkeit schrumpfte, während schließlich das Private alles durchdrang.

Gleichwohl muß Feudalisierung auch – und wie ich meine: vor allem – als Fragmentierung öffentlicher Macht verstanden werden. Lemarignier bekräftigt es in dem zitierten Werk: »Die öffentliche Autorität wurde zerstückelt, und mitunter blieben von ihr kaum Splitter übrig.« Diese Fragmentierung bewirkte eine breite Streuung der Herrschaftsrechte; jeder große Haushalt wurde sein eigener souveräner Kleinstaat, in dem die vom Hausherrn ausgeübte Gewalt, mochte sie noch so begrenzt sein, ihren ursprünglichen, nämlich öffentlichen Charakter bewahrte. So könnte man auch sagen, daß in der feudalisierten Gesellschaft alles öffentlich geworden ist. In Wirklichkeit beobachten wir in einer ersten, sich bis ins frühe 12. Jahrhundert erstreckenden Phase den Rückgang der als öffentlich wahrgenommenen Machtanteile und dann, in der folgenden Phase, mit dem Wiedererstarken staatlicher Gewalt, erneut eine Ausweitung der öffentlichen Macht. Zu keinem Zeitpunkt aber, selbst nicht am Tiefpunkt öffentlicher Autorität um das Jahr 1100, gerät der Gedanke in Vergessenheit, daß es eine spezifisch öffentliche Form der Herrschaftsausübung gibt, daß es Rechte gibt, die sich aufgrund ihrer öffentlichen Reichweite von anderen unterscheiden, wie etwa die Regalien, die sich der Kaiser im 12. Jahrhundert in Italien zurückholte. Er berief sich dabei auf das römische Recht, das man in diesem Augenblick der Rückkehr zu den von der großen Feudalisierungswelle fortgespülten klassischen rechtlichen Formen wiederentdeckte. Im Felde des Politischen hat uns die Untersuchung des Wortschatzes zu der Erkenntnis geführt, daß der Gegensatz zwischen Privatem und Öffentlichem fortbestand. Wir haben nun zu prüfen, wie sich die gesellschaftliche Bedeutung dieses Gegensatzes in dieser Periode der Unruhe wandelte.

Ich beginne mit dem Öffentlichen und versuche zu klären, wogegen es sich behaupten mußte. Im Grunde handelte es sich um das, was das Lateinische »populus« nennt: eine Gemeinschaft erwachsener Männer, die sich durch ihren Rechtsstatus als Freie auszeichnen. Bis zum Ende des 10. Jahrhunderts und zum Ausbruch der feudalen Revolution bedeutet »frei zu sein«, rechtlich fixierte Rechte und Pflichten zu haben. Freie Männer hatten das Recht und die Pflicht, mit ihresgleichen für die Aufrechterhaltung der »res publica« zu wirken. (Dieser Begriff war gewiß nur Personen von hoher Kultur völlig klar, aber all den Gebildeten vertraut, für welche die Ausbreitung von Frieden und Gerechtigkeit die Projektion der vollkommenen, gottgewollten Ordnung des Himmels auf die Menschenwelt darstellte.) Sie hatten das Recht und die Pflicht, die Gemeinschaft und ihr Land, die »patria«, gegen Angriffe von außen zu schützen. (Auch der Begriff »patria« war seit der Antike lebendig geblieben, wie zahlreiche Anspielungen in Chroniken des 12. Jahrhunderts beweisen: Der Begriff des öffentlichen Wirkens verband sich eng mit einem Gefühl, das man durchaus Patriotismus nennen darf.) Sie mußten die »patria« verteidigen in Feldzügen, die in katalanischen Texten des frühen 11. Jahrhunderts mit Grund »öffentliche« heißen. Sie mußten die Heimat vor innerem Unfrieden bewahren, sie in Schutz nehmen gegen das, was als »Friedensbruch« bezeichnet wurde, indem sie gemeinsam »öffentliche« Verbrechen ahndeten, die ihres Ausmaßes wegen ein ganzes Volk befleckten. In Versammlungen, die »öffentlich« genannt wurden, mußten sie gemeinsam darauf hinwirken, diejenigen freien Männer miteinander auszusöhnen, die durch irgendeine Ungunst des Schicksals in Streit lagen.

Diese Tätigkeiten unterstanden der Leitung von Magistraten, die mit Zwangsgewalten ausgestattet waren. Sie waren befugt, das Heer aufzubieten und es in die Schlacht zu führen, den Vorsitz in Gerichtsversammlungen zu übernehmen und die dort gefällten Urteile zu vollstrekken. Als Entgelt für ihre Arbeit erhielten sie einen Teil der den Friedensbrechern unter den freien Männern auferlegten Gerichtsbußen. Ihre Macht schwankte. Am stärksten war sie im Feld, wenn es galt, gegen einen äußeren Feind außerhalb des »Vaterlandes« anzutreten. Im eigenen Lande gab es Zeiten, in denen die Macht der Magistrate als besonders bedrückend und zudringlich erschien. Es sind dies Augenblicke der »Gefahr« (französisch »danger« von dem lateinischen Wort »dominiura«, das die Notwendigkeit stärkster Machtmittel und strengerer Zucht meint). Einer dieser gefährlichen Augenblicke war die Nacht: So ist in Friedensgeboten, die 1114 in Valenciennes in Kraft traten, von der Glocke die Rede, die zum Löschen der Herdfeuer mahnt und mit dem Abendläuten jedermann auffordert, in sein Haus zurückzukehren. Diese Entleerung des öffentlichen Raums hatte zur Folge, daß jeder, der sich danach noch öffentlich zeigte, sich als ein Friedensfeind verriet und leichter zu fassen war.

Doch scheint auch ein Teil des heimischen Territoriums der öffentlichen Macht unterstanden zu haben. In der zweiten Hälfte des 12. Jahrhunderts definieren die *Usages* von Barcelona als öffentlich »die öffentlichen Straßen und Wege, das fließende Gewässer und die Brunnen, die Wiesen, die Weiden, den Wald und die Heide«. Es handelt sich also in erster Linie um Räume des öffentlichen Verkehrs, aber auch um Plätze, auf denen man fremde und daher verdächtige Geschöpfe antraf. Solche Plätze wurden überwacht. Sie waren »gefährlich«, weil dort Leute verkehrten, die aus der Fremde – man wußte nicht, woher – kamen (beispielsweise die »aubains«, die ortsansässigen Fremden), oder weil sie von Menschen besucht wurden, deren Glauben und Sitten sie von der Gemeinschaft ausschlossen (beispielsweise Juden). In zweiter Linie handelte es sich um Zonen der Wildnis (»saltus«), unbebautes oder unbebaubares Land, Weideflächen, Jagdgründe und Gegenden, wo die Früchte der Natur gesammelt wurden. Dies alles war gemeinsamer Besitz aller. Im Mâconnais nannte man um das Jahr 1000 diese öffentlichen Flächen »Land der Franken«, was uns zu verstehen gibt, daß es nicht einem Einzelnen gehörte, sondern der Gemeinschaft als ganzer.

Das öffentliche Recht regelt die Ordnung von Zeit und Raum, die Verhaltensweisen und gesellschaftlichen Strukturen. Es bestimmt jedoch auch die Grenzen einer Sphäre, über die der Magistrat keine Gewalt besaß und deren Selbständigkeit sich an offenkundigen Zeichen verriet. Die mittelalterliche Kultur bediente sich kaum der Schrift, machte dafür um so mehr Gebrauch von Sinnbildern. Da es Privateigentum von Rechts wegen nur im privaten Bereich gab, signalisierten die Zeichen für diesen Bereich zunächst einmal das Besitzrecht. Holzpfähle, von denen in den »Stammesrechten« des fränkischen Galliens so viel die Rede ist, begrenzten ein Stück Land, um anzuzeigen, daß es einem bestimmten Einzelnen gehörte. Man pflanzte sie in Wiesen ein, wenn das Gras zu wachsen begann, und in Felder, wenn das Getreide reifte, mit anderen Worten, wenn das kultivierte Stück Land vom angrenzenden Weideland nicht zu unterscheiden war. Ich ziehe eine Parallele zwischen diesen Holzpfählen und den bannergeschmückten Lanzen, die von Kriegergruppen im eroberten Land aufgepflanzt wurden, um private Beute von kollektiver Beute sichtbar zu unterscheiden. Solche Stangen erwähnt der Chronist Galbert von Brügge in seiner Beschreibung der Unruhen, die 1127 nach der Ermordung Karls des Guten, des Grafen von Flandern, ausbrachen. Die Kämpfer beeilten sich, ihre Feldzeichen auf dem Turm des ermordeten Grafen bzw. dem des Stiftspropstes von Brügge anzubringen, der als Anführer der Attentäter galt. Dessen Besitztümer waren jetzt frei geworden, jeder konnte sie sich nehmen; denn das begangene Verbrechen hatte sie der Rache der Öffentlichkeit überantwortet. Die ersten Marodeure, die sich die Beute aneigneten, entzogen sie dem Kollektivbesitz und überführten sie in ihr eigenes Patrimonium; die Beute wurde gleichsam eingefriedet, ganz so wie Felder und Wiesen vor der Kultivierung.

Das wichtigste Zeichen der Aneignung von Privatbesitz war jedoch nicht das Banner, sondern die Barriere, die Einhegung, die Hecke – ein Zeichen von großer rechtlicher Reichweite, von dem in den Regelwerken, die das soziale Leben beherrschten, häufig die Rede ist. Man vergleiche dazu im Salischen Gesetz 34,I die Bestimmung gegen diejenigen, welche »Einhegungen« (»saepes«) durchbrechen, oder die burgundische Rechtsvorschrift 55,2 und 5, wo es heißt: »Wer eine Grenzmarkierung versetzt oder zerstört, dem soll, wenn es ein freier Mann ist, die Hand abgeschlagen werden, und wenn er Sklave ist, soll man ihn töten.« Der Grund für die strenge Strafe ist, daß der Friede zu beiden Seiten der Grenzmarkierung nicht derselbe ist: draußen herrscht öffentlicher Friede, drinnen privater. Fränkische Quellen unterscheiden zwischen dem »clausum«, der mit Reben bepflanzten Parzelle, und der Hecke (»haia«, Hag), dem Forst (»foresta«), also jenen Teilen des unkultivierten Landes, die man in besondere Obhut genommen hat. Derart abgegrenzte Räume unterlagen einem anderen Recht als der Außenbereich. Besonders klar ausgeprägt ist diese Sonderstellung beim »cour«, dem »Hof«.

Das Wort »cour« kommt vom lateinischen »curtis«, das in seiner ursprünglichen Bedeutung synonym ist mit »saepes«, »Einhegung« (wie im Stammesrecht der Baiuwaren 10,15), jedoch eine besondere Art von Einfriedung meint, nämlich diejenige, die das Haus umgibt. Haus und Hof sind im wesentlichen dasselbe und bilden gemeinsam die »casa«. Das geht aus einem Dokument hervor, das im Kloster St. Gallen gefunden wurde und aus dem Jahre 771 stammt: »casa curte circumclosa cum domibus edificiis« (»das vom Hof mit seinen Häusern und Bauten umgebene Haus« [bzw. das Territorium, auf dem das Privatrecht der hier ansässigen Familie gilt]). Oder man beachte das *Capitulare de villis*, ein Edikt aus der Zeit Karls des Großen mit Anweisungen zur Verwaltung der königlichen Domänen: »ut edificia intra curtes nostras vel saepes in circuitu bene sint custodire« (»daß die Gebäude innerhalb unserer Höfe oder der Zäune ringsum gut zu bewachen seien«). Die Einfriedung umschrieb den geschützten Raum, wohin sich die Menschen zum Schlafen zurückzogen, wo sie ihre wertvollste Habe aufbewahrten und wo sie nach dem Abendläuten zu bleiben hatten. Der treffendste Vergleich ist vielleicht einer aus der Biologie: Der Hof glich der Zelle, das Haus dem Zellkern und die Einfriedung (Zaun oder Mauer) der Membran. Zusammen bilden sie ein einheitliches Ganzes, das in karolingischen Texten »mansus« genannt wird: der Ort, an dem ein Mensch lebt.

Manche Häuser besaßen keine Einhegung. In einem Friedensedikt aus Schwaben vom Beginn des 12. Jahrhunderts heißt es: »Es herrsche Friede in den Häusern und Höfen und in den erlaubten Gebieten [d. h. solchen, die vom öffentlichen Recht anerkannt wurden, das solchen Enklaven entgegenstand], die man in der Volkssprache *Hofstätten* nennt, seien sie eingefriedet oder nicht.« Entweder war das Fehlen der Mauer ein Zufall, oder – was häufiger vorkam – die Gebäude befanden sich in einer vom ganzen Dorf genutzten Einfriedung. Normalerweise stand jedes Haus auf einem eingefriedeten Grundstück. Als man daranging, neue Dörfer zur Ansiedlung von Kolonisten zu schaffen, hieß es ausdrücklich, daß diese Grundstücke »Höfe« seien, die sogleich eingezäunt werden müßten (Freisinger *Liber traditionum*, 813). Der Zweck der Einfriedung war die Abschirmung gegen Gewalttaten an einem Ort, wo die Menschen besonders ungeschützt lebten. Das Recht – das öffentliche

Recht – war bemüht, die Sicherheit des »atrium« zu garantieren, »das man in der Volkssprache Hof nennt« (so die Chronik des Hariulf von Saint Piquier): Schwere Strafen erwarteten den, der es wagte, das Tabu zu verletzen und die Schwelle, zumal bei Nacht, zu übertreten. Die Gerichtsbuße für Diebstahl, Brandstiftung oder Mord, begangen von einem Eindringling innerhalb der Einfriedung, war doppelt so hoch wie gewöhnlich, weil zum Vergehen selbst noch das Delikt des Einbruchs hinzukam. War der Missetäter hingegen jemand, der normalerweise innerhalb der Einfriedung wohnte, konnte ein Vertreter der öffentlichen Gewalt nur dann einschreiten und den Hof betreten, wenn er vom Haushaltsvorstand gerufen worden war. Im Frühmittelalter waren solche Höfe gleichsam Inseln im Raum des öffentlichen Rechts – Zufluchtsstätten, in denen das »Volk« seine kollektiven Rechtsnormen durchsetzte und als Gemeinschaft handelte. Wer sich hinauswagte, bedurfte einer eigentümlichen bergenden Hülle bzw. eines symbolischen Schutzes. Für freie Männer waren das die Waffen als Zeichen ihrer Freiheit; Frauen, die man aus der Einhegung verstieß, mußten das Haupt mit einem Schleier bedecken.

Hinter den Mauern verwahrte man alle »res privatae« oder »res familiares«: die private, bewegliche Habe einschließlich der Nahrungsvorräte, der Kleider und des Viehs sowie jene Personen, die nicht zum »populus« gerechnet wurden, etwa Knaben, die noch nicht Waffen tragen, ins Feld ziehen oder mit zu Gericht sitzen durften, Frauen, Unmündige sowie die Unfreien beiderlei Geschlechts und jeden Alters. Sie unterstanden nicht dem Gesetz, sondern der häuslichen Gewalt des Hausherrn, des Herrn der »domus« oder »dominus«, wie die lateinischen Texte ihn nennen. Sie waren, wie man sagte, »in seiner Hand« oder, um das latinisierte Deutsch der Schreiber zu benutzen, in seinem »mundeburdium«, Teile seiner Habe wie das Vieh im Stall; sie bildeten die »familia« (»mesnage«, »maisnie«, »masnade«). Nur in drei Fällen fielen diese Leute der öffentlichen Gewalt anheim. *Erstens,* wenn sie die Einfriedung verließen und öffentliches Gelände, Straßen oder Plätze betraten, ohne vom Haushaltsvorstand oder einem anderen freien Mann des Hofverbandes begleitet zu sein. In diesem Fall wurden sie wie Fremde behandelt, und es oblag dem Magistrat als Stellvertreter der väterlichen Gewalt, auf ihr »Betragen« zu achten und für die Wahrung der Disziplin zu sorgen. *Zweitens,* wenn es keinen Haushaltsvorstand mehr gab und auch sonst kein erwachsener freier Mann imstande war, die Unmündigen der »Familie« zu behüten; dann kam die ursprüngliche – an Beauftragte delegierte – Funktion des Königs, für die Witwen und Waisen zu sorgen, zur Geltung. *Drittens* konnte ausdrücklich die Autorität der Amts- und Herrschaftsträger angerufen werden. Diese Klage oder Beschwerde hieß »clamor«, »Wehgeschrei«; der Mißstand wurde damit öffentlich gemacht, und die Schuldigen wurden der allgemeinen Gerichtsgewalt übergeben.

In Wahrheit war die Grenzlinie zwischen Öffentlichem und Privatem, auch wenn sie in offiziellen Quellentexten des 10. Jahrhunderts noch erscheint, schon längst durch das Vordringen des Privaten verwischt worden. Der Grund hierfür war nicht germanischer Einfluß, der den römischen verdrängt, oder Barbarei, welche die Zivilisation erstickt hätte; diese Entwicklung hatte vielmehr schon vor dem Zerfall der klassisch-antiken Kultur eingesetzt. Der Zusammenhang mit der »Verländlichung« ist unverkennbar: Die Stadt, konzipiert als Forum der Demonstration öffentlicher Gewalt, wurde allmählich vom Land überwältigt, während sich die Macht der Amtsträger auf die großen ländlichen Häuser verteilte. So löste unmerklich der »Hof« die Stadt als Modell gesellschaftlichen Zusammenlebens ab. Natürlich wirkte, zumindest in den Köpfen der Gebildeten, der Gedanke fort, daß es die Funktion des Königs sei, Friede und Gerechtigkeit in einer Gemeinschaft freier Männer zu gewährleisten; daß der König die Pflicht habe, im Sinne dessen, was Jonas von Orléans Anfang des 9. Jahrhunderts den »Frieden in seiner Fülle« nennt, zu handeln und die »Eintracht im Volk« zu verwirklichen. Aber nicht zuletzt dank der Christianisierung des Königtums wurde der König, der zwar der Stellvertreter Gottes, aber eines durchaus väterlichen Gottes war, allmählich selber als Vatergestalt wahrgenommen, begabt mit einer Macht, die derjenigen der Hausväter in den Familien entsprach. Seine königlichen Machtbefugnisse wiederum erschienen im Laufe der Zeit mehr und mehr als sein persönliches, patrimoniales, erbliches Eigentum. Die private Aneignung der öffentlichen Gewalt begann also an der Spitze der politischen Hierarchie. Wie Fustel de Coulanges frühzeitig erkannt hat, bedeutete »publicus« im alten Rom das, was dem Volk gehört; im fränkischen Gallien bedeutete es das, was dem König gehört. Die Hoheitsgewalt war Familienbesitz geworden, den man per Kopulation, mittels der Blutsbande an die Nachkommen weitergeben konnte; bei jeder Nachfolgeregelung wurde sie entweder auf die Blutsverwandten aufgeteilt, oder eine Gruppe von Brüdern behielt sie ungeteilt wie ein Haus. Mit der Zeit wandelte sich das »palatium«, der »Palast«, wo der Herrscher Recht sprach, zum Wohnsitz, ein Verständniswechsel, der sich auch auf die Bedeutung gewisser lateinischer Wörter wie z. B. »curia« auswirkte.

Ursprünglich meinte »curia« die Versammlung des römischen Volkes, dann den Senat, schließlich die Amtsträger schlechthin. Aus den überlieferten Dokumenten ersehen wir, daß im 8. Jahrhundert die Bedeutung von »curia« in jene von »curtis« überzugehen und die Einfriedung zu bezeichnen beginnt, aus welcher die öffentliche Gewalt legitimerweise verbannt ist. Andererseits nennen sogar die besten Autoren den Palast des Königs »curtis«; in den feierlichsten Urkunden lassen sie Karl den Großen die Worte »in curte nostra« sprechen. Ein schöner Beweis für diese Bedeutungsverschiebung ist der Aufbau der Kaiserpfalz zu Aachen, des Prototyps der mittelalterlichen Fürstenresidenzen. Einige Elemente dieses Bauwerks waren aus glattem Stein, wie man ihn für die öffentlichen Gebäude im alten Rom verwendet hatte – ein Anklang an die städtisch-bürgerliche Tradition. Von dieser Art waren das monumentale Portal, der Säulengang und die beiden Bauten an dessen Enden, die Basilika im Norden, in welcher der Herrscher Gesetze verkündete und Befehle erteilte, und das Oratorium im Süden nebst vorgelagertem Atrium, wo sich das Volk versammelte, um den zu seinen Häupten stehenden Kaiser zu sehen oder ihn von der Empore herab sprechen zu hören. Hier zeigte der Thron jedoch nach innen, was dem Sanktuarium die Gestalt eines geschlossenen Raums verlieh, in dem die Mitglieder des Haushalts ihrem Herrn und Meister, dem irdischen Abbild ihres himmlischen Vaters, zu Füßen saßen. Und ähnelte die Fassade nicht einer »curtis«, einer Barriere zwischen der Außenwelt und dem Ort, an dem der König mit seinen Vertrauten lebte, badete, in Holzgebäuden schlief und seine Leute versorgte? Die Kaiserpfalz in Aachen und andere Paläste, die später von anderen Fürsten andernorts errichtet wurden (etwa derjenige, der auf Geheiß des Herzogs Richard von der Normandie gebaut worden ist und jüngst in Fécamp ausgegraben wurde), hatten tatsächlich noch Ähnlichkeit mit einer römischen »villa rustica«; sie beherbergten eine ausgedehnte Häuslichkeit, die in zwei Hauptteile gegliedert war, die Kapelle und die Kammer, die beide in scheinbar öffentliche Gebäude Einzug gehalten hatten. In der Kapelle flankierten die Kleriker der »Familie« ihren Herrn, während er seine öffentliche Andacht verrichtete, doch häufiger noch standen sie ihm an »privaten« Tagen zu Diensten, wenn er sich allein zum Gebet zurückzog. In der Kammer wurde die Schatztruhe aufbewahrt; sie war zwar noch, dem Sprachgebrauch zufolge, der öffentliche Schatz, die »arca publica«; aber nun barg sie die wertvollsten Stücke der »res familiaris«. Hierzu gehörten bei den karolingischen Königen, wie ein Biograph Ludwigs des Frommen mitteilt, »königlicher Schmuck [Symbole der Macht, die nunmehr als Privatgegenstände angesehen wurden], Waffen, Trinkgefäße, Bücher und Meßgewänder«. Für den Mönch von St. Gallen war die Kammer eine Garderobe, in der Kleidungsstücke aufbewahrt wurden, und aus einer Urkunde Karls des Kahlen von 867 wissen wir, daß hier ebenso die Jahr für Jahr von den abhängigen Bauern gelieferten Leinen- und Wollkleider deponiert wurden wie die Geschenke der mächtigsten Männer des Reiches. Alle diese Geschenke, Ausdruck eines obligatorischen, wiewohl privaten Rituals, sowie die Abgaben der in den königlichen Haushalt übernommenen Sklaven – im Grunde alles mit Ausnahme der Getränke und Pferdefourage –, wurden nach karolingischem Brauch der Gemahlin des Königs in Verwahrung gegeben, die, weil eine Frau, vom »populus« ausgeschlossen und auf den Palast beschränkt war: ein eindrucksvolles Symbol für den unaufhaltsamen Übergang der Macht von der öffentlichen in die private Sphäre.

Ein anderer Beweis hierfür ist die eigenartige Bindung zwischen dem König und den Angehörigen seines Gefolges. Dieses Gefolge bestand aus einer Gruppe, die jedes Jahr im Frühling zu militärischen Abenteuern ausschwärmte und zu anderen Zeiten auf die Jagd in die Wildnis zog. Was die Gruppenmitglieder, sei es in der Kaiserpfalz, sei es im Feldlager, miteinander verband, war zunächst einmal die Tatsache, daß sie in Gesellschaft ihres Herrn, in dem sie die Quelle ihres Lebensunterhalts erblickten, gemeinsam speisten; sie waren die im Stammesrecht der salischen Franken erwähnten »Tischgenossen des Königs«. Das Mahl spielte also in den Riten der Macht eine hervorragende symbolische Rolle. Die Ehrerbietung vor dem Herrscher – ausgedrückt in dem

»obsequium« (Fügsamkeit) – und die freie Hingabe ihrer Dienste empfahlen andererseits diese Leute der Gunst des Königs. Die Verbindung wurde durch eine Gebärde besiegelt: Der Herr umfing mit seinen beiden Händen die gefalteten Hände dessen, der sich ihm auslieferte und sich in die Haltung des Kindes vor seinem Vater begab. Aufgrund der im 8., 9. und 10. Jahrhundert zunehmenden Bedeutung von Gesten, die mit öffentlicher Speisung und der Stiftung eines pseudo-filialen Vertrauensverhältnisses einhergingen, verstand man »functio«, die öffentliche Dienstleistung, mehr und mehr als Freundschaftsdienst, bestimmt von der Dankbarkeit des Gespeisten und der Unterwerfung des Klienten unter seinen Patron. Wenn sich im Frühling alle, die im karolingischen Reich zählten, in Gegenwart des Königs versammelten, dann ging es zu wie bei einem Familientreffen mit Austausch von Geschenken und fröhlichem Gelage. Dies bot Gelegenheit zur notwendigen Inszenierung der königlichen Privatheit. Zwischen Öffentlichem und Privatem bestand eine Osmose. Da der Palast des Königs immer mehr dem Haus eines Privatmanns glich, mußte das Haus des Privatmanns, der seinerseits einen Bruchteil hoheitlicher Gewalt besaß, wie ein Palast aussehen – es mußte offen sein und stolz sein Inneres zeigen; vor allem mußten die Mahlzeiten des Hausherrn feierlich begangen werden. Diese Entwicklung vollzog sich schon seit dem 9. Jahrhundert in der Reichsaristokratie, bei den Grafen. Die Grafen vertraten den König in den überall im Reich errichteten städtischen Palästen. Sie waren, wie der Herrscher selbst, Gestalten der Öffentlichkeit und zugleich, durch Ausstellung ihrer »privance«, nahrungspendende Väter. Der Prozeß der Feudalisierung setzte mit der Verbreitung der Vorbildrolle des königlichen Haushalts ein.

Feudalstruktur und private Macht

In den Jahrzehnten vor dem Jahre 1000 beschleunigte sich diese Entwicklung. Das geschlossene Herrschaftsgefüge zerbrach und hinterließ isolierte Machtnischen. Als erste unterlagen den Autonomiebestrebungen die meisten Pfalzen, welche die Könige früher auf ihrer ständigen Wanderschaft durch das Reich aufgesucht hatten und die zwischen den Herrscheraufenthalten fest in der Hand der Grafen waren. Um das Jahr 1000 hatten die französischen Grafen jenen Teil öffentlicher Gewalt, den der König an ihre Vorfahren delegiert hatte, längst als Teil ihres Erbgutes aufgefaßt. Die Grablege der Familie wurde zur Wurzel der Dynastie, man ordnete die Verwandtschaftsbeziehungen in Stammlinien ähnlich der königlichen. Weil sie Insignien und Befugnisse des Königtums für sich selbst beanspruchten, unterließen es die Grafen, regelmäßig beim Herrscher wegen der Belehnung vorstellig zu werden; sie zogen sich, ebenso wie die Bischöfe, vom Königshof zurück, und die Tage, da die Macht noch ein öffentliches Gut gewesen war, gerieten bei Hofe langsam in Vergessenheit. Nach 1050/1060 waren dem Kapetinger-Herrscher als Verbündete nur noch seine engsten Verwandten, ein paar Jagdgefährten und Waffengenossen und die Inhaber der Hofämter verblieben. Für Frieden und Gerechtigkeit sorgten im lokalen Bereich unabhängige Fürsten, die sich von Zeit zu Zeit auf neutralem Boden, an den Grenzen ihrer Territorien, trafen, um Freundschaft zu schließen. Bei diesen Begegnungen gab jeder Fürst sich als Monarch und erklärte den seiner Gewalt anvertrauten Teil des Königreichs zum Zubehör seines Hauses.

Die Invasion von Denkmustern und von Haltungen, die sich im privaten Leben festgesetzt hatten, geschah so plötzlich, daß die Menschen alsbald dazu übergingen, den Staat als eine Art Familie zu begreifen. Betrachten wir zwei Beispiele.

Der ausgezeichnete Geschichtsschreiber Landulf der Alte schildert aus dem Abstand von rund fünfzig Jahren das Fürstentum Mailand, wie es um das Jahr 1000 ausgesehen hat. Dabei spricht er von Mailand – der Stadt und ihrer ländlichen Umgebung – wie von einer Großfamilie, in diesem Fall der Familie des hl. Ambrosius, da die herrscherliche Gewalt an den Nachfolger dieses Heiligen, den Erzbischof von Mailand, übergegangen war. Es war ein wohlgeordneter Haushalt: Die häuslichen Funktionen innerhalb des riesigen Hofes waren in zehn Ämter oder, wie Landulf sie nennt, »Stände« gegliedert; sie waren hierarchisch verfaßt, und an ihrer Spitze stand jeweils ein »Meister«. Besonders angesehen und gut besetzt waren die Ämter, denen die Sorge für das Heilige oblag. Am unteren Ende der Stufenleiter standen die beiden Ämter, welche die weltlichen Angelegenheiten zu regeln hatten. Das eine umfaßte die häuslichen Bediensteten, das andere verwaltete ein Vizegraf – eigentlich ein alter Magistratstitel, der aber nun als Privatbeamter galt; ihm unterstand im gesetzgeberischen wie im militärischen Bereich außerhalb der »domus« das ganze Volk von Mailand, die gesamte Gemeinschaft freier Männer oder »Bürger«, wie sie bei Landulf heißen, der sie allerdings für Untergebene des Fürsten hält, dem alle dienstpflichtig sind. Die Bürger erblicken im Fürsten ihren Patron und erhoffen von Ambrosius, daß er sie behüte wie ein Vater. Gelegentlich erwarten sie auch Speisung, und so sehen wir Erzbischof Aribert, wie er in Zeiten des Hungers Geld und Kleidung verteilt und dem Meister der Bäckerei befiehlt, pro Tag achttausend Laibe Brot zu backen, während der Meister der Küche acht große Maß Saubohnen für die Hungernden zu kochen hat. In diesem Bild bezeugt sich die Eingliederung der also Gespeisten in den Privathaushalt des Fürsten.

Ein zweites Beispiel – ebenfalls aus Italien, aber zeitlich später – stammt aus einem Text, der den Sieg der Pisaner über Mallorca im Jahre 1113 feiert. Zwar verschiebt diese epische Schilderung die Symbolik ein wenig, aber gerade dadurch wird deren Bedeutung um so klarer. Das pisanische Feldlager, d. h. das Lager der zum kriegerischen Aufbruch gerufenen öffentlichen Gemeinschaft, wird auch hier mit einem Haus verglichen, genauer gesagt, mit einem großen Festsaal, der für eines der großen Bankette gerüstet ist, die der Herr seinen Tischgenossen schuldig ist. In der Mitte steht das Zelt des Erzbischofs, der die Stelle Christi einnimmt; es ist umringt von den Zelten der zwölf »Großen«, welche, die Apostel repräsentierend, Truppen von Kämpfenden anführen. Diese Herren sind dem Kirchenmann privat verbunden durch Verwandtschaft, Vasallenpflicht sowie das Lehen, das sie von ihm empfangen haben. Jeder von ihnen ist der Patron einer »Kompanie« (von lateinisch »companium«, Brotgemeinschaft – wiederum ein Anklang an das gemeinsame Speisen), die aus der Bevölkerung ausgehoben worden ist; deren Zelte umschließen in einem größeren Kreis den inneren Kreis des Adels. Ein fein abgestimmtes System von Schutzherrschaften – das ist die Chiffre der Fürstengewalt in dieser Zeit. Jeder Fürst begriff sein eigenes Haus als Schutzwall für eine Reihe nachgeordneter Häuser, deren Häupter wiederum über einen Teil der Gesamtbevölkerung Macht, analog der Macht des Fürsten, ausübten.

Die Häuser dieser nachgeordneten »Grafen« waren im 11. Jahrhundert die Burgen, d. h. Bauten, in denen sich Symbole öffentlicher und privater Macht miteinander verschränkten: auf der einen Seite der Turm, drohend aufragendes Sinnbild der Zwangsgewalt; auf der anderen Seite die Einfriedung (die Burgmauer, altfranzösisch »chemise«) als Sinnbild häuslicher Freiheit. In Wirklichkeit autonom, waren diese Burgen in der geistigen Anschauung der Zeitgenossen stets behütet vom Haus eines Patrons. Und das Haus des Patrons wiederum war nicht gänzlich vom Palast des Königs isoliert. Das Gewohnheitsrecht verlangte, daß die Häupter nachgeordneter Familien sich für eine Weile im Hause ihres Herrn versammelten. Wenn dieser nach dem Vorbild der alten karolingischen Könige an hohen Fest- und Feiertagen seine Freunde zu sich an seinen »Hof« lud (von dem die Schreiber nicht wissen, ob sie ihn »curtis« oder »curia« nennen sollen), dann schlüpften diese für einige Tage demonstrativ in die Rolle von Dienern.

Betrachten wir, wie Thietmar von Merseburg den Hof beschreibt, dem zu Beginn des 11. Jahrhunderts der deutsche König vorstand. Vier Herzöge verrichten den Hofdienst. (Thietmar gebraucht dafür das Wort »ministrare«; in seiner Rekonstruktion der Szene spielen die großen Herren die Rolle von »ministeriales«, deren jeder ein Hofamt verwaltet.) Der Truchseß ist für die Speisen und die königliche Tafel verantwortlich; dies ist das höchste Amt in der Hierarchie [althochdeutsch »truhtsazzo« = der Oberste des Gefolges]. Der Kämmerer ist für das königliche Schlafgemach zuständig, der Mundschenk für den Weinkeller und der Marschall für die Pferdeställe [althochdeutsch »marahscalc« = Pferdeknecht]. Die Söhne der Patrone des zweiten Gliedes kamen sehr lange in den Genuß dieser geselligen, ja vetterlichen Beziehungen, denn gewöhnlich verbrachten sie ihre Jugendjahre am Hofe des nächsthöheren Patrons, saßen mit ihm zu Tisch, schliefen und jagten in seiner Gesellschaft, wurden von ihm erzogen, wobei sie miteinander um ein Lob aus seinem Munde wetteiferten, erwarteten von ihm Kleidung und Vergnügungen, zur gegebenen Zeit auch Waffen und endlich wohl gar eine Frau. Waffen und ein Weib – das waren die elementaren Besitztümer, die jeder Vasall benötigte, um einen eigenen Haushalt zu gründen. Er war zwar unabhängig, blieb aber durch die Erinnerung an seine mit dem Fürsten verbrachte Jugend fest mit dessen Haushalt und mit seinem Beistand verknüpft. Der entscheidende Punkt ist, daß die öffentliche Gewalt im Feudalsystem in solchen Formen des privaten Lebens »zerfaserte«. Freundschaft entsprang im privaten Leben, ebenso das Versprechen wechselseitiger Dienste und damit die Übertragung der Befehlsgewalt, welche nur dort als legitim galt, wo eine doppelte Bindung vorhanden war: die des Beschützers an seine Schützlinge und die der Schützlinge an ihren Beschützer. So entstand schließlich das Bild einer vierfach gestuften Hierarchie: ganz oben der königliche Haushalt, dann der fürstliche Haushalt, sodann die Burg und endlich das Volk, das im Schatten des Burgturms lebte.

Mit der Heraufkunft dessen, was wir Lehnswesen nennen, entstanden zwei verschiedene soziale Klassen. Nur einige erwachsene Männer waren uneingeschränkt zum wichtigsten »staatsbürgerlichen« Dienst berechtigt, nämlich, versehen mit bester Ausrüstung, zum Waffentragen. In den lateinischen Texten heißt ein solcher Mann »miles«, Krieger, doch gab es auch ein latinisiertes Wort der gesprochenen Sprache, »caballarius«, das »Reiter« oder »Ritter« bedeutete. Der Platz, an dem diese Männer ihre Aufgabe erfüllen konnten, war die Burg, in der sie sich für eine Frist einfanden, um Dienst zu leisten. Sie begaben sich auf die Burg, wenn der öffentliche Friede bedroht war und daher der »cri du château«, der »Ruf der Burg«, an sie erging. Der Burgherr war Befehlshaber »seiner« Ritter. Seine Autorität über sie besaß, ebenso wie die Autorität des Fürsten über ihn selber, familiären Charakter. Jeder »Burgmann« verpfändete beim Eintritt ins Erwachsenenalter dem Burgherrn seinen Leib; zur Bekräftigung dienten der Händedruck, der die Hingabe der eigenen Person signalisierte, und der Kuß als Zeichen des Friedens und der gegenseitigen Treue. Diese Rituale besiegelten eine Art Geschäft, und zwischen den vertragschließenden Parteien erwuchsen Bindungen, die man leicht mit den verwandtschaftlichen Banden verwechseln konnte. Dies beweist das Wort »seigneur«, »Lehnsherr« (eigentlich »der Ältere« [lateinisch »senior«]) zur Bezeichnung desjenigen, dem das Treuegelübde gegeben wurde. Ein Beweis dafür ist, daß in den Zeugenlisten von Urkunden, die der Lehnsherr ausstellte, die Ritter unterschiedslos neben dessen Blutsverwandten aufgeführt sind. Und schließlich war der Patron gehalten, für seine »Getreuen« zu sorgen, sie großzügig an seiner Tafel speisen zu lassen und ihnen sogar – freilich nicht immer – ein Stück Land zu geben, auf dem sie sich selbständig machen konnten: ein Lehen. Die Übergabe eines Lehens war mit einem Belehnungsritual verknüpft, bei dem ein Strohhalm von einer Hand in die andere überging. Dieser Brauch scheint aus dem Frühmittelalter überliefert worden zu sein – damals war die Übergabe eines Strohhalms das Symbol der Adoption.

Mit dem Treuegelübde wurde der Ritter faktisch ein Mitglied der »Familie« des Burgherrn und Teil seines privaten Lebens. Die Akten eines 1031 zu Limoges abgehaltenen Konzils erwähnen auf der Liste der zu den oberen Rängen der Laiengesellschaft zählenden Männer nach den Trägern der »höchsten Gewalt« und den »Fürsten der zweiten Zone« die »Ritter«, wobei zum Wort »milites« die aufschlußreiche nähere Bestimmung »privati« hinzutritt: So war ein der Sphäre des Öffentlichen entrückter Teil der Bevölkerung in Gruppen gegliedert, die durch verwandtschaftsähnliche Bande zusammengehalten wurden. Streitigkeiten zwischen Mitgliedern dieser Familie wurden privat beigelegt, und zwar durch gerichtlichen Zweikampf oder durch Schiedsspruch des Lehnsherrn. Ein Ritter diente seinem Herrn, so wie ein Neffe seinem Onkel mütterlicherseits zu dienen hatte, mit Rat und Tat; alle wirkten an der Verwaltung eines gemeinsamen Erbgutes mit, der mit der Festung verbundenen »Banngewalt«. Zu den Pflichten des Ritters, die er als Gegenleistung für Speisung oder das an deren Stelle getretene Lehen zu erfüllen hatte, gehörten Einschüchterungs-Expeditionen in die Umgebung der Burg, um die Bevölkerung botmäßig zu erhalten. Man sprach dann von »chevauchées« (»Kavalkaden«), deren Zweck es war, die Überlegenheit des Berittenen als des Beauftragten der Zwangsgewalt zu demonstrieren.

Die übrige Bevölkerung war einer Ausbeutung unterworfen, die ihrerseits mehr und mehr zur Privatsache wurde. Der mitunter offene, zumeist jedoch heimliche und passive Widerstand dagegen ist das ganze Mittelalter hindurch wahrnehmbar. In glücklichen Gegenden, namentlich in Bergregionen, war dieser Widerstand erfolgreich, ebenso in den Städten im Süden der Christenheit, die im 11. Jahrhundert trotz des Niedergangs des Handels als einzige ihre Vitalität behaupteten. An solchen Orten waren es nicht allein die Ritter, die am obersten Freiheitsrecht festhielten, sich mit anderen freien Männern zusammenzutun, um Recht zu sprechen oder Krieg zu führen. Neben den Rittern erscheinen in den Quellen die »boni homines«, die »vorzüglichen Männer«, bzw. in den Städten die »cives«, die »Bürger«. (In dem oben erwähnten pisanischen Feldlager schliefen die Bürger nicht im inneren Zeltkreis, sondern standen bewaffnet zum Angriff auf Mallorca bereit. Der Fürst-Erzbischof redete wie ein römischer Rhetor auf sie ein, um sie zum Kampf anzustacheln.) Gleichwohl erhielten sich Habitus und Bewußtsein antiker »Bürgerlichkeit« lediglich in einer kleinen Schicht der Bevölkerung unterhalb der »maisnies« und »masnades« der Ritter. Die Massen waren zwar domestiziert, aber in anderer Weise als die Ritter. Der »öffentliche Richter« (so nannte noch das Konzil von Anse 994 den Mann, der die Herrschergewalt ausübte) behandelte seine Ritter, wie er seine Söhne, Schwiegersöhne und Neffen behandelte; den Rest der Bewohner des seiner Banngewalt unterworfenen Gebiets betrachtete er als Mitglieder seiner »familia« in des Wortes ursprünglicher Bedeutung – als unfreies Hausgesinde. Das private Modell war hier nicht das der Verwandtschaft, sondern das der Hörigkeit, und das Bild, das sich das zeitgenössische Denken davon machte, war das aus dem ländlichen Frühmittelalter überkommene der Grundherrschaft. Die Burg erschien als Haupthof (»curtis dominicalis«), als der eingefriedete Raum in der Mitte jeder großen karolingischen Domäne, der das Wohnhaus des Herrn und die Nebengebäude umschloß. Und dementsprechend sah man in den kleinen Einfriedungen oder »curtiles« der Bauern ein Analogon zu den Hütten der Hörigen, in denen der karolingische Adel seine abhängigen Untergebenen einquartiert hatte.

Was der Grundherrenadel in Wirklichkeit getan hatte, war, Hörige paarweise auf kleinen Grundstücken anzusiedeln, wo sie Kinder in die Welt setzen und großziehen durften. Dies erwies sich als der effizienteste Umgang mit diesem Teil des Kapitals oder lebenden Inventars, der

»mancipia«; er sicherte Unterhalt und Reproduktion des unfreien Gesindes. Der einzige Nachteil war, daß der Herr, indem er die Hörigen behauste, ihnen auch ein Mindestmaß an Privatheit einräumte. Das Geschenk war allerdings kein generöses: Hörige, die das Glück hatten, ein eigenes Stück Land bekommen zu haben, mußten jeden zweiten oder dritten Tag auf dem Haupthof arbeiten und dort tun, was ihnen befohlen wurde; an solchen Tagen nahmen sie ihre Mahlzeiten im Speisesaal ein und wurden so wieder in die ursprüngliche Haushörigkeit eingebunden. Ihre Frauen waren zu kollektiver Arbeit mit den anderen Frauen auf dem Gut verpflichtet. Mußte der Hausherr die Reihen seiner Ganztags-Bediensteten auffüllen, so holte er sich Kinder aus den Hütten der Unfreien. Von diesen konnte er sich nehmen, was er wollte: ihre Töchter, um sie nach Belieben zu verheiraten (sofern der Vater des Mädchens dieses Recht selber wahrnehmen wollte, mußte er dafür bezahlen), oder einen Anteil an dem, was sie erbten (wenn ein Mann starb, Vieh; wenn eine Frau starb, Kleidung). Die Höfe der Unfreien waren, im Gegensatz zu denen der freien Bauern, nicht von Rechts wegen sicher vor erpresserischen Übergriffen; sie waren im Grunde Zubehör des Hauses ihres Herrn. Dieser gebot über Männer, Frauen, Kinder, Tiere und Habseligkeiten, so wie er über seinen Backofen, seine Stallungen und seine Getreidespeicher gebot.

Als sich die Gesellschaft im frühen 11. Jahrhundert nach feudalen Normen zu organisieren begann, waren diejenigen, welche die Reste der einstmals öffentlichen Gewalt in Händen hielten, bestrebt, mit ihren Territorien an die Tradition der großen alten Grundherrschaften anzuknüpfen. Sie versuchten, allen Bewohnern und allen durchreisenden Fremden, die keine Ritter waren, das abzupressen, was sie auch ihren Unfreien abpreßten. In dem Maße, wie die Instrumente der öffentlichen Gewalt gegen den unbewaffneten Teil der Bevölkerung eingesetzt wurden, gewannen sie grundherrschaftliche Züge. Aus den öffentlichen Gerichtsversammlungen wurden Familienversammlungen, bei denen der Fürst oder Graf von seinen Verwandten, Lehensleuten und ›privaten Rittern‹ umgeben war. Ähnlich wurden die Versammlungen, die auf dem flachen Land stattfanden, um die einfachen Leute von freiem Stand abzuurteilen, zum häuslichen Tribunal. Der Burgherr übertrug einem seiner Bediensteten den Vorsitz in diesem Privatgericht, und die Armen, gleichgültig welchen Standes, wurden in der Regel so bestraft, wie in der Vergangenheit die Leibhörigen in den Grundherrschaften bestraft worden waren.

In der Gegend von Mâcon war diese Entwicklung um 1030 abgeschlossen. In anderen Gegenden währte sie länger, doch überall führte sie zu demselben Ergebnis, nämlich zur Aufhebung der Unterschiede zwischen denjenigen Armen, die einst als frei galten, und den übrigen. (Ich gebrauche den Begriff »arm« im damaligen Verstande als Bezeichnung von Menschen, die machtlos und der Banngewalt der Burg unterworfen waren.) Dies war nur natürlich, da das Bewußtsein von Freiheit in den Dorfversammlungen lebendig geblieben war: Dort wußte man, daß dieser Mann zu Gericht sitzen durfte, während jener ausgeschlossen blieb, weil er von Geburt an Leibhöriger eines anderen war, oder daß eine Frau (um aus einem im Klosterarchiv von Cluny kopierten Schriftstück des späten 11. Jahrhunderts zu zitieren) »rechtskräftig beweisen« konnte, daß sie nicht mehr das Privateigentum des Mannes war, der behauptete, ihr Herr zu sein. Als diese einst öffentlichen Dorfversammlungen mit jenen privaten Tribunalen verschmolzen, in denen der Herr das Fehlverhalten seiner Unfreien ahndete, erlosch dieses Freiheitsbewußtsein allmählich. Das brauchte freilich seine Zeit: Drei Generationen mußten vergehen, bis die Urkundenschreiber des ländlichen Mâconnais aufhörten, zwischen »servi« und »liberi homines« zu unterscheiden. Schon fünfzig Jahre zuvor war jedoch der Ausdruck »terra francorum«, »Land zur (gemeinschaftlichen) Nutzung durch ›Franken‹ [= Freie]«, ungebräuchlich geworden, weil mittlerweile sämtliche Bauern, freie wie unfreie, Zugang zur Allmende unter der Aufsicht des Bannherrn hatten. Schon 1062 bezeichnete der Schreiber einer Schenkungsurkunde die Leute, die den Gegenstand der Schenkung bildeten, als Hörige (»servi«). Allerdings fühlte er sich bemüßigt, hinzuzusetzen: »diese Hörigen, ob frei oder unfrei«, da dieser theoretische Unterschied ihm noch nicht vollständig aus dem Gedächtnis entschwunden war. Doch wie auch immer – Tatsache war, daß der Mann, dem diese Menschen gehörten, sie gleicherweise verschenken konnte wie eine Herde Vieh.

Eine weitere Folge des Übergreifens der Privatsphäre auf das Herrschaftsrecht über die »Armen« war, daß die Inhaber der Zwangsgewalt zunehmend darauf drangen, daß nicht nur die Ritter, sondern alle Personen, die in ihrem Machtbereich wohnten, ohne ihnen zu gehören, sich ihnen als ihren Herren »anvertrauten«. Eine Urkunde aus Cluny berichtet von einem Vorfall, der sich um 1030 in einem Dorf an der Saône zutrug. Dort hatte sich ein »freier Mann« niedergelassen und eine Zeitlang »in Freiheit« gelebt, irgendwann jedoch festgestellt, daß es besser sei, sich dem örtlichen Grundherrn »anzuvertrauen« (»commendare«). Das Wort »commendatio« bezeichnete zugleich das Treuegelübde des Kriegers, und das begleitende Ritual wird nicht sehr viel anders gewesen sein; wohl aber waren die Folgen andere. Die »commendise« des Bauern machte ihn nicht zum Verwandten des Grundherrn, sondern zu einem Mitglied der »familia«, der Gruppe niederer Abhängiger, die verpflichtet waren zu dienen, freilich nicht vornehm oder nach Sohnesart wie die Ritter, sondern knechtisch. Ein solcher Bauer war nicht mehr sein eigener Herr, sondern durchaus das Eigentum eines anderen. Die wohlhabenden Männer des Mâconnais pflegten im 11. Jahrhundert »francs« (freie Männer) zu kaufen und zu verkaufen, ganz so wie sie Hörige kauften und verkauften. Man sprach zwar noch von »freien« Männern, aber ihre Bindung an einen Herrn war bereits erblich. Der »Schutzherr« konnte ihre Wohnung betreten und sich von ihrer Hinterlassenschaft nehmen, was ihm gefiel; ohne seine Zustimmung durften sie nicht heiraten. Als das Vokabular der Urkunden mit rund hundertjähriger Verspätung diese einschneidende Veränderung rezipiert hatte, waren zwei sehr aufschlußreiche Begriffe zur Bezeichnung von Abhängigen geläufig geworden, von deren einst unterschiedlicher Rechtsstellung keine Spur mehr zu erkennen war: Der Herr sagte von einem Menschen: »Dies ist mein Eigenmann«, d. h. er gehört mir, ist mein privater Besitz. Oder er sagte: »Dies ist mein ›homme de corps‹«, sein Leib ist mein.

Nur selten gelang es den Bannherren, sich alle im Bannbereich ihrer Burg siedelnden »Armen« zu unterwerfen. So entgingen ihnen beispielsweise die einfachen Leute, die im Haushalt eines in der Gegend ansässigen Ritters dienten; zwar waren auch sie »hommes de corps«, aber ihr Leib gehörte bereits einem anderen Herrn. Die 1282 verkündete Stadtsatzung von Orange bezeichnete diese Leute als »de mainada hospicii«, d. h. zur »manade« eines privaten Hauses gehörig, das groß genug und gut genug geschützt war, um sich eine gewisse Unabhängigkeit von der Burg zu bewahren. Ferner entgingen dem Bannherrn diejenigen Männer und Frauen, die in der Stadtsatzung als »Einwohner« (»manentes«) bezeichnet wurden; die Gewalt des Grundherrn über sie war weniger drückend und verlor niemals ganz ihren öffentlichen Charakter. Die nach 1042 entstandene Verfassung von Tende erwähnt die dem Grafen zu erbringenden Dienstleistungen und unterscheidet dabei zwischen den uneingeschränkten Verpflichtungen der Leibeigenen, »homines de sua masnada«, und den streng begrenzten Diensten, die ihm die »homines habitatores« schuldeten.

Aber auch Menschen, die sich der Macht des Grundherrn mit mehr Erfolg widersetzt und deren Väter sich geweigert hatten, das Unterwerfungsritual zu vollziehen und sich in eine dieser wie mit Tentakeln behafteten grundherrlichen Familien aufnehmen zu lassen, entgingen nicht gänzlich den Forderungen des Mannes, der sich ihr »dominus« nannte (weil er sie angeblich beherrschte), und die Leistungen, die er für den von ihm gewährten Schutz verlangte, nahmen einen familiären Charakter an; an genau festgelegten Terminen hatten sie nämlich dem Herrn »Geschenke« darzubringen; anstelle des Kriegsdienstes, der nun nicht mehr von ihnen gefordert wurde, mußten sie »corvées« leisten, Frondienste am Hof ihres »sire«; sie mußten ihn in seinen Räumlichkeiten aufsuchen, mit ihm zusammenleben und seinen Befehlen gehorchen. Einen ähnlich familiarisierenden Effekt hatte das Herbergsrecht, die sogenannte »Gastung«, d. h. die Pflicht, den Grundherrn als Gast im eigenen Haus aufzunehmen. Der öffentliche Ursprung dieser Rechte steht außer Zweifel: Schon in der Spätantike hatten die Amtsträger auf ihren Reisen Unterkunft bei den Bürgern genossen.

Im 11. und 12. Jahrhundert durchbrach diese erzwungene Gastfreundschaft in regelmäßigen Abständen den Schutzwall, der die Privatsphäre des Dorfbewohners umgab. Der Grundherr kam mit seinem Gefolge, mästete seine Tiere auf dem »courtil« des Bauern und kampierte auf seinem Land; Tag und Nacht mußte der Bauer dem hohen Herrn oder einem seiner Ritter Gesellschaft leisten. Derlei störende Einquartierungen erzeugten natürlich Widerstand, doch selbst wenn der Bauer Erfolg hatte und ihm für die Zukunft eine maßvollere Ausübung des Herbergsrechts versprochen wurde, mußte er einen Ausgleich in Gestalt von Naturalien leisten. Angeblich »freie« Bauern mußten Wein aus ihrem Keller beitragen, Brot aus ihren Kisten und Geld aus ihrem Beutel; und wenn der hohe Herr mit seinem Gefolge dem

Dorf die Ehre eines Nachtlagers erwies, mußten sie Federbetten zur Verfügung stellen. Eine »franchise« (»Freistellung« von der Gastungspflicht) zu erringen bedeutete daher für das Volk einen großen Sieg – immerhin konnten der Dorfbewohner und seine Frau das Ihre behalten. Die ihrer Ausdrucksweise sichersten Schreiber bezeichneten das unterworfene Volk nun nicht mehr als »populus«, sondern als »plebs«: Das schützende Gehäuse um das private Leben war geschwächt und stellenweise bereits zerbrochen. Auf allen Stufen der gesellschaftlichen Hierarchie hatten im Zuge der Feudalisierung bislang private Beziehungen auf das gesamte Machtgefüge übergegriffen; diese Veränderung glich einer Flutwelle, die alle ihr im Wege stehenden Deiche fortspülte. Doch mit zunehmender Feudalisierung der Gesellschaft gab es paradoxerweise immer weniger privates Leben, weil die Macht selbst in ihren Erscheinungsformen immer privater geworden war.

Auch die Religion war nicht immun gegen diese Veränderungen. Die Christen des Feudalzeitalters – zumindest diejenigen, deren Einstellungen wir kennen – wählten im Angesicht der göttlichen Macht die rituelle Haltung der Selbsthingabe. So wie Ritter, die sich ihrem Burgherrn anvertrauten, knieten sie mit gefalteten Händen nieder, erwarteten ihren Lohn, hofften, in der jenseitigen Welt väterlich aufgenommen zu werden, trachteten danach, in den privaten Bezirk Gottes, seine »familia«, vorzudringen, freilich in einem ihrer »Ordnung« angemessenen Rang, d. h. am Sockel der Unterwerfungshierarchie. Sie suchten für sich einen Platz in einem der verschachtelten Privaträume in der Privatheit Gottes. Sie wußten, daß Gott der oberste Richter war; am Tag des Jüngsten Gerichts würde Christus sein Urteil fällen, umgeben von einem Gremium von Vertrauten, deren Rat er suchen würde, so wie die Feudalherren an ihren Höfen den Rat ihrer Verbündeten suchten und ihnen reihum das Wort erteilten, woraufhin jeder Baron wiederum die Sache seiner eigenen treuen Untertanen vertrat, die ihm Treue gelobt hatten. Im Himmel nahmen die Rolle des Beisitzers die Heiligen wahr, deren Einfluß auf Erden von dem Vorrecht herrührte, schon jetzt bei ihrem höchsten Herrn zu sitzen und ihre Meinung zu bekunden. Manchmal waren diese Heiligen furchterregend und rachsüchtig – man denke an den reizbaren hl. Foy; dann begaben sie sich auf ihre privaten Rachefeldzüge gegen diejenigen, die es gewagt hatten, ihre Viehherden oder ihren Wein anzutasten, will sagen: Vieh und Wein ihrer Diener, der Mönche, die ihr Heiligtum hüteten oder ihre Reliquien bewachten – ihrer Hausdiener also.

Der Christ vertraute sich den Heiligen an und wurde damit gleichsam ein Aftervasall Gottes. Um die Protektion der Heiligen zu erlangen, half es, sich zu ihren ›Hausdienern‹ zu gesellen und einer jener Mönche zu werden, die sich um die Kultstätten der Heiligen kümmerten und den Glauben zu ihrem Beruf erhoben hatten. Wie viele Ritter des 11. Jahrhunderts haben nicht noch auf dem Totenbett beschlossen, den Habit des hl. Benedikt anzulegen und durch eine namhafte Schenkung an das nächstgelegene Kloster das Anrecht zu erwerben, an der Schwelle des Todes zu den Dienern eines übernatürlichen Patrons gerechnet zu werden? Wie viele trachteten nicht danach, als Laienbruder irgendeiner frommen Gemeinschaft anzugehören (und die erforderliche Aufnahmegebühr zu zahlen)? Wie viele ließen nicht das Ritual der Hörigkeit über sich ergehen und machten sich zum Sklaven, zum Eigentum eines Heiligen, wurden seine »hommes« oder »femmes de corps« – wie etwa die in Lothringen und Deutschland so verbreiteten »sainteurs«, teilweise aus höchstem Adel stammend, die von ihrem Eigentümer Schutz in dieser und in der jenseitigen Welt erflehten und sich unter seinem Banner versammelten, das ja, wie wir sahen, ein Symbol des Besitzes war?

So ähnelte denn die gläubige Bevölkerung allmählich einem großen Haushalt, gegliedert in zahlreiche Wohnungen, deren jede dem Schutz eines Heiligen oder der Jungfrau Maria unterstand. Einladend und expansiv, hatten auch diese frommen Familien tentakelhafte Züge, wie die feudalen Familien, und im ganzen 11. Jahrhundert träumte man davon, daß eines Tages alle Menschen eine der vielen Wohnungen im Hause des himmlischen Vaters bewohnen würden. Dieser Traum beseelte auch die Verfechter des Gottesfriedens. Sie hofften, die Machterweiterung der Burgen zu verlangsamen, den Imperialismus burgherrlicher Gewalt zu beschneiden und geschützte Orte und Zeiten einzurichten, kurz, die Grenzen eines neuen privaten Bereichs abzustecken, der Gott vorbehalten war. Wer diesen Privatraum verletzte, indem er Kirchen plünderte, Friedhöfe und andere mit Kreuzen markierte Plätze besonderen Friedens (»salvitates«) schändete oder an den Gott geweihten Festtagen auf Raub auszog, verging sich gegen die Allgewalt Gottes und riskierte Seine private Rache. Gegen Gott verging sich ebenfalls, wer Männer oder Frauen überfiel, die als Seinem Hause zugehörig galten: Geistliche, Mönche, Frauen ohne männlichen Schutz und Arme. Gegen Gott verging sich ferner, wer einen Menschen zu ergreifen suchte, den Er in Seiner grenzenlosen Gastfreundschaft an einer der vielen Zufluchtstätten aufgenommen hatte, die Unbewaffneten und Flüchtigen offenstanden; sie waren Gäste Gottes, die in Seinem »mundium« Seine Fürsorge genossen.

»Pax Dei« und »treuga Dei«, der Gottesfriede allgemein und das Fehdeverbot an bestimmten Tagen, verliehen der Privatheit eine sakrale Aura und halfen ein Gehäuse zu schaffen, in dem Gemeinschaft praktiziert werden konnte, was seinerseits die Wiederherstellung einer öffentlichen Sphäre begünstigte. Die Kirchen, in denen die Menschen getauft und die Toten von ihren Sündenstrafen losgesprochen wurden, entwikkelten sich zum organisatorischen Zentrum von Kleingesellschaften, die aus den Bewohnern des Kirchsprengels bestanden. Im 11. und 12. Jahrhundert entstand manches Dorf im Schatten der Kirche, in jener Zone der Immunität, in der Gewalttätigkeit nach den Regeln des Gottesfriedens verboten war. Dort lebten die »Armen« solidarisch miteinander, sozusagen in gemeinschaftlichen »Höfen«, die vor äußerem Zugriff sicher waren. Gemeinsam vermochten die Dorfbewohner, die das Recht hatten, nicht bebautes Land zu nutzen, den Pressionen des Grundherrn besser zu widerstehen, als wenn sie einzeln aufgetreten wären. In manchen dieser Orte, zumal solchen, die durch den wachsenden Handel einen neuen Aufschwung nahmen, wurden Zusammenhalt und »Freundschaft« der Bewohner institutionalisiert und durch uralte Bräuche bekräftigt. So kamen die Mitglieder solcher Bünde zum gegenseitigen Schutz in regelmäßigen Abständen zusammen, um miteinander zu essen und zu trinken. Auch der gemeinsame Eidschwur festigte die Solidarität. Diese Eide waren ein Ausfluß der Gottesfrieden-Bewegung; ursprünglich hatten sie den Sinn gehabt, die Angriffslust der Ritter zu zügeln, indem man sie die Wahrung des Friedens schwören ließ. Später machte dieses Beispiel bei den einfachen Leuten Schule, und es kam nicht selten vor, daß dörfliche Haushaltsvorstände einen gemeinsamen Eid ablegten, auch ohne äußere Not »Eintracht« (»concordia« – eine Sache des Herzens) zu halten, und zwar durch die Vermittlung von Freunden, durch die »Hände der Nachbarn«, wie es das Gewohnheitsrecht der Stadt Cluny 1166 ausdrückt. Streitigkeiten sollten privat beigelegt werden; die sogenannte öffentliche Gewalt sollte einzig im Falle eines »fractus villae« angerufen werden, wenn ein sehr schweres Verbrechen wie »öffentlicher« Ehebruch oder »öffentlicher« Diebstahl die gesamte Gemeinschaft erschüttert hatte. Der Graf behielt sich vor, ein derartiges Verbrechen, wenn es in seiner Stadt geschehen war, persönlich zu verfolgen, und zwar ausdrücklich auch bis auf das Privatgelände der Kathedrale, und selbst dann, wenn die Schuldigen persönliche Abhängige des Bischofs oder des Domkapitels waren.

Haß und Feindschaft wurden in diesen Bünden nicht geduldet. Die 1128 in Laon verkündete Friedensordnung verbot beispielsweise nicht nur Gewalttätigkeiten innerhalb der geschützten Zone, sie untersagte auch »jedermann, der tödlichen Haß gegen einen anderen im Herzen trägt, ihn zu verfolgen, wenn er die Stadt verläßt, oder ihm aus dem Hinterhalt aufzulauern, wenn er in sie zurückkehrt«. Aggressivität war aus der Gruppe hinaus, nach außen abzuleiten und auf eine etwaige Bedrohung der kollektiven Interessen zu konzentrieren. So war es nur natürlich, daß sich eine interne Machtinstanz herausbildete; Gruppen wohlangesehener Leute nahmen das Werk der Friedenswahrung auf sich. Die Autorität der äußeren Gewalt war demgegenüber auf sogenannte öffentliche Expeditionen beschränkt sowie auf das, was man seit dem 12. Jahrhundert die »hohe« Gerichtsbarkeit nannte. Unterhalb dieser Ebene beobachten wir, wie im Schoß kollektiver Privatheit, rund um die Vorstellung vom Gemeinwohl, ein Gefüge öffentlichen Handelns neu entsteht und davon Bereiche persönlicher Privatheit abgegrenzt werden.

Diese Strukturen einer sekundären Öffentlichkeit trugen häufig Namen wie »Friede« und »Freundschaft« und umfaßten nicht sämtliche Einwohner. Einzig erwachsene Männer, die nicht in den privaten Diensten eines anderen standen, waren solcher Solidarität würdig. Der Text eines 1114 in Valenciennes geschlossenen Vertrages macht zu diesem Punkt eine eindeutige Aussage: Mit Beendigung des 15. Lebensjahres treten die Männer (»viri«) mit einem Ritual in die aktive Gemeinschaft ein. Von dieser Gemeinschaft ausgeschlossen – jedoch eingeschlossen in den »Stadtfrieden« – sind minderjährige Kinder, alle Frauen, »gleich welchen Ranges und Standes«, sowie – weil die Diener Gottes – Mönche, Nonnen und Priester. Und: »Jeder Herr [›dominus‹] kann in der Stadt seinen Abhängigen [›cliens‹] oder Leibhörigen [›servus‹] züchtigen oder schlagen, ohne den Frieden zu verletzen.« Wenn Hörige, die »*im selben Haus* und unter derselben häuslichen Gewalt [›dominium‹] leben, sich untereinander bekriegen, so sind Klagen und Geldbußen an ihren Herrn zu richten, das heißt den Herrn des Hauses [›dominus hospicii‹], und die den Friedenseid geschworen haben, sollen nicht eingreifen, solange nicht ein Todesfall eintritt.« An anderer Stelle heißt es: »Der Hörige, der *seines Herren Brot ißt*, kann nicht mit seinem Herren gegen einen anderen zeugen, daß er den Frieden verletzt habe.« Mit anderen Worten: In der befriedeten Zone, die dem gemeinen, also öffentlichen Recht unterstand, waren gewisse Nischen von diesem Recht ausgenommen, nämlich Häuser, deren Immunität von eben diesem Recht ausdrücklich gewährleistet wurde. Auf das Eindringen in ein solches Haus, d. h. auf Einbruch, stand dieselbe höchste Geldstrafe, die für »öffentliche« Verbrechen festgesetzt war. Anfang des 13. Jahrhunderts entstandene Stadtrechte in der Picardie, in Athy, Oisy und Walincourt erkennen das Recht auf Selbstverteidigung an: Wer in seinem eigenen Hause einen Eindringling erschlägt, bleibt straffrei. Wer in einem fremden Haus einen Hausbewohner schlägt, hat die sehr hohe Buße von 40 Schillingen (»solidi«, »sous«) verwirkt. Versucht der Angreifer, sich gewaltsam Zutritt zum Haus zu verschaffen, muß er 100 Schillinge zahlen, die sich auf 200 erhöhen, falls sein Vorhaben gelingt. Einen klaren Beweis für den symbolischen Wert der privaten Wohnung liefert die Strafe, welche die Gemeinschaft über denjenigen verhängt, der den Freundschaftsvertrag bricht: Zerstörung seines Hauses. Das ist zwar Rache, aber es ist öffentliche Rache, wie in Valenciennes ganz deutlich wird, wo dem Magistrat – denjenigen, die »den Friedenseid geschworen« hatten – die Entscheidung darüber oblag, ob ein Haus dem Erdboden gleichgemacht werden sollte oder nicht. Gegen diejenigen, die an diesem Zerstörungswerk mitwirkten, durfte man keine Vorurteile hegen, da sie im gemeinsamen Interesse aller handelten: »Hieraus soll weder Krieg [d. h. Fehde des einen Hauses gegen ein anderes] noch Feindschaft noch Hinterhalt entstehen; denn dies ist das Werk der Gerechtigkeit und des Fürsten.«

In allen Schichten der Gesellschaft finden wir die Unterscheidung zwischen dem, was öffentlich, und dem, was nicht öffentlich ist. Allerdings ist der genaue Grenzverlauf zwischen beiden Bereichen fließend, und daher muß der Begriff des privaten Lebens im Feudalsystem relativ bleiben. Zur Verdeutlichung wollen wir uns mit einer Episode aus der Geschichte Genuas befassen, die der Stadtschreiber berichtet. Diese »Gemeinde« war in Wirklichkeit eine »Gesellschaft«, ein befristeter privatrechtlicher Zusammenschluß ähnlich einer Handelsgesellschaft, und bestand aus den Oberhäuptern der großen Familien der Stadt, deren Geschlechtertürme einander trotzig an Höhe überboten. Die an dem Bündnis beteiligten Herren delegierten Macht an Magistratspersonen, die sogenannten »Konsuln« – ein Titel, den man dem alten Rom entlehnt hatte, in bewußter Anspielung auf die »res publica«, auf die Aufgabe des Konsuls, aggressive Impulse zu bändigen. 1169 versuchte man, einen Krieg zu beenden, der sich aus einem am Strand entfesselten Streit zwischen Jugendlichen aus rivalisierenden Familien entwickelt hatte und bereits fünf Jahre tobte. Die Modalitäten der Friedensregelung verdienen Beachtung. Alle Bürger der Stadt mußten öffentlich einen Friedenseid schwören und sich verpflichten, gegen jeden einzuschreiten, der künftig die Ordnung störte. Man verzichtete zwar darauf, die Häuser der Oberhäupter der verfeindeten Sippen zu zerstören, ordnete aber für beide die Besetzung durch die Stadtmiliz an. Ferner hatte man ursprünglich eine Reihe öffentlicher Zweikämpfe geplant, »sechs Gefechte oder Duelle auf geschlossenem Platz zwischen den führenden Bürgern«, auszutragen im Palast – dem öffentlichen Palast – des Erzbischofs, des obersten Patrons und Inhabers der »regalia«. Das Private machte jedoch Front gegen dieses Vorhaben. »Die Blutsverwandten und Verbündeten beider Seiten« beschworen den Magistrat, einen anderen Weg einzuschlagen und ein Versöhnungstreffen einzuberufen. Daher Szenenwechsel: Jetzt geht es nicht mehr nur um den bürgerlichen Frieden; nun wird die ganze Stadt zum Schutzgebiet, zum Territorium des Gottesfriedens. An allen Toren wurden Kreuze aufgestellt, und am vereinbarten Tag erschien der Erzbischof in vollem Ornat an der Spitze des Klerus und führte die Reliquienkästen mit. Die beiden »Kriegs-Chefs« mußten den Friedenseid auf die Bibel ablegen. Einer von ihnen weigerte sich. Er setzte sich auf den Boden und rührte sich, trotz allem Bitten seiner Verwandten, nicht vom Fleck. »Brüllend« beschwor er das Gedenken an die Mitglieder seiner Sippe, die »für den Krieg« gefallen seien. Schließlich zerrte man ihn mit Gewalt zur Bibel, um den Fehden ein Ende zu machen. Diese Fehden waren fraglos privater Natur. Aber war auch die Verpflichtung, Frieden zu halten, privat, oder war sie öffentlich? Das bleibt unklar.

Ich möchte noch eine andere Besonderheit aus der italienischen Geschichte zitieren. (Waren doch gerade die Italiener auf dem Gebiet der Logik des Rechts führend. Früher als andere nahmen sie die Dienste von Notaren in Anspruch, was uns einen besseren Einblick in die Verhältnisse erlaubt.) Im 13. Jahrhundert gab es einzelne Familien, die so groß waren, daß sie mehrere Haushalte unterhielten. Zur Wahrung des häuslichen Friedens führte man die »consorteria« ein. Das waren Vereinbarungen, durch welche eine Verwandtschaftsgruppe wie eine Gemeinde organisiert wurde, und auch zum selben Zweck wie diese, nämlich »zum allgemeinen Besten und zur Mehrung des Hauses«. Gemäß diesen Vereinbarungen mußten Männer, die 16 Jahre alt oder älter waren, einen Friedenseid schwören. Auch einen Verhaltenskodex verabschiedete man. Ein »Kontor« zur Verwaltung der gemeinsamen Finanzen wurde eingerichtet und ein Magistrat – wie in der Stadt »Konsul« genannt – bestellt, der für die Wahrung der »Eintracht« zu sorgen hatte. Zu diesem Zweck ließ er regelmäßig seine Brüder und Neffen zusammenkommen und die Bestimmungen der Vereinbarung laut verlesen; an einem festgesetzten Tag wählten diese Männer, seinem Vorschlag folgend, auch einen neuen Konsul. Im Zentrum dieses kommunalen Zusammenschlusses aus mehreren »case« oder »alberghi« erkennen wir eine private, familiengebundene Autorität; doch hat diese

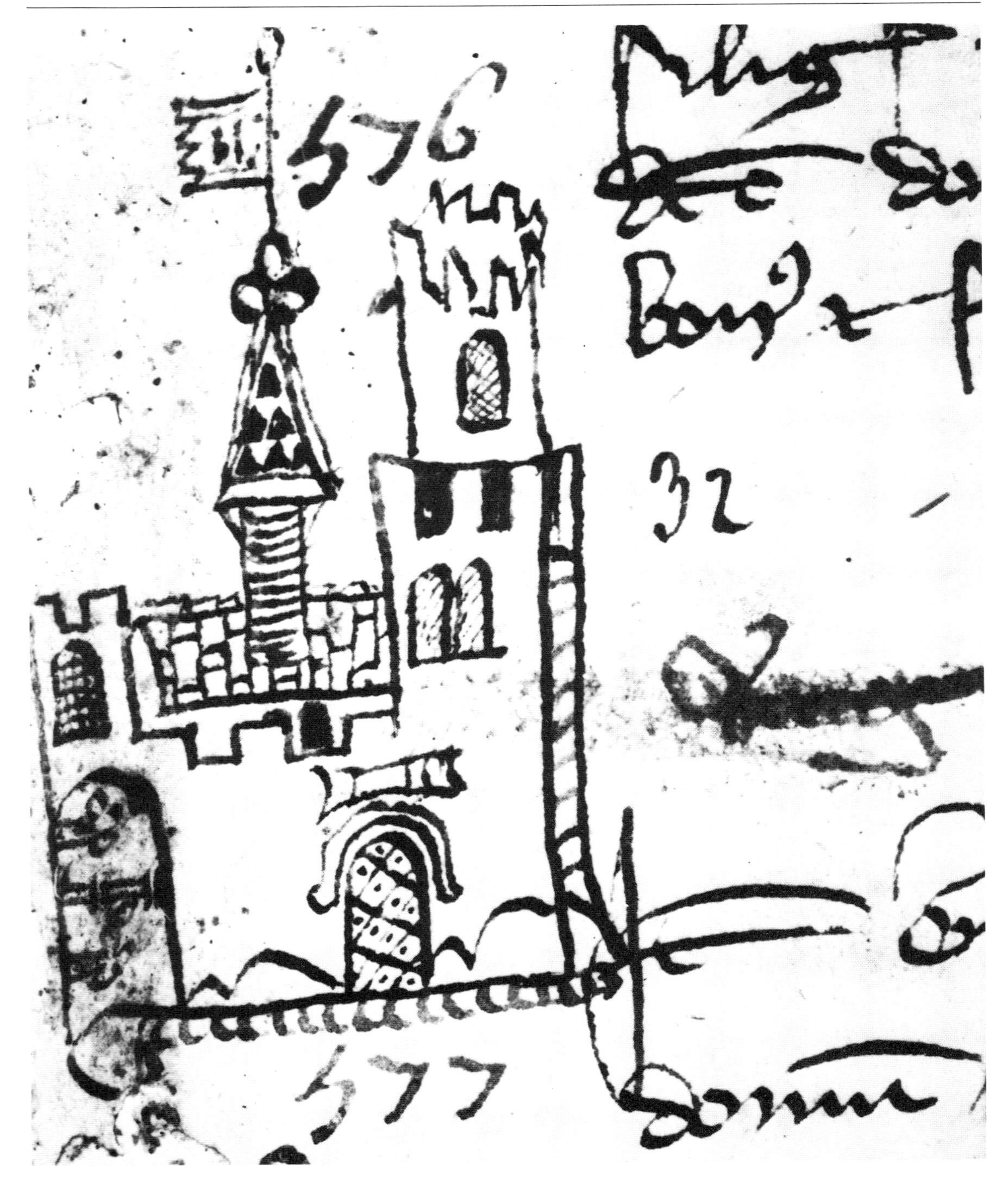

Burg/»festes Haus« im Güterverzeichnis von Saint-Paul-lès-Romans. (Archives de la Drôme)

eine merkwürdige Ähnlichkeit mit der »öffentlichen« Gewalt, die an der Spitze der Gesamtheit der Haushalte, d. h. der Gemeinde steht, von der die einzelnen Haushalte ein Teil sind. Jede einzelne Sippe glich einem Molekül, in dem die Macht von den erwachsenen Männern ausging; von hier strahlte sie in die privaten Zellen aus, um dort Eintracht zu stiften. Doch wurde niemals versucht, dem einzelnen Haushalt den Willen der Sippe aufzunötigen; denn das hätte nur erbitterten Widerstand erzeugt.

Mit dem Thema »Widerstand« sind wir auf eine Grundstruktur gestoßen, auf die elementare Verwandtschaftsgruppe, die »Familie«, bestehend aus einem Mann, seiner Frau, den unverheirateten Kindern und den Bediensteten. Die Häuser tauschten untereinander die Frauen aus, öffentlich, in fröhlichen Umzügen über Straßen und Plätze. Aber das war nur ein unvermeidliches, aufwendiges Zwischenspiel zwischen zwei privaten Feiern: der Verlobung im Hause der Braut und der Vermählung im Hause des Bräutigams. Doch war nicht auch in solchen Häusern der Speisesaal, in dem das Festbankett stattfand, weniger privat als das Schlafzimmer, ganz zu schweigen vom Bett selbst, in welchem zum krönenden Abschluß des Tages die Ehe vollzogen wurde? Und die Jungfrau hatte, bevor sie von ihrem Vater, Bruder oder Onkel in die Ehe gegeben wurde, unmißverständlich ihre Einwilligung zu bekunden. Einige weigerten sich beharrlich, das zu tun; und so stieß die Gewalt des Haushaltsvorstandes gegen Hindernisse, traf auf Schranken, welche die Autonomie des Einzelnen schützten. Immer dann, wenn wir meinen, das mittelalterliche Leben von seiner privatesten Seite fassen zu können, entzieht es sich uns. Deshalb muß unsere Untersuchung die abweisenden Grenzen des Privaten überschreiten und sich den Menschen selbst zuwenden, ihrem Leib, ihrer Seele, ihrer Innerlichkeit.

Hinter den Burgtoren teilte man miteinander sowohl die Speisen als auch die Liebe. *Psalter* des Abtes Odbert von Saint-Bertin, um 1000. (Boulogne, Bibliothèque, Ms. 20)

Georges Duby, Dominique Barthélemy, Charles de La Roncière

II. Porträts

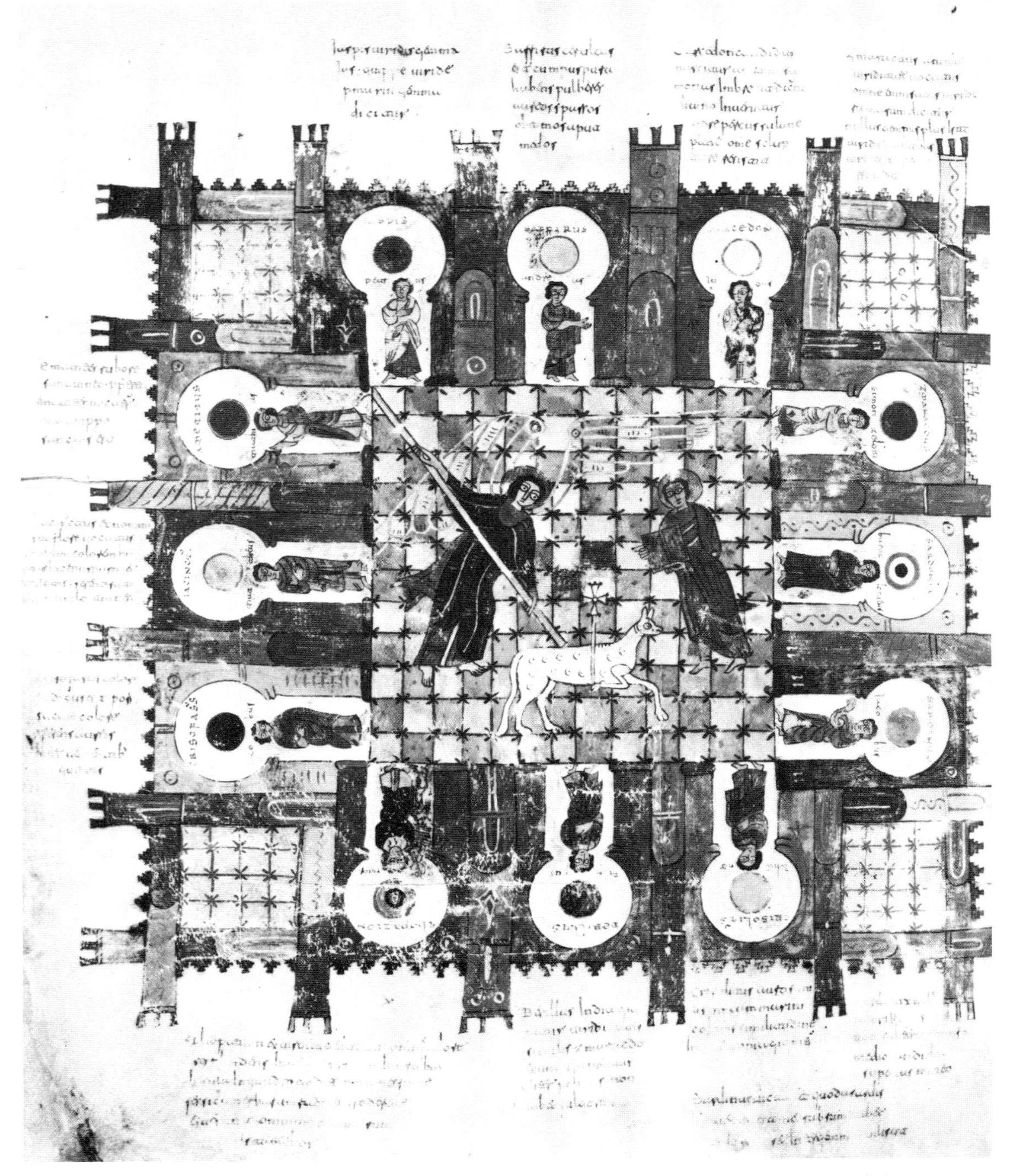

Das himmlische Jerusalem als Bild des vollkommenen Hauses. Beatus von Liebana, *Kommentar zur Apokalypse*. (New York, Pierpont Morgan Library, Ms. 644)

Georges Duby, Dominique Barthélemy

Französische Adelshaushalte im Feudalzeitalter

Vorbemerkung von Georges Duby

Wie wir gesehen haben, ist das private Leben im Feudalzeitalter, d. h. im 11. und 12. Jahrhundert, kaum abzugrenzen gegen das Nicht-Private, von dem es umgeben ist und durchdrungen wird. Um es zu verstehen, müssen wir den allgemeinen sozio-kulturellen Zusammenhang, in den es eingebettet ist, ins Auge fassen. Freilich wäre es gewagt, das ganze Abendland, dieses Mosaik aus sehr unterschiedlichen Völkern, als Einheit zu betrachten; und nicht ratsam wäre es, die Gesellschaft als ganze erfassen zu wollen, da unsere Quellen allein in bezug auf die herrschenden Schichten aussagekräftig sind. Wir beschäftigen uns daher nur mit der nördlichen Hälfte des Königreichs Frankreich und einzig mit den Adelsfamilien. Der privaten Gewalt des Haushaltsvorstandes unterworfen, waren die Mitglieder dieser Familien in zweierlei Beziehungsgeflechte eingebunden: in den Kontext des Gemeinschaftslebens und in die verwandtschaftlichen Ordnungsstrukturen. Dominique Barthélemy erörtert die Verwandtschaftsverhältnisse und die Großfamilie (2); ich selber habe mich an der Darstellung des Gemeinschaftslebens versucht (1).

1. Gemeinschaftsleben

Träume und Visionen

Um die Machtstruktur in den großen feudalen Häusern sowie die Sitten und Rituale der privaten Geselligkeit zu erkunden, beginnen wir bei Träumen als imaginierten Bildern der vollkommenen Wohnung und beim Paradies als dem Wohnsitz der Auserwählten im Jenseits. Der Vision des Abtes Sunniulf zufolge, die Gregor von Tours im 6. Jahrhundert überliefert, gehen diejenigen, welche in der Leitung der ihnen anvertrauten Herde für treu befunden werden, ein in »ein großes Haus, weißglänzend von außen«. Zwei Jahrhunderte später hat ein anderer Seher eine ähnliche Vision: »auf der anderen Seite des Flusses mächtige, schimmernde Mauern.« Und erläuternd setzt Bonifaz, der dies Gesicht erzählt, hinzu: »Es war aber das himmlische Jerusalem.« Kein Haus also, sondern eine Stadt. Das Traumsymbol war ein politisch-urbanes, es gemahnte an eine Stadt, die zwar in Trümmern lag, aber

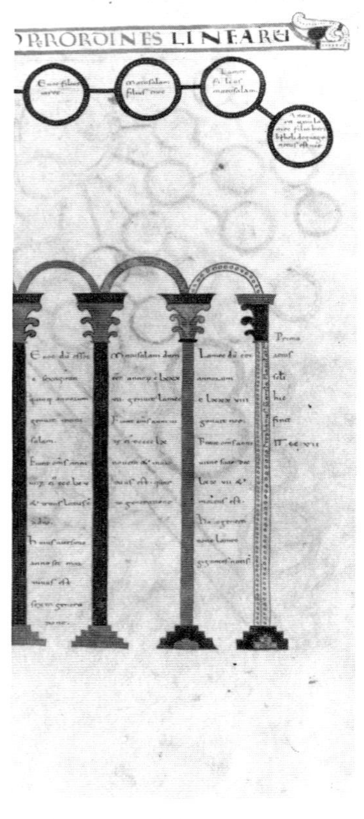

Arkaden und Genealogie. Beatus von Liebana, *Kommentar zur Apokalypse*, Mitte des 11. Jh. (Paris, Bibliothèque Nationale, Ms. lat. 8878)

dank ihrer zahllosen, erst in jüngster Zeit eingestürzten Bauten und Denkmäler ihre Faszinationskraft nicht verloren hatte; eine Stadt, bei der man auch an Rom dachte; ein Zufluchtsort, allerdings ein öffentlicher, der allen Kindern Gottes offenstand. Die Bögen, welche in karolingischen Miniaturen die Figuren der Evangelisten überwölben, deuten nicht mehr auf den Eingang zu einem Hof, sondern auf den Portikus eines Forums. Erst später wurde diese Vorstellung überlagert vom Bild des Hauses; die römisch-katholische Kirche sah den Himmel noch immer als mächtige Stadt, doch die Menschen dachten sich den Himmel vor allem als eine Art Haus. In der Paradiesesdarstellung auf dem Tympanon der Abtei Conques geht es rechts (auf der »guten« Seite) vom Weltenrichter Christus ruhig und ordentlich zu, im Gegensatz zu dem unverkennbaren Aufruhr links (wo die Verworfenen in den Schlund der Hölle gestoßen werden). Das ist ein architektonisches Symbol: Nischen öffnen sich in einen Raum der Eintracht und Harmonie, den Frieden des Klosters; sie sind durch das Dach wie von einem Mantel bedeckt und verschmelzen zu einer einzigen, gemeinsamen Wohnung. In dieser Zeit sagte Bernhard von Clairvaux vom Paradies: »O herrliches Haus und vorzuziehen unseren geliebten Zelten.« Das Paradies ist also ein fest gefügtes Haus, der Ort, an dem der »homo viator« nach einem unsteten Leben rasten und Ruhe finden kann – eine Wohnung also.

Nach den Phantasiegebilden der Geistlichen nun die der Ritter. Ein Text, der gegen Ende des 13. Jahrhunderts zur Ergötzung der vornehmen Gesellschaft verfaßt wurde, dreht sich zwar um ein sakrales Thema, ist jedoch in geradezu gotteslästerlicher Weise von höfischem Geist erfüllt. Er trägt den Titel *Court de Paradis (Hof des Paradieses)*. Daß »court« hier mit »t« geschrieben ist, verweist auf seine Herkunft vom lateinischen »curtis«. Hier ist aber auch »curia« gemeint: Gottvater möchte am Allerheiligentag »hofhalten«. Und so läßt er denn die in seinem Hause wohnenden Herren und Damen zusammenrufen; seine Herolde laufen »durch Schlafsäle, Kammern und Speisesäle«. Das Haus war sehr groß und wie die modernsten Burgen seinerzeit in verschiedene Räume unterteilt, deren jeder eine bestimmte Gruppe von Hausbewohnern aufnahm – in der einen Kammer hausten die Engel, in der anderen die Jungfrauen und so fort. Die einberufene Versammlung ist jedenfalls die eines Hauses: Es ist die »maisnie« Jesu Christi, die »in fröhlichen Paaren« auf ihren Herrn blickt. »Fröhlich« ist das entscheidende Stichwort; es läßt auf ein Fest, in diesem Fall eine Art Ball schließen, mit der Jungfrau Maria als Ehrengast. Es gibt Musik und Tanz; alle sind aufgerufen, mitzusingen. In naiver Weise erscheint das Paradies als eine gesellige Hausgemeinschaft, einen freudigen Anlaß feiernd und vereint im gregorianischen Gesang sowie in der Tafelrunde ihres Herrn und Meisters, des »senior«, dessen Pflicht es ist, »den Hof zu erheitern«. Hier vermischt sich offenkundig eine sakrale Vision – ewige Freude, Engelschöre, weltumspannende Liebe – mit einer profanen, in welcher die höfische Liebe, wie die göttliche Caritas, eine Ordnung stiftet, die nun freilich nicht die Auserwählten versammelt, sondern die Tischgenossen des Fürsten.

Das Paradies. Abtei Conques, 12. Jh.

Dieser Text läßt darauf schließen, daß die Unterhaltungsliteratur eine ergiebige historische Quelle sein kann; Bruchstücke einer solchen Literatur werden seit dem Ende des 12. Jahrhunderts häufiger. In ihnen sind die erträumten Häuser nicht mehr als Spiegelungen des Himmels vorgestellt. Nach der Lektüre der wichtigsten Texte lassen sich drei Eindrücke formulieren. 1. Das ideale Haus bedurfte einer Einfriedung. Mit Beginn des 13. Jahrhunderts sinkt die Zahl der Menschen, die innerhalb seiner Mauern wohnen; der Hof wird zum Schauplatz individueller Abenteuer. 2. In diesen literarischen Erzeugnissen, die sich an die »Jugend«, d. h. an unverheiratete Männer wandten, ist das ideale Haus stark erotisiert. Es erscheint als Reservat von Frauen; sie werden beaufsichtigt und hinter Schloß und Riegel gehalten und sind darum nur um so verlockender – der »Turm der Jungfrauen«, bevölkert von Mädchen. Hier begegnen wir einem Zeichen der immer wiederkehrenden Phantasie der freien Liebe – unterdrückt und in einen Ursprungsmythos verwandelt in einer Erzählung Dudos von Saint-Quentin aus dem frühen 11. Jahrhundert wie dreihundert Jahre später von Pater Clergues in Montaillou. So bildeten sich die Verfechter der Orthodoxie ein, daß ketzerische Sekten bei ihren heimlichen, aber faszinierenden nächtlichen Zusammenkünften der freien Liebe frönten; hier hat diese Phantasie allerdings negative Konnotationen. Wenn im höfischen Roman das Spiel der Liebe gespielt wird und der Held die Burgmauern überwunden und die begehrte Frau erobert hat, vollzieht sich die ehebrecherische Vereinigung oft in einem unterirdischen Raum – der Liebesakt ist ohnedies etwas, zu dem man sich nicht am hellichten Tage entschließt, und wenn es gar eine verbotene Liebe ist, muß sie buchstäblich »lichtscheu« werden. 3. In der profanen Phantasie war das ideale Haus hell und luftig: Aus tausend Fenstern flutete das Licht in die verborgensten Winkel. Zur Ausschmückung des Bildes griffen die Schriftsteller gern auf die Gärten am Orontes, auf türkische Kunst, fließendes Gewässer und allerlei sonstigen Zierat zurück. In der Phantasie war das Paradies eine Wohnung, in der es von Menschen wimmelte; das ideale Haus aber war ein berauschendes Paradies, wohlgerüstet für die Freuden des Lebens.

Das Kloster als Vorbild

Strenggenommen bedurfte es nicht einmal der Phantasie. Schon hier auf Erden und mit eigenen Augen konnte man präzise Nachbildungen der himmlischen Wohnung sehen – die Benediktinerklöster, die sich als Vorzimmer und zugleich als Präfiguration des Paradieses in dieser Welt verstanden. Deshalb war das Kloster eine ummauerte Stadt (»claustrum«) mit streng bewachtem Zugang und nur einem einzigen Tor, das zu festgesetzten Zeiten geöffnet und geschlossen wurde. Ein wichtiges Klosteramt war die Aufsicht über die Herberge, in der das Verhältnis zur Außenwelt geordnet wurde. Im wesentlichen waren die Klöster aber Häuser. Jedes beherbergte eine »Familie«; in der Tat waren die Mönchsfamilien die bestorganisierten Familien. Die Organisation erfolgte nach der Regel des hl. Benedikt, d. h. nach einem klaren, streng konzipierten Plan der Vervollkommnung. Seit dem 9. Jahrhundert flossen außerdem überreichliche Mittel in die Errichtung von Klöstern; das ermöglichte diesen unter anderem die Entwicklung neuer Agrartechniken. Benediktinerklöster gehören zu den besterforschten mittelalterlichen Baulichkeiten; eine große Zahl ausführlicher Dokumente gibt uns Aufschluß über ihren inneren Aufbau und ihre Verwaltung. Wollen wir wissen, wie sich wohlhabende Leute in der Privatheit ihres Heims verhielten, so müssen wir uns zuerst die Klöster ansehen.

Auf dem Höhepunkt der karolingischen Renaissance, zwischen 816 und 820, als Kaiser Ludwig der Fromme letzte Hand an seinen Plan einer an der benediktinischen Regel orientierten Klosterreform legte, entstand der Entwurf eines idealen Klosters. Die berühmten Pläne zur Abtei St. Gallen, auf fünf zusammengenähten Pergamentblättern überliefert, zeigen eine Reihe von maßstabgetreuen Grundrissen samt Legenden. Die Blätter wurden, offensichtlich vom Bischof von Basel, an Abt Gozbert geschickt, der sich mit der Absicht trug, die Abtei umzubauen. Die Pläne verkörpern eine Theorie, was ein Kloster zu sein habe: ein Ort, der auf die Harmonie der Sphären eingestimmt, an den Achsen der Welt ausgerichtet und im Sinne der Arithmetik vollkommen ausgewogen ist. Die architektonische Grundeinheit der Risse zählt 40 Fuß; Kernstück der gesamten Komposition ist das Kirchenschiff. Die Kirche war das Herz des ganzen Organismus und der Berührungspunkt zwischen Himmel und Erde. In ihr kamen die Mönche zusammen, um ihre wichtigste Pflicht zu erfüllen: im Einklang mit den Chören der Engel das Lob Gottes zu singen.

Im Süden dieses liturgischen Raumes standen die zur Klausur gehörenden Gebäude. Dieser Teil der Anlage ähnelt einer antiken Villa. Der Kreuzgang stößt an das Kirchengebäude. An der einen Seite befinden sich Keller, Küche, Bäckerei und Vorratshäuser. Auf der anderen Seite steht das Refektorium; darüber ist Platz zur Aufbe-

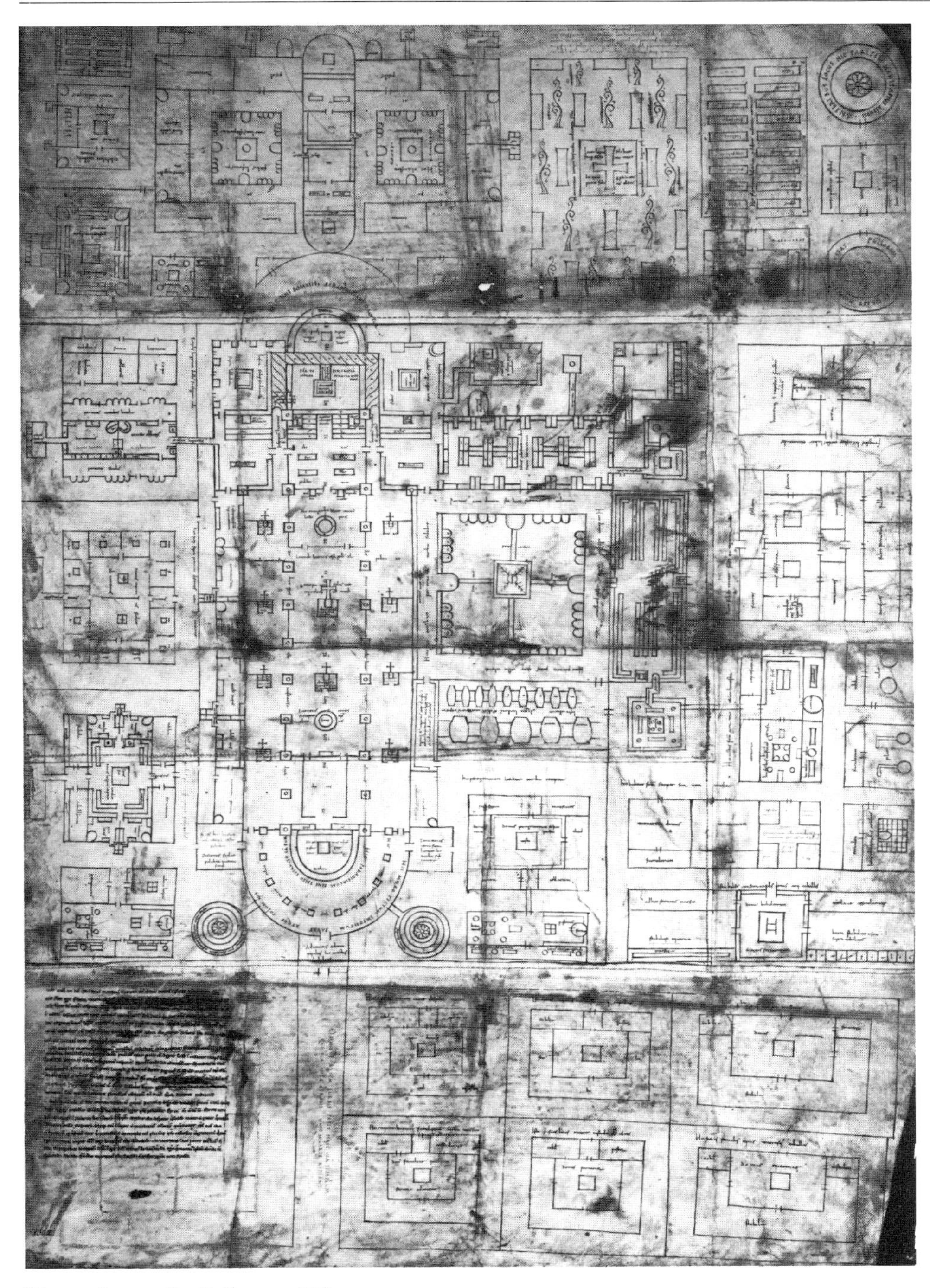

Klosterplan von St. Gallen, um 820.

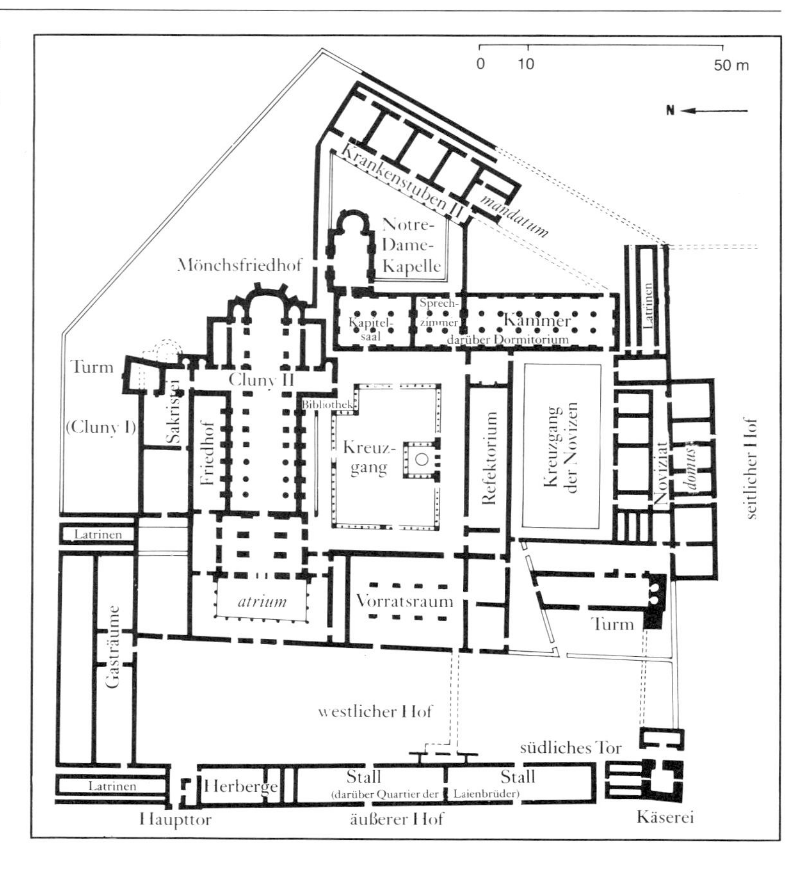

Grundriß der Abtei Cluny, Mitte des 11. Jh. (Nach K. J. Conant)

wahrung von Kleidungsstücken. An der dritten Seite gibt es einen von Bädern und Latrinen flankierten Saal und darüber einen Schlafsaal, der ebenfalls an die Kirche grenzt. Um diesen Wohnbezirk herum gruppieren sich vielfältige Einrichtungen für landwirtschaftliche und handwerkliche Tätigkeiten: Gesindehaus, Ställe, Werkhaus, Malzdarre, Stampf- und Mahlmühle, ein Haus für die verschiedenen Handwerker, der Gemüsegarten. An der Nordseite der Kirche und mit dieser verbunden steht das Haus des Abtes mit Küche, Weinkeller und Bädern. Im Nordosten befand sich das Krankenhaus, wo leidende Mönche und Novizen vorübergehend von der Gemeinschaft isoliert wurden; ein entfernterer Teil des Gebäudes diente dem Aderlassen und Purgieren. Schließlich gab es an der Klosterpforte, im nordwestlichen Teil der Anlage, für die zum Besuch zugelassenen Fremden zwei Herbergsgebäude, die ebenso vollständig eingerichtet waren wie die übrigen. Das eine, unweit des Abthauses gelegen, nahm die höhergestellten Gäste auf und diente als Schulhaus für die Externen; die andere Herberge war für Pilger und Arme bestimmt.

Offensichtlich sollte die innere Struktur der Abtei die strengen Hierarchien des himmlischen Hofes abbilden. Im Zentrum residierte Gott – hier stand das Allerheiligste. Rechts davon, in der nördlichen Verlängerung des Querschiffs, war der Platz des Abtes, der allein stand; als

Oberhaupt einer Familie gebührte ihm eine höhere Stufe als dem Rest seiner Familie. Links vom Allmächtigen, auf der dritten Stufe der Hierarchie, standen die Mitglieder der Familie – die Mönche waren die Söhne des Abtes, sie alle waren Brüder, alle einander gleich, und wie die Engel bildeten sie eine Miliz, eine Burghut, die von dem unweit des Refektoriums wohnenden Gesinde unterhalten wurde, da Autarkie und Selbstgenügsamkeit das Ideal waren. Am weitesten entfernt von der Klosterpforte, dieser schmalen Öffnung zur heillosen Welt, waren die Invaliden und die Novizen untergebracht – die Jungen, die Alten sowie die Toten, denn hier war auch der Friedhof. Der verletzlichste Teil der Mönchsgemeinschaft mußte isoliert werden, eben weil er schwach und anfällig war; er wurde beschirmt und beschützt von der rechten Hand Gottes. Hier befanden sich zudem die Räumlichkeiten für die geistlichen Funktionen der Mönche: die Schule und die Schreibstuben. Die materiellen Funktionen waren auf die andere Seite, zur Linken Gottes, verbannt. Die Gräber lagen, symbolisch für die Auferstehung, im östlichen Teil des Klosters, gen Sonnenaufgang; Besucher wurden hingegen im westlichen Teil untergebracht, auf der Seite des Sonnenunterganges und der Verderbtheit der Welt.

Dieser schematische Grundriß kam bei zahlreichen Klosterbauten des 9. Jahrhunderts zur Anwendung. Manche dieser Anlagen waren enorm groß und beherbergten eine außerordentlich große Zahl von Menschen. So lebten 852 in Corbie (bei Amiens) 150 Mönche; 150 Witwen wurden regelmäßig an der Klosterpforte gespeist, täglich 300 Gäste in der Herberge empfangen. In einigen Klöstern wurden Handwerker und Gesinde bald so zahlreich, daß man sie nicht mehr unterbringen konnte, und so entstanden außerhalb der Klostermauern regelrechte Ortschaften, beispielsweise um das Kloster Saint-Riquier, wo in jeder Straße ein anderes Handwerk siedelte. Im Feudalzeitalter hielten sich die meisten Klöster im Prinzip an den St. Gallener Bauplan; doch ist gleichzeitig die Tendenz zu einer stärkeren Konzentration der Klosteranlage zu beobachten, was zu mancher Variante führte. Nehmen wir beispielsweise Cluny unter seinem Abt Odilon um die Mitte des 11. Jahrhunderts (d. h. vor den aufwendigen Bauplänen seines Nachfolgers, des hl. Hugo, der einem anderen, dem imperialen Traum huldigte und nach antik-urbaner Tradition großen Wert auf öffentliche Räume legte). Die Orientierung (Ostung) ist dieselbe, ebenfalls die Lokalisierung der Pforte. Herzstück der Abtei ist noch immer die Kirche, die aber hier nicht mehr exakt die Mitte einnimmt. Geblieben ist die Struktur des Wohnbereichs. Krankenhaus und Friedhof liegen im Osten; im Westen befinden sich ein großer Innenhof für Besucher und die auch hier auf zwei Gebäude verteilte Herberge. Doch hat der Abt kein eigenes Wohnhaus, er lebt im Kreis seiner Söhne. Werkstätten und Scheunen sind aus der Anlage ausgegliedert. Nach der cluniazensischen Interpretation der Regel Benedikts war die körperliche Arbeit, zu der die Mönche angehalten waren, rein symbolisch zu verstehen. Das Ideal der Autarkie bestand zwar fort, aber die Lebensmittel wurden von Ablegern des Klosters, den »doyennés« (eigentlich »Dekanate«), bezogen, die über das Land verteilt waren. Sie waren, freilich in bescheidenem

Spuren einer Zisterzienserabtei, die kurz nach ihrer Gründung aufgegeben wurde. Vron (Somme)

Maße, ein genaues Abbild der Mutterabtei, wie die Überreste des Doyenné Berzé beweisen. In Cluny behielt man an Wirtschaftsgebäuden nur noch die Ställe. In dieser Reiter- und Ritterkultur hatte die Lust am Reiten auch die Klöster erfaßt. Der Abt von Cluny ließ sich außerhalb des Klosters niemals ohne berittenes Gefolge sehen. Für die Anfertigung der Kleidung (»vestitus«) und die Besorgung notwendiger Güter (»exteriora«), die nicht im Kloster selbst hergestellt wurden, waren nun, da die Mönche großzügiger mit dem Geld umgingen, Kaufleute, Handwerker und bezahlte Dienstmannen zuständig, die sich in der das Kloster umgebenden Ortschaft (»bourg«) ansiedelten. Innerhalb der Klostermauern war die Homogenität nun klarer ausgeprägt – es gab nur ein einziges Wohnhaus für alle. Was das private Leben betrifft, so wurde es von diversen Regel- und Statutenbüchern bestimmt, die den Tagesablauf des Mönchs genau festlegten.

Das Gemeinschaftsleben in cluniazensischen Klöstern war als unaufhörliche Liturgie mit strengem Ritual konzipiert. Den Mittelpunkt bildete der Abt. Er war nun in die Gemeinschaft, der er vorstand, integriert; er aß und schlief nicht mehr allein, sondern zusammen mit den Mönchen. Wenn er krank war, legte er sich zu den anderen Patienten in die Infirmaria, und wie die anderen Mönche versah auch er den Küchendienst. Ein Aspekt des neuen klösterlichen Lebens, der hier hervortritt, ist die erhöhte Bedeutung der Gemeinsamkeit und die Angst vor dem Alleinsein. Ja, das private Leben war mittlerweile so gesellig geworden, daß es dem Familienoberhaupt nicht mehr möglich war, an irgendeinem Ort für sich allein zu sein. Dafür brachten ihm die Mönche um so größere Ehrerbietung entgegen. Wenn der Abt einen Raum betrat oder verließ, dann erhoben sie sich von ihren Plätzen und verbeugten sich vor ihm, während er vorbeiging. Im Refektorium stellte man zwei Kerzen an seinen Platz, und wenn er sich in die Kirche oder zur

Dormitorium der Zisterzienserabtei Santes Creus.

Refektorium der Zisterzienserabtei Poblet (Spanien).

täglichen Zusammenkunft in den Kapitelsaal begab oder bei Nacht zu einem der Wirtschaftsgebäude gehen mußte, trug ihm einer seiner Söhne eine Kerze voran. Kehrte er von einer Reise heim, legten alle ihre besten Kleider an und liefen ihm entgegen, um ihn zu begrüßen. Am Kirchenportal umarmte er dann alle Mönche und gab ihnen den rituellen väterlichen Kuß, und zur Feier des Tages wurde beim Essen ein zusätzlicher Gang aufgetragen wie an einem Festtag. Bei Tisch saß der Abt ein wenig abseits von den übrigen Mönchen und bekam feinere Speisen und besseren Wein. So bekundete sich die Überlegenheit des Abtes in Feuer, Kuß, Wein, feierlichem Gruß und dem »freudigen Einzug«, wie das später bei den Königen heißen wird.

Der Abt war Herr und Hirte des Klosters. Er beherrschte es wie ein regierender Fürst, doch er regierte nicht allein. Ihm zur Seite gestellt war eine Gruppe von Mönchen, die in den Statutenbüchern »seniores« oder Älteste heißen. Hier haben wir eine weitere Eigentümlichkeit des Klosterlebens vor uns: die Unterordnung der Jungen unter die Älteren. Ferner assistierten dem Abt die Amtswalter des Klosters. Der Prior (von »primus«, »der erste«) war eine Art Stellvertreter im Falle der Abwesenheit des Abtes. Nach ihm in der Rangfolge kamen die Verwalter

Refektorium Fountains Abbey, Yorkshire, England.

der vier wichtigsten Klosterämter. Verantwortlich für die Kirche war der Sakristan; er öffnete und verschloß das Kirchengebäude zu den festgesetzten Stunden und hütete das liturgische Gerät und sonstige Gegenstände, welche die Gemeinschaft zur Ausübung der Frömmigkeit benötigte. Der (Kloster-)Kämmerer hatte alles unter sich, was in der »Kammer«, dem innersten Bezirk des Klosters, aufbewahrt wurde; insbesondere war er zuständig für das Geld und das, was man für Geld erwerben konnte. Seine Aufgabe wurde im Laufe des 11. und 12. Jahrhunderts immer wichtiger. Alles, was durch Schenkung, Zins oder Kauf ins Kloster geriet – Tuche, Wein, Edelmetalle, Münzen –, ging durch die Hände des Kämmerers, und ihm oblag es, diese Güter vernünftig zu verteilen. Auch ersetzte er im Frühling die abgetragenen Kleidungsstücke der Mönche durch neue und gab im Herbst, am Vorabend von Allerheiligen, neue Strohsäcke und Bettdecken aus. Er lieferte die Hufeisen für die Pferde und das Rasierzeug für die Mönche und war für die Beleuchtung mit Ausnahme der Kirchenbeleuchtung verantwortlich. Der »victus«, d. h. die regulären Erzeugnisse der Klostergüter gehörten in die Verantwortlichkeit des Kellerers. Er beaufsichtigte den Keller, in dem stets ein Mönch nächtigte und die ganze Nacht ein Licht brannte. Unterstützt von dem Aufseher der Weingärten und dem der Kornkammer (der auch für das Wasser und damit für die Wäscherei zuständig war), maß der Kellerer jedem Mönch seine tägliche Lebensmittelration zu. Ein weiterer Helfer war der Stallmeister (»connétable«), zuständig für den prunkvollen weltlichen Zeitvertreib des Klosters Cluny: die Pferde und das Reiten.

Das vierte Klosteramt regulierte den Verkehr mit Außenstehenden, die an Reinheit und Rang den Mönchen nachstanden. In dieses Amt teilten sich der Aufseher der Herberge (»hôtelier«) und der Almosenier. Der Almosenier verteilte überschüssige Lebensmittel und Kleidung an die Bedürftigen. Auch besuchte er wöchentlich einmal bettlägerige Kranke in der Ortschaft vor dem Kloster. (Kranke Frauen besuchte er nicht; um sie kümmerten sich auf seine Anweisung Laienbedienstete des Klosters.) Im Kloster selbst verpflegte er 18 bedürftige Pfründner.

Die Küche der Abtei Fontevraud; Außenansicht und Innenansicht.

Krankenstube und Oratorium eines Klosters. *Leben und Wundertaten des hl. Maurus*, spätes 11. Jh. (Troyes, Bibliothèque, Ms. 2273)

Damals hielt man in jedem wohlhabenden Hause die Gegenwart solcher »offiziellen« Vertreter der Armutsfürsorge für unerläßlich. Der Almosenier hatte ferner die Aufgabe, den Armen beizustehen; die Nächstenliebe gebot, ihnen Kost und Logis zu gewähren.

Von dieser Pflicht war klar zu unterscheiden die Pflicht zur Gastfreundschaft gegenüber vornehmen Gästen – hochgestellten Besuchern, die das gleiche Prestige genossen wie die Mönche und als Freunde empfangen wurden. Derlei Gäste erkannte man daran, daß sie nicht zu Fuß kamen, sondern hoch zu Roß; die Gebäude, in denen sie untergebracht waren, unterstanden nicht dem Almosenier, sondern dem »hôtelier«. Im Zuge der ehrgeizigen Umbauten unter dem hl. Hugo Ende des 11. Jahrhunderts nahm das Gästehaus des Klosters Cluny stattliche Ausmaße an; es zählte 135 mal 30 Fuß und war in zwei Teile gegliedert. Und hier fällt plötzlich ein Licht auf das, was wir zu ergründen suchen: die häuslichen Verhältnisse des Laienadels. In Cluny gab es zwei Dormitorien, eines für Männer, mit vierzig Strohmatratzen und vierzig Einzellatrinen, ein anderes für Frauen – »Gräfinnen und andere ehrbare Damen« – mit dreißig Betten und dreißig Latrinen. Dazwischen lag das Refektorium, wo beide Geschlechter am selben Tisch saßen. Der Speisesaal war vorzüglich ausgestattet; es gab Tischdecken und Becher und zahlreiches Personal: einen Küchenchef, einen Koch, einen Pförtner, einen Knaben, der den Gästen die Füße wusch und Wasser herbeitrug, einen Eseltreiber, der Holz im Kamin nachlegte. Dies alles waren bezahlte Hilfskräfte, die ihre Instruktionen vom »hôtelier« erhielten, dem Vermittler zur Außenwelt, dem Kontaktmann zum Unreinen. Nicht zufällig war der »hôtelier« auch für die Säuberung der Latrinen im Kloster verantwortlich.

Fremde tauchten also in den privaten Raum des Klosters ein und blieben für eine Weile mit seinen ständigen Bewohnern zusammen. Das Gemeinschaftsleben war normalerweise offen, und sehr hochgestellte Gäste wurden feierlich empfangen. Zwar standen die Mönche in Cluny

Der hl. Benedikt gibt seine Ordensregel weiter. *Martyrologium und Obituarium der Abtei zum Hl. Grab*, 12. Jh. (Cambrai, Bibliothèque, Ms. 829)

Der Abt als Vater. Sammelhandschrift aus Stablo, 11. Jh. (Brüssel, Bibliothèque Royale Albert I., Ms. 1813)

Mönche zu Pferd, Reliquien und Kapitelsaal. *Leben und Wundertaten des hl. Maurus*, spätes 11. Jh. (Troyes, Bibliothèque, Ms. 2273)

Spalier, um einen durchreisenden Fürsten zu begrüßen, doch erwartete man von jedem, der die Schwelle des Klosters überschritten hatte und aus dem öffentlichen Raum in die klösterliche Privatheit trat, daß er den Lebenswandel des Büßers beachtete. Verheiratete Frauen teilten deshalb im Kloster nicht das Lager mit ihrem Mann. Alleinstehende Frauen und vor allem Witwen, die ihre Tage in einer frommen Gemeinschaft beschließen wollten, durften zu wichtigen Gottesdiensten in die Kirche kommen, mußten jedoch in eigenen Häusern außerhalb des Klosters wohnen. Eine dieser Frauen war Gräfin Ida von Boulogne mit ihrem Gefolge von Schutzbefohlenen und Dienerinnen; eine andere war die Mutter von Guibert von Nogent, die unweit der Pforte des Klosters Saint-Germain-de-Fly lebte. Fremde durften zu bestimmten Zeiten sogar der Liturgie beiwohnen – in Cluny war das ein glanzvolles, halb öffentliches Fest, das an die Krönungsfeierlichkeiten im königlichen Palast erinnerte –, doch blieb ihnen (ebenso wie dem Klostergesinde, welches das Schwarzbrot der Armen aß) der innere Privatbereich des Klosters verschlossen, wo die Mönche und deren Vater, der Abt, lebten und aßen.

Die Bruderschaft der Mönche gliederte sich gemäß den cluniazensischen Statutenbüchern in vier Gruppen, deren jede ihr eigenes Quartier im Kloster besaß: das Noviziat, das Krankenhaus, den Friedhof und die Klausur.

Der Wohntrakt der Novizen, von demjenigen der Mönche durch die Kirche getrennt, war die Zone des Übergangs und der Reifung. Hier vollzog sich der langsame Prozeß der spirituellen Wiedergeburt. Hier wurden kleine Kinder, die dem Kloster von ihren Eltern übergeben worden waren, verpflegt und von einem Lehrer erzogen. Wenn ihre Lehrzeit beendet war, wenn sie die komplizierten Verhaltensregeln der Mönche erlernt hatten und wußten, was sie wann zu tun hatten, wie sie singen mußten und wie sie sich in den Zeiten des Schweigens durch Zeichen verständlich machen konnten, wurden sie feierlich in die Ge-

Ein Kind wird samt einer Stiftung dem Kloster übergeben. *Gratiani Concordantia discordantium canonum*, 12. Jh.
(Douai, Bibliothèque, Ms. 590)

meinschaft der erwachsenen Mönche aufgenommen. Dieses Ritual bedeutete Adoption und Integration. Der erste Schritt war das Ablegen des Gelübdes, die Profeß – eine schriftliche Erklärung, die in Anwesenheit der Mönchsgemeinschaft unterschrieben, verlesen und auf dem Altar deponiert wurde. Dann folgte eine Geste, die wie der Ritterschlag die Aufnahme des Initiierten in eine funktionale Gruppe anzeigte: Der einstige Novize legte das Mönchsgewand an, das er bisher nicht hatte tragen dürfen. Danach kam das Willkommensritual: Der Abt und die Mönche begrüßten den neuen Mitbruder mit dem Friedenskuß. Es folgte eine dreitägige Klausur, in welcher der neue Mönch mit seinen innersten, geheimsten, privatesten Gedanken allein war. Wie das Ritual der Nachtwache und des Bades, das der angehende Ritter vor dem Ritterschlag zu absolvieren hatte, symbolisierten diese Vorgänge und Handlungen um das Mönchsgelübde den Tod, gefolgt von der Auferstehung. Besonders bemerkenswert ist allerdings das dreitägige Alleinsein. Die strenge Klausur war eine Prüfung. Um ein Mönch zu werden, mußte man drei Tage in völligem Schweigen verbringen, Tag und Nacht den Kopf von der Kapuze verhüllt, den Leib von der Kutte bedeckt. Der neue Mönch lebte gleichsam in einem eigenen, kleinen Haus in dem großen Hause des Klosters. Die Kutte war der Kokon, in dem die Metamorphose des Menschen zum Mönch stattfand; sie war die innerliche Klausur, in die sich der junge Mönch zurückzog, um dem Vorbild Christi nachzueifern, der begraben ward, um am dritten Tage in anderer Gestalt wiedergeboren zu werden.

Auch das Krankenhaus war ein Ort des Wartens, wohin Mitglieder

Der Schutzheilige straft einen bösen Herrn. *Leben und Wundertaten des hl. Maurus*, spätes 11. Jh. (Troyes, Bibliothèque, Ms. 2273)

der Mönchsgemeinschaft zeitweilig verbannt wurden, weil sie von Krankheit befleckt waren. Denn Krankheit galt als Stigma der Sünde. Wer an einer Krankheit litt, der mußte bis zu seiner Reinigung von den anderen isoliert werden. In Cluny gab es im Krankenhaus zwei Räume für reinigende Waschungen – in dem einen wurden die Füße der Patienten gewaschen, in dem anderen das von ihnen benutzte Geschirr. In vier weiteren Räumen standen jeweils zwei Krankenbetten. Der Abt hingegen genoß das Privileg eines Einbettzimmers. Zum Krankenhaus gehörte eine eigene Küche, da die durch ihre Krankheit verunreinigten Patienten andere Speisen bekamen als die übrige Mönchsgemeinschaft. Sie durften sogar Fleisch essen, von dem man glaubte, daß es ihnen Blut zuführte und den leidenden Körper wärmte. Gerade der zeitweilige Fleischgenuß aber schloß die Kranken doppelt von der Gemeinschaft aus, insbesondere vom Empfang der Kommunion. Hatte ein Schwerkranker jedoch die Letzte Ölung empfangen, bekam er kein Fleisch mehr zu essen. Dafür empfing der Sterbende nun täglich die Kommunion; da der Tod näherrückte, galt es, ihn mit dem Zustand der Engel vertraut zu machen und seinem eigenen Fleisch zu entwöhnen. Die minder Kranken erkannte man an ihrem Stock, dem Signum der Schwäche, und am verhüllten Kopf als Zeichen der Buße. Ihre Krankheit bewies, daß sie Sünder waren, und so mußten sie sich läutern, indem sie Buße taten. Waren sie endlich genesen, mußten sie noch eine letzte Phase der Läuterung durchlaufen – sie empfingen die Absolution, bevor sie in den Kreis ihrer Brüder zurückkehrten.

Die meisten Mönche lagen eine Zeitlang im Krankenhaus, bevor sie ins Jenseits hinübergingen. Auch dieser Übergang war Anlaß für ein kollektives Ritual. Niemand starb allein; der Tod war vielleicht das am wenigsten private Geschehen im Leben eines Mönchs. Der Tod eines Mönchs war fast so etwas wie in der profanen Gesellschaft die Hochzeit. Am Totenbett wurde eine Art Fest inszeniert, in dessen Verlauf die Bande der Gemeinschaft sichtbar wurden wie bei keiner anderen

Der Abt als Heiler. *Leben und Wundertaten des hl. Maurus*, spätes 11. Jh. (Troyes, Bibliothèque, Ms. 2273)

Gelegenheit. Wenn sein Zustand sich verschlechterte, wurde der Sterbende von zweien seiner Brüder aus dem Krankenhaus in den sogenannten Kapitelsaal getragen, wo er zum letzten Male beichtete, und zwar öffentlich. Danach wurde er ins Krankenhaus zurückgebracht, um die Kommunion und die Letzte Ölung zu empfangen und von der Mönchsgemeinschaft Abschied zu nehmen. Erst küßte er das Kreuz, dann tauschte er den Friedenskuß mit den Brüdern, wobei er, wie einst am Ende seines Noviziats, beim Abt begann. Sobald die Agonie einsetzte, wurde an seinem Bett ununterbrochen Wache gehalten. Am Fußende des Totenbettes wurden Kreuze und Kerzen aufgestellt, und alle Mönche, durch Schläge an die Klosterpforte herbeigerufen, versammelten sich und beteten an ihres Bruders Statt das Credo und die verschiedenen Litaneien. Hatte der Sterbende schließlich seine Seele ausgehaucht, so wurde der Leichnam von Mönchen, die dem Verstorbenen an Alter und Rang gleichstanden, gewaschen. Danach wurde er in die Kirche getragen, wo man Psalmen sang, und anschließend auf dem Friedhof beigesetzt, der zum privatesten Bezirk des Klosters zählte und das dritte Viertel im Raum der Klosterfamilie bildete. Der Tote war von seinen lebenden Brüdern keineswegs abgeschnitten. Am Jahrestag seines Todes wurde im Refektorium ein zusätzliches, wohlschmeckendes Gericht aufgetischt. Die Toten, so glaubte man, gaben der Gemeinschaft stärkende Speise und tafelten mit ihren Brüdern – *nur* mit ihren Brüdern, denn Fremde durften an diesen Gedenkmal nicht teilnehmen. Was davon übrigblieb, schenkte man den Armen. So partizipierte auch der Tote noch am wesentlichen Ritual der klösterlichen Bruderschaft, dem gemeinsamen Mahl.

Der vierte und letzte Teil des Klosters war die Klausur. In Cluny stand das Wohnhaus der Mönche mitten in der »curtis«; es war als irdische Verkörperung eines vollkommenen privaten Lebens, ja soweit möglich als Spiegel der himmlischen Ordnung gedacht. Im Innenhof – dem Kreuzgang – verbanden sich die vier Elemente des sichtbaren Uni-

Psalter des Abtes Odbert von Saint-Bertin, um 1000. (Boulogne, Bibliothèque, Ms. 20)

Ein Novize wird Mönch. *Pontificale* des Guillaume Durand, 14. Jh. (Paris, Bibliothèque Sainte-Geneviève, Ms. 143)

versums: Feuer, Erde, Wasser, Luft. Mit seinem überdachten Umgang war er die introvertierte Version des öffentlichen Platzes und gänzlich privaten Zwecken vorbehalten. Hier war das Chaos der Zeit gebändigt; alles war streng nach Jahreszeiten, Tages- und Nachtstunden geregelt. Die verschiedenen Bereiche des Mönchshauses hatten unterschiedliche Funktionen. Der am reichsten geschmückte und am sorgfältigsten gepflegte Teil war die Kirche – der Ort, der dem »opus Dei«, dem frommen Werk diente, das ja der eigentliche »Beruf« der Mönche war, d. h. dem Gebet, welches mit lauter Stimme im Chor gesungen wurde. Neben der Kirche befand sich der Saal (»aula«), der für Disputationen und Gerichtssitzungen vorgesehen war. Er hatte Ähnlichkeit mit einer antiken Basilika, freilich einer nach innen gewendeten: Alles, was hier gesprochen wurde, war privat und geheim. Jeden Tag nach der Prim kamen alle Mönche, die dazu imstande und nicht infolge einer Bestrafung ausgeschlossen waren, in diesem Saal zusammen und erneuerten ihre Bindung an die Klostergemeinschaft, indem sie ein Kapitel aus der Ordensregel und einen Abschnitt aus dem Verstorbenenregister der Abtei lasen. Auch mit weltlichen Angelegenheiten befaßten sich die Mönche hier, ähnlich wie der Rat eines feudalen Fürsten. Schließlich korrigierten sie wie eine Familie gegenseitig ihre Fehler: Die »aula« war die Stätte unentwegter Selbstkritik. Verstöße gegen die Klosterzucht wurden entweder vom Missetäter selbst oder von anderen moniert, um die Ordnung in der Gemeinschaft wiederherzustellen. Der Schuldige wurde zuerst gegeißelt. (Das war in der privaten, häuslichen Justiz die übliche Praktik der Züchtigung, die der Mann an seiner Frau, den Kindern, Dienern und Leibhörigen vollstreckte.) Danach wurde er für eine Periode der Läuterung von der Gemeinschaft ausgeschlos-

Predigten des hl. Bernhard, um 1160. (Brüssel, Bibliothèque Royale Albert I., Ms. 9645)

sen; er mußte seine Mahlzeiten allein einnehmen und beim Gottesdienst an der Kirchentür stehen bleiben; er ging mit verhülltem Kopf umher und lebte in Isolation, getrennt von seinen Brüdern. Auch hier zeigt sich wieder, daß Einsamkeit als Verbannung, Prüfung, Strafe aufgefaßt wurde.

Sobald sie von ihren Sünden gereinigt waren, durften die verlorenen Schafe ins Refektorium zurückkehren. Das Mahl, das täglich gemeinsam eingenommen und zu bestimmten Jahreszeiten um leichte Imbisse ergänzt wurde, war ein festlicher Anlaß, der illuminierte Ausdruck der Einheit der Bruderschaft. Die Mönche saßen in vorgeschriebener Tischordnung an der Tafel, deren Leintuch alle zwei Wochen gewechselt wurde. Jeder Mönch fand an seinem Platz einen Laib Brot und ein Messer vor. Die Speisen kamen aus der Küche, der Wein aus dem Weinkeller, er wurde im sogenannten »gerechten« Maß zugemessen, d. h. für jeweils zwei Mönche. Die Ordensregel schrieb vor, daß der Wein geräuschlos getrunken werden mußte. Die Mönche aßen in absoluter Disziplin. Ihre Gesten genügten der Ordensregel, wobei sie auf die stummen Signale des Abtes achteten, der den Mittelplatz am Tisch einnahm. Die Mahlzeiten waren eine Kommunion, wobei die Stimme des Mönchs, der mit Vorlesen an der Reihe war, den Geist von seiner fleischlichen Hülle ablenkte.

Mit der Abenddämmerung begann die Zeit der Gefahr; denn dann ging der Teufel um. Da war es geboten, zusammenzurücken und auf der Hut zu sein. Im Dormitorium, dem privatesten Teil des Mönchshauses, im oberen Stock gelegen und daher geschützt vor schleichender Bedrohung, durfte kein Mönch allein sein, und der Abt weilte mitten unter seiner Herde. Die ganze Nacht brannte Licht, wie in einem Feldlager. Doch schlief jeder Mönch in seinem eigenen Bett; die Ordensregel untersagte strikt, das Lager mit einem anderen zu teilen. Aus einer vagen, jedoch zwanghaften Furcht vor Homosexualität mußte das Bedürfnis der Gemeinschaft insoweit zurückstehen. Aber letzten Endes

Leben des hl. Omer, spätes 11. Jh. (Saint-Omer, Bibliothèque, Ms. 698)

Tod eines Mönchs. *Leben und Wundertaten des hl. Maurus*, spätes 11. Jh. (Troyes, Bibliothèque, Ms. 2273)

war das Leben im Kloster auf Geselligkeit gegründet; jedes Geheimnis, jede Intimität gelangte unfehlbar zu öffentlicher Kenntnis, und das Alleinsein galt als gefährlich und wurde zur Disziplinierung eingesetzt.

Die Topographie des Adelshaushalts

Es war notwendig, zunächst einen Blick auf das Klosterleben zu werfen, bevor wir uns dem Laienadel zuwenden, über dessen Häuser weit weniger Informationen vorliegen. Zum Glück hatten Adelshaushalte in vieler Hinsicht Ähnlichkeit mit den cluniazensischen Klöstern; hier wie dort lebten Menschen von beachtlichem Wohlstand, überzeugt von ihrer Berufung zur Herrschaft über die Massen, verschwendungs- und genußsüchtig. Indessen gab es auch zwei bedeutsame Unterschiede.

Erstens trugen die Führer der Laienaristokratie auf andere Weise zum Gemeinwohl bei als die Mönche. Sie hatten nicht der Welt entsagt, und es war ihr Beruf, das Böse mit der Waffe, nicht durch das Gebet zu bekämpfen. Demgemäß neigte ihr privates Leben viel mehr zur Schaustellung und zur Öffentlichkeit. Außerdem spielte es sich in einem Rahmen ab, der seit Generationen für öffentliche Funktionen – militärische wie zivile – reserviert war: Der Adelshaushalt war Festung und Palast in einem.

Zweitens bot die Mönchsfamilie in ihrer Reinheit dem Keim der Schwachheit keinen Nährboden: Frauen und Kinder hatten keinen Zutritt zu ihr. (Die Zöglinge in Cluny wurden als kleine Erwachsene behandelt.) Dem Edelmann hingegen gebot die Pflicht, zu heiraten und legitime Kinder zu zeugen. Eheliche Fruchtbarkeit war hier das Fundament der Gesellschaft. Es gab kein vornehmes Haus ohne Ehe, keine Ehe ohne Haus. Den Mittelpunkt jedes Haushalts bildete das einzelne verheiratete Paar. Kinder, die heirateten, mußten aus dem Haus ausziehen. Ähnliches galt für die Alten; Witwen wurden in die Nähe eines Klosters abgeschoben, während man die greisen Väter entweder in eine fromme Einsiedelei verstieß oder sie zur Vorbereitung auf den Tod auf die Pilgerreise nach Jerusalem schickte.

Betrachten wir zunächst die äußeren Aspekte des privaten Raums oder, besser gesagt, dessen, was von ihm noch wahrzunehmen ist; denn seine Überreste sind weit weniger gut erhalten als die der Klöster. In Frankreich hat seit einiger Zeit eine Archäologie des Alltagslebens diese Überreste gewissenhaft erforscht. Die Befunde lassen darauf schließen, daß die Zahl aristokratischer Haushalte sich zwischen dem Jahr 1000 und dem Ende des 13. Jahrhunderts beträchtlich erhöhte. Die Bautätigkeit scheint sich zu zwei verschiedenen Zeitpunkten beschleunigt zu haben. Die erste Expansion erfolgte im frühen 11. Jahrhundert, als die großen Fürstentümer zerbrachen und die Herrschaftsgewalt in viele Fragmente zersplitterte. Allerorten entstanden Burgen und Türme, um der Ausbeutung der Bauern und dem im Namen der Friedenssicherung begründeten Abgabenzwang Nachdruck zu verleihen. Die zweite Phase der gesteigerten Bautätigkeit begann gegen Ende des 12. Jahrhunderts und währte anderthalb Jahrhunderte. In dieser Zeit entstanden vor allem zahlreiche bescheidenere Gebäude, sogenannte »maisons fortes«, die »festen Häuser«. In Burgund – in den Regionen Beaune und Nuits – hat man in 75 von 240 Siedlungen, einschließlich kleiner Weiler, solche Bauwerke nachgewiesen. Manchmal standen mehrere von ihnen auf einem einzigen Grundstück (»terroir«) beisammen. Viele waren Sitz einer hohen Gerichtsbarkeit, die öffentliche Verbrechen aburteilte. Diese Zersplitterung hatte vier Hauptursachen: den wachsenden Wohlstand der herrschenden Klasse, die von der intensivierten Agrarproduktion und der Großzügigkeit des wiedererstandenen Staates profitierte; die Auflösung großer Häuser und die damit einhergehende Verselbständigung der Ritter, die bis dahin in ihnen gewohnt hatten; die Lockerung der strengen Kontrolle, die das Familienoberhaupt über die Vermählung seiner Söhne ausgeübt hatte (der Widerstand gegen die Verheiratung jüngerer Söhne erlahmte, und jedes neue Paar brauchte sein eigenes Haus); schließlich den schwindenden politischen Einfluß der Burggrafen, deren Macht an die Pfarreien unter Oberaufsicht des Staates überging. Es ist jedenfalls klar, daß die Zahl der Orte, an denen Adelsfamilien lebten, im 11. und 12. Jahrhundert in Nordfrankreich stetig zunahm. Das führte zu einer allmählichen Diffusion von Verhal-

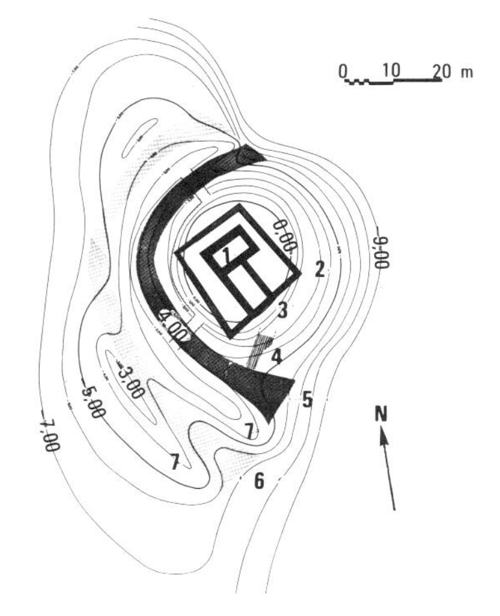

Saint-Martin-de-la-Brasque (Vaucluse): Das ›Castelas‹. Gesamtplan mit Rekonstruktionen Äquidistanz der Höhenlinien: 1 m (Geländerelief vor Beginn der Ausgrabungen)
1 Turm? 2 Einfriedung 3 Wohnhaus 4 Eingang 5 innerer Burggraben 6 äußerer Burggraben 7 Erdwall

Einfriedung und zwei Erdhügel. Vismes (Somme)

tensmustern, die ursprünglich in Fürstenhaushalten entwickelt worden waren.

Die Adelshaushalte bedurften des öffentlichen wie des privaten Raums, der Gelegenheit zur Prachtentfaltung ebenso wie zum Rückzug in die Abgeschiedenheit. Dies diktierte ihre Struktur. Eine Schilderung findet sich in der aus dem ersten Drittel des 12. Jahrhunderts stammenden Biographie des Bischofs Johannes von Thérouanne: »Die reichsten und vornehmsten Männer dieser Gegend werfen möglichst hohe Erdhügel auf und umgeben sie mit einem möglichst tiefen und breiten Graben. Dann befestigen sie den Wall mit einem Zaun aus starken Pfählen. Jede Einfriedung ist, wenn möglich, mit Türmen versehen, und in der Mitte bauen sie ein Haus, das nur über eine Brücke zugänglich ist und die ganze Anlage beherrscht.« Der Erdhügel, der Wall um das Wohnhaus, der einzige Eingang – diese Merkmale erinnern an ein Kloster. Hier steht indes, auch in Friedenszeiten, der wehrhafte Charakter der Anlage im Vordergrund. In Burgund zeichnen sich im 13. Jahrhundert »feste Häuser« durch ihre Erdhügel und die den Hof säumenden Böschungen (»terreaux«) aus, insbesondere jedoch durch ihre Türme, die oft bewehrt und zur Verteidigung unentbehrlich sind. Der Turm war das Symbol der Herrschaft, des »dominium« (von welchem Wort sich nicht nur »danger« [»Gefahr«], sondern auch »Donjon« [»Bergfried«] ableitet), Symbol also der behütenden wie der ausbeutenden Macht. Weil das Sinnbild einer Funktion – so wie das Banner oder der Glokkenturm der Klosterkirche –, war der Turm meist nicht bewohnt; in den Überresten solcher Türme hat die Archäologie nur wenig Spuren des Alltagslebens entdeckt. Das Leben fand anderswo statt, nämlich im Haus (»domus«), das mitunter in zwei Teile gegliedert war.

Die Häuser waren minder dauerhaft gebaut als die dazugehörigen

Türme, und so ist von ihnen fast nichts erhalten geblieben. Ihre innere Struktur können wir jedoch aus den Ruinen noch älterer Häuser erschließen, die, weil Wohnsitze großer Fürsten, aus Stein errichtet waren. In der Burg von Caen fand man Reste eines rechteckigen Gebäudes von 30 mal 11 Metern Grundfläche und 8 Metern Höhe, das aus der zweiten Hälfte des 12. Jahrhunderts stammt. Es hatte zwei Stockwerke, aber kein Kellergewölbe. Das Untergeschoß hat bis auf drei Abfallgruben am Boden keine Öffnungen. Es gab in seiner Mitte einen Herd und einen Brunnen. Sicherlich hat es zu ebener Erde auch einen Vorratskeller gegeben, der gelegentlich als Küche genutzt wurde. Das »vornehme« Obergeschoß wies sechs Fensteröffnungen, mehrere Kamine und eine Tür auf, die über eine Außentreppe zugänglich war. Eine Kostenaufstellung von 1180 für Reparaturen an der Burg erweckt die Funde zum Leben: Die Liste nennt zunächst den Turm, die Mauern und die Burgkapelle, sodann die »Kammern« und den »Saal«, die sich wohl in den gerade beschriebenen Ruinen befunden haben. Der Archäologe Michel de Boüard, der diese Ausgrabung vorgenommen hat, vermutet hinter diesen beiden Ausdrücken eine Unterscheidung zwischen »dem Saal, in welchem sich *öffentliche* Macht bekundete«, und »den *privaten* Gemächern des Fürsten«. Genau wie im Kloster, nur deutlicher ausgeprägt, gab es einen Unterschied zwischen dem mehr oder weniger offenen Raum der Demonstration von Macht und einem mehr oder weniger geschlossenen Raum. Der öffentliche Teil des Gebäudes eignete sich vorzüglich für festliche Gelage; hier bewirtete der Hausherr, für alle sichtbar, seine Freunde. Es gab Fenster, Säle und Lichter. Feierlich wurden die Speisen aus dem unteren Stockwerk heraufgetragen, wo sie, für die Gäste unsichtbar, von Dienern zubereitet

Die Burg von Caen. Überreste des Hauptturms und des herrschaftlichen Wohnhauses; 12. Jh.

worden waren. Die Kammer, der Raum der Privatheit oder »privance«, ging in Caen wohl in die Halle über und war von ihr entweder durch eine mittlerweile verschwundene Scheidewand oder, wie in Vendôme oder Troyes, durch einen Vorhang getrennt. Vielleicht war sie aber auch wie in Angers eine eigene, senkrecht auf die Halle stoßende Konstruktion aus vergänglicherem Material, die keine Spur hinterlassen hat. Dieses fürstliche Modell wurde in den »festen Häusern« übernommen. Ein Gebäude aus dem ausgehenden 13. Jahrhundert, von J.-M. Pesez und F. Piponnier im burgundischen Villy-le-Moutier ausgegraben, war ein großes, einstöckiges Holzhaus von 20 mal 10 Metern Grundfläche mit zwei Räumen; der eine enthielt den Kamin für das Schaufeuer, der andere in der Mitte einen Herd zum Kochen.

Die Archäologie kann uns kaum mehr als die toten Hüllen vorführen. Um ihnen Leben einzuhauchen, bedarf es des Historikers, der die schriftlichen Quellen befragt. Sie geben Aufschluß darüber, wie diese Häuser ausgeschmückt waren, nämlich hauptsächlich mit vergänglichen Textilien, von deren Fülle und Verschiedenheit die Inventare künden. So läßt ein Eigentumsverzeichnis des großen katalanischen Grundherrn Arnal Mir aus dem Jahre 1071 auf ein Haus schließen, in dem es Tuche und Pelze in Hülle und Fülle gab; aufgezählt werden auch die Handschuhe, Spiegel und sonstigen unentbehrlichen Accessoires des Herrn und seiner Verwandten. Wir erfahren aus dem Verzeichnis von Kandelabern sowie goldenen und silbernen Gerätschaften im prächtig ausgestatteten Speisesaal. Schließlich stoßen wir auf das Schlafgemach mit den Gegenständen eines intimeren Komforts, allen voran das »wohlgerüstete« (»garni«) Bett. Ein Wortschatz von besonderer Farbigkeit bezeichnet die vielen Ausstattungsstücke im Schlafzimmer, die Matratzen, Federbetten, Bettdecken, Wandbehänge und Teppiche. An Festtagen, wenn die Familie im Sonntagsstaat einherging, waren Menschen, Tische und Wände schön geschmückt. An gewöhnlichen Tagen wurde all dies an der unzugänglichsten Stelle des Hauses aufbewahrt, im Gemach des Hausherrn. Hier stand, den Texten zufolge, auch die Schatulle mit dem Vermögen, meist Geldmünzen, doch enthielt sie auch Gegenstände, die man zur Schau stellen konnte, denn der Herr mußte seinen Reichtum präsentieren. Nach der Ermordung Karls des Guten von Flandern scheinen Ritter wie Bürger vergeblich die Schatztruhe des Grafen gesucht zu haben, zuerst in seinem Haus, dann – bei der großen Plünderung 1127 – im Turm zu Brügge. Zuletzt prügelten sie sich um die Kücheneinrichtung, die Bleirohre, den Wein und das Mehl; sie brachen Kästen und Kisten auf und hinterließen schließlich nur noch das Gerippe eines Hauses.

Allein die schriftlichen Quellen können uns auch verraten, welchen Teilen des Hauses welche Aufgaben und Tätigkeiten zugeordnet waren. Das wohl ausführlichste Zeugnis findet sich in der Geschichte der Grafen von Guînes. Es beschreibt – in allen Einzelheiten, weil es so bewunderungswürdig war – das Haus, das sich der Herr von Ardres erbaut hatte; da es aus Holz war, ist von ihm heute nur noch der Hügel übrig, auf dem es stand. Zu ebener Erde befanden sich, wie in der Burg von Caen, »die Vorratskeller und Getreidespeicher, die Truhen, Fässer

Die Männer in der Halle, die Frau in der Kammer. *Geschichte der Scholastik* des Petrus Vorax, Ende des 12. Jh. (Paris, Bibliothèque Nationale, Ms. lat. 16943)

und Krüge«. Im ersten Stock lag die »habitation«, wo »der Haushalt sich versammelte«, d. h. der Saal, in dem Zusammenkünfte stattfanden und die Mahlzeiten eingenommen wurden – das Gegenstück zum klösterlichen Kapitelsaal plus Refektorium. Dann kam »das große Gemach, in dem der Herr und die Dame schliefen und das in die Schlafkammer der Diener und der Kinder überging. In dem großen Gemach gab es auch eine Stelle, wo morgens oder abends Feuer gemacht werden konnte, sei es für die Kranken oder bei einem Aderlaß oder damit die Diener und Kinder sich aufwärmen konnten. Auf derselben Höhe, aber vom eigentlichen Haus getrennt, lag die Küche.« (Die Küche war ein eigener zweistöckiger Bau. Zu ebener Erde, unter der eigentlichen Küche mit ihrem Herd, lagen der Schweinestall und die Hühnerställe. Durch einen Gang war die Küche mit dem Speisesaal des Haupthauses verbunden.) Über dem Schlafgemach des Hausherrn »hatte man Kammern gebaut. In der einen schliefen, wenn sie es wollten, die Söhne des

Herrn. In der anderen schliefen, weil es schicklich war, seine Töchter«, behütet von Wächtern, deren Wachstube daneben lag. Von der »habitation« kam man zum »logium«, einem Ort der Entspannung und des privaten Gesprächs, und von dort zur Kapelle. So wie im Kloster gab es auch hier den graduellen Übergang vom Eingangstor zu den privatesten Gemächern. Auch die vertikale Anordnung des Hauses ist bemerkenswert: Von der nahrungspendenden Erde und dem unteren Hof, wo die Lebensmittelvorräte deponiert sind, steigen wir zur Wohnung des Hausherrn empor, die das Gebäude beherrscht. Der eigentliche Wohnbezirk ist vom gemeinen Bereich des Hauses geschieden, worin sich die Zweiteilung der häuslichen Gesellschaft in Herren und Diener widerspiegelt. Einen ähnlichen Unterschied gibt es zwischen dem Feuer, das zum Kochen dient, und dem Feuer, das Licht und Wärme spendet und den Hausherrn in seiner Glorie erstrahlen läßt.

Der herausgehobene, herrschaftliche Teil des großen Adelshaushalts war in drei Funktionssphären gegliedert. Im Gegensatz zum Kloster spielte im vornehmen Haus das Gebet eine zwar wichtige, aber sekundäre Rolle. Deshalb wurde die Kapelle an die Peripherie verlegt; in Ardres war sie immerhin verschwenderisch ausgemalt, wie uns berichtet wird. Eine primäre Rolle spielten hingegen die kriegerische und die juridische Funktion, deren Ort der große Saal war. Der Saal war ein offener Raum unweit des Innenhofes und des Tores, weil er erhebliche Bedeutung für die Außenwelt besaß. Jeder Mensch hatte, wie in den Umzügen, welche die Macht der Familie öffentlich bezeugten, seinen von der Rangordnung bestimmten Platz in den zeremoniellen Ritualen, die in diesem Saal stattfanden; die anderen Adligen erschienen in ihren kostbarsten Gewändern, um anzuhören, wie der Herr Urteile fällte und Recht sprach. Das Volk kam, um ihm die Ehre zu erweisen. Als Schauplatz öffentlicher Handlungen war der Saal eine Domäne der Männer. Die weiblichen Verwandten wurden jedoch zu Tanz und Festmahl zugelassen. Ihren wirklichen Platz hatte die Frau allerdings im Schlafzimmer, wo sie der dritten wesentlichen Funktion des Adelshaushaltes oblag: der Fortpflanzung. Dies war ein so ernstes und aufregendes Geschäft, daß es in der Abgeschiedenheit eines geschützten Raumes vor sich gehen mußte. Das Schlafgemach war seiner ganzen Gestalt nach ein bräutlicher Ort. In seiner Mitte stand das Bett, das gesegnete Lager, wohin man die frisch Vermählten am Abend ihres Hochzeitstages geleitete, der Ort, an dem neue Erben zur Welt kamen. Das Bett war der Schoß der Familie, der privateste Sektor der Wohnung. Trotzdem war man im Schlafzimmer ebensowenig allein, wie die Mönche im Dormitorium allein waren. Nicht weit vom Bett des Herrn schliefen andere Leute, sicherlich Frauen, doch bisweilen wohl auch Männer, Familienmitglieder; das können wir den nächtlichen Abenteuern Tristans entnehmen. Die bedrückende Engnis des gemeinsamen Wohnens weckte den Wunsch, ihr zu entfliehen. Jeder weiß, welche Rolle in der höfischen Literatur die Fenster spielen: An ihnen stehen unglücklich verheiratete Frauen und träumen von ihrer Befreiung. Die mittelalterlichen Frauen waren wie die Männer Menschen der freien Natur; wenn man sie zu lange in geschlossene Räume zwang, dann entwichen sie in die

Obstgärten. Diese Gärten waren offen, doch gingen sie nicht, wie der Burghof, zur Außenwelt hinaus; sie waren von Mauern umgeben wie die Kreuzgänge der Klöster. Die kleinen Haine wurden oft von einem Bach durchflossen, wie es auch in vielen Klöstern der Fall war. In ihnen konnte man allein sein und sich verlieren. Hier keimte und wuchs die heimliche Liebe. War freilich der Augenblick der verbotenen Umarmung gekommen, so zogen sich die Liebenden ins Halbdunkel unterirdischer Gemächer zurück.

Die häusliche Gesellschaft

Die sozialen Beziehungen in den großen Häusern waren teils privat, teils öffentlich, denn zu den Besuchern zählten, wie es im *Roman de Renart* heißt, »privés ou estranges ou amis«, d. h. Vertraute, Fremde und Freunde, also drei verschiedene Kategorien von Gästen. Die »estranges« waren diejenigen, die keine besondere emotionale Bindung an den Hausherrn hatten. Die »Vertrauten« unterschieden sich von Freunden möglicherweise durch ihre Blutsbande: »Aus Freundschaft«, so heißt es in dem zitierten Roman, nennen Wolf und Fuchs einander Onkel und Neffe. Wahrscheinlich bestand der Unterschied darin, daß Vertraute offiziell mit im Hause wohnten, während Freunde, selbst wenn sie freien Zutritt zum Haus und engen Umgang mit dem Hausherrn hatten, anderswo wohnten. Sie kamen und gingen, wie die Gäste einer Klosterherberge.

Die Vertrauten bildeten das, was im mittelalterlichen Französisch »ménage« oder »maisnie« (Haushalt) heißt und in einem Artikel der *Olim* von 1282 juristisch folgendermaßen definiert wird: »Seine eigene *maisnie*, die in seinem Haus [*ostel*] wohnt, d. h. aus denjenigen besteht, die auf seine Kosten seine privaten Angelegenheiten erledigen.« Die ausgezeichneten Merkmale der »maisnie« sind also das gemeinschaftliche Wohnen, die gemeinsamen Mahlzeiten und die gemeinschaftliche Arbeit an einer vom Herrn gestellten Aufgabe. Die »maisnie« ist deshalb eine genaue Analogie zur Klosterbruderschaft. Der Haushalt konnte sehr groß sein – derjenige des Thomas of Berkeley im 13. Jahrhundert umfaßte mehr als zweihundert Personen, während der Bischof von Bristol hundert Pferde benötigte, wenn er mit seinen Leuten unterwegs war. Was eine so große Gruppe zusammenhielt, war der Umstand, daß sie der Gewalt eines Einzelnen untertan war oder, wie man damals sagte, von ihm »gehalten« wurde, und daß ein Schutzherr sie versorgte. Was Vertraute im 12. und 13. Jahrhundert von ihrem Patron erwarteten, war im Grunde nichts anderes, als was fünfhundert Jahre zuvor der merowingische Gefolgsmann von seinem Herrn erwartet hatte, dem er Treue geschworen hatte: »Nahrung und Bedeckung [›victum et vestitum‹] für meinen Rücken und für mein Bett und Schuhe sollst du mir stellen, und alles, was ich habe, soll in deiner Gewalt bleiben.« So verpfändete ein Mann sich selbst (ähnlich dem Mönch mit der Profeß) im Austausch gegen das, wessen sein Leib und seine Seele bedurften. Der Herr aber, der Nahrung und Schutz gewährte, hatte auch

Vorbereitungen zu einem herrschaftlichen Bankett. Bayeux-Teppich (Tapisserie der Königin Mathilde), 11. Jh. (Museum Bayeux)

das Recht, seine Männer zu bestrafen und zu züchtigen. Herr und Leute bildeten einen Leib (»corps«) mit Kopf (»chef«) und Gliedern. An der Schwelle zum 12. Jahrhundert spricht eine Urkunde aus dem Klosterarchiv von Cluny vom »caput mansi«, dem Herrn der »manse«, d. h. der Wohnung mit allem, was dazugehörte.

So wie die klösterliche Familie zerfiel auch die aristokratische »maisnie« in zwei Gruppen. Die eine bestand aus den »servientes«, den Bediensteten, die getrennt von den anderen aßen und gröberes, d. h. schwärzeres Brot zugewiesen bekamen. In großen Haushalten wohnten die »servientes« oft in einer Siedlung neben der eigentlichen Adelsresidenz. (Meines Erachtens besteht kein Zweifel daran, daß mit Beginn der städtischen Renaissance seit dem frühen 11. Jahrhundert die Bevölkerung dieser Siedlungen im wesentlichen aus den Vertrauten des Herrn – des Bischofs, des Grafen oder des Burgvogts – bestand, die verschiedene »Berufe« ausübten.) Die andere Gruppe waren die »Herren«. Zu ihnen zählten in der profanen Gesellschaft, im Gegensatz zur Klostergesellschaft, auch die gleichberechtigten Hilfskräfte, Kanoniker und Ritter, die für Gebet und Kampf zuständig waren. In Häusern von einer gewissen Größe bildeten die Geistlichen ein Kollegium von Kanonikern; der Hausherr, obgleich Laie, gehörte dem Kollegium an und saß als dessen Meister in der Mitte. Die militärische Aufgabe erfüllten die Ritter.

Es ist schwierig, die vornehmen Bediensteten in öffentliche und private, Freunde und Vertraute zu scheiden. Die in der Kapelle des Hausherrn gesprochenen Gebete kamen der gesamten Seigneurie zugute, und sein Haus war eine Festung, von der Friede und Gerechtigkeit auf die umliegenden Ländereien ausstrahlten. Daher stießen zu den Kriegern, die im Haus lebten, in regelmäßigen Abständen Männer, deren Beruf der Kampf war, die aber in eigenen Häusern in der Nachbarschaft wohnten. Für eine bestimmte Zeit wurden sie in den Privatbe-

reich des Burgherrn aufgenommen, empfingen von ihm ihre tägliche karge Kost sowie Harnisch und Ausrüstung und wurden seine Vertrauten. Nach der Rückkehr in ihre eigenen Häuser blieben sie seine Freunde, durch den Lehnseid, der eine Art Verwandtschaft begründete, mit ihm verknüpft. Die meisten Geistlichen und Ritter, die dem Herrn beistanden, waren ihm ohnehin, durch Blutsbande oder Heirat, verwandtschaftlich nahe. Es waren seine Söhne, Neffen und Vettern, legitime ebenso wie illegitime. Den anderen gab der Herr seine Töchter zu Ehefrauen. Sie mußten die Burg dann zwar verlassen und ihre eigenen Häuser beziehen, blieben ihr aber weiterhin verbunden. Von Zeit zu Zeit mußten sie einen Besuch abstatten und auch ihre Sprößlinge in die »maisnie« des Herrn schicken.

Genauso wie das Kloster war auch der Adelshaushalt ein Ort, an dem Gäste willkommen waren. Seine Tore standen den Armen offen, die hier, wie im Hause des Lazarus, die Brosamen von des Herrn Tisch aßen – ein Schmarotzertum, das dem Herrn und seinem Hausstand zum Segen gereichte. Auch verbrachten junge Leute im Adelshaushalt ihre Lehrjahre. Junge Männer mit guter Abkunft – die Söhne der Schwestern oder Vasallen des Herrn – wurden in den höfischen Sitten und kriegerischen Künsten unterwiesen. Reisende von vornehmer Abstammung wurden ebenfalls aufgenommen, »Freunde« und »Fremde« gleichermaßen; auch diese Parasiten waren unentbehrlich. Ein wichtiges Symbol der Macht war nämlich die Geste, womit der Herr seine Gäste einlud, in der Halle Platz zu nehmen, sich an Speis und Trank gütlich zu tun und sich danach schlafen zu legen. An bestimmten Tagen kamen nicht nur durchreisende Fremde zu Besuch, sondern auch die Repräsentanten der Satellitenhaushalte. An den großen christlichen Festen – Weihnachten, Ostern, Pfingsten – gewann der Saal des aristokratischen Hauses seine ursprüngliche Funktion zurück, nämlich die der Basilika, in der herrscherliche Gewalt geübt wurde; an solchen Tagen ging das

Rekonstruktion eines Hauses an der Grabungsstätte Charavines (Isère), frühes 11. Jh.

Private völlig im Öffentlichen auf. In jedem Haus aber, ob groß oder klein, erreichte die Gastfreundschaft ihren Höhepunkt, wenn es galt, eine Hochzeit zu feiern. Die »Familie« des Bräutigams verließ das Haus und zog der Braut entgegen, die von ihren eigenen Verwandten eskortiert wurde. Diese geleiteten die junge Frau ans Tor, ins Haus und bis zum Brautgemach – nicht ohne zwischendurch in dem dafür vorgesehenen halböffentlichen Raum ein ausgelassenes Fest mitzufeiern.

Das Geordnete und das Ungeordnete

Sogar die Machtstruktur in dieser komplexen und beweglichen Gesellschaft hatte frappierende Ähnlichkeit mit der des Klosters. An der Spitze stand, wie im Himmel, ein einzelner Mann, ein Vater. Freilich durfte er nichts tun, ohne seine Berater gefragt zu haben; auch sie waren Männer, hierarchisch nach ihrem Alter geordnet. So nahm der »pater familias« die Stelle Gottes ein: In seinem Haus war er gleichsam die Quelle allen Lebens. Gleichwohl gab es einen wichtigen Unterschied zwischen dem Adelshaushalt und dem Kloster: Die Bewohner des einen lebten nicht in unmittelbarer Nähe der Engel wie die des anderen; sie waren dem Fleisch nicht entrückt. Der Adelshaushalt war nicht asexuell. Als der Chef einer Dynastie hatte das amtierende Oberhaupt die Pflicht, deren Fortbestand durch die Zeugung von Nachwuchs zu gewährleisten. Frauen seines eigenen Haushalts mußte er in verbündeten Häusern unterbringen, um sich deren Treue zu sichern und für Nachkommen zu sorgen. Da seine Hauptfunktion eine genitale war, brauchte er eine Frau für sein Bett. In der Mitte des Spinnennetzes der Macht saß also ein Paar. Die Frauen wurden von den Männern vollständig dominiert; dennoch war die Frau des Hausherrn Mutter seiner Erben (und der Gatte hätte, zumindest im 11. Jahrhundert, keine Bedenken gehabt, sie aus dem Haus zu werfen, wenn sie in dieser Aufgabe versagt hätte). So hatte die Dame des Hauses (»domina«), die legitime Bettgenossin des Herrn und Mutter seiner Nachkommen, einen gewissen Anteil an der

Felsenhaus und Vorratsspeicher; Buoux (Vaucluse)

Macht des Mannes, den sie ihren »seigneur« nannte. Auch sie »dominierte«.

Reproduktion bedeutete Expansion. Bisher haben wir das private Leben nur in seiner defensiven Struktur betrachtet, hinter Mauern geborgen. In Wirklichkeit tendierte der Haushalt wie jeder lebendige Organismus dazu, zu wachsen und sich auszudehnen. Alles, zumal die Autorität des »pater familias«, war darauf ausgerichtet, diesen vitalen Expansionsdrang zu fördern. Jeder Adelshaushalt war ständig auf der Suche nach mehr Verwandten, mehr Verbündeten, mehr Bediensteten. Darum gab es in der Burg von Ardres ein Säuglingszimmer, wo sich Ammen um den Nachwuchs ihrer Herrin kümmerten, auf daß diese nur recht bald wieder schwanger werden konnte. Darum auch wurden die Kinder, sobald sie »vernünftig« waren, nach Geschlechtern getrennt – die Mädchen wurden sorgfältig bewacht, damit sie jungfräulich blieben, bis sie in feierlichem Geleit zur Burg ihres künftigen Gatten geführt wurden; die jungen Männer schickte man in die Welt hinaus, damit sie sich eroberten, was sie vermochten – insbesondere eine Frau; nach Hause kamen sie nur noch zu Besuchen und als Gäste.

Was den Lenden des »pater familias« entsproß, war niemals genug, und so war es seine oberste Pflicht, nachdem er geheiratet und Kinder in die Welt gesetzt hatte, seine »maisnie« zu erweitern, indem er Gefolgsleute als Tischgenossen ins Haus holte. Dieses Ziel beherrschte die häusliche Ökonomie. Ersparnisse zu investieren war dem mittelalterlichen Geist fremd. Die Geld- und Naturalienreserven, die im Schlafgemach, in den Speichern und im Weinkeller deponiert waren, dienten lediglich als Vorräte für künftige Feste, bei denen man den Reichtum des Hauses mit vollen Händen verschwendete. Eine aus der Mitte des 12. Jahrhunderts stammende Urkunde aus Cluny enthält eine »constitutio expensae«, einen »Ausgabenplan«; er sollte dazu beitragen, die Ressourcen eines bestimmten Hauses zu mehren. Sinn des Vorhabens war es, die Einkünfte den Erfordernissen einer unerläßlichen Generosität anzupassen. Zu den häuslichen Tugenden des Feudalzeitalters gehörte nicht die Sparsamkeit, wohl aber eine überschwengliche Großzügigkeit. Deren Zweck war es, neue Verbündete ans Haus zu fesseln. Den eigentlichen Wohlstand verbürgten Gefährten oder »Freunde« – ein Punkt, auf den die profane Literatur immer wieder hinweist.

Der Patron war verpflichtet, den spirituellen und physischen Bedürfnissen der Mitglieder seines Haushalts Rechnung zu tragen. Dabei hatten die spirituellen Bedürfnisse Vorrang vor den physischen. Infolgedessen waren die Kleriker die höchstrangigen häuslichen Gefolgsleute; ihre Dienste wurden nicht nur in der Kapelle, sondern auch im Speisesaal und sogar im Schlafgemach benötigt; denn der »pater familias« war der Oberste der mit dem spirituellen Dienst Betrauten. Wie im Kloster war der Vater zugleich Lehrer. Die Eklogen des Grafen Balduin II. von Guînes bezeichnen diesen als des Lesens und Schreibens unkundig; er war ein besessener Sammler von Büchern, obgleich er sie nicht lesen konnte. Doch befahl er die Übersetzung des lateinischen Textes in eine Sprache, die er verstand. Er pflegte zu kommentieren, was man ihm vorlas, stellte Fragen, diskutierte die Antworten – er war, mit einem

Wort, ein Mann, der fleißig lernte, um seiner Rolle als Lehrer gerecht zu werden. Zu diesem Zweck beschäftigte er übrigens eine Schar von Helfern, die er sich unter den Graduierten der Schulen, den »Meistern«, aussuchte. Manche lebten nur zeitweilig im Hause des Grafen, arbeiteten an einer Übersetzung oder ergänzten die Bibliothek. Kanoniker oder Mönche, die einer geistlichen Gemeinschaft angehörten, kamen für eine Weile hinzu und griffen mit ihren Spezialkenntnissen den Brüdern unter die Arme. Andere Kirchenleute blieben für immer. Als Hauskaplane predigten sie dem Grafen und seinen Vertrauten. Der Graf beschäftigte sie auch anderweitig; er beauftragte sie mit unterhaltsamen Theaterstücken oder Liedern in der Volkssprache, von denen er wußte, daß seine Freunde sie weit mehr goutierten als die erbaulichen Predigten, denen sie notgedrungen lauschten.

Der Hausherr gab sich Mühe, seinen Leuten, diesen geborenen Jägern und Kriegern, die Langeweile zu vertreiben, wenn die ihnen gemäßeren Tätigkeiten nicht gefordert waren. Aber er wußte sehr gut, daß er ihre Treue und ihren Gehorsam am sichersten gewann, indem er ihre physischen Bedürfnisse befriedigte. So oft wie möglich machte er mit seinem Gefolge Jagd auf wilde Tiere oder zog – in Turnieren und Schlachten – gegen seine Rivalen. Er achtete darauf, daß in seiner Burg genügend Dienerinnen vorhanden waren und daß es in seiner Garderobe stets ausreichend »vestes« (Gewänder) gab, die an hohen Feiertagen rituell verteilt wurden. Wie hätte der Hausherr ohne diese regelmäßigen Geschenke und Wohltaten die Herrschaft über seine »maisnie« behaupten können? Wie konnte er andererseits ehrenvoll sein Amt als Patron weitergeben? 1219 traf Marschall Wilhelm von England auf dem Totenbett Verfügungen über die Verteilung seines persönlichen Besitzes. Er hinterließ sein ganzes Vermögen der Kirche, auf daß man für seine Seele bete. Da erinnerte man ihn daran, daß in seiner Schlafkammer noch eine große Zahl scharlachroter, mit Feh gefütterter Roben lagerten, ferner achtzig frische Pelze, für die man noch einen guten Preis erzielen und zusätzliche Gebete erkaufen konnte. Wilhelm wurde zornig: Es ging auf Pfingsten zu, und an diesem Tag hatten seine Ritter Anspruch auf neue Gewänder, die er ihnen nicht vorenthalten wollte. Der Herr durfte seine Leute nicht im Stich lassen; selbst an der Schwelle des Todes überwog die Pflicht zur Freigebigkeit Wilhelms Sorge um das eigene Seelenheil. Bevor er seine Gefolgsleute einkleidete, mußte er ihren Appetit befriedigen und ihnen Speisen vorsetzen, die nicht nur reichlich und schmackhaft waren, sondern die vor allem die Tischgenossen des Herrn von den gewöhnlichen Leuten unterschieden; für sie war das »cumpanagium« nicht etwas, das zu dem Hauptnahrungsmittel Brot dazugegessen wurde, sondern der Hauptbestandteil des Mahls. Und deshalb durfte der Herr niemals knauserig sein. Ob im Schlafgemach oder im Speisesaal, seine Macht wuchs mit seiner Bereitschaft, zu geben – in immer größeren Mengen.

Jäger; 14. Jh.
(Paris, Bibliothèque Sainte-Geneviève, Ms. 1283)

So wie der Abt des Klosters hatte auch der Hausherr Gehilfen bei der Verwaltung seines Haushalts. Im Feudalsystem wurden die administrativen Aufgaben ähnlich aufgeteilt wie schon in der karolingischen

Musikant; Kirche von Saint-Donat (Drôme), spätes 12. Jh.

Kaiserpfalz. Die vornehmste Gehilfin des Hausherrn war seine Frau, die ähnliche Macht besaß wie im 9. Jahrhundert die Königin. Sie war für alles zuständig, was mit Frauen zu tun hatte (einschließlich der kleinen Kinder, die man der weiblichen Sphäre zurechnete). Sie überwachte die Vorratsspeicher und alles, was ins Haus hereinkam. Beispielsweise beaufsichtigte die Frau des Herrn von Ardres die Erhebung der Abgaben bei den Bauern. Als einer der Bauern das fällige Schaf nicht liefern konnte, verlangte die »dame« statt dessen seine kleine Tochter. Sie zog das Mädchen bei sich auf und suchte für es zu gegebener Zeit einen Mann. Wie ein guter Hirte hütete sie ihre Herde und nutzte deren Fortpflanzungsmöglichkeiten; so half sie ihrem Mann bei der Erweiterung der »Familie«. Sie hatte auch ein Auge auf ihre Dienerinnen. Wenn eine der Mägde schwanger wurde, zwang die Burgherrin den mutmaßlichen Vater, das Mädchen zu heiraten. Sie strafte die Frauen im Haus, versetzte sie in Angst und Schrecken und zwang ihnen ihren Willen auf. Wie Jean de Marmoutier berichtet, wollte der König von Frankreich die verwaiste Tochter eines machtvollen Vasallen verheiraten, doch das Mädchen sträubte sich gegen die Ehe. Weil er es nicht zur Zustimmung bewegen konnte, bat er seine Frau, den Willen des Mädchens zu brechen, und die Königin kam seinem Wunsche nach.

Burgherr und Burgherrin hatten noch andere Gehilfen, deren jeder ein »ministerium«, ein Amt, verwaltete. Ein Blick auf die Organisation des Hofes zu Hainaut läßt erkennen, wie diese Ämter funktionierten. 1210 rezitierten zwei alte Männer, der uneheliche Bruder und der Kaplan des vorletzten Grafen (beide zu den »privatesten« seiner Vertrauten gehörend), öffentlich das älteste Gewohnheitsrecht der Gegend, weil der Graf es wieder in Kraft setzen und für die Nachwelt erhalten wollte. Zu diesem Zeitpunkt wurden die Dinge zunehmend institutionalisiert und verfestigt. Einträgliche Ämter, die ohnehin schon in privater Hand waren, konnten mit Einwilligung des Patrons verkauft und vererbt werden. Einige dieser Ämter gehörten Frauen oder nur durch seine Frau dem Mann; normalerweise folgte aber der zum Erben erzogene Sohn seinem Vater nach, wenn dieser starb oder zu alt wurde, um seinen Pflichten nachkommen zu können. Ungeachtet solcher Praktiken galten die »ministeriales« weiterhin als vollgültige Mitglieder der Familie; sie aßen gemeinsam mit dem Burgherrn, schliefen unter seinem Dach und erhielten Pferde wie seine Ritter. Jedes Jahr bekamen sie von ihm ihre Kleidung: Rock und Mantel. Ferner empfingen sie die sogenannte »livrée«, eine Geldsumme für notwendige Anschaffungen. Diejenigen, die auch militärische Verpflichtungen hatten, erhielten zusätzlich den dafür üblichen Sold. Zu ihnen gehörten die »commilitones« des Grafen, die Waffengefährten, die mit ihm ritten und den »conroi« bildeten, die Gruppe von Kriegern, die sich dicht an der Seite ihres Herrn hielten. Obgleich es in dem vorliegenden Dokument nicht erwähnt wird, waren diese Leute genauso alt (»coetani«) wie ihr Anführer. Die meisten waren seine Verwandten und von klein auf seine Gefährten. Sie hatten am selben Tag den Ritterschlag empfangen, und gemeinsam bildeten sie ein besonders geeintes und besonders »privates« Corps im Adelshaushalt, ähnlich dem Kollegium der Kanoniker und wie diese über den einfachen »ministeriales« rangierend. Allerdings lebten die Ministerialen in unmittelbarer Nähe ihres Herrn und hatten bei kriegerischen Expeditionen »seinen Leib zu schützen«.

In ihrem Rang unterschieden sie sich. Die großen, vornehmen Haushalte hatten eine fein abgestufte Hierarchie der Ämter. Das Dokument spricht von drei sogenannten Großämtern, die sich direkt von den drei Laienämtern des für Adelshaushalte als Vorbild fungierenden karolingischen Fürsten herschrieben. Diese Ämter wurden bekleidet von dem Groß-Seneschall, dem Groß-Kämmerer und dem Groß-Butigler [Mundschenk]. Sie galten als Männer, deren Dienstpflicht dem Grafen gegenüber so lange dauerte wie seine Herrschaft; aber da ihre Ämter Ehrenämter waren, bedurfte es offenkundig nicht mehr ihrer ständigen Anwesenheit in seinem Hause. Vielmehr sicherte diese Hofstelle den Beamten den Zugang zum Herrscher und bei offiziellen Umzügen einen Platz in seiner Nähe. Jeder Beamte besorgte ein selbständiges Amt, und zwar für alle drei gräflichen Wohnsitze (deren jeder als Hauptort einer politischen Untereinheit fungierte). Es gab die beiden Burgen Mons und Valenciennes, beide mit einer Kollegiatskirche. Die Kirche zu Mons war die bedeutendere, weil hier die Stammväter der Dynastie begraben lagen. (Die Toten galten ja, wie erinnerlich, als Mitglieder des Haushalts und wurden durch regelmäßig stattfindende Gedenkfeiern in dessen Leben integriert.) Das dritte Haus war weniger bedeutend und gehörte zu der kurz zuvor erworbenen Herrschaft Ostrevent. Hier gab es auch einen eigenen Kämmerer. Als Madame Marguerite, »die Frau Balduins [V.], der im Chor zu Mons begraben liegt«, und Schwester des Grafen von Flandern, ihrem Gatten vermählt wurde, war er erst der gesetzliche Erbe von Hainaut; sein Vater lebte noch im Haus seiner

Diener tragen die Speisen auf; 12. Jh. (Toulouse, Museum der Augustiner)

Kesselhaken, Messer und Löffel; frühes 11. Jh. (Charavines, Isère)

Vorfahren. Da die beiden Neuvermählten ein eigenes Haus benötigten, gingen sie nach Lille und siedelten sich auf Ländereien an, die der Braut gehörten. Diese hatte für eine ihrer Dienerinnen einen Mann gefunden und bezeichnete ihn als ihren Kämmerer. Fortan unterhielt die Gräfin, wie es in unserem Text heißt, »an allen Orten« eine eigene »Kammer«. Diese Kammer hatte nichts mit einem bestimmten Haus zu tun, sondern bezog sich auf den der Gräfin gehörenden Teil der beweglichen Habe: ihre Aussteuer. So entstand eine vielstufige Hierarchie: Es gab den Grafen, die Gräfin, drei Häuser unterschiedlichen Ranges und in jedem Haupthaus drei Hauptämter. Das eine Amt unter der Leitung des Seneschalls und des Butiglers war für die gräfliche Tafel, d. h. den Speisesaal zuständig; das andere für die privaten Gemächer, und zwar unter Leitung des Kämmerers, der unter dem Seneschall rangierte, aber über dem Butigler (dieser war für den Keller, den untersten Bereich des Hauses, verantwortlich).

Der Eßtisch oder vielmehr die Tische (»mensae«) standen im Saal oder, bei gutem Wetter, im Freien. Das Speisen war wie im Kloster ein feierlicher, öffentlicher Akt; im Hocken oder Stehen mit den Fingern zu essen galt als unfein. So war es nur passend, daß die Mahlzeiten in die Zuständigkeit des höchsten Beamten des Haushalts gehörten. Der Seneschall war für den edelsten Teil der Gerichte verantwortlich, die »companage« oder »esques« (»escae«), die man von auswärtigen Lieferanten bezog und in der Küche zubereitete. Diese Beilagen bestanden vornehmlich aus Fleisch, das der oberste Bedienstete in Gegenwart des Hausherrn zerlegen mußte. Unter dem Seneschall gab es sieben subalterne Diener. Von diesen standen am höchsten der »Käufer« und der »Hüter der ›esques‹«; dann kamen drei Köche (»queux«); darunter der Hausdiener, der für die Befeuerung der Küchenherde und für das Schaufeuer im Kamin des Speisesaals verantwortlich war; dann der Pförtner, der die Gäste willkommen hieß und an ihren Platz geleitete; schließlich der Fleischzerteiler, der zugleich Salz und Besteck verwaltete. Die Verantwortung für den Wein war ein weiteres wichtiges Amt, das des Butiglers (»bouteillier«). Zu Beginn des 13. Jahrhunderts wurde es in Mons von einer Frau bekleidet, der Tochter eines Ritters, die es von ihrem Vater geerbt hatte; aber sie war Kanonikerin und stand daher selten zur Verfügung. Doch wurde der Wein »auf ihr Geheiß« an die Tische gebracht. Sie konnte dem Grafen und der Gräfin eigenhändig aufwarten, wenn sie es wollte, doch wurde diese Aufgabe gewöhnlich von zwei Ersatzleuten erfüllt. Von geringerem Rang war der Beamte, der die beiden Lagerhalter unter sich hatte und »den Wein aufbewahrte und in die Krüge und Becher goß«. (Dieser Beamte hatte natürlich auch den Töpfer unter sich, einen Handwerker von sehr geringem Rang.) Ihm unterstand der Brotmeister, der dem Burgherrn zum Zeichen seiner Würde die runden Brotlaibe als Beilage zum Essen servierte. Unter dem Brotmeister wirkten vier weitere Bedienstete: ein Lieferant, ein »erblicher« Bäcker, der mit anderen selbständigen Handwerkern in der Siedlung außerhalb des Hofes lebte, ein Hüter des Brotes oder, besser gesagt, der Brotscheiben, kleiner Bissen, auf die in Scheiben geschnittenes Fleisch gelegt wurde, und schließlich, unter dem Brothüter, »der

Mann, der diese Scheiben auf die Tische legte«. Am Ende der Liste haben wir den Amtsträger, der die Speckkammer verwaltete; er rangierte am niedrigsten, weil Speck und Brot die Nahrung des gemeinen Mannes waren und weil die Speckkammer neben der Spülküche im unteren Teil des Hauses untergebracht war.

In Mons war der »Kleinkämmerer« (der Untergebene eines »camerarius«, der seinerseits dem Großkämmerer von Hainaut untergeordnet war) für die Kammer und die dort aufbewahrten Schätze verantwortlich. Er war nicht nur für »Roben« und andere Gegenstände aus Tuch zuständig, sondern auch für die Zurüstung der Betten »für den ganzen Hof«, von denen die meisten Abend für Abend im großen Saal aufgeschlagen wurden. Er sorgte für das Wasser, das sein Vorgesetzter dem Grafen und der Gräfin einschenkte; vor dem Mahl brachte er persönlich den Geistlichen und Rittern Wasser zum Waschen. Schließlich verfertigte und verteilte der Kleinkämmerer unter Anleitung des Titularkämmerers (dem zweifellos die Verwaltung des Geldes oblag) die Kerzen, und zwar vor allem diejenigen, die in einen Laib Brot gesteckt wurden und bei Tisch die Plätze des Grafen, der Gräfin und des Seneschalls beleuchteten.

So haben wir auf der einen Seite Tisch, Licht, offenes Feuer, Schaugepränge, auf der anderen Seite Bett, Nacht, Kerzen, Sich-Zurückziehen zur Ruhe. Der Saal war in erster Linie für Feierlichkeiten bestimmt, die zugleich Repräsentation waren, Zurschaustellung der schicklichen Ordnung der Dinge. Graf und Gräfin, das Herrscherpaar, standen im Mittelpunkt der Szene und wurden, zum Zeichen ihrer besonderen Würde, von den höchstrangigen Dienern bedient. Daneben, fast auf derselben Rangstufe, saß der Seneschall, der als »major domus« und höchster Beamter des Hauses das Recht hatte, wie der Burgherr

Bewaffneter Ritter. Tympanon eines Fensters; 12. Jh. (Arles)

gesalzenes Brot zu seiner Scheibe Fleisch zu essen und eine brennende Kerze vor sich zu haben. Da das Mahl ein öffentliches Schauspiel war, eine Demonstration der Macht, mußten die Beamten am Tisch Ritter sein. Sie erhielten dieselbe Ausrüstung, dieselbe »livrée« wie die Waffengefährten ihres Herrn. Und immer, wenn dieser zu Pferde stieg, begleiteten sie ihn, gemeinsam mit den Köchen und dem Hausdiener. Ihre täglichen Pflichten wirkten sich auf die Welt außerhalb der Burg aus; ihre Tätigkeit war offen und öffentlich. Im Gegensatz dazu war die Kammer, den Gewohnheitsrechten zufolge, hermetisch verriegelt. Vorbei war es mit dem Wein des Festgelages, der den Gästen so großzügig angeboten worden war. In der Kammer sind wir dem Sonnenlicht fern, an einem Ort, an dem man Reinigungswasser und prophylaktisch Lichter verwendet, um körperliche Unreinheiten zu tilgen und die Schatten zu vertreiben.

Ohne eine Vielzahl von Zeugen und das disziplinierende Instrument des Zeremoniells hätte der Burgherr die Ordnung in seinem Haushalt nicht aufrechterhalten können. Von allen Seiten bedrängten ihn Probleme. Was seine Männer betraf, so wurzelte das Übel im Ausbruch offener, bewaffneter Gewalttätigkeit zwischen diesen Kriegern und Turnierkämpfern. Es bedurfte ständiger Bemühungen, den Anlaß für Neid und Mißgunst zu beseitigen und die Freundschaft zu erneuern; die Aufgabe war um so schwieriger, als der Hof eine Brutstätte unablässiger Rivalität war, die Jungen eifersüchtig auf die Alten waren und alle um die Gunst des Burgherrn und seiner Dame buhlten. Die Ritter beleidigten und provozierten einander und teilten Knüffe und Püffe aus. Sie sorgten für viel Geschrei. Es gab drei Methoden, um solcher Unordnung zu wehren. Die erste bestand darin, die aufsässigsten Ritter vom Hof zu verbannen. (Hier lag ohne Zweifel eine der segensreichen Wirkungen der Kreuzzüge.) Aus ähnlichen Gründen finanzierte der Burgherr seinem ältesten Sohn und anderen neuen Rittern unmittelbar nach dem Ritterschlag eine ein- bis zweijährige Reise; in diesen Wanderjahren konnten die Jugendlichen auf unschädliche Weise ihre überschüssige Kraft erproben. Es wurde auch Brauch, halbwüchsige Jünglinge fern von zu Hause in den ritterlichen Künsten unterweisen zu lassen. Zwei Adelshaushalte tauschten ihre jungen Leute miteinander aus; dieser Szenenwechsel trug wahrscheinlich zur Konfliktminderung bei. – Eine weitere Methode zur Bändigung der jugendlichen Rauf- und Streitlust dürften die Rituale der höfischen Liebe gewesen sein. Nach allem, was wir über diese Rituale und ihre Fortentwicklung seit der Mitte des 12. Jahrhunderts wissen, benutzte der Herr seine Dame als eine Art Lockmittel oder Köder, setzte sie als Preis in einem Spiel aus, dessen immer diffiziler werdende Regeln von den Beteiligten – den unverheirateten Rittern und den Geistlichen des Haushalts – eine immer strengere Kontrolle ihrer Triebregungen verlangten. – Und drittens übte der Hausherr die richterliche Gewalt aus. Er konnte Zwiste schlichten und begangenes Unrecht wiedergutmachen. Zwar konnte er nichts ohne den Rat seiner Vertrauten unternehmen, aber diese waren durchaus verpflichtet, ihren Rat zu erteilen, in seiner Gegenwart frei zu

Grundbuch von Saint-Paul-lès-Romans, kompiliert zwischen 1339 und 1349. (Valence, Archiv de la Drôme)

sprechen und ihm ihre Meinung zur Schlichtung vorzutragen. In der vornehmen Halle seiner Burg pflegte der Hausherr – wie der Abt im Kapitelsaal des Klosters – nach Anhörung aller Klagen und Rechtfertigungen in regelmäßigen Abständen Lob und Tadel zu spenden. Er konnte aber auch das Urteil Gottes anrufen. In diesem Falle wurde der Hof zum Schauplatz eines Gefechts oder Duells, bei dem das »caput mansi« den Vorsitz hatte. Derlei Gefechte hatten den Charakter eines organisierten Aufruhrs, in dessen Verlauf die feindlichen Rivalen ihre aufgestaute gewalttätige Wut aneinander ausließen.

Umarmung; Kirche von Aulnay (Charente-Maritime), 12. Jh.

Tat dieses System von Maßregeln seine Wirkung? Spuren seines Scheiterns finden sich sogar in den wenigen Belegen der Familienliteratur, die erhalten sind. In der Geschichte der Herren von Ardres – auf einen panegyrischen Ton gestimmt und nur vier Generationen umfassend – wird zumindest *ein* häuslicher Mord erwähnt: Der »senior« wurde im Wald ermordet, angeblich von Bediensteten seiner Küche. In der Geschichte der Sires von Amboise – auch sie panegyrisch gehalten und über vier Generationen gut dokumentiert – hören wir von der Ermordung eines Schwagers, die als Tod in der Schlacht bemäntelt wurde. Die beiden Brüder des letzten im Text erwähnten Seigneurs wurden von ihren Vertrauten getötet – der eine in einem Hinterhalt, der andere durch Gift. Es gibt viele Hinweise auf die Unruhe und Cliquenbildung der Burgritter – die einen hielten es mit dem Sohn, die anderen mit dem Vater. Jüngere Brüder bekämpften ältere, der Sohn den Onkel. Solche Konflikte waren nicht leicht zu unterbinden. Der Burgherr von La Haye (ein Eindringling, der die Erbin dieses Besitzes geheiratet hatte) und sein Bruder wurden schließlich von ihren eigenen Soldaten erschlagen, die sich anders nicht mehr zu helfen wußten.

Doch als hauptsächliche und heimtückischste Quelle der Gefahr im Haus galt die Frau. Das Weib verabreichte Gift, murmelte Zaubersprüche, säte Zwietracht und verursachte Schwachheit, Krankheit und Tod. Wenn der Hausherr tot, mit aufgedunsenem Leib, in seinem Bett aufgefunden wurde, verdächtigte man die Frauen im Haus, allen voran die Hausherrin.

Das Gefährliche: die Frauen und die Toten

Die Bedrohung der festgefügten Ordnung schien von den intimsten, privatesten Tendenzen der höfischen Gesellschaft herzurühren. Das Wort »höfisch« ist hier am Platze; denn von den Frauen, die unter der drückenden Gewalt der Hausherrin dienten, war wenig zu fürchten. Das Problem des privaten Friedens war das Problem der Hochgeborenen. So wurden Frauen von vornehmer Abkunft unter argusäugiger Bewachung und strenger Zucht gehalten. Eckstein des Wertesystems, welches das Verhalten im Adelshaushalt regierte, war eine aus der Bibel abgeleitete Maxime: Die Frauen, als das schwächere und sündigere Geschlecht, mußten in Schach gehalten werden. Vornehmste Pflicht des Hausherrn war es, seine Frau, seine Schwestern und Töchter, aber auch die Witwen und Waisen seiner Brüder, Vettern und Vasallen zu

Der Herr und die Frauen; 12. Jh. (Toulouse, Museum der Augustiner)

beaufsichtigen, zu züchtigen und notfalls zu töten. Da die Frauen so gefährlich waren, fand die patriarchalische Gewalt über sie auf verschiedene Weise Verstärkung. Die Frauen wurden im entlegensten Teil des Hauses hinter Schloß und Riegel gesperrt – das »chambre des dames« war nicht ein Ort der Verführung oder des Amüsements, sondern eine Art Gefängnis, in dem die Frauen eingekerkert waren, weil die Männer sie fürchteten. Einige Männer hatten Zutritt zum Frauengemach; zumal der Hausherr ging hier ungehindert ein und aus. In den Romanen sucht er nach der Mahlzeit das Frauengemach auf, um sich auszuruhen und Obst zu essen; dabei legt er den Kopf in den Schoß einer Jungfrau aus der Familie, die ihn krault und nach Läusen absucht. Das war eine der Freuden, die den »seniores« vorbehalten waren, jenen Glücklichen, die dem Haushalt vorstanden. Auch andere Männer durften das Frauengemach zu Zerstreuungen wie Lesen oder Singen betreten, doch wurden sie vom Patron ausgewählt, förmlich hereingebeten und nur als zeitweilige Besucher empfangen. In der Romanliteratur –

der einzigen Informationsquelle zu diesem Thema, die wir haben – darf außer dem Hausherrn und seinen sehr jungen Söhnen kein Mann im Frauengemach wohnen, mit gelegentlichen Ausnahmen von Kranken und Verletzten, die man bis zu ihrer Genesung der Obhut der Frauen anvertraute. Männer bekamen die Kemenate, aus der sie normalerweise ausgeschlossen waren, meist nur kurz zu Gesicht. In ihren Augen war es ein »fremder« Platz, ein eigenes Reich, in welchem die Dame des Hauses waltete, die ihre Autorität wiederum vom Hausherrn entlehnt hatte. Die Bewohnerinnen dieses Reiches waren ein feindlicher, wiewohl verführerischer Stamm, und die Anfälligsten von ihnen wurden zusätzlich in den Gewahrsam einer religiösen Gemeinschaft genommen: eine Art hausinternes Kloster mit eigener Regel und unter Leitung einer Mutter Oberin, nicht der Frau des Hausherrn, sondern einer Witwe aus der Familie oder einer Tochter, für die sich kein Mann hatte erwärmen mögen. Die Frauen der Familie bildeten einen Staat im Staate, der keiner anderen männlichen Gewalt als der des Hausherrn unterstand. Und selbst dessen Gewalt war lediglich eine kontrollierende, die Gewalt des Oberlehnsherrn, und wurde ihm von den Geistlichen streitig gemacht, die für sich das Recht beanspruchten, das Gewissen der Frauen im Hause zu erforschen.

Dieser lästigen Gruppe wies man bestimmte Aufgaben zu, mit der Begründung, daß Müßiggang gerade bei schwachen Geschöpfen aller Laster Anfang sei. Im Idealfall verbrachten die Frauen ihre Zeit teils im Gebet, teils mit Handarbeiten. Sie nähten und stickten, und wenn die Dichter im 11. Jahrhundert der Frau das Wort geben wollten, verfaßten sie »chansons de toile«, »Lieder aus Leinen«. Die Frauen waren zuständig für die Kleidung der Hausbewohner und für die reichverzierten Textilien, die das Frauengemach selbst sowie den Saal und die Kapelle schmückten. Sie hatten erheblichen Anteil an dem, was wir künstlerische Hervorbringung nennen würden, und zwar im sakralen wie im profanen Bereich; doch da sie mit überaus vergänglichen Materialien arbeiteten, sind von diesen Werken buchstäblich nur Fetzen erhalten.

Im Herzen des Hauses die Frau – warum wurde sie nicht erobert? *Bibel des hl. Laurentius von Lüttich*, 12. Jh.
(Brüssel, Bibliothèque Royale Albert I., Ms. 9916)

Nähramme. Avicenna, *Kanon der Medizin*, 13. Jh. (Besançon, Bibliothèque, Ms. 457)

Eine gute Ehe ist mit Kindern gesegnet. Lateinische Bibel, 13. Jh. (Orléans, Bibliothèque, Ms. 41)

Doch weder ihre Versenkung ins Gebet noch ihre Beschäftigung mit Handarbeiten (beides geschah übrigens in Gruppen, wie bei den Männern die Jagd und der Krieg) vermochten die Verdächtigung zu entkräften – die Männer blieben davon überzeugt, daß die Frauen von Natur aus verderbt und von einer zwanghaften, phantastischen Unruhe erfüllt waren. Und sie fragten sich: Was treiben die Frauen, wenn sie in ihren vier Wänden eingeschlossen sind? Die Antwort war klar: Sie treiben Schlimmes.

Zu jener Zeit besaß die Kirche praktisch das Monopol auf die Schreibkunst, und so sind dem Historiker nur die Gedanken der Kleriker zugänglich. Die Moralisten hatten förmlich Zwangsvorstellungen von den sündigen Freuden, denen sich die Frauen in der Kemenate zweifellos hingaben – entweder allein oder mit anderen Frauen und kleinen Kindern. So lesen wir in der zu Beginn des 12. Jahrhunderts entstandenen Vita der hl. Godeleva, daß Frauen, insbesondere junge Frauen, ständig von der Fleischeslust angefochten werden, vor der es keine Rettung gibt, und daß sie ihre Gelüste meist durch Homosexualität befriedigen (verstärkt wurde dieser Argwohn durch die verbreitete Sitte, daß mehrere Personen desselben Geschlechts in einem Bett schliefen).

Man war überzeugt, daß die Frauen untereinander ein Geheimwissen austauschten, von dem die Männer keine Ahnung hatten. Jüngere Frauen erhielten von diesem Wissen Kenntnis durch die »alten Hutzelweiblein«, die in zahllosen Geschichten erscheinen. Im Haus des Vaters von Guibert von Nogent waren sie ständig mit dem Knoten und Entknoten von Schnüren beschäftigt. Im 13. Jahrhundert wetterte Stefan von Bourbon gegen alte Frauen, die junge Dorfmädchen magische Fertigkeiten lehrten. Der Mann war machtlos gegen Zaubersprüche und Liebestränke, die ihm das Mark aus den Knochen saugen oder seine Wunden heilen, sein Begehren entflammen oder ersticken konnten. Die Gewalt des Mannes endete an der Schwelle des Raumes, in dem die Frauen ihre Kinder empfingen und gebaren, die Kranken pflegten und die Toten wuschen. In diesem privatesten Bezirk herrschte die Frau über das dunkle Reich der geschlechtlichen Lust, der Fortpflanzung und des Todes.

Die häusliche Gesellschaft zerfiel in eine männliche und eine weibliche Sphäre – eine institutionalisierte Gliederung, die viele Verhaltensweisen und Einstellungen beeinflußte. In jedem Hause gab es nur eine einzige offizielle, sichtbare, öffentliche Ehe: die des Hausherrn mit seiner Frau; der ganze Haushalt war um das eine Ziel herum organisiert, diese Ehe erfolgreich, d. h. fruchtbar zu machen. Doch gab es daneben andere sexuelle Verbindungen, die illegitim und heimlich waren. Zahllose Anhaltspunkte sprechen dafür, daß die private Sexualität sich nicht unterdrücken ließ; sie florierte im Geheimen und Dunklen, im Schatten der Gärten, im Keller, in den Winkeln und Nischen der Burg, in jenen Stunden der Finsternis, die nicht wie im Kloster von Kerzen erhellt wurden. Keine Tür war sicher, und jedem Mann war es ein leichtes, zu einer Frau ins Bett zu schlüpfen. Wenn wir den Moralisten und den Verfassern der Romane Glauben schenken wollen, war freilich der umgekehrte Besuch der häufigere. Buchstäblich nichts stand einer Tändelei oder einer Affäre im Weg, und angeblich wimmelte es in den Adelshäusern von willigen, ja herausfordernden Frauen. Natürlich waren es die Dienerinnen; aber es waren auch die adligen Damen: die Schwiegermutter, die Schwägerinnen, die Tanten. Man kann sich unschwer ausmalen, welche inzestuösen Beziehungen unter diesen Umständen eingegangen wurden. Die aktivsten Frauen waren, so heißt es in den Texten, die unehelichen Töchter des Hausherrn oder seines Bruders, des Kanonikus; ihre Kinder waren die künftigen Konkubinen. Und wie verhielt es sich mit den »Jungfrauen«, den legitimen Töchtern des Hausherrn? Bot man sie fahrenden Rittern wirklich so freigebig an, wie es uns die Romane, wenn sie die Sitten der Gastfreundschaft schildern, glauben machen wollen? Und wurden die Männer tatsächlich so oft von unersättlichen Frauen aus dem Schlaf gerissen, wie es die Heiligenviten behaupten?

Jedenfalls war bei so vielen unverheirateten Männern und Frauen, die in unmittelbarer Nähe des Hausherrn und seiner Frau lebten, die Promiskuität unvermeidlich. Im übrigen galt es als geziemend, Freunden und Gästen des Hauses die Frauen vorzuführen wie einen kostbaren Schatz. Die Wahrung der Ehre war deshalb eine Hauptsorge des Hausherrn, der für die Aufrechterhaltung der Ordnung in seinem Haus und für die Unbeflecktheit des ruhmreichen Namens der Familie haftete. Zwar war die Ehre eine Sache der Männer, eine öffentliche Angelegenheit, die mit der Schande verknüpft war; aber im wesentlichen hing sie vom Betragen der Frauen ab, d. h. von privatem Verhalten. Ein Mann konnte von Frauen entehrt werden, über die er Gewalt übte, namentlich von seiner Ehefrau. Das große Spiel, wie es die Literatur der höfischen Liebe beschreibt, bestand darin, daß die jungen Männer ihren Wert bewiesen, indem sie die Dame des Hauses verführten und raubten. Es war ein Spiel; doch seine Bühne war das wirkliche Leben. Zweifellos wurde die Dame des Hauses begehrt, und das von ihr geweckte Begehren – sublimiert zu einer veredelten Form der Liebe – diente als Instrument zur Disziplinierung der jungen Ritter. Strenge Tabus hinderten den jungen Ritter daran, tatsächlich mit der Dame seines Herzens durchzubrennen. Trotzdem kam es vor, daß sie mit Gewalt genommen wurde. Die Bedeutung der Vergewaltigung in den Romanen spiegelt offenkundig die Wirklichkeit. Mitunter gab sich die Frau natürlich auch freiwillig hin. Ehebruch war eine Zwangsvorstellung der mittelalterlichen Gesellschaft; Mißgunst und Argwohn lauerten überall, wo Liebende zusammenkamen.

Um sich Hohn und Spott zu ersparen, errichtete der Mann einen Schirm zwischen sich selbst und der Öffentlichkeit. Aus Furcht vor Schande wurden die Frauen eingesperrt und streng bewacht, geradezu eingemauert, sie durften nur, von einer Eskorte begleitet, zu öffentlichen Anlässen oder zur Erfüllung religiöser Pflichten das Haus verlassen. Verreiste eine Frau, so wurde sie von einem Teil ihres Haushaltsgefolges an ihren Bestimmungsort »ge-führt«, damit keiner sie unterwegs »ver-führte«. Als Adele von Flandern im 11. Jahrhundert eine lange Pilgerfahrt nach Rom unternahm, blieb sie isoliert in ihrer Sänfte,

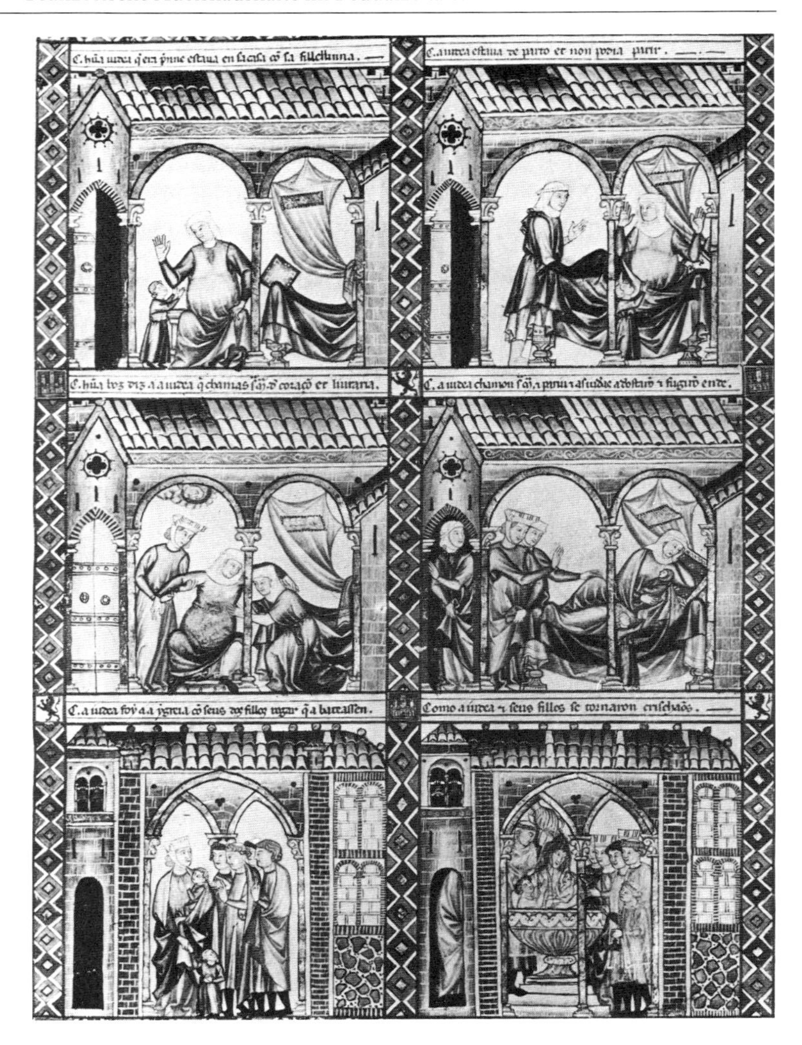

Bilder einer Niederkunft. Illustration zu den *Cantigas* Alfons des Weisen, 13. Jh. (Madrid, Bibliothek des Escorial)

deren Vorhänge ständig geschlossen waren. Gefangene in ihrer eigenen Burg, wußten die Frauen mitunter doch zu entfliehen, wie Corba von Amboise, die sich mit Freuden von ihren Vettern entführen ließ, als sie in Tours aus der Messe kam. Solange die Frau hinter Burgmauern verwahrt war, gereichten ihre privaten Eskapaden dem Haus nicht zur Unehre. Anders verhielt es sich, wenn mit der Aufdeckung des Ehebruchs ein bestimmter Vorteil verbunden war – wenn er beispielsweise die Chance bot, eine unfruchtbare oder lästig gewordene Frau oder eine erbberechtigte Schwester aus dem Wege zu räumen. In solchen Fällen stellte der »pater familias« die Ehebrecherin unter Nennung ihres Namens in aller Öffentlichkeit bloß, so daß er das Recht hatte, sie zu züchtigen und zu verstoßen, sofern er es nicht vorzog, sie bei lebendigem Leibe verbrennen zu lassen.

Vergeistigte Liebe. Illustration zu den *Carmina burana*, 13. Jh. (München, Bayerische Staatsbibliothek, Ms. Clm. 4660)

Eine andere Gefahr, welche die Familie bedrohte, ging von den Toten aus, die erhebliche Ansprüche an die Lebenden stellten. Bei Nacht kehrte der Geist des Verstorbenen in die Kammer zurück, wo man seine sterblichen Überreste zur Beisetzung gerüstet hatte, und hoffte darauf, erneut umsorgt zu werden. Wie im Kloster gehörten auch im Adelshaushalt die Toten zum privaten Leben; man tat alles Erdenkliche, damit ihre Seele nicht litt und sie die Lebenden nicht behelligten. Sobald das nötige Geld beisammen war – und es war sehr viel Geld nötig –, errichtete man für die verstorbenen Familienmitglieder ein angemessenes Grabmal. Man gründete Klöster oder Kollegienkirchen und setzte in ihnen die Toten der Familie bei. Wenn eine solche Familiennekropole einmal bestand, mußte jedes Familienmitglied seinem Rang gemäß dort beerdigt werden, so als sei der Friedhof ein Gehege für besonders gefährliche Hausbewohner, die eingesperrt werden mußten wie die Frauen. Hier beging man die Jahrestage nicht nur des Todes, sondern auch der Geburt der Verstorbenen. Am Geburtstag eines verstorbenen Familienmitglieds nahm – wie in den Klöstern – die Familie ihre Mahlzeit gemeinsam mit dem Toten ein, besser gesagt: sie aß für ihn, an seiner Statt, um seinen Segen zu erflehen. Nach der Ermordung des Grafen von Flandern in Brügge 1127 zogen sich die Mörder in die Kapelle zurück; dort »saßen sie um die Bahre, auf die sie Brot und Becher gestellt hatten wie auf einen Tisch, schmausten und zechten auf dem Leichnam und meinten wohl, daß sie keinen Rächer zu fürchten hätten«, daß also der ermordete Graf ihnen verzeihen werde.

Der Tod selbst war ein öffentliches und zugleich privates Ereignis. Der Leichnam wurde von *einem* privaten Ort – der Kammer, dem Bett – zu einem anderen privaten Ort getragen – ins Grab; das geschah freilich in öffentlicher und daher feierlicher Zeremonie. In einer Prozession wie bei Hochzeiten marschierte der gesamte Haushalt, der Rangordnung entsprechend formiert, zum Friedhof und demonstrierte sichtbar seine Geschlossenheit und Einheit. Für den Verstorbenen war dies sein letzter öffentlicher Auftritt, die letzte Gelegenheit zur Großzügigkeit, man verteilte Geschenke an die Armen und veranstaltete einen aufwendigen Leichenschmaus. Öffentlich waren in diesen Stunden auch die Zeichen der Trauer, wobei sich besonders die Frauen hervortaten; sie jammerten und klagten, zerrissen ihre Kleider und zerkratzten sich das Gesicht.

Auf diese öffentliche Demonstration folgten sehr private Riten; allerdings war es eine gesellige, mit vielen Leuten geteilte Privatheit. Das Ritual des Abschieds hatte schon im Saal begonnen: In Gegenwart seiner Vertrauten und Freunde äußerte der Sterbende seine letzten Wünsche, traf letzte Verfügungen über sein Eigentum und bestimmte mit lauter Stimme und deutlichen Gesten seinen Erben.

Als sich etwa Balduin V. von Hainaut in Audenarde zum Sterben anschickte, trug man wie bei einer öffentlichen Friedensversammlung alle kirchlichen Reliquien der Gegend zusammen, und sämtliche Vasallen Balduins mußten bei diesen Reliquien schwören, untereinander Frieden zu halten. Intimer war der Todeskampf des Sterbenden in seiner Kammer. Ein Gedicht zu Ehren des im Jahre 1219 verstorbenen Wilhelm von England gibt eine der anschaulichsten Schilderungen vom

Die letzten Worte eines Sterbenden in seiner Kammer. *Codex Justinianus*, 14. Jh. (Reims, Bibliothèque, Ms. 807)

Tod eines Fürsten, die wir aus dieser Zeit kennen. Wilhelm, der im Kreise seiner Familie sterben wollte, hatte sich zu einem seiner Herrensitze bringen lassen, als seine Krankheit sich verschlimmerte. Er rief seine Verwandten und Freunde zu sich, vor allem aber seinen ältesten Sohn, damit alle Zeuge waren, wie er sein Erbe ordnete und seine Grabstätte wählte. Dann ließ er sich das Gewand eines Tempelritters anlegen und wurde so zum vollgültigen Mitglied einer anderen Bruderschaft; unter Tränen küßte er ein letztes Mal seine Frau. Als diese Abschiedsszene vorüber war (und ähnlich spielte sie sich immer ab, wenn der Herr auf Reisen ging), verließen die meisten den Sterbenden, der dennoch niemals allein blieb. Tag und Nacht hielt man bei ihm Wache, während er sich allmählich aller seiner Besitztümer entäußerte. Nachdem er das Erbgut (das ihm nicht gehörte, sondern nur auf Lebenszeit anvertraut war) vermacht hatte, verteilte er seine persönliche Habe: Geld, Schmuck, Kleidung. Er beglich seine Schulden und bat alle um Verzeihung, denen er in seinem Leben Unrecht getan hatte. Dann konzentrierte er sich auf sein Seelenheil und beichtete seine Sünden. Und dann, am Vorabend seines Todes, taten sich vor ihm die Pforten des Himmels auf. Wilhelm sah zwei weißgekleidete Männer, die sich neben seinem Bett aufstellten, der eine zu seiner Linken, der andere zu seiner Rechten. Am nächsten Tag um die Mittagsstunde sagte er seiner Frau und den Rittern Lebewohl: »Ich befehle euch Gott; ich kann nicht länger bei euch sein. Ich kann nicht mehr gegen den Tod ankämpfen.« Und so schied er von der Gruppe, deren Herr er gewesen war. Er entschlug sich seiner Macht und erstattete sie Gott zurück. Zum ersten Mal seit seiner Geburt war er wieder allein.

2. Verwandtschaftsverhältnisse und Großfamilie

Georges Duby hat in seinen Darlegungen bewußt das Thema der Blutsverwandtschaft gemieden und die mittelalterliche »familia« ohne Rücksicht auf die »Familie« im modernen Verstande beschrieben. Die Verwandtschaftsverhältnisse verquickten sich häufig mit Bindungen, die dem Zusammenleben unter einem Dach entsprangen, und umgekehrt. Viele Historiker versäumen es, zwischen gemeinschaftlichem Wohnen und Blutsverwandtschaft präzise zu unterscheiden, und handeln immer noch mit alten Klischees. (So wird z. B. nach wie vor mit dem wissenschaftlich unzulänglichen Begriff der »germanischen Großfamilie« operiert.)

Die verwandtschaftlichen Bande sind für die Untersuchung des privaten Lebens genauso bedeutsam wie das gemeinschaftliche Wohnen. In der Terminologie der religiösen und politischen Verbundenheit spielte die Sippen-Metaphorik eine ähnlich wichtige Rolle wie die Metaphorik des Wohnens. An den großen Sippen, welche die sozialpolitische Historiographie erforscht hat, läßt sich ebenso wie an den großen Haushalten der Prozeß der Privatisierung der Macht im 11. und 12. Jahrhundert ablesen, obschon Aufstieg und Erweiterung der Verwandtschaftsgruppen – durchaus paradox – gerade deren Größe wegen das Gewicht privater Beziehungen zu mindern schienen. Die Autonomie des Individuums und des Paares litt unter der übermächtig werdenden »Sippe« und der hartnäckigen Allgegenwart der Hausgenossen gleichermaßen – und das in einer Zeit, in der das Private überall und nirgendwo anwesend war.

Verwandtschaft bezeichnet eine abstraktere Beziehung als das Zusammenleben unter einem Dach und wirft Probleme eigener Art auf. Zunächst einmal müssen wir klären, was eine Sippe ist. Die mittelalterlichen Quellen zeigen sie in ganz verschiedenem Licht, und die modernen Kommentatoren geben keine präzise Definition. Ich verzichte im folgenden auf einen ermüdenden historiographischen Überblick und erörtere lediglich zwei Kapitel aus Marc Blochs Standardwerk *La société féodale* [erschienen 1939/40; dt. *Die Feudalgesellschaft*, Berlin 1982]. Dieses Buch hat bis heute, ungeachtet aller Fortschritte der anthropologischen und historischen Forschung, nichts von seiner Lebendigkeit und von seinem Gedankenreichtum eingebüßt.

Bloch erörtert das Thema der Blutsverwandtschaft unmittelbar vor dem der Vasallität. Er spielt die Bedeutung der Vasallität herunter und meint, daß sie lediglich ergänzend zu bereits bestehenden verwandtschaftlichen Bindungen hinzugetreten sei und einer Gesellschaft inneren Halt gegeben habe, die man weniger als eine rein »feudale« denn als eine von Feudalismus-plus-Verwandtschaft oder Vasallität-plus-Verwandtschaft geprägte bezeichnen müsse. Vasallität und Verwandtschaft wurden im Mittelalter oft zusammengesehen, und die stabilsten Gruppen waren diejenigen, in denen beiderlei Bindungen vorkamen. »[D]er scharfsinnige Joinville weiß noch im 13. Jahrhundert sehr gut, daß, wenn die Truppe des Guy de Mauvoisin vor Mansourah Wunder

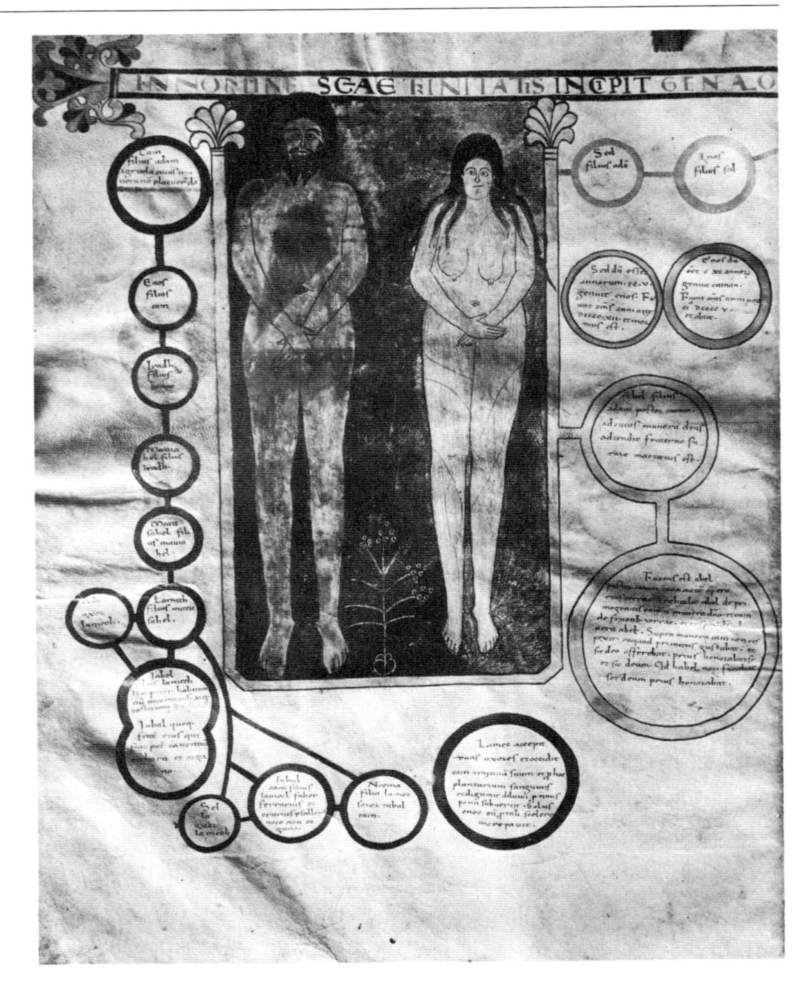

Die Sippe Adams. Im Mittelalter hegten die Christen leidenschaftliches Interesse für die Genealogien der Bibel. In der »feudalen« wie in der althebräischen Welt spielte die Verwandtschaft eine wichtige Rolle. In den vier Ecken dieses Blattes sieht man die Nachfahren der Ur-Eltern wachsen und gedeihen. *Apokalypse des Beatus*. 9. Jh. (Paris, Bibliothèque Nationale, Ms. lat. 8878)

wirkte, es daran lag, daß sie vollständig entweder aus Lehnsmännern des Anführers oder aus Rittern seiner Sippe bestand.« [*Die Feudalgesellschaft*, S. 158] Bloch analysiert das Verwandtschaftssystem im Sinne von rechtlichen Verhältnissen (Mobilisierung für die privaten Rachefeldzüge, gemeinsame Erbrechte). Leider bleibt er in der Frage des gemeinschaftlichen Wohnens unbestimmt, da er noch der Vorstellung anhängt, daß Verwandte unter einem Dach oder jedenfalls in engster Nachbarschaft leben müßten. Gleichwohl hat Bloch eine entscheidende Perspektive eröffnet: Er betont, wie sehr sich die mittelalterliche Gesellschaft selbst in ihrer scheinbar elementarsten und natürlichsten Keimzelle von der unseren unterscheidet. »Durch die Gefühlsstimmung ebenso wie durch seinen Umfang war der Familienverband damals etwas ganz anderes als die eheliche Kleinfamilie nach moderner Art.« [*Die Feudalgesellschaft*, S. 172] Die Blutsbande hatten weniger affektiven als vielmehr Zwangs-Charakter; Bloch und seine von Lévy-Bruhl beeinflußten Zeitgenossen schlossen daraus auf »Primitivität« im negativen Sinne des Wortes. Hinzu kam der Argwohn, die Stärke des Familienverbandes könne auf Kosten des Paares gegangen sein: »Aber es hieße ohne Zweifel die Wirklichkeit des Feudalzeitalters beträchtlich entstellen, wenn man die Ehe in den Mittelpunkt des Familienverbandes stellt.« [*Die Feudalgesellschaft*, S. 171] Die Frau gehörte nur »zur Hälfte« in die Sippe ihres Mannes und wurde aus dieser automatisch ausgeschlossen (oder befreit), wenn sie verwitwete. Gleichwohl erscheint zu Beginn des 13. Jahrhunderts mit neuen Einstellungen zu den Persönlichkeitsrechten und zum öffentlichen Frieden eine unbestreitbar moderne Tendenz: Kirche und Staat arbeiteten in wohlverstandenem Eigeninteresse konsequent darauf hin, die Zwangsgewalt der Verwandtschaft abzubauen.

Bloch hat sich in der *Feudalgesellschaft* drei Aufgaben gestellt: die Konturen der »Sippe« sowie deren Funktionen zu beschreiben; das Verhältnis der Sippe zur »ehelichen Kleinfamilie« zu klären; und die um 1180 anhebenden Wandlungen zu ergründen. Die von Bloch in Gang gesetzte Forschung hat verschiedene seiner Schlußfolgerungen widerlegt, was bei einem mehrere Jahrzehnte alten Buch nicht anders zu erwarten war. Die unleugbare und fortwirkende Kraft des Buches steckt jedoch in den intuitiven Einsichten, die von Blochs Nachfolgern nicht genügend gewürdigt bzw. ins Begriffliche übersetzt worden sind. So hat schon Bloch die Bedeutung des anthropologischen Konzepts der »ambilinearen Filiation« erkannt. (»Ambilinear« oder »kognatisch« nennt man in der Anthropologie eine Filiation, welche die Blutsverwandtschaft nach der väterlichen wie nach der mütterlichen Seite anerkennt und beiden Seiten gleichen Wert und homologe Eigenschaften zuspricht.) Bloch erwähnt nicht nur beiläufig die Gleichwertigkeit der mütterlichen und der väterlichen Abstammungslinie; er behauptet auch, daß aufgrund der ambilinearen oder kognatischen Filiation die »Sippe« nicht als reale soziale Grundeinheit fungieren kann. »Diese Doppelbeziehung zog bedeutende Folgen nach sich. Da jede Generation einen derartigen Verwandtenkreis besaß, der sich keineswegs mit dem der vorangehenden Generation deckte, veränderte der Bereich der sich aus der Abkunft ergebenden Verpflichtungen ununterbrochen seine Umrisse.« [*Die Feudalgesellschaft*, S. 173] Wir haben hier einen historischen Gegenstand vor uns, der aus Gründen der Quellenlage, aber auch aus strukturellen Gründen schwer zu fassen ist. Was hatte es mit diesen großen Familienverbänden auf sich, die den Einzelnen schützend aufnahmen, ihn aber zugleich sich selbst entfremdeten, und die für den Adligen Ursprung und Symbol seiner Macht waren?

Metamorphosen der Sippe

Zur Sprache des Feudalismus. Die französischen Wörter »lignage« und »parenté«, die hier mit »Sippe« und »Verwandtschaft« wiedergegeben werden, stammen von altfranzösischen bzw. lateinischen Formen ab, die eher Beziehungen als fest konstituierte Gruppen bezeichneten. Man sagte von einem Menschen, daß er »par lignage« und/oder »par parenté« (durch Sippe und/oder durch Verwandtschaft – die

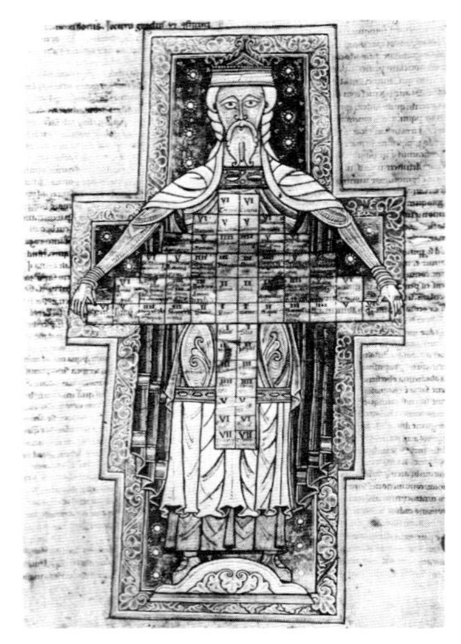

Im 11. und 12. Jahrhundert dient der menschliche Körper oft als Metapher für Verwandtschaftsverhältnisse. Es beginnt beim Kopf (dem gemeinsamen Vorfahren) und geht über die Schultern (Verwandte ersten Grades) bis zu den Fingernägeln (Verwandte sechsten oder siebenten Grades). Auf dieser Handschrift aus dem 12. Jahrhundert ist die menschliche Gestalt nur der formale Rahmen des Bildes: Die Tabelle wird von innen nach außen gelesen; die direkten Linien gehen vertikal nach oben und unten, angeheiratete Verwandte finden sich rechts und links außen. Verzeichnet sind Verwandte bis zum sechsten kanonischen Grad. (Auxerre, Bibliothèque, Ms. 269)

beiden Begriffe sind praktisch gleichwertig) mit einem Mächtigen verbunden war und infolgedessen in der gesellschaftlichen Hierarchie eine bevorzugte Stellung einnahm. Enguerran IV., Sire de Coucy, dem 1259 von den königlichen Gerichten übel mitgespielt wurde, verdankte seinen Rang dem Umstand, daß alle großen Barone Nordfrankreichs »de son lignage« waren, d. h. zu seiner Sippe zählten und daher verpflichtet waren, ihm mit Rat beizustehen. Im übrigen trugen patri- und matrilineare Vetternschaft und Heiratsbündnisse dazu bei, ein ausgedehntes Verwandtschaftsnetz zu knüpfen, dessen Eigentümlichkeit in dramatischen Lebenssituationen begründet war, ja, das vielleicht eigens zur Bewältigung einer schwierigen Situation geflochten worden sein mochte.

Dieselben Begriffe wandte man auch auf Gruppen an. So heißt es im Artus-Roman »li parentez le roi Ban«, und Gawain beklagt die Schwächung »unserer Sippe« (»nostre lignage«). Dieser Wortgebrauch ist allerdings weniger häufig als der auf ein bestimmtes (und/oder konstruiertes) *Verhältnis* gemünzte. In einer solchen Gruppe kristallisierte und atomisierte sich die verwandtschaftliche Beziehung. In der nämlichen Weise wurde im 11. und 12. Jahrhundert das lateinische Wort »genus« (kein Vorläufer des Begriffs »Rasse«) benutzt; es bedeutete in erster Linie, daß jemand »vornehm« oder von »erlauchter« Abkunft war, erst in zweiter Linie meinte es eine bestimmte soziale Gruppe, für die in der Regel der Ausdruck »prosapia« üblich war. Auch »cognatio« wendete man auf Gruppen an, allerdings eher bei Leibhörigen als beim Adel. Zu dieser Liste muß man noch Kollektivbezeichnungen rechnen wie »proches« (nahe Verwandte), »amis« (»charnels«) (»blutsverwandte Freunde«) sowie die häufigeren »parents«, »cognats« (»parentes cognati«) und »consanguinei«. Wie man sieht, gab es viele Wortwurzeln und Wortableitungen zur Beschreibung von Verwandtschaftsverhältnissen. Was freilich fehlte, war ein Wort für »Familie«. Weder für das Paar noch für die »eheliche Kleinfamilie« (Eltern mit Kindern) gab es eine herausgehobene Bezeichnung.

Es wäre jedoch irrig, hieraus den Schluß zu ziehen, daß es die Kleinfamilie nicht gegeben hätte. Die Beschreibung und Interpretation einer Gesellschaft kann sich nicht lediglich auf das stützen, was diese Gesellschaft von sich selbst gewußt hat, auf das Bild, das sie von sich zu entwerfen vermochte (oder zu entwerfen wünschte). Im Gegenteil, gerade das, wofür eine Gesellschaft keine Begriffe oder Sprache gefunden hat, verdient unsere besondere Aufmerksamkeit. In seinen *Dialogues* mit Guy Lardreau [dt. *Geschichte und Geschichtswissenschaft. Dialoge*, Frankfurt/M. 1982] hat Georges Duby den Gedanken einer »histoire des silences«, einer »Geschichte des Ungesagten und Verschwiegenen« entwickelt – einer Geschichte derjenigen Konstellationen des privaten Lebens, die unausgesprochen blieben, die nicht ans Licht traten. Zumal das Problem der Verwandtschaftsstruktur läßt sich nicht durch Rückgriff auf den stets schwankenden Sprachgebrauch lösen. Wie Bloch hervorhebt, kann gerade die Unschärfe des Vokabulars ein Indiz dafür sein, daß die verwandtschaftlichen Bande minder stark ausgeprägt waren, als manche Forscher glauben.

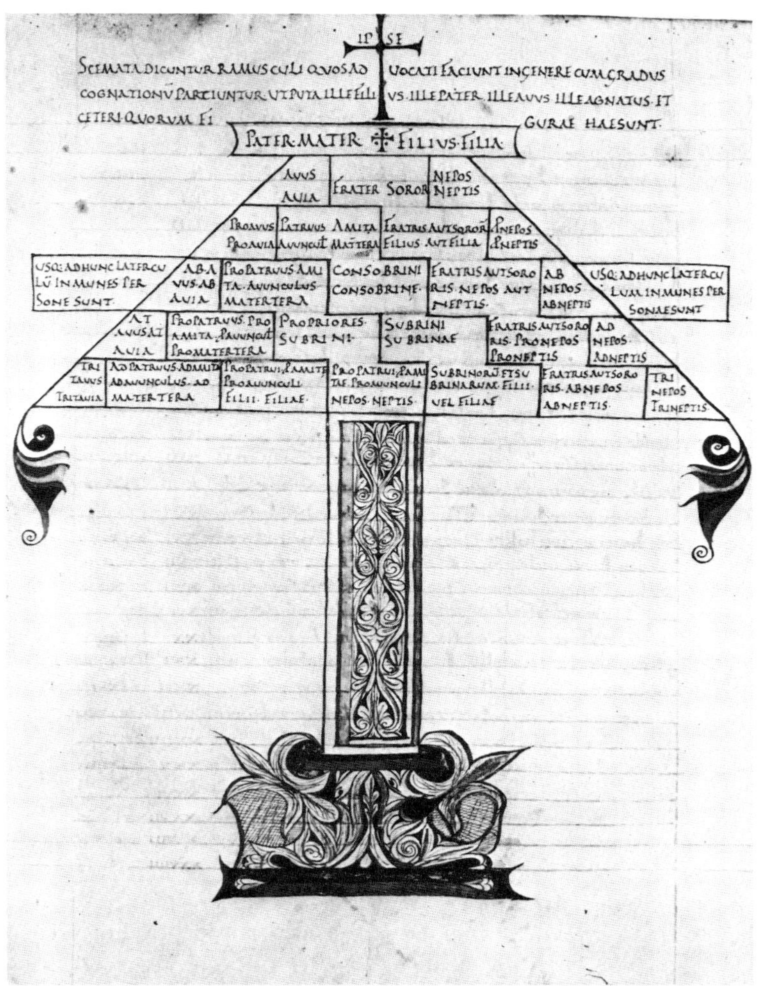

Eine Übung in abstraktem Denken: Auf dieser genealogischen Tafel aus dem 12. Jahrhundert sind die Verwandtschaftsgrade nach kanonischem Recht berechnet, doch sind die auf- und absteigenden Linien am rechten und linken Rand des Dreiecks notiert, während die Mittelachse den Vettern und Basen jeweils derselben Generation vorbehalten ist. Interessant ist die Terminologie: »nepos« bedeutet »Enkel«, während der Neffe als »Bruder- oder Schwester-Sohn« erscheint. Auch wird unterschieden zwischen Onkeln und Tanten väterlicherseits (»patruus« und »amita«) und solchen mütterlicherseits (»avunculus« und »matertera«).
(Paris, Bibliothèque Nationale, Ms. lat. 5239)

Das feudale Frankreich war sprachlich nicht homogen. Die in Nordfrankreich gesprochene »langue d'oïl« hatte landschaftliche Varianten, deren Transposition ins Lateinische wahrscheinlich ebenso uneinheitlich wie unzulänglich war. Bemerkenswert ist, daß spezifische Ausdrücke für bestimmte mögliche Verwandtschaftsgruppen fehlen. »Verwandtschaft« wurde hauptsächlich als Gattungsbegriff für eine Sozialfunktion verstanden, die unterschiedliche Sphären der Gesellschaft miteinander verknüpfte.

Im allgemeinen hatten die Sippen keinen einheitlichen »Familien«-Namen. Den Hauptakteuren auf der mittelalterlichen soziopolitischen Bühne, beispielsweise den Blois-Champagnes oder den Erembauds, hat erst die moderne Geschichtsforschung um der Klarheit willen ihre Namen verliehen. Die Giroies waren eine Sippe in der Normandie, die tatsächlich schon im 12. Jahrhundert ihren Namen führte; aber das war die Ausnahme, und nur sehr langsam machte der Gebrauch des Patronyms Schule – mitunter hat er, weil von der Obrigkeit zwangsweise auferlegt, etwas Künstliches.

Was die Nomenklatur der Verwandtschaft betrifft, so kannte das Kirchenlatein Unterscheidungen, die inzwischen nicht mehr gebräuchlich sind. Man differenzierte zwischen den beiden Arten von Schwiegervätern ebenso wie zwischen leiblichen Brüdern und Halbbrüdern. Diese Differenzierungen waren unabdingbar in einer Gesellschaft, in der es zahlreiche Wiederverheiratungen gab, weil viele junge Krieger und Erstgebärende starben. Ein junges Ehepaar konnte nicht auf ein langes gemeinsames Leben rechnen, und dieser Umstand wirkte zurück auf die Vorstellungen von »Paar« und »Familie«. Es gab zwei verschiedene Wörter mit der Bedeutung »Onkel«: eines für den Bruder des Vaters (»patruus«) und eines für den Bruder der Mutter (»avunculus«, woraus das französische »oncle«, das deutsche »Onkel« und das englische »uncle« hervorgegangen sind). Doch gibt es keine Anhaltspunkte dafür, daß diese beiden Onkel unterschiedlich gestellt waren, und der Wortgebrauch ist denn auch schwankend. Der mittelalterliche Wortschatz kannte Unterscheidungen, die uns nicht mehr geläufig sind, während er gleichzeitig Begriffe vermengte, die wir auseinanderhalten. So bedeutete »nepos« Enkel, aber auch Neffe [den Sohn des eigenen Kindes, aber auch den Sohn eines Geschwisters]. Die Bedeutung »Neffe« überwog und behauptete sich, als das lateinische Wort »nepos« in die Volkssprache Eingang fand. Das lag vermutlich daran, daß nur wenige Kinder alt genug wurden, um ihren Großvater kennenzulernen. Selbst bei den Kapetingern, die ja zähe Menschen waren, gab es um 1214 keinen Mann, der lange genug gelebt hätte, um die Geburt eines Enkels zu erleben.

Quellen. Eine genealogische Literatur entwickelte sich, vom Adel in Auftrag gegeben und genutzt, zunächst in Flandern und Anjou und blühte dann im 12. Jahrhundert im ganzen nördlichen Frankreich. Georges Duby weist darauf hin, daß diese Literatur bestenfalls eine »Ideologie der Abstammungsrechnung« (»filiation«) bezeugt und sich in einer simplen Aufzählung erschöpft, die auf den Abstammungskegel (»lignée«), nicht auf die Sippe *sensu stricto* bedacht war, d. h. mehr die vertikale Achse der Verwandtschaft als das durch deren Kombination mit einer horizontalen Achse definierte Feld beschrieb. Gleichwohl kann auch diese Literatur hilfreich sein: Verwandtschaft war auch eine Sache der Phantasie, nicht nur der »Realität« im engen Sinne. Um aus den Genealogien Nutzen ziehen zu können, müssen wir allerdings zuerst das Gefüge der Filiationen und Bündnisse mit anderen Mitteln rekonstruieren. Erst danach können wir feststellen, ob die Genealogen dieses Gefüge selektiv verzerrten, und den soziopolitischen Gebrauch, den sie von ihren Konstruktionen gemacht haben, ermitteln.

Historiker hängen in der Regel der Vorstellung an, die in den Kirchen aufbewahrten Urkunden und Verzeichnisse offenbarten die sozialen Beziehungen in ihrem Rohzustand. Daß diese Dokumente neben dem jeweiligen Akteur häufig eine Reihe von Verwandten nennen, gilt als unwiderleglicher Beweis dafür, daß die verwandtschaftlichen Bande sehr stark gewesen sind. Wenn jemand der Kirche ein Stück Land oder eine Einnahmequelle schenken oder verkaufen wollte (was in Wirklichkeit ein kompliziertes Rechtsgeschäft war), bedurfte er dazu der Einwilligung seiner Verwandten, der »laudatio parentum«. Aus diesem Grund findet man am Fuß dieser Schriftstücke oft die Namen von Söhnen und Töchtern, von Brüdern, Schwestern, Schwägern, Vettern, Neffen usw. Dies hat Marc Bloch und andere veranlaßt, voreilig vom »ökonomischen Zusammenhalt« der mittelalterlichen Sippe zu sprechen, die häufig sogar gemeinsamen Grundbesitz gehabt haben soll.

Erstens sind die großen Sippen ein zwar aufschlußreiches, aber keineswegs ein repräsentatives Phänomen. Statistische Analysen haben nachgewiesen, daß die an der »laudatio« beteiligten Verwandten meist Angehörige der »ehelichen Kleinfamilie« waren. Gelegentlich wurden jedoch auch entfernte Verwandte, die »blutsverwandten Freunde«, hinzugezogen, vor allem dann, wenn sie in der ersten Fassung der Urkunde vergessen worden waren; wir können solche Auslassungen immer dann beobachten, wenn wir die Möglichkeit zum Vergleich der ersten Urkunde mit späteren, ausführlicheren Fassungen haben.

Zweitens hat man sich vermutlich ein übertriebenes Bild von den Rechten der Verwandten gemacht. Sie verzichten nicht auf einen tatsächlichen Nießnutz, sondern lediglich auf ein potentielles Recht. Sollen wir annehmen, daß die Kirche, die das Individuum in den Mittel-

Die Gründung eines Klosters als doppelte Investition: Die Laien investieren finanziell und sozialpolitisch, die Mönche spirituell und libidinös. *Decretum Gratiani*, 14. Jh. (Laon, Bibliothèque, Ms. 372)

punkt stellte, die Bedeutung familiärer Bande herabzusetzen suchte? Liegt nicht der Verdacht näher, daß Brüder und Vettern aus der Verwandtschaft Ansprüche ableiteten, deren Anerkennung zwar unwahrscheinlich war, deren Abtretung aber erkleckliche Entschädigungszahlungen nach sich ziehen mochte? Nicht wenige Verwandte drohten zweifellos damit, die geplante Transaktion als »rechtswidrig« anzufechten, wenn nicht wenigstens 10 Schillinge oder ein Zelter oder rote Schuhe oder Schmuck oder Pelze oder ein Mutterschwein (!) für ihre Frauen oder Töchter dabei heraussprangen. In dieser Weise setzten sie ihr Mitspracherecht oder (bestenfalls) ihren Anteil an einem Gemeinschaftsbesitz gleichsam in klingende Münze um. Höchstwahrscheinlich bildete man in solchen Fällen künstlich eine »Verwandtschaftsgruppe«, um auf die Mönche und Kleriker, die nachgiebiger waren als bisher angenommen, Druck ausüben zu können. Was diese Gruppe definierte, war nicht, daß ihre Angehörigen unter einem Dach gewohnt oder gemeinsames Eigentum besessen hätten; man darf diese zweideutigen Dokumente nicht verwechseln mit den die Erbfolge regelnden Gewohnheitsrechten, die zwischen 1000 und 1200 selten in Schriftform erscheinen. Gleichwohl waren derlei Tricks gängige soziale Praxis: Es kam immer wieder vor, daß jemand im Namen der Verwandtschaft Anspruch auf Eigentum und Ehren erhob. Es kann keine Rede davon sein, daß die Menschen im Mittelalter »ratlos und verwirrt« vor Recht und Gesetz gestanden hätten oder von irgendeiner »Mentalität« verblendet gewesen wären: Sie stritten und wetteiferten miteinander subtil und mit allen Mitteln, die ihnen zu Gebote standen.

Der Historiker, dem die »Dokumente der Praxis« nicht genügen, kann sich *drittens* den narrativen Quellen zuwenden. Diese Texte sind nicht frei von Irrtümern und Fehlern, doch sie enthalten eine Vielzahl von Interpretationen und Kommentaren, so daß sie für eine retrospektive Soziologie von unschätzbarem Wert sind. Um das Jahr 1100 sind in Nordfrankreich eine Reihe bedeutender Geschichtsschreiber und Chronisten hervorgetreten. Der »Franzose« Guibert von Nogent, der Flame Galbert von Brügge und Ordericus Vitalis aus der Normandie malen schwarz in schwarz eine Welt, die nicht von einer sogenannten »feudalen Anarchie«, sondern von den brutalen, obschon wohlbedachten Verdrängungskämpfen verfeindeter Sippen erfüllt ist. Die Gewalt der Großen erscheint dialektisch sowohl als Ursache wie als Folge der Macht ihrer Familie und ihrer Vasallen, die oft alle unter einem Dach lebten. Dennoch werden die Konturen des Haushalts nicht klarer sichtbar als die der Sippe, und zwar deshalb nicht, weil kein Anlaß bestand, ausführlicher auf diesen Sachverhalt einzugehen. Bei der soziologischen Rekonstruktion gilt es stets, in Beziehungsgefügen zu denken, nicht in homogenen sozialen Gebilden.

Viertens haben wir keinen Grund, auf das direkte Zeugnis der in der »langue d'oïl« verfaßten epischen und höfischen Literatur zu verzichten. In ihr finden wir karolingische und bretonische Stoffe (»matières«), eingebettet in Situationen und Gespräche des 12. und 13. Jahrhunderts. Aus diesen Quellen haben die Historiker der materiellen Kultur geschöpft. Warum also nicht auch die sozialen Beziehungen, auf denen diese Fiktionen aufruhen, als plausibel akzeptieren? Zumindest in diesen Texten wird (und ist) der »Feudalismus« nicht verdammt, wie es bei den schreibenden Klosterbrüdern der Fall ist, die sich in der Weltverachtung eingerichtet haben. Die Zwiesprachen und Monologe einer Gueniėvre und eines Lancelot sind für uns Mitteilungen, die direkt vom Laienhof zu uns sprechen. Die artistische Stilisierung der Sprache wirkt gleichsam als »Vergrößerungsglas«; für den Ausdruck des Affekts gibt es jedenfalls kein besseres Mittel. Mittelalterliche Romane enthalten – wie die zeitgenössischen – mehr Realität als vermeintlich »objektivere« Texte. Urkunden und narrative Geschichtswerke, Epen und höfische Romane verdienen gleichermaßen unsere ungeschmälerte Aufmerksamkeit. Jeder dieser Texter repräsentiert eine eigentümliche Authentizität; jeder konstruiert seine eigene Fiktion.

Glück und Elend der großen Sippen

Die Geschichte von Aufstieg, Niedergang und Ende einer großen »Familie« bzw. eines großen »Hauses« (keines dieser beiden Wörter war damals für Verwandtschaftsgruppen gebräuchlich) war bei den Chronisten des Feudalzeitalters ein beliebtes Thema. Das Sujet bietet sich noch immer für Romane und Geschichtswerke an und eignet sich vorzüglich, um den subtilen Wandel gesellschaftlicher Beziehungen anschaulich zu machen. Am Beispiel des »Hauses« Erembaud ließen sich zehn Jahre flämischen Lebens plastisch darstellen, am Beispiel der »Familie« Giroie hundert Jahre Geschichte der Normandie. Dies hülfe uns, langfristige Familienstrategien zu erkennen.

Die Erembauds. Die Familie des Bertulf, Propst an der Kollegiatenkirche St. Donatus in Brügge, wurde aufgrund eines Delikts berüchtigt, das schließlich ihren Untergang herbeiführen sollte: Sie ermordete 1127 den Grafen Karl den Guten. Mehrere Zeitgenossen, namentlich Galbert von Brügge, haben die Vorbereitung des Verbrechens, seine Ausführung und die von Menschenhand vollzogene Rache Gottes an den Frevlern beschrieben. Vor allem Galberts Schilderung findet sich in jeder Standardanthologie der Sozialgeschichte, denn sie unterrichtet uns umfassend über den Aufstieg der Ministerialen (»ministeriales«). Diese Dienstmannen von Fürsten und Grundherren machten zwar im 12. Jahrhundert rasch ihr Glück, kämpften aber immer noch um ihren Aufstieg in den Adel. Adlige oder Vasallen? Die Ministerialen rangierten zwischen diesen beiden sozialen Zugehörigkeiten, die sich im einen Falle durch die Gruppeninteressen, im anderen Falle gegen sie forterbten.

Es wäre den Erembauds ohne Zweifel gelungen, ihre Herkunft aus dem Vasallenstand zu kaschieren, wenn nicht einem Ritter, der in die Familie eingeheiratet hatte, im Verlauf eines langwierigen Rechtsstreits ein Zweikampf versagt worden wäre. Der Mann war ursprünglich frei gewesen, hatte jedoch, so argumentierten seine Gegner, diesen Status verloren, weil er seit einem Jahr mit der Nichte des Propstes verheiratet war. So erfuhr der Ritter, der sich von der illustren Heirat die Verbesserung seiner noch immer bedenklichen sozialen Lage erhofft hatte, daß seiner Frau ein verborgener Makel anhaftete: Sie war eine Unfreie. Seine angeheiratete Familie, die Erembauds, war dadurch in Verlegenheit gebracht und sah sich gezwungen, mit politischen Mitteln gegen die andere Seite vorzugehen, die sich zu ihrem Sturz verschworen und dem Grafen eingeflüstert hatte, seinem geborenen Unfreien den Herrn zu zeigen.

Die Intrige hatte noch einen anderen Grund. Die »cognatio«, der man den Makel der Hörigkeit anhängte, sah sich selbst als »genus«, als angesehenes Geschlecht mit eigenen »festen Häusern« und dem Recht zu privaten Feldzügen. Bertulf drängte denn auch seine Neffen im Namen des Heldentums und der Ehre des »Hauses« indirekt zu solchen Privatkriegen. Und so lagen Borsiard und die anderen »nepotes Bertulfi« in endloser Fehde mit der gegnerischen Partei, den »nepotes Thancmari«, die im übrigen genauso arrogant und bei der Bevölkerung von Brügge ähnlich verhaßt waren. Beide Kontrahenten mobilisierten ihre Verwandten und Vasallen. Der Graf ließ zur Strafe für den Bruch des von ihm verordneten öffentlichen Friedens das Haus Borsiards zerstören und zog sich damit den Zorn der Erembauds zu.

Die Folge war, daß sich mehrere Neffen des Propstes sowie verschiedene andere, minder genau definierte Verwandte und sogar ein Nicht-Verwandter zu einer Verschwörung verabredeten. Die Attentäter ermordeten den Grafen in der Kirche und hatten auch schon einen wohldurchdachten Plan: Sie wollten Wilhelm von Ypern, einen Bastard der gräflichen Linie, zum Grafen von Flandern erheben und so dafür sorgen, daß die Mörder straffrei ausgingen. Aber weder die Rächer Karls des Guten – Männer seiner »maisnie«, die sich unmittelbar nach dem Mord zusammentaten – noch König Ludwig VI., der mit Hilfe seines Kandidaten Wilhelm Cliton die Herrschaft über Flandern anstrebte, waren bereit, Verschwörern von so niedriger Abkunft kampflos das Feld zu überlassen. Sämtliche Erembauds, einer nach dem anderen, wurden vom »Fluch der bösen Tat« ereilt – selbst jene, die mit dem Mord gar nichts zu tun hatten. Galbert rechtfertigt dieses kollektive Schicksal rückblickend mit dem Fluch, der auf der ganzen Sippe gelegen habe. Ja, man kann sagen, daß Galbert (bzw. seine Vorlage in den populären Quellen) die »Familie« Erembaud recht eigentlich erst erfunden hat. Der Name kommt von einem Ahnherrn, einem niedrig geborenen Ritter und Verräter seines Herrn, des Burgvogts von Brügge (eines gewissen Boldran, der jedoch in den Urkunden nicht auftaucht). Dieser Ritter verführte die Frau seines Herrn zum Ehebruch, stürzte sodann ihren Gatten in einen Fluß und riß gemeinsam mit seiner ungetreuen Gemahlin die Burgvogtei an sich. Die Strafe, die an den Mördern des Grafen vollzogen wurde – einige von ihnen warf man von einem Turm in die Tiefe –, spiegelte und vergalt also das ursprüngliche Verbrechen an dem Burgvogt und war der passende Abschluß für die Geschichte einer ebenso ruchlosen wie fiktiven Sippe. Bemerkenswert ist, wie bei Galbert eine legendäre Episode, die normalerweise den glücklichen Aufstieg eines guten »genus« begründet hätte, eindeutig ins Negative gewendet wird: Zum Lohn für eine kecke Tat erringt ein junger, unbekannter Held die Hand einer jungen Dame oder Witwe, durch welche den Nachkommen der männlichen Linie Ehre (d. h. Reichtum und vornehme Abstammung) zuteil wird.

Diese Sippe ist, wie gesagt, in Wirklichkeit eine Erdichtung, was man daran erkennt, daß die Umrisse der Gruppe andernorts weniger klar konturiert sind. Im Kern ist sie patrilinear. Aufgrund seines hohen Amtes im Fürstentum in den Rang eines »caput generis« erhoben, ebnet Bertulf den Söhnen seiner Brüder den Weg ins Leben; er hat sie in seinem Haus aufgezogen und empfindet Zuneigung für sie. Obwohl die Neffen inzwischen ihren eigenen Hausstand gegründet haben, suchen sie Bertulf noch immer auf, um bei ihm und mit ihm ihre Vorhaben zu besprechen, und so bleibt seine Wohnung der Angelpunkt für das Prestige der ganzen Gruppe. Der Platz von Borsiards Vater Lambert ist eher am Rande des Systems. Als Burgvogt von Reddenbourg suchte er sich (vergeblich) aus einer Verschwörung herauszuhalten, deren Hauptdrahtzieher sein Sohn war.

Lambert und andere Verwandte der Verschwörer fielen der Idee der Kollektivschuld zum Opfer. Einige versuchten, den Rächern des Grafen zu entkommen. Bertulfs Bruder, der Burgvogt Didier Haket, distanzierte sich vor den flandrischen Großen ausdrücklich von den Mördern: »Wir verurteilen ihre Tat, und wir würden sie sogleich davongejagt haben, wenn wir nicht schweren Herzens Rücksicht auf die Blutsbande hätten nehmen [und ihnen daher Unterkunft, Rat und Tat gewähren] müssen.« War das nur eine List, oder war es ein wirklicher Wertekonflikt? Es entbehrt nicht der Tragik, wie Didier sich hier gegen die Zwänge der Verwandtschaft sträubt. Solcher Widerstand war jedoch nicht aussichtslos. Galbert und seinen Zeitgenossen war bewußt, daß es Einzelnen gelungen war, sich von der fluchbeladenen Familie loszusagen. Robert dem Kind (dem Sohn Didiers), der beim »Volk« beliebt und fast von adligem Rang war, räumte man zwei Sonderrechte ein, die seinen »Verwandten« verwehrt blieben: Er wurde nicht in den Kerker geworfen, und er wurde geköpft anstatt gehenkt ... Den Folgen der Blutsverwandtschaft konnte man nicht entrinnen.

Nicht alle Mitglieder der Sippe waren in gleichem Maße für das Verbrechen verantwortlich. Galbert nennt eine Kerngruppe von Blutsverwandten, die man nur als Sippe bezeichnen kann; ein anderer Chronist, Gautier von Thérouanne, nennt eine Gruppe, die sich mehr durch gemeinschaftliches Wohnen als durch Blutsverwandtschaft auszeichnet. Für Gautier ist Bertulf in erster Linie »pater familias«, Haushaltsvorstand. Auch ist Gautier davon überzeugt, daß die Verschwörung auf der Grundlage eines Vertrages zustande kam. Beide Autoren konfrontieren uns im übrigen mit einer Unklarheit, die geeignet ist, die soziologische Analyse zu erschweren: Verschiedene Heiraten scheinen eine gewisse Solidarität zwischen beiden Verwandtschaftsgruppen gestiftet zu haben. Soweit wir wissen, sind die Ehegatten von Bertulfs Nichten der Katastrophe nicht entgangen; trotzdem sind sie (mit einer Ausnahme) in den Chroniken im Hintergrund noch lange präsent. Das läßt

DIE GIROIES

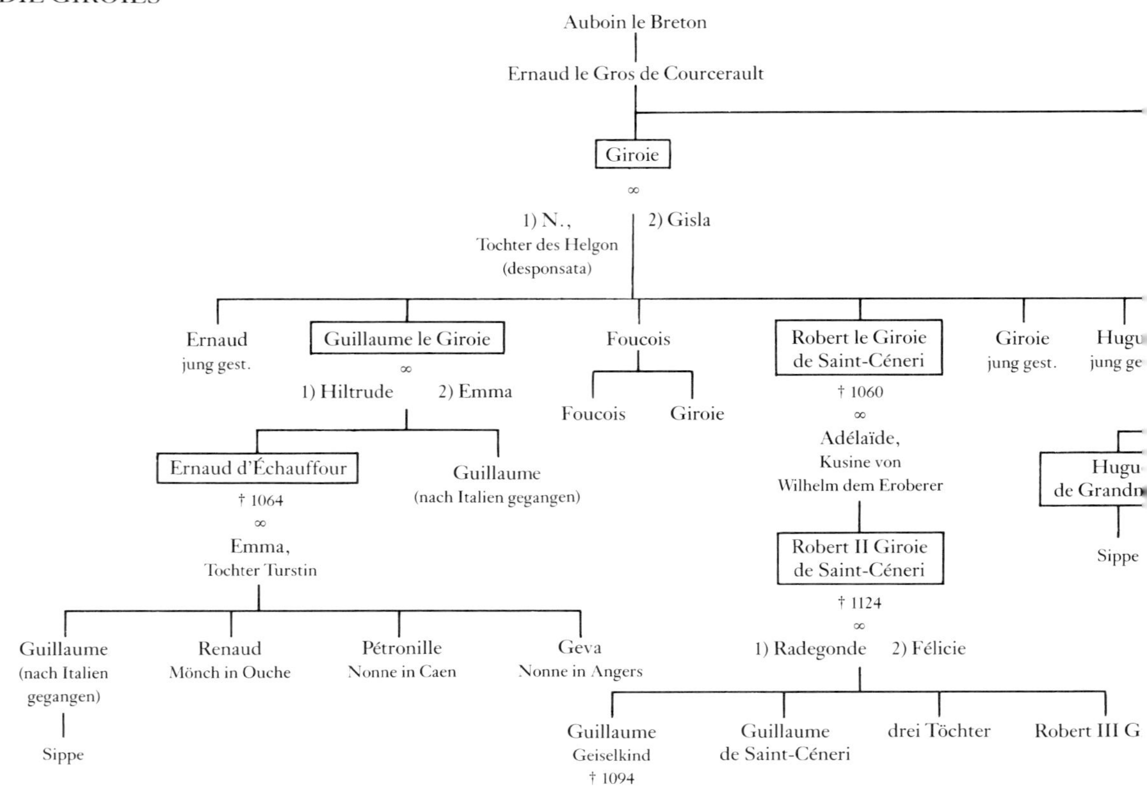

auf ein komplexes, ja geradezu unberechenbares Ineinandergreifen von Filiation und Einheirat schließen.

Vielleicht bleibt unsere Kenntnis dieses besonderen »genus« nur deshalb so ungenau, weil es relativ jung war. Zeigte nicht der Adel, im Gegensatz zu diesen Parvenüs, eine solidere, minder improvisierte Sippenstruktur? Ein vorzügliches Beispiel für eine solche Adelsfamilie scheinen die Giroies zu sein. Zu dem Zeitpunkt, als Galberts Zeitgenosse Ordericus Vitalis die Geschichte der Giroies erzählt – oder genauer gesagt: uns im Zuge seiner *Kirchengeschichte* Einblicke in ihre Geschichte gewährt –, ist die Familie bereits vier Generationen alt.

Die Giroies. – Erste Generation. Diese Familie ist typisch für die aristokratische Oberschicht der Normandie, die von den Herzögen des frühen 14. Jahrhunderts begründet oder jedenfalls geprägt worden war. Lucien Musset hat dargelegt, daß diese Aristokratie (wie man sich denken kann) nicht aus legendären »Genossen des Rollo« bestand, sondern aus vornehmen fränkischen und bretonischen Einwanderern. Der Stammvater Giroie soll »von hohem französischen und bretonischen Adel« gewesen sein. Ordericus Vitalis kennt die Namen von Giroies Vater und Großvater sowie den seiner Schwester, sie hieß Hildiarde und wurde Mutter

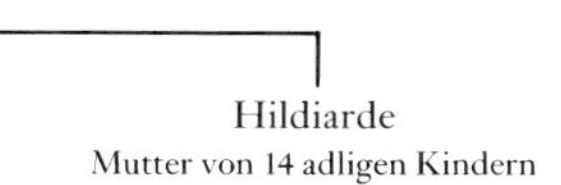

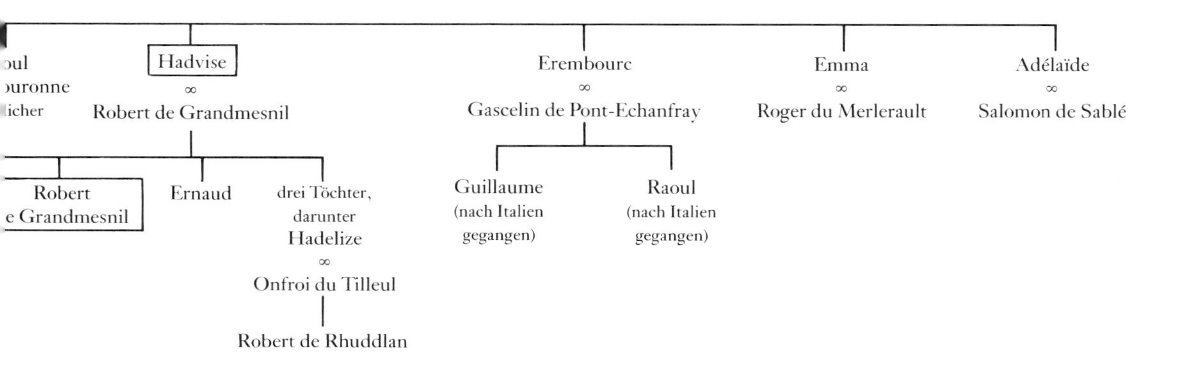

zahlreicher adliger Kinder. Die Nachfahren Giroies perpetuierten den Namen, indem sie ihn dem eigenen hinzufügten, und zwar entweder in der Grundform (Robert »Girondoie«) oder als Adjektiv (Guillaume »Geroianus«, Wilhelm »der Giroie«).

Im Mittelalter identifizierte man einen Menschen primär an seinem Vornamen. Familiäre Bande bekundete man durch die Wiederholung des Namens in jeder neuen Generation. Man übertrug den Namen als erbliches Attribut vom Vater auf den Sohn, vom Onkel auf den Neffen, aber auch (vielleicht sogar vor allem) vom Großvater oder Großonkel mütterlicherseits auf den Enkel oder Großneffen. Der illustre Name war ein wichtiger Beitrag der Frau zur Sippe ihres Mannes; er konnte ausschließlich an die direkten Nachkommen seines ersten Trägers weitergegeben werden und für eine politische Karriere ein bedeutendes Hilfsmittel sein. Die »virtus« des Ahnen steckte dem homonymen Nachkommen im Blut, ja, mehr noch, er erbte unter Umständen dessen »honores« (Ämter und Besitztümer).

Bei der Untersuchung adliger Verwandtschaftsgruppen muß man auf die Wahl der Vornamen achten; denn mit der Entscheidung über den Namen fiel eine Vorentscheidung über den künftigen Lebensweg. In unserem Falle deuten die Namen Wilhelm und Robert auf eine (durch Heirat oder spirituelle Adoption gestiftete) Verbindung mit den Herzögen der Normandie hin. Diese Namen verdrängte allmählich »Ernaud« bzw. »Renaud«, die offenbar aus älterer Zeit stammen und patrilinear weitergegeben wurden. »Giroie« wurde als ein Spitzname hinzugefügt, an dem sich die Angehörigen einer bestimmten patrilinearen Sippe untereinander erkannten, und zwar vor der Folie einer offenbar allgemein akzeptierten undifferenzierten Verwandtschaft, in der traditionellerweise die von Frauen weitergegebenen Vornamen gebraucht wurden. Diese uralte Praxis war das, was Karl Ferdinand Werner die »Grammatik der [kognatischen] Verwandtschaftsverhältnisse« genannt hat. Der agnatisch [allein in patrilinearer Filiation] weitergegebene männliche Vorname war eine Neuerung, ja, eine bahnbrechende Entdeckung, die mit der vor dem Jahr 1000 unbekannten, nachhaltigen Verwurzelung des Adels in den Burgen zusammenhing. Die Nachfahren des ersten Giroie standen vor der schwierigen Aufgabe, dieses »Burgensystem« und die mit ihm verknüpfte Banngewalt wirksam zu praktizieren.

Die Giroies ließen sich zwischen 1015 und 1027 an der Grenze zwischen Maine und der Normandie nieder. Sie hatten den Segen des Herzogs und wurden vom Sire de Bellême gefördert, dessen Waffengefährte Giroie war. Dem tapferen Recken wurde die einzige Tochter des mächtigen Helgon versprochen, sie starb jedoch noch vor der Eheschließung. Das hinderte Giroie nicht daran, sich als Herrn des »fiscus« (Domäne oder Lehen samt späterer Burg) Montreuil und Échauffour zu bezeichnen. Er heiratete eine andere Adlige, die ihm sieben Söhne und vier Töchter gebar. Solche eheliche Fruchtbarkeit war damals nicht ungewöhnlich. Um nun verhängnisvolle Erbteilungen zu vermeiden, waren die Sippen gezwungen, entweder eine Politik der Expansion zu betreiben und mit anderen Sippen in der Heimat und in der Fremde zu rivalisieren oder ihre jüngeren Söhne streng an die Kandare zu nehmen. Ordericus Vitalis kann uns dabei helfen, die Strategie der Giroies zu rekonstruieren; allerdings zeigt seine *Kirchengeschichte* nicht alle Aspekte, weil sie ebensowohl seine eigenen Kenntnisse wie die Interessen seines Klosters Saint-Évroul d'Ouche zu berücksichtigen sucht. Familienstrategie und Chronisteninteresse sind daher stets gleichermaßen in Rechnung zu stellen.

Zweite Generation. In der ersten Generation von Giroie-Erben hatten nur drei der sieben Söhne männliche Nachkommen. Wilhelm der Giroie, der älteste der überlebenden Söhne, zwang nach dem Tod seines Bruders Ernaud die übrigen Brüder unter seine Gewalt. Als die Burg Saint-Cénerie in seinen Besitz gelangt war, überließ er sie seinem jüngeren Bruder Robert, der sich mit ihm im Kampf gegen Giroies dritten Sohn Foucois verbündet zu haben scheint. Die Vormachtstellung Wilhelms kam nicht von selbst zustande. Ursprünglich hatte er sich mit Foucois in das »Amt« Montreuil geteilt, und wir können nur vermuten, daß sich daraus kurz nach 1035 bittere Zwietracht entwickelte. Foucois war der Taufpate des Grafen Gislebert von Brionne und mit Wilhelm dem Giroie und seinem Gefolge verfeindet. Aber er verlor die Auseinandersetzung, und Ordericus Vitalis verbannt ihn samt seinen Nachkommen in das Schattenreich der Illegitimität – von seiner Mutter heißt es, sie sei eine »Konkubine« gewesen.

War dies die einzige anfechtbare Ehe in der Geschichte dieser Sippe – ein bedeutsamer Gesichtspunkt in einer Zeit, da die kanonischen Eheregeln häufig mißachtet wurden? Das ist schwer zu glauben. Vielleicht ging es Ordericus Vitalis lediglich darum, diejenigen Söhne zu diskreditieren, die das Kloster Ouche nicht mit gegründet (obschon nachmals mit Schenkungen bedacht) hatten und es später in Unruhe versetzen sollten. Hier haben wir eine der Konkurrenzstrategien vor uns, von denen Georges Duby gesprochen hat. Es ist bemerkenswert, daß bei den inneren Zwistigkeiten, welche die Normandie zerrissen, die großen Familienverbände nicht als ganze gegeneinanderstanden, sondern in einander befehdende Parteiungen zerfielen, welche die internen Rivalitäten der Familien widerspiegelten. Die Sippen überlebten, weil sie in beiden Lagern vertreten waren. Die Frage war nur, welcher Zweig den anderen vernichtete oder zumindest die Vormacht über ihn errang (nämlich durch historische Fälschungen und erschlichene Anciennität).

Von den übrigen vier Söhnen Giroies starben drei eines vorzeitigen Todes; sie starben »jung«, d. h. unverheiratet. Zu ihnen zählten der älteste, Ernaud, sowie der fünfte mit dem Beinamen »Giroie«, dessen »richtiger« Vorname nicht überliefert ist. Hugue, der sechste Sohn, starb an einer tödlichen Verletzung; in einem Akt der Frömmigkeit, der, wie die Schenkung an eine Kirche, ihn aus dem Kreis seiner Verwandtschaft herauslöste, beschwor er in seinen letzten Lebensminuten den Schildknappen, der ihm die Verletzung versehentlich zugefügt hatte, die Rache seiner Brüder zu fliehen, die ihn sowohl aus Gründen der Familienehre wie aus Zuneigung zu ihrem Bruder würden töten wollen. Ein anderer jüngerer Sohn, Raoul Male-Couronne, entsagte den Risiken und Sünden der Ritterschaft und zog die geistliche Laufbahn vor, was ihm die Muße verschaffte, sich der schönen Literatur und dem Studium der Medizin zu widmen.

So errang Wilhelm die Vormacht über seine Brüder, indem er den einen im Kampf besiegte und dem anderen erlaubte, seiner geistlichen Berufung zu folgen. Er gebot über eine patrilineare Gruppe, deren Mitglieder den gemeinsamen »Schenkungen« und »Verkäufen« an das Kloster Saint-Évroul zugestimmt und einander die »laudatio« gewährt hatten, unter Ausschluß der übrigen Verwandten (nicht jedoch der Herren und Vasallen). Diejenigen, die ihre Billigung ausgesprochen hatten, nannte man »consentants« oder »codonateurs«, so als ob beide Begriffe dasselbe bedeutet hätten. Die Praxis läßt jedoch nicht darauf schließen, daß das übertragene Eigentum immer Gemeinschaftsbesitz gewesen wäre.

Im Gegensatz zu den Söhnen übertrugen die vier Töchter Giroies auf ihre Erben weder den patronymen Nachnamen noch derartige Rechte am Familienbesitz. Alle vier heirateten; eine Gefahr für die Wahrung des Besitzes entstand daraus nicht, im Gegenteil, Heiratsbündnisse dienten den Interessen der Sippe, weil sie andere zu Dankbarkeit verpflichteten. Erembourc und Emma wurden mit kleineren Sires vermählt, deren Ländereien an Giroies Einflußbereich grenzten. Der

Die Beisetzung bedeutender Persönlichkeiten in der Kirche – »ad sanctos« (»bei den Heiligen«) – war alter Brauch. Die Gräber König Heinrichs II. Plantagenet und seiner Frau Eleonore von Aquitanien zeigen aber, daß die französischen Fürsten um 1200 darauf Wert zu legen begannen, ihre Familiengräber sorgsam zu gestalten und mit Plastiken zu schmücken – wenn es auch nicht die Porträts der Verstorbenen waren. (Abtei Fontevraud)

Vater der beiden Frauen übte eine gewisse Macht über seine Schwiegersöhne aus, doch erkennt man bei den »Nachbarn, Mannen und Vettern« auch einen Handlungsspielraum, der im Verlauf einer Generation noch größer wird. Die Ehen Adélaïdes und Hadvises waren wohl von anderer Art, nämlich isogam. (»Isogam« heißt eine Ehe, die mit einer Person des gleichen sozialen Standes geschlossen wird; die Ehe mit einer höherstehenden Person heißt hingegen »hypergam«.) Die eine Tochter heiratete nach Maine-Anjou, die andere in die Normandie. Die Sippe war stets darauf bedacht, diese beiden Provinzen gleichmäßig zu berücksichtigen, wenn es darum ging, ihre Töchter an andere Adlige zu verheiraten oder als Nonne in ein Kloster eintreten zu lassen.

Dem Heiratsbündnis, das durch die Bereitwilligkeit Hadvises zustande kam, mißt Ordericus Vitalis besondere Bedeutung bei. Zusammen mit den beiden Söhnen Hadvises, den Grandmesnils, »gründeten« nämlich Wilhelm und Robert Giroie um 1050 die Abtei Saint-Évroul. Gutes Einvernehmen mit einem Kloster war eine wichtige Stütze auf dem Wege zur Banngewalt. Die Macht des Schwertes mußte Legitimität und Weihe von der Macht der in der Abtei aufbewahrten heiligen Reliquien empfangen. Als »Familiennekropolen« waren die Abteien ein Ort des ununterbrochenen Gebets für die Seelen der Verstorbenen. Gereimte Grabschriften in gedrechseltem Latein erheben diese Toten in den Rang von Ahnen. Fühlt man sich nicht, trotz der Nähe des christlichen Kultes, an afrikanische Stammesverhältnisse erinnert? Die Zusammensetzung der Stiftergruppe beruhte auf einer bewußten Manipulation der Verwandtschaft: Wilhelm wollte das Heiratsbündnis mit den Grandmesnils betonen, während seine Neffen zunächst allein agieren und ein Kloster an der Stelle errichten wollten, an der ihr Vater gestorben war. Ouche wurde deshalb zur gemeinsamen Weihestätte zweier Sippen und nicht zum Heiligtum für die Nachkommen eines gemeinsamen Stammvaters in einer Linie. Gleichwohl waren die Giroies die bedeutendere der beiden Sippen. Robert von Rhuddlan, der in dem Kloster begraben sein wollte, wurde in den Kreis der Stifter mit aufgenommen; seine Mutter, eine Schwester der beiden Grandmesnils, soll »ex clara stirpe Geroianorum« (»vom berühmten Stamme der Giroies«) gewesen sein.

Infolge ihrer Verbundenheit mit dem neuen Kloster umgab beide Sippen eine geradezu sakrale Aura, die sie freilich in ökonomischer Hinsicht teuer zu stehen kam. Robert von Grandmesnil und Ernaud von Échauffour wurden Mönche und plünderten im Namen des Klosterheiligen ihre »Verwandten« regelrecht aus, vor allem die Beute, die bei Kriegszügen in Süditalien gemacht worden war. Ihr Verhalten gemahnt an die Winkelzüge der »calumniatores«, von denen die Klosterurkunden zu berichten wissen. Und trotzdem waren die Klostergründer niemals die alleinigen Herren ihrer Stiftung; sie hatten mit der Gregorianischen Reform zu kämpfen, insbesondere jedoch mit dem Einfluß des Herzogs.

Dritte Generation. Die Schwierigkeiten, welche die beiden Familien erwarteten, waren die unmittelbare Folge einer schweren politischen Krise, die sich um 1060 zuspitzte. Robert I. von Saint-Céneri und Ernaud von Échauffour, die sich gegen den Herzog aufgelehnt hatten, überstanden diese Wirren nicht. Ernaud erlebte gerade noch die Aussöhnung mit Wilhelm dem Eroberer und die Wiedereinsetzung in sein

Wer der Kirche Almosen spendete, tat etwas für sein Seelenheil. Der Laie und Spender, Wilhelm von Bezac, übergibt dem Geistlichen, der den Schutzpatron des Klosters repräsentiert, ein symbolisches Objekt: die Säule selbst. Dieses architektonische Dekor scheint hier dieselbe Funktion zu haben wie sonst das Messer, der Zweig, der Strohhalm oder das Buch. (Romanische Kirche Saint-Priest, Volvic)

vorübergehend konfisziertes Gut, bevor er 1064 einem Giftanschlag Mabilles von Bellême zum Opfer fiel. Die älteren Giroies und Bellêmes hatten noch Tischgemeinschaft miteinander gepflegt, doch ihre Nachkommen lieferten sich einen unerbittlichen Krieg mit mancher bemerkenswerten Episode. Die Grandmesnils wußten sich schneller wieder zu etablieren. Danach nahm ihr Schicksal eine andere Wendung als das ihrer Vettern. Laut Ordericus Vitalis ging es mit dem vornehmen Haus der »Geroiani« bergab. Die Nachfahren mußten, wie zahllose jüngere oder enterbte Abkömmlinge dieser Adelsfamilie, ihre Zuflucht in Süditalien suchen.

Vierte Generation. Aber die Giroies kehrten zurück. Im Zweig der Saint-Céneri blieb der Name lebendig. 1088 folgte der liberale Robert Curthose als Herzog dem unversöhnlichen Wilhelm nach. Sogleich bedrängten ihn die Erben großer »honores« – mehr oder weniger entfernte Verwandte, die durch Roberts Vater um ihre Besitztümer gekommen waren –, den alten Rechtszustand »wiederherzustellen«. Robert entsprach ihrem Wunsch und segnete damit das erbliche Recht auf das Allod (das »Familienerbe«) ab, was für das mittelalterliche Rechtssystem von großer Reichweite war. Als Geoffroi von Mayenne zugunsten Roberts II. des Giroie eingriff, argumentierte er freilich nicht mit Roberts Abstammung, sondern damit, daß er durch seine Mutter Adélaïde, eine Cousine von Wilhelm dem Eroberer, mit dem Herzog verwandt sei.

Die Nachkommenschaft der Giroies bestand viele heikle Situationen, weil sie mehr und zugleich weniger war als eine patrilineare Sippe. Ein weitreichendes, vielseitiges Verwandtschaftsnetz schützte sie in schwierigen Zeiten. 1094 sah Robert II. plötzlich seine erste Frau, seinen Geiselsohn und seine Burg in der Gewalt der Bellêmes; doch »mit Hilfe seiner Verwandten und Freunde« sammelte er seine Kräfte und faßte Mut. Da es andererseits notwendig war, die Unverletzlichkeit des Bodens zu gewährleisten, neigte die Sippe dazu, sich als »Abstammungskegel« zu verstehen, zu dem zwar der unverheiratete Bruder und Onkel, nicht aber der Vetter zugelassen war. Wer sein Glück in der Fremde machte, entschwand den Verwandten meist rasch aus dem Blick. 1119 kehrten Montreuil und Échauffour in das Eigentum Roberts II. zurück. So erlangte er den gesamten Besitz seiner Ahnen wieder, bevor er gezwungen war, ihn unter seine Söhne aufzuteilen. Die Giroies waren in der Gegend um das Kloster Saint-Évroul wohlbekannt, als der alte Ordericus Vitalis sich entschloß, die Geschichte ihrer Ahnen wenigstens zum Teil in seinem gewaltigen Fresko unterzubringen. Rückblickend erhellt er die besondere Eigentümlichkeit ihrer Familienstrategie: die Kunst, möglichst viele Heiratsbündnisse zu schließen und gleichzeitig die Zahl der direkten Nachkommen möglichst klein zu halten. In »hundert Jahren Einsamkeit« focht diese Sippe, gestützt auf ihren verwandtschaftlichen Solidarverband, unermüdlich für die eigene Sache.

Diese Geschichte – und der Standpunkt des Geschichtsschreibers, der sie erzählt – ist in mehr als einer Hinsicht typisch. Die meisten Burg-

Ritter vom Heiligen Gral. In dem Maße, wie der Prosaroman diesen legendären Kriegern Leben und Präsenz verlieh, erhielten sie auch Erbgut, heraldische Identität und Verwandtschaft. Robert de Boron, *Histoire du Graal*, um 1280. (Paris, Bibliothèque Nationale, Ms. fr. 95)

vögte in Nordfrankreich legten den Grundstein zu ihrer Macht im frühen 11. Jahrhundert. Der Zeitpunkt der Kristallisation zur Sippe lag bei ihnen später als bei den Fürsten, aber zweifellos früher als bei den niederen Rittern. Eine Besonderheit der Normandie waren dabei die einflußreichen Herzöge, die durch Konfiszierung von Eigentum die Machtbalance im Lande nach Gutdünken verschieben konnten. Andererseits hatten die Mordanschläge und Hinterhalte, die in den noch unruhigeren Gegenden des Loire-Tales und der Ile-de-France die Regel waren und zu ähnlichen Umwälzungen führen konnten, langfristig keine nachteiligen Folgen für die Macht der Sippen.

Diese Verwandtschaftsstruktur war charakteristisch für den Adel, der sozusagen von Berufs wegen in dem großen Spiel um Macht und lokale Gewalt mitwirkte. »Mittlere« Ritter kommen in der *Kirchengeschichte* des Ordericus Vitalis zwar häufig vor, erscheinen aber selten als individualisierte Gestalt; vielmehr sind sie, Satelliten der »Mächtigen«, auf Gedeih und Verderb verstrickt in die Intrigen des Haushalts, zu dem sie gehören. Was die Bauern betrifft, die mit der schweren Arbeit der landwirtschaftlichen Erzeugung beschäftigt waren, so hausten in ihren bescheidenen Hütten »Kleinfamilien«. Das Ziel des Bauern war es, sein Stückchen Land zu vergrößern, nicht durch Heiratsbündnisse oder private Fehden seine »Ehre« zu festigen. Die Zugehörigkeit des bäuerlichen Landes zu einer weltlichen oder geistlichen Grundherrschaft unterwarf den Bauern dem örtlichen Gewohnheitsrecht und verband ihn mit den anonymen »patres«, die auf dem Friedhof begraben lagen. Die moderne Ethnologie lehrt uns dasselbe wie die Sozialhistorie des Hochmittelalters: Sippen und Genealogien sind das Privileg der Häuptlinge.

Zugleich sind sie eine ideologische Konstruktion. Anstatt sich wie sonst so oft auf die mündliche Überlieferung der burgvögtischen Haushalte zu stützen, beruft sich Ordericus Vitalis an dieser Stelle auf die Werke des Lambert von Ardres und des Johannes von Marmoutier (bzw. seine Bearbeiter) – zwei unschätzbare Kostbarkeiten aus der zweiten Hälfte des 12. Jahrhunderts. Georges Duby hat diese Werke mit einigen zusammengesetzten Genealogien verglichen und ihre Hauptkonzepte erschlossen. Um den Besitz eines Erbgutes zu begründen, folgten die Genealogen der männlichen Linie. Auch registrierten sie sorgfältig, wie die Familie durch glänzende (hypergamische) Heiraten ihren Ruhm mehrte. Nicht, daß der Adel mit den Frauen in die Familie gekommen wäre. Der einzige Status in dieser Gesellschaft, den man durch seine Mutter erwerben konnte, war der des Hörigen. Doch durch das Institut der Ehe und die eigene, virilokale Wohnung des Paares war selbst dieses antike Vermächtnis weithin obsolet geworden. Adel war eine angeborene Eigenschaft, deren Intensität allerdings je nach Ranghöhe der Ehre und Nähe zu den Königen wechselte. Nur wenn die Linie der Mutter oder Großmutter deutlich erlauchter war als die des Vaters, galt es als vertretbar, auf dem Königsweg zur vornehmen Abstammung einen matrilateralen Umweg zu nehmen. Hätte es im 12. Jahrhundert ein Hauskaplan der Giroies dem Kaplan der Sires von Ardres gleichgetan, so hätten die Ahnen der Giroies – sorgfältig erlesen – wohl noch glänzender am Firmament des Adels geprangt. Das Verdienst des objektiveren Ordericus Vitalis ist es, einen mittleren Kurs zwischen kruder Faktenhuberei und absichtsvoller Stilisierung zu halten.

Das Bild der Gesellschaft in der Literatur

Das *Chanson de Roland* (*Rolandslied*) ist ein frühes Meisterwerk, dessen älteste Handschrift zeitlich und örtlich aus dem Umkreis der *Kirchengeschichte* des Ordericus Vitalis stammt. Gleichwohl zeichnet es ein ganz anderes Bild von den Sippenstrukturen. Nur zwei Verwandte des Helden werden mit Namen genannt: Karl der Große, sein Onkel mütterlicherseits, und Ganelon, sein Stiefvater und Feind. Rolands Haß auf den Stiefvater mag seinen Grund in einem Konflikt zweier Verwandtschaftsgruppen um die Macht gehabt haben. Eine Schwester des Königs zu heiraten garantierte eine einflußreiche Stellung bei Hofe; die Wiedervermählung der Frau könnte darauf hindeuten, daß eine der beiden rivalisierenden Gruppen über die andere gesiegt hatte. Im Text selber kommt dies alles nicht zur Sprache. Roland lebt nicht unter »blutsverwandten Freunden«, sondern bei Waffengefährten – Mitgliedern des königlichen Haushalts. Seine »Verwandtschaft« existiert nur in einem virtuellen, abstrakten Sinne; er spielt auf sie an, als er seinen ebenso stolzen wie verderblichen Entschluß begründet, nicht das Horn Olifant zu blasen, um das Heer Karls zurückzurufen:

»[...] Ne placet Damnedeu
Que mi parent pour mei seient blasmét.«

[ed. Klein, Zeile 1062 f.: »Das verhüte Gott, daß meine Sippe um meinetwegen geschmäht werde.«]

Der Verrat Ganelons wird vor den Baronen verhandelt, vor denen Karl der Große persönlich Klage führt, unterstützt von dem jungen Dietrich, seinem Getreuen, der mit ihm nicht verwandt, jedoch ein Mitglied seiner Sippe ist. Ihnen steht der Missetäter gegenüber, umringt von dreißig »Verwandten«, die allerdings blasse, namenlose Schatten bleiben. Nur Pinabel tritt vor, als es gilt, den Spruch Dietrichs durch einen Zweikampf anzufechten; wie er mit Ganelon verwandt ist, bleibt unklar. Zwischen den Waffengängen machen er und Dietrich einander Friedensangebote und Vermittlungsvorschläge, doch Pinabel kann Ganelon nicht im Stich lassen. Auch er verkörpert die Werte einer »shame culture«:

»Sustenir voeill trestut mun parentét,
N'en recrerrai pur nul hume mortel:
Mielz voeill murir que il me seit reprovét.«

[ed. Klein, Zeile 3907 ff.: »Ich will meine ganze Sippe unterstützen und werde mich keinem Sterblichen ergeben. Lieber will ich sterben, als daß mir solches vorgeworfen wird.«]

Pinabels Niederlage in diesem Zweikampf bedeutet, daß nicht nur der Verräter Ganelon gevierteilt wird, sondern daß auch seine Verwandten, die seine Sache unterstützt hatten, am Galgen enden. Eine Verwandtschaft ohne Konturen, ohne Gefühlsausdruck, ja, ohne Sprache – befinden wir uns im Nebelgewaber der germanischen Vorzeit?

Die Atmosphäre im *Lancelot* und *Perceval* des Chrétien de Troyes (1170–1190) ist frühlingshafter. Chrétiens gewandte Feder gibt den weiblichen Charakteren mehr Profil; die Frauen veranlassen die Männer, mehr über ihren »Seelenzustand« mitzuteilen. Bei ihren Abenteuern kommen die Helden oft mit namentlich genannten und genau bezeichneten Verwandten in Kontakt. Allerdings geschieht das stets zufällig, und die Identität des Verwandten wird erst offenbar, nachdem sich bereits spontane Sympathie eingestellt hat. Beschützt Perceval ein junges Edelfräulein vor der Zudringlichkeit ihres Freundes? Senkt er reuig das Haupt, nachdem er die mahnenden Worte eines Einsiedlers vernommen hat? Erst später stellt sich heraus, daß das Fräulein seine Kusine ist und der Einsiedler sein Onkel. Ähnlich bewundert der gute Gornemanz de Gorhaut das Naturtalent eines Jünglings, den er eilig zum Ritter ausbildet und von dem er nicht weiß, daß er der Sohn seiner Schwester ist. Man wartet förmlich darauf, daß diese Szenen mit einem lustspielreifen Ausruf enden wie »Du bist's, mein Neffe – nun hat die Not ein Ende!« oder »Nun weiß ich, was im Busen mir gebrannt!« Derlei Geschichten enthüllen die sozialen Vorurteile des Publikums ebenso wie das subtile Vermächtnis der »Klasse«.

Um 1200 waren Heldenepos und höfischer Roman reifer, vielleicht

Die Viererbande. Alle auf demselben Pferd reitend und alle etwa gleich groß, teilten sich die vier Haimonskinder, wie andere Ritter des 12. Jahrhunderts, wahrscheinlich in den Besitz ihres einzigen Schlachtrosses, das sie in der Praxis natürlich abwechselnd geritten hätten. Die Ideologie der Sippe läßt sie als gleichwertig erscheinen, während es in Wirklichkeit zu Ungleichheiten zwischen ihnen kam. *Renaud de Montauban*, 15. Jh. (Paris, Bibliothèque de l'Arsenal, Ms. 2990)

auch schaler geworden; jedenfalls hatte sich der Unterschied zwischen beiden verwischt. Eine Synthese der bisher in zahllosen Einzelwerken verstreuten »matière de France« und der »matière de Bretagne«, d. h. des französischen Stoffes mit dem keltisch-bretonischen Sagenkreis, war notwendig geworden. Hier tritt nun auf beiden Seiten die patrilineare Verwandtschaft in Erscheinung. Sie spielte bald eine entscheidende, dramatische Rolle und lieferte das innere Gerüst für zwei verschiedene fiktive Gesellschaften: die Runde der Artusritter und den Hof Karls des Großen. König Artus und König Karl verloren ihre politische Macht an die Barone, anders als Philipp August, mit dem sie freilich die brutale Undankbarkeit und die Scheu vor dem persönlichen Risiko teilten. Was sich änderte, war nicht das Erscheinungsbild eines Einzelnen, sondern das Erscheinungsbild des Staates. Die nun entstehende Literatur tendierte dazu, vollständige Welten zu schildern, und zwar nicht infolge eines sei's auch dialektischen Determinismus, sondern aufgrund der ihr innewohnenden Logik. Es ist verblüffend, eine derart ausgeprägte Ähnlichkeit zwischen den als besonders objektiv geltenden Quellen einerseits und den Beziehungs- und Einstellungsmustern in diesen neuen Epen und Romanen andererseits zu erkennen.

Bertrant de Bar-sur-Aube teilte die Helden des fränkischen Epos in drei große »gestes«, d. h. »Rassen« oder »Clans« im genauen Sinne des

Wortes ein*: den Clan der Könige; den von Doon von Mainz abstammenden Clan der Verräter; und den Clan der königstreuen Barone, deren Ahnherr laut Bertrant der fiktive Garin de Montglane ist. Der zweite und der dritte Clan ringen um die Vorherrschaft im Königreich. Diese ist interessanter als der Besitz einzelner Burgen oder Herzogtümer, die lediglich Steine in einer Partie Go sind – mit Ausnahme der alten Erblande, an die sich die Gefühle heften.

So konnte nun jedes Werk aus dem Kreis der Heldenepen einer patrilinearen Verwandtschaft zugeordnet werden, die einen Ausschnitt aus einer der drei großen »gestes« darstellte. Es fällt schwer, zwischen der Hauptperson und ihren Brüdern zu unterscheiden. (Das Chanson *Renaud de Montauban* ist auch unter dem Namen *Les Quatre Fils Aymon [Die vier Haimonskinder]* bekannt.) In Bertrants Heldenepos *Girart de Vienne* folgen die vier Söhne von Garin de Montglane dem Beispiel ihres jüngsten Bruders, des eponymen Girart. Nachdem Girart von der Königin beleidigt worden ist, läßt er sich auf eine Privatfehde mit Karl dem Großen ein. Großzügig kommen ihm seine Brüder mit starkem Vasallengefolge zu Hilfe. Als derjenige, dem Unrecht geschehen ist, spielt Girart in dieser Situation die Rolle des Ältesten. In Gegenwart ihres greisen Vaters halten die vier Brüder »Familienrat«, in dessen Verlauf jeder seine Meinung äußert. Die Beziehungen zwischen den erwachsenen Mitgliedern derselben Sippe sind gleichberechtigt; die Führung wechselt zwischen dem ältesten der Haimonskinder, Hernaut, und Girart, zwischen dem Burgherrn und dem »chevetaigne« in der Schlacht. Eine besondere Zuneigung verbindet Girart mit seinem Neffen Aymeri; er hegt mehr Sympathie für ihn und hat mehr Einfluß auf ihn als Aymeris leiblicher Vater, Girarts Bruder Hernaut. Damit wird Girart zum Lehrer und »Nahrungspender« des Jünglings, und er nimmt ihn in seinen Haushalt auf, nachdem er zuvor seinen Sinn für Familienehre erprobt hat: »Molt traoit à sa geste« (»er entsprach ganz seiner Sippe«).

Als sich die Verwandtschaft schließlich in einer Vereinbarung mit Karl aussöhnt, verweigert der junge Aymeri zunächst die Friedenshuldigung. Er beruft sich auf ein in den Gewohnheitsrechten aus der Zeit Ludwigs des Heiligen verbürgtes Recht, einem Ritual fernzubleiben, dessen dokumentarische Spuren bis ins 11. Jahrhundert zurückweisen. Doch läßt er sich davon überzeugen, daß er die Privatfehde nicht allein fortsetzen kann. Er verkörpert in seinem Familienverband die Arroganz der Jugend. Ohne Respekt vor der Autorität der »senez«, der Ältesten, stichelt er mitunter in Anwesenheit der anderen Familienmitglieder gegen seinen Großvater; doch ist er auch der erste, der die Gruppenehre vor Gericht verteidigt, nachdem ein frecher Baron sich ähnliche Scherze mit dem alten Mann erlaubt hat. Bei den Giroies gab es vertikale Spaltungen innerhalb der Verwandtschaft, die zu innerfamiliären Fehden führten; hier sehen wir eine horizontale Spaltung zwischen den

* Wie die Mitglieder einer Sippe berufen sich auch die Mitglieder eines Clans auf einen gemeinsamen Vorfahren, der jedoch, im Gegensatz zur Sippe, beim Clan fiktiv oder jedenfalls genealogisch nicht nachzuweisen ist. *A. d. Ü.*

Generationen – gewiß nur befristet und eher die Folge dynamischer Spannungen als verhängnisvoller struktureller Sprengkräfte, aber gleichwohl real. Die lateinischen Quellen spielen diesen Generationenkonflikt insofern herunter, als sie den Gegensatz zwischen der untätigen Weisheit der »seniores« und dem unüberlegten Draufgängertum der »juvenes« eher auf die Gesamtgesellschaft beziehen als auf den einzelnen Sippenverband.

In dem Epos, das seinen Namen trägt – *Aymeri de Narbonne* –, ist aus dem jungen Knappen ein alter, fast seniler Seigneur geworden. Zwischen ihm und den ersten sechs seiner sieben Söhne schwelt ein Konflikt, denn Aymeri, der mit seiner Sippe größenwahnsinnige Pläne hat, verbannt seine ältesten Söhne aus der Stadt und behält nur den jüngsten, der noch ein Kind ist, bei sich. Er hofft, dadurch Streitigkeiten vorzubeugen und das Erbe intakt zu halten, doch bewirkt er im Gegenteil, daß die sechs Söhne verbittert und seine Ländereien ohne Schutz gegen die heranrückenden Sarazenen sind. Der Verfasser des Epos entscheidet sich nicht zugunsten der älteren Generation, sondern gibt seinem Publikum gegensätzliche, jedoch gleichwertige Argumente an die Hand.

War nicht die Verwandtschaft in vielen »archaischen« Gesellschaften eine der fruchtbarsten Ordnungskategorien? Kann man nicht sagen, daß »trouvères« wie Bertrant in ihren Werken die »Erfindung« der Sippe in der wirklichen Gesellschaft reproduzierten? In der Literatur, herausgelöst aus ihrem gesellschaftlichen Kontext, beobachten wir eine Entwicklung in zwei Phasen, während der Übergang in der wirklichen Gesellschaft subtiler und nuancierter war.

Dieselbe Entwicklung sehen wir in der Literatur über die Ritter der Tafelrunde, angefangen bei Chrétien de Troyes bis hin zu jenem Anonymus, der, verschanzt hinter der Autorität eines Gautier Map, um 1230 den gewaltigen Prosaroman über den Lancelot-Gral-Zyklus mit der dramatischen Erzählung *La Mort le roi Artu* beschloß. In den frühen Romanen erwies sich die Rivalität einzelner Ritter an den Adelshöfen als nützliches Motiv; doch in den späteren ist es die Rivalität zwischen verschiedenen Sippen, die unkontrollierbare Kräfte der Rache und des Hasses entfesselt, die schließlich zu Verfall und Untergang des ganzen Artusreiches führen.

Die beiden verfeindeten Verwandtschaftsgruppen sind nicht ganz vergleichbar. »Li parentez le roi Ban« (»die Sippe des Königs Ban«) umfaßt die Söhne (Lancelot und Hector) und die Neffen (Bohort, Lionel) des eponymen Toten. Lancelot, der älteste Sohn des ältesten Zweigs der Familie, ist der unbestrittene Anführer; er verfügt über das Erbgut Bénoïc und Gaunes (während seinen beiden Vettern das Erbfolgerecht zusteht) und ist der Seigneur. Und sogar seine Ehre als Liebhaber in der höfischen Affäre mit Königin Guenièvre wird von seinen Verwandten beschützt – sie eilen ihm zu Hilfe. Zwar sucht er seinen eigenen Weg zu gehen, indem er sich in Verkleidung mit seinem Schildknappen zurückzieht und ein geborgtes Wappen führt; aber sein Herz schlägt weiterhin für seine Sippe, für Brüder und Vettern, welche dieselbe Zuneigung und dieselbe starke Verpflichtung gegeneinander fühlen. Jeder der vier Männer hat sein eigenes, großes Haus, ihr Zusammenhalt in Krieg und Turnier indes ist unerschütterlich.

Diese Einheit ist unter den fünf Neffen des Königs Artus viel schwieriger herzustellen. (Ob diese Neffen die Söhne eines Bruders oder einer Schwester des Königs waren, wissen wir nicht.) Als Artus um sie trauert, beklagt er, daß er mit ihnen, mit seiner Verwandtschaft, sein eigen Fleisch und Blut verloren habe. Oft verließen sie ihre »ostels« in der Stadt und kamen im Palast zusammen, wo sie in dunklen Winkeln und Gängen standen und sozusagen privat miteinander tuschelten. Doch ihre Gefühle differierten, und sie entwarfen keinen gemeinsamen Aktionsplan. Agravains Mißgunst und Intrigantentum kontrastierte mit Mordreds krimineller Energie, Gawains Courtoisie und Gaheriets Loyalität. Hätte es Preise für die Tapfersten gegeben, so wären sie Gawain und Gaheriet zugefallen. Diese Sippe war nicht so homogen wie die andere und auch minder fest in ihrer hierarchischen Organisation. So sind es denn erst die durch die Sippe des Königs Ban verursachten drei Todesfälle, die Gawains »familiäre« Empfindungen wecken und ihn zur Rache anspornen. Ähnlich wie die Helden der großen isländischen Sagas (die zur selben Zeit wie die französischen Romane entstanden) zeigt er sich unerbittlich in den Quasi-Gerichtsverfahren um die Entschädigung für Gaheriets Tod und beharrt eigensinnig auf Lancelots rigoroser Bestrafung. Er bekennt in aller Öffentlichkeit die »Liebe«, die er zu seinen Brüdern empfunden habe – freilich ist dieses Wort im Laufe des Romans ziemlich diskreditiert worden. Doch täusche man sich nicht: Hier geht es um den sozialen Rang der Sippe, und diese königliche Dynastie ist nicht gewillt, etwas Geringeres als den höchsten Preis für eines ihrer Mitglieder zu akzeptieren.

Im 13. Jahrhundert hatte dergleichen nichts Anachronistisches. Jeder Mensch hatte seinen Preis oder Wert, den die Verwandten eines Ermordeten von Rechts wegen als Entschädigung vom Mörder einfordern konnten, um den Frieden zwischen den beteiligten Familien wiederherzustellen. Zwar waren diese Preise nicht mehr so genau festgelegt wie in den sogenannten »Volks«-Rechten des Frühmittelalters, aber der Gedanke eines monetären Ausgleichs war auch dem Feudalzeitalter nicht fremd und erschwerte die Bestimmung des sozialen Ranges eines Menschen. »Blutsverwandte Freunde« rächten einander nicht für die emotionalen Wunden, die der Tod des einen bei den anderen gerissen hatte, und auch nicht, um den Verlust eines Kämpen in einer Sippenrivalität wettzumachen, sondern weil die Einbuße der Ehre ein Vorfall von großer Wirkung war.

La Mort le roi Artu ist soziologisch noch aus einem anderen Grund von Interesse: Ich meine den Gegensatz zwischen der »parage« des Gauvain und der »frérage« des Lancelot. (Diese Systeme erlaubten es den Erben eines Lehens, es ungeteilt unter der Herrschaft des Ältesten in ihrem Besitz zu halten. Bei der »parage« unterstützten die jüngeren Brüder den Ältesten, indem sie an seiner Stelle den vorgeschriebenen Waffendienst beim Lehnsherrn leisteten oder die als Ersatz dafür vorgesehene Abgabe entrichteten; doch waren sie ihrem Bruder keine Huldigung schuldig. Bei der »frérage« erhielten die jüngeren Brüder ihren Anteil des Besitzes vom älteren Bruder zu Lehen und waren ihm Huldigung schuldig.) Die »frérage«, eine Neuerung des 13. Jahrhunderts, die das Prinzip der Vasallität in die Sippe hineintrug, wurde in einigen Teilen Nordfrankreichs von der »Feudal«-Aristokratie übernommen – derselben Schicht, die das ursprüngliche Publikum des höfischen Romans bildete.

Wie das *Chanson de Girart de Vienne* war dieser Roman eine Mischung aus gesellschaftlicher Realität und Fiktion. Das *Chanson de geste* ebenso wie der höfische Roman enthüllen oder klären Dinge, die in anderen Quellen verschwiegen werden oder dunkel bleiben, so etwa die Rivalität zwischen Jungen und Alten oder die fehlende emotionale Unterscheidung zwischen Brüdern und Vettern. Die Eliminierung des Onkels mütterlicherseits aus den Texten (auf die beispielsweise bei Bertrant de Bar-sur-Aube die Verwandlung Girarts in Oliviers Onkel *väterlicherseits* schließen läßt) mag rätselhaft scheinen, doch verträgt sie sich mit der besonderen Akzentuierung der patrilinearen Verwandtschaft. Frappierend bleibt, in welch hohem Maße das abstrakte Verwandtschaftsverhältnis durch das konkrete Faktum des gemeinschaftlichen Wohnens gestützt werden muß; beides wirkt aufeinander zurück. Diese Literatur der Synthese nimmt Abschied von der verträumten Einsamkeit und der heroischen Isolation des Helden; sie stellt den Einzelnen bewußt in sein gesellschaftliches Feld und entschleiert die Funktionen der Verwandtschaft.

Das Fiktive daran ist, daß alle diese Funktionen unterschiedslos auf eine einzige Gruppe projiziert werden. In Wirklichkeit konnte man verwandtschaftliche Beziehungen nicht im Mikrokosmos der patrilinearen Verwandtschaft erörtern, wie wir aus dem Bericht, den Galbert von Brügge gegeben hat, und aus der monumentalen *Kirchengeschichte* des Ordericus Vitalis wissen. Die Sippe mag das Erbgut kontrolliert haben, aber der Krieg mobilisierte größere Verwandtschaftsverbände. So geben die literarischen Quellen das System der Beziehungen wahrheitsgemäß wieder, die Zusammensetzung von Gruppen hingegen falsch (oder jedenfalls stilisiert).

Verwandtschaftsehre und Sippenstrategie

Für die folgenden Ausführungen ist es hilfreich, zwischen (kognatischer) Verwandtschaft (»parenté«) und (agnatischer) Sippe (»lignage«) zu unterscheiden, d. h. zwischen Blutsverwandten generell und jener besonderen Gruppe, die sich durch Filiation in der männlichen Linie konstituiert. Mit dieser Unterscheidung beseitigen wir nämlich den scheinbaren Widerspruch zwischen Marc Bloch, der angesichts der unbestimmten Natur von »Familien«-Verpflichtungen zur Vorsicht mahnt, und Georges Duby, der in seinen Schriften über das Zeitalter der Burgen und Schlösser die Blätter mit kämpfenden und triumphierenden Sippen füllt.

Die Texte mittelalterlicher Juristen nähern sich mitunter der Soziologie, obwohl sie zu anderen Zwecken und nach anderen Regeln verfaßt wurden. Philipp von Beaumanoir, zeitweilig königlicher Bailli*, begann um 1283 mit der Sammlung und Kommentierung des Gewohnheitsrechts (»coutumes«) des Beauvaisis. In den Kapiteln »Von den Graden der Sippe« und »Vom Krieg« beschreibt er die Merkmale der undifferenzierten Filiation. Die Verwandtschaftsgrade zählt er nach der kanonischen Methode: die Anzahl der Generationen zwischen je zwei Blutsverwandten (oder entfernteren Verwandten) und ihrem gemeinsamen Vorfahren. Bezeichnenderweise arbeitet er in seinen Texten mit männlichen Egos** und patrilateralen Verbindungen, doch geht aus dem jeweiligen Zusammenhang eindeutig hervor, daß für ihn verwandtschaftliche Bindungen genauso gut von der Frau wie vom Mann überliefert werden können. Verwandtschaftsdefinitionen waren für vier Kategorien von Rechtsverhältnissen von Bedeutung: im Krieg, bei der Heirat, für Erbschaftsangelegenheiten und beim (später zu beschreibenden) »retrait lignager«.

Nehmen wir beispielshalber den Krieg. Beaumanoir handelt von dem konkreten Problem eines Richters, der einen Prozeß gegen Adlige zu führen hat: Die Angeklagten entschuldigen ihre Missetaten mit der Begründung, sie hätten sich im Interesse eines Verwandten »im Krieg« befunden. Unter welchen Umständen kann der Richter ihnen recht geben? Im mittelalterlichen Sprachgebrauch wurden solche Kriege nicht als »privat« bezeichnet (dieses Epitheton erhalten sie erst bei neueren Kommentatoren). Der Staat hatte private Gewaltanwendung noch nicht für illegitim erklärt, sondern lediglich versucht, sie auf den Adel und auf Blutsverwandte vierten Grades (oder weniger) zu beschränken, allerdings ohne Berücksichtigung der angeheirateten Verwandtschaft. Bürger und »hommes de la poesté« (die gewöhnlichen Untertanen der Seigneurie) konnten in Kriegen keine Kommandogewalt übernehmen, obwohl sie natürlich automatisch in die Kriege ihres Herrn (wenn sie einen hatten) verwickelt wurden. Der Adlige – gleichgültig, ob Angeklagter oder Kläger – trat vor Gericht in Begleitung seiner Verwandtschaft auf, die sich nach dem Prinzip der strukturellen Relativität zusammensetzte, d. h. die Gruppe sah von Fall zu Fall verschieden aus. Das geschah nicht nach Belieben, sondern gehorchte der strengen Logik, mit welcher der Rechtsgelehrte die Regeln des Krieges gedanklich rekonstruierte. Schließlich konnte man einen Krieg nicht allein führen; es gab keinen Grund, diejenigen Männer, die mit den »chevetaignes« beider Seiten im selben Grad verwandt waren, dem einen oder dem anderen Lager zuzuordnen. Aus diesem Grund konnten zwei leibliche Brüder einander nicht im Krieg gegenübertreten; zwei Halbbrüder aber, als Söhne verschiedener Mütter, gehörten zwei verschiedenen *Sippen* an und hatten die Möglichkeit, einander zu bekriegen (die gemeinsamen Verwandten waren dann zur Neutralität verpflichtet). Und so ging es weiter durch den ganzen Bereich legitimer Solidarität. Vettern gleichen Grades brauchten nicht zu den Waffen zu greifen. Waren sie un-

* Regionaler Beamter mit überwiegend richterlichen Befugnissen. *A. d. Ü.*

** »Ego« ist in der Ethnologie die Person, von der aus Verwandtschaftssysteme bezeichnet und beschrieben werden. *A. d. Ü.*

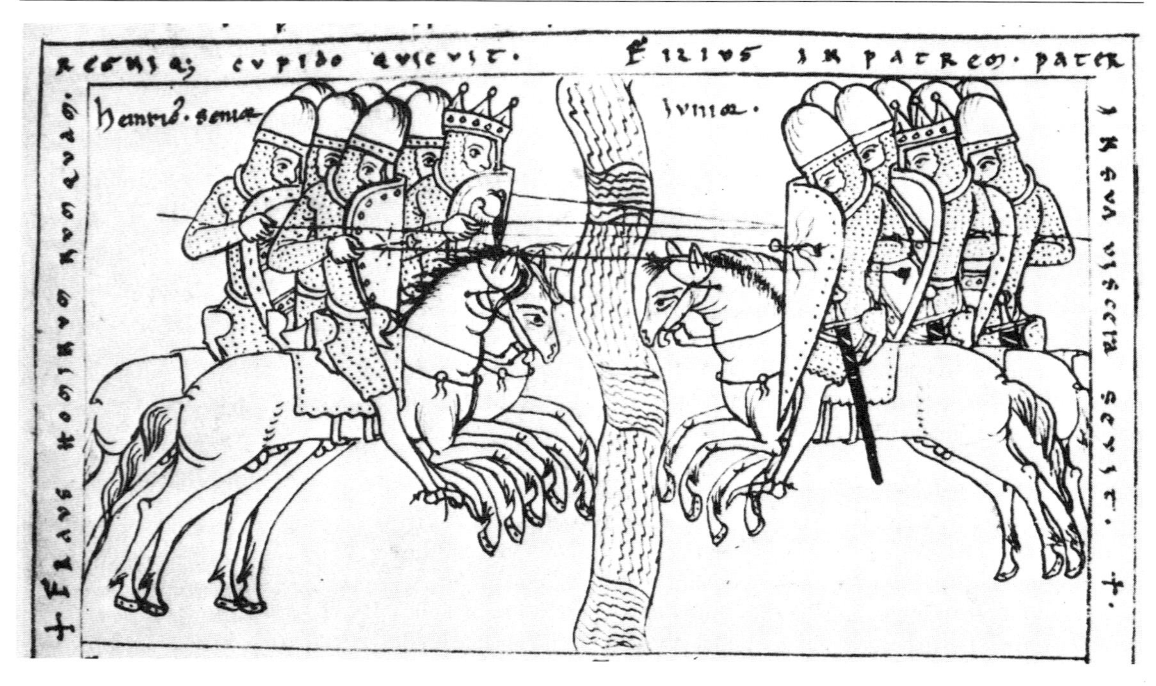

Der einzig wirkliche Kampf, über den Beaumanoir sich ausschweigt – der zwischen Vätern und Söhnen? Hier bekriegt Kaiser Heinrich IV., »der Ältere« (»senior«), links im Bild, seinen Erben, Heinrich V. »den Jüngeren« (»junior«). *Chronik Ottos von Freising*, 1177. (Jena, Universitätsbibliothek, Cod. Bose q. 6)

gleichen Grades, so verbündeten sie sich mit derjenigen Partei, der sie verwandtschaftlich näherstanden.

Diese Beobachtungen verweisen auf einige wesentliche Unterschiede zwischen Blutsverwandtschaft und Vasallität, die einander jedoch in vielen anderen Belangen – zumal in den mit ihnen verbundenen Verpflichtungen – dermaßen ähnlich sind, daß Marc Bloch die Vasallität sogar als »Ersatzverwandtschaft« bezeichnen konnte. Abgesehen davon, daß der Verwandtschaft eine natürliche hierarchische Struktur fehlte, war sie eine Bindung, der sich niemand entwinden konnte. Einmal anerkannt, war die Verwandtschaft kein Verhandlungsgegenstand mehr. Sah sich dagegen der Vasall zwischen einander widerstreitenden Verpflichtungen, so konnte er ausdrücklich der einen »ligesse« (Vasallität) den Vorzug vor der anderen geben und mittels geschickter Kasuistik seinen militärischen oder finanziellen Beitrag entsprechend verringern. Verwandte gewährten einander unbegrenzt Hilfe, und der leibliche Vetter hatte dieselben Verpflichtungen wie der leibliche Bruder.

Zuneigung wurde in der Bailli-Gerichtsbarkeit nicht als Rechtsgrund akzeptiert. Immerhin erwähnt Beaumanoir sie im Zusammenhang mit Bastarden (die zweifellos Halb-Verwandte waren; sie besaßen zwar nicht das Erbrecht, spielten aber offenkundig in den Bestimmungen über Ehehindernisse eine Rolle). Bastarde, meint Beaumanoir, hegen eine natürliche Liebe für ihre Halbbrüder (und haben gemeinsame Interessen mit ihnen). Das feste Band der »blutsverwandten Freundschaft« mag bei der Klärung dieser Frage helfen, doch der Rechtsgelehrte versäumt es nicht, noch andere Kräfte ins Spiel zu bringen. Er fällt nicht auf das Argument herein, daß Verwandte sich gegenseitig unterstützen müssen – dieses Argument wäre für den öffentlichen Frieden, den er zu wahren wünscht, sehr gefährlich. Dem Einzelnen steht es allemal frei, auf den Krieg zu verzichten und seine Übel zu meiden; und wenn er als Rächer auftritt, kann er davon absehen, um den Frieden zu feilschen. Gleichzeitig hat er das Recht, das »asseurement« auch gegen den Wunsch des »chevetaigne« als des Hauptbeteiligten zu verweigern – privates Interesse konnte durchaus vor Sippenehre gehen. Für eine bestimmte Schlacht ad hoc zusammengestellt, kannte die Gruppe, die den Krieg führte, weder eine echte Hierarchie noch eine feste Autoritätsstruktur.

In abstracto diente die undifferenzierte Filiation der Theorie des privaten Krieges. In der Praxis wich man jedoch von der Theorie ab und gab den patrilateralen Vettern den Vorzug. Ist das reale Beauvaisis so sehr verschieden vom imaginären Cornwall? Die Logik des Rechts hatte wenig gemein mit der Ritterideologie, doch narrative und diplomatische Quellen bekunden den Übergang von jener zu dieser.

Abschließend möchte ich das Zusammenspiel zwischen 1. Verwandtschaftsfunktion und 2. Sippenstruktur näher charakterisieren.

1. Wenn ich von Verwandtschaftsfunktion spreche, die hier auf die Filiation beschränkt ist (vom Heiratsbündnis wird später die Rede sein), gebrauche ich das Wort *Funktion* fast in dem Sinne, den es in der Mathematik hat. Verwandtschaft bedeutet gleichberechtigte Beziehungen der Männer (alle teilen dieselbe »Ehre«), ohne Unterschied zwischen ihnen (dem Vetter wie dem Bruder gebührt die gleiche Ehre und Zuneigung) und von uneingeschränkter Reziprozität. Die Ehre ist ein gesellschaftliches Kapital, das die Verwandten gemeinschaftlich hegen und nutzen. Mit jedem neuen Anlaß zur Einschätzung der Verwandtschaftsstruktur (sei es Mord oder Heiratsbündnis) werden Rang und Zusammensetzung der Gruppe neu in Frage gestellt. Die sogenannte Feudalgesellschaft erkannte die Möglichkeit derartiger enger Beziehungen zwischen »blutsverwandten Freunden« in allen Linien an, und diese Möglichkeit wurde in der Tat oft Wirklichkeit. Die vorteilhafte Heirat von Guillaume de Grandmesnils mündete »in magno honore consanguinitatis sue« (»in großer Ehre für seine Verwandtschaft«). Als Wilhelm von St. Pathus, ein Ritter und Brigant, in Nesle gehängt wurde, traf die Schande seine Vettern. Obwohl sie mit seinen Verbrechen nichts zu tun hatten und wenig Sympathie für ihren Vetter empfanden, beschwerten sie sich über die Hinrichtung bei Ludwig dem Heiligen, freilich vergebens. Solche weit gefaßten Solidaritäten behinderten den Einzelnen indes nicht in seiner Entfaltung. Im Gegenteil, sie gestatteten es ihm, einen Preis für seine Gefälligkeit zu fordern, eine Gegenleistung von einer kirchlichen Einrichtung zu verlangen, sich als Parasit bei entfernt lebenden Vettern einzunisten oder aus Lust und Laune und in Erwartung fetter Beute in den Krieg zu ziehen. Aristokratische Solidarität war der Garant für die Freiheit und den sozialen Status des Edelmannes, das Sprungbrett zu seiner Karriere und zum Erfolg im öffentlichen Leben.

Es war daher wichtig, sorgfältig das Gedenken an sämtliche Vorfahren zu hüten. Das »Familien«-Bewußtsein des mittelalterlichen Menschen – jedenfalls in der Form, in der es sich ausgedrückt hat – scheint ebenso kognatisch wie unser eigenes zu sein; es gibt Verbindungen zu Vetternschaften in allen Linien, über Männer ebenso wie über Frauen. Betrachten wir beispielsweise Lambert von Wattrelos, Kanonikus von Saint-Aubert in Cambrai. 1108 geboren, kompilierte er seine Genealogie im Jahre 1152. Das Schriftstück ist ungetrübt von strategischer Manipulation, schließlich war es das Werk eines Geistlichen, der aufgrund seines Berufes mit seiner ursprünglichen Sippe (aus dem mittleren oder Klein-Adel) nur beiläufige Kontakte unterhielt. Lambert interessiert sich für die Vorfahren des Vaters genausosehr wie für die Ahnen der Mutter; auf beiden Seiten zählt er gleich viele Verwandte. Er unterschlägt die Familie der Mutter um so weniger, als sie »reputierlicher« als die des Vaters gewesen zu sein scheint; viele Geistliche, die dem jungen Mann auf seinem Weg ins Kloster beigestanden hatten, waren Verwandte der Mutter. Auch die Autobiographie Guiberts von Nogent (um 1115) enthält vereinzelte Anspielungen auf seine »consanguinei«, was auf eine ähnliche Art von »Familien«-Erinnerung schließen läßt.

2. Lamberts Darstellung bevorzugt allerdings die Männer vor den Frauen und die Älteren vor den Jüngeren. Georges Duby schreibt dazu: »Vor seinem geistigen Auge ordnet sich ihm die Familie väterlicherseits zum ›Haus‹, zur Sippe von Kriegern, in der das Prinzip der Anciennität von großer Bedeutung ist.« Es wäre relativ leicht, innerhalb dieser kognatischen Verwandtschaft eine agnatische Sippe zu identifizieren. Es träte dann eine durch die Gegensätze männlich/weiblich und älter/jünger bestimmte konkrete Struktur ans Licht, die in Lamberts Text im Dunkel verharrt. Die von seinem Gedächtnis bewirkte subtile Selektion beweist das. Kristallisationsort dieser agnatischen Sippe ist natürlich das Wohnhaus der Familie in Wattrelos. Bei Lambert wird das nicht

Der Turm, Symbol für die Macht der Sippe. *Bible d'Étienne Harding*, 1109. (Dijon, Bibliothèque, Ms. 14)

hinreichend deutlich, weil er im Gegensatz zu anderen Ahnenforschern kein Mitglied des Haushalts mehr war, sondern einer der Söhne, die ihr Glück in der Fremde gemacht hatten.

Die Sippe ist das, was man eine »politische Elementarstruktur« nennen könnte – freilich nicht einschränkungslos. Die Möglichkeiten der Verwandtschaftsfunktion nutzend, schloß die Sippe ihre Mitglieder gegen die Außenwelt zusammen. Auch setzte sie die Bevorzugung bzw. Benachteiligung der einzelnen Mitglieder fort und sorgte dafür, daß die Ungleichgewichte von allen akzeptiert wurden: So gab es Differenzierungen bei der Aufteilung des Erbes und strenge Regeln hinsichtlich der sozialen Rollen, vor allem in Form von Heiratshindernissen bei den jüngeren Söhnen. Die Genealogie verschweigt die internen Konflikte (die als Kräfte der Dynamik wirkten) und legitimiert lediglich deren Resultate; unverkennbar diente sie den Interessen der Gruppe im öffentlichen Wettbewerb.

An dieser Stelle müssen wir bedenken, welchen Zwängen das Verhalten des Einzelnen tatsächlich unterworfen war. Diese Zwänge waren allerdings Ausdruck einer Strategie, nicht Ausfluß einer Mentalität. Das Opfer der Jüngsten ist in Nordfrankreich der Fluch des Adels. Die Sippe stieß auf die Vorbehalte ihrer Kleriker-Söhne, die gegen die Bande des Fleisches mißtrauisch waren, ohne sich gänzlich aus ihnen lösen zu können; sie störte, wie wir sehen werden, das Gleichgewicht von Paaren, die aus Gründen der Sippenpolitik zusammengeführt oder getrennt wurden; und sie bestritt den Männern und Frauen aus dem Adel die Freiräume ihres privaten Lebens.

Die Leiden des jungen Paares

Die agnatische Sippe hängt innig mit dem Ehepaar zusammen, dem Mittelpunkt des Haushalts und Erzeuger der Söhne; das Paar war (entgegen der Ansicht Marc Blochs) das Herz der »Familie«, obschon es in der Alltagssprache kein Wort dafür gab. Die typischste und aktivste »feudale« Verwandtschaftsgruppe bestand aus erwachsenen Brüdern und Vettern und war durch eine Vielzahl gemeinsamer Interessen und Zuneigungen verknüpft (selbst wenn die Verwandten nicht ständig zusammenwohnten). Aller Blicke ruhten auf einem Hauptwohnsitz, der im Zentrum des »Familien«-Gutes lag und zu Ruhm und Ehre der Sippe errichtet worden war. Vom Ehepaar ging das Besitztum auf den ältesten Sohn und dessen Frau über. Als gemeinsame Herrscher in ihrer Burg (oder in deren Wohntrakt) waren der Seigneur und seine Dame markante Gestalten der Epoche.

Will man die Situation der Frau und die Beziehungen zwischen den Gatten erhellen, so ist das Paar nicht der geeignete Rahmen (ebensowenig wie das Dreiecksverhältnis, das durch boshafte Hinzufügung eines höfischen Liebhabers entstünde . . .). Vielschreiber, zur Wissenschaftlichkeit unfähig und tölpelhaft, verbreiten sich mit Gusto, jedoch untalentiert insbesonders über zwei Themen: die stolze, umschwärmte »hohe Frau« und das geknechtete, gefangene, unterworfene Weib.

Aber »die« Frau ist weder im »Zeitalter der Kathedralen«* noch in irgendeiner anderen Epoche ein ergiebiges Sujet. Die Verschiedenheit des gesellschaftlichen Standes und der Positionen der Frau (Ehefrau, Schwester, Mutter usw.) erlaubt weder Eindeutigkeit noch Schematisierung. Was wir erfassen können, sind allein die wechselseitigen Beziehungen von *Gruppen* – männlichen, weiblichen und gemischten.

Inwieweit war die Ehefrau (und Mutter) in der Sippe, in die sie eingetreten war, integriert, und welches Verhältnis unterhielt sie zu der Sippe, aus der sie kam? Diese Fragen, die schon Marc Bloch mit Recht gestellt hat, sind nicht nur für das Feudalzeitalter, sondern auch für andere Perioden von Belang. Allerdings sind sie im »feudalen« Kontext deshalb von besonderer Bedeutung, weil dort viele der Eheschließungen von politischen Überlegungen diktiert wurden. War die Frau eine Geisel in der Hand der einen Sippe oder ein Instrument zum Nutzen der anderen? Eine berechtigte Frage für eine Historiographie der Dame im Zeitalter der Burgen. Obgleich soziologische Faktoren keine unanfechtbaren Auskunftsquellen sind, möchte ich im folgenden einige von ihnen zu Rate ziehen. Danach werde ich das Eheleben beschreiben und zu ermessen versuchen, wie groß die Bewegungsfreiheit des Individuums in den Zwängen des Systems war.

Gattenwahl. Um ein Verwandtschaftssystem analysieren zu können, müssen wir zunächst erkunden, ›wie die Männer in ihm die Frauen tauschten‹. Diese auf Claude Lévi-Strauss zurückgehende Ausdrucksweise ist in Wahrheit nicht so brutal, wie zu vermuten steht: Sie soll nicht den Anschein erwecken, als seien die Frauen bei diesem Tausch lediglich passive Objekte gewesen. Die Formulierung ist nur unter einem bestimmten Interpretationsvorzeichen gültig und präjudiziert weder Verhaltensweisen noch tatsächliche Machtverhältnisse. Ein Vater »gibt« seine Tochter in die Ehe, der Schwiegersohn »nimmt« sie zur Frau – diese mittelalterlichen Wendungen waren sogar bei uns noch vor kurzem gebräuchlich.

In »primitiven« und »archaischen« Gesellschaften sind die Heiraten peinlich genau geregelt. Inzest, d. h. die Heirat zwischen nahen Verwandten oder Angehörigen bestimmter (paralleler) Linien, ist verboten, die Heirat zwischen entfernten Vettern und Kusinen oder zwischen Kreuzvettern und -basen dagegen erlaubt. Das frühmittelalterliche System des Austausches ist eines der kompliziertesten überhaupt. Es wird in der Ethnologie als *kognatisch* bezeichnet, weil es keinen Unterschied zwischen männlicher und weiblicher Filiation kennt: Kein Mann darf eine Kusine heiraten, die nicht (in der Regel) mindestens vierten Grades ist. Wird die Zahl oder die Art der Berechnung dieser Verwandtschaftsgrade verändert, so bleibt das System davon im allgemeinen unberührt; allerdings sind die beteiligten Gruppen dann gezwungen, das Netz der Bündnisse beim Frauenaustausch zu erweitern und zu lockern: Es beginnt das soziopolitische Spiel. Dieses System bezeichnet im Grunde

* Titel eines Buches von Georges Duby: *Die Zeit der Kathedralen*, dt. 1980. *A. d. Ü.*

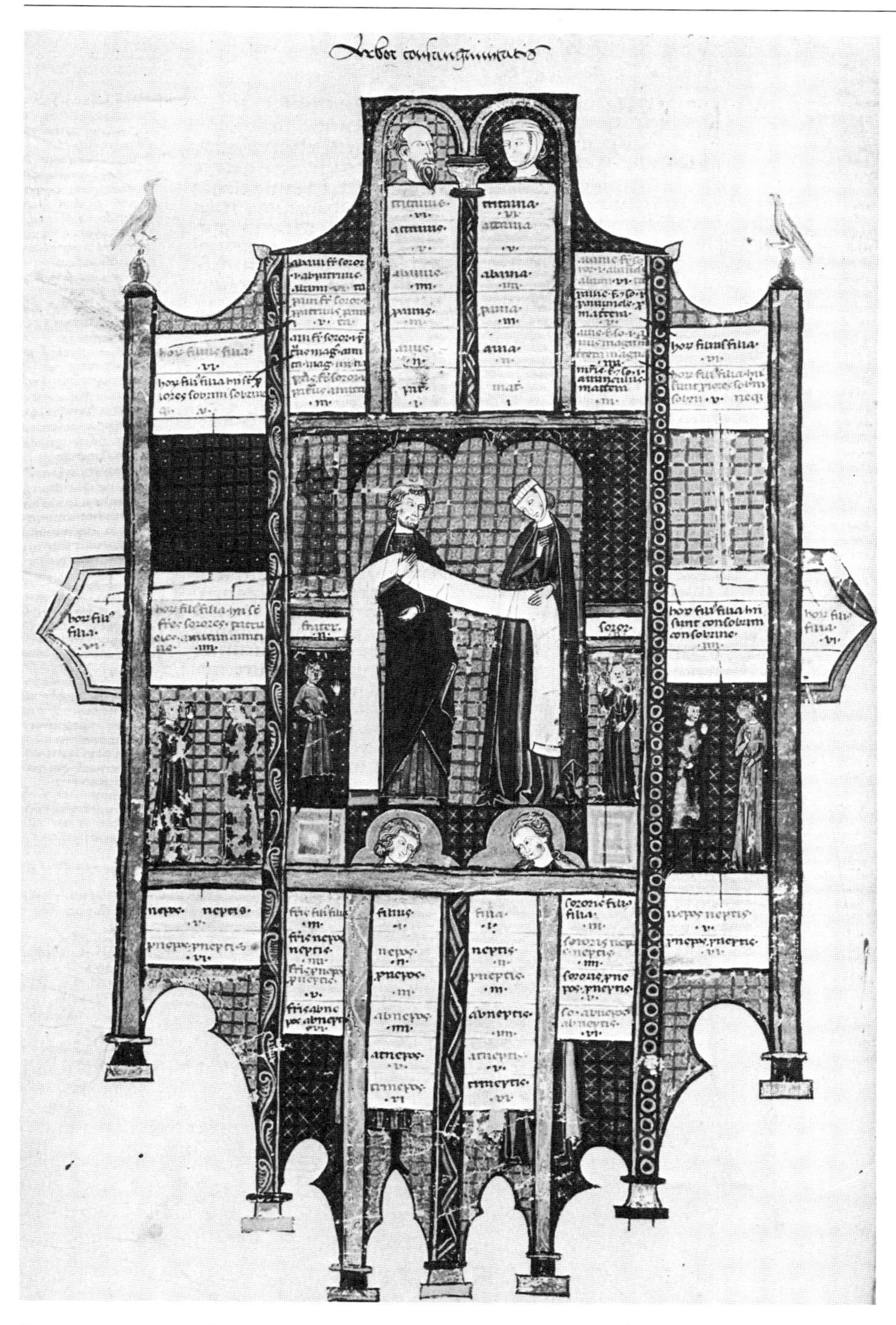

Ein Stammbaum zur Feststellung der möglichen Blutsverwandtschaft zwischen einem Mann und seiner Frau. Sie reicht nur bis zum sechsten Grad nach den Kriterien des römischen (bürgerlichen) Rechts, nicht des kanonischen Rechts, und faßt den Verwandtschaftsbereich enger. Der Stammbaum läßt erkennen, daß schon vor 1215 der gesunde Menschenverstand eine Lockerung übertrieben strenger Maßstäbe bewirkt hatte. (Göttingen, Bibliothek, Cod. inv. 27)

den Übergang von den archaischen Gesellschaften, in denen praktisch im voraus feststeht, wer wen heiraten wird, zur modernen Gesellschaft, in der die Skala der Wahlmöglichkeiten für den Mann wie für die Frau beträchtlich ist.

Françoise Héritier hat in ihrer Studie über kognatische Systeme dargelegt, daß gleichwohl die – soziologisch begründete – Tendenz besteht, die Ehefrau nur aus dem ersten zulässigen Grad der Blutsverwandtschaft zu wählen. Das ermöglicht regelrechte Austauschzyklen. Die Heirat behält ihre Bedeutung als Instrument, mit dem sich der Zusammenhalt einer relativ kleinen Gruppe sichern läßt. Ob dieses System in der Tat im 11. und 12. Jahrhundert vom nordfranzösischen Adel praktiziert wurde, ist eine Frage, die infolge der ungünstigen Quellenlage bisher nicht hinreichend geklärt ist. Wir wissen nicht einmal, ob die Heraufsetzung des als kirchliches Ehehindernis geltenden Verwandtschaftsgrades vom vierten auf den siebten jemals ernsthaft beachtet worden ist. Da es an Familienstammbäumen mangelt, verweist Héritier, um ihre Argumentation zu stützen, auf eine Stelle in einem Text des prä-gregorianischen Kardinals Petrus Damianus, die ich um die Präambel einer Urkunde aus Laon von 1177 ergänzen möchte. In beiden Fällen wird, wenn die Äste des Familienstammbaums zweier Gruppen eine gewisse Länge erreicht haben, dazu geraten, zur Erneuerung der »caritas« ein neues Heiratsbündnis zu schließen. So treiben die mittelalterlichen Kleriker Anthropologie, ohne es zu wissen!

Héritier beruft sich auf das Zeugnis der Mediävistik, um die Bestimmung der an dem Frauenaustausch beteiligten Gruppen zu präzisieren. Wie schon Marc Bloch erkannt hat, verhindert die undifferenzierte Filiation, dauerhafte Gruppen zu definieren; doch wenn die agnatische Sippe, in einer Stammresidenz und auf einem überkommenen Erbgut ansässig, die kognatischen »blutsverwandten Freunde« praktisch in der Hand hatte, war sie und nicht die Verwandtschaft der tatsächliche Partner beim Heiratsbündnis. Die agnatische Sippe griff vor allem dann ein, wenn es galt, die eigenen Töchter zu verheiraten und für den Sippenchef eine Gemahlin zu finden. Daß es mitunter der Fürst war, der wichtige Ehen im Adel stiftete, so wie es beispielsweise der anglo-normannische Monarch oft tat, bedeutet nicht, daß auch er an dem Frauenaustausch beteiligt gewesen wäre, sondern heißt lediglich, daß er die Beziehungen zwischen den Sippen zu regeln vermochte – oder sich jedenfalls den Anschein gab, er vermöchte es.

Gruppen mit unilinearer (in diesem Falle patrilinearer) Filiation haben daher das Heiratsbündnis vermutlich nach dem Prinzip der undifferenzierten Filiation praktiziert. Damit blieb ein gewisser Spielraum für strategische Erwägungen, den die Historiker erst allmählich zu verstehen beginnen. Prestigebewußte Sippen suchten ihre älteren Söhne mit Frauen gleichen oder höheren Ranges zu vermählen und warteten lieber auf eine »gute Partie«, als daß sie sich mit einer »Mésalliance« abfanden. Die Stammbäume von Sires oder Burgrittern belegen, daß dies eine ständige Sorge war. Heiratete ein Mann eine höherstehende Frau (derartige »Hypergamien« waren zweifellos häufiger als einfache »Isogamien«), wurde das Blut seiner Sippe mit königlichem, fürstlichem oder gräflichem Blut aufgefrischt. Diese periodische Zufuhr »guten« Blutes belebte nicht nur den Adel der Familie, sondern sicherte auch den Zusammenhalt der herrschenden Schicht. »Gute« Ehen, die den Rang des Gatten und seiner Sippenangehörigen erhöhten, wurden in den Annalen des »Hauses« sorgfältig registriert. Dagegen wurden Töchter, die in eine geringerwertige Sippe geheiratet hatten, alsbald vergessen. Eine Frau in die Ehe »zu geben« war indes niemals bloßer Gunstbeweis. Die Frau galt als »verpflichtendes Geschenk« (um die von Jean-Pierre Poly und Eric Bournazel eingeführte Bezeichnung für das Lehen zu gebrauchen). Der durch Heirat bedingte gesellschaftliche Abstieg einer Frau verlangte zum Ausgleich ein angemessenes Geschenk in Gestalt von Dienstleistungen. Ketten der Verpflichtung, oft gekoppelt an Vasallenpflichten, verbanden die verschiedenen Schichten der Aristokratie miteinander. Allerdings gilt nicht für alle Gesellschaften, daß die Frau aus der höherrangigen Sippe stammen muß. Die vergleichende Soziologie läßt vermuten, daß auch kulturelle Faktoren, die möglicherweise mit der »feudalen« oder »parafeudalen« Form des politischen Systems zusammenhingen, Einfluß hatten.

Ein gutes Beispiel für diese Zusammenhänge ist wiederum die Sippe der Giroies. Es lag im Interesse der Gruppe, alle ihre Töchter zu verheiraten, denn die Heirat einer Tochter brachte ein neues Bündnis und sogar neue Schuldner. Dagegen war es wichtig, die Zahl der legitimen Ehen von männlichen Sippenangehörigen zu beschränken, um einer unerwünschten Mehrung von Erben entgegenzuwirken (in Erbangelegenheiten war die Agnation die Regel). Der Umstand, daß die beiden Töchter Ernauds von Échauffour in ein Kloster gesteckt wurden, verrät, daß dieser Zweig der Familie seinen Niedergang erlebte und vom politischen Wettbewerb in der Normandie ausgeschlossen war.

Die Frauen waren in dieser Gesellschaft etwas, das es zu erobern galt: Sie konnten einer Sippe nicht nur zu höherem Ansehen, sondern auch zu wertvollem Besitz, beispielsweise einer Burg, verhelfen. Also war die Konkurrenz hart. Der soziale Aufstieg des Ritters, der in der Liebe Glück hatte, bedeutete jedoch in Wirklichkeit bloß Beförderung in einen höheren Rang. Von Georges Duby stammt eine sorgfältige Analyse der Adligen und Ritter des Mâconnais um das Jahr 1100. Obwohl sämtliche Mitglieder dieser Gruppe im Prinzip denselben Ursprung hatten, zerfiel der alte Adel (man ist versucht zu sagen: die Schicht derjenigen, die »schon immer«, mindestens jedoch seit dem 10. Jahrhundert adlig gewesen waren) in mehrere Schichten, die sich voneinander durch Glück oder Unglück beim Kampf um eine Burg und durch Ungleichheiten in der Reihenfolge ihrer Geburt unterschieden. Der Mangel an »honores« bedeutete, daß unbeliebte oder ausgeschlossene Zweige stetig an Prestige verloren. Männer, die über ihrem Stand heirateten, konnten dem Familienglück für eine Weile wieder aufhelfen.

Die meisten Ehen, von denen in den Quellen die Rede ist, wurden erst nach langen Beratungen der beiden Verwandtschaften geschlossen. Beide Seiten taxierten die Ehre der anderen, und die Chefs beider Häuser traten zu Verhandlungen zusammen. Der junge Mann und die junge Frau wurden gebeten, mit ihrer Beförderung in den Rang von Erwachsenen und der Übersiedlung in ein eigenes Haus einverstanden zu sein. Was hätten sie sich Besseres erträumen können als dies – den natürlichen Höhepunkt und Abschluß ihrer gesamten Erziehung und Ausbildung? Drei keineswegs belanglose Beispiele aus der zweiten Hälfte des 11. Jahrhunderts enthüllen die Reichweite und Schwierigkeit solcher Eheverhandlungen.

Simon de Crépy-en-Valois, der 1076 drei strategisch wichtige Grafschaften an der Nordgrenze der kapetingischen Domänen geerbt hatte, sollte sich verheiraten, um die Zukunft seines Hauses sicherzustellen. »Man wählte für ihn [eine Frau aus der Auvergne], eine elegante Erscheinung, schön von Angesicht und von vornehmer Abstammung.« Doch Simons Berufung zum Mönchstum verbot ihm, diesen Bund einzugehen, was ihn übrigens vor einem heiklen politischen Dilemma bewahrte – er hatte auch eine Offerte von Wilhelm dem Eroberer bekommen, der ihn, aus Feindschaft gegen die Kapetinger, ebenfalls gern zum Schwiegersohn gehabt hätte.

Im Boulonnais gab es um die Mitte des 11. Jahrhunderts gleich mehrere Freier, die sich um die spätere hl. Godeleva, eine attraktive junge Frau aus besten Kreisen, bewarben. Die Eltern der Dame entschieden sich für einen Mann aus Brügge namens Bertulf (so hatte auch der oben erwähnte Propst geheißen), weil er den besten Ehevertrag mitbrachte. Indes hatte er es versäumt, den Rat seiner Mutter und seines Vaters einzuholen. Seine Mutter machte ihm bittere Vorwürfe wegen dieser Frau, die ja weit weg wohnte und auch noch schwarze Haare hatte, was bekanntlich Unglück brachte. Wie der kunstfertige Hagiograph Godelevas, Dreu von Thérouanne, überliefert, sagte die Mutter zu ihrem Sohn: »Hättest du dir nicht wenigstens eine Krähe aus deiner eigenen Heimat aussuchen können, mein lieber Sohn?« So begann denn die Ehe unter denkbar schlechten Vorzeichen.

Abenteuerlicher ist die Geschichte aus dem neunten Jahrzehnt des 11. Jahrhunderts, die uns Hermann von Tournai überliefert. Einem jungen Erben aus Burgund, Fulko von Jur, hatten es der Adel und die guten Eigenschaften des Grafen Hilduin von Roucy angetan, und so begehrte er Adèle, eine der vielen Töchter des Grafen, zur Frau. Der »französische« Vater lehnte das Heiratsangebot zunächst ab, mit der Begründung, der Freier gehöre einem fremden Volke an. Einige Zeit später geriet jedoch Graf Hilduin, im Dienste König Philipps I. unterwegs, in einen Hinterhalt Fulkos und konnte Hab und Gut nur lösen, indem er Fulko die Hand seiner Tochter versprach. Kaum hatte der Graf das Versprechen gegeben, da überhäufte Fulko ihn mit allen Ehren und den üblichen Geschenken. Diese kühne Tat – gewiß eleganter und verzeihlicher als eine schnöde Entführung – stiftete ein Paar, dessen Kinder überwiegend bei der Familie mütterlicherseits aufwuchsen und dort ihren Weg machten.

Anders als Simon de Crépy, ein einflußreicher Erbe, mit dem ihre Töchter zu verheiraten viele Sippen vergeblich versuchten, reihte sich Fulko von Jur mit Gewalt in die Schar jener Glücklichen ein, die über ihrem Stand heirateten. In allen drei Beispielen wurde das Netz der Verwandtschaft erweitert, wenngleich die Verwandten manchmal zögerten, eine Ortsfremde als Gattin zu akzeptieren. Junge Männer scheinen eine gewisse Freiheit der Wahl gehabt zu haben, was damit zusammenhing, daß sie ungehindert reisen konnten, während für Frauen und Mädchen jede Reise mit Gefahren verbunden war. Nichts deutete darauf hin, daß Godeleva von Ghistelles oder selbst Adèle von Roucy ihrem Freier heimliche Avancen gemacht hätte. Für weibliche Initiative war weder in der Hagiographie noch in der Kriegerethik Raum. Hundert Jahre später tadelt der fiktive Girart de Vienne mit harten Worten eine begehrenswerte Herzogin, die sich ihm in die Arme geworfen hat:

»Or puis bien dire et por voir afier
que or comence le siecle a redoter
puis que les dames vont mari demender.«

[»Ich kann wohl sagen und für wahr versichern, daß heut' die Welt zum zweiten Mal beginnt, wenn Frauen sich die Männer suchen wollen.«] Worauf Girart ihr die Türe weist, nicht ohne sie daran zu erinnern, daß das Heiraten Männersache ist – ebenso wie der Krieg, der für diesen Zweck nur kurz unterbrochen wird.

Frauen konnten ihre Wünsche kaum anders als negativ bekunden: durch Verweigerung. Die Heiligenviten kennen zahllose Geschichten von Frauen, die ihre Jungfräulichkeit Gott weihen wollen und von zu Hause fliehen, um die Heiratspläne, die ihre Eltern für sie geschmiedet haben, zu vereiteln. Sogar manche Männer scheuten vor der Ehe zurück, wie das Beispiel Simons beweist. Die hl. Oda von Hainaut fand um das Jahr 1150 die Flucht zu riskant – weniger wegen der verschlossenen Burgtore als wegen der Gefahren, die draußen lauerten. So entstellte sie sich selbst, um einer mißliebigen Heirat zu entgehen. Zuvor hatte sie schon in Gegenwart eines Priesters ihre Zustimmung zu der Verbindung verweigert, so daß die »Familie« die Hochzeitsfeierlichkeiten vertagen mußte. Im Interesse der Sippenstrategie setzte man jedoch das Mädchen weiterhin unter Druck. So ist die Tochter, was ihre Verheiratung betrifft, einer fremden Gewalt unterworfen, die jedoch nicht allein vom Vater ausgeht; vielmehr muß dieser sich durchaus um die Einwilligung der Matronen in der Sippe bemühen.

Es gab Jungfrauen, die sich vor Liebe zu einem abgewiesenen oder im Kampf gefallenen Freier verzehrten und starben. Ordericus Vitalis erzählt den Fall einer Tochter von Wilhelm dem Eroberer, die von ihrem Vater einem angelsächsischen Krieger namens Harold versprochen worden war, den sie liebte. Harold fiel jedoch in der Schlacht von Hastings, von der Hand seines prospektiven Schwiegervaters, und an Bord jenes Schiffes, das sie ihrem neuen Gatten Alfons von Kastilien entgegentragen sollte, grämte die Jungfrau sich zu Tode. – Um 1080 drohte die Tochter eines Burgvogts von Coucy, sich das Leben zu nehmen: Der Respektabilität des künftigen Gemahls aus gutem Hause, den ihre Eltern für sie ausgesucht hatten, zog sie die Bravour des »berühmten Ritters« vor, in den sie verliebt war. Auf den Rat des hl. Arnoul hin, in dessen *Vita* diese Geschichte erzählt wird, durfte sie sich mit einem Mann ihrer Träume vermählen: »Das kanonische Recht verbietet, ein Mädchen mit einem Manne, den es nicht will, ehelich zu verbinden.« Doch deutet der Text auch an, daß denen, die das Rittertum zu ihrem

Beruf machen, bald etwas zustoßen wird ... Die eigensinnige junge Frau war in der Tat früh verwitwet und fand sich schließlich mit dem Manne ab, den die Eltern ihr zugedacht hatten.

Eine gewisse Spontaneität verraten die Entführungen, mit denen im 12. Jahrhundert die nordfranzösischen »fahrenden Ritter« jeweils zur Zeit der Turniere von sich reden machten. Nicht alle diese Männer waren jüngere Söhne, die das elterliche Heim hatten verlassen müssen. Es gehörte zum Ausbildungsprogramm der Sippe, auch die jungen Erben auf die Fahrt zu schicken. Ihre Reisen waren genau geplant und dienten mehr der Initiation als sportlichen Zwecken. Der energische Widerstand der Kirche gegen die Ehe zwischen zu nahen Verwandten war zweifellos mit ein Grund für den Edelmann, in die Ferne zu reisen und sich dort eine Braut zu suchen. Gleichwohl vermochten Söhne wie Töchter nicht, sich der subtilen Kontrolle durch ihre Sippe und dem unbemerkten Einfluß soziologischer Faktoren auf ihre Liebesneigungen zu entziehen. Risiken, gelegentliche Überraschungen und hie und da eine offene Auflehnung – das genügte nicht, um ein ganzes Verwandtschaftssystem aus den Angeln zu heben.

Christliche Ehen

Die ersten liturgischen Heiratsrituale in Nordfrankreich erscheinen um das Jahr 1100. Ich denke vor allem an diejenigen vom anglo-normannischen Typus (ob sie auf der Insel oder auf dem Kontinent entstanden sind, wissen wir nicht), mit denen sich Jean-Baptiste Molin und Protais Mutembé befaßt haben. Diese Zeremonien lassen erkennen, daß der Klerus seine Macht zunehmend auf das »Familien«-Leben ausgedehnt hatte. Die Kirchenmänner überprüften, ob Braut und Bräutigam ihr Einverständnis mit der Ehe erklärt hatten, und stellten Nachforschungen darüber an, ob der Grad der Verwandtschaft zwischen den beiden einer legitimen ehelichen Verbindung im Wege stand. Indem die Kirche dem Willen der Frau öffentlichen Ausdruck verschaffte und vielleicht diverse Heiratsstrategien durch ihr Beharren auf einer starken Exogamie störte, mag sie den Adel aus seinem austarierten Gleichgewicht gebracht haben. Die Befreiung der Frau – für Michelet eine der drei großen Ruhmestaten des 12. Jahrhunderts, neben der Befreiung des »Geistes« und derjenigen der »Gemeinschaft« – müßte also vor allem an der Heiratszeremonie sichtbar werden, die ja die religiöse Würde der Braut schützen sollte (und zugleich ihre wirtschaftlichen Rechte gewährleistete). Doch offenbart der Vergleich der liturgischen *ordines* mit den kurzen Bemerkungen über Adelsheiraten in Hagiographien und *Chansons de geste*, daß die kirchlichen Bemühungen in diesem Punkt unvollständig und untauglich waren.

Die herkömmliche Heirat setzte sich aus zwei verschiedenen Prozeduren zusammen, wie sie zum Beispiel das *Leben der hl. Godeleva* beschreibt. Nachdem Bertulfs Werbung akzeptiert worden war, empfing er die junge Dame »nach ehelichem Recht«. Sie wurde in dem Moment seine Braut (»sponsa«), als die Gewalt über sie – das Recht und die

Der Mensch trennt, was fremde Götter zusammengefügt haben: Das *Decretum Gratiani*, ein bedeutender römisch-kanonischer Text des 12. Jahrhunderts, erörtert den Fall eines verheirateten Ungläubigen, der zum Christentum übertritt. Seine Frau weigert sich, seinem Beispiel zu folgen, und so heiratet er eine Christin.
(Autun, Bibliothèque, Ms. 80)

Pflicht, sie in der Öffentlichkeit zu beschützen – auf ihn als Ehemann übergegangen war. Sobald der Vater des Mädchens eine Heiratsregelung als gesichert ansah, händigte er seine Tochter dem Gatten aus. Danach war der Kontrakt nicht mehr rückgängig zu machen, und die Vorhaltungen von Bertulfs Mutter kamen zu spät. Mit der Hochzeit siedelte Godeleva in das Haus ihres Mannes über (wo sie hinfort als »sponsa nova nupta« lebte). Erstaunlicherweise war der Bräutigam, der seine Entscheidung bereits bereute, bei dieser Zeremonie nicht selbst zugegen, sondern wurde von seiner Mutter vertreten, die notgedrungen gute Miene zum bösen Spiel machte. Bertulf kehrte erst drei Tage später zu seiner Frau zurück, verließ sie jedoch sogleich wieder und zog zu seinem Vater, während Godeleva im ehelichen Heim allein schaltete und waltete – allerdings unter Aufsicht. Das Ganze nahm ein böses Ende. Doch die mehr oder minder fiktionalisierte Darstellung des Hagiographen muß dem mittelalterlichen Publikum ziemlich plausibel geklungen haben. Jedenfalls beweist sie den Unterschied zwischen der Vermählung, mit der die Ehe begann, und der Hochzeit, mit der sie vollzogen und nach den Normen der Kirche unauflöslich wurde.

Eine eher humorvolle Darstellung dieser beiden Stufen der traditionellen Ehe gibt das Epos *Aymeri de Narbonne* aus dem späten 12. Jahrhundert. Aymeri, der gerne die schöne Hermanjart heiraten möchte, sendet seine Barone aus, die für ihn bei dem Bruder der Frau, dem König der Lombardei, um Hermanjarts Hand anhalten sollen; danach kommt er selbst, um sie zu erbitten. Bei den nachfolgenden Verhand-

Das Ineinanderlegen der Hände. Die Braut, die ihr Haar nach Jungfrauenart lang trägt, läßt die Hand ihres Vaters los und ergreift die ihres Mannes. Die Weitergabe einer Frau von Mann zu Mann wurde später durch eine symmetrische Geste der beiden Gatten ersetzt, die sich einander geben. *Decretum Gratiani*, 14. Jh.
(Dijon, Bibliothèque, Ms. 341)

lungen, die einzig von den Männern geführt werden, arbeitet Aymeris Partei abwechselnd mit Drohungen und Großzügigkeit; immerhin wird darauf geachtet, daß die Wünsche Hermanjarts respektiert werden. Wollte der Minnesänger damit seinem Publikum schmeicheln oder gab er eine tatsächliche Gepflogenheit wieder? Auf jeden Fall gründet sich das Begehren, das die beiden künftigen Eheleute füreinander empfinden, allein auf den Ruf des anderen – gesehen haben sie einander noch nicht. Die Worte der Verhandlungsführer erscheinen plausibel genug. Aymeri sucht seinem künftigen Schwager die vorgeschlagene Heirat mit den Worten schmackhaft zu machen:

»En totes corz en seroiz vos plus chier
Et en voz marches plus redoté et fier.«

[»An allen Gerichtshöfen wird Euer Wort mehr Gewicht haben, und auf Euren Feldzügen werdet Ihr gefürchteter und stärker sein.«]

Der König läßt sich überzeugen und gibt Aymeri die Hand seiner Schwester. Auf der ganzen Reise nach Narbonne wird sie als »espouse« oder »moillier« bezeichnet, obwohl die Ehe erst noch vollzogen werden muß. Die Hochzeit verzögert sich wegen eines Sarazenenüberfalls, kann aber endlich doch gefeiert werden, und Hermanjart wird Herrin von Narbonne. Amüsanterweise findet die Hochzeitsnacht vor der offiziellen Trauung statt – einer Messe, die von einem Erzbischof zelebriert wird. In unziemlicher Hast eilen die Hochzeitsgäste dann von der Kirche an die Tische eines Festbanketts, das sieben Tage dauert. Das glanzvolle Fest wurde zur höheren Ehre des Grafen und Frankreichs gegeben, zu einer Zeit, in der Reichtum und Macht – das eine undenkbar ohne das andere – sich in Freigebigkeit und Verschwendung bekundeten.

Die Untersuchung der Quellen aus dem 11. und 12. Jahrhundert zeigt, daß die Zeitspanne zwischen »desponsatio« und »nuptiae« erheblich variierte. Die längsten Verzögerungen ergaben sich aufgrund gewisser traditioneller Besonderheiten des adligen Lebensstils. Die beiden Verwandtschaften lebten oft weit voneinander entfernt, was eine lange Reise notwendig machte, für die der Ehemann die Verantwortung trug. Manchmal mußte man auch warten, bis zwei miteinander vermählte Kinder das angemessene Alter erreicht hatten. (Ivo von Chartres läßt die Ehe zwischen Kindern implizit zu, wenn beide mindestens sieben Jahre alt sind.) Solche Ehen waren mitunter nötig, um eine Allianz oder eine Versöhnung zwischen zwei verfeindeten Gruppen zu besiegeln. Hier gab es das einzelne kleine Mädchen, das, von einem Onkel bedroht, einen Mann brauchte, um sich und ihre Burg zu schützen; dort gab es den Fürsten, der es nicht erwarten konnte, mit Hilfe einer jungen Verwandten einen aufsässigen Sire zu bezähmen, der die Grenzgebiete seines Fürstentums geplündert hatte. Und so unterscheiden die zeitgenössischen Quellen klar und sehr oft zwischen »desponsatio« und »nuptiae«. (Zur Übersetzung dieser Begriffe sind die Wörter »Verlobung« und »Heirat« mit ihren modernen Konnotationen ungeeignet.)

Ludwig VI., Erbe des Kapetingerthrons, wurde 1105 durch »desponsatio« mit der kleinen Lucienne verbunden, einer »noch nicht mannbaren« Tochter des Grafen Gui von Rochefort (-en-Yvelines). Das führte zu der zeitweiligen Versöhnung zwischen einem Fürsten, der nur mit Mühe die Herrschaft über seine »Domänen« behauptete, und der dominierenden Partei einer einflußreichen Sippe, deren Burgen

Festlicher geht es auf dieser musikalisch umrahmten Heirat zu, bei der der Priester zwar Zeuge ist, aber nicht die Hände des Brautpaars ineinanderlegt. Der kecke Hüftschwung der Frau erregt Aufmerksamkeit. *Artus le Restoré*, 14. Jh. (Paris, Bibliothèque Nationale, Ms. fr. 761)

Die neue Macht des Priesters: Nun ist er es, der die Hände von Mann und Frau zusammenfügt. Kommentar zum *Decretum Gratiani*, 13. Jh. (Laon, Bibliothèque, Ms. 372)

Paris einkreisten. Doch wurde dem designierten König empfohlen, eine Ehe einzugehen, die seiner Würde und seinen langfristigen Interessen besser entsprach. So verzichtete er auf Lucienne und trat sie einem Sire aus seinem Gefolge ab, hatte es dann allerdings mit einer Wiedervermählung gar nicht eilig. (Tatsächlich heiratete er erst 1115.) Dieser Transfer seiner Braut war keine Alltagsbagatelle. Die Synode von Troyes (1107) mußte die Annullierung einer Heirat billigen, die nach Auffassung Sugers »contracte«, d. h. vertraglich geschlossen worden war. Das Mädchen indessen hatte die ganze Zeit in Gesellschaft seiner Tante verbracht, die im Bergfried der Burg Montlhéry auf sie aufpaßte. Luciennes Vater, Graf Gui, fühlte sich (nicht zu Unrecht) gefoppt und entfesselte einen Krieg in der Ile-de-France.

Im 12. Jahrhundert präzisierten Kanoniker und Theologen vornehmlich in Paris die Einstellung der Kirche zur Ehe und erweiterten die eher realistische und irdische Ehe-Ethik der karolingischen Zeit um eine neue Dimension: Die Ehe sollte auf Konsens beruhen und wurde zum Sakrament. Die karolingischen Priester hatten das Treuegelöbnis (»fides«) von Braut und Bräutigam sowie die zentrale Bedeutung, die der Vollzug der Ehe für die Stiftung des Bundes hatte, in den Vordergrund gestellt. Die nach 1100 einsetzende Hervorhebung spiritueller Kriterien spiegelt die Entfaltung der klerikalen Hochkultur. In der Praxis behielt der »mindere Teil« des Sakraments, das soziale und leibliche Element, seine Bedeutung. Außerdem galt bis zum Konzil von Trient, daß sexuelle Beziehungen zwischen »fiancés«, sofern sie vollzogen worden waren und damit die »leibliche Einheit« von Mann und Frau hergestellt hatten, nach kanonischem Recht die Verlobung in eine wirkliche Ehe verwandelten – der Geschlechtsverkehr bestätigte die Einwilligung in die Ehe, die bei der Verlobung gegeben worden war.

War das Ritual an der Kirchentür, das in den anglo-normannischen *ordines* erwähnt wird, etwas anderes als die »desponsatio« – entweder die eigentliche oder möglicherweise die öffentliche Wiederholung einer privaten Vermählung? Molin und Mutembé behaupten, daß »natürlich auch weltliche und familiäre Gebräuche Eingang in die Liturgie fanden«. Die Kirche tradierte diese alten Riten, indem sie sie öffentlich machte und unter ihren Einfluß brachte. Gleichzeitig veränderte sie jedoch ihren Sinn. Dennoch können wir unterscheiden zwischen Merkmalen, die aus dem bürgerlichen Kontext stammen, und Neuerungen, die auf spirituelle Entwürfe zurückgehen. Der Priester stellte zunächst fest, ob beide Seiten ihre Einwilligung gegeben hatten und ob die Regeln der Nichtverwandtschaft beachtet waren. Danach begnügte er sich damit, die Zeremonie zu verfolgen und sie mit einem Gebet zu beenden. Die Braut (»sponsa«) wurde dem Bräutigam von ihrem Vater oder einem anderen nahen Verwandten, der sie unter seiner Obhut hatte, übergeben. Das Ineinanderlegen der rechten Hände besiegelte diese Übergabe eines Geschenks – mit aller Künstlichkeit und Zweideutigkeit, die diesem Akt anhaftete. Später, im 13. Jahrhundert, interpretierte die Kirche diese Geste als Treuegelübde der beiden Gatten, und es war der Priester, der die Hände von Braut und Bräutigam vereinigte.

Das Spiel der Hände bei den drei Hauptsakramenten: Taufe, Eucharistie und Ehe. *Credo du Sire de Joinville*, 14. Jh. (Paris, Bibliothèque Nationale, Ms. n. a. Fr. 4509)

Sodann steckte der Mann nacheinander an drei Finger seiner Frau den gesegneten Ring, der die Ehe versinnbildlichte und vor bösen Geistern schützen sollte. Kirchlicher Theorie zufolge wurde der Ring aus Liebe und zum Zeichen der Treue gewährt; daß die Braut ihrerseits dem Bräutigam den Ring gab, war erst ab dem 16. Jahrhundert der Brauch. Nach zwei *ordines* aus dem 12. Jahrhundert zu schließen, warf sich danach die Frau vor dem Mann auf den Boden. Später versuchte man, diesen Teil des Rituals umzugestalten – nun sollten sich Mann und Frau gemeinsam vor dem Priester niederwerfen. Das war jedoch zu viel verlangt, und die Kirche, die bei der Adaption des Hochzeitsrituals geschickt nach dem Grundsatz von Versuch und Irrtum verfuhr, zog es vor, auf diesen Teil zu verzichten; ohnehin dürfte es sich hierbei um eine von zahlreichen regionalen Besonderheiten gehandelt haben.

Mochten Theologen auch noch so sehr betonen, daß jeder der beiden Gatten sich dem anderen »gab«, die Heiratszeremonie bewies unverkennbar den Vorrang des Mannes. Er war der aktive Teil; er lieferte nicht nur den Ring, sondern auch die »üblichen« Geschenke, und er legte die Urkunde mit dem Ehevertrag vor und erlegte die 13 Pfennige, die schon das Salische Gesetz vorgeschrieben hatte. Dieses Geld symbolisierte nicht den »Kauf« der Braut, sondern deren Aufgabe, im Namen des Ehepaares Almosen zu spenden, die nun der Priester, die Armen oder bestimmte Helfer empfingen. Die Symbolik mochte im Lauf der Jahrhunderte wechseln – die Münzen blieben. »Mit diesem Ringe heirate ich dich, mit diesem Golde ehre ich dich, mit diesem Schatze beschenke ich dich« – so oder ähnlich lautete die Formel, die bei den einzelnen Stationen des Rituals gesprochen wurde.

Rolands Verlobung mit der schönen Aude, wie sie in dem *Chanson de Girart de Vienne* genannt wird, hat Ähnlichkeit mit einer Vermählung. Karl der Große, der das Werben seines Neffen unterstützt, erbittet das Mädchen zuerst von seinem Onkel, einem Kriegerhauptmann, und dann vom ältesten Onkel der Sippe (nicht aber vom Vater, obwohl er anwesend ist). Am Ende des Banketts, das die Feindseligkeiten beendet, entläßt die Dame Guibourc die schön herausgeputzte Aude aus ihrer »Kammer«. Die bezaubernde junge Dame geht aus der Hand ihrer Tante in die ihres Onkels, von dort in die des Königs und endlich in die ihres »Verlobten« über. Dieser steckt ihr den liturgischen Ring an, und sie revanchiert sich mit einem »ensegne«, das eigentlich eher zum höfischen Ritual gehört. Ein Erzbischof ist zwar zugegen, wohnt der Zeremonie aber nur als Augenzeuge bei, ohne an ihr mitzuwirken. Wenn nicht das Drama von Roncesvalles diese Idylle unterbrochen hätte, wäre die »Heirat« dann etwas anderes gewesen als die öffentliche Wiederholung dieser Vermählung, gefolgt von der »Hochzeit«, durch die das neue Paar an der Spitze seines eigenen Hausstandes bestätigt worden wäre?

Die Quellen bieten viele Beispiele für rituelle Schenkungen, die zuerst privat, im Hause des Schenkenden, erfolgten und dann vor der Kirche wiederholt wurden, bzw. umgekehrt. Ähnlich mag auch die »desponsatio«, wie andere Kontrakte, wiederholt worden sein. In die-

Ein uraltes Ritual: die »velatio« (Braut und Bräutigam nehmen gemeinsam unter dem Brautschleier Platz); Illustration zum *Decretum Gratiani*.
(Dijon, Bibliothèque, Ms. 341)

sem Falle wäre es der Kirche lediglich gelungen, die öffentliche Wiederholung eines Aktes durchzusetzen, der bereits in der privaten Sphäre vollzogen worden war, zu der seit karolingischer Zeit die Priester ohnehin ungehindert Zugang hatten.

Es war unmöglich, die gesamte Hochzeitszeremonie im öffentlichen Raum stattfinden zu lassen. Das Entscheidende an ihr blieb nämlich die Segnung des Brautgemachs oder, genauer, des Bettes. (Wenn man das Heim eines verheirateten Paares meint, spricht man besser vom »häuslichen Bett« als vom »häuslichen Herd«.) Die »benedictio thalami« – ein Steckenpferd modernistischer Historiker mit einer Vorliebe für die Wiedererweckung des »alten Frankreichs« – taucht in einigen nordfranzösischen *ordines* des 12. Jahrhunderts auf. Der Segen bannte jeden Fluch, der die Fruchtbarkeit des Paares beeinträchtigen mochte, und jegliche Befleckung durch weibliche Untreue (Seitensprünge des Mannes zählten nicht). Sodann bestiegen Braut und Bräutigam das Bett, unter den aufmerksamen Blicken einer Gruppe enger Verwandter, deren Zusammensetzung schwer zu rekonstruieren ist. Nachdem man sie zusammen im Bett gesehen hatte, ließ man sie – vielleicht – zum Vollzug des Beilagers allein. Es wurde üblich, daß der Priester einen Segen sprach, obgleich die Bischöfe gewisse Bedenken dagegen anmeldeten. Dem Priester machte allmählich der Vater des Bräutigams Konkurrenz, wie aus einem Hinweis bei Lambert von Ardres hervorgeht, der sich auf die Verhältnisse im letzten Jahrzehnt des 12. Jahrhunderts beruft. Ich bin geneigt, hierin weniger die Fortsetzung eines spirituellen Patriarchats »aus grauer Vorzeit« zu sehen als vielmehr den Versuch der häuslichen Gewalt, die religiöse Autorität zu usurpieren.

Denn die Szene rund um das Ehebett, die (nach Aussagen von Geistlichen des 13. Jahrhunderts) das konstituierende Moment der Hochzeit war oder wurde, repräsentierte, worum es ging: die Rolle und Einsätze jener Machtinstanz, die das private Leben beherrschte. Die Hydra des Feudalsystems streckte ihre Arme sogar nach dem Kleinadel aus, der nur knapp dem Rückfall in die Abhängigkeit entging. Derselbe Lambert von Ardres beschreibt das Mißgeschick, das um das Jahr 1000 einer kleinen Lehnsherrin zustößt. Sie ist gerade mit ihrem Ritter ins Bett gegangen, als sie unverhofft Besuch vom Dienstmann eines mächtigen Nachbarn bekommt; er hat den Auftrag, die »colvekerla« zu kassieren, eine Art Strafsteuer für unstandesgemäße Heiraten. Die arme Frau errötet – nicht so sehr ihr Schamgefühl ist beleidigt als vielmehr ihr Gefühl für gesellschaftlichen Rang. Mit gütiger Hilfe der Gräfin von Guînes läßt sie diese Klassifizierung annullieren – ein kräftiger Schlag, den sie für die Sache aller Frauen in ihrer Situation führt.

Von dem Wert, den die »desponsatio« in der Sicht der Kirche hat, zeugt ein Urteil, das Ivo von Chartres fällt: Bei Todesfall oder Annullierung vor den »nuptiae« kann sich der (überlebende) Gatte nicht (wieder) mit Brüdern, Schwestern oder Verwandten der anderen Seite vermählen. Dieses Urteil stammt aus dem Munde eines Prälaten, der sich, wie viele seiner Zeitgenossen, insbesondere die Verhinderung des Inzests angelegen sein ließ, zumal »Inzest« mittlerweile sehr extensiv definiert wurde. Kanonisch tabu waren noch angeheiratete Verwandte vierten Grades sowie die Blutsverwandten siebenten Grades. Diese Grade entsprachen der Zahl von Generationen (bei unterschiedlicher Zahl der

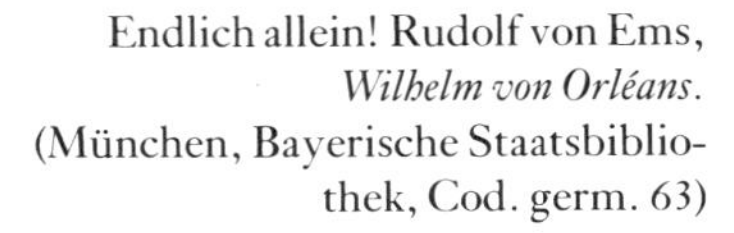
Endlich allein! Rudolf von Ems, *Wilhelm von Orléans*. (München, Bayerische Staatsbibliothek, Cod. germ. 63)

kleineren) zwischen den einzelnen Verwandten und dem nächsten gemeinsamen Vorfahren. Daher war die Tabuzone, zumal in einer Gesellschaft von begrenztem Umfang, enorm, was die Historiker vor ein kleines Rätsel stellt. Durch diese rigorose Verschärfung der Inzest-Restriktionen erschwerte die karolingische Kirche (und erst recht die gregorianische Kirche des späten 11. Jahrhunderts) das Geschäft des Heiratens beträchtlich. Wie schafften es die einfachen Leute mit ihrer Bindung an den Grundherrn, aus ihrem Dorf herauszukommen und Nicht-Verwandte aufzutreiben, die sie heiraten konnten? Und wie vermieden die Wohlgeborenen eine Mésalliance, ohne die Grenzen ihrer heimatlichen Provinz zu verlassen?

Was bezweckte der Klerus wirklich? Die Rechtsdokumente schweigen sich über Motive aus und berufen sich auf die »auctoritates« (die man sich bequem zusammensuchen und unterschiedlich interpretieren konnte). Wir sind deshalb auf Spekulationen angewiesen. Wenn der Zweck der war, die Christen zur Einholung des kirchlichen Dispenses zu zwingen, dann war die Sache machiavellistisch geschickt eingefädelt. Aber verwechseln wir mit einer solchen Erklärung nicht Ursache und Wirkung? Als direkte Pfarrkinder der Bischöfe wären die Adligen die ersten gewesen, gegen die eine solche Maßnahme sich ausgewirkt hätte. Es wäre jedoch unvernünftig von Prälaten und Mönchen gewesen, der endogamen Fortpflanzung ihrer eigenen »Herden« von Untertanen ein derartiges Hindernis in den Weg zu stellen. Eher mag es ein vorausschauendes »europäisches« Kalkül gewesen sein, das hinter der Anwendung des Inzesttabus auf Könige stand. Im 11. Jahrhundert waren Herrscher, die weder unter ihrem Stand heiraten noch sich eines Inzests schuldig machen wollten, gehalten, die Bekehrung skandinavischer und slavischer Kleinkönige abzuwarten, um sich dann deren Töchter zu holen (falls sie es nicht vorzogen, gewappnet mit der ganzen Geduld, welche der verwickelte diplomatische Verkehr erheischte, auf den Bund mit einer byzantinischen Prinzessin zu setzen). Die Franken hätten im 9. Jahrhundert einen festeren inneren Zusammenhalt gehabt, wenn sie sich die ethnische Reinheit des frühmittelalterlichen Adels bewahrt hätten. Oder sollen wir vielleicht annehmen, daß Geistliche von vornehmster Abstammung, die sich in der damaligen Zeit als sehr sippenbewußt erwiesen, in einem Augenblick der Erleuchtung kollektiv beschlossen, die Erbgüter zu zerschlagen, indem sie deren Zusammenführung durch Heirat verhinderten?

Die beste Hypothese über die Intentionen des Klerus ist die »Konfusions-Hypothese«. Bernard Guenée ist der Ansicht, daß die Kirche dazu überging, die symbolische Zahl Sieben wörtlich zu nehmen. Die Bibel und die Kirchenväter schlossen von der Ehe nicht systematisch alle Verwandten bis zum siebenten Grad aus, wie es verschiedene Synoden um das Jahr 1000 taten, sondern empfahlen schlicht, jede Ehe mit einem anerkannten Verwandten zu verbieten. Ich möchte noch eine andere Konfusion ins Spiel bringen, die mit der ersten zwar nicht inkompatibel, aber eher anthropologischer Natur ist. Wie Beaumanoir anmerkt, bestimmten die sieben Grade einst den Kreis der möglichen Erben und der Waffengenossen im Privatkrieg; im Jahre 1283 bestimm-

Das Vorrecht des Bischofs: die Auflösung einer für ungültig erkannten Ehe. *Digeste*, 13. Jh. (Paris, Bibliothèque Saint-Geneviève, Ms. 394)

ten sie noch jene Personen, die zum »retrait lignager« berechtigt waren. Der Ursprung dieses Brauches verliert sich in jener »Germanität«, der die Karolinger ihre Normen anzupassen trachteten. So kann es durchaus sein, daß sie fälschlicherweise Verwandte fünften bis siebenten Grades – aus jener Zone also, die sie nach der Logik der kognatischen Verwandtschaft für ihre Ehen bevorzugten, mit der die Ehe jedoch verboten war – gar nicht als Verwandtschaft, sondern als Angehörige exogamer Gruppen ansahen.

Ebensowenig wie die Motive für diesen seltsamen und schlimmen Zwang der Inzestregeln kennen wir das Ausmaß, in dem sie beachtet wurden. Selbst Könige, Vorbilder des Volkes, heirateten mitunter eine Kusine fünften oder sechsten Grades. Schließlich steckte die Kirche zurück: Auf dem IV. Laterankonzil 1215 wurde der verbotene Grad der Verwandtschaft vom siebenten auf den vierten festgesetzt. Bedeutete diese Entscheidung einen Sieg des traditionellen kognatischen Systems? Oder war dieses System bereits zerfallen? Wie auch immer, die Kirche wurde sich der widersprüchlichen Situation bewußt, die sie herbeigeführt hatte und die Georges Duby aufgehellt hat: In der Absicht, die Unauflöslichkeit der Ehe zu sichern, hatte sie in Wirklichkeit einen bequemen Vorwand zur »Scheidung« geschaffen. Wie so viele genarrte Väter, witterte auch Gui von Rochefort mit Recht eine Intrige, als die Vermählung seiner Tochter annulliert wurde. Die Geschichte jener Zeit kennt zahllose Ehemänner, die zu einem für sie günstigen Zeitpunkt entdeckten, daß sie mit ihrer Frau verwandt waren. Im späten 11. Jahrhundert war Fulko Rechin, Graf von Anjou, ein anerkannter Meister in der Abstimmung von Genealogien auf »Scheidungs«-Zwecke. Mit derselben Taktik konnte man die dynastischen Pläne seiner Gegner durchkreuzen. Heinrich I. Beauclerc (der »schöne Gelehrte«), Herzog der Normandie und König von England, verhinderte das geplante Heiratsbündnis seines enterbten Neffen Wilhelm Cliton mit dem Hause Anjou, indem er das Gerücht ausstreute, Wilhelm sei der Vetter seiner präsumtiven Frau.

Vor dem 13. Jahrhundert war also die Auseinandersetzung der Kirche mit den Heiratsgepflogenheiten des Adels oberflächlich und zweideutig. Die Anwesenheit eines Priesters änderte an der Bedeutung des Hochzeitsrituals wenig. Der Schutz der Ehefrau vor einem Sinneswandel ihres Mannes oder vor der Umkehrung von Bündnissen, der ein nicht unbeträchtliches Verdienst des christlichen Humanismus gewesen wäre, wurde praktisch zunichte gemacht durch die blinde Fixierung auf das Inzesttabu, das die »Scheidung« erleichterte.

Frauen, Krieg und Frieden

Wie die Häufigkeit aufsehenerregender Scheidungen beweist, geriet das System der Ehe in der Aristrokratie um das Jahr 1100 in eine Krise. Georges Duby hat gezeigt, daß es einen Konflikt zwischen den dynastischen Strategien der »Krieger« und den Forderungen der »Priester« gab.* In dem Maße, wie diese Strategien sich entwickelten, wurde die Disparität zwischen beiden Gruppen bald größer, bald kleiner, bald qualitativ anders. Die Wertschätzung der legitimen Vermählung und Hochzeit erleichterte den Ausschluß von Bastarden. Die übertriebene Strenge, mit der das Inzesttabu beobachtet wurde, hatte heiklere Folgen und trug zu einer allgemeinen Unzufriedenheit bei, deren Ursache sie aber wohl nicht war. War die ganze Malaise vielleicht Ausdruck eines wachsenden Individualismus? Die jungen Leute beiderlei Geschlechts opponierten zwar nicht dem Willen ihrer Sippe, aber dieser Wille selbst mochte sich wandeln, wenn sich die Ehe als schwierig oder unfruchtbar erwies. Das Scheitern des Systems öffnete individuellem Protest die Bahn. Gleichwohl müssen wir herausfinden, warum dies um 1100 zunehmend sichtbar wurde.

Im Adel berührte die Instabilität weniger die Ehen selbst als vielmehr die sie leitenden Strategien. Hierbei leistet die Religionsgeschichte nur bedingt Aufklärungshilfe. Veränderungen in der Lage der Frau sind leicht zu erklären. Es war *eine* Sache, im 11. Jahrhundert die Frau eines in die Irrungen und Wirrungen der »Feudalanarchie« verstrickten Kriegers zu sein, aber eine *andere* Sache, im 13. Jahrhundert einem Seigneur anzugehören, der Mitglied einer festen Hierarchie unter dem pazifizierenden Einfluß des »monarchi-

* Anspielung auf Georges Dubys Buch *Ritter, Frau und Priester*, dt. 1985. *A. d. Ü.*

Glück und Unglück im Krieg der Liebe: In dieser germanischen Version seiner Sage kämpft Tristan zwar mit Nampotenis um Cassie; am Fuß der Burgmauer (in der Szene rechts) streckt er seinen Widersacher mit einem Schwertstreich nieder. Aber dafür verwundet ihn ein feindlicher Soldat mit einer vergifteten Lanze. (München, Bayerische Staatsbibliothek, Cod. germ. 51)

schen Staates« war. Gleichwohl hatte dieser offenkundige Fortschritt komplizierte und verzweigte Konsequenzen.

Der Tumult des Krieges hatte Burg nach Burg erfaßt; gegen Ende des 11. Jahrhunderts herrschte überall das Chaos. Auf Heirat gegründete Allianzen – notwendig zur Sicherung von Waffenstillständen zwischen Sippen und Parteiungen – waren nicht verläßlicher als der Friede selbst. Was wurde aus einer Frau, deren Ehemann Krieg gegen ihren Vater oder Bruder führte? Ordericus Vitalis und Suger berichten von verschiedenen Möglichkeiten, eine derartig prekäre Situation zu überwinden.

Wilhelm der Eroberer benutzte seine Nichten und Kusinen zum Ausspionieren der Männer, mit denen er sie verheiratet hatte. Judith verriet ihm die Verschwörungspläne ihres angelsächsischen Gemahls, des Grafen Waltheof, trauerte jedoch eindrucksvoll, als er 1075 hingerichtet wurde. Robert der Giroie aß zufällig den vergifteten Apfel, den seine Frau Adélaïde für einen anderen Mann vorbereitet hatte (1060); merkwürdigerweise ereignete sich dieses Unglück zu einer Zeit, als Robert gerade den Aufstand gegen den Vetter seiner Frau, den Herzog der Normandie, anführte. Ehefrauen wurden häufig als Botschafter eingesetzt, um ihre Männer zum Kriegseintritt an der Seite der Sippe der Frau zu veranlassen. In gewissem Sinne wahrte die Frau in ihrem Bergfried das Interesse ihrer Brüder ...

Die Regel war indes, daß die Frauen die Partei ihres Mannes ergriffen. Als Herrin des Hauses hatte die Ehefrau viel zu verlieren, wenn sie in den Schoß ihrer eigenen Sippe zurückkehrte. Julienne, die Bastard-Tochter König Heinrichs I. Beauclerc, wurde zusammen mit der Burg von Ivry an Eustache von Breteuil gegeben. Sie stand 1119 in der Schlacht gegen den König an seiner Seite und leitete tatkräftig die Verteidigung der Festung. Heinrich ließ es indessen zu, daß seine eigenen, als Geiseln dienenden Enkelinnen geblendet und verstümmelt wurden (man schnitt ihnen die Nase ab). Einige Monate später freilich, im Herbst, wurde Friede geschlossen und im Namen der verwandtschaftlichen Beziehungen die Unterwerfung des Paares akzeptiert: »Die Milde wandte das Herz des Königs seinem Schwiegersohn und seiner Tochter zu, und er war ihnen wieder gewogen.« Den gemarterten Kindern war damit nicht geholfen.

Die Brutalität des Feudalzeitalters stürzte das private Leben oft in Katastrophen. Suger überliefert die herzzerreißenden Worte, welche die Frau des Gui von La Roche-Guyon zu ihrem Schwager sprach, der vor ihren Augen ihren Mann getötet hatte: »Wart ihr nicht durch ein unauflösliches Band verbunden? Was ist das für ein Wahnsinn?« Als sie sich schützend über ihren am Boden liegenden Mann warf, wurde sie schwer verletzt und dann mit Gewalt aus den Armen des Sterbenden gerissen. Um das Entsetzen vollkommen zu machen, stieß man ihre beiden kleinen Kinder von den Klippen in die Seine – düstere Farben für den »Frühling des Mittelalters« . . .

Erfolglose Vermittlerin oder gequälte Zuschauerin, suchte die Frau nicht selten Zuflucht in einem Kloster, in der Obhut des Klerus. Der Orden von Fontevraud diente, worauf Jacques Dalarun aufmerksam gemacht hat, als Refugium für die Opfer der Krise der politisch motivierten Heirat; doch nahm es vor allem die für immer verstoßenen und die für eine Wiederverheiratung zu alten Frauen auf.

Man muß sich die Frau der Feudalgesellschaft auch als Anstifterin zur Rache vorstellen, die sich mit Leib und Seele in Konflikte begab, an denen ihr Leben und sie selbst schließlich zerbrachen. Die mönchischen Schreiber sprechen mit allen Zeichen des Abscheus von der »virago« (dieses Wort kommt ihnen tatsächlich in die Feder), die aus Haß gegen ihren Mann einen Krieg gegen ihn entfesselt. »Gräfin Helvis [von Évreux] ärgerte sich [im Jahre 1090] über eine verächtliche Bemerkung der Isabella von Conches [einer Montfort], und so arbeitete sie aus Zorn mit aller Kraft darauf hin, daß Graf Wilhelm und seine Barone zu den Waffen griffen. Und so geschah es, daß Weiberstreit und -neid die Herzen edler Männer entflammte.« Kurz vor 1111 entzündete ein ähnlicher Vorfall den Streit zwischen Enguerran von Coucy und Gérard von Quierzy – doppelzüngige Ehefrauen (von notorisch ruchlosem Lebenswandel) hatten Beleidigungen und Beschuldigungen ausgesprochen, und zwar »privatim«, d. h. mit der Gewißheit, daß ihre Äußerungen weitererzählt wurden. Guibert von Nogent bezeichnet solche Frauen als geile Vipern. Eine konsequente Polemologie würde zweifellos zeigen können, daß diese Frauen die Funktion haben, einen schwelenden Konflikt zwischen objektiven politischen Rivalen zum Ausbruch zu bringen. Immerhin beweisen die zitierten Beispiele, daß manche Frauen über ihren Gatten hinauswuchsen und am »Spiel« der Konfrontationen tätig beteiligt waren. Der Krieg im Feudalzeitalter ist auch die Angelegenheit der Frauen, weil er »private« Aspekte hat und diese Sphäre unstreitig (wenngleich nicht ausschließlich) weiblicher Zuständigkeit unterliegt.

Die Frauen genossen in der Praxis wie im Prinzip das Privileg, den Schrecken des Krieges weniger unmittelbar ausgesetzt zu sein als die Männer. Das führte sogar zu einer Art Umkehrung der Machtstruktur dergestalt, daß manche hochgestellte Frau als Aufreizerin zur Schlacht mehr zu sagen hatte als die Krieger, die in sinnlosen Kavalkaden für sie verbluteten. Der erste der großen Sires von Coucy, Enguerran von Boves, brachte den Platz 1079 in seine Gewalt, als die Burgherrin (und vielleicht Erbin der väterlichen Rechte) seine Geliebte wurde und ihm die Burg übertrug, nicht ohne dabei ihren Gatten zu verraten. Zu dem Glück dieses Ritters gesellte sich freilich die beschwerliche Pflicht, den Platz militärisch zu schützen. Ein friedlicheres, jedoch nicht minder beredtes Bild weiblicher Macht bietet Bertrada von Montfort. Sie war über bestimmte Maßnahmen ihres widerlichen Gatten Fulko Rechin so besorgt, daß sie König Philipp I. Avancen machte, der sie daraufhin entführte und auf den Thron hob (1093). Als sie den alternden Monarchen in der Hand hatte, koordinierte sie die Strategie der beiden Söhne, die er von zwei Frauen hatte, gegen den jungen Ludwig VI. (Auch Konflikte mit Stiefmüttern waren damals nichts Ungewöhnliches.) In Bertradas Fall hatte das Scheitern ihrer Machenschaften zum Ergebnis, daß sie sich – nach einer bemerkenswert langen Zeit der Kämpfe – in ein Kloster zurückziehen mußte.

Frauen zu entführen war bis ins 12. Jahrhundert üblich. Soll man darin wirklich nur einen Akt der Barbarei und der Unterdrückung erblicken, unter dem die Frauen zu leiden hatten? Viele Frauen arrangierten selber ihre Entführung oder leisteten immerhin Beihilfe. Für zwei Liebende konnte sie das Mittel sein, gegen den Widerstand ihrer Angehörigen ihren eigenen Entschluß durchzusetzen. Wenn die Sippen später den *fait accompli* akzeptierten, löste sich alles in Wohlgefallen auf. Für das daheim eingesperrte Mädchen, für die mißhandelte Ehefrau wurde der Entführer gar zum Retter. Die Frau bot sich an, um einen Beschützer zu finden. So haftet der Entführung etwas Ambivalentes an. Sie war ein Beweis für die Unterdrückung der Frau, die gezwungen war, sich durch solche Mittel zu befreien; gleichzeitig war sie eines der wirksamsten Instrumente dieser Befreiung. Die Entführung trug oft theatralische oder, im tieferen Sinne, rituelle Züge. In ihr verschmelzen auf symbolische Weise das dramatische Schicksal und die verwegene Lust der Frau im Feudalzeitalter.

Freilich wissen wir über die »Frau im Feudalismus« nur das, was Männer über sie geschrieben haben. Die Texte, in denen sie unverhohlen herabgesetzt wird, sind daher durchaus verdächtig. In der *Kirchengeschichte* des Ordericus Vitalis erscheinen die Frauen als Giftmischerinnen, als neue Evas, die ihren Männern vergiftete Äpfel reichen und ihnen ohne Unterlaß wie die Schlange böse Ratschläge einflüstern. Der prägende Eindruck des *Alten Testaments* auf diesen mit der Bibel aufgewachsenen Mönch ist offensichtlich. Seine perversen Heroinen üben allesamt einen »dunklen, gewaltigen Einfluß [auf den Mann] aus, der eines der wenigen Vorrechte des halbwilden Weibes ist«, wie es bei Joseph Conrad heißt (Almayers Wahn ist die Furcht, von der Frau vergiftet zu werden). Aber soll nicht der Vorwurf der Giftmischerei (wie in anderen Gesellschaften derjenige der Hexerei) jeden Versuch diskreditieren, diese von Männern beherrschte Gesellschaftsordnung in Zweifel zu ziehen? Der dauernde Verdacht der ehelichen Untreue – im Einzelfall vielleicht begründet – mag einem ähnlichen Ziel gedient haben. Ungläubig hört man von Briefen, die angeblich die Gefährten Wilhelm des Eroberers 1068 von ihren lüsternen Ehefrauen empfingen – sie forderten ihre Männer auf, heimzukehren und mit ihnen der Lust zu pflegen, andernfalls würden sie sich Liebhaber nehmen.

Die Frauen wurden nicht streng hinter Schloß und Riegel gehalten. Die Ehegattinnen jener Ritter, die zum Ersten Kreuzzug aufbrachen, wurden weder in Verliese geworfen, noch mußten sie den legendären Keuschheitsgürtel tragen (der in den Quellen erst später erwähnt wird). Es gab subtilere und zugleich wirksamere Methoden, die weibliche Bewegungsfreiheit einzuschränken.

Vor allem standen die Frauen unter der Aufsicht älterer Matronen, die mit im Hause lebten oder in der Nachbarschaft wohnten. Spannungen zwischen Jung und Alt belasteten die weibliche Gesellschaft ebensosehr wie die männliche. Die traurige Geschichte der hl. Godeleva, die nach einer langen Zeit der Demütigungen und Quälereien im Auftrag ihres Mannes von einem gedungenen Mörder getötet wurde, zeugt weniger von der Einsamkeit dieser Frau – sie hatte, wenn auch von anderen kontrolliert, ein Haus geführt und zahlreiche Helfer gehabt – als vielmehr von dem Konflikt mit einer Schwiegermutter mit eklatant matriarchalischen Verhaltensweisen. Bei Ordericus Vitalis erscheint als mustergültiger »Familien«-Vater und gerechter Burgherr Anseau von Maule, der Lehrer und Erzieher seiner jungen und vornehmen Frau. Die Eigenart aber, die Anseaus Tugend im schönsten Licht erstrahlen läßt, ist seine kindliche Pietät, die sich darin äußert, daß er für den Unterhalt seiner alten und nicht weniger vornehmen Mutter sorgt und sie in dem Hause wohnen läßt, das ihrem verstorbenen Gatten gehörte.

Im 12. Jahrhundert wurde der Krieg durch die Gesetzgebung von Konzilen und Fürsten zurückgedrängt, durch die Kreuzzüge »exportiert« und von der modischen Neigung zum Turnier gleichsam ins Spielerische gewendet. Nur die ersten beiden Ereignisse waren nach dem Geschmack des Klerus, doch alle drei wirkten in dieselbe Richtung. Sie trugen zum Ausbau der staatlichen Ordnung bei und erlaubten dem Paar, ein relativ ungestörtes privates Leben zu führen.

Raoul I., Sire von Coucy, nahm im Jahre 1160 Agnes, die Tochter des Grafen Balduin IV. von Hainaut, zur Frau. Als Mitgift brachte sie ihrem Gatten die Einkünfte mit, die in einer Stadt in der Provinz ihres Vaters als jährlich fällige Steuer zusammenkamen. Um sich die regelmäßige Zahlung dieser Abgabe zu sichern, hatte der Schwiegersohn guten Grund, seinem Schwiegervater militärisch mit Rat und Tat zur Seite zu stehen – das war der gerechte Ausgleich (in Form einer nichtreziproken Dienstleistung) für eine Dosis karolingischen Blutes in der Sippe Raouls. Die Ungleichheit der Beziehung ergibt sich aus der Logik der Hypergamie, von der oben die Rede war. Der Sire seinerseits (oder sein Vorgänger) hatte für seine Schwester (als Mitgift) einen Anteil an den Einkünften aus seinen Ländereien bestimmt, der ausdrücklich als Lehnsrente bezeichnet und zuerst von seinem Schwager niedrigeren Ranges und dann von seinem Sohn gehalten wurde. Das Heiratsbündnis war also auch noch in diesem zweiten »Zeitalter des Feudalismus«

für die Aristokratie von enormer sozialpolitischer Bedeutung. Auf Nordfrankreich trifft grundsätzlich ebenfalls zu, was Pierre Toubert von Latium gesagt hat: Der Bauer war schnell bei der Hand, ein als Mitgift in seinen Besitz gelangtes Stück Land zu verkaufen, wenn es weit von seinem Dorf entfernt lag. (Die Gewohnheitsrechte verfügten, daß die Frau des Bauern, die aus einem anderen Orte eingeheiratet hatte, dem Verkauf zustimmen mußte.) Der Seigneur hingegen, dem durch Mitgift Grundbesitz in entfernter Gegend zufiel, hütete sich, diesen zu veräußern, denn er erweiterte seine strategische Basis und nötigte zur Beachtung von Rechten, Pflichten und Bündnisrücksichten. Der Bauer »allodialisiert« im Interesse einer Verdichtung der Bewirtschaftungsfunktionen; der Seigneur »feudalisiert«, um seinen Rang in einem weiter gesteckten Rahmen zu behaupten.

Finanzielle Interessen sicherten also dem Heiratsbündnis zwischen vornehmen Sippen ein gemeinsames Fundament tätiger Solidarität. Noch subtiler setzte sich die ambivalente Beziehung zwischen Schwägern – geprägt von tieferen Spannungen als nur politischen Unwägbarkeiten – in der Pantomime der Turniere fort. Raoul I. von Coucy und Balduin von Hainaut traten bei Tjosten und Buhurten abwechselnd als Verbündete und Gegner auf. Und Gislebert von Mons hebt die engen Bande hervor, die zwischen der Dame Agnes und ihren Verwandten noch bestanden: Sie ist 1168 bei einem »Familientreffen« zugegen, während der Aufenthaltsort ihres Mannes zu der Zeit nicht klar ist. Agnes weiß die Herzen jener »wilden« Ritter zu gewinnen, die gemeinsam mit dem Sire von Coucy, zu dessen Hof sie gehören, die Macht über ihr Land ausüben. Sie ist in dieser Region der Welt *die* typische Dame der Ritterromane, das heißt aber, nach der Interpretation Georges Dubys, sie ist eben *nicht* ein Idol, das um seiner selbst willen in den Himmel der höfischen Gesellschaft erhoben wird, sondern ein indirekt und geschickt gebrauchtes Werkzeug der Machtentfaltung ihres Mannes. Es ist, als ob die Rolle der Anstifterin zum Krieg, welche die Dame in den vorangegangenen Generationen so erfolgreich gespielt hatte, sich zu reiner Gefühlsherrschaft transformiert fände oder vollends ins Romanhafte abgeschwächt worden wäre. Eine solcherart erhöhte Frau konnte man nicht mehr im Ernst, sondern nur noch als Siegespreis nach einem edlen Wettkampf »entführen«.

Was die Frauen um 1200 an Sicherheit und Stabilität gewonnen hatten, das hatten sie ohne Zweifel an Bewegungsfreiheit eingebüßt. Gleichwohl sah man allenthalben Frauen als Regentinnen: an der Spitze des Königreichs (Blanca von Frankreich), des Fürstentums (Blanca von Champagne) und der einfachen Seigneurie. Das heißt jedoch nicht, daß sich den Frauen plötzlich eine neue Karriere eröffnet hätte oder daß es ihnen durch den Kreuzzug (wie später durch den Ersten Weltkrieg) möglich geworden wäre, mehr Verantwortung als früher zu übernehmen. Nein; es hatten sich lediglich die Bedingungen der Machtausübung gewandelt. Was nun zählte, war nicht physische Bravour im Kampf, sondern Versiertheit in der Buchführung und im Kräftespiel der Ratsversammlungen unter der Mitwirkung von Juristen.

Der Wandel der politischen Verhältnisse zeitigte ambivalente Fol-

Entführung. *Roman de Tristan*, 15. Jh. (Chantilly, Musée Condé)

gen. Der königliche oder fürstliche Friede des 13. Jahrhunderts – der ohnehin sehr brüchig war – bewirkte nicht zwangsläufig eine Aufwertung der Frau. Die vormoderne Adelsgesellschaft war in vieler Hinsicht festgefügt und starr, wovon jede (gut erhaltene) befestigte Burg aus jener Zeit kündet. Eine solche Gesellschaft war nicht für die Freiheit der Burgherrin und des Burgfräuleins gemacht; im Gegenteil, sie läutete die Stunde ihres Rückzugs in die Privatsphäre ein.

Die eheliche Gemeinschaft

Was die Gattenliebe betrifft, so wurde sie oft im Angesicht des Todes offenbar. Es gibt ein paar bewegende Momente in der Schilderung der Gemeinde von Laon, die Guibert von Nogent gegeben hat. Als der »vicedominus« (Viztum) Adon in voller Rüstung sein Haus verläßt, um seinem Herrn, dem von einer aufsässigen Meute belagerten Bischof, im Kampf beizustehen (1112), sieht seine Gattin seinen Tod voraus. In Gegenwart der Domestiken bittet sie ihn um Verzeihung für alles Böse, das sie ihm angetan haben mag; auf eine lange Umarmung folgen die letzten Küsse des Paares. Ebenso zärtlich und feierlich nimmt Anseau von Maule Abschied von seinem Haushalt, drei Tage, bevor ihn, wie er ahnt, der Tod ereilen wird. Vor den versammelten Rittern seiner Burg ermahnt er den ältesten Sohn, Kirche und König zu ehren, und erteilt ihm den väterlichen Segen. Dann wendet er sich zu seiner Frau, predigt die Keuschheit des Witwentums und bittet sie um Erlaubnis, Mönch werden zu dürfen. Hier haben wir zwei Gepflogenheiten vor uns, die im 11. Jahrhundert im Adel weit verbreitet waren. Viele legten, bevor sie starben – »in extremis« oder, wie die Quellen es ausdrücken, »ad succurendum« –, das Gewand des Benediktinermönchs an, und ein großzügiges Geschenk ging an das Kloster. Üblich war es auch, die eheliche Gemeinschaft zugunsten einer reineren, nämlich der mönchischen aufzulösen – dies war die einzige Form der »Scheidung«, welche die Kirche ausdrücklich zuließ, sofern der Ehegatte seine Zustimmung gab.

So erscheint die Gemeinschaft der Ehegatten im Angesicht des Todes erhöht, aber auch zur Disposition gestellt. Offenbart sich in der Stunde der Wahrheit der elementare Lebenszusammenhang? Oder ergriff man die allerletzte Gelegenheit, das Ich nach einem bestimmten Ideal zu stilisieren? Was aus den Quellen mit Sicherheit hervorgeht, ist die Entschlossenheit der Kirche, das Ehepaar auf eine ganz bestimmte Weise darzustellen: Ebenso wie das Ritual der »desponsatio« bekräftigen diese Texte die Gleichheit von Mann und Frau und gleichzeitig die Unterwerfung der Frau. Ein derartiges Nebeneinander widersprüchlicher Prinzipien oder Ideen ist charakteristisch für den Mythos oder, wie hier, für das kulturelle Stereotyp und Ritual. Aus der Anthropologie ist

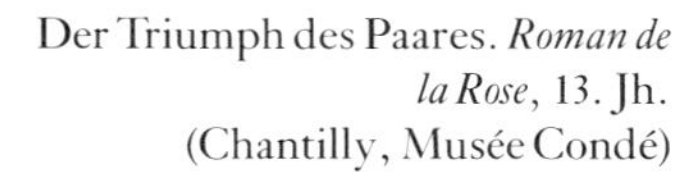

Der Triumph des Paares. *Roman de la Rose*, 13. Jh. (Chantilly, Musée Condé)

das bekannt. Die eheliche Gemeinschaft soll auf Gleichberechtigung der Partner gegründet und zugleich hierarchisch sein. In dieser Hinsicht war sie dem Verhältnis von Vasall und Herr analog, ja, es gab sogar eine gemeinsame Terminologie, etwa die Anrede »mon seigneur« (»mein Herr«) und »ma par« (»meinesgleichen«). Was das römische Recht betrifft, das im 13. Jahrhundert nicht ohne Einfluß auf die nordfranzösischen Juristen war, so tritt in ihm neben die Sorge um das Individuum eine Stärkung der väterlichen und der Gatten-Rechte. Der Grundgedanke war derselbe wie im kanonischen Recht: In der ehelichen Gemeinschaft (»societas«) mußte die Frau in ihre eigene Unterjochung einwilligen.

Es wäre nicht falsch, eine Parallele zwischen den Formen der Familienmacht und denen der Staatsmacht zu ziehen. Die moderne Soziologie kennt dafür einschlägige Beispiele. Die der Frau gewährte »Freiheit« (»franchise«) war höchstwahrscheinlich wenig mehr als ein neues juristisch-politisches Bild, das kaum tieferen Wirklichkeitsgehalt hatte als die »Freiheit«, die man zu derselben Zeit den Dörfern gewährte: eine Reihe genau normierter Beziehungen, eine Bekräftigung der grundsätzlichen Freiheit der Untertanen als Einleitung zur Errichtung strikter Zwänge. Die Befreiung »der« Frau und die Befreiung »der« Gemeinschaft – von Jules Michelet hoch gepriesen – waren gleichermaßen trügerisch. Der Gemeinschaft wurde die Anerkennung ihres Herrn abverlangt, der Frau die Liebe zu ihrem Zuchtmeister. Doch wurde diese Liebe auch gewährt? Es ist schon fast ein Gemeinplatz, zu sagen, daß in Frankreich im 12. Jahrhundert das Paar erfunden worden ist. Die Troubadoure im turbulenten Okzitanien ließen dieses Paar noch außerhalb der ehelichen Bande und gegen sie stehen. Später, in der relativen Ruhe der »douce France« im Norden, erscheint es im heiligen Ehebund selber. Für Chrétien de Troyes ist die eheliche Zweisamkeit nicht minder köstlich und innig als das Abenteuer des Ehebruchs. Waren Liebe und Ehe miteinander vereinbar? Das war die große Frage, die an den Höfen der Champagne und der Ile-de-France heftig erörtert wurde. Die Antwort blieb in der Schwebe. Gründeten diese Erörterungen auf authentischen Eheerfahrungen? Oder wirkten sie auf diese zurück? Oder bewegte man sich schlicht in einer Fiktion, in der alles möglich war oder die als Realitätsersatz fungierte?

Im 11. Jahrhundert beschäftigte kaum etwas die Männer so sehr wie die Furcht vor der ehelichen Untreue ihrer Frau. Diese Zwangsvorstellung entbehrte insofern nicht eines sachlichen Gehalts, als es für Fremde ziemlich leicht war, in ein Haus und dessen einzelne Zimmer einzudringen. Königinnen und andere vornehme Damen, denen von feindlichen Parteien verdächtige Beziehungen zu Männern und Schlafzimmer-Komplotte nachgesagt wurden, bewiesen ihre Unschuld häufig dadurch, daß sie sich einem Ordal (Gottesurteil) unterzogen: Sie mußten über glühende Pflugscharen gehen oder sich, durch Ritter vertreten, einem Zweikampf stellen. In dem einen Fall trat die Beschuldigte ihren Anklägern persönlich gegenüber, in dem anderen Falle benötigte sie einen Kämpfer: einen Freund, Verwandten – oder Geliebten. Isolde, Guenièvre und eine ganze Schönheitsgalerie von Heroinen aus Epos

Eine französische Kurzgeschichte aus dem 13. Jahrhundert: Ein eifersüchtiger Ehemann entdeckt etwas unter der Bettdecke neben seiner schlafenden Frau. Überzeugt, sie beim Ehebruch ertappt zu haben, ersticht er sie. Zu spät bemerkt er seinen Irrtum: Sie hatte nur ein Hündchen mit ins Bett genommen. Verzweifelt durchbohrt nun der Mann mit seinem Schwert sich selbst. (Dijon, Bibliothèque, Ms. 526)

und Roman – die übrigens nicht alle wirklich unschuldig waren – wußten sich auf diese Weise dem Urteil des Feudalgerichts unter Vorsitz ihres Herrn und Meisters zu entziehen. Als die Troubadoure gegen Ende des 12. Jahrhunderts ihr Publikum mit Geschichten von derlei gefährlichen Wahrheitsproben erschütterten, war das Gottesurteil anscheinend bereits ungebräuchlich geworden (und mit ihm vielleicht auch ein Element weiblicher Freiheit verlorengegangen). Zu Beginn jenes Jahrhunderts waren sie jedoch noch verbreitet, wie Ivo von Chartres in seinen Briefen bezeugt. Zwar wollte der große Kanoniker den Gebrauch dieser »illegitimen« (oder wie wir sagen würden: irrationalen) Maßnahmen auf solche Fälle beschränkt wissen, in denen anders die Wahrheit nicht zu ermitteln war; aber dazu zählte eben die weibliche Untreue. (Der mittelalterliche Geist fand das Ordal insofern empörend, als es ein Mittel war, »Gott zu versuchen«. Doch beim Verdacht des Ehebruchs konnte die Frau niemanden außer Gott selbst für ihre Unschuld bürgen lassen.)

Seitensprünge des Mannes hingegen bedeuteten keine Gefahr für die Ordnung im Hause oder die Reinheit der Abstammung. Derlei harmlose Eskapaden werden in den Quellen nur beiläufig erwähnt. Das Porträt, das Kaplan Lampert von Graf Balduin II. von Guînes (gestorben 1169) zeichnet, wirkt authentisch: Die Lebenslust des vornehmen Herrn – Lambert spricht von der »Unmäßigkeit seiner Lenden« – äußerte sich in einer ungezügelten Lust auf Jungfrauen, der er vom Jünglings- bis weit ins Greisenalter frönte. Er zeugte Bastarde in ganz Calais und versuchte sogar mit allen Mitteln, drei von ihnen dort zu etablieren (da illegitimer Nachwuchs keinerlei Anrechte auf das Erbe hatte). Gleichwohl erfüllte es ihn mit großem Schmerz, als seine legitime Frau, die Dame von Ardres, im Kindbett starb. Er war gramgebeugt und untröstlich. Er begann, gute Werke (»opera pietatis«) zugunsten der »domestici« seines großen Haushalts zu tun, und vergaß auch nicht die in Bedrängnis geratenen kleinen Adligen, von denen es viele in der Region gab. Kurzum, er übernahm die Rolle seiner verstorbenen Frau, die bisher die Schirmherrin dieser Leute gewesen war. Wir können uns vorstellen, wie die Beziehungen zwischen ihr und Balduin ausgesehen haben: Die beiden Eheleute hielten gute Freundschaft im ciceronischen Sinne und achteten sorgfältig auf die »Pflichten«, die sie gegeneinander hatten. Ihre Ehe war eine harmonische Verbindung im Dienste der Verwaltung des »Familienbetriebs«, der Seigneurie, mit seinem Zufluß von Einkünften und seinem Abfluß von Leistungen.

Um die eheliche Gemeinschaft zu verstehen, müssen wir zunächst die sie fundierende häusliche Wirtschaft betrachten. Vollständige Gütergemeinschaft war unbekannt; gelegentlich begegnet die Zugewinngemeinschaft. Die Erbschaftsverhältnisse zwischen Eheleuten aus dem Adels- oder Ritterstand sind kompliziert und überaus technisch. Die Einrichtung des Leibgedinges (Wittums), die aus dem Salischen Gesetz überkommen war, wurde teilweise durch die Mitgift (als Anteil am Erbe) ersetzt; beides wurde bei der »desponsatio« berücksichtigt. Die Urkunde hierüber, 1177 im Namen Arnouls von Monceau verfaßt, bekräftigt in der langen Präambel die Würde des Ehestandes. Sie richtete

Die Frau vor einem Männertribunal. Isolde wehrt sich gegen den Vorwurf des Ehebruchs. *Tristan und Isolde.*
(München, Bayerische Staatsbibliothek, Cod. germ. 51)

sich ausdrücklich gegen Ketzer, deren egalitäre, ja geradezu auf individuelle Freiheitsrechte zielende Propaganda insbesondere Frauen beeindruckte, die sich gegen die männliche Ordnung auflehnten. Aus Liebe zu seiner Frau bestimmt Arnoul den »besten Teil« seiner Besitztümer, eine Abgabe der Stadt Laon, zum Leibgedinge seiner Frau (diese Verfügung war der eigentliche Zweck des Dokuments). Aber wie das Sprichwort über solche Geschenke sagt: im Bett gewonnen, im Witwenstand zerronnen . . .

Im Kapetingerreich war es zu Beginn des 13. Jahrhunderts üblich, daß eine Adlige das Recht auf ein Leibgedinge (»ius dotalitii«) hatte, das die Hälfte des Besitzes ihres Gatten umfaßte. Dies diente ihrer Versorgung nach dem Tode des Gatten, sofern sie nicht wieder heiratete. Bei dieser Praxis wurde berücksichtigt, daß die Frau eine Mitgift in die Ehe eingebracht und daher keinen Anspruch mehr auf das Erbgut im gemeinsamen Besitz ihrer Brüder hatte. Ihr Wittum war freilich nicht stets definitiv gesichert. Auch achteten die Juristen sorgfältig darauf, die Zustimmung der Frau zu vermerken, wenn der Mann Teile seines Besitzes veräußerte. So mochten beide vor einem kirchlichen Beamten erscheinen, wo die Frau sich entweder an dem beabsichtigten Verkauf oder Geschenk beteiligte und insoweit auf einen Teil ihres Besitzes verzichtete oder, zur Entschädigung, sich mit einer Erhöhung ihrer Anrechte auf bestimmte Teile des Erbes einverstanden erklärte. Von der Einwilligung der Frau hieß es, sie sei »spontan« (»spontanea, non coacta«) gewesen. Damit erlangte die Vereinbarung Rechtskraft, selbst wenn die Geschenke des Mannes unverhältnismäßig üppig waren oder nach seinem Tode die Kinder oder Verwandte Einwände erhoben.

Nach 1175 ist in den Dokumenten ein Rückgang der »laudatio parentum« zu beobachten, während nun die Mitwirkung der Ehefrau an der Seite ihres Gatten hervorgehoben wird. Bedeutet dies den Triumph des Paares über die Sippe? Die Tatsachen stützen auch die entgegengesetzte Deutung: daß die Sippe sich nämlich das unbestrittene Recht des von Beaumanoir bezeugten »retrait lignager« sicherte, d. h. ein Vorkaufsrecht; die Ehefrau bekam, was ihren Anteil am Erbe betraf, dafür nichts weiter als eine unvollständige und unsichere Garantie. So mag das Bild ein Negativ der Realität sein oder in tieferem Sinne deren Präfiguration.

Witwen und Waisen. An sich wollten die Juristen die Rechte der Witwen schützen. Gerade diese Sorge zeugt von potentiellen Spannungen zwischen der verwitweten Ehefrau und den Blutsverwandten ihres Mannes. Marc Bloch hat dieses Problem wahrgenommen; er zitiert die groben Worte, die Garin der Lothringer zu der weinenden Witwe seines ermordeten Bruders spricht: »Schweigt! Ein artiger Ritter wird Euch wieder nehmen, [...] ich bin es, dem es zukommt, tiefe Trauer zu bewahren.« (*Die Feudalgesellschaft*, S. 171 f.) Diese Worte sind mehr als nur das Zeichen einer unbedachten, spontanen Gefühlsaufwallung, sie sind eine öffentliche Klage, mit der ein Anteil am Erbe reklamiert wird – ein »clamor« [eine Beschwerde] im wahrsten Sinne des Wortes.

Aber war es nicht geradezu die Lebensaufgabe des Ritters, »Witwen und Waisen zu schützen«? Ich vermute, daß die Kirche dem Ritter gerade deshalb diese (aus der traditionellen Definition der königlichen Pflichten übernommene) Formel mit auf den Weg gibt, weil er dazu neigt, just die Witwen und Waisen zu unterdrücken – angefangen bei seiner Schwägerin und seinem Neffen. Die verschiedenen Zweige einer agnatischen Sippe gerieten bei jeder neuen Erbschaft in Streit, da es um die Mittel zur Aufrechterhaltung einer Lebensweise ging, die ererbten Reichtum erforderte. Allerdings mag dieser Kampf im Laufe der zwei Jahrhunderte, die uns hier beschäftigen, in unterschiedlicher Weise und Heftigkeit ausgefochten worden sein.

Was wurde aus der jungen Witwe? Als Ernaud d'Échauffour 1064 dem Giftanschlag durch Mabille von Bellême erlag und starb, kehrte seine Frau zu ihrer Familie zurück und wohnte bei ihrem Bruder, dem Seneschall der Normandie. Die beiden jungen Söhne gab man in »fremde Häuser«, wo sie »Not und Unrecht« litten. (Das hinderte sie nicht daran, ihren Weg zu machen – der eine in der Kirche, der andere als Ritter.) So ging die eheliche Zelle in diesem Unglück zugrunde.

Ein Beispiel ganz anderer Art bietet die Geschichte der Mutter von Guibert von Nogent. Der Mönch Guibert, dessen Vater Ritter war, hat eine packende Schilderung seiner Kindheit (Mitte des 11. Jahrhunderts) hinterlassen, die ganz im Zeichen der Spannungen zwischen väterlicher Sippe und »ehelicher Familie« stand. Seine Eltern hatten sehr jung geheiratet und besaßen ein eigenes Haus mit eigenem Domestikenstab in einem »oppidum« [proto-urbane Befestigung] im Beauvaisis. Andere Paare, mit der väterlichen Sippe verschwägert, lebten in unmittelbarer Nachbarschaft, und man kann sich gut vorstellen, daß es an Rivalitäten, aber auch an gegenseitigen Hilfeleistungen nicht fehlte. (So wetteiferte man in der Beschäftigung eines Erziehers für die Kinder, um diesen einen kulturellen Vorsprung zu sichern.) Trotzdem muß ein Schutzschirm der Intimität diese Haushalte gegeneinander abgegrenzt haben, denn es vergingen sieben Jahre, bevor Guiberts künftiger Vater seinen Verwandten gestehen konnte, daß er (vielleicht eingeschüchtert vom höheren sozialen Rang seiner Frau) bisher zum Vollzug der Ehe unfähig gewesen war. Die Sippe versuchte daraufhin, die Ehe zu Fall zu bringen, indem man der Frau (möglicherweise durch eine provozierte Entführung) irgendein Verbrechen zur Last legte. Das Paar setzte sich jedoch zur Wehr, und nach einem außerehelichen Abenteuer gelang es Guibert endlich, seine Hemmungen zu überwinden: Er wurde Vater mehrerer Kinder, bevor er – noch in jungen Jahren und vielleicht infolge einer längeren Gefangenschaft – starb. Laut Guibert ließ nun die väterliche Sippe ihren Zorn an seiner Mutter aus. Man wollte so rasch wie möglich die verachtete Frau loswerden, die sich nicht wieder verheiraten mochte, und deckte sie mit Freiern und Prozessen (möglicherweise um ihr Wittum) ein. So verbanden sich Einschüchterung und Drohung mit dem Spiel der Versuchung. In einer furchtbaren Szene vor einem feindlichen Burggericht (das natürlich aus Männern besteht) droht die Unglückliche zusammenzubrechen, doch sie rettet sich damit, daß sie Jesus Christus als ihren »sponsus« [ihren göttlichen Gemahl] anruft: Sie drückt damit ihre geistliche Berufung aus, was ihr die Unterstützung der Priester sichert. Tatsächlich bleibt diese starke Frau von biblischem Format Herrin in ihrem Hause und Lehrerin ihrer Kinder, bis Guibert, der jüngste, etwa zwölf Jahre alt ist. Danach gilt ihr einziges Sinnen und Trachten der Rettung ihrer eigenen Seele sowie der Seele ihrer Söhne und insbesondere ihres Mannes. Zu diesem Zweck will sie Buße tun und siedelt sich mit anderen Frauen vor der Pforte eines Klosters an. Sie adoptiert sogar ein Findelkind, um die Sünde ihres Gatten wiedergutzumachen (bei dem Experiment zur Erprobung seiner Potenz hatte er nämlich einen Bastard gezeugt).

Mit stiller Kraft; 12. Jh.
(Andlau, Kirche Sainte-Richarde)

So gab es im Mittelalter ohne Zweifel Gattenliebe und Mutterliebe. Wir begegnen ihnen in den Kämpfen, Visionen und Träumen von Guiberts Mutter – alle aufeinander bezogen, sofern es zutrifft, daß die Mutter die Liebe zu ihrem Gatten auf den jungen Guibert übertragen hatte. Noch andere soziale und affektive Dimensionen der Verwandtschaft mit jeweils eigentümlicher funktionaler Bedeutung bestimmen diese Geschichte. Guibert der Kirchenmann macht sich Vorwürfe wegen des Umwegs, den er auf Anraten von »blutsverwandten Freunden« einschlug und der ihn von Gott wegführte. Der liebevolle Sohn, dessen Marienverehrung mit seinen Gefühlen für die Mutter übereinstimmt, hegt denselben Groll wie sie gegen ihre angeheirateten Verwandten. Doch die Sippe seines Vaters, auf den gesellschaftlichen Aufstieg ihrer Söhne bedacht, nahm tätigen Anteil an seiner geistlichen Laufbahn. Den älteren Vetter, der an der Spitze der Sippe stand, verabscheute Guibert von Herzen, gleichwohl hätte er dessen Bemühungen beinahe ein Kanonikat zu verdanken gehabt. Die Sippe der Mutter war offenkundig die höherrangige, doch ließ sie die junge Frau in den beiden großen Krisen ihres Lebens ohne Beistand. Anscheinend hatte die kognatische Sippe keinen aktiven Anteil am sozialen Austausch, sondern beschränkte sich auf die Rolle, gesellschaftlichen Rang zu repräsentieren. Überall im Beauvaisis und Laonnois stößt Guibert auf Verwandte. Die Zuneigung zu Évrard von Breteuil kann und will er ebensowenig verheimlichen wie seine sehr weltliche Vorliebe für eine Kusine, die nach Laon geheiratet hat. Trotz der Zugehörigkeit zu der

Die Dame als Jägerin. Siegel der Sibille von Beaujeu, bis 1217 für ihren minderjährigen Sohn Regentin einer Seigneurie. (Archives du Nord)

riesigen »Sippschaft« des Klerus verleugnet dieser Mönch nicht seine Verwandten.

Es bleibt der Eindruck, daß die Witwe nur ungern zu ihrer eigenen Familie zurückkehrte. Wäre sie willkommen gewesen, wenn sie sich anders entschlossen hätte? Die Aufmerksamkeit, mit der Rechtsgelehrte im 13. Jahrhundert auf alles eingehen, was mit dem Wittum der Witwe zusammenhängt, deutet vielleicht auf einen Rückgang der Wiederverheiratungen und eine Entfremdung von der Verwandtschaft hin. Falls dies zuträfe, wäre es ein Zeichen zugunsten des Paares. Der schönen Hermanjart, die fern der heimatlichen Lombardei mit Aymeri von Narbonne lebte, war es nicht beschieden, die Heimat wiederzusehen, und die Dame Guibourc erklärte ihrem Neffen – durch Gunstbeweise und in Versen –, was es mit diesem Schicksal für eine soziale Bewandtnis hatte (abgesehen von der prosaischen, wiewohl nützlichen Erkenntnis, daß gute Buchführung die halbe Ehe ist):

»El n'a parant en iceste contrée,
Seror ne frere, dont elle soit privée.
De son doaire ne doit estre obliée:
Car li nomez, sire, s'il vos agrée
Plus en avra d'amor a vos tornée,
Si vos en ert plus cortoise et privée.«

[»Sie hat in diesem Landstrich keine Verwandten, weder Schwester noch Bruder, mit denen sie privaten Umgang hätte. Ihr Leibgedinge darf man nicht vergessen: Sprecht es laut aus, Sire, wenn es Euch gefällt; dafür wird sie Euch um so mehr lieben, noch zuvorkommender und Euch ergebener sein.«]

In den großen Sippen des 12. Jahrhunderts spielte die Witwe mit ihrem Wittum eine erhebliche Rolle. So finden wir bei den Coucys eine vornehme Witwe, die ihrem jugendlichen Sohn in den ersten Jahren seiner Herrschaft hilfreich zur Seite stand und sich später für immer in seinem Gebiet niederließ und von ihrem Wittum lebte. Dieses fiel nach ihrem Tod einem jüngeren Sohn zu oder bildete den Grundstock eines neuen Wittums (das in der agnatischen Sippe verblieb). Sie minderte dieses Einkommen jedoch an ihrem Lebensabend durch Gründung und Unterhalt von Kirchen. Zwischen 1130 und 1138 hatten sich die Witwe und der Sohn des schrecklichen Thomas von Marle, Sire von Coucy, eines Angriffs des Grafen von Vermandois und der Klagen verschiedener Klöster zu erwehren, die behaupteten, Thomas habe sie ausgeplündert. Sein Bezwinger, König Ludwig VI., ließ sich jedoch nicht zu der Ungerechtigkeit (oder Unklugheit) hinreißen, Thomas' Frau und Kinder zu enterben. Er begnügte sich damit, dessen Vermögen einzuziehen, und beließ den Hinterbliebenen die Ländereien. Die Bischöfe und Äbte wiederum hatten kein Interesse daran, die Nachkommen des Sünders dem gesellschaftlichen Ruin zu überantworten, und fanden sich mit »Restitutionen« und Almosen ab.

In der Geschichte jeder Seigneurie, jedes Fürstentums und jedes Königreichs leitete der Tod eines jungen Vaters und Gatten eine Periode der Schwäche ein. In solchen Perioden traten verwandtschaftliche Bande gegenüber den Beziehungen der Feudal-Vasallität in den Hintergrund; denn die Vasallen hatten nun die Pflicht, die Witwe mit ihren Kindern zu beschützen (und die Gelegenheit, sie zu manipulieren). Die Standesgenossen eines Burgherrn stützten und ermutigten den Erben ihres verstorbenen Herrn; der König oder fürstliche Suzerän beschützte und erzog die Söhne und Töchter seiner Vasallen. Oft war schwer zu unterscheiden zwischen dem Kind, das als Geisel genommen und gegebenenfalls gemartert wurde, und dem Heranwachsenden, den ein Gönner erzog und förderte. Was die oben erwähnten großen Regenten betrifft, so wurde Blanca von Champagne streng überwacht von Philipp August, der ihren Sohn bei sich festhielt (1200–1216); Blanca von Frankreich (geborene Blanca von Kastilien) sah ihre Regentschaft über das Reich von den großen Baronen bedroht, die 1229 versuchten, den jungen Ludwig den Heiligen in ihre Gewalt zu bringen. Hatte den Baronen nicht ihr sterbender Herr, Ludwig VIII., befohlen, den Thronerben in Gewahrsam zu nehmen? Wie zu Zeiten des Guibert von Nogent war das Leben einer Witwe ein harter Kampf. War sie noch jung, sah sie sich häufig gezwungen, dem Drängen eines tyrannischen Grundherrn oder eines zudringlichen Vasallen nachzugeben und wieder zu heiraten; sie hatte keine Wahl.

Siegel der Gräfin Gertrude von Dabo; 13. Jh.
(Archives de Meurthe-et-Moselle)

Gegen Ende des 12. Jahrhunderts waren die großen Seigneurien, soweit sie nicht einer beengenden Feudalgewalt unterstanden, sondern Allodialbesitz blieben, im Schutz- und Machtbereich der agnatischen Sippe. Später wurden sie überlagert vom Bild und den praktischen Regeln eines klassischen »Feudalismus«; Frauen und Kinder gewannen dadurch keine wirkliche Freiheit. In den traditionellen Büchern über die Geschichte Frankreichs steht zu lesen, die Kapetinger hätten sich die Regeln der Suzeränität geschickt und zu friedlichen Zwecken zunutze gemacht. Die Wirklichkeit sah anders aus: Töchter im heiratsfähigen Alter wurden eingesperrt, Verwandtschaftsfragen wurden mit inquisitorischer Genauigkeit untersucht, bedrohlich scheinende Heiratsbündnisse verboten – kurzum, das private Leben des Hochadels wurde bedenkenlos ruiniert.

Die Herrschaft einer Mutter: Blanca von Kastilien überwacht die Erziehung Ludwigs IX. Wilhelm von Saint-Pathus, *Leben und Wundertaten des hl. Ludwig*, 14. Jh.
(Paris, Bibliothèque Nationale, fr. 5716)

Sein privates Leben? Wohl eher eine Gesamtheit von Strategien, die ich oben beschrieben habe und die man mit dem von Georges Duby vorgeschlagenen, umfassenderen Begriff »Privatbereich« bezeichnen kann. Der Einzelne und das verheiratete Paar genossen relativ wenig Freiheit in einer Gesellschaft, die stärker von Sippenrücksichten geprägt als tatsächlich »feudal« war – in der Periode des uneingeschränkten Faustrechts ebenso wie zur Zeit der verhohlenen Aggression.

Ausblick

Die Thematik, der ich gefolgt bin, orientierte sich an Marc Bloch. Meine Untersuchung mag detaillierter sein und in mancher Hinsicht von Bloch abweichen, doch versucht sie, dieselben Fragen zu beantworten, die ihn beschäftigt haben. Der Unterschied zwischen Sippe und Verwandtschaft, die Theorie des kognatischen Systems und die Relativierung der Ideologie des Paares – das sind Ideen, die aus der Anthropologie stammen. Wieviel ich dabei Georges Duby verdanke, ist offenkundig.

Abschließend möchte ich skizzieren, wie eine Geschichte der Verwandtschaftsstrukturen des Adels beim gegenwärtigen Forschungsstand aussehen könnte. Die breite, kognatische, im wesentlichen passive Verwandtschaftsgruppe bleibt die Kulisse für allerlei Rivalitäten, Statuszuordnungen und Solidaritäten. Die abstrakten Rechtsbegriffe eines Philipp von Beaumanoir verloren nur allmählich und in dem Maße an Bedeutung, wie die ihnen entsprechenden funktionalen Notwendigkeiten verschwanden. Am anderen Ende der Skala bestand das System aus einfachsten Molekülen: den Kernfamilien. Da jedes Paar einen eigenen Hausstand gründete, änderte sich die Zusammensetzung der Familie ständig. Die Transformation dieser uralten (fast möchte ich sagen: »natürlichen«) Einheit in einen Gefühlsverband modernen Zuschnitts war ein langwieriger Prozeß, zumal wenn man die Zweideutigkeit der Zeugnisse und die Möglichkeit zeitweiliger Rückschritte bedenkt. Auch die Kirche (militant, obschon nicht triumphierend) entfaltete große Regsamkeit, deren Wirkung freilich begrenzt blieb; die Gesellschaft erkannte das Gebot der christlichen Ehe nur zögernd an.

Die Aristokratie als die herrschende Minderheit verhielt sich auf typische Weise: Man war bemüht, interne Rivalitäten im Keime zu ersticken und die Herrschaft über den Rest der Gesellschaft zu bewahren. Über eine ziemlich lange Zeitspanne hinweg war die vornehme Verwandtschaftsgruppe stärker von der Geschichte betroffen als die bäuerliche »Familie«, wie sich an den beiden wesentlichen Veränderungen (in den Formen der Machtausübung und des Warentauschs) zeigte, auf die der Adel wenig Einfluß hatte. Die erste Veränderung trat um das Jahr 1000 ein und mündete in der Entfesselung beispiellos grausamer Kriege in den verschiedenen regionalen Gesellschaften, die den Zusammenbruch des karolingischen Reiches überlebt hatten. Der Aufbau zahlloser Festungen und »fester Häuser« war Ursache und zugleich Ausdruck dieser neuen Art von Kriegführung. Und so wie der Adel

Rückhalt in der Burg suchte, so suchte er auch Rückhalt in der Sippe. Die Verwandtschaft wurde für den Adel so wichtig, daß sie zur Herausbildung stark durchstrukturierter Gruppen, der »agnatischen Sippen«, führte. Diese hoben sich von dem undifferenzierten Kontext der kognatischen Verwandtschaft ab und drohten eine Zeitlang sogar die »ehelichen Familien« zu zerstören. In politischer Hinsicht bot dezentralisierte Gewalt größere Vorteile als zentralisierte, und die Sippen-Verwandtschaft brachte es (wieder) zu beträchtlicher gesellschaftlicher Macht. Für kurze Zeit tauchte der Adel gleich einer archaischen Gesellschaft auf dem Unterbau einer moderneren empor, um dann für immer zu verschwinden.

Eine zweite Veränderung, die sich um 1180 in Nordfrankreich vollzog, hat vor allem einen sozio-ökonomischen Aspekt: Mit dem Aufblühen des Handels und einem unerhörten wirtschaftlichen Wachstum avancierte das Geld zum hauptsächlichen Zahlungsmittel. Der Adel, der großen Reichtum verbrauchte, verhielt sich verschwenderisch, und katastrophale Transaktionen verantwortungsloser »Verwandter« drohten ganze Adels-»Familien« in den materiellen Ruin zu treiben. Das Einspruchsrecht der Sippe gegen den Verkauf von Besitz (»retrait lignager«) war gut und schön, doch konnten die Verwandten des Verkäufers nur dann von diesem Recht Gebrauch machen, wenn sie imstande waren, denselben Preis zu bezahlen wie der präsumtive Käufer. Das auffallend schnelle Verschwinden der »laudatio parentum« beweist zwar nicht gerade den Triumph des Paares, läßt aber immerhin den Verfall der Sippe ahnen, der sich mit dem Aufstieg der klassischen Feudalordnung zwischen 1150 und 1200 beschleunigte. Den Todesstoß erhielt die agnatische Sippe mit dem Recht der Töchter, Lehen zu übertragen, und dem Recht jüngerer Brüder, Lehen nicht auf dem Wege über »parage« und »frérage«, sondern direkt vom Lehnsherrn des Vaters und insbesondere vom König in Empfang zu nehmen. Wirtschaft und Recht bewirken zusammen den Untergang der »Feudalherren« der ersten Phase.

Der große historische Überblick kann verführerisch, aber auch oberflächlich sein. Ein abstrakter anthropologischer Ansatz kann die tatsächliche Textur des Ehelebens oder der Verwandtschaftsverhältnisse im Mittelalter nicht hinreichend rekonstruieren. Doch obwohl der Leser nach der Beschäftigung mit dem mittelalterlichen Verwandtschaftssystem sich vielleicht in einer fremden und fernen Welt wähnt, wird die Ferne und Fremde doch ein wenig verringert durch das seltene und indirekte Zeugnis einzelner Männer und Frauen, deren Jubel- und Klagerufe nicht minder aufschlußreich sind als ihr Schweigen.

Plan der Stadt Florenz, um 1470. Vogelperspektive gegen Süden mit den wichtigsten (rund achtzig) Gebäuden. Umgeben von Kreuzgängen oder Gärten und durch Mauern gegen die Stadt abgeschirmt, bildeten viele dieser Klöster, Krankenhäuser und Paläste eine private Welt für sich.
(Paris, Bibiothèque Nationale, Ms. lat. 4802)

Charles de La Roncière

Gesellschaftliche Eliten an der Schwelle zur Renaissance. Das Beispiel Toskana

Vorbemerkung von Georges Duby

Der folgende Text rückt, wie der vorausgegangene, hauptsächlich die gesellschaftliche Elite ins Bild. Doch ist er unvergleichlich präziser. In drei Jahrhunderten ist das dokumentarische Material, das dem Historiker zu Gebote steht, enorm gewachsen. Zu den reichlich vorhandenen Zeugnissen der materiellen Kultur, zu dem Anschauungsstoff der Gemälde und den vielen Inventaren und Verzeichnissen in den Notariatsarchiven kommen in dem besonders fortgeschrittenen Gebiet, auf das wir unsere Betrachtung vornehmlich stützen, der Region um Florenz, noch die Rechnungsbücher, die Erinnerungsliteratur und schließlich die Reflexionen der Moralisten – der professionellen ebenso wie der dilettierenden – hinzu. Mit ganz neuer Aufmerksamkeit beobachtete man die Probleme des privaten Lebens, das nun aus dem Halbdunkel seiner Vorgeschichte herausgetreten war.

Die privaten Milieus

Der Mensch ist nicht dazu geschaffen, allein zu leben (nur der Einsiedler und der Brigant agieren in und aus der Einsamkeit); er ist, wie immer man es wenden mag, ein »geselliges Tier«. Der venezianische Franziskaner Fra Paolino sagt 1314: »Fagli mestiere a vivere con molti« (»Mach' es dir zum Geschäft, mit vielen anderen zu leben«). Mit »vielen anderen«, jedoch nicht in ungeregeltem Chaos. In der Gesellschaft zu leben, bedeutete nach Paolino die Teilhabe an drei integrierenden Milieus von steigender Exklusivität: der alles überwölbenden politischen Gemeinschaft (der Stadt, dem Königreich usw.), der Nachbarschaft (»vicinato«) und dem Haus bzw. Haushalt. Nach seiner Ansicht existierten in der öffentlichen Sphäre – der Stadt oder dem Königreich – verschiedene Gruppen nebeneinander, die beträchtliche Autonomie genossen, so daß sie als »privat« galten. Zwar hatte die Privatsphäre ihren Angelpunkt im Hause (»casa«, »ostau« usw.), doch war sie nicht auf das Haus beschränkt. Sie reichte weit hinein in das, was unser Franziskaner »vicinato« nannte. Der Vorzug der »Nachbarschaft« war, daß zwischen den

Menschen, die Tag für Tag miteinander zu tun hatten, eine besondere Art von Solidarität herrschte. Geborgen im Netz der Nachbarschaft, streckte die Familie ihre Fühler in die größere Gemeinschaft aus – die Stadt oder den Bezirk.

Die Familie

Privates Leben bedeutete vor allem: das Leben zu Hause, im Kreise der Familie. Das Haus oder Heim, das wärmste und unentbehrlichste private Gehäuse, wurde häufig restriktiv definiert – Paolino zählte zum Haushalt den Mann und seine Ehefrau sowie beider Kinder, niemand sonst, es sei denn ein Dienstmädchen, ein für Paolino unabdingbarer Luxus. Hundertzwanzig Jahre später hatte Leon Battista Alberti ähnliche Vorstellungen von der Familie: Mann und Frau, die Kinder, Mägde und Knechte, »das ist es, was die Leute unter einer Familie verstehen«. Wenn diese Moralisten recht haben, dann war die kleinste Zelle der privaten Existenz das Ehepaar. Aber hatten die italienischen Paare vor der Renaissance wirkliche Autonomie erlangt?

Steuererklärungen, wie sie jeder Steuerzahler vorlegen mußte, erlauben uns einen Einblick in die Zusammensetzung des italienischen Haushalts seit dem 14. Jahrhundert. Die Durchschnittsgröße des Haushalts lag, zumal nach 1348, in vielen Städten bei etwa vier Personen: in Bologna 1395 betrug sie 4,3, in der Toskana 1427 4,42, in Siena 1453 4,28. Andernorts war der Durchschnitt niedriger: in Florenz 1427 lag er bei 3,8, in Lucca 1411 bei 3,91 Personen. Diese Zahlen lassen auf reine Kleinfamilien schließen: Vater, Mutter und zwei Kinder.

Daß diese Zahlen außergewöhnlich niedrig waren, erklärt sich wohl aus den Pestepidemien, die das Land nach 1348 heimsuchten. Die Haushalte des frühen Trecento waren vermutlich umfänglicher, und in manchen Bezirken gab es noch Ende des 15. Jahrhunderts Häuser mit einer Vielzahl von Bewohnern. In San Gimignano drängten sich um 1290 sechs Bauern um jeden Herd, 1428 waren es schon mehr als sieben. Das erlaubt den Schluß, daß die typische Wohnung mehr Personen als nur die Kernfamilie beherbergte; eine nähere Prüfung bestätigt diese Hypothese. Nicht nur die größten Haushalte (mit sieben oder mehr Personen), sondern auch solche von geringerer Größe (vier bis fünf Personen) waren von auffallender Mannigfaltigkeit. Die bemerkenswerte Studie von David Herlihy und Christiane Klapisch-Zuber hat gezeigt, daß der Haushalt in der Toskana, der durchschnittlich 3,8 Personen zählte, höchst unterschiedlich zusammengesetzt war – es gab Alleinstehende (Verwitwete und Unverheiratete beiderlei Geschlechts), Kernfamilien (mit Kindern oder kinderlos), Großfamilien (mit Großeltern, einem Bruder, einem Vetter) und Gruppen von Kernfamilien (d. h. mehrere miteinander verwandte Familien, die unter einem Dache hausten). Die oben erwähnte restriktive Definition galt zwar für die Mehrheit der Fälle (54,8 Prozent), aber nicht für alle. Viele Leute lebten allein (13,5 Prozent aller Haushalte), und nicht jede Familie hatte ihr eigenes Haus.

Andrea Mantegna, *Camera degli sposi;* Mantua, Castello di S. Giorgio, Teilansicht von der Nordwand. Auf diesem Familienporträt der Gonzagas, der Herren von Mantua (es gab ihrer insgesamt achtzehn), sieht man links noch die Hände des Marchese Lodovico III. Die Frau rechts ist seine Gemahlin Barbara von Hohenzollern. Dahinter gruppieren sich (hier nur zum Teil sichtbar) Söhne, Töchter, ein Bastard (?) und Freunde des Hauses. Die private Welt eines Fürsten hatte unscharfe Grenzen; jedenfalls erstreckte sie sich weit über seinen Haushalt hinaus.

In den toskanischen Städten des Quattrocento gab es nur wenige Familien, die ihr Haus mit anderen Familien teilten; lediglich 12 Prozent aller Herdstellen wurden von mehr als einer Kernfamilie benutzt. Gemeinschaftsnutzung war auf dem Lande, insbesondere bei wohlhabenden Bauern, weit verbreitet. Jede fünfte bäuerliche Wohnung beherbergte mehr als eine Familie, bei den reichen Bauern war es jede zweite Wohnung. Im 12. und 13. Jahrhundert scheinen die Familien in den ländlichen Gebieten der Romagna ziemlich klein gewesen zu sein, und nur die wenigsten Haushalte umfaßten mehr als sieben Personen; das gilt jedenfalls für diejenigen Dörfer, die inzwischen von der Forschung erfaßt worden sind. In den ländlichen Regionen Italiens war es damals üblich, daß mehrere Familien ein Haus gemeinsam bewohnten. So wurden 1392 in der Umgebung von Bologna 22 Prozent der Herdstellen gemeinschaftlich genutzt; in der Ebene stieg diese Zahl auf 36 Prozent im Jahre 1451. 1411–1413 wurden in der Gegend von Lucca 18 Prozent der Herdstellen gemeinschaftlich genutzt, in der Polesina von Ferrara betrug die Zahl 1481 30 Prozent. Die Verhältnisse in den Städten wirkten zwar der Bildung von Mehrfach-Haushalten entgegen, aber von dieser Regel gab es auch eine Ausnahme: die wohlhabenden Bürger – rund 15 Prozent der Haushalte, deren Vermögen sich 1427 auf 800 Gulden oder mehr belief, bestanden aus mehr als einer einzigen Familie.

In den Städten wurde der Brauch der Kohabitation von Sippe zu Sippe und von Generation zu Generation verschieden praktiziert: Bei den Rucellai, einer bekannten Florentiner Familie, zählten 1427 nur zwei von 26 Haushalten (7,7 Prozent) mehr als ein Paar; 1480 waren es sieben von 28 (25 Prozent). Bei den Capponi, einer nicht minder bekannten Florentiner Familie, standen 1427 acht Prozent aller Herdstellen in Mehrfach-Haushalten, verglichen mit 54 Prozent im Jahre 1469. Eine verbindliche Regelung bestand also nicht; den Ausschlag gaben jeweils die Umstände. Häufig geschah es, daß ein Haushalt in

Domenico Ghirlandaio, *Szenen aus dem Leben des hl. Franziskus*, »Auferweckung des Mädchens« (Ausschnitt), 1483–1486; Florenz, S. Trinità, Cappella Sassetti. Links und rechts von dem prächtigen Bett, auf dem das Kind liegt, hat der Maler zwei Gruppen von rund zwanzig Patriziern postiert. Die um den Stifter gescharte Familie ist in der Minderzahl. Francesco Sassetti erweist hier berühmten Mitbürgern wie den Albizzi und Strozzi seine Reverenz, indem er sie zwischen den Angehörigen seiner eigenen Familie abbilden läßt.

wenigen Generationen seinen Charakter völlig veränderte. In der ersten Steuererklärung erscheint ein junges Ehepaar mit seinen Kindern; fünfzehn Jahre später sind die Eltern verschwunden, doch die inzwischen erwachsenen Kinder leben noch immer unter einem einzigen Dach. Weitere zehn Jahre später sind sie noch immer zusammen, haben jedoch nun allesamt ihre eigene Familie. Schließlich hat sich die »Bruderschaft« aufgelöst, bis auf einen letzten Bruder, der jetzt, zum greisen Patriarchen geworden, alleiniger Besitzer des Anwesens ist und die letzte Steuererklärung für die Familien seiner Söhne ausfüllt.

Für viele Toskaner, zumal aus dem Bauernstand und dem Bürgertum, war das Zusammenleben in einer großen Familie (entweder einer echten »Großfamilie« mit drei Generationen oder einer Gruppe von mehreren Kleinfamilien) eine vertraute Erfahrung. Jeder, der auch nur für kurze Zeit in der Gemeinschaft mit Großvater, Vettern, Brüdern und deren Familien usw. gelebt hatte, entwickelte einen komplexeren und umfassenderen Begriff von Familie und familiärer Privatheit, als ihn die Moralisten verfochten. Die Erinnerungsbücher (»ricordanze«) Florentiner Bürger im 15. Jahrhundert bezeugen immer wieder die Verbundenheit ihrer Autoren mit großen Gruppen. So läßt L. B. Alberti den alten Giannozzo über Familien klagen, die »sich trennen, durch viele Türen kommen und gehen; ich aber [sc. Giannozzo] habe niemals geduldet, daß mein Bruder Antonio fern von mir, unter einem anderen Dach lebte«. Das Gesetz hielt meist an der Vorstellung von Großfamilien fest, und die Moralisten sekundierten ihm dabei. Einem 1287 in Bologna erlassenen Statut zufolge bestand die ordentliche Familie aus Vater, Mutter, Brüdern, Schwestern und Schwiegertöchtern. (Die Familie, die das Gesetz im Auge hatte, war patriarchalisch organisiert – die Söhne brachten die Frauen ins Haus, wo sie in der Obhut ihres Schwiegervaters lebten.)

So lebhaft es in diesen Haushalten zuging, in den meisten Fällen versammelten sie nur Verwandte der männlichen Linie. Angeheiratete Verwandte und solche der weiblichen Linie wurden nur ungern gesehen, mochten sie noch so nah verwandt oder bedürftig sein (beispielsweise Waisen oder Bastarde). Hatte man sie jedoch in den Schoß der Familie aufgenommen, so wurden auch ihnen ungeschmälert Gastfreundschaft und Zuneigung zuteil. Die Dienstboten – laut Alberti vollständig in den Haushalt integriert – finden sich in großer Zahl natürlich in den Häusern der Reichen: Der florentinische Kaufmann Bene Bencivenni hatte 1290 einen Knecht, fünf Mägde und ein Mädchen in seinen Diensten, und Francesco di Marco Datini, der bekannte Kaufmann aus Prato*, beschäftigte 1393 drei Knechte, zwei Mägde und einen Leibeigenen. Reiche Häuser waren allerdings eher die Ausnahme, und daß Handwerker sich Bedienstete hielten, war selten. »Domestiken« im strengen Verstande, d. h. Dienstboten, die mit im Haus wohnen, werden erst im 16. Jahrhundert die Regel.

* Vgl. Iris Origo, *»Im Namen Gottes und des Geschäfts.« Lebensbild eines toskanischen Kaufmanns der Frührenaissance*, dt. München 1985. *A.d.Ü.*

Pellegrino di Mariano (zugeschrieben), *Szenen aus dem Krankenhausleben* (Teilansicht); zweite Hälfte des 15. Jh.: Speisenausgabe an die Kranken. Das Hospital Santa Maria della Scala in Siena, ein Musterkrankenhaus, hatte die Versorgung der Kranken modernisiert. Jeder Patient hatte sein eigenes Bett, war durch Vorhänge vor neugierigen Blicken geschützt und verfügte über persönliches Geschirr. (Siena, Pinacoteca Nazionale)

Die Familie erstreckte sich weit über die Grenzen des Hauses hinaus. Jedermann hatte in Stadt und Land Onkel, Vettern und sonstige Verwandte, die den Vorzug des privaten Umgangs genossen. Auch hier bildete die Sippe die zentrale Verwandtschaftsgruppe; sie bestand aus den Nachkommen eines einzelnen Vorfahren in der männlichen Linie, die sich alle der gemeinsamen Abstammung bewußt waren. Von den zahlreichen Sippen (»consorterie«, »casate«, auch »famiglie«), die es in Italien im 14. und 15. Jahrhundert gab, legten sich die ältesten und bekanntesten Namen zu, die für ihren Familienstolz zeugten. In Florenz besaß bereits 1427 jeder dritte Steuerzahler einen Familiennamen; in anderen Städten der Toskana war der Anteil geringer (20 Prozent), und noch geringer war er auf dem Lande (9 Prozent). Doch gibt es gelegentlich sogar bei Bauern ohne Familiennamen Zeichen ausgeprägten Familienstolzes: Sie kennen ihre entfernten Vettern und sind sich der Zugehörigkeit zu derselben »consorteria« bewußt – Ausdruck einer unaufdringlichen Solidarität, die alle Gesellschaftsschichten übten. Manche Sippen waren kraft Vertrages in einem »consorzio famigliare« mit eigenen Institutionen, Oberhäuptern und Statuten organisiert; derlei Gruppierungen prägten dem privaten Leben eine dritte Struktur (neben dem Haushalt und der Sippe) auf.

Schließlich bewegte sich jeder Mann in einem Netz von angeheirateten Verwandten (»parentadi«), die er durch seine Mutter, seine Frau und seine Schwiegertöchter dazugewann. Die Heirat war eine Staatsaffäre, das Risiko dabei beträchtlich. Alberti berichtet: »Viele Ehen haben, wie jedermann weiß, den Untergang einer Familie bewirkt, weil sie mit streitsüchtigen, prozeßfreudigen, hochfahrenden oder böswilligen Personen geschlossen worden waren.« Doch haben kluge, überlegte Heiraten der Familie stets »den freudigen Beifall ihrer Verbündeten« eingetragen (F. Barbaro), »die neuen Verwandten in ihrer gegenseitigen Zuneigung bestärkt [. . .] und die Familieneintracht wiederhergestellt« (Bernhardin von Siena) sowie die durch Verwandtschaft zusammengeführten Familien bewogen, »einander den Beistand christlicher Nächstenliebe zu gewähren und mit Rat und Tat zu helfen« (Matteo Palmieri). Kurzum, die Heirat eröffnete neue Machtchancen, stiftete neue Kontakte und erschloß neue Informationsquellen, man gewann Verbündete und nährte Sympathien, die nicht nur das private Leben beflügelten, sondern sich auch bei öffentlichen Belangen mitunter als nützlich erwiesen.

Außerfamiliäre private Milieus

Zu den Familienbanden traten gelegentlich, sie ergänzend oder mit ihnen konkurrierend, andere Formen privater Solidarität hinzu. Die Moralisten rühmten namentlich den Wert der Freundschaft und Nachbarschaftlichkeit. Aber alle Formen der Gesellung – Sport, Vergnügungen, Bildung, Protest – verdienen unsere Beachtung, auch wenn die Quellen dazu schamhaft schweigen; denn sie haben auf ihre Weise das Verhalten der Menschen beeinflußt.

In der Standardformulierung für die Bindungen eines Menschen rangieren die Freunde stets gleich nach den Verwandten (»parenti«, »amici«); in Italien freilich sind diese beiden Begriffe nicht so innig verschwistert wie in Frankreich. Obschon jede Familie sich auf eine stabile Gruppe von Freunden, die den Kontext der Bluts- und angeheirateten Verwandten ergänzte, verlassen konnte, waren es oft nur wenige, die den Familienangehörigen wirklich nahestanden – der florentinische Bankier Lapo Niccolini (um 1410) erwähnt in seinen Memoiren lediglich ein halbes Dutzend. Wenn sie aber gebraucht wurden, waren sie zuverlässig zur Stelle: treu, anteilnehmend und zu jedem Freundesdienst finanzieller oder anderer Art bereit. Familien ließen sich die Erweiterung ihres Freundeskreises angelegen sein, und Moralisten ebenso wie Memoirenschreiber predigten die Notwendigkeit und Nützlichkeit einer solchen Handlungsweise. Freundschaft war ein kostbares Gut. Die Humanisten schilderten sie, antike Vorbilder vor Augen, in leuchtenden Farben. Die Frage, was den Vorzug verdiene: die Freundschaft oder die Verwandtschaft, wurde sogar im Gefolge des Cosimo de' Medici erörtert (Platina). Alberti läßt keinen Zweifel daran, daß Freundschaft dauerhafter ist als jede »parentado«, und zögert nicht, selbst die Freundschaft mit einem Fremden, der nicht zum Hause gehört (»fuori casa«), zu einer häuslichen, privaten (»privato«) Tugend zu erklären. Der Florentiner Giovanni Morelli, ein nüchterner Mann und abstrusen Spekulationen gründlich abhold, rät seinen Kindern, es ihm und seinem Vater gleichzutun und »die Freundschaft guter Männer von Tugend und Einfluß zu gewinnen«. Die Dienste, die Giovannis Vater seinen Freunden erwies und deshalb auch von ihnen erwartete, bezeugen, wie eng Freunde in den privaten Lebenszusammenhang eines Menschen eingebunden waren.

Für die Memoirenschreiber bildeten Verwandte, Freunde und Nachbarn ein unauflösliches Dreigestirn. Nachbarn spielten im Alltag eine Rolle, die derjenigen der Verwandten und Freunde nicht unähnlich war und zu der sie die räumliche Nähe prädestinierte. Vor seinen Nachbarn konnte man kaum etwas geheimhalten; sie waren einem in vielfacher Weise nützlich und konnten sogar zu Freunden werden. Boccaccio erzählt von dem florentinischen Patrizier Geri Spini, der sich mit seinem Nachbarn, dem Bäcker Cisti, anfreundete, nachdem dieser ihn zu einem Glas Wein eingeladen hatte – räumliche Nähe verringerte die sozialen Distanzen.

Manche Freunde und Nachbarn wurden für die beneidenswerte Stellung des Taufpaten ausersehen, und es war üblich, daß ein Kind mehr als nur einen Taufpaten hatte. Taufpaten suchte man sich außerhalb der Familie, und so wuchs um kinderreiche Haushalte ein weiterer Kreis, nämlich der der Paten, die der Familie aufrichtig verbunden waren. Beispielsweise hatten die Niccolini 32 Paten und Patinnen für ihre dreizehn Kinder. Die Patenschaft stiftete eine Art von geistiger Verwandtschaft (zwischen dem Taufpaten und seinem Patenkind, aber auch zwischen dem Taufpaten und den Eltern des Kindes), welche die Menschen sehr ernst nahmen. Falls das Umfeld der Niccolini typisch ist, waren die Taufpaten ebensowenig eine homogene Gruppe wie die

Pietro Lorenzetti, *Szenen aus dem Leben der hl. Humilitas* (Ausschnitt), 1341. Das private Leben in Männer- und Frauenklöstern war eine Welt für sich, die sich von der Welt der Laien unterschied. Freilich gab es Ähnlichkeiten, so etwa die gemeinsamen Essen oder die Unterweisung der Jüngeren durch die Älteren. (Florenz, Uffizien)

Nachbarn, aus deren Kreis sie gewählt worden waren. Die Taufpaten der Niccolini-Kinder entstammten zur Hälfte derselben sozialen Schicht wie die Familie selbst, während zehn gesellschaftlich sehr viel tiefer standen. Trotzdem stimmen die Kommentatoren darin überein, daß Taufpaten freien Zugang zur Wohnung und zum privaten Bereich der Familie hatten; sie konnten nach Belieben kommen und gehen, mit Dienstboten oder der Dame des Hauses sprechen, ohne daß in der Nachbarschaft darüber geklatscht wurde; sie waren integriert in das Privatgefüge der Familie.

Einflußreiche Männer (Adlige, Bürger, Geschäftsleute) waren zudem von Leuten umgeben, welche die Quellen »amici« und »seguaci« nennen; wir sprechen von Klienten. In den toskanischen Städten des 14. und 15. Jahrhunderts verdankte sich manche politische Karriere dem Wohlwollen von Klienten. Andererseits setzten sich die Patrone für ihre Klienten ein, wenn es um Ämter, Vorteile, Steuernachlässe und sonstige Vergünstigungen ging, die anders nicht zu erlangen waren. Zwar wissen wir wenig über das Funktionsnetz der Klientel, doch lassen die überlieferten Zeugnisse darauf schließen, daß das Verhältnis zwischen Patron und Klient außerordentlich eng war. Cosimo de' Medici oder die Patrizier in seiner Umgebung konnten sich vor Hilfeersuchen nicht retten; sie wurden mit Briefen überschüttet, unablässig um Gefälligkeiten gebeten und mit Geschenken überhäuft. Die Klienten bettelten um Gunstbeweise und behandelten ihre erlauchten Patrone wie ältere Brüder, ja fast wie ihren Vater. Sie suchten zwischen sich und dem Patron eine Kette des Schutzes und der Zuneigung zu befestigen. Die Zeitgenossen nannten solche Beziehungen »amicizia«, doch waren sie in Wirklichkeit den Verwandtschaftsbeziehungen der patriarchalischen Sippe nachgeahmt. Die Klienten bildeten eine künstliche Sippe, eine Ersatzfamilie, die sich um einflußreiche Personen zusammenschloß und aus Leuten bestand, deren eigene Familien zu unbedeutend waren, um Erfolg oder Ehren gewährleisten zu können. Im öffentlichen Leben konnte man es zu nichts bringen, sofern man nicht über starken Rückhalt in privaten Austauschsystemen verfügte.

Privates Leben am Rande der Gesellschaft

Jenseits der Grenzen von Heim und Familie gab es eine fremdartige Welt, die viele für so gefährlich erachteten, daß sie ihr nicht allein gegenüberzutreten wagten. Bruderschaften, Zünfte und andere strukturierte Institutionen boten da den notwendigen Halt; doch unternahmen manche Menschen, die sich solchem institutionellen Schutz nicht anvertrauen konnten oder wollten, auch auf eigene Faust kurze Ausflüge in diese bedrohliche Welt. Dann entstanden spontan Gruppen, welche das private Beziehungsgeflecht, aus dem sie hervorgegangen waren, erweiterten oder ersetzten. Beispielsweise spielten Kinder aus allen gesellschaftlichen Schichten miteinander auf der Straße, wie noch heute in vielen Gesellschaften. In städtischen Nachbarschaften bildeten die Kinder »brigate« oder Freundesgruppen, desgleichen die Jugendlichen, die

Fra Carnevale da Urbino, *Heimsuchung Mariä*, Teilansicht, 15. Jh. Es gab viele Gelegenheiten, bei denen Frauen zusammenkommen und einander mit Rat und Tat beistehen konnten, z. B. Geburten oder Erkrankungen. Für Frauen repräsentierten ihre »brigate« (Freundschaftsgruppen) eine wertvolle Ersatzprivatheit.
(Rom, Palazzo Barberini)

Botengänge für Handwerker in ihrem Viertel besorgten. In gemeinsamen Spielen und Vergnügungen mit denselben Kameraden bauten die jungen Leute eigene Beziehungen auf. Auf dem Lande (etwa in der Val d'Elsa) kamen die jungen Gefährtinnen der hl. Verdiana – Hirtinnen zwischen sechs und vierzehn Jahren, tagsüber auf den Weiden verstreut –, von Zeit zu Zeit zusammen; im Schatten eines Baumes oder einer Kapelle hingelagert, schwatzten sie miteinander – über kindische Dinge ebenso wie über Religion oder Heiligkeit. Auch die Jugendlichen bildeten »brigate«, sie begleiteten einen der Ihren, der Glück in der Liebe hatte, durch die Straßen oder zu einem ausgelassenen Fest. Mitunter waren diese »brigate« straff organisiert, sie hatten eigentümliche Uniformen, Bräuche, Namen und mehr oder weniger geheime Rituale und rivalisierten mit anderen, ähnlichen Gruppen. Aus Gerichtsakten geht hervor, daß es 1420 in Florenz zwei Jugendbanden, die Berta und die Magrone, gab, die sich häufig Schlägereien lieferten. Die florentinischen Männer heirateten sehr spät; sie mußten fast dreißig Jahre alt werden, bevor sie eine Familie gründen und politische Verantwortung übernehmen durften. Die angestaute Frustration machte sich in außerfamiliären Formen der Geselligkeit Luft; diese ersetzten das (noch) vorenthaltene private Leben durch Pseudo-»consorterie« mit »Familien«-Namen und Geheimritualen.

Sogar nach der Heirat nahmen viele Menschen, zumal Frauen, an Aktivitäten am Rande der Privatsphäre teil. Diese Beteiligung war zwar sporadisch und informell, aber dennoch wichtig. Frauen hatten ihre »brigate«, die sich versammelten, um beispielsweise gemeinsam zur Beichte zu gehen. Zwischen den Gruppenmitgliedern gab es so gut wie keine Geheimnisse. Wollte eine Frau vom Dorf in die Stadt oder von einer Stadt in die andere reisen oder eine Pilgerfahrt antreten, so bedeutete das im allgemeinen, daß sie sich anderen Frauen anschloß, die dasselbe Ziel hatten. Die junge Agnes – später eine Lokalheilige – brach von Montepulciano mit einer solchen Gruppe auf. Und als die heilige Verdiana, die ihr nacheiferte, Castelfiorentino verließ, um nach Santiago de Compostela zu pilgern, reiste sie in einer Gruppe von Pilgern, die überwiegend aus Frauen ihres Dorfes bestand. Gruppen von gläubigen Frauen, teils Angehörige eines Dritten Ordens, teils Witwen, pflegten sich privat im Haus einer der Ihren zu einer rituellen Reinigung zu treffen. Und fromme Frauen siedelten sich häufig nahe der Zelle einer heiligen Klausnerin an (so wie die hl. Verdiana).

Männer und Frauen strebten gleichermaßen nach unkonventionellen Formen der Privatheit. Alleinstehende Männer ohne Familie suchten Stütze und Halt in der Gesellschaft von ihresgleichen, so wie die drei Blinden bei Sacchetti (Novella 140), die sich an derselben Landstraße aufstellten und bettelten und am Abend in das gemeinsam gemietete Zimmer zurückkehrten, um ihre Einnahmen miteinander zu teilen. Selbst verheiratete Männer verspürten gelegentlich das Bedürfnis nach unreglementierter Privatheit – an Sonn- und Feiertagen nahmen sie Zuflucht auf dem Lande. Die folgende Beschreibung des Festtagstreibens in einem toskanischen Wirtshaus in Pontassieve, die aus dem späten 15. Jahrhundert stammt, ist gewiß charakteristisch und beispielhaft: »An die dreißig Bauern saßen beisammen, wie es sonntags abends der Brauch war, um zu trinken, zu spielen und sich ihre tollen Späße zu erzählen.« Und schließlich erinnere man sich an die Erfahrung von Privatheit, die Pilger, Kaufleute, Hirten und Matrosen machten, Berufe, die den Mann für lange Zeit und weit von zu Hause fortführten.

In dem stark urbanisierten und geselligen Italien jener Zeit hatte jedermann die Möglichkeit, die Pflicht oder den Wunsch, sich mit der einen oder anderen informellen Gruppe zu verbünden. Diese Gruppen waren – wie in mancher Hinsicht die Familie – der Ort, an dem man in einer Atmosphäre der Wärme und Geborgenheit Vertraulichkeiten austauschen konnte. Manchmal war die Kameraderie kaum noch von krimineller Komplicenschaft zu unterscheiden. Die Kameradschaften bewegten sich hart am Rande des Gesetzes oder verübten bewußt Verbrechen. Die Mitglieder empfanden eine leidenschaftliche Bindung an ihre »Geheimgesellschaft«, die im Grunde ein Zerrbild der Familie war.

Glücksspiele (Hasardspiele, »ad zardum«), zumal Würfelspiele, brachten die Leute zusammen. Die Männer frönten dem Spiel Tag und Nacht, vor allem nachts, in ihren Privatwohnungen, an gewissen Plätzen, die für das Glücksspiel freigegeben waren (Messen und Märkte), am liebsten freilich dort, wo gerade genug Platz war für ein paar Spieler und einen Kerzenstumpf: an dunklen Straßenecken, in Loggien oder Durchgängen, am Fuß einer Freitreppe, auf der Landstraße, am Ufer eines Flusses. Verhaltenes Stimmengewirr erfüllte die Luft, wenn sich

Fremde aus allen Teilen der Stadt zum verbotenen Glücksspiel trafen. Solche Zusammenkünfte entsprachen nicht dem Muster der Geselligkeit, die Menschen aus derselben Nachbarschaft oder Gemeinde zusammenführte. Doch ein passionierter Spieler ließ sich von den heimlichen »Zockertreffs« durch nichts abhalten, weder durch Unbequemlichkeiten noch durch Kälte oder Polizeikontrollen (durch die wir von diesen heimlichen Treffen wissen). In der Struktur ähnlich, wiewohl verstohlener, flüchtiger und episodenhafter verliefen die Begegnungen der Homosexuellen. Pittoresk und grausam (freilich oft sehr diszipliniert) gaben sich die Banden der Geächteten, Briganten und Glücksritter, die sich aus abgesunkenen Überlebenden der Kriege und aus den alten Plünderungstrupps rekrutierten. Sie hausten zusammen, sie spielten zusammen, und sie hurten zusammen; so entwickelten diese Kriminellen ihre eigene private Lebensweise – ein Familiensurrogat, das Außenseiter-Normen gehorchte und doch insgeheim sich eine geregelte, »bürgerliche« Existenz erträumte.

Ambrogio Lorenzetti, *Die gute Regierung*, a.a.O. Behausung der Bauern: einige stämmige Bauten mit Ziegeldach; Nebengebäude; drei angrenzende, mehrgeschossige Wohnhäuser; ein ummauerter Obstgarten. Es handelt sich möglicherweise um ein Dorf mit mehreren Feuerstellen; aber es ist wohl doch eher ein »podere«, ein abgelegener Bauernhof, auf dem der Bauer komfortabel wohnte und arbeitete.

Ambrogio Lorenzetti, *Die gute Regierung* (Ausschnitt), 1338–1341. Patrizierwohnungen am Stadtrand. Unweit der Stadt gelegen, geräumig, mit ungehinderter Aussicht aufs Land (die Dachzinnen waren nichts weiter als Zierde), stand das Landhaus jederzeit bereit, Klienten und Freunde aufzunehmen. (Siena, Palazzo Pubblico)

Zusammensetzung der Bevölkerung

Jeder Einzelne war in verschiedenen Milieus heimisch – im Haushalt, in Sippe und Verwandtschaft, bei Freunden, Nachbarn, Kameraden sowie in mehr oder minder geheimen Gesellschaften – und kannte daher Hunderte von Menschen. Die Demographie der Zeit verrät uns einiges über die Natur dieser Bekanntschaften. Bevor die Pestepidemien das Land verheerten, waren die Häuser offenbar erfüllt vom Lärm vieler Kinder. Allerdings sind die Zeugnisse hierüber punktuell und impressionistisch. Doch besitzen wir Daten für das späte 14. und das 15. Jahrhundert, und aus ihnen geht hervor, daß 1371 der Anteil der Jugendlichen an der Gesamtbevölkerung in manchen ländlichen Gebieten bereits wieder ungewöhnlich hoch war. In der Region von Prato waren 49 Prozent der Bevölkerung Jugendliche unter 15 Jahren – ein Prozentsatz, der weit höher lag als alles, was heute in Entwicklungsländern zu beobachten ist. Zwanzig Jahre später war in der Stadt Budrio (in der Nähe von Bologna) der Anteil der Jugendlichen nur wenig niedriger (43 Prozent). Aber den nach 1348 sich häufenden Epidemien fielen insbesondere die Kinder zum Opfer. 1427 war in der Gegend von Prato der Anteil der Kinder unter 15 Jahren auf knapp 37 Prozent der Gesamtbevölkerung gesunken, und bei diesem Prozentsatz blieb es in den folgenden vierzig Jahren in der gesamten Toskana, in den Städten ebenso wie auf dem Lande. Die Anzahl der Kinder pro Haushalt war allerdings immer noch hoch – vergleichbar der im heutigen Ägypten und in China.

Außergewöhnlich hoch war jedoch der Anteil von Menschen über 65 Jahren an der Bevölkerung – in ländlichen Gegenden der Toskana lag er bei 9 bis 10 Prozent und damit deutlich höher als gegenwärtig in Ägypten oder China. Im demographischen Verstande war die Bevölkerung »alt«, wenngleich die relative Größe dieser Altersgruppe nach 1430 zurückging. Ungewöhnlich und kaum erklärlich war indes, daß es überall – in der Toskana, in der Region von Bologna und rund um Ferrara – deutlich mehr Männer als Frauen gab, hauptsächlich in ländlichen Gebieten und bei den wohlhabenden städtischen Eliten.

Das Familienleben im 15. Jahrhundert spielte sich also inmitten einer großen Schar von Kindern ab, deren absolute Zahl allerdings von Generation zu Generation kleiner wurde. Es war geprägt von häufigen Kontakten mit alten Menschen, deren Ratschläge die Jungen sich zu Herzen nahmen. Und es bedeutete, daß angesichts des Frauenmangels (zumal im Bürgertum und in den Altersgruppen der Erwachsenen) viel über »die Weiber« gesprochen wurde, freilich meist aus männlicher Sicht.

Das Zuhause

Die Memoirenschreiber des 15. Jahrhunderts waren bemüht, das gemeinsame Leben im Schoße der Familie nach Kräften zu rühmen, ja, es geradezu zu verklären. 1421 notiert sich der Florentiner Gino Capponi in sein Tagebuch Ratschläge für seine Kinder. Unter anderem empfiehlt er ihnen: »Bleibt so lange beisammen, bis ihr imstande seid, das Erbgut einvernehmlich unter euch zu teilen.« Fast neunzig Jahre später, 1510, berichtet ein anderer Capponi, nämlich Andrea, seinem Onkel, dem Bischof von Cortona, er und sein Bruder hätten beschlossen, zusammenzuziehen und ihre Besitztümer zu teilen – eine Entscheidung, die dem Hause Capponi zur Ehre gereichte und den Vorstellungen des Bischofs entsprach. Ein solches Zusammenleben war auch das Ideal L. B. Albertis, der es den alten Giannozzo umschreiben läßt: »Ich wollte, meine ganze Familie würde unter demselben Dach wohnen, sich an demselben Feuer wärmen und an demselben Tisch essen.« Mit der »ganzen Familie« meint er seinen Haushalt, d. h. die Familie im engeren Sinne. Dieses Residuum des patriarchalischen Hauswesens wollten übrigens alle Angehörigen des gehobenen städtischen Bürgertums bewahrt wissen. Man erhielt es aufrecht, indem mehrere Familien zusammenzogen. Doch wenn die Patriarchen von Einigkeit, Ehre und dem »Haus« sprachen, dann dachten sie an mehr als nur an Wohngemeinschaft; sie bekundeten ihre Sehnsucht nach einer Zeit, in der die Familienangelegenheiten täglich gemeinsam beraten wurden. Ihr Ideal war das dauerhafte Bündnis, das nicht lediglich die Mitglieder des Haushalts einschloß, sondern die gesamte Sippe und die Freunde.

Formen des Wohnens

Jeder Haushalt – ob groß oder klein, reich oder arm, ländlich oder städtisch – entwickelte eine charakteristische Wohnform. Diese Mannigfaltigkeit bewies sich insbesondere auf dem flachen Land (rund um Bologna, in Teilen der Toskana, vor allem in der Gegend um Lodi und in der Lombardei), wo Arbeiter und Kleinbauern in strohgedeckten Lehmhütten lebten, die oft nur 4 bis 5 Meter breit und 8 bis 10 Meter lang waren: windschiefe, flache, verräucherte Katen, die keine Innenwände besaßen und jeden Komfort vermissen ließen. Stabiler waren die »Landgüter« (»poderi«), die sich die Bauern und Teilpächter in der Toskana errichteten. Man verwendete dabei Naturstein oder Ziegel für die Mauern und deckte das Dach mit Tonziegeln. Die Gebäude waren größer und höher (10 bis 12 Meter lang, 5 bis 6 Meter breit, 5 Meter hoch) und folglich geräumiger; sie hatten ein Obergeschoß und verfügten im allgemeinen über eine Speisekammer, einen Saal, mehrere Schlafzimmer sowie eine Loggia. Zu diesem Modell gab es in Piemont und im emilianischen Apennin Hunderte von Varianten (Außentreppe, Diele und Wohnraum im ersten Stock, Stallungen im Erdgeschoß usw.). In befestigten Städten und Dörfern, wo innerhalb der Stadtmauern platzsparend gebaut werden mußte, galten wieder andere Grundsätze. 1437 gab es im älteren Teil von San Colombano bei Lodi sieben Häuser von stabiler Bauart; sie schmiegten sich an die Stadtmauer und waren aus demselben Stein wie diese errichtet. Allerdings waren sie ziemlich klein, vier von ihnen zählten nur 27 Quadratmeter Wohnfläche, aufgeteilt in zwei Räume. Hier war Beengtheit nicht unbedingt der

Anonymus, *Die Übergabe von Colle di Val d'Elsa 1479*, 15. Jh. Neapolitanische und päpstliche Armeen besetzen Colle. Die sorgfältig gezeichnete Szenerie zeigt den Standardtypus eines großen, mehrstöckigen Hauses, dessen Mauern überwiegend aus Stein (nicht mehr aus Holz) sind und dessen Dach mit Lehmziegeln gedeckt ist. Diese robusten städtischen Wohnungen konnten mehrere Feuerstellen beherbergen. (Siena, Archivio di Stato, Register von Biccherna, 1479)

Ausdruck von Armut, denn in diesen Häusern wohnten der Bader und andere Handwerker.

So wie der Wohlstand waren auch die Wohnformen in den Städten klarer ausgeprägt als auf dem Lande. In den größeren Städten verwendete man zum Hausbau einheitliches Material. Die im 12. Jahrhundert üblichen Holzbauten wurden leicht ein Raub der Flammen. Bis zum 14. Jahrhundert waren aus Städten wie Bologna, Siena, Genua und Venedig zwar nicht alle Gebäude aus Holz verschwunden, aber der Gebrauch feuerfester Baustoffe wie Ziegel und Stein hatte sich durchgesetzt. In Florenz verwendete man Ziegel für schlichtere Bauten und Stein für die Wohnhäuser des Bürgertums. In Siena benutzte man für einfache Häuser ebenso wie für Paläste Ziegel, zumindest als Verputz; Stein kam erst im 15. Jahrhundert in Gebrauch. In Genua baute man das Erdgeschoß aus Stein, die Stockwerke darüber aus Ziegel. Doch darf man von der Standardisierung der Baustoffe nicht auf die Standardisierung der Wohn- oder Lebensbedingungen schließen.

Für die Armen bedeutete das Leben in der Stadt, daß sie sich mit einer primitiven Unterkunft abfinden mußten, die oft noch dürftiger war als auf dem Land. In Florenz wohnten 1330 mehrere Junggesellen, die gerade zugezogen waren, in einem einzigen Raum zusammen. Es gab auch Familien (wie viele, wissen wir nicht), die unter ähnlichen elenden Verhältnissen hausten. In der Toskana lebten im 14. Jahrhundert die Armen entweder in Bruchbuden aus Holz bzw. Lehm oder in ein bis zwei Zimmern eines mehrstöckigen Gebäudes. Wenn sie Glück hatten, lagen beide Räume nebeneinander, in der Regel unter dem Dach oder auf dem »palco inferior« (einer Art Souterrain). Mitunter waren die verschiedenen Zimmer einer Familie (Wohnzimmer, Schlafzimmer, Küche) auf mehrere Stockwerke verteilt und miteinander einzig durch die Treppe verbunden. Diese dunklen und bedrückenden Unterkünfte, die oft nicht einmal einen Kochplatz besaßen, grenzten meist an den Hof, die Wohnungen an der Straßenseite waren den finanzkräftigen Mietern vorbehalten. Eine strikte horizontale und vertikale Gliederung unterschied die Wohnungen je nach dem gesellschaftlichen Rang ihrer Bewohner. Die Mehrzahl der Armen war in bestimmten Stadtvierteln, Straßen und Häusern konzentriert – eine Festlegung, die im 15. Jahrhundert noch krasser wurde, jedenfalls in Florenz. Die bedürftigen Menschen lebten zur Miete, und zwar jeweils nur für kurze Zeit (in drei von vier Fällen für ein Jahr); sie wechselten häufig ihr Quartier. Armut beschnitt den privaten Raum einer Familie und komprimierte den Haushalt (oft bis zur Promiskuität); sie zwang die Menschen, Beziehungen zu Freunden und Nachbarn abzubrechen, bevor sie noch recht gediehen waren. Natürlich hatten sie die Möglichkeit, sich als Klienten einem mächtigen Patron anzuvertrauen; die Klientelbeziehungen waren flexibel und nicht an den Wohnsitz gebunden, aber das Klientenverhältnis bedeutete auch den Verzicht auf Unabhängigkeit, und außerdem ist nicht ganz klar, ob die Ärmsten der Armen überhaupt Zugang zum Kreis der wohlhabenden Klienten hatten.

Handwerker, Krämer und der »popolo medio« insgesamt hatten in den meisten italienischen Städten und zumal in der Toskana geräumigere Quartiere. Sie lebten in Wohnungen oder Häusern, die zum kleineren Teil gemietet, zum größeren Teil ihr Eigentum waren. Das Herz dieser Wohnungen bildeten die beiden Räume, die in keiner mittelalter-

Simone Martini, *Der Selige Agostino Novello*, »Die Wunder des Heiligen« (Ausschnitt); Polyptychon, 1328–1330. Um 1330 sah man in den übervölkerten Städten an den Häusern einen luftigen Anbau über der Straße wie den hier gezeigten aus Holz. Die Stadtverwaltungen suchten diesem häßlichen und gefährlichen Wildwuchs zu wehren, der die Brand- und Unfallgefahr erhöhte.
(Siena, Sant' Agostino)

Diese dekorative Eisenarbeit – Fackelhalter und Befestigungsring – stammt aus dem Palazzo Giandonati in Florenz (14./15. Jh.). Der private Luxus wirkte befruchtend auf das Kunstgewerbe.

lichen Behausung fehlen: die »sala« [Saal] und die »camera« [Kammer; Schlafzimmer]. Es gab auch zusätzliche Bequemlichkeiten wie etwa eine Küche (die in den Häusern der Armen meist fehlte); sie wurde immer häufiger im Haus selbst (und nicht auf dem Hof) untergebracht, freilich nicht selten in einer Kammer unter dem Dach. Ferner gab es einen Innenhof, einen Garten, eine Vorratskammer, einen Stall, einen privaten Brunnen und sonstige Annehmlichkeiten. Regelrechter Luxus war es, über zwei oder mehr Kammern zu verfügen, die sich in verschiedenen Etagen des Hauses befanden oder durch Teilung eines größeren Zimmers zustande gekommen waren. Die »Säle« bzw. Wohnzimmer lagen vorzugsweise an der Frontseite des Hauses, während die Kammern (vor allem die der Frauen) zur Hofseite gingen. In Florenz entstanden im 14. Jahrhundert durch neue, rechtwinklig angelegte Straßen viele Baulose, und die dort errichteten Häuser nutzten die Lage zwischen Straße und Garten. Damit trat auch ein Wandel im Verhältnis zwischen Haus und Nachbarschaft ein: Während die kleinen Plätze früher die Nachbarn zusammengeführt hatten, hielten die langen, geraden Straßen die Menschen voreinander auf Distanz. Indes kam die neue Bauweise der Intimität des Familienlebens zugute – der Garten gewann ebenso an Bedeutung wie das private Schlafzimmer.

Noch aufwendiger lebten die vermögenden Bürger, der »popolo grasso« mit den »arti maggiori« und dem Kleinadel. Hatten die Angehörigen dieser Schicht noch im 13. Jahrhundert in befestigten, zinnenbewehrten Bauten gehaust, in denen es eng und unbequem zugegangen war, so lebten sie nun in Pisa, Siena, Lucca, Florenz und in den lombardischen Städten in luftigen und geräumigen Häusern. Diese waren zwar wie die Wohnungen des »popolo medio« aus Ziegel oder Stein erbaut; was sie aber vor diesen auszeichnete, waren die Dimensionen der Fassaden sowie der Tür- und Fensteröffnungen und das schmükkende Dekor: Eisenzeug (Ringe, Laternen, Haken), Marmorsäulchen an den Fenstern (Siena), rundbogige Tür- und Fensteröffnungen (Florenz), Zinnen als Dachabschluß usw. Die ältesten florentinischen Wohnhäuser dieses Typs (Palazzi Mozzi, Frescobaldi, Spini und Peruzzi) entstanden noch vor dem Ende des 13. Jahrhunderts; um die Mitte des 14. hatten die Residenzen der einflußreichen Kaufleute diesen Baustil bereits übernommen. Weil erdenfest und gut strukturiert, haben viele dieser Gebäude, darunter die genannten Palazzi, die Zeitläufte überdauert, und so können wir noch heute ihre strengen Fassaden bewundern, deren abweisende Fläche häufig von einer Reihe von Läden im Erdgeschoß aufgelockert wurde. Die Fensteröffnungen darüber ließen das Tageslicht herein und unterschieden diese Häuser von den Bastionen, die in vergangenen Zeiten das Muster gewesen waren.

Wohnhäuser von solchem Zuschnitt – unzulänglich »Palazzi« genannt – wurden noch eine ganze Weile weitergebaut. Welche Korrekturen im Laufe des Jahrhunderts an dem Modell vorgenommen wurden, ist nicht bekannt. Erst für die Zeit nach 1375 wissen wir aus nachträglichen Verzeichnissen, daß die Raumaufteilung in diesen Gebäuden kompliziert war und von Fall zu Fall variierte. Laut einem 1390 erstellten Verzeichnis bestand das Haus des Jacopo di Rosso in Florenz aus einem – wahrscheinlich gewölbten – breiten Eingang (»androne«), einem Gewölbe (»volta«), das als ebenerdiger Weinkeller oder Vorratskammer diente, zwei Sälen (dem »ersten« und dem »großen«) mit jeweils einer angrenzenden Kammer, einer Küche und einer Gesindekammer; insgesamt gab es fünf bewohnbare Räume und zwischen ihnen viele breite Gänge. Zwei Jahre zuvor verfügte Serotino Brancacci in seinem Haus über drei Säle, ein Vorzimmer, vier Kammern, zwei »volte« und eine Küche; das Haus umschloß einen Innenhof mit einem Orangenbaum. Die Gewölbe, ein Saal und eine Kammer lagen im Erdgeschoß, während sich die anderen beiden Säle und die restlichen Kammern im ersten Stock befanden.

Dies waren Grundmuster mit tausend Variationen. Das Bürgertum zögerte nicht, neue Ideen aufzugreifen. So begann es beispielsweise, das Erdgeschoß für private Zwecke (und nicht wie vordem als Geschäfts- oder Vorratsräume) zu nutzen. Die Anzahl der Säle und Kammern erhöhte sich, doch blieb die Zuordnung der Kammer zum Saal gewahrt. Man legte Vorräte an und stellte zusätzliche Dienstboten ein, um den Privathaushalt relativ unabhängig zu machen und noch komfortabler zu gestalten. Das Familienleben spielte sich auf zwei Stockwerken ab, was der stärkeren Differenzierung in gemeinsame und private Bereiche zugute kam. Eltern, Kinder, Dienstboten und verschiedene Paare hatten privaten Raum für sich. Der Hof wurde allmählich zum ästhetischen und geselligen Zentrum des Hauses.

Ein Fall für sich waren im 14. Jahrhundert die Grundstücke an der Peripherie der Altstadt. Hier bauten sich die Patrizier Häuser, die genauso verschwenderisch ausgestattet waren wie die traditionellen Palazzi; da diese Gebäude jedoch am Ende langgestreckter Parzellen standen, die rechtwinklig zur Straße verliefen, sahen sie auf den ersten Blick kaum anders aus als die schlichteren an ihrer Seite. Über einem rechteckigen Grundriß errichtet, zeigten auch sie, ebenso wie ihre minder imposanten Nachbarn, auf die Straße bzw. auf den Garten. Der Garten war auf dem unbebauten Teil des Grundstücks angelegt, einen Innenhof gab es nicht. Die Patrizierhäuser reihten sich in eine Kolonne ande-

Eiserner Standartenhalter, 15. Jh. (Siena, Piazza Postierla)

Vittore Carpaccio, *Das Wunder der Kreuzesreliquie* (Ausschnitt), 1494. Im 15. Jahrhundert waren die Patrizierhäuser in Venedig genauso elegant wie in der Toskana. Sie beherbergten einen großen privaten Kreis, der sich anläßlich des Festes auf den Canal Grande ergoß. (Venedig, Accademia).

Palazzo Medici-Ricardi (1444–1464), Palazzo Rucellai (1446–1450), Palazzo Antinori (1461–1466), Palazzo Strozzi (1489 bis frühes 16. Jh.), Palazzo Gondi (1490–1501). Fünf berühmte Beispiele für den Palazzo neuen Stils, nach Plänen von Michelozzo, Alberti, Benedetto da Maiano bzw. Giuliano da San Gallo. Die Bauwerke beeindrucken, wie der Palazzo Rucellai, durch ihren Dekor oder, wie die übrigen, durch ihre Gesamterscheinung. Monumental in die Stadt gepflanzt, mit prächtig verzierten Fassaden und zugleich trutzig wie eine Burg oder ein Dom, verbanden diese Paläste die gloriose Kraft eines Schlosses mit dem verschwiegenen Frieden eines Klosters. Sie waren der ideale Schauplatz privater Betätigung, dienten freilich auch dem öffentlichen Schaugepränge.

rer Häuser ein und zeichneten sich nur durch ihre Größe aus – sie beanspruchten häufig zwei Parzellen für sich.

Im 15. Jahrhundert trat ein Wandel ein. Zwar hörte man um die Wende des 14. zum 15. Jahrhundert nicht auf, prunkvolle Häuser zu bauen; häufiger aber renovierte man vorhandene Gebäude – durch An- oder Umbau oder durch Verbindung mit dem Nachbarhaus. Manche Häuser wurden in noch opulenterem Stil als bisher gestaltet. Verzeichnisse aus Florenz aus der Zeit von 1380 bis 1410 berichten von Häusern (denen der Strozzi, der Bombeni, der Cappelli und der Davanzati) mit Innenhöfen (»cortili«) und zwölf oder mehr Zimmern, verteilt über drei oder vier Geschosse. Der (diesmal mit Recht so genannte) Palazzo, den im 15. Jahrhundert die Brüder Da Uzzano bewohnten (via dei Bardi), zählte nicht weniger als dreißig Räume: neun im Erdgeschoß, zehn im ersten und elf im zweiten Stock. Doch trotz ihrer Größe fügten sich diese Gebäude in den Gesamtorganismus der Stadt ein. Ihr unregelmäßiger Grundriß erklärt sich meist aus Zufälligkeiten des Grundstückserwerbs. Ihre Fassade lag in der Fluchtlinie schlichter Häuser zur Linken und Rechten, von denen sie sich allein durch die sorgfältige Verarbeitung der Mauersteine und des Dekors unterschieden. Gab es bereits Läden im Erdgeschoß, so wurden sie beibehalten, oder es wurden neue Geschäfte eingerichtet, wie etwa im Palazzo Davanzati, den sein Eigentümer in der Vermögensdeklaration für 1498 als »Palazzo mit drei Läden des Wollhandwerks« bezeichnete.

Nach 1440 wurden Palazzi von Bauherren errichtet, die bewußt mit der Tradition zu brechen suchten. Beispiele dafür sind die Palazzi Me-

Palazzo Davanzati, 14./15. Jh. Dieser Palast, um 1350 erbaut, paßte sich in die Fluchtlinie der bereits vorhandenen Gebäude ein, sein Grundriß ist dementsprechend unklar. Aber das Haus besticht durch seine Höhe (vier Stockwerke), durch Zahl, Größe und Anordnung der Fenster, durch die Sorgfalt der Verzierungen und nicht zuletzt durch Bewohnbarkeit. Zu verschiedenen Zeiten des 15. Jahrhunderts von ein oder zwei Parteien bewohnt, zählte es zwanzig Räume.

dici (1446), Pitti (ursprünglicher Bau, 1446), Antinori (1465), Strozzi (1489) und Gondi (1490). Ganze Häuserzeilen riß man ab, um Platz für die neuen Prachtbauten zu schaffen. Da sie isoliert standen und in der Regel an zwei oder drei Seiten von Straßen begrenzt waren, benötigten sie mehrere attraktive Fassaden. Solche Palazzi boten Läden oder Geschäften keinen Raum mehr, sondern waren gänzlich dem privaten Gebrauch vorbehalten. Sie waren groß und prächtig, sie hatten Gärten und schöne »cortili«, doch sie waren in sich selbst zurückgenommen und vor der Außenwelt durch hochgesetzte Fenster, mächtige Mauern und abweisende Portale geschützt. Ein weiträumiger Innenhof, von Säulengängen gesäumt, fungierte als Mittelpunkt des Gebäudes, auf den die Eingänge und Treppen hinausführten.

Im Gegensatz zu dem, was die majestätische Bauweise erwarten läßt, und trotz des gewaltigen Größenunterschiedes lebte es sich in den Palazzi keineswegs besser – häufig sogar weniger gut – als in den Wohnhäusern des normalen Bürgers und Kaufmanns. In den vier Geschossen des Palazzo Davanzati gab es rund fünfzehn nutzbare Räume, während, wie Richard Goldthwaite nachgewiesen hat, selbst die großzügigen Paläste des neuen Stils nicht mehr als ein Dutzend solcher Räume besaßen. Einen erheblichen Teil des in den neuen Palazzi verfügbaren Platzes nutzte man für Innenhöfe und Gärten, und die bewohnten Zimmer waren so grandios bemessen, daß es unmöglich war, die Zahl der Wohnräume zu erhöhen.

Die reichen Florentiner wohnten also in zwei Kategorien von Häusern. Die jüngeren Palazzi waren die bei weitem schönsten und üppigsten Gebäude; sie unterschieden sich durch Größe und Lage von anderen, bürgerlichen Wohnungen. Man mag versucht sein, in ihnen das Vorbild für aristokratisches Wohnen in Florenz zu sehen, worin sich der wirkliche Zweck dieser Paläste enthüllte: den blendenden und schützenden Rahmen für die neuentdeckte Kleinfamilie und das aus ihr hervorgehende souveräne Individuum zu schaffen.

Wir dürfen uns allerdings von der Pracht der Palazzi und der Ruhmsucht ihrer Erbauer nicht täuschen lassen. Bauwerke dieser Größe bildeten nur einen geringen Prozentsatz der aristokratischen Wohnhäuser. Zwischen 1430 und 1520 gab es unter den rund zweihundert Haushalten in den verschiedenen Zweigen der Familien Capponi, Ginori und Rucellai nur zwei, die sich einen Palazzo errichteten; die übrigen lebten in geerbten oder gekauften Häusern, die in der Mehrzahl alt – in einigen Fällen über hundert Jahre alt – und alles in allem von mittelalterlichem Zuschnitt und Aussehen waren. Paradoxerweise waren jedoch diese älteren Häuser durch Umbauten, Anbauten oder Aufbauten oft wohnlicher, offener und luftiger als die neuen Paläste. Sie enthielten zwischen zwölf und dreißig Räume und boten ausreichend Platz für Großfamilien, die in einer Art Wohngemeinschaft zusammenlebten, mochte das Haus gleichwohl in viele einzelne Wohnungen aufgeteilt sein. Die erweiterte patriarchalische Familie war im florentinischen Adel die Regel.

Die Einrichtung des Hauses

Nutzung der Räume. Das einzelne Zimmer, in dem die Allerärmsten lebten, hatte vielerlei Funktionen. Sobald die Familie sich mehrere Räume leisten konnte, diente jeder einem bestimmten Zweck. Das war in ganz Europa so: Wenn die Wohnung groß genug für zwei Zimmer war (und das war sogar in bescheidenen ländlichen und städtischen Quartieren der Fall), fungierte das eine als Wohnzimmer mit Küche, das andere als Schlafzimmer. In ganz Italien, zwischen Genua, Florenz und Neapel, scheint man einen Unterschied zwischen Wohnraum und Schlafraum gemacht zu haben. Mit steigender Anzahl der Räume wurden deren Funktionen noch weiter gegliedert.

In der Umgebung von Florenz (das vermutlich eine charakteristische Entwicklung in Italien insgesamt repräsentierte) wußten die Bauern, die genügend Geld für eine Vergrößerung ihrer Wohnung besaßen, oft nicht, was ihnen wichtiger war: mehr Arbeitsfläche oder mehr privater Raum. Papino di Piero aus Certaldo, Vorstand einer sechsköpfigen Familie, erweiterte die »sala-camera« im Erdgeschoß um ein zweites Schlafzimmer und um eine »cella«, eine Vorratskammer (1456). Eine andere, aus vier Personen bestehende Familie verfügte neben ihrer »sala-camera« über eine Vorratskammer und eine Backstube. Beide Familien gaben also der Arbeitsfläche den Vorzug. Teilpächter wohnten besser. Maso von Montalbino erhielt von seinem Patron ein Haus mit Küche, Eßzimmer, Elternschlafzimmer, zwei kleinen Schlafzimmern für seine beiden Söhne und dem unentbehrlichen Vorratsraum

Vittore Carpaccio, *Hl. Trifonius befreit die Tochter des Kaisers Gordianus* (Ausschnitt), 1507. Carpaccio verlegte diese Szene in eine Loggia über dem gewölbten Durchgang eines Palazzo. Bei dieser Loggia mit ihrer Balustrade, den Säulen und dem Dach standen zahlreiche venezianische Vorbilder Pate. Wie es bei Loggien, von denen aus man die Lagune überblickte, nicht selten war, haben sich ein Dutzend junger Leute eingefunden, um dem Schauspiel beizuwohnen; Tapisserien tragen zur festlichen Stimmung bei. (Venedig, Scuola di San Giorgio degli Schiavoni)

Cortile des Palazzo Strozzi, Florenz; spätes 15. Jh.; ein Werk des Simone del Pollaiuolo, bekannt als »Il Cronaca«.

(um 1450). Maso wohnte ebenso komfortabel wie ein gewisser Bauer, der sein Feld für die Kartäusermönche bei Lodi bestellte – ihm standen fünf Zimmer zur Verfügung. Allerdings wissen wir nicht genau, ob das bei Leuten seiner Schicht die Regel war.

In der Stadt bedeutete die Vergrößerung der Wohnung von zwei Zimmern auf drei im allgemeinen den Einbau einer Küche oder einer weiteren Schlafkammer, die herzustellen nicht schwierig war – man zog in der ursprünglichen »camera« eine dünne Trennwand aus Holz, Lehm oder Backsteinen hoch. Von »Privatheit« konnte an diesem Ort kaum die Rede sein, wie die Novellendichter zu berichten wissen.

Mit der Größe des Hauses nahm zugleich die Spezialisierung der Zimmer zu. Sogar die einfachste Bürgerwohnung verfügte über eine Vorratskammer. Je reicher die Familie war, desto höher waren ihre Ansprüche gespannt. Zur Lagerung der Vorräte oder ihres Anteils an der Ernte bauten wohlhabende Familien die Korridore und Treppenabsätze in ihrem Haus um und errichteten Vorratsgewölbe, Ställe, Rumpelkammern und Holzverschläge. Doch entstanden auch Arbeits-, Wohn- und Schlafzimmer. Die Begüterten renommierten, vor allem im 15. Jahrhundert, mit Vestibül und Vorzimmer, Waffenkammer, »studio« usw. Sie legten Innenhöfe und Arkaden an und erweiterten die oberen Stockwerke um Loggien, wo sie an heißen Sommertagen in schattiger Kühle ruhen konnten. Im 14. Jahrhundert war der florentinische und sienesische Adel versessen auf solche Loggien, und auch die Venezianer hielten sich gerne auf der »termanza«, dem »liago«, »coreselle« oder »altane« auf, von wo sie den Blick über die Lagune schweifen ließen.

Neu entstehende Räume und Bequemlichkeiten verteilte man nach einem genau durchdachten Plan über die verschiedenen Stockwerke des

Hauses. Vorratskammer und Gesindestube lagen natürlich zu ebener Erde, unter den Gewölben des »cortile«, von dem ein ebenfalls gewölbter Gang, der »androne«, zur Straße führte. Der Garten hatte einen ebenerdigen Zugang zu den Gemächern des Hausherrn. Wenn es in dem Haus keine Läden und Geschäfte gab, rüstete man die der Straße zugewandten Räume gelegentlich zu Schlafzimmern um. Doch das tägliche Leben spielte sich vornehmlich in den oberen Stockwerken ab. Der erste Stock galt als der »vornehmste«; hier befanden sich die besonders kostbar ausgestatteten Räume: das Schlafzimmer der Eltern, das Vorzimmer, vielleicht eine Waffenkammer, das »studio«, vor allem aber der große Saal, der sich manchmal über die ganze Länge der Fassade erstreckte (so in den Palazzi Davanzati, Pazzi, Guadagni und Medici). Es gab auch Ausnahmen von dieser Regel. Der Palazzo Davanzati besaß auf jeder Etage einen großen Saal, hinzu kamen mehrere Schlafzimmer. Häufig wiederholte sich die Raumaufteilung in jedem Stockwerk. So konnte man auf jeder Etage ohne Mühe private Bereiche schaffen, unabhängig davon, ob das Haus an verschiedene Familien vermietet oder von einer einzigen Großfamilie bewohnt war.

Cortile des Palazzo Gondi, Florenz; spätes 15. Jh. Durch ihre Größe, Monumentalität und klassische Harmonie sind diese Cortili hervorragende Beispiele des Renaissancestils im ausgehenden 15. Jahrhundert. Ihre Funktion entsprach ihrer Großartigkeit: Sie waren nicht nur Mittelpunkt des privaten Lebens, sondern auch der Ort, an dem man Klienten empfing, Feste feierte und die Familie möglichst vorteilhaft der Öffentlichkeit präsentierte.

Das Mobiliar. Komfortable Möbel waren ein Privileg der Städter. Man ist erstaunt über die kärgliche Ausstattung selbst größerer Bauernhäuser. Ein Verzeichnis über den Hof des 1406 verstorbenen Bauern Zanobi aus Capannale (Mugello) läßt erkennen, daß dieser Mann relativ vermögend war. Er besaß ein eigenes Gut und war wohlversehen mit landwirtschaftlichem Gerät, Fässern, Lasttieren und Nutztieren (darunter drei Schweinen). Er verfügte über beträchtliche Getreide- und Weinvorräte. Schulden hatte er nicht. Doch das einzige nennenswerte Möbelstück in dem einen Raum, den er mit seiner Frau und den drei Kindern bewohnte, war das 2,90 Meter breite Bett. Hinzu kamen Bettzeug und ein paar Truhen. Im übrigen gab es nur das Nötigste: Backtrog, Getreidekasten, zwei Tische (darunter ein kleiner runder), Kessel, Bratpfanne, einige Töpfe. Stühle fehlten ebenso wie eine Laterne, eine Waschschüssel, Geschirr und Besteck. Und selbst wenn man berücksichtigt, daß die Notare in derlei Verzeichnissen Gegenstände auszulassen pflegten, die als wertlos galten (beispielsweise Schalen und Töpfereiwaren), ist doch offenkundig, daß Erfolg und Prosperität für Zanobi an seiner Landwirtschaft abzulesen waren, der er seine ganze Kraft widmete und in die er seine Ersparnisse steckte. Zweifellos dachten viele Bauern wie Zanobi und hielten Möbel für Luxus; doch gab es auch einzelne, die sich dem Geschmack der Städter angepaßt hatten und durchaus Geld für Truhen und Kästen, Bänke, Tische, Laternen und sonstige Annehmlichkeiten ausgaben.

Die Möbel der städtischen Armen (Krempler* usw.) waren ähnlich spartanisch und häufig sogar geliehen. Freilich war das eine erzwungene, keine freiwillige Kargheit. In der Stadt fungierten Möbel als Prestige-Zeichen. Wer es zu Wohlstand und gesellschaftlichem Ansehen

* Handwerker, »die die wirren Wollfasern zu einem Vlies ordneten«; Iris Origo, *»Im Namen Gottes und des Geschäfts«*, a. a. O., S. 53. *A.d.Ü.*

Vittore Carpaccio, *Geburt Mariä* (Ausschnitt), 1504–1508. Vom Schlafzimmer gelangt man durch einige Gesinderäume in den Garten. Von der Küche vorn erkennt man den mächtigen Kamin sowie ein hohes Bord mit Schalen und Krügen. Die Magd trocknet am Feuer ein Tuch. (Bergamo, Accademia Carrara)

gebracht hatte, der mußte sich auch standesgemäß einrichten. Betrachten wir beispielsweise das Grundstück (1393) eines gewissen Antonio, der in Florenz Lederbereiter, also ein durchschnittlicher Handwerker war. In seinem Acht-Zimmer-Haus (mit vier Schlafkammern) registrierte die Inventarliste 553 Gegenstände. Bei den meisten von ihnen handelte es sich freilich um Kleidungsstücke, doch hatte auch das Mobiliar seinen Platz: Antonio verfügte über neun Betten (von denen fünf mit Matratzen ausgestattet waren), sieben Bänke von insgesamt 15 Metern Länge, vier andere Sitzgelegenheiten, zwei Tische, einen Sekretär, ganz zu schweigen von Lampen, Geschirr und Leinen, wovon noch die Rede sein wird. Das war zwar ein relativ bescheidener Wohlstand, aber die wichtigsten Einrichtungsgegenstände besaß man: Betten, Stühle, Tische – und zwar für alle Haushaltsmitglieder.

Auf der Erfolgsleiter noch höher standen Tuch- und Pelzhändler sowie »mercatores«, und sie verfügten über ein höchst vielfältiges Mobiliar. Sie besaßen mehrere Betten samt Zubehör, Bänke von zwei bis dreieinhalb Metern Länge, Schemel und schwere, auf Böcken ruhende Tische mit Platten von zwei mal drei Metern Fläche. Diese Möbel waren aus wertvollerem Material als bei den minder Begüterten – die Bänke aus Eiche, die Tische aus Nußbaum –, außerdem fehlte es nicht an zusätzlichen Gerätschaften. Es gab Truhen und Kästen der verschiedensten Art. Bei der Witwe eines Pelzhändlers standen zehn verschiedene solcher Behältnisse im Schlafzimmer, angefangen bei den großen »cassapanche« (Sitztruhen), die das Bett umgaben und deren Deckel als Bank dienten, über die »cassoni« (verzierte Eisenkästen, die die Aussteuer aufgenommen hatten) und »forzieri« (metallverstärkte Kästen) bis hin zu den »cassoncelli« (einer Variante des »cassone«) und schlichten bemalten Kästchen. Vermögende Leute besaßen eine ähnlich eindrucksvolle Sammlung von Kästen, Truhen und Schatullen zur Aufbewahrung von Leinenzeug und Wertsachen. (Von Schränken ist im 14. Jahrhundert kaum die Rede.) Auch die anderen Dinge des täglichen Lebens gab es in Fülle: Haushaltsgegenstände wie Laternen, Behälter für die Fleisch-, Getreide- und Getränkevorräte, Werkzeuge, Töpfe, Pfannen, Teller usw., und zwar aus Eisen, Holz, Kupfer, Zinn und Keramik, ferner Küchengeräte und Tischzubehör – kurzum alles, was der Bequemlichkeit förderlich war.

Cortile des Palazzo Davanzati, Florenz, 14. Jh. Hier mußte sich der Architekt mit dem komplizierten, unregelmäßigen Grundriß des Gebäudes auseinandersetzen. Doch die Überlegenheit der Anordnung und des Dekors (Wölbsteine, Säulen, Kapitelle, Bänke) zeugt von der gesellschaftlichen Bedeutung des Cortile.

Allmählich nahm die Einrichtung mit bequemen Möbeln geordnetere Formen an. Die Vorliebe für Truhen hing mit dem wachsenden Interesse an einer reinlichen, aufgeräumten Wohnung zusammen. Die Armen hängten ihre Kleider an Stangen auf, die in halber Höhe an der nackten Wand ihres Zimmers befestigt waren; die Reichen bargen ihre Kleidung in Truhen. Das Bedürfnis nach Ordnung bestimmte auch die Verteilung der Möbel und anderer Gegenstände auf die Zimmer des Hauses. Ein festes System hierfür hatte sich noch nicht herausgebildet, namentlich nicht für die Speicherung der Vorräte. Der dafür vorgesehene Ort war die Vorratskammer oder »volta« bzw. die Küche, doch es gab auch Patrone, die ihre Reserven lieber genauer unter Kontrolle hatten. Ein Gerichtsvollzieher der Gemeinde Florenz bewahrte Getreide und gepökeltes Fleisch in seinem Wohnzimmer auf und verwandelte sein Schlafzimmer in eine Speisekammer, wo er zwischen den drei Betten Mehl- und Kleiesäcke, ein kleines Faß Essig und vier Krüge Öl verstaute. Im allgemeinen jedoch scheinen die Zimmer dem Zweck gedient zu haben, den ihr Name andeutete (»sala«, »camera«, »cucina«), insbesondere die Schlafzimmer, die als Herzstück der Wohnung galten. Das Wohnzimmer stattete man gemeinhin mit einem oder zwei Tischen aus, bisweilen mit Bänken und Schemeln, doch ließen manche Leute es auch leer. Neben dem Grundmobiliar gab es im Wohnzimmer mitunter Teller, Krüge und andere Gegenstände (Schachbrett, Rechnungsbuch, Klistier). Auch Brennholz und Baumaterialien fanden gelegentlich hier ihren Platz. Es liegt auf der Hand, daß diese wenig einladenden Räume – schmucklos und spärlich möbliert, wie sie waren – für die Gestaltung der Privatsphäre nur geringe Bedeutung hatten. Zum Leben erwachten sie einzig im Sommer oder bei besonderen Anlässen; gerüstet für ein festliches Bankett und mit Blumen übersät, erstrahlten dann die sonst kahlen Räume in flirrendem Glanz. Um die Wende zum 15. Jahrhun-

Truhe aus der Krypta Sixtus V., 16. Jh. Diese »Schatulle« wurde speziell für den Gebrauch in der apostolischen Kammer verstärkt. Die einfachen Bürger behalfen sich mit weniger klobigen Kästen. (Rom, Engelsburg)

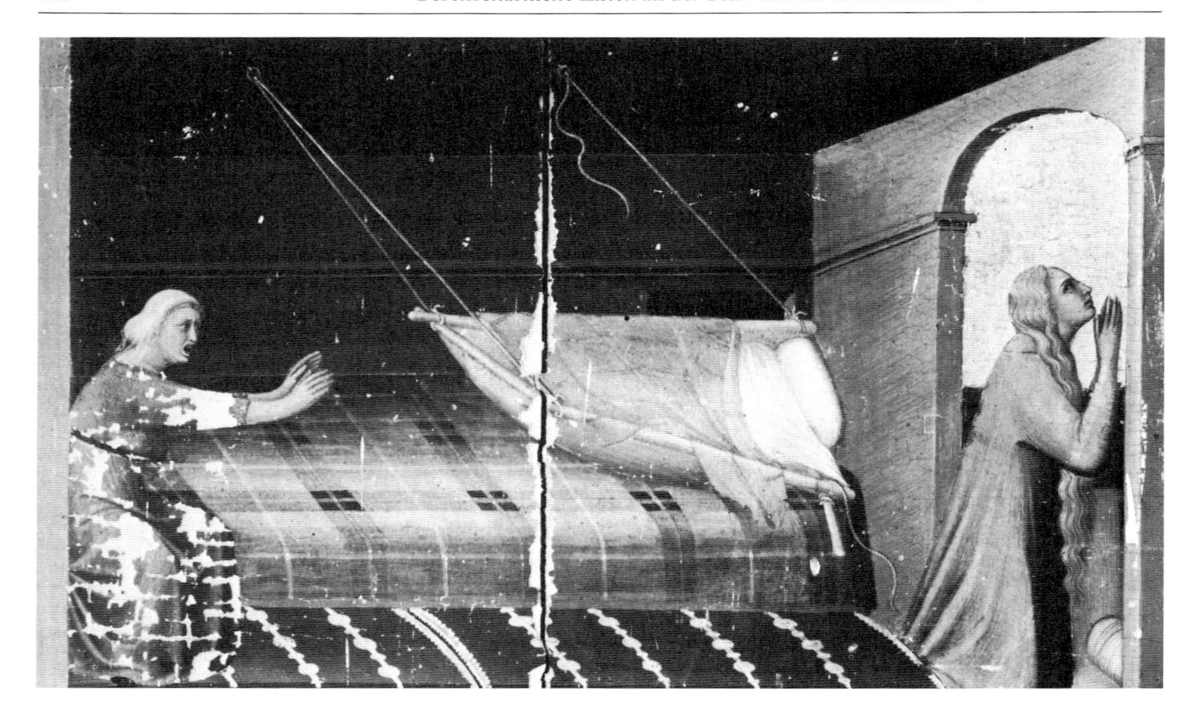

Simone Martini, *Der selige Agostino Novello*, »Die Wunder des Heiligen« (Ausschnitt); Polyptychon, 1328–1330. Hier haben wir eine andere Zeit (14. Jahrhundert) und ein anderes, kleinbürgerliches Milieu vor uns. Der Raum und das Mobiliar sind schlichter; es gibt weder einen hölzernen Bettrahmen noch Wandschmuck. Einziger Luxus sind die zwei roten Truhen im Vordergrund, die beide ein Schloß haben. Man beachte die praktische, wiewohl bedenkliche Methode, in dem engen Zimmer noch eine Wiege unterzubringen. (Siena, Sant' Agostino)

dert mag sich das gebessert haben. Was Alberti 1434 über die »sala« zu sagen hat, klingt jedenfalls freundlicher. Dort sind wohl die Gespräche geführt worden, die er einprägsam beschreibt.

Das Schlafzimmer. Einen ganz anderen Eindruck vermitteln die Schlafzimmer. Sie wurden ständig benutzt; in ihnen herrschten Wärme und Leben. Ihren Hauptzweck erfüllten sie natürlich nachts. Zwar kam es vor, daß Dienstboten, Abhängige und Kinder gelegentlich auch in der »sala«, in Vorzimmern oder Vorratskammern schliefen, doch war das eher die Ausnahme als die Regel. Die Funktion des Schlafzimmers wurde bisweilen auf monumentale Weise hervorgehoben.

In Stadt und Land gleichermaßen war das Bett das Haupt- und Staatsmöbel. Keine Bettstatt, nicht einmal ein dürftiges Strohlager zu besitzen, war das Zeichen verzweifelter Armut. Die erste Anschaffung des jungen Ehepaares war (oft noch vom Vater des Bräutigams finanziert) das Ehebett. Es war, wie Literatur, Malerei und Notariatsurkunden bezeugen, ein Prestigeobjekt. Der Rahmen war meist aus Holz, manchmal aus Terrakotta; in der Breite maß es im allgemeinen 1,70 bis 3,50 Meter, normalerweise 2,90 Meter – die Dokumente sind in diesem Punkt nicht eindeutig. Die Betten waren von beeindruckenden Ausmaßen, doch darf man nicht vergessen, daß mehrere Menschen darin schliefen und daß sie ringsum von Sitztruhen umgeben waren. Die Verzeichnisse unterscheiden mehrere Bett-Typen, so etwa »lectica«, »lectiera« oder »lettucio«, aber auch Stile, beispielsweise die »lectica nuova alla lombarda«. Zu einem ordentlichen Bett gehörten Federn, Matratzen, Bezüge, ein Paar Laken, eine Bettdecke, Kissen und mitunter »piu-

Giovanni da Milano, *Geburt Mariä*, 1365. Eine bürgerliche Szene, gemalt mit dem Sinn für das Alltagsleben und in elegantem Realismus (Haltung, Kleidung, Bett). (Florenz, S. Croce, Cappella Rinuccini)

macci«, kleine Kissen, von deren Funktion wir keine klare Vorstellung haben. (Vielleicht dienten sie als Nackenrolle.) Unweit des Bettes bewahrte man in einer Truhe die Bettwäsche auf.

Ein derartig mächtiges Möbel, das durch die Truhen ringsherum noch voluminöser wirkte, beherrschte den gesamten Raum. Geschmückt wurde es tagsüber mit einer farbenprächtigen Steppdecke, die entweder ein buntes Schachbrett- oder Fischgrätenmuster aufwies und – je nach den Launen der Mode – rot, blau oder schneeweiß gefärbt war. Die Vorhänge, die das Bett verhüllten, unterstrichen seinen monumentalen Charakter. Im 14. Jahrhundert hielt sich das noch in Grenzen. In der Scrovegni-Kapelle malt Giotto (um 1306) die hl. Anna, vor kurzem Mutter geworden, wie sie auf einem schlichten, schmalen Lager ohne Kopfende und Sitztruhen ruht; die Vorhänge bestehen aus billigen Tüchern, die von vier an der Decke befestigten Holzleisten herabhängen. Zwanzig Jahre später verlegt Simone Martini eines der Wunder des hl. Agostino Novello in ein bürgerliches Schlafzimmer, mit einem riesigen Bett als Hauptakteur. Neben dem Bett steht eine leuchtend rote Truhe; Vorhänge fehlen ebenso wie der Bettrahmen. Noch einmal eine Generation später zeigt Giovanni da Milano in der *Geburt Mariä*, 1365 für die Kirche Santa Croce gemalt, ein durchaus komfortables Bett, das gut zu den Beschreibungen in den Inventaren vom Jahrhundertende paßt. Eine ganze Seite des Bettes nimmt die mittlerweile üblich gewordene Sitztruhe ein, das Bett selbst steht erhöht wie auf einem Podest; ein leichter, eleganter Vorhang hängt an einer Stange, die vom Rahmen des Bildes verdeckt wird.

Die Betten, in denen Fra Angelico um 1430 seine Gestalten schlafen,

Sassetta, *Leben des seligen Ranieri Rasini aus Borgo San Sepolcro*, 1444. Das üppig ausgestattete Schlafgemach eines Prälaten. Auffallend sind das riesige Bett mit der hohen Kopfwand, die Bettdecke, die sogar das hölzerne Bettgestell überzieht, die »cassapanca« und die Vasen. Die kunstvolle Wanddekoration (aus Leder, Stoff oder al fresco) wird elegant auf der Truhe wiederholt. (Berlin, Staatliche Museen Preußischer Kulturbesitz)

Kinder gebären, mit dem Tode ringen und sterben läßt, weisen die bereits genannten Merkmale auf, nicht ohne sie teilweise zu erweitern. Eine auf drei Seiten umlaufende Sitztruhe macht das Bett breiter und als Mittelpunkt des Bildes noch gewichtiger. Das Kopfbrett ist mannshoch. Außerdem wurde das Bett, der besseren Zugänglichkeit der Truhe wegen, aus der Zimmerecke weg und in die Mitte einer Wand gerückt, wo es erst recht pompös wirkt. Soweit das Interieur der Reichen. Bei den weniger Begüterten spiegelte das Bett das gesellschaftliche Vorbild wider, allerdings in kleinem Maßstab. So behalf man sich beim Rahmen mit Fichte oder einem anderen weichen Holz; doch es war glatt gehobelt, das Kopfbrett hoch, das Bett von Vorhängen umgeben (wie auf der Predella der Pala da San Marco von Fra Angelico).

Das venezianische Bett, in dem Carpaccios hl. Ursula ihren Traum hat (1495), thront ebenfalls, an eine Wand gerückt, mitten im Zimmer. Truhen, die gleichzeitig als Stufen dienen, rahmen es ein. Das Kopfende, in die Wandverkleidung übergehend, ist zu einer architektonischen Kostbarkeit geraten. Auf eleganten Holzsäulen erhebt sich ein leichter, sehr hoher und vorhangloser Baldachin. Auf anderen venezianischen Darstellungen des Bettes erkennt man verschwenderisch gestaltete Vorhänge, Figuren, Muster, Jagdszenen – Luxus in Reinkultur.

Im Schlafzimmer herrschte den ganzen Tag emsiges Treiben, wie die Möbelstücke und Artefakte rund um das Bett verraten. Inventare aus der Zeit von 1380 bis 1420 zählen bis zu zwei- oder dreihundert solcher Gegenstände auf, mitunter noch mehr. Bänke, runde Schemel, Tische, ganz zu schweigen von den vielen Truhen luden zum Verweilen im Schlafzimmer ein, wo man gemeinsam beriet, arbeitete und sogar betete, ermuntert von Heiligenbildern und frommem Gerät an den Wänden und auf den Möbeln. Das Schlafzimmer, über das der Hausherr streng wachte, fungierte gleichzeitig als Tresorraum, um Schätze und Wertgegenstände zu verwahren. Das erklärt die vielen Truhen und Kästen – sie dienten nicht lediglich zur Aufbewahrung der Kleidung (die man nicht aufhängte, sondern zusammenfaltete), sondern bargen überdies Bücher und persönliche Papiere, Schmuck, Tafelleinen, bisweilen auch Porzellan und Silber. Trotz der vielen Möbel wirkte der Raum

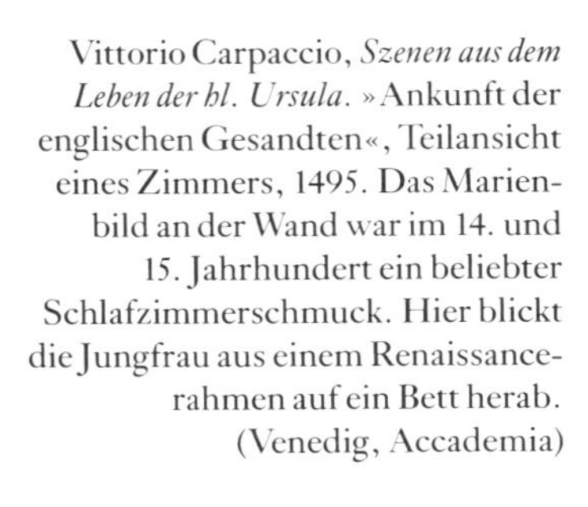

Vittorio Carpaccio, *Szenen aus dem Leben der hl. Ursula*. »Ankunft der englischen Gesandten«, Teilansicht eines Zimmers, 1495. Das Marienbild an der Wand war im 14. und 15. Jahrhundert ein beliebter Schlafzimmerschmuck. Hier blickt die Jungfrau aus einem Renaissancerahmen auf ein Bett herab. (Venedig, Accademia)

Vittorio Carpaccio, *Szenen aus dem Leben der hl. Ursula.* »Traum der hl. Ursula«, 1495. Holzgetäfeltes Schlafzimmer, lichtdurchflutet, große, teilweise verglaste Fenster, im Innern eine gebildete Dame der Renaissance. Man beachte die Geräumigkeit des Zimmers, die kunstvolle Dekoration der Möbel sowie die Kunstgegenstände und die Skulptur – Zeugen einer neuen weiblichen Kultur. Dieses Schlafzimmer aus dem späten 15. Jahrhundert spiegelt den Geschmack seiner Bewohnerin ausgeprägter wider als vergleichbare Räume früherer Zeiten.
(Venedig, Accademia)

nicht überladen. Alles war sorgfältig geordnet. Für Nippes im Schlafzimmer mochte man sich im 14. Jahrhundert anscheinend noch nicht recht erwärmen; diese Neigung kam erst später auf. Die kostbaren Tuche, die schützenden Heiligenbilder, die tröstliche Gegenwart des Bettes, die Gespräche und das ständige Kommen und Gehen machten das Schlafzimmer jedenfalls zum Schauplatz familialer Kommunikation.

Privatheit und Komfort

Um sich daheim wohl zu fühlen, bedarf es mehr als nur eines einladenden Zimmers. Verschiedenartige Neuerungen kamen dem Komfortbedürfnis und der Entfaltung privater Behaglichkeit zugute. So ist in Verzeichnissen und Beschreibungen häufig von Schlössern und Riegeln die Rede. War es also üblich, sein Haus abzuschließen? Manches spricht für diese Vermutung. Es galt, den privaten Raum zu schützen. Deshalb

Florentinischer Turm, 13. Jh., via delle Terme. Im 13. Jahrhundert waren Turmhäuser das Kernstück der bewaffneten Verteidigung der Sippe. (Man beachte die seitlichen Öffnungen und die Kragsteine zur Befestigung der mobilen Verteidigungsplattformen.) Diese Türme wurden auch – zumindest zeitweilig – als Wohnung genutzt. Im 14. Jahrhundert waren dieselben Bauwerke Symbole der Stärke, Einheit und politischen Bedeutung der Sippe.

widmete man, wohl aus Sicherheitsgründen, dem äußeren Türrahmen bei Land- wie bei Stadthäusern besondere Aufmerksamkeit. Die Landhäuser in der Region von Lodi waren mit stabiler Türeinfassung versehen. Die besten dieser Häuser waren aus Stein erbaut und hatten Holztüren, die mit Querbalken verstärkt und durch sinnreiche Mechanismen hermetisch abzuriegeln waren: Stangen, die senkrecht in die Türflügel eingelassen waren, Riegel, Schlösser der verschiedensten Art – wahre Meisterwerke der Schmiedekunst. Die Fenster waren durch Läden, Stangen und eiserne Gitter gesichert. Sogar die Holztüren kleiner Bauernhäuser wiesen Schlösser oder Riegel auf, während die Reichen offenbar unbekümmerter waren. Schlüssel gingen verloren, ohne daß die Schlösser ersetzt wurden, und es gab Häuser, die man überhaupt nicht verschließen konnte. Dafür waren ausnahmslos an den Fenstern Läden angebracht.

In den Städten kam man allmählich von den Turmhäusern ab, die für Bologna nach 1286 belegt sind. Um in das Innere eines solchen Hauses zu gelangen, mußte man über eine Leiter zu einer Türe in halber Höhe des Turmes emporsteigen. Doch Wachsamkeit blieb geboten. Neue Stadthäuser waren mit sorgfältig erklügelten Sicherheitsvorkehrungen ausgestattet – am bekanntesten sind die in bürgerlichen Wohnungen; die beiden Türflügel wurden durch dünne Holzbretter verstärkt, die mit zahllosen breiten Nägeln bestückt waren. Diese Türen waren sehr widerstandsfähig. Man sicherte sie durch einen von innen vorgelegten schweren Balken; dazu gehörten ein Schloß und möglicherweise ein Riegel. Man achtete darauf, daß der Schließmechanismus gut funktionierte. Von einer ehrbaren Ehefrau wurde erwartet, daß sie den Haupteingang des Hauses hinter ihrem Mann abschloß, wenn er es verließ. Am Abend vergewisserte sich der Hausherr, daß alles verriegelt und gesichert war, und deponierte den Schlüssel zum Haupteingang in seinem Schlafzimmer (Paolo da Certaldo). Fenster im Erdgeschoß waren vergittert, zumal dann, wenn sie klein waren, lediglich der Belüftung dienten und keine Läden benötigten.

Das Haus sollte Schutz vor den Unbilden der Witterung gewähren. Diese Funktion trat in dem Maße in den Vordergrund, wie die Häuser den Charakter einer Festung verloren und mit zunehmendem Luxus auch mehr Fenster und Durchlässe zählten. Die Hauptsorge war, Luftzug zu unterbinden. Die ältesten Mittel dagegen waren Läden auf der Innenseite der Fensteröffnung; sie waren in Siena vor 1340 gang und gäbe, mögen jedoch anderswo ungebräuchlich gewesen sein. An den Doppelfenstern der von Lorenzetti gemalten gotischen Paläste scheinen sie zu fehlen. In diesen Gebäuden boten Vorhänge, die man an langen Querstangen in halber Höhe der Fensteröffnung anbrachte, einen – wiewohl minder sicheren – Schutz vor Wind und Sonne. Das Schließen der Läden verhinderte zwar, daß es hereinregnete, aber gleichzeitig verdunkelte es den Raum. Der Fensterladen war deshalb ein Provisorium in der Entwicklungsgeschichte des Wohnkomforts.

Um bei schlechtem Wetter (ohne daß man die Lampen entzündete) nicht im Dunkel sitzen zu müssen, erfand man Fensterläden, deren Flügel in sich geklappt werden konnten und sich zum Teil senkrecht wie waagerecht verstellen ließen. Das war jedoch eine relativ neue Erfindung, die weder um 1340 in Siena noch um 1420 in Florenz weit verbreitet gewesen zu sein scheint; jedenfalls zeigen die Fresken und Gemälde Lorenzettis, Martinis und Masaccios aus dieser Zeit massive, teilweise geöffnete Fensterläden. Von beweglichen Fensterabdeckungen oder Jalousien hören wir erst im letzten Jahrzehnt des 14. Jahrhunderts, wo sie in den Abrechnungen der florentinischen Hospitäler erscheinen. Es war dies eine Zeit, in der man sich in besonderer Weise der Kranken annahm, und es ist sehr wohl denkbar, daß diese Vorrichtungen eigens für den Gebrauch in Krankenhäusern entwickelt worden waren, bevor sie in der zweiten Hälfte des 15. Jahrhunderts Allgemeingut wurden. Die beweglichen Fensterabdeckungen hatten jedoch dieselben Nachteile wie Fensterläden – sie verdunkelten den Raum, verhinderten nicht, daß es zog, usw. Eine besser ausgefeilte Erfindung kam schon Anfang des 14. Jahrhunderts auf, scheint sich freilich nur langsam durchgesetzt zu haben: die »finestre impannate«, die »verhängten« Fenster. Sie begegnen uns vorwiegend in den florentinischen Krankenhäusern der siebziger und achtziger Jahre des 14. Jahrhunderts. Man spannte ein Leintuch in einen Holzrahmen, der genau in die Fensterfüllung eingepaßt wurde, und tränkte das Tuch mit Öl, um es lichtdurchlässig zu machen; so verhinderte man, daß es zog. Im 15. Jahrhundert verbreiteten sich die »finestre impannate« in ganz Mittelitalien; sie sind für Pisa, San Gimignano, Montefalco und Genua belegt. Auch in den florentinischen Palazzi des späten Cinquecento gab es sie, insbesondere in den vornehmen Räumen: in den Sälen, Schlafzimmern und Büros. Maler und Musivarbeiter verwendeten sie gerne in ihren Ateliers. 1331 wird aus Bologna von einem solchen Fenster berichtet, das zudem mit einem Gitter aus Kupferdraht zum Schutz des Glases versehen war; 1368 aus Genua. 1391 besaß das Karmeliterkloster in Florenz in mindestens zwei Räumen Glasfenster: in der Krankenstube (mit zwei Fenstern) und im »studio«. Im 15. Jahrhundert hielten Glasfenster auch in Bürgerhäusern ihren Einzug, allerdings zögernd. Damals hatten »Glasfenster« den Charakter von Butzenscheiben, d. h. sie bestanden aus kleinen, runden, in Blei gefaßten Glasscheiben.

Ein Problem waren fraglos die schlechten Lichtverhältnisse in den Häusern bei Dunkelheit und selbst bei Tage wegen der dicht aneinander gerückten Gebäude. So beklagte sich beispielsweise die florentinische Patrizierin Alessandra Mazzinghi-Strozzi über einen Nachbarn, dessen Haus ihr das Tageslicht raubte. Wie düster es in den Straßen der inneren Stadtviertel gewesen sein mag, läßt sich nur erahnen. Die billigste Lichtquelle waren Unschlittkerzen, die auf dem Lande weit verbreitet waren, wo Unschlitt in Spezialmörsern gestoßen wurde. In bäuerlichen Verzeichnissen sind zwar auch Öllampen aufgeführt, aber in 48 der 60 bäuerlichen Gebäude, die M. A. Mazzi untersucht hat, fehlten solche Lampen. Die Kerze begleitete den Bauern bei seinen täglichen Gängen und bei der nächtlichen Arbeit, doch die Reichweite ihrer schwachen Strahlen war gering. Nur im Schein des Herdfeuers konnte man die Gesichter und Bewegungen der Hausbewohner, die sich dort

Fenster mit Innenläden im Palazzo Davanzati, Florenz; 14. Jh. Die Rekonstruktion der Fensterverglasung beruht auf Vermutungen. Die Hauptläden sind vertikal, nicht horizontal geschwenkt.

Französisches Schloß, 15. Jh. Diese hervorragende Eisenarbeit demonstriert die Bedeutung des Schlosses für den Schutz des Privateigentums und der Privatsphäre. (Florenz, Palazzo del Bargello)

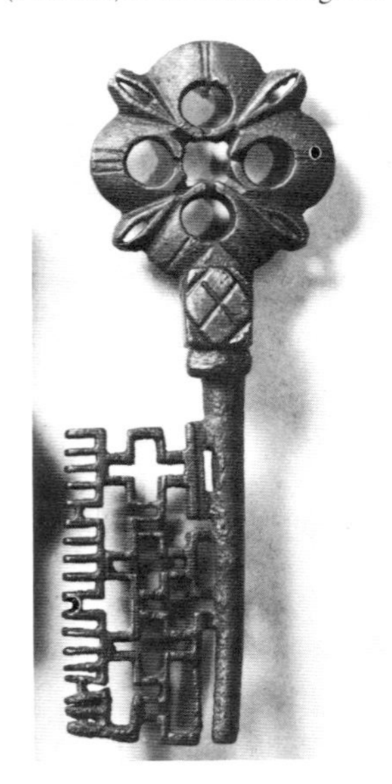

Schlüssel, 15. Jh. Der Griff ist schön, doch beachte man vor allem die diffizile Gestaltung des Schlüsselbartes und der Zähne; die Kompliziertheit des Ganzen machte dieses Schloß unüberwindlich. (Florenz, Palazzo del Bargello)

versammelt hatten, wahrnehmen. Nach Einbruch der Dunkelheit war der Herd der Treffpunkt der Bauern.

Die Stadthäuser (zumindest die Bürgerhäuser, von denen wir wissen) waren besser eingerichtet. Eine Vielzahl von Lichtern erstrahlten, angefangen bei der Ölfunzel aus Ton, Zinn oder Eisen über die Laterne und die »Tragelampe« bis zum Kerzenständer aus Kupfer oder Eisen oder im »englischen Stil«. Wohlhabende florentinische Familien um 1400 waren mit allen diesen Gerätschaften ausgerüstet, die man im ganzen Hause verteilte, vornehmlich im Schlafzimmer (sechs Fälle), seltener im Wohnzimmer (zwei Fälle) oder in der Küche (ein Fall). Diese Lampen wogen nicht viel und konnten bequem hin- und hergetragen werden; doch scheint Licht ein Luxus gewesen zu sein, den man sich für das Schlafzimmer aufsparte. Jedes Zimmer enthielt an bedachtsam gewählten Stellen zwei bis sechs Halterungen, in die man Lampen einhängen konnte. Anders als die Kerzen verbreiteten diese Lampen genügend Licht, um ein ganzes Zimmer zu erhellen. So konnten Familien oder

»brigate« sich auch abends zu Gesprächen oder Geschäften zusammenfinden. In den Winkeln großer Palazzi ließ man die Lampen die ganze Nacht brennen, und sie erzeugten dort eine geheimnisvolle Atmosphäre.

Kerzen allein vermochten die Kälte, die sich zwischen November und April in den schlecht abgedichteten Räumen einnistete, nicht zu vertreiben. In den ländlichen Regionen der Toskana spendete im 14. und 15. Jahrhundert nur das zur Zubereitung der Speisen entzündete Feuer (im »Saal« oder in der Küche) ein wenig Wärme. Die rustikale Herdstelle bestand aus gestampfter Erde mit ein paar Backsteinen darauf. Ebenso war es um 1440 in der Gegend von Lodi, mit Ausnahme der Wohnungen der wirklich Wohlhabenden, zumal in den »castelli«. Diese Häuser besaßen, mochten sie auch sonst bescheiden eingerichtet sein, manchmal sogar zwei Feuerstellen (für fünf Zimmer). In den Städten war das Feuer besser domestiziert; der Wandkamin mit Aufsatz, Abzug und Esse war im 14. Jahrhundert keine Seltenheit mehr. Kamine gab es in Venedig schon im 13. Jahrhundert, in Florenz um 1300. Dennoch setzten sie sich nur langsam durch. Dem Chronisten G. Musso zufolge gab es 1320 in Piacenza keinen einzigen Kamin, ebensowenig wie 1368 in Rom. Ein 1340 in Siena entstandenes Fresko Lorenzettis zeigt ein halbes Dutzend Essen auf den Dächern (und die müssen nicht unbedingt mit Wandkaminen verbunden gewesen sein). Musso fügt hinzu, 1388 in Piacenza hätten alle Häuser über mehrere Feuerstellen verfügt. (Aber waren das wirklich Wandkamine?) In Florenz wurden Kamine zwischen 1370 und 1420 zunehmend beliebter, als der zentrale Herd endgültig dem Kamin im »französischen Stil« wich.

Freilich profitierten nicht alle Häuser von dieser Entwicklung. Manche waren zu klein oder zu dünnwandig, als daß sich die Installation eines Kamins gelohnt hätte. Paradoxerweise galt das selbst für viele der neuen Häuser, die zwischen 1280 und 1340 vor den Toren von Florenz entstanden; hier zögerten die Baumeister, auf die relativ schmalen Wände hohe Essen aufzusetzen. Die Küche verlegte man ins oberste Stockwerk und stattete sie nur mit einem zentralen Herd aus. Eigneten sich die Bürgerhäuser der älteren, geräumigeren, weniger streng abgezirkelten Stadtgebiete besser für die Installation von Kaminen? Gegen Ende des 14. Jahrhunderts haben die meisten von ihnen mindestens einen heizbaren Raum außer der Küche. Von acht Interieurs, die mir bekannt sind, weisen sechs Küchen, sechs Schlafzimmer und zwei Wohnzimmer Kamingerätschaften auf: Kaminböcke, Zangen, Roste und Schaufeln. Dagegen werden lediglich zwei Feuerstellen beschrieben – es handelt sich um einen Wandkamin in einem Eheschlafzimmer und ein Kohlenbecken in einem Gästezimmer. In dieser Periode (um die Wende des 14. zum 15. Jahrhundert) scheint es in den besseren florentinischen Wohnungen Räume gegeben zu haben, die unabhängig von der Kochstelle beheizt werden konnten – eher das Schlafzimmer (allerdings nur in einem Drittel der Fälle) als das Wohnzimmer. Doch war der fest installierte Kamin noch nicht die Regel, im Schwange waren nach wie vor Herdstellen ohne ordentlichen Abzug und mit beweglichen Utensilien.

Masolino und Masaccio, *Die Erweckung der Tabita und die Heilung eines Lahmen* (Ausschnitt), um 1425. (Florenz, S. Maria del Carmine, Cappella Brancacci)

Ambrogio Lorenzetti, *Die gute Regierung* (Ausschnitt), 1338–1340. (Siena, Palazzo Pubblico)

Dort, wo wir etwas über den Gebrauch von Kaminen in Erfahrung bringen können, stellen wir fest, daß sie im Laufe des 15. Jahrhunderts einen wahren Siegeszug antraten. Sobald ein paar Stadtbewohner sich die neue Erfindung einmal angeeignet hatten, fanden sie rasch Nachahmer. Die Maurer wußten über den Aufbau von Kaminen hinreichend Bescheid, um sie in verschiedenen Zimmern ein und desselben Hauses installieren zu können. Gegen Ende des Jahrhunderts verfügten alle wichtigen Räume der großen Palazzi über einen Kamin. Der Abzug nahm nun monumentale Ausmaße an, und die geschmackvoll gearbeiteten Utensilien wie Böcke, Zangen usw. verwandelten die Feuerstelle in eine veritable Kunstgalerie. Auch Venedig verfiel dem Kamin-Fieber, auf Carpaccios *Wunder der Kreuzreliquie* (1494) schießen die wuchtigen Essen wie Pilze aus den Dächern.

Innenansichten und ›Haushaltspolitik‹

In der Privatsphäre der Wohnung pflegte man sich nicht luxuriös zu kleiden. Die Bauern trugen dort ihr Arbeitsgewand, das im Laufe des 14. und 15. Jahrhunderts unter dem Einfluß der städtischen Mode sein Aussehen ein wenig gewandelt haben mochte, jedoch nach wie vor aus dem »romagnolo«, einem derben braunen oder grauen Stoff, gefertigt war. Im Sonntagsstaat (den ein jeder besaß) zeigte man sich nur dann, wenn man aus der Privatheit hinaustrat. Auch in der Stadt kleideten die Leute sich einfach, wenn sie zu Hause waren. Alberti schärfte es seinen

Lesern ein: Neue Kleidungsstücke trägt man an Festtagen, gebrauchte Kleidung im Alltag und bei der Arbeit, abgenutzte Kleider zu Hause. Palmieri sah es anders: Im häuslichen Alltag trage man nur, was alle tragen. Zweierlei Kleidung wurde also im Privatbereich für tauglich empfunden (und wohl auch getragen): einfache Kleidung und schöne, wiewohl verschlissene oder altmodische Tracht, die man geerbt oder beim Trödler erworben hatte. In der Regel indes gebrauchte man zu Hause schlichte Kleidung. Eine Frau, gleich welchen Standes, trug zu Hause eine »gonnella« (im 14. Jahrhundert) oder »gamurra« (im 15. Jahrhundert – in der Lombardei auch als »zupa« bekannt), d. h. eine schnörkellose Wolltunika mit Ärmeln (die nach 1450 abnehmbar waren) über der »camicia«, einem langen Leinen- oder Baumwollhemd. In dieser Aufmachung erledigte sie ihre häuslichen Pflichten und machte Besorgungen oder unkonventionelle Besuche bei Nachbarinnen. Bei kaltem Wetter legte sie ein weiteres Kleidungsstück um. Verließ sie jedoch den privaten Bereich, war die »gamurra« nicht mehr genug; dann wurden aus Kästen und Truhen die kostbaren Gewänder hervorgeholt, denn mit der Kleidung, die man in der Öffentlichkeit trug, wollte man sich individuell und gesellschaftlich kenntlich machen.

Auch andere Freiheiten durfte man sich in der Wohnung herausnehmen. Zwar empfahlen die Moralisten absolut korrekte Kleidung im Hause, zumal im Wohnzimmer, wo die ganze Familie zusammenkam, doch niemand empfand partielle oder vollständige Nacktheit in bestimmten Augenblicken als schockierend. Zum Schlafen zog man ein Nachthemd an, sofern man nicht, wenn es heiß war, nackt schlief. Vornehme Damen fanden nichts dabei, wenn ihre kleinen Töchter neben ihnen schliefen oder wenn sie der Nachbar durch sein stets geöffnetes Fenster bei der Morgen- oder Abendtoilette beobachtete. Die Frauen ließen sich unbekleidet vom offenen Feuer erwärmen oder trocknen (Damenunterwäsche kannte man noch nicht); die Männer zogen die Hose aus und hockten sich vor den Herd.

Das häusliche Leben war, bei aller Schlichtheit und Formlosigkeit, fröhlich, heiter und bunt. Es gab Blumen in Hülle und Fülle; viele flo-

Eiserne Laterne, Palazzo Davanzati, Florenz, 14./15. Jh. Licht war Luxus, drinnen wie draußen.

Vittore Carpaccio, *Das Wunder der Kreuzreliquie* (Ausschnitt), 1494. In Venedig schossen die Schornsteine ins Kraut (es gab bis zu acht Essen pro Anwesen), als man lernte, die aus der Lagune hereindringende Kälte erfolgreich zu bekämpfen. (Venedig, Accademia)

Kamin im »Papageienzimmer« im ersten Stock des Palazzo Davanzati, Florenz, spätes 14./15. Jh. Dieser gewaltige Kamin ist reich verziert, aber durchaus funktionstüchtig. Der große flache Abzug setzte sich gegen den konischen durch, als der Kamin im 15. Jahrhundert Einzug in die Säle und Schlafzimmer der Patrizierhäuser hielt.

rentinische und sienesische Gemälde des 14. und 15. Jahrhunderts zeigen Blumenvasen auf Tischen, Anrichten oder Fenstersimsen. Auf Fresken von Lorenzetti und Masaccio sieht man Vögel in Rohrbauern, die am Fenster hängen; einem kranken Jungen, Michele Verini, sandte man als Genesungswunsch Vögel in einem Käfig. (Der humanistisch gebildete Knabe bedankte sich in tadellosem Latein.) Auch Haustiere hielt man: verspielte, zutrauliche Katzen, Hunde, sogar von einer Gans hören wir (von der Alberti sein Haus gut bewacht sah), und selbst ein Bär kommt vor, der auf einem Gemälde von Masaccio (Carmine in Florenz) Kunststücke auf dem Gesims eines Hauses vollführt.

Wer genügend Geld besaß, konnte viel zur dauerhaften Verschönerung seines Hauses tun, beispielsweise durch Tapisserien oder Fresken in den wichtigen Zimmern. Genueser Inventare aus dem ausgehenden 14. Jahrhundert erwähnen häufig nicht näher bezeichnete Tapisserien, und diese Mode hielt sich bis ins 15. Jahrhundert. In Genua gab es »Zimmer mit bemalter Leinwand« (Ende des 15. Jahrhunderts bezeugt); es handelte sich um Genreszenen auf übergroßen Leinwänden, mit denen das ganze Zimmer – in diesem Falle das Schlafzimmer – ausgeschlagen war. In Florenz waren Stoffdecken und Tapisserien schon im 14. Jahrhundert in Gebrauch. Kleinere Decken legte man auf Tische, Stühle und Bänke, sogar in reinen Privaträumen. Größere Stücke, darunter auch die eigentlichen Wandbehänge (»arazzi«), die für Wände, das Kopfende von Betten oder für Türen bestimmt waren, bewahrte man in Truhen auf und holte sie nur an Feiertagen hervor, um mit ihnen Eindruck zu machen. Mit wertvollen Tüchern verzierte die Dame auch die elegante Garderobe, zu der sie im übrigen Make-up, Schmuck und andere Kostbarkeiten trug.

Wie wir aus Dantes *Vita nuova* wissen, bildeten Malereien – im Freskostil und in Tempera – seit dem 13. Jahrhundert eine kostengünstige Alternative zur Tapisserie; sie sind ebenfalls eng mit dem privaten Leben verbunden, von dem sie nachdrücklich Zeugnis ablegen. Relativ schlichte Standardmotive wie einfache geometrische Figuren (mehrfarbige Schachbrett- oder Rautenmuster usw.) finden sich in Verbindung oder abwechselnd mit komplizierteren Arabesken, ja, sogar neben der kunstvollen Imitation von Pelz (Feh oder Hermelin). Solche Motive bedecken mitunter eine ganze Wand. Hinzu kommen auf Tapisserien Trompe-l'œil-Effekte: die täuschend echte Abbildung von Rändern, Kanten und Falten. Freskomalereien, modisch und billig, zierten zahllose Innenhöfe, Zwischengeschosse (so im toskanischen Schloß in Poppi im ausgehenden 13. Jahrhundert), Empfangshallen, Loggien und sogar Latrinen.

Volle Geltung erlangten die Finessen der Malerei freilich erst in den Häusern der wirklich Reichen, wo gemalte Szenen an den Wänden schon im 14. Jahrhundert vorkommen. Beliebte Motive waren Bäume – jeweils einzeln auf elegante Paneele gemalt – und Gärten mit Blumen, Vögeln, ja, sogar menschlichen Gestalten, die sich edlen Zerstreuungen, beispielsweise der Jagd oder dem sportlichen Wettkampf, hingaben. Nicht selten vereinigt ein Raum mehrere Motive. Der ausgezeichnet erhaltene und restaurierte Palazzo Davanzati bietet hervorragendes

Gemalter Raum (Ausschnitt), Palazzo Davanzati, um 1400. Die Fresken entstanden anläßlich der Eheschließung des jungen Hausherrn Davizzi. Von unten nach oben: imitierte Tapisserie mit Schlüssel- und Löwenmotiv; Paneele, halb abgedeckt von einem gemalten Netz; Trompe-l'œil-Gesims mit Sparrenköpfen; imitierte Arkaden mit dem Wappen Frankreichs, darunter Episoden aus der *Châtelaine de Vergi*, einem französischen Roman aus dem 13. Jh.; schließlich Wappen und ein weiteres gemaltes Gesims. Mit dieser kunstvollen Dekoration wollte der Hausherr nicht nur Ehre einlegen, sondern sich auch eine private Welt schaffen, in die er sich – umgeben von Bildnissen ritterlicher Heldentaten – zurückziehen konnte.

Anschauungsmaterial aus drei Generationen um die Wende vom 14. zum 15. Jahrhundert. Der Saal und die beiden Schlafzimmer – die einzigen vollständig ausgemalten Räume des Palazzo – zeigen an den Wänden sorgfältige, geistreiche, wiewohl technisch einfache geometrische Muster bis in 2,50 Meter Höhe. Darüber liegt ein Bildstreifen von 20 Zentimeter bis ein Meter Breite. Im Saal gibt es einen Fries von Palmblättern mit Vögeln vor abwechselnd blauem und rotem Hintergrund. In dem einen Schlafzimmer sind auf dem Fries ebenfalls Bäume dargestellt, dekoriert mit einem Wappenschild und durch gotische Bögen miteinander verbunden; in dem anderen erzählt er die Geschichte des Burgherrn von Vergny; die Episoden spielen in einer vogelreichen Waldszenerie, über der sich Trompe-l'œil-Arkaden mit halbkreisförmigen Bögen und dem Wappen Frankreichs wölben. Je wohlhabender der Haushalt, desto erlesener die Dekorationen, mit denen sich die Bewohner von ihren täglichen Sorgen und Nöten ablenkten.

Privatheit und leibliches Wohl. Der treu sorgende Familienvater war gut beraten, sich für den Fall einer Störung der Lebensmittelversorgung

Carlo Crivelli, *Verkündigung an Maria* (Ausschnitt), zweite Hälfte des 15. Jh.
(Frankfurt am Main, Städelsches Kunstinstitut)

mit Vorräten einzudecken. Nur so vermochten Privatfamilien sich zu behelfen, falls die Natur oder die Behörden versagten. Paolo da Certaldo, Verkörperung des bürgerlichen Alltagsverstandes, bemerkt dazu im 14. Jahrhundert: »Habe stets einen Zwei-Jahres-Vorrat Weizen auf Lager [...] ebenso beim Öl.« Die Armen freilich sahen sich außerstande, diese Vorsichtsmaßregel zu beachten, und viele Bauern waren insbesondere in Perioden des Hungers gezwungen, den Weizen noch unreif zu verkaufen. Trotzdem versuchten sie, sobald sie ein wenig Bargeld erübrigen konnten, ihre Vorräte zu günstigen Preisen wieder aufzufüllen. In Prato registrierten die Behörden im November 1298 ein Ansteigen des Getreidepreises und kontrollierten daraufhin die angesammelten privaten Vorräte. Im Stadtviertel San Giovanni hatten 30 Prozent der Familien überhaupt keine Vorräte; 20 Prozent besaßen Vorräte für sechs Monate; die restlichen 50 Prozent der Bevölkerung verfügten über genügend Vorräte, um die Zeit bis zur nächsten Ernte überbrücken zu können. Es können also nicht nur die obersten gesellschaftlichen Schichten gewesen sein, die sich Vorräte zulegten; Krämer und Handwerker verfuhren genauso, und wenn man ihre bescheidenen finanziellen Mittel mit dem Umfang ihrer Reserven vergleicht, gelangt man zu dem Schluß, daß sie der Vorratshaltung höhere Priorität (gemessen am Aufwand von Zeit und Geld) einräumten als ihre reicheren Mitbürger.

Die florentinischen Bürger des Cinquecento brachen nicht mit dieser Übung, doch bildeten bei ihnen die Vorräte einen minder gewichtigen Posten des häuslichen Gesamtinventars. Nahezu alle Haushalte, von denen wir Kenntnis haben, hielten einige Fässer Wein und mehrere Krüge Öl in Reserve. Zwei von drei Haushalten besaßen einen Essigvorrat, jeder zweite lagerte Weizen, Trockengemüse sowie getrocknetes oder gepökeltes Fleisch ein. Diese Stichprobe ist freilich weniger repräsentativ als die aus Prato. Weizenreserven anzulegen war jedoch bei den toskanischen Bürgern, von denen die meisten einen oder mehrere Höfe besaßen, durchaus üblich. Und daß diese Praxis nicht aufgegeben wurde, ist sicher, obschon wir nicht genau sagen können, wie umfänglich die Vorräte waren, die man hortete. Sie wurden in besonderen Kammern aufbewahrt. Die Getreidekästen (»arca«) standen im »Saal« oder häufiger noch im Schlafzimmer; Fässer brachte man stets in der »cella« oder »volta« unter, dem Speicher, der im Erdgeschoß jedes Bürgerhauses zu finden war.

Auf dem Weg von der Speisekammer zum Eßtisch mußten die Lebensmittel zum Verzehr zubereitet werden. Die meisten Wohnungen und alle Bürgerhäuser hatten eine Küche; im 13. Jahrhundert befand sie sich noch im Innenhof oder Garten, danach verlegte man sie ins Haus, meist (um der Brandgefahr, der Rauchentwicklung, den Küchendünsten zu wehren) ins Dachgeschoß, manchmal auch, aus Gründen der Bequemlichkeit, in die »vornehmen Etagen«. Dieser städtische Luxus machte bald auch auf dem Lande Schule, jedenfalls wissen wir im 15. Jahrhundert von Häusern mit Küche im Apennin und in Teilen der Lombardei, und auch anderswo scheint es sie gegeben zu haben.

Die Küche war keineswegs besonders spartanisch eingerichtet, viel-

Privatbrunnen mit Zugang von den oberen Stockwerken; Florenz, 14. Jh. Der Brunnen befindet sich unmittelbar unter dem Haus; eine Rohrleitung reicht bis zum Dach. Mit Hilfe einer besonderen Aufzugsvorrichtung konnten die Hausbewohner das Wasser in jede Etage heraufholen. Doppeltüren ermöglichten den Zugang zur Leitung von verschiedenen Räumen aus.

mehr standen dort mehr und bisweilen sogar wertvollere Dinge als etwa im Wohnzimmer; florentinische Inventare verzeichnen zwischen 25 und 80 Gegenstände pro Küche. Was das Mobiliar betrifft, so finden wir hier Backtrog, Brotkasten, Schrank (diesen allerdings selten und lediglich im 14. Jahrhundert) und Borde. Am wichtigsten waren die zahllosen Geräte aus Eisen, Kupfer, Zinn, Terrakotta und Holz, deren es zur Zubereitung ebenso eines herzhaften Mahls wie eines erlesenen Festschmauses bedurfte. Gutes Essen versetzte den Hausherrn in freundliche Stimmung; vor allem ließen sich damit Reichtum und sozialer Rang bekunden. Wohlausgestattete Küchen gab es in Venedig schon Ende des 13. Jahrhunderts; im 14. Jahrhundert waren sie in ganz Italien in den ordentlich geführten Häusern gang und gäbe.

Die optische und kulinarische Aufwertung des Haushalts ging einher mit der verbesserten Versorgung mit Wasser. In Bologna, Piacenza, Florenz und anderen Städten gab es im 13. Jahrhundert öffentliche Brunnen an Straßenecken oder auf öffentlichen Plätzen; sie wurden vom jeweiligen Stadtviertel unterhalten. Das Wasser, das man aus diesen Brunnen schöpfte, war jedoch nicht immer gut; es stand auch nicht immer in ausreichender Menge zur Verfügung. Also begannen die Kommunen, auf Abhilfe zu sinnen. Die Stadt Venedig baute fünfzig Zisternen, Siena legte ein anspruchsvolles System unterirdischer Röhren und öffentlicher Brunnen an. In anderen Gemeinden führten die Bewohner selbst die notwendigen Verbesserungen ein. So wurden beispielsweise in Florenz zwischen 1320 und 1380 neue Baugrundstücke nördlich von San Lorenzo erschlossen, auf denen für jedes Haus ein eigener privater Brunnen vorgesehen war, insgesamt mindestens 149.

Abgelegene Straßen und arme Haushalte mußten freilich ohne Brunnen auskommen, in der via Guelfa etwa gab es für die 33 Häuser nur einen einzigen. Je ansehnlicher die Straße und je kostspieliger das Gebäude war, desto größer die Anzahl der Brunnen; in den besseren Stadtvierteln, zum Beispiel am Campo Corbolino, hatten nicht weniger als 39 Prozent der Häuser ihren eigenen Brunnen. So stand jederzeit und für jedermann Wasser zur Verfügung; durch Leitungen kam es in manchen Gebäuden bis in den dritten Stock und leistete der Hygiene und der Reinlichkeit ebenso gute Dienste wie in der Küche und gegen den Durst.

Leben in der Hausgemeinschaft

Gemeinschaftstätigkeiten im Hause. Krämer und Handwerker gingen ihrer Arbeit gewöhnlich nicht in ihrer Wohnung nach. In Florenz mieteten die meisten Handwerker einen Laden in einem anderen Stadtviertel als dem, in dem sie wohnten. Zwar sind Fälle einer Kombination von Werkstatt und Wohnung bekannt, aber sie waren die Ausnahme. Tagsüber verließ die arbeitende Bevölkerung die Wohnung – Männer ebenso wie Frauen, ja, sogar Kinder (die in manchen Fällen schon mit acht oder zehn Jahren zu arbeiten anfingen). Allerdings gab es einzelne Gewerbe, die von alters her in der Wohnung ausgeübt wurden: das Weben (Männer- wie Frauenarbeit) und vornehmlich das Spinnen (reine Frauenarbeit). Verzeichnisse über das Mobiliar von Wollarbeitern (1378) erwähnen häufig den Webstuhl und das Spinnrad; diese Geräte wurden zusammen mit den Möbeln katalogisiert und in der Wohnung aufgestellt. Ähnlich verhielt es sich um die Mitte des 15. Jahrhunderts in Florenz und in vielen anderen Orten. Wenn beide Ehepartner Weber waren oder der Mann wob und die Frau spann, konnten sie den ganzen Tag und notfalls bis tief in die Nacht hinein zu Hause arbeiten. Auf dem Lande waren Erwerbstätigkeit und privates Leben erst recht miteinander verknüpft, jedenfalls sehr viel enger als in der Stadt.

Zum Glück fehlte es der Familie, die sich am Morgen in alle Winde zerstreut hatte, um den Lebensunterhalt zu verdienen, nicht an Gelegenheit, nach getaner Arbeit (bei den florentinischen Maurern nach der Vesper) den Abend, an Sonn- und Feiertagen den ganzen Tag, gemeinsam zu verbringen.

Eine günstige Gelegenheit, die anderen Familienangehörigen zu se-

Eine Familie beim Essen; aus einer illustrierten Handschrift des *Decamerone*, 1427. Auf einem runden, dreibeinigen Tisch liegt eine unpassende rechteckige Tischdecke mit Fransen. Der Vater, ein erwachsener Sohn, die Mutter und einige Kinder sitzen auf Hockern rund um den Tisch. Mehrere Becher stehen auf dem Tisch; doch gibt es für alle nur ein Messer. Der Sohn wird aufgefordert, die Speisen zu teilen. (Paris, Bibliothèque Nationale, Ms. it. 63)

hen, war, wenn sie Toilette machten. Die Mutter beaufsichtigte (laut Giovanni Dominici) die Toilette der Kinder. Die Erwachsenen waren bei ihrer Toilette nicht immer allein, es waren dafür auch nicht nur die Morgenstunden vorgesehen. Daß eine Frau ihrem Mann bei seinen Waschungen zur Hand ging, war die Regel. Matronen hatten Mädchen, die ihnen beim Waschen (zumindest der Füße), beim Anziehen und beim Schminken halfen. Gegenseitiges Entlausen war bei den Damen und in den Wohnungen von Ravenna so sehr im Schwange, daß eine Vorschrift aus dem 13. Jahrhundert es jedermann verbot, sich zu diesem Zweck unter die öffentlichen Arkaden zu begeben.

Die Familie kam in jedem Falle zu den Mahlzeiten zusammen, gelegentlich schon vorher. Ein Beobachter beschreibt im Juli 1338 in Fiesole eine Hausfrau bei der Zubereitung der abendlichen Suppe: Ihre 15jährige Tochter sitzt auf einer niedrigen Truhe, die ältere Tochter hockt, das Kinn auf die Knie gestützt, in Erwartung ihres Galans unter dem Türsturz, der unerzogene Sohn geht mit langen Schritten auf und ab; schließlich setzen sich alle zum Essen nieder. Das gemeinsame Mahl war ein Ideal, wie Alberti uns belehrt, aber auch Realität. Jeder florentinische Haushalt, ob reich oder arm, verfügte über mindestens einen Tisch, rechteckig und aufgebockt oder rund, der offenbar zum Essen benutzt wurde. (In manchen Inventaren heißt es ausdrücklich »runder Eßtisch«.) Bei den Novellisten ist es selbstverständlich, daß Mann und Frau gemeinsam speisen, wahrscheinlich mit den älteren Kindern. Die Dienstboten aßen nicht mit der Familie, allenfalls auf dem Lande oder in bescheideneren städtischen Haushalten.

Nach dem Essen begann für die Familie der Abend. Es gab für jeden zu tun; dazu rechneten nicht zuletzt häusliche Verrichtungen wie Bohnenschälen, Scheuern, Putzen, Stopfen, Ausbessern. Auch zu erzählen hatte man sich viel; der Abend war dem Gespräch gewidmet. Man redete über die tägliche Mühe und Plage; man sprach über »Schafe, Weizen, Häuser und andere zwischen Ehepaaren übliche Themen«, wie ein Ohrenzeuge die Konversation eines bäuerlichen Paares charakterisiert. Die Eheleute erörterten Zukunftspläne, etwa die Frage, wem sie ihre Tochter zur Ehefrau geben sollten; doch sie teilten auch die Sorgen miteinander: über die drückenden Steuern, die Kinder, die eines nach dem anderen zur Welt kamen und »nichts weiter taten als essen«. Manche Gespräche drehten sich ausschließlich um Themen wie die Mitgift der Tochter, geplante Investitionen oder (bei Teilpächtern) das Verhältnis zum Grundbesitzer oder Patron. Zwar haben die Moralisten immer wieder den lockeren Ton des privaten Gesprächs gerügt, doch redete man auch über religiöse Belange. Selbst in den frömmsten Familien kam es allerdings gelegentlich zu Streit und lauten Auftritten, in deren Verlauf jeder »mit Heftigkeit seine Verbitterung hinausschrie«, wie der Biograph der hl. Katharina von deren Familie berichtet. Die Großeltern erzählten mitunter von ihrer Jugendzeit oder verbreiteten sich (mehr oder weniger kundig) über die Familiengenealogie. Empört tauschte man sich über lokale Skandale aus: Bigamie, einen Mord, das sittenlose Treiben der Priester usw. – Beispiele, die aus toskanischen Quellen des 14. Jahrhunderts stammen. Humanisten und das städtische Bürgertum hatten natürlich mehr und vielfältigeren Gesprächsstoff, doch auch sie beteiligten sich begierig am Alltagsklatsch. Alberti pries den Reiz der zwanglosen Unterhaltung über »Vieh, Wolle, Weinstöcke und Saat«, die er während eines Ferienaufenthalts genoß. Doch konnte er auch bei jedem anderen Thema mithalten. Bei einem seiner Onkel »war es Brauch, niemals von trivialen Dingen zu sprechen, sondern stets nur von bedeutenden«. Im wirklichen wie im literarischen Dialog liebten es die Humanisten, ihre Bildung unter Beweis zu stellen.

Freilich, man plauderte nicht nur, sondern spielte auch: Würfelspiele (die mit Argwohn betrachtet wurden), Schach (das in bürgerlichen Häusern häufig erwähnt wird) und später Karten. Oder man holte, wie Palmieri berichtet, die Kinder hinzu und spielte mit ihnen Buchstabenspiele. Waren die Kinder größer geworden, wurde die abendliche Lektüre bevorzugt, so wie im Hause des würdigen und frommen Notars Lapo Mazzei aus Prato, der an Winterabenden seinen Kindern aus den *Blümlein* des Franziskus vorlas (1390). Hundert Jahre später (1485) ist es unser humanistisch gebildetes Wunderkind Michele Verini, den sein Onkel nach dem Abendessen mit der Bibel vertraut macht (und als Apéritif mit dem Euklid).

Die Anlage des Hauses, das ja nicht überall gleich warm (oder kühl) war, lud zum abendlichen Beisammensein ein. Im Sommer saß die Familie auf der Treppe oder im Garten oder in einer der Loggien; im Winter versammelte sie sich um das Feuer in der »sala«, wo die Frau las, der Mann Gespräche führte und das Feuer unterhielt und die Kinder auf ihren Schemeln hockten und zuhörten – eine häusliche Szene, die das Lieblingsthema zahlloser Illuminationen war. Aus bestimmten Anlässen – Geburt, Krankheit – fand sich die Familie im Schlafzimmer ein. Puristen empfanden das freilich als ungehörige Okkupation einer

Gemalter Raum (Teilansicht); Palazzo Davanzati, Florenz, um 1400.

Sphäre, die der Dame des Hauses bzw. dem Ehepaar vorbehalten war; in ihrer Sicht war der alleinige Ort familiärer Geselligkeit das Wohnzimmer. Doch fühlte sich insbesondere die Kleinfamilie – Vater, Mutter und Kinder – in der wärmeren, intimeren Atmosphäre des Schlafzimmers offenkundig behaglicher. Die großen Räume der Bürgerhäuser dienten hauptsächlich dazu, Verwandte und Gäste aufzunehmen, von denen nur die wenigsten Zutritt zum Schlafzimmer hatten.

Der »pater familias«. Ein Haushalt bedurfte der Leitung. Tag für Tag waren Entscheidungen zu treffen. Das Patrimonium und die Kinder bedeuteten praktische Verantwortung. Die Kinder beanspruchten ihre Eltern von klein auf und bis zu ihrer Verheiratung. In jedem Kind konvergierten zwei Linien und zwei Traditionen: die des Vaters und die der Mutter. Welche würde die Oberhand behalten? Dieselbe Frage galt für das Patrimonium. Mit Ausnahme der Haushalte, die in den Steuerlisten als »nihil habentes« (ohne Eigentum, wörtlich »Habenichtse«) geführt

Tacuinum sanitatis, Pavia oder Mailand, 1390–1400. Auf einem Thron sitzend, hat der Familienvater gerade etwas von einem Löffel gekostet, den ihm seine ängstliche Frau dargeboten hatte. Er äußert sein Wohlgefallen. Die beiden Frauen sind beruhigt, daß der Hausherr zufrieden ist. (Paris, Bibliothèque Nationale, Ms. n. a. lat. 1673, fol. 50 v.)

wurden, gab es in jedem Haus Besitz, und wenn es nur ein paar Möbel- und Kleidungsstücke waren. Das Besitztum setzte sich zusammen aus dem Patrimonium im engeren Sinne (dem vom Ehemann in die Ehe eingebrachten Besitz), den Erwerbungen, der Mitgift der Frau (und gegebenenfalls der Mitgift der Schwiegertöchter) sowie den (aus Schenkung oder Erwerb hervorgegangenen) »peculia« der Söhne. Die Kodifizierung der Mitgift selbst war nicht einheitlich. Die Juristen unterschieden zwischen dem »geschätzten« Teil, der sorgfältig registriert wurde, und dem »nicht geschätzten« Teil, der aus den Möbeln und Gegenständen des täglichen Bedarfs bestand. Probleme im Zusammenhang mit dem Patrimonium berührten die Frau und die Kinder ebenso wie den Ehemann. Die Verantwortung dafür mußte geteilt oder delegiert werden.

In Italien war es traditionellerweise der Ehemann, der die häusliche Gewalt ausübte. Im 12. und 13. Jahrhundert nahm seine Autorität, die der des Königs gleichgesetzt wurde, in den Augen der Juristen (zumal jener in Bologna) sogar noch zu. Eine beliebte Redensart des 13. Jahrhunderts spiegelte die allgemeine Auffassung wider: »In seinem Haus ist jeder König« (»Quilibet, in domo sua, dicitur rex«). Der Vater besaß die Gewalt (»paterna potestas«) über die Kinder, er allein; der Jurist Azzo erläutert: »Weder Mütter noch Großeltern mütterlicherseits haben Gewalt über die Kinder.« Die Gewalt des Vaters erstreckte sich auf seine sämtlichen Nachfahren, insbesondere auf seine Enkel, und zwar unabhängig von seinem eigenen Alter – mochte er auch schon in den Sechzigern (»etiam sexagenarius«) sein – und unabhängig vom Alter der Kinder. Diese Maxime stand nicht nur in den Lehrbüchern der Juristen; sie prägte auch den Alltag, nicht zuletzt mittels Statuten und Gewohnheitsrechten, die im 13. und im 14. Jahrhundert das städtische private Leben regeln sollten. Auf dem Weg über diese Statuten hielt das juristische Denken Einzug in die Köpfe der Menschen.

Der »pater familias« war zunächst der alleinige Treuhänder des gesamten Familienbesitzes. Er verwaltete die Mitgift seiner Frau (und zwar im 13. Jahrhundert die ganze Mitgift, ob »geschätzt« oder nicht) sowie in einigen Fällen auch die Mitgift seiner Schwiegertöchter. Es stand ihm sogar frei, sie zu verkaufen. Die Gerichte sprachen dem Mann in der Regel das volle Verfügungsrecht über den Besitz zu, den seine Frau mit in die Ehe gebracht hatte, so daß sie machtlos gegen Entscheidungen war, die ihr Eigentum und das künftige Erbe der Kinder in Gefahr brachten. Die Juristen waren ferner der Meinung, daß Einkünfte aus der Mitgift der Frau nicht in deren Eigentum zu reinvestieren, sondern dem allgemeinen Familienvermögen zuzuschlagen seien, das der Mann verwaltete. Hierdurch sollte es dem Manne ermöglicht werden, die »unerträglichen Belastungen« der Ehe (d. h. die laufenden Ausgaben) zu finanzieren; selbstverständlich blieb es ihm unbenommen, seine eigenen Einkünfte in Grundstücken oder Waren anzulegen. Ebenfalls dank der »paterna potestas« hatte der Vater unbeschränkten Zugriff auf das Bargeld und den Besitz seiner Söhne.

Doch der Vater war nicht nur Herr über den Familienbesitz, sondern auch über die Familienmitglieder. Frau und Kinder waren seiner »potestas« unterworfen und verpflichtet, ihm Gehorsam und Respekt zu zollen. Die führenden dominikanischen Beichtväter bekräftigten in ihren Lehren die Maximen ihrer juristischen Kollegen. 1398 wiederholte Giovanni Dominici einen Gemeinplatz aller Prediger und schärfte einer reuigen Sünderin ein, daß die Frau ihrem Manne zu Willen sein müsse (solange er keine Sünde von ihr verlangte). In derselben Weise argumentierten die Moralisten Fra Paolino, L. B. Alberti und E. Barbaro: »Als alleiniger Herr in seinem Haus entdeckt der Mann seinem Weibe nicht alle Familiengeheimnisse. Er bildet sie zu ihrem weiblichen Berufe aus und darf ihr, eingedenk der Schwachheit ihres Körpers und Charakters, nur geringe Verantwortung im Haushalt übertragen.« In der Praxis konnte die Unterordnung der Frau unter den Mann schwerwiegende, schmerzliche Folgen haben. Gemeindestatuten wie das von Gello in der Toskana (1373) verliehen den Männern das Recht, »ihre Kinder, ihre jüngeren Brüder und auch ihre Frauen zu züchtigen«. Noch mehr Gewalt billigten Rechtskommentare, Gesetze und moralistische Schriften dem Vater über seine Kinder zu; sie sollten ihm mit Hochachtung begegnen, so als sei er sakrosankt. Mochte der Sohn in der Öffentlichkeit noch so viel Verantwortung tragen, im privaten Bereich zählte sie nichts. Autorität und Vormachtstellung des Vaters überwogen (Palmieri). Jede Respektlosigkeit gegen den Vater, jede Aufsässigkeit, Beleidigung oder Vernachlässigung (des greisen Vaters) konnte von Rechts wegen vom Vater selbst oder von den Behörden bestraft werden. Noch 1415 ermächtigte ein florentinisches Statut Väter und Großväter ausdrücklich, ihre widerspenstigen Sprößlinge ins Gefängnis werfen zu lassen. Die Prediger unterstützten diese Einstellung: Wer seinen Vater ehrt, der wird in seinen Söhnen belohnt werden, den Segen Gottes empfangen usw. Moralisten und Kleriker stimmten darin überein, daß rechte Erziehung nur von solchen Vätern ausgehen könnte, die gewillt waren, »das Leben ihrer Söhne mit den tugendhaftesten Sitten zu zieren« (Palmieri). Giovanni Dominici, Autor einer Abhandlung über Kindererziehung, verlangte, daß Kinder jeden Satz, den sie an den Vater richteten, mit den Worten »Messer si« einleiteten, in Gegenwart ihrer Eltern still verharrten, nach dem Empfang einer Anweisung demütig den Kopf senkten und in jeder Situation Respekt vor dem Manne bekundeten, dem sie ihr Dasein verdankten.

Recht und Politik spiegeln herrschende Gebräuche wider, und das, was wir über die toskanische Familie wissen, bestätigt in bedeutsamen Punkten die Maximen und Lehren, die wir soeben skizziert haben. Das Statut, das es Vätern erlaubte, ihre Söhne einsperren zu lassen, wurde in Florenz noch 1463 angewendet. Die Patriarchen der großen bürgerlichen Familien im 15. Jahrhundert waren lebendige Monumente der Vormachtstellung des Vaters. Manche von ihnen behielten die Familienfinanzen bis zuletzt fest in der Hand. 1480 machte der greise Gino Ginori seine Vermögensdeklaration und merkte darin an, daß seine erwachsenen Söhne noch unter seinem Dach lebten: »Sie arbeiten mit mir im Tuchgeschäft und verstehen noch nicht genug davon, um auf eige-

Gentile da Fabriano, *Polyptychon Quaratesi*, »Geschichte des hl. Nikolaus« (Ausschnitt), frühes 15. Jh. Du sollst Vater und Mutter ehren: Eine Frau bezeigt Ehrerbietung gegen ihren alten Vater, indem sie ihm beim Schuheausziehen hilft. Der Mann ist jedoch so arm, daß er seine Tochter ebenso wie ihre Schwestern als Prostituierte arbeiten lassen wird. (Vatikanstadt, Musei Vaticani, Pinacoteca)

nen Füßen stehen zu können.« Andere Patriarchen bestimmten eigenhändig die Aussteuer ihrer Enkelinnen. Auch in der Welt der Teilpächter war die Gewalt des Vaters in wirtschaftlichen Belangen unantastbar. In der Gegend von Siena scheinen um 1400 Familien von Teilpächtern wie kleine Gesellschaften organisiert gewesen zu sein, in denen der Vater sämtliche Tätigkeiten, Schulden, Ernteerträge und Vorräte verwaltete, kontrollierte und verteilte.

Der Vater besorgte häufig selbst die Erziehung, wobei er bei seiner Ehefrau begann. Die meisten Frauen waren bei der Heirat jung, unerfahren und deshalb zwangsläufig vom Wissen ihres Mannes abhängig. Die Ehemänner scheinen ihre aufmerksamen und eingeschüchterten Frauen mit moralisierenden Vorträgen traktiert zu haben, wie sie der alte Giannozzo nach Auskunft seines Neffen Alberti an die junge Frau richtete, die er geheiratet hatte und die er zu einer ordentlichen Hausfrau zu bilden gedachte: »Ihre natürlichen Anlagen und ihre Bildung, vor allem aber mein Unterricht haben aus meiner Frau eine vorzügliche

Familienmutter gemacht.« Am meisten lag dem Vater jedoch an der sittlichen und geistigen Unterweisung seiner Kinder (ein Unterricht, der, wie wir sahen, oft während des abendlichen Beisammenseins der Familie stattfand). Welch eine Freude, wenn seine Mühen sich auszahlten! Liebevoller Stolz spricht aus den Briefen des Notars Ser Ugolino Verini an seinen Sohn, das humanistische Wunderkind Michele (15. Jahrhundert). Als anspruchsvoller Vater ermutigte Ugolino seinen Sohn, erteilte ihm Ratschläge, tadelte ihn bisweilen, ließ aber – im Bewußtsein der außerordentlichen Anlagen und der Zuneigung des zehnjährigen Knaben – meist seinen zärtlichen Gefühlen freien Lauf: »Welche Freude hätte mir Dein Besuch [in Pisa] gemacht! Niemand ist mir so lieb wie Du, niemanden wünsche ich so sehnlich wiederzusehen wie Dich, der Du mir alle meine Wünsche erfüllt hast.«

Gehorsam und Respekt erfreuen den Herrn und Meister, Aufsässigkeit und Arroganz erregen seinen Zorn. Das Gesetz gab ihm das Recht, Angehörige seiner Familie zu züchtigen. Machte er von diesem Recht Gebrauch, zumal bei seiner Frau, so konnte er allgemeiner Zustimmung sicher sein. Sacchetti berichtet von einer Gastwirtsfamilie in der Romagna, daß die Frau eines Abends ihrem Mann nur sehr widerwillig und ungnädig bei der Arbeit half. Ein Gast erlebte das mit und war empört. Später starb diesem Gast die Frau und jener Gastwirtsfrau der Mann, woraufhin der einstige Gast seine frühere Wirtin heiratete – mit dem festen Vorsatz, sie für ihre damalige Widerborstigkeit zu bestrafen. Das tat er auch, und zwar schon in der Hochzeitsnacht. Er überhäufte sie mit Schmähungen und Schlägen. Entwürdigt und geschunden gelobte die Frau, fortan eine untadelige Gattin zu sein, woraus Sacchetti den Schluß zieht, die »Qualität der Weiber« hänge allein von ihren Männern ab. Sacchetti ging zwar nicht so weit wie der italienische Volksmund, der behauptete: »Brave Gattin, schlimme Schlampe – Prügel woll'n die Weiber alle«, aber im Umgang mit der »Schlampe« empfahl er sehr wohl den Stock. Das Thema muß ihn beschäftigt haben, denn er widmete ihm eine ganze Novelle. Und für Kinder galt damals das Motto: »Eine tüchtige Tracht Prügel hat noch niemandem geschadet.« Giovanni Dominici pflichtete dem bei: »Häufige, aber nicht maßlose Bestrafung ist von großem Nutzen für sie.«

Gattin und Mutter. Obschon gezüchtigt und unterjocht, übte die Frau Einfluß im Hause aus, und wenn sie Charakterstärke besaß, konnte sie sich sehr wohl behaupten. Humanistische Moralisten fanden das sogar in Ordnung. Die Frauen sollten sich auf ihr Heim beschränken, dort jedoch sollten sie den ersten Platz einnehmen, »vor dem Rest der Familie«. Man gestand den Frauen also wirkliche Autorität zu, allerdings nur auf einem kleinen Handlungsfeld. Diese Autorität wurde an die Frauen vom Mann delegiert, der ihr Tun und Lassen streng überwachte. Ging es aber um Alltagsentscheidungen, so zählte das Wort der Frau, und in manchen Konstellationen konnte sie tatsächlich ohne die Einwilligung ihres Gatten handeln, etwa wenn er auf Reisen war, was bei Kaufleuten häufig vorkam. »Ihr obliegt die Sorge um die häuslichen Dinge, die Dienstboten und die Erziehung der Kinder. Als Fürstin der Familie hat sie sorgsam und klug alles zu lenken und zu verteilen, was ihr Gatte ihr zukommen läßt, [. . .] und es zu mehren und zu fördern.« Mit diesen ebenso bombastischen wie zweideutigen Worten zollte Ermolao Barbaro der Rolle der Frau seinen Tribut. Direkter äußerte sich dazu Bernhardin von Siena. In einem malerischen, langatmigen Text beschreibt er, wie die Frau geschäftig zwischen Keller und Dachboden hin und her eilt, auf den Ölvorrat achtgibt, Fleisch pökelt, kehrt, spinnt, webt, wäscht, Kleider reinigt, das Haus in Ordnung hält. Knechtische Arbeit? Jawohl, räumt Bernhardin ein; aber eine Frau verrichte diese Arbeiten besser als jeder Knecht. Und diese Arbeit war unentbehrlich; sie bildete das Fundament des gesamten familiären Systems, in dem die Frau herrschte: Erziehung der Kinder (auf die Barbaro großes Gewicht legt), Unterstützung des Gatten und der ganzen Familie, Beistand für die Armen sowie Friede und Eintracht im Haus. Eintracht war ein Hauptziel jeder Obrigkeit: Der Frau die Verantwortung für die häusliche Eintracht zu übertragen, hieß, eine Neubewertung von Sinn und Zweck weiblicher Hausarbeit in Gang zu setzen.

Das Alltagslos einer Frau, ihre Stimmungen und Launen, beschreiben einprägsam die Briefe von Monna Margherita, der Frau des Pratenser Tuchhändlers Francesco di Marco Datini. Zu Anfang waren die beiden fast ständig zusammen, doch dann war Franceso immer häufiger in Geschäften unterwegs, und so schrieben sie einander Briefe. Zu der Zeit, da Margheritas Bild aus der Korrespondenz klar hervortritt, ist sie gereift, recht verhärmt und nicht bereit, sich ihrem schwierigen Mann widerspruchslos zu unterwerfen. Francesco, der durch seinen Beruf ein besonders wachsamer »massaio« (Verwalter) geworden war, bestürmt seine Gefährtin mit täglichen Anweisungen und Warnungen, aus denen ein geradezu beleidigendes Mißtrauen spricht: »Vergiß nicht, die Küchenfenster geschlossen zu halten und die Orangenbäume zu gießen. Vergiß auch nicht [. . .] und vergiß nicht [. . .].« Zunächst fügt Margherita sich, doch allmählich wird das Verhältnis der Ehegatten immer gespannter. Ihre Unfruchtbarkeit, gegen die nichts getan werden kann, und die Seitensprünge ihres Mannes stimmen Margherita traurig und machen sie grimmig. Ihre Repliken auf die lästigen Ermahnungen ihres Mannes fallen schärfer aus, und sie weiß sich geschickt zu wehren. Wir beobachten, wie sie seine Aufmerksamkeit auf beider unterschiedliche Herkunft lenkt: Margherita stammt aus dem Adel, er nicht. Auf seine Jeremiaden erwidert sie, daß es *sein* Entschluß gewesen sei, fortzugehen. Und sie hält ihm – manchmal mit heftigen Worten – seinen Lebenswandel vor: Ändere dein Leben, mahnt sie, und denke an deine Seele. Ihre Briefe sind nicht nur bemerkenswert offen, sie zeugen überdies von einem selbständigen Geist, und in Augenblicken der Hellsicht und Zerknirschung gibt Francesco zu, daß sie recht hat, und ermutigt sie: »Tu, was Du für das Beste hältst, [. . .] wollte Gott, ich hätte auf Dich gehört.« Eine Frau von Charakter, die aufgrund der häufigen Abwesenheit ihres Mannes gezwungen war, selbständig Hunderte von Entscheidungen zu treffen, konnte also ein gewisses Gleichgewicht in der Ehe herstellen. Wenn eine solche Frau verwitwete, dann war sie für die neuen Verantwortungen gerüstet, die auf sie warteten.

Ungeachtet solcher Aufgaben fand die Frau ihre Erfüllung vorwiegend in der Erziehung der Kinder. Deshalb war ja Margherita über ihre Unfruchtbarkeit doppelt unglücklich. Allerdings war ihr Fall untypisch. Aus mancherlei Gründen fiel den Frauen die Rolle der Erzieherin zu; in erster Linie waren es Altersgründe. In der Regel waren die Frauen, wenn sie mit sechzehn oder achtzehn Jahren heirateten, sieben bis zehn Jahre jünger als ihre Männer. So standen sie zwischen der Generation des Vaters und derjenigen der Kinder und fühlten sich besonders ihrem älteren Nachwuchs verbunden. Mütter verkörperten Stabilität und Dauer in einer Welt, in der die Männer (zumal in den Städten) einen langen Arbeitstag als Kaufmann oder Handwerker hatten und oft weite Reisen unternehmen mußten. So hatten die Frauen beträchtlichen Einfluß auf ihre Kinder – *zu* großen Einfluß, wie manche Moralisten meinten, die eine Verweichlichung der Kinder in der weiblichen Umgebung befürchteten. Mochten die Gesetze auch die Autorität des »pater familias« stützen und die Moralisten ihren Vaterkult verfechten, in Teilen des Bürgertums scheint der Vater im Leben seiner Kinder eine geringe Rolle gespielt zu haben.

Theoretisch gab es also im Haushalt eine von den Moralisten gepredigte und verklärte Hierarchie, in welcher der Vater den Vorrang vor der Mutter genoß. Diese Hierarchie spiegelte sich in der Anrede, in Formalitäten und anderen Zeichen wider. Während der Mann seine Frau niemals siezte, redete diese ihren Mann stets mit »voi« an. Besaß der Mann einen Titel (»messer«, »maestro«), sagte die Frau zu ihm »Maestro« und »Sie« (Boccaccio). Auch im städtischen Bürgertum scheinen die Kinder den Vater mit »Sie« angeredet zu haben.

Diese Hierarchie aus Rang und Ehrerbietung wurde oft mißachtet, zumal von einfachen Leuten, bei denen es üblich war, daß die Frauen ihre Männer duzten und ihnen notfalls unverblümt die Meinung sagten. Monna Margherita duzt ihren nörglerischen Ehemann. Daß Ehegatten einander siezten, scheint in der Tat nur in gewissen traditionsbewußten (oder, wie im Falle Alberti, erzkonservativen) Adels- und Patrizierfamilien der Brauch gewesen zu sein. Daß Kinder das Sie gebrauchten, scheint dagegen häufiger vorgekommen zu sein, doch galt dieses Sie offenbar beiden Eltern. Ähnliches gilt von anderen Formen der Artigkeit. Dominici fordert, Kinder sollten gewisse Zeichen des Respekts, etwa den »Diener« oder das ehrfürchtige Schweigen in Gegenwart Erwachsener, beherzigen, doch ist diese Höflichkeit gegenüber beiden »genitori« zu beachten. Dominici, der den Unterschied zwischen Eltern und Kindern hervorkehrt, folgt damit einem Grundsatz, der zweifellos verbreiteten Einstellungen entsprach. In der Toskana wie überhaupt in ganz Italien scheinen Kinder ihre Eltern als Paar empfunden zu haben, eingehüllt von einer Aura gemeinsamer Autorität, welche die Haltungen beider Ehegatten einander anglich.

Die persönliche Sphäre

Die Menschen kamen in der Wohnung zusammen, um zu essen und miteinander zu reden, und sie gingen wieder auseinander, um zu arbeiten. Jeder hatte seine Aufgabe. Albertis Giannozzo, der ja nichts dem Zufall überläßt, schärft seiner Frau ein, jedem »Familienmitglied« einen geeigneten Auftrag zu erteilen. Da er von einem begüterten Hause spricht, meint er das Gesinde. War der Rahmen enger – wie beispielsweise auf dem Lande –, teilten die Familienangehörigen die Hausarbeit unter sich auf.

Die Arbeitsteilung konnte höchst kompliziert werden, wie wir aus Informationen über die Teilpächter wissen, die für das Kloster Monte Olivero bei Siena arbeiteten (1400–1430). Im Auftrag der Mönche spannen die Frauen Flachs, webten Wolle und wuschen die wollenen Kutten. Die Männer arbeiteten nicht nur auf dem Feld, sondern verrichteten, je nach der Jahreszeit, vielfältige andere Tätigkeiten. Die Knaben machten sich als Knechte im Kloster nützlich, durften jedoch, sofern es der Klosterverwalter erlaubte, nach Hause gehen, wenn es dort viel zu tun gab. Aufgrund der Nähe des Klosters hatte der Teilpächter Pflichten, die strenggenommen über den Rahmen der Landwirtschaft hinausgingen. Jedermann versuchte, sich eine Nische zwischen zwei Gewalten – dem »pater familias« und dem Klosterverwalter – zu schaffen, wo er von beiden unbehelligt war. Der Einzelne hielt nach einer Tätigkeit Ausschau, die für ihn befriedigend war und der Familie zugute kam. Die Diversifizierung des Berufslebens war in ländlichen Regionen keine Seltenheit. So lebte in der Val d'Elsa ein Schuster bei einer Teilpächter-Familie und ging dort seinem Handwerk nach. Kinder verließen – in den Städten noch mehr als auf dem Lande – zeitweilig das Haus und arbeiteten in der Stadt oder in einem Gewerbe, ohne daß der familiäre Zusammenhalt darunter gelitten hätte.

Isolation. Die Diversifizierung der Tätigkeiten wird zu einem Zeitpunkt offenkundig, in dem die Quellen auf ein wachsendes Bedürfnis nach individueller Privatheit schließen lassen. Dieses Bedürfnis bezeugte sich nicht zufällig in der Aufteilung und Verwendung des Wohnraums. Die Anzahl der Zimmer, vornehmlich der Schlafzimmer, stieg. Übrigens konnte man die neuen Schlafzimmer abschließen oder, was noch sicherer war, verriegeln. Das Haus wurde so zu einem Gehäuse privater Räume von unterschiedlicher Intimität. Boccaccio stellt uns einen eifersüchtigen Ehemann vor, der sich von seiner ehebrecherischen Frau verabschiedet: »Ich gehe zum Abendessen fort«, lügt er sie an, »vergiß nicht, die Haustür, die Tür zum Treppenhaus und die Schlafzimmertür zu verriegeln.« Diese Familie bewohnte offensichtlich ein ganzes Haus. Um hineinzugelangen, mußte man eine erste Barriere überwinden: die Haustür. Doch nun stand man erst im Erdgeschoß, wo Lebensmittel und andere Vorräte gespeichert und gelegentlich Gäste untergebracht wurden. Es gab auch ein Schlafzimmer, aber es blieb unbenutzt. (Hier versteckte sich der eifersüchtige Ehemann.) Die eigentliche Wohnung mit den ständig von der Familie benutzten Räumen lag im ersten Stock, der durch eine verschließbare Tür vom Treppenhaus und vom Erdgeschoß getrennt war. Die Wohnung selbst war noch einmal untergliedert – das eheliche Schlafzimmer konnte ebenfalls verschlossen werden, womit eine dritte Barriere errichtet war. Drei Türen, drei geschützte Bezirke, drei Ebenen der Intimität: Gäste, Familie, Ehepaar.

Die Intimität des Paares. Wir haben mittlerweile das Elternschlafzimmer mit seinen Kästen und Truhen, den Tapisserien, Heiligenbildern, Bänken und Schemeln, dem Ehebett, dem Türschloß und dem Schlüssel (oder vielmehr den Schlüsseln) kennengelernt. In diesem Allerheiligsten waren häufig auch die Truhen mit Schlössern versehen, was dann in den Verzeichnissen eigens erwähnt wird. So wissen wir, daß 1380 im Schlafzimmer des Bartolo von Castelfiorentino und seiner Frau Katharina eine lange Sitztruhe mit drei Schlössern stand, ferner eine normale Truhe mit zwei Schlössern; das Vorzimmer enthielt zwei noch längere Sitztruhen mit jeweils sechs Schlössern sowie eine gewöhnliche Truhe mit zwei Schlössern. Ähnlich sah es in anderen Häusern von vergleichbarem Prestige aus, während man in schlichten Haushalten mit weniger Aufwand auskam. Doch so gut wie jeder Handwerker hatte in seinem Haus einen verschließbaren Kasten.

Sieneser Meister, italienische Handschrift der *Meditationes Vitae Jesu Christi* (Ausschnitt), 1330–1340. Eine Tür mit schwerer Klinke sorgt für Sicherheit und Intimität.
(Paris, Bibiothèque Nationale, Ms. it. 115, fol. 40 v.)

Das Schlafzimmer war ein warmer, einladender Ort, wo das Ehepaar – etwa nach dem Abendessen – gerne verweilte. Der Mann erteilte seiner Frau Belehrungen, und die Frau hörte ihm ehrerbietig zu und wusch ihm (laut Sacchetti) die Füße. Oder sie entlauste ihn (was allerdings den Novellisten zufolge nur bei Bauern der Brauch war). Nach einiger Zeit mochte die Frau sich ein Herz fassen und ihre eigenen kleinen Sorgen oder gewisse eheliche Unstimmigkeiten zur Sprache bringen: »Ich hab nichts anzuziehen. Dir ist es ja egal, wie ich herumlaufe. [. . .] Die Soundso ist besser angezogen als ich. Vor der Soundso haben die Leute mehr Respekt. Über mich lachen sie bloß. [. . .] Worüber hast du dich mit der Nachbarin unterhalten? Und mit der Magd?« (Fra Paolino) Nach und nach glätteten sich die Wogen wieder. Dann sprachen die beiden vielleicht über Familiengeschäfte, die guten Sitten oder die Kinder (Alberti). Probleme, die zuvor im Kreise der ganzen Familie erörtert worden waren, erwog man jetzt noch einmal in aller Privatheit. An Gesprächsstoff herrschte kein Mangel.

Schließlich rückte die Stunde des Schlafs – oder der Zärtlichkeit – heran. Man rüstete sich, vielleicht mit einem Gebet, zur Nacht. Manche jungen Paare begründeten so, bei verschlossener Tür und auf Knien, ihren Hausstand: Sie baten Gott um Wohlfahrt, Eintracht, Fruchtbarkeit (viele Söhne), Gesundheit, Ehre und Tugend (Alberti). Ob solche abendlichen Gebete auch unter Alltagsbedingungen üblich waren, wissen wir nicht; Bruderschaften und Beichtväter erhoben das abendliche Gebet zur Pflicht, doch ob es wirklich allgemein praktiziert wurde oder nicht, ist nicht mit Sicherheit festzustellen.

In der Privatheit des Schlafzimmers machten Mann und Frau es sich bequem. Der Mann in Hemdsärmeln, die Frau mit wenig oder nichts unter ihrem Hemd – so ordneten sie das Zimmer (Sacchetti). Danach folgte ein Gute-Nacht-Kuß. Manche Männer, von des Tages Mühe und Last erschöpft, fielen sofort in tiefen Schlaf – um so schlimmer für die eheliche Zweisamkeit. Moralisten und Prediger vergossen viel Schweiß und Tinte über diese Augenblicke der Intimität und gefielen sich in endlosen Warnungen und minuziösen Regelungen. Auch die Novellisten griffen das Thema gerne auf und benutzten es zu allerlei Derbheiten und Zoten. Beides wirft Licht auf die sexuellen Praktiken jener Zeit.

Das Vorspiel war nicht ohne Bedeutung. Vor dem Entkleiden erging man sich in »ragionamenti amorosi« (Liebesgeflüster). Die Nacktheit übte ihren Reiz, obgleich wir von einem florentinischen Edelmann hören, der seine nackte Frau nur dann wiedererkannte, wenn er ihr Gesicht sah. Aus Gründen der Züchtigkeit bestiegen manche Frauen das Ehebett im Nachthemd. Nach Ansicht vieler Ärzte hingen komplikationslose Schwangerschaft und glücklicher Kindersegen mit der maximalen sexuellen Erregung der Frau zusammen (»farsi ardentemente desiderare«). Damit stützten die Fachleute die vom hl. Bernhardin beklagte Vorliebe mancher Paare für »toccamenti [...] de la bocca [...] e con mano«.

Novellisten und Klatschbasen dachten ziemlich skeptisch über die Jungfräulichkeit der Frauen bei der Eheschließung. Wenn ein Knappe eine Frau nahm, dann hegte das Küchengesinde nicht den leisesten Zweifel daran, daß »Meister Schaft ohne Blutvergießen und sehr zum Ergötzen der Bewohner in die Schwarze Grotte eingedrungen war« (Boccaccio). Doch was die bürgerlichen Bräute betraf, hatten die Küchenmägde wahrscheinlich unrecht. Da die Töchter des Bürgertums streng bewacht wurden, bis sie relativ jung, mit sechzehn oder achtzehn Jahren heirateten, öffneten sie die Tore zur Festung ihrer Tugend vermutlich erst mit ihrem Jawort. Für diese Mädchen, die bewußt unerfahren gehalten wurden, mag die Hochzeitsnacht ein Trauma gewesen sein. Danach stand es ihnen frei, jede erdenkliche »astuzia« und »malizia« (Bosheit und List) zu gebrauchen. Trotz der Zurückhaltung der Moralisten in diesen Angelegenheiten ist ihren Schriften zu entnehmen, daß Ehepaare Positionen kannten und praktizierten, auf die man bei langem Liebesumgang von selbst kommt. So herrscht etwa der Narr Calendrino, den seine Kumpane davon überzeugt haben, daß er schwanger ist, seine Frau an: »Du willst immer nur oben liegen« (Boccaccio).

Ein Paar. Aus einer illustrierten Handschrift des *Decamerone*, um 1370. Die Präliminarien sind nicht ohne Bedeutung. (Paris, Bibiothèque Nationale, Ms. it. 2212, fol. 151)

An den wiederholten Rügen der Moralisten ersehen wir, daß im 15. Jahrhundert in den toskanischen Städten der Analverkehr in der Ehe verbreitet war (obzwar vermutlich noch nicht lange). Die Prediger verurteilten die Naivität der jungen Bräute, die ahnungslos alles über sich ergehen ließen, was ihre Männer wollten. Diese wiederum waren in einer gänzlich femininen Umgebung aufgewachsen und dem normalen Geschlechtsleben zu lange ferngehalten worden. Auch mochte die Praxis des Analverkehrs zu den geläufigen Methoden der Empfängnisverhütung zählen (coitus interruptus?), die, wie ein Blick auf demographische Statistiken lehrt, angewendet wurden, jedenfalls von Frauen über dreißig aus dem Kleinbürgertum und dem Handwerkerstand (die schon vor der Menopause aufhörten, Kinder zu bekommen).

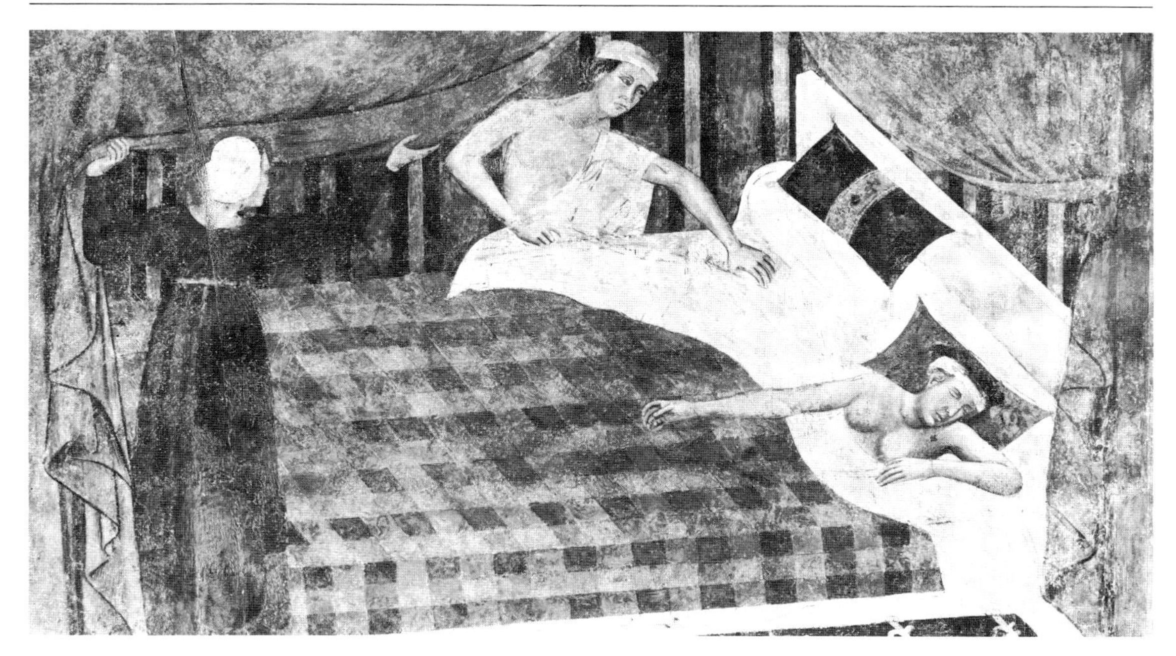

Memmo di Filippuccio, *Das Beilager*, um 1320. Am Abend der »ductio ad maritum« erkunden die Frischvermählten ihr Schlafzimmer mit dem großen Bett, den Truhen und der intimen Atmosphäre. Bis auf den Kopfputz sind sie nackt. Im nächsten Moment wird das Mädchen den Bettvorhang fallen lassen.
(San Gimignano, Rathaus, Zimmer des »podestà«)

Die Novellisten priesen gerne die sexuelle Leistungsfähigkeit von Männern. Zu Ehren der größten Sexualathleten – der Priester und Mönche – bezeichnete man den Geschlechtsakt als »Psalm« oder »Pater«. Von einem Mönch wird berichtet, er habe in einer Nacht sechs Psalmen rezitiert, und am Morgen noch einmal zwei – wohl ein klassischer Fall von frommem Übereifer.

Nach dem medizinischen Volksglauben, wie er mündlich tradiert wurde, mußte eine Frau, die Kinder bekommen wollte, in den ersten Augenblicken nach dem Beischlaf ganz ruhig daliegen. Schon ein Niesen konnte den Samen aus seinem Behältnis schleudern. Wollte sie dagegen nicht schwanger werden, so sollte sie nach Herzenslust niesen und sich fleißig bewegen. In den Hütten der ärmsten Bauern, wo es oft nur einen Raum, ja nur ein Bett für die ganze Familie gab, müssen freilich ganz andere sexuelle Sitten geherrscht haben.

Ein Zimmer für jeden. Die Vielzahl der Zimmer in bürgerlichen Häusern ermöglichte es, daß unverheiratete Erwachsene und sogar Kinder ihr eigenes Schlafzimmer hatten. In der Elite sicherten sich Einzelne bald einen privaten Raum, den sie ihr eigen nennen konnten. Diese Schlafzimmer waren ganz ähnlich ausgestattet wie das Elternschlafzimmer – es gab Türen mit Schlössern und Riegeln, verschließbare Truhen (wie sie auch im Gästezimmer und im Zimmer der Dienstmädchen standen), Lampen, Bänke, Schemel, wohl auch ein Heiligenbild oder eine Herdstelle und, natürlich, ein Bett mit allem, was dazugehörte. Diese Räume boten wirklichen Komfort und erlaubten ihren Bewohnern jene Unabhängigkeit, auf die man schon lange vor dem 15. Jahrhundert großen Wert legte. Die Verfügbarkeit zusätzlicher Räume beschleunigte nur eine schon vorhandene Tendenz. Im 14. oder 15. Jahrhundert war

Masaccio, *Szenen aus dem Leben der Heiligen Julian und Nikolaus* (Ausschnitt), Tafel der Predella des Polyptychons für S. Maria del Carmine in Pisa, 1426. Das Bett ist so schmal, daß nur der Vater darin schlafen kann. Seine Töchter schlafen im Sitzen, gegen eine Truhe gelehnt. (Berlin, Staatliche Museen Preußischer Kulturbesitz)

es keine Utopie mehr, im eigenen Haus so zu leben, wie man gerne wollte.

Alberti empfahl getrennte Zimmer für Mann und Frau, damit die beiden einander – etwa bei Krankheit, drückender Hitze oder Schwangerschaft – nicht ungebührlich zur Last fielen. Die Zimmer sollten ineinander übergehen, so daß Mann und Frau zusammenkommen konnten, ohne daß über sie getuschelt wurde. Noch wichtiger, so fügte Alberti hinzu, war ein ruhiges, warmes eigenes Zimmer für jeden älteren Menschen. Vor allem brauchte der Haushaltsvorstand ein eigenes Zimmer, jedenfalls dann, wenn er aus »großem Hause« stammte. Das Schlafzimmer war das Geheimkabinett, wo der Herr des Hauses seine kostbarsten Besitztümer betrachtete und die ihm teuersten Familiendokumente studierte, um über seine künftige Handlungsweise zu beschließen. Familiendokumente waren »sakrale Gegenstände«. Wenn er sich über sie beugte, glich der Hausvater dem Priester, der in seinem Privattempel ein Weihe- und Sühneritual vollzieht. In manchen Häusern gab es neben dem Elternschlafzimmer ein Büro oder Studio, in dem der Patron die Erinnerungen niederschrieb, die er seinem Nachwuchs zu hinterlassen gedachte. Die Bewahrung der Familientradition hing also nicht zuletzt davon ab, ob der Vater ein privates Refugium besaß. Alberti kleidet seine Empfehlungen wie gewöhnlich in reichlich schwülstige Worte, doch in Wahrheit war sein Rat – daß der Familienvater einen Raum für sich haben müsse – seit dem 14. Jahrhundert (vielleicht sogar weithin) befolgt worden. Manche Männer hatten ein eigenes Schlafzimmer, getrennt von ihren Frauen, ein Brauch, der von Boccaccio sowie den Inventaren aus dem oberen Bürgertum bezeugt ist (1381). Im 15. Jahrhundert werden solche »studii« verschiedentlich erwähnt.

Die Familienbücher wurden nicht immer im Allerheiligsten des Mannes versteckt. Manchmal bewahrte man sie (womöglich unverschlossen) im Schlafzimmer des Mannes auf (zwei Fälle), manchmal in großen Räumen, die der ganzen Familie zugänglich waren (drei Fälle), manchmal im Vorzimmer (ein Fall), manchmal in allen Schlafzimmern des Hauses (ein Fall), und zwar offenbar ohne jegliche Geheimhaltung oder Respektbezeugung. Im allgemeinen jedoch verfügten die Männer über einen privaten Zufluchtsort, wo sie Familienpapiere und andere Bücher deponierten, darunter die Werke des Livius und des Sallust sowie Villanis *Chronik* – alle diese Texte sind in den Inventaren erwähnt. Am Samstagnachmittag, so berichtet Sacchetti, nahm der Herr des Hauses diese Bücher aus der Truhe, legte sie auf den Sekretär, schlug sie auf und las aufmerksam darin. Bereits im 14. Jahrhundert pochten die Familienväter darauf, einen Raum für sich zu haben, in dem sie ihren Neigungen nachgehen und dennoch in Kontakt mit der Familie bleiben konnten (und oft zogen sie sich ja zum Besten der Familie zurück).

Auch Frauen kannten Augenblicke des Alleinseins – teilweise freiwillig, teilweise erzwungen. Manche hatten ein eigenes Schlafzimmer, sei es vorübergehend, sei es auf Dauer. Große Damen, beispielsweise Lucrezia, die Mutter von Lorenzo de' Medici, hatten ein Zimmer für sich, desgleichen Aristokratinnen und reiche Bürgersfrauen in Neapel, Florenz und Venedig. Die Umstände verlangten bisweilen eine befristete Isolierung der Frau. So war es die Regel, daß sie im Krankheitsfall ihr Bett in einem anderen Teil des Hauses aufschlug, etwa im Gästezimmer im Erdgeschoß, das häufig leerstand (Pecorone). War sie schwanger, zog die Frau ebenfalls in ein eigenes Bett um. Wohlhabende Frauen verfügten über genügend Räumlichkeiten, in die sie sich nach Gutdünken zurückziehen konnten, zumal sie außer ihrer Hausarbeit keine anderen Pflichten hatten. Manche Patrizierinnen (bzw. ihre Beichtväter) hatten insbesondere ihre spirituelle Vervollkommnung im Sinn und machten aus ihrem Schlafzimmer eine regelrechte Kapelle mit Betpult, Kruzifix und Heiligenbild. Hierher kam die Dame des Hauses mehrmals am Tage, um niederzuknien und zu beten, hierher floh sie vor der öden Konversation nach dem Abendessen, um zu lesen und zu beten. Nach einer in Unzucht vergeudeten Jugend vom Blitz der Gnade Gottes getroffen, zog sich die hl. Margarete von Cortona in ihr Schlafzimmer zurück, um sich dort auszuweinen.

Aber sie und andere ihresgleichen waren die Ausnahme. Andere Frauen, minder fromm und weltabgewandt, fanden profanere Verwendungszwecke für ihren Privatraum. Das Schlafzimmer war zunächst einmal das Allerheiligste der Herzensergießung und des Hochgeheimen; dieser Aspekt wird von den Novellisten eindeutig betont. Im Privatgemach des Hausvaters herrschte eine Atmosphäre kultivierter Bildung und geradezu inbrünstiger Hingabe an die Familie; im Privatgemach der Dame ging es empfindsamer zu. Mit ihren Schatullen und Kästchen allein, las oder schrieb die Frau Briefe und träumte von ihrem Gatten oder Geliebten; sie überließ sich ihren Gefühlen. Getrennt von dem Mann, den sie liebte, zog sich Madonna Fiammetta häufig in ihr Schlafzimmer zurück und hatte »das Alleinsein lieber als jede Gesellschaft. [. . .] Ich öffnete ein Kästchen, nahm etwas heraus, was *ihm* gehört hatte, und schaute es so inbrünstig an, wie wenn er leibhaftig vor mir gestanden hätte; ich betrachtete diese Dinge immer aufs neue und drückte sie an die Lippen, mit den Tränen kämpfend. [. . .] Dann entfal-

Vittore Carpaccio, *Vision des hl. Augustinus* (Ausschnitt), 1502. An das große Arbeitszimmer Augustins angrenzend, erinnert dieses kleine, gut eingerichtete Gelaß an die Räume, in denen Patrizier Bücher und persönliche Besitztümer aufbewahrten oder sich mitunter einschlossen. (Venedig, Scuola di San Giorgio degli Schiavoni)

Anonym, *Verkündigung an Maria*, 15. Jh. Das Stehpult, die bei der Prophezeiung der jungfräulichen Geburt (Jesajas 7, 14) aufgeschlagene Bibel, die üppige Inneneinrichtung und die meditative Haltung der Frau begründen die Ikonographie der gebildeten, belesenen Jungfrau, die über erbaulichen Schriften meditiert. (Florenz, S. Maria Novella)

tete ich wieder einen seiner vielen Briefe und fand mich durch das neuerliche Lesen so sehr getröstet, als hätte ich mit ihm selbst gesprochen.«

Die Matronen, die in den Städten wohnten, waren unsentimentaler und realistischer als jene, welche die Romane bevölkerten. Sie suchten ihr Zimmer auf – allein oder mit dem Dienstmädchen, wenn sie eines hatten –, um dort diverse häusliche Aufgaben zu erledigen. Sie schrieben wohl Briefe an ihren Gatten oder ihre Kinder, jedoch kaum mit Tränen in den Augen und zumeist über Dinge von geringem Gefühlswert, wie etwa Belange der Gesundheit und vor allem der Verwaltung des Hauses. Auch korrespondierten Frauen in ihren eigenen Geschäftsangelegenheiten, die zum Teil erstaunlich kompliziert und zahlreich waren und Spekulationen mit Flachs, Tuch, Lebensmitteln usw. einschlossen. Probleme der Hauswirtschaft mußten sie bedenken und lösen, wenn ihr Mann verreist oder gestorben war. Und natürlich gingen sie daneben privaten, weiblichen Interessen nach, machten Toilette oder probierten neue Kleider an.

So war der Privatraum der Frau in mancher Hinsicht dem des Mannes ähnlich. Ihr Schlafzimmer war in gewisser Weise ihr Büro, von wo aus sie Aktivitäten beaufsichtigte, für die sie gemeinsam mit ihrem Mann die Verantwortung trug (die Hausverwaltung oder die Erziehung der Kinder) oder die in ihre eigene, private Zuständigkeit fielen. In späterer Zeit, als die Frauen Geschmack an humanistischen Ideen entwickelten, füllten sich ihre Zimmer mit Büchern und den kleinen

Schreibpulten, die wir von Verkündigungsbildern im späten 15. Jahrhundert kennen. Doch die Frauen gestalteten ihre Privatgemächer häuslicher und frivoler – oder aber mystischer – als die Männer ihre Studios. Das Zimmer der Frau war eine Stätte des Gefühls, wo man ungehemmt weinen, aber auch ungehemmt lachen konnte. Frauen waren in ihren Zimmern weniger oft allein als Männer in den ihren. Kinder, Dienstboten und Ammen bildeten den indiskreten, mitunter ärgerlich aufdringlichen »Hofstaat« der Dame des Hauses, die sie ablenkten, freilich auch entlasteten und, wenn es nottat, trösteten. Diese Beschreibung trifft allerdings nur für wohlhabende städtische Familien zu. Anderswo arbeiteten die Frauen von morgens bis abends, und unsere Bemerkungen über den privaten Raum hätten sie entgeistert aufgenommen.

Der Platz der Kinder. Ganz junge Kinder teilten oft das Los der Mutter. Im Bürgertum wurden jedoch Säuglinge nur selten von der Mutter gestillt. Meist wurden sie einer Nähramme übergeben, die nur im Ausnahmefall (23 Prozent) im Hause der Herrin wohnte. Drei von vier Kleinstkindern verbrachten die ersten Lebensmonate außerhalb der elterlichen Wohnung; ja, 53 Prozent von ihnen wurden von den Eltern erst dann zurückgeholt, wenn sie mindestens anderthalb Jahre alt waren. Ein Memoirenschreiber berichtet, daß sein Vater bis zum Alter von zwölf Jahren bei seiner Amme gelebt habe . . .

Fachleute warnten damals die Eltern vor der seelischen Bindung des Kindes an seine Amme, diese liebevolle, fürsorgliche Ersatzmutter. Bestehe diese Bindung über die Zeitspanne der Entwöhnung hinaus fort, so könne sie die natürliche Liebe des Kindes zu seiner leiblichen Mutter schwächen, ja, sie dauerhaft beeinträchtigen. Jedenfalls wurden die Kinder früher oder später von den Eltern wieder nach Hause geholt (sofern sie die ersten Lebensmonate überstanden hatten) und in die Familie integriert.

Kinder schliefen in einer Wiege auf einer dünnen Matratze. Die Wiege stand neben dem Bett oder war darüber an der Decke befestigt, so daß sie wie eine Hängematte hin- und herschwingen konnte (Simone Martini, 14. Jahrhundert). Nach den Inventaren zu schließen, befanden sich solche Wiegen im Gästezimmer, im Gesinderaum oder im Vorratsraum, an Orten also, die eher der Aufbewahrung von Gegenständen als der aktiven Nutzung dienten (es sei denn, in dem Gesindezimmer neben der Küche, der »camera di cucina«, hätte die Amme gewohnt). Keine einzige der in den Inventaren verzeichneten Wiegen befand sich im Schlafzimmer der Mutter. Hier stand (oder hing) die Wiege nur für die kurze Zeitspanne zwischen der Rückkehr des Kindes aus der Obhut der Nähramme und dem bedeutsamen Augenblick, ab dem es bei den älteren Geschwistern schlafen mußte. Laken, Windeln und sonstige Gegenstände für den Säugling wurden gewöhnlich in der Nähe der Mutter (im Schlafzimmer oder in einem Vorzimmer) aufbewahrt und von ihr besorgt, so als ob sie persönlich den Zustand der meist teuren und gut gepflegten Wäsche überwachte. In einer Truhe fand man nicht weniger als fünfzig Stück Babywäsche.

Fra Filippo Lippi, *Das Wunder des hl. Ambrosius*. Frauen umsorgen einen Säugling. Man beachte, daß das Kind in einem verkleinerten Erwachsenenbett schläft. (Berlin, Staatliche Museen Preußischer Kulturbesitz)

Die Säuglingssterblichkeit bei Arbeitern und Bauern war in der Zeit der Pestepidemien (1348–1430) hoch. Kindermord (durch Ersticken) kam nach 1348 nur noch selten vor; im 15. Jahrhundert wurde er wieder häufiger. Die Zahl der ausgesetzten Kinder war so groß, daß für sie Hospize errichtet wurden, so 1445 in Florenz die Hospize San Gallo und Innocenti. Die Existenz solcher Anstalten ermutigte wiederum manche Eltern, ihre Kinder auszusetzen. Säuglinge, zumal Mädchen, waren gesundheitlich anfällig und manchmal auch wenig erwünscht, so daß die Liebe zum Kind gegenüber der Armut oft den kürzeren zog.

War indes das Kind einmal so groß, daß es laufen und sprechen konnte, änderte sich die Einstellung. Aus der Tatsache, daß Wiegen von unterschiedlicher Größe erhalten sind, geht hervor, daß sie nicht ausschließlich für Säuglinge bestimmt waren. Kleine Kinder durften bald im Bett schlafen, das sie freilich oft mit Geschwistern, einem Verwandten oder der ganzen Familie teilen mußten (man schlief bis zu sechst in einem Bett). Giovanni Dominici behauptet von den Kindern der Reichen, sie seien verhätschelt und verzärtelt. Er selber war jeden Abend geküßt und in Schlaf gesungen worden. Mit Wonne ließ er sich grausige Gespenstergeschichten erzählen. In seinem Spielzimmer gab es Schaukelpferde, Tamburine, Trommeln, bemalte Vögel aus Holz oder Keramik und hunderterlei andere Geschenke. Nach gewissen Inventaren zu urteilen, sieht es auf den ersten Blick so aus, als seien die Kinder verwöhnt worden. Die Truhen im Schlafzimmer der Mutter bargen genug Kleidung, um einen kleinen König auszustaffieren: Bekleidung aller Art, solide verarbeitet, hervorragend gefärbt und mit blitzenden Silberknöpfen besetzt. (Wir wissen von einem Stück Kinderkleidung, das 170 solcher Knöpfe aufwies.)

Dominicis Schilderung, an eine sehr vornehme Dame gerichtet, traf anscheinend selbst im Bürgertum nur auf eine sehr begrenzte Zahl von Familien zu. Aus dem Verzeichnis der Besitztümer eines Kürschners ergibt sich, daß seine beiden Kinder gemeinsam nur einen Mantel und vier schwarze Tuniken besaßen, von denen lediglich eine gefüttert war; die Tochter eines Gemeindedieners besaß vier Nachthemden, ein Hauskleid, zwei einfache Tuniken und einen Rock – alles aus gewöhnlichem Tuch. Teures Spielzeug war außerordentlich selten. Mögen die Eltern es auch anders empfunden haben, die Kinder der Reichen waren nicht unbedingt verwöhnt, obschon die Erziehung im Laufe des 15. Jahrhunderts milder wurde. Bei den einfachen Leuten war die Garderobe der Kinder überaus kümmerlich, und von Spielzeug konnte da keine Rede sein.

Natürlich gab es Spiele für die Kinder und Dinge, mit denen sie sich beschäftigen konnten, und die Eltern ließen es nicht an Zuwendung fehlen. Doch das Kind teilte schon früh Bett und Zimmer mit älteren Geschwistern und wurde dadurch zwangsläufig in deren Interessen und Aktivitäten hineingezogen. Je ärmer die Familie war, desto schneller gingen die sorglosen Tage der Kindheit vorüber. Viele Kinder mußten von klein auf im Haushalt mithelfen, Mädchen verdingten sich schon mit sechs Jahren als Magd.

Adoleszenz. Nicht alle unverheirateten jungen Leute hatten ihr eigenes Bett. In einem allerdings recht speziellen Fall teilten sich drei junge Einsiedler ein Sofa, und eines Nachts gesellte sich noch ihr Beichtvater

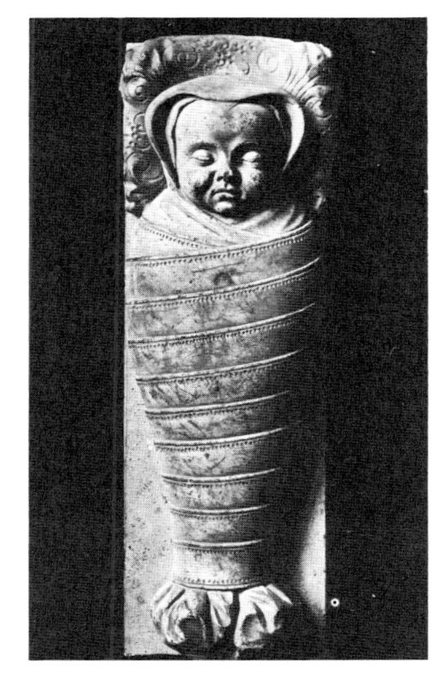

Grabstatuette eines Säuglings; italienische Schule, 15. Jh. Diese schöne Skulptur evoziert auf rührende Weise die Bedrohtheit des jungen Lebens. (Paris, Louvre)

Veroneser Meister des 15. Jahrhunderts, *Geburt Mariä.* Matronen kümmern sich um das Neugeborene, dem sie mit natürlicher Zuneigung, in diesem Falle aber zugleich mit Respekt begegnen. Vom Vorbild der hl. Anna, der hl. Elisabeth und der Jungfrau Maria inspiriert und von der weiblichen Umgebung unterstützt, entwickelte sich die Mutterliebe spontan wie hier, wenngleich sie sich mitunter eine Weile gedulden mußte, bis das Kind von seiner Nähramme zurückkam. (Siena, Museo dell'Opera Metropolitana, Duomo)

Pietro Lorenzetti, *Szenen aus dem Leben des hl. Nikolaus von Bari* (Ausschnitt), um 1330–1340. Die Armen hatten oft keinen privaten Raum für sich. Hier teilen sich drei Schwestern ein Bett. Der Vater schläft auf der Truhe daneben. (Paris, Louvre)

zu ihnen. Das Bett zu teilen war in armen und in ländlichen Haushalten an der Tagesordnung, doch scheint es üblich gewesen zu sein, daß der junge Mann sein eigenes Bett hatte, selbst in der Handwerkerschicht. Im eigenen Bett zu schlafen bedeutete indes nicht, allein zu schlafen, da in einem Schlafzimmer oft mehrere Betten standen. 1390 stellte ein Gemeindediener, der in seiner Wohnung über zwei Schlafzimmer verfügte, in einem davon seine drei Betten auf, von denen nur eines Vorhänge besaß. Katharina von Siena, die Tochter eines Färbers und das vorletzte von 25 Kindern, schlief immerhin mit 14 Jahren in einem eigenen Bett (zum Glück für ihre Schwestern, die nun nicht mehr wie bisher auf dem Bretterboden, den Katharina der Matratze vorzog, nächtigen mußten). Einige Monate lang teilte sie das Zimmer mit einem ihrer Brüder; dann bekam sie endlich ihr eigenes Zimmer, das die Eltern ihr zunächst verwehrt hatten, zur Strafe für ihre hartnäckige Weigerung, zu heiraten.

Junge Leute wollten unter sich sein, und man erfüllte ihnen oft diesen

Wunsch. In den Städten hatten viele von ihnen ein eigenes Zimmer, auf dem Land nicht so viele. Diese Entwicklung begünstigte die Herausbildung eines bestimmten spirituellen und emotionalen Habitus. Manche Kinder, wie Agnes von Montepulciano und Katharina von Siena, nahmen die Gewohnheit des privaten Gebets an, während andere, ältere vor ihren Freunden mit jenen »Psalmen« prahlten, die den Novellisten so ans Herz gewachsen waren. Junge Humanisten nutzten ihre privaten Räume in der Stadt wie auf dem Land, um dort ihre Bücher aufzubewahren, zu lesen und ihre eigenen Schriften zu verfassen.

Ältere Kinder wurden von den Eltern mit bestimmten Aufgaben betraut. Die hl. Katharina wurde mit sieben Jahren auf Botengänge geschickt; mit dreizehn mußte sie (als Strafe) in der Küche helfen. Sobald sie groß genug dafür war, mußte sie die an der Haustür angelieferten Tuchballen zwei Treppen hoch schleppen. Für Francesco di Barberino war es selbstverständlich, daß die Tochter eines (noch so wohlhabenden) Kaufmanns im Haushalt mit anpackte. Dazu gehörten laut Paolo da Certaldo das Brotbacken, Kochen, Waschen, Nähen, Spinnen und das Besticken von Geldbörsen – Tätigkeiten, die sich auch für die Töchter von Richtern und Rittern schickten. Die Arbeit eines einfachen Mädchens – etwa der Tochter eines Bauern – unterschied sich kaum von der einer Magd. Auch die Knaben machten sich nützlich. Die jüngeren übernahmen Botengänge, doch bald waren sie alt genug, um Autorität

Giovanni di Pietro, *Geburt Mariä* (Ausschnitt), Tafel der Predella, 15. Jh. Zärtliche Geste eines alten Mannes gegen seinen jungen Begleiter.
(Paris, Louvre)

auszuüben. Morelli rühmt seinen Vetter, einen zwölf- oder vierzehnjährigen Jungen, der die geschäftlichen Angelegenheiten seiner zwanzigköpfigen Familie besorgte, als diese vor der Pest aus Florenz fliehen und in Bologna Zuflucht suchen mußte.

Die häuslichen Pflichten, der Alltag und die Berufstätigkeit der Kinder wurden von den Eltern überwacht. Die Eltern entschieden, wo das Bett aufgestellt wurde und ob die Kinder auf der Veranda nächtigen durften. Besonders scharf kontrolliert wurden die jungen Mädchen: ihr Zimmer, ihr Bett, das Türschloß, die Frisur, ihre häuslichen Aufgaben. Auch auf die Berufswahl nahmen die Eltern Einfluß. Lehrlingsverträge unterschrieb der Vater. Überhaupt verwaltete der Vater das Vermögen seiner Söhne, unabhängig davon, woher es rührte, ob aus Schenkungen, Löhnen, Erbschaft oder Erwerb. Die »paterna potestas« gab dem Vater das Recht, zu entscheiden, was der Sohn mit seinem Eigentum anzufangen hatte; allerdings waren der väterlichen Gewalt gewisse Grenzen gezogen, sobald der Sohn volljährig wurde.

Der Druck der Familie machte sich vornehmlich bei der Heirat bemerkbar. Hier stand zu viel auf dem Spiel, als daß man diese Entscheidung dem Kind hätte überlassen können. Zunächst war darüber zu befinden, ob überhaupt geheiratet werden sollte oder nicht. Viele junge Männer, zumal aus weniger reichem Hause, waren nicht erpicht aufs Heiraten – die Ehe war kostspielig, langweilig und lästig. Alberti, der diese Einstellung beklagt, ermahnt die Eltern zur Festigkeit: »Mit Überredungskünsten und Vernunftgründen, mit allen Argumenten, Kunstmitteln und Listen muß man den Jüngling bewegen, ein Weib zu nehmen.« Dann folgt eine scharfsinnige Apologie der Ehe. Man kann sich die unzähligen Diskussionen über dieses Thema unschwer ausmalen, die Konflikte und den Kummer. Anders als die Jungen wurden die Mädchen nicht mit Samthandschuhen angefaßt. Als Katharina ihre Mutter von ihrem unwiderruflichen Keuschheitsgelübde unterrichtete und ihren kahlgeschorenen Kopf vorwies, geriet Monna Lapa außer sich, so daß sie vor Wut fast erstickt wäre. Die Familie tobte; Vorwürfe, Hohn und Spott gingen auf das arme Mädchen nieder. Man prophezeite ihr: »Und wenn es dir das Herz bricht, du kommst unter die Haube!« Man nahm ihr das eigene Zimmer und die Zimmerschlüssel weg; sie bekam Hausarrest und mußte als Spülmagd in der Küche arbeiten. Es ging ja nicht (nur) um das Schicksal der Tochter, sondern um das der ganzen Familie. Katharina war schön, und man hatte allen Grund zu der Hoffnung, daß sie eine gute Partie machen und der Familie einen »illustren Schwiegersohn« zuführen werde.

In bestimmten Angelegenheiten genossen Kinder bei elterlichen Entscheidungen eine gewisse Mitsprache. Nach der öffentlichen Meinung, die in einzelnen Fällen von den städtischen Statuten (gegen das römische Recht) gedeckt wurde, hatte der Sohn das Recht, am »dominium« des Vaters (d. h. der Ausübung der väterlichen Gewalt) über das Familien-Patrimonium mitzuwirken, und danach wurde weithin verfahren. In ländlichen Gebieten schlossen Söhne gemeinsam mit ihrem Vater Teilpachtverträge ab und halfen bei der Verwaltung des landwirtschaftlichen Betriebes. Heiratete ein Mädchen, so hatten seine Brüder

Benozzo Gozzoli, *Zug der hl. Drei Könige* (Ausschnitt), 1460. So wie diese jungen Schildknappen im Gefolge der Weisen aus dem Morgenland schlossen sich viele junge Leute einer Gruppe von Pagen an einem Hof oder – häufiger – dem Söldnerheer eines Condottiere an. Auch wenn sie nicht lange blieben, vielleicht nur wenige Monate, erhielten sie den ihnen zustehenden Sold und lernten jene besondere Art von Männerfreundschaft kennen, die nur im Feldlager gedeiht. (Florenz, Palazzo Medici-Riccardi, Cappella Gozzoli)

ein gewichtiges Wort mitzureden; das war beispielsweise bei der jungen Katharina von Siena der Fall. Mit vierzehn Jahren galt der Junge als reif genug, um Verantwortungen zu übernehmen und mit dem Vater an der Dorfversammlung teilzunehmen. Brüder und Schwestern stärkten einander den Rücken. Wenn die Kinder größer wurden, suchten sie sich eine private Sphäre aufzubauen; sie wollten in eigener Regie handeln dürfen.

Den Jungen gelang es, trotz mancher durch Brauch und Sitte geschaffenen Hindernisse und gegen elterlichen Widerstand, sich eine relative Autonomie zu erkämpfen. Auf vielen Gebieten suchten sie ihre Freiheit zu bewahren: in der Religion, in der Sexualität, in der Arbeit, in der Ehe. Nicht immer hatten sie Erfolg. Das, was sie suchten, fanden sie am ehesten dann, wenn sie sich zu Gesellschaften zusammenschlossen, die in gewisser Weise ein Ersatz für das private Leben der Familie waren: Bruderschaften, Jugendgruppen, Lehrlingsvereine. Allerdings wissen wir wenig über diese Gruppen, die mit ihren Ritualen und Festen den jungen Mann zunächst in eine private Gemeinschaft und dann Schritt für Schritt in das soziale Geflecht des städtischen Lebens einbanden. Für Mädchen hingegen bestand wenig Hoffnung auf Emanzipation. Ihnen blieb als einziger Ausweg die Flucht ins Gebet und in die Mystik oder, letzter Beweis eines auftrumpfenden Freiheitswillens, die Weigerung, zu heiraten. Verstärkt wurden ihre Schwierigkeiten durch die in vielen traditionell geführten Häusern verbreitete Frauenfeindlichkeit, wie sie etwa bei Memoirenschreibern wie Paolo da Certaldo zum Ausdruck kommt. Aber selbstverständlich konnte man die Mädchen nicht verhungern lassen, und auch ordentlich kleiden mußte man sie, damit die Familie sich ihrer nicht zu schämen hatte. Freilich, ihnen mehr als das Notwendige zu essen zu geben war unsinnig, und daß sie ausgingen, kam erst recht nicht in Betracht, es sei denn bei sorgfältig ausgewählten Anlässen. Das war jedenfalls das Prinzip, und es war keineswegs auf das Bürgertum beschränkt, sondern wurde allenthalben praktiziert.

Das Älterwerden. Wo die Schwelle zum Alter anzusetzen sei, war bei den Zeitgenossen umstritten. Für Dante begann das Alter mit 45 Jahren, für Palmieri mit 56, d. h. in dem Augenblick, in dem die »virilità« erlischt und der körperliche Verfall einsetzt. Das eigentliche Alter in unserem Verstande, die »Gebrechlichkeit« oder »Hinfälligkeit«, wie man damals sagte, begann für Dante mit 70 Jahren, ebenso für Palmieri. Setzte man die Altersgrenze bei 45 oder auch bei 56 Jahren an, so zählte man damit viele Väter von kleinen Kindern zu den alten Leuten; der toskanische Kataster für 1427 verzeichnet viele Männer zwischen dreißig und vierzig mit Kindern, die weniger als ein Jahr alt waren. Mit 56 hatte der Mann gerade erst begonnen, die Kinder seiner Söhne kennenzulernen, seine Enkel, die seinen Namen trugen und die Sippe weiterführten. Lenken wir unsere Aufmerksamkeit also auf die wirklich Alten mit 65 oder 70 Jahren.

Ihre Zahl war relativ klein: 3,8 Prozent der Bevölkerung Pratos im Jahre 1371, 4,8 Prozent der florentinischen Bevölkerung 1480. Gewisse Umstände scheinen zuzeiten das Altwerden begünstigt zu haben; 1427 gehörten 10 Prozent der toskanischen Bauern in diese Kategorie sowie 11 Prozent der Arbeiter und Kleinbürger, aber nur 3 bis 4 Prozent der begüterten Schichten. Das hohe Ansehen der Alten in der Familie stand in keinem plausiblen Verhältnis zu ihrer Zahl. Das galt vor allem für wohlhabende Familien und ländliche Gegenden, wo der Alte stets das Oberhaupt der Familie, oft sogar mehrerer Familien, war. Kinder und Enkel lebten mit ihm unter einem Dache. Memoirenschreiber wie Alberti bezeugen großen Respekt vor diesen Patriarchen und fordern dazu auf, sie um Rat zu fragen, ihre Ermahnungen ernst zu nehmen und, eingedenk ihrer Lebenserfahrung, auch zu befolgen. Besonders sorgfältig sollte man darauf achten, daß ihnen ein bequemes Schlafzimmer zur Verfügung stand.

Die Realität sah freilich anders aus, und man erinnerte sich dieser hehren Maximen eher im Verstoß gegen sie als durch ihre Beachtung. Die Gattin eines älteren Mannes, der zum zweiten Mal geheiratet und eine jüngere Frau genommen hatte, war ihres nicht mehr allzu schwungvollen, bisweilen abstoßenden und allezeit eifersüchtigen Gemahls begreiflicherweise mitunter herzlich überdrüssig, wenn man der Vorliebe Boccaccios, Sacchettis und anderer Novellisten für dieses Thema Glauben schenken darf. Der 64jährige Geldwechsler Lippo del Sega berichtet in seinen Memoiren unwillig von den Beleidigungen, mit denen seine junge Frau ihn überschüttete; sie nannte ihn »vecchio rimbambito« (»alter Kindskopf«) und sagte: »il cesso dove ella cacava era più bello [. . .] che la mia bocca« (»der Lokus, in den sie scheißt, sei schöner [. . .] als mein Mund«); seine Kinder fanden die nicht enden wollende Herrschaft des Alten unerträglich. Die Quellen bekunden wiederholt die Spannungen, die eine solche Situation in der Familie heraufbeschwören konnte. Doch der Alltag der alten Leute war ruhiger. Das Alter machte sie gesprächig; sie werden im allgemeinen mehr zur abendlichen Unterhaltung am Kamin beigetragen haben als Albertis Giannozzo, der sich, von den Schmeicheleien der Anwesenden ermutigt, als schrecklicher Langweiler erwies.

Das Los der alten Frauen war härter als das der Männer. Junge Witwen übten Macht aus und hatten Autorität, obschon sie sie mit dem Vormund der Kinder – zumeist dem Bruder des verstorbenen Gatten – teilen mußten. Von allen florentinischen Haushalten, die es 1427 gab, unterstanden lediglich 1,6 Prozent einer Witwe unter 38 Jahren; auf dem Land lag der Prozentsatz unter 1 Prozent. Die Lage der älteren Witwen war prekärer. In Florenz unterstanden 8,4 Prozent der städtischen und 5 Prozent der ländlichen Haushalte einer Witwe unter 58 Jahren. Allerdings handelte es sich um relativ kleine Haushalte, die im Durchschnitt zwei Personen zählten und deren Durchschnittsvermögen ebenfalls außerordentlich gering war (in der Stadt Florenz 200 Gulden, gegenüber 800 Gulden in Haushalten unter männlicher Führung). Für eine Frau bedeutete das Älterwerden, sich auf den Witwenstand vorzubereiten: 46 Prozent der florentinischen Frauen verwitweten mit spätestens 60 Jahren, 53 Prozent mit 65 und 75 Prozent mit 70. Der Witwenstand bedeutete Armut und Einsamkeit, sofern die Frau nicht einen Sohn hatte, der bereit war, sie bei sich aufzunehmen. Eine alte Frau vertraute einer jungen an: »Wozu in drei Teufels Namen taugen wir denn noch, wenn wir alt sind? Um die Asche aus dem Kamin zu holen! Wenn wir Frauen alt werden, will uns keiner mehr ansehen, weder der Mann noch sonst irgend jemand. Sie verfrachten uns in die Küche zu den Töpfen und Pfannen, machen sich über uns lustig und singen böse Lieder auf uns, wenn nicht noch Schlimmeres!« Altwerden bedeutete für eine Frau, mitzuerleben, wie ihre Kinder groß wurden und das Haus verließen. Es bedeutete, sich verstoßen vorzukommen, nutzlos und überflüssig.

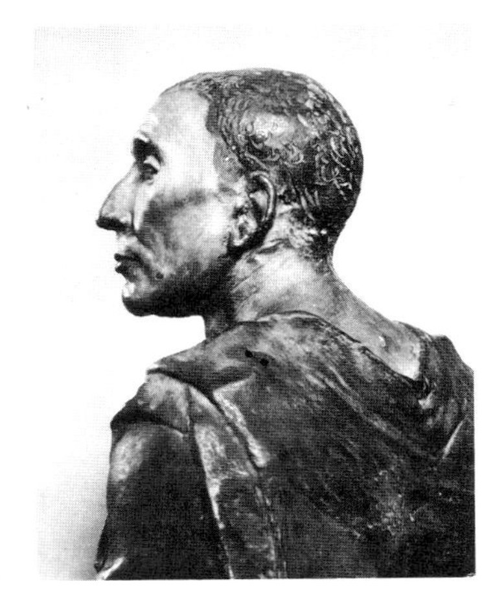

Donatello, *Niccolò da Uzzano*, mehrfarbige Terrakottabüste; frühes 15. Jh. Diese Büste, ein an die Antike gemahnendes Meisterwerk an Beobachtungsgabe, Lebendigkeit und Interpretation, war lange Zeit der behütete Besitz der Sippe Uzzano, deren Stammhaus sie zierte.
(Florenz, Palazzo del Bargello)

Die Privatsphäre der Dienstboten. Zur Familie gehörten die Domestiken sowie die Knechte und Mägde. Das Personal des typischen florentinischen Bürgerhauses im 15. Jahrhundert war nicht sehr zahlreich; der starke Zustrom von Dienstboten setzte erst im 16. Jahrhundert ein. (1552 bestand die Bevölkerung von Florenz zu 16,7 Prozent aus Dienstboten.) Selbst die großen Renaissance-Palazzi hatten nur wenig Personal. Die sehr große Familie Giovanni Rucellais beschäftigte ein halbes Dutzend Dienstboten und Francesco Datini deren fünf, ein normaler Haushalt jedoch – selbst im gehobenen Bürgertum – kam mit zwei oder drei aus. Diese Größenordnung war in den Häusern von Ärzten, Notaren, Richtern und Kaufleuten üblich. Weiter unten auf der sozialen Stufenleiter, bei Handwerkern, Krämern und Maklern – den Angehörigen

Paolo Uccello, *Geburt Mariä* (Ausschnitt), um 1440. Eine anmutige Dienstmagd eilt aus der Küche (die in einem oberen Stockwerk liegt) die Treppe hinunter, um der in den Wehen liegenden Mutter Marias einen Teller Suppe und einen Hühnerschenkel zu bringen. (Prato, Dom)

des »popolo medio« –, beschäftigte man allgemein nur einen einzigen Dienstboten, meist eine Magd.

Jugendlichkeit war bei Dienstboten erwünscht. Man hat berechnet, daß 1427 in Florenz 40 Prozent (456) der Knechte und 39 Prozent (280) der Mägde zwischen acht und siebzehn Jahre alt waren. Da sie den Kindern des Hauses im Alter nahestanden, wurden die Domestiken auch ähnlich wie diese behandelt: streng, aber nach Möglichkeit gerecht, ja, sogar mit Großmut. Man übte Nachsicht mit ihren Fehlern und Irrtümern. So lautete jedenfalls der Rat, den Autoren wie Paolo da Certaldo, Alberti und Giovanni Rucellai gaben. Den jungen Dienstboten wies man eine Vielzahl häuslicher Aufgaben zu, die sich in ihrer Bezeichnung niederschlugen: »famulus«, »domicellus«, »fante«, »ragazzo«, Amme, Zimmermädchen. Nicht alle Dienstboten sind in derselben Weise in das private Leben der Familie einbezogen worden. In Häusern mit viel Personal war das Zimmermädchen per definitionem mehr als die anderen in die Privatangelegenheiten ihrer Herrin eingeweiht. In Familien, die nur ein einziges »Mädchen für alles« hatten, war diese Differenzierung natürlich gegenstandslos, und die Zahl solcher Familien war beträchtlich. Die Herrin des Hauses, die im allgemeinen mit achtzehn geheiratet hatte, fand in ihrer Zofe eine etwa gleichaltrige Gefährtin; es lag nahe, sie zur Vertrauten zu machen, zumal beide Frauen oft im selben Haus und unter der Fuchtel eines älteren, strengen und häufig abwesenden Mannes lebten. Die Hausherrin konnte ihre Zofe auch als Komplizin ihrer Liebeshändel einspannen. Derlei Abenteuer waren ein beliebtes Sujet der erzählenden Literatur; aber wir haben für sie keine statistische Basis. Wie dem auch gewesen sein mag, die Zofe stand ihrer Herrin in den intimsten Augenblicken bei – beim Anziehen, im Bad, beim Anprobieren von Kleidern – und war ihre offizielle Begleiterin.

Bei vermögenden Florentinern des späten 14. Jahrhunderts wurden die Domestiken angemessen untergebracht. Oft bekamen sie ein Zimmer in der Nähe der Küche oder an anderer Stelle des Hauses. Das Gesindezimmer diente meist gleichzeitig als Vorrats- und Rumpelkammer, in der man Lebensmittel, alte Möbel, Holz, Rohmaterialien und sonstige Dinge deponierte. In manchen dieser Räume stand ein Backtrog, so daß er eher einem Arbeitsraum glich. Immer aber war ein Bett samt Zubehör vorhanden, und auch Stühle gab es. Bett und Bettzeug waren von gröberer Machart als im Schlafzimmer des Herrn und oft gebraucht gekauft. Die Hausherrin verwahrte das Bettzeug der Dienstboten in ihrer eigenen Truhe und teilte es nach Bedarf zu; bei den Kindern verfuhr sie genauso.

Die Dienstboten wurden an kurzer Leine gehalten und mitunter hart bestraft; doch meist begegnete man ihnen mit Rücksicht und Respekt. Oft bildete sich zwischen Herren und Dienstboten Zuneigung, vor allem, wenn es sich um Ammen handelte. Dienstboten, die sich um den Haushalt verdient gemacht hatten, wurden im Testament des Hausherrn mit schöner Kleidung, Goldmünzen und einem Stück Land bedacht. Mitunter boten die Erben des Hauses ihnen Kost und Logis auf Lebenszeit an – eine Vorkehrung, wie sie auch für Witwen getroffen wurde. Die Moralisten sparten nicht mit Empfehlungen, wie die Harmonie des Hauses bei der Herrschaft wie bei den Dienstboten zu wahren sei. Francesco di Barberino befaßte sich vornehmlich mit den Pflichten des Zimmermädchens, das Zutritt zum Allerheiligsten der Privatwohnung hatte. Er ermahnte zu Ehrerbietung, Reinlichkeit, Keuschheit, Offenheit (sie sollte der Herrin nicht nach dem Munde reden), zur Kinderliebe und zu unverbrüchlicher Diskretion.

Pietro Lorenzetti, *Geburt Mariä* (Ausschnitt), 1342. Die junge Frau rechts – an ihrer Frisur als Bedienstete kenntlich – hat sich für das freudige Ereignis im Leben ihrer Herrschaften herausgeputzt: eine Geburt. Sie hat ihre goldgesäumte »gamurra« und einen goldenen Gürtel angelegt.
(Siena, Museo dell'Opera, Duomo)

Bei allem guten Willen auf beiden Seiten und bei noch so sorgfältiger Beachtung der von den Moralisten erteilten Ratschläge waren Schwierigkeiten nicht aus der Welt zu schaffen. Schon die schiere Präsenz des Gesindes im Hause erzeugte Probleme. Geschenke, die der verblichene Hausherr seinen Domestiken testamentarisch vermachte, mußten oft den Lohn ersetzen, den er ihnen – trotz aller Ermahnungen seines Beichtvaters – jahrelang vorenthalten hatte. Solche Spannungen vermochten die zwischen dem Herrn und seinen Dienstboten gewachsene Zuneigung zwar nicht zu zerrütten, wohl aber zu mindern. Der Herr beklagte sich über die Ahnungslosigkeit, Trägheit, Tücke und Diebsnatur seiner Domestiken. Hübsche Dienstmädchen waren in den Augen der Hausherrin stets auf einen Flirt aus, während die »alten Affen«, die an ihre Stelle traten, dem Herrn des Hauses zu häßlich waren. Wären die Dienstboten des Briefeschreibens mächtig gewesen, so hätten sie ihrer Herrschaft Brutalität, Nörgeligkeit, Lüsternheit und ähnliche Untugenden vorgeworfen. Ressentiments sind unverkennbar: »Am liebsten würde ich ihn hängen sehen. Keinen Finger würde ich krumm machen für diesen ausgemachten Lügenbold, diesen verschlagenen und lasterhaften Kerl«, schreibt die aufgebrachte Margherita Datini über einen ihrer Knechte. Nach der Häufigkeit zu schließen, mit der die Herrschaften ihre Dienstboten (bzw. umgekehrt) wechselten, scheint das Mißtrauen auf beiden Seiten groß gewesen zu sein. Grundsätzlich galt, daß die Domestiken vor dem Notar einen Vertrag unterzeichneten, der die Dauer ihrer Dienstzeit festlegte (Dienstverträge aus Genua sahen im allgemeinen eine Dienstzeit von sechs Jahren vor); in der Praxis wurden jedoch nicht in allen Fällen solche Verträge geschlossen oder eingehalten. Von dreißig Engagements, die im 15. Jahrhundert in den Memoiren von drei florentinischen Familien erwähnt werden, währten nur vier länger als ein Jahr. Die meisten Dienstboten waren Frauen, und Mägde dienten zwischen drei und sechs Monaten.

Unter diesen Umständen waren Domestiken potentiell gefährliche Zeugen dessen, was sich im Allerheiligsten des Hauses, dem Elternschlafzimmer, abspielte. Ein indiskreter Dienstbote war durchaus in der Lage, Familiengeheimnisse auszuplaudern. In dem Maße, wie Dienstboten kamen und gingen, waren Gefühle und Körper dem Blick von Dutzenden von Beobachtern ausgesetzt. Auf einem Fresko in San Gimignano ist eine Magd Augenzeuge, wie ein frisch vermähltes Paar gemeinsam ein Bad nimmt. Der Hausherr ließ es sich angelegen sein, seine Gefühle und seine Seitensprünge vor dem Gesinde zu verbergen, während Klatsch und Tratsch über seinen Körper ihn offenbar kaltließen. Die eigentlichen Geheimnisse waren wohl solche der Familie

Memmo di Filippuccio, *Badendes Paar*, um 1320. Ein Dienstmädchen geht den beiden beim Baden zur Hand und wird auch zugegen sein, wenn sie sich schlafen legen. (San Gimignano, Rathaus)

und des Vermögens, weshalb die Herrin des Hauses den Bund mit den Schlüsseln zu Türen und Truhen stets an ihrem Gürtel trug.

Haussklaven. Neben den freien Dienstboten gab es in großen Häusern auch Sklaven (»servi«). Meist aus dem Nahen Osten stammend, wurden Sklaven im ländlichen Sizilien und Spanien sowie in den Städten beschäftigt, doch spielten sie eine durchaus wichtige Rolle in den größeren städtischen Haushalten. Eine 1458 in Genua durchgeführte Erhebung zählte mehr als zweitausend Sklaven, von denen 97,5 Prozent Frauen waren, meist Hausmädchen. Viele Leute hielten sich lieber Sklaven als freie Dienstboten, weil sie billiger waren. Selbst der teuerste Sklave kostete weniger als der Sechsjahreslohn für einen Dienstboten. In Venedig, Florenz und anderen Städten gab es einen bedeutenden Anteil von Sklaven.

Sklaven kaufte man, wenn sie noch jung waren. Von 340 Sklaven, deren Verkauf zwischen 1366 und 1397 in Florenz belegt ist, waren 40 Prozent unter 23 Jahre alt. Sie waren zudem mittellos. Jedermann im Haus schimpfte auf sie und stieß sie herum – der Hausherr, die Hausherrin, die älteren Kinder. Vor Gericht sagten sie oft aus, daß sie in ständiger Furcht vor Schlägen lebten. Nach einigen Monaten jedoch wurden die Sklavinnen selbstsicherer, zumal wenn die Herrin sie in ihre Privatgemächer einließ. Sklavinnen wurden in erster Linie von der Hausherrin beaufsichtigt. In bestimmten Städten, so in Friuli und Ragusa, war es von jeher Brauch, daß sich reiche Frauen eine Art Leibsklavin hielten; in anderen Städten wie etwa Genua oder Venedig war dies weniger eine Sache des Herkommens als des Prestiges; vornehme reiche Matronen hatten eine Sklavin als Magd. Diese bescheidenen Gefährtinnen hatten oft vertrauten Umgang mit der Herrin.

Der Sklavin, nicht der Magd, übertrug man die verhaßtesten und anstrengendsten Hausarbeiten. Man beschäftigte sie aber auch als Näherin, was immerhin Zeit zu Gesprächen ließ. Andere fungierten als Amme. 1460 blieb Maria, die Sklavin einer Familie von florentinischen Ladenbesitzern, den ganzen Tag allein im Haus ihrer Herrschaften. Mehrmals täglich betrat sie das Schlafzimmer ihrer Herrin; sie wußte, wo die Schmuckschatulle verwahrt war und wo der Schlüssel dazu lag. Man hat den Eindruck, daß sie das Schlafzimmer, das Allerheiligste des Hauses, in- und auswendig kannte, daß sie aber das volle Vertrauen ihrer Herrschaften genoß. Manchmal wuchs einem Herrn seine Sklavin so sehr ans Herz, daß er die Führung des Haushalts weitgehend in ihre Hände legte. Mehr als einmal witzelte Alessandra Strozzi hierüber mit ihrem Sohn (1463).

Die Sklaven verstanden es, sich einen privaten Freiraum zu schaffen. Anders als freie Dienstboten waren sie oft jahrelang bei ein und derselben Familie im Dienst. Manche waren in eigenen Unterkünften untergebracht, oft in Dachstuben (Florenz 1393). Oder sie mußten in einem Verschlag zwischen Brennholz und Baumaterialien schlafen (Florenz 1390). Ob sie Betten hatten, wissen wir nicht, jedenfalls schliefen sie allein. Die Glücklicheren unter ihnen wurden besser einquartiert, hatten vielleicht sogar ein eigenes Schlafgelaß – eine Sklavin (Florenz 1450) bewahrte ihre Kleider in einem Raum auf, den sie »mein Zimmer« nennt. Die Kleidung des Sklaven war schlicht, wie die Hauskleidung der Herrschaften, aus billigem Stoff. Die eben er-

Florenz, Palazzo Davanzati, »Pfauensaal«, um 1400. Unter darübergelegten Trompe-l'œil-Effekten, die Kleeblattbögen und eine blinde Arkade auf Gesimsen zeigen, sind 56 Wappen vor Laub- und Vogelmotiven abgebildet. Die sechs hier sichtbaren Wappen gehören (oben, von links nach rechts): Robert von Anjou, der Kommune Florenz und der florentinischen Kirche; (unten) den Familien Cafferelli, Bardi (die durch vier vor 1400 geschlossene Ehen mit den Davizzi verwandt waren) und Guidotti.

wähnte junge Sklavin hatte Zugang zu der Garderobe ihrer Herrin; sie durfte getragene Kleidungsstücke ihrer Herrin umarbeiten und nach Gutdünken verwenden; sie durfte sich auch frei in der Stadt bewegen und Freunde besuchen – freigelassene Sklaven, aber auch freigeborene Männer und Frauen.

Die Gegenwart von Sklaven im Haus war eine Irritationsquelle. Man fand ihr Betragen befremdend, ja feindselig; es spiegelten sich darin ungewohnte Vorlieben und Geheimnisse; es stellte eine ständige Gefahr des Aufruhrs dar. Wenn andere Mitglieder des Haushalts Einverständnis zu signalisieren schienen, konnten Sklaven jederzeit das Gespenst des Ungehorsams und der Auflehnung heraufbeschwören. Viele Sklaven waren durch das Trauma der Gefangennahme und Verschleppung desorientiert, ja ernstlich geistesgestört. Man verurteilte sie für ihr bizarres Verhalten. Man kritisierte sie für Lücken in einer Bildung, die sie niemals genossen hatten, und warf ihnen vor, sie seien diebisch, lügenhaft, renitent und verströmten einen unangenehmen Körpergeruch. Nicht zuletzt registrierten die Hausherrinnen besorgt, wie die aufregend exotischen Körper junger Sklavinnen die Sinne ihrer Männer verwirrten. Zwischen 1430 und 1445 waren ein Viertel bis ein Drittel der Findelkinder in den florentinischen Waisenhäusern Kinder von Sklavinnen, das heißt also ihrer Herren. – Auf die Dauer war es allerdings unmöglich, erwachsene Menschen, die sich nach einem Leben in selbstverantwortlicher Freiheit sehnten, in kindlicher Abhängigkeit zu halten. Die Sehnsucht des Sklaven nach Privatheit brach sich schließlich als Verführung, Aufwiegelung, Gewalttätigkeit oder Flucht Bahn. Die letzte Rettung für beide Teile war dann die Freilassung.

Privater Zusammenhalt

Bei den städtischen Eliten – nicht nur im Adel – wies der Begriff der Privatheit über den Haushalt hinaus und umfaßte die gesamte Verwandtschaft. Zwar waren die verwandtschaftlichen Bindungen am stärksten und besonders von Zuneigung geprägt zwischen Brüdern, Vettern ersten Grades (»fratelli germani«), Onkeln und Neffen; in einem Großhaushalt verlebten diese Verwandten oft einen Teil ihrer Kindheit gemeinsam. Diese Personen – Brüder und intime Freunde – wurden auch betrauert, wenn sie starben; Witwen, überlebende Brüder, Schwägerinnen, alle trugen schwarz. Aber das Gefühl der verwandtschaftlichen Verbundenheit sprengte diesen Kreis, wie wir aus den Schriften Albertis und anderer toskanischer Memoirenschreiber wissen, die in ihren Erinnerungen die »gens«, ihre Sippe, verherrlichen.

In Florenz, Genua, Bologna und an anderen Orten wurde der Zusammenhalt der Verwandtschaft auf mancherlei Weise gestärkt und symbolisch unterstrichen. Sippen wurden durch Familiennamen voneinander unterschieden (ein Brauch, der sich im 14. und 15. Jahrhundert mehr und mehr durchsetzte); der Name war eine Art Etikett zur Bestätigung der Blutsgemeinschaft. In allen Sippen oder Zweigen der

Familie bevorzugte man in jeder Generation dieselben, wenigen Vornamen. Der Name des Neugeborenen sollte nicht nur die Erinnerung an einen »consors« wachhalten, sondern dem Kind auch dessen Vitalität und Kraft verbürgen. Das Familienwappen zierte Waffen, Kleidung, Häuser, Kapellen, Altardekorationen, Gräber, Banner und kündete vom (angeblichen) Alter dieses Hauses, von seiner Bedeutung und Würde. Ländereien, Gebäude und andere symbolträchtige Besitztümer wie Türme, Straßen, Plätze, Kapellen und Kirchenpatronagen waren gemeinsames Familieneigentum. Wirtschaftlich waren diese Dinge von geringem Wert (der Rest des Patrimoniums wurde bei jeder neuen Erbfolge unter den Söhnen aufgeteilt), doch sie hatten hohen symbolischen Rang im Selbstverständnis. In der Kirche, die mit dem Familienwappen geschmückt war, unterhielt die Familie Altäre, Kapellen und Grabstätten, so daß sich ihre spirituellen Energien immer auf dieselben Heiligen, dieselben Zeremonien und dieselben Ahnen konzentrierten. Die Toten wurden nicht vergessen, und im 14. und 15. Jahrhundert wurde viel dafür getan, die Erinnerung an sie zu bekräftigen. Die Memoirenschreiber in Florenz wetteiferten miteinander um den ältesten Ahnherrn. Giovanni Morelli beginnt seine Erinnerungen (»ricordi« um 1400) damit, daß er nicht nur einen Ahnen anführt, der um 1170 gelebt haben soll, sondern sogar einen Urgroßvater dieses fernen Vorfahren ins Spiel bringt. Nach 1450 häuften sich in den Palazzi Gemälde und Büsten von Vorfahren. Nach 1480 gesellte sich dazu eine – wie Vasari meint – »endlose« Zahl von Totenmasken, die man über Türen, Fenstern, Kaminen und Gesimsen anbrachte. Diese Masken waren »so natürlich gebildet, daß sie zu leben schienen« – zahllose Gesichter, die in der Privatheit des Heimes daran gemahnten, daß die Kleinfamilie nur *eine* kleine Zelle im verzweigten Organismus der Sippe war.

Wappen des Mariotto Sengini, 1442. Man beachte den Löwen, den Helmschmuck sowie die Wappen der Kommune Florenz (rote Lilie auf Silber) und des Volks von Florenz (rotes Kreuz auf Silber). Mariotto wollte an seine Zeit als florentinischer Gouverneur von Pescia und an seine Sippe erinnern. (Pescia, Mauer des Vikarspalastes)

Memoirenschreiber im Florenz des 15. Jahrhunderts empfehlen offensive Freundlichkeit und Vertraulichkeit. Aus Sorge vor finanziellen Problemen und politischen Wechselfällen in einer Stadt, die von einer Handvoll Familien regiert wird, vertreten sie die Auffassung, daß ein breites Netz enger und intensiver Bündnisse der sicherste Schutz vor den Launen Fortunas sei. Giovanni Rucellai schließt sich dieser Auffassung nachdrücklich an, wenn er in den für seine Söhne verfaßten Erinnerungen schreibt: »In unserer Stadt Florenz, das laßt euch gesagt sein, wird es einem überaus schwergemacht, seinen Wohlstand zu bewahren. [Gemeint sind Steuern.] [. . .] Man muß es vermeiden, sich Feinde zu machen; eine andere Möglichkeit, sich zu schützen, sehe ich nicht. Ein Feind kann mehr Schaden stiften, als vier Freunde Gutes bewirken. Und zweitens: Steht auf gutem, ja vortrefflichem Fuße mit euren ›consortes‹ [Angehörigen derselben Sippe], Verbündeten, Nachbarn und sonstigen Bewohnern des ›gonfalone‹ [Bezirk]. Ich bin auf die meinen immer nur stolz gewesen. Sie haben mir stets geholfen, einen Steuernachlaß zu bekommen, sie sind mir beigestanden und haben Mitleid bewiesen. Bei solchen Gelegenheiten sind gute Freunde und ergebene Verwandte sehr nützlich. Sie halten einem den Kopf über Wasser, wenn man zu versinken droht, und retten einen aus der Gefahr. [. . .] Wenn ihr auf dem besten Fuße mit Mitbürgern, Verwandten und

Freunden stehen wollt, ermahne ich euch, meine Söhne, gerecht, ehrlich und tugendhaft zu sein und euch guten Werken zu verschreiben [. . .], auf daß man euch liebt. Auch beschwöre ich euch, überaus großmütig gegen eure wirklich gerechten, aufrichtigen und guten Freunde zu sein. Ich würde nicht zögern, ihnen Darlehen zu geben oder Geschenke zu machen, ihnen vollkommen zu vertrauen und alle meine Pläne, Gedanken, Erfolge und Mißerfolge mit ihnen zu teilen (ohne das Schließen neuer Freundschaften darüber zu vernachlässigen). [. . .] Ich muß euch noch ein Wort über die Hilfeersuchen sagen, mit denen Familienangehörige an euch herantreten werden; das geschieht jeden Tag. Meine Ansicht ist, daß es eure Pflicht ist, ihnen zu helfen, und zwar nicht so sehr mit Geld als mit eurem Schweiß und Blut und allem, was ihr habt, selbst eurem Leben, solange die Ehre eures Hauses und eurer Familie auf dem Spiele steht.«

Die Homilie geht noch weiter, doch der Sinn dieses Absatzes ist klar. Es liegt im Interesse der Familie, das Eigentum vor dem Zugriff des Fiskus zu schützen; dazu ist freilich mehr vonnöten als ein bloß höfliches Verhältnis zu Verwandten und Freunden. Besonders eng sind die Beziehungen zur erweiterten Familie (»casa«), der man jedes Opfer bringen muß, und zu guten Freunden, die vertrauenswürdig sind. Aber um »auf gutem Fuße« mit anderen Bürgern zu stehen, muß man auch sie zu Vertrauten machen, sie bewirten, Briefe und Besuche mit ihnen tauschen. Das ist, natürlich, der Standpunkt des wohlhabenden Kaufmanns. Aber die steuerlichen und politischen Probleme, auf die er anspielt, sind für alle die gleichen (oder doch ähnliche). Bei der Lektüre von Rucellais Ratschlägen wird man sich bewußt, daß es für die Familien zunehmend wichtiger wurde, den Kreis ihrer Vertrauten zu erweitern, um ein Bollwerk gegen die zudringliche Bevormundung durch den Staat zu errichten.

Gleichwohl ist dieser Rat, so vernünftig er sein mag, schwer in die Praxis umzusetzen; er beruht auf Selbstverleugnung und ist utopisch. Natürlich gab es zahlreiche Gelegenheiten, Leute in das eigene Heim einzuladen; aber das geschah unter minder anspruchsvollen Vorzeichen, als sie Rucellais Strategie bestimmt.

Der private Raum im Kontext. Die Organisation des öffentlichen Raumes in Städten und Dörfern begünstigte die Entwicklung freundschaftlicher Beziehungen zwischen verschiedenen Haushalten. Zuvörderst profitierte hiervon der Adel. Italienische Adelsfamilien hatten sich schon längst Türme und Häuser in eigenen Stadtteilen errichtet, die sie dann gleichsam kolonisierten und in manchen Fällen auch befestigten. Jede Familie war in ihrem eigenen Stadtbezirk verwurzelt. Diese Strukturen mit der aus ihnen resultierenden nachbarschaftlichen Solidarität blieben im 14. und 15. Jahrhundert in Florenz, Pisa, Siena oder Genua intakt. In Florenz gruppierten sich die Häuser mächtiger Familien oft um einen Turm, eine Kirche, eine Loggia oder einen kleinen Platz. In Pisa und Siena wohnten die führenden Sippen nach wie vor in »castellari«, festungsartigen Gebäudeensembles um einen zentralen Platz. In Genua saßen die »alberghi«, die führenden Familien samt ihrer Klientel, in

Giovanni Bellini, *Architekturstudie*. Zeichnung, zweite Hälfte 15. Jh. Plan für einen Renaissancepalast mit Säulen und Kapitellen, Rundbögen, Nischen für Standbilder und »oculi«. Außerhalb des Hauses ist für zwei beliebte Schauplätze der Geselligkeit gesorgt: oben eine überdachte »altana«, wo man frische Luft schöpfte, unten eine weiträumige Loggia, in der sich eine größere Zahl von Freunden, Verwandten und Nachbarn versammeln konnten und wo auch Feste stattfanden. (London, British Museum)

Häusern, die sich auf engem Raum zusammendrängten. In den Vororten Genuas errichteten sich diese Familien Landsitze, die sie bewußt ebenso dicht umbauten. So besaß die Familie Spinola 1447 in Quarto achtzehn Häuser. Bauernfamilien taten es den vornehmen Herrschaften gleich. In gewissen Dörfern der Toskana kann man noch heute ganze Ortsteile erkennen, die im 14. Jahrhundert aufgebaut worden sind, um eine sich vergrößernde Familie aufzunehmen.

So präsentierte sich die italienische Stadt als Ansammlung von einzelnen Zellen, die mitunter durch Mauern oder ein Labyrinth winziger Gäßchen voneinander getrennt waren. Städte wie Genua oder Siena und die Altstadt von Florenz empfingen im 14. Jahrhundert ihr eigentümliches Gepräge. Was die Bewohner, mochten es nun Mitglieder derselben Familie oder Klienten, Freunde oder bloß Mieter sein, verband, waren vertrauter Umgang, Nachsicht, Heiratsbündnisse und gemeinsame Interessen. (Eine Ausnahme machten Mieter, die sich nur für kurze Zeit niederließen, also häufig Arme.) Unter solchen Umständen war es nur natürlich, daß Menschen, die in demselben Stadtviertel wohnten, Kontakt miteinander gewannen, sich unterhielten und Klatsch austauschten; bisweilen wurden die Zusammenkünfte von der Pfarrgemeinde oder dem »gonfalone« offiziell organisiert, doch meist waren sie privat und zwanglos.

In den Häusern der Wohlhabenden gab es in der Regel einen Saal im Erdgeschoß, der solchen Zusammenkünften vorbehalten war. Das Inventar des Pietro Mostardi (Florenz, um 1390) erwähnt Bänke und Schemel (für fünfzehn bis zwanzig Personen), Tische sowie Pokale, Karaffen und Krüge, um den »brigate« Erfrischungen aus der nahe gelegenen »volta« zu reichen, wo 600 Liter Rotwein und Weißwein lagerten. Für schönes Wetter, wenn man sich gern im Freien aufhielt, gab es steinerne Bänke entlang der Hauswand, auf denen man, vielleicht im Schutz eines Mauervorsprungs, sitzen konnte. Die Plätze sienesischer »castellari« sowie florentinischer Familiensitze waren häufig von solchen Wandbänken gesäumt; sie bildeten eine Miniatur-Agora, die zu Gesprächen einlud. Gelegenheiten, um ein paar Worte mit dem Nachbarn zu wechseln, gab es genug: im Kreuzgang, am öffentlichen Brunnen, im Bäckerladen, auf dem Vorplatz der Kirche oder (für die Männer) im Wirtshaus. Die beiden Gebäude, welche die Solidarität der Adelsfamilie, ihrer Klienten und Nachbarn am besten versinnbildlichten, waren die Pfarrkirche (bei Gottesdiensten ein sakraler Ort, im übrigen ein profaner Versammlungssaal) und die Loggia, ein arkadengesäumter offener Raum, in dem die Familienmitglieder (bisweilen auch andere Personen) sich trafen, um zu plaudern, zu debattieren, Streitigkeiten zu regeln, ihren Besitz zu verwalten (durch Empfang von Vasallen und Bauern) und um gesehen zu werden. In Genua gab es Loggien, die jederman zugänglich waren und in denen die ganze Nacht Menschen hin und her wanderten.

Die Landhäuser des Adels waren großen privaten Zusammenkünften auf jeden Fall angemessen, manchmal geradezu ideal. Alberti beschreibt in seinem Buch *De re aedificatoria* (*Über die Baukunst*) das vorbildliche Landhaus unter dem hochtrabenden Titel »Über die Villa von

Herren und Standespersonen, mit allen ihren Teilen, und ihre beste Lage«. Er empfahl, das Haus so anzulegen, daß man einen weiten Blick ins Land hatte; auch sollte es von Parks umgeben sein, in denen man jagen und fischen konnte. »Es soll aus mehreren Teilen bestehen: einige, die jedermann zugänglich sind; andere, die einer ausgewählten Gesellschaft offenstehen, und wieder andere, die intimen Zwecken vorbehalten sind.« Das offene Gelände, nach dem Vorbild von Fürstenresidenzen gestaltet, soll aus riesigen Feldern bestehen, die sich für Pferderennen eignen. An ausgewählten Stellen sollen Spazierwege, Schwimmbäder, Wiesen, Flüsse und Loggien für die »brigate« angelegt werden. Hier konnten die Alten lustwandeln und die »famiglia« sich austoben (»famiglia« hier im weiteren Sinne verstanden, also die eigentliche Familie plus Verwandten, Dienstboten und Gästen). Im Innern des Hauses umfaßte der erweiterte private Bereich diverse Räume rund um den »cortile«, die je nach Jahreszeit benutzt wurden, also nur im Winter, nur im Sommer bzw. nur in der Übergangszeit. Die Winterräume konnte man heizen; die Zimmer waren geräumig und freundlich. Die Zimmer nahe dem Haupteingang blieben Gästen vorbehalten.

Mit Ausnahme fürstlicher Paläste ist Albertis Traumvilla wahrscheinlich niemals authentisch in die Wirklichkeit umgesetzt worden, doch spiegelt sie Sensibilität und Geschmack wohlhabender Italiener seit dem 14. Jahrhundert. Albertis architektonische Vision war denn auch nur die Erweiterung und Ausschmückung dessen, was bereits geläufige Praxis war. Zwischen 1310 und 1320 renovierten die Peruzzi, eine bekannte Bankiersfamilie in Florenz, ein Landhaus, das sie vor den Toren der Stadt erworben hatten; sie legten einen Garten mit Teichen an und umgaben das Anwesen mit einer Einfriedung. Am Jahrhundertende war der Besitz der Alberti so berühmt für seine Pracht, daß er im Volksmund »il Paradiso« hieß. Man pflanzte duftende Pinien und Zypressen in der Nähe von Zierbrunnen an, und auf den Wiesen weideten »fremdartige, wunderbare« Tiere. Hier, unweit der Stadt, trafen sich die Florentiner, um die Freuden des Landlebens zu genießen, genauso wie andere »brigate« in ähnlich duftenden Gärten vor den Toren Neapels, Genuas und Venedigs.

Das private Leben der Jugendlichen. Der freundliche Umgang, der für die privaten Beziehungen charakteristisch war, begann in Italien wie anderswo in der Kindheit. Die Nachbarskinder spielten miteinander – zunächst noch ohne Unterschiede des Geschlechts und des Standes. In Florenz konnte im 14. Jahrhundert der Sohn eines reichen Kaufmanns mit der Tochter eines Schneiders spielen, ohne daß jemand von »Schmuddelkindern« gesprochen hätte. In Florenz besuchten Knaben und Mädchen dieselben Schulen (1338 bezeugt), so daß es auch außerhalb des Spielplatzes Gelegenheiten gab, einander kennenzulernen. Ob Knaben und Mädchen auch in dieselbe Klasse gingen, wissen wir nicht, doch es steht fest, daß (aus welchen Gründen auch immer: Vorliebe, Bescheidenheit, Gehorsam) Knaben sich leichter mit Knaben anfreunden und Mädchen leichter mit Mädchen. Die junge Katharina Benincasa (die eingestandenermaßen die Gegenwart von männlichen Wesen

Meister des »cassone« Adimari (?), *»Civettino»-Spiel*, 15. Jh. Auf einem Platz sind einige Erwachsene beim Spiel, während andere zuschauen. Bei solchen Gelegenheiten konnte man Freundschaften schließen und Pläne schmieden. Kinder hatten ihre eigene Hierarchie, eine jugendliche Privatwelt. (Florenz, Palazzo Davanzati)

mehr fürchtete als die meisten ihrer Geschlechtsgenossinnen) umgab sich mit einer Gruppe treu ergebener Freundinnen, deren höchste Lust es war, sich zum Zweck der Selbstvervollkommnung heimlich zu geißeln. Auf dem Weg über Spiele und kleine Geheimnisse entdeckten die Kinder ihre eigene private Welt und legten zugleich den Grundstock für die Zukunft. Man besann sich in späteren Jahren auf Bindungen, die in der Kindheit eingegangen worden waren: »Schon als Kinder waren wir unzertrennlich, wie du weißt« (Florenz 1415) – ein gewichtiges Argument, wenn man, wie dieser Mann, Hilfe benötigte. Solche Freundschaften aus Kinderzeiten waren wichtig, weil sie für die Beziehungen zwischen Erwachsenen das Fundament schufen.

Freundschaften zwischen Heranwachsenden (Kindern von zwölf bis vierzehn oder älter) waren noch fester und eigenständiger. Francesco di Barberino hielt es für zulässig, daß man jungen Mädchen (ausgenommen die Töchter von Fürsten und Königen) erlaubte, gleichaltrige Gefährtinnen zu besuchen, die im selben Stadtviertel wohnten. Auf Fresken wie dem *Buongoverno* (Siena 1338) sehen wir sie zu Tamburinmusik singen und tanzen. Auch die Knaben, denen man übrigens einen größeren außerfamiliären Freiraum gewährte, sangen und tanzten miteinander (ebenso wie mit den Mädchen). Prächtige Vorstadtparks boten den verwöhnten Sprößlingen aus Adel und Bürgertum, denen wir in den eleganten jungen Herren des *Decamerone* wiederbegegnen, die schönsten Möglichkeiten, sich auszutauschen: Sie spielten Schach oder Dame, flanierten, tollten in den Brunnen umher usw. Mit achtzehn Jahren waren sie alt genug für die Jagd, für militärische Expeditionen und dergleichen mehr. In den plebejischeren Bezirken der Städte waren die Knaben so, wie sie überall sind: Sie führten Derbheiten und Zoten im Mund, was nur strenge und geordnete Familien unterbinden konnten. Der junge Ehemann der Bonaventura Benincasa (Schwester der hl. Katharina) »besuchte nach dem Verlust seiner Eltern regelmäßig seine gleichaltrigen Kumpane; diese Burschen waren hemmungslos in ihren Reden und ließen sich mit Kraftworten und Flüchen über Gebühr gehen, und er stand ihnen in nichts nach.« (Siena 1360)

Die jungen Burschen schlossen sich zu regelrechten Banden mit eigenem Namen und eigenen Ritualen zusammen. Sie zettelten Störungen der öffentlichen Ordnung an und prügelten sich gelegentlich mit rivalisierenden Banden (Florenz 1420). Manche dieser Gruppen hielten sich beachtlich lange, andere waren das kurzlebige Geschöpf einer Laune. Sie ermutigten zu unangepaßtem, aufsässigem Verhalten. Als einmal ein Ghibelline hingerichtet worden war, entwendete eine Bande von

Ambrogio Lorenzetti, *Die gute Regierung* (Ausschnitt), 1338–1341. Sittsame junge Damen durften zu Hause oder auf dem zum Wohnsitz gehörenden Grundstück tanzen. Öffentlicher Tanz war nur an Feiertagen erlaubt, und die Kommune erhob dafür eine Steuer. Die weibliche Jugend tanzte gerne, weil sie dabei ihre Reize spielen lassen und mit ihresgleichen aus anderen »brigate« zusammensein konnte. (Siena, Palazzo Pubblico)

»fanciulli« (Kindern und Jugendlichen) den Leichnam, schleppte ihn in das Haus des Gehenkten, schnitt ihm die Hände ab und spielte damit Ball. Vier Tage lang verhinderten diese Halbstarken, daß das Grabgewölbe des Toten versiegelt werden konnte (Florenz 1381).

Doch es gab auch nüchterne und alltägliche Elemente im Leben der Jugendlichen. Viele mußten sich ihren Lebensunterhalt selbst verdienen. Am Arbeitsplatz bekamen sie es mit einem neuen Gefüge privater Bekanntschaften zu tun: mit ihrem Arbeitgeber, dessen Frau und anderen Lehrlingen. Manche Lehrlinge wohnten dort, wo sie ihre Lehrstelle hatten. (Der Vater der hl. Katharina beherbergte die Lehrlinge unter seinem Dach.) Ihre Löhne, die nach 1348 recht beachtlich waren, prägten ihren Geschmack und weckten Begehrlichkeiten: Sie wollten in der Stadt ausgehen, gut gekleidet sein, »dazugehören«. Die jungen Männer interessierten sich, wie überall auf der Welt, hauptsächlich für Mädchen; sie redeten über Verführungskünste, stolzierten vor dem Haus ihrer Favoritin auf und ab, suchten mit ihren »brigate« Liebesabenteuer, brachten der Angebeteten ein Ständchen und feierten jede Eroberung im Freundeskreis. Auch Feste waren beliebt. Ob reich oder weniger reich, die jungen Männer waren sofort Feuer und Flamme, wenn sie von einem Fest oder einem Turnier hörten. Solche Veranstaltungen waren in der Toskana, in Genua und in Venetien gang und gäbe; hier gab es besonders spektakuläre Feste in Treviso (wo man die Eroberung eines »Castello d'Amore« inszenierte), in Padua und vor allem in Venedig, wo es das ganze Jahr hindurch etwas zu feiern gab. Bei der Arbeit, bei Festlichkeiten unterstrichen die jungen Leute ihr Recht auf eine Privatsphäre. Sie mußten bis zum 27. oder 28. Lebensjahr warten, bevor sie ihrerseits das anerkannte Vorbild des privaten Lebens, das Paar, beherzigen, also heiraten durften, und kompensierten ihre Frustration mit derber Sprache und der Jagd auf sexuelles Freiwild (männlichen wie weiblichen Geschlechts). So errichteten die jungen Bürger, für die es keinen wirklichen Platz in den etablierten Institutionen gab, eine Gegenmacht in Gestalt ihrer Banden, deren Regeln sie selbst bestimmten. In der Adoleszenz verließen die Heranwachsenden ihre Welt nicht, sondern sammelten auf der Suche nach ihrer Identität neue Erfahrungen.

Die Beziehungen in der Familie. Die Familie kam täglich in informellen Kontakt mit Außenstehenden: Nachbarn, Freunden, Schwägern und Fremden. Bei schönem Wetter trafen sich die Männer morgens oder abends auf den »loggie« der »consorterie« oder auf öffentlichen Plätzen, die mit Bänken gesäumt waren. Aus der ganzen Stadt kamen die Menschen zu den großen Plätzen von Florenz, dem Mercato Nuovo oder dem Sant' Apollinare. Andere zogen das Glück im Winkel, d. h. die Bank vor dem Hause vor, auf der man abends zusammenrückte und mit Nachbarn schwatzte. Die Älteren sprachen von vergangenen Zeiten, von ihren Reisen, von fremden Ländern usw. (Boccaccio). Die Männer rissen Witze und erzählten Geschichten (Sacchetti). Vor allem zogen sie über »die Weiber« her. Am einen Abend neckten sie die Frau eines Nachbarn; am nächsten Abend wurde das Gespräch anzüglicher und

Anonym, *Decamerone*, »Prolog«, 14. Jh. Die jungen Protagonisten des *Decamerone* – drei junge Männer, sieben junge Damen – umringen ihre Königin für einen Tag. Unweit der Burg bilden Wiesen, Wäldchen und ein Brunnen einen »Park«, wie er den Angehörigen der begüterten Schichten zu ihrem privaten Vergnügen häufig zur Verfügung stand.
(Paris, Bibliothèque Nationale, Ms. it. 482, fol. 4 v.)

drehte sich um die Frage, wie die Frauen es anstellen, daß sie im Bett stets ihren Willen bekommen (Sacchetti). Genauso lebhaft verlief die Konversation in den Loggien der Adelshäuser, wo die Männer vom frühen Morgen an im »cerchio« (»Kreis«) beisammen saßen und mit Vorliebe Gemeindeangelegenheiten erörterten.

Man lud sich häufig Gäste ein, und es herrschte ein reges Kommen und Gehen zwischen den Häusern. Kinder besuchten ihre Großeltern; Mütter »machten, wie es Brauch war, einen Besuch bei ihren verheirateten Töchtern, um nach dem Rechten zu sehen« (Siena 1360). Vettern und Kusinen tauschten Besuche aus. »Constanza [eine Kusine Alessandra Strozzis, aus deren Brief von 1459 ich zitiere] kommt oft hierher, um mit mir zu schwatzen.« Die »consortes« (Angehörige einer Sippe) begegneten sich zwangsläufig immer wieder auf den Straßen ihres befestigten Stadtviertels, und selbst ein belangloser Vorfall konnte ihre Familiensolidarität auf den Plan rufen. Eines Nachts schrie eine junge Acciaiuoli aus Jux um Hilfe: Im Nu hatte sich ihr Zimmer mit besorgten Verwandten beiderlei Geschlechts gefüllt (Florenz, 14. Jahrhundert).

Freunde besuchten sich gegenseitig, und die Plauderei mit dem Nachbarn gehörte zur täglichen Routine. Bei Tage rief man sich von Haustür zu Haustür, von Fenster zu Fenster ein paar Worte zu – ein beliebtes Sujet der Maler. Abends oder wenn das Wetter schlecht war, traf man sich paarweise – oder die Frauen allein – in irgendeinem Haus. Diese Sitte ist im 14. Jahrhundert für Florenz ebenso wie für Genua bezeugt. In Genua hatten im 15. Jahrhundert offenbar die Matronen das Heft in der Hand: »sie besuchten einander und luden sich abends Gäste ein.«

Auf die Bedürfnisse der Kranken hatte man ein wachsames Auge. Wieder ist es Alberti, der die gebieterische Pflicht formuliert, »einen kranken Verwandten nicht im Stich zu lassen, [. . .] sondern ihn zu besuchen und ihm Beistand zu gewähren«. Das war in der Tat üblich. Monna Alessandra Strozzi besuchte ihre Kusinen am Krankenbett. Das humanistische Wunderkind Michele Verini wurde vor und nach seiner Operation von Freunden, die ihm Mut zusprachen, besucht (1485); sie unterhielten sich mit ihm, spielten mit ihm und musizierten für ihn. Ähnliche Sorge galt in allen Schichten der Gesellschaft dem Kranken, mochte es sich um einen sterbenden Gastwirt handeln, einen von der Gicht gelähmten alten Mann oder eine Wirtschafterin, die von Koliken gepeinigt wurde (kein Wunder, es war Gift im Spiel). Um den gichtgeplagten Greis kümmerten sich Bekannte, die ihm Speisen brachten und mit Scherzen aufheiterten. Den sterbenden Wirt tröstete eine alte Frau, »wie sie es mit allen tat« (Sacchetti). Daß derlei Zuwendung mit Gründen zu erwarten stand, geht daraus hervor, daß man den Leidenden häufig im Schlafzimmer im Erdgeschoß einquartierte, wo ihn Freunde bequem besuchen konnten (und wo die Ansteckungsgefahr für die Hausbewohner am geringsten war; allerdings wissen wir nicht, ob diese Überlegung wirklich eine Rolle gespielt hat). Einzig der Schrecken, den die Pestepidemien verbreiteten, vermochte die Fürsorge für die Kranken zu schmälern.

Der tauglichste Anlaß, private Beziehungen außerhalb der Familie zu pflegen und zu festigen, waren Essen und Trinken. Dem Nachbarn ein Glas Wein anzubieten, war Ausdruck alltäglicher Höflichkeit. Die Leute verabredeten sich, um den neuen Weinjahrgang eines Nachbarn zu feiern; dazu brachten sie auch Fremde mit (Sacchetti). In das obere Stockwerk gebeten und zum Essen eingeladen zu werden, war ein erheblicher Vertrauensbeweis, den man Verwandten, Freunden und besonders nahestehenden Nachbarn vorbehielt; zu den Festessen allerdings bat man eine größere Anzahl von Gästen. Priester empfingen gerne ihre Pfarrkinder bei sich zu Hause; sie waren allesamt, nach Auskunft der Novellisten, fröhliche Zecher. Ebenso oft luden die Leute ihren Pfarrer oder auch die örtlichen Curé ein. Nahm ein Priester an dem Essen teil, so hatte er den Vorsitz bei Tisch; rechts von ihm saß der Hausherr, daneben dessen Frau und Töchter. Sogar mit Malern, die im Hause einen Auftrag ausführten, teilte man gelegentlich Speise und Trank. Im allgemeinen jedoch beschränkte sich die tätige Gastfreundschaft auf Verwandte, so wie bei der Familie Strozzi in Florenz um 1450.

Aus Gründen, die mit dem Lebensstil (Phasen der Muße und obligatorische Reisen) sowie mit den Zeitläuften (Kriege und Pest) zusammenhingen, war die Gastfreundschaft des Adels großzügiger als die des Bürgertums. Man hielt bestimmte Räume für Gäste bereit, die über Nacht, ja manchmal wochenlang blieben. Alessandra Strozzi machte häufig Gebrauch von diesem Vorrecht und wohnte bei ihrer Tochter im Mugello oder bei einem Bruder oder Vetter in einem nahe gelegenen Vorort. Sie war aber selber ebenfalls sehr gastfreundlich, beispielsweise gegenüber einem Vetter ersten Grades ihres Mannes, der aus Neapel stammte, wo ihre beiden Söhne bei ihm arbeiteten, und der 1449 zufällig durch Florenz kam; sie nahm ihn acht Tage bei sich auf, stellte

Anonym, *Die Geburt des hl. Johannes des Täufers*, 14. Jh. Kusinen und Freundinnen zögerten nicht, Kranke und Frauen im Kindbett aufzusuchen. Hier sehen wir zwei Besucherinnen – eine Kusine (die Jungfrau Maria) und eine ältere Freundin oder Verwandte –, die der alten Elisabeth Gesellschaft leisten und mit dem Kind spielen. (Avignon, Petit Palais)

Wohnzimmer und Eßzimmer für die vielen Verwandten, Schwäger und Freunde zur Verfügung, die den seltenen Gast zu sehen wünschten, und servierte ihm Tag für Tag üppige Mahlzeiten. Doch auch wenig begüterte Familien öffneten ihr Haus, so gut es ihre Mittel erlaubten, für Freunde und Verwandte. Wenn es kein Gästezimmer gab, dann machten sie ein Bett im Zimmer eines Familienangehörigen frei, oder einen Platz in einem Bett, oder bereiteten ein Strohlager im Stall.

Große Anlässe. Vielfalt und Reichweite privater Beziehungen bewährten sich bei wichtigen Anlässen, welche die Bande zu Verwandten, Freunden und Nachbarn erneuern halfen. War eine Frau schwanger, so erwiesen ihr Freunde und Verwandte tausenderlei Aufmerksamkeiten, Geschenke wie zum Beispiel kostbares Tuch, Silber usw. stapelten sich im Hause. Geburten beging man mit einem freudigen Umtrunk, so als Bernardo Velluti zur Welt kam, der Stammhalter der Familie nach fünf Töchtern (Florenz, um 1330). Jedenfalls feierten die Verwandten das »große Ereignis« mit. An Taufen waren die »consortes« seltener beteiligt; man nutzte die Taufe bewußt dazu, durch Patenschaften eine verläßliche Verbindung mit Nachbarn, Klienten und Geschäftsfreunden herzustellen, aus deren Reihen sich die überwiegende Mehrheit der Paten rekrutierte (Florenz, 1380 bis 1520).

Die eigentliche Verwandtschaft machte ihre Rechte geltend und beanspruchte den ihr gebührenden Platz, wenn eine Hochzeit bevorstand.

Masaccio, *Besuch in der Wochenstube*, 1427. Eine Frau hat soeben entbunden; Freundinnen und Verwandte umringen sie. – Bei dem Bild handelt es sich um einen »desco da parto«, einen Holztondo – das traditionelle Geschenk für junge Mütter. (Berlin, Staatliche Museen Preußischer Kulturbesitz)

Als Giovanni del Bene beschlossen hatte, seine Tochter Katherina unter die Haube zu bringen, wollte er die Eheverhandlungen geheimhalten. Man machte ihm klar, daß das nicht zu bewerkstelligen sei – der Verlobte seiner Tochter besaß zahlreiche Verwandte, die über die Neuigkeit so beglückt gewesen wären, daß sie nicht den Mund zu halten vermocht hätten (Florenz 1380). Der Brauch, vor der Eheschließung beide Familien zu konsultieren, war keine Formsache, vor allem in den Fällen nicht, in denen die eine oder die andere Seite ein berühmtes Familienmitglied vorweisen konnte. Donati Velluti berichtet, daß er im Zusammenhang mit der Heirat eines zweiten Vetters um Rat gefragt worden sei und seine Zustimmung gegeben habe (Florenz 1350). Am Tag der Eheschließung waren die »consortes« vollzählig zugegen. In Florenz fanden der Ritus des Ehegelübdes und der Tausch der Ringe vor einem kleinen Kreise Auserwählter statt; die Bestimmungen sahen lediglich vor, daß der Bräutigam von vier nahen Verwandten begleitet werde. Doch bald nach dieser Zeremonie traten auch die anderen Verwandten wieder in Erscheinung. Am Tag der Hochzeit oder am Tag danach traten fünfzehn bis zwanzig Verwandte des Bräutigams vor die Braut und übergaben ihr die Ringe, die sie selber einst bei diesem Anlaß empfangen hatten. Unter Aufsicht der Männer von Frauen überreicht, besiegelten diese Ringe den Eintritt der Braut in ihre neue Familie, sie waren der dingliche Willkommensgruß der Verwandtschaft, der früheren wie der jetzigen Geschlechter an das neue Paar.

Zum Hochzeitsfest selbst, mit dem das Brautpaar den Beginn des gemeinsamen Lebens feierte, lud man Familienangehörige bis zum dritten kanonischen Grad ein (Großonkel, Vettern und Basen ersten Grades der Eltern, Vettern und Basen zweiten Grades des Brautpaares). Auch Freunde waren zugegen. Verwandte und Freunde halfen, das Fest üppig zu gestalten – die des Bräutigams überbrachten Gaben für das Festmahl, und alle schickten sie Geschenke für die Braut. Sie fungierten auch als Trauzeugen, wie Bianchi, ein Chronist aus Modena im 15. Jahrhundert, hervorhebt; die Trauzeugen bestätigten, daß die Einwilligung der Gatten in die Ehe gültig war. Die Hochzeitsfeiern, sehr aufwendig, nahmen schließlich derart exzessive Formen an, daß besorgte Kommunen ihnen einen Riegel vorzuschieben suchten. In Bologna war es 1401 verboten, zum Festbankett mehr als 24 Damen einzuladen – die der gastgebenden Familie nicht mitgerechnet –, und entsprechend reglementierte man auch den feierlichen Umzug von einem Haus zum anderen. Vergleichbare Verfügungen erließen die Behörden in Florenz, Siena und Modena.

In großer Zahl kamen die »consortes« auch bei Begräbnissen zusammen. »Alle Verwandten, Männer wie Frauen« versammelten sich laut Sacchetti im Hause des Verstorbenen; zu ihnen gesellten sich die Nachbarn. Die Frauen jammerten und klagten. Oft begleiteten herzzerreißende Rufe die Beisetzung. Als die Mutter von Giovanni di Marco sah, wie man den Leichnam ihres Sohnes herbeitrug (er war in Orvieto gestorben), »bejammerte sie ihr Schicksal mit solch lautem Klagegeschrei,

Veroneser Meister, *Eine Hochzeit: Der Ringtausch*, 1490–1500. Der Bräutigam ergreift die rechte Hand der Braut und steckt ihr den Ring (aus Gold oder vergoldetem Silber) an den Ringfinger. Wie es in Italien oft der Fall war, sind nur wenige Trauzeugen zugegen; ein Priester ist nicht dabei.
(Berlin, Staatliche Museen Preußischer Kulturbesitz)

Sano di Pietro, *Vornehmes Brautpaar: Der Ringtausch*, 15. Jh. Hier ist der Aufwand größer, ebenso die Zahl der anwesenden Verwandten und wohl auch Freunde. Hinter dem Bräutigam steht ein Mann, der sich demonstrativ anschickt, ihm den traditionellen Schlag auf den Rükken zu versetzen, der auf Gemälden oft dargestellt wird. (Siena, Archivio di Stato)

in das die anwesenden Frauen einfielen, daß es wie Aufruhr in der Stadt klang« (Siena 1394). Danach wurde der Leichnam aufgenommen, und der Leichenzug formierte sich; selbstverständlich gingen sämtliche »consortes« mit. Im 13. Jahrhundert gab es für die Leichenzüge eigene Statuten, um möglichem Unfrieden durch die beunruhigend große Schar von Verwandten vorzubeugen. In Ravenna durften lediglich die nächsten Angehörigen im Zug mitgehen, und lautes Klagen in der Kirche war untersagt.

Zu den bedeutsamen familiären Ereignissen zählten neben den Hochzeiten und Begräbnissen insbesondere die erste Messe eines jungen Priesters und der Ritterschlag. Bei allen diesen Gelegenheiten öffnete sich die Privatsphäre der Familie, besser gesagt, die Privatsphäre wurde für Verwandte und Freunde zugänglich. Es ging um die Familienehre, den Nachruhm, das Überleben. Eine Schlüsselrolle in diesen Zeremonien spielten Frauen – Mütter, Ehefrauen, Schwägerinnen, d. h. Frauen, die nicht zur Sippe gehörten (oder mit der Heirat aus ihr ausschieden); sie repräsentierten ihre eigene Familie, die mit der feiernden Familie verschwägert war. Ihre Mitwirkung – selbst dort, wo sie ritualisiert war, wie das Klagegeschrei beim Leichenbegängnis – verlieh diesen Ereignissen die eigentümliche Aura aus Spontaneität, Geborgenheit und Taktgefühl.

Gegenseitige Hilfe. In der Zeit zwischen den wichtigen familiären Festlichkeiten waren die »consortes« durch den Austausch von Ratschlägen und Diensten miteinander verbunden. Familienmitglieder intervenierten für Angehörige bei Behörden oder vor Gericht und halfen einander in mannigfacher Weise. Aus diesem Grunde hatten »consortes« untereinander Zugang zu ihren Wohnungen; sie empfanden Solidarität mit anderen Familienmitgliedern, oft sogar Zuneigung zu ihnen (trotz gelegentlichen Zwistigkeiten). Der Humanist Platina unterstreicht die Bedeutung dieser Hilfeleistungen selbst in den höchsten Gesellschaftsschichten, indem er Cosimo de' Medici seinem Sohn Lorenzo folgende Hinweise zur Wahrung der Familienharmonie geben läßt: »Liebe deinen Bruder, und liebe deine ganze Verwandtschaft. Erzeige ihnen nicht nur Achtung, sondern lade sie ein, an deinen Entscheidungen teilzunehmen, ob es sich um private Dinge oder um öffentliche Angelegenheiten handelt. Der Rat von Verwandten wird aller Wahrscheinlichkeit mehr wert sein als der von Personen, mit denen dich keine Blutsbande verbinden.«

Anonym, *Decamerone*, 14. Jh. Trauernde Frauen am Bett eines Toten. Ihre lauten Klagen, auf die eine prächtige Begräbnisfeier folgte, hob den Tod eines wohlhabenden Bürgers über das Private hinaus. (Paris, Bibliothèque Nationale, Ms. it. 482, fol. 79 v.)

Zeugnisse der Solidarität

Die Solidarität der Familie wurde immer wieder einmal auf die Probe gestellt, die Solidarität von Vettern, Kusinen und anderen Sippenangehörigen noch häufiger. Eine Gefährdung der Familiensolidarität rührte daher, daß Familienmitglieder aus beruflichen Gründen genötigt waren, Reisen zu unternehmen (was viele auch gerne taten); andere wurden durch die Wechselfälle der Politik ins Exil getrieben. Erst recht der Tod bedrohte die Familienbande, zum Beispiel wenn gemeinsame Vorfahren in Vergessenheit gerieten, was schwer wog in einer Gesellschaft, in der die Ahnen nicht nur im Himmel, sondern auch im Gedächtnis der Lebenden dauern und noch nach ihrem Tode eine Rolle in der Sippe spielen sollten. Die Italiener, besonders die aus dem bürgerlichen Kaufmannsstand und den Humanistenzirkeln, versuchten im 14. und 15. Jahrhundert, sich gegen derlei Zerrüttungen des Familienzusammenhalts zu wappnen.

Private Korrespondenz. Weit verstreute Familien gab es in Italien zuhauf. Seit Jahrhunderten hatten italienische Kaufleute die Meere befahren und die Welt bereist. Ladenbesitzer, die mit Weizen, Vieh, Öl und anderen Waren handelten, pflegten Geschäftskontakte in der Region. Sogar Bauern kamen gelegentlich in die Stadt, wo sie dann einen Verwandten oder einen ehemaligen Nachbarn aufsuchten, der dorthin verzogen war. Im 14. und 15. Jahrhundert verschärfte sich die allgemeine Lage dadurch, daß die Bürger die Bürde eines immer teurer werdenden Staatsapparats zu tragen hatten; Botschafter und die Beamten der Provinz-Verwaltung und -Gerichtsbarkeit waren oft gezwungen, fern ihrer Heimat zu wohnen. Politische Säuberungen ließen die Zahl der Verbannten anschwellen. Viele Familien mußten sich damit abfinden, daß

Anonym, *Italienische Bankiers im Ausland*, 14. Jh. Drei Bankiers mit ihren Büchern und eine Vielzahl von Kunden. Tausende von Italienern lebten als Kaufleute, Bankiers, Geldleiher oder Künstler im Ausland, oft für lange Zeit. Mit ihren Familien hielten sie durch mündliche oder schriftliche Botschaften Kontakt. (London, British Library)

der Vater oder der Sohn im Exil lebte – sieben Tagereisen oder noch weiter von zu Hause entfernt.

Dennoch war es möglich, mit Menschen, die in der Fremde lebten, ziemlich regelmäßigen Kontakt zu halten. In dem stetigen Strom von Reisenden gab es allemal Leute, die bereit waren, Nachrichten und Informationen zu übermitteln. »Jeden Augenblick muß Gherardo kommen [aus Brügge], den ich voller Ungeduld erwarte, um endlich von einer lebenden Seele etwas über Dich, Dein Ergehen und Deine Gesundheit zu erfahren«, schreibt Alessandra Strozzi 1459 an ihren Sohn Lorenzo. Die Familie konnte sich auch selbst auf den Weg machen, um einen entfernt lebenden Angehörigen zu besuchen. Alessandra und ihre Kinder bedachten diesen Plan mehrfach. Man wohnte in Neapel, in Brügge, in Florenz – warum also sich nicht im zentral gelegenen Avignon treffen? Komplikationen machten solche Vorsätze ebenso zunichte wie manche anderen; man sprach davon, nach Pisa oder nach Bologna zu kommen, aber dann blieb man doch daheim. Sich auf Reisen zu verlassen, um die Verbindung aufrechtzuerhalten, konnte heißen, daß man sich aus den Augen verlor.

So blieb nur der Briefwechsel, das Wunder der privaten Korrespondenz – diese große Entdeckung, der Stolz und die Vergnügung der Italiener im 14. Jahrhundert. Der Austausch von Briefen geschäftlichen Inhalts war seit mindestens einem Jahrhundert eine erprobte Technik der italienischen Wirtschaftstätigkeit gewesen. Mit der Zeit trat zu den Geschäftsbriefen eine im genauen Sinne persönliche Korrespondenz hinzu. Die Menschen befreundeten sich allmählich mit Feder und Papier: Männer, um Nachrichten zu übermitteln und Anweisungen zu erteilen; Frauen, um einen Brief zu beantworten und Ratschläge zu geben; Kinder, um einen Dank oder Gruß mitzuteilen; Verwalter und

Notare, um Rechenschaft abzulegen. Nicht alle Frauen konnten schreiben; je niedriger ihre gesellschaftliche Stellung war, desto unwahrscheinlicher war es, daß sie diese Kunstfertigkeit beherrschten – ein Indikator, der sich in der Toskana im 15. Jahrhundert klar erhärtete. Es gab indes auch Männer – vor allem Tagelöhner und Bauern –, die weder lesen noch schreiben konnten, doch war ihre Zahl kleiner als die der illiteraten Frauen. Um 1380 sind das Gebot und die Praxis schriftlicher Kommunikation unverkennbar; aus dieser Periode sind zahllose Briefe überliefert. Zumindest in Florenz scheint die Zeit von 1360 bis 1380 einen Aufschwung der privaten Korrespondenz ausgelöst zu haben.

Jeder konnte Briefe absenden oder empfangen. Teilpächter bekamen gelegentlich vom Grundbesitzer schriftliche Instruktionen (Siena, 1400). Viele Briefe waren streng privat und betrafen Familienangelegenheiten, individuelle Sorgen und Kümmernisse. Vor allem Frauen schrieben wahrhaft bewunderungswürdige Episteln. Alessandra Strozzi unterrichtete ihre Söhne, die von den Medici in die Verbannung geschickt worden waren, 23 Jahre lang brieflich über häusliche Belange

Antonello da Messina, *Hl. Hieronymus im Gehäus*, 1475. Der Traum der Intellektuellen: Bücherregale, ein ruhiges, geräumiges »studio«. Ort des Nachdenkens und Experimentierens. Hier gibt es alles, was humanistische Kaufleute von ihrem Arbeits- und Lesezimmer erwarteten, wo sie ihre »ricordanze« verfaßten und ihre Briefe schrieben. (London, National Gallery)

(1447–1470). Ihr Schwiegersohn, ihre Töchter und der kleine Matteo (seit er zwölfeinhalb Jahre alt war) schrieben eigene Botschaften dazu. Von den Verbannten trafen Antworten ein. So blieb das Familienleben intakt.

Gewisse »carteggi« (»Korrespondenzen«) dokumentieren sehr vielfältige und weit ausgreifende Interessen. Briefe an Verwandte, Freunde und Klienten lassen nicht nur das Ausmaß der privaten Beziehungen erkennen, sie zeugen auch von der Teilnahme an öffentlichen Angelegenheiten, vom Umgang mit Institutionen und von der Rolle des Briefs in der Verwaltung überhaupt. Um nur ein Beispiel zu nennen: Der Florentiner Forese Sacchetti, der 1405 Gemeindevorsteher gewesen war, hatte dieses Amt seit 1411 wieder inne und fungierte mehrmals als »podesta« in kleinen Städten des »contado«.Er wurde überschüttet mit kleinen gefalteten Zetteln, auf denen ein Name stand; nach den uns überlieferten Zetteln zu urteilen, trafen an manchen Tagen mehrere von ihnen ein, insbesondere bevor ihn seine Pflichten aus Florenz fortführten. Das Spektrum der Korrespondenten war breit. Personen aus Sacchettis engster Umgebung waren natürlich besonders stark vertreten. Sein Verwalter Piero di Giovanni informierte ihn pünktlich und sorgsam über den Zustand seiner Güter (im einzelnen über Ernteerträge, Verkaufserlöse, das Verhalten der Bauern usw.). Notfalls schrieb er mehrere Male nacheinander; so wurden zwischen dem 15. und dem 30. November 1417 vier Briefe abgeschickt. Die nächsten Verwandten Sacchettis scheinen keine fleißigen Briefschreiber gewesen zu sein, doch wenn Freunde seiner gedachten, ließen sie es ihn in liebevollen Briefen wissen: »Forese, ich war auf der Jagd und hatte einen guten Tag. Hier sende ich Dir einen Hasen. Iß ihn, wenn Du magst, zusammen mit Giovanni, meinem treuen, prächtigen Bruder.« Forese blieb, in der Nähe wie in der Ferne, seinen Freunden teuer, und sie bewiesen es ihm in Wort und Tat. Andere Briefe handelten vom Befinden und vom Betragen der Ehefrau und Kinder; aus Anteilnahme wurde Besorgnis, wenn etwas nicht in Ordnung war. Ser Bartolomeo Dei, der in Mailand weilte, erkundigte sich nach einer Tochter oder Schwiegertochter, die ein Kind erwartete. Sein Schwager schrieb ihm dreimal in zehn Tagen (1., 5. und 10. Mai 1489) und berichtete ausführlich über die junge Frau, deren Zustand zu Befürchtungen Anlaß gab – ihre Beine waren geschwollen.

Derlei familiäre Botschaften wurden ergänzt durch Briefe von entfernten Verwandten, Klienten und sogar von Unbekannten verschiedenster Herkunft und aus allen Schichten der Bevölkerung; sie richteten sich an den prominent gewordenen Mann, der imstande war, seine Autorität zum Vorteil des Briefschreibers zu verwenden; die meisten baten um eine Gefälligkeit. Eine genaue Prüfung dieser Briefe würde uns über den Bereich des Privaten hinausführen. Doch ist die Grenze zwischen Öffentlichem und Privatem nicht immer klar zu ziehen. Viele Briefschreiber trugen ihr Ansinnen im Tonfall der Vertraulichkeit vor, um durch ehrfurchtsvolle Zuneigung eine Art Adoptiv-Verwandtschaft zu erzeugen, die den Empfänger moralisch zur Hilfsbereitschaft verpflichten sollte. Forese Sacchetti wurde um seiner überlegenen Position willen von allen »maggiore« genannt; bescheidenere Briefschreiber setzten ein »onorevole« hinzu. Die Ehrerbietung (um nicht zu sagen: die Schmeichelei) erreichte byzantinisches Pathos in Anreden wie »magnifico«, »carissimo« oder gar »onorevole maggiore come fratello« (»höchst Ehrenwerter, wie ein Bruder« – eine Anrede, die von sozial Gleichgestellten, d. h. anderen Angehörigen des Bürgertums gebraucht wurde) und »come padre« (so sagten die übrigen). In einem Brief taucht das Wort »padre« drei- oder viermal auf, in Wendungen wie »hoffe auf Euch wie auf einen Vater« oder »flehe Euch an wie einen Vater«. Forese ließen die Bitten nicht gleichgültig, zumal sie bisweilen in leicht drohendem Ton wiederholt wurden. Er zog Erkundigungen ein, befragte Juristen und erwies sich als verständnisvoller Patron seiner Klienten. Die Klientel eines bedeutenden Mannes mochte instabil sein, sie war aber in jedem Falle politisch nützlich, und die Memoirenschreiber sind in diesem Punkt einer Meinung: Sei wohlwollend und hilfsbereit, schaffe dir keine Feinde. Die Maske der Vertraulichkeit, die seine Petenten zur Schau trugen (und die mehr war als nur Täuschung), verfehlte nicht ihre Wirkung auf Forese, der geschmeichelt war und sich bewogen sah, für seine Klienten ebensoviel zu tun, wie er für seine Familie getan hätte.

Für gebildete Italiener (die nicht lediglich im städtischen Bürgertum zu finden waren) war das Briefeschreiben eine sinnfällige Methode, kostbare Familienbindungen und Freundschaften in Perioden der Trennung zu pflegen. Briefe hielten eine Beziehung nicht nur am Leben, sondern bereicherten sie. Natürlich mußte man, je länger die Briefe unterwegs waren, um so länger auf Antwort warten, so daß räumliche Entfernung den brieflichen Dialog verlangsamte. Die Antwort auf ein Schreiben aus Neapel an Alessandra Strozzi in Florenz, datiert vom 18. Dezember 1464, traf erst am 18. Januar 1465 in Neapel ein. Doch solche Schwierigkeiten waren jedermann bekannt. Die Verzögerung machte den Brief für den Empfänger nur um so willkommener, und die Korrespondenz wurde bereits im Bewußtsein der Langsamkeit der Kommunikation geführt. Zwar hielt man den Adressaten über Familienangelegenheiten auf dem laufenden, doch geschah dies auf besondere Weise. Briefe klangen oft warmherziger, als ein Gespräch es gewesen wäre. Schreibend war man gezwungen, nach dem angemessenen Wort zu suchen, um seine Gefühle auszudrücken: Zuneigung, Besorgnis (die durch die Entfernung sich verdoppelte), Erleichterung und Freude – Worte, die einer Frau aus Gründen der Konvention und Schamhaftigkeit im täglichen Umgang nicht leicht von den Lippen gingen. Manchmal verhehlte man dem fernen Briefpartner den Ernst der Situation, die man ihm schilderte: Bartolomei Dei erfuhr von seinem Schwager, nachdem sie von einer Tochter entbunden worden war: »Die Schwellung in ihren Beinen war viel schlimmer, als ich Dich wissen ließ.« Man tat alles, um ein abwesendes Familienmitglied über die Vorkommnisse daheim zu unterrichten, und interessierte sich mehr als gewöhnlich für seine Mitmenschen. Ein Onkel wollte Genaueres über seine Nichte wissen. Ein junger Sohn lauschte aufmerksam dem Gespräch der Erwachsenen, um seinem Vater einen sachkundigen Brief über Mitgift, Hypotheken und Steuern schreiben zu können. Eine Mutter bemühte sich doppelt und dreifach um jeden, der ihren Sohn gesehen hatte oder vielleicht sehen würde.

Briefe zu schreiben erweiterte das Netz der privaten Beziehungen, zumindest im Kontext gegenseitiger Gefälligkeiten. Viele Bittgesuche wurden von einem Dritten aufgesetzt, und es war oft einfacher, einen Brief zu schreiben, als einen Besuch zu vereinbaren. Die Briefschreiber drückten sich in einer Weise aus, die (und sei es noch so künstlich) ein Verhältnis der Abhängigkeit begründete, das in einzelnen Fällen sogar die Erfüllung der Bitte überdauerte.

Erinnerungen und Tagebücher. Die Toten wurden von keinem Brief mehr erreicht; dennoch waren sie nicht gänzlich ferngerückt. Da gab es zunächst das Gebet – die Bitte, die zwar keine explizite Antwort fand, aber nach allgemeiner Überzeugung eine gute Methode war, von Gott oder einem Heiligen eine Gunst zu erlangen. Im Gebet wandte man sich auch an die Seelen im Fegefeuer, wo man die Vorfahren vermutete. Zu den zahllosen Gelegenheiten, für verstorbene Familienangehörige zu beten, zählten Seelenmessen und Gedenkgottesdienste, die der Verstorbene selbst testamentarisch verfügt hatte und die regelmäßig (in manchen Fällen immerwährend) in der von ihm bevorzugten Kirche oder der von ihm gestifteten Kapelle stattfanden. Allerdings läßt sich kaum beweisen, daß die Angehörigen des Toten diese Seelenmessen tatsächlich immer besuchten oder aus diesem Anlaß die Erinnerung an den Verstorbenen erneuerten. Sofern keine besonderen Vorkehrungen getroffen wurden, verblaßte die Erinnerung an den Toten schon bald, und es blieb von ihm wenig mehr als der Name, der jährlich im Seelenmessen-Register wiederkehrte.

Diese besonderen Vorkehrungen freilich wurden getroffen. In einigen Familien kursierten noch nach zwei- oder dreihundert Jahren mündliche Überlieferungen über einen Vorfahren aus dem 12. Jahrhundert. Giovanni Morelli behauptet (um 1400) verschiedentlich, er habe über einen 1150 geborenen Vorfahren von älteren Verwandten Nachrichten erhalten, die diese ihrerseits von älteren Ahnen hatten. Giovanni Rucellai berichtet, daß er von Gesprächen mit älteren »consortes« profitiert habe, die ihm Aufschluß über die Familiengeschichte gegeben hätten. Manche Familien – vor allem diejenigen, die in größeren Verwandtschaftsgruppen zusammenlebten – scheinen Wert darauf gelegt zu haben, eine reichhaltige mündliche Familientradition zu wahren, aus der sie ihre Kenntnisse über die Vorfahren sowie einen unbändigen Familienstolz schöpften.

Im 14. und 15. Jahrhundert versuchte man, mehr über die Vergangenheit zu erfahren, indem man Familienpapiere studierte – notariell beglaubigte Verträge, Rechnungsbücher, Klageschriften usw. – und selber ein detailliertes Bild von den Ahnen zu Papier brachte. Auch war man sehr darauf bedacht, präzise Informationen über sich und seine Kinder zu hinterlassen (Alter, Name des Taufpaten, Tag und Stunde der Geburt usw.). Alberti war der erste, der zu dieser Vorsichtsmaßregel riet – »aus vielen Gründen«, die er jedoch nicht nennt.

Man verließ sich also, was solche Informationen betraf, nicht mehr allein auf das Gedächtnis. Im 14. Jahrhundert vermerkten viele Familien auf ein paar Seiten in einem Rechnungsbuch oder einem eigens zu diesem Zweck angelegten Notizheft alle erhältlichen Informationen über die Vorfahren. In manchen Listen sind nur die direkten Vorfahren und engsten Verwandten genannt (Morelli); andere erwähnen auch entferntere Vettern (Velluti). Der Zweck solcher Notizen war nicht ausschließlich familiäres Eigenlob; man wollte vielmehr dokumentieren, wie eine Familie lebte, die Höhepunkte der Familiengeschichte festhalten und schriftlich belegen, wie lange die Familie in einem bestimmten Gewerbe schon tätig war. Der Ahnenkatalog diente also der Festigung der Familiensolidarität in Fragen des Besitzes, der Religion, der Politik usw., er verdunkelte weder die Besonderheit des einzelnen Familienmitgliedes (Velluti gibt beispielsweise prachtvolle Porträts von zwei Vettern aus der Generation der Großeltern) noch vertuschte er die unvermeidlichen Spannungen und Konflikte im Familienverband. Erinnerungsblätter einer Sippe, verhalfen diese »ricordanze« oder »ricordi« dem Interessierten zu einer informierten und persönlichen Einschätzung der Familiengeschichte und erweiterten so den Lichtkegel des Privaten in die Vergangenheit hinein.

Fra Filippo Lippi, *Bildnis eines alten Mannes*, zweite Hälfte 15. Jh. Der Geschmack an eindringlichen Familienbildnissen, von Familiensinn wie von Humanismus zeugend, fand in der Malerei noch deutlicher Ausdruck als in den »ricordanze«. (Florenz, Uffizien)

Die überlieferten Erinnerungen sind das Werk von Einzelnen, von Familienoberhäuptern, die vornehmlich an der eigenen Generation interessiert waren. Den Vorfahren zollt man Respekt, doch wenn der Bericht die Lebenszeit des Verfassers berührt, wenn er seine Eltern, Onkel, Vettern und Kinder beschreibt, ändert sich der Tonfall. Die einfühlsamsten Seiten bei Giovanni Morelli sind die über seine Onkel, Brüder und Schwestern. Die persönlichen Erinnerungen wurden von ihrem Verfasser und seinen Kindern eifersüchtig gehütet. Man zeigte sie vielleicht einmal einem guten Freund oder lieh sie an Brüder oder Vettern aus (Corsini, Florenz 1476), beachtete jedoch grundsätzlich ihren privaten Charakter. Die Memoiren richteten sich in erster Linie an die Kinder und direkten Nachkommen des Autors, die den Bericht häufig fortführten. Sie waren für die Familie bestimmt, genauer gesagt: für die männlichen Mitglieder der Familie. Selbst die eigene Ehefrau wurde beargwöhnt; sie gehörte zu einer anderen Sippe, und deshalb wurden die »ricordanze« sogar vor ihr geheimgehalten.

Zwei Perspektiven standen in den Memoiren nebeneinander. Die Porträts von Vorfahren und Vertretern der älteren Generationen förderten den Familiensinn und die Aufrechterhaltung von Familientraditionen, -bräuchen und -eigenheiten. Der Leser sollte sich an Triumphen aufrichten und aus Fehlern lernen. Dieser Aspekt trat jedoch manchmal völlig hinter dem zurück, was der Memoirenschreiber über die gegenwärtige Generation zu sagen hatte. Die Beobachtung der engsten Verwandten und Freunde war reicher an Einzelheiten, auch herzlicher im Ton und privater in der Sichtweise als die Abschnitte, die auf historischem Hörensagen beruhten. Lesen wir, was Giovanni Morelli über seinen Bruder Morello schreibt: Er war am 27. November 1370 zur Welt gekommen, »am Tag des hl. Petrus von Alexandria, in der Nacht von Mittwoch auf Donnerstag, als die Glocke von Santa Croce gerade halb neun schlug. Am folgenden Samstag, dem 30. November, wurde er getauft. Seine vier Paten waren [folgen Namen und Adressen von zwei Männern und zwei Frauen]. Er wurde getauft auf die Namen Morello und Andrea, Morello nach seinem Großvater und Andrea nach dem Schutzheiligen des Tages. [. . .] Zur Frau nahm er Caterina [. . . .] Castellani.« Dann folgen Einzelheiten über diese Ehe.

Sämtliche Details verweisen auf eine streng private Welt, in deren Mittelpunkt die Einheit der Familie steht. Die Stadt, die Kirche, die Alltagsgeschehnisse bilden dafür bloß die Kulisse. Der Akzent sitzt auf der Privatsphäre, auf der Solidarität mit Familie, Paten und angeheirateten Sippenmitgliedern. Dreh- und Angelpunkt ist die Kernfamilie; weiter ausgreifende Familiensolidaritäten sind demgegenüber zweitrangig. Dieser Sachverhalt wird von den Familienmemoiren nicht lediglich gespiegelt, sondern zu Teilen geradezu mit erzeugt. Sie verkörperten jenes Geflecht von Übereinkünften und Beziehungen, das die neue, ausgedehntere private Welt der elementaren Kernfamilie und deren Verhältnis zu angeheirateten Verwandten, Paten usw. definierte. Es waren diese Beziehungen, die jede einzelne Familie von jeder anderen, zur selben Sippe gehörigen unterschieden.

Individuelle und kollektive Privatheit. Jeder Einzelne hatte Verpflichtungen: gegen den Ehegatten und die Kinder, gegen die Großfamilie – und gegen sich selbst. Wo diese verschiedenen Verpflichtungen miteinander in Konkurrenz gerieten, entzündeten sich Konflikte. Betrachten wir beispielsweise das Verhältnis zwischen Mann und Frau. Für manche Frauen war die lange Abwesenheit ihres Mannes schwer zu ertragen; zum privaten Leben der Familie gehören zwei. Anderen Paaren fiel das Zusammenleben schwerer als das Getrenntsein. Infolge der beruflichen und gesellschaftlichen Differenzierungen stammten Mann und Frau häufig aus sehr verschiedenen Milieus. Solche Konstellationen waren keine Seltenheit, und in den unvermeidlichen Familienkrächen traten die entzündlichen Unterschiede ans Licht. Irgendwann zwischen 1350 und 1380 ertappte ein Kruzifixmaler aus Siena seine stolze Frau beim Ehebruch. Die Beleidigungen und Vorwürfe, mit denen sie einander überhäuften, enthüllen die Spannungen, die den Bruch ausgelöst haben mögen:

»ER: Du verkommenes Flittchen! Mir wirfst du vor, ich sei ein Säufer, und du selber hast nichts Besseres zu tun, als deinen Kerl ausgerechnet hinter meinen Kreuzen zu verstecken!
SIE: Sagst du was zu mir?
ER: Nein, zu einem Haufen Eselscheiße!
SIE: Was Besseres hast du auch nicht verdient.
ER: Miststück! Ich weiß wirklich nicht, warum ich dir nicht diesen Schürhaken in dein verdammtes Loch stoße.
SIE: Rühr mich nicht an – beim Kreuz Gottes! Wenn du mir was antust – dafür wirst du zahlen, bis du schwarz wirst.
ER: Du Drecksau – du und dein Beschäler da [. . .]
SIE: Verflucht, wer seine Tochter zwingt, einen Maler zu heiraten!

Ihr seid doch alle übergeschnappt, du und dein ganzes verrücktes Familienpack! Immer nur saufen, saufen, saufen wie die Löcher! Tagediebe!«

Dieser Wortwechsel, den Sacchetti überliefert hat, offenbart die aufgestauten familiären Affekte. Das Leben an der Seite Minos, des Malers, bedeutete die Konfrontation mit ungehobelten Manieren, die ein Überbleibsel aus Minos Junggesellenzeit waren. Maler waren wurzellos und schlugen über die Stränge, und auf ein Mädchen, das in einem anderen Milieu aufgewachsen war, mußten solche Verhaltensweisen verstörend wirken. Wenn diese Ehe hätte funktionieren sollen, dann hätten die Gewohnheiten dreier verschiedener privater Welten miteinander in Übereinstimmung gebracht werden müssen: die der wohlerzogenen jungen Dame, die einer Schar junger Männer und die der Maler-Bohème. Es ist leicht zu verstehen, warum die Frau irritiert war und schließlich einer Versuchung erlag.

Ärger und Schwierigkeiten in der Kernfamilie resultierten nicht zuletzt aus dem Zusammenprall unterschiedlicher Formen von Privatheit. Manchmal begannen die Probleme mit der Geburt eines Kindes; für arme Leute konnte ein zusätzlicher Esser die Katastrophe bedeuten. Eine andere Quelle des Verdrusses waren uneheliche Kinder. Und jung verwitwete Frauen durften ihre Kinder aus erster Ehe nicht behalten, wenn sie, dem Rat ihrer angeheirateten Verwandtschaft folgend, einen neuen Mann nahmen. Alle drei Situationen konnten Kindermord oder Aussetzung (zumal von Töchtern) zur Folge haben – im ersten Fall war dies ein Gebot der Not, in den beiden anderen Fällen ein Gebot der gesellschaftlichen Konvention bzw. des Eigennutzes. Uneheliche Kinder und Töchter armer Eheleute wurden den Waisenhäusern anvertraut; Kinder von Witwen überließ man für längere Zeit ihrer Amme, um sie zuletzt der Familie ihres Vaters zu übergeben (Toskana, Wende vom 14. zum 15. Jahrhundert). Im Falle der unehelichen Kinder und der Witwen behauptete sich das Interesse der Sippe; Geschlossenheit und Ehre der Sippe behielten die Oberhand über die Gefühle der Mutter.

Probleme gab es auch, wenn die Kinder heranwuchsen. Manche Kinder hatten unter der Roheit der Amme, der Grausamkeit der Mutter, der häufigen Abwesenheit des Vaters zu leiden. Paolo Morelli mußte bis zu seinem zwölften Lebensjahr bei seiner Amme ausharren, und sein Sohn Giovanni di Paolo wurde von der Mutter ausgesetzt, als er vier Jahre alt war; keiner der beiden Männer vermochte später seiner Verbitterung Herr zu werden (Florenz 1335–1380). In anderen Familien machte sich die Unzufriedenheit mitunter in offener Auflehnung Luft. 1380 verwendete in Florenz ein Mitglied der Familie der Peruzzi eine ganze Buchseite darauf, zu erklären, warum ihm nichts anderes übrigblieb, als seinen Sohn zu verfluchen. Der Junge sei »ungehorsam«; fünfmal kommt dieses Wort vor: »Tückisch, betrügerisch und falsch, hat er nicht allein mich, sondern auch meine Nachbarn, meine Gemeinde, meine ›consortes‹ und meine Verbündeten hintergangen, betrogen und lächerlich gemacht.« (Florenz 1380) In Cortona verhielt sich der Vater der späteren hl. Margarete ähnlich feindselig gegen seine Tochter. Nach einigen Jahren, die sie als Konkubine gelebt hatte, kehrte sie, von

Tacuinum sanitatis, 1390–1400. Der Ehemann hatte das Recht, seine Frau körperlich zu züchtigen; aber wenn er von diesem Recht in betrunkenem Zustand oder in zorniger Gemütsverfassung Gebrauch machte, konnten die Folgen schlimm sein – für beide. Hiergegen half eine vernünftige Ernährung, wie das *Tacuinum* empfahl. (Paris, Bibliothèque Nationale, Ms. n. a. lat. 1673, fol. 50 v.)

Kopf bis Fuß in Schwarz gekleidet und in Tränen aufgelöst, nach Hause zurück. Ihr Vater, von ihrer Stiefmutter aufgehetzt, weigerte sich, sie bei sich aufzunehmen (Cortona, 13. Jahrhundert).

Bisweilen machten die Handlungen des Vaters den Sohn gereizt und ungeduldig. In der Familie Lanfredini betrieb der Vater die Versöhnung mit einer verfeindeten Sippe gegen den ausdrücklichen Wunsch seiner Kinder. Seine Frau überschüttete ihn mit Vorwürfen: »Lanfredino, Ihr verratet Euch selbst und Eure Kinder. Wie könnt Ihr es wagen, Euren Söhnen die Schmach dieser Versöhnung anzutun, ohne ihnen oder mir vorher ein Wort davon zu sagen! Ihr habt sie um alles gebracht, was sie in dieser Welt besaßen – Eigentum, Ehre, alles.« Einer der Söhne schrieb angewidert an seinen Bruder: »Das kann ich Dir sagen: Als ich aus dem Hause ging, faßte ich den unwiderruflichen Entschluß, mich niemals mehr seinen Sohn zu nennen und meinen Namen zu ändern.« (Florenz 1405) So extrem diese Beispiele sein mögen, sie zeigen die beiden verschiedenen Selbstvergewisserungsstrategien der Kinder an. Die einen forderten, an wichtigen Familienentscheidungen beteiligt zu werden; die andern wollten frei in ihren Handlungen sein und sich ihr Leben jenseits der Grenzen der Familie einrichten.

Nicht viele Worte will ich über die ungezählten Erbstreitigkeiten verlieren, bei denen es erstens um die Mitgift und zweitens um das Patrimonium ging. Diese Auseinandersetzungen, die nicht nur die Kernfamilie aufwühlten, sondern die gesamte Sippe in Mitleidenschaft zogen, stellten die Familiensolidarität auf eine harte Probe. Nicht alle Familien einer Sippe pflegten enge Beziehungen untereinander, und die natürlichen Differenzen wurden durch äußere Faktoren noch verschärft. Einer davon war das Wohnungsproblem: Etliche Familien wohnten außerhalb des von ihren »consortes« kolonisierten Stadtviertels und entbehrten deshalb den täglichen Kontakt, den die private Welt stiftete. In diese »Verbannung« begab man sich nur dann, wenn man durch Armut oder Vereinsamung dazu gezwungen war. Und wer »draußen« wohnte, der hatte nur einen Wunsch: in den Schoß der Familie zurückzukehren. In den großen florentinischen »casate«, von denen wir Kunde haben (den Ginori, Capponi, Rucellai), sind die armen Verwandten freilich eine verschwindende Minderheit. Ein weiterer Faktor war die ökonomische Lage: Die Armen hatten einen anderen Lebensstil als die reichen Verwandten an ihrer Seite. Nach den oben erwähnten Familien zu urteilen, waren jedoch die Einkommensunterschiede in den Städten nicht so groß, wie gelegentlich behauptet worden ist. Der finanzielle Abstand zwischen Familien derselben Sippe war nicht unüberwindlich. Hinzu kam, daß der Wohlstand der Familie Schwankungen unterworfen war. Im 15. Jahrhundert erscheint von Kataster zu Kataster (das heißt: alle zehn Jahre) ein anderer Ginori als reichster Mann der Familie. Die Angehörigen der genannten drei Familien waren durchweg vermögend. Kein einziger Ginori-Haushalt wurde im 15. Jahrhundert zu den armen gerechnet, und selbst diejenigen Ginori, deren finanzielle Verpflichtungen relativ gering waren, hatten Zugang zu denselben Bildungschancen, denselben öffentlichen Aufgaben und demselben Lebensstandard wie ihre reicheren Verwandten. Und die Solidarität versagte nicht, die Familienmitglieder unterstützten einander.

Die Sippen waren hinreichend stabil und besaßen genügend »esprit de corps«, um mit solchen strukturellen Erschütterungen fertig zu werden. Anderen Herausforderungen begegneten sie minder geschickt oder nachdrücklich. Heikel wurde es insbesondere dann, wenn das eine oder andere Familienmitglied der Versuchung zu einem geschäftlichen oder finanziellen Alleingang erlag. Betrachten wir beispielsweise die Familie Velluti. Im 13. Jahrhundert waren sämtliche männlichen Angehörigen dieser Familie Teilhaber einer einzigen Handelsgesellschaft. Man suchte das Patrimonium intakt zu halten oder immerhin einen Teil davon gemeinschaftlich zu verwalten. Zwischen 1310 und 1330 war man jedoch auf Selbständigkeit bedacht. Güter wurden aufgeteilt, einzelne Teile sogar an Fremde verkauft. Güterteilungen, Erbschaften und Verkäufe führten zu Zwistigkeiten, die oft jahrelang andauerten oder im Laufe der Zeit sich zu regelrechten Zerwürfnissen steigerten. Donato, der Autor der Erinnerungen, auf die unser Bericht sich stützt, zählt zwischen seinen Vettern zehn verschiedene Konflikte auf, über die es zum offenen Bruch kam; an sechs Konflikten war Donato selber beteiligt. Die Folge war, daß die natürliche Familienhierarchie zerfiel. Die Autorität Donatos als Oberhaupt der ganzen Familie (erkennbar an den Beratungen und Schiedssprüchen, an denen er mitgewirkt hatte) beschränkte sich nun auf eine der fünf Familien von leiblichen Vettern, die von einem gemeinsamen Großvater väterlicherseits abstammten. Genaugenommen hatte Donato sogar nur noch über seine Brüder und Kinder Gewalt. Beredter Ausdruck für das Schwinden der Familiensolidarität war der Rückgang der Vendetta – der Familienfehde –, zumindest bei den Velluti. Niemand war mehr bereit, Kränkungen der Sippenehre zu rächen, und als nach vielem Hin und Her ein Vetter tatsächlich Blut vergoß, um einen 1310 begangenen Mord zu ahnden, erklärte die übrige Familie den Vetter zu einem gefährlichen Sonderling (Florenz, 1310–1360).

Im Laufe der Zeit erlosch auch auf dem Lande die Solidarität der Sippe. In einem Dorf in der Val d'Elsa, zwischen Siena und Florenz gelegen, hatte eine Familie des Kleinadels mit Namen Belforti dominiert. Zu Beginn des 14. Jahrhunderts standen drei Brüder an der Spitze dieser Familie. Die Jahre vergingen, und die drei Stammväter machten endlich ihren Kindern, drei Gruppen von Vettern, Platz (1330–1340). Der einst lebendige Familiensinn hatte mittlerweile viel von seinem Glanz eingebüßt. Die Angehörigen des Hauptzweiges waren ausnahmslos in blühenden Erwerbszweigen tätig, als Geldwechsler oder Grundbesitzer, und scheuten auch nicht davor zurück, mit übertrieben prächtigen Mitgiften ihrer Töchter illustre Schwiegersöhne ins Haus zu locken. (Im Durchschnitt erhielt jede Tochter eine Mitgift im Wert von über 1000 Lire.) Diese Familienangehörigen wohnten alle in der Stadt. Die Brüder aus dem dritten Zweig der Familie hatten bescheidenere Berufe (es waren Bauern); sie konnten sich nur eine kleine Mitgift für ihre Töchter leisten (im Durchschnitt kaum 100 Lire für jede) und lebten in ihrem Heimatdorf. Eine gewisse Solidarität war wohl noch vorhanden, denn die Leute sprachen von der Familie Belforti noch immer als einer »consorteria«, aber das Vertrauen zwischen den Vettern war geschwunden (Toskana, 1300–1340).

Die Schlüsse, die man hieraus ziehen kann, sind dieselben, die wir aus der Betrachtung der »ricordanze« gezogen haben: Die alten, von der Sippe auferlegten Pflichten vertrugen sich nicht mit dem neuen Bedürfnis des Einzelnen nach freier Berufswahl und eigenverantwortlicher Vermögensanlage, nach rechtlicher Autonomie (und Abschaffung der Haftung für die Verbrechen eines Sippenangehörigen) sowie wirksamem Schutz vor der Gefräßigkeit der Steuerbehörden. Der Rückhalt in der eigenen Sippe war noch immer nützlich, doch es bedurfte jetzt zusätzlicher Formen der Solidarität, die dem Lebensentwurf des Einzelnen Rechnung trugen und weniger beengend als die traditionellen Praktiken der Familiensolidarität waren. Es waren Nachbarn, Freunde und frei gewählte Verbündete, die nun in die Bresche sprangen. Dieses neue Netz von Treueverpflichtungen definierte eine neue private Sphäre, die weiter ausgriff als die alte und in manchen Fällen auch mehr Geborgenheit verhieß (man denke an den Austausch von Briefen, Besuchen und Essenseinladungen) und die im übrigen in jedem Haushalt anders aussah.

Die private Zelle

Das Individuum ging in dem privaten Milieu, dem es angehörte, nicht unter. In jeder Sippe, jedem Familienzweig, sogar in jeder Kernfamilie waren persönliche Wahlentscheidungen möglich. Doch half die Familie dem Einzelnen in seiner Selbstentfaltung nicht nur dadurch, daß sie ihn in Ruhe ließ. Vielmehr bewies sie ein – nicht immer willkommenes – Interesse an allem, was die Familienmitglieder unternahmen oder un-

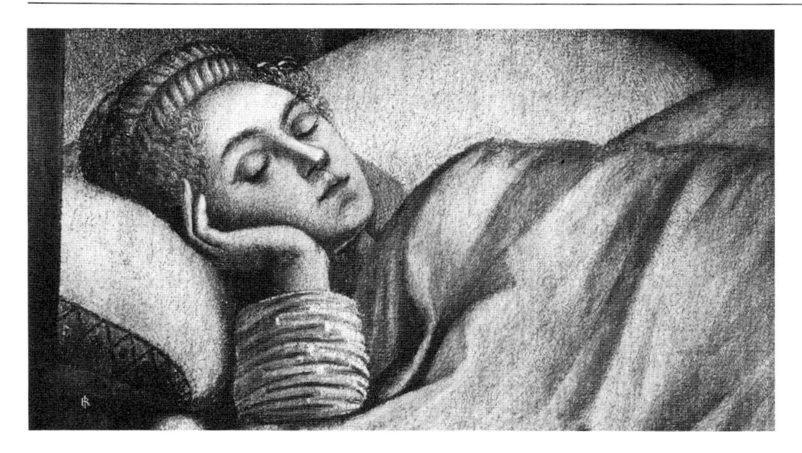

Vittore Carpaccio, *Szenen aus dem Leben der hl. Ursula*, »Traum der hl. Ursula« (Ausschnitt), 1495. Frauenbildnisse des 15. Jahrhunderts spiegeln den hohen emotionalen und kulturellen Status der Patrizierin in ihrer privaten Welt (Villen, Parks, Paläste, Zirkel, Höfe). Sie konzentrieren sich auf das Profil und die Gesichtszüge, den Charakter und die persönliche Ausstrahlung der abgebildeten Frau, die sie häufig – hinter einer ostentativen Fassade – in ausgelassener Pose vorstellen. (Venedig, Accademia)

terließen, und suchte der jüngeren Generation ein Vorbild zu geben, dem sie nacheifern konnte. Diese Stimulation war um so wichtiger, als Bildungseinrichtungen und gesellschaftliche Gruppenbildungen in der damaligen Gesellschaft eine untergeordnete Rolle spielten.

Gegenseitige Kenntnis. Das tägliche Zusammenleben war eine ideale Möglichkeit, den anderen gründlich kennenzulernen – für Frauen sogar die einzige Möglichkeit. Aus Briefen und Aufzeichnungen wissen wir, wie aufmerksam die Familie das Alltagsleben ihrer Mitglieder – gleichgültig, welchen Geschlechts oder öffentlichen Ranges – verfolgte.

Bevor im 15. Jahrhundert die ersten Kataster erstellt wurden, kannten nur die Eltern das genaue Alter ihrer Kinder. Solche bedeutungsvollen Daten wurden in mündlicher Tradition von der Mutter weitergegeben. Als ein Kaufmann sich 1299 daranmachte, seine Erinnerungen zu schreiben, begann er mit der Feststellung, er sei »nach der Auskunft meiner Mutter« 1254 geboren. Ein Bauer schätzte das Alter seiner Tochter auf zehn Jahre, denn »so hat es mir ihre Mutter gesagt«. Alessandra Strozzi wußte die wesentlichen Ereignisse im Leben ihrer Kinder auswendig und konnte sie fast auf den Tag genau datieren. 1452 teilte sie manches hiervon brieflich ihrem Sohn Lorenzo mit. »Wie alt Filippo ist? Am 29. Juli vollendet er sein vierundzwanzigstes Lebensjahr. Am 7. März werden es zwölf Jahre sein, daß er von Florenz fortgegangen ist. Du bist voriges Jahr, am 21. August, zwanzig geworden. In jenem Monat vor sieben Jahren hast Du Florenz verlassen.« Dann folgen entsprechende Informationen über ihre drei anderen Kinder. Biographische Berichte (und Nachrufe) waren Bestandteil der immer populärer werdenden »ricordanze« aus der Feder von Männern; doch ist es denkbar, daß derlei Informationen früher die Domäne der Frauen gewesen waren; sie wurden wahrscheinlich mündlich überliefert und waren daher besonders privat. Die Kenntnis des genauen Geburtsdatums war wichtig, um Feste zu planen, Horoskope zu stellen und die Hierarchie innerhalb der erweiterten Familie zu gewährleisten.

Die Kinder wuchsen unter den wachsamen Blicken ihrer Umgebung heran. Aus den Erinnerungen geht hervor, daß die physische Erscheinung der »consortes« – der jungen wie der alten – im privaten Familienkreis nicht unbemerkt blieb. Giovanni Morelli beschreibt ausführlich seine Brüder, Schwestern und Vettern. Vetter Bernardo war »kräftig, sehr groß, muskulös, von sehr dunklem Teint, das Gesicht voller Sommersprossen«. Bartolo war »dick und munter, mit heller oder eher olivfarbener Haut«. Die ältere Schwester Mea war »normal groß, mit wunderbarem Teint, frisch und blond, schön herausgeputzt und voller Liebreiz. Zu ihren vielen Vollkommenheiten gehörten ihre Hände, Hände wie Elfenbein, so wohlgestaltet, als hätte Giotto sie geschaffen, lange, weiche Hände mit langen, schmalen Fingern, die kerzengleich in schön geformte, rötlich schimmernde Fingernägel ausliefen«. Natürlich machten sich die Familienmitglieder auch übereinander lustig, aber zu Hause zu leben bedeutete doch vor allem, daß man gekannt, geachtet, geschätzt und bewundert wurde.

Die Memoirenschreiber ergänzten ihre Schilderungen des Aussehens ihrer »consortes« um prägnante Charakterskizzen. Donato Velluti regi-

Fra Filippo Lippi, *Szenen aus dem Leben des hl. Johannes des Täufers*, (Ausschnitt); 1464. Im Gewand einer biblischen Gestalt malte Lippi hier wahrscheinlich seine Gefährtin Lucrezia Buti. Ein elegantes, gut beobachtetes Porträt; es unterstreicht die jungmädchenhaften Reize dieser Frau (Stirn und Ohren) ebenso wie ihre Attraktivität (den schönen Hals) und ihre linkische Verschämtheit. (Prato, Dom)

Domenico Ghirlandaio, *Szenen aus dem Leben der hl. Fina* (Ausschnitt), 1475. Eine Frau, die sich zu Bett gelegt hat (freiwillige Bettlägerigkeit war ein Zeichen der Buße), wird von zwei anderen Frauen betreut, während ein Heiliger ihr den nahen Tod verkündet.
(San Gimignano, S. Maria Assunta, Cappella di S. Fina)

striert bei allen seinen Vettern und Kusinen (bis zu denen zweiten und dritten Grades) deren moralische Qualitäten. Dabei verfällt er niemals in Gemeinplätze, sondern ist sichtlich um Einfühlung und Genauigkeit bemüht. Nicht weniger als 79 verschiedene Adjektive benutzt er, um den Charakter und das Verhalten seiner Verwandten zu beschreiben. Ein Mann von Welt, äußert er nicht nur Bewunderung und hat keine Hemmungen, abweichendes Verhalten zu kritisieren. Und zweifellos sind seine Urteile geprägt von den Werten seiner Zeit, seines Milieus und seiner Generation. An den Nuancen der 79 Adjektive erkennt man, daß er viel übrig hat für Klugheit des Urteils, Umsicht der Geschäftsführung und Ungezwungenheit des Umgangs; verhaßt sind ihm Verschlagenheit und Verschwendung. Mit diesen Einschränkungen (seine Urteile klingen weder sehr philanthropisch noch sonderlich christlich) ist er im allgemeinen wohlwollend, anerkennend und optimistisch. (75 Prozent seiner Adjektive drücken einen positiven Sachverhalt aus.) Sein privater Lebensumkreis ist weitgezogen, vielleicht zu weit, als daß er allen Charakteren gerecht werden könnte. Trotzdem bleibt er der Mittelpunkt der gegenseitigen Kenntnis und das Zentrum der Entwicklung der Personen von ihrer Kindheit an.

Die Verfeinerung des Empfindens. Die private Welt war die Wiege der Emotionen. Situationen, die man mit Gleichmut betrachtete, wenn sie Fremde betrafen, erlebte man hier persönlich und unmittelbar, mit zuweilen leidenschaftlicher Anteilnahme. Die individuelle Empfindsamkeit wurde durch solche Erfahrungen geschärft.

Ein Thema, das in Briefen häufig auftauchte, war die Abwesenheit geliebter Menschen – eine Abwesenheit, unter der man litt. Michele Verini mit seinen knapp elf Jahren schrieb das wiederholt an seinen Vater, der damals in Pisa wohnte. Die geringste Verzögerung in der Post bereitete ihm Kummer, vor allem, wenn Krankheit als Ursache zu vermuten stand. Doch gleichgültig, ob ein Brief eintraf oder nicht: »daß Du nicht da bist, macht mich ganz krank«, klagte Michele seinem Vater.

Das physische Leiden als Signal des nahenden Todes war der Amboß, auf dem die Empfindungen geschmiedet wurden. Da Hospitäler vorwiegend für die Armen gedacht waren, wurden reiche Patienten zu Hause versorgt. Sie legten sich zu Bett, litten, fochten den Todeskampf aus und starben. Leiden und Tod sowie deren unvermittelte Anschauung waren tiefgreifende private Erfahrungen, und es waren – angesichts der Größe der Familien, des prekären Gesundheitszustandes der Bevölkerung und der teilweise brutalen »Pflege« – häufige Erfahrungen.

Korrespondenzen, Tagebücher, Rechnungsbücher, Geschichten und Erzählungen zeugen gleichermaßen von der Allgegenwart der Krankheit. In Michele Verinis Familie gab es einen 35jährigen Onkel, der an Wassersucht litt und sechs Monate lang bettlägerig war, den Bauch zu einem Faß geschwollen (1480). Micheles 13jähriger Zeitgenosse Orsini Lanfredini erlebte mit, wie seine beiden Schwestern an den Masern erkrankten (Mai 1485); sie wurden in der elterlichen Wohnung gepflegt. Es kam oft vor, daß ein Familienmitglied wochenlang das Bett hüten mußte. Ein verbreitetes Leiden war das Sumpffieber. Doch selbst gravierende Krankheiten, wie etwa die Pest, wurden zu Hause behandelt. So manches Testament hat ein Invalide »in domo sua« diktiert, in sei-

Andrea del Sarto, *Die Patienten des Krankenhauses San Matteo*, erstes Viertel 16. Jh. Die großen Krankenhäuser des 15. Jahrhunderts waren bemerkenswert gut ausgestattet; es gab Einzelbetten, Bänke für Besucher, luftige Krankenzimmer und fürsorgliches Personal. Die Kranken – ausschließlich Arme – fanden hier eine Welt vor, die komfortabler und wärmer als ihr eigenes Zuhause war. (Florenz, Krankenhaus San Matteo)

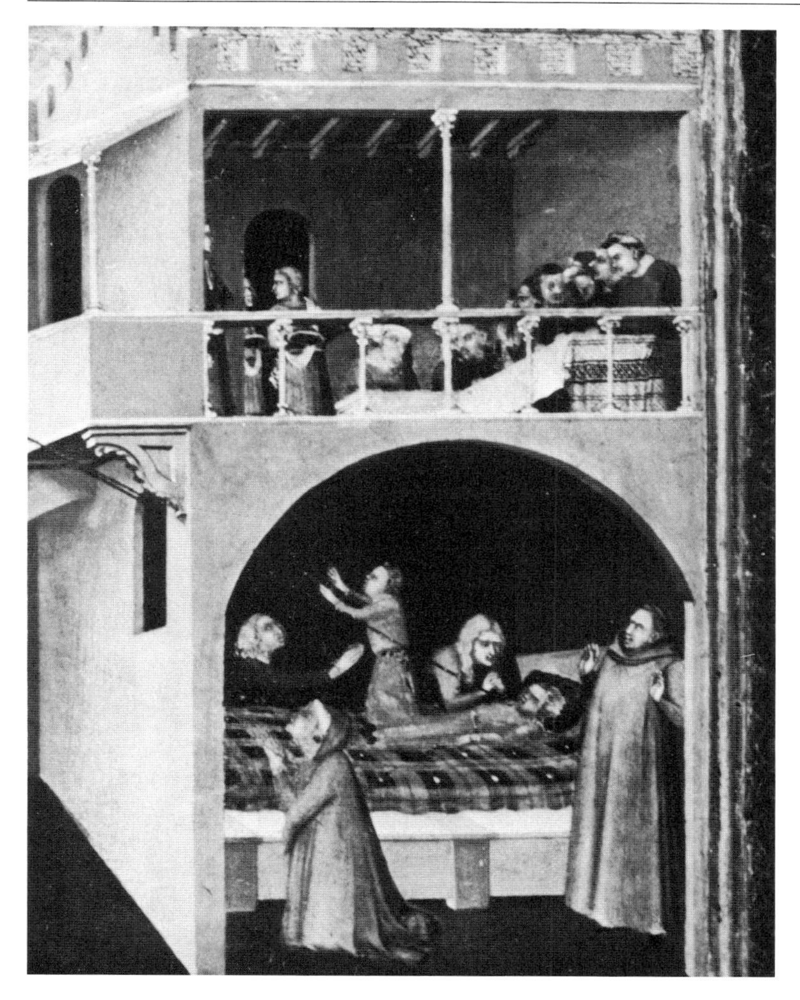

Ambrogio Lorenzetti, *Szenen aus dem Leben des hl. Nikolaus*, »Heilung eines Kindes« (Ausschnitt), 1330–1332. Am besorgniserregenden Zustand des Kindes soll ein diabolischer Zauber schuld sein, bewirkt durch einen als Pilger verkleideten Teufel. Das Eingreifen des Heiligen erlöst die Zuschauer von ihrer quälend empfundenen Hilflosigkeit. (Florenz, Uffizien)

nem Hause. Die Moralisten empfahlen, erkrankte Domestiken im Hause ihres Patrons zu versorgen – ein Rat, der gewiß befolgt worden ist. Verschlechterte sich der Zustand des Dienstboten, hatte man allerdings auch keine Hemmungen, ihn ins Krankenhaus zu schicken; Patroninnen wie Alessandra Strozzi trösteten sich dabei mit dem Gedanken an die gute Pflege, die den Kranken dort zuteil würde.

Die Menschen kurierten in ihrer Wohnung sowohl geringfügige Krankheiten (wie sie es auch heute noch tun) als auch ernsthafte Erkrankungen aus (die heute einen Krankenhausaufenthalt erfordern). Die Begegnung mit der Krankheit bedeutete in der Regel die Begegnung mit dem Leiden; niemand entging der Allgegenwart des Schmerzes. Michele Verinis wassersüchtiger Onkel hatte ständig Durst und weckte das ganze Haus auf, wenn er laut schreiend nach Wein verlangte. Michele selbst litt längere Zeit (1485–1487) unter einer Verletzung, und die chirurgische Entfernung eines Hodens verursachte neue Pein. Seine Freunde suchten ihn zu zerstreuen, doch seine Schmerzen vermochten

Simone Martini, *Hl. Ludwig von Toulouse* (Ausschnitt von einer *pala*), 1317. In Ermangelung wirksamer ärztlicher Therapien rief man oft die Heiligen an. Hier behandelt der hl. Ludwig ein verletztes Kind; man beachte das Kinderbett, an dem zwei jammernde Frauen stehen. (Neapel, Museo e Gallerie Nazionali di Capodimonte)

sie dadurch kaum zu lindern. Je älter Michele wurde, desto mehr empfand er »Höllenqualen«. Monna Ginevra, die Frau des Memoirenschreibers Gregorio Dati, wurde nach der Geburt eines Kindes bettlägerig; sie erholte sich nicht mehr und starb einen martervollen Tod (Florenz 1404). Besonders der Anblick quälender Schmerzen war für die Angehörigen bedrückend. Giovanni Morelli kam nie darüber hinweg, daß er das Siechtum seines Sohnes Alberto hatte mitansehen müssen. Der bedauernswerte Zehnjährige wurde eines Morgens in der Schule plötzlich von Nasenbluten, Übelkeit und Leibkrämpfen erfaßt. Fieber stellte sich ein, das nicht mehr wegging. Nach zwei Tagen trat ein stechender Schmerz in der Leistengegend auf. Mit jedem Tag verschlimmerte sich sein Zustand. So entsetzlich waren die Schmerzen, die Alberto 16 Tage zu erdulden hatte, daß er ununterbrochen wimmerte und weinte.

Viele Menschen starben zu Hause: Kinder wie Alberto (zehn Jahre alt) und Orsino Lanfredini (sechs oder sieben); Halbwüchsige wie

Michele Verini (19) und Lucrezia Lanfredini, die Schwester Orsinis (zwölf); junge Frauen wie die schöne Mea mit den Giotto-Händen (23 Jahre alt, acht Tage, nachdem sie ihr viertes Kind geboren hatte, das auch nicht länger lebte als die anderen drei, die alle vor dem Erreichen des zweiten Lebensjahres gestorben waren); und natürlich Erwachsene und Alte. Zu Hause erlebten die Menschen das Sterben und den Tod mit: die Angst, die letzten Vorbereitungen (Beichte, Viatikum, Letzte Ölung, Testament, Gebete), das Begräbnis (mit den weinenden und klagenden Frauen, dem Pomp und den Feierlichkeiten) und schließlich den Leichenzug. Als Valorino di Barna Ciuriani 1430 das Buch mit den »ricordanze« beendete, das sein Großvater 1324 begonnen hatte, mag er mit traurigem Blick die auf den letzten Seiten verzeichneten Lebensdaten seiner Angehörigen studiert haben. Zwischen seinem 25. und 30. Lebensjahr hatte er den Tod seiner vier Wochen alten Tochter und seines 58jährigen Vates erlebt. Mit 37 verlor er eine 14jährige Tochter und ein elf Monate altes Baby. Als er 47 war, starben ihm zwei Töchter von 13 bzw. 15 Jahren. Und als er schon über sechzig war, verlor er drei Söhne, die alle Mitte Dreißig waren, seine Frau, einen 54jährigen Schwiegersohn und eine 17jährige Enkelin. (In dieser Aufzählung sind die nicht überlebenden Neugeborenen ausgespart.) Dabei begann er sein Tagebuch erst mit 25 Jahren, während die Konfrontation mit dem Tode schon sehr früh einsetzte. Auch Valorinos Sohn Luigi, der mit 36 starb, hatte zahlreiche Tote zu beklagen gehabt (Schwestern im Alter von 14, 15 bzw. 13 Jahren, einen jüngeren Bruder von elf Monaten sowie einen 31 Jahre alten Bruder), als er neun, zehn, 19, 20 bzw. 31 Jahre alt war.

Daß man jung und unter Qualen starb, war zwar nichts Neues, aber die Epidemien, die nach 1348 Europa heimsuchten, machten den Anblick schmerzvollen Sterbens zu einer Alltagserfahrung. Die Pest fand ihre Opfer vor allem unter den Jüngsten, noch dazu zwischen den häuslichen vier Wänden, in der Privatheit, wo man sie geschützt wähnte.

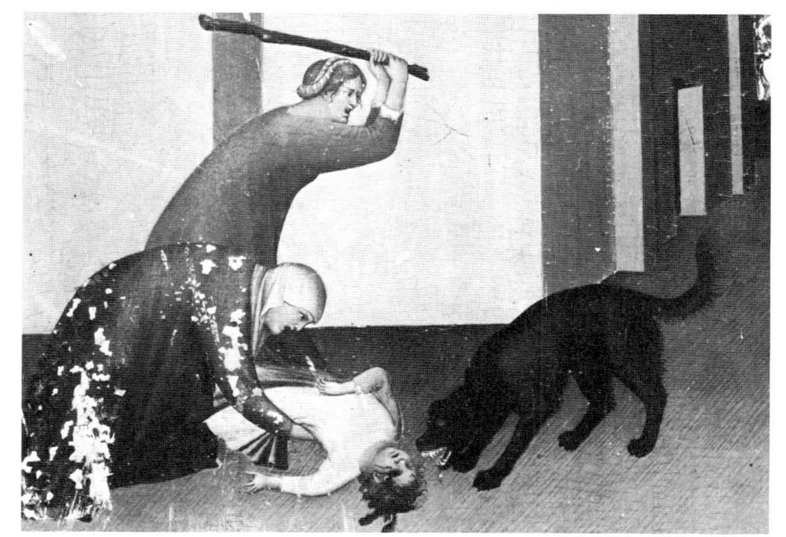

Simone Martini, *Der selige Agostino Novello,* »Unfall eines Kindes« (Ausschnitt), Polyptychon, 1328–1330. Ein Junge ist beim Spielen vor den Toren der Stadt von einem Wolf angefallen worden, doch der hl. Augustinus hat auf wunderbare Weise geholfen.
(Siena, Sant'Agostino)

Die Entwicklung der Gefühle. Die Privatsphäre war der Ort, an dem Gefühle leicht gediehen. Die Menschen hatten offenbar häufig und guten Grund, ihre Gefühle auszudrücken. Elementare Emotionen wie Furcht, Freude oder Trauer bekundeten sich zuerst in der Intimität der Wohnung, der Familie und der Nachbarschaft. Schließlich war die private Welt ja mit jenen Menschen bevölkert, die einem am nächsten standen und deren Befinden meist unmittelbar eine Gefühlsreaktion auslöste. Frauen, deren Leben selten die Schwelle zum Öffentlichen überschritt, artikulierten ihre Gefühle ungeniert im Gehege privaten Austauschs. Empfindungen wurden von Familienmitgliedern, die sie mit einem teilten, verstärkt oder bekräftigt. Glücklicherweise besitzen wir aus jener Zeit eine Fülle von Familiendokumenten und Privatkorrespondenzen – Quellen, die uns erlauben, die Entwicklung der Gefühle zu verfolgen.

Eine unschätzbare Auskunftsquelle sind Gemälde und, zum ersten Mal in der italienischen Geschichte, Bilder mit religiösen Sujets: Fresken mit Episoden, auf denen mehrere Figuren als eine Art Heilige Familie ihren Gefühlen Ausdruck verleihen. Freilich verstanden sich nicht alle Maler gleich gut darauf, diese Gefühlsregungen zu gestalten, deshalb wollen wir uns auf Giotto konzentrieren, den unbestrittenen Meister des 14. Jahrhunderts, der schon zu Lebzeiten überall bewundert wurde. Betrachten wir etwa die Figuren aus der Scrovegni-Kapelle in Padua (um 1305). Die hl. Anna und der hl. Joachim begegnen einander an der Goldenen Pforte. An der Umarmung und den Gesichtszügen lesen wir die unzerstörbare Liebe zweier Ehegatten ab, denen das Schicksal lange übel mitgespielt hat und die nun von Herzen froh sind, einander endlich wieder zu haben. Mit demselben Blick tiefernster Zärtlichkeit streckt die hl. Anna die Hand nach ihrer neugeborenen Tochter aus und begleitet sie später zum Hohenpriester. Auf einer anderen Szene sieht man die Jungfrau – noch auf den rohen Brettern liegend, auf denen sie soeben entbunden hat –, wie sie aus den Händen der Hebammen (sie werden in den Apokryphen erwähnt) zum ersten Male ihr frisch gewickeltes Kind entgegennimmt. In ihrer Gebärde liegt der ganze Respekt, in ihrem Blick die ganze zärtliche, aufmerksame Anbetung (gepaart mit Vorahnung) beschlossen, die sie für ihren Sohn empfindet. Jahre vergehen. Über ihren toten Sohn gebeugt, offenbart ihr Blick die tränenlose Verzweiflung einer Mutter, die in ihrem Gram sich entschlossen hat, dem Gedächtnis die Züge ihres Sohnes einzuprägen, der ihr bald für immer entschwunden sein wird. Angesichts des Leichnams Jesu wirkt sie genausowenig gefaßt oder hoffnungsvoll, wie es jede andere Mutter an ihrer Stelle wäre.

Das nächste Jahrhundert brachte neue Talente, neue Stile und neue Namen hervor, doch die Jungfrau mit dem Kind inspirierte die Maler weiterhin zu immer neuen Variationen über vertraute Themen: zärtliche Gefühle gegen Kinder, Leiden, Tod. Mit wachsender technischer und psychologischer Meisterschaft haben die Maler mit ihrer sakralen Ikonographie fraglos zur Verfeinerung der privaten Gefühlskultur beigetragen. Ermutigt vom Beispiel der Künstler, der städtischen und hu-

Giotto, *Begegnung an der goldenen Pforte* (Ausschnitt), 1304–1306. Nach einer frommen Legende in den Apokryphen wurde Joachim von den Priestern des Tempels ins Exil gejagt. Bei der Rückkehr nach Jerusalem empfingen ihn seine Frau und seine Domestiken an der goldenen Pforte.
(Padua, Cappella delli Scrovegnis all'Arena [Arena-Kapelle])

manistischen Literatur und der Struktur des privaten Lebens, ließ man den Gefühlen nun freien Lauf.

Ein harmonisches Familienleben, das zum Glück keine Seltenheit war, hing davon ab, ob es gelang, im Hause ein Klima der Zuneigung zu schaffen und zu bewahren. Davon waren die Moralisten überzeugt, angefangen bei Alberti: So groß auch der Wert war, den er der Freundschaft zusprach (für ihn die Tugend schlechthin), so mußte er doch einräumen, daß sie hinter der ehelichen Liebe an zweiter Stelle rangierte. Familiengespräche, Offenherzigkeit, Sexualität, Kinder, Haushaltssorgen – all dies trug dazu bei, das Paar aneinander zu binden. Was die väterliche Liebe betraf, so wußte jeder, wie tief, unerschütterlich, ja, gewalttätig sie sein konnte. Nichts in der Welt war größer, beständiger, umfassender.

Aus der Literatur wie aus Briefen wissen wir, wie stark die wechselseitige Hingabe der Familienmitglieder sein konnte. Zwar waren damals die Ehegatten zurückhaltend, was den Ausdruck ihrer Empfindungen füreinander betraf, aber andere Gefühle wurden freimütig geäußert. Von ihren verbannten Söhnen getrennt, füllt Alessandra Strozzi ihre Briefe mit Seufzern einer unerfüllten Liebe, die durch die verrinnende Zeit erst recht entfacht wurde: »Ich glaube, ich verzehre mich noch vor Sehnsucht nach euch. [. . .] Von ganzem Herzen wünschte ich, leben zu können, wo ihr lebt. Meine einzige Angst ist, sterben zu müssen, bevor ich euch noch einmal gesehen habe.« (1450/51) Und eine Florentinerin vertraute einer Geschlechtsgenossin

Giotto, *Beweinung Christi* (Ausschnitt), 1304–1306. Die fließenden Silhouetten und mitleidvollen Gesten unterstreichen den Abschied einer Mutter von ihrem gemarterten Sohn. (Padua, Arena-Kapelle)

an: »Wenn Ihr Kinder gehabt hättet, wüßtet Ihr, wie stark die Liebe zu ihnen ist.«

Väter waren nicht weniger zärtlich gesonnen. Von Boccaccio wird die edle Vatergesinnung nach Belieben gebraucht oder mißbraucht; mancher Hahnrei läßt sich durch zärtliche Gefühle für seine Kinder aufs Glatteis führen. Was tut ein Mönch im Nachthemd im Schlafzimmer einer Frau? Nun, er liest einem armen, kranken Kind Gedichte vor; überschwenglich umarmt der Vater den Wohltäter seines Kindes. In »ricordanze« und Briefen ist kein Mangel an minder naiven, aber gleichermaßen nachdrücklichen Beispielen väterlicher Gutgläubigkeit. In den »ricordanze« von Giovanni Rucellai, Perio Guicciardini, Piero Vettori, Guido del Palagio, Cappone Capponi, Giovanni Morelli und Ugolino Verini entdecken wir eine Einstellung, die der folgende Aphorismus bündig ausdrückt: »Man sagt, die größte Liebe sei die eines Vaters zu seinem Sohne.« (Florenz, 14./15. Jahrhundert) Das Lächeln, ja, schon die Gegenwart eines Säuglings weckt sogleich die Liebe des Vaters ebenso wie der Mutter. Alberti meint: »Eine Mutter umsorgt ihren Säugling viel aufmerksamer und umsichtiger als eine Amme, und so liebt sie ihn auch.« Die Wirklichkeit war freilich nicht immer so rosig. Wie wir gesehen haben, schob manch wohlhabender Italiener seine Kinder zu einer Nähramme ab. Junge Witwen, die es gar nicht erwarten konnten, wieder zu heiraten, setzten Säuglinge aus, die noch nicht einmal entwöhnt waren. Am Sockel der gesellschaftlichen Hierarchie registrieren wir eine verdächtig geringe Zahl kleiner Mädchen im Vergleich zu derjenigen kleiner Jungen. Es gab nämlich Fälle – und gar nicht so wenige –, in denen Armut, Krankheit und die herben Lebensverhältnisse die elterlichen Gefühle für ein gerade geborenes, aber bereits lästig werdendes Kind erstickten; das Resultat war nicht selten Kindsmord.

Die Zuneigung zwischen Mann und Frau teilte sich den Kindern mit. Sie stärkte und erneuerte die Bindungen, welche die erweiterte Familie zusammenhielten; sogar Freunde bekamen diese Bindung zu spüren. Das Kind, das – zumal im städtischen Bürgertum mit seinen zahlreichen Kontakten und Beziehungen – daheim aufwuchs, war in ein dichtes und festes Netz der Herzlichkeit eingebunden. Michele Verini, der seinen

Vater sehr bewunderte und liebte, empfand auch besondere Zuneigung zu seinem Onkel Paolo (»Ihr liebt mich auf eine besondere Weise«), zu seinem Lehrer Lorenzo (»Ihr liebt niemanden mehr als mich«) und zu seinen Freunden; das Wort, das er für alle diese Beziehungen gebrauchte, war »amore«, »Liebe« (Florenz 1480). Einen Freund zu haben, bedeutete für ihn, jemanden zu lieben (zumal während seiner Krankheit). Alessandra Strozzi, die von ihren Töchtern und Schwiegersöhnen geliebt und verehrt wurde (und zwar doppelt stark um des Leides willen, das sie zu tragen hatte), widmete ihren Neffen und Vettern all die Achtsamkeit, die ihre verbannten Söhne nicht empfangen konnten. Jedermann handelte so, selbst die Männer, die ihre Empfindungen aus Rücksicht auf die Schicklichkeit im Zaum hielten. Der Respekt mitsamt seinen Nuancen – »fidanza«, »fede«, »stima« –, der zwischen Onkel und Neffe, Vetter und Vetter, Freund und Freund herrschte, war oft mit Zuneigung gepaart. Die Männer sprachen das auch aus und erlaubten ihren Frauen, sie bei Gelegenheit daran zu erinnern: »Du hast ihm stets soviel Zuneigung bezeugt; hilf ihm jetzt.« Und die Menschen handelten, wie es ihren Gefühlen entsprach, sie halfen ihren Verwandten mit Rat und Tat, nicht zuletzt in geschäftlichen Belangen. Bei allen Streitigkeiten und Meinungsverschiedenheiten blieb die Familie der Nährboden einer Zuneigung, die gleichermaßen Verwandten wie Freunden galt, die aktiv und produktiv war: das Fundament der privaten Solidarität.

Neben der Zuneigung gab es viele andere Gefühle, die ebenfalls in privatem Rahmen gediehen. Zum Glück mangelte es nicht an Anlässen zur Freude. Die Wahl eines Vetters zum Prior mochte der ganzen Familie das Herz erwärmen. Neuigkeiten von einem in der Fremde lebenden Familienmitglied oder die Kunde von der Geburt eines Kindes konnten jedermann glücklich stimmen. Der Höhepunkt der Freude, von Boccaccio mehrfach beschrieben, war ein privates Ereignis von symbolischem Wert: die überraschende Wiedervereinigung einer verstreuten, ja, verzweifelten Familie. Eine Mutter wird mit ihrem lange verloren geglaubten Sohn vereint. Da quillt die Träne, tausend Küsse werden getauscht, es ist »ein Überfließen des reinsten Glücks«. Ein Vater erkennt seine Tochter: seine »Freude [ist] unermeßlich«. Dann erspäht er noch seinen Sohn; tausend Geschichten hat man sich zu erzählen, »unterbrochen von beiderseitigen Tränen der Freude«. Alle waren sich einig, daß dies das höchste Glück war.

In einer Zeit indes, in der ständig die Gefahr von Trennung, Verbannung, Krankheit und Tod drohte, erwuchs aus der Zuneigung häufig Sorge. Familien ängstigten sich, wie aus ihren Briefen hervorgeht, um ihre Angehörigen in der Ferne. Wenn die erwartete Antwort nicht eintraf, dann trübte »malinconia« (»Bangigkeit«) das Warten: »Wie kann ich Dir diese zwei Monate des Hangens und Bangens beschreiben, in denen ich ohne Nachricht von ihnen war! Ich war sicher, daß ihnen etwas zugestoßen sein müsse.« (Alessandra Strozzi, 1451) Kam am Ende wirklich keine gute Nachricht, verwandelte sich die Bangigkeit in Angst: »Ich wußte nicht genau, was ihm fehlte, und bekam es mit der Angst.« (Alessandra Strozzi, 1459) Und wenn jemand zu Hause er-

Giotto, *Bethlehemitischer Kindermord* (Ausschnitt), 1304–1306. Gebärden, Bewegungen, Blicke der Mütter drücken ohnmächtigen Schmerz aus. (Padua, Arena-Kapelle)

krankte, sich ins Bett legen mußte und von Schmerzen gepeinigt wurde, waren Sorge und Angst nicht minder mächtig.

Der Tod zog seine zerstörerische Bahn. Familien kannten den Kummer in allen seinen Schattierungen, von der Melancholie bis zur Verzweiflung. Trotzdem überlebten sie; denn der Kummer war nur die Kehrseite der Zuneigung, welche die Familie zusammenhielt. Je größer der Schmerz war, desto mehr wurde er von den Familienmitgliedern geteilt; das gemeinsame Leiden führte sie noch enger zusammen. Als der 23jährige Matteo Strozzi 1459 in Neapel starb, waren alle Familienangehörigen Alessandras tief betroffen. Ihre Beileidsbriefe – einer taktvoller als der andere – sind voller Anteilnahme. Die Nachricht von Matteos Tod wurde von einem Vetter überbracht, der sie direkt aus Neapel vernommen hatte. Er lud einige Verwandte in sein Haus; dann ließ er Alessandra holen. Man brachte ihr die Kunde schonend bei, und alle, die sich im Hause des Vetters versammelt hatten, kondolierten ihr. In vielen Briefen und Gesprächen suchte man sich gegenseitig aufzurichten, Freunde und Verwandte ermahnten einander, Alessandra in dieser schweren Zeit nicht allein zu lassen und ihr beizustehen. Die trauernde Mutter selbst trug auf bewunderungswürdige Weise zur allmählichen Beherrschung des Grams bei. Sie achtete darauf, daß die Zeichen der Anteilnahme, die man ihr zugedacht hatte, der ganzen Familie zur Kenntnis gebracht wurden. Der grausame Schock schloß die Familie zusammen und erneuerte sogar die private Solidarität mit Verwandten dritten Grades.

Tränen vergoß man vornehmlich in den privaten vier Wänden. Ob die Menschen in der Öffentlichkeit weinten, wissen wir nicht; zu Hause taten sie es gewiß: bei Begräbnissen und bei Familientreffen, wenn es ihnen schlecht ging und wenn sie glücklich waren. Waren sie besonders gefühlvoll? Das wohl, aber Tränen gehören zum Ausdrucksrepertoire der Intimität. Briefe ebenso wie Novellen berichten von den einsamen Tränen, die jene vergossen, sie sich plötzlich durch Tod, Abwesenheit oder Trennung isoliert sahen, d. h. durch das gewaltsame Ende ihrer angenehmen häuslichen Privatexistenz. Doch häufiger vergoß man die Tränen im Kreise der Verwandten und Freunde, wenn eine Familie einen Verlust erlitten hatte, vor dem die Worte versagten. Unter diesen Umständen taugte keine andere Sprache als die der Tränen. Wenn Menschen sich nach jahrelanger Trennung wiederfanden, umarmten sie einander schweigend und in Tränen (Boccaccio II, 6 und 8; V, 6 und 7). Sie weinten Tränen des Mitleids (Boccaccio II, 6; III,7 ; VIII, 7) und Tränen der Reue. Und sie weinten über gemeinsames Leid. Noch erschüttert durch die Nachricht vom Tod seines jungen Schwagers Matteo, erhielt Marco Parenti rasch nacheinander zwei Briefe. Der eine beschrieb den Kummer von Matteos Frau; als Marco ihn las, kamen ihm die Tränen. Der andere handelte vom Gram seiner Schwiegermutter, und nun brach Marco vollends zusammen: »Meine Tränen verdoppelten sich.« Marcos Tränen signalisieren, daß er den Schmerz seiner angeheirateten Verwandten verinnerlicht hat. Zwar sind seine späteren Briefe erfüllt von Bekundungen der Anteilnahme, aber seine still vergossenen Tränen sind der beredteste Beweis seiner Verbundenheit mit

Giotto, *Tod des Ritters aus Celano* (Ausschnitt), sehr spätes 13. Jh. Die Zuschauer sind über den plötzlichen Tod des Ritters bestürzt. Die Gesichter sind ungelenk wiedergegeben – es handelt sich um einen sehr frühen Giotto –, doch auf die Zeitgenossen wirkten sie erstaunlich lebensecht.
(Assisi, S. Francesco, Oberkirche)

der Familie seiner Frau. Tränen, die man gemeinsam – wenn auch räumlich getrennt – vergießt, sprechen lauter als Worte. Männer wie Frauen gebrauchten die Sprache der Tränen; sie setzte sich über alle Konvention hinweg.

Bei Begräbnissen weinten nur die Frauen, doch dieses rituelle Weinen war auch dazu bestimmt, vor der Öffentlichkeit den Schmerz der Familie zu bezeugen. Keine Tränen zu vergießen, hätte bedeutet, die Ehre des Verstorbenen zu beleidigen. Gleichwohl handelte es sich um eine Travestie der Gefühle, nicht um Intimitätszeichen.

Die Schulung von Körper und Geist. Der Geist wurde, wie die Gefühlskultur, im Hause gebildet. Die Schulung von Körper und Geist war zunächst die Angelegenheit der Familie. Der Schule, so wichtig sie sein mochte, trat später hinzu.

Die Erziehung begann an der Brustwarze, die Nähramme des Säuglings war gleichzeitig seine erste Lehrerin. Man riet den Familien zu

Domenico Ghirlandaio, *Szenen aus dem Leben des hl. Franziskus*, »Annahme der Ordensregel« (Ausschnitt), 1483–1486. Patrizierfamilien vertrauten ihre Söhne häufig Privatlehrern an. Angelo Politiano unterrichtete die Kinder von Lorenzo de' Medici, die hier als seine Schülerschar hinter ihm hergehen.
(Florenz, S. Trinità, Cappella Sassetti)

großer Sorgfalt bei der Auswahl der Nährammen; vor allem sollte man sich, laut Palmieri, vor »Tartarinnen, Sarazeninnen, Barbarinnen und ähnlichen Wilden« hüten. Solche Vorsicht war wohlbegründet, hatte doch die erfolgreiche Kandidatin wichtige Aufgaben zu erfüllen: Sie mußte das Kind nicht nur stillen, sondern es auch in Schlaf singen, seine Sprache verbessern und selbst einfache physiognomische Korrekturen vornehmen: einen schiefen Mund oder eine schiefe Nase richten oder dem Kind das Schielen abgewöhnen (Francesco di Barberino).

Die »natürlichen« Lehrer des Kindes nahmen ihre Tätigkeit auf, bevor die Amme die ihre beendet hatte. Alberti, Francesco Barbero und andere Moralisten rieten der Mutter, frühzeitig die Erziehung ihres Kindes selbst in die Hand zu nehmen: »Die Pflege sehr kleiner Kinder ist Sache der Frau – der Amme oder der Mutter«, wie Alberti sagt. Doch schon bald hatte sich der Vater dazuzugesellen; nach Ansicht der Moralisten oblag ihm insbesondere die Verantwortung für die geistige und sittliche Vervollkommnung seines Kindes. Es wurde empfohlen, mit dem Unterricht früh zu beginnen. Palmieri berichtet, daß manche Leute mit dem Unterricht ihrer Kinder warteten, bis diese sieben Jahre alt waren. Das sei nichts als Trägheit. Noch während das Kind bei seiner Amme lebt, muß der Unterricht einsetzen, und zwar mit den Grundzügen des Alphabets. Eltern, die diesen Rat befolgten, gewannen einen Vorsprung von zwei Jahren. Knaben brauchten vom siebenten Lebensjahr an einen Lehrer. Maffeo Veggio dringt darauf, Knaben in eine Schule zu schicken, damit sie dort Freundschaften schließen konnten. Andere Moralisten bevorzugten den Privatlehrer – ein Rat, an den sich Giovanni Morelli im 14. Jahrhundert hielt. Später sind Lorenzo de' Medici und viele andere von Privatlehrern erzogen worden.

So spielte sich denn in wohlhabenden Familien die Erziehung der Kinder hauptsächlich im Hause ab. In dieser Hinsicht hielten es die Reichen eher mit den Bauern und Arbeitern als mit der Mittelschicht. Die Häuser waren in zunehmendem Maße mit Bildungseinrichtungen versehen, in denjenigen des Bürgertums gab es ruhige Zimmer, Sekretäre, Stehpulte, Bücherschränke und mitunter sogar Bibliotheken (in Palazzi in Florenz, Mailand, Venedig, Neapel und Rom). Die Erwachsenen profitierten natürlich als erste von diesen Einrichtungen, doch auch die Kinder hatten ihren Nutzen davon.

Die Unterrichtung des jungen Mannes war eine anspruchsvolle Aufgabe, zu der viele Mitglieder des Haushalts herangezogen wurden. Michele Verini wurde zunächst von seinem Vater unterrichtet, sicherlich, bevor Michele noch sieben Jahre alt war. Doch je deutlicher seine Fortschritte wurden, desto größer wurde die Zahl seiner Hauslehrer. Zwischen Micheles zehntem und fünfzehntem Lebensjahr beschäftigte der Vater nicht weniger als ein halbes Dutzend Lehrer für den Knaben. Sein Onkel Paolo, ein Arzt Mitte Dreißig, lehrte ihn die Grundzüge der Mathematik und unterwies ihn in der Bibel; in der Mathematik förderte ihn dann später ein anderer Onkel, Lorenzo Lorenzi. Latein lehrte ihn ein Priester und Grammatiker, bis Cristoforo Landino und Angelo Poliziano auf die Begabung des Jungen aufmerksam wurden und sich bereit erklärten, ihm ihren unschätzbaren Beistand angedeihen zu lassen; damals war Michele noch nicht fünfzehn Jahre alt. Einige Unterrichtsstunden empfing Michele außer Haus, andere im Hause. Er fand rührende Worte, um jedem seiner Lehrer zu sagen, wie sehr er ihn liebte und schätzte und wie der Lehrer durch den Unterricht eine väterliche Pflicht, ein »paternum officium« erfülle. Die Privatlehrer des Knaben – allesamt hervorragende Männer, die meisten von ihnen Professoren an der Universität Florenz – hatten ungehindert Zutritt zu seinem Zimmer. Diese Privat-Fakultät, bestehend aus dem Vater, den Onkeln,

Benozzo Gozzoli, *Szenen aus dem Leben des hl. Augustinus.* »Der Heilige wird zu seinem Grammatiklehrer gebracht«, 1463–1465. Der Künstler ließ sich von den *Confessiones* und von der Erinnerung an seine eigene Schulzeit inspirieren. In Italien unterrichtete ein Lehrer gleichzeitig Kinder verschiedenen Alters. Auch die Schule war eine private Welt, in der der Lehrer die Autorität des Vaters vertrat – Züchtigungen eingeschlossen.
(San Gimignano, S. Agostino).

Verwandten und illustren »amici«, wendete viel Zeit und Mühe an die Erziehung des Zöglings. Sie machten Besuche, schrieben Briefe, erteilten Ratschläge und konsultierten einander über ihr weiteres Vorgehen.

Die Ziele dieses häuslichen Erziehungsplanes waren indes nicht rein privat; im Gegenteil. Der Zweck der Erziehung eines Knaben war, ihm so rasch wie möglich das Instrumentarium seines Berufs zu vermitteln, so daß er wirksam und geziemend öffentliche Funktionen wahrnehmen konnte. Bürgerliche Familien ließen es sich angelegen sein, ihre Söhne auf eine politische Karriere vorzubereiten. Wie Palmieri hervorhebt, bestand die Erziehung eines Knaben nicht aus isolierten Lektionen, »wie man ein Geschäft organisiert, mit seinen Mitbürgern umgeht und [. . .] einen Haushalt lenkt [. . .], sondern aus einem einheitlichen, praktischen Unterrichtsgang«, der alle diese Belange umfaßte. Angesichts der zentralen Rolle, die Familie und Sippe im politischen Leben spielten, hing der öffentliche Erfolg von der Treue zu den Familienwerten ab.

Ging es um die Erziehung ihrer Töchter, bewiesen die Familien weniger Ehrgeiz. Zwar besuchten 1338 in Florenz Kinder beiderlei Geschlechts die Schulen, aber die Zweckmäßigkeit der Mädchenbildung war leidenschaftlich umstritten, und viele Moralisten sprachen sich gegen sie aus. Ein Fall für sich waren dabei Frauen aus führenden Familien. Ihre gesellschaftlichen Verpflichtungen erheischten ein gewisses kulturelles Wissen. Deshalb brachte man ihnen das Schreiben bei, und manche schrieben sehr schön. Viele lasen auch gern. Im 15. Jahrhundert konnten die begabtesten Frauen immerhin soviel Latein und manchmal auch Griechisch, um von einem Humanisten wie Leonardo Bruni mit »satisfecit« beurteilt zu werden. Frauen, die Nonnen werden wollten, lernten Lesen und Schreiben, einige befaßten sich zudem mit Latein. Doch von diesen Privilegierten abgesehen, erzog man die Frauen im Hinblick auf Ehe, Kinder und gänzlich private Pflichten und Werte. Diese Empfehlung gaben jedenfalls Francesco Barbaro (*De re uxoria*, 1416) und Maffeo Veggio (*De educatione liberorum*, 1440). Als künftige Mutter, als Lehrerin von Sitte und Frömmigkeit und Vorbild ihrer künftigen Töchter sei, so Veggio, das heranwachsende Mädchen »nach heiligen Lehren zu erziehen, auf daß sie ein geregeltes, keusches und frommes Leben führe und alle ihre Zeit weiblichen Arbeiten widme«, unterbrochen einzig vom Gebet. Barbaro legte größeren Wert auf praktische Fertigkeiten. Doch stimmten beide Autoren im Grundsätzlichen überein, und viele andere mit ihnen. Da in ihrer Sicht die Mütter der Hort der privaten Werte waren, war es wünschenswert, daß sie sich nachdrücklich der Wahrung und Vermittlung dieser Werte widmeten. Die Erziehung der Mädchen gründete auf dieser Überzeugung.

Die Beziehungen zur Außenwelt

Mochten sich Individuen und Haushalte auch durch Türen und Schlösser, durch das Mißtrauen gegen Fremde und die Solidarität mit Verwandten und Nachbarn vor der Außenwelt schützen, der Alltag gebot die Interaktion mit ihr. Und selbst das bestbewachte Haus war nicht gefeit gegen Indiskretion und Aufdringlichkeit. Häusliche Streitigkeiten wurden leicht außerhalb des Hauses bekannt. Stimmungsschwankungen, veränderte Verhaltensweisen und Modifikationen des Aussehens blieben dem lokalen Klatsch nicht verborgen (Boccaccio IX, 5). Ein Nachbar spionierte dem anderen nach. Die Enge der Gassen machte jeden zum Voyeur. Ein Richter fragt: »Hat Monna Selvazza als Prostituierte gelebt?« Und die ehrliche Nachbarin antwortet: »Von einem Fenster mit Blick auf das Haus der Monna S. konnte sie [die Nachbarin] sehen, wie Monna S. unzählige Male nackt mit nackten Männern im Bett lag und alle Schändlichkeiten trieb, die Prostituierte gemeinhin zu treiben pflegen.« (Florenz 1400) Nichts blieb den neugierigen Nachbarn lange verborgen, und der Klatsch wußte über alles Bescheid, angefangen bei den Herzensangelegenheiten.

Besucher. In das Haus eines anderen zu gelangen war ebenso leicht, wie ihm nachzuspionieren. Bettler, Straßenmusikanten und Galane versammelten sich vor den Toren großer Häuser, und viele überschritten sogar die Schwelle. Abgesehen von professionellen Bettlern und von Kindern aus der Nachbarschaft gingen viele Menschen aus und ein, die im Hause unentbehrliche Dienstleistungen verrichteten. Teilpächter lieferten ihrem Grundbesitzer das Getreide ab, das auf dem Dachboden oder im Keller gespeichert wurde; manchmal mußten sie dabei, die Getreidesäcke auf einen Esel gepackt, bis zu hundertmal zwischen dem Hof und dem Haus des Grundbesitzers hin und her reiten. Oder ein Straßenverkäufer breitete im Eingangsgewölbe seine Waren aus. Das Dienstmädchen eines Nachbarn besuchte eine Gefährtin im Haus. Der Barbier kam, um seines Amtes zu walten. (In Ravenna gehörte es zum Berufskodex der Barbiere, adlige Kunden in ihrer Wohnung aufzusuchen.) Der Arzt sah nach einem Kranken, die Hebamme nach einer schwangeren Frau in der Familie. Notare und Zeugen erschienen zur Unterzeichnung eines Vertrages. Unterhändler bahnten Heiratsbündnisse an. Priester kamen, um ihre Aufgaben zu erfüllen – Kranke zu besuchen, die Letzte Ölung zu spenden usw. Gelegentlich erschienen Zechgenossen, Gäste eines Banketts, Bedürftige, die im Haus gespeist wurden, und Besucher, die für ein oder zwei Nächte oder länger blieben. Wohlhabende Familien erachteten es für ihre Pflicht, Gäste zu empfangen; das entsprach der Ethik der Opulenz, wie sie beispielsweise der Neapolitaner Giovanni Pontano gegen Ende des 15. Jahrhunderts formulierte. Freigebigkeit und Gastfreundschaft gehörten zu den Pflichten der Reichen.

Freilich wurden nicht alle Gäste in die Privatsphäre des Hauses vorgelassen. Viele kamen lediglich über die Schwelle. Zechkumpane bewirtete man in einem Raum zu ebener Erde, neben dem Vorratsgewölbe; die Wohnzimmer im ersten Stock dienten geschäftlichen Besprechungen, Begegnungen und Gesprächen mit Bekannten oder Kollegen. Das Schlafzimmer war noch privater, obwohl nicht völlig unzugänglich. Zutritt hatten beispielsweise Spaßmacher, manchmal auch Bauern und natürlich alle, die sich um einen Kranken bemühten; ferner Barbiere, Ärzte, Hebammen und Priester mit ihrem Gefolge. In den »rocche«, den Landhäusern des Feudaladels, hatte das Schlafzimmer häufig denselben hohen Stellenwert wie in einem Königspalast; hier verwahrten die vornehmen Herren die Schriftstücke, welche ihre Macht begründeten, und ließen in Gegenwart von Notaren und Zeugen wichtige Verträge registrieren.

Die Gastfreundschaft verlangte, daß man Gästen einen Platz vor dem Kamin oder am Eßtisch anbot. Priester und Ärzte setzten sich vertraulich zu einem Kranken ans Bett, um die Beichte zu hören oder den Puls zu messen. Gäste, die über Nacht blieben, bekamen bisweilen einen Platz in einem Bett zugewiesen, das schon belegt war. Diese Gepflogenheit, die in Gasthäusern und Hospitälern die Regel war, gab es auch im Privathaus.

Gäste zu beherbergen tat der Intimität des Haushalts keinen Abbruch. Gewiß, man mochte dadurch ins Gerede kommen; es bestand die Gefahr (oder man fürchtete jedenfalls), daß man beraubt wurde (wie Bernhardin berichtet); und improvisierte Schlafstellen konnten Zwist verursachen oder unerwünschte Zärtlichkeiten provozieren. Doch alles dies war nicht gravierend.

Die Frau in der Außenwelt. Es war für eine Frau, zumal wenn sie jung und unverheiratet war, nicht leicht, mehr als nur sporadisch Kontakte mit Außenstehenden zu unterhalten und auf eigene Faust der Welt gegenüberzutreten. Frauen wurden streng bewacht; die öffentliche Meinung

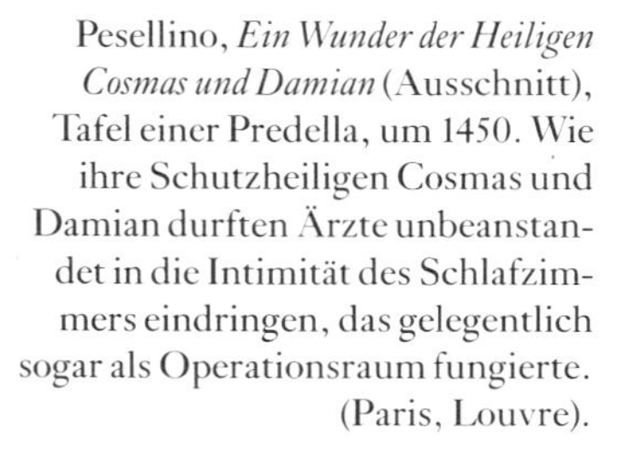

Pesellino, *Ein Wunder der Heiligen Cosmas und Damian* (Ausschnitt), Tafel einer Predella, um 1450. Wie ihre Schutzheiligen Cosmas und Damian durften Ärzte unbeanstandet in die Intimität des Schlafzimmers eindringen, das gelegentlich sogar als Operationsraum fungierte. (Paris, Louvre).

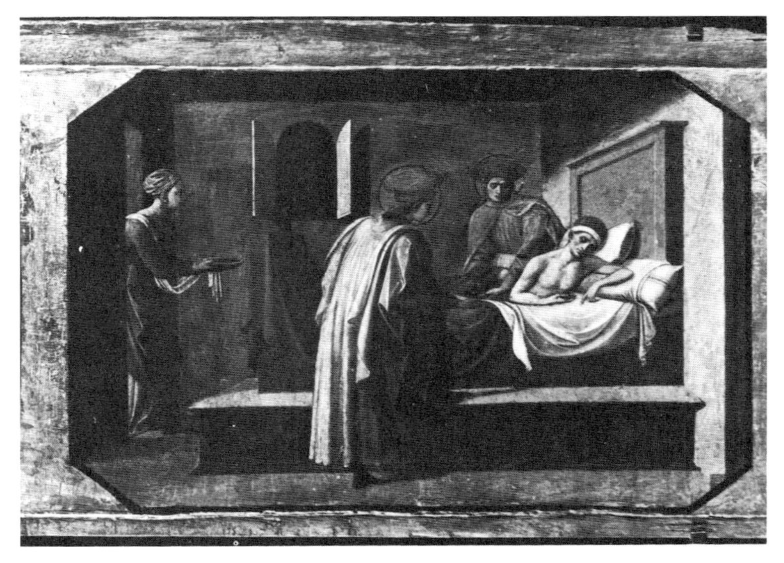

Schule des Ghirlandaio, *Häusliche Pflege durch Angehörige der Bruderschaft San Martino dei Buonuomini*, spätes 15. Jh. Die Privatsphäre der Armen – oft waren es alleinstehende Frauen – stand Beweisen der Nächstenliebe, also Besuchen offen. Die Besucher waren meist Männer, da Wohltätigkeit eine Angelegenheit von Bruderschaften war; die wichtigste von diesen war San Martino. Diese Frau, die soeben entbunden hat, scheint erst kurze Zeit zuvor von einem finanziellen Mißgeschick betroffen worden sein. Sie liegt in einem großen Bett, das von mächtigen Truhen umgeben ist.
(Florenz, San Martino dei Buonuomini)

befand das für richtig, und die Moralisten pflichteten ihr bei. Paolo da Certaldo behauptet: »Das Weib ist ein eitles, frivoles Geschöpf. [. . .] Hast du Frauen in deinem Haus, behalte sie im Auge. Inspiziere häufig alle Örtlichkeiten, und wenn du deinen Geschäften nachgehst, halte sie in Furcht und Schrecken.« Später heißt es: »Das Weib soll der Jungfrau Maria nacheifern, die auch nicht aus dem Hause ging, um sich überall zu unterhalten, nach hübschen Burschen zu schauen oder eitlem Geschwätz ihr Ohr zu leihen. Nein, sie blieb daheim, hinter verschlossener Türe, in der Privatheit ihrer Wohnung, wie es sich ziemt.«

Bei kleinen Mädchen konnte man eine Ausnahme machen. Sobald sie drei Jahre alt waren, mußten sie natürlich in einem eigenen Raum und Bett schlafen und nachts ein Nachthemd tragen (wie die Knaben); Züchtigkeit war unabdingbar (G. Dominici). Doch niemand hätte es ihnen verwehrt, das Haus zu verlassen, um Nachbarn Gefälligkeiten zu erweisen, oder einen Onkel, der zu Besuch gekommen war, nach Hause zu begleiten oder zu einer Freundin zu gehen (wie es die Gefährtinnen der kleinen Katharina Benincasa taten, deren Mutter sehr streng war).

Sobald das Mädchen zwölf war, war es allerdings mit der Freiheit vorbei. Katharina wurde zu Hause quasi eingeschlossen, wie es in Siena der Brauch war. Ihr Vater und ihre Brüder (Brüder spielten bei der Bewachung der Schwester eine wichtige Rolle) achteten auf sie, und an der Hartnäckigkeit, mit der die Moralisten dieses Thema traktiert haben, kann man ermessen, wie ernst es genommen wurde. Fra Paolino

Fra Filippo Lippi, *Szenen aus dem Leben des hl. Johannes des Täufers.* »Tanz der Salome« (Ausschnitt), um 1450–1465. Vorgeblich ein Porträt der Salome, zeigt das Bild in Wirklichkeit ein toskanisches Mädchen beim Tanz während eines üppigen Gelages in des Malers eigener Zeit. Ein Mädchen durfte nur vor den Augen der Gäste ihrer Eltern tanzen, ausschließlich in streng privatem Rahmen. (Prato, Dom)

war der Ansicht, Väter seien gut beraten, ihre Wachsamkeit zu erhöhen, sobald ihre Töchter zwölf geworden waren, und den jungen Damen das Flanieren in der Stadt ebenso zu verbieten wie das unbelauschte Schwätzchen. Fleißige, stille Arbeit zu Hause war die einzige Methode, um diesen gedankenlosen Geschöpfen die närrischen Träume, die in ihren Köpfen spukten, auszutreiben. Francesco di Barberino legte dabei großes Gewicht auf soziale Rangunterschiede. Junge Damen von Stand waren streng zu erziehen, freilich nicht so streng wie junge Prinzessinnen. Aufpassen mußte man auf die Männer, mit denen sie Umgang hatten, auf die Schmeicheleien, die ihnen gesagt, ja, auf die Blicke, die ihnen geschenkt wurden. Die jungen Damen gehörten ins Haus, fernab vom Fenster. In den unteren Volksschichten bedurfte es solcher Vorkehrungen weniger. Maffeo Veggio warnt vor schlechtem Umgang: mit Knaben, mit Mädchen, die nicht zur Familie gehören, mit Dienstboden von zweifelhafter Moral. Hierfür war die Frau des Hauses verantwortlich. Die Menschen waren dermaßen argwöhnisch, daß sie sogar davor zurückscheuten, ihre Töchter zur Kirche zu bringen, obschon die Prediger das mit zornigen Worten geißelten. Frömmigkeit, Keuschheit, Ehre – das waren die Parolen mädchenhaften Betragens.

Die Ehe brachte nur eine partielle Lockerung der Haftbedingungen. Trotz ihrer neuen Aufgaben und Obliegenheiten im Haushalt blieb die Frau, was ihr Verhältnis zur Außenwelt betraf, dem Willen ihres Mannes ausgeliefert. Mancher Ehemann führte sich als eifersüchtiges Scheusal auf: »Abgesehen davon, daß es ihr weder zu einer Hochzeit noch zu einem Feste oder in die Kirche zu gehen verstattet war, durfte sie unter keinerlei Vorwand den Fuß aus dem Hause setzen, ja, sie wagte es nicht einmal, an ein Fenster zu treten oder um irgendeines Anlasses willen hinauszublicken.« (Boccaccio VII, 5; Übs. Witte) Solchen Extremfällen begegnete man allerdings selten, und alle Frauen waren darüber empört.

Die umständliche Strenge, mit der die Moralisten das Thema des fünfzehnjährigen »Backfischs« abhandeln, läßt darauf schließen, daß es damit eine besondere Bewandtnis hat. Der Ton der Moralisten muß uns stutzig machen: Wie durchlässig waren die Wände der Frauengemächer wirklich? Selbst die am besten abgeschirmten Häuser hatten Türen und Fenster. Von Fenstern gingen Ablenkung und Versuchung aus. Am Fenster stehend konnte man beobachten, plaudern, sich zeigen. Träge Schöne »saßen den ganzen Tag am Fenster, den Ellbogen aufgestützt, in der Hand eine Entschuldigung in Form eines Buches, das kein Ende zu nehmen schien« (Alberti). Unweit des Haupteingangs zum Haus saßen am Abend die Damen beisammen, um zu schwatzen und die Passanten zu beobachten (Antonino). Wegen der Nähe zur Straße war dieser Bereich an der Tür den Matronen vorbehalten; junge Mädchen durften hier nur in züchtiger Begleitung sitzen. Gleichwohl war dies ein prestigeträchtiger Ort: An traditionellen Festtagen versammelten sich hier die Frauen des Hauses, um sich vor den Augen der Stadt sehen zu lassen. In Mailand saßen »Matronen und Mädchen an Feiertagen im Toreingang. Sie hatten ihre schönsten Gewänder angelegt, und alles blitzte von Gold und Silber, Email und einer gelegentlichen Perle, daß

Vittorio Carpaccio, *Hl. Trifonius befreit die Tochter des Kaisers Gordianus* (Ausschnitt), 1507. Die »signore« sitzen elegant gekleidet an den dekorierten Fenstern und verfolgen das städtische Treiben, in diesem Fall den Kampf des Heiligen mit dem Untier.
(Venedig, Scuola di San Giorgio degli Schiavoni)

man sie leicht für Königinnen oder Prinzessinnen von Geblüt hätte halten können« (G. Fiamma).

Bei jungen Mädchen wie bei reifen Frauen blieb der Kontakt mit der Außenwelt selten auf solche Anlässe beschränkt. Häusliche und religiöse Pflichten boten täglich die Möglichkeit, das Haus zu verlassen. Manche Frauen, besonders bei den Armen, gingen einer Tätigkeit draußen nach, andere trafen sich auf dem Markt, am Brunnen, in der Mühle. Ein beliebtes Ziel war die Kirche, vornehmlich bei den wohlhabenden Damen, die Dienstboten beschäftigten und daher keine Besorgungen vorschützen konnten, aber viel freie Zeit hatten. Fromme Frauen hatten reichlich Gelegenheit, stundenlang in der Kirche zu verweilen, insbesondere an Festtagen und in der Fastenzeit, und bei Damen der Oberschicht war es Mode, sich zu bestimmten Feierlichkeiten in der Kirche zu treffen: »Am Sonntagmorgen gehen alle Frauen in die Franziskanerkirche« (Pecorone). Selbst junge Frauen (und jedenfalls von relativ bescheidener Herkunft) beteiligten sich an örtlichen Prozessionen und besuchten unbegleitet zwei oder drei Kirchen nacheinander (Boccaccio IV, 7).

Einen Blick nach draußen zu werfen oder gar einen Schritt vor das Haus zu tun, bedeutete, daß man Gefahr lief, Menschen und vor allem Männern zu begegnen, die nicht zur eigenen privaten Welt gehörten. Bei heranwachsenden Mädchen führten solche Begegnungen oft dazu, daß sie sich verliebten. Herzensbindungen erwuchsen aus Kinderfreundschaften oder langem Umgang, oder aus Zufallsbekanntschaften im Wirtshaus. In bürgerlich-städtischen Familien freilich, in denen die Mädchen streng behütet aufwuchsen und die Welt allenfalls durch das Fenster entdecken durften, begann die Romanze häufig mit einem Blick. Unschuldige junge Mädchen verloren ihr Herz häufig nur deshalb an einen jungen Herrn, weil er zufällig vorbeiging. (In Palermo beging 1280 die Tochter eines Apothekers den Fehler, sich, als sie »mit

Antonello da Messina, *Hl. Sebastian* (Ausschnitt), 1475. Zwei Damen halten auf dem Renaissancebalkon ihres Palastes ein abendliches Schwätzchen, während im »cortile« zu ihren Füßen der schöne Jüngling Sebastian melancholisch seufzt.
(Dresden, Gemäldegalerie)

Cosmé Tura und Francesco Tossa, *Triumph der Minerva* (Ausschnitt), um 1470. Moralisten empfahlen in ihren Schriften, die Frauen eines Hauses mit nützlicher Arbeit zu beschäftigen. Beispiele ihrer Betätigungen (Weben, Sticken) zeigt dieses berühmte Bild. (Ferrara, Palazzo Schifanoia)

anderen Damen am Fenster postiert war«, in den König höchstpersönlich zu verlieben.) Weit irritierender war der Tausch der Blicke. Die jungen Gecken wanderten vor dem Hause auf und ab und musterten die Fenster, und wehe dem unglücklichen Geschöpf, das einen dieser verderblichen Blicke auffing! Eine derartige Begegnung konnte der Anfang einer langen Verführung sein – manchmal hinter dem Rücken der Eltern, manchmal mit ihrem stillschweigenden Einverständnis betrieben. Belauschen wir das Gespräch zwischen einer venezianischen Mutter und ihrer Tochter: »Kind, wo ist dein Schal?« – »Ich weiß nicht, Mutter. Irgendwie muß er sich gestern abend von meinem Hals gelöst haben, als ich auf dem Balkon stand. Ich habe keine Ahnung, wie er hinuntergefallen sein könnte. Ein junger Mann hat ihn aufgehoben.« – Darauf die Mutter, eine erfahrene Frau: »Und wie lange geht das Theater schon?« – »Fast ein Jahr, Mutter.« (Lionardo Giustinian, frühes 15. Jahrhundert)

Die Mädchen in Genua waren keinen Deut besser. Ein Lokalpoet beschreibt sie als »junge Nymphchen im heiratsfähigen Alter. Jedermann kann sie erblicken, wie sie am Fenster postiert sind, um zu sehen und gesehen zu werden. Jedes Fräulein lächelt ihrem Galan zu. Oder sie wirft ihm Blumen hinab, Obst, Nüsse, alles, was als Zeichen der Liebe dienen kann. Liebesschwüre und Wortgeplänkel fliegen hin und her. [. . .] Wenn ein Vater seine Tochter bei solchem Treiben ertappt, bestraft er sie nicht, auch dann nicht, wenn der Galan bereits gut befreundet mit ihr ist. Eingesperrt, wie das Mädchen ist, kann sie keinen Schaden anrichten, wenn sie zärtliche Worte mit ihrem Auserwählten wechselt. Daraus kann nichts Ernsthaftes werden.« An allen Ecken und Enden hörte man die Melodien nachmittäglicher und abendlicher Ständchen. (Jungen und Mädchen trafen sich auch, prosaischer, bei unzähligen Festtagsveranstaltungen.)

Die Ehe. Im privaten Leben der Frau war die Heirat der entscheidende Augenblick. Im Trecento war die Periode der Backfisch-Schwärmerei rasch vorbei, die Mädchen wurden frühzeitig verheiratet. 1370 betrug im toskanischen Prato das Durchschnittsalter bei der Eheschließung sechzehn Jahre; 1427 lag es, wiederum in Prato sowie in Florenz, bei siebzehneinhalb. In Siena begannen um 1350 die Eltern, an die Verheiratung ihrer Tochter zu denken, wenn sie zwölf Jahre alt war. Hundert Jahre später schoben sie die Sache ein wenig auf, bis zum vierzehnten Geburtstag, und die Hochzeit war dann mit sechzehn oder achtzehn. Danach vollzog sich eine neue Entwicklung. 1470 waren die meisten

Schüler des Cristoforo da Predis, *Massimiliano Sforza in Mailand*, 15. Jh. Auf der Suche nach einem galanten Abenteuer reitet der junge Fürst durch die Straßen Mailands, die schmachtenden Blicke und die Seufzer der Damen auf sich ziehend.
(Mailand, Biblioteca Trivulziana)

Giovanni Mansueti, *Wunder des wahren Kreuzes* (Ausschnitt), um 1506. Eine Prozession bewegt sich durch die Straße, und aus allen Dachluken, Fenstern, hinter allen Läden, Gittern und Jalousien blicken Frauen hinaus. Die Fenster spielen hier dieselbe Rolle wie die Galerie in der Kirche. Bei den sonntäglich herausgeputzten Zuschauerinnen mischen sich Neugier und Eitelkeit in die Andacht. (Venedig, Accademia)

Bräute in Prato, Florenz und Umgebung zwanzig oder einundzwanzig Jahre alt. Dieser Aufschub der Heirat mag die ungewohnte Fülle romantischer Szenen wie der eben geschilderten erklären, die selten in eine Ehe mündeten.

Was zählte, war fraglos die Ehe. Gleichgültig, wie alt das Mädchen war, die Eltern trafen nicht ohne gründliche Überlegung eine Entscheidung, die von enormer Bedeutung für sein privates Leben war. Man wog die Alternativen gewissenhaft gegeneinander ab, manchmal jahrelang. Es wurden Eheverhandlungen geführt, und zwar sowohl von den Eltern selbst wie auch gelegentlich von Dritten, bisweilen professionellen Heiratsvermittlern. Zur selben Zeit begann das Mädchen, seine Verführungskünste spielen zu lassen; denn wenn der junge Mann für die Ehe nicht zu gewinnen war, konnten die Verhandlungen nicht zum Ziel führen. Man tat selbstverständlich nichts, was das Mädchen kompromittiert hätte, doch man konnte es in einem Fenster oder Hauseingang drapieren, malerisch herausgeputzt wie auf einem lebenden Bild und im Kreise von Anstandsdamen. Es mußte wie aus dem Ei gepellt aussehen – Monna Pica schalt ihre Tochter Katharina (von Siena) für ihre Sorglosigkeit in dieser Hinsicht: »Wasch dir gefälligst das Gesicht!« –, sorgfältig frisiert, freundlich hergerichtet, glich es einem Heiligenbild, das hoffentlich die Andacht der heiratsfähigen jungen Männer zu erregen vermochte. Wenn alles gut ging, herrschte kein Mangel an Freiern. Dann kam es darauf an, sich für einen von ihnen zu entscheiden. Alle erdenklichen Faktoren wurden berücksichtigt: die Mitgift, die gesellschaftliche Herkunft des Bräutigams, sein Beruf. Bestand die Möglichkeit der Beteiligung an seinem Geschäft? Würde die Heirat den sozialen Rang des Mädchens erhöhen? (In Fiesole galt 1338 ein Handwerker als gute Partie

Gentile da Fabriano, *Darbringung im Tempel* (Ausschnitt), Predella, erstes Viertel 15. Jh. Zwei schön herausgeputzte Patrizierinnen allein auf der Straße? Jawohl, aber mit angestrengter Würde und Züchtigkeit und einer religiösen Zeremonie zur Entschuldigung.
(Paris, Louvre).

Meister des »cassone« Adimari, *Die Vermählung Boccaccio Adimaris mit Lisa Ricasoli* (Ausschnitt), Bild auf einem »cassone« (Brauttruhe), 15. Jh. Jugendliche Hochzeitsgäste vor dem Baptisterium in Florenz. Sie nehmen an dem prächtigen Ritual der »ductio ad maritum« teil, der Übersiedlung der Braut in das Haus ihres Gatten. (Florenz, Accademia)

für eine Bauerstochter.) Hatte die Familie des Bräutigams politischen Einfluß? Wo lebte sie? (Je näher, desto besser.) Gab die Sippe wenigstens stillschweigend ihr Einverständnis? Welches Gefühl hatte das Mädchen selbst? Wieder einmal sind die Moralisten nicht um guten Rat verlegen. Dominici schreibt: »Vermähle deine Tochter mit einem Mann deines Standes, mit der erwünschten Mitgift.« Und Alberti meint: »Ein Weib freien heißt Schönheit, Verwandtschaft, Reichtum suchen. Frage alle deine älteren Verwandten um Rat. Sie wissen alles, was es über die Familien der Heiratskandidaten, einschließlich früherer Generationen, zu wissen gibt.« Eine Ehe konnte kein Erfolg werden, wenn beide Parteien einander nicht gut kannten.

Alessandra Strozzi war es darum zu tun, zuerst ihre Töchter zu verheiraten und danach ihre Söhne. Nachdem sie die Töchter unter die Haube gebracht hatte, wandte sie ihre Aufmerksamkeit den Söhnen zu, wobei ihre beiden Schwiegersöhne ihr zur Seite standen. Unzählige Verhandlungen, Beratungen und Bedenklichkeiten waren die Folge.

Mitunter eröffneten sich hinreißende Aussichten; da war beispielsweise diese junge Tanagli, die man in Santa Maria del Fiore erblickt hatte, als gerade das durch die Kirchenfenster einfallende Sonnenlicht ihre reizende Silhouette mit engelsgleichem Glanz umspielte. Doch leider ließen alle Kandidatinnen zu wünschen übrig. Die eine hatte nichts im Kopf, die andere nichts im Geldbeutel (und war von belangloser Herkunft). Alessandra traf schließlich eine Entscheidung, jedoch erst nach mancherlei Herzenspein. Keine Mühe war zu groß, wenn Glück, Ehre, Sicherheit und das Fortleben der Familie auf dem Spiel standen.

Endlich naht der Hochzeitstag mit Glanz und Gloria. Die Kompliziertheit des Trauungsrituals, in Jahrhunderten entwickelt, läßt die Bedeutung des Anlasses für beide Familien erkennen, die einander für einen kurzen Augenblick verbunden sind. In seinem Tagebuch für 1393 notiert der Kaufmann Gregorio Dati: »Am 31. März 1393 willigte ich ein und verpfändete mein Wort, Isabetta zur Frau zu nehmen. Am Ostermontag, dem 7. April, steckte ich ihr in Gegenwart des Notars, Ser Luca, den Ring an. Am Sonntag, dem 2. Juni, nach der Non, zog sie zu mir, in das Haus ihres Gatten, im Namen Gottes und des Geschäfts.« Ohne unangebrachte Romantik, ganz in dem unpersönlichen Stil des Kaufmanns, registrierte dieser frischgebackene Ehemann die drei Phasen der toskanischen Heirat. Nachdem die Verhandlungen zwischen den beiden Familien zu einem erfolgreichen Abschluß gekommen waren, wurde ein erster Vertrag unterzeichnet, der das beiderseitige Eheversprechen festhielt. In den darauf folgenden Tagen, Wochen, Monaten oder Jahren wurde Verlobung gefeiert. In einem formalen Akt, den Gregorio in seiner Aufzählung ausläßt, übergab der Bräutigam vor dem Notar eine Quittung für die Mitgift; dann nahm der Notar die Einwilligung beider Parteien in die Ehe zur Kenntnis und überwachte den Tausch der Ringe, ohne daß ein Priester zugegen gewesen wäre. Auf die Frage »Wollt Ihr . . .« antworteten Bräutigam und Braut mit »Ja« bzw. »Ja, mein Herr« (1388). Dann steckte der Bräutigam der Braut einen Ring aus Gold oder vergoldetem Silber an den Ringfinger der rechten Hand und einen gleichen Ring an seinen eigenen Ringfinger. (In manchen Fällen fand auch ein Tausch der Ringe statt.) Sodann übertrug der ehrwürdige »pater familias« (oder sein ältester Sohn, falls der Vater schon tot war) offiziell die Gewalt über die Braut auf seinen neuen Schwiegersohn. Es gab freilich auch einen burlesken Kontrapunkt zu der feierlichen Zeremonie: Der Bräutigam erhielt in dem Moment, da er das Jawort sprach, von einem der Anwesenden einen tüchtigen Klaps auf den Rücken; dies sollte vermutlich den Ärger der lokalen Männerwelt versinnbildlichen. (Auf Fresken, die die Vermählung der Jungfrau Maria darstellen, ist dieser Klaps häufig dargestellt.) Auf die eigentliche Hochzeitsfeier folgte die dritte Phase der Vermählung, nämlich die Übersiedlung der Braut in das Haus ihres Gatten. Dieser heiß ersehnte Augenblick mußte oft monate-, gar jahrelang vertagt werden (aus finanziellen Gründen), wenn die Töchter zwar »maritate«, aber nicht »ite« (zwar verheiratet, aber noch nicht aus dem Hause) waren, weil die Verwandtschaft noch nicht die erforderliche Mitgift aufgebracht hatte. Waren diese Schwierigkeiten schließlich behoben, entstand ein neuer Haushalt – eine winzige Zelle, die sich von der Mutterzelle gelöst hatte und ihr eigenes Leben aufnahm.

Heimliche Eskapaden. Kurze Liebeleien der Frau führten selten zur Ehe; denn der Geliebte war gleichaltrig, der Ehemann älter. Nicht alle Ehen waren glücklich, nicht alle Ehegatten treu. Eskapaden vollzogen sich sehr diskret. Das Thema »heimliche Liebe« ist unerschöpflich, es wird von den Novellisten ebenso gründlich abgehandelt, wie es von den Beteiligten verschwiegen wird; es ist unmöglich, diese Geheimnisse zu quantifizieren, mögen sie noch so katastrophal geendet haben. Liebesaffären waren jedoch gang und gäbe, das sagten alle, und alle lachten – oder klagten – darüber. Viele hielten sie für ein elementares Recht.

Dienstmädchen und Sklavinnen, unter ihnen manche blühende Maid, gewährten den Männern des Hauses Abwechslung und machten Seitensprünge außer Hause überflüssig. In bürgerlichen »ricordanze« wimmelt es von Namen unehelicher Sprößlinge. Margherita Datini beklagte sich über ihre jungen Dienstmädchen (1390), und der Geldwechsler Lippo del Sega machte sich zur Feier seines siebzigsten Geburtstages über eine junge Magd her (Florenz 1363). Soweit die Kulissen. Auch die Gegenwart von Kusinen und Nichten, zumal wenn sie das Schlafzimmer von Männern teilten, konnte die Sinne verwirren. Fälle von Inzest kamen gelegentlich vor Gericht, so 1413 im »contado« von Pisa, wo eine Kusine bzw. eine Nichte die Betroffenen waren. Diese Form devianten Verhaltens dürfte verbreiteter gewesen sein, als man gemeinhin annimmt.

Außerhalb der häuslichen vier Wände gab es reichlich Gelegenheit zu einem flüchtigen Abenteuer, jedoch ebenso zu regelmäßigen Rendezvous und selbst zu einer dauerhaften Beziehung. In jeder größeren Stadt (in Ligurien sogar in jeder kleineren) gab es Prostituierte. Jahrhunderte kamen und gingen, die Prostituierten blieben, trotz der Bemühungen der Kommunen, ihrem Gewerbe Einhalt zu gebieten (durch Kleiderordnungen, Aufenthaltsvorschriften, Einschränkungen ihrer Bewegungsfreiheit und Besteuerung). Aber auch diese Vorschriften konnten gelockert werden. In Florenz wurden 1325 und 1415 Bordelle errichtet, in Genua vor 1336. Manche Städte begünstigten die Prostitution als das kleinere von zwei Übeln, als Mittel zur Verhinderung gewichtigerer Probleme, etwa der Homosexualität (Florenz 1403). Die Allgegenwart der Prostitution, die erstaunlich große Zahl von Prostituierten zumal in Venedig (wo es im 16. Jahrhundert mehr als 11.000 gab), Rom und Neapel, der im 15. Jahrhundert zu beobachtende Reichtum und soziale Erfolg gewisser Prostituierten in der guten Gesellschaft Roms und Venedigs – dies alles zeugt für den Erfolg dieses Berufes und die Rolle der Prostitutierten beim – sei's auch verstohlenen – Abbau der Barrieren, welche die Privatheit der Familie schützten.

Homosexuelle Begegnungen hatten eine ähnliche Wirkung, führten aber manchmal durchaus zu innigen Beziehungen. Homosexuelle gab es überall, so in Neapel, Bologna, Venedig und Genua. Die Predigten der brillantesten toskanischen Priester (Giordano von Pisa, um 1310,

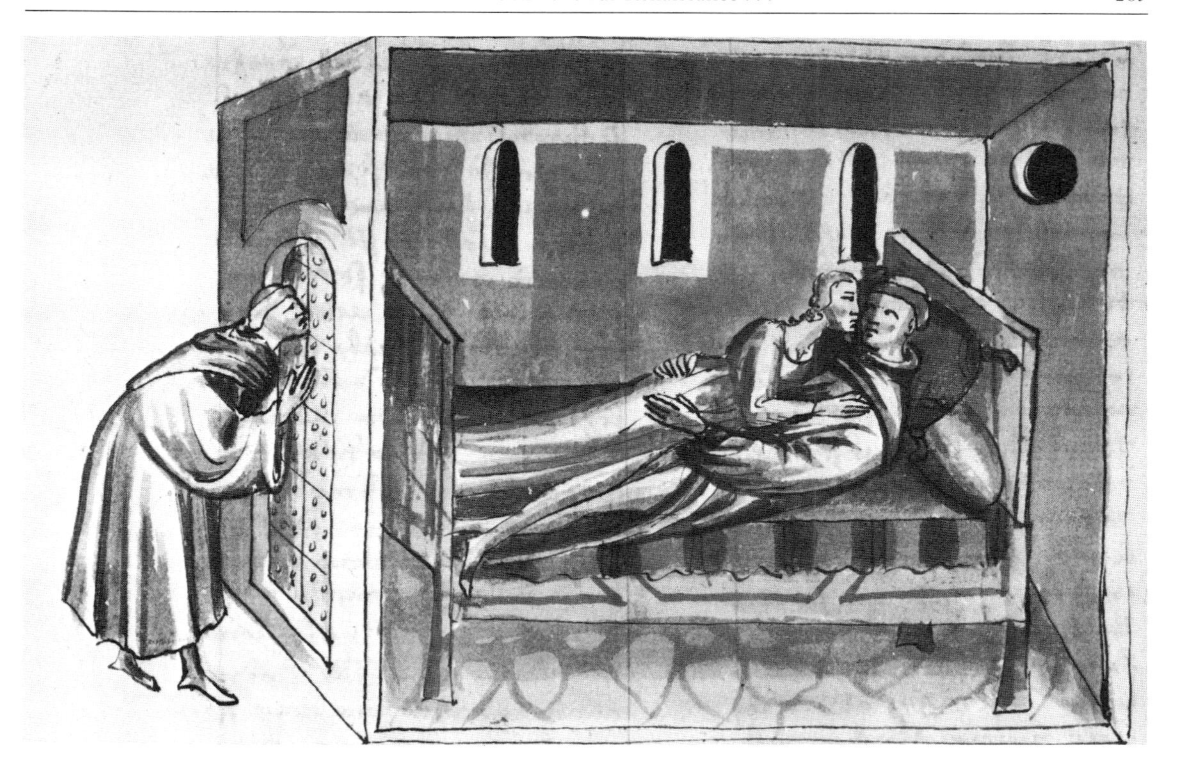

Anonym, *Decamerone*, illustrierte Handschrift, 1427. Zwei Mönche – den Novellisten zufolge Meister der heimlichen Liebe. An der Tür zum Schlafzimmer seines Abtes belauscht ein Mönch das Liebestreiben der jungen Schönen, die er selber eben noch in den Armen gehalten hat.
(Paris, Bibliothèque Nationale, Ms. it. 63, fol. 20 v.)

und Bernhardin von Siena, um 1420), Dantes spitze Hinweise (*Inferno* XV und XVI) sowie die besorgten Stellungnahmen der Behörden, verbunden mit ziemlich strengen Repressionsmaßnahmen im 14. und frühen 15. Jahrhundert, deuten darauf hin, daß Siena und namentlich Florenz Zentren der Homosexualität gewesen sein müssen. (Im Deutschen nannte man einen Homosexuellen »Florenzer«.) Die Prediger ließen nicht den leisesten Zweifel daran, daß die Hauptsünde die Päderastie zwischen (fast immer unverheirateten) Männern im Alter bis zu dreißig Jahren war. Homosexuelle Praktiken scheinen weniger eine Alternative zur Ehe als vielmehr deren zeitweiliges Surrogat gewesen zu sein; auf sie verfielen Jünglinge, die jahrelang auf die Erlaubnis zur Heirat warten mußten und daher gezwungen waren, auf andere Formen der Identitätsfindung und des Aufbaus eines privaten Lebens zu setzen. Immerhin wich die homosexuelle Betätigung von traditionellen sittlichen Normen ab, und daß sie »en vogue« war, warf Probleme auf. Ohne uns in Ursachenforschung verlieren zu wollen, halten wir die Beobachtung des hl. Antonino fest, daß man es permissiven Eltern zum Vorwurf machen müsse, wenn sie das »ungesunde Schwelgen« ihrer Söhne in »kindlichen Spielen« geduldet hätten. Es scheint also einen Zusammenhang zwischen Päderastie und Veränderungen in der Privatsphäre der Familie gegeben zu haben. Es könnte sein, daß in einer Welt, in der typisch männliche Tätigkeitsfelder wie Krieg oder Politik einiges von ihrer Faszination eingebüßt hatten, die jungen Männer zunehmend empfänglich wurden für Werte wie Freundlichkeit, Höflichkeit und

Zuneigung, die als »weiblich« oder gar »weibisch« betrachtet wurden. Hinzu kam, daß die Väter häufig von zu Hause abwesend oder sehr viel älter als ihre Söhne waren, so daß zu der Zeit, als die Söhne ins Arbeitsleben eintraten, die Autorität des Vaters bereits geschwächt oder geschwunden war.

Was die heimliche Liebe betrifft, so denke man sie sich als ein riesiges Theater, dessen Darsteller aus allen Familien kommen und in dem die Männer neben jenen Kokotten und jungen Mädchen stehen, die wir schon kennen und die vielleicht mittlerweile zu alten Mädchen geworden sind. Die unverheiratet geblieben war, demonstrierte auf diese Weise ihre Unabhängigkeit; und die verheiratet war, brachte im Seitensprung ihre eigene Selbständigkeit zur Geltung und schuf sich wie der Mann ein zweites privates Reich außerhalb der vier Wände. Die Novellisten bescheren uns eine endlose Serie von Liebesabenteuern, die mit dem ersten verliebten Seufzer beginnen und mit den höchsten Liebeswonnen enden. Man tauschte Geschenke aus, sandte Dienstboten (oft die Kammerzofe der Dame) hin und her, traf sich insgeheim in der Wohnung, im Garten, im Bad. Die Listen des eifersüchtigen Gatten wurden durchschaut und unterlaufen, das Ziel war erreicht: vive l'amour! Unerwartete Entwicklungen führten gelegentlich zum Frauentausch (Boccaccio VIII, 8) oder zur Bigamie. Gesetze gegen die Bigamie (Venedig 1288; Genua 13. Jahrhundert; Bologna 1498) machen uns mit diesem Tatbestand vertraut, doch kennen wir keine konkreten Einzelheiten. Manchmal nahmen die Dinge eine schlimmere Wendung – die Liebenden brachten den lästigen Ehemann um, die Farce wurde zur Tragödie. In den Gerichtsakten kann man die peinlich genauen Verhöre der Mörder und ihrer Helfershelfer nachlesen und das herzzerreißende Drama seinem Höhepunkt entgegenstreben sehen.

Öffentliche Demonstration des Privaten. Bei zahlreichen Gelegenheiten, die für gewöhnlich von der Tradition diktiert waren, teilte die Familie – ob groß oder klein – ihre Intimität und ihre Privatangelegenheiten mit der Öffentlichkeit. Bisweilen erforderten private Ereignisse die Zeugenschaft oder Beteiligung der Öffentlichkeit: Hochzeiten, Beisetzungen, Taufen, Familientreffen, Nobilitierung eines Sohnes usw. Auf allen Stufen der Gesellschaft verlieh man diesen Zeremonien beträchtliche Publizität, und die Menschen, die daran teilnahmen, zählten keineswegs nur zur Familie und zum privaten Milieu. In dem langwierigen Heiratsprozeß waren Verlobung und Ringübergabe privat, die letzten Riten jedoch – der Beginn des gemeinsamen Wohnens und der Besuch im Hause des Vaters (der in Chioggia Ende des 13. Jahrhunderts acht Tage später stattfand) – standen im Mittelpunkt einer glanzvollen öffentlichen Feier, zumal im »popolo grasso«. Gäste, Bekannte, Klienten, Zuschauer – Hunderte von Personen nahmen an den Festlichkeiten teil, die Giovanni Rucellai im Juni 1466 anläßlich der Vermählung seines Sohnes Bernardo mit Nannina de' Medici, der Enkelin Cosimos, veranstaltete. Schränke, Ställe und Vorratsräume barsten schier von der Fülle der Geschenke (überwiegend Wein), womit nicht nur Freunde

Pisanello, *Hochzeitsgelage*, Paneel einer Brauttruhe, erste Hälfte 15. Jh. Das Bankett begleitet die letzten Riten der Eheschließung. Man sieht ein Podium mit Baldachin für das Brautpaar, ferner Schildknappen und Diener. Auf einer Kommode hat man ziselierte Schalen aus Silber aufgestellt. (Venedig, Museo Correr)

und Verwandte, sondern ganze Dörfer und Klöster sowie fremde Bauern das Brautpaar bedacht hatten.

Die »ductio ad maritum«, das Geleiten der Braut zu ihrem Bräutigam, war herkömmlicherweise ein öffentlicher Vorgang; vielerorts (im Piemont, in der Lombardei, in der Toskana) war es im 14. Jahrhundert geradezu Brauch, daß sich die Bevölkerung spontan an diesem Umzug beteiligte. Ein merkwürdiges Ritual gab es bei Wiedervermählungen, vornehmlich im 15. Jahrhundert. Gruppen von Jugendlichen oder die ganze Dorfgemeinschaft johlten und gestikulierten, während der Zug an ihnen vorbeidefilierte (Charivari, »mattinate«); sie verspotteten die Braut, drehten ihr eine lange Nase und riefen ihr Unflätigkeiten nach, bis sie schließlich mit Wein oder Geld abgefunden wurden.

Wenn ein Mensch starb, zumal eine bedeutende Persönlichkeit, wurde die Bevölkerung im weiten Umkreis durch das markerschütternde Klagegeschrei der Frauen darauf aufmerksam. Die Frauen der Familie versammelten sich um den Leichnam, der in der Kirche aufgebahrt lag. Männer postierten sich vor der Kirche (Florenz, 14. Jahrhundert).

Andere Anlässe zu öffentlichen Feierlichkeiten waren die Heimkehr eines Menschen aus der Fremde, die Zusammenführung einer Familie sowie Festgelage, die nach der Versöhnung zweier sich befehdender Sippen stattfanden (für Italien ein Ereignis von hoher Bedeutung). Bei allen diesen Festen ging es um die Familienehre. Vor Fremden das Gesicht zu verlieren war verhängnisvoll. So bildeten sich gewisse Förmlichkeiten für derartige Ereignisse heraus, die den Zweck hatten, peinliche Fehler zu verhindern und die Familie von ihrer besten Seite zu zeigen, während private Geheimnisse hinter der noblen Fassade verborgen blieben.

Domenico Ghirlandaio, *Szenen aus dem Leben des hl. Johannes des Täufers*, »Geburt des hl. Johannes des Täufers« (Ausschnitt), 1486–1490. Zum Ausgehen herausstaffiert und von zwei Matronen begleitet, betritt Lucrezia Tornabuoni das prächtige Haus einer befreundeten Patrizierin, die kürzlich Mutter geworden ist.
(Florenz, S. Maria Novella, Cappella Tornabuoni)

Zu einer ordentlichen Bewirtung gehörten reichliches Essen und Trinken. Mit Festbanketten wollte man Ehre einlegen. Für die Vermählung Bernardos ließ Giovanni Rucellai auf offener Straße eine 180 Quadratmeter große Plattform errichten, auf der eine Woche lang Tag für Tag mehr als fünfhundert Personen bewirtet wurden, beköstigt von fünfzig Küchenchefs und Küchenjungen, die in einer nahe gelegenen, eigens zu diesem Anlaß erbauten Küche arbeiteten. Nicht bei allen Familienanlässen kam es zu einer derartigen Prachtentfaltung, doch immer endete das Geschehen mit einem Gelage. Die kostbaren Dekorationen wetteiferten mit den Kochkünsten. Eine herausragende Persönlichkeit wie Rucellai verzierte die Festtribüne mit Tapisserien, wertvollen Stoffen und schönen Möbeln. Zum Schutz der Gäste vor den Unbilden der Witterung spannte man über das Podium einen riesigen hellblauen Stoffbaldachin mit Brokatbesatz, verziert mit rosendurchwirkten Laubgirlanden. Eine Anrichte aus getriebenem Silber stand auf der Tribüne wie ein Thron. Familien mit geringen finanziellen Ressourcen bestreuten die Zimmerböden mit Laub und schmückten Wände und Fenster mit Tapisserien oder schlichtem Tuch.

Die Hauptaufmerksamkeit galt der eigenen Erscheinung, dem Makeup und vor allem der Kleidung. Man warf sich in Schale, wann immer man sich in der Öffentlichkeit präsentierte. In große Anlässe wie beispielsweise Hochzeiten investierte das Bürgertum eindrucksvolle Summen für Kleidung. Marco Parenti schenkte seiner Verlobten zwei überaus kostbare Hochzeitskleider, eine »giornea« und eine »cotta«, sowie

Psalter der Ingeburge von Dänemark. Seinen Vorfahren durch Prophezeiungen und Träume geweissagt, nimmt Christus seinen Platz an der Spitze eines Stammbaumes ein. An der Wurzel des Baumes finden wir Jesse, den Vater König Davids. Dann kommt Salomo und 26 Generationen später die Jungfrau Maria. (Chantilly, Musée Condé, Ms. 9)

Spieltisch. Alfons der Weise, *Buch der Spiele*, 1282.
(Madrid, Bibliothek des Escorial)

Die verderblichen Freuden des weltlichen Lebens.
Meister Ermengol, *Breviarium der Liebe*, 13. Jh.
(Madrid, Bibliothek des Escorial)

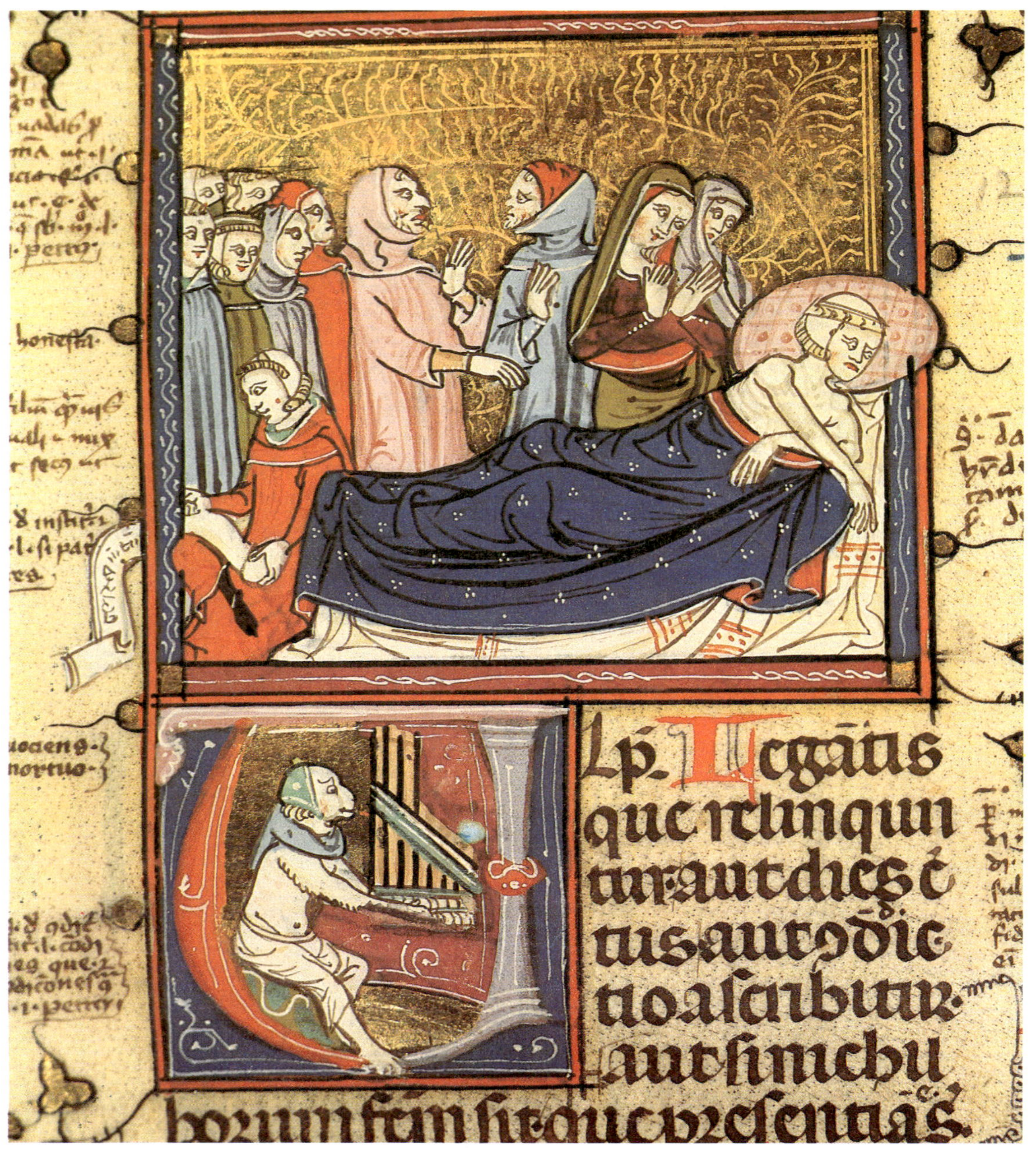

Justiniani in fortiatum, 14. Jh. Mit der Renaissance des römischen Rechts und der wachsenden Bedeutung schriftlicher Urkunden (12./13. Jh.) kommt das Testament wieder in Gebrauch. Es ermöglicht es dem Einzelnen, seinen Angehörigen seine letztwilligen Verfügungen mitzuteilen.
(Madrid, Bibliothek des Escorial)

Paolo Uccello (zugeschrieben), *Geburt Mariä*, 1436. Die biblische Episode ist vom Maler in die Toskana versetzt worden, wie man am Schauplatz (dem Schlafzimmer eines Patrizierhauses), dem Dekor (Trompe-l'œil-Pelztapisserie) und dem eleganten Publikum erkennt. Eine Geburt bot Frauen treffliche Gelegenheit, einander Anteilnahme und Freude zu bekunden und ihre Fertigkeiten zu beweisen – ein Höhepunkt im Leben der Frau.
(Prato, Dom, Verkündigungskapelle)

Andrea Mantegna, *Camera degli sposi*, Teilansicht der Westwand, 1474. Zwei kleine Jungen im Grenzbereich zwischen Öffentlichem und Privatem: Francesco da Gonzaga, der künftige Marchese, und sein Bruder Sigismondo, der künftige Kardinal, tragen zu diesem Anlaß Kleider in den Farben der Familie. Wie lange diese Feierlichkeit dauert, und wie einschüchternd sie ist!
(Mantua, Castello di S. Giorgio)

Jacopo und Lorenzo Salimbeni da Sanseverino, *Geschichte des hl. Johannes des Täufers* (Ausschnitt), 1416. Zwei junge Leute, nach der neuesten französischen Mode gekleidet, teilen die Gefühle der Älteren, während sie den Worten des Heiligen lauschen.
(Urbino, San Giovanni, Baptisterium)

Meo di Guido da Siena (wirkte zwischen 1319 und 1334), *Retabel* (Ausschnitt). »Die Stadt Perugia in der Hand ihres Schutzheiligen Ercolano.« Mit seinen geweihten Händen, die in Handschuhen stecken, präsentiert und beschützt der Prälat seine Stadt und seine geistliche Klientel.
(Perugia, Galleria nazionale d'Umbria)

Die glücklichen Bürgerinnen aus der Stadt der Damen im Königreich Fémenie.
Christine de Pisan, *Le Livre de la Cité des Dames*, 15. Jh.
(Chantilly, Musée Condé)

»[. . .] ein kleines Buch, das den Namen trug *Spinnrocken-Evangelium*, zur Erinnerung und zum bleibenden Gedächtnis dieser Frauen, zu Nutz und Frommen aller künftigen Frauen.« 15. Jh. (Chantilly, Musée Condé)

Französische Übersetzung von Ciceros *De senectute* in einer Handschrift des 15. Jahrhunderts. In diesem eleganten »studium« aus dem 15. Jahrhundert sind zwei alte Männer in eine philosophische Diskussion vertieft: Cato (rechts), der auf seinem Professorenstuhl sitzt und Nachschlagewerke vor sich ausgebreitet hat, und Atticus (links). Der Raum wird von einem Feuer erwärmt. Durch die Tür im Hintergrund blickt man in ein Nebenzimmer, in dem ein Bett steht. (Chantilly, Musée Condé)

Christine de Pisan überreicht Isabella von Bayern eine Handschrift mit ihren Gedichten. Die Königin von Frankreich, von ihren Hofdamen flankiert, empfängt Christine in ihrem Schlafzimmer. Üppige Draperien zeigen das Wappen der Königin (französische Lilien im rechten Teil des Schildes, bayerische Rauten im linken [in der Heraldik werden »rechts« und »links« vom Träger aus gesehen – *A.d.Ü.*]). Man beachte die bequemen Stühle und Kissen und den mit Teppich bedeckten Boden. Die Fenster haben Innenläden, sind verglast und durch Eisengitter gesichert; die Decke ist holzgetäfelt.
(London, British Library, Harley Ms. 4431)

Meister von Tolentino, 16. Jh., *Die Gläubigen hören das Wort Gottes* (Ausschnitt). (Tolentino, Cappella S. Nicola) Gottes Wort dringt in die Herzen und erhellt die Gesichter: Der Künstler meistert den Ausdruck innerster Bewegung.

Lucas van Leyden, *Die Verlobten*, um 1519. »Und tauscht den Blick und tauscht die Ringe.« (Straßburg, Musée des Beaux-Arts)

Deutscher Meister, *Die Erweckung des Lazarus* (Ausschnitt), 15. Jh. Ein angenehmer Zierteich und ein imaginärer Fluß, ein dekorativer Pfau und konventionelle Schafe, die am Berghang grasen: Die Natur schlägt Breschen in den städtischen Dekor und stellt ein Kontinuum zwischen dem Inneren und dem Äußeren, dem Privaten und dem Universellen her. (Mexico City, Museo S. Carlos)

Benedetto Bonfigli, *Beisetzung des hl. Herkulan vor den Toren Perugias* (Ausschnitt), 1461–1496, Fresko am Palazzo Pubblico. Die Mauern der befestigten Stadt wirken verschlossen und abweisend – öffentlicher Dekor, der ohne Sinn für die Not der Menschen ist.
(Perugia, Galleria Nazionale dell'Umbria)

einen Kopfputz aus Pfauenfedern, der 1000 Lire gekostet hatte – um so viel zu verdienen, brauchte ein guter Maurer vier bis fünf Jahre. Dieser Fall ist typisch. Damen der guten Gesellschaft pflegten selbst dann sorgfältig ihre Kleidung zu wählen, wenn sie nur bei einer schwangeren Freundin vorbeischauen wollten. Als Lucrezia Tornabuoni dem Maler Ghirlandaio für die Fresken in Santa Maria Novella als hl. Elisabeth Modell stand, hatte sie eine prächtige, mit goldenen Sternen besetzte »guarnacca« aus altrosa Seide an; darunter trug sie eine weiße Seiden-»gamurra«, die mit Granatäpfeln und Blumen bestickt war und deren durchbrochene Schultern Puffärmel sehen ließen.

Im Laufe der Generationen wurde modische Kleidung, insbesondere bei Frauen, immer vielfältiger und verschwenderischer. Die Qualität der Stoffe wurde verbessert, indem man mehr Seide, und zwar schwere Seide, verwendete. Die Garderobe wurde abwechslungsreicher, und man gewann Geschmack an kostbaren Accessoires. Ein Schriftstück aus Bologna aus dem Jahre 1401 beschreibt ca. zweihundert Kleidungsstücke einer Dame; davon sind 24 mit Silber verziert, 68 mit Gold (golddurchwirkte Säume, aufgestickte Goldornamente, Goldbrokat), und 48 sind mit Pelz gesäumt. Man hat den Eindruck – der von Haushaltsinventaren bestätigt wird –, daß im 15. Jahrhundert vornehme Frauen zunehmend imstande waren, ihren Rang durch die Kleidung auszudrükken. Bedeutsam ist, daß sie das ohne Rücksicht auf ihre Sippe oder ihre Familie taten; es kam ihnen darauf an, sich zu unterscheiden: durch ihre Kleidung, ihr Make-up und sogar ihre Frisur, die ihre Individualität unterstreichen sollte. Die Garderobe bezeugte in der Öffentlichkeit, daß ihre Trägerin einer illustren Familie angehörte, ohne zu verraten, um welche Familie es sich handelte. So betonte die Kleidung die weibliche Individualität; sie signalisierte eine Selbstaufwertung der Frau und gleichzeitig eine Entschädigung für ihre rüde Unterjochung.

Obrigkeit und privates Leben

Die hohe Bedeutung, die private, vorzüglich familiäre Werte und Belange im Leben der Menschen und ihrer Gemeinschaften genossen, erregte die Aufmerksamkeit der Obrigkeit und veranlaßte sie mitunter zu regulierenden Eingriffen.

Die Gesetzgebung der Kommunen. Die Kommunen registrierten frühzeitig die Existenz privater Gruppen. Die Worte »consortes«, »Familie«, »Nachwuchs«, »Brüder« tauchen in amtlichen Dokumenten wiederholt auf und verweisen auf menschliche, gesellschaftliche und politische Orientierungsmuster, mit denen die Behörden zu rechnen hatten. Die Familie war suspekt; private Gruppen usurpierten Funktionen, die im Grunde den im 13. Jahrhundert noch schwach ausgebildeten Herrschaftsinstanzen hätten vorbehalten sein müssen. Rivalisierende Familien stritten miteinander, jedermann suchte die eigenen Interessen und Ambitionen zu befördern. Gegen diese private Gewalt der »magnati« (wie sie von den Zeitgenossen genannt wurden) errichteten die Kommunen rechtliche Schutzwälle – die erste Gesetzgebung, die sich mit privaten Gruppen befaßte, und sie hatte defensiven Charakter, da sie der Erhaltung des Friedens diente.

Ob mißtrauisch gegen die Familie oder nicht (die Stadtoberen begünstigten eher die Familien, von denen sie abhingen), diese Gesetzgebung hätte auf die Entwicklungen in der Privatsphäre wenig Einfluß gehabt, wenn sie nicht zum Ziel gehabt hätte, die innere Gestaltung des privaten Lebens ebenso zu regeln wie die äußeren Beziehungen zwischen privaten Gruppen. Das römische Recht kodifizierte private wie öffentliche Sachverhalte, und wie wir gesehen haben, kommentierten Juristen in Bologna schon im 12. und 13. Jahrhundert ausführlich die Rolle des »pater familias«. Diesem Vorbild folgend, behielten die Gemeinden ständig die Struktur des privaten Lebens im Blick – ein Thema, das in verschiedenen Zusammenhängen in Statuten des 13. und 14. Jahrhunderts vorkommt. Schon damals erließen einzelne Stadtverwaltungen Gesetze, die das private Wohnen ordneten und Vorschriften über die maximale Höhe der Gebäude, die zu verwendenden Baumaterialien und die zu beachtende Fluchtlinie enthielten (Siena, 14. Jahrhundert); oder sie erhoben Steuern auf Vorkragungen, begrenzten die Ausmaße von Geschlechtertürmen usw. Viele Stadtverwaltungen bestanden auch darauf, daß im Interesse einer gerechten Besteuerung private Vermögensverhältnisse den Behörden offenbart wurden. Die frühesten bekannten Kataster wurden im 13., 14. und 15. Jahrhundert in Verona, Venedig, Perugia und Florenz erstellt. Die Kommunen regulierten sogar die private Finanzgebarung, beispielsweise die Verantwortung für die häuslichen Geldmittel, Erbschaftsangelegenheiten und Formen der Mitgift. Ja, sie griffen tief in die Intimität des Familienverbandes ein, indem sie die Macht des Ehemannes, die Rechte der Frau und der Kinder, die Freilassung von Sklaven, Volljährigkeit und Eheschließung kodifizierten. (So war es 1266 in Parma verboten, daß Guelfen Ghibellinen heirateten.) Ferner gab es Gesetze gegen die gravierenden sexuellen Verfehlungen: Inzest, Bigamie und, vor allem, Homosexualität.

Das Hauptaugenmerk der Kommunen galt solchen Bereichen, in denen private Entscheidungen Konsequenzen für die Öffentlichkeit hatten oder haben konnten. Hochzeiten und Begräbnisse waren besonders verdächtig und unterlagen daher einer minuziösen Reglementierung, die vielerlei Einzelheiten festlegte: Anzahl und Art der Gäste (zumal der weiblichen), Zeitpunkt des Banketts (Venedig 1339, 1356; Bologna 1276 u. ö.; Genua 1484), Wert der Aussteuer und der Hochzeitsgeschenke (Venedig 1299, 1360; Bologna 1401), Verfahren der Bestattung usw. Am meisten verhaßt waren merkwürdigerweise jene Vorschriften, welche die Mode betrafen. Aufwand und Luxus der Frauenkleidung bereiteten den Stadtvätern Sorge, und so traten sie dagegen mit Verordnungen an, die sich wie Modekataloge lesen: Die Gesetze gegen die Verschwendung, die 1401 in Bologna erlassen wurden, zählen sechzehn mögliche Verstöße gegen die Kleiderordnung auf; berücksichtigt werden Geschmeide, Gürtel, Ringe, Stickerei, Pelz, Säume, Kleider, Schuhe und Knöpfe. Die verhängten Geldbußen füllten die Stadtsäkkel. Allerdings war es eine undankbare Aufgabe, diesen Gesetzen Geltung zu verschaffen. Auch drückte die Obrigkeit beide Augen zu, wenn es um ihre eigenen Belange ging; in dieser Hinsicht war Venedig berüchtigt. Und die Frauen entwickelten einen diabolischen Scharfsinn, wenn es darum ging, ihre Garderobe zu verfeinern. Als ein Notar als Vertreter der Obrigkeit eines Tages eine elegante Dame erblickte, deren Kleid mit einer langen Reihe von Knöpfen verziert war, machte er sie darauf aufmerksam, daß das Tragen von Knöpfen gesetzlich verboten sei. »Knöpfe?« entgegnete die Dame, »was für Knöpfe? Das sind Kupellen! Seht nur genau her, wenn Ihr mir nicht glaubt. Wo sind denn die Fäden, wo sind die Knopflöcher?« (Sacchetti) Aber die Obrigkeit, mochte sie auch manchmal an der Nase herumgeführt werden, gab nicht nach und blieb wachsam. Immerhin standen die öffentliche Ordnung und die Sittlichkeit auf dem Spiel, und je mehr die Macht sich in immer weniger Händen konzentrierte, desto inquisitorischer wurde sie – die Medici ließen sogar Privatkorrespondenzen überprüfen. So drangen denn in die Privatsphäre ständig Werte und Anschauungen ein, die außerhalb dieser Sphäre formuliert worden waren.

Detail eines Schlafzimmers, Palazzo Davanzati, 14./15. Jh. In einer gotischen Nische, von einer zweiflügeligen Tür verschlossen, hat ein unbekannter Künstler des 14. Jahrhunderts eine Kreuzigung mit Maria und Johannes gemalt – ein ungewöhnliches Thema für eine Wohnung. Die Frauengestalt ist eine Prozessionsfigur aus dem 15. Jahrhundert.

Die Autorität der Kirche. Die Privatwohnung fungierte zugleich als Andachtsstätte. Die Armen hängten Medaillons und geweihte Zweige an die Wand; in den Inventaren begüterter Häuser sind kostbare sakrale Gegenstände verzeichnet: Rosenkränze aus Bernstein, Kruzifixe (Ende des 14. Jahrhunderts in Florenz noch sehr selten), vereinzelt erbauliche Schriften, vor allem aber Marienbilder.

Heiligenbilder und religiöse Gerätschaften fanden sich vornehmlich in Schlafzimmern (sowie in Gästezimmern und Gesinderäumen), wo sie offenbar bei der persönlichen Andacht gebraucht wurden; in Wohnzimmern waren sie nicht anzutreffen (Florenz, 1380 bis 1420). Doch war die private Frömmigkeit nicht auf die Heiligenbilder fixiert. Mitunter versammelte sich die ganze Familie im Wohnzimmer, um dem Hausvater zu lauschen, der einen heiligen Text vorlas oder das Tischgebet sprach. Kinder lernten religiöse Praktiken zu Hause kennen.

Die Privatsphäre war der Schauplatz aller Bedrohungen, Ängste und Kümmernisse, die das Leben des Einzelnen und seiner Angehörigen heimsuchten: die dunkle Operationsbasis der Vorsehung. Jeder Mann, jede Frau, jedes Kind wußte das und sagte es auch. Mitzuerleben, wie ein geliebtes Wesen von Kräften kam, dem Leiden anheimfiel und starb, bedeutete, die Hand Gottes zu spüren, seine Macht anzuerkennen, ihn um Gnade anzuflehen. Wenn die Menschen in ihren Privatbriefen von »Gottvertrauen« schrieben, dann wiederholten sie nicht mechanisch eine Floskel, sondern meinten eine konkrete Erfahrung. Verstorbene Vorfahren fungierten als Mittler zwischen der privaten Welt und dem Himmel. Man ehrte die Toten mit Messen und Gebeten, die ihren Eintritt ins Paradies beschleunigen helfen sollten, und dafür knüpften sie (zumal, wenn sie unschuldig, z. B. Kinder waren) die Verbindungsfäden der Familie zum Jenseits.

Das routinehafte, tägliche Bewußtsein vom Himmel und seinen Mächten schloß authentische Frömmigkeit nicht aus. Aber war es wirklich geeignet, das Gewissen zu schärfen? Das war die Frage, die Moralisten und Prediger umtrieb. Sie argwöhnten unzählige Gefahrenquellen an den Rändern der Privatsphäre, ja sogar in dessen Mitte – Gefahren, die nur eine tüchtige private Unterweisung bannen konnte. In der Erkenntnis, daß Neid und Eifersucht Außenstehende dazu veranlassen konnten, eine Familie zu quälen – etwa mittels des bösen Blicks (»mal occhio«) –, empfahlen die Moralisten, Kinder durch ein Korallenstück am Halse vor Hexerei zu schützen. (Manche Maler stellen das Jesuskind mit einem derartigen Amulett dar.) Die Kirche hingegen ließ sich von solchen Befürchtungen nicht sonderlich beeindrucken; ihre sittlichen Bedenken waren konkretistischer. Fremden die Haustür zu öffnen zog Störungen des Familienlebens nach sich, die von den Klerikern ebenso wie von den Laienmoralisten mit betrübter Empörung beobachtet wurden. Hochzeiten, Begräbnisse, Taufen, Bankette, überhaupt öffentliche Ereignisse konnten nur allzuleicht in Verfehlungen (»disonestà«) münden – die Tabuskala reichte vom Prassen und von der Eitelkeit bis zu gefühlvollen, begehrlichen Berührungen; ein verstohlener Händedruck konnte eine Todsünde sein (hl. Antonino). Verließ man das Haus, so boten sich hunderterlei Möglichkeiten zu verfänglichen Unterhaltungen und Handlungen, besonders für Jugendliche, die sich in der zweifelhaften Gesellschaft ihrer Kameraden befanden. (Die hl. Katharina, Palmieri, der hl. Bernhardin und Maffeo Veggio pflichteten dem bei.) Selbst die unschuldigste Begegnung konnte die Sinne reizen.

Sano di Pietro, *Der hl. Bernhardin predigt vor S. Francesco in Siena* (Ausschnitt), 1430. Predigten wurden oft auf dem Platz vor einer Kirche gehalten. Die Geschlechter sind durch einen Zaun voneinander getrennt. Der hl. Bernhardin bevorzugte moralische Themen, die mit dem privaten Leben der Menschen zusammenhingen. (Siena, Dom)

Meister von Tolentino, *Szenen aus dem Leben des hl. Nikolaus von Tolentino.* »Der hl. Nikolaus als Kind beim Anhören einer Predigt«, 14. Jh. Man erlaubte Knaben und Mädchen, den großen Predigern zu lauschen, doch im allgemeinen fand die religiöse Unterweisung zu Hause statt.
(Tolentino, Cappella S. Nicolà)

Dominici hebt die Versuchung hervor, die dem Geruchssinn innewohnt. Blicke – »Pfeile der Liebe«, wie Francesco di Barberino sie nennt – waren Stacheln, die in die Seele eindrangen und sie töteten (hl. Antonino). Mit den Ohren vernahm man Worte der Schmeichelei, der Anzüglichkeit (geflüstert oder im Lied) und Narrheiten aller Art. (Auch hier paraphrasiere ich den hl. Antonino, der an dieser Stelle zu einer großen Dame spricht und daher seine Liste auf Verfehlungen beschränkt, die ihr vermutlich vertraut sind.) Wer mit anderen spricht, setzt sich ihrem Einfluß aus. Und der Geschmackssinn verlockt zur Völlerei.

Freilich ist das Zuhausebleiben allein kein Schutz vor den Versuchungen. Auch in den eigenen vier Wänden kann man prassen, von Zorn übermannt werden oder in eitles Geschwätz verfallen. In Worten und Taten verraten wir den Kindern »unsere Laster, unsere Mätressen, unsere Völlereien« (Palmieri) und laufen Gefahr, daß »jene, die sich nichts anmerken lassen, aber alles verstehen, [. . .] durch unsere Schwachheiten verdorben werden« (hl. Antonino), mit dem Ergebnis, daß sie, was sie verabscheuen sollten, für etwas Natürliches ansehen.

Die Kirche war besorgt über die sittliche und spirituelle Undiszipliniertheit der privaten Haushalte. Denn es sollte jede Familie eigentlich ein Spiegelbild der Heiligen Familie und ein Garant der christlichen Gesellschaft sein, ein leuchtendes Beispiel für das Streben nach spiritueller Vollkommenheit. Die kräftigsten moralischen Lektionen mußten wirkungslos bleiben, wenn sie nicht in der Familie Wurzeln schlugen. Sie war ja auch der Hort der geistlichen Berufung und des heiligmäßigen Lebens, und ihr Versagen zerstörte den Nährboden aller Spiritualität.

So entstand der Eindruck, daß Abhilfe not tue. Im 14. Jahrhundert

Giovanni Mansueti, *Prozession einer Bruderschaft* (Ausschnitt), erste Hälfte 16. Jh. Eine gotische Kirche mit altem Lettner und Retabeln, ferner Renaissancealtar und -mauerschmuck. Ein Papst begrüßt die Büßer, die alle ein Kreuz tragen. Die vielen Bruderschaften boten ihren Mitgliedern Solidarität (auf privater Basis), Frömmigkeit (liturgische und persönliche) und moralische Unterweisung, deren private Konsequenzen (Keuschheit in der Ehe, Familiensinn, Nächstenliebe und Würde) von größter Bedeutung waren. (Venedig, Accademia)

begannen Dominikaner und Franziskaner die Grundzüge einer Seelsorge der Privatsphäre zu entwickeln; sie gingen in die Familien und wurden schließlich zu engen Vertrauten zahlreicher Haushalte. Die Eltern der hl. Katharina zählten einen Dominikaner zu ihren besten Freunden (Siena 1360), zwei Franziskaner der Observanz berieten Monna Alessandra Strozzi um der Freundschaft zu ihrem verstorbenen Gatten willen in Familienangelegenheiten (Florenz 1449).

Die engen Beziehungen, welche die Bettelbrüder zu den Familien herstellten, bereiteten den Boden für speziellere und eher »technische« Interventionen in das private Leben: die Beichte (wohl eher von Frauen als von Männern praktiziert), das geistliche Geleit durch fromme Schriften (wie sie beispielsweise Dominici und der hl. Antonino verfaßten), Briefe und Gespräche (wiederum überwiegend unter Mitwirkung der Frauen) und natürlich Predigten, zumal diese nach 1350 sich hauptsächlich der Moral der Lebensführung widmeten. Der hl. Bernhardin forderte die Mitglieder des Haushalts einschließlich der jungen Mädchen auf, in die Kirche zu kommen und den Worten der Prediger zu lauschen.

Die Ordensbrüder verstanden es, auf mannigfache Weise Lehren zu verbreiten, deren wesentliches, wenngleich unausgesprochenes Ziel die Sicherung der kirchlichen Herrschaft über das private Leben war. So wie die Humanisten betonten sie die Bedeutung des privaten Raums, des Heims als Stätte der Bildung und der Unterweisung des Individuums. Die häusliche Umwelt solle der Meditation förderlich sein, ein Ort des Rückzugs und eine Zuflucht, Schutz und Schirm vor Aggressionen, vor allem physischer Aggression. Das Heim bot Bergung vor der Nacht, jenem »Wald, in dem, fern von zu Hause, alle Übel lauern« (Ser Ugolino Verini, 1480). Die privaten Räume des Palastes sollten Lärm und Gestank gleichermaßen fernhalten (Alberti, *De re aedificatoria*): Unruhe und Versuchung der Welt sollten schwinden in einer Atmosphäre des Friedens und der Stille.

War dieses Ziel erreicht, so konnte man den zweiten Schritt tun: die Seele von Eitelkeiten und Gelüsten befreien. Erzieher nahmen diese Aufgabe ebenso wahr wie die Beichtiger; jene unterwarfen ihre Zög-

linge, diese ihre Beichtkinder einer strengen Konditionierung, die jedermann akzeptierte. Die Hauptaufmerksamkeit galt den Trägern der Lust, den fünf Sinnen. Der Gesichtssinn: »Wende die Augen zu Gott. [. . .] Öffne sie dem Himmel, den Wäldern, den Blumen, allen Wundern Seiner Schöpfung. In den Städten und wo sonst die Sünde dich antritt, schlage die Augen nieder« (Dominici). »Lehre das Kind, die Augen von jedem sinnverwirrenden Anblick abzuwenden, angefangen bei Gemälden« (Fra Paolino). »Sieh auf deine Augen [. . .], auf deine Augen [. . .], auf deine Augen« (hl. Antonino), aber auch auf die Augen deiner Mitmenschen, deren Neugier sich als verderblich für deine guten Werke und für dich selbst erweisen könnte. Das Gehör: Achte sorgfältig auf das, was du sagst und was du hörst. Dem hl. Antonino war die Sprache so verdächtig, daß er ihr in seinen *Opera a ben vivere* drei lange Kapitel widmete: »Wir sollen unsere Zunge hüten, auf daß wir nicht Gott beleidigen«; »Über die Sünde, zu viel zu reden, und wie tadelnswert müßige Worte sind« und »Auch züchtige Wörter dürfen wir nur mit Zurückhaltung im Munde führen«. Herr seiner Zunge zu sein bedeutete nicht zuletzt Mäßigung im Lachen (übermäßiges Lachen war eine Sünde), in den Gebärden, im Spiel. Geschmacks- und Tastsinn unterlagen ebenfalls der Disziplinierung, und selbstverständlich erstreckte sich das asketische Programm auf die Sexualität: die Sexualität des verheirateten Paares (jede andere Form der Sexualität war verboten). Während bestimmter, von der Kirche festgelegter Zeiten zu heiraten war untersagt (und die Zuwiderhandlung eine Todsünde). Die ehelichen Rechte durften nur an »angemessenem Ort« ausgeübt werden, ausschließlich während kanonischer Fristen (nicht in der Fastenzeit und in Zeiten der Buße), nur in naturgemäßer Weise, d. h. nicht durch Analverkehr (eine schwere Todsünde) und nicht in ausgefallenen Positionen (eine Todsünde).

Diese schwierigen Vorschriften ließen sich allein mit Hilfe und Unterstützung der Familie durchsetzen. Die Mitglieder der Familie wurden ermahnt, einander auf dem Pfad der Tugend voranzuhelfen. Fra Paolino schärfte älteren Kindern ein, ihre jüngeren Geschwister zum Gehorsam gegen die Eltern anzuhalten. Und Giovanni Dominici er-

Giotto, *Verkündigung an Anna*, 1304–1306. Giottos hl. Anna, in ihrer Kammer betend, veranschaulicht die Lehrmeinung mancher Autoritäten, daß das Schlafzimmer einer Frau der Mittelpunkt ihres religiösen Lebens sein müsse. Seit dem 13. Jahrhundert befolgten ganze Generationen von Büßerinnen, Tertiarierinnen und frommen Laienfrauen diese Vorschriften und waren an dem einzigen ihnen zugänglichen Ort, ihrem Privatgemach, auf ihre Heiligung bedacht. (Padua, Arena-Kapelle)

klärte den Eltern, daß sie sich den Segen Gottes erwürben, wenn sie die Freunde ihrer Kinder sorgfältig auswählten, ihnen gute Ratschläge und ein Vorbild gäben.

Die Seelsorge der Kirche wurde indes nicht nur durch deren führende Exponenten, sondern auch durch Hunderte von Ordensbrüdern verbreitet, die im ausgehenden 14. und im 15. Jahrhundert in die großen und kleinen Städte Italiens ausschwärmten. Zwar gelang es auf diese Weise, den Glauben zu stärken und die Religiosität der Familien zu festigen. Aber sahen die überzeugten Christen auch die Notwendigkeit ein, eine aktive Rolle im öffentlichen, d. h. im gesellschaftlichen und politischen Leben zu spielen?

Zweifellos nicht, soweit es Frauen waren. Zwar bot man geistliche Führung an (die viele Angehörige der Dritten Orden und große Damen willig akzeptierten), aber der Hauptzweck war doch, ihr Frömmigkeitsempfinden, ihre einsame Andacht zu vertiefen. Kaum waren die fünf Sinne gebändigt, da entdeckte man die innere Einsamkeit allenthalben, in der Kirche, im Salon, beim Bankett, sogar auf der Straße. Doch der günstigste Rahmen für die private Andacht war das Schlafzimmer. Der frommen Frau wurde ihr Schlafzimmer zum Refugium, zur Zelle, zum

Ort ihrer geistlichen Existenz. Sie füllte es mit den erforderlichen Geräten und Gegenständen, insbesondere brachte sie ein Kruzifix an, das für reuevolle Meditationen besser geeignet war als das übliche Marienbild. Die Frömmigkeit der Frauen mündete in ihre Entfremdung von der Wirklichkeit.

Umstrittener waren die Ziele der privaten Religionsunterweisung beim Mann. Zwar hob der hl. Bernhardin hervor, daß der Mann die Pflicht habe, in der Welt zu wirken; aber weder er noch seine Mitbrüder zeigten besonderes Interesse an der Vertiefung dieses Themas. In den gebildeten Schichten erhoben jetzt die Humanisten ihre Stimmen gegen die Bettelbrüder – freilich nicht einhellig. Die Meinungen waren geteilt. Gewisse Umstände bewogen Coluccio Salutati (gestorben 1406), eine kurze Apologie der Besinnlichkeit zu verfassen *(De saeculo et religione)*, und diese Denkschule wirkte im 15. Jahrhundert fort, wir erkennen sie wieder z. B. in Cristoforo Landinos Reflexionen über das kontemplative Leben (*Questiones camaldulenses*, 1475). Doch die meisten Humanisten vertraten die entgegengesetzte Position. Salutati zufolge war das Gemeinwesen zu wichtig, als daß man die Ansicht teilen könne, das Ideal der Vollkommenheit gebiete, die »Gesellschaft der Menschen zu fliehen, die Augen von den angenehmen Dingen der Welt abzuwenden und sich in einem Kloster oder einer Einsiedelei zu vergraben«. Vielmehr habe der Weise die Pflicht, seine Gaben in den Dienst der Gemeinschaft zu stellen. Poggio, Bruni und Valla – um nur die Wichtigsten zu nennen – betonen allesamt diese Verpflichtung, und zwar, zumal Bruni, im Namen eines christlichen Lebensmodells. Gleichzeitig wettern sie kräftig gegen Mönche, die – neben anderen Sünden, die sie sich zuschulden kommen lassen – »närrischen Weiblein und nicht weniger närrischen Männern ihre heuchlerischen Predigten halten« und in ihnen einen weltflüchtigen Glauben entfachen, der ihre Aufmerksamkeit von den wahrhaft ernsten Angelegenheiten abzieht. Erst recht die Humanisten, die der »Bürgerbeteiligung« das Wort redeten, verwarfen strikt ein seelsorgerliches Programm, das der christlichen Glaubensunterweisung von Männern ebenso wie von Frauen das Ziel steckte, sie zum Rückzug in die private Frömmigkeit zu ermutigen. Sie verfochten die Auffassung, daß die Erziehung des Mannes ihn auf die Wahrnehmung öffentlicher Aufgaben vorzubereiten habe. Ihre Argumentation und ihre Hoffnung richteten sich auf eine Gesellschaft, deren Obrigkeit nicht länger in den Fesseln der christlichen Religion lag, auf eine moderne Welt, die sich im 15. Jahrhundert bereits ankündigte und an deren Schwelle wir nun innehalten wollen.

Domenico Ghirlandaio, *Szenen aus dem Leben des hl. Johannes des Täufers*, »Heimsuchung Mariä« (Ausschnitt), 1485–1490. Die Patrizierin, herausgeputzt zu einer religiösen Feier, ist hin und her gerissen zwischen Neugier und Zurückhaltung, Eitelkeit und Bescheidenheit, öffentlichem Schaugepränge und privater Andacht.
(Florenz, S. Maria Novella, Cappella Tornabuoni)

René d'Anjou, *Le Cœur d'amour épris*. (Wien, Nationalbibliothek)

Danielle Régnier-Bohler

III. Fiktionen

René d'Anjou, *Le Cœur d'amour épris*. (Wien, Nationalbibliothek)

Die Erfindung des Selbst: Auskünfte der Literatur

Für Untersuchungen über die Herausbildung der Privatsphäre, die wachsende Bedeutung des Individuums und die neuen Konturen jener Lebensbereiche, die bis dahin als geheim oder nur bedingt zugänglich gegolten hatten, gibt es reichlich Informationsmaterial in den literarischen Quellen, mögen sie nun im »langue d'oïl« (der Sprache Nordfrankreichs) oder im »langue d'oc« (der Sprache Südfrankreichs) verfaßt sein. Mitunter erliegen wir dem Irrtum, daß die Literatur das »private Heute« offenbare. Tatsächlich jedoch regieren literarische Konventionen die Darstellung von Orten und Gemeinschaften, und die intimen Geheimnisse, die sich uns in der Literatur zu erschließen scheinen, stehen im Dienste der Metaphorik.

Fiktion kann jedoch eine *narrative* Wahrheit für sich beanspruchen, die eigenen Gesetzen unterliegt. Literatur erweckt zum Leben, was andernfalls bloße Beschreibung bliebe; sie füllt eben jene Lücken, die sie (zwischen zwei Szenen, zwischen Konflikt und Lösung) zu erzeugen scheint. Noch die phantastischsten Erzählungen enthalten scharfsinnig formulierte Urteile über das Verhältnis von Individuum und Gemeinschaft; die fließende Grenze zwischen dem Einen und den Vielen wird ins Bild gebannt oder – in utopischen Schriften – verwandelt. In manchen Geschichten wird der Einzelne von seiner Gemeinschaft ausgeschlossen oder aus ihr verbannt; in anderen schließt er sich selbst – freiwillig – von ihr aus, um heimisch zu werden in einem privaten Raum, der ihm allein gehört; in wieder anderen bleibt er seiner Gemeinschaft und ihren Werten verhaftet, betreibt aber seine »private« Wahrheitsforschung. Manchmal scheint die Familie vom Ansturm böswilliger Mächte in alle Winde zerstreut zu werden, doch zuletzt wird die alte Einheit wiederhergestellt, gebessert und bereichert.

Ich werde mich auf einige Themen beschränken, die sich für die literarische Einbildungskraft als besonders fruchtbar erwiesen haben. Vor allem interessieren mich Individuen, die von ihrer Gesellschaft ausgeschlossen worden waren und deren allmähliche Wiedereingliederung etwas von der dazugehörigen Kultur verrät. Ferner interessiert mich die Faszination des Themas »Doppelgänger« und der Versöhnung mit ihm (nach meiner Ansicht die literarische Verklärung von Familienrivalitäten). Mich interessieren Kleidung, Schmuck und Nacktheit, weil sie Auskunft geben über das, was die Gemeinschaft versteckt oder vergessen hatte und was das Individuum für sich selbst neu entdecken mußte. Und schließlich interessiert mich die Symbolik der Kemenate, des ge-

Artus sagt zu Mélion: »Ich habe ein Schloß am Meer; auf der ganzen Welt hat es nicht seinesgleichen! Es ist prächtig, umgeben von Gehölzen und Flüssen und von jenen Wäldern, die du so liebst!« *Lai de Mélion*. (Paris, Bibliothèque Nationale, Ms.fr. 8266)

fängnishaften Frauengemaches. Hier gebricht es uns am Detailreichtum der Genremalerei, die für die Rekonstruktion der Alltagsgeschichte sonst von hohem Nutzen ist. Statt dessen liegt der Blick auf dem Status des Individuums, des fahrenden Ritters der höfischen Literatur, der die Gemeinschaft, der er entstammt, verläßt und wie ein Samenkorn in fremden Boden verpflanzt wird; dort schlägt er wieder Wurzeln und baut eine neue Gemeinschaft auf, die zwar legendär, aber gegen den Untergang gefeit ist. Im Artusroman ist die Gestalt des Königs – Marke, Artus – frei von jener tragischen Verfehlung, die zu einem abendländischen Mythos geworden ist, frei auch von jenem durchdringenden Argwohn, der die Artuswelt vergiftete. Wohl wird im *Châtelain de Vergi* aus dem 13. Jahrhundert der Herrscher durch ein privates Drama kompromittiert, doch eine private Anekdote bringt die Lösung des Handlungsknotens. (Andere Geschichten drehen sich hauptsächlich um die Feier des höfischen Lebens und der kollektiven Freude.) Noch später vollzieht sich in der Welt der Literatur eine bemerkenswerte Verschiebung im Verhältnis des Einzelnen zur Gemeinschaft. An die Stelle der Probe in der Artussage durch die Verbindung von Liebe und Abenteuer und die Einbeziehung des Helden in die Gemeinschaft tritt nun das Geheimnis. Jean de Paris gewinnt seine Schöne durch sein Aussehen; Selbstvervollkommnung ist nicht mehr gefragt.

Mit der Weiterentwicklung der Literatur entstehen allmählich neue Formen der Darstellung des Individuums. Statt Poesie haben wir den Gefühlsausdruck eines einsamen Bewußtseins vor uns, einen »individualisierten« Lyrismus, der nichts gemein hat mit den rhetorischen Topoi der Troubadoure und »trouvères«. Was die nichtfiktiven Gattungen angeht, so erheben Erinnerungen und Chroniken keinen Anspruch mehr auf Neutralität; ihre Autoren verstehen sich nun selber als Akteure auf der Bühne.

Noch immer freilich wissen unsere Quellen, das Verhältnis des Einzelnen zur Gemeinschaft durch »biologische« Symbolik zu evozieren. So symbolisiert Schlaf den Übergang von der pränatalen Amnesie zur bewußten Existenz in der Gemeinschaft; im Schlaf erwirbt der Geist das »kulturelle Rüstzeug«, dessen er im sozialen Austausch bedarf. Doch der mittelalterliche Mensch beargwöhnte bekanntlich die Einsamkeit; der Einsame reichte dem Teufel den kleinen Finger. Um so bemerkenswerter ist jede positive Einschätzung von Intimität, Rückzug oder Introspektion. Ich möchte die Aufmerksamkeit insbesondere auf den literarischen Gebrauch des Traums lenken – im Traum wird der Geist seiner eigenen Gewißheiten und Trübungen inne. Selbstverständlich liegt es uns fern, die literarischen Quellen als Abbilder der Wirklichkeit, als Widerspiegelungen des Alltags mißzuverstehen. Die Imagination gehorcht ihrem eigenen Zeitplan; in ihr bemächtigen sich die Dichter ihrer Vorgänger, um sie zu revidieren. Eine übertrieben strenge Chronologie möchte ich vermeiden. Werke der Literatur lassen sich als Antwort auf Obsessionen, Triebe und Spannungen verstehen. Von welcher Art die Obsessionen, Triebe und Spannungen sind, auf welche die Literatur antwortet, muß man anderen, normativen Texten entnehmen, die sich anheischig machen, das rechte Verhältnis des Individuums (vorwiegend des weiblichen Individuums) zu seiner Gemeinschaft zu bestimmen. Fiktive Werke können Anschauungsmaterial für eine literarische Archäologie des Privaten bereitstellen. Mich interessiert die Konzeption dessen, was schließlich das »Individuum« wurde, das heißt der Mensch, der das Recht hatte, zu sprechen oder zu schweigen, eine Identität zu erwerben oder eine Maske zu tragen.

Der Raum und das Imaginäre: Last und Lust der vier Wände

Wurde der geschlossene Raum als Bedrohung oder als Schutz empfunden? Wände können einschließen, wie in Rutebeufs Beschreibung vom Haus der Avaritia, der absoluten Antithese zur Gastfreundschaft; sie entpuppt sich als Falle, in die der ahnungslose Gast tappt und wo er den Launen der Hausherrin ausgeliefert ist, eines Weibes, das »mehr tot als lebendig« wirkt. Robert de Blois vergleicht das offene Haus mit einem allzu fest verriegelten. Raoul de Houdenc berichtet im *Songe d'enfer*, daß in Frankreich leider Gottes jedermann sein Haus verschließe, während man in der Hölle »bei offenen Türen ißt«. In *Blancandin et l'Orgueilleuse d'amour* sehnt man sich nach den alten Zeiten, als man noch keine Türhüter brauchte. So störten Wände das Ideal des ungehinderten Austauschs, des freien Verkehrs von Menschen und Dingen, zumal der Freiheit, gemeinsam zu speisen. Wie sagt doch Robert de Ho in seinen *Enseignements*: »Denn wisset: Das Mahl ist der große Eckstein der Freundschaft.«

Im Gegensatz zu dieser negativen Beurteilung der Einfriedung finden wir, und zwar interessanterweise in einem Text des 13. Jahrhunderts, der für die Sache der Frauen votiert, ein anders geartetes Argument: Frauen haben das Glück einer »Geburt in Geborgenheit«. Nachdem Gott der Herr Adam erschaffen hatte, versetzte er ihn in Schlaf und nahm aus seiner Seite die Rippe, aus der Eva entstehen sollte. So war sie doppelt umhegt: von den Mauern des Gartens Eden und von der Flanke Adams. Für den Verfasser, der Draußen und Drinnen gegeneinander abwägt, ist diese Einhegung etwas Positives: »Urteilt also selbst, ob Gott dem Weibe nicht größere Liebe erzeigte als dem Mann, da er den Mann draußen erschuf.«

»Ganz in der Nähe befand sich eine rings von Mauern umgebene Stadt. Kein Haus, kein Saal, kein Turm, der nicht ganz aus Silber gemacht schien.« Marie de France, *Yonec*. (Paris, Bibliothèque Nationale, Ms.fr. 20127)

Das Erfassen des Raums mit einem Blick. Der Gesamtblick faßt Raum – in der Regel beruhigend – als Ensemble von Innenräumen auf. Was aus dem Panoramablick, aus der Raum-»Totale« hervortritt, ist ein Komplex geschützter Unter-Räume, die leicht ein ästhetisches Licht verklärt: »Der Ort muß Angriffe von keiner Seite fürchten; ihn auszuhungern ist unmöglich. Der König Évrain hat ihn einst befestigt und frei erhalten all' die Tage her, und wird ihn so erhalten, solang' er lebt. Wenn er mit Mauern ihn umfrieden ließ, dann nicht aus Furcht vor irgend jemandem, sondern um zu verschönern diese Stadt.« *(Érec et Énide)*

Doch behält die Schutzfunktion ihren Sinn. Der Verräter, der in

Chrétien de Troyes' *Cligès* König Artus hintergeht, befestigt die Burg mit doppelten Mauern, »Palisaden, Gräben, Zugbrücken, Wällen, Schranken, Abschrägungen, eisernen Falltoren und einem großen Bergfried aus behauenem Stein«; der Platz ist so gründlich gesichert, daß das Schließen des Burgtors überflüssig ist. Im privaten Bereich gewährt die Vegetation zusätzlichen Schutz. In *Le Vair Palefroi* steht ein befestigtes Haus auf einer Klippe, umringt von einem Graben, einer Dornenhecke und sogar einem »dichten, wüsten Wald«.

Die Phantasie besteht darauf, daß umschließende Mauern von einem weiten offenen Raum umgeben sein müssen und nicht nur die Konnotation der Festigkeit und des Schutzes, sondern auch des Verbotenen haben sollen. In den *Lais* der Marie de France, die bekannte Märchenmotive verarbeiten, erscheint das institutionalisierte Verbot erstaunlich präzise ausgeführt, obgleich die in den *Lais* geltenden narrativen Gesetze höchst ökonomischer Art sind. So gelangt in *Guigemar* der verwundete Ritter an einen Ort, an dem ein Mann seine Frau gefangenhält: Eine Mauer aus grünem Marmor umringt das Gefängnis der Frau; die einzige Tür wird Tag und Nacht bewacht. In *Yonec* sucht eine Frau ihren geheimnisvollen Geliebten, der ihr in Vogelgestalt erschienen ist, und stößt dabei auf einen initiatorischen Raum, nämlich das herrliche Panorama einer Stadt, die von Wällen eingerahmt ist und prächtige Bauwerke aufweist, während ringsherum Sümpfe und Wälder und in der Ferne ein Fluß liegen. Imaginäre Architektur gründet häufig auf den Realitäten des Feudalzeitalters, so etwa das Feenschloß im *Lai de Guingamor*. Die befestigte Stadt des der Kunst des »encantement« mächtigen Emirs in *Floire et Blancheflor* ist ziemlich groß und umgeben von einer hohen Mauer aus widerstandsfähigem Mörtel; 140 Tore und 700 Türme hat diese Mauer. In der Mitte der Stadt erhebt sich ein Turm von 200 Klaftern Höhe – eine Übertreibung, die für utopische Literatur charakteristisch ist.

»[...] es gab, so schien es, weder Burg noch Festung noch Turm noch Haus, wo menschliche Wesen wohnen konnten.« *La Quête du Saint-Graal*. (Waffen und Wappen der Ritter der Tafelrunde; Paris, Bibliothèque Nationale, Ms.fr. 1438)

In anderen Texten tritt neben die Insignien der Macht die ökonomische Symbolik. In *Le Bel inconnu* steht das Schloß inmitten von Weingärten, Wiesen, Flüssen und Mühlen; in *La Gaste Cité* schweift der Blick des Helden über die unüberwindlichen, hochgemauerten Bergfriede und die Häuser der Stadt sowie die sie umgebenden Wiesen, Wälder und Weingärten. Wenn wir Chrétien de Troyes zum Maßstab nehmen, wird im Laufe des 13. Jahrhunderts die Darstellung des Raumes immer häufiger. Der Standpunkt ist dabei nicht zufällig gewählt: Der Zugang zu den umfriedeten Räumen, die sein Blick erfaßt, wird dem jeweiligen Helden häufig verwehrt oder nur zögernd gestattet. Mauern trennen bewußt die Menschen draußen von den Menschen drinnen, diejenigen, die bleiben dürfen, von denen, die gehen müssen. In vielen Geschichten keltischen Ursprungs muß der Held einen Raum passieren, der den Übergang symbolisiert: ein offenes Feld, ein Moor oder einen dichten Wald, durch den ein Fluß fließt, wie der Wald, in dem Graelent der Hirschkuh begegnet, die ihn zum Moor führt. Die Einfriedung kann auch, wie in *La Quête du Saint-Graal*, göttlichen Ursprungs sein: Nachdem Lancelot die dräuende Gralsburg erreicht hat, verschafft er sich Zugang durch ein von zwei Löwen bewachtes Tor. Auf dem Weg ins

Innere der Burg gelangt er zum Bergfried, wo er keine Menschenseele antrifft. Daraufhin begibt er sich in die große Halle und stößt auf eine fest verschlossene Tür – eine symbolische Sperre, die ihm den Eintritt in den Gral verwehrt. Die Türen des Raums schließen sich »wie von Geisterhand bewegt«, was als »außergewöhnlicher Vorfall« vermerkt wird.

Doch kann man geschlossene Räume öffnen. Wenn Städte manchmal Burgen ähneln und Burgen mitunter Städten gleichen, hat der fiktive Raum auch die Konnotation einer Gewalt, die sich Fragen stellen lassen muß. Ja, der Raum, der sich vor dem Helden auftut, nachdem er die feudale Welt hinter sich gelassen hat, birgt nur eine neue Einfriedung, nämlich die der Liebe und ihrer Verbote, konkretisiert in einem sozialen Raum. Die Fee ist oft eine »Dame«, die »nicht von dieser Welt« ist. Liegt den romantischen Abenteuerromanen der Konflikt des Einzelnen mit der Gemeinschaft zugrunde, so tritt bisweilen ein weiteres Thema hinzu: das der Überschreitung von Grenzen, zumal von Grenzen, die nur Auserwählte überschreiten dürfen. In der Literatur des 12. und 13. Jahrhunderts ist der kollektive Raum nicht nur Kulisse; mitunter fungiert er als Einfriedung, aus der der Held entfliehen oder verbannt werden kann, manchmal erscheint er als eine zu erobernde Festung. Raum wird als dichtes Gefüge von Einfriedungen definiert, und sogar ein intimer Ort wie der [Obst-]Garten, für gewöhnlich der Liebe vorbehalten, kann, wie bei der letzten Probe in *Érec et Énide*, zum Symbol der Macht über die Jenseitswelt werden.

Die Angst vor der Leere. Die zahllosen imaginären Bauwerke, Monumente des Handwerkerfleißes und Baumeistergenies, unterstreichen die Unheimlichkeit der Wildnis; das Fehlende, Ausgelassene ist merkwürdig redundant. Érec und Énide nehmen auf ihrer gefahrvollen Fahrt weder Speise noch Trank zu sich, »denn eine Tagesreise weit in jeder Richtung ist weder Burg noch Stadt noch Turm noch Festung noch Abtei noch Hospital noch Gasthaus«. In *Le Chevalier à la charrette* wandert die Jungfrau, die Lancelot sucht, ziellos umher: »Bevor sie ihn aufspürte und etwas von ihm erfuhr, glaube ich wahrlich, daß sie viele Länder in allen Richtungen erkundete. Doch wozu taugt' es, zu erzählen von so mancher nächtlichen Rast, von manchem ach wie langen Tag? Ob sie gleich tausend und abertausend Spuren verfolgte und mehr als einen Monat verstreichen ließ, wußte sie genauso viel, keinen Deut mehr, keinen Deut weniger, als sie zuvor gewußt: es war alles umsonst. Eines Tages, als sie in trüben Gedanken befangen über das Feld ging, sah sie auf einmal in der Ferne, am Gestade eines Meeresarmes, einen einsamen Turm, sonst aber weder Haus noch Hof noch Hütte, meilenweit in jeder Richtung.«

Der Mensch allein. Im Mittelalter galt ein Mensch, der allein unterwegs war, als gefährdet. In Bérouls *Tristan* ruft Marke, nachdem er von dem Aufenthalt des ehebrecherischen Paares im Morroiswald erfahren hat, sein Gefolge zusammen und verkündet, daß er allein in den Wald gehen wird. »Ganz allein?« fragen seine Leute. »War jemals ein König so unbesonnen?« Worauf Marke erwidert: »So gehe ich unbegleitet und lasse mein Pferd bei euch. Weder Kampfgefährten noch Schildknappen nehme ich mit. Für diesmal verbitte ich mir eure Gesellschaft.« Ähnlich reagiert der Vater Érecs auf eine ungewöhnliche, bedrohliche Situation, indem er Érec beschwört, einige Ritter mitzunehmen: »Ein Königssohn darf nicht allein gehen!« Erzählungen aus dem 13. Jahrhundert schildern gelegentlich drastisch die Gefahren, die einen in der Einsamkeit erwarteten. In *La Fille du comte de Pontieu* beschließt ein besorgter Ehemann, die Eskorte seiner Frau zu verstärken, verirrt sich jedoch im Wald und muß schließlich miterleben, wie seine Frau von fünf Männern vergewaltigt wird. In *Le Vair Palefroi* gelingt einer jungen Frau nur deshalb die Flucht zu ihrem Geliebten und die Heirat mit ihm, weil die sie begleitende Eskorte ihre Sache »schlecht« macht. In einem *Lai* ist der Held vom Anblick einer allein reisenden Frau so bestürzt, daß er sie heiratet – zu seinem Schaden.

Doch kam es auch vor, daß die Einsamkeit bewußt gesucht und über längere Zeit ausgedehnt wurde. Einsiedler lebten in Klausen, deren winzige Öffnung nur geringen Kontakt mit der Außenwelt erlaubte. Diese Menschen erfüllten eine bestimmte Funktion für die Gemeinschaft, die sie verlassen hatten und die stets weit von ihnen entfernt lag. Die Einsiedelei des Ogrin im Morroiswald, wo die »forbannis« ihre elenden Hütten bauten, wird nicht beschrieben. Allerdings betont der Erzähler, wie abgeschieden von jeder Kultur sie war und wie lange man durch den »bocage« ziehen mußte, um sie zu erreichen. Nach einer ähnlich langen Fahrt gelangt Yvain zu einem kleinen, niedrigen Haus mit schmalem Fenster, worin der Einsiedler Vorräte für das Leben in der Wildnis gesammelt hat. In *La Quête du Saint-Graal* ereignen sich die vielen Begegnungen mit Einsiedlern und Klausnerinnen an einem bestimmten Schauplatz – in einem vergessenen Hohlweg, einer Kapelle, einer Einsiedelei, auf einem Berg – und zu einer bestimmten Zeit: am Abend, der Zeit des Gesprächs. So kommt Perceval vom rechten Weg ab: »Gleichwohl gelangte er – die Richtung wählend, die ihn die beste dünkte – zuletzt zu einer Kapelle und klopfte an das winzige Fenster der Klausnerin. Sogleich öffnete sie, denn sie hatte nicht geschlafen, und streckte so gut es ging den Kopf heraus und fragte ihn, wer er sei.« Dann erklärte sie ihm, daß sie nach dem Tode ihres Mannes um ihr Leben gefürchtet und sich daher in diese Wildnis zurückgezogen habe; hier hatte sie ein Haus für ihren Kaplan und seine Leute und eine Klause für sich selbst errichten lassen.

Gawain und Hector, an den Fuß eines Berges gelangt, folgen einem schmalen Pfad, der zum Gipfel emporführt – einem so unwegsamen Pfad, daß bald ihre Kräfte schwinden. Nun erst gewahren sie ein ärmliches Haus mit einer winzigen Kapelle und einem Gärtchen, in dem ein Eremit Brennesseln für die Suppe pflückt. So wird Einsamkeit durch die Entfernung evoziert, die man überwinden muß, um zu ihr zu gelangen. Ihre Schutzfunktion wird auf diese Weise deutlich markiert.

Der Sinn der Einsamkeit. Alle Landmarken, denen die Ritter der Tafelrunde auf ihren verschiedenen Fahrten begegnen, sind im Grunde

Symbole für die Unterordnung des »Irdischen« unter das »Himmlische«. Diese Zonen freiwilliger Abschließung sind bedeutungsschwanger; doch ist es kein Zufall, daß diese Bedeutung verborgen, ja, fast unzugänglich ist und erst mühsam erschlossen werden muß. Die Literatur des späten 14. Jahrhunderts steigerte diese Rätselhaftigkeit noch. Nachdem Raimondin, der Gatte der Melusina, vom Papst Vergebung für die Untreue gegen seine Frau erlangt hat, sucht er die Einsiedeleien der Abtei Montserrat auf. Sieben von ihnen säumen einen Pfad, der einen steilen Felsen emporführt. Raimondin soll die vierte Klause beziehen. Die Eremitagen sind von den anderen Gebäuden so weit entfernt, daß Kirche und Abtei von oben winzig erscheinen.

In der Literatur sind Begegnungen mit frommen Einsiedlern niemals zufällig. Wer das Leben in der Einsamkeit gewählt hat, der unterhält eine ganz besondere Beziehung zu den Werten der Gemeinschaft, die er verlassen hat. In *Yvain* fungiert der Eremit als Bindeglied zwischen Wildnis und Zivilisation. In *Tristan* ist es Ogrin, der Sprache des Guten wie des Bösen mächtig, der Isolde die Rückkehr in die Gesellschaft zu ebnen weiß; er wird zum Instrument der Versöhnung, indem er von Cornwall nach Mont-Saint-Michel reist und – auf Kredit oder durch Feilschen – Pelze und seidene Gewänder für Isolde kauft, so daß sie sich kleiden kann, wie es einer Königin zukommt. In *La Quête du Saint-Graal* ist die Bedeutung der einzelnen Abenteuer ein Geheimnis, das nur einem Eremiten oder einer Klausnerin kund ist. Der Held ist sich bewußt, daß es diese Bedeutung gibt, aber er vermag sie nicht zu entziffern (E. Baumgartner); die Einsiedler fungieren als Sachwalter des Sinns, was die langwierigen Diskurse und wiederholten Geständnisse der Erzählung erklärt. Träume, Vehikel des Seelenlebens, müssen gedeutet werden. Zu Lancelot sagt der Eremit: »Wisse, daß diese Vision weit inhaltsschwerer ist, als mancher glauben mag. Und nun höre mich an, wenn du willst, und ich werde dir sagen, aus welchem Geschlecht du bist.« Unentbehrliche Mittler zwischen Gott und den Gralssuchern, bergen die Einsiedler und Klausnerinnen in ihrem einsamen Wort den Sinn jedes Abenteuers.

Symbolische Stätten

In der literarischen Imagination haben häufig vorkommende Orte wie der Turm oder der Garten eine herausragende symbolische Funktion. Was das Hausinnere betrifft, so war die Gliederung in Saal und Kammer scheinbar eine rein funktionale; aber Gegenstände wie das Bett waren mit so viel Bedeutungen besetzt, daß sie ebenfalls als Symbole aufgefaßt werden konnten.

Der Turm. Der Turm, Symbol der Macht, signalisierte Sieg und Eroberung. Während das *Chanson de Roland* fast ausschließlich im Freien spielt (eine Ausnahme sind die Gärten, in denen Karl bzw. Marsile ihre Vasallen sammeln), gibt es in *Prise d'Orange* eine interessante Konzeption des Turmes, in den der verkleidete Guillaume mit seinen Mannen eindringt. Sie gelangen zuerst in den Empfangssaal und von dort zum Gloriette-Turm, »dessen Pfeiler und Mauerteile aus Marmor sind«. Kein Sonnenstrahl, kein Lufthauch kommen hier herein. Im Herzen der Macht des »Anderen« dringt Guillaume zum Privatgemach des »Anderen« vor. An einer Seite der Kammer ist ein terrassenförmiger Obstgarten angelegt, und dort entdeckt Guillaume das Objekt seiner Begierde: die Frau. Ein Symbol der vom Eroberer begehrten Macht, ist der Turm Wehrbau, Wohnstatt und Freudenort in einem.

Als Ort der Gefangenschaft steht der Turm auch für die Ausübung ungerechter Herrschaft, wie manche Heldin der *Chansons de toile* am eigenen Leibe erfahren mußte. Doch mitunter dient der Turm auch dazu, die Liebenden vor neugierigen Blicken zu schützen. So hatten die ummauerten Räume der Feudalarchitektur viele Konnotationen. Sie wurden in Schlachten umkämpft, spielten jedoch in Privatangelegenheiten ebenfalls eine gewichtige Rolle: als Verkörperung offizieller Verbote. Im *Lai du laostic* wird eine Wand zum Inbegriff institutioneller und gesellschaftlicher Tabus. Die Liebe der jungen Frau zu ihrem Nachbarn leidet unter der Mauer, die zwischen ihnen steht: »Ihre Häuser grenzten aneinander, ebenso wie die großen Säle ihrer Bergfriede. Zwischen ihnen war kein anderes Hindernis, keine andere Trennung als eine große Mauer aus grauem Stein.«

Der Garten. Als Ort der Privatheit ebenso wie der Geselligkeit spiegelt der [Obst-]Garten die Faszination der Grenze und ihre Ambivalenz. Die Mauern um den Garten machten ihn zum idealen Platz für ein Stelldichein der Verliebten, zur Stätte der Verführung und des Geheimnisses. Als umzirkter Raum war er der Ort, an dem die Reize der Frau sich enthüllten, wie im *Lai d'Aristote*; der Ort, an dem die Frauen ihrem Leid

Tanz im Garten. »Dann hättet Ihr die ›carole‹ gesehen und die Menschen, die ihr anmutiges Ballett tanzten – so manchen schönen Tanz und manche schöne Drehung auf dem frischen Rasen.« Guillaume de Lorris, *Roman de la Rose*. (Paris, Bibliothèque Nationale, Ms.fr. 19153)

Luft machen konnten; der Ort des Ausspähens und Nachspionierens; ja, sogar der Ort der zauberischen Stille, wie im *Lai de Tydorel*, wo der »faé«, das Wesen aus dem Feenreich, entdeckt, daß die Königin unfruchtbar ist. Für Érec wird ein Garten zum Territorium seiner letzten Probe. Für Liebende war der Garten vor allem das Refugium; hier ging die Burgherrin von Vergi ihren Liebesabenteuern nach, in Heimlichkeit. Und nicht zuletzt diente er der Geselligkeit, vor allem kleiner Gruppen, vor allem Frauen, wie im *Lai d'Ignauré*, wo die Frauen voreinander ihr Herz ausschütten und dabei entdecken, daß sie alle Geliebte desselben Verführers sind, oder im *Lai de Tydorel*, wo die Königin und ihre Damen nach dem Abendessen in den Garten zu gehen pflegen, um Obst zu essen und ein Nickerchen zu machen.

»Mehr denn jemals zuvor beglückten mich seine süßen, gemessenen Gebärden, die mich verstummen ließen.« Christine de Pisan, *Le Dit des vrais amants*. (Paris, Bibliothèque Nationale, Ms.fr. 836)

Waren die Liebenden allein, lud der Garten zum Austausch von Intimitäten ein. Doch zog das, was im Garten vorging, selbstverständlich auch indiskrete und feindliche Blicke auf sich. Im *Lai de l'ombre* ist es um die Einsamkeit der Liebenden geschehen, als die flüchtige Frau im Wasser einer Quelle ihrer Doppelgängerin gewahr wird, jener Schattenfrau, die den Ring nicht ablehnt, den der Liebende ihr anträgt.

Das Paradies der Sinne. Manchmal symbolisiert der Garten weder das heimliche Stelldichein noch die gefährliche Verführung der höfischen Liebe, sondern eine zauberische Landschaft, in der die Schönheit der Natur von Menschenhand erhöht wird. Aus der Tradition des »locus amoenus« hervorgegangen (in Werken des 12. und 13. Jahrhunderts wie *Floire et Blancheflor*, *Le Lai de l'oiselet*, *Le Bel inconnu* oder *Huon de Bordeaux*, wo im Garten ein Lebens- und Jungbrunnen steht), war der künstliche Garten ein umschlossener Bereich, der vorzüglich zur Erkundung der Sinnlichkeit taugte. Diese von Menschenhand geschaffenen Paradiese symbolisierten das Vernügen an der Ruhe: Was immer im Garten war, es schmeichelte den Sinnen. Die Anordnung des Gartens, die Blumen, die verschiedenen Düfte und Klänge – alles trug zu seiner Wirkung bei. Als Vorläufer des manieristischen Gartens – der Apotheose der Sinnlichkeit – barg der mittelalterliche Garten das Versprechen eines Glücks ohne Ende. Natur, bis zur Erlesenheit kultiviert, wurde zu einem wohltätigen Ort der heilenden Kräfte, reich nicht lediglich an wohlriechenden Düften, sondern auch an »guten Kräutern«, die gegen Krankheit und Alter halfen. Hier wurde der Boden bereitet – ob von der Hand eines Menschen oder eines Zauberers, läßt sich nicht sagen. Der Garten in *Oiselet* scheint eine Frucht der »nigromance« zu sein. Das Licht ist mild, und ein Vogel singt Lieder des Vergessens und der Sehnsucht, der Jugend und des ewigen Lebens. In dieser überästhetischen Welt herrscht die Vergänglichkeit. Das Paradies ist zerbrechlich: Wenn die Vögel davonfliegen, verdorren die Bäume, versiegen die Quellen.

L'Offrande du cœur, Tapisserie. (Paris, Musée Cluny)

Abschaffung der Zeit oder ewige Wiederkehr? Die soziale Lehre wird in *Oiselet* ausgesprochen, das Chaos der eigenen Zeit, die Umkehrung der gesellschaftlichen Hierarchie verurteilt: Ein ungehobelter Mensch bringt sich in den Besitz des Gartens und vertreibt die Ritter samt ihren Damen. Die sinnlichen Qualitäten des Kenotaphs in *Floire et Blancheflor* evozieren die Aufhebung der Zeit: Der Rausch der Sinne, die

Fest am Artushof. »Es wäre schwer zu sagen gewesen, welche die Schönste und Eleganteste war.« *Lai du mantel.* (Dijon, Bibliothèque, Ms. 527)

mutwillige oder vom Rhythmus der Winde getragene Wiederholung der Gesten des Begehrens, sie transzendieren den Tod. Wie ließe sich das Verrinnen der Zeit besser ignorieren als im Genuß jedes erdenklichen sinnlichen Reizes? Der Garten ist weit mehr als ein ornamentales Motiv oder ein Schauplatz der Sinnenfreude; mit seiner Apotheose der Lust macht er die Wahrnehmung der Zeit selbst vergessen.

Farben kennt dieses Utopia der Sinne so gut wie gar nicht. Paradoxerweise sind es gerade die flüchtigen Eindrücke, die das Glück dauern lassen: der Duft der Bäume und Gräser, die verwehenden Klänge. Zerbrechlich wie der Körper selbst, verwelkt der Garten, wenn man ihn verletzt.

Innenräume: Saal und Kammer. Die Literatur schildert mit den unterschiedlichen Schichten der Gesellschaft auch verschiedenartige Weisen der Gliederung des Hauses. Die in den Fabliaux beschriebenen Bürgerhäuser sind ziemlich schlicht; sie sind jedenfalls klein und bestehen oft nur aus einem einzigen Raum. In einem Fabliau stehen beim Müller außer dem Bett auch noch Fässer und Kisten im Zimmer. Wenn des Müllers Töchterlein in Gewahrsam genommen werden mußte, wurde sie in eine Hütte gesperrt, zu der nur der Vater den Schlüssel hatte.

Führt die Literatur dagegen aristokratische Schauplätze vor, so ist die Raumaufteilung vielfältiger. Es läge nahe zu sagen, daß der Saal Gemeinschaftszwecken vorbehalten und für die gesellige Phase des privaten Lebens gedacht gewesen sei, während die Kammer verborgenen und intimeren Zwecken gedient habe. Doch wäre eine solche Simplifizierung hoch fragwürdig. Gewiß war der Saal der Mittelpunkt des Gemeinschaftslebens; abgegrenzt gegen die Straße, war er der reguläre Versammlungsort, der ideale Raum für gesellschaftliche Ereignisse. Eine Sagengestalt wie König Artus nutzte den großen Saal fast ausschließlich zu gesellschaftlichen Zwecken. Der Saal war vor allem Schauplatz spektakulärer Auftritte: Im *Chanson de Roland* begibt sich der nach Aachen zurückgekehrte Karl in den Palast, um Aude, der Verlobten Rolands, im Saal die schmerzliche Nachricht vom Tode des Helden zu überbringen. Die Lehnsleute kommen im Saal zusammen, um wichtige Angelegenheiten zu beraten: In *Charroi de Nîmes* erfährt der von der Jagd heimkehrende Guillaume durch seinen Neffen von König Louis' Undankbarkeit. Guillaume stürmt zum Königspalast; er »durchquerte den Saal so ungestüm, daß die Riemen an seinen Ledersandalen rissen. Alle Barone bekamen es mit der Angst. Als der König ihn erblickte, erhob er sich, um ihm entgegenzugehen.«

Doch wenn es galt, bei rituellen Anlässen den Zusammenhalt der Gruppe zu bekräftigen, inszenierte man im Saal Zerstreuung und Erho-

»Und wisset noch: Überall dort, wo es wahres Rittertum gibt, in heidnischen oder christlichen Landen, kommen die Ritter zur Tafelrunde zusammen, und wenn Gott ihnen die Gnade eines Platzes gewährt, schätzen sie sich reicher beschenkt, als wenn die ganze Welt in ihrem Besitz wäre.«
La Quête du Saint-Graal, 14. Jh.
(Le livre de messire Lancelot du lac; Paris, Bibliothèque Nationale, Ms.fr. 120)

lung. Am Fest Christi Himmelfahrt hielt König Artus auf prächtige Weise hof; im Saal drängten sich die Barone, und auch die Königin mit ihren Damen war zugegen. Der Ritter, der in *Chevalier à la charrette* Königin Guenièvre entführt, schleudert im Saal den Anwesenden seine Herausforderung entgegen, und im Saal finden sich am Ende der Geschichte wiederum alle zusammen, um den Helden zu ehren. Das Festgelage zu Ehren der Krönung Érecs wurde in sechs Räumen gefeiert, »die so überfüllt waren, daß man sich kaum zwischen den Tischen bewegen konnte. Wahrhaftig, an jedem Tisch saß ein König, ein Herzog oder ein Graf«. Als Ausgangspunkt jedes Abenteuers zog der Saal natürlich auch den hyperbolischen Spott der parodierenden *Lais* auf sich – im *Lai du cor* sind dreißigtausend Ritter beim Festmahl zugegen, begleitet von dreißigtausend Jungfrauen!

Selbst wenn man Gäste zu minder spektakulären Anlässen empfing, bewirtete man sie gern im Saal. Der »Karrenritter« und Gawain folgen einem Zwerg in einen Bergfried, wo sie die Nacht verbringen sollen; dann folgt Lancelot einer jungen Dame, die ihm Unterkunft in ihrer »von hohen Mauern umringten Festung« gewährt. Als »Bleibe hatte sie sich neben einem weiträumigen Saal viele schön ausgestattete Kammern bauen lassen«; in diesem Saal wird ein üppiges Mahl serviert: »Aus dem Saal waren die Schatten verbannt, doch blitzten schon die Sterne am Himmel. Eine Unzahl von Fackeln, gedreht, schwer, hellleuchtend, verbreiteten eine Orgie des Lichts.« Im Saal wurden Gäste empfangen. Als Énide eintrifft, wird sie vom König zuerst in den großen steinernen Saal geleitet; danach führt die Königin sie in ihr »maistresse chambre« und hüllt sie in fürstliche Gewänder. Schließlich begeben die beiden Frauen sich zum König in den Saal, wo die dort versammelten Ritter sich zu ihrer Begrüßung erheben. An diesem Jubeltag im Rahmen der Hochzeitsfeier fallen alle Schranken. Türen und Fenster stehen weit offen, Eingänge und Ausgänge sind den ganzen Tag geöffnet, so daß nichts die Reichen von den Armen trennt. Für einen kurzen Augenblick bewirkt der Zusammenhalt der Gruppe den Verzicht auf jeden Schutz.

Die Kammer war dagegen eher ein Ort der Einsamkeit. Aber was bedeutet diese Einsamkeit? In *Érec et Énide* wird König Artus zur Ader gelassen – eine Prozedur, von der man glauben sollte, sie werde in der striktesten Privatheit vorgenommen. Indessen hatte der König »in seinen Privatgemächern nur 500 Barone des Hauses um sich; zu keiner Jahreszeit hatte der König sich so allein gefühlt, und er empfand Langeweile, da er nicht mehr Menschen bei Hofe hatte«. War das Bild des Königs vielleicht ein Artefakt, erzeugt von der Wahrnehmung des Königs durch die anderen? Wie dem auch sein mag, immer sehen wir Artus von einer erregten Menge umgeben.

Gleichwohl war die Kammer der Ort, an dem man sich den Blicken der anderen entziehen konnte und sich deshalb seinem Schmerz überlassen durfte. Die Angefochtenen und Betrübten zogen sich in ihre Gemächer zurück. Generell war die Kammer der Raum, in dem die Frau zwar isoliert, aber zugleich behütet war. In *Guillaume de Dole* bleibt die Heldin in ihrem Zimmer: »Kein Mann bekommt sie zu Gesicht, da ihr

»Man bot allen einen Sitz, die in des Königs Gesellschaft gekommen waren, wenn es nur Ritter waren.« *La Mort le roi Artu*, 14. Jh. (Turin, Nationalbibliothek)

Die Schachpartie. *Guiron le Courtois*, um 1370–1380.
(Paris, Bibliothèque Nationale, Ms.n.a.fr. 5243)

Bruder nicht anwesend ist.« In einem *Lai* von Marie de France beklagt sich die junge Frau, die in Milon verliebt ist: »Ich bin nicht frei. [...] Zahllose Aufpasser, junge wie alte, ja sogar meine Domestiken, verfolgen jeden meiner Schritte.« Einen Mann trug man in die Kammer, wenn er verwundet oder erschöpft war. Dann deuten die Konnotationen auf Gesundheit, Ruhe und Ungestörtheit. Die Kammer, in die man Érec bringt, ist »angenehm, fern von Lärm jeder Art und sehr luftig«; in *Chevalier à la charrette* findet Lancelot, nachdem er die harte Probe der Gefangenschaft bestanden hat, »gesunde Luft und sichere Zuflucht« bei dem Fräulein, das ihn beherbergt.

Die Kammer war nicht zuletzt das Gehäuse erlesenen gesellschaftlichen Austauschs und Vergnügens, für das Musizieren, Erzählen und Spielen. In *Éliduc* tritt Guilliadons Vater in die Gemächer seiner Tochter, setzt sich zu einer Partie Schach mit einem Ritter nieder und führt gleichzeitig seine an der anderen Seite des Brettes sitzende Tochter in das Spiel ein. Wie man sieht, war die Grenze zwischen allgemein zugänglichem Raum und dem für den Einzelnen reservierten Raum durchlässig, so daß auch Männer Zutritt zu den Zimmern hatten, die im Grunde Frauen vorbehalten waren. In *Dit du prunier* aus dem 14. Jahrhundert sehen wir Gäste nach dem Essen sich die Finger waschen, während die Dame des Hauses Wein und Gewürze aufträgt. Dann setzte man sich in der Kammer zusammen: »Die Dame wußte manches Mittel, um einen jungen Mann verliebt zu machen; sie sammelte alle um sich und spielte ›Der König, der nicht lügt‹. [...] Bei diesem Spiel war sie die Königin und wollte von jedem wissen, was er dachte, und einer nach dem anderen mußte ihr seine Liebesgeheimnisse offenbaren.« In *Éscoufle* hatte der Graf »eine Gewohnheit, die ihm großen Genuß bereitete: Fast jeden Abend, wenn er mit seinen Leuten allein war, ließ er ein schönes, großes Feuer in der Kammer der Jungfrauen bereiten. Dann verzehrte er bei ihnen sein Dessert und entspannte sich. Die schöne junge Aélis verstand die Kunst, sich ihm angenehm zu machen. Um das Feuer stellte man Liegen und Betten auf. Der Graf hatte dies an dem Abend jenes Ereignisses befohlen. Nach dem Abendessen ging der Graf zu seinem Vergnügen in die Kammer, und während man ihm das Obst zubereitete, entkleidete er sich, um sich kratzen zu lassen; nur seine Hosen behielt er an.«

Das Bett. Schlief man im Saal oder in der Kammer? Schlief man allein oder zu mehreren? Teilte man das Bett mit dem Ehegatten oder mit einem Angehörigen desselben Geschlechts? Nächtliche Promiskuität scheint gang und gäbe gewesen zu sein. Als Guenièvre ihr Rendezvous mit Lancelot verabredet, läßt sie erkennen, daß sie nicht allein schläft: »Laßt Euch nicht einfallen, Euch zu uns zu gesellen; mir gegenüber in der Kammer schläft Keu, der Seneschall, der sich, mit Wunden bedeckt, unablässig hin und her wälzt.« (Wenn er tief geschlafen hätte, hätte der Verwundete die Liebenden kaum gestört.) Zu Joufroi de Poitiers sagt die Königin, daß er sie nicht in ihrer Kammer aufsuchen kann; sie läßt im steinernen Saal zwei Betten aufschlagen: das eine für den Grafen, in dem sie ihn besuchen wird, und das andere für seinen Gefährten.

Wenn jemand allein schlief, dann deshalb, weil man ihm eine ungestörte Nachtruhe gönnen wollte. König Artus bietet Érec ein eigenes

Hier beginnt das Testament des Herrn Jean de Meung ... (Stockholm, Königliche Bibliothek)

Troilus war in Schwermut versunken: »In kurzer Zeit war sein Zimmer voll von Damen und Fräulein und unterschiedlichsten Musikinstrumenten.« *Roman de Troïlus.* (Paris, Bibliothèque Nationale, Ms.fr. 25528)

Bett an: »Der König empfand große Zuneigung zu Érec; er ließ ihn allein in einem Bett schlafen und duldete nicht, daß irgend jemand das Lager mit ihm teilte und seine Wunden berührte.« Énide und die Königin schliefen Seite an Seite in der Kammer daneben. Wieder genesen, fand Érec seine Frau »im selben Bett«. Im *Lai Équitan* hingegen scheint das Paar in getrennten Betten zu schlafen; denn die Liebenden geben sich »auf dem Bett des Gatten« ihren Vergnügungen hin. Ein eigenes Bett konnte eine Auszeichnung sein. In *Quête du Saint-Graal* überläßt Artus Galahad sein eigenes Bett, »seiner vornehmen Geburt zu Ehren«. Artus selbst gesellt sich zu Lancelot und den anderen Baronen. Später heißt es, daß Artus am nächsten Morgen in die Kammer trat, in der Lancelot und Gawain geschlafen hatten, was darauf hindeutet, daß der König nachts ebenfalls allein war.

Eine Halbinsel der Privatheit, erhöhte das Bett private Vergnügungen. Nirgendwo sonst konnte man sich so ungeniert seinen Gefühlen überlassen – als in *Quête* die Ritter von Guenièvre Abschied nehmen, sucht diese, »um nicht die Größe ihres Schmerzes zu zeigen«, ihre Gemächer auf und wirft sich im Kummer auf das Bett. Doch konnte das Bett auch Symbol der Schuld sein, der Schatten, Schauplatz des Verbrechens; was sich auf ihm abspielte, durfte niemals ans Licht kommen. Das Bett war der vorzügliche Ort für Winkelzüge und Ersatzhandlungen, besonders für jene Frauen, denen man vorwarf, Monster oder Ba-

Christine de Pisan, *Le Dit des vrais amants*, 15. Jh. (Paris, Bibliothèque Nationale, Ms.fr. 836)

starde in die Welt zu setzen. Es war eine Stätte der Täuschung, der Manipulation der Wirklichkeit. Den Platz Isoldes einnehmend, dient Brangäne Marke als jungfräuliche Braut. In den Geschichten von Doppelgängern ist das Bett der Ort, an dem die getäuschte Braut die beiden Brüder nicht mehr voneinander unterscheiden kann. In der Dunkelheit waren Irrtümer immer möglich – ebenso wie Verbrechen. Das Bett war auch ein Symbol des Ehebruchs: »Nur eine Lanzenlänge« trennt Tristans Bett von dem des Königs. Tristan hat vor, die Königin anzusprechen, sobald der König eingeschlafen ist; doch seine Wunden platzen auf, und Blut fließt auf die Laken. Auf ähnliche Weise besudelt Lancelots Blut das Bett Guinièvres, worauf diese beschuldigt wird, mit dem verwundeten Seneschall geschlafen zu haben. Sehen heißt nicht immer glauben, und was Beweis zu sein scheint, ist keiner. Das Bett konnte leicht zur Unglücksquelle werden.

Schließlich symbolisiert das Bett den Wechsel von Tag und Nacht: Die nächtliche Gemeinschaft, die es evoziert, kann beunruhigend sein. Tydorel, der Held des gleichnamigen *Lai*, ist das Kind eines halben »faé«, das die Augen nicht schließen und daher nicht schlafen und nicht träumen kann; das macht ihn untauglich zum Leben in der Gesellschaft und zur Ausübung von Herrschaft. Er kehrt zurück in das Feenreich seines Vaters, aus dem die Zeit verbannt ist – eine Parabel auf die Notwendigkeit des Wechsels von Tages- und Nachtrhythmus, von Geselligkeit und notwendiger Abgeschiedenheit. Es gibt zahlreiche Geschichten, die erzählen, wie man in fröhlicher Runde lange aufbleibt, aber kaum eine, in der jemand nicht schlafen kann. Das Wachen kann zur Quelle des Übels werden, so in *Chevalier au cygne*, wo es die Frau des Schwanenritters versteht, dem schlaflosen Gatten sein Geheimnis zu entreißen. Sie wird vom Teufel geritten und stellt die fatale Frage. Ebenfalls im Bett entlockt die Herzogin ihrem Gatten jenes Geheimnis, das zum Tod der Kastellanin von Vergi und ihres Geliebten führen wird. Also ist das Bett auch der Ort der Verletzlichkeit; man kann dort leicht seine Identität verhehlen oder schwere Verbrechen verüben – sogar solche, die einzig in Worten geschehen.

Geselligkeit

Wird in der Literatur Raum dargestellt, so ist er fast immer von einer häuslichen Gruppe bewohnt. Da sind die Ehepaare, Kinder, mehrere unter einem Dach zusammenlebende Generationen, Bedienstete; es gibt das familiäre Feld, das ständigem Wandel ausgesetzt ist, die »maisnie« der Artussage, kurzum, eine hierarchisch gefügte häusliche Gesellschaft, um die sich Intrigen und Machtstrukturen bilden. Mütter sterben im Kindbett, Väter verschwinden, Kinder gehen verloren, Versöhnungen finden statt und manchmal sogar Morde. Allein schon die (gewiß auch traditionsbedingte) Redundanz der Fabel in den Geschichten enthüllt, daß die in ihnen ausgedrückten Phantasmen den Status eines eigenen, kohärenten Universums haben. Im *Chanson de geste* steht der Zusammenhalt der Sippe im Zentrum des Interesses; im Roman ist es die Familie, in der die Beziehungen der Mitglieder untereinander durch eine Art Korruption vergiftet sind und in der gewisse Rollen konsequent als böse charakterisiert werden, so etwa die der Schwiegermutter, jedoch ebenso die der Konkubine oder des Seneschalls. Andere sind konsequent die Opfer, in der Regel Kinder und junge Frauen. Auch sehen wir bestimmte Mächte am Werk. Im häuslichen Universum ist vorzugsweise die Kemenate der Ort, an dem sich die Herrschaft des Gatten bzw. des Vaters in der weiblichen Welt geltend macht. Geschichten von Zwillingen – reale wie fiktive – gaben häufig Anlaß zu Diskussionen über die jeweiligen Rechte des älteren und des jüngeren Sohnes: Zwillinge sind das Zeichen für eine Art von Gefühlsgemeinschaft, einer Form der Partnerschaft zwischen Brüdern. Die Literatur gibt nicht ein Porträt des privaten Lebens, so wie es tatsächlich gelebt wurde, sondern ein Kompendium der privaten Konflikte und Spannungen sowohl in bezug auf das Gemeinschaftsleben wie auf den Status des Individuums. Die Schauplätze und Rituale der Geselligkeit, zumal der Tischgemeinschaft, werfen Licht auf den schwierigen, wiewohl notwendigen Prozeß der Einbindung des Individuums in die Gruppe.

Privates Leben: Das Selbst und die anderen

Abgrenzungen. Nach und nach wurden im Haus Wände errichtet, so daß die Menschen allein sein und persönliche Freiheit genießen konnten. Die Geschichten bei Chrétien de Troyes sind als initiatorische Reise inszeniert: Der Einzelne verläßt die Gemeinschaft und tritt eine einsame Wanderung an; schließlich kehrt er wieder heim, ruhmbedeckt und bereit, die Huldigung seiner Gruppe entgegenzunehmen. Zudem wird im 13. Jahrhundert der eigene Leib mehr und mehr als Privatbesitz verstanden. Normative Diskurse befassen sich mit ihm, weil er in der Selbstwahrnehmung dem Mißbrauch ausgesetzt erscheint und damit Störungen im Leben der Gruppe hervorruft.

So entsteht allmählich eine Vorstellung von der »Privatheit des anderen«. Wie Robert de Blois in *Chastoiement des dames* ausdrücklich fordert, war Diskretion in der Gemeinschaft unabdingbar; was die Privatheit anderer betraf, war ausgepichte Neugierde nicht ratsam. Roberts Ermahnungen, die Privatheit zu respektieren, richten sich vornehmlich an die Frau, so als wäre der weibliche Körper der Träger sämtlicher Tugenden und Laster: »Immer, wenn Ihr am Hause eines anderen vorbeikommt, müßt Ihr darauf achten, daß Ihr nicht verstohlen hinblickt oder Euren Schritt verhaltet. Offenen Mundes und müßig vor anderer Leute Haus auf und ab zu gehen, ist weder klug noch höflich; es gibt oft Dinge, die man privat in seiner Wohnung tut und nicht den Blicken anderer preisgeben will, die unvermutet in der Tür stehen. Und wenn Ihr eintreten wollt, hustet ein wenig beim Eintreten, damit man auf Euch aufmerksam wird, sei es durch dieses Husten oder durch ein Wort. Wißt also, daß man nicht unangemeldet eintritt.«

Alleinsein. Wie konnte man in der betriebsamen Privatheit der Wohnung allein sein? Die Gliederung des häuslichen Raumes zeigt, daß einige Teile der Wohnung mehr öffentlich, andere mehr privat waren. Die Literatur bezeugt, wie schwierig es war, einen geeigneten Ort und Zeitpunkt für ein unbelauschtes Gespräch unter vier Augen zu finden. Die Texte schildern diese Schwierigkeit im allgemeinen recht realistisch. Cligès zitiert seinen Hörigen Jean zu sich und fragt nach einem sicheren Plätzchen, wo er sich mit seiner Geliebten treffen kann. Besonders in der Literatur des 13. Jahrhunderts sind private Gespräche häufig. Verglichen mit der wohlgeordneten Artuswelt bei Chrétien de Troyes ist *La Mort le roi Artu* aus dem frühen 13. Jahrhundert, in dem die Abenteuer rar sind und das Artus-Universum auf tragische Weise zersplittert, eine Stätte der Intrigen und Denunziationen. Und in *Vair Palefroi* sucht ein Mann, der seinen Onkel darum bitten will, bei dem Vater eines Mädchens ein gutes Wort für ihn einzulegen, für dieses Tête-à-tête dringend einen passenden Ort, etwa eine »loge« (vielleicht ein Nebengelaß oder eine Schlafkammer im oberen Stockwerk), mit anderen Worten: einen abgeschlossenen Raum.

In *Guillaume de Dole*, einer Geschichte über Geselligkeit als Herrschertugend, hat das private Gespräch eine zentrale Funktion. Gesprächspartner ist Jouglet, der Minnesänger und Freund des Kaisers. Wenn der Herrscher eine gute Geschichte zu hören wünscht, nimmt er Jouglets Pferd beim Zügel und führt es beiseite. »Erzähl' mir etwas, guter Freund, damit ich aufwache!« Selbst im Freien muß man nach einem verborgenen Winkel suchen, wenn man ein privates Gespräch führen möchte. Bei einem Gespräch auf dem Balkon offenbart der Kaiser dem Seneschall seine Heiratsabsichten. Später lädt der Kaiser (von dem es heißt, er befinde sich »in kleiner Gesellschaft«) den Titelhelden Guillaume zum Lustwandeln im Garten ein, wo ein weiteres Gespräch stattfindet. Als der Kaiser von der Verleumdung erfährt, der die junge Lienor zum Opfer gefallen ist, wandert er allein über die Felder, das Herz von Gram erfüllt. Was den Seneschall betrifft, so wird er in einem letzten Gespräch überlistet. Vor der versammelten Gesellschaft lockt ihn der Bote Lienors »vor den Palast, zu der hohen Mauer« – zu einem sicheren Platz also, der den Blicken Neugieriger entzogen ist. In Wirklichkeit handelt es sich um eine Falle, in die der Bösewicht endlich geht. So haben Palastintrigen, in geheimen Verstecken gesponnen, die schöne Transparenz der Artuswelt verdrängt. Im *Lai du blanc chevalier* aus dem 14. Jahrhundert und später in *Jehan de Saintré* sind es die Fensternischen, die sich zu heimlichen Begegnungen und unehrenhaften Machenschaften anbieten.

Die zunehmende Bedeutung des Geschriebenen: *Roman de Troïlus*. (Paris, Bibliothèque Nationale, Ms.fr. 25528)

Die Geheimsprache der Zeichen. Der kollektive Raum erlebt gegen Ende des 12. Jahrhunderts die Entwicklung von heimlichen Kommunikationsmethoden. Liebende tauschen symbolische Geschenke und Briefe aus. In dem Maße, wie die Zahl der geschriebenen Botschaften zunimmt, wächst auch die Unterschlagung und Fälschung von Briefen. Behältnisse wie Schmuckkästchen, Kleidertruhen und Waffenschränke stehen so hoch im Kurs, daß sie zu kostbaren Reliquienschreinen werden, zu

Metaphern für die Geheimnisse höfischer Liebe, gelegentlich gar zu Schlüsselelementen der Handlung und Vorwänden einer Gebärdenrhetorik des Öffnens und Entdeckens.

Einige Zeichen der Liebe sind sichtbar, andere verhohlen. An den Höfen des 13. Jahrhunderts wimmelte es von heimlichen Zeichen. Ein kleines Hündchen, scheinbar ein harmloses Haustier, meldet dem Geliebten der Kastellanin von Vergi die Augenblicke des gefahrlosen Stelldicheins. Im *Lai du chèvrefeuille* der Marie de France windet Tristan eine Geißblattranke um einen geschälten Haselnußzweig, in den er seinen Namen geritzt hat, ein heimliches Zeichen, das sagen soll: »Schöne Freundin, so steht es mit uns: Ihr nicht ohne mich, ich nicht ohne Euch!« Ein anderes Zeichen ist der Knoten, den die Geliebte des Guigemar in sein Gewand schlingt und den nur sie zu lösen weiß; Guigemar wiederum legt um den nackten Leib seiner Freundin einen Gürtel, den kein Fremder aufschneiden oder zerreißen kann. Diese heimliche Zeichensprache errichtet ein affektives Gehäuse, das andere nicht betreten dürfen. Später, in der Maskenwelt des *Jehan de Saintré*, gehört zur Einführung des Jünglings ins höfische Dasein auch die Initiation in eine Geheimsprache. Ein derartiger Geheimcode verdoppelt den Nutzen der Rückzugsräume, in denen man Geheimnisse austauschen kann.

Gespräche – privat und in der Gemeinschaft.
(Paris, Bibliothèque de l'Arsenal, Ms. 5117)

Im Gegensatz hierzu ist das Zeichen der Liebe ein Geschenk – Ring oder Kleidungsstück –, dessen Sinn anderen nicht verborgen bleiben muß. Element der Selbstdarstellung, ist der Ring zugleich pronounciertes Symbol der Sexualität, das wichtigste Objekt in Geschichten, die von Verboten handeln. Das Verhältnis mit der Fee zerbricht, sobald der Held dem Einsiedler das Geheimnis der Verführung verraten hat: Der Ring ist verschwunden! Besser in die Zeichen der Geselligkeit integriert sind die Kränze, die Frauen ihrem Geliebten geben, ein Geschenk, das noch bei Guillaume de Machaut vorkommt. Das Fräulein »begann sehr flink, mir einen sehr hübschen Kranz zu machen, der mir allerliebst vorkam, bestand er doch aus Muskatnuß, Rosen und Veilchen. Als sie fertig war, kam sie zu mir und setzte ihn mir auf« – ein lebendiges Band und gleichzeitig die Fortsetzung der Umarmung.

Das verbotene Wort. Das Gesetz der Geheimhaltung ist eine bekannte Komponente der höfischen Liebe; die Verletzung dieses Gesetzes besiegelt die Tragödie der Kastellanin von Vergi: »So geschieht es, daß jener, der das Geheimnis verrät, auch dessen Glück verliert; denn je heftiger die Liebe ist, desto schlimmer ist es für die vollkommenen Liebenden, wenn einer den anderen verdächtigt, verraten zu haben, was er hätte geheimhalten sollen. Und oft entsteht daraus ein solches Unglück, daß die Liebe in Schmerz und Schande enden muß.«

Geschichten zwischen Sterblichen und Feenwesen kreisen häufig um ein heimliches Verbot. Der bzw. die Sterbliche darf weder die Existenz des Feenwesens preisgeben noch nach dessen Namen fragen *(Lai de Tydorel, Chanson du chevalier au cygne)*. Die Feenmärchen sind ein extremes Beispiel für das Tabu, ein privates, möglicherweise mit der Jenseitswelt verbundenes Geheimnis zu verraten. Melusine verbirgt ihre Schlangen-

»Nie sollst du mich befragen, noch Wissens Sorge tragen, woher ich kam der Fahrt, noch wie mein Nam' und Art ...« *La Chanson du chevalier au cygne.*
(München, Bayerische Staatsbibliothek)

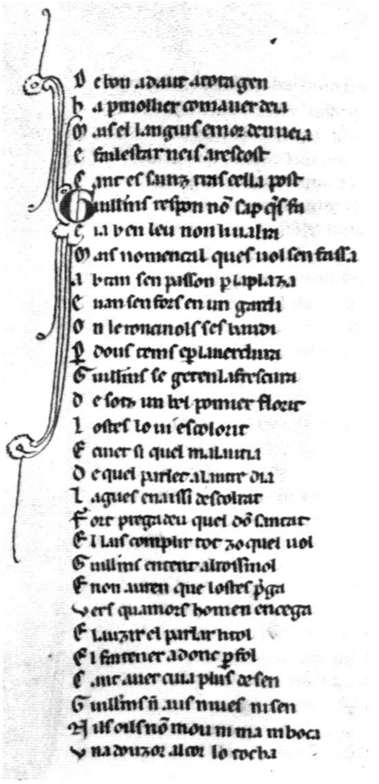

Roman de Flamenca; zweite Hälfte 13. Jh. (Carcassonne, Bibliothèque)

natur hinter Verboten: Niemand darf sie ansehen, niemand nach ihrer Vergangenheit fragen. Sie versucht, eine undurchdringliche Mauer um sich zu errichten, die Raimondin durchbricht, als er, für ewig schuldig werdend, hinter der Tür Melusine im Bad erblickt.

Das Schreiben als Element der Literatur gewann im 13. Jahrhundert zunehmend an Bedeutung. In *Flamenca* müssen die Liebenden sich auf dem Weg zueinander lange Zeit mit knappen schriftlichen oder mündlichen Botschaften, mit dem Spiel der Zeichen also, behelfen. In Bérouls *Tristan* spielt ein Brief eine wichtige Rolle: Marke läßt sich vom Kaplan Isoldes Botschaft vorlesen, deren Inhalt damit öffentlich bekannt wird. Der Kaplan erbricht das Siegel und liest den Text zuerst für sich und dann Zeile für Zeile laut. Daraufhin befiehlt Marke, die Barone zu rufen und auch ihnen den Brief vorzulesen. In *La Mort le roi Artu* liest Artus persönlich die Botschaft von dem Fräulein, dessen Leichnam in der geheimnisvollen Barke den Fluß herabtreibt. Hier wie in *Tristan* hat die geschriebene Mitteilung den Zweck, zu übermitteln, was aus wirklicher oder simulierter Privatheit (wie Ogrin sagt: »Um die Schande gering zu halten und Skandal zu vermeiden, ist es nützlich, ein wenig zu lügen«) an die Öffentlichkeit dringen soll. Ging es um traurige Enthüllungen, so mag man das Bild vorgezogen haben. In der Abenddämmerung erblickt Artus als Gast in dem rätselvollen Schloß seiner Schwester Morgane die Bilder, die Lancelot in der Zeit seiner Gefangenschaft hier gemalt hat, und liest aus ihnen sein eigenes Unglück. In *Philomèle* (Chrétien de Troyes zugeschrieben) findet ein armes, stummes Mädchen in einem Brotkasten Spule und Garn und beginnt, mit farbigen Fäden die Geschichte ihrer Entführung, Verstümmelung und Einkerkerung abzubilden – eine Botschaft, die ihre Schwester zu entziffern wissen wird. Das Bild spricht aus, was niemand auszusprechen gewagt hat: den namenlosen Frevel.

Im Falle eines verwilderten Menschen, der Verstand und Gedächtnis verloren hat, informiert ein Schriftstück die Vorübergehenden über die Ursache seines Zustandes. Der Held in *Dit du lévrier* flieht mit Pergament und Tinte in den Wald; dort schreibt er von seinem Kummer, den langen Jahren des Wartens und der Verachtung, die seine Dame für ihn hegte. Dieses Schriftstück wird zur einzigen Erinnerung an diesen Mann; es ist an einem Baum befestigt, so daß alle von seinem Inhalt Kenntnis nehmen können.

Behältnisse. Es ist ein Anlaß zum Jubel, wenn ein Behältnis sich öffnet und Verborgenes ans Licht kommt. In *Guillaume de Palerme* öffnen die Leute bereitwillig Kästen und Truhen, um den in einen Menschen zurückverwandelten Werwolf einzukleiden. Aus einer Reisetruhe holt die Fee in *Dit du lévrier* den Waffenrock aus grüner Seide, womit sie den Wilden bekleidet und in die menschliche Gesellschaft zurückholt. Das Behältnis selber kann zur treibenden Kraft der Erzählung werden: In *Éscoufle* löst eine geraubte Tasche das Drama aus und stiftet auch das Wiederfinden. In *Mort le roi Artu* enthüllt nicht allein das Geschriebene die Identität des schönen Leichnams, sondern ebenso der umschlossene Raum, der die Botschaft birgt: Barke, Tuch, Tasche. Im Spiel der Geselligkeit fungierten Behältnisse häufig als Geschenk; sie pflanzten die rituelle Geste des Öffnens fort.

In einer mehr symbolischen Weise kann das Behältnis zum Reliquienschrein werden, beispielsweise das kleine Kästchen bei Marie de France, das den toten Körper einer Nachtigall birgt – eine Metapher für die Zeitlosigkeit des Geheimnisses; der Reliquienschrein als Hüter des Wesens und des Gedächtnisses. Der Gatte einer Frau hat die Nachtigall getötet; um ihren Geliebten wissen zu lassen, was geschehen ist, wickelt die Dame das tote Vögelchen in einen Brokatstoff, auf den sie mit goldenen Fäden den Vorfall eingestickt hat. Als höfischer Mann läßt der Geliebte ein »Kästchen aus reinem Gold« herstellen, reich mit Edelsteinen besetzt; dann versiegelt er den Schrein. Andere Reliquienschreine vermitteln symbolisch den Wert ihres Inhalts, so etwa der Korb, der auf wunderbare Weise den Arm der schönen Helaine rettet, vor allem aber jenes absonderliche Behältnis, das jahrelang die abgetrennte Hand der Manekine aufbewahrte: der Magen eines Störs, aus dem so süße Düfte strömten, daß sie das Herz eines jeden mit Wonne erfüllten.

Die häusliche Gesellschaft: Gefährdung und Bewahrung

In der Struktur mittelalterlicher Geschichten spiegelten sich die Struktur und die inneren Probleme der Familie, namentlich die (im Feudalzeitalter zweifellos weitverbreiteten) zwanghaften Rivalitäten zwischen Erben. Häufig greift die Erzählung über den geschlossenen Kreis der Familie hinaus, um nach einigen exogamen Zwischenspielen die Familie schließlich wieder zusammenzuführen. Die familialen Verweisungssysteme in der Literatur sind außerordentlich komplex, doch lassen sich einige Grundmuster unterscheiden. Sexuelle Themen sind häufig: Inzest zwischen Vater und Tochter, Schwiegermutter und Schwiegersohn, Schwager und Schwägerin; Rivalitäten um Frauen; Verleumdungen sexueller Art, die zur Folge haben, daß junge Mütter ins Exil gehen.

»Ihr werdet in seinem Magen etwas wie den Abdruck eines Handschuhs finden: Es ist der Ort, wo die Hand aufbewahrt ward, winters wie sommers!« *La Manekine*. (Cambrai, Bibliothèque)

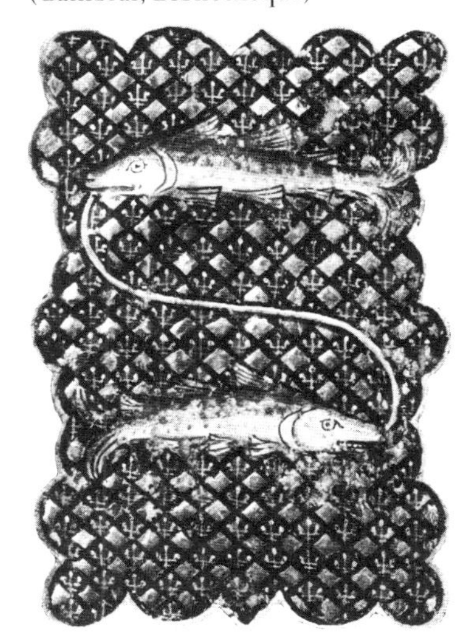

Das familiäre Umfeld. Daß es zwischen den Ehepartnern zu Spannungen und Zerwürfnissen kommen kann, ist den Fabliaux wohlbekannt. Chrétien de Troyes betont dagegen die Vervollkommnung des Paares in der Ehe, die für ihn, wie er geduldig darlegt, der Höhepunkt der höfischen Liebe ist. In seinem Anti-Tristan-Roman ersetzt er den Ehebruch durch den freien Entschluß zur legitimen Ehe. Gleichwohl kommt es in den fiktionalen Ehen dieser Zeit sehr oft zu Zwistigkeiten und Mißverständnissen. Doch sofern nicht Ehebruch im Spiel ist, übersteht die Ehe in der Regel solche Belastungen, so beispielsweise in der kurzen Geschichte mit dem Titel *La Fille du comte de Pontieu*, in der ein Mann ein Trauma erleidet, weil er gezwungen worden ist, der Vergewaltigung seiner Frau zuzusehen, und zur Strafe (einer in diesem Falle unverständlichen Strafe) die sexuellen Beziehungen zu ihr abbricht; oder in Inzestgeschichten wie *La Manekine*, wo Mann und Frau nach ihrer glücklichen Wiedervereinigung für die Dauer der Karwoche ihr Begehren bezähmen und danach ein neues Leben beginnen.

Zärtlichkeit gegen Kinder findet sich in zahlreichen Texten, von *La Manekin* bis zu *Tristan de Nanteuil*, wo durch ein Wunder Milch in die Brüste einer Mutter schießt, die lieber Selbstmord begehen wollte, als ihr Kind leiden zu sehen. In einem eher hierarchischen Kontext verlangt Gräfin Ida von Boulogne, daß ihre Kinder von keiner anderen Frau die Brust bekommen sollen als von ihr; als sie entdeckt, daß während ihrer Abwesenheit eine Amme ihren hungrigen Sohn gesäugt hat, schüttelt sie, von heiligem Zorn gepackt, das Kind so lange, bis es die fremde Milch erbricht; danach gibt sie ihm die eigene Brust. Diese Episode aus *Chevalier au cygne* schlägt die Brücke von der privaten Welt der Kemenate zum Lebenszusammenhang der Sippe. Die Kemenate erscheint als der symbolische Ort der Mutterrolle in der häuslichen Zelle – die Weitergabe der Muttermilch wird zum sakralen Akt; die leibliche Mutter ist die einzige Nährerin, die des ruhmreichen Nachwuchses würdig ist.

Die fieberhafte Suche nach dem Vater. Besessen ist die mittelalterliche Literatur vom Problem der Abstammung und dem Problem der Eltern-Kind-Beziehung. Ein zentrales Thema sind die Bande zum Vater, und zwar vornehmlich in jenen Geschichten, in denen eine Frau beschuldigt wird, ein Monstrum geboren zu haben, das unmöglich das Kind ihres Gatten sein kann. Erst recht geht es um die Frage der Vaterschaft in Geschichten, die vom Kampf zwischen einem Vater und seinem Sohn handeln – tragischen Feinden, die einander nicht kennen oder nicht erkennen. In *Gormont et Isembart* erschlägt der zum Renegaten gewordene Sohn im Kampfgetümmel seinen Vater; ähnliche Beispiele finden sich in *Doon de la Roche*, *Baudouin de Sebourc*, *Florent et Octavien*. Der späte Roman *Valentin et Orson* enthält einen Fall von Vatermord. Valentin, einen Sarazenenschild in der Hand, wird von seinem Vater attackiert. Die beiden prallen mit solcher Wucht aufeinander, daß die Lanze des Sohnes den Vater durchbohrt: »Heute habt Ihr den Vater getötet, der uns beide gezeugt hat!« ruft sein Zwillingsbruder Orson aus.

Onkel und Neffen. Die Frage nach den Blutsbanden läßt erkennen, wie unsicher und ungesichert für das mittelalterliche Bewußtsein die Abstammung war. Die Faszination, die der Vater auf den Sohn ausübt und umgekehrt, kommt deutlich in Feengeschichten zum Ausdruck, in denen der eine der feudalen Welt, der andere einer Jenseitswelt angehört. Vater und Sohn sind dann zwar blutsverwandt, aber einander im Grunde fremd, wie im *Lai de Désiré* und – auf noch phantastischere Weise – in *Tydorel*. Als König Tydorel erfährt, daß er aus dem Feenreich stammt, entsagt er seiner irdischen Macht, gibt seinem Roß die Sporen und sprengt in voller Rüstung in die Tiefen jenes Sees, aus dem sein Vater gekommen war, um ihn zu zeugen.

Die großen Helden der *Chansons de geste* und der höfischen Romane haben häufig gar keine Söhne, oder diese Söhne sind lächerliche Figuren, wie der schwache Louis in *Charroi de Nîmes*. Als Ersatzsöhne fungie-

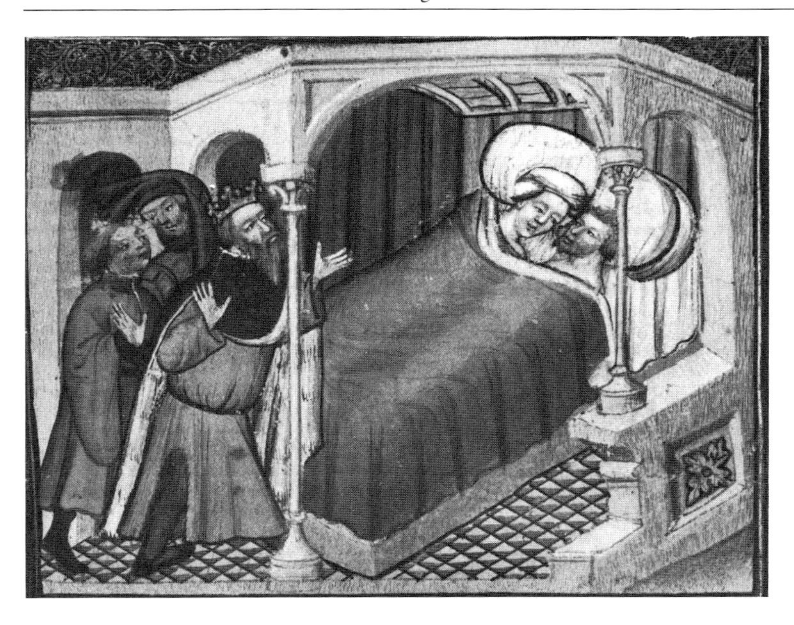

»Als Gawain eingeschlafen war, legte sich das Fräulein, das jung und drall war, ebenfalls zum Schlafen nieder, erfüllt von der zärtlichen Nähe ihres Freundes.« In diesem Moment überrascht der König von Norgales seine Tochter in den Armen des Ritters.
(Paris, Bibliothèque de l'Arsenal, Ms. 3479)

ren in diesem Falle die Neffen, und zwischen ihnen und dem Onkel besteht eine eigentümliche Beziehung, für die es, wie R. Bezzola gezeigt hat, weder in der griechischen oder römischen noch in der germanischen oder keltischen Mythologie Vorbilder gibt. Der symbolische Wert des Vater-Sohn-Verhältnisses ist nicht schwer zu erfassen; doch daneben trat nun die Onkel-Neffe-Beziehung, die zwar eine verwandtschaftliche ist, aber eine direkte Erbfolge ausschließt. Neffen stehen ihren Onkeln sehr nahe, die wiederum zu ihnen große Zuneigung empfinden, und zeichnen sich (man denke an die Neffen von Guillaume d'Orange) durch ausgeprägte Individualität aus; sie sind »herausgehobene« Persönlichkeiten. Doch gibt es auch Ambiguität, so etwa zwischen Roland und Karl. Als einzigem Neffen des Kaisers wird Roland eine individuelle Mission übertragen; aber: »Hätte er nicht mehr sein können als ein Neffe? Hätte er nicht der Sohn des Kaisers sein können?« (Bezzola) Einer nordischen Saga zufolge ist Roland, dem im *Chanson de Roland* lediglich ein Stiefvater zugestanden wird, in Wirklichkeit der Sohn von Karl und dessen Schwester Gisela; freilich wird diese inzestuöse Abstammung in den französischen Texten vor dem 14. Jahrhundert nicht bezeugt. Das Thema des Neffen als »Kind der Liebe« spielt in Gottfrieds von Straßburg Version des Tristan-Stoffes eine beträchtliche Rolle. Bei Pflegeeltern aufgewachsen und von normannischen Kaufleuten entführt, wird Tristan von König Marke aufgenommen und erfährt, daß er dessen Neffe ist. Der Onkel hegt eine zärtliche Liebe für das Kind seiner Schwester, so daß er keinen eigenen Thronfolger zeugen mag – so als ob Tristan sein eigener Sohn wäre. Ambiguität kennzeichnet auch das gegensätzliche Paar Gawain und Mordred, die Neffen König Artus'. Treuer Gefährte und enger Ratgeber des Königs, wird der höfische Gawain zum Feind des Verräters Mordred, der Artus um sein Reich und seine Frau bringen will. Nach einer Version dieser Sage

König Artus und Königin Guenièvre verlassen das Fest; 14. Jh. (Turin, Nationalbibliothek)

ist Mordred die Frucht der blutschänderischen Liebe Artus' zu seiner Schwester Anna, der Frau des Königs Loth von Orkanien und Mutter Gawains. Doch hatte Artus den Inzest nicht vorsätzlich begangen; denn zu dem fraglichen Zeitpunkt wußte er nicht, wessen Sohn er war, und konnte daher nicht ahnen, daß Anna seine Schwester war.

Verbannte. In engem Zusammenhang mit dem Verhältnis des Einzelnen zur Gemeinschaft (die dem Einzelnen zwar Grenzen zieht, aber auch seinen Status bestimmt) steht das Thema des Exils, das besonders im Hinblick auf Frauen aufschlußreich ist. Man denke etwa an die Tochter des Grafen von Pontieu, die den Sohn der Schwester ihres Vaters heiratet. Sie erweist sich als unfruchtbar, und nachdem sie ihre Ehre und ihre soziale Stellung verloren hat, wird sie in ein Faß gesteckt und auf dem Meer ausgesetzt. Doch die Strömung treibt sie an die Küste eines mohammedanischen Landes, wo sie ihre gesellschaftliche Stellung und ihre Fruchtbarkeit wiedererlangt. Aus Sterilität wird Fruchtbarkeit – durch eine Initiation, die mit der Gewalttat gegen ihren Körper beginnt, durch das Verbrechen eines Mordversuchs, den sie niemals bereut, und schließlich durch ihr Überwechseln unter heidnisches Gesetz. Sollen wir glauben, daß diese exogame Reise, nach deren Beendigung sie in die Welt ihrer Ursprünge zurückfindet, daß dieser zeitweilige Abbruch der Beziehungen zu ihrer Familie und ihrer Gesellschaft für sie eine notwendige und fruchtbare Erfahrung war? Auf jeden Fall ist das Exil häufig die Konsequenz einer inzestuösen Beziehung. Das Begehren des Vaters, in *Vair Palefroi* kaum angedeutet, wird in *Deux Amants* von Marie de France deutlicher gemacht (»mächtige Vasallen hielten um ihre Hand an und hätten sie gerne zum Weib genommen, doch der König versagte seine Zustimmung, weil er ohne sie nicht sein konnte. Sie war seine einzige Zuflucht, und weder Tag noch Nacht wich er von ihrer Seite«) und kommt als perverser Wunsch in *La Manekine* und im *Roman du comte d'Anjou* kraß zum Vorschein.

Höfische Liebe und Eifersucht. Zu den Ursachen häuslicher Spannungen zählte nicht zuletzt die Eifersucht, die mit der institutionellen Seite der höfischen Liebe verbunden war. In gewisser Weise war die Eifersucht eine phantastische Übersteigerung dieser Liebe, da der Ehegatte, durch den die Liebe möglich wurde, sie zugleich gefahrvoll machte. Die Artusepik schildert den König als unbehelligt von diesem Gefühl. (In *Chevalier à la charrette*, einer Ehebruchsgeschichte, scheint er weder eifersüchtig noch argwöhnisch zu sein.) Die Auswirkungen ehebrecherischer Liebe auf das private Leben kommen erst seit dem 13. Jahrhundert vor: im *Roman du châtelain de Coucy*, wo ein eifersüchtiger Ehemann seine Frau zwingt, das einbalsamierte Herz ihres auf einem Kreuzzug gefallenen Geliebten zu essen, in parodistischer Übersteigerung im *Lai d'Ignauré*, wo zwölf Ehemänner sich an ihren Frauen rächen, in *Châtelaine de Vergi*, wo die Eifersucht der Herzogin zur Profanierung der Liebe führt, und in *Flamenca*, wo die Eifersucht pathologische Formen annimmt: Der Eifersüchtige wirkt haltlos, abstoßend, unhöfisch.

Verdächtige Frauen. Gewisse in der Erzähltradition sehr häufige Familienszenarien sind im Mittelalter so oft in Romanform gestaltet worden, daß sie der Imagination (und sei es als Happy-End nach Abwehr aller die häusliche Welt bedrohenden Gefahren) mehr geboten haben müssen als ein im Wiedererkennen der Tradition begründetes Vergnügen. Ein solches Motiv ist die Beschuldigung einer Frau, wobei die Verleumdung sich bemerkenswerterweise in das Schlafzimmer, zumal ins Wochenbett vorwagt, wo aus der Illegitimität, d. h. Monstrosität, ein mit einem Makel behaftetes Kind geboren wird. Verleumdet wird ebenfalls die keusche Frau, die von ihrem Schwager begehrt wird. Es gibt auch das Thema, daß der Verfolger der Heldin an einer Krankheit leidet, von der ihn sein Opfer heilt, nachdem er seine Missetat einbekannt hat. Die Bedeutung des öffentlichen Geständnisses kann gar nicht überschätzt werden, zumal wenn es das Geständnis einer bösen List ist. In *Florence de Rome* wird das Geständnis geradezu zwanghaft wiederholt. Der Vorwurf monströser Liebe ist häufig. Mag er auch auf Volkstraditionen zurückgehen, so muß man ihn doch mit der Darstellung von Sexualität und genitalen Phantasien in Zusammenhang bringen. In *Chevalier au cygne* bringt Königin Beatrix, die eine Mutter von Zwillingen verspottet hat, einen Wurf Sechslinge zur Welt. In der späteren Geschichte *Theseus de Cologne* hat die Königin sich über einen Krüppel lustig gemacht; daraufhin bringt sie eine Mißgeburt zur Welt, und ein verschmähter Liebhaber beschuldigt sie, mit einem Zwerg geschlafen zu haben. Der empörte Gatte verurteilt die Frau zum Scheiterhaufen, doch Gott schenkt dem kleinen Kind Schönheit, während der Zwerg im Zweikampf den Verleumder besiegt. In manchen Geschichten werden die Kinder verdächtigter Mütter von ihren leiblichen Familien verstoßen und enterbt.

Brüder. Zwischen dem 12. und dem 15. Jahrhundert enthält die Literatur zahllose Beispiele für eine Kleinfamilie mit Kindern, und zwar gewöhnlich mit Zwillingsbrüdern. Anscheinend erblickte man hierin die ideale Lösung für das Problem des Konflikts zwischen zwei Machtinhabern, zwei Bewohnern ein und desselben privaten Raums. Mit dem Rückgriff auf das uralte Rätsel der Doppelgeburt scheinen die Geschichten um Brüder auf die Tendenz der Feudalgesellschaft reagiert zu haben, aus dem Leben des jüngeren Bruders eine einzige Kette von Enttäuschungen zu schmieden. Indem sie aus den Brüdern Zwillinge machen, erstatten sie dem benachteiligten Bruder seine Gleichberechtigung zurück (oder gar seine Überlegenheit: manchmal tritt der eine Bruder mit vollem Einverständnis an die Stelle seines Zwillings). Die Fiktionen, die dieses Bruderverhältnis zum Gegenstand hatten, evozierten erhebliche Spannungen; dann dienten sie dem, was Georges Duby »Sozialtherapeutik« genannt hat. Das Recht des Letztgeborenen wurde zur Geltung gebracht, die Notwendigkeit der Koexistenz betont.

Manche Brüderpaare waren in blutige Episoden verstrickt. Im *Roman de Thèbes* treten die Nachfahren des Ödipus auf; die Geschichte von Romulus und Remus wird im Prolog zum *Roman d'Athis et Prophilias* kurz skizziert, in einem mehr feudalen Kontext auch in *Florence de Rome* aus dem 13. Jahrhundert; hier gibt es eine Schlacht um Mauern und einen

Besuch eines Ritters bei seiner Dame, 15. Jh. (Chantilly, Musée Cluny)

tödlichen Machtkampf. In Geschichten, in denen das Bruderthema den Ausdruck von Haß erlaubt, gibt es stets einen älteren und einen jüngeren Bruder, und der Streit dreht sich um die Rechte des Erstgeborenen gegenüber denen des Letztgeborenen. Brudermord betraf stets einen jüngeren und einen älteren Bruder, niemals Zwillinge.

Im Gegenteil, Zwillinge waren stets etwas Exemplarisches. Häufig fielen sie dem Ausschluß aus der Gemeinschaft zum Opfer, und die Geschichten zeichnen ihren Weg zur allmählichen Wiedereingliederung nach. Manchmal befindet sich die Mutter der Zwillinge ebenfalls im Exil, so die Königin von England in *Guillaume d'Angleterre* oder die schöne Helaine, die Schwester Pepins, in *Valentin et Orson*. Oft werden die Kinder in der Wildnis geboren, wo sie ihre Mutter verlieren und von einem Tier aufgezogen werden; oder sie wachsen bei einem Bauern oder Kaufmann auf, in einem sozialen Rahmen, der sich beträchtlich von dem, der ihnen gebührt, unterscheidet. Natürlich zeugt die enge Beziehung zur Mutter vom Überleben archaischer Impulse: Die Zwillinge bleiben mit dem Mutterschoß verbunden. Ein Beispiel ist der abgetrennte Arm der schönen Helaine: Ihr Sohn Bras [frz. »bras« = Arm], an dessen Leib man den Arm angenäht hat, wird ihn bis in seine Jünglingszeit frisch erhalten und wie eine Reliquie tragen, bis zu dem Tag, an dem sein Bruder, der künftige heilige Martin, auf wunderbare Weise diese heilige Nabelschnur zur Mutter wieder anbringen wird.

Befreiungen und Wiederbegegnungen sind in diesen Geschichten überaus häufig, hauptsächlich im Zusammenhang mit der Rehabilitierung der Mutter. Zwillinge sind der Kern der Eltern-Kind-Zelle, und da sie die einzigen Bewirker der Wiederherstellung der Verwandtschaftsgruppe sind, hat ihre Geschichte meist eine zentripetale Struktur: von der gesprengten Familienzelle zur wiederhergestellten Zelle. Trotzdem behalten die Kinder einen Namen, der ihrer neu gewonnenen Identität nicht entspricht – in einer Version von *Valentin et Orson* heißt Orson, der von einem Bären aufgezogen worden ist, »Nameless« (»Namenlos«) und behält diesen Namen –, so als ob das Geheimnis ihrer Geburt und ihrer Vertreibung aus der menschlichen Gesellschaft wie etwas Unnennbares an ihnen haften bliebe. Die Zwillingsgeschichten thematisieren Akkulturation: Bevor sie mit Vater und Mutter vereinigt werden können, müssen die Zwillinge zuerst einander als Brüder erkennen. In *Valentin et Orson* wird ein Kind der Wildnis von seinem schon halb akkulturierten Bruder bezwungen. Dann legt Orson einen Treueid ab, durch den Valentin die Rolle des Oberherrn zufällt: Er »streckt seinem Bruder Valentin die Hände entgegen, bittet ihn in Zeichensprache inständig um Vergebung und deutet an, daß er künftig seinem Bruder gehorchen und alle seine Wünsche erfüllen wolle. Und er gibt durch Zeichen zu verstehen, daß er Person und Besitz seines Bruders nicht antasten werde«.

Hier liegt ein offenkundiges Paradox vor: Einer der Zwillinge schlüpft in die Rolle des älteren Bruders. Und doch ist keine Konstellation egalitärer als die von Zwillingen. Immerhin gibt es in *Guillaume d'Angleterre* den klaren Hinweis, daß einer der Zwillinge der Erstgeborene ist. Man erinnere sich eines Artikels im Gewohnheitsrecht des Beauvaisis, der Zeugenaussagen von Frauen vor Gericht für unzulässig erklärt, ausgenommen den Fall, daß eine Mutter angeben muß, welcher ihrer beiden Söhne der Erstgeborene ist. »Ohne das Zeugnis der Frau ist nicht festzustellen, welcher der Ältere ist, weshalb der Frau *in diesem Fall* Glauben zu schenken ist.«

Fiktive Zwillinge. Metaphorische Zwillinge waren gleichsam eine hyperbolische Version realer Zwillinge. Der Ursprung ihres Zwillingsverhältnisses war ein anderes; es gingen neue Verträge und neue Proben mit ihm einher. Doch die Rolle von Zwillingen als Wohltätern der Gemeinschaft war dieselbe, und auch die idealisierte, exemplarische Vision einer unverbrüchlichen Solidarität war vergleichbar. Diese Zwillinge sind Artefakte, denn ihr Verhältnis ist das Ergebnis merkwürdiger Umstände: Sie sind für alle Zeit durch einen Partnerschaftsvertrag aneinander gebunden, der an das tatsächlich aktenkundige »affrèrement« (Verbrüderung, Adoptivbruderschaft) gemahnt. Aber dieses Band ist

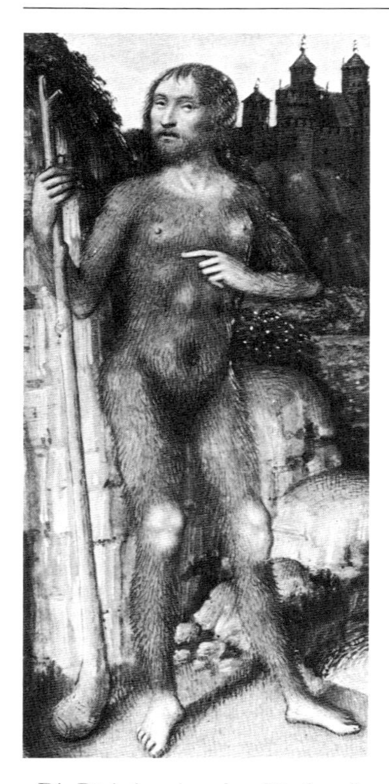

»Die Bärin bezeigte dem Kind große Liebe und säugte es ein ganzes Jahr lang. Durch diese Nahrung wurde das Kind schließlich so behaart wie ein wildes Tier, und es aß rohes Fleisch.« *Valentin et Orson*, Illustration von J. Bourdichon, 15. Jh. (Paris, École des Beaux-Arts)

ein rein emotionales; die Partner haben weder Blut noch Heimat gemeinsam. Ami und Amile kommen aus Berri bzw. Auvergne, Athis und Prophilias aus Rom bzw. Athen, Artus und Olivier, die Helden einer Geschichte aus dem 15. Jahrhundert, aus der Algarve bzw. aus Kastilien. Bei diesen wird die Beziehung vom ersten Augenblick an durch einen expliziten Pakt besiegelt, der es mit Nachdruck formuliert: »Und als sie begannen, miteinander bekannt zu werden, faßten sie eine so vollkommene Liebe zueinander, daß sie gemeinsam ein Bündnis eingingen, als treue Gefährten zusammenzuhalten, und versprachen, daß keiner den anderen jemals verlassen wolle als nur im Tod. Denn sie glaubten, daß, sofern es nicht der Wille unseres Herrgotts sei, niemals dort Haß und Übelwollen entstehen könne, wo so große Liebe und gute Gemeinschaft sei.« *(Histoire d'Olivier de Castille et Artus d'Algarbe)*.

Von diesem Tag an versprachen die Vertragspartner, der Welt »un semblant et une feiture« (ein identisches Aussehen) darzubieten. Wir sollen glauben, daß ihre äußerliche Ähnlichkeit, die sogar die Möglichkeit der Verwechslung einschloß, eine Folge des von ihnen geschlossenen Vertrages sei. Selbst ihre Verwandten sind nicht mehr sicher, wer wer ist. In anderen Fällen muß der Vertrag erprobt werden, bevor er gültig wird; manchmal wird dabei von dem einen Vertragspartner verlangt, mit Hilfe eines Erkennungszeichens sein Double zu suchen, von dem getrennt zu sein unerträglich ist. Die entscheidende Probe ist jedoch die Frau als zu erringender Preis. Athis bemerkt, daß Prophilias sich vor Liebe zu der Frau verzehrt, die er, Athis, heiraten will, und versteht es durch eine List einzurichten, daß er zwar das Mädchen heiratet, es aber in der Hochzeitsnacht (und noch für Monate danach) an sein Double abtritt. Eine andere Probe besteht darin, Kinder – oder vielmehr deren Blut – zu schenken. Ein Zwilling, der an Lepra erkrankt ist, wird durch Blut von den Kindern seines Bruders geheilt. Hierin können wir einen Anklang an den traditionellen Ritus des Bluttausches erkennen, ein redundantes Zeichen für den Vertragsdiskurs ebenso wie für den unverbrüchlichen Treuevertrag.

Brüder und Macht. Zwillinge – geborene wie gekorene – befinden sich stets in einem Kampf um die Macht, und man kann in dem scheinbar rein verwandtschaftlichen Zwillingsverhältnis durchaus den Kern einer besonderen Beziehung zur Gemeinschaft sehen. Die Söhne des Ödipus und die Gründer Roms wurden von ihrer Begehrlichkeit verzehrt; demgegenüber haben es die mittelalterlichen Zwillinge stets mit dem Gedeihen und der Erweiterung von Königreichen zu tun. Angeführt von dem charismatischen Brüderpaar Claris und Laris zogen die Ritter der Tafelrunde aus, neue Länder zu erobern. In der mittelalterlichen Literatur kommt es oft vor, daß ein Einzelner und sein Double gemeinsam agieren, wobei der eine dem anderen seine Stärke leiht. In manchen Fällen entsagen beide Zwillinge gemeinsam der Macht. Ami und Amile beschließen in frommer Betrachtung ihre Tage in der Lombardei; Valentin und Orson enden in seliger Bescheidenheit. Der gelassene Verzicht auf Besitz scheint das beste Mittel zu sein, eine gefährliche Rivalität im Keim zu ersticken. Sogar in der *Histoire d'Olivier de Castille*, einem Roman, der auf die Bestrebungen des burgundischen Hofes im 15. Jahrhundert gegründet ist, ist derjenige Zwilling, dem die Rolle des älteren Bruders zufällt, rücksichtsvoll genug, rasch aus der Erzählung zu verschwinden, nachdem er zuvor noch seine Ländereien seinem Bruder vermacht hat.

Das wirkliche oder fiktive Bruderverhältnis konnte auch als Inversion des Hasses erlebt werden, als akzeptable Lösung latenter Konflikte, die in der Literatur in sublimierter Gestalt erschienen. Zwillinge symbolisierten einen ungespaltenen Urzustand, den Aufenthalt in demselben Mutterschoß. Zwillinge erfüllten die Welt mit dem Geist der Versöhnung, der unverbrüchlichen Zusammengehörigkeit, der wiederhergestellten Gemeinschaft, und ihre metaphorischen Entsprechungen künden von denselben Utopien.

Die Kemenate. Unter »Kemenate« verstehe ich hier eine Gruppe von Frauen, die in einem ihnen vorbehaltenen Gemach zusammenleben. Literarische Darstellungen der Kemenate finden sich in den *Chansons de toile*, den *Chansons de geste*, den Romanen und später in den »veillées«. Vom 13. bis zum 15. Jahrhundert kannte man das häusliche Gemach, das ausdrücklich oder stillschweigend für die Frauen reserviert war. Wie konstant war die Struktur dieses Raumes? Diese Frage ist von Bedeutung für das Verhältnis der Frauen als Einzelne und Gruppe zur größeren Gemeinschaft.

Informationen über das Frauengemach sind schwer zu ermitteln. Anscheinend war es klar gegen die übrige häusliche Innenwelt abgegrenzt – die innere Zeit des weiblichen Raumes hebt sich ab von einer äußeren Zeitlichkeit, der sie ihren Status verdankt. In den *Chansons de toile* erscheinen die Frauen abhängig und in ständiger Auflehnung gegen die Institution der Ehe begriffen. Der Zeittakt ist der des Wartens, der Akzent liegt auf einer verzweifelt inneren Zeitlichkeit. Gelegentlich, etwa im *Roman du comte d'Anjou*, entfliehen die Frauen ihrer bedrohten Privatsphäre und schaffen sich anderswo einen neuen weiblichen Raum mit sowohl identischer als auch neuer Zeit. In manchen Fällen wird die Einhegung des weiblichen Raums von der Hand einer bösen Frau verletzt, zum Beispiel der »maistresse« der schönen Euriaut im *Roman de la Violette*.

Im Gegensatz hierzu wird in dem *Chanson du chevalier au cygne* die Einhegung des weiblichen Raums sorgsam gehütet, weil in ihm Frauen leben, denen die Qualität der Sippe anvertraut ist. Die Kemenate erhöht die Frau in ihrer Aufgabe als Mutter; der Mann hat das Recht, in diesen Raum einzudringen, jedoch nur kurz. Auffallenderweise fehlen räumliche Zuordnungen gerade dort, wo die weiblichen Mitglieder des Haushalts in der Pluralität ihrer Funktionen (Dame, Gefolge, Amme) dargestellt werden. In der Kemenate, wo das kleine Kind den ersten Unterricht empfängt, ist die Geschlechtertrennung funktional; hier bewegen sich innere Zeit der Kemenate und äußere (männliche) Zeit in einem Verhältnis der wechselseitigen Anregung.

Später, in den *Évangiles des quenouilles* – die, eine Frucht der »veillées« und des Schemas eines rein verbalen Austauschs, der Tradition des *De-*

Das Gedächtnis der Gebärde. Boccaccio, *Von Mönchen und vornehmen Frauen*, um 1403. (Paris, Bibliothèque Nationale, Ms.fr. 25528)

camerone folgen und auf eine blühende Literatur dieses Genres im 16. Jahrhundert vorausweisen –, berichtet der Erzähler: »Es ist Wahrheit, wenn ich euch erzähle, daß ich letztes Jahr in einer jener langen Nächte zwischen Weihnachten und Lichtmeß eines Abends nach dem Essen das Haus eines älteren Fräuleins unweit meiner Nachbarin besuchte, wo ich häufig vorzusprechen pflegte, um mich zu unterhalten; denn mehrere Nachbarinnen aus der Gegend kamen dort zusammen, um zu spinnen und von nichtigen, lustigen Dingen zu schwatzen, was mir zu großem Trost und Vergnügen gereichte.« Das Gespräch der Frauen, das vom Erzähler mitgeteilt werden muß, verleiht dieser Gruppe ihren eigentümlichen Charakter; es definiert sich selbst als Abgrenzung. Bewußt abgesetzt gegen die männliche Gemeinschaft, drückt das Gespräch der Frauen ein quasi magisches Wissen und eine bestimmte Form des Zugriffs auf die Welt der Gemeinschaft aus. Die Zeit der Kemenate ist hier eine alles umfassende Zeit, ein Mutterschoß im strengen Verstande des Wortes.

Weiblichen Protagonisten sind gewisse Situationen vorbehalten, deren Modalitäten – sei es in der aristokratischen Welt der Romane, sei es in der bäuerlichen Welt der »veillées« – variabel sind. Diesen Frauen sind Gesten und Sprechakte zugeordnet, die man als Zeichen des Rückzugs und der räumlichen, emotionalen oder rituellen Einschließung werten muß. Dieses Spiel der Signale, dessen künstlerische Ökonomie den Einfluß des literarischen Codes verrät, ergänzt die seltenen räumlichen Notationen. In den *Chansons de toile* ist der private Raum der Frauen eine Szenerie der Träumerei, Offenheit, Erwartung und Vertraulichkeit. Mag der visuelle Rahmen auch sparsam gezeichnet sein, so lassen die verbalen Notationen doch zwei verschiedene Räume erkennen: einen privaten, weiblichen und einen anderen, von dem der erste deutlich abhängt. Die Heldinnen der *Chansons de toile* leben wie auf einer Schwelle: der Schwelle zum Bruch mit der autoritären Welt des Gesetzes. Einrahmungen wie das Fenster oder der Zinnenkranz eines Turms verweisen auf Grenzen, die der Blick überschreitet. Im Gegensatz dazu deutet in den Gedichten der Garten, also der offene Raum, häufig an, daß der private Raum in Auflösung begriffen, die Kemenate bereits zerbrochen ist. Im Garten begegnet Belle Beatris ihrem Geliebten, hier planen beide ihre Flucht.

Eine andere Konstante sind die spezifischen Tätigkeiten der Frauengruppe, die Rückzug signalisieren. Wenngleich die Heldin häufig wartet oder sich lesend in sich selbst versenkt, finden wir sie gewöhnlich doch mit weiblichen Arbeiten beschäftigt, in Gedichten und in Romanen wie *Guillaume de Dole*, *Éscoufle* und im *Roman du comte d'Anjou*. Sitzende Frauen nähen, singen und sprechen in einer Ordnung des Raumes und der Zeit, die nicht ohne Belang für die Funktion des kollektiven Gedächtnisses in der Kemenate ist. In dem Lied, das Lienor singt, um den Abgesandten des Kaisers zu begrüßen, spielen Guillaumes Mutter und Schwester eine Situation aus den *Chansons de toile*, während sie sticken. In den sechs »veillées« der *Évangiles* ist die Redundanz der Gegenstände frappierend; jede »veillée« wird mit einer Floskel über die Handarbeit der Frauen eingeleitet und beendet: »Alle brachten

Spinnrocken, Flachs, Spindeln [...] und was sie sonst für ihre Kunst brauchten, mit.«

In den narrativen Werken hängen Bestand, Verfassung und Auflösung der Kemenate häufig von einer Frau ab, die in der häuslichen Gesellschaft als Gouvernante fungiert. Im *Roman du comte d'Anjou* und im *Roman de la Violette* offenbaren diese Funktionsträgerinnen beispielhafte Solidarität bzw. absolute Böswilligkeit. Im erstgenannten Roman flieht das junge Mädchen, von seiner Gouvernante begleitet, aus dem väterlichen Haus. Die Flüchtigen verstecken sich bei einer armen Frau, vertreiben sich die Zeit mit Gebet und Arbeit – sie verstehen sich aufs Sticken. Erneut gezwungen zu fliehen, müssen sie den beiden Töchtern eines Kastellans das Sticken beibringen. Die Gouvernante, die als »gute Dame« bezeichnet wird und das junge Fräulein mit »Mädchen« anredet, ist die Vertraute der Jüngeren; sie stiftet zur Flucht an, sie weiß den Haushalt zu führen, sie beschafft das zur Flucht nötige Gold und Silber. Ihre Kammer geht auf einen Garten hinaus, von dem man in den Wald gelangen kann. Später wird die Heldin von einer bösen Schwiegermutter bedrängt, die über sie das Gerücht verbreitet, eine Mißgeburt zur Welt gebracht zu haben, und am Ende wird sie mitsamt ihrem Kind in einen Brunnen geworfen. Die Gouvernante stirbt vor Gram. Diese Gestalt einer vorbildlichen Mutter macht deutlich, daß Inzestdrohung und Verleumdung alle Frauen betreffen. Das weibliche Individuum repräsentiert das weibliche Geschlecht, nicht eine Person; in dieser wie in anderen Geschichten agiert die Gruppe durch weibliche Dubletten. Die schöne Helaine von Konstantinopel wird in zwei Fällen von einer anderen Frau »gedoubelt«, die für sie auf den Scheiterhaufen steigt. Der *Roman du comte d'Anjou* bezeugt, zudem höchst redundant, den Wert der Handarbeit. Die Frauen bekommen Kost und Logis, weil

»Die Alte führte ihn zu dem Guckloch, das sie gebohrt hatte. Der Graf sah hindurch und erblickte das Veilchen auf der rechten Brust.«
Roman de la Violette, 15. Jh.
(Paris, Bibliothèque Nationale)

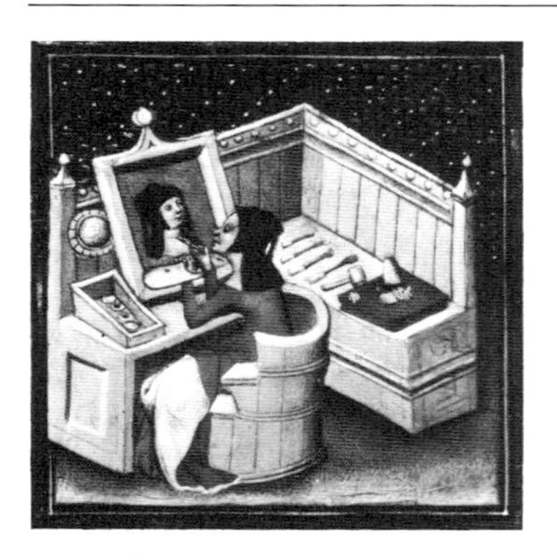

Boccaccio, *Von vornehmen und angesehenen Frauen*. Geschickt malt Marcia mit Hilfe eines Spiegels ihr Selbstporträt. 15. Jh. (Paris, Bibliothèque Nationale, Ms.fr. 598)

sie sich auf die Handarbeit verstehen, und sie erlangen ihre Sicherheit und Wiedereingliederung in die Gesellschaft, weil sie Wissensvermittlerinnen sind. Sie unterrichten die beiden jungen Töchter des Kastellans. So ist die Kemenate wiederhergestellt. Allerdings ist es eine mobile Kemenate, deren Integrität in der Erinnerung an weibliches Können besteht. Von Übertretung bedroht, löst der geschlossene Raum der Frauen sich auf, sucht sich einen neuen Ort und durchläuft eine Zeit der Unstetheit, bis ein neuer privater und geschlossener Raum gewonnen ist. In anderem Boden treibt die Kemenate neue Schößlinge.

Demgegenüber illustriert der *Roman de la Violette* den Zerfall der Kemenate. Die Amme, welche die Verletzung des geschlossenen Raumes begünstigt, verkörpert die Entsolidarisierung der Frauen. Sie spürt den aufkeimenden Wunsch des Mannes, erbietet sich, bei der Erfüllung behilflich zu sein, preßt dem Mädchen das Geständnis des heimlichen Zeichens ab (das Veilchen) und durchbricht schließlich die symbolische Schranke, deren Fragilität einen Mangel in den utopischen Werten der Kemenate, der pluralistischen Harmonie der Frauen, enthüllt.

In den *Évangiles des quenouilles* verlassen wir zwar die häusliche Gesellschaft, verstanden als aristokratische »maisnie«. Aber die weisen und klugen Matronen, die eines Tages sich zu zerstreuen beschließen (»eine von uns wird mit der Lektüre beginnen und ihre Kapitel in Gegenwart aller anderen vorlesen, damit sie sich einprägen und für immer im Gedächtnis haften bleiben«), praktizieren mit ihrer Lektüre von Maximen und Kommentaren und anhand ihrer Erfahrungen mit dem Alltagsleben eine magische Beschwörung der häuslichen Gesellschaft. Da einige von ihnen mit den Geheimwissenschaften Umgang haben, überliefern sie uralte Mittel, um Boden und Tiere fruchtbar zu machen, und mit Aberglauben gesättigte Ratschläge, etwa zur Verhinderung von Alpträumen. In der Isolation, die mit tätiger Muße und einem kollektiven Ritus verquickt ist, herrscht das Gesetz der Wiederholung: eine zyklische Zeit, die Vergangenheit, Gegenwart und Zukunft verbindet. Wohlorganisiert – mit einer im Rotationsverfahren bestimmten Vorsitzenden und einer Schriftführerin, die Protokoll führt –, ist diese Frauengruppe aus dem bäuerlichen Milieu eine Agentur geheimen Wissens; darauf verweist das dort betriebene Deutungsgeschäft, die Entzifferung und Verknüpfung von »Zeichen«, ebenso wie der eigentümliche Umgang mit Erscheinungen, deren verborgenen Sinn die Frauen enträtseln. In solchem Austausch des Wissens wurzelt der Zusammenhang der Gruppe; denn diese Geheimnisse können nur von Frauen tradiert werden: »Sie dankten Dame Abonde sehr für ihre wahrhaften Evangelien und versprachen, sie nicht einem Kälbchen ins Ohr zu flüstern, sondern sie in ihrem ganzen Geschlecht zu verbreiten, auf daß sie von Generation zu Generation weitergegeben und vermehrt würden.«

Die Zukunft der Gesellschaft wird also bestimmt vom regulativen Wort der Frauen, die versuchen, Kontrolle über das individuelle und das kollektive Leben auszuüben, von der Tierzucht bis zum Geschlechtsakt, vom Ehekrach bis zum Gefühlszauber: »Wenn eine Frau will, daß ihr Gatte eines seiner Kinder mehr liebt als die anderen, so

Hier beginnt das Buch des Ritters de la Tour La Landry, bestimmt für seine Töchter, »die noch sehr jung sind und der Klugheit ermangeln«. 15. Jh.
(Paris, Bibliothèque Nationale, Ms.fr. 1190)

muß sie von den beiden Spitzen der Ohren seines Hundes ihm die eine Hälfte und dem Kind die andere Hälfte zu essen geben, und bei der Wahrheit dieses Evangeliums: die beiden werden einander so sehr lieben, daß sie kaum mehr einer ohne den anderen sein können.« Die Kemenate definierte sich über ihre Zauber- und Orakelfunktion, was der »Schriftführerin« durchaus bewußt war: »Es schien ihnen, daß die Welt nach diesen Konstitutionen und Kapiteln künftig von ihnen gelenkt und regiert werden müsse.«

Umringt von Grenzmarkierungen, die ihr von außen aufgezwungen worden waren, konnte die Kemenate selber ihrerseits Grenzen stiften, zum Motor einer energischen Dialektik von Innen und Außen werden, die befruchtend in die Gemeinschaft ausgriff. Darauf gründete sich ihr Status als einer souveränen »matrie« (»Mutterland«). Eingezingelt von Sprache, von Unglück, von Macht, besaß sie gleichwohl (vielleicht gerade deshalb?) eine hohe Anregungskraft, die sie bewahrte und rekonstituierte und die aus ihr ein unbezwingliches Modell häuslicher Gemeinschaft machte.

Das Paar in seiner Intimität. Die Darstellung des Paares in seinen häuslichen Verhältnissen war vor 1200 stereotypisiert. Im 13. und 14. Jahrhundert wird sie dann zunehmend differenzierter, insbesondere in normativen Texten. Der Tadel des Chevalier de La Tour Landry gilt Frauen, die versucht sind, ihrem Gatten den Gehorsam zu verweigern, »zumal vor anderen Leuten«. Aber, so fügt er hinzu: »Wenn Ihr privat mit ihm allein seid, dürft Ihr Eure Wünsche freimütiger äußern, ganz nach Eurer Kenntnis seines Betragens.« Er bezeichnete damit einen privaten Raum und eine private Zeit, die den gegenseitigen Beziehungen mehr Freizeit und Intimität gewährten, so als ob es vor allem darauf ankäme, in Gegenwart der anderen Hausbewohner den Schein zu wahren. *Ménagier de Paris* enthält einige schöne Beispiele ehelicher Intimität. So erinnert der Gatte seine junge Frau daran, daß sie ihn – unter vier Augen – gebeten hatte, ihr Verhalten auf liebevolle Weise zu korrigieren: »Ihr habt mich einmal, wie ich noch weiß, in unserem Bett demütig gebeten, Euch um der Liebe Gottes Willen niemals vor Fremden und Dienstboten unfreundlich zurechtzuweisen, sondern am Abend im Schlafzimmer mit Euch zu reden und Euch die Fehler und Dummheiten des Tages oder der vergangenen Tage vorzuhalten und Euch zu sagen, wie Ihr Euch verhalten müßt, und Euch in dieser Sache zu raten. Ihr wolltet nicht verfehlen, meinen Rat zu befolgen und Euer Betragen zu ändern, und Ihr wolltet nach besten Kräften tun, was ich von Euch verlange.«

Im 5. Artikel des *Ménagier* ist eine Hierarchie der Intimität, ein Gefüge konzentrischer Kreise entworfen, dessen Mittelpunkt der Gatte ist: »Ihr sollt zu Eurem Gatten vor allen anderen lebenden Geschöpfen sehr liebevoll und sehr vertraulich sein, zu Euren guten und nahen Blutsverwandten und den Verwandten Eures Gatten in Maßen liebevoll und vertraulich, zu allen anderen Menschen sehr distanziert vertraulich und zu dreisten jungen Müßiggängern absolut distanziert.« Im 7. Artikel wird eheliche Zuneigung noch ausführlicher beschrieben. Eine gute Ehefrau streichelt den Körper ihres Gatten und läßt seinen Kopf »zwischen ihren Brüsten« ruhen. Gut behandelt, wird sich der Gatte zu seiner Frau so hingezogen fühlen wie das Kind zu denen, die es lieben und ihm »Liebe, Pflege, Privatheit, Freuden und Vergnügungen« angedeihen lassen. Manche sprechen von »Verzauberung«. Der *Ménagier* empfiehlt verzaubernde Intimität nachdrücklich und erinnert die Frauen an das alte Bauernsprichwort: »Drei Dinge treiben den braven Mann aus dem Haus: ein undichtes Dach, ein rauchender Kamin und ein zänkisch Weib.«

Die Frau in Raum und Zeit der Gemeinschaft. Normative Texte in der Muttersprache vermitteln uns eine Vorstellung vom Platz des Einzelnen in der Gemeinschaft. Besonders aufschlußreich sind Ratgeber, welche die Frau in ihre Aufgabe in der Gemeinschaft einzuweihen trachten. Die Frau soll in der Privatheit ein Bild von sich selbst entwerfen und anderen wenig von sich selbst offenbaren. Mißbrauch der Privatheit (Mißbrauch des Körpers, der Sprache, des Schlafs) kann schwerwiegende Folgen für das Funktionieren der Gesellschaft haben. Die Frau ist ein Werkzeug, dessen Gebrauch sorgfältig geregelt werden muß. In *Chastoiement des dames* betreffen die Ratschläge die sozialen Gepflogenheiten und das schickliche Verhalten in dem privaten Freiraum, der freilich dem fremden Blick offensteht. Der Status der Frau ist fragil. Robert de Blois betont, wie schwierig es für die Frauen ist, sich in der Gesellschaft angemessen zu verhalten. Sind sie herzlich und entgegenkommend, laufen sie Gefahr, daß die Männer ihre Absichten mißdeuten. Sind sie dagegen weniger höflich, als man es von ihnen erwartet, wird man ihnen vorwerfen, sie seien arrogant. Eine Frau muß bei jedem Schritt, den sie tut, über jeden Tadel erhaben sein. Sie muß ihren Körper jederzeit in

»Hier beginnt das *Buch von der Stadt der Damen* [*Livre de la Cité des Dames*], von dem das erste Kapitel berichtet, aus welchem Grund und von wem es geschrieben worden ist.«
Um 1405.
(Paris, Bibliothèque Nationale, Ms.fr. 607)

der Gewalt haben, denn sie ist ständig Blicken ausgesetzt (und das Auge ist eine Quelle des Bösen). Sie muß wissen, in welchen Situationen sie sich entblößen darf, und sie muß dabei bedacht sein, jeglichen Makel zu verbergen. Selbst in der Kirche muß sie den Eindruck bedenken, den sie macht, wenn sie eine andächtige Haltung einnimmt – sie darf weder lachen noch sprechen, und sie ist gehalten, ihre Blicke zu zügeln.

Im *Livre pour l'enseignement de ses filles* hält der Chevalier de La Tour Landry seinen (noch immer »kleinen und unerfahrenen«) Töchtern einen »Spiegel aus alten Geschichten« vor. Das Buch ist von exemplarischer Tugendhaftigkeit. Es besteht aus feinsinnig komponierten Kapiteln, die geeignet sind, ein junges Gemüt zu ergötzen, und formuliert ein Programm zur Bildung der weiblichen Natur, indem es die Frau zu einer angemessenen Einstellung gegenüber dem eigenen Körper anhält, die der Erfüllung häuslicher Pflichten und gesellschaftlicher Obliegenheiten nicht hinderlich ist. Das Buch, eine veritable Ordensregel für das säkulare Leben, verficht die Ansicht, der Ordnung verhelfe zu ihrem Recht, wer alles zur rechten Zeit tue. Das gilt in erster Linie für Schlafen und Essen. Die feste Achse des Tages ist die Frömmigkeit, die eine gute Nachtruhe verbürgt. »Eßt zur rechten Zeit zu Mittag, zwischen der Prim und der Terz, und je nach der Jahreszeit zur gegebenen Stunde zu Abend.« Um ihr Fleisch zusätzlich zu kasteien, muß die junge Frau wissen, wie man regelgerecht fastet, nämlich laut Kapitel 6 drei Tage in der Woche. In diesem Kapitel schildert der Autor ein Mädchen, dessen Leben »von morgens bis abends zerrissen und ungeordnet« ist, das seine Gebete so schnell wie möglich hinter sich bringt, hastig seine Suppe löffelt und, sobald die Eltern zu Bett gegangen sind, noch einmal seiner Eßlust frönt. Dieses maßlose, gierige Verhalten, das die ordentliche Zeiteinteilung des Tages mißachtet, wird sich zwangsläufig in der Ehe fortsetzen. Ein anderes Beispiel für den unrechten Gebrauch der Zeit findet sich in der Anekdote von einem Ritter und einer Dame, die beide von Jugend an Langschläfer waren und dadurch nicht nur selber die

Messe versäumten, sondern, was schlimmer war, sogar andere vom Besuch der Messe abhielten.

Derlei praktische Ratschläge gründen sich auf eine erstaunliche Mischung aus Lektionen über das moralische Verhalten und eher anekdotischen Hinweisen, wie man »aufzutreten« habe. Von zentraler Bedeutung ist die *Haltung* der Frau: »Wenn Ihr in der Messe oder an einem anderen Ort Euer Stundengebet sagt, so achtet darauf, daß Ihr nicht der Schildkröte oder dem Wendehals gleicht; die Frau gleicht der Schildkröte oder dem Wendehals, wenn sie ihr Gesicht dahin und dorthin dreht und den Hals reckt und den Kopf vorstreckt wie ein Wiesel. Haltet den Blick stetig nach vorn gerichtet und den Rücken straff wie ein weiblicher Spürhund, der stracks nach vorne sieht, ohne den Kopf hierhin oder dorthin zu drehen. Steht ruhig und seht gerade vor Euch hin, und wenn Ihr Euch umsehen wollt, so wendet mit Eurem Gesicht den ganzen Körper.«

Ordnung erweist sich darin, das rechte Maß zwischen der Sorge für den eigenen Körper und der Rücksicht auf die Gemeinschaft zu treffen. Verstöße gegen die Werte der Gesellschaft werden am Körper geahndet; für eine falsche Freude muß der Leib büßen. Ein gutes Beispiel für den Mißbrauch des Leibes findet sich im Kapitel 26: Eine Frau weigert sich, für ein Fest zu Ehren der Muttergottes ihre schönsten Gewänder anzulegen, mit der Begründung, daß ja doch keine prominenten Personen zugegen sein würden. Sie wird für ihre Hoffärtigkeit bestraft: Schwellungen und Lähmungen befallen ihren Körper, und die Frau beeilt sich, in einer Art öffentlicher Beichte ihre Reue zu bekunden: »Ich hatte einen schönen, wohlgefälligen Leib; so sagten alle, um mir zu schmeicheln, und weil ihre Worte mich mit Stolz und Freude erfüllten, trug ich schöne Kleider und schöne Pelze von gutem Schnitt. Und es geschah, daß die Frucht meines Leibes dadurch vielen Gefahren ausgesetzt war, und ich tat alles, um mir Ruhm und Lobpreis der Welt zu erwerben. Denn wenn ich die Männer, die mir zu schmeicheln wünschten, sagen hörte: ›Seht diesen schönen Frauenkörper! Ist er nicht würdig, von einem guten Ritter geliebt zu werden?‹ – dann war mein Herz mit Freude erfüllt!« Kaum hatte die Frau diese Worte der Reue gesprochen, erlangte sie ihre ursprüngliche Gestalt wieder. Fortan verband sie in kluger Ausgewogenheit die Neigung zu schönen Kleidern mit der Rücksicht auf die Leute.

Angeprangert wird auch die unziemliche Hast, beispielsweise angesichts von Modetorheiten. Kapitel 47 handelt von einer Gruppe von Frauen in der Kirche; viele von ihnen sind nach der neuesten Mode gekleidet. Der Bischof rügt sie, sie sähen aus wie Nacktschnecken und Einhörner. Sie sind tief betrübt, als sie erkennen, daß ihre Liebenswürdigkeiten, Koketterien und Listen die Strategie der Spinne beim Fliegenfang nachahmen. Freilich versteht sich Chevalier de La Tour Landry gut darauf, seine Moralpredigten den Umständen anzupassen. Manchmal sei es am besten, das zu tun, was alle tun; denn »Verhältnisse und Neuigkeiten sind für alle gegeben, und alle nehmen an ihnen teil«. Man müsse beispielsweise lernen, rät La Tour Landry, »unkultivierte Kleidung zu meiden, die sich nicht für die Jahreszeit schickt«. Überhaupt unterscheidet er peinlich genau zwischen dem Legitimen und dem Unschicklichen – diese Differenz prägt die Züchtigkeit. Bathseba wusch und kämmte sich an einem Fenster, wo sie von König David beobachtet werden konnte – ein unseliger Fall von Exhibitionismus, dessen Folgen absehbar waren: »Diese Sünde entstammte ihrer Neigung, sich zu kämmen, und ihrem Stolz auf ihr schönes Haar, der Quelle vieler Übel. Daher sollte sich jede Frau im verborgenen kämmen und ankleiden; sie sollte nicht stolz auf ihre Frisur sein; und sie sollte nicht, um der Welt zu gefallen, ihr schönes Haar oder ihren Hals oder Busen noch sonst irgend etwas zeigen, was bedeckt werden muß.«

Was den körperlichen Kontakt mit anderen Menschen betrifft, so gehen die Ratschläge La Tour Landrys und die seiner Frau auseinander. Er ist konzilianter und daher geneigt, eine leichte Berührung zu dulden; seine Frau ist vorsichtiger: »Was meine hier anwesenden Töchter betrifft, so verbiete ich ihnen Küsse, das Streicheln der Brust und sonstige Vertraulichkeiten.« Die Bemerkung offenbart, wie dehnbar der Begriff Promiskuität in einem uneindeutigen Code war. Noch früher, in der *Flamenca* aus dem 13. Jahrhundert, kommen Gebärden der Vertraulichkeit vor, die zu zweierlei Interpretationen einladen. »Aus Vertraulichkeit« legt der König einer jungen Frau die Hand auf den Busen: »Er gedachte Herrn Archambaut Ehre zu erweisen, als er vor seinen Augen seine Frau umarmte und küßte; er tat es, ohne etwas Böses dabei zu denken.« Eine solche körperliche Geste konnte einerseits als unverdächtig und regulär aufgefaßt werden, andererseits signalisierte sie die Überschreitung einer Grenze.

Wärme und Licht im Haus. Gäste setzte man nahe ans Feuer, in dessen Umkreis sich die Geselligkeit entfaltete. Als Érec bei Énides Vater, dem Lehnsherrn, zu Gast ist, brennt ein angenehmes Feuer – »hell und ohne Rauch«, wie die Formel in den Fabliaux lautet. Feuer spendet physische und moralische Wärme und läßt die Mühen und Plagen der Reise vergessen. Der Herd ist der Mittelpunkt der Familie, und häufig sehen wir in der Literatur Mann und Frau auf Polstern am Feuer sitzen und essen (Speise und Wärme sind Elemente des häuslichen Glücks).

In den Fabliaux ist Licht selten, im Gegensatz zu der Lichtorgie in aristokratischen Geschichten. In der Beschreibung ehelicher Szenen kommt Licht vor, um die Rechtmäßigkeit bzw. Unrechtmäßigkeit der Liebe anzudeuten. In La Tour Landrys *Livre* geraten ein Edelmann und ein Fräulein bei einem Spiel in heftigen Streit. Der Mann hält seiner Partnerin vor, wenn sie eine anständige Frau wäre, würde sie nicht nachts in die Häuser der Männer schleichen »und sie in ihren Betten umarmen und an sich drücken, ohne daß eine Kerze brennt«. Eine Frau, deren genußsüchtiger Mann sich stets ein oder zwei Extrafrauen im Hause hält, benimmt sich vorbildlich: Immer, wenn der Mann von seinen Liebesorgien oder, wie er es ausdrückt, aus den »Erholungsgemächern« kommt, findet er eine brennende Kerze sowie Handtuch und Wasser vor, damit er sich die Hände waschen kann.

Der Umstand, daß in den Fabliaux die Frau das Feuer hütet, stützt

Guiron le Courtois, um 1370–1380. (Paris, Bibliothèque Nationale, Ms.n.a.fr. 5243)

die Vorstellung, daß die Frau im Hause allmächtig gewesen sei. Wenn in der misogynen Welt der *Quinze joyes de mariage* ein Mann Hausarbeit verrichtet, dann deshalb, weil in seinem Haus die Dinge nicht zum besten stehen. Bei diesem Buch, das in der Tradition einer frauen- und ehefeindlichen Literatur steht, handelt es sich um eine Anthologie aus dem späten 14. (oder frühen 15.) Jahrhundert. Es beschreibt eine Frau, eine Schwiegermutter und einige weibliche Domestiken, die sich – so die Einleitung – verschworen haben, das Haus in »ein schlimmes, tränenreiches Gefängnis« zu verwandeln. Der häusliche Raum gliedert sich in Kammer und Saal, besser gesagt, in eine warme und eine kalte Zone, deren taktile Realistik durch Mark und Bein dringt. Die Geschichte spielt fast ausschließlich in diesem unwirtlichen Haushalt: Im Garten versammeln sich die Menschen erst, als die »Heiratsfalle« aufgebaut wird. Die Frau, ein listiges Weib, flüchtet sich in ihre Kammer. Schwanger geworden, ist sie von anderen Frauen umgeben, die auf Mittel und Wege sinnen, den Argwohn des Gatten zu zerstreuen. Unter ihnen herrschen Eintracht und Umtriebigkeit; die Frauen lassen es sich wohl sein, sie essen und trinken gemeinsam. Der Mann – der Gatte – dagegen ist zum Alleinsein verdammt. Fern vom wärmenden Feuer, muß er oft ohne Abendessen zu Bett gehen, frierend, naß, niedergeschlagen. Und wenn er morgens erwacht, findet er weder Kerze noch Feuer vor. In dieser verkehrten Welt ist es der Mann, der anstelle der Frau das Feuer schürt; während sie sich ankleidet, bereitet er das Frühstück. Wenn seine Verwandten und Freunde zu Besuch kommen, läßt das Haus Gastfreundschaft vermissen. Die Frau schickt ihre Dienerinnen fort und verweigert jeden Willkommensgruß. Dem Mann bleibt nichts anderes übrig, als seine Gäste im ungeheizten Saal zu empfangen, der seine einzige Zuflucht ist. Die Frauen des Hauses indes (Gattin, Kammerzofe, Mutter, Schwester und Kusine) versammeln sich im Winter am wärmenden Herdfeuer und im Sommer im Garten, miteinander verbunden durch gemeinsame Lieder und gemeinsames Wissen. Der häusliche Raum ist hierarchisch gegliedert, und der Ort des Einzelnen in ihm verrät und bezeugt seinen Status. Ob er einsam in seinem

Zimmer sitzt und Hunger, Durst und Kälte leidet oder ob er gezwungen ist, seine Gäste in der kalten Halle zu empfangen, der Gatte führt ein wahres Hundeleben. Zank erfüllt das Haus. Die Kinder und die Frau konspirieren ständig gegen den Mann, besonders der älteste Sohn tut sich dabei hervor, er möchte die Herrschaft übernehmen und kann es gar nicht erwarten, daß sein Vater stirbt. Vergebens diktiert der Vater eine Hausordnung – er vermag der Falle nicht zu entrinnen.

Gutes und schlechtes Gesinde. Die Dienstboten des Hauses sind keineswegs Nebenfiguren; die Rollen, die sie spielen, bekunden vielmehr ihre Sorge um den Zusammenhalt der Familie. Will beispielsweise in *Belle Helaine de Constantinople* die Schwiegermutter einen gefälschten Brief befördern lassen, so beauftragt sie damit jemanden, der nicht zum Haushalt gehört. In *Éscoufle* vergißt der Kaiser, von bösen Ratgebern beeinflußt, das Eheversprechen, das Guillaume an Aélis bindet. Beim Tod von Guillaumes Vater umgibt sich der Herrscher mit neuen Ratgebern, die sich als Verräter entpuppen, und der Text meint dazu, er hätte besser daran getan, sich ein Auge auszureißen, denn diese Leute hätten nichts anderes im Sinn, als »Böses zu tun und Schaden zu stiften«.

In einem engeren häuslichen Rahmen gibt der *Ménagier* der jungen Ehefrau Ratschläge für die vernünftige Wahl der Dienstboten. Der *Lai du blanc chevalier* aus dem 12. Jahrhundert stellt eine junge Frau vor, die für die verfehlte Wahl ihrer Dienstboten zu büßen hat. Ihre erste Gefährtin ist gut; sie ermahnt die Frau, Gutes zu tun, zögert nicht, sie zu korrigieren, warnt sie vor falschen Aussagen und irreführendem Auftreten und hütet sich davor, ihr nach dem Mund zu reden. Doch wird sie von einer anderen abgelöst, die zwar als »ehrliches Weib« gilt, aber einen höchst schädlichen Einfluß ausübt, indem sie der jungen Frau rät, sich einen Geliebten zu nehmen und ihre Jugend auszukosten.

Vita activa und vita contemplativa. Mit Hilfe eines erst kürzlich entdeckten Textes aus der Zeit zwischen dem 13. und dem frühen 16. Jahrhundert, der in Form von »journées« rund ein Dutzend christlicher Lebensregeln versammelt und eine Handvoll vergleichbarer Quellen in italienischer und spanischer Sprache ergänzt, können wir uns ein Bild davon machen, welche Empfehlungen man einer um ihr Seelenheil bemühten Frau im Hinblick auf ihren Tagesablauf gab. (In diesem Zusammenhang bin ich Geneviève Hasenohr und ihren Forschungen über das mittelalterliche Familien- und Eheleben zu Dank verpflichtet.) Die Texte belegen die Spannung zwischen dem Leben des Individuums und dem der Gruppe, zwischen Geselligkeit und Selbstvervollkommnung. Sie stammen aus der Feder von Klerikern und erleichtern uns den Zugang zu den Werken von Laienmoralisten wie La Tour Landry oder Christine de Pisan. Die Kleriker teilten die Frauen in Ehefrauen, Witwen und Jungfrauen ein; der Stand der Ehe rangierte unter dem der Ehelosigkeit. Da man dem kontemplativen Leben hohen Wert beimaß, verfaßte man im 14. und 15. Jahrhundert Bücher des geistlichen Geleits auch für das »einfache Volk«. Sie spiegeln den Geist der muttersprachlichen Predigten im 13. Jahrhundert wider.

»Ein kontemplatives Leben ist besser als ein aktives Leben«, mahnen die *Sept conditions d'une bonne femme*. Im Gegensatz zur Witwe oder zur Jungfrau ist es für die verheiratete Frau mit ihren Belastungen sehr viel schwieriger, sich ihre Zeit gut einzuteilen. Zwar raten einige seelsorgerliche Texte der verheirateten Frau zu Tätigkeit, aber deutlich bevorzugt wird im allgemeinen Kontemplation innerhalb der Aktivität. Dem *Stimulus amoris* zufolge, der Bonaventura zugeschrieben wird und vom frühen 15. Jahrhundert an in Übersetzung weit verbreitet war, hatte jemand, der das kontemplative Leben mit dem aktiven zu verbinden wünschte, keine andere Wahl, als »nach innen zu schauen«, »die Eingeweide seines Herzens« zu erforschen, sich ganz in Gott zu verlieren. Doch der Versuch, das kontemplative Leben dem aktiven einzupflanzen, erzeugte, wie mehrfach nachgewiesen worden ist, Konflikte, denn die Spiritualität des »contemptus mundi et carnis« hatte die Tendenz, die weltlichen Pflichten des Einzelnen herabzustufen. Gewisse »Lebensprogramme« wie der *Decor puellarum* lassen erkennen, daß das Dasein der Frau vom frühen Morgen bis zum späten Abend gänzlich »verplant« war und kaum Zeit für private Frömmigkeit ließ. Das tägliche Leben war gespickt mit »Hindernissen«. Gleichwohl konnte sich die Frau jederzeit der »Arche des kontemplativen Gebets« überlassen, denn »je höher die Wasser der Anfechtung steigen, desto höher muß die Arche des Gebetes steigen«. Die dafür am besten geeignete Zeit war der späte Abend: »Ich glaube, meine liebe Tochter, daß die günstigste Stunde für Euch und für uns die Nacht ist, nach dem Zubettgehen, wenn man das Fleisch verdaut hat, wenn die Mühsal der Welt abgetan und beiseite gesetzt ist, wenn auch die Nachbarn uns nicht sehen und niemand auf uns blickt als Gott allein, wenn niemand da ist, der uns sieht, wie wir wehklagen und weinen und seufzen aus dem tiefsten Grund unserer Seele, wie wir bitterlich jammern und lamentieren, unterbrochen von schweren Seufzern, wie wir uns demütig zu Boden werfen und niederknien, mit feuchten Augen und schweißbedecktem Gesicht, bald rot, bald blaß« (anonymes Manuskript, Arsenal, 2176). Doch obschon die Zeit nach dem Abendessen ideal für die Meditation taugte, gab es den ganzen Tag lang Gelegenheit, Verinnerlichung und Lebensmeisterung zu üben. Allerdings begründete die Frömmigkeitspraxis klare Abschließungsrituale innerhalb der Wohnung, ja, sogar innerhalb des Schlafzimmers, dem letzten Zufluchtsort vor dem »weltlichen« und laizistischen Leben (G. Hasenohr). So achtet der hl. Antonino in *Opera a ben vivere* (15. Jahrhundert) sorgfältig darauf, daß der Frau Zeit zu stiller Lektüre und stummem Gebet bleibt. Nach dem Essen soll sie sich alsbald in ihr Schlafzimmer zurückziehen: »Geht in der Geborgenheit Eurer Kammer einer nützlichen Beschäftigung nach, lest, betet oder meditiert, bis es zur Vesper schlägt.« Für eine Frau, die ein spirituelles Leben führen will, darf Handarbeit nur ein Mittel gegen die Langeweile und gegen den Mangel an innerer Konzentration sein. Der Hausarbeit werden zeitliche Grenzen gezogen, weil die spirituelle Selbstentfaltung auf ein hinreichendes Maß an persönlicher Freiheit angewiesen ist – in Jean le Chartreux' *Decor puellarum* wird wiederhohlt empfohlen, auf müßiges Geschwätz zu verzichten. Indem die Frau so lange betete, bis alle anderen im Hause schlafen gegangen waren, und dann kontrollierte, ob Türen, Fenster und Truhen verschlossen waren (symbolische Abschließung der Seele gegen jede Versuchung), schuf sie sich schließlich eine autarke innere Welt. Sie stand, Gott zugewandt, in der Nacht nur noch sich selbst gegenüber.

Lektüre war stets vorgesehen – »ein oder zwei Seiten in einem frommen Buch zur Erbauung Eurer Seele«. In dieser Hinsicht hatte der Tagesablauf der Frau Ähnlichkeit mit dem von den Ordensregeln vorgeschriebenen. Ein Brief zur geistlichen Führung, um 1400 geschrieben und befaßt mit den »rechten Formen des Lebens«, welche die Seele beherzigen soll, hebt die Bedeutung des Alleinseins hervor. Er rät der Frau: »Lebe so zurückgezogen wie möglich in deinem Zimmer; denn in ihrem Zimmer ist der glorreichen Jungfrau der Engel erschienen, in ihrem Zimmer hat sie den Sohn Gottes empfangen.«

Der Körper

In literarischen Schilderungen sind Status und Gebärden des Körpers überlieferten Konventionen unterworfen. Allmählich bildet sich die Struktur eines Wissens von sich selbst heraus, in dem der Körper nicht nur der Ort einer Erhöhung des Individuums ist (Organ des Lustspendens und Lustempfangens), sondern auch Ausdruck eines guten oder schlechten Gebrauchs des Selbst. Einerseits ist der Körper ein Gegenstand hyperbolischer Beschreibung, andererseits scheint er von Verdammnis bedroht zu sein. Kurz, der Körper zeugt von der prekären Befindlichkeit des Individuums inmitten der Gesellschaft. Er steht für eine Weise der Weltwahrnehmung, sei es über die positive Bewertung von Schönheit, sei es über die Ablehnung von Häßlichkeit und die Abtötung des Fleisches (insbesondere in der Heilsperspektive). Schon Ende des 12. Jahrhunderts redet Hélinant de Froidmont, dessen Gedicht Ahnungen von Subjektivität verrät, den Tod folgendermaßen an: »[...] du, der du die freien Länder nimmst und weiße Hälse wie Schleifsteine gebrauchst« (*Vers de la mort*).

Repräsentationen des Körpers

Muster und Verführungen. Die Verherrlichung des Körpers ist ein beliebtes Sujet der Unterhaltungsliteratur. So wie die gotische Bildhauerei dazu neigt, den Körper in verrenkter Pose darzustellen, so erfindet diese Literatur für den Körper einen ganz spezifischen Code. Ein wiederkehrender Topos sind Frauenkörper von kanonischer Schönheit: weiße Haut im Rosaschimmer; blonde Haare; harmonische Züge, feines, langes Gesicht; hoch angesetzte, regelmäßige Nase; lebhafte, lächelnde Augen; schmale rote Lippen. Zu diesem Stereotyp gibt es ein männliches Pendant, so daß Cligès oder Aucassin geradezu als Double der von ihnen geliebten Frau erscheinen. Der Topos des weiblichen Körpers fungiert auch als Metapher. So erlaubt die Bahn des Liebespfeils Chrétien de Troyes, jedem Teil des Pfeiles ein Element weiblicher Anatomie zuzuordnen. Körperbeschreibungen aus dem 13. Jahrhundert sind expliziter und konkreter – feste Brüste werden mit Nüssen verglichen –, und obgleich der literarische Code kein Gegenstück zu den verdrehten Hüften der Skulptur kannte, wurden die Hüften der Frau als Einschnitt betont – das geschnürte Kleidungsstück ließ die Taille hervortreten, während die übrigen Körperrundungen nur angedeutet waren.

Was die Männerschönheit betrifft, so arbeiten die *Chansons de geste* mit konventionellen Formeln, welche die ausgeprägte Muskulatur unterstreichen, während höfische Erzählungen nicht müde werden, männliche Vollkommenheiten zu preisen. Der Geliebte der Flamenca wird folgendermaßen beschrieben: »Des Maien Rose in voller Blüte ist nicht so schön und lebendig, wie es sein Teint war, in dem sich Weiß und Farbe in rechter Weise mischten. Einen schöneren Teint hat es niemals gegeben. Er hatte wohlgeformte Ohren, groß, fest und rot; einen hübschen, klugen Mund, aus dem die Liebe sprach. Die Zähne waren regelmäßig und weißer als Elfenbein. Das Kinn war wohlgebildet und wurde durch ein kleines Grübchen noch anmutiger. Der Hals war kräftig, gerade und lang; kein Nerv und kein Knochen trat hervor. In den Schultern war er breit und so stark wie Atlas. Die Muskeln waren wohlgerundet, der Bizeps entwickelt, die Arme von der richtigen Dicke. Die Hände waren groß, stark und hart. Die Fingerglieder waren flach, die Brust breit, die Taille schmal. Und was die Hüften anging – er war kein Lahmer! Sie waren stark und quadratisch; die Schenkel gut geformt und innen fest; die Knie eher rund; die Beine gesund, lang, gerade und eng beieinander; die Füße oben gewölbt, der Rist hoch. Niemand hatte ihn jemals im Wettlauf besiegt.«

An solchen Stereotypen, welche die Romanliteratur überschwemmten, läßt sich ablesen, wie wichtig der Teint als Element körperlicher Schönheit war. Die ideale Hautfarbe war ein weißer Teint, rötlich überhaucht. Der Teint teilt etwas über das Wesen und die körperliche Beschaffenheit einer Person mit; er ist ein Spiegel. Unter den Temperamenten bevorzugte man das »sanguinische«, weil es den Teint makellos und den Gesichtsausdruck fröhlich erhielt, während man das »melancholische« (saturnische) mit einer dunkleren Hautfarbe assoziierte. Chaucer sagt bei der Vorstellung der nach Canterbury pilgernden Personen von einem schönen Prälaten, er habe »nicht die Blässe eines gequälten Phantoms«, und von einem Freisassen, er sei von sanguinischer Hautfarbe, als echter Sohn des Epikur bevorzuge er am Morgen eine Weinsuppe. Bei La Tour Landry ist der gute Liebende – derjenige, dessen Werben erhört werden wird und der nicht riskiert, in »matter Farbe« zu erscheinen – »rot wie ein Hahn«, was übrigens die umworbene Dame sehr wohl zu schätzen weiß, denn die Hautfarbe ist für sie eine Chiffre der Männlichkeit und der Gesundheit.

Angesichts solcher Stilisierung des männlichen Körpers erstaunt es nicht, daß männliche Schönheit in Verführungsszenen eine wichtige Rolle spielt. An bestimmten Stellen (etwa in *Flamenca*) zeigt sich der Held der Vorteile bewußt, die er aus seinem Aussehen, seiner Toilette und einer strategischen Nonchalance ziehen kann. Die Menschen wußten, welche körperlichen Freiheiten sie sich in gewissen Situationen herausnehmen durften. Mit dem Körper zu spielen, indem man die Kontaktlinie zwischen Kleidungsstück und Körper verflüssigte, hatte etwas unverblümt Erotisches. In *Guillaume de Dole* werden Männer und Frauen der feinen Gesellschaft ermutigt, sich »barfuß und mit fließenden Ärmeln« im Wasser eines Brunnens zu tummeln; die Hemden der jungen Damen werden als Handtücher benutzt, so daß die jungen Galane »manche weiße Kruppe betasten« können. Hier ist der Konnex von Kleidung und Körper abgeschwächt durch die Möglichkeit, das nackte Fleisch, die Reize der Natur selbst zu erblicken. Spiel der Gesten, höfisches Spiel . . .

»[. . .] die Geschichte von Griselidis und ihrer staunenswerten Geduld: sie trägt den Titel ›Spiegel der Ehefrauen‹.« *L'Histoire de la marquise de Saluce miz par personnages*, 1395. (Paris, Bibliothèque Nationale, Ms.fr. 2203)

Verbesserte Natur. Fiktive Literatur und Abhandlungen zur Heilkunde sind sich über die Bedeutung von Kosmetik und Toilette als einer ästhetischen Sprache einig. Henri de Mondeville beschreibt die Teile des Körpers als Bekleidungsstücke, so als ob es zur Enthüllung von Körpergeheimnissen keinen anderen Weg gäbe als den über soziale Zeichen. Die Haut ist der Mantel, innere Membrane sind die Unterwäsche, andere inwendige Teile sind wie Behältnisse aus Gewebe. Die Architektur des Körpers wird zur sozialen Metapher (M.-Ch. Pouchelle). Fiktive Charaktere, mit denen es die Natur gut gemeint hat, können es sich leisten, auf Make-up zu verzichten. Im *Roman de la Rose* sitzt Amor neben einer Dame namens Beauté, die hell erglänzt wie der Mond; sie ist »weder geschminkt noch herausgeputzt«; sie bedarf keines Schmuckes und keiner Kunst. Die minder Glücklichen jedoch versuchen auf mannigfache Weise, dem Werk der Natur aufzuhelfen. Bei Mondeville tauschen die Frauen Ratschläge über die Technik der Verführung aus, aber auch über Methoden der Enthaarung (Löschkalk, Pinzetten, in Pech getauchte Fingerspitzen oder glühende Nadeln, die man in den Haarbalg steckt) – Verfahren, über die man besser Schweigen bewahrt, selbst gegenüber dem Ehegatten. Trug die Frau von diesen Praktiken Verbrennungen davon, so sollte sie sich, laut Mondeville, damit herausreden, die Dienerin habe das Badewasser zu heiß bereitet . . . Auch gegen eine blasse Hautfarbe gab es Hilfsmittel. In den *Trois Méchines* begibt sich eines der drei Mädchen, die zum Tanzen gehen wollen, auf eine weite Reise nach einem Zauberpulver, das das Blut aus den Fersen ins Gesicht treibt. Robert de Blois rät in *Chastoiement des dames* den Frauen, ausgiebig zu frühstücken; das bewirke Wunder auf dem Teint.

Eine wichtige Komponente der Verführung ist der Geruch, genauer: seine Abwesenheit. Henri de Mondeville erwähnt verschiedene Techniken zur Vermeidung von Schweißgeruch und zur Parfümierung des Haars mit Hilfe von Moschus, Gewürznelken, Muskat und Kardamom. In einem allegorischen *Lai* leben Frauen in einem Liebesparadies; sie tragen Kränze aus Rosen und Heckenrosen und verströmen angenehmen Duft. Die Dame Oiseuse im *Roman de la Rose* hat den verlockenden Vorzug eines »süßen, duftenden Atems«, und in *Chastoiement des dames* werden die Frauen aufgefordert, in das Frühstück Anis, Fenchel und Kümmel zu mischen. Allzu große Nähe ist nicht ratsam: »Laßt Euch im

Verlauf des Liebeskampfes nicht umarmen; denn ein unangenehmer Geruch stört um so mehr, wenn Ihr erhitzt seid.«

In Chaucers *Miller's Tale* steht der hübsche Liebhaber Absolon mit dem ersten Hahnenschrei auf, kämmt sich das Haar und kaut Kardamom und Süßholz, um seinen Atem zu erfrischen. Als er das junge Mädchen zu verführen sucht, gebraucht er eine Geruchsmetapher, in der sich Süße und fleischliche Lust verbinden: »my faire byrd, my sweete cynamome« (»mein schönes Vögelchen, mein süßer Zimt«; Zeile 3698). Auch die Kleidung sollte den Geruchssinn affizieren: Mondeville empfiehlt, die Kleider von Zeit zu Zeit mit Seife zu waschen, sie mit Veilchen zu parfümieren und dann mit frischem Wasser, worin man eine fein gemahlene Iriswurzel aufgelöst hat, zu besprengen.

Sorge für das Haar. In der Körperwahrnehmung ist das Haar ein wichtiges Element des Selbstbewußtseins und der Selbstdarstellung. (Ich danke Michèle Perret für die Mitteilung seiner Erkenntnisse zu diesem Thema.) Blondes Haar galt als kanonischer Bestandteil der Schönheit; das dokumentieren die zahlreichen Wörter für »Blondheit« und die nicht weniger zahlreichen Heldinnen, deren Name auf Blondheit anspielt, wie Clarissant, Soredamor oder Lienor. Die erzählende Literatur bevorzugt Blondinen, doch von einigen sehr eleganten Damen heißt es auch, sie seien »ein wenig brünett« (*Roman de la Violette*). Laudine ist blond, während ihre Dienerin Lunete eine »freundliche Brünette« ist. In *Geste des Narbonnais* hat der dritte Sohn Aymeris, der die Funktion des Nährens verkörpert, rote Haare – eine Farbe, die pejorative Konnotationen gehabt zu haben scheint (J. Grisward): »Es ist wohl wahr, was ich habe sagen hören: daß es unmöglich ist, einen friedfertigen Rotschopf zu finden. Alle sind gewalttätig; ich habe dafür handfeste Beweise.« In *Lancelot en prose* ist Méléagant rothaarig und sommersprossig.

Es gab Rezepte, um weißes Haar wieder blond zu machen – man mußte es über Nacht mit einer Salbe beschmieren, die man aus fein gemahlener und einen halben Tag in Essig gekochter Rebenholz- und Eschenholzasche gewonnen hatte. Reichliche Informationen über das Haar liefert ein anglo-normannischer Text des 13. Jahrhunderts, der *Ornatus mulierum*. Das Werk ist fast zur selben Zeit entstanden wie das berühmte, von Adam de La Halle in Auftrag gegebene Gemälde, das die Reize seiner Frau zum Zeitpunkt der Hochzeit mit den Verwüstungen kontrastiert, welche die Zeit angerichtet hat – das einst »goldschimmernde, füllige, wellige« Haar ist nun »dunkel, schütter und strähnig« geworden. Der Text befaßt sich mit Farbe und Gesundheit des Haares, das es zu erhalten gilt und dessen Wachstum zu fördern ist. Die Rede ist vom Bleichen und Färben roten, schwarzen und braunen Haars, ferner vom Gebrauch des Olivenöls, um das Haar geschmeidig zu halten. Es gibt Hinweise zur Abwehr von Schuppen und Läusen. Gelegentlich wird in den Texten der Beruf des Haarwäschers erwähnt – in *Éscoufle* hält sich die schöne Aélis in Montpellier über Wasser, indem sie bedeutenden Persönlichkeiten die Haare wäscht; ihre Geschicklichkeit wird allgemein gelobt.

Zöpfe und offenes Haar. Es gab noch andere Methoden, wie die Frau der Natur nachhelfen und das Beste aus ihrem Kapital machen konnte. Zöpfe, deren Länge oft gerühmt wurde (bei Chaucer trägt eine Frau »auf dem Rücken einen Zopf von drei Fuß Länge«), konnten zu kunstvollen Aufbauten geflochten werden: Im *Roman de la Rose* hält die Dame Oiseuse einen Spiegel in der Hand und schlingt sich ein kostbares Band ins Haar. Jean de Meung erteilt in diesem Zusammenhang den folgenden Rat: »Wenn sie kein schönes Gesicht hat, so soll sie verständig sein und den Blicken die schönen Zöpfe darbieten, die ihr in den Nacken fallen; denn sie weiß, daß ihr Haar schön und wohl geflochten ist! Schönes Haar, das ist fürwahr ein erfreulicher Anblick!« Freilich ist auch aufgelöstes Haar von hohem erotischen Reiz; der Inbegriff dieser Art von Verführung ist vielleicht die schöne Fee Melusine. Zerwühlte Haare signalisieren Traurigkeit (die allegorische Gestalt der Tristesse im *Roman de la Rose* rauft sich aus Wut und Schmerz die Haare), gleichzeitig sind sie selbst ein Ausdruck des Trauerns: Laudine, von Schmerz überwältigt, reißt sich vor den Augen Yvains ihr verführerisches blondes Haar aus. Und im *Roman de la Violette* fährt sich die schöne Euriaut, verzweifelt über den Verlust ihres Geliebten, mit heftiger Bewegung ins geflochtene Haar und löst es auf.

»Sie nahm einen schönen, sehr hellen Spiegel, um sich darin zu betrachten, und sah ihr angenehmes, zart gerötetes Gesicht und die Form ihres weißen Busens.« *Beuve de Hantone.* (Chantilly, Musée Condé)

Sorge für den Körper, Gefahr für den Körper. Eine Anthologie aus Werken des 13. Jahrhunderts in der Tradition Ovids, *La Clé d'amour*, verbindet Ratschläge zum Code der Geselligkeit (Lieder, Spiele, Tischmanieren) mit Anmerkungen zur Hygiene und zur Hervorhebung des Körpers – aufschlußreiches Material für die Historiographie des Fetischismus. Die Frau muß wissen, wie sie schicklich die Füße zeigen, ihr Décolleté entblößen kann usw. Zu große Brüste sind zu schnüren, weite Kleidung vermag Magerkeit zu verhüllen. In *Chastoiement des dames* wird auf die Pflege der Hände Wert gelegt; die Fingernägel, so Robert de Blois, sollten nicht über die Fingerkuppen hinausragen. Er ist mehr an der körperlichen Konvenienz der Frau als an ihren Verführungskünsten interessiert: »Eine Dame gerät in schlechten Ruf, wenn sie sich nicht schicklich zu halten weiß. Ein sorgfältige und angenehme Haltung ist besser als vernachlässigte Schönheit.«

Neben die Anleitungen, wie der Körper ins rechte Licht zu setzen sei, tritt in diesem Text die Warnung vor fragwürdigem Exhibitionismus. Die Spiele des Fleisches sind gefährlich, und nur zu leicht zieht man die Blicke auf sich. Das kontrollierte, überlegte Zurschaustellen jener Körperteile, die legitimerweise gezeigt werden dürfen, reicht hin, um ahnen zu lassen, daß der ganze Körper schön ist: »Es ist nicht gut für eine Dame, ihren weißen Körper vor anderen als ihren engsten Freunden zu entblößen. Die eine Frau erlaubt einen Blick auf ihren Busen, um zu zeigen, wie weiß ihre Haut ist. Eine andere läßt absichtlich ihre Flanke sehen. Wieder eine andere zeigt zuviel Bein. Ein kluger Mann lobt dieses Betragen nicht; denn die Sinnenlust ergreift mit List Besitz vom Herzen des anderen, wenn das Auge mitspielt. Aus diesem Grunde pflegt der kluge Mann zu sagen: ›Was das Auge nicht sieht, ficht das Herz nicht an!‹ Eine weiße Kehle, ein weißer Hals, ein weißes

Gesicht, weiße Hände zeigen, daß der Körper unter den Kleidern schön ist. Die Frau, die diese Körperteile entblößt, beträgt sich nicht schlecht, doch jede Dame sollte den Grundsatz kennen: jene, die ihren Körper den Blicken anderer feilbietet, beträgt sich schlecht.«

Körperpraktiken: Bad und Aderlaß. Von den Handlungen der Körperpflege wird in mittelalterlichen Texten immer wieder das Händewaschen vor und nach dem Essen erwähnt. Wer sich nicht an diese Gepflogenheit hielt, der riskierte, scheel angesehen zu werden. Sone de Nansay, der Held eines Romans aus dem 13. Jahrhundert, entdeckt im Verlauf seiner Reise, die ihn von Schottland nach Norwegen führt, die Stichhaltigkeit des Sprichworts »Andere Länder, andere Sitten«: Die Norweger waschen sich nach dem Essen *nicht* die Hände! Eine noch gewichtigere Rolle spielte in der Literatur das Baden, da es strukturell eine symbolische Funktion erfüllte. In der Darstellung von Privatheit steht das Bad für den Raum und die Zeit der Intimität. Anders als die Damen aus dem Hofstaat in *Châtelaine de Vergi*, die sich gemeinsam ankleiden, pflegten Frauen in der Regel im stillen Kämmerlein Toilette zu machen. Doch sogar das züchtige Alleinsein öffnete den Spalt zum Frevel – die jungen Damen im *Roman de la Violette* werden beim Baden beobachtet. Das Bad trägt den Stempel der Erotik, und so ist es nicht verwunderlich, daß öffentliche Bäder und Dampfbäder streng reglementiert und beaufsichtigt wurden. Gemeinschaftsbäder aufzusuchen scheint riskant gewesen zu sein, und mancher eifersüchtige Ehemann ließ vorsichtshalber in seiner Privatwohnung ein Dampfbad einbauen.

In der Literatur war Erotik unmittelbar mit der »weiblichen« Feuchtigkeit des Dampfes verknüpft. Das geht jedenfalls aus den Worten der Alten im *Roman de la Rose* hervor, die beobachtet, wie Bel Accueil »sich ansah, um zu prüfen, ob sein ›chapel‹ gut saß«: »Ihr seid noch ein Kind und wißt nicht, was Ihr tun werdet, aber ich weiß wohl, daß Ihr früher oder später durch die Flamme gehen werdet, die jeden verbrennt, und in der Wanne baden werdet, in der Venus die Damen schwitzen macht. Ich weiß es wohl, Ihr werdet das Feuer spüren! Daher rate ich Euch: Rüstet Euch, bevor Ihr ins Bad geht, und laßt mich Euch unterrichten; denn gefährlich badet der junge Mann, der niemanden hat, ihn zu unterweisen.«

Aderlaß. *Recueil de traité de médecine et Image du monde*, 15. Jh. (Paris, Bibliothèque Nationale, Ms.fr. 12323)

Die Bäder von Bourbon-l'Archambault stehen im Mittelpunkt von *Flamenca*; sie sind der Ort, an dem die Liebenden sich verabreden. Es handelt sich um Heilbäder, deren Heilkraft jeweils durch ein Schild über jeder Wanne angezeigt wird. Von überall kommen die Kranken, Lahmen und Buckligen herbei. In jedem Bad gibt es eine sprudelnd heiße Quelle und kaltes Wasser zum Mischen. Jedes Bad ist gegen die anderen abgeschlossen; auch Ruheräume sind vorhanden. Den Zeitpunkt des Badens bestimmen die Mondphasen. Flamenca, die eine Krankheit vortäuscht, erklärt ihrem Mann, sie wolle am folgenden Mittwoch das Bad besuchen, denn »der Mond steht im letzten Viertel, aber in drei Tagen wird er völlig dunkel sein, und dann wird mein Zustand sich bessern«. Ihr künftiger Geliebter wird von seiner Gastgeberin zu einem Bad eingeladen, doch er lehnt ab: »Heute will ich nicht baden,

Angenehm temperiertes Wasser. *Tacuinum sanitatis*, um 1390–1400. (Lüttich, Bibliothèque Générale, Ms. 1041)

weil wir zu nahe am ersten Tag des Monats sind. Es ist besser, noch zu warten. Morgen ist der neunte Tag des Mondes, und dann ist für mich der Augenblick des Badens gekommen.« So erschlichen sich die Liebenden ihre Augenblicke der Intimität, doch waren sie selbst im Bad nicht ganz allein: Flamencas weibliche Entourage begleitete sie und brachte Becken und Salben mit. Da ersinnt die Heldin eine List, um ungestört den Geliebten treffen zu können. Sie lädt die Hofdamen zu einem gemeinsamen Bad ein, aber da es sich um vulkanische Quellen von unangenehmem Geruch handelt, werden die Damen die Einladung ablehnen . . . Dieses erzählende Dokument ist aufschlußreich als Inszenierung einer bestimmten Form von Geselligkeit und einer expliziten Erotik. In Wirklichkeit indes hat man der sexuellen Promiskuität dadurch einen Riegel vorgeschoben, daß Männer und Frauen an verschiedenen Tagen badeten oder getrennte Bäder benutzten. Solche Vorsichtsmaßregeln beweisen, daß hierbei die öffentliche Sittlichkeit auf dem Spiel stand. In der okzitanischen Fiktion wird Flamenca übrigens

»[...] in einem großen Becken aus Marmor, in das Stufen bis zum Boden führten, war Melusine beim Bad.« *Le Roman de Mélusine ou l'Histoire des Lusignan.* (Paris, Bibliothèque Nationale, rés. Ye 400)

von ihrem Gatten im Bad eingesperrt; wenn sie heraus will, muß sie eine Glocke läuten.

Das Bad gehörte zum Zeremoniell des Willkommensgrußes; es war ein wichtiger Bestandteil des Komforts. Die Tochter des Grafen von Anjou wird samt ihrem Kind von der Frau des »Bürgermeisters« empfangen, die ihr sogleich ein Bad richten läßt. In *Chevalier à la charrette* werden Lancelot von dem Fräulein, das ihn gerettet hat, bereitwillig Bäder und Massagen angetragen: Willkommensgruß? Therapie? Erotik? Im allgemeinen sind es Männer, die von derlei Aufmerksamkeiten und solcher körperlichen Nähe profitieren, wie aus zahlreichen Texten hervorgeht (z. B. *Érec et Énide*, *l'Éscoufle*, *Sone de Nansay*). In *Guillaume de Dole* kehren die vom Turnier ermatteten Ritter nach Hause zurück und sind dankbar für das heiße Wasser, mit dem sie ihre geschundenen Hälse pflegen können. In *Lai du blanc chevalier* aus dem 14. Jahrhundert will der heimgekehrte unbekannte Turniersieger »ein Bad nehmen und Schröpfköpfe aufsetzen«. In den Fabliaux geht das Baden meist mit einem Essen einher: »Bad auf dem Feuer, Kapaun am Spieß« – das sind die Freuden der drei Kanonissinnen von Köln, die in der Wanne sitzen, essen und trinken und dabei dem Spielmann lauschen.

Der Aderlaß markierte den Rückzug in den privaten Bereich, wobei es oft nicht ohne parodistische Übertreibung abging. In *Érec et Énide* wird König Artus zur Ader gelassen: »Noch niemals und zu keiner Zeit hatte sich der König so allein gefunden, und er langweilte sich, weil er nicht mehr Leute seines Hofes um sich hatte.« Wie der Text erläutert, wurde der König nur von fünfhundert Baronen in seine »Privat«-Gemächer begleitet. Marie de France läßt Équitan den Aderlaß als Trick benutzen, um mit der Frau des Seneschalls allein sein zu können. Als der König einen »Aderlaß ohne Zeugen« wünscht, werden die Türen zu seinem Schlafgemach geschlossen. Während dieser Zeit steht der Seneschall dem Hof vor. Hier wird Privatheit zur Schuld. In die Kategorie der Strafe gehört auch, daß Bel Ignauré, der zwölfmal das Institut der Ehe besudelt hat, Bad und Aderlaß über sich ergehen lassen muß.

Entdeckung des Körpers, Spiel mit dem Körper

Im *Lai d'Aristote* beschließt ein junges Mädchen, dem alten Philosophen zu beweisen, daß er genauso verführbar ist wie der junge Alexander; es schlendert durch den Garten, als ob es allein wäre – es trägt nichts unter dem Hemd, weil das Wetter so schön ist, und das Hemd flattert lustig im Wind, während das Mädchen singt. Diese theatralische Inszenierung birgt Zeichen eines Fetischismus, der ganz modern ist. Im Mittelalter spielt der Körper mit seinen verborgenen Teilen ähnlich einfallsreich wie mit seinen sichtbaren. Als Lanval von der Fee verführt wird, die auf einem prächtigen Bett ruht, offenbart die »entblößte Flanke« ebenso wie das Gesicht, der Hals und der Busen die harmonischen Proportionen ihres Leibes. Im Gegensatz zu normativen Diskursen, die, was das Zeigen des Körpers betraf, zur Klugheit rieten, im Gegensatz auch zur patristischen Tradition ist die Literatur für den imaginären Blick ein Ort der Befreiung.

Kleidung. Die mittelalterliche Literatur hat viel zu sagen über die Entblößung des Körpers vor sich selbst und anderen, über die vieldeutige Funktion der Bekleidung (war sie Schutz, Züchtigkeit, Schmuck?) und die Wahrnehmung von Nacktheit. Der Rückgriff auf Kleidung bezeugt exhibitionistische Regungen und latente Schamgefühle. Die Literatur demonstriert uns die Verlegenheit der Menschen, wenn sie sich nackt, ausgezogen fühlten, ihre implizite oder explizite Zurückweisung durch andere. Nacktheit konnte aber auch ein Grund zur Stilisierung sein, zumindest für Männer, in deren Selbstbild der nackte Körper eine hohe Bedeutung besaß. Nicht zuletzt war sie ein Zeichen der Verbannung und der Verstoßung: Nackte sind im Mittelalter stets Scham und Schande preisgegeben; Nacktheit verletzt ein gesellschaftliches Tabu. Ursprünglich hat man die nackte Frau ebenso wie den nackten Mann als von der Gesellschaft geschieden angesehen. Doch mitunter markiert diese Scheidung lediglich die Beobachtung eines privaten Rituals, etwa des Badens. Bei Männern signalisiert Nacktheit indes auch eine Übergangsphase in ihrem Leben – wenn sie nämlich ihre Kleidung abwerfen und eine Zeitlang auf die Stufe der Wildheit zurückfallen.

Das kleine Kind, das außerhalb der Gesellschaft geboren oder in jungen Jahren aus ihr vertrieben wird (beispielsweise Tristan von Nanteuil, der von einer Hirschkuh, oder Orson, der von einem Bären aufgezogen wurde), findet gleichzeitig seine Kleider und den Rückweg in die menschliche Gemeinschaft wieder. Neben den Geschichten über Akkulturation gibt es zahlreiche Berichte, in denen ein in die Gemeinschaft wohlintegrierter Mensch (wie Yvain aus der Tafelrunde) ein Trauma erleidet und sich in seinem Wahn von seiner ursprünglichen Gruppe isoliert; in anderen Geschichten verwandeln sich Menschen in Werwölfe. Diese fiktiven Gestalten sind oft jahrelang von der Gesellschaft getrennt; zur Rettung aus ihrer Notlage gehört ein Ritual, das mehrere Etappen hat. Auch die nackte Frau erfährt eine Trennung von der Gesellschaft, allerdings eine befristete, intimere, die deutlich auf ihren privaten Raum beschränkt ist. Im *Roman de la Violette* wird die schöne Euriaut entehrt, weil zudringliche Männer sie im Bad belauschen.

Was sagt uns dies alles über die Natur der Schamhaftigkeit? Daß Nacktheit etwas war, das man verbergen und geheimhalten mußte, das man nur wenigen Auserwählten offenbarte und das deshalb eine Quelle der Verlegenheit, der Scham und der Schwäche war. So ist es denn nicht verwunderlich, daß jemand, der auf seiner Fahrt einem nackten Menschen begegnet, sich als Heiler betätigt und ihn wieder zu kleiden sucht. Der nackte Mann wurde als Verbannter aus einer Welt der Ordnung und Herrschaft verstanden, als Zerstörer oder Widersacher der Ordnung; Nacktheit bedeutete Anarchie. Der Nackte hat oft wildes, langes Haar, verhält sich unberechenbar, gebärdet sich verrückt und denkt unzusammenhängend. Mit anderen Worten, der nackte Mann

Lattich war gut gegen Schlaflosigkeit und Gonorrhoe, schadete aber der Potenz und der Sehkraft; diese Nebenwirkung konnte man durch die Beigabe von Sellerie mildern. *Tacuinum sanitatis*, um 1390–1400. (Paris, Bibliothèque Nationale, Ms.n.u.lat. 1673)

Auf ihrer Fahrt begegnen Cœur [Herz] und Désir [Begehren] der Zwergin Jalousie [Eifersucht], die, in zwei Löwenfelle gekleidet, ihnen mit verschränkten Armen und wirrem Haar entgegentritt. René d'Anjou, *Le Cœur d'amour épris*. (Wien, Nationalbibliothek)

steht für den Bruch mit der Gesellschaft; die nackte Frau hingegen unterliegt fast immer dem logischen Recht eines absoluten Souveräns, dem Willen eines Königs oder Kaisers. »Wir gehorchen Eurem rechtmäßigen Willen«, sagen die jungen Mädchen im *Roman du comte de Poitiers*, nachdem der Kaiser ihnen befohlen hat, sich zu entkleiden, damit er die schönste von ihnen auswählen und zur Frau nehmen kann. In den Geschichten des *Cycle de la gageure* ist mit der Erscheinung der nackten Frau, deren Privatsphäre zu Unrecht angetastet worden ist, meist ein Preis assoziiert, ein materieller Lohn, zum Beispiel ein Stück Land. Auf autarke, glückliche Weise wirkt weibliche Nacktheit einzig in Geschichten matriarchalischen Zuschnitts, in denen die Frau ihre Blöße als Köder einsetzt.

Nacktheit ist ein Stadium des Übergangs. In der Wildnis großgewordene Kinder entwachsen dem Tierreich und schreiten fort in die Welt der Kultur. Oder Menschen regredieren in den Zustand der Wildheit, wobei sie die kulturellen Zeichen ihrer Gruppe abstreifen. Bisclavret und Mélion, zeitweilig aus der Gemeinschaft der Menschen ausgeschlossen, behalten ihre menschliche Klugheit und ihr Gedächtnis; zuletzt gewinnen sie sogar ihre menschliche Gestalt wieder. Manche dem Liebeswahn Verfallene werden mit Werwölfen verglichen. Die Wiedereingliederung in die Gesellschaft beginnt mit dem Anlegen von Kleidung. Doch der Rückfall in die Wildheit gleicht einer veritablen Amnesie – der Betroffene verliert die Kennzeichen seiner sozialen Identität und vergißt die Gesetze kodierten Betragens. Der Held in *Lévrier*, von einem hochnäsigen Fräulein verstoßen, für das er eine Reihe zweckloser Taten vollbracht hat, zerbricht sein Schwert, verwüstet seine Kleidung und stürzt verwirrten Sinnes in den Wald. Yvain flieht alle menschliche Gesellschaft, jagt wilde Tiere und nährt sich von rohem Fleisch. Amadas schläft auf dem nackten Fels. Die Rückkehr des Gedächtnisses – die Anamnese – ist Ausdruck der Zähmung *und* der Anpassung. Der Zwillingsbruder des wilden Orson, der das fremdartige, behaarte Geschöpf mit an den Hof bringt, deutet an, daß Orson »sich schlecht aufführt, was Orson mit Scham erfüllt«. Am Traumatisierten fallen vor allem seine Aggressivität und die Verweigerung jeder Kommunikation auf (Yvains »torbillon«). Und selbstverständlich sind damit auch die Werte der Ritterethik verabschiedet: Tapferkeit, Freimut, Treue. Das Paradigma Behaartheit/Fell bezeichnet den Übergang vom Menschen zum Tier: Der Wilde ist gleichzeitig nackt und bedeckt, in Wahrheit eher verkleidet als nackt, so als ob die Texte es nicht wagten, einen wirklich »nackten Mann« vorzustellen. Der neue Pelz hat dieselben Funktionen wie vordem die Kleidung; er ahmt die bewohnbaren Räume und Strukturen der Gesellschaft nach. Später, wenn das zivilisierte Aussehen zurückkehrt, erscheint es als das, was an dieser ausufernden, nicht mehr kontrollierbaren Natur domestiziert, herabgestimmt, poliert worden ist. Die Riten der Wiedereingliederung in die Gesellschaft sind darauf ausgerichtet, das Abnormale, Ausschweifende einzudämmen. Der Held muß Praktiken des Ausdünstens, Ausschwitzens und Purgierens über sich ergehen lassen; die Ausscheidung schädlicher Elemente ist das unabdingbare Vorspiel der Reintegration (oder Neuaufnahme) des Wilden in die Gesellschaft. Die Behandlung, mittels der Yvain von seiner »Wut und Trauer« geheilt wird, ähnelt der Therapie, welche die Fee beim Helden des *Lévrier* anwendet – sie schlägt die Kapuze des jungen Mannes zurück und legt ihm auf die Stirne Kräuter, die stark schweißtreibend wirken, wodurch sein Wahnsinn vergeht. Der Held erwacht aus seinem Schlaf und sagt: »Dame, ich habe meine Vernunft wiedergefunden! Gesegnet sei, wer sie mir zurückgegeben hat.«

Männliche und weibliche Wilde. Jean Wauquelin, *Histoire d'Alexandre*, um 1448. (Paris, Bibliothèque Nationale, Ms.fr. 9342)

Das Ritual des Badens ist ein unentbehrlicher Moment der Reintegration in die Gesellschaft und kommt in fast allen diesen Geschichten vor. Ein Fräulein, das in Orson verliebt ist, findet Gefallen an seiner Statur und denkt: »Wenn man ihn baden und schwitzen lassen würde, wäre seine Haut weiß und zart.« Nachdem der Held wieder ordentlich zu Bewußtsein gekommen ist, malt er sich aus, wie verrückt sein Verhalten in der Phase seiner Amnesie gewesen sein muß, und schämt sich seiner Verstöße gegen den gesellschaftlichen Code. Plötzlich sieht er sich brutal dem Blick der anderen ausgesetzt – einem Blick, in dem sich die Werte des Gemeinschaftslebens verdichtet haben. Amadas erfährt, welch ein »abstoßendes, schändliches« Leben er geführt hat, und zwar *in der Stadt*: nicht zufällig wird hier die Stadt – der Raum der Gemeinschaft – erwähnt. Aus seinem unpassenden Äußeren rekonstruiert der Held seinen Alptraum und erinnert sich an sein chaotisches Betragen, dessen Zeuge andere geworden sind. Um die symbolische Bedeutung dieser Geschichten für das Verhältnis von Individuum und Gemeinschaft einschätzen zu können, müssen wir die Rolle untersuchen, die bei der Wiedereingliederung des Einzelnen die Gruppe spielt. Die Gruppe muß Trost und Schutz spenden. In den Werwolf-Geschichten bekommt das Geschöpf sein eigenes Zimmer, so daß es nicht den Blicken der Öffentlichkeit ausgeliefert ist, während es menschliche Gestalt annimmt. Im *Lai de Mélion* gibt Gawain, der Mann des Hofes, König Artus den Rat: »Führt ihn in ein Privatgemach und sprecht unter vier Augen mit ihm, damit er sich vor den Blicken Fremder nicht zu schämen braucht.« In *Dit du prunier* gibt es sogar eine Reihe von Gemeinschaften, die den Helden nacheinander bei sich begrüßen und ihn von einer Geheimkammer zur nächsten geleiten.

Schichten der Kleidung. Nachdem der Körper die ihm gebührende Pflege empfangen hat, muß er wieder in seine materiellen Umhüllungen gepackt werden, in die verschiedenen Bekleidungsschichten, die in den Texten ausführlich geschildert werden und die eine Metapher für den gesellschaftlichen Körper sind. Explizit entwickelt wird diese Metapher von Baudouin de Condé in *Li Contes dou wardecors*, wo die Vasallen des Herrn, seine getreuen Beschützer, mit einer Körperrüstung verglichen werden. Der Werwolf, der menschliche Gestalt zurückerlangt, der Traumatisierte, der sein Gedächtnis wiederfindet, sie alle werden verschwenderisch eingekleidet. In *Dit du prunier* schenkt man dem Helden »Gewänder, Pferde, Münzen und Gefährten«. Bemerkenswert ist dabei die gedankliche Verknüpfung von Rangabzeichen und Elementen der Geselligkeit, Geld und menschlicher Begleitung. Wenn die Kleidung ein geschichtetes Sinnbild der sozialen Umhüllung ist und umgekehrt die soziale Matrix als Schutzmantel gegen Asozialisierung aufgefaßt wird, kann man dann korrekterweise und mit Gründen in der männlichen Nacktheit jene fleischliche Gestalt von Asozialisierungs- oder Verbannungsphantasien sehen, die Freud so seltsam berührte, als er ihr in den Träumen seiner Patienten begegnete? Bestimmte Stellen in *Amadas et Ydoine* lassen vermuten, daß die Gemeinschaft an der Sinnesverwirrtheit des von der Gruppe abgeschnittenen Individuums wesentlichen Anteil hat. Amadas ist das rituelle Opfer, das sich der täglichen Züchtigung durch seine Mitbürger unterwirft: Hat er die kollektive Schuld für irgendein phantasiertes Verbrechen auf sich genommen? So betrachtet, waren die Werwolf-Geschichten der Volksüberlieferung vielleicht Parabeln über Menschen, die für ein Dasein in der Gesellschaft nicht geschaffen waren und daher von ihr zunächst verstoßen und dann später heimgeholt wurden. Ihrer ganzen Natur nach repetitiv, liefern diese Geschichten einen Schlüssel zu Resozialisierungszeremonien generell. Nacktheit beim Manne scheint im Dienst eine Initiationsprobe zu stehen. Sie zeugt nicht mehr bloß für den Code der Schamhaftigkeit, sondern zugleich für die Krisen der konfliktbehafteten Einfügung in die Gruppe. Anamnese begleitet die Einstimmung auf das Liebesritual als den Inbegriff echter sozialer Integration. Die Unterweisungen, die Tristan von Nanteuil – nun nicht länger ein fliehendes Wild – von seiner Schönen empfängt, betreffen nicht lediglich die Kleidung, sondern ebenso die Liebe und die Lebenswelt.

»Schändlich, ein nacktes Weib zu sehen!« Das ruft eines der Mädchen aus, die sich vor dem lüsternen Blick eines Kaisers, der eine Frau sucht, entblößen müssen. So wie die fragile Privatheit stets in Gefahr ist, dem Blick der Gruppe ausgesetzt zu sein, so wird die Frau vor den

Glorieuse Achevissance: Ihre Schönheit und Vollkommenheit sind des Autors Lohn. *Les Douze Dames de rhétorique* des Seigneur de Montferrand.
(Paris, Bibliothèque Nationale, Ms.fr. 1174)

Augen der Gesellschaft entkleidet; ihrer Kleidung beraubt, wird sie zur Beute der frechen Blicke jedes Mannes. Anders als der nackte Mann zeigt die nackte Frau stets ein aufkeimendes oder bestätigtes Begehren an. Der Vorgang ihrer Entblößung wird bisweilen in krassen Worten geschildert. Im *Roman du comte de Poitiers* läßt der Kaiser dreißig junge Mädchen vor sich erscheinen. »Jede von ihnen wird nackt ausgezogen – so nackt, wie sie aus dem Mutterleib gekommen ist.« Und er fügt hinzu: »Das ist ein Befehl, keine Bitte!« Spielt jedoch die Frau freiwillig das von ihrem Gatten gewünschte Spiel des Exhibitionismus mit, so akzeptiert sie die Rolle eines Demonstrationsobjekts männlicher Macht, wie etwa im *Lai de Graelent*, wo die Vasallen aufgerufen sind, einmal jährlich die Schönheit der Königin zu bestätigen. So wie die Kleidung als Modus der Ich-Präsentation die einzig legitime Form der Selbstdarstellung des Mannes gewesen zu sein scheint, so war die nackte Frau offensichtlich Mittel zum Zweck. In *Atre périlleux* besteht eine explizite Verbindung zwischen weiblicher Nacktheit und der Bekräftigung männlicher Macht.

Anders die männliche Nacktheit; ihre Funktion hing anscheinend eng mit Riten der Geselligkeit und mit Zeichen der Gruppenkohärenz zusammen. Exhibitionistische Neigungen bei Männern werden mit Kleidungsstücken kaschiert. Die Frau dagegen wird generell in einer Situation der Scham gezeigt (sie »wird gesehen«); ihr Exhibitionismus ist ein unglücklicher. Die nackte Frau scheint eine körpervermittelte Sozialisation zu erleben und bloß ein Zeichen unter anderen zu sein, während Kleidung für den Mann das Zeichen seiner Integration in die Ge-

Weibliche Verführungskünste. *Les Quatre Fils Aymon*. (Paris, Bibliothèque de l'Arsenal, Ms. 5073)

meinschaft ist. Als Metapher der wünschenswerten Einbindung in die Gesellschaft ist der Übergang vom Nacktsein zum Bekleidetsein von der Symbolik des Kollektiven erfüllt: Rituelle Austreibung und Rückholung sind die Hauptetappen auf dem Weg des mittelalterlichen Menschen zu seinem Körper. Die Frau ist von dieser Erfahrung ausgeschlossen: entkleidet, bewundert und bestraft, dient sie dazu, Begehren zu entfachen, und bleibt für den Mann einer der Trümpfe bei der Feier seiner selbst.

Schamhaftigkeit und Schamlosigkeit. Vor dem Sündenfall hatte Nacktheit die schöne Aufgabe, das Kleid der Unschuld zu sein: »Und weil er die Sünde beging, verlor Adam das Gewand seiner Unschuld und kannte die Scham. Und dann vertrieb der Engel die beiden in Scham und Schande aus dem Paradies; und sie fanden, daß sie nackt und bloß aller Gnade waren.« (*Ci nous dit*, Kap. 7)

In einer von der Scham geprägten Zeit wird Schamhaftigkeit sichtbar, sobald ein Geschöpf seine frühere menschliche Gestalt wiedergewinnt, und erst recht, sobald eine Frau gezwungen wird, sich zu entblößen – eine Ausnahme ist die hochmütige Königin im *Lai de Graelent*, die nur ihre Schönheit bestätigt sehen will. Die Mädchen, die sich im Turm des Königs entblößen müssen, um sich einem Jungfräulichkeitstest zu unterziehen, widersetzen sich dem schändlichen Befehl durch bewußt zögerliches Entkleiden. Sie entledigen sich ihres Gürtels, zerren an den seidenen Hemdschleifen und zittern beim Öffnen ihrer Mieder so heftig, daß die Haken abbrechen. Entkleidet sich indes ein Mann zum Bad, so bezeugt er seine Virilität und bestätigt seine Natur als Mann, der jede Spur von Schamhaftigkeit fehlt: In *Tristan de Nanteuil* wird Blanchandin ein Aufschub von vier Tagen gewährt, bevor er/sie die Ehe vollziehen muß. Die Gattin hat eine Wanne bereitet, damit Blanchandin in aller Öffentlichkeit ein Bad nehmen kann, doch der »Gatte« flieht. Ein Engel erscheint und stellt ihn/sie vor die Wahl, eine Frau zu bleiben oder ein Mann zu werden. Der Transsexuelle entscheidet sich für die zweite Möglichkeit und bereitet sich auf das öffentliche Bad vor: »Als er ganz ausgezogen war, ging er auf das Becken zu. In Gegenwart zahlreicher Jungfrauen stieg er hinein, vollkommen nackt, und sein Glied kam zum Vorschein, prall und dick.«

Die Kleidung, auf verführerische Weise das Geschlecht ihres Trägers betonend, fungierte paradoxerweise auch als sexueller Talisman, als Schutzmantel der Schamhaftigkeit. Das Begehren war ebenso rasch geweckt wie zunichte gemacht: Aye d'Avignon und die Gattin Dieudonnés von Ungarn wurden durch ein Schmuckstück geschützt: einen Zauberring, einen Armreif oder eine Brosche. In *Florence de Rome* verursacht die Brosche Impotenz. Eine andere Macht besitzt das Schmuckstück in *Moniage Guillaume*, wo der prahlerische Mönchs-Krieger zum Fischen ans Meer geschickt wird. Da es auf dem Weg dorthin von Räubern wimmelt, fragt der Mönch, was er tun solle, da Mönchen doch das Fischen verboten sei. Seine Brüder raten ihm, sich nicht zu verteidigen, sofern es ihm nicht »an die Hosen« gehe. Daraufhin befestigt der Mann seine Hosen mit einer von Edelsteinen besetzten Schließe, die den Räubern ins Auge stechen muß. Das gibt ihm die ersehnte Gelegenheit, die Banditen in Stücke zu hauen. Hierbei handelt es sich um eine Art Integrationsritus; im Fortgang dieser Episode sind die Mönche nämlich gezwungen, ihren braven Gefährten zu akzeptieren, obschon er Ähnlichkeit mit einem Wilden behält.

Das Individuum

Fiktionen der Innerlichkeit: Neue Grenzen. Männer und Frauen wendeten sich auf der Suche nach ihrer Identität zunehmend nach innen. Das Lesen gewann an Bedeutung, weil es den Einzelnen absorbierte, so daß er sich in den Gegenstand seiner Wahrnehmung hineinverwandelte. Der Realitätssinn wich einem unaussprechlichen Glücksgefühl. Besonders das 14. und 15. Jahrhundert lieben den Traum als Rahmenhandlung. Ein verdoppeltes Ich erlebte zunächst die Suche nach der Geliebten und wurde später Zeuge von Debatten, die sich angeblich im Traum abspielten, in Wirklichkeit sich an politischen Fragen entzündeten. Die literarischen Texte mühten sich ab, Realität und Illusion zu bestimmen. Träumende, unfähig, den Sinn ihrer Träume zu erfassen, verspürten Beklemmung; Helden, in einem Zustand zwischen Wachen und Schlafen gefangen, konnten nicht sicher sein, ob sie existierten oder nicht. Der Spiegel, Inbegriff des Lasters oder der Selbstverherrlichung, repräsentierte die Gefahr, einem Trugbild Glauben zu schenken. Gegen Ende des Mittelalters hatte die irreführende Subjektivität einer Schreibweise, die »ich« sagte, dem Bezirk des Individuums neue Grenzen gezogen. Erinnerungen und Chroniken nahmen in präziserer Weise Elemente der persönlichen Dauer in die Darstellung des Individuums auf. Gleichzeitig mit den Versuchen einer Selbstdefinition des Individuums macht sich in der spätmittelalterlichen Dichtung die zwanghafte Präsenz von Zeit, die Wahrnehmung einer verlorenen Zeit bemerkbar.

Bei-sich-sein. Ausgeliefert den Launen des Schicksals, verloren der Welt ringsum, wurde das fiktive Individuum häufig als »gedankenvoll« beschrieben. So träumt beispielsweise der Ritter in den Pastourelles zwischen Heidekraut und Farn »gedankenvoll« vor sich hin – so lange, bis sein Blick auf die Schäferin fällt. Unter Percevals Augen sitzt König Artus gedankenverloren am Ende der Tafel, »nachdenklich und schweigend«, während seine Ritter frohgemut weiterschwatzen. »Der König sitzt da und sagt nichts, der König grübelt und spricht kein Wort.« Später wird Grübeln ein Indiz der Mürrischkeit und rückt in die Nähe der Melancholie, wie bei Charles d'Orléans. Im 15. Jahrhundert sagt der Held in *Cœur d'amour épris* von sich, er sei »gedankenvoll und melancholisch«. Er ist soeben, was in dieser allegorischen Erzählung von besonderer Bedeutung ist, der Dame Mélancolie begegnet, einer zerwühlten alten Frau, die »bedrückt und nachdenklich«, mit gefalteten Händen am Feuer sitzt. Ob Zustand der inneren Aufnahmebereitschaft oder Kommunikationsverweigerung, Nachdenklichkeit bezeichnet

»Alle Lieder, die ich schrieb, zu ihrem Lobe habe ich sie verfaßt.« Guillaume de Machaut, *Le Remède de Fortune*. (Paris, Bibliothèque Nationale, Ms.fr. 1586)

nicht nur in sich gekehrte Verschlossenheit und Ungeselligkeit, sondern auch die Suche nach einem Gegenstand, der der Aufmerksamkeit wert wäre.

Andere Rückzugssituationen hängen mit dem Lesen zusammen, einem wesentlich einsamen Akt, der die Projektion des Lesenden in ein (zeitliches und räumliches) »Anderswo« begünstigt. In einem *Chanson de toile* liest die schöne Doette in einem Buch, »aber ihre Gedanken sind anderswo«. Lesen schafft Distanz zur Realität, gleichzeitig mobilisiert es Phantasien und treibt die Einbildungskraft an. In Geschichten des 13. Jahrhunderts ist diese Ursache-Wirkung-Relation ganz evident – erst liest man, dann liebt man. In *Claris et Laris* liest einer der Helden vom Tod von Pyramus und Thisbe und wird für ein Liebesgeständnis empfänglich. Flamenca, im Turm gefangengehalten, erfährt durch Bücher von der Liebe; indem sie liest, suspendiert sie das Gesetz der Zeit. Dadurch, daß die Lektüre eine Aura um das geschriebene Wort erzeugt, einen Raum des Schweigens und der Meditation, durch die Distanzierung, die aus der – freilich jederzeit aufhebbaren – Autarkie des lesenden Individuums herrührt, wird die Gegenwart unwirklich oder überwirklich gemacht.

Schreiben in der Ichform. Troubadoure und »trouvères« haben von den intimsten Freuden und Leiden gesungen: denen der Liebe und des Fleisches. Ihr lyrisches Ich ist jedoch kein einmaliges, in der Situation des Begehrens aktualisiertes, sondern ein universelles. Auf immer wiederholte Motive gegründet, ist diese Lyrik nicht die Verkörperung einer Stimme, eines einzelnen Menschen, sondern eine Konfiguration der ewigen Wiederkehr, welche die gesamte mittelalterliche Dichtung prägt. Selbst der anscheinend flammende Selbstausdruck Villons ist von einem ganzen Bündel Konventionen reguliert. Gleichwohl scheint im letzten Jahrzehnt des 12. Jahrhunderts ein individueller Tonfall vernehmlich zu werden. In einer wilden Anklage gegen den Tod beschwört Hélinant de Froidmont Körperbilder herauf, die zu verstehen geben, daß das ganze Individuum, Körper und Seele, der Vergänglichkeit überantwortet ist: »Tod, um mich zu häuten, hast du mich in dieses

Dampfbad gesperrt, wo der Körper alle Ausschweifungen ausschwitzt, die er in dieser Welt begangen hat; du hebst deinen Knüppel über alle, aber trotzdem zieht niemand eine neue Haut an oder ändert seine alten Gewohnheiten.« (*Vers de la mort*)

Eine deutlich individualisierte Sicht der Realität bestimmt *Congés d'Arras*. Bevor sich die Tore des Leprosoriums hinter ihnen schlossen, versuchten sich Jean Bodel 1202 und später Baude Fastoul sowie Adam de La Halle (dessen Schicksal weniger traurig war) in einer Gattung, die persönliche Dichtung und Gelegenheitsdichtung in einem ist. Hier finden sich »realistische« Effekte, z. B. Beschreibungen des verfaulenden Fleisches und der damit einhergehenden seelischen Stimmung, die zwischen Sorge, Niedergeschlagenheit und Einsamkeit schwankt. In der Liebeslyrik jener Epoche haben Fachleute gelegentlich einen Wechsel von stereotypen zu mehr subjektiven poetischen Ausdrucksformen beobachten wollen. In Wahrheit aber ist die Lyrik Villons, dieses »Stereotyp eines poetischen Anarchismus«, durchaus vergleichbar mit der seines Vorgängers Rutebeuf aus dem 13. Jahrhundert. Beide schreiben Gedichte, die vorgeben, erlebtes Leben zu schildern – eine Lyrik des falschen Bekenntnisses. Diese trügerische Qualität ist durch ein kulturelles Modell geprägt. In der »Entwicklung der lyrischen Dichtung« wurde die gesungene Poesie, die mit verallgemeinernder Abstraktion verbunden war, abgelöst von einer Bekenntnisdichtung, die auf den Leser zielte. In der von den großen Troubadouren und »trouvères« gesungenen Lyrik identifiziert sich der Interpret scheinbar mit der im Gedicht ausgedrückten Subjektivität, mit einem »Ich«, das der Dichter nicht ist, aber sein könnte. Als dieses Ausdrucksmuster verschwand, das dem Publikum die Symbiose mit dem poetischen Universum erlaubt hatte, suchte der Dichter die damit verknüpften Aneignungsprozesse zu unterbinden und eröffnete so die »konkrete Dramatisierung des Ichs«. Vidas und Razos scheinen die Distanz zwischen dem Leser und

»Eines Nachts im vergangenen Monat [. . .]« René d'Anjou, *Le Cœur d'amour épris*. (Wien, Nationalbibliothek)

der im Gedicht ausgedrückten Subjektivität zu erweitern und einen »Roman des Ichs« zu begründen (M. Zink).

Gleichzeitig mit dem Aufstieg der persönlichen Memoiren- und Chronikliteratur beginnt in der Lyrik selbst das Experiment der Definition des Individuums – die einstigen, unpersönlichen Periphrasen weichen Wendungen wie »Ich bin es, der . . . «, mit denen das Individuum sich in Szene zu setzen sucht. Zahlreiche Beispiele hierfür gibt es bei Charles d'Orléans: »Ich bin es, dessen Herz in Schwarz gekleidet geht.« Was wir vor uns haben, ist ein folgenreicher Mentalitätswandel, nicht bloß ein rhetorischer Kunstgriff. Gegen Ende des Mittelalters gewinnt die Subjektivität zudem räumliche Attribute. Schon im 13. Jahrhundert beschrieb Thibaut de Champagne seine Liebesgefangenschaft als einen Turm aus Begierde, dessen Tore sehnsüchtige Blicke und dessen Ketten die Hoffnung seien, und Charles d'Orléans spricht von der »Zitadelle des Ichs«, der »Einsiedelei des Gedankens« oder der »freundlichen Herberge«. Auch Christine de Pisan und Alain Chartier verschließen die Pforten der Innerlichkeit. Der Rückzug auf das Selbst ist eingeleitet. Wird er zu Entdeckungen führen? Bei Charles d'Orléans lesen wir: »Die Trauer / hat mich so lange in ihrer Gewalt gehabt, / daß ich die Freude ganz verbannt habe. / Es ist besser, wenn ich mich von meinesgleichen scheide: / Der Angefochtene bereitet nur Verlegenheit. / Darum werde ich mich in meine Gedanken einschließen.«

Zeichen der Zeit: In *Voir dit*, Briefen und Gedichten, die ein alternder Dichter und ein sehr junges Fräulein austauschen, sind – Inszenierung des Intimen – die Botschaften, die Guillaume de Machaut empfängt, Gegenstand betont heimlicher Lektüre: »Les lettres pris et les ouvry / mais à tous pas ne descouvry / le secret qui estoit dedens, / ains les lisoie entre mes dens.« (»Ich empfing und öffnete die Briefe, aber ihr Geheimnis lag nicht für alle offen, weil ich sie ganz für mich allein las.«)

Die persönliche Dauer: Erinnerungen und Chroniken. Im Geschriebenen sich selber Dauer zu verschaffen, ist ein bedeutsamer Beweggrund für die Autoren von Memoiren und Chroniken, deren Zahl seit Joinville zunimmt. In diesen Gattungen wird die der Erzählung implizite Dauer überlagert von jener, die der Erzähler zu vermitteln wünscht. Als dem Autor der ersten muttersprachlichen Autobiographie hat man Joinville das Verdienst zuerkannt, das Subjekt in die französische Literatur eingeführt zu haben. Alleiniger Garant der Wahrheit seiner Erzählung, betritt der Autor, der »ein Buch über die heiligen Worte und guten Werke unseres heiligen Königs Louis« schreiben will, nun selbst die Bühne und präsentiert sich als Sujet seines Buches. Zur Individualisierung des Schreibenden gesellt sich das Insistieren auf der authentischen Zeugenschaft mittels Beweisen und Belegen, die uns heute seltsam anmuten, für Joinvilles Zeitgenossen aber keine Probleme aufgeworfen zu haben scheinen. Einerseits übernimmt er die Verantwortung für das, was er berichtet, andererseits handelt er von Geschehnissen, deren Augenzeuge er nicht gewesen sein kann; gleichwohl bleibt er sich »des Ernstes und der Tragweite seiner Zeugenschaft voll bewußt« (M. Perret). Wie J. Monfrin nachgewiesen hat, arbeitete Joinville seine Auf-

Unter den aufmerksamen Blicken von Philipp dem Guten schreibt David Aubert seine *Histoire d'Olivier de Castille et Artus d'Algarbe*. Handschriftenillustration von Loyset Liédet, 15. Jh. (Paris, Bibliothèque Nationale, Ms.fr. 12574)

zeichnungen über die Eroberung von Damiette mit Hilfe von Dokumenten und Kalendern um.

Die im 14. und 15. Jahrhundert beliebten Chroniken sind eine veritable Inszenierung des Individuums. Im Prolog gibt sich der Sprechende als Autor zu erkennen: als Person, und zwar mit einer Formel, die nach 1300 die meisten Chroniken einleitet: »Ich, Jehan Froissars, Kämmerer und Kanonikus von Chimay« oder »Ich, Christine de Pisan, eine Frau in der Finsternis der Unwissenheit, verglichen mit den hohen Geistern [. . .]«. Verwandte Formeln gebrauchen Enguerran de Monstrelet, Georges Chastellain, Olivier de La Marche und Jean Molinet – auf das Pronomen der ersten Person Singular folgen jeweils Vor- und Nachname des Autors, Titel und Rang (die den Verfasser gesellschaftlich einordnen) sowie ein Verbum, das den Akt des Schreibens bezeichnet. So markiert das Individuum seine Einmaligkeit in einem »präzisen sozialen Kontext«. Damit verbunden ist der Anspruch auf Wahrhaftigkeit. Der Vorsatz ist, »die Wahrheit zu schreiben«. Die Erklärung hat beinahe Rechtscharakter: Die Autoren fühlen sich verpflichtet, das Geschäft des Historiographen zu besorgen (C. Marchello-Nizia).

Erinnerungen und Chroniken sind Schriften der Dauer. Ein Bewußtsein der Zeit als der Gegenwart von Dauer charakterisiert auch die spätere Poesie, die das literarische Erbe des 13. und 14. Jahrhunderts erheblich verwandelt. Im Gewande des Bekenntnisses spielte bereits Rutebeuf mit Bildern der Zerstörung und der Zerstreuung seiner

»[...] denn sie [Fortuna] ist weder sicher noch fest, noch gerecht noch treu noch wahrhaftig. Wenn man glaubt, sie sei wohltätig, ist sie geizig, hart, wandelbar und schrecklich.« Guillaume de Machaut, *Le Remède de Fortune*. (Paris, Bibliothèque Nationale, Ms.fr. 1586)

Freunde in alle Winde. Eustache Deschamps beschwor Vergänglichkeit und Zerbrechlichkeit, Alter und Eitelkeit; er beschrieb den »Kreislauf des Lebens nach dem Muster der soeben erfundenen Uhr«. Bei Charles d'Orléans erscheint die persönliche Zeit als domestiziert; sie gehorcht den Jahreszeiten und dem kosmischen Rhythmus, ist aber auch eine Quelle des Schmerzes – der wühlt »in den Truhen seiner Erinnerung«; er ist sich bewußt, wie belustigend für andere der Anblick des alten Mannes sein muß, der noch einmal auf den »Pfaden der Liebe« wandelt. Zur Obsession wird die Zeiterfahrung bei Michel Taillevent, für den das »Vergangene niemals wiederkehrt«, und bei Pierre Chastellain, der ein *Contra passe-temps* schrieb, das er dann in *Mon temps perdu* umbenannte, eine Geschichte seines Lebens mit Exkursen, die er später zu einem kleinen Buch mit dem Titel *Mon temps recouvré* erweiterte. Die Dichter wurden nun sensibel für die innere Kontinuität des Ichs. Villon nennt das Ich »Sachwalter der verlorenen Zeit«, Chastellain, der in mancher Hinsicht den Zeitsinn der Renaissance vorwegnimmt, spricht vom »Meister der wiedergewonnen Zeit« (D. Poirion).

Das innere Sprechen. Der Roman arbeitet zunehmend mit Liebesszenarien, deren integrierender Bestandteil die Darstellung der Einsamkeit, also das innere Sprechen ist – schon Roland wandte sich in seiner Verlassenheit mit den drei Gebeten, die er kannte, an Gott. Insbesondere der so genannte antike Roman, etwa bei Chrétien de Troyes, entwickelt die narrative Technik des inneren Monologs, das literarische Instrumentarium der Icherhellung, der Selbstanalyse, der Selbstbegegnung. Die langen parallel geschalteten Monologe Soredamors und Alexandres in *Cligès* explizieren im Verlauf einer geheimen Untersuchung die affektiven Tropismen der Subjektivität: innere Szene, Theater der Empfindung, Freude, Delirium, Schmerz, Nuancen der Stimmung, welche die höfische Lyrik ihrerseits, zeitlich moduliert (im Warten, Hoffen und Verzweifeln), herausbildet.

Im 13. Jahrhundert dann beobachten wir eine kunstvolle Ausdifferenzierung des inneren Monologs: Die Repräsentation von Intimität durch den Erzähler wird um eine zweite Erzählstimme ergänzt; der Ausdruck des Ichs verdoppelt sich gleichsam, kulturell vermittelt durch das lyrische Zitat. Das Instrument des inneren Monologs wird geschärft und gleichzeitig vervielfältigt. Die Selbstauskünfte des in Flamenca verliebten Guillaume sind sowohl Klage über die Gewalt der Liebe als auch Zeugnisse innerer Strategien: Entäußerung *und* Vergewisserung, Dokumente der Ohnmacht *und* der planenden List. In *Châtelaine de Vergi* ist der Tod der Besiegler der Verlassenheit par excellence – die Frau verläßt nach und nach die Zonen möglicher Kommunikation mit dem Geliebten, den sie zu Recht oder zu Unrecht des Verrats bezichtigt, und mit der Gemeinschaft, von der sie endgültig getrennt ist. Bezeichnete der Tod im *Chanson de Roland* die Chance zu einem letzten Diskurs, in dem das »Ich« im »Wir« widerhallt, so ist der Diskurs der Kastellanin der einer tragischen Isolation, vergleichbar derjenigen der Dame de Fayel – als diese die letzte Botschaft ihres Geliebten empfängt, der durch einen vergifteten Pfeil getötet worden ist, und sie dank einer grausamen Tücke ihres Gatten vermeint, das Herz ihres Geliebten gegessen zu haben, verliert sie das Bewußtsein und wünscht sich, wieder zu sich gekommen, den Tod. Das Bewußtsein des Todes wird von einer typischen Gebärde begleitet – die Dame drückt die Arme gegen den Leib, wie um den letzten Lebensatem aus sich herauszupressen.

»Von ihrem Aussehen wirkte sie unstet, oder doch leicht beeinflußbar; ihre Augen waren verbunden wie bei dem Gott Cupido. In der rechten Hand hielt sie ein Königsszepter, in der linken ein Rad, das sich unablässig drehte.« Pierre Michault, *La Danse des aveugles*. (Chantilly, Musée Condé)

Identität

Die literarische Einbildungskraft beschäftigten Identitätsprobleme: Es ging entweder um eine verlorene oder unbekannte Identität, die es zu finden bzw. wiederzufinden galt, oder um eine Identität, die verborgen werden mußte und nur an Zeichen kenntlich war, deren Bedeutung erst später klar wurde.

Heimlichkeit. Soll man den Körper sprechen lassen oder ihn nicht sprechen lassen? Der Körper kann durch Gesten, Kleidung, Beachtung der Konvenienz sich ausdrücken – oder durch deren Abwesenheit schweigen. In der Fiktion ist diese Abwesenheit eine sinnhafte. Mögliche Identifizierungsmerkmale werden in den Körper zurückgenommen: Zahlreiche Situationen demonstrieren, wie man seine äußere Erscheinung verändert, wie beispielsweise durch ein Zauberkraut das Gesicht unkenntlich wird – wie Identifizierung verstummt. In der Chantefable *Aucassin et Nicolette* aus dem 13. Jahrhundert droht der jungen Nicolette die Vermählung mit einem heidnischen König; deshalb reibt sie sich Kopf und Gesicht mit einem Kraut ein, das sie schwarz und unansehnlich macht. In Verkleidung besucht sie ihren Geliebten Aucassin; dann reibt sie ihren Körper mit einem anderen Zauberkraut ein und gewinnt ihre Schönheit zurück. In *Guillaume de Palerme* stehlen die beiden Liebenden auf ihrer Flucht zwei Bärenfelle und eine Schlangenhaut aus einer Küche und nähen daraus zwei Überwürfe, mit denen sie sich verkleiden. Verkleidung konnte auch in einem Spiel mit der Monochromie bestehen, darin, daß man sich – rätselhafter Anblick – auf eine einzige Farbe konzentrierte, wie etwa der Rote Ritter oder der Weiße Ritter. Die Farben hatten eine durchaus entzifferbare Bedeutung. Rot deutete auf einen Menschen mit bösen Absichten, Grün auf ein ungestümes Gemüt, ein blaues Inkognito enthüllte den wahren Wert der Person, wie Froissart in *Dit du bleu chevalier* zeigt (M. Pastoureau).

Unter gewissen Umständen konnten Männer und Frauen sich zeitweilig weigern, ihre Identität preiszugeben. Das war der Fall bei jungen Mädchen, die sich den inzestuösen Gelüsten ihres Vaters nur durch Flucht zu entziehen wußten; aus ihrem Schweigen sprach auch der Wunsch, jenen privaten Raum zu schützen, der von einer die Familienehre befleckenden Bedrohung erfüllt gewesen war. Beim höfischen Helden, etwa bei Lancelot im *Chevalier à la charrette*, signalisiert Namenlosigkeit, daß er sich noch in Übereinstimmung mit den Erwartungen der Gemeinschaft zu bringen sucht. Das fiktive Individuum erstrebt Distanz von sich selbst. Dies gilt für die lange Tradition des Abenteuerromans bis ins 15. Jahrhundert. In der *Histoire d'Olivier de Castille* weigert sich der siegreiche Held, seine Identität preiszugeben, und so bleibt den Herolden nicht anderes übrig, als »den roten, weißen und schwarzen Ritter« zum Sieger auszurufen. Heimlichkeit ist eine Form der Intimität, die man wie eine verschlüsselte Botschaft mit sich trägt und erst im geeigneten Augenblick ent-

Totentanz.
(Paris, Bibliothèque Nationale, Ms. lat. 1402)

rätselt: ein ausgezeichneter Kunstgriff, um eine Geschichte spannend zu machen. Auch Geister reisen inkognito, so in *Richard le Beau* oder in *Olivier de Castille*.

Die Zeichen lesen. »Solcherart war Cligès, der Klugheit und Schönheit, Großmut und Stärke besaß: Er hatte das Holz und die Rinde.« Täuschung, der Widerspruch zwischen Schein und Sein, welch Unbehagen! Besonders bei Frauen war die Dissonanz zwischen idealer Erscheinung und innerem Wesen verpönt, so in *Galeran de Bretagne* oder in *Dit du lévrier*. Die Identität eines fiktiven Charakters aufzudecken ist mühevolle Detektivarbeit. Die Waffen eines Helden können dabei ebenso hilfreich, weil verräterisch sein wie die Farbe seiner Kleider. Das Thema des maskierten Ritters scheint in den Romanen des 13. Jahrhunderts ein bevorzugtes Motiv gewesen zu sein. Der Ritter wählte die Anonymität, die Selbstverbergung, um allein um seines physischen Wertes willen anerkannt zu werden; erst danach krönte er die von seinen Ruhmestaten gestiftete Identität mit einem Namen. Diese Maskierung mag bedeutet haben, daß Identität erkämpft und, einmal erkämpft, unablässig unter Beweis gestellt werden muß. In den Romanen von Chrétien de Troyes hängt die Initiation unmittelbar mit der Namensgebung zusammen. Perceval selbst erfährt seinen Namen erst am Hofe des Fischerkönigs, nachdem er es versäumt hat, jene Frage zu stellen, die den König geheilt und die Ödnis der Terre Gaste aufgehoben hätte: »Und er, der seinen Namen nicht wußte, sagte wie in einer Offenbarung, daß er Perceval der Waliser sei. Er wußte nicht, ob er die Wahrheit sagte oder nicht, und doch sagte er die Wahrheit, ohne es zu wissen.«

Tristan en prose. Der einfarbige Ritter; 1463.
(Paris, Bibliothèque Nationale, Ms.fr. 99)

Mitteilungen über die Identität sind auch die Geheimnisse, die mit dem Entziffern mysteriöser Inschriften, gestickter Muster oder nicht identifizierter Porträts zusammenhängen. In *Belle Helaine de Constantinople* bezeugt das Porträt der Heldin, daß die Suche nach ihr im Gange ist, eingeleitet von ihrem schuldigen Vater und ihrem Gatten, der sie nichtsahnend verloren hat. Der Vater hat ein Bildnis seiner Tochter auf eine Säule des päpstlichen Palastes zu Rom malen lassen; der Gatte trägt ein Bild seiner verlorenen Frau auf seinem Schild. Als *incognita* wird die ihrer Identität beraubte Helaine vom Vater ebenso wie vom Gatten dem Blick des Publikums ausgesetzt.

Seltsamerweise prägt man sich den Menschen nicht durch seine Gesichtszüge ein (es sei denn auf Porträts). So geschieht es in den Erzählungen, in denen eine gesprengte Familienzelle wieder zusammenfindet, häufig, daß Vater und Sohn einander nicht an ihren Gesichtern erkennen, sondern durch einen affektiven Tropismus. Im *Lai de Doon*, aber auch im *Lai de Désiré* läßt die Fee ein schönes Kind die Bekanntschaft seines Vaters machen, dem man dessen Geburt verhehlt hatte. In einem minder feenhaften Kontext hat die merkwürdige Zuneigung, die der König dem von einem römischen Senator aufgefundenen Kind der Manekine entgegenbringt, die gleiche Funktion – der König weiß nicht, daß es sich um seinen eigenen Sohn handelt. Indessen ist das Porträt ein guter Ersatz für das lebendige Wesen selbst, weil es dem Liebenden die geliebten Züge vor Augen rückt. Im Bildersaal steht Tristan andächtig

Wappen des Tafelritters Bohort. *Lancelot en prose*, Mitte 15. Jh. (Paris, Bibliothèque Nationale, Ms.fr. 115)

vor Isoldes Standbild: »Er sagt zu diesen Bildern alles, was er auf dem Herzen hat, und will sich nicht von ihnen trennen. Sein Blick fällt auf die Hand Isoldens, die ihm den Ring aus Gold entgegenstreckt, und er sieht wieder seiner Freundin verhärmtes Gesicht, als er Abschied von ihr nahm.«

Bildnisse können seltsame Formen annehmen. Guillaume bedient sich keck des Gatten, um Flamenca eine Botschaft zukommen zu lassen; er verfaßt ein Gedicht (einen Liebesgruß), das angeblich an eine geheimnisvolle Schöne gerichtet ist. Die Botschaft besteht aus zwei Bildern, die »mit so großer Vollkommenheit gezeichnet waren, daß sie wahrhaftig zu leben schienen. Die Figur im Vordergrund lag auf den Knien und hatte die Hände flehend zu der anderen Figur erhoben, die auf sie hinabsah. Eine Blume in ihrem Mund berührte das erste Wort jedes Verses«. Als Verdoppelung des Geliebten, als phantasierter Schein der Umarmung, ist das Porträt zugleich Trug und Erfüllung. So unterhält Guillaume de Machaut eine innige Beziehung zu dem »süßen Bild«, das sein Diener ihm bringt; kaum hält er das Porträt seiner Dame in Händen, »so ging ich eilends, allein und ohne Begleitung, in mein Zimmer und schloß mich ein«. Über seinem Bett befestigt er »das reine, reizende Bild, das das Gemälde zeigte«, um es zu betrachten, aber auch, um es zu berühren und zu schmücken. Das Porträt besitzt eine überragende evokative Macht.

Träume. Raum der Innerlichkeit, affektives Universum, Trübung und Klarheit – das Individuum kann von der Dynamik seiner einzigartigen Welt völlig absorbiert werden. Der Zustand, in dem der Einzelne sich in sich selbst verliert, wird im 13. Jahrhundert – in *Flamenca* – mit geradezu klinischer Sachlichkeit beschrieben. Die Sinne unterwerfen sich dem Herzen, ihrem »Herrn« und »Vater«, und machen den Menschen bewußtlos, stumpfsinnig, unfähig zu sehen, zu hören, zu sprechen: »Das Herz ist der Herr und der Vater; und wenn ihm nun etwas Gutes oder etwas Böses begegnet, so kommen alle Sinne zu ihm, um nach seinem Willen zu fragen; und wenn sie so inwendig versammelt sind, sieht der Mensch nicht nach außen und ist wie geblendet. Und da das Gute wie das Böse die Sinne dieserart zum Herzen zieht, überrascht es mich nicht, daß die Freude der Liebe, wenn sie das Herz erfüllt, als Gemisch aus Gutem und Bösem die Sinne im Geschwindschritt zu ihrem Herren eilen läßt, für den Fall, daß er ihrer bedarf. Und alle Sinne pflegen es so zu halten, daß, wenn der eine seinen Auftrag ausführt, die anderen keine andere Sorge kennen, als diesem einen zu helfen und zu dienen, dergestalt, daß sie alle nur eine einzige Sorge haben. Und so kommt es, daß ein Mensch, der von etwas ganz und gar erfüllt ist, weniger sieht, weniger fühlt, weniger spricht und weniger hört. Und selbst wenn man ihn nicht sehr sanft anfaßt, wird er den Stoß kaum spüren. Jedermann weiß das aus eigener Erfahrung.«

Der Traum rührt an das körperliche Wesen des Schlafenden, dem er eine Aufgabe stellt. Die Bußbücher und »Traumschlüssel« des 12. und 13. Jahrhunderts sind voll von Erwägungen und Spekulationen über den Zusammenhang von Traum und Vision, Wesen des Schlafs und

Verantwortung des Träumenden für seinen Traum, Körperempfindung und Traum. In Romanen und allegorischen Texten ist das Traumleben nichts Unbekanntes. Zwar entzieht der Traum sich dem Bewußtsein, aber der Träumende bleibt für ihn verantwortlich. Weil sie vergessen hat, ein Kreuz zu schlagen, gibt die Jungfrau – die Mutter Merlins – Satan Gelegenheit, sie zu begatten und einen Sohn zu zeugen; der Priester, der ihr einschärft, für den Rest ihres Lebens den Sünden des Fleisches zu entsagen, schränkt ein: »außer im Traum; denn der Mensch vermag nichts gegen seine Träume!«

Träume, der rationalen Erforschung scheinbar unzugänglich, sind in der mittelalterlichen Literatur häufig. Dreihundert Jahre lang fungierte der Traum als »Rahmen literarischer Fiktion« (Ch. Marchello-Nizia), eine Vielzahl von Texten aus dem beginnenden 13. bis zum beginnenden 16. Jahrhundert bezeugen es. Im *Chanson de Roland* hat Karl auf dem Rückweg nach Frankreich mehrere Träume, in denen er von Ganelon angegriffen oder von einem Leoparden bzw. einem Bären angefallen wird; im Schlaf erscheint ihm ein Engel, der eine Schlacht ankündigt und ihm deren Vorzeichen zeigt: Donner und Blitz, Wind, Eis, Flammen und Feuer; das kaiserliche Heer fällt Ungeheuern, Drachen, Dämonen und Greifen zum Opfer – beängstigende Vorahnungen und Schreckensbilder, die jedoch den Schläfer nicht wecken.

In *Quête du Saint-Graal* werden Träume zur Quelle der narrativen Dynamik. Sie zwingen den Helden, sich auf die Suche nach Einsiedlern und Klausnerinnen zu begeben, die das Geheimnis der Traumbedeutung kennen. Die Geschichte handelt von der Angst des Träumenden. Von Perceval heißt es, er sei nach dem »außerordentlichen Traumgesicht« von den beiden Damen – Allegorien der beiden Gesetze – »stark bewegt« gewesen, er schläft, bis die Sonne hoch am Himmel steht, und begegnet dann einem Priester. Nachdem er lange mit ihm gesprochen hat, sagt er: »Herr, ich bitte Euch, erklärt mir einen Traum, den ich in dieser Nacht hatte. So merkwürdig scheint er mir, daß ich keinen Frieden finde, bevor ich seinen Sinn nicht weiß.« Lancelot fällt, vom Fasten und Wachen erschöpft, in einen tiefen Schlaf; er sieht einen Mann auf sich zukommen, der von Sternen umgeben ist und von sieben Königen nebst zwei Rittern begleitet wird. Von einem Einsiedler erfährt er schließlich: »Dies Traumgesicht ist viel bedeutungsvoller, als mancher glauben möchte.« Gawain und Hector, die in eine alte Kapelle geflohen sind, haben »so außerordentliche Träume, daß man nicht unterlassen kann, sie zu erzählen, so bedeutungsvoll sind sie«. Hector erwacht »voller Angst, er wirft sich hin und her und findet keinen Schlaf mehr«. Darauf sagt Gawain zu ihm: »Ich hatte einen sehr seltsamen Traum, von dem ich erwacht bin, und ich werde keine Ruhe finden, solange ich nicht weiß, was er bedeutet.« Der Traum als virtuelles Deutungsobjekt bildet nicht nur eine Welt für sich; seine Bedeutung enthüllt sich erst dann, wenn eine geeignete Mäeutik die Traumelemente zu Bewußtsein bringt.

Im *Roman de la Rose* befinden wir uns an der Schwelle des Traums: »Ich ging eines Abends nach meiner Gewohnheit zu Bett, und als ich fest schlief, hatte ich einen sehr schönen und starken Traum. [...] Ich

Boccaccio, *Von vornehmen und angesehenen Frauen*. Irène, Tochter und Schülerin des Malers Cratin, übertraf ihren Vater noch an Talent. 15. Jh. (Paris, Bibliothèque Nationale, Ms.fr. 598)

»König Nebukadnezar sah im Traum Dinge, die sich später bewahrheiteten, und häufig kehren Dinge, die wir tagsüber gedacht haben, des Nachts wieder, wenn wir träumen.« Philippe de Mézière, *Le Songe du verger*, 15. Jh. (Paris, Bibliothèque Nationale, Ms.fr. 12442)

träumte eines Nachts, ich befände mich in jenen herrlichen Zeiten, da jedes Geschöpf von dem Wunsch zu lieben erfüllt war. Und es schien mir, da ich schlief, es sei früher Morgen; sogleich stand ich auf, legte die Beinkleider an und wusch mir die Hände.« Aber der Traum hat auch eine Seite, die angst macht und Illusionen befördert. Cligès' Onkel, der Fenice heiraten möchte, besitzt sie in seinen nächtlichen Wahnbildern, während sie in Wirklichkeit unbelästigt an seiner Seite schläft. In *Claris et Laris* leidet ein Liebender unter der zwanghaften Illusion, er habe seine Geliebte getötet; die Traumverwirrung stürzt ihn in ein teuflisches Spiegellabyrinth. Die Grenzen des Bewußtseins, des Schuldhaften und Pathologischen, des Traums sind fließend.

Traum und innere Blindheit bezeichnen Zustände der Ichentrücktheit, wie in der Ekstase und der Selbstvergessenheit. Davon – und von der Nähe der harten, bitteren Wirklichkeit – zeugen vornehmlich die erotischen Träume. In der höfischen Literatur erscheint der Traum mitunter als veritables Geschenk des Liebesgottes. In *Flamenca* fleht Guillaume de Nevers, der seine Dame nicht besitzen kann, vor dem Einschlafen: »Laßt mich einschlafen, schenkt mir Träume, wie nur Ihr es könnt. Zeigt mir wenigstens im Traume jene, die ich nicht sehen kann, wenn ich wache. Vor Euch, meine Dame, will ich sprechen, und wenn ich in Euch einschlafen kann, so wird es mir gut und nützlich sein. Und ich sage ohne Unterlaß: ›Ihr! Ihr! Ihr, Dame, immer will ich Euch meine Dame nennen, solange ich wach bin. Und wenn mir äußerlich die Augen zufallen, so will

»Eines Abends ging ich schlafen, wie ich es gewohnt war, und in meinem tiefen Schlaf hatte ich einen sehr schönen Traum.« Guillaume de Lorris, *Roman de la Rose*. (Chantilly, Musée Condé)

ich, daß innerlich mein Herz mit Euch wacht; ja, mit Euch, meine Dame, ja, mit Euch!‹ Aber das ›ch‹ von ›Euch‹ konnte er nicht mehr sagen; denn er war eingeschlafen, und er betrachtete seine Dame nach Herzenslust und ohne daß ihm etwas hinderlich war. Und im übrigen kommt es für gewöhnlich vor, daß man im Traum sieht, was man begehrt, wenn man mit dem Gedanken daran einschläft.«

Zu träumen war nicht zuletzt ein Mittel der Realitätsflucht. In dem Roman, der seinen Namen trägt, fällt Guillaume d'Angleterre ihr zum Opfer. Während er mit anderen zu Tische sitzt, träumt er von der Jagd und sinkt in tiefe Selbstvergessenheit, so daß der Erzähler sich bemüßigt fühlt, einzuflechten: »Haltet mich nicht für einen Lügner und seid nicht erstaunt; denn es kommt vor, daß man im Wachen träumt. Und wie im Traum kann es wahr oder falsch sein, was man dann denkt.« Guillaumes Traum führt tatsächlich zur Vereinigung des Vaters mit zwei Söhnen, die er als kleine Kinder verloren hatte. Der Traum fungiert hier als Offenbarung, und am Ende nimmt der Träumende von dem Besitz, was der Traum ihm vorgegaukelt hatte.

Der Zustand zwischen Schlafen und Wachen zeugt von der Ungewißheit des Bewußtseins, der Ambiguität von »Sein oder Nichtsein«. Denken wir an Raimondin, den künftigen Gatten der Melusine, der zufällig den Tod seines Onkels verschuldet hat und vor Schreck darüber in den Wald hinauszieht: »Um Mitternacht kam er an eine Quelle, die ›Brunnen des Durstes‹ genannt wird, von manchen auch ›Verzauberter Brunnen‹, weil hier in vergangenen Zeiten so manches wundersame Abenteuer vorgefallen ist und von Zeit zu Zeit wohl noch geschieht. Die Quelle sprudelte an einem überwältigenden Platz: zwischen einem steilen, wilden Berg mit überhängenden Felsen und einer anmutigen Wiese am Tal entlang, hinter dem Wald. Der Mond schien hell, und Raimondins Pferd lief nach Gutdünken; denn sein Herr, vor Gram vernichtet, war ganz willenlos, so als ob er schliefe. Es traf sich aber, daß unweit des Brunnens drei Damen spielten. Wir wollen nun berichten, was die Geschichte über die eine von ihnen erzählt, die vornehmste der drei und ihre Herrin. Der Geschichte zufolge trabte das Pferd mit Raimondin dahin, der in Gedanken versunken war, unglücklich und verzweifelt über das, was ihm geschehen war; er lenkte das Pferd nicht mehr, es ging, wohin es wollte. Er zog den Zügel nicht nach links und nicht nach rechts. Er hatte Gesicht, Gehör und Verstand verloren. Und so kam er an dem Brunnen und den drei Damen vorbei, ohne sie zu sehen.«

Eine Rationalisierung besonderer Art begegnet in politischen Träumen; es sind eigentlich Streitgespräche, zu denen die Geheimnisse des Unbewußten die Kulisse liefern. Der Traum wurde zum Werkzeug der List; denn politische Träume waren in Wirklichkeit Fabeln über die Macht. In knapp fünfzig Jahren erschien fast ein Dutzend Werke, welche die Welt des Traumes für eine Reflexion über Machtstrukturen nutzten, unter ihnen *Songe de pestilence*, *Songe du vieil pèlerin*, *Quadrilogue invectif* von Alain Chartier und *Songe du vergier*. Die rhetorische Tradition trug dazu bei, das Gleichgewicht der sozialen Rollen in Zweifel zu ziehen, und »in solchen Fällen ist es besser, so zu tun, als träume

Kleopatra vor dem Spiegel. Boccaccio, *Von vornehmen Frauen und Männern*. (Bergues, Bibliothèque, Ms. 63)

man«. Die kanonische Formel für Träume (»il me fut advis«, gefolgt von einem Indikativ Imperfekt, der darauf hinweisen soll, daß der Träumende selbst in den Traumprozeß hineingezogen worden ist) wurde ersetzt durch ein Verfahren, das »der Träumende selbst zum Organ einer Vision macht, in der es stets um die Macht des Königs geht«. Die Form des Traums garantierte dem Autor oder dem Träumenden, der behauptete, nicht der Urheber seiner Geschichte zu sein, Straflosigkeit (C. Marchello-Nizia).

Der Spiegel. In einem Buch zur christlichen Unterweisung auf der Grundlage moralischer Geschichten berichtet der Autor um 1320 die Geschichte einer Dame, die ihre Kammerzofe ausschickte, einen Spiegel zu kaufen. Als die Zofe mit einem Spiegel zurückkommt, der ihrer Herrin nicht gefällt, wird sie nochmals losgeschickt, einen anderen zu kaufen. Diesmal kehrt sie mit einem Totenschädel zurück und sagt: »Hier, beseht Euch darin! In der ganzen Welt gibt es keinen Glasspiegel, in dem Ihr Euch so gut betrachten könnt.«

Zwar benutzt Dame Oiseuse im *Roman de la Rose* einen Spiegel, um sich schön zu machen; aber häufig war der Spiegel ein Mittel der moralischen Belehrung. Im *Livre* des Chevalier de La Tour Landry sammeln sich im mißbrauchten Spiegel schließlich alle Strahlen diabolischer Schrecknisse. Eine Dame, die, von ihrem Spiegelbild entzückt, ein Viertel des Tages mit ihrer Toilette verbringt, reizt jene, die in der Kirche auf sie warten, zur Ungeduld: »Was! Hat denn diese Dame sich nicht bald genug gekämmt und im Spiegel begafft?« Es ist freilich ein unheilbringender Spiegel: »Und es gefiel Gott, an ihr ein Exempel zu statuieren, und als sie in diesem Moment in den Spiegel sah, erblickte sie den bösen Feind, der ihr den Hintern zeigte, so grausig und schrecklich, daß die Dame den Verstand verlor, wie wenn sie vom Teufel besessen wäre.« Der Spiegel brachte nicht nur Mängel der Toilette und der Frisur ans Licht, er enthüllte auch moralische Unvollkommenheiten und narzißtische Exzesse. In vielen Texten ist der Spiegel ein Hilfsmittel der Erbauung. Zum Schutz vor Trug und Illusion konnte man ihn sogar verdoppeln. In Jean de Condés *Dit du miroir* besteht ein Mann

»Aus zwei Gründen soll eine Dame sich im Spiegel betrachten: um darin ihr Gesicht zu sehen und um darin ihr Gewissen zu sehen.« *Le Parement des dames en vers* von Olivier de La Marche, 16. Jh. (Paris, Bibliothèque Nationale, Ms.fr. 25431)

darauf, einen Doppelspiegel zu haben, um sich »innen und außen« betrachten zu können. Der Spiegel fungiert auch als ein Instrument der Verführung, so in einem Fabliau, in dem eine Frau den Schildknappen, der ihr die Ankunft ihres Herrn und Meisters meldet, darum bittet, ihr den Spiegel zu halten, damit sie ihr Häubchen richten kann – eine narzißtische Geste von solcher Unwiderstehlichkeit, daß der Herr und Meister einen Vorgänger bekommt ...

Das Spiegelbild nimmt der Realität einen Teil ihrer Existenz und verspricht damit dem Ephemeren den Status des Wirklichen. Da aber das Wesen der Wirklichkeit ihre Flüchtigkeit ist – in der höfischen Liebe jedenfalls –, kann die Widerspiegelung sie leicht absorbieren. In *Lai de l'ombre* läßt ein Ritter nach wiederholter Zurückweisung durch eine Dame sich von ihr seinen Ring wiedergeben. Doch anstatt ihn an den Finger zu stecken, vollendet er mittels einer Widerspiegelung die Geste, die ihm das Glück garantiert. Am Rand eines Brunnens lehnend, sieht er im Wasser das schöne, reine Antlitz der Frau, die er wie nichts anderes auf der Welt liebt. Er sagt: »Nehmt dies, meine süße Freundin. Da meine Dame ihn nicht will, werdet Ihr ihn ohne weiteres annehmen.« Der Ring fällt, und das Wasser kräuselt sich; als es wieder glatt ist, gewährt die Dame, von der feinen höfischen Geste gerührt, dem Ritter endlich ihre Liebe. Eine flüchtige Realität wird durch Verdoppelung eingefangen und schließlich besessen.

Will man dem Gott Amor Glauben schenken, so hätte der *Roman de la Rose* eigentlich »Spiegel der Liebenden« heißen sollen, nach den beiden Brunnen des Romans. In der Tiefe des einen liegt der verhängnisvolle, tödliche Spiegel, der Narziß den Tod bringt. Der kreisrunde Brunnen im Park hingegen ist ein Quell der Erkenntnis; denn wer sich in beliebigem Winkel über ihn beugt, sieht, was im Garten vor sich geht. Der erste Brunnen hat die Konnotation der Abgründigkeit des Wirklichen; der andere spiegelt die Einheit des Romans. Doch im »Buch der Blicke«, das »wie ein Spiegel im Spiegel« im *Roman de la Rose* enthalten gewesen sein soll, verurteilt Nature »verzerrende Spiegel und alle die Illusionen, die erzeugt werden von der Gebrechlichkeit des Auges: die Fata morgana, die Trugbilder der Schwäche und des Schlafs, ganz zu schweigen von denen der Kontemplation. [...] Sie warnt vor jedem Blick, der den Gegenstand seiner Vision als wahrhaftig ausgeben will« (R. Dragonetti). Und so schildert das Buch den »Tod des Narziß«: »Über den Brunnenrand gebeugt, sah er in dem klaren, hellen Wasser das Gesicht, die Nase, den kleinen Mund; und sogleich erstaunte er, denn sein Schatten hatte ihn verraten. Er glaubte, im Wasser die Gestalt eines überaus schönen Jünglings zu erblicken. Da erkannte Amor, wie er sich an Narziß für den Stolz und den Hochmut rächen könne, womit er ihm widerstanden hatte. Er erntete, was er gesät hatte: So lange verweilte er an dem Brunnen, daß er sich in sein Spiegelbild verliebte und endlich daran starb.« Wie ein Spiegel wirft der Brunnen die Wirklichkeit zurück; er ist ein Schattenbild der Schöpfung. Im Spiegelbild flieht der Andere, und der Eine bleibt – in Todesgefahr. Auch der Dichter ist in Gefahr; denn nur im Spiegel hat er die von Rosen überquellenden Sträucher gesehen – und die eine Rose, deren Duft die Räume erfüllt.

Das Rad der Fortuna. Sammlung von Zeichnungen, 15. Jh. (Paris, Bibliothèque Nationale, Ms.fr. 24461)

Der Brunnen des Narziß. *Roman de la Rose.* (Paris, Bibliothèque Nationale, Ms.fr. 12595)

Die Unterrichtsstunde. *Chroniques de Hainaut*, 15. Jh. Das Eingreifen des Menschen hat die Landschaft und die Umwelt umgestaltet.
(Paris, Bibliothèque Nationale, Ms. fr. 20127)

Dominique Barthélemy, Philippe Contamine

IV. Interieur und privates Gehäuse

Restormel in Cornwall. Dieser Donjon aus dem späten 12. Jahrhundert steht auf einer Motte (Turmhügel), deren Kreisform er aus Gründen der Baukostenersparnis aufgreift, und zeugt von der Sorge um verbesserte Wohnbedingungen. Das Dach fehlt; man blickt in die Halle (Wachraum?) und eine Reihe kleinerer Zimmer.

Dominique Barthélemy

Domestizierte Festung: 11. bis 13. Jahrhundert

Die Kriege, die im 11. und 12. Jahrhundert tobten, rissen Ehepaare auseinander und dezimierten Familien. Sie zerstörten auch die physische Umwelt, in der der Adel lebte. Familien waren gezwungen, in engen Türmen mit wenigen Fenstern zu wohnen, um vor Geschossen oder Sturmleitern geschützt zu sein. Um den Zugang zu den Türmen zu erschweren, wurden die zu ebener Erde gelegenen Tore verrammelt. Was blieb, waren schmale Einstiege in sechs bis acht Metern Höhe, die man über eine bewegliche Leiter oder eine schwankende Treppe erreichte. In diesen Jahrhunderten des Eisens lagen das private und das öffentliche Leben ganz im Schatten des Donjon*, des Hauptturms der Burg. Ohne Zweifel beeindruckte er Untertanen und Feinde der Seigneurie; vor allem jedoch scheint er den Rittern samt ihren Frauen und Kindern eine bedrückende Engnis aufgenötigt zu haben. Das ist jedenfalls die herrschende, pessimistische Ansicht vom Feudalzeitalter in Frankreich und England. Aber stimmt sie auch? Vergegenwärtigen wir uns zunächst, *was* wir sehen und *wie* wir es sehen.

Die besterhaltenen Zeugnisse weltlicher Architektur dieser Epoche sind die Donjons, was einerseits daran liegt, daß sie aus Stein errichtet und Prestigebauten waren, und andererseits dem bloßen Zufall zu verdanken ist. Manche wurden verlassen und dem Verfall preisgegeben; andere hat man umgebaut, d. h. sie blieben in der Substanz erhalten, wurden dabei allerdings verändert. Renovierungen aus spätmittelalterlicher Zeit erschweren häufig eine archäologische Rekonstruktion, da sie nicht mehr erkennen lassen, ob eine Ruine aus Stein typisch für den Baustil ihrer Zeit ist und nach Struktur und Aussehen den älteren Holzbauten gleicht, die längst verschimmelt oder verbrannt sind.

Wie können wir das Alltagsleben in seiner Fülle wiedererstehen lassen, wie den Männern und Frauen jener Zeit auf ihren täglichen Gängen folgen und die sich wandelnde Nutzung der einzelnen Räume bestimmen? Es genügt nicht, sich vor den Donjon zu stellen und zu träumen, wie es das 19. Jahrhundert getan hat. Die Archäologen leisteten zwar gute Arbeit bei der Analyse der mittelalterlichen Bautechniken; aber schließlich verfielen sie in schieren Impressionismus und beklagten die vermeintliche Dürftigkeit der Behausungen, ohne sich zu fragen, ob deren einstige Bewohner ihre Umgebung ebenfalls als beklagenswert

* Entspricht dem deutschen Bergfried, ist aber im Gegensatz zu diesem zum Wohnen eingerichtet. *A. d. Ü.*

Doué-la-Fontaine, Haupttor (um 900).

empfanden. Die heutigen Forscher sind nicht nur energischer und engagierter, sondern auch vorsichtiger. Ihre gelehrten Beiträge enthalten sich gemeinhin jeder Wertung der schwer faßbaren Intimität des Haushalts. Davon überzeugt, daß es auf die exakte Kenntnis einer Lebensweise ankommt, scheuen sie sich, mit selbstgewissen Aussagen die Funktion eines Raumes oder Gebäudes zu präjudizieren, und widerstehen der Versuchung einer »ästhetischen Rekonstruktion« verfallener Wohnungen oder abgestorbener Gefühle.

Indes haben wir es hier nicht mit einer zwar faszinierenden, aber kaum enträtselbaren Zivilisation wie der minoischen oder toltekischen zu tun, in deren Fall der Mangel an schriftlichen Quellen zu kühner Hypothesenbildung berechtigt und die brillantesten Köpfe den Wonnen und Qualen der freien Phantasie überläßt. Auch Geschriebenes zeugt von der »feudalen« Zeit – in dem Abschnitt »Gemeinschaftsleben« haben wir diese Quelle reichlich sprudeln gesehen. In Chroniken und Biographien finden wir lobende Worte für einen großen Baumeister und Einzelauskünfte über einige seiner offizielleren Entwürfe. Die Literatur zeigt uns die feudale Wohnung von innen; freilich interessieren uns im allgemeinen die Charaktere, die Beziehungen und Unterschiede zwischen ihnen mehr als die Innenausstattung. Das Zeugnis der Dokumente kann ergänzend neben die Untersuchung der Ruinen treten. Gleichwohl bleibt für den gewissenhaften Historiker eine Lücke bestehen, eine Schattenzone, ein Bereich des Nichtwissens.

Besonders ärgerlich ist, daß wir nicht genau zu sagen vermögen, welche Worte auf welche physischen Objekte gemünzt waren. Begriffspaare wie »turris« (Turm oder Donjon) und »domus« (Haus oder Wohnung) oder auch »camera« (Kammer) und »sala« (Saal) erscheinen bald als Gegensätze, bald als Synonyme. Waren die Menschen des Mittelalters also inkonsequent oder unfähig, die Begriffe ihrer Muttersprache auf lateinisch wiederzugeben? Das darf man füglich bezweifeln; eine derart herablassende Erklärung ist inakzeptabel. Die Ausdrücke müssen vielmehr von wirklicher und bezeichnender Ambiguität gewesen sein. Bedenkt man es gründlich, so scheint die ganze Geschichte aristokratischen Wohnens hierin *in nuce* enthalten zu sein. Fand sich der Adel damit ab, im Donjon zu leben, ja, in ihm seine Hauptwohnung zu sehen, und verstand er es wenigstens, diesen Aufenthaltsort bequem zu gestalten?

Turm und Wohnung

Seit der Mitte des 10. Jahrhunderts baute man Türme oder Donjons entweder dort, wo es bereits ein Ensemble älterer Wohnbauten gab, oder auf neuen Plätzen, wo sie das einzige oder doch das wichtigste Bauelement waren. Weder in dem einen noch in dem anderen Fall mußte der Turm ständig bewohnt sein.

Mit jedem Burgorganismus, ob er nun Erbe des Frühmittelalters oder neueren Datums war, verband sich die Zugehörigkeit zu einer Stadt oder Siedlung. Die Burg beherrschte die Stadt, von der sie durch eine

Ausgrabung in Doué-la-Fontaine (Maine-et-Loire). Der Boden der großen Halle verrät Spuren verschiedener Zeiten:
0 untere Lehmschicht
1 Fundament der westlichen Mauer
2 Westmauer (um 900)
3 Boden eines früheren Gebäudes
4 Boden des gegenwärtigen Gebäudes (um 900–950)
5 und 6 Löcher für Stützpfeiler eines älteren Holzgebäudes

»innere« Mauer geschieden war; die äußere Ringmauer umschloß die Burg samt ihrer Stadt. Die gleiche Anordnung berichten die Texte des 11. und 12. Jahrhunderts vom »castrum«, der großen Burg bzw. dem proto-urbanen Kern, aus dem sich seit dem Jahre 1200 die Stadt entwikkelt. Die Residenz des Grundherrn – die Burg im genauen Sinne des Wortes – bildete den Mittelpunkt, der häufig von einer Reihe kreisförmiger Einfriedungen umgeben war.

Diese Anlagen hatten verschiedenartige Aufgaben. Auf einer recht ausgedehnten ovalen oder polygonalen Fläche (ein bis fünf Hektar), die von Erdwällen und Gräben umschlossen war, standen in unsystematischer Plazierung einige nicht sehr hohe Gebäude, zwischen denen viel freier Platz blieb. Ein Hof (»aula«) im strengen Verstande, d. h. eine Empfangshalle, die über einem halb unterirdischen Vorratsraum lag, flankiert von dem, was Kommentatoren zu Recht oder zu Unrecht »Wohnungen« nennen, und verbunden mit einer Kapelle – das war die Kaiserpfalz Karls des Großen in Aachen. Dieser Gebäudetypus ist vielerorts anzutreffen – sei es als Imitation, sei es aufgrund analoger Funktionen. Es gab Nebengebäude für verschiedene Zwecke: Vorratsspeicher, Waffenlager, Ställe, weitere vornehme Unterkünfte und eine Kollegienkirche. Existenz und Ausmaße derartiger Gebäude lassen auf die Bedeutung des Platzes und die Vielzahl seiner Funktionen schließen. Alle diese Merkmale finden sich in der Burg der Grafen von Brügge, einem ziemlich weitläufigen Gebäudekomplex, der die Kulisse des von Galbert erzählten Dramas ist. Die erste Kapetingerpfalz in Paris

Montcuq (Lot): Donjon wohl aus dem 13. Jahrhundert. Sein karges Äußeres verrät, daß nicht alle Bauten dieser Zeit vom fortgeschrittensten Stand der Technik profitierten.

war räumlich beengter, enthielt jedoch einen eigenen Königssaal, der an die Stadtmauern grenzte, eine rechtwinklig dazu gelegene Wohnung und eine Kapelle.

Türme entstanden an beiden Plätzen erst später. In Brügge, wo – wie häufig – weltliche und klerikale Macht materiell und symbolisch im Gleichgewicht waren, mußten noch 1127 die Mörder Karls des Guten ihre Zuflucht im Glockenturm der Kollegienkirche St. Donat suchen. In Paris errichtete der König erst zu Beginn des 12. Jahrhunderts neben seiner Halle einen Donjon – zweifellos mehr aus Prestige- als aus Verteidigungsgründen. Doch hatten die Karolinger bereits im 10. Jahrhundert (unter Ludwig IV. dem Überseeischen) in ihrer Pfalz in Laon einen Turm oder, besser gesagt, eine stark befestigte »aula«. In allen diesen Bauten gab es zwar Platz, aber weder Luxus noch Stille, und die Wollust* war weniger die heimeliger Gemächer als die einer Exaltation der Macht, die sich am Prunk der Halle und des Balkons offenbaren sollte. »Aula« und Donjon dienten vornehmlich der Ausstellung von Herrschaft.

Es ist sogar möglich, daß beide denselben Ursprung haben. Michel de Boüard hat vielleicht bei seinen Ausgrabungen in Doué-la-Fontaine (Anjou) den Idealtypus zutage gefördert. Eine geräumige, ebenerdige »aula« aus dem frühen 10. Jahrhundert mißt 23 mal 16 Meter und wird von einer relativ niedrigen Mauer (5 bis 6 Meter) umschlossen. Dieser Platz diente dem Regionalfürsten Robert als zweite Residenz. Nach einem Brand wurde 940 ein weiteres Stockwerk hinzugefügt, das nur von außen zugänglich war; so entstand ein Donjon der allereinfachsten Art. Schließlich wurde gegen das Jahr 1000 um die gesamte Anlage ein Erdwall aufgeworfen, der die ersten beiden Geschosse verdeckte und sie in einen unterirdischen Speicher und ein Verlies verwandelte. Auf das Ganze setzte man einen Donjon, und fertig war die klassische Turmhügelburg (Motte). (Mitte des 11. Jahrhunderts ist sie abgebrannt.) Es gab also eine klare bauliche Kontinuität zwischen dem Hof und dem Turm, zwischen der Zeit der Karolinger und der Zeit der Bannherrschaften im 11. Jahrhundert. Möglicherweise handelt es sich bei den Türmen in Compiègne, Rouen und anderswo ebenfalls um Donjons, die nach und nach über der »aula« errichtet worden sind.

Indessen bekamen nicht alle Burgen einen Turm, und die Entwicklung vollzog sich auch sehr langsam. Außerdem gab es regionale Varianten. So blieben die größeren Burgen der südfranzösischen Städte ohne Turm. Der Bau von Donjons scheint sich auf den Nordwesten Frankreichs konzentriert zu haben, namentlich auf die Normandie und das Loiretal, auf Gegenden also, die reich an geeignetem Stein waren und als Sitz mächtiger Fürstentümer und großer Grundherrschaften hervortraten. Das älteste überlieferte Beispiel stammt aus dem Jahre 994 und wurde auf Befehl des Grafen Fulko Nerra von Anjou in Langeais errichtet. Bei genauer Untersuchung der Burg wird deutlich, daß die

* Anspielung auf die Zeilen »Là, tout n'est qu'ordre et beauté, / Luxe, calme et volupté« (»Dort gibt es nur Ordnung und Schönheit, / Luxus, Stille und Wollust«) aus dem Gedicht *L'invitation au voyage* von Charles Baudelaire. *A. d. Ü.*

Doué-la-Fontaine (Maine-et-Loire): Ausgrabung der »aula« aus dem 10. Jahrhundert, die unter einer Motte des 11. Jahrhunderts verschüttet lag; Blick auf die Westmauer mit dem Haupttor. Links ist die Aufschüttung der Motte zu erkennen.

baulichen Absichten des Grafen schwankten. Zuerst schwebte ihm eine wehrhafte Bastion vor, doch dann entschloß er sich zu einem Wohnbau. Die Nachfolger des Grafen betonten wiederum den wehrhaften Charakter, indem sie die Mauern verstärkten. Das häufigste Bauschema in dieser Region war ein an den Wohnbau angrenzender Donjon, in den die Burgbewohner sich notfalls flüchten konnten. Für die Verteidigung eines befestigten Platzes spielte der Donjon keine entscheidende Rolle; er fungierte als Rückzugsort, der durch seine isolierte oder gegenüber anderen Wehrbauten exzentrische Lage geschützt war. Lediglich im normannischen England, nach 1066 ein Appendix Nordwestfrankreichs, dessen Eroberer in ständiger Alarmbereitschaft lebten, gab es wuchtige und imposante Donjons, die gleichzeitig als Wohnturm dienten – freilich nicht in jedem Fall und ausschließlich. Ein oft kopiertes bauliches Vorbild hierfür war der Tower of London.

Werfen wir noch kurz einen Blick auf die herrschaftlichen Plätze geringerer Bedeutung. Ihre Zahl stieg im 11. Jahrhundert erheblich, und zwar aufgrund des Bevölkerungswachstums sowie der vielerorts ausbrechenden lokalen Kriege an der Grenze zwischen den »pagi«, den antiken Gebietsgliederungen, und den Burgvogteien. In den vergangenen dreißig Jahren hat die Archäologie eine Reihe von Turmhügelburgen (Motten) und Türmen (alleinstehend oder neben der Motte errichtet) aufgespürt und ihre Ruinen inventarisiert. Diese isolierten Befestigungen waren im Grunde bessere Räuberhöhlen; über das Ge-

Langeais (Indre-et-Loire): rechteckiger Bau, bekannt unter dem Namen »Donjon des Fulko Nerra« (nach dem berühmten, wilden Grafen von Anjou), erbaut 994 und durch Widerlager verstärkt.

biet verstreut, das ihr Herr zu kontrollieren wünschte, gerieten sie häufiger in Gefahr als die eigentlichen Burganlagen.

Diese sekundären Festungen, künstlich angelegt oder aus Geländeterrassen oder gesicherten Außenwerken entstanden, dienten weder in Süd- noch in Nordfrankreich zwangsläufig als Wohnbauten. Wo dies doch der Fall war, gab es für die »Familie« des Ritters im allgemeinen private Wohnräume, die vom Turm getrennt waren. So war es in Grimbosq in Cinglais – der höchste Punkt der Motte Olivets war nicht dort, wo der Wohnbau stand, vielmehr lag das Haus in einem kleinen Hof zwischen dem Turm und dem geschütztesten Teil der Mauer. Ein anderer, größerer und leichter zu verteidigender Hof diente der Nutztierhaltung und insbesondere der Ritterausbildung. Der Wohnbau, von dessen aristokratischem Charakter die Kleinodien und die Spielzimmer zeugen, hat die Form einer »aula« von 17 mal 7 bis 10 Metern Grundfläche. Das tragende Gerüst ruht auf einer Steinmauer. Die Küche liegt separat (was ein weiteres Kennzeichen der vornehmen Wohnung ist); an den Hauptwohnbau schließen sich eine Kapelle und ein weiteres Gebäude an. Was wir vor uns haben, ist, in verkleinertem Maßstab, die Residenz eines Fürsten oder Burgvogts – die funktionale Differenzierung der Bauten und die Anordnung von Haus und Bastion sind dieselben. Aufschlußreich, was okzitanische Wohnbauten dieser Zeit (11. Jahrhundert) betrifft, sind die *Miracles de sainte Foy* von Conques. Der Turm wird hier gewöhnlich als Zufluchtsort der Krieger beschrieben; die Frauen residierten in einem angrenzenden oder separaten Haus, der »mansio«.

Auf der Grundlage dieser Zeugnisse bin ich zu der Ansicht gelangt, daß Turm und Wohnbau in der Regel getrennt waren und einander funktional ergänzten. Für die häufige Verwechslung von »domus« und »turris« in den Texten gibt es eine Reihe möglicher Erklärungen. Die eine wäre, daß »Turm« als Metonym für »Haus« fungierte, d. h. daß der herausragende Teil für das Ganze stand. Die andere Erklärung könnte so lauten: Wenn es zutrifft, daß sich im Laufe der Zeit der Donjon aus der »aula« entwickelt hat, dann steht der Turm in gewisser Weise für die Zukunft des Hauses. Manche Wohnhäuser auf dem Land waren wie ein Donjon gebaut, hatten jedoch ein bewohnbares erstes Geschoß (vgl. die Bemerkungen Pierre Héliots zu Longueil in Caux, einem Wohnhaus aus dem frühen 12. Jahrhundert). Aus solchen Mischformen erklärt sich vielleicht die Unsicherheit in den Texten. Oder aber der Turm war Bestandteil des Hauses: der Ort, wohin man sich im Notfall zurückzog, wie in der Burg von Loches, aber auch der Ort, an dem ein bestimmter Teil der Familie, nämlich der männliche, ständig lebte. In diesem Fall wäre der Turm die »aula« gewesen, das »Haus« bloß eine zusätzliche »Wohnung«. Das war allerdings nicht generell so. In vielen Schlössern und Burgen war der Turm lediglich ein wehrhafter, insbesondere symbolischer Anbau an ein Gebäude, das man als »aula« bezeichnen muß.

Kriege sowie der Druck politischer oder militärischer Erfordernisse hinterließen Spuren an den adligen Wohnbauten, am Inneren und Äußeren des Turms. Auch wo die »aula« ein separater Bau war, nahm sie Züge des Donjon an. Es gibt zahlreiche Bauwerke in Frankreich und England, über deren Zuordnung die Fachleute noch heute streiten.

Houdan (Yvelines): Zylindrischer Donjon (Durchmesser 15 Meter, Höhe dreißig Meter); erbaut zu Beginn des 12. Jahrhunderts von Amaury III., Sire de Montfort. Von den vier Ecktürmen enthält der auf der Photographie rechts sichtbare eine Wendeltreppe ins erste Geschoß. Der Eingang befindet sich in 6 Meter Höhe. Das Innere ordnet sich um den großen Saal (»Ardres-Schema«).

Grade der Unbequemlichkeit

Mitunter gibt es kaum einen Unterschied zwischen »aula« und Donjon. Man versehe die »aula« mit Befestigungen und mauere den ebenerdigen Eingang zu, und schon hat man einen Donjon. Man breche Fenster in die oberen Geschosse des Turms und baue Treppen in die massiven Mauern, und schon hat man eine Art »aula«. Dennoch gibt es eigentümliche Unterschiede: Dicke Mauern, wenige und kleine Fenster sowie ein weit über dem Boden gelegener Zugang zu den oberen Geschossen sprechen für einen echten Donjon. Der Wechsel vom rechteckigen Grundriß zu einer kreisförmigen oder quadratischen Struktur sowie zusätzliche Höhe kennzeichneten ebenfalls den Turm. Dennoch sind am klassischen Donjon mit trapezförmigem Grundriß Elemente der »aula« nachzuweisen. Als »aula« bezeichnete man auch eine große Halle, zumal wenn sie aus Sicherheitsgründen erhöht plaziert war und schöne doppelbögige »romanische« Fenster aufwies.

Die anglo-normannischen »donjons-palais«, wie Pierre Héliot sie nennt, verdienen diese Doppelbezeichnung deshalb, weil ihre Abmessungen (30 mal 13 Meter Innenfläche) denen von Königshallen entsprechen und weil in ihnen viele Funktionen des Hauses, die früher zu ebener Erde lokalisiert waren, in die oberen Geschosse verlagert worden sind. So befand sich die Kapelle im ersten Stock, und in den oberen Geschossen gab es weitere Wohnräume. Die Wehrfunktion tritt bei diesen trutzigen Bauten aus dem 11. und 12. Jahrhundert eher in den Hintergrund. Geschützt wurden primär die Zugänge zum Haus, vornehmlich die Außentreppe, die sich als veritable Bastion darstellt und manchmal »kleiner Donjon« heißt. Auf dem Dach gab es Verteidigungspositionen; sie waren meist mit Zinnen versehen und über Treppen in der Mauer erreichbar. Doch auch in diesem wie überhaupt in jedem – großen oder kleinen – Wohnbau, der auf dem Donjon basierte, waren die harten Lebensbedingungen ein Problem.

In früherer Zeit war die Archäologie pessimistisch und bezweifelte, daß es in den Burgtürmen Einrichtungen wie Kamine, Mauergänge oder Latrinen gegeben habe. Neuere Ausgrabungen lassen solche Skep-

Der Donjon von Hedingham (Essex), um 1140. Das erste Geschoß (über einem gemauerten Erdgeschoß) betritt man durch einen Vorbau. Im zweiten Geschoß befindet sich die große Halle, die eigentlich über zwei Geschosse geht, da sie von einer Galerie umgeben ist. Das oberste (vierte) Geschoß enthält eine Reihe von Kammern.

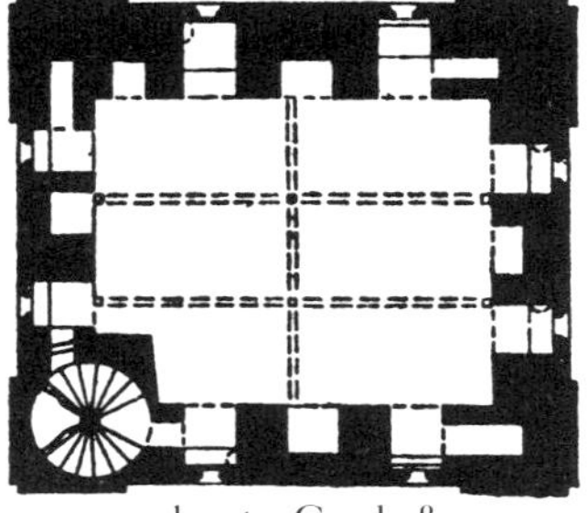
oberstes Geschoß
Kammern

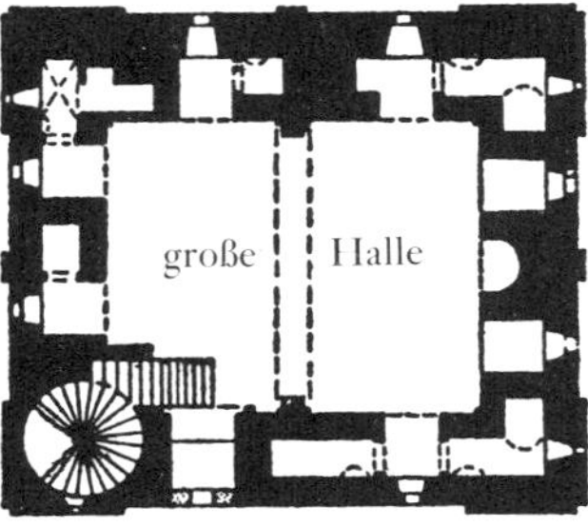

2. Geschoß

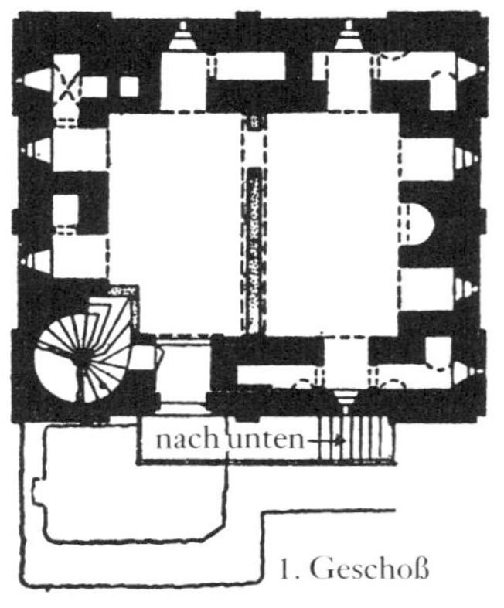

1. Geschoß

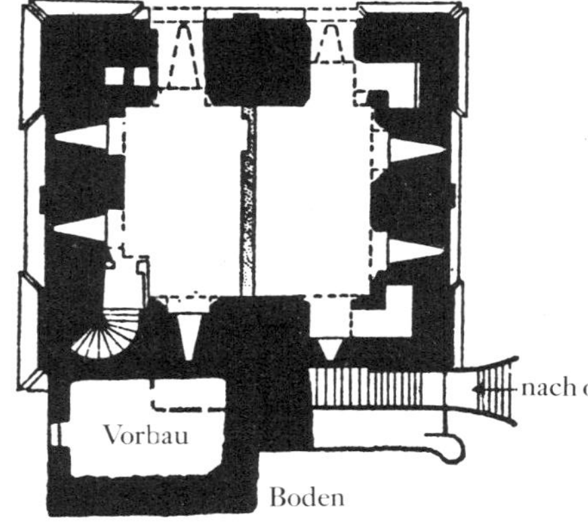

Boden

Rochester (Kent): Königlicher Donjon, entstanden um 1130, im ersten Jahrhundert nach der normannischen Eroberung. Er ist typisch für die Serie von »Donjons-Palais«, deren Pate der Tower of London war: massive Würfel von rund 25 Metern Seitenlänge, drei Geschosse und Zugang durch einen kleinen Donjon (hier links im Bild).

sis als ungerechtfertigt erscheinen. Die schönen Kamine, die man in Doué-la-Fontaine und in verschiedenen Hallen des 11. Jahrhunderts entdeckt hat, sowie die drei Feuerstellen und zwei Latrinen im ersten Stock des ursprünglichen, aus dem 11. Jahrhundert stammenden Donjon der Burg von Gent bezeugen, daß schon früh versucht worden ist, zumindest den Haupt- und Nebenwohnsitz von Fürsten mit einem gewissen Komfort auszustatten. Im ausgehenden 11. Jahrhundert finden wir Röhrensysteme zur Versorgung der oberen Geschosse mit Wasser, und die Mauerverzierungen werden eleganter; so gab es in Gent die Imitation einer kunstvollen Steinmetzarbeit. Derlei Funde bestätigen und widerlegen zugleich die Schlußfolgerungen Raymond Ritters, der in seinem Buch über mittelalterliche Wehrbauten in Frankreich (1953) nur wenige Lichtstrahlen des Hochmittelalters in die Dunkelheit der Türme fallen läßt: »Ende des 12. Jahrhunderts hatten die größten Feudalherren eben erst entdeckt, wie furchtbar trist, wie schlecht beleuchtet und belüftet die Wohnungen waren, in denen sie mit ihrer Familie und ihren Domestiken in merkwürdiger räumlicher Enge zusammenlebten.«[1]

Chevreuse (Yvelines): äußerer Latrinenabfluß.

Die Residenz des Grafen Geoffroi Martel von Anjou in der Vendôme besaß genügend Fenster, so daß der Graf, als er im Jahre 1032 eines Morgens neben seiner Frau erwachte, mit einem Blick die ganze Gegend und einen Himmel voller Sternschnuppen erfassen konnte. Weder in einer »aula« noch in den als »aula« fungierenden Geschossen eines Donjon fehlte es an Maueröffnungen. Gewiß machte das Interieur der Säle einen tristen Eindruck; der Mauerschmuck bestand aus ein paar Kapitellen, auf denen elegante Säulchen ruhten, und etlichen Verzierungen, um das Relief der Wände zu betonen – das alles wohlgemerkt nur in den schönsten Burgen. Man braucht Phantasie, um sich die vielen Teppiche hinzuzudenken, die an den Wänden hingen und die Innenräume unterteilen halfen, so daß der »Promiskuität« Einhalt geboten war. Auch verdiente das Mobiliar insofern mehr als heute seinen Namen [»bewegliche Habe«], als es die Fürsten und Herren bei ihrer gewohnten Rundreise von Wohnung zu Wohnung begleitete. Es herrschten zwar harte Lebensbedingungen in den Burgen, aber Düsternis und Überbelegung waren keineswegs so gravierend, wie man früher dachte.

Übrigens gab es Grade der Unbequemlichkeit, je nachdem, wie stark sich die Residenz von einer Bastion unterschied und ob sie auch von Frauen und jungen Mädchen bewohnt wurde. Die oberen Geschosse der großen Donjons waren heller und wahrscheinlich besser geheizt als die unteren. Wir haben Grund zu der Vermutung, daß im Laufe des 11. und 12. Jahrhunderts beim Bau von Donjons Fortschritte erzielt worden sind; doch dürften manche dieser Bauten aus dem späten 12. Jahrhundert einfach deshalb wohnlicher geworden sein, weil die Menschen nun tatsächlich in ihnen *wohnten*, weil also ein abrupter, wiewohl nicht irreversibler Funktionswandel eingetreten war.

Der Wandel im späten 12. Jahrhundert

Gegen Ende des 12. Jahrhunderts änderte sich das Aussehen der Burgen: Sie umringten jetzt massiv einen befestigten Mittelpunkt. Militärische Belange sollen, wie die Fachliteratur lehrt, in dieser Periode eine größere Rolle denn je zuvor gespielt und das private Leben des Adels überlagert haben. Es habe nun die kalte Geometrie des Schußfeldes den Grundriß der Residenz-Festungen bestimmt. Dennoch waren Fortschritte im häuslichen Komfort offenkundig. Es gab Bequemlichkeit und Fröhlichkeit noch nicht im Überfluß; das sollte erst im folgenden Jahrhundert, vielleicht nicht vor der Renaissance, der Fall sein. Gleichwohl verlor die Burg einige ihrer abweisenden Aspekte.

Ein ausführliches und recht aufschlußreiches Dokument berichtet von Bauarbeiten an der Stammburg zu Noyers (Burgund), die Bischof Hugo von Auxerre, der Privatlehrer des jungen Burgherrn, seines Neffen, zwischen 1196 und 1206 in Auftrag gegeben und finanziert hatte. Als eifriger Erforscher von Wehrbauten machte Hugo aus der Festung eine organische Ganzheit. Der Donjon war nicht länger das massive, aber passive Refugium, er avancierte zum Zentrum aller Verteidigungs-

Doué-la-Fontaine (Maine-et-Loire): Küche neben dem großen Saal, mit Wandkamin; um 900–930.

operationen. Die Aufmerksamkeit konzentrierte sich auf das »praesidium principale«, den Hauptteil der Festung, der auf einem das Sereintal beherrschenden Vorgebirge lag. Gräben und erhöht aufgestellte Katapulte schützten diese Frontseite der Festung. Das »castrum«, bereits von der darunter gelegenen Burg unterschieden, wurde von einer Innenwand zweigeteilt. »Außerhalb der Mauer dieses Hauptteils«, schreibt Hugos Biograph, »erbaute er einen Palas von großer Schönheit, der die Wehranlage vervollständigte: einen angenehmen Herrensitz, den er mit zahlreichen Verzierungen geschmackvoll ausschmückte. Er errichtete auch unterirdische Galerien, die vom Weinkeller unter dem Donjon zum niedriger gelegenen Palas führten, so daß man den Hauptteil der Festung nicht zu betreten oder zu verlassen brauchte, um Wein oder sonstige Vorräte zu holen. [...] Ferner bestückte er den Hauptteil der Festung mit einer bemerkenswerten Zahl von Waffen, Kriegsmaschinen und anderem zur Verteidigung notwendigen Gerät. Für eine große Summe Geldes erwarb er die Ritterhäuser und andere Gebäude innerhalb des oberen Festungsbereichs und übertrug diesen Besitz seinem Neffen. So erregte dank dieser Vorsichtsmaßregel das Kommen und Gehen jener, die den Herrn in seinem Palas außerhalb der Umfriedung der Hauptfestung sehen wollten, weder in diesem Teil der Festung noch im Hauptbereich Verdacht, und da alle fremden Bewohner in Zeiten der Gefahr den Burgbereich verlassen mußten, war der Burgherr nicht mehr gezwungen, irgend jemanden in den oberen Festungsbereich vorzulassen, von dessen Treue er nicht völlig überzeugt war.«*

* Deutsche Version nach der französischen Übersetzung in G. Fournier, *Le Château dans la France médiévale*, Paris 1978, S. 335 f. *A. d. Ü.*

Château Gaillard in den Andelys (Eure): angewandte Wissenschaft vom Festungsbau.

Dieser Vorgang demonstriert beispielhaft den Wandel in der zweiten Hälfte des 12. Jahrhunderts.

1. Angefangen bei frühen nordfranzösischen Ansätzen wie in Carcassonne (um 1130, ohne Donjon) bis zu den südfranzösischen Großbauten von Château-Gaillard (um 1190) und Coucy (um 1230) werden Donjon, Türmchen und Kurtinen* zunehmend in eine geschlossene Wehranlage integriert. Maßgeblich waren strategische Überlegungen. Zwar war der »Palas«, in dem der Burgherr normalerweise residierte, nicht ganz ohne militärische Bedeutung, aber er war nicht so nachdrücklich den Geboten der Ballistik unterworfen wie andere Bereiche der Festung. Selbst in Château-Gaillard lag der »Herrensitz« von Richard Löwenherz außerhalb und unterhalb der Zitadelle. Wie in der vorangegangenen Periode ergänzten Wohnbau und Bastion einander und gingen ineinander über, ohne ihre Eigenständigkeit einzubüßen. Bautechnische Fortschritte kamen dem einen wie dem anderen zugute.

2. Bischof Hugo ließ den Palas verschwenderisch ausschmücken. Das beweist, daß nicht alle verfügbaren Geldmittel in die militärische Ausrüstung gesteckt wurden. Es war wichtig, nicht nur Stärke, sondern auch Reichtum zu beweisen und zur Schau zu stellen.

3. Die Ritter der Burg Noyers verkauften ihre Häuser, die im Hauptteil der Festung standen. Wahrscheinlich war es nicht sonderlich

* Wälle zwischen den Bastionen. *A. d. Ü.*

schwierig, sie dazu zu überreden, nachdem in den meisten Burgvogteien diese bis dahin dominierende Gruppe allmählich auseinanderbrach. Die Ritter bildeten nun nicht mehr die Miliz der Hauptburg; sie gingen vielmehr dazu über, eine Ersatzsteuer für die Wachen zu zahlen und auf ihren eigenen Ländereien zu leben, womit das zweite Zeitalter der Bannherrschaft beginnt. Ende des 12. Jahrhunderts erinnern einige »trouvères« ziemlich wehmütig an die Geselligkeit früherer Zeiten, die freilich teilweise nur in ihrer Phantasie existiert hat und überdies keineswegs konfliktfrei gewesen ist. Solche Gefühle rechtfertigten das Zusammenrücken der Familienmitglieder des Sire.

4. Mit der neuen Solidarität des Haushalts ging ein gewisses Mißtrauen gegen Fremde einher. Zweifellos waren viele alte Donjons durch List und Verrat in Feindeshand gefallen. Ordericus Vitalis berichtet, wie Ranulf von Chester und Guillaume de Roumare 1141 den strategisch wichtigen Königsturm von Lincoln in ihre Gewalt brachten: Sie schickten ihre Frauen auf Besuch zur Frau des Kastellans von Lincoln; dann taten sie so, als wollten sie ihre Frauen abholen, und schlichen sich in das Allerheiligste, das Herz des Turms. Manche wunderbare Gefangenenbefreiung aus einer Burg läßt sich ganz weltlich-soziologisch mit der schieren Größe der mittelalterlichen »familiae« erklären: Es war unmöglich, das Kommen und Gehen jedes Einzelnen lückenlos zu über-

Gent (Flandern): der Grafenstein, modernisiert nach 1180 vom Grafen Philipp vom Elsaß.

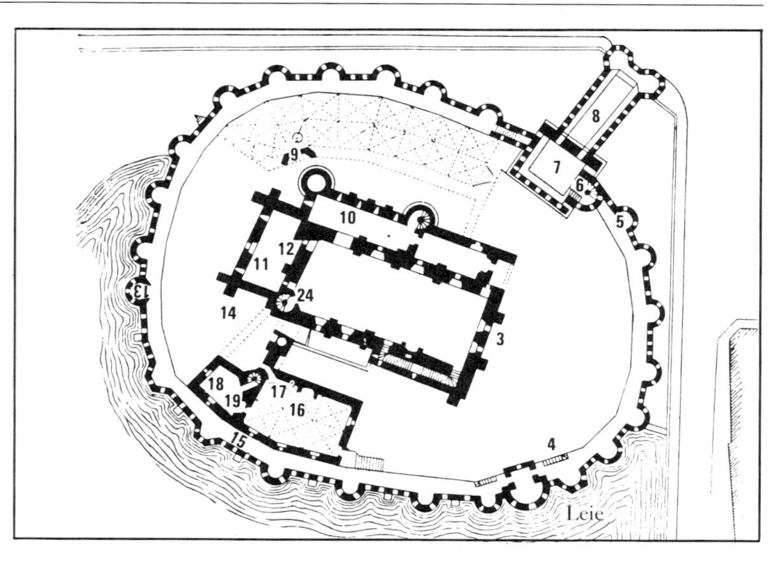

Grundriß des Grafenkastells, das sich über einen halben Hektar erstreckt: Torturm (7) und Barbakane (8) zum Vortor, Ringmauer (4, 5, 13, 15), Donjon von 1180 (3, 24), Anbauten zum Donjon aus dem 13. Jahrhundert (11, 12), »romanische Galerie« (10), Palas (»Wohnung des Grafen«) und Anbauten (16, 17, 18, 19), Gang zwischen Palas und Donjon (14), große unterirdische Höhle beim Eingang (9).

wachen. Im 13. Jahrhundert verstärkte sich das Sicherheitsbedürfnis des Burgherrn.

Wenn aber kein Château und keine Burg gegen Verrat oder Überraschungsangriffe gefeit war, warum suchten dann die Adligen im 13. Jahrhundert ihre Mauern noch kompakter zu gestalten? Es gibt dafür zwei Erklärungen: Der Adel litt mit zunehmender Ausbreitung des Friedens und der Macht der Monarchie an Bedrohtheitsphantasien, und er hatte Anfälle von Größenwahn. Jedenfalls wurde es um das Jahr 1200 möglich, in den Burgen langwierigen Belagerungen standzuhalten und zugleich in größerem Komfort als jemals zuvor zu leben, sei es in der Festung selbst oder in nahe gelegenen Gebäuden. Tatsächlich trug der Fortschritt der Wehrtechnologie Früchte im häuslichen Komfort. Betrachten wir zwei Beispiele. Graf Philipp von Flandern unternahm 1178 einen Umbau seiner Burg in Gent. Er reduzierte den befestigten Bereich, um die Mauern verstärken zu können, und leitete die Leie um, damit ein Burggraben angelegt werden konnte. In einem länglichen Donjon (26 mal 10 Meter) brachte er zwei übereinanderliegende Räume unter; zwei Wohngebäude grenzten an den Donjon. Die Logik, welche die Techniker bei der Verbesserung der Wehrkraft der Burg inspiriert hatte, bestimmte auch die Integration der verschiedenen Elemente der gesamten architektonischen Anlage. In diesem Falle gab es aus Platzgründen keine andere Wahl; doch die Begrenztheit des Platzes kann auch die Folge oder zumindest die Begleiterscheinung einer strengeren Überwachung des Haushalts gewesen sein. Waren Wohngebäude und Donjon miteinander verbunden, so war es zweifellos leichter, das Treiben der Burgbewohner zu beobachten.

Was im großen gilt, gilt auch im kleinen. Im 12. Jahrhundert begann man, die Donjons mit verwinkelten Korridoren auszustatten, die unter Schießscharten vorbeiführten, so daß ein Feind, dem es zufällig gelungen war, das schmale Tor zum Donjon aufzubrechen, nicht sogleich Herr des ganzen Turmes wurde und ihn nach Belieben besetzen oder in

Soussey (Côte-d'Or): viereckiger, dreigeschossiger Turm mit Gewölben im Erdgeschoß – der älteste Teil eines Kastells aus dem Frühmittelalter.

Brand stecken konnte. Doch sind diese neuen Vorkehrungen nicht dieselben, die Lambert von Ardres bei der Anlage der Burg von Guines beachtete, in deren verwirrenden Gängen und Labyrinthen Ritter und Jungfrauen das »höfische Wesen« entdeckten und wo, wenn man dem Zeugnis der Literatur glauben darf, die Verfeinerung der privaten Lebensführung sich rapide entfaltete?

Ich möchte die optimistische Schlußfolgerung wagen, daß es im 13. Jahrhundert Fortschritte bei der Lösung ebenso des Wehrproblems wie des Wohnproblems gegeben hat. Die Donjons dieser Zeit sind wohnlicher und gleichzeitig leichter zu verteidigen als jene aus früheren Perioden. Und wenn man sich sicherer fühlt, ist es nur natürlich, daß man mehr Geld und Zeit für Annehmlichkeiten aufwendet.

Die Zeit der »festen Häuser«

Ende des 12. Jahrhunderts hörten die Ritter von Noyers, Coucy und vielen anderen Burgvogteien auf, in den großen Burgen zu wohnen. Früher hatten sie einen Teil der Zeit in der Burg, den Rest in ihrem Landhaus gelebt. Nun begann der Aufschwung von kleineren Seigneurien, solchen der zweiten Ordnung. Das Wort »dominus« wendete man nun, vulgarisiert, auf einfache dörfliche Sires (Gutsherren) an, und jede Burgvogtei gebot über ein Dutzend »hoberaux« (»Junker«) anstelle des einen Herrn, der früher in der Hauptburg gewohnt hatte. Doch jeder, der als »dominus« gelten wollte, war verpflichtet, das Prestige seiner »domus« zu steigern, sie höher zu bauen und, zum Zeichen seiner Adelsfreiheit, mit einem Burggraben zu umgeben und vielleicht einen Turm zu errichten; auch die Wehranlagen mußten verstärkt werden. Die Zunahme von »maisons fortes« (»festen Häusern«) im 13. Jahrhundert erstaunt heutige Archäologen, die damit beschäftigt sind, sie zu katalogisieren, genau zu datieren und durch Ausgrabungen ihr Aussehen zu rekonstruieren, wie es für Burgund Jean-Marie Pesez und Françoise Piponnier getan haben. Die Situation hatte sich seit dem 11. Jahrhundert, als plötzlich in ganz Nordfrankreich Privatkriege aufgeflammt waren, dramatisch verändert. Nun war das Königreich befriedet, und an die Stelle des Krieges (vielleicht als Ausgleich für ihn) war die aristokratische Prätention getreten.

Die Geschichte der ländlichen Gutsherrschaften im 11., 12. und 13. Jahrhundert ist weniger gut bekannt als die der großen Châteaux. Zahlreiche Archäologen arbeiten daran, die fehlenden Einzelheiten nachzutragen; ich werde nur einige ihrer Resultate benutzen. Es ist zwar noch zu früh, eindeutige Schlußfolgerungen zu ziehen, doch gibt es Anzeichen dafür, daß die steigende Zahl neuer Gutsherren zwischen 1180 und 1200 entweder eine weitere plötzliche Transformation oder den Beginn einer neuen Entwicklung anzeigt.

Dieser Gesellschaftsschicht ging es nicht so sehr darum, Wehranlagen zu errichten, als vielmehr darum, das Haus des kleinen Adligen von dem des Bauern zu unterscheiden. Vom 11. bis zum 15. Jahrhundert zeichnete sich ein »aristokratisches« Haus durch seine Möbel, die Waf-

Villy-le-Moutier (Côte-d'Or): Die Luftaufnahme zeigt Wassergräben um ein »festes Haus« (rechts) und eine Scheune (links). Die Ausgrabung hat ergeben, daß die Erde aus den breiten, aber nicht sehr tiefen Gräben zum Aufschütten der Geländeerhöhungen gedient hat.

fensammlung und die Spielzimmer aus; die Räume selbst blieben in Struktur und Atmosphäre durchaus rustikal.

In Colletière im Dauphiné waren vor dem Jahr 1030 berittene Krieger zum Schutz eines Grenzabschnitts stationiert; sie lebten von der Jagd, dem Fischfang, der Viehzucht. Sie hatten eine Fläche von rund 1500 Quadratmetern mit einem Palisadenzaun eingefaßt. Innerhalb des Zauns standen mehrere große Häuser, deren Überreste von Michel Colardelle und seinen Mitarbeitern ans Licht gebracht worden sind; sie waren im Lac de Paladru versunken, der sie einigermaßen konserviert hat. In jedem Haus diente der nördliche Teil der Unterbringung der Haustiere, während der hellere Südteil als Wohnraum genutzt wurde. Hier haben die Menschen nicht nur die Abendstunden verbracht und geschlafen. Spielzimmer und Musikinstrumente lassen vielmehr auf kulturelle Ambitionen und aktive Beteiligung an der Tauschwirtschaft schließen.

Bald danach begann der Adel, seine Residenzen auf Motten (»Turmhügeln«) anzulegen. An diesen Stellen haben sich nur wenige Spuren des täglichen Lebens erhalten. Ein Haus in Andone (Charante) unterscheidet sich von den benachbarten Bauernhäusern dadurch, daß es in ihm Gegenstände aus Eisen, ein Backgammon- und ein Schachspiel sowie Würfel gab. Es war dies eine alte Stätte, auf der um 975 eine kleine Burg, ein »castrum«, erbaut worden war. In dem Gutshaus in Rubercy (Bessin) aus der Mitte des 12. bis Anfang des 13. Jahrhunderts fand man Hufeisen, Nägel, Pfeilspitzen, Armbrustbolzen, Kinderrasseln, Beschläge von Schwertscheiden, allesamt aus Eisen, sowie Anhänger,

Würfel und Backgammonsteine aus vergoldeter Bronze. Claude Lorren hat darauf hingewiesen, daß diese Gegenstände »auf Möglichkeiten der Freizeitgestaltung schließen lassen, die man nur in der Aristokratie kannte«. In den ersten Jahren, zwischen 1150 und 1190, mag sich das Haus selbst – von rechteckigem Grundriß, mit Böden aus gestampfter Erde und einer Feuerstelle im Erdgeschoß – kaum von den Unterkünften der Nichtadligen in der Nachbarschaft unterschieden haben. Selbst die nach 1190 eingeführten Verbesserungen, durch die das Innere in eine Halle, eine Kammer und eine (vom Gebäude nicht getrennte) Küche gegliedert wurde, hielten sich in bescheidenem Rahmen.

In Rubercy wie in Burgund war das »feste Haus« durch seine Lage charakterisiert: Es stand abseits vom Dorf, auf einer flachen, rechteckigen, leicht geneigten Plattform (die nichts mehr mit der altmodischen Motte gemein hatte); die Plattform war aus dem Abraum der das Gebäude umgebenden Gräben aufgeworfen worden. Gleichgültig, ob der Turm als Wohnung benutzt worden ist oder nicht, er war ein Statussymbol, das man einer rustikalen Behausung aufgepflanzt hatte. Das Nebeneinander von Turm und Wohngebäude charakterisierte das »feste Haus« ebenso wie die imposanten Burgen.

So ähnelte das Heim des kleinen Adligen einerseits dem des einfachen Bauern, von dem es sich lediglich durch seine Lage und Ausmaße sowie durch den Reichtum und die Vielfalt seines Mobiliars unterschied, andererseits dem des Hochadels, dessen Prestige die ländlichen Gutsherren für sich selbst auszubeuten suchten. Im 13. Jahrhundert wurde der Kleinadel zum Vorreiter bei der Verbesserung der ländlichen Wohnform, und es gelang ihm schließlich in der Tat, die Schwelle zu Ehre und Prestige zu überschreiten. Vergegenwärtigen wir

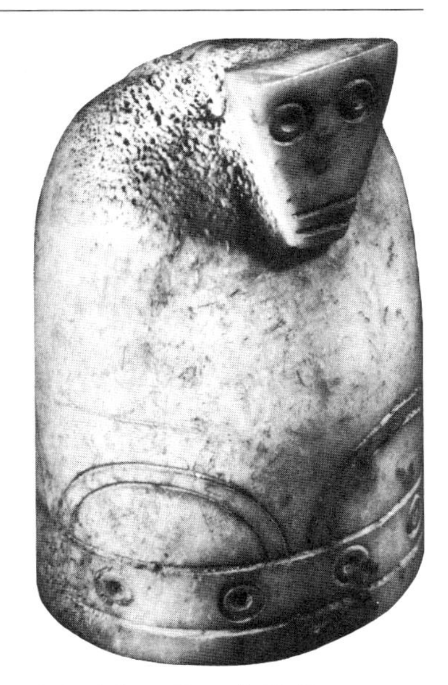

Schachfigur (Bauer), 12. Jh.
(Paris, Musée de Cluny)

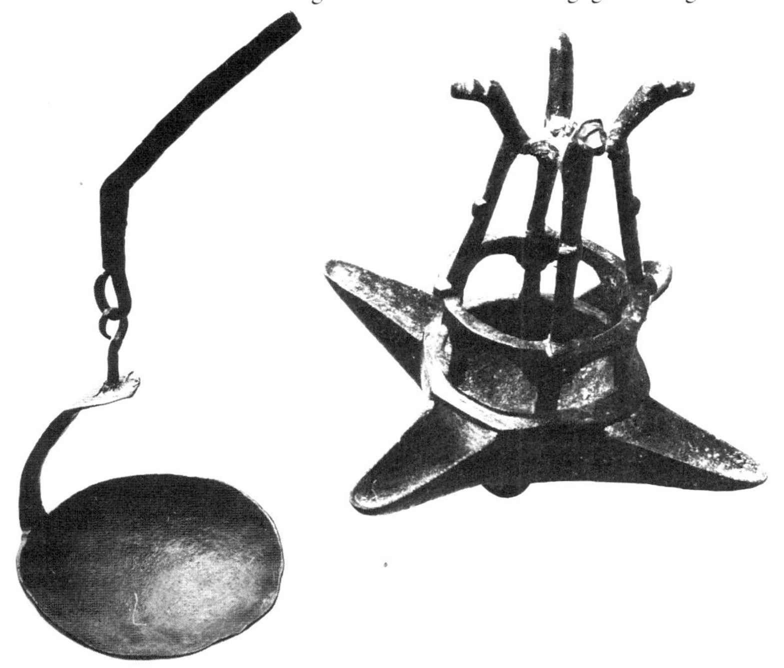

In Villy-le-Moutier (Côte-d'Or) lassen zahlreiche Bronze- und Kupferschmuckstücke, einzelne Kupferteile sowie Glasfunde auf einen Adelssitz schließen. Die beiden Öllampen veranschaulichen den Abstand zwischen zwei Stufen der materiellen Kultur: »Das eine ist eine schlichte Eisenschale ohne Schnabel; es ist die Lampe des Dorfbewohners. Die andere Lampe ist aus Bronze und hat vier Schnäbel sowie einen mit Zierringen geschmückten Vorratsbehälter. Sie hing an vier Haken in Gestalt von Tierköpfen; es ist die Lampe des »festen Hauses.«
(J.-M. Pesez und F. Piponnier)

uns das Schicksal einer typischen Freisassenfamilie im Ritterrang. Ihr Haus war anfangs der Mittelpunkt eines Bauernhofes, einer kleinen Domäne, und die Familie wollte daraus ein kleines »castrum« machen, doch der Fürst oder Burgvogt (der Herr der regionalen Hauptburg) verweigerte seine Zustimmung zu dem Plan. Im ganzen 11. und 12. Jahrhundert hielten die Spannungen an, wobei sich die Waage in Phasen der »Anarchie« zugunsten des Kleinadels senkte, in Phasen der »Ordnung«, d. h. der repressiven Reaktion, zugunsten des Hochadels. Um 1200 kam es zu einem beispiellosen Kompromiß: Feudalisierung des Bodens im Austausch gegen das Recht, Titel zu tragen und Türme zu errichten. Damit begann das Zeitalter des »festen Hauses«.

Dieselben Spannungen sind in den Städten des Nordens und Südens offensichtlich. Die Patrizier von Brügge waren darauf erpicht, ihren »steen« (»Stein«, »Burg«) noch größer zu bauen als früher – und er hatte schon zu Galberts Zeiten durch seine Konzeption beeindruckt (Obergeschoß über einem Vorratskeller auf der Ebene der »aula«), aber auch durch seine Funktion, Angriffen zu widerstehen und Schätze zu schützen. Der Grafenstein zu Gent, so wie Graf Philipp ihn 1178 umbauen ließ, mag die Erwiderung auf die von reich gewordenen Bürgern errichteten arroganten Türmchen gewesen sein. Im Süden war der »solier« (»mehrgeschossiger Wohnbau«), nach ähnlichen Gesichtspunkten konzipiert, der Vorläufer oder Nachbar der »tour gentilice« (»Turm des Adels«). In den Städten ebenso wie auf dem Lande ist die Geschichte des adligen Wohnens im Grunde nichts anderes als ein Kapitel in der Geschichte der Macht.

Wohnbau oder Festung – war das wirklich ein Dilemma? Wenn die militärischen Einrichtungen sowohl der großen Burg wie des »festen Hauses« teilweise oder insgesamt den Zweck hatten, die Bevölkerung zu beeindrucken, und wenn die Verbesserungen im Wohnbereich hauptsächlich darauf gründeten, diesen Eindruck zu verstärken, dann geht es nicht um Belange der Verteidigung oder des Komforts, sondern um etwas, das man einzig mit Begriffen wie Prestige oder Status erfassen kann und das eine bedeutende Rolle im imaginären Selbstentwurf der Gesellschaft spielt.

Saal und Kammer

Bei der Untersuchung der Innenräume sind die archäologischen Befunde nicht so unmittelbar hilfreich. Texte – Wörter, die als Antonyme oder Synonyme verwendet werden – verraten uns mehr darüber, wie die Menschen im Haus sich bewegten, sich versammelten und mit sich allein waren, als leere Räume, deren Zuordnung zueinander wir uns nicht vorstellen können. Allenfalls können wir verifizieren, daß die in den schriftlichen Quellen erwähnte Komposition der Räume in den überlieferten oder restaurierten Bauten in der Tat möglich gewesen ist. In der Vergangenheit haben Kunsthistoriker und Archäologen sich ausschließlich auf diese Bauten konzentriert und ihre Spekulationen auf das optisch Vorfindliche gestützt.

Voraussetzungen. Gewissenhafte Gelehrte, die auf ihrem eigenen Fachgebiet tadellose Arbeit geleistet haben, konnten der rhetorischen oder ideologischen Verlockung nicht widerstehen, wenn es um das private Leben der Barone und ihrer Damen ging. Der große Émile Mâle, wie viele seiner Zeitgenossen (1917) hingerissen von »dem Helden unserer Epen, dem Soldaten unserer Kreuzzüge«, versuchte, einen seiner Ansicht nach organischen Zusammenhang zwischen der Strenge des Donjon und dem Charakter seiner Bewohner herzustellen: »Dieses grobe Gemäuer prägte den Feudalismus, dem es freilich auch seine Fehler mitteilte: die Verachtung, den Stolz des Mannes, der in seiner Umgebung nicht seinesgleichen hat. Aber es hat ihm auch mehr als eine Tugend vermacht: die Liebe zum Überkommenen und zum Alten und einen hohen Familiensinn. Hier gibt es, anders als in der gallo-römischen Villa, kein *gynekaion*, kein Sommer-Triclinium und kein Winter-Triclinium, keine Bäder, keine Galerien, keine Unzahl von Zimmern, in denen man allein sein konnte – nur eine einzige Halle. Vater, Mutter und Kinder lebten den ganzen Tag auf engem Raum, oft von Gefahr bedroht, zusammen. In dieser tristen Halle mußte es die Atmosphäre wärmender Liebe geben. Besonders die Frau profitierte von der Herbheit dieses Lebens; sie wurde die Königin des Hauses.«[2]

So kunstvoll gefeilt diese Argumentation sein mag, dem Kritiker macht sie die Antwort leicht. Sie steckt voller willkürlicher Annahmen: daß der Mann immer bei seiner Frau lebte und beide gemeinsam die Kinder großzogen; daß Gemeinschaft stets gewogen macht und nicht auch gemein; daß die Burg Zuflucht war und nicht auch Angriffsbasis, usw. Im Grunde wird die von Léon Gautier verklärte bürgerlich-katholische Familie in eine feudale Umgebung verpflanzt. Mâle bedient sich des zweifelhaften Kunstgriffs, die Form des sozialen Lebens aus dem Charakter ihres Rahmens, wie er ihn sieht, zu erklären. Der Zusammenhang zwischen dem Verhalten des Menschen und seiner physischen Umgebung ist jedoch dialektischer und vielleicht weniger determiniert, als Mâles Analyse glauben machen will. Es ist zu einfach, der Verfeinerung und dem Selbstgenuß der Antike die angebliche Anspruchslosigkeit und Reinheit des Mittelalters entgegenzusetzen. Und zu sagen, die Dame des Hauses habe als Königin geherrscht, ist fragwürdig und zweideutig.

Doch obgleich Mâle seiner Idealfamilie das Gefolge dienstbarer, wiewohl lästiger Geister vorenthält und die Unterteilung der Räume durch leichte Zwischenwände vergißt, hat er immerhin in zwei wichtigen Punkten recht: Der Haushalt war um ein dominierendes, einzelnes Paar organisiert – die Herrschaften; und diese beiden Personen hatten die Möglichkeit, den Tag und die Nacht im selben Raum miteinander zu verbringen. Hatten aber Herr und Herrin nicht Privatgemächer, in die sie sich zurückziehen konnten? Und hatten nicht auch andere Mitglieder des Haushalts – Kinder, Gäste, Bedienstete – ihre eigenen Zimmer?

Bei der Beschreibung des mehrgeschossigen Donjon neigt die Forschung dazu, die Halle (den Saal) nach unten zu verlegen und die Kammer nach oben. Je höher man im Turm stieg, desto privater, abgeschlossener und »weiblicher« wurde der Raum. Dieser Auffassung zufolge

Cantigas von Alfonso dem Weisen, 13. Jh. – Königlicher Luxus. Vorhänge und Säulen gliedern einen vom Souverän beherrschten Raum, ohne ihm seine Feierlichkeit zu nehmen. Der König diktiert gerade fromme Liebeslieder; er wird von Musikern (links) und einem Chor (rechts) begleitet. (Madrid, Bibliothek des Escorial)

müßte es einen allmählichen Übergang von der horizontalen Anordnung der alten Burgen (»aula« nebst angrenzenden Wohnräumen) zu der vertikalen Anordnung der neuen Donjons gegeben haben. Ich will die Plausibilität dieser Interpretation nicht bestreiten, doch ist dazu noch mehr zu sagen. Manche Donjons verfügten in den oberen Geschossen über helle, große Räume, die sich besser als andere für offizielle Empfänge eigneten. Halle und Kammer waren in der feudalen Residenz nicht so streng voneinander unterschieden, wie es Schlafzimmer und Wohnzimmer in einem modernen Haus sind. Sie waren das, was ihre Bewohner aus ihnen machten. Und wir wissen aufgrund gewisser sprachlicher Ungereimtheiten, daß sie diese Räume in differenzierte Weise nutzten.

Halle und Kammer. Bei der Lektüre von Texten aus dem 11. und 12. Jahrhundert stellt man gelegentlich erstaunt fest, daß der Ausdruck »camera« für das verwendet wird, was in Wirklichkeit eine echte »aula« ist (ein einziger, großer Raum über einem Keller). In Brügge werden die Halle des Grafen und das Haus Bertulfs gleichermaßen »camera« genannt. Und in den *Miracles de sainte Foy* wird erzählt, wie es einem Gefangenen gelingt, aus seiner Zelle in die darüber gelegene »herilis camera« zu klettern; er durchquert heimlich diesen Raum, springt aus einem Fenster ins Freie und kann entkommen. Oder man denke an das Haus bzw. den »Turm aus Holz« in La Cour-Marigny (Orléanais, Mitte des 11. Jahrhunderts), in dem der Herr Aubry samt seiner »Familie sprach, speiste und die Nacht verbrachte«. Schließlich gibt es die berühmte Beschreibung des Hauses in Ardres, das um 1120 aus Holz errichtet worden ist: Mittelpunkt des ganzen Bauwerks war eine »herilis camera«, »eine große Kammer, in der der Herr und seine Frau schliefen«. Die Archäologen haben in unmittelbarer Nähe dieses Ortes keine Hinweise auf eine eigene »aula« finden können, woraus geschlossen werden kann, daß diese Kammer auch als Empfangsraum gedient haben muß. Überdies sind einige der Titel der Domestiken zweideutig. So heißt es vom Kammerherrn des Herzogs der Normandie, er sei »der erste [Diener] meiner ›aula‹ und meiner Kammer« (12. Jahrhundert).

Wie war eine solche Verwechslung von Halle und Kammer möglich?

1. Die Untersuchung großer Burghallen zeigt, daß es in ihnen eine hölzerne Trennwand gegeben hat, die einen größeren Bereich für Empfänge von einem kleineren Schlafbereich schied. Von der Burg der Grafen der Champagne in Troyes wissen wir, daß es dort 1177 eine solche Trennwand in der Halle gab. Auf ihrer einen Seite befand sich ein Podium, auf dem der Fürst bei Festmählern Platz nahm und auf die Gäste hinabsah, die an zwei in der Längsachse des Raumes aufgestellten großen Tischen saßen. Auf der anderen Seite der Wand befand sich der »thalamus comitis«, das gräfliche »Bett« oder »Schlafzimmer«.

Loches (Indre-et-Loire): Großer Donjon, errichtet gegen Ende des 11. Jahrhunderts, um die Mitte des 12. Jahrhunderts umgebaut. Die Anlage bestand aus drei Geschossen mit Holzfußböden. Vom ersten zum zweiten Geschoß gelangte man über eine Treppe mit Geländer innerhalb der Mauer, vom zweiten zum dritten über eine Wendeltreppe. Die Feuerstellen mit konischer Haube sind zeitgenössisch; die Fenster öffnen sich in verdeckte Nischen (Geheimgänge?), während sie von außen wie Schießscharten aussehen.

2. In jedem Stockwerk eines Donjon konnte der große Raum ebenso als Saal wie als Kammer fungieren und in mindestens zwei kleinere Räume unterteilt werden. Die Literatur des 13. Jahrhunderts vermittelt eine klare Vorstellung von diesem Arrangement: In Camelot werden in *La Mort le roi Artu* zwei verschiedene Festgelage gleichzeitig abgehalten. Das in der großen Halle findet unter Vorsitz des Königs statt, das andere unter Vorsitz Guenièvres in deren Kammer, wo Gawain und sein Gefolge zusammen mit zahlreichen anderen Gästen sitzen und von der Königin bedient und in die Pflicht genommen werden. Aus dem Text geht nicht klar hervor, ob diese Kammer eine Etage in dem Hauptgebäude oder ein an die »Halle« angrenzender Wohnraum ist. Aber das spielt keine Rolle: Gleichgültig, ob Guenièvres Kammer neben oder über der Halle angeordnet ist, der Eintritt in sie markiert einen Schritt zur Vertraulichkeit. So kann Guenièvre einem in Ungnade gefallenen Geliebten den Eintritt verbieten. Dennoch unterscheiden sich die Funktionen ihrer »Kammer« kaum von denen der »Halle« ihres königlichen Gemahls, wo sich der ganze Hof versammelt.

Die genauen Informationen, die der Beichtvater der Königin Marguerite, Guillaume de Saint-Pathus, über die privaten Gewohnheiten Louis' IX. in seinen letzten zwanzig Lebensjahren gesammelt hat, bezeugen, daß der Privatbereich in der Tat eine Reihe konzentrisch ineinanderliegender Gehäuse war. »Mout privé« (»eng vertraut«) waren dem König seine Gefährten, etwa die Kämmerer. Das nächste Gehäuse bildeten die »assez privé« (»ziemlich vertraut«), darunter Leute wie Joinville, ein Ritter vornehmer Abkunft, der seinem Herrn nicht privat dienen konnte. Der allergeheimste Platz war die »garderobe«, ein separater Teil der königlichen Kammer. Dort schlief Louis IX., von einem einzigen Diener bewacht; dort verrichtete er seine Gebete und wusch drei Armen die Füße, sorgfältig darauf bedacht, diesen Akt persönlicher Frömmigkeit vor den Augen Neugieriger zu verbergen. Auch seinen Körper verbarg er, wenn es denn stimmt, daß einer seiner Kämmerer in fast zwanzigjährigem Dienst das Bein des Königs nie weiter als bis zum Oberschenkel entblößt gesehen hat. Die »Kammer« war größer als die »garderobe« – groß genug für halböffentliche Handlungen wie den Empfang von sechzehn Bedürftigen oder das Berühren der Skrofulösen. An einem Tisch vor einem Feuer sitzend, konnte der König hier Ritter empfangen, während seine engere Gefolgschaft separat in der »garderobe« speiste. Es gab kaum etwas, worin sich die »Kammer« von der »Halle« unterschied, nur daß jene weniger Gäste aufzunehmen vermochte. Der Unterschied lag im Grad der Privatheit dieser Räume, nicht in ihrer Beschaffenheit. Man erkennt kaum einen Unterschied zwischen Kammerdienern und Saaldienern. Zusammen bildeten sie den »hôtel du roi«, der eine nicht zu unterschätzende politische Rolle spielte und dem König von Burg zu Burg folgte. In Paris, Vincennes, Compiègne und Noyon quartierte sich der »hôtel« des Königs in unterschiedlichen Behausungen ein, ohne daß sich an der Struktur etwas änderte. So wie im Hause des Herrn gab es auch im Hause des Königs viele Wohnungen; der »hôtel« indes blieb stabil.

Ende des 12. Jahrhunderts verstand man es, zusätzlichen Wohnraum zu schaffen. So befand sich im Grafenstein zu Gent die Halle im zentralen, aufgestockten und verstärkten Donjon. Die beiden anderen Wohnräume stießen an den Vorbau des Turms und beherbergten wahrscheinlich die Männer und Frauen des Hofes, nach Geschlechtern getrennt. In der höfischen Literatur, die in Gent sehr begehrt war, ist bisweilen von einer Halle die Rede, von der aus man in ein oder zwei »hôtels« gelangt; im 13. Jahrhundert bildete eine Anlage dieser Art den Kern des typischen großen Hauses.

Gab es für diese Separation der Frauengemächer ein Vorbild? Nach einer sorgfältigen Untersuchung der *Miracles de sainte Foy* hat Pierre Bonassie den Schluß gezogen, daß in der »herilis camera« in Castelper, wo der Herr mit seinen »Vertrauten« wohnte, in Wirklichkeit nur die Krieger lebten, samt ihren Konkubinen – Prostituierten, deren häufigen Besuch Mönchschroniken um das Jahr 1100 den Tyrannen ankreideten; Frauen und Kinder lebten für sich. So war die häusliche Gesellschaft in der Tat zweigeteilt. Wir müssen also darauf achten, in Ausdrücken wie »cum familia« oder »cum familiaribus« das Wort »Familie« in seinem mittelalterlichen Verstande zu lesen. Die großen Gebäude, die von den im 12. Jahrhundert erzielten Fortschritten profitierten, unterscheiden sich von früheren Bauten einzig dadurch, daß die Frauengemächer attraktiver waren und den einstigen Hallen ähnelten.

Der wesentliche Unterschied ist in der Sprache jener Zeit nicht der zwischen Halle und Kammer, sondern der zwischen einem zentralen Raum (Saal/Kammer) und den um ihn herum oder an seiner Seite gruppierten kleineren Räumen, also zwischen einem Singular und einem Plural. Dieses Schema – ein Kern, umgeben von seinen Satelliten – war zweifellos das Atom des privaten Lebens im Feudalzeitalter.

Étampes (Essonne): Der Guinette-Turm, im 12. Jahrhundert erbaut, wurde im 13. Jahrhundert höchst elegant umgebaut. Hier ist eine Ecke des großen Saals im Obergeschoß zu sehen; der Saal war gut erhellt und mit einer Reihe von Bögen versehen, die es ermöglichten, auf die zentrale Säule zu verzichten.

Der Hauptraum und die Kammern. In Angers wurde 1140 ein Unterschied zwischen »der *aula* des Grafen und allen Kammern« gemacht. Der Bischof von Le Mans verfügte vor 1125 in seinem Palast in Yvré über »eine *aula* aus Stein mit Kammern und einem Keller«. Und schließlich haben wir die Beschreibung des Lambert von Ardres; er unterschied zwischen dem Wohngemach und den »diversoria«, wo Frauen, Kinder und Invalide um das Feuer lagerten. Damit beschrieb Lambert den Musterhaushalt. Pierre Héliot hat darauf aufmerksam gemacht, wie oft das »Ardres-Schema« in englischen Donjons des 12. Jahrhunderts zur Anwendung kam, so in Rising und Bamburgh; jedes Stockwerk konnte mit Hilfe leichter Trennwände in zwei bis sechs Räume geteilt werden.

Wieder einmal ist es die Romanliteratur, die, obschon in Gestalt einer Fiktion, das Alltagstreiben von Männern und Frauen vor Augen führt. Perceval nähert sich einem Palast mit Schieferdach, Beaurepaire; ein Fräulein erblickt ihn durch ein Fenster der Halle. Er steigt eine majestätische Treppe empor und entdeckt eben diese Halle; sie ist groß und lang und hat eine mit Reliefs verzierte Decke. Er setzt sich auf ein Bett, über das eine seidene Decke gebreitet ist, und beginnt ein Gespräch mit Blanchefleur, der jungen Schloßherrin, die bei ihren öffentlichen Auftritten von zwei weißhaarigen Rittern begleitet wird. Speisen werden

Vorspiel. *Le Chansonnier de Paris*, spätes 13. Jh. (Montpellier, Musée Atger, Ms. 196)

hereingetragen. (Das Bett verschönt den Raum und dient zugleich als Couch für die Konversation; das erklärt die leichte Verwechslung von Saal und Kammer.) Später zieht sich anscheinend jeder in sein eigenes Schlafzimmer zurück. Blanchefleur trifft sich (heimlich?) mit dem Mann, der künftig ihr »ami« sein wird; sie hat zweifellos einen jener Geheimgänge benutzt, auf deren Einbau sich die Baumeister mittlerweile vorzüglich verstanden. Gemeinsam vergießen Blanchefleur und Perceval ein paar Tränen; danach verbringen sie eine keusche und zärtliche Nacht und träumen von künftigen Rittertaten.

Ein paar Seiten weiter bewundert Perceval, der sich jetzt im Schloß des Fischerkönigs befindet, eine Halle vor einem rechteckigen Turm. In der Mitte der Halle findet er den König, der vollständig bekleidet unter einem von vier mächtigen Messingsäulen getragenen Baldachin vor einem prasselnden Feuer liegt. In diesem Raum bekommt der ritterliche Besucher ein Essen und ein Lager. Während des Essens erblickt Perceval die Gefolgschaft des Grals: Diener und Jungfrauen ziehen mit Speer, Kerzenhaltern und kostbaren Schalen an ihm vorbei; schimmernde Waffen und glänzende Gegenstände aus Gold werden aus einer Kammer geholt und nach feierlicher Prozession durch die Halle in eine andere Kammer gebracht. Wichtigen Gästen zeigt man ohne Umschweife die Schätze, die im Herzen des Schlosses in Truhen verwahrt liegen.

In den Romanen des 13. Jahrhunderts wurde die Prosa dichter. Wir erleben Privatgespräche mit und hören Monologe einzelner Figuren an. In *La Mort le roi Artu* spricht man beiseite und flüstert einander Vertraulichkeiten zu – entweder an den Fenstern der Halle von Camelot (wo die Gefahr des Belauschtwerdens besteht) oder in den Privatgemächern. Der König läßt seine Neffen zu sich in die Kammer kommen, wo sie ihre Klagen über die ehebrecherische Liebe der Königin zu Lancelot vortragen, und schließt sorgfältig die Türen. »Verborgene Nischen« spielten in der Literatur eine große Rolle. Solche Nischen gab es in der Tat in den heute abweisend und kalt wirkenden, überwölbten Hallen der großen Burgen.

Selbst im Gewimmel eines großen Haushalts fand jeder seinen Platz. In den Schlössern, Burgen und Adelssitzen des Hochmittelalters herrschte eine ganz eigentümliche Form des privaten Lebens. Es ist zwecklos, dieses Leben in allen Einzelheiten mit dem unseren zu vergleichen, sei es, um die Unterschiede nachzuweisen, sei es, um es als fernen Vorläufer unserer eigenen Verhaltenspraktiken zu reklamieren. Von Castelper bis Gent beobachten wir, wie männlicher und weiblicher Teil des Haushalts einander fasziniert und erschrocken begegnen, um sich gelegentlich miteinander zu verbinden oder heimlich zu kommunizieren. Der präzise Grundriß ist unerheblich, da die Struktur des »Haushalts« unabhängig von Varianten der hausinternen Topographie war.

Es ist an der Zeit, von der Vorstellung der »schrecklichen Tristesse«, die in der mittelalterlichen Burg geherrscht habe, Abschied zu nehmen. Der Laienadel hatte schöne Kleidung lieber als Wanddekorationen und leicht transportierbare Metallgegenstände lieber als in Stein gehauene

Kunstwerke. Seine Liebe zum Gegenständlichen verband sich mit dem Geschmack am Monumentalen. König Artus, der das Schloß seiner Schwester Morgane besucht, betritt zuerst eine prächtige Halle, in der festlich gekleidete Menschen umhergehen und der rötliche Schein zahlreicher Kerzen sich an den ringsum aufgehängten Schilden bricht und durch Seidenvorhänge fällt. Danach gelangt er in eine Kammer, wo ein verschwenderisch mit goldenem und silbernem Tafelgerät gedeckter Tisch ihn erwartet, und von dort in eine andere Kammer, in der ihn wohltönende, harmonische Klänge begrüßen. Aber, so wird man einwenden, sind das nicht alles Traumgebilde? Keineswegs. Es ist nur die künstlerische Ausgestaltung dessen, was man in den Fragmenten der »positiven« Zeugnisse entdecken kann. Das erlaubt es uns, das Bild eines fremden und gleichzeitig vertrauten Festes zu beschwören, von dem sich träumen läßt.

Anmerkungen

1 R. Ritter, *Châteaux, Donjons et Places fortes. L'architecture militaire française*, Paris 1953, S. 99.
2 É. Mâle, *L'Art français et allemand du Moyen Age*, Paris 1923, 4. Aufl., S. 295.

La Couvertoirade (Aveyron); die Hauptstraße des Ortes, der um die Mitte des 15. Jahrhunderts auf Geheiß des Grundherrn, des Hospitaliterordens, befestigt wurde. Die Steinhäuser haben Außentreppen, die zur Küche und zur Stube führen. Im Erdgeschoß befinden sich Vorratsräume.

Philippe Contamine

Bäuerlicher Herd und päpstlicher Palast: 14. und 15. Jahrhundert

Herd, Haus, Familie

Wenn die Behörden im spätmittelalterlichen Frankreich eine Volkszählung durchführten, was zumeist aus steuerlichen Gründen geschah, zählten sie in der Regel nicht Personen, Häuser oder Haushaltsvorstände, sondern Herde. Das war eine alte Übung und nicht eine Erfindung des christlichen Mittelalters. So erwähnt Horaz in einer seiner Episteln ein »kleines Landgut« oder »Dorf« von fünf Herden (»agellus habitatus quinque focis«). Das Polyptychon des Irminon aus dem 9. Jahrhundert spricht mehrfach von »villae«, die aus so und so vielen Herden (»foci«) bestehen, von denen die einen »ingénuiles«, die anderen dienstbar sind. Jedenfalls scheint der Begriff erst nach 1100 gebräuchlich geworden zu sein (als beispielsweise in der Normandie die Herdsteuer, das »fogacium«, eingeführt wurde, das später erhebliche Folgen haben sollte). Er hielt sich aber – zumindest bei denen, die mit demographischen Aufgaben befaßt waren – bis zum Ende des 18. Jahrhunderts. Im *Livre des métiers* (Mitte des 13. Jahrhunderts) verfügt Étienne Boileau: »Wer nicht *chef d'ostel*, das heißt Herr über Haus und Herd ist, darf keinen Lehrling nehmen.« Diese und ähnliche Ausdrücke sind im Spätmittelalter recht verbreitet.

Das Wort »ménage« (»Haushalt«) war zwar nicht so geläufig, hatte aber dieselbe Bedeutung, wie die folgende Stelle aus einem burgundischen Dokument (1375) belegt: »Faire cerche et inventoire des feux et mesnaiges de tous les habitans« (»Ermittle und verzeichne Herde und Haushalte aller Bewohner«). Namentlich in Ostfrankreich findet sich in den Quellen auch das Wort »conduit«, mit dem man wahrscheinlich den Schornstein eines Kamins bezeichnet hat. In Dokumenten aus dem 14. Jahrhundert, die sich auf Bar-le-Duc und die Umgebung beziehen, finden wir Wendungen wie »Dix conduis ou maisnages, chascun conduit ou mesnaige garni de trois personnes« (»Zehn Schornsteine oder Haushalte, jeder Schornstein oder Haushalt zu drei Personen«) oder »Trente et six conduis tenant feu en la dite ville« (»Sechsunddreißig Schornsteine in Betrieb in besagter Stadt«).

Die Bevölkerungs- wie die Familienforschung rätselt seit langem, welche genaue Bedeutung das Wort »Herd« wohl gehabt haben mag. Einigkeit besteht darüber, daß manche Herde reich, andere arm waren. Bettler hatten Herde, die »menus« (»kleine Leute«) hatten Herde, und

auch die »gros« (sozusagen die Dickwänste) hatten Herde. Aber wie viele Personen muß man – nehmt alles nur in allem – pro Herd/Haushalt/Schornstein veranschlagen?

Diese Frage hat sich auch Voltaire gestellt. In dem Stichwort »Population« in seinem *Dictionnaire philosophique* kritisiert er einen Autor, der sich auf drei Personen pro Herd festgelegt hatte: »Nach meiner Berechnung für die Gebiete, in denen ich gewesen bin, und für das, in dem ich lebe, komme ich auf viereinhalb Personen pro Herd.« Diese Zahl ist zwar plausibel, kann aber für das 14. und 15. Jahrhundert nicht einfach unterstellt werden. Klar scheint allerdings, daß das Wort »Herd« lange Zeit vorwiegend für die Kleinfamilie – Vater, Mutter und unverheiratete Kinder – gebraucht wurde.

Ein gutes Beispiel hierfür ist der Florentiner *catasto* von 1427. Dieses bemerkenswerte Dokument verzeichnet 59 770 Haushalte mit insgesamt 246 210 Personen, im Durchschnitt also 4,42 pro Herd. Es besteht ein deutlicher Unterschied zwischen Stadt und Land – in den Städten beträgt der Durchschnitt 3,91 Personen pro Haushalt, auf dem Land sind es 4,74. Natürlich sind das nur Durchschnittswerte, hinter denen sich bedeutende Diskrepanzen verbergen.

In Haushalten jener Zeit kann man also die Anwesenheit von Vorfahren oder angeheirateten Verwandten nicht ganz ausschließen: 1422 gehörten in der Pfarrei Saint-Pierre in Reims 23 Prozent der Herde in diese Kategorie. In einem Dokument, das 1409 ordnungsgemäß in der »tabellionage« von Rouen registriert wurde, übereigneten sich Jean le Monnier und seine Frau Jeanne ihrem Sohn Tassin le Monnier samt seiner Frau Perrette la Monnière; sie übergaben ihm ihre gesamte weltliche Habe. Dafür wurde ihnen zugesichert, daß sie »gut und reichlich alles Nötige zum Trinken, Essen, Liegen, Aufstehen und Schlafengehen, Kleidung, Herd, Bett und Unterkunft« bekommen würden. Insbesondere erhielten sie auf Lebenszeit wöchentlich 20 »deniers tournois«,

Dokumente aus der Mitte des 14. Jahrhunderts. Besteuerungseinheit für den Fürsten oder Grundherrn war der »Herd«. Der Buchhalter von Saint-Paul-lès-Romains – einer Grundherrschaft der Hospitaliter vom Orden des hl. Johannes von Jerusalem – hat den Namen jedes Pächters und daneben die geschuldete Summe notiert. In der Liste wird auch eine Frau – sicherlich eine Witwe – mit ihren drei Kindern aufgeführt. (Archives de la Drôme, 40 H 2)

Zusammensetzung toskanischer Haushalte 1427[1]

GRUPPE	PROZENT
Alleinstehende	
1. Witwen	6,66
2. Witwer	0,10
3. Ledige	0,84
4. unbestimmt	6,01
Ohne eheliche Familie	
5. Geschwistergruppen[2]	1,60
6. Personen ohne direkte verwandtschaftliche Bindung	0,69
Haushalte mit einer ehelichen Familie	
7. Ehepaare ohne Kind	10,26
8. Ehepaare mit Kind(ern)	36,35
9. Witwer mit Kind(ern)	1,83
10. Witwen mit Kind(ern)	6,36
Haushalte mit erweiterter ehelicher Familie	
11. Erweiterung nach oben (Eltern, Großeltern, Onkel, Tante)	10,64
12. Erweiterung nach unten (Enkel, Neffe, Nichte)	9,44
13. Laterale Erweiterung (Bruder, Schwester, Vetter, Kusine oder Kombinationen aus 11, 12 und 13)	1,20
Mehrfamilienverbände	
14. Vertikal verwandt, nach oben oder nach unten, mit zwei Kleinfamilien	11,28
15. Horizontal verwandt (Geschwistergruppen)	
– mit zwei Kleinfamilien	3,55
– mit drei oder mehr Kleinfamilien	1,69

»damit sie sich Brot, oder wonach sie gelüstete, kaufen konnten«, ferner täglich eine Gallone Bier und an den Tagen, an denen Fleischgenuß erlaubt war, ausreichend Fleisch, an anderen Tagen jedoch »solche Speisen, wie sie anderen Gästen vorgesetzt werden, als da sind Hering, Eier und sonstige Gerichte«. Sonntags stand ihnen ein üppigeres Mahl zu, unter anderem eine Pastete für fünf »deniers«. Wohnen sollten sie samt ihrem kleinen Sohn Jehannin »in der Kammer oben oder zu ebener Erde hinten«, wo es einen Kamin gab, sowie in dem Zimmer daneben. Sie zogen also in eine kleine Wohnung, die geheizt oder beheizbar und vom übrigen Haus mehr oder weniger getrennt war, während sie die Mahlzeiten gemeinsam mit Tassin und seiner Familie einnahmen. Tassin hatte seinen Vater jedesmal persönlich zum Essen abzuholen, und zwar mit den Worten: »Kommt und nehmt Platz, mein Herr«. Der Vater setzte sich als erster an den Tisch und stand als letzter auf, »wenn es ihm gefällig war«.

Auch Dokumente über die Seigneurie Choiseul aus dem späten

Stundenbuch des Charles d'Angoulême, spätes 15. Jh. Ein sorgfältig gefliester Saal neben der Küche. (Paris, Bibliothèque Nationale, Ms. lat. 1173)

15. Jahrhundert belegen sehr deutlich, daß erwachsene Kinder »keinen eigenen Herd unterhalten, sondern bei ihrem Vater oder bei Verwandten wohnen«.

In weiten Teilen Frankreichs verstand man also unter »Herd« eine Großfamilie patriarchalischen Zuschnitts oder eine Familie aus zwei Schwägern bzw. aus zwei verheirateten Brüdern, die alles zusammentaten – ihre Arbeitskraft, ihr Vermögen, ihre Reserven –, um unter *einem* Dach (»hôtel«) und von *einem* »pot et feu« zu leben. »Bibendo unum vinum, comedendo unum panem« (»einen Wein zu trinken, ein Brot zu essen«), so heißt die Formel in den lateinisch verfaßten Verträgen, die vor dem Notar unterzeichnet wurden, um das »affreramentum«, die »comparsonnerie« zu besiegeln. Manchmal taten sich auch zwei Freunde zusammen, um »Brot, Wein, Speise und Kost« zu teilen. Solche Regelungen sind zwischen dem 12. und dem 19. Jahrhundert nachweisbar, doch scheinen sie sich im Spätmittelalter ganz besonderer Beliebtheit erfreut zu haben – vielleicht aufgrund der zunehmenden Beschwerlichkeit des Alltags. Die Vergrößerung des Haushalts war in den südlichen und den gebirgigen Teilen Frankreichs die Reaktion der Bevölkerung auf den erheblichen demographischen Einbruch infolge einer hohen Sterblichkeitsrate, der durch den Hundertjährigen Krieg verursachten allgemeinen Unsicherheit und des mühseligen Wiederaufbaus der Agrarproduktion nach der Rückkehr zum Frieden.

Auch in Nordfrankreich nahm die durchschnittliche Größe des Haushalts zu, allerdings nicht so stark. Kurz nach Ostern 1494 starb in Choiseul (Haute-Marne) der Pflüger Jean Merrey; er hinterließ eine Frau, die noch 1500 ihren eigenen Herd unterhielt, und mindestens zwei Söhne. Einer von ihnen, ebenfalls Jean genannt, ließ sich 1494 in einem nahe gelegenen Dorf nieder und war dort noch 1502 ansässig. Den anderen Sohn, Nicholas, finden wir Ostern 1496 als Haushaltungsvorstand in Choiseul. »In diesem Fall treten in nicht einmal zwei Jahren drei Herde an die Stelle des einen, den der Vater unterhalten hatte« (Hélène Olland). Nicht anders war es in Westfrankreich. J. Gallet zufolge gab es 1475 in Carnac 173 Herde; davon waren 131 als Kleinfamilien (ein Ehepaar mit Kindern) zu bezeichnen, 42 als Großfamilien (darunter ein Haushalt mit 19 Personen).

Freilich muß man sich davor hüten, die Dimensionen dieser Daten zu überschätzen. Verschiedenartige Dokumente, vor allem Testamente, lassen erkennen, daß zwischen 1350 und 1450 (in einer Zeit, in der Lebenserwartung und Geburtenrate einen Tiefststand erreicht hatten) die meisten Haushalte relativ klein waren. Dafür mag Anfang des 14. und noch einmal Ende des 15. Jahrhunderts der Rückgang der Säuglingssterblichkeit eine leichte Erhöhung der Haushaltsgröße um ein bis zwei Einheiten zur Folge gehabt haben – natürlich handelt es sich um Durchschnittswerte. Wo die Quellen es gestatten, beobachten wir eine Vielfalt von Haushaltsgrößen, die von 1 bis zu 12 und mehr Personen reicht. Den Rekord hielt – 1427 in der Toskana – Lorenzo di Jacopo: Sein Haushalt im Weichbild von Florenz beherbergte zehn Familien, bestand aus 47 Personen, die vier Generationen angehörten.

In Axat (Aude) belief sich 1306 die durchschnittliche Haushaltsgröße auf 4,9 Personen; in dem Dorf Caramanly (Pyrénées-Orientales) waren es in demselben Jahr 5,6. Die Zahlen für Reims waren 1422 für die Pfarrei Saint-Pierre 3,6, für die Pfarrei Saint-Hilaire 3,8. In Ypern finden wir im Jahre 1412 Bezirke mit durchschnittlich 3,2 und 3,4 Personen pro Haushalt; bis 1437 waren diese Zahlen auf 3,6 bzw. 3,7 gestiegen. In Carpentras lag 1437, in einer Phase der demographischen Erholung, der Durchschnitt bei nicht weniger als 5,1, in Ypern 1491 bei 4,3.

Wir können uns nicht mit der Erkenntnis begnügen, daß im Spätmittelalter kleine und mittlere Haushalte überwogen. Wir möchten auch wissen, ob dem einzelnen Herd eine bestimmte Art von Wohnung, beispielsweise ein Haus, entsprach. Es gibt, namentlich im mittleren und im Hoch-Adel, zahlreiche Beispiele für Familien, die mehrere Residenzen besaßen – Gutshäuser, Burgen, sogar herrschaftliche Stadthäuser –, von denen nicht alle vermietet waren; manche standen einen Teil des Jahres leer. Allerdings waren diese Residenzen nicht immer gänzlich unbewohnt; ein Lehnsbauer, ein Hausmeister, ein Pförtner, besser noch ein Burgvogt oder »capitaine« (»Domänenaufseher«) bewachten das Grundstück während der Abwesenheit des Besitzers. Die demographische Krise hatte zur Folge, daß viele Stadthäuser, aber auch zahlreiche Häuser auf dem Land aufgegeben wurden. Bauwerke, die dem

Missale aus der Abtei Montierneuf in Poitiers, spätes 15. Jh. Ein Mann, nach Hause gekommen, wärmt sich die Füße am Kamin – ein vertrautes Bild, auf zahllosen Miniaturen verewigt.
(Paris, Bibliothèque Nationale, Ms. lat. 873)

Wüten von Plünderern und den Unbilden der Witterung ausgeliefert waren, verfielen rasch; das Ergebnis war ein merklicher und bisweilen irreparabler Verlust von Wohnraum.

Die Kehrseite sind die Beweise der Übervölkerung, zumal in den aktiveren städtischen Zentren. So zwang eine Wohnungsnot in Paris viele Familien dazu, in ein oder zwei Zimmern eines Obergeschosses zu leben oder sich mit Behelfsunterkünften in den Innenhöfen von Häusern zu bescheiden; die Lage besserte sich erst im 15. Jahrhundert. Städte wie Lyon und Cambrai erlebten eine ähnliche Übervölkerung. In den Städten der Bretagne »scheint die Übervölkerung sich gegen Ende des 15. Jahrhunderts verschlimmert zu haben. Jedenfalls sprechen die Quellen in der Regel von zwei bis drei Familien, die unter einem Dach zusammenlebten, was den Bau von Mansarden, Zwischenböden und dergleichen erforderlich machte« (Jean-Pierre Leguay). In Chambéry wies im späten 14. Jahrhundert jedes Haus zwei bis drei Herde auf (eine Bevölkerung von vielleicht 3000 Menschen verteilte sich auf 306 Häuser).

Es ist schwer zu schätzen, wie viele Häuser mehr als einen Herd hatten und wie viele man verfallen und von der üppigen Vegetation überwuchern ließ, bis nur noch ein Haufen Steine und Ziegel davon zeugten, daß hier einst ein Haus gewesen war. Es ist auch nicht auszuschließen, daß manche Häuser leer standen, während andere in der unmittelbaren Nachbarschaft überbelegt waren. Gleichwohl bedeuteten in manchen Städten »Herd« und »Haus« dasselbe, ohne Rücksicht auf die Anzahl der Personen in dem jeweiligen Haushalt. So gab es Mitte des 14. Jahrhunderts in Rennes eine Pfarrei mit 453 Häusern und 460 Steuerzahlern, von denen 189 Hausbesitzer und 271 Mieter waren.

Zwischen 1518 und 1520 besaßen in Porrentruy 251 Haushaltsvorstände 280 Häuser und Scheunen. Mitte des 16. Jahrhunderts zählte die Stadt Mömpelgard (Montbéliard) 375 Gebäude (davon 82 Nebengebäude wie Scheunen und Ställe), während 267 Bürger und andere Bewohner zum Waffenappell kamen. »Das bedeutet«, meint Pierre Pégeot, »daß das typische Mömpelgarder Haus im Durchschnitt nicht mehr als eine Familie beherbergte.«

In dieser Hinsicht war die Situation in Reims repräsentativ für das ganze Spätmittelalter: Das typische Haus war eingeschossig und hatte einen Vorratsspeicher unter dem Dach; es bot nicht mehr als vier bis fünf Personen Unterkunft, das heißt, es reichte nur für einen Herd. Gewiß gab es Häuser in der erzbischöflichen Stadt, die über mehr als einen Herd verfügten, doch diese »enthielten neben der Hauptwohnung ein oder zwei Mieträume« (Pierre Desportes). Wenn Krieg drohte, suchten Verwandte und Freunde hinter der Stadtmauer Zuflucht. Manche Häuser wurden zu gleichen Teilen zwischen zwei Erben aufgeteilt, aber das war eher die Ausnahme. Erst viel später, gegen Ende des Ancien Régime und im 19. Jahrhundert, führten Übervölkerung und Verarmung zu tiefgreifenden baulichen Modifikationen (Aufstockung von Häusern usw.); in dieser Zeit wuchs die Bevölkerungsdichte auf sieben bis zehn Personen pro Haus. Ähnlich verhielt es sich in Tours, wo es in den Jahren 1836 bis 1840 innerhalb der alten Stadtmauer aus dem 14. Jahrhundert 1750 Häuser mit 4511 Familien bzw. 13 939 Personen gab – drei Personen pro Herd und zweieinhalb Herde oder Familien pro Haus.

Es gibt auch Beispiele für ländliche Häuser, die mehr als einen einzigen Herd aufwiesen. Eines der Häuser von Dracy in Burgund ist anscheinend Anfang des 14. Jahrhunderts in zwei Teile geteilt worden. In den lothringischen Dörfern nannte man gegen Ende des 15. Jahrhunderts Mieter, die einen Teil des Hauses bewohnten, »chambriers«. Damit waren schwierige Duldungsprobleme verbunden, da diese Leute Zugang zu Brunnen, Scheunen, Ställen und Dreschböden haben mußten.

Park, Hag, Einfriedung

In dem berühmten *Débat des hérauts d'armes de France et d'Angleterre* (um 1460) hebt der Herold Englands an, die »belles chasses« seines Königreichs zu rühmen: »Denn es gibt so viele große Parks, daß es eine Freude ist, voller jagdbarer Tiere wie Hirsche, Ziegen und Rehe.« Worauf der Herold von Frankreich erwidert: »Item, Herr Herold, es nimmt mich wunder, daß Ihr diese Parks so rühmt, die Ihr in England habt; ich bitte Euch, sagt mir doch, ob Ihr dort auch Parks von solcher Pracht habt, wie es die in Frankreich sind: nämlich wie der Park im Wald von Vincennes, der Park von Lesignan, der Park von Hesdin und etliche andere [in der Handschrift steht an dieser Stelle: ›hier werden alle mit einer Mauer eingefaßten Parks aufgezählt, die es in Frankreich gibt‹], die von einer hohen Mauer umgeben sind wie befestigte Städte. Das sind Parks, wie sie Königen und Fürsten geziemen! Es ist wohl wahr, daß Ihr in England nicht wenige Parks habt, aber sie sind bis auf den Park von Wyndesore [Windsor] nur von einem kleinen Graben, einer Hecke oder einem Zaun umgeben, wie in Frankreich die Weingärten und Viehweiden; in Wirklichkeit sind es bloße Dorfanger. Es ist nicht klug getan, so viel Aufhebens von ihnen zu machen.«

Ein polemischer Text, gewiß; allerdings steckt er voller Details, die eine Anschauung davon vermitteln, wie es im spätmittelalterlichen Frankreich auf dem Lande aussah. In den meisten Gegenden wurden die Grenzen von Ländereien, besonders von Ackerland, durch einfache Feldzeichen markiert, die leicht beseitigt oder versetzt werden konnten. Oder ein Bach, Weg, Baum, Felsbrocken oder eine andere Auffälligkeit im Gelände diente als Grenzmarkierung. In der »bailliage« (»Verwaltungsbezirk«, »Landvogtei«) Senlis, die dem Hochgericht Cugny unterstand, gab es Anfang des 16. Jahrhunderts eine ganze Reihe solcher Grenzmarken: die als »Dickicht von Fourches« bekannte Stelle, die große Linde, die kleine Straße, das Grab, die Quelle, das Feldzeichen am Weg. Wo es den Brauch der Gemeinweide gab, kam – in der Regel im Herbst – die Zeit, in der die abgeernteten Felder für eine genau bezeichnete Frist nicht mehr »privat« waren. Überdies gab es in vielen Bauerndörfern Allmenden – kollektives Weide-, Wald- oder Ödland. Öffentliche Flächen gab es innerhalb wie außerhalb des Dorfes; es handelte sich nicht nur um Wege (»carreria publica«, »caminus publicus«), Brunnen und größere Wasserläufe, sondern auch um die Flächen, die für die Veranstaltung von Märkten und für Viehherden bestimmt waren. Die tragische Entvölkerung des Landes im 14. und 15. Jahrhundert vergrößerte den Anteil des brachliegenden Bodens und damit das, was scheinbar Niemandsland war; als man jedoch nach 1450 beherzt an den agrarischen Wiederaufbau ging, erwies sich, daß die alten Grenzen zwischen den einzelnen »finages«, Grundherrschaften, Pfarreien und Ländereien der Erinnerung nicht entschwunden waren: »Der Boden vergißt nicht.«

Ungeachtet solcher allgemeinen Nutzung des Bodens waren privater Grundbesitz und private Landwirtschaft deutlich vorherrschend; so wurden denn Höfe und Grundstücke mehr und mehr durch Einhegungen umgrenzt, wie aus Miniaturen, Plänen, perspektivischen Zeichnungen (nach 1500), Reiseberichten und vor allem zahlreichen Alltagszeugnissen hervorgeht. Mauern, Zäune und Hecken dienten Feldmessern und Bevölkerungszählern als optische Anhaltspunkte. Dieser Wille zum Besitz spiegelte den Wunsch des Grundeigentümers wider, die Grenzen jenes gehüteten und fruchtbaren Bereichs zu definieren, in dem sich sein und seiner Familie privates Leben unbeobachtet entfalten konnte und wo normalerweise seine Vorräte, seine bewegliche Habe, sein landwirtschaftliches Gerät und das Vieh sicher aufgehoben waren. Der Mensch brauchte nicht nur Schutz vor Nachbarn und Fremden, sondern auch vor wilden Tieren, deren Zahl im Spätmittelalter zunahm, und vor Haustieren, die man frei streunen ließ. Vor der Ernte wurden die Felder vorübergehend mit Einhegungen umgeben; manchmal hielten »messiers« Tag und Nacht Wache. In Flandern gab es das Delikt des »bock de vylls«, das darin bestand, die Dorfeinhegung während der Zeit des Pflügens oder Erntens an einer Stelle aufzubrechen. Landwirtschaftliche Flächen waren im Mittelalter von »defens« durchzogen, d. h. von freistehenden Barrieren, die man nicht überschreiten durfte. 1460 reiste der tschechische Edelmann Leo von Rozmital durch die Bretagne und war über die Vielzahl von niedrigen Steinmauern – »murgiers« – zur Feldbegrenzung erstaunt: »Dank dieser Einfriedung brauchen die Bauern das weidende Vieh nicht zu hüten, und die Tiere können keinen Schaden auf den Ländereien des Nachbarn anrichten.«

Stundenbuch des Louis de Laval, 15. Jh. Ein Mann und eine Frau arbeiten in einem Weingarten, der von einem Palisadenzaun umgeben ist; in der Ferne erkennt man ein Tor. (Paris, Bibliothèque Nationale, Ms. lat. 920)

In Gegenden wie Anjou waren die Gehöfte leichter gegeneinander abzugrenzen, weil sie in sich dichter gefügt waren. Michel Le Mené sagt dazu: »Alle Beschreibungen stimmen darin überein: Die Einhegung war nicht allein der Ausdruck eines Schutzbedürfnisses, sie war auch die physische Demonstration von Besitz und in gewissem Sinne dessen juristische Definition. Nicht umsonst handeln die Gewohnheitsrechte von Anjou die Frage der Einhegungen in dem Kapitel über das Eigentum ab. Domänen und Ländereien bildeten die großen, von Wegen gesäumten Teile eines riesigen Puzzles aus Feldern, Wiesen, Sümpfen und Wäldern.« Ein Beispiel von vielen: Das Anwesen des Teilpächters in Grand Thorigné umfaßte »zwei aneinandergrenzende Häuser mit Kamin, ziegelgedeckt, samt Obstgarten, Reihen hochgewachsener

Le Livre des eschécs d'amour, 15. Jh. Eine mit Obstbäumen bepflanzte Lichtung. Hunde und Jäger erinnern daran, daß der wilde Wald nicht fern ist.
(Paris, Bibliothèque Nationale, Ms. fr. 9197)

Bäume, Äckern, Wiesen, Weiden, Wäldern, Buschwerk und Kaninchengehegen, alles von Gräben, Hecken und Einhegungen umgeben.«

In der Bretagne bedeutete das Wort »Park« riesige Domänen, die nicht nur als Acker-, Wald- und Weideland, sondern auch zur Jagd und Erholung dienten, so etwa der »Herzogpark« bei Morlaix und die Parks von Vannes, Lesneven und Rhuys. Im Park von Châteaulin unterschied man zwischen der großen und der kleinen Domäne, was vermutlich mit einem alten Banngebiet und seiner Lehnsbarkeit zusammenhing (Jean-Pierre Leguay).

Im offenen Gelände hingegen waren die einem einzelnen Bauern gehörenden Grundstücke oft verstreut. Je näher wir dem Dorf kommen, desto häufiger werden wieder die Einfriedungen aus Steinen, Bäumen oder Holzplanken; sie umgeben den Weinberg oder die Weide, den Hanfacker oder das Weidengehölz, das Gärtchen oder das Anwesen, die »boille«, den »casal« oder den »maine«, den Ziergarten oder den

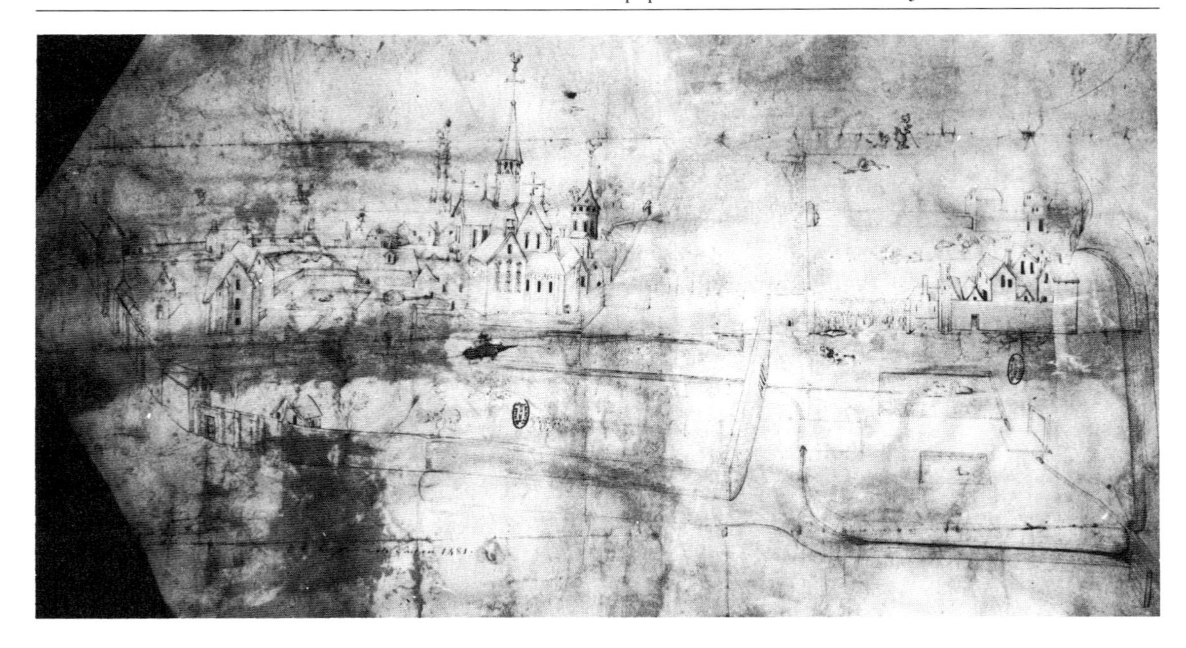

Entwurf für das Frauenkloster Saint-Antoine-des-Champs in Paris aus dem späten 15. Jh.; Pergament. Die Anlage links umfaßt die Kirche, die Klostergebäude und einen Taubenschlag, ferner Nebengebäude und einen kleinen Park. Auf der rechten Seite die Landwirtschaft mit einem Stall für Tiere. (Paris, Archives nat., N III Seine 730)

Obstgarten. Die Franzosen, so schreibt Brunetto Latino, »verstehen sich besser als andere darauf, ihre Häuser mit Wiesen oder Obstgärten oder Apfelbäumen zu umgeben«.

Auf einer höheren sozialen Stufe suchten weltliche und geistliche Herren Prestige, Profit und Privatvergnügen zu steigern, indem sie aus ihren Gütern gleichsam kleinere Teile herausschnitten, um auf diesen besser ihre Kontroll- und Besitzrechte zur Geltung bringen zu können. Forsthüter wurden eingestellt, die Eindringlinge aus dem Wald vertreiben und die Verwertung eines als besonders kostbar geltenden Kapitals überwachen sollten. Kaninchengehege, fest installiert oder provisorisch errichtet, versorgten das Gelände mit jagdbarem Kleingetier. Burgen wiesen einen großen und einen kleinen Hof auf; dieser diente eindeutig bäuerlichen Zwecken. Kein Adelssitz, der nicht seinen »Lustgarten« (»jardin de plaisance« – der Ausdruck kommt schon Ende des 15. Jahrhunderts vor) gehabt hätte, was nicht ausschließt, daß Kräuter, Gemüse und Obst den meisten Platz beanspruchten. Der umfriedete Obstgarten (»hortus conclusus«) war bisweilen von einer zinnengekrönten Mauer umschlossen und barg Zierbrunnen, Spaliere, Hütten und Holzzäune; die Natur war domestiziert, durch Bänke und Galerien in Quadrate geteilt. Aus der Literatur und der Ikonographie wissen wir, daß gerade dies der bevorzugte Ort der Erholung und des Vergnügens war, des Singens, der offenen und heimlichen Liebe, der Gespräche und Belustigungen. Doch war der Garten auch das Symbol der Jungfrau Maria und der Jungfräulichkeit, das Abbild des verlorenen Paradieses, der Platz, an dem man vor den Gefahren und Störungen der Außenwelt sicher war (Elisabeth Zadoura-Rio).

Eine ungeschickt ausgeführte, freilich detailgenaue »Panoramaansicht« des Frauenklosters Saint-Antoine-des-Champs bei Paris aus dem Jahre 1481 zeigt innerhalb der Einfriedung ein Gehölz, mehrere Teiche, eine Fischzucht, Wasserläufe, Obstgärten, einen Ziergarten sowie in der Ferne einen Hühnerhof inmitten eines Bauernhofes. Christine de Pisan hat uns eine Verserzählung hinterlassen, in der sie von ihrem Besuch in der namhaften Priorei Saint-Louis de Poissy im Jahre 1400 berichtet. Ihre Tochter war dort Dominikanerin. Sie zählt alle Gebäude dieses Klosters auf, das damals einen besonderen Ruf genoß, weil auch eine Tochter Karls I. dort lebte. Über die Schönheit der Höfe heißt es: »Ainsi partout traçasmes maint pas / Et par grans cours / Larges, longues plus d'un chenal le cours / ou grans chantiers de busche furent sours, / Bien pavees et belles a tous tours.« (»So lenkten wir so manchen Schritt / durch große Höfe, / die wie ein Wasserlauf so breit und lang waren, / wo große Bauten sich aus Holz erhoben, / gepflastert und aus jedem Blickwinkel schön.«) Schließlich gelangen wir in den Garten, »ein reizendes Paradies, auf allen Seiten von hohen Mauern umgeben«, wo mehr als 140 Obstbäume gedeihen. Es gibt auch einen »beau cloz«, einen ummauerten Park, in dem Damwild, Hasen, Kaninchen und wilde Ziegen zu Hause sind; die Teiche sind reichlich mit Fischen gefüllt.

Hof, Garten, Fischteich, Weiher, Park – jede mittelalterliche Burg, die etwas auf sich hält, kann damit aufwarten. Soviel geht (trotz neidischer, spöttischer Untertöne) aus dem *Songe veritable* hervor, der eine Beschreibung des »bel chastel« Marcoussis enthält; diese Burg war unter großem Aufwand von dem Erz-Parvenu Jean de Montagu, »grand maître d'hôtel« Karls VI., errichtet worden: »C'est plaisant lieu et delitable. / Trestout est, tant vielx que nouveaux, / Enclos a murs, aussi a eaux.« (»Es ist ein angenehmer, ergötzlicher Platz. / Alles ist so alt wie neu, / umgeben von Mauern und von Gewässern.«)

Hundert Jahre später haben wir die nicht minder imposante Burg Gaillon, das ehrgeizige Projekt des Kardinals Georges d'Amboise, des Erzbischofs von Rouen und damaligen Hauptberaters König Ludwigs XII. Eine Beschreibung der Burg von Don Antonio de Beatis, dem Hauskaplan und Sekretär des Kardinals Ludwig von Aragon, beginnt beim Park, dessen Umfang zwei Meilen maß und der von hohen, dicken Mauern umschlossen war, die auch den Burggarten schützten. Dieser Park war deshalb so bemerkenswert, weil er bewaldetes und offenes Gelände, kleine Hütten zur Rast bei der Jagd und natürlich jagdbares Wild aller Art aufwies. Der quadratische Garten umfaßte eine Reihe kleinerer quadratischer Gärten, die alle von einem grün bemalten Holzzaun geschützt waren. Es gab sogar eine Vogelvolière und weite Matten. Erst nachdem der Besucher alle diese Herrlichkeiten bewundert hatte, gelangte er zu den Galerien, die ihn in die eigentliche Burg führten.

Die königlichen Parks brauchten sich neben diesen Anlagen keineswegs zu verstecken. Der im *Heroldsstreit* erwähnte Park von Vincennes kommt auch im Tagebuch des florentinischen Botschafters am Hofe Ludwigs XI. (1461–1462) vor; aus dieser Quelle wissen wir, daß er vier Meilen maß. Und in einem ungefähr aus derselben Zeit stammenden Text von Antoine Astesan heißt es: »Unweit davon erhebt sich ein prachtvoller Wald, von welchem die Burg wohl ihren Namen hat und

Handschrift aus dem 15. Jh. Der Garten des Frauenklosters ist von festen Mauern, samt Turm und Schießscharten, umgeben. Deutlich erkennt man die Wege.
(Paris, Bibliothèque de l'Arsenal, Ms. 5216)

Le Nouvelin de la vénerie, frühes 16. Jh. Ein Jäger und sein Hund zwischen zwei undurchdringlichen Wäldern. In der Ferne drei Burgen, dazwischen Hecken und Wäldchen. (Paris, Petit Palais, Collection Dutuit 217)

der durchsetzt ist von Matten und Gehölzen und der von einer undurchbrochenen Mauer umgeben wird. Man nennt ihn für gewöhnlich den Park, und ich sah einmal seinesgleichen bei der Burg von Pavia. Dieser Park ist in mehrere Teile gegliedert; der eine ist für Wildschweine mit ihren gefährlichen Hauern, ein anderer für zahme Hirsche und Rehe mit ihrem mächtigen Geweih, wieder ein anderer für flinke Hasen und wilde Ziegen. Es gibt so viele Kaninchen, daß man zuzeiten Tausende von ihnen beisammen hocken sieht. So sind die Freuden der Jagd in diesem Wald alle vorhanden.«

Das *Livre du gouvernement des princes*, eine französische Übersetzung von *De regimine principum* von Gilles des Rome; frühes 16. Jh. Man erkennt Fachwerkbauten, Schilder, Werkstätten und Läden an einer gepflasterten Straße. In Wirklichkeit waren die Städte oft weniger reizvoll. (Paris, Bibliothèque de l'Arsenal, Ms. 5062)

Städtischer Raum

Mauern zu errichten lag dem mittelalterlichen Menschen im Blut; der Grund dafür war wohl ein starkes Gefühl der Unsicherheit (wozu die französische Geschichte im Hundertjährigen Krieg ausreichend Anlaß bot). Dies galt für Städte ebenso wie für das flache Land. Die typische Stadt war von einer Mauer umgeben und nur durch mächtige Tore zugänglich. Allerdings gab es in Frankreich auch Städte, die erst relativ spät eine Stadtmauer erhielten; auch blieben offene, anfällige Vororte (»faubourgs«) vor den Toren der Stadt, an den Zugangsstraßen, bestehen oder wurden neu errichtet. Als dann später die Bedrohung nachließ und wieder Friede einkehrte, kümmerten sich viele Städte aus wirtschaftlichen Gründen nicht mehr um ihre Befestigungen, und was einst eine trutzige Mauer gewesen war, zerfiel nun – bisweilen zu Staub.

Vielleicht das auffälligste Merkmal der mittelalterlichen Stadt war die geringe Zahl öffentlicher Gelände und Bauten. Gewiß unterstanden die Straßen und die Plätze städtischer, herrschaftlicher oder königlicher Jurisdiktion. Auch die Enteignung gegen Entschädigung war bekannt. Gleichwohl hat man den Eindruck, daß die Sphäre des Öffentlichen ein Grenz- und Randbereich war; schlimmer noch, er war ständig privaten Übergriffen ausgesetzt. Diese Übergriffe geschahen diskret, weil sie ungesetzlich waren, doch wurden sie gelegentlich durch offizielle Anerkennung legalisiert. 1437 beklagte sich Maître Jacques Jouvenel bei Karl VII. über das gesetzlose Treiben einiger »fillettes de joy« in der Nähe seiner Residenz auf der Pariser Ile de la Cité; die Freudenmädchen hatten sich dort in »kleinen Häusern« in einer »kleinen öffentlichen Gasse namens Glatigny« einquartiert. Die Gasse muß sehr schmal gewesen sein, denn »weder Pferde noch Wagen können hier passieren«; auch war sie für das »öffentliche Wohl« keineswegs unentbehrlich, da es einige bequemer befahrbare Parallelstraßen gab. Karl VII., begierig, sich dankbar gegen das Mitglied einer großen Familie zu erweisen, die auch in der Zeit der »divisions« loyal zum Königshaus gehalten hatte, gab der Beschwerde Jouvenels statt und genehmigte die Eingliederung der Gasse in dessen Privatbesitz. Die königliche Charta lautete: »Besagte Gasse, vordem ein öffentlicher Weg, haben wir umgewidmet und weisen sie nun als Privatsache zugunsten des besagten Maître Jacques Jouvenel und seiner Nachkommen aus.«

Zwischen 1439 und 1447 sahen sich die Konsuln und Einwohner von Saint-Flour in einen Rechtsstreit mit den Kanonikern der Stiftskirche Notre-Dame verwickelt. Streitgegenstand war ein schmaler Weg (1,20 bis 1,50 Meter breit), der quer durch den Friedhof des Domkapitels zu einem öffentlichen Backofen führte. Das Domkapitel versuchte, die Be-

Ansicht der Stadt Panissières (Loire) aus dem *Armorial* von Guillaume Revel, 15. Jh. Diese bedeutende Stadt des Forez wird von Mauern umgrenzt und vom rechteckigen Turm der Kirche Saint-Jean Baptiste beherrscht. Daneben sieht man Obstgärten und eingezäunte Gärten; an der Straße stehen kleine Häuser mit Schornstein und Ziegeldach.
(Paris, Bibliothèque Nationale, Ms. fr. 22297)

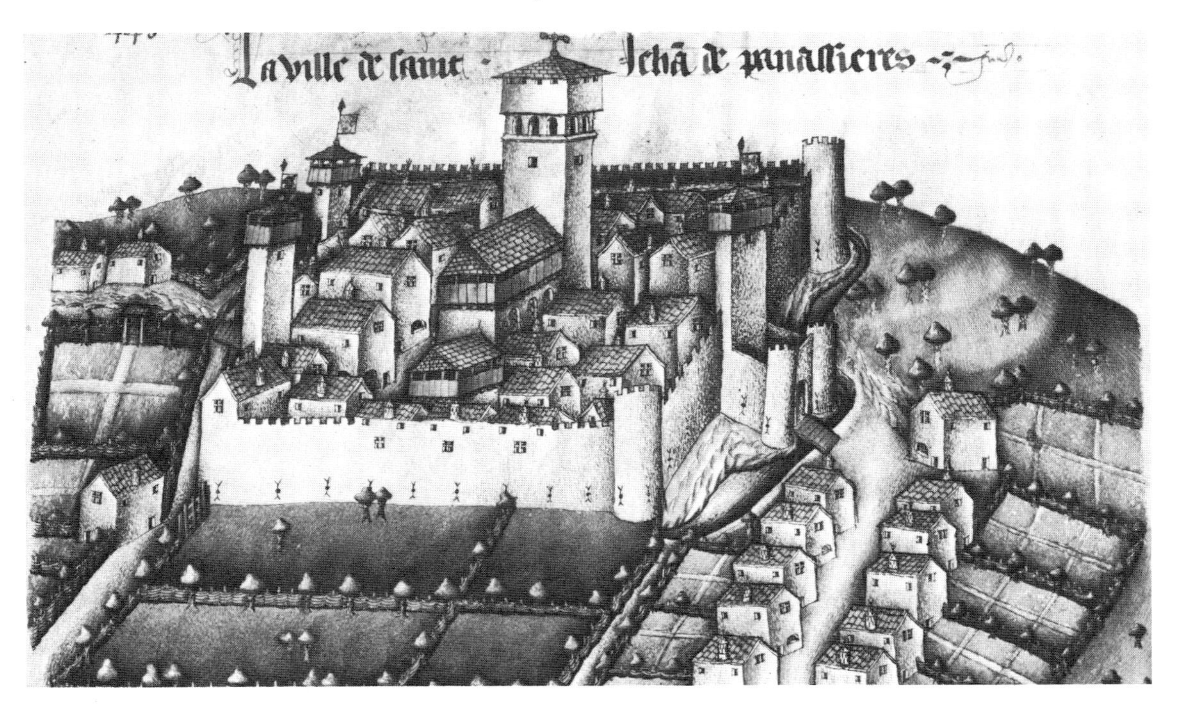

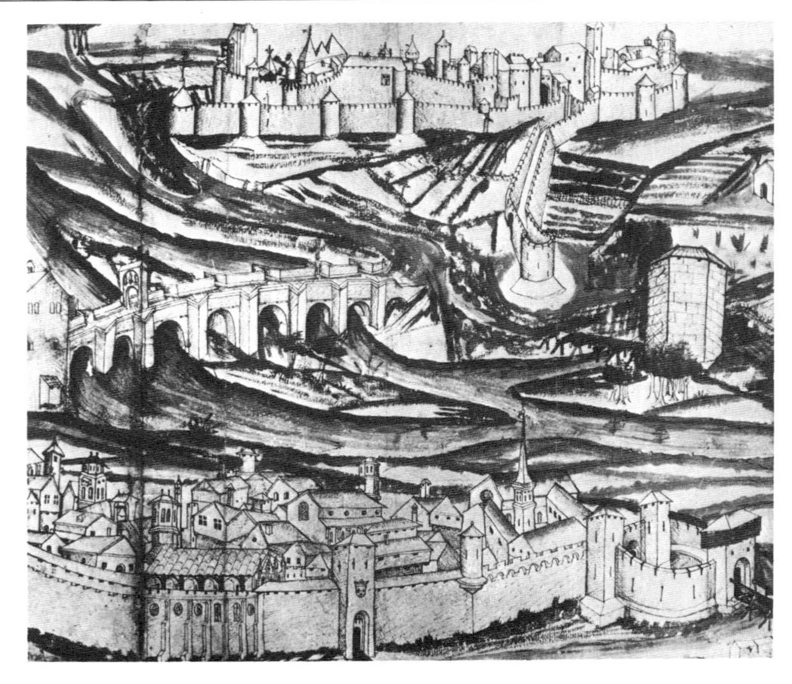

Carcassonne im Jahre 1462. Im Vordergrund die Unterstadt, im Hintergrund der Stadtkern, dazwischen die aus dem 14. Jahrhundert stammende Brücke über den Aude und das kreisförmige Außenwerk, die Barbakane, die die Stadtmauer nach Norden verlängert.

nutzung dieses Weges zu unterbinden, indem es um den Friedhof eine Mauer errichtete. Die Stadtväter von Saint-Flour verwiesen demgegenüber darauf, daß nicht nur der Weg Gemeineigentum sei, sondern daß auch Friedhöfe in der Auvergne »öffentliche Plätze« seien und es daher nicht statthaft sei, sie einzufrieden.

Der fragmentarische Charakter der öffentlichen Sphäre spiegelte in der Topographie der Stadt die Schwäche des Staates wider, seiner Machtmittel, seiner finanziellen Ressourcen und seines Durchsetzungswillens. Die Straßen waren in der Regel so schmal, daß sechs oder sieben Meter Breite schon Staunen erregte. Die Städte bildeten ein labyrinthisches Gewirr winziger Gassen und Sackgassen, Durchgänge und Höfe; die Plätze waren klein, und nur selten öffnete sich eine Gebäudeflucht und gab den Ausblick frei; die Verkehrswege waren ständig verstopft. In der Bretagne glichen im 15. Jahrhundert viele Straßen einem Korridor, der auf beiden Seiten von vorkragenden Häusern verdunkelt wurde (Jean-Pierre Leguay).

Die in ihr lebenden Menschen akzeptierten die mittelalterliche Stadt mit ihrem malerischen Gewirr aus Straßen, Gewölben und Mauern als den naturgegebenen Rahmen ihres Daseins. Sie arrangierten sich mit ihrer Stadt, die ihnen Schutz gewährte – nicht nur gegen die Witterung, sondern auch vor Eindringlingen. Doch gibt es Anzeichen dafür, daß viele Menschen, zumal in der Führungsschicht, bestrebt waren, die städtischen Lebensbedingungen zu verbessern, und die Mißstände beargwöhnten, die von unkontrolliertem Wachstum und aus rücksichtslosen Privatinitiativen herrührten. Die neuen Städte des 13. Jahrhunderts, von den verantwortlichen Behörden geplant, wiesen breitere Straßen auf – die »magna carreyra« in Libourne war elf Meter breit.

Wir finden auch großzügiger gestaltete Plätze und ein rechtwinkliges Straßennetz. Die wenigen mittelalterlichen Anstrengungen zur Stadtsanierung verraten durchaus ein genuines Raumgefühl und Sinn für Proportionen, nicht anders als die gleichzeitigen Miniaturen, die eine ideale Stadt darstellen. Eine Stadt, die das Glück hatte, einen harmonisch geordneten Platz zu besitzen, tat ihr Bestes, ihn vor dem Zugriff gieriger Grundstücksmakler zu retten, und unterhielt ihn gegebenenfalls aus öffentlichen Mitteln. 1484 unternahm die Stadt Troyes beim König einen Vorstoß, das soeben aufgehobene Marktrecht von Lyon übernehmen zu dürfen; in diesem Zusammenhang beschrieben die Stadtväter ihren Ort unbescheiden als »eine schöne, große Stadt mit schönen großen Straßen, breit und geräumig, schönen Plätzen und öffentlichem Gelände für Märkte und Messen«. Bemerkungen über die Lage einer Stadt finden sich in manchen Reisebeschreibungen. Antonio de Beatis weiß über das belgische Mechelen folgendes zu berichten: »Vortreffliche Stadt, sehr groß und stark befestigt. Nirgends sahen wir breitere, elegantere Straßen. Sie sind mit kleinen Steinen gepflastert und leicht gewölbt, so daß Wasser und Unrat abfließen können. Vor der Kirche, die überaus schön ist, gibt es einen Platz, der viel größer ist als der Campo dei fiori in Rom und ebenso gepflastert wie die Straßen. Die ganze Stadt ist von Kanälen durchzogen, deren Wasser mit den Gezeiten steigt und fällt.«

Verschiedentlich erließ man – im 15. Jahrhundert noch mehr als im 14. – städtische Vorschriften und Bestimmungen zum Schutz der öffentlichen Gesundheit und Sicherheit sowie zur Regelung des Personen- und Warenverkehrs. In diesen Belangen hinkte Frankreich hinter anderen Ländern her; nur zögernd und ohne Begeisterung folgte man fremdem Beispiel. Doch änderte sich diese Mentalität allmählich – vielleicht, weil die Situation sich bis zur Unerträglichkeit verschärft hatte, vielleicht, weil neue Krankheiten wie die Beulenpest die Bevölkerung dezimierten, vielleicht auch, weil ein neuartiger Gemeinsinn sich herauszubilden begann. In den meisten Städten gab es einen Rat oder Magistrat; diese Behörden waren jetzt finanziell besser ausgestattet als in der Vergangenheit und verfügten über das notwendige Personal, um ihre Entscheidungen durchzusetzen. Gewiß gebrauchten sie ihre Machtbefugnisse dazu, ihre eigenen Interessen und die ihrer Klasse zu fördern; das heißt jedoch nicht, daß sie sich nicht auch dem Wohl der Einwohnerschaft insgesamt verpflichtet gefühlt hätten, vor allem dem Wohl der Stadt, deren Geschicke sie nicht ohne Stolz lenkten.

Es wäre jedoch unzulässig, nur den öffentlichen Sektor der mittelalterlichen Stadt zu beachten. In den meisten Städten gab es ja auch zahlreiche Kirchen und Religionsgemeinschaften, denen wiederum viele Gebäude und oft sogar beträchtliche Ländereien gehörten. Güter in der Toten Hand gab es in der Stadt wie auf dem Lande. Dom- und Stiftskapitel, alte Klöster und die im 13. Jahrhundert und später gegründeten Frauenklöster behielten sich das Recht (oft das ausschließliche Recht) auf Nutzung ihrer Höfe, Kreuzgänge und Klostergärten vor. Sodann gab es die Friedhöfe; manche lagen separat, wie der Cimetière des Innocents in Paris, andere grenzten an eine Pfarrkirche (»Ruhestatt der To-

Pierre de Crescens, *Le Livre des prouffitz champestres*, 15. Jh. Ein städtischer Garten, in dem unter den Augen des Gartenbesitzers gearbeitet wird. (Paris, Bibliothèque de l'Arsenal, Ms. 5064)

ten wie der Lebenden«, sagte man wohl). Auch hatten in vielen Städten die meisten Häuser einen Hof, der sowohl zu beruflichen wie auch zu privaten Zwecken genutzt wurde, sowie in der einen oder anderen Form einen Garten, sogar in den Städten im Süden Frankreichs, die in der Regel dichter bebaut waren. Dem ältesten Kataster von Arles zufolge gab es einen Garten in den Arènes. Der Erzbischof von Arles verfügte über einen Garten in der erzbischöflichen Stadt, desgleichen der Papst in Avignon (Benedikt II. hatte einen normalen Garten, Urban V. einen Obstgarten). Deutlicher verbreitet waren Gärten in Nord- und Westfrankreich, und nicht alle waren außerhalb der Stadtmauern in einem »Grüngürtel« gelegen; die meisten befanden sich unweit der Stadtmauer, freilich auf deren Innenseite. Selbst in den dichtbebauten Gebieten gab es Gärten, die hinter hohen Mauern und durchgehenden Fassaden verborgen lagen. In Besançon hingegen bildeten umfriedete Weingärten, die in einem Knie des Doubs lagen und religiösen Einrichtungen gehörten, grüne Inseln in einem reinen Wohngebiet. Eine Erhebung, die 1328 in Reims durchgeführt wurde (und praktisch den gesamten Kirchenbesitz unterschlägt), registrierte innerhalb der Bischofsstadt 18 Häuser mit angrenzendem Garten und 28 selbständige Gärten; die entsprechenden Zahlen für die Vororte waren 39 bzw. 70.

Und doch behielt die Straße, eng, laut und übelriechend wie sie war, ihre Anziehungskraft, denn sie bedeutete Austausch, Abwechslung,

Tätigkeit, Leben. Die Häuser wandten ihre schönste, verzierte Front der Straße zu, desgleichen ihre größten Fenster, ihre Schilder und die Türen zu den Werkstätten. Die schönsten Zimmer gingen zur Straße, nicht auf den Hof hinaus, vor allem – wenn man den Inventaren Glauben schenken darf – das Schlafzimmer des »chef d'hôtel« und seiner Frau. »Anders als die orientalischen Städte«, schreibt Bernard Chevalier, »deren Bienenstock-Struktur die Angehörigen einer Sippe, einer Volksgruppe oder Glaubensgemeinschaft in ihrer Tendenz bestärkt, zurückgezogen für sich zu leben«, trieben die spätmittelalterlichen Städte »die Angehörigen einer extrovertierten Stadtgesellschaft auf die Straße hinaus«.

Das Bauernhaus

Wie war der Raum im Bauernhaus gegliedert? Dieser schwierigen Frage kann man sich auf verschiedenen Wegen nähern. Man kann mit der Untersuchung regionaler Haustypen in der jüngsten Vergangenheit beginnen und sich fragen, ob Merkmale wie Bauweise, gesellschaftliche

Histoire de Renaud de Montauban, 15. Jh. Spielzimmer in einem städtischen »hôtel«. Man beachte die großen Fenster und Türen und die karge Möblierung. (Paris, Bibliothèque de l'Arsenal, Ms. 5073)

und berufliche Nutzung, verfügbare Materialien, Klima usw. bis ins Mittelalter zurückverfolgt werden können. Anders ausgedrückt: Hatten beispielsweise der Bauernhof im Stil der Normandie, das alpine Chalet oder das für bestimmte südfranzösische Provinzen typische Blockhaus jeweils einen mittelalterlichen Vorläufer? Hören wir, was Jean Dollfuss hierzu sagt: »Von der Frage der Baumaterialien einmal abgesehen, sind die Häuser in der Stadt mit ihren unterschiedlichsten Zweckbestimmungen und Konzeptionen viel stärker von der *Zeit* ihrer Entstehung als von deren *Ort* geprägt. Häuser auf dem Lande hingegen sind unmittelbar von den geographischen Gegebenheiten und lokalen Bedingungen geprägt. Sie weisen lokale Besonderheiten auf, die gegen historischen Wandel wie gegen fremde Einflüsse immun sind. In allen Provinzen sind dies die Bauten, die den anschaulichsten Eindruck von der ursprünglichen Vielfalt des französischen Wohnhauses geben. [...] Wir haben allen Grund zu der Annahme, daß das ländliche Haus, so wie es heute dasteht, erbaut auf demselben Boden und mit denselben Materialien wie in der Vergangenheit, vielfach große Ähnlichkeit mit den Behausungen der fernen Vorzeit hat.« Mit anderen Worten, wir sollen annehmen, daß das ländliche Haus, ein Produkt eher seiner Region als seiner Epoche, jahrhundertelang der ungetrübte Spiegel der ewigen bäuerlichen Ordnung gewesen sei. Jean-Marie Pesez ist da vorsichtiger; doch auch er ist der Ansicht: »Die wesentlichen Gegensätze scheinen nicht die zwischen den gesellschaftlichen Klassen gewesen zu sein, sondern die zwischen klar abgegrenzten Wirtschafts- und Kulturregionen, beispielsweise zwischen Nord- und Südfrankreich.«

Die Annahme, daß es eine gewisse Korrelation zwischen bäuerlichen Haustypen einerseits und regional vorherrschenden Agrartechniken und Wirtschaftsbedingungen andererseits gibt, ist an sich nicht falsch. Der Umstand, ob in einer Region die Viehzucht gedeiht oder darniederliegt, kann nicht ohne Folgen für Baustil und Struktur des bäuerlichen Anwesens bleiben. Es spielt eine Rolle, ob in einer Gegend Wein angebaut oder Kastanien geerntet oder Seidenraupen gezüchtet werden, ob es ein gut funktionierendes Bewässerungssystem gibt und ob ein bestimmter Zweig der agrarischen Produktion alle anderen dominiert. Albert Demangeon notiert über Bauernhäuser des 19. Jahrhunderts in der Picardie: »Es gibt keine überflüssigen Annehmlichkeiten; alles steht im Dienst der landwirtschaftlichen Produktion.« Dieselbe Beobachtung gilt für Häuser aus mittelalterlicher Zeit, die als reine Werkzeuge, als landwirtschaftliches Gerät angesehen wurden. Notwendiges Zubehör wie Backöfen, Mühlen und Pressen bedingten die Errichtung von Gebäuden, die unter gewissen Umständen der Allgemeinheit offenstanden; es konnte nicht jeder Hof seinen eigenen Backofen, seine eigene Mühle oder seine eigene Presse haben. Der Zerfall und die Abschaffung des »Feudalismus« (im Sinne der Aufklärung) hatte u. a. eine Vervielfachung der privaten Mühlen und sogar der Pressen zur Folge. Im übrigen hingen Anlage und Pflege des Hauses vom Status seines Bewohners ab – davon, ob es ein Freisasse, ein Teilpächter oder Pächter, ein Bauer oder Nutznießer eines Gutes in der Toten Hand war.

Das bäuerliche Haus ist im Zusammenhang mit seiner Umgebung zu

Das Dorf Hermes (Oise) im frühen 16. Jh. Verstreute Häuser, zwei Mühlen (Getreide- und Walkmühle) am Thérain und eine Kirche mit Friedhof.
(Archiv Oise, H 4530)

beurteilen. War es ein alleinstehendes Bauernhaus oder ein Haus in einem Dorf, wo es von anderen ähnlichen Häusern flankiert wurde? Waren die Bauernhöfe einer Gegend in den Tälern verstreut oder sammelten sie sich am Fuß eines Berges zu einem festungsartigen »castrum«? Jede der vielen Möglichkeiten hat eine andere Struktur, einen anderen Grundriß des einzelnen Hauses zur Bedingung. Hinzu kommt, daß manche Häuser für alleinstehende Frauen gedacht waren, andere für Kleinfamilien, wieder andere für »Patriarchen« mit zahlreichem Nachwuchs. Es muß zumindest eine ungefähre Entsprechung bestanden haben zwischen der Größe des Hauses und der Anzahl der Menschen (und Tiere), die es beherbergen sollte. Und schließlich gab es Häuser für »cottiers«, die an der Armutsgrenze lebten; Häuser für Tagelöhner, die einige wenige Werkzeuge und noch weniger Tiere besaßen, und solche für wohlhabende Pflüger, denen mehrere Pflüge und Geschirre für Zugtiere gehörten und die Platz brauchten, um eine gewisse Menge Getreide und Stroh zu speichern und ein paar Dienstleute unterzubringen. Offenbar war die Gestalt des Bauernhauses an den Reichtum des Bauern, der es bewohnte, gebunden.

Aus dem Ensemble mittelalterlicher Bauernhäuser sticht eines hervor: das sogenannte »lange Haus« (»longa domus«), mitunter auch »Mischhaus« genannt, weil in ihm – nach den Worten Robert Fossiers – »Menschen und Tiere unter einem Dach, wenn auch an den entgegen-

Französische Übersetzung des *Decamerone* von Boccaccio, 15. Jh. Tiere und Menschen unter einem Dach. (Paris, Bibliothèque de l'Arsenal, Ms. 5070)

gesetzten Enden des Gebäudes, untergebracht waren. Beide Arten von Bewohnern teilten sich in einen oder in zwei Eingänge. Waren es zwei Eingänge, lagen sie oft in der Mitte einer Langseite des Hauses nebeneinander.« Ein aus dem Jahr 1314 datiertes Dokument aus Forez beschreibt ein »hospicum« (»Wirtshaus«), unter dessen Dach es einen (zentral gelegenen) Hauptraum mit Herd und Backofen, einen Vorratsraum (am einen Ende), einen Stall für das Vieh (am anderen Ende) und über allen drei Räumen einen Heuboden gab. Man ist heute übereinstimmend der Ansicht, daß das »lange Haus« im westlichen Europa ziemlich verbreitet war. Es verschwand nur allmählich, vor allem deshalb, weil die Menschen nicht mehr ständig in unmittelbarem Kontakt mit ihren Tieren leben wollten. Allerdings gibt es diesen Typus der Behausung vereinzelt noch heute, so in den Alpen, im französischen Zentralmassiv, in der Bretagne und in Wales.

»Zivilisierte« Beobachter zeigten sich bald erstaunt, bald bestürzt über solche archaischen, rustikalen Sitten. Als Duboisson-Aubenay im

17. Jahrhundert die Bretagne besuchte, notierte er: »In den meisten Häusern muß man durch das Eßzimmer oder die Küche gehen, wenn man zum Stall will. Wie in der übrigen Bretagne benutzt [in diesen Häusern] das Vieh denselben Eingang wie der Mensch, und es fehlt nicht viel, daß sie auch zusammen wohnen. Und da die Häuser zum Teil aus Schiefergestein und zum größten Teil aus Holz sind, gibt es Ratten und Mäuse in größerer Zahl, als ich es irgendwo anders je gesehen habe. Die Möbel sind entsprechend: die Betten sehr kurz und sehr hoch über dem Boden, die Tische hoch, die Stühle sehr niedrig. An Flöhen und Läusen herrscht kein Mangel.« 1618 klagte ein Reisender, der in Erbrée (Ille-et-Vilaine) die Nacht verbracht hatte, daß er keinen Schlaf gefunden habe »wegen der Kühe, denn dort, wo wir waren, gab es nur dich selbst und die vier Wände«. Immerhin waren auch unter einem einzigen Dach mehr oder weniger kunstvolle »Raumaufteilungen« möglich. Das »lange Haus« verträgt sich durchaus mit getrennten Eingängen für Mensch und Vieh, und mit Hilfe von Zwischenwänden konnte man den für Menschen bestimmten Bereich in mehrere Räume gliedern. Die Gemeinschaft von Mensch und Tier war Ausdruck einer bestimmten Lebensweise, nicht lediglich die Folge extremer wirtschaftlicher Not.

Das »lange Haus« hatte auch einen Hof, was oft übersehen wird. Hier gab es mitunter einen Schweine- oder einen Schafstall, eine

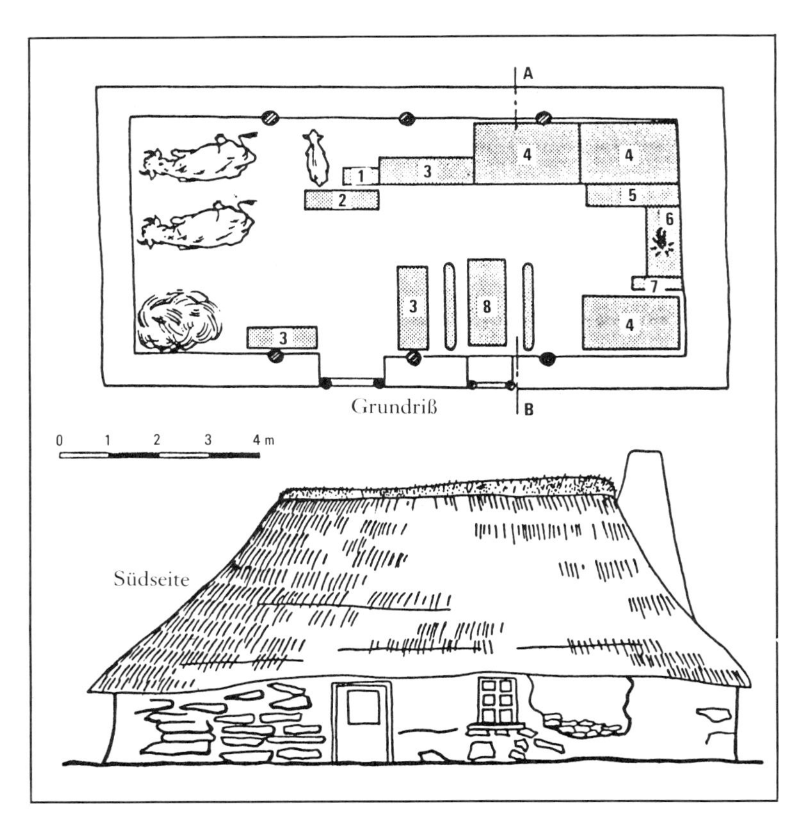

Querschnitt AB

»Langes Haus« in Plumelin (Morbihan); ein moderner Nachfahre der im Mittelalter üblichen gemischten Behausung – Mensch und Tier unter einem Dach.
(Nach R. Fossier und J. Chapelot.)

1 Standuhr
2 Sitztruhe
3 Schränke
4 Betten
5 Truhe
6 Herd
7 Bank
8 Tisch mit Truhe

Rekonstruktion der beiden »langen Häuser« aufgrund der Ausgrabungen in Wharram Percy (Yorkshire).

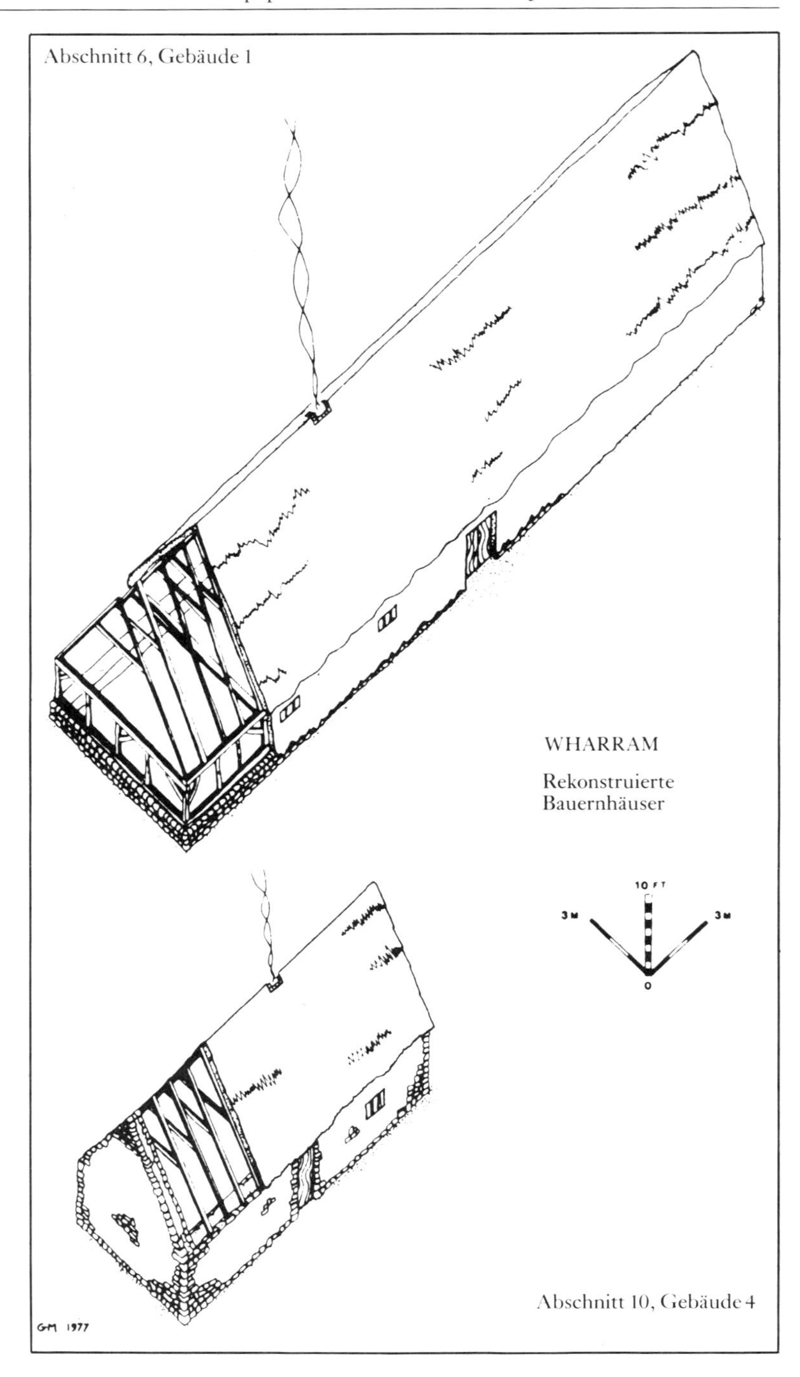

Tenne, eine »scure« (»Scheune«) zur Aufbewahrung des Getreides, vielleicht sogar einen Backofen zum Trocknen des Getreides. Für einen Hof mit mehr als ein paar Stück Vieh dürfte das »lange Haus« ungeeignet gewesen sein.

In dem englischen Dorf Wharram Percy in Yorkshire gibt es eine archäologische Fundstätte mit mehreren »langen Häusern«, die von der Wissenschaft seit rund dreißig Jahren erforscht wird. Die älteste Siedlung an diesem Platz scheint irgendwann aufgegeben worden zu sein. Im 12. Jahrhundert hat sich dann offenbar um ein Herrenhaus ein kleines Dorf gebildet (das jedoch groß genug für eine Pfarrkirche war); es wurde um 1510 verlassen, was mit der Zunahme der Viehzucht und der Einhegungen zusammenhing. Alle Häuser sind, unabhängig von der Bauweise und den Baumaterialien, 4,5 bis 6 Meter breit und 12 bis 27 Meter lang. Die Eingänge befinden sich jeweils an der Langseite. Der zum Wohnen bestimmte Teil des Hauses enthielt möglicherweise eine separate Schlafkammer nebst einem Raum, in dessen Mitte eine Feuerstelle war; durch eine Öffnung im Dach konnte der Rauch entweichen. Das Dach bestand aus hohem, schönem Gebälk, das mit Stroh gedeckt war. Die Mauern waren aus weichem Kalkstein oder aus Holzstreben, die auf einem Steinfundament ruhten.

Diese Häuser standen innerhalb einer Einhegung, was für das Mittelalter nicht erstaunlich ist. Doch wie schon aus der Lektüre der Texte hervorgeht, waren diese Begrenzungen keineswegs unantastbar. Die Häuser hielten auch nicht sehr lange. An einer Stelle unweit des Herrenhauses wurde innerhalb von dreihundert Jahren nicht weniger als neunmal ein Haus gebaut, wobei sich jedes von seinem Vorgänger ein wenig unterschied. Offenbar rechnete man damit, daß ein Haus nicht mehr als eine Generation überdauerte. Einige wenige Häuser in Wharram Percy gehören nicht zum Typus des »langen Hauses«. Eines davon, aus dem späten 13. oder frühen 14. Jahrhundert stammend, ist in zwei Räume geteilt, deren einer eine Feuerstelle aufwies. Wahrscheinlich waren in ihm keine Tiere untergebracht.

In Wawne – ebenfalls in Yorkshire gelegen – hat man die Spuren von einem Dutzend Häuser aus dem 12., 13. und 14. Jahrhundert entdeckt, die aus Flechtwerk oder Holzbalken gebaut waren und zum größeren Teil 15 mal 4,5 Meter messen. Diese Häuser sind irgendwann aufgegeben und eingeebnet worden; an ihrer Stelle pflanzte man Weizen an. In der zweiten Hälfte des 14. Jahrhunderts oder im 15. Jahrhundert wurden dann – vielleicht auf Geheiß des Grundherrn – sechzehn neue Häuser errichtet; sie waren genauso orientiert wie die alten Häuser und auch annähernd so breit wie diese (5,20 Meter), aber nur 10 bis 13 Meter lang. Sie enthalten jeweils zwei Räume, die durch eine auf Ziegelsteinen angelegte Feuerstelle voneinander getrennt sind, und bestehen aus Holzbalken, die auf einem Fundament aus Kieselsteinen ruhen. Die Dächer sind nicht mit Stroh, sondern mit Ziegeln gedeckt.

Es gibt – allerdings spätere – Hinweise darauf, daß das »lange Haus« Nebengebäude hatte oder an ein anderes Langhaus oder auch an eine Behausung stieß, die nur aus einem einzigen Raum bestand. Und schließlich gibt es Beispiele für »lange Häuser« mit bewohnbarem Obergeschoß, doch sind diese ziemlich jungen Datums. Waren also derartige Häuser im Mittelalter unbekannt? Nehmen wir der Einfachheit halber an, daß diese Frage für Nordfrankreich und England zu verneinen ist. Dann maß das typische »lange Haus« 15 mal 5 Meter. Unterstellt man, daß die Hälfte des Raumes den Menschen vorbehalten war, und zieht den Raum für den gemeinsamen Eingang ab, so ergibt sich, daß für einen Haushalt von fünf bis sechs Personen knapp 35 Quadratmeter zur Verfügung standen. Die Grundrisse von »langen Häusern« in Devon und Cornwall bestätigen diese Berechnungen – hier war der für Menschen bestimmte Raum sorgfältig von dem Platz der Tiere geschieden.

Beim sogenannten Blockhaus grenzten Wohnbereich und landwirtschaftlicher Bereich aneinander und lagen möglicherweise sogar unter ein und demselben Dach, wobei beide Bereiche ihre Selbständigkeit wahrten. Beim Gehöft gruppierten sich diese Gebäude um einen Hof. Ob es das schon im Frühmittelalter gegeben hat, können wir nicht mit Sicherheit sagen. Im 13. Jahrhundert ist dieser Bautypus jedenfalls gut belegt.

Die Quellen befassen sich häufig mit Höfen, auf denen ein reicher Freisasse, Teilpächter oder Bauer lebte. Im späten 15. Jahrhundert

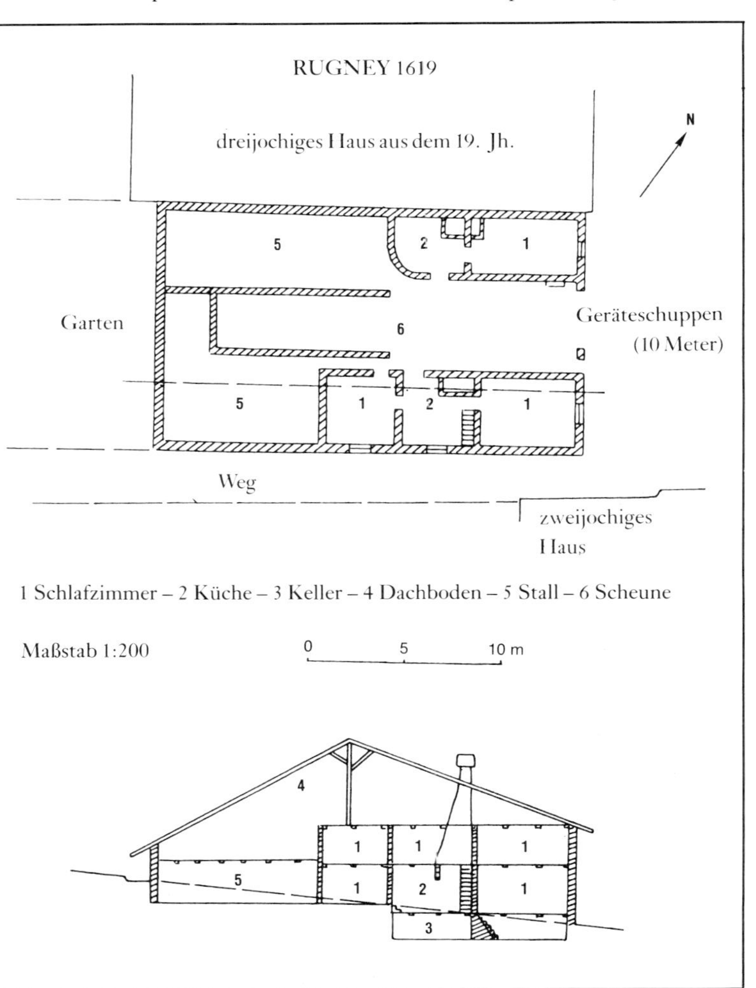

Haus von 1619 in Rugney (Vogesen). Eine ähnliche Aufteilung des Wohnraums dürfte es in Lothringen schon im 15. Jahrhundert gegeben haben.

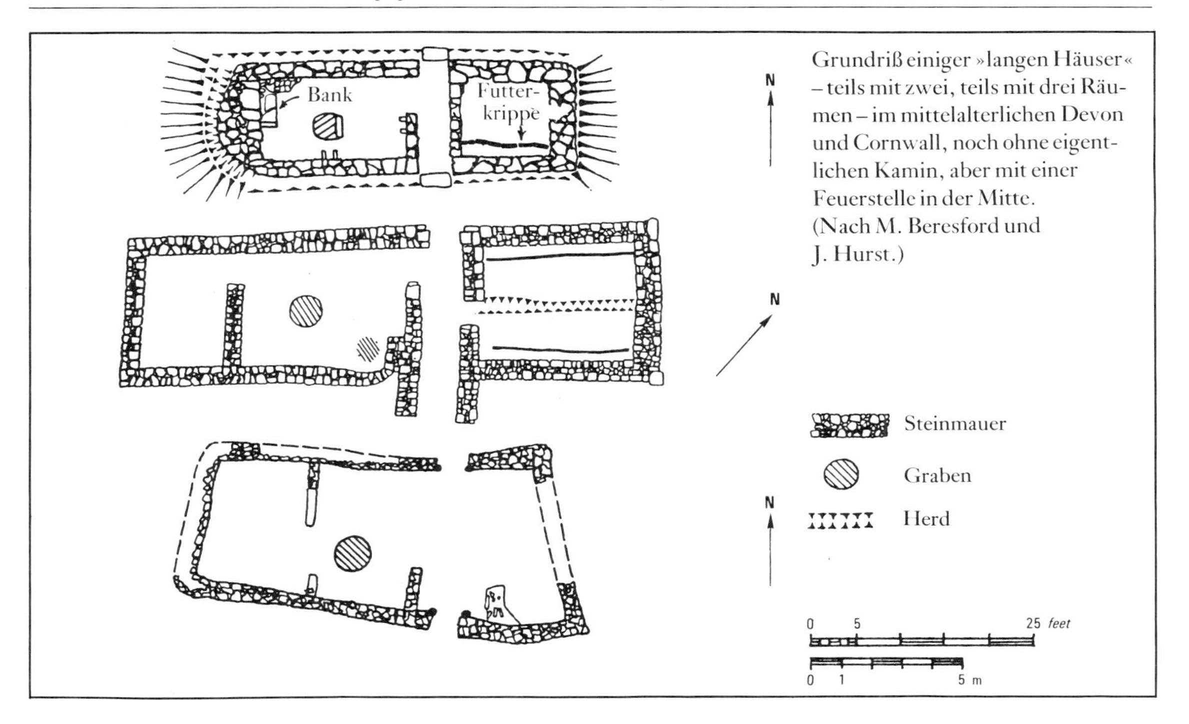

Grundriß einiger »langen Häuser« – teils mit zwei, teils mit drei Räumen – im mittelalterlichen Devon und Cornwall, noch ohne eigentlichen Kamin, aber mit einer Feuerstelle in der Mitte. (Nach M. Beresford und J. Hurst.)

setzte Philippe de Commynes die Pachtgüter seiner Herrschaft Argenton instand; zu ihnen gehörten »Häuser, Wohnbauten, Speicher, Schafställe, Unterstände für das Vieh und andere Dinge«. Etwa zu derselben Zeit finden wir in Lothringen eine Bauweise, welche die Gebäude an einer Straße anordnet. Zwischen dem Weg und der Fassade des Hauses befand sich eine Fläche, die »usoir«, »usuaire« oder »parge« hieß; danach kam das eigentliche Haus. Es enthielt – von vorne nach hinten – einen vorderen Raum mit Tür und Fenster, eine fensterlose Küche und ein Hinterzimmer, das in einigen Fällen von einem »fournot« (»Ofen«) beheizt werden konnte. In der Regel gab es keine Diele, vielmehr trat man von einem Raum in den nächsten. Parallel zur Längsachse des Hauses befand sich ein weiteres Gebäude mit der Tenne (»arault«) und dem Kuhstall, darüber ein Speicher für Heu, Stroh oder Getreide. Gelegentlich gab es noch ein drittes Gebäude, das ebenfalls parallel zum Haupthaus stand und als zusätzlicher Speicher fungierte. Hinter diesen Gebäuden lagen der Garten und der Hanfacker. In manchen Fällen war der Kuhstall nach hinten verlegt, so bei dem Haus, das 1619 in Rugney (Vogesen) gebaut worden ist; in seinem jetzigen Zustand weist es zwei Feuerstellen auf, doch sind irgendwann Umbauten vorgenommen worden, deren Zeitpunkt nicht mehr festzustellen ist.

Blockhäuser gab es nicht nur auf Bauernhöfen, sondern ebenso auf herrschaftlichem Grund; sie mögen die Vorbilder für die oben skizzierten Bauernhäuser gewesen sein. Eine typische herrschaftliche Residenz dieser Art ist die des Tristan de Maignelay in Fontains bei Nangis in La Brie, die ein Dokument von 1377 folgendermaßen beschreibt: »Das *ostel* namens Les Clos enthält einen großen Saal mit drei Kammern oben und zwei unten, mit vier Feuerstellen oben und unten. *Item* einen großen Heuboden und Kuhställe unten. Eine Kapelle, Küche und Speisekammer oben, neben besagtem Saal und den Kammern, gut und genügend mit Ziegeln gedeckt. *Item* eine Scheune mit zehn Verschlägen, ziegelgedeckt. *Item* ein drehbares Taubenhaus, wohl versehen mit Tauben. *Item* ein anderes Haus [vielleicht für Landarbeiter] mit zwei Kammern und einem Keller, zehn Stufen tief, ziegelgedeckt. Ein Hühnerhaus und darunter einen Schweinestall, mit Ziegeldach, alles von Mauern umgeben, und drei Gärten inmitten.« Nicht alle Bauernhäuser waren also schlichte, mit Stroh gedeckte Gebäude mit ein oder zwei Zimmern und einer Feuerstelle, doch ohne Kamin; manche glichen veritablen Gutshäusern.

1450 begann der Großprior von Frankreich, die Komtureien der Johanniter instand zu setzen, die im Krieg stark beschädigt worden waren. Sieben Jahre später inspizierte er den Fortgang der Arbeiten an der Komturei Lagny-le-Sec. Der Komtur Frater Jean Le Roy hatte, was durchaus angemessen war, mit der Reparatur der Kapelle begonnen. Danach hatte er das Haupthaus, in dem die Ordensritter wohnten, wiederhergestellt. Zu der Anlage gehörten überdies »ein niedriger Saal mit Kammer, Küche, Garderobe und Speicher«, allesamt mit Ziegeln gedeckt; zwei ebenfalls ziegelgedeckte große Säle, die damals als Scheunen genutzt wurden; ein strohgedeckter Pferdestall mit fünf Verschlägen; zwei strohgedeckte Schuppen für die Nutztiere; ein ziegelgedeckter Schafstall mit zehn Verschlägen; ein gleichfalls ziegelgedeckter quadratischer Turm, in dessen Erdgeschoß ein Schweinestall und darüber ein Taubenschlag untergebracht waren; einen weiteren, neuen, strohgedeckten Schafstall mit sieben Verschlägen; ein »hostel« zur Unterbringung der Bauern; einen mit einem Ziegeldach geschützten Brunnen; ein Schlafzimmer über dem Tor zum Hof; einen ziegelgedeckten rechteckigen Turm, der als Karzer diente und im Obergeschoß eine Schlafkammer samt Feuerstelle enthielt. »Alle diese Gebäude, die wiederhergestellten ebenso wie die verfallenen, liegen in einem Gelände von ungefähr drei bis vier Tagwerk, eingefriedet von Mauern in ziemlich gutem Zustand.«

Ein derartiger Agrarbetrieb kann sich nur in einer prosperierenden ländlichen Wirtschaft behaupten, wo die Landwirtschaft diversifiziert und im Gleichgewicht ist. Zumindest der Herr dieses Gutes muß recht komfortabel gelebt haben. Wie alt solche Betriebe auch gewesen sein mögen, ihre Anzahl scheint im 14. und 15. Jahrhundert in Frankreich wie in England langsam, jedoch stetig zugenommen zu haben. So sind sich englische Historiker einig darüber, daß in dieser Zeit eine ganze Reihe von Verbesserungen der ländlichen Wohnräume verwirklicht worden sind: Die Gebäude wurden um ein Geschoß aufgestockt; Räume wurden unterteilt; man begann, bestimmten Bereichen des Hauses unterschiedliche Aufgaben – Arbeit, Essenszubereitung, Nahrungsaufnahme, Erholung, Schlaf – zuzuweisen. Tiere bekamen eigene Unterkünfte, die rings um den Hof angeordnet waren. Die zentrale Feuerstelle wich einem gemauerten Kamin, der besser zog und die Brandgefahr minderte. 1577 schreibt William Harrison: »Die Häuser in unseren Dörfern und Städten sind in der Regel so gebaut, daß weder die Molkerei noch der Stall noch die Brauerei unter einem Dach liegen (wie das an vielen Orten im Ausland und bei uns im Norden der Fall ist); vielmehr sind sie vom Haus getrennt und stehen für sich allein.« Und schließlich gab es schlichte Unterkünfte mit ein bis zwei Räumen, gerade ausreichend für eine Witwe oder einen Landarbeiter mit seiner Familie; solche Gebäude hatten die verschiedensten Namen: »cahutes«, »loges«, »cabanes«, »bordes«, »burons«, »maisoncelles«, »masurettes«, »masureaux« (»Kate«, »Hütte«, »Baude«, »Bude«, »Häuschen«). So heißt es in einem Dokument von 1391 von jemandem: »Ein altes Haus, in dem er lebte, nannte er *cahute.*«

1417 lebte Jean Petitpas, ein Pflüger aus Jaux (Oise), mit Frau und drei kleinen Kindern in einem Haus, das aus einem »foyer« und einer »chambre« bestand. 1416 wurde die bewegliche Habe der Holzfällerin Marie, einer Frau aus dem Gefolge des Herzogs von Orléans, auf die drei Räume ihrer Behausung in Rocourt-Saint-Martin (Aisne) verteilt: die Küche, das Schlafzimmer und ein Obergeschoß. In demselben Jahr lebte eine andere Frau aus dem Gefolge des Herzogs von Orléans in einem Haus, das nur zwei Räume besaß: eine Küche und ein Schlafzimmer. Ein Kuhhirte aus Rosoy (Oise) hauste gar in einem einzigen Raum, dessen Einrichtungsgegenstände ein paar Küchengeräte und ein wackeliges Bettgestell waren.

So wie das englische Wharram Percy ist auch das burgundische Dracy (ein Weiler in der Pfarrei Baubigny) ein Objekt intensiver Forschungsarbeit; französische und polnische Archäologen nehmen hier seit 1965 Ausgrabungen vor. Zu unbekannter Zeit am Fuße eines steil aufragenden Kalksteinfelsens entstanden, zählte diese Niederlassung von Bauern und Weinbauern 1285 etwa fünfzehn Herde. Ende des 14. Jahrhunderts verringerte sich die Bevölkerung infolge von Krieg und Pestilenz rapide, und kurz nach 1400 war Dracy ausgestorben. Die letzten Überlebenden zogen wahrscheinlich in ein benachbartes Dorf, wo die wirtschaftlichen Aussichten günstiger schienen und das Leben minder mühselig war.

Den bislang wohl wichtigsten Aufschluß gewährt ein Haus, das um 1360 abgebrannt ist. Es war ein massiger Bau, der sich an den Felsen lehnte und daher nur drei Mauern benötigte, die aus unbehauenem oder grob behauenem Stein gefügt und durch gelblichen Lehm miteinander verbunden waren. Das Gebäude ist annähernd quadratisch; es mißt in der Nord-Süd-Richtung 8,7 bis 9 Meter, in der Ost-West-Richtung 10,75 bis 11 Meter. Von der Grundfläche (insgesamt 90 Quadratmeter) standen allerdings, da die Außen- und Innenmauern sehr dick waren, nur etwa 60 Quadratmeter zum Wohnen zur Verfügung. Das Haus war ursprünglich in zwei längliche Räume unterteilt, einen auf der Nordseite und einen auf der Südseite. Es war für eine einzige Familie gedacht und hatte nur einen Herd, in dem nach Süden gewandten Raum. Dieser Herd war für die damalige Zeit und die Gegend insofern bemerkenswert, als es sich dabei um einen regelrechten Kamin handelte, der einen Schlot aus Holz mit Lehmummantelung besaß und von der südlichen Mauer gestützt wurde. Damit nicht genug, es gab auch eine sorgfältig

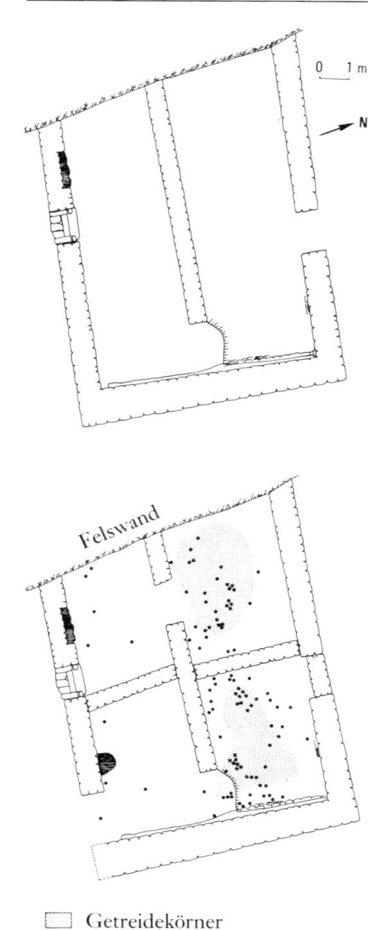

Getreidekörner
Herd
Tonscherben und Gegenstände

Grundriß des Hauses in Dracy (Côte d'Or); erste Phase, spätes 13. Jh. Nach Norden und Süden offen, hatte das Haus in diesem Stadium nur zwei Räume. Die Zeichnung darunter zeigt dasselbe Haus in seiner zweiten Phase (14. Jh.). Es ist nunmehr in zwei Wohneinheiten gegliedert, die beide nach Süden hin offen sind. In der letzten Phase, bis ungefähr 1360, lebte in dem Haus wieder nur eine einzige Familie, die beide Teile bewohnte. (Nach J.-M. Pesez.)

aufgewölbte steinerne Türschwelle, die dem Türrahmen festen Halt bot und verhinderte, daß Unrat aus dem Hof ins Haus eingeschleppt wurde. Der nördliche Raum hat ebenfalls eine Tür an der anderen Fassade des Hauses; er mag ursprünglich als Scheune verwendet worden sein; Spuren einer Feuerstelle sind nicht entdeckt worden. Über diesem Raum gab es einen Dachboden, der über eine Leiter zu erreichen war und in dem man vermutlich Getreide lagerte. Geschützt wurde das ganze Gebäude durch ein schräges Dach aus Kalksteinplatten, das auf der nördlichen Mauer, in 5 bis 6 Meter Höhe, begann und dann steil zur südlichen, nur 2,40 Meter hohen Mauer abfiel.

Irgendwann wurde dieses Haus geteilt, vielleicht infolge einer Erbschaftsregelung, vielleicht aufgrund demographischer Überlastung. Eine Trennmauer schied nun den westlichen (an den Fels stoßenden) Teil des Hauses von dem östlichen. Der westliche Teil behielt den Herd sowie den ursprünglichen Eingang und hatte Verbindung mit einer Hälfte des nördlichen Raums, wahrscheinlich sogar mit einer Hälfte des Obergeschosses. Dafür war der hintere Raum jetzt fensterlos; vielleicht fungierte er als Vorratskammer und nicht als Schlafgemach. Um den östlichen Teil des Hauses autark zu machen, brach man eine Herdstelle und eine Tür in die Südwand; der nordöstliche Raum büßte seinen Eingang ein, weil die Nordtür zugemauert wurde. Die von den Archäologen zutage geförderten Reste der Einrichtungsgegenstände und Küchengeräte lassen darauf schließen, daß zu einem späteren Zeitpunkt die beiden Teile des Hauses wieder zu einem einzigen Haushalt zusammengeführt wurden. Jean-Marie Pesez faßt die Befunde so zusammen: »Ein gedrungener Bau, ganz aus Stein, mit wenigen Öffnungen und trotz des zweiten Geschosses ziemlich niedrig; dennoch eine solide Behausung, die mindestens mehrere Jahrzehnte lang benutzt worden ist, wahrscheinlich sogar von mehreren Generationen, da sie zum Zweck der Unterbringung einer größeren Zahl von Bewohnern umgebaut wurde.« Man darf nicht vergessen, daß die Menschen viel Zeit im Freien, auf dem einige Meter breiten Plateau verbrachten, das sie mit dem nächsten Haus verband. Es hat den Anschein, daß mehrere Generationen in dem dunklen, kargen Gebäude gewohnt und gelebt haben.

Wenige Dokumente aus dem Spätmittelalter vermitteln ein ähnlich anschauliches Bild von der bäuerlichen Unterkunft wie das Protokoll eines Inquisitionsverfahrens, das Jacques Fournier, der Bischof von Pamiers (1318–1325) und spätere Papst Benedikt XII., veranlaßt und überwacht hat. Unter anderem geht aus dieser Quelle klar die zentrale Bedeutung des »hospicium«, der »domus«, des »ostal« hervor. Am Oberlauf der Ariège, wo Fournier unerschöpfliche Findigkeit bei der Ketzerverfolgung bewies, verhieß das Haus Stabilität; es war für jedermann – Mann, Frau und Kind – der Angelpunkt des Daseins. Das Haus stand keineswegs für sich oder abseits; dennoch wurde es zur Keimzelle der Ketzerei, zu einem Ort, an dem Ketzer Zuflucht suchten und sich versteckt hielten, bis ihr Augenblick gekommen war. Hier konnten Geheimnisse ausgetauscht, Besprechungen geführt, Gedanken freimütig erwogen werden. In den von den Inquisitoren erwähnten und registrierten Häusern lebte meist eine Kleinfamilie: Vater, Mutter, unmündige Kinder. In den vierzig Häusern Montaillous wohnten ca. zweihundert Personen – fünf pro Herd; die beiden Ausnahmen bildeten ein »katholischer« Haushalt mit fünf Brüdern sowie ein »Katharer«-Haushalt, der sich aus einer Witwe und ihren vier erwachsenen, aber noch unverheirateten Söhnen zusammensetzte.

Der zentrale Teil des Hauses – auch »Haus im Haus« genannt – war die »foganha«, auch »Herd«, »Küche«, »chas« oder »foconea« geheißen. In einem Dokument von 1377 lesen wir: »Colin Basin betrat besagtes *hostel* und öffnete zwei Truhen, die dort standen, die eine in der *chas*, die andere in der Kammer.« Hundert Jahre später verrät ein anderes Dokument: »Der Bittsteller, dem wegen der Kälte unbehaglich wurde, entzündete ein großes Feuer in der *chas* oder Küche, [. . .] und hernach legte er sich in einer kleinen Kammer neben besagter *chas* oder Küche zu Bett.« Und weiter: »Jean Mariat besitzt folgende Erbschaften: [. . .] das Haus, in dem er lebt, einen *chaps* und an beiden Seiten zwei Kammern, und einen Hof, einen Obstgarten, einen Lagerplatz und Nebengebäude.«

Der in Nordfrankreich geläufigen Unterscheidung zwischen »chas« und »chambre« entspricht in Montaillou die zwischen »foganha« und »chambre«. Zu den Aufgaben der Hausfrau gehörte es, in der »foganha« tagsüber ein Feuer zu unterhalten und es am Abend sorgfältig abzudecken, so daß keine Brandgefahr entstand. Normalerweise wurde in der »foganha« nicht geschlafen, sondern lediglich gekocht und gegessen. Hier, im zentralen Raum des Hauses mit direktem Zugang zur Straße, hielten sich die Frauen die meiste Zeit auf; die Haustür stand in der Regel von morgens bis abends offen. Im Winter mochte man das Bett eines Kranken an das Feuer rücken; es ist ein wenig so, wie es Noë du Fail im 16. Jahrhundert von dem Haus eines Freibauern sagt: »Das

Überreste von Häusern in Dracy. Die Mauern, auch die Trennwände, waren dick, die Räume klein.

Idealskizze des Dorfes Dracy (Côte d'Or) am Fuß der Felswand; so hätte es im 14. Jahrhundert aussehen können. (Nach J.-M. Pesez.)

Bett des guten Mannes stand nahe am Herd, auf allen Seiten umschlossen und ziemlich hoch.«

In Montaillou war die »foganha« gewöhnlich von mehreren Räumen umgeben. Eine vorzügliche Beschreibung besitzen wir vom Haus des Pierre Michel im nahe gelegenen Dorf Prades d'Aillou. Dessen Tochter Raimonde schildert es folgendermaßen: »Im Keller unseres Hauses standen zwei Betten. In dem einen schliefen meine Eltern, das andere war für durchreisende Häretiker. Der Keller war neben der Küche. Der Keller war neben der Küche und mit dieser durch eine Tür verbunden. In dem Geschoß über dem Keller schlief niemand. Ich und meine Brüder schliefen in einer Kammer, die auf der anderen Seite der Küche war, so daß die Küche zwischen unserer Kammer und dem Keller lag, wo die Eltern schliefen. Der Keller hatte eine Tür nach außen, die auf die Tenne führte.«[3] Es war also möglich, sich zurückzuziehen, allein zu sein (und in diesem Falle wollte man es wahrscheinlich sein); die Quellen sprechen wiederholt von Türen mit Riegeln und sogar Schlössern. Schlüssel und Schlösser hat man bei allen Ausgrabungen an mittelalterlichen Fundstätten, selbst in Bauerndörfern, zutage gefördert. Freilich waren die Trennwände sehr dick, gleichwohl konnte man Leute, die sich im Nebenraum aufhielten, durch Mauerritzen belauschen und beobachten.

Neben der zu ebener Erde gelegenen »foganha« mit den Kammern hatten die Häuser reicherer Dorfbewohner zuweilen noch ein Obergeschoß (»solier«) aus Holz und Strohlehm. Man erreichte es über eine primitive Treppe oder mit der Leiter; man konnte dort heizen oder kochen, doch überwiegend nutzte man es zum Schlafen. Das »solier«

(auch »sinault« oder »sinal« genannt) gab es überall in Frankreich, von Metz bis nach Toulouse, von Tournai bis nach Narbonne und ebenfalls in England, am meisten verbreitet war es wohl in Südfrankreich.

Das typische Haus in Montaillou besaß zudem einen Keller, einen Vorratsraum sowie eine Speisekammer, Balkone oder eine Galerie (anderswo »valet« genannt). Die Behausungen waren genau geplant. Die Dächer waren mit Schindeln gedeckt und so flach, daß man auf ihnen Heugarben zum Trocknen auslegen konnte. Die Fenster hatten massive Holzläden. Vor dem Haus standen Bänke, auf denen man in der Sonne saß und mit dem Nachbarn plauderte, während man sich den Kopf entlausen ließ. Tiere lebten nur noch selten mit Menschen in demselben Raum. Die meisten Häuser verfügten über einen Innenhof (»cortile«), der auf eine Tenne und einen Garten führte und der die üblichen Nebeneinrichtungen aufnahm: einen Backofen, einen Kuhstall (»boal«), einen Schafstall (»cortal«), einen Taubenschlag, einen Schweinestall, einen Heuboden und eine Scheune; hier schliefen die Schafhirten, die Landarbeiter und die weiblichen Dienstboten, allerdings ohne Licht und Feuer.

Stundenbuch der Jungfrau, um 1500. Flachsschwingen auf einem Bauernhof in Nordfrankreich. Im Hintergrund Fachwerkbauten mit Strohdach. Jedes Gebäude diente einem bestimmten Zweck; so befindet sich rechts ein Schweinestall mit einem Taubenschlag.
(New York, Morgan Library, Ms. 399)

Den gemeinsamen Bemühungen von Archäologen und Historikern ist es zu danken, daß wir einiges über die Entwicklung der ländlichen Architektur im Mittelalter wissen. Was wir auf diese Weise beobachten können, ist der Übergang von primitiven Hütten, die aus dem zufällig verfügbaren Material (Erde, Holz, Zweige, Blätter) errichtet wurden, zu solideren Gebäuden, die relativ dauerhaft waren und in denen sich anspruchsvolle Bautechniken sowie ein beträchtlicher Aufwand von Zeit und Geld verkörperte. Seit dem 12. Jahrhundert verbreitet sich das fester gefügte Haus – in ihm konnte sich die Familie physisch und psychologisch »daheim« fühlen. Es bot besseren Schutz vor Kälte, Regen und Wind und erlaubte es, Arbeits- und Haushaltsgerät (alles, was man im Mittelalter »estorements d'hôtel« nannte) gründlicher zu versorgen und aufzubewahren. In gewisser Weise identifizierte sich die Familie mit ihrem Haus so, wie sich ein Adelsgeschlecht mit seiner Burg identifizierte – eine Verhaltensform, die bis in die Gegenwart fortwirkt, etwa im Engadin.

Von dem anglo-normannischen Dichter John Gower stammt die folgende Versfassung des eingangs erwähnten Sprichworts von den drei Dingen, die einen Mann aus dem Haus verjagen können: ein leckendes Dach, ein rauchiger Kamin und ein zänkisches Weib: »Trois choses sont, ce dist ly sage, / Que l'omme boutent du cotage / Par fine force et par destresce: / Ce sont fumee et goute eauage / Mais plus encore fait le rage / Du male femme tenceresse.« (»Drei Dinge, so sagt der Weise, / können einen Mann / mit Gewalt und Gram aus dem Haus jagen: Das ist der Rauch und das tropfende Wasser, / aber noch wütender macht den Mann ein zänkisches Weib.«) Der Historiker ist nicht in der Lage, die Behebung oder Nichtbehebung des dritten dieser Übelstände einzuschätzen; was die ersten beiden betrifft, so ist unverkennbar, daß sie im Laufe des Mittelalters an Gewicht verloren haben. Mögen die Verbesserungen auch begrenzt gewesen sein, so hatten sie doch enorme Folgen für das private Leben. Daß sie sich entfalten konnten, setzte indes einen

Mentalitätswandel sowie Veränderungen der sozialen und wirtschaftlichen Verhältnisse voraus. Die Diffusion des städtischen Modells (neben dem Beispiel der Herrenhäuser) mag die Bautechniken und den gesellschaftlichen Rang des Hauses beeinflußt haben. In den Städten begann man nämlich, dauerhafte Gebäude zu errichten, in qualitativ hochwertige Grundstücke zu investieren, offene Herde durch Kamine und Stroh- oder Schindeldächer durch Ziegel- oder Schieferdächer zu ersetzen.

»Bürgerliche« Häuser, die in ländlichen Dörfern entstanden, blieben nicht ohne Wirkung auf ihre Umgebung. Betrachten wir beispielsweise ländliche Pfarrhäuser. 1344 ordnete der Bischof von Bath und Wells an, daß dem Pfarrer der Gemeinde West Harptree ein Haus mit einem Saal, zwei oberen Räumen, zwei Vorratsräumen, einer Küche, einer Scheune und einem Stall für drei Pferde zustehe, ferner fünf Morgen urbaren Landes, zwei Morgen Wiesen, ein Garten und ein Zaun. Das war nicht weit unter dem Anspruchsniveau eines Squire. In Alfriston (Sussex) ist ein Pfarrhaus aus dem 14. Jahrhundert erhalten geblieben; es ist ein Fachwerkhaus mit Strohdach; die große Halle mit ihrem Kamin weist an beiden Enden einen zweigeschossigen »solier« auf, wovon der eine seinen eigenen Kamin hat.

Ende des 14. Jahrhunderts erhielt Guillaume Blesot aus Touville im Dekanat Pont-Audemer (Normandie) 70 Gold-Francs für die Errichtung eines Fachwerkhauses für den Curé der Pfarrei, Maître Jean de Paigny. Das Haus sollte ein »gutes Steinfundament« haben und 54 Fuß (18 Meter) lang sowie 16 Fuß (5 Meter) breit sein. Vorgesehen waren mehrere Etagen, die durch ein Treppenhaus »aus Stein oder Gips« miteinander verbunden sein sollten, sowie nicht weniger als vier Kammern und drei Kamine. Die Türrahmen sollten aus Eichenholz sein. An einem Ende des Hauses sollte ein Anbau stehen: »ein Raum, um sich zu erleichtern« (mit anderen Worten ein Lokus). Dieser Auftrag erforderte ohne Zweifel handwerkliche Geschicklichkeit und die Fähigkeit zur Transposition städtischer Gepflogenheiten, er scheint jedoch dem Baumeister augenscheinlich keine Schwierigkeit bereitet zu haben, denn der Vertrag sah eine Bauzeit von nicht einmal sechs Monaten vor.

Das städtische Haus

Die Stadthäuser waren, wie die Landhäuser, sehr verschieden. Bei den einen überwog Stein, bei den anderen Holz, getrockneter Lehm oder Ziegel. Manche hatten Dächer aus Schindeln oder flachen Steinen, andere aus Dachziegeln; auch das mit Stroh oder ähnlichen Naturprodukten gedeckte Dach war noch zu finden. Faktoren, die bei der Beurteilung städtischer Gebäude ebenfalls berücksichtigt werden müssen, sind das Klima, die Ausdehnung der Stadt, die Bevölkerungsdichte, Art und Intensität der urbanen Tätigkeiten sowie der historische Moment. Manche Städte, vom Krieg finanziell zerrüttet und ausgeblutet, von Epidemien und ökonomischen Veränderungen erfaßt, sahen sich außerstande, vorhandene Gebäude zu bewahren; andere expandierten sogar während des Hundertjährigen Krieges und verstanden es, ihren Wohlstand zu sichern oder gar zu mehren, so daß unablässig gebaut wurde. Für viele Städte war die zweite Hälfte des 15. Jahrhunderts eine glückliche Periode – die Nöte des Königreichs Bourges gehörten der Vergangenheit an, und von der bedrohlichen Übervölkerung im nächsten Jahrhundert ahnte man noch nichts. Bezeichnenderweise haben sich gerade aus dieser Periode zahlreiche Häuser bis heute erhalten.

In den mittelalterlichen Städten lebten viele Mönche, Nonnen und Geistliche, von denen manche bei religiösen Gemeinschaften Unterkunft fanden, andere nicht. Der Adel – hohe Herren, Fürsten, Könige – bewohnte ständig oder zeitweilig seine städtischen »hôtels«. Geschäftsleute, Juristen, Finanziers und berühmte Ärzte – die »bourgeois«, wie die Texte sie nennen – besaßen ebenfalls ihre »hôtels«. Eine weit größere Zahl von Menschen freilich darbte in erbärmlichen oder ungewissen Lebensverhältnissen. Landstreicher und Bettler »baten um Brot, schlichen müßig umher, lagen unter den Ställen« (François Villon) oder

Arbeit und Familie: die Werkstatt eines städtischen Handwerkers. Diese Miniatur aus dem späten 15. Jahrhundert von Jean Bourdichon gibt ein anschauliches Bild von den schönen Holzschnitzarbeiten dieser Zeit.

Renaissancehaus in Chartres mit Fachwerk-Stiegenhaus. Zweifellos blieb das Gebäude wegen seiner schönen Skulpturen erhalten.

nächtigten auf der Straße. Für sie errichtete die Stadt Tournai 1439 Baracken. Das Heer der Vagabunden ergänzten Studenten, die man nicht zum Kolleg zugelassen hatte, alte Männer und Frauen sowie Knechte, Mägde und Bedienstete, die nicht im Hause ihres Herrn unterkamen.

Typisch für die städtische Gesellschaft waren, obgleich sie keine wichtige Rolle in Politik und Verwaltung spielten, die Handwerker und Krämer; in manchen Städten waren sie in Zünften und Bruderschaften zusammengeschlossen. Unter den einfachen, »gemeinen« Leuten gab es ohne Zweifel solche, die vermögender als die anderen waren; sie betrieben ein angesehenes Gewerbe, erwiesen sich als kluge Strategen im Alltagskampf oder bedienten eine wichtige Klientel. Die minder Glücklichen waren vielfältig benachteiligt: durch große Familien, Alter, Krankheit, geschäftliche Rückschläge. Meist lebten die Gewerbetreibenden in privaten Wohnhäusern, die sie wenn nicht ganz, so doch zum größeren Teil bewohnten. Sie nutzten ihre Wohnung gleichzeitig als Werkstatt und Laden. Dies trifft jedenfalls auf die Mehrzahl der 3700 Häuser von Reims, der 2400 Häuser von Arras (ohne Bischofsstadt) und die 6000 Häuser von Lille zu.

Der Wert des Hauses eines Handwerkers war von der Lage, Größe, Bauweise und dem Gesamtzustand des Gebäudes abhängig; einige dieser Häuser wurden auf 20 Livres geschätzt, andere auf das Vierfache. Bei dem Versuch, das charakteristische Handwerkerhaus zu beschreiben, werde ich notgedrungen simplifizieren; das ist nicht zu vermeiden, wiewohl in mancher Hinsicht irreführend. In den meisten französischen Städten des 14. und 15. Jahrhunderts waren die Häuser direkt an die Straße gebaut, ohne irgendeinen Vorgarten und unabhängig davon, ob sie mit der Giebel- oder der Traufseite der Straße zugewandt waren. Die Fassaden waren in der Regel schmal; sie maßen 5 bis 7 Meter, manchmal mehr, manchmal weniger. In Nancy, im Stadtviertel Bourget, gab es im 14. Jahrhundert Häuserfassaden von 11 Fuß »Breite«, während andere sich über 33 Fuß erstreckten (Jean-Luc Fray).

Viele Häuser hatten zwei Etagen, von denen man eine bereits (zumindest in Paris) »rez-de-chaussee« (»Erdgeschoß«) nannte. Gewöhnlich gab es einen Keller, dessen Gewölbe oder Decke über das Niveau des Erdbodens hinausragte, so daß man zum Erdgeschoß des Hauses zwei oder drei Stufen emporsteigen mußte. Die Tiefe der Häuser schwankte zwischen 7 und 10 Metern. Die Räume im Erdgeschoß waren im allgemeinen 3 bis 3,50 Meter hoch; im ersten Stock ein wenig niedriger, nämlich 2,70 bis 3 Meter. Der erste Stock sprang häufig vor, wodurch sich die Wohnfläche erweiterte, freilich auf Kosten der Licht- und Luftzufuhr, vielleicht sogar der Gesamtstabilität des Bauwerks. Der Dachboden über dem ersten Geschoß war über eine Leiter und durch eine Falltür zugänglich. Das bevorzugte Baumaterial war Holz, in einigen Regionen Stein, zumal für die Mauern des Erdgeschosses. Strohdächer ersetzte man zum verläßlichen Schutz vor Feuer und Regen durch Schiefer oder Dachziegel – diese Entwicklung haben die Stadtväter gefördert, oft geradezu angeordnet. Wenn wir 6 mal 8 Meter als Abmessungen des Hauses zugrunde legen, ergibt sich – beide Etagen gezählt – eine Wohnfläche von rund 100 Quadratmetern pro Herd (zu fünf Personen). Hinzu kommen Keller, Dachboden und etwaige Nebengelasse im Hinterhof, beispielsweise eine Küche.

Eine Pariser Quelle besagt, daß der Eingang zum Erdgeschoß – »huis« oder »huiserrie« genannt – oft den ganzen Tag mit Hilfe eines Stuhles offengehalten wurde: »Une selle apuyee servant a mectre a huis« (»ein Stuhl zum Aufhalten der Tür«), wie es in einem Inventar um die Mitte des 15. Jahrhunderts heißt. Wir lesen von Stühlen, »um an der Tür zu sitzen« oder »um sie vor die Tür zu stellen«. 1535 notierte der venezianische Gesandte Marino Giustiniano, es sei in Paris »Brauch bei Mann und Frau, alt und jung, Herr und Knecht, im Laden, auf den Eingangsstufen oder auf der Straße zu sitzen«.

Die Haustür öffnete sich in einen schmalen, einen bis anderthalb Meter breiten Gang. Er führte in zwei Räume: den vorderen, der »ouvroir«, »échoppe«, »boutique« oder »atelier« hieß (»Arbeitsstube«, »Stand«, »Laden«, »Werkstatt«), und den hinteren, den man »salle« oder »basse chambre« (»Stube«, »niedere Kammer«) nannte und der zum Hof hinausging. Über eine Treppe im Innern des Hauses gelangte man in den ersten Stock, wo es ebenfalls zwei oder sogar drei Zimmer gab. In Mömpelgard (Montbéliard) kannte man im frühen 16. Jahrhundert angebaute Wendeltreppen (»viorbes«), sie erfreuten sich zunehmender Beliebtheit.

Häuser in Reims (nicht mehr vorhanden). Beispiel für das gute städtische Wohnhaus in Nordfrankreich: im Erdgeschoß eine Werkstatt, darüber zwei Geschosse und ein geräumiger Dachboden.

Aus Gründen der Bequemlichkeit legte man in manchen Häusern einen privaten Brunnen an, so daß es den Frauen erspart blieb, das Wasser an einer Quelle, einem Fluß oder einem öffentlichen Brunnen schöpfen zu müssen – eine lästige Arbeit, die zwar abwechslungsreich, aber zweifellos mühevoll war. In Paris versicherten sich deshalb Haushalte ohne eigenen Brunnen häufig der Dienste von Wasserträgern. Andere Annehmlichkeiten waren Fensterläden (auf zahllosen Miniaturen zu erkennen), die Wind, Regen und Kälte abhielten, geöltes Papier, Pergament oder Tuch in den Fensteröffnungen, in den vom Glück begünstigten Häusern wohl auch feste oder bewegliche Glasscheiben, vor allem nach 1400. Die meisten Räume in den Handwerker-Häusern hatten einen Kamin, was nicht heißt, daß alle Kamine gleichzeitig oder kontinuierlich benutzt worden wären. An die Stelle der Fußböden aus gestampfter Erde oder Holz traten allmählich schön gefirnißte Klinkersteine. Schließlich gab es selbst in einfachen Häusern Latrinen. Ende des 15., Anfang des 16. Jahrhunderts erklärten viele Stadtverwaltungen solche Latrinen zur Norm. 1519 gab das »parlement« von Rouen der Stimmung der Öffentlichkeit Ausdruck, als es die Hausbesitzer aufforderte, »ihre Häuser mit *retraitz en terre* [›Abtritten‹] zu versehen und über besagten Bequemlichkeiten Sitze zu befestigen [...] und so für jede Wohnung«. Bisweilen lösten Nachbarn das Problem gemeinsam. 1433 wohnten in Rouen Martin Hubert und Pierre Fossecte nebeneinander in zwei Häusern in der rue du Fossé-aux-Gantiers. Nachdem Hubert »ganz neue Bequemlichkeiten« auf seinem Grundstück installiert hatte, räumte er seinem Nachbarn Fossecte und dessen Frau gegen Zahlung von 12 Livres auf Lebenszeit das Nutzungsrecht an einem »Sitz zur Erleichterung ihres Leibes« ein, »welcher Sitz auf der Galerie des be-

Illustration zu einer Episode aus der französischen Übersetzung des *Decamerone*; Miniatur aus dem 15. Jh. Etagenlatrine zwischen zwei städtischen Häusern. (Paris, Bibliothèque de l'Arsenal, Ms. 5070)

sagten Hubert aufzustellen ist, in Höhe des zweiten Stockes des Hauses des besagten Ehepaares, dort wo sie gegenwärtig ihre Kammer haben, welche Kammer mit einer neuen Eingangstür zu versehen ist, und soll in dieser Galerie der Erleichterungssitz aufgestellt werden, welcher Sitz angemessen errichtet werden und in entsprechender Höhe ein Glasfenster erhalten soll«. Wenn die Fossectes den Abtritt verließen, sollte die Zugangstür verschlossen werden. An den Kosten der Reinigung der Latrine beteiligten sich mit einem Drittel die Fossectes, mit zwei Dritteln Hubert. Allerdings gab es viel zu wenig solcher privaten Aborte, und so errichteten die aufgeklärten Stadtväter von Loches, Tournai und Rouen im 15. Jahrhundert öffentliche Latrinen – bald an der Stadtmauer, bald an Bächen und Flüssen –; sie waren für Männer und Frauen und manchmal auch für Kinder getrennt.

Freilich verzeichnen die Dokumente nicht zuletzt eine Vielzahl bescheiden ausgestatteter Häuser mit nur zwei bis drei Räumen; sie erscheinen in Steuerregistern von Rouen, Romorantin und Tours als »appentis« oder »maisons appentisées« (Häuser mit schiefem Dach, ohne First), im Gegensatz zu solchen mit Giebeldach bzw. Satteldach. Das Eigentumsinventar, das 1427 nach dem Tod des Berthon de Santalène, eines Barbiers im Dorf Crest (Drôme), der weder arm noch einflußlos war, angefertigt wurde, zählt in der Wohnung, in der er mit seinem Vater lebte, folgende Räumlichkeiten und Einrichtungsgegenstände auf: ein Hinterzimmer (»camera posterior«) mit zwei Betten, einem klei-

Stundenbuch von Paris, 15. Jh. Nachlaßverzeichnis. Der Notar schreibt, während seine Gehilfen die Truhen öffnen und ihren Inhalt auf einem Tisch ausbreiten. (Paris, Bibliothèque Nationale, Ms. lat. 1176)

nen und einem großen; ein Vorderzimmer (»camera anterior«) mit einem Bett und Küchengerät; einen Laden (»operatorium«) mit drei Barbierstühlen, fünf Waschbecken, zehn Rasiermessern, vier Wetzsteinen, zwei Spiegeln und drei silbernen Lanzetten zum Aderlaß; ein Speichergelaß hinter dem Laden, das überwiegend der Lagerung von Getreide diente; einen Keller. Dieses Haus hatte also nur drei Räume, während »Stube« und Küche kombiniert waren: »Aula sive focanea«, wie es in den provençalischen Quellen heißt.

Das Inventar, das nach dem Tode des Schmiedes Guillaume Burellin aus Calvisson im Gard 1442 angefertigt wurde, beschreibt eine noch einfachere Wohnung, mit einer Werkstatt (»la botiga de la forja«) und einem Raum im ersten Stock (»lo solié de l'ostal«), der als Küche, Schlafgemach und »Stube« genutzt wurde.

Witwen, Knechte und Studenten waren der Armut noch näher und hausten in einem einzigen Zimmer, so wie zum Beispiel jenes arme Mädchen aus dem *Ménagier de Paris*, das Wolle spann und das »weder Küche noch Speisekammer, weder Öl noch Kohle hatte, nur ein Bett mit Überzug, ein Spinnrad und sonst kaum etwas«. In einem einzigen Zimmer lebte Perrin le Bossu, ein Pariser Wollkrempler, der so bedürftig war, daß man ihm 1426 die Geldbuße erließ, die er verwirkt hatte, weil er das Türschloß eines Goldschmieds namens Thomassin Hébert aufgebrochen hatte, dessen Raum »über dem Zimmer liegt, das besagter Perrin bewohnt«.

Auf der Lichtseite der sozialen Hierarchie finden wir das klassische Haus des Domherrn, über das wir stichhaltige Informationen besitzen. Domherren wohnten in der Regel in der Nähe ihrer Kathedralkirche oder ihres Klosters; ihre Häuser verfügten über etwa zehn Räume sowie über Garten und Innenhof. Es gab mehrere Schlafzimmer, von denen das des Domherrn selbst am besten eingerichtet und zweifellos besonders wohnlich, jedoch nicht immer das größte war; ein oder zwei Räume, die in den lateinischen Dokumenten als »sala« oder »aula« bezeichnet sind; eine Küche samt Speisekammer; ein Arbeitszimmer (mitunter »scriptorium« genannt); eine Kapelle; ein weiträumiges Nebengelaß, Ställe, Speicher, Keller, Galerie, Holzschuppen, Kohlespeicher (»charbonnier«) usw.

In der gesellschaftlichen Hierarchie noch weiter oben rangierten die »hôtels« der Bischöfe, die gelegentlich dem Vorbild des Domherrenhauses, in anderen Fällen dem der herrschaftlichen oder gar fürstlichen Residenz nachgeahmt waren. Ein Inventar des Bischofshauses in Laon (der »domus episcopalis laudunensis«), das nach dem Tode des Bischofs Geoffroi le Meingre 1370 angelegt worden ist, erwähnt merkwürdigerweise weder eine Kapelle noch ein Arbeitszimmer; aufgezählt werden jedoch eine Küche nebst Speisekammer, eine »salle basse« (»Stube«) sowie sieben Schlafzimmer: eines für den Bischof – es enthielt eine Garderobe – und je eines für den Offizial, für die Kapläne, für den Siegelbewahrer, für den Geldeinnehmer, für den Koch und für den Pförtner. Das »oustel episcopal« in Senlis war 1496 üppiger ausgestattet – es hatte zwar ebenfalls kein Arbeitszimmer, aber eine Kapelle, eine kleine Stube, eine Küche mit Speisekammer, sechs Schlafzimmer, »logis et hôtel« für den Pförtner und eine Reihe von Nebengebäuden, z. B. eine Kelterei, ein Backhaus, große und kleine Scheunen, einen Pferdestall, einen Keller und einen Vorratsspeicher.

Das Inventar des bischöflichen Hauses in Alet, angelegt 1354 nach dem Tode von Guillaume d'Alzonne (oder de Marcillac), Bischof von Alet und Abt von La Grasse, vermittelt einprägsam die Pracht, die dort herrschte. Das Gebäude enthielt nicht nur eine Kapelle und einen großen Saal (»aula major«, auch »tinel« genannt), sondern auch zwei Arbeitszimmer und nicht weniger als zwanzig Kammern, darunter einen sogenannten Ankleideraum im Gegensatz zum Schlafzimmer des Bischofs, das als »retrocamera« (»Kammer, in die man sich zurückzieht«) bezeichnet wird. Auf dieselbe Unterscheidung zwischen Ankleideraum und Schlafzimmer stößt man 1389 im Château Porte-Mars, der erzbischöflich-herzoglichen Stadtresidenz in Reims; hier sind die Zimmer ausdrücklich für den Majordomus, die Kaplane, die Schildknappen, die Küchenjungen, den Mundschenk und den Schreiber bestimmt. Andere bischöfliche Residenzen unterhielten eigens Räume für weltliche und kirchliche Untergebene wie den Geldeinnehmer, den Schatzmeister, den Vikar, den Stallknecht, den Proviantmeister.

An der Anordnung und Funktion der Räume eines Hauses lassen sich Lebensstil und Lebensverhältnisse seiner Bewohner dechiffrieren. So galt es etwa als »bourgeois«, ein Kontor (»comptoir«) und nicht eine Werkstatt (»ouvroir«) zu haben, und erst recht »bürgerlich« war es, an Stelle eines Kontors (oder zusätzlich zu ihm) ein Arbeitszimmer zu besitzen. Wer einen Stall für die Pferde oder Maulesel sein eigen nannte, der bekundete damit, daß er über die Fortbewegung zu Fuß mittlerweile erhaben war.

Die »grande bourgeoisie« imitierte offensichtlich aristokratische Gewohnheiten. Gleichwohl trugen ihre »hôtels« in der Regel noch die Merkmale ihres Berufs. Das Haus, das Pierre Surreau, der oberste Steuereinnehmer für die Normandie während der Herrschaft des Hauses Lancaster, in Rouen bewohnte, hatte zwei Kontore, eines im Erdgeschoß unweit des Haupteinganges, wo die Buchhalter arbeiteten, das andere im ersten Stock, »das Privatkontor des Verstorbenen«, wie es in dem nach dem Tod des Steuereinnehmers 1435 angefertigten Inventar heißt. Pierre Legendre, Kriegsrentmeister und später Rentmeister von Frankreich, war ein hervorragender Finanzbeamter unter Ludwig XI., Karl VIII. und Ludwig XII. und mit den wohlhabenden Familien des Königreichs wie etwa den Briçonnets verwandtschaftlich verbunden; er wurde vom König zunächst in den Adels-, danach in den Ritterstand erhoben; er verfügte über Grundherrschaften in Vexin und machte sich begründete Hoffnung, eines Tages in den Hochadel aufzusteigen. Ein 1525 angefertigtes Inventar seines Eigentums läßt erkennen, daß sein Ehrgeiz materiell wohlfundiert war. Er besaß zum Beispiel eine erlesene Sammlung von Tapisserien. Sein »hôtel« in der rue des Bourdonnais in Paris war dermaßen prächtig, daß man bis zu den jüngsten Untersuchungen André Chastels angenommen hat, es handele sich dabei um die Residenz der La Trémoilles, einer Familie aus dem Hochadel. Doch enthielt das »hôtel« neben einer Kapelle und einem Besuchszimmer

L'Histoire du Grand Alexandre, 15. Jh.
Der Komfort des bürgerlichen Heims: Innenläden an den Fenstern, rautenförmige Glasscheiben, dekorative Bodenkacheln.
(Paris, Petit Palais)

auch drei Kontore, d. h. drei dem Beruf des Hausherrn gewidmete Räume.

Das Tagebuch, das Dauvet, der Ankläger in dem Prozeß gegen Karls VII. obersten Finanzbeamten Jacques Cœur, führte, registriert die Inventare mehrerer Häuser, die Cœur und seinen Geschäftspartnern gehörten, in Lyon und Rouen etwa Kontore und Läden. Was jedoch den Hauptwohnsitz in Bourges, den ganzen Stolz seines Inhabers, betrifft, so »verrät er, obgleich zum Zeitpunkt des Prozesses unvollendet, daß guter Geschmack nicht unvereinbar war mit der Komfortbeflissenheit des Parvenus« (Michel Mollat) – die Türme, die Kapelle, das in Stein gehauene Wappen, die Galerien und Emporen lenkten die Aufmerksamkeit auf die fürstlichen Dimensionen dieses vornehmen Wohnsitzes; es gab vier Säle, und viele Räume trugen prestigeträchtige Bezeichnungen: »chambre des galées«, »chambre des galeries«, »chambre des évêques«, »chambre des angelotetz«, »salle des mois de l'an«. Gleichzeitig war dieses aristokratische »hôtel« der Schauplatz lukrativer Geschäftstätigkeit.

Nur in literarischen Schilderungen verschwindet – zumindest in der Phantasie – der Unterschied zwischen bürgerlichen »hôtels« und den eigentlichen Patrizierwohnungen. In einer Beschreibung der Stadt Paris aus dem frühen 15. Jahrhundert rückt Guillebert de Mez, freilich nicht ohne Hintergedanken, die »hôtels« von »Bischöfen und Prälaten« in einen Zusammenhang mit den Häusern von »Parlamentspräsidenten, Rechnungskammerpräsidenten, Rittern, Bürgern und diversen Amtsinhabern«. In dem an der rue de la Verrerie gelegenen »hôtel« des Herrn Mile Baillet, der aus einer alten Pariser Bürgerfamilie stammte und es vom Geldwechsler zum Staatsbeamten gebracht hatte, der unter

Karl V. und Karl VI. verschiedene Ämter in der Finanzverwaltung bekleidet hatte, registriert Guillebert eine Kapelle, »in der täglich Gottesdienst war«, sowie zwei Wohnebenen, die eine für den Winter, die andere für den Sommer: »Es gab Säle, Kammern und Studierzimmer [der Autor redet geflissentlich weder von Kontor noch von *tablier*, noch von Schreibzimmer] für den Sommer im Erdgeschoß und das gleiche noch einmal im ersten Stock für den Winter.«

Noch aufschlußreicher ist das »hôtel« des 1412 als »maître des comptes« gestorbenen Jacques Duchié (oder de Dussy). Es stand am rechten Seine-Ufer, im Geschäftsviertel der Stadt, genauer gesagt in der rue des Prouvaires. Guillebert de Mez hebt bewußt den kriegerischen Aspekt des Gebäudes hervor, das eine Waffenkammer aufwies, freilich nicht minder seine Bequemlichkeit und seinen Komfort. Alles, was lediglich nützlich gewesen wäre, war von dem Gelände verbannt – im Hof tummelten sich nicht Hühner oder Enten, sondern Pfauen. Er rühmt den erlesenen Geschmack des Hausherrn, sein interesseloses Wohlgefallen an Kultur und seine aristokratische Leidenschaft für das Spiel und für die Musik, welch letzterer er nicht nur als Kenner, sondern als ausübender Dilettant anhing. »Im Hof gab es Pfauen und verschiedene andere Vögel zum Plaisir. Den ersten Saal zierten verschiedene Gemälde und aufschlußreiche Dokumente, die an den Wänden hingen. In einem anderen Raum sah man die verschiedensten Musikinstrumente, Harfen,

Renaud de Montauban, 15. Jh. Das Schreibzimmer in einer Adelsresidenz. Auf der einen Seite die Schreiber, auf der anderen die Boten, dazwischen der Hausherr beim Diktat. (Paris, Bibliothèque de l'Arsenal, Ms. 5072)

Orgeln, Drehleiern, Gitarren, Psalter und so fort, die Maistre Jacques alle zu spielen wußte. Ein anderer Saal zeichnete sich durch Schachbretter, Spieltische und alle Arten von Spielen aus. [Diese beiden Räume nehmen die Spiel- und Musikzimmer des 18. Jahrhunderts vorweg.] Item eine schöne Kapelle mit hervorragend gearbeiteten Pulten, links und rechts vor die langen Bänke zu stellen. Item ein Arbeitszimmer, dessen Wände mit kostbaren Edelsteinen und duftenden Gewürzen besetzt waren. Item eine Kammer mit verschiedenartigen Pelzen. Item mehrere andere Kammern, die reich versehen waren mit Betten und kunstvoll geschnitzten Tischen, auf denen kostbare Tuche und vergoldete Stoffe lagen. Item eine andere Kammer, im Obergeschoß, wo es viele Armbrüste gab, von denen einige mit schönen Figuren bemalt waren. Dort gab es Standarten, Banner, Wimpel, Bögen, Piken, Äxte, *faussars*, *planchons*, Hellebarden, Kettenkugeln aus Eisen und Blei, große und kleine Schilde, viele Brustpanzer und zahlreiche Waffen, kurzum, Kriegsgerät aller Art. Item ein Fenster von bewundernswerter Arbeit, durch das man einen hohlen Eisenkopf nach draußen stecken konnte, wenn es nötig war; durch diesen Kopf konnte man nach draußen sehen und mit den dort draußen Befindlichen sprechen, ohne selbst gesehen zu werden. Item zuoberst des ganzen *hôtel* ein rechteckiger Raum mit Fenstern von allen Seiten, aus denen man die Stadt überblickte. Und wenn man aß, wurden die Weine und die Gerichte mit einem Aufzug nach oben befördert, weil es zum Hinauftragen zu weit war. Und auf dem First des *ostel* waren schöne vergoldete Bildnisse.«

Der Papstpalast zu Avignon

Die Beschäftigung mit dem städtischen Wohnhaus führt uns direkt zum Palast, der in jener Zeit fast zwangsläufig in einer Stadt stand. Der Begriff »Palast« bezeichnet keinen Gebäudetypus im architektonischen Sinne; er zeigt vielmehr Status und Rang seines Besitzers an. So legen gewisse Texte nahe, das Château von Vincennes einen Palast zu nennen, da es eine königliche Residenz war. In der Raumgliederung herrschten keine klaren und bestimmten Differenzierungskriterien zwischen Palast (etwa dem Palast des Königs auf der Ile de la Cité in Paris), »hôtel« (etwa dem Hôtel Saint-Pol, ebenfalls in Paris, der Hauptresidenz Karls V. und Karls VI.) und Château im eigentlichen Sinne, wie dem Louvre. Das Äußere, z. B. ob es Befestigungen aufwies oder nicht, zählt wenig, wenn die innere Verteilung und Funktion der Räume gemeinsamen Regeln gehorchen – im Hôtel Saint-Pol ebenso wie im Donjon im Bois de Vincennes trifft man auf dieselben Zimmertypen. Zu den auffälligsten Palästen rechnete der Papstpalast in Avignon. Meine Bemerkungen zu diesem Bauwerk gelten sowohl für andere (weltliche und kirchliche) Paläste als auch für Châteaux von vergleichbarer Größe und Zweckbestimmung.

Als Bertrand de Got, Erzbischof von Bordeaux, 1305 als Clemens V.

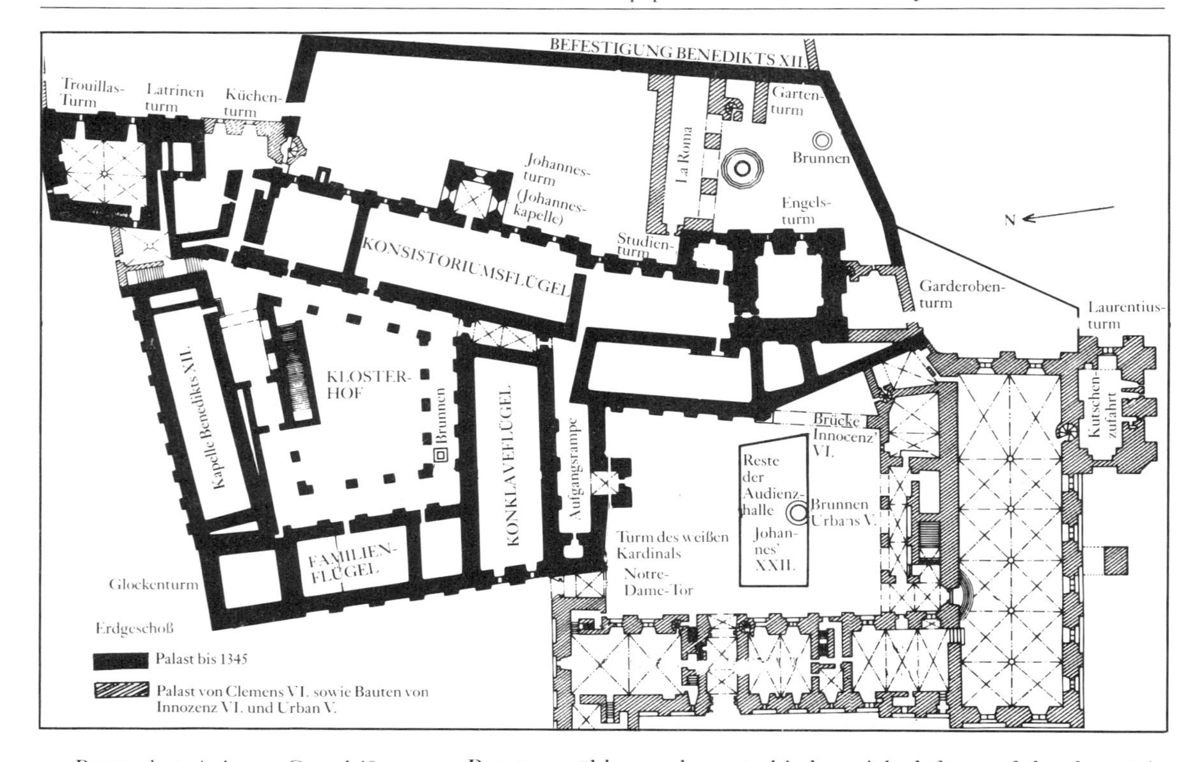

Papstpalast, Avignon: Grundriß nach dem Pontifikat Urbans V., 1370; Erdgeschoß. (Nach S. Gagnière.)

zum Papst gewählt wurde, entschied er sich dafür, auf der französischen Seite der Alpen zu bleiben und nicht nach Rom zu übersiedeln; er weigerte sich, italienischen Boden auch nur zu betreten. Nach mancherlei Irrfahrten ließ er sich 1309 in Avignon nieder, und in den folgenden fünfzig Jahren hielten es seine Nachfolger ebenso. Johannes XXII., der zum Zeitpunkt seiner Wahl zum Papst Bischof von Avignon war, blieb in seinem früheren Bischofspalais wohnen; es befand sich, fest umschlossen von den Stadtmauern aus dem 12. und 13. Jahrhundert, in der Nähe der Kathedrale Notre-Dame des Doms. Umbauten, die während seines Pontifikats (1316–1334) vorgenommen worden waren, erwiesen sich als unzureichend. Benedikt XII. (1334–1342) ließ daher das Gebäude abreißen und errichtete an seiner Stelle eine päpstliche Residenz, die dem Prestige des Amtes genügte. In der Zeit zwischen 1335 und 1345, zum Teil also während des Pontifikats Clemens' VI. (1342–1352), erstellten die Baumeister Pierre Poisson und sein Nachfolger Jean de Louvres ein – um es mit den Worten eines Zeitgenossen zu sagen – »grandioses Palais von märchenhafter Schönheit und ungemeiner Wucht mit seinen Mauern und Türmen«. Ich werde mich vorwiegend mit diesem Bauwerk befassen, das ab dem Moment als Palais-Vieux (Alter Palast) bezeichnet wurde, da Clemens VI. den Bau des Palais-Nouveau (Neuer Palast) in Angriff nahm. Vor allem werde ich den Zustand des Alten Palastes im Jahre 1345 beschreiben, soweit er sich aus den recht ausführlichen Quellen und mit Hilfe von Experten rekonstruieren läßt.

Der Palast Benedikts XII. entstand um den Innenhof eines Klosters

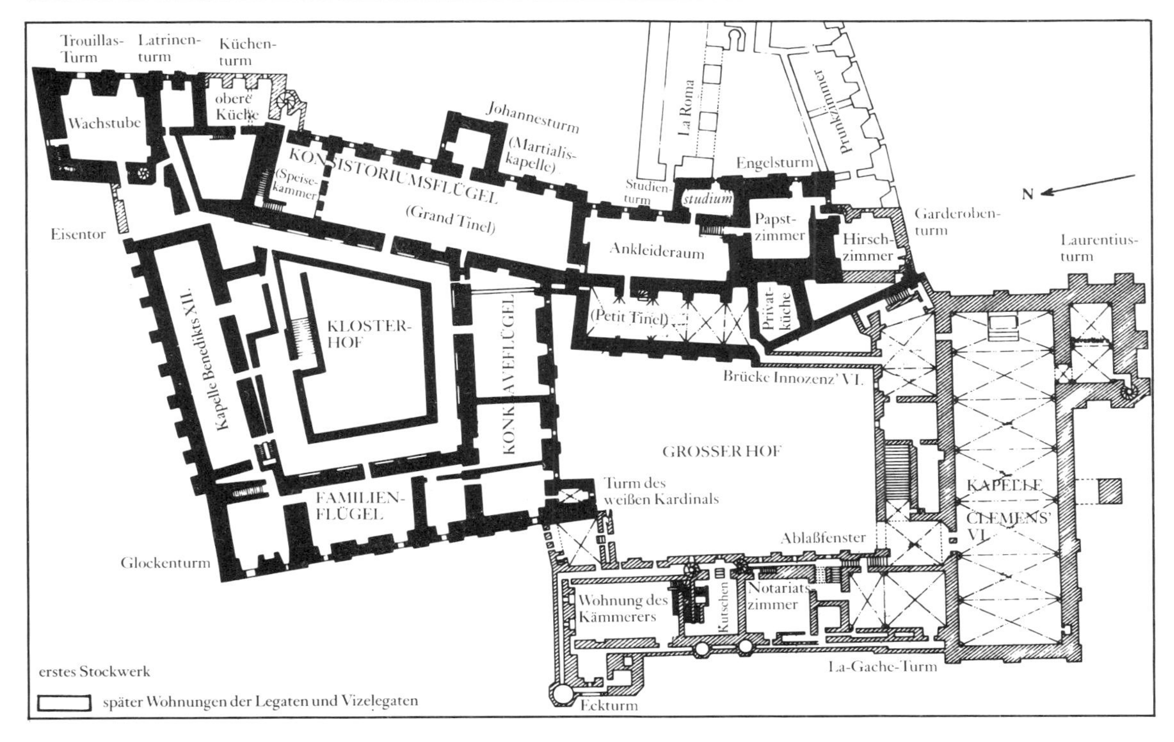

Papstpalast, Avignon: Grundriß nach dem Pontifikat Urbans V., 1370; erstes Stockwerk. (Nach S. Gagnière.)

in Gestalt eines unregelmäßigen Vierecks. An der Ostseite gehörte noch ein Garten dazu, der von einer dicken Mauer umgeben war.

»Bien est sa geoille gardee, / En son palais se tient fermez« (»sein Gefängnis ist gut bewacht; / in seinem Palast hält er sich eingeschlossen«) – das war einer der Vorwürfe, die Jean Dupin in seinen *Melancolies* an den Papst richtete. Verteidigungs- oder jedenfalls Sicherheitserwägungen standen für die Erbauer des Palastes im Vordergrund, wie man an den massiven, hohen Türmen an den Ecken der langen Gebäude ersieht, die den Klosterhof einrahmen. Einige dieser Türme stehen nahe beieinander und bilden wahre Gebirge aus Mauerwerk. Derartige Vorsichtsmaßregeln waren keineswegs unbegründet: 1398 wurde der Papstpalast kunstgerecht belagert und lag unter Kanonenbeschuß, ja sogar den Versuch einer Brandstiftung mußte er überstehen. Der unbeugsame Benedikt XIII. blieb, jedenfalls für eine Weile, Sieger.

Man lebte in diesem Palast nicht vollständig abgeschirmt. In den meisten Gebäuden und im päpstlichen Schlafzimmer gab es zahlreiche große Maueröffnungen – vor allem natürlich in den oberen Etagen –, die den Blick auf die Stadt und den Garten freigaben.

Die vier Flügel, jeweils zwei oder drei Stockwerke hoch, umrahmten den Klosterhof im Norden, Süden, Osten und Westen. Jeder Turm hatte vier bis fünf Etagen, die durch Treppen in den dicken Mauern zu erreichen waren. So konnten die Türme, zumindest in den oberen Geschossen, für sich bestehen; die mittleren und unteren Etagen waren – notfalls durch Treppen – mit den Hauptgebäuden verbunden. Diese Kombination aus horizontaler und vertikaler Strukturierung, die für

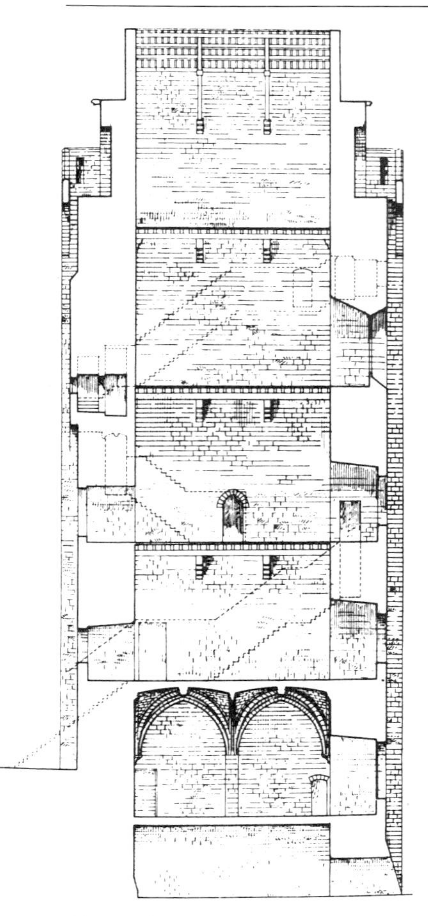

Papstpalast, Avignon: Engelsturm. Von oben nach unten: das »châtelet« der Wache; obere Schatzkammer und Bibliothek; das Schlafzimmer des Papstes; Raum des Kammerdieners; untere Schatzkammer; Keller. (Nach L.-H. Labande.)

mittelalterliche Burgen charakteristisch ist, erleichterte das Kommen und Gehen.

Beginnen wir unseren Rundgang beim südlichen, dem päpstlichen Flügel. Hier entstand in den Jahren 1335–1337 der ca. 50 Meter hohe Große Turm; ursprünglich unter dem Namen »Papstturm«, »Bleiturm« oder »Schatzturm« bekannt, heißt er heute Engelsturm. Hier wohnte gewöhnlich der Papst. Sein Zimmer (»camera turris«, »camera papae«), 10 mal 10 Meter groß, hatte gefirnißten Boden und eine Holzdecke; es enthielt einen riesigen Kamin und war durch zwei große Fenster, die nach Süden bzw. nach Osten wiesen, gut beleuchtet. Den Turm hinuntersteigend, gelangen wir zum Zimmer des apostolischen Kämmerers, des ›Finanzministers‹ des Papsttums, zur unteren Schatzkammer und endlich in einen Keller, in dem einst kostbarer Beaune- und Saint-Pourçain-Wein in Fässern gelagert worden sein soll. Über dem Papstzimmer befand sich ein großer Raum, der zu Zeiten Innozenz' VI. geteilt war und neben der oberen Schatzkammer noch die Bibliothek beherbergte; noch weiter oben gab es das »châtelet«, die Wachstube.

Dieser Turm war nicht autark; er wurde von weiteren, unentbehrlichen Gebäuden ergänzt und versorgt. So gab es im Norden den Studienturm, der nur drei Stockwerke zählte. Im Erdgeschoß befand sich ein Geheimzimmer, in dem der Papst seine finanziellen Operationen austüftelte; darüber ein Ankleidezimmer und über diesem, ungefähr auf gleicher Höhe mit dem Papstzimmer, das »studium« des Papstes, ein Raum mit gefliestem Boden von 5 mal 7 Meter Grundfläche. Westlich davon war in einem quadratischen Anbau, der an das Papstzimmer grenzte, die päpstliche Privatküche untergebracht; von ihr ging es in den päpstlichen Speisesaal, das Petit Tinel. Im Süden erhob sich, 40 Meter hoch, der so genannte Garderobenturm, den Jean de Louvres 1342/43, zu Beginn des Pontifikats Clemens' VI., erbaut hatte. Im Erdgeschoß dieses Turmes befand sich das päpstliche Dampfbad mit Wasserkessel und bleierner Badewanne; in den nächsten beiden Etagen lagen übereinander zwei Privaträume. Dann kam das sogenannte Hirschzimmer, das Clemens V. als »studium« nutzte und das auf derselben Ebene wie das Papstzimmer lag, und ganz oben schließlich die Privatkapelle des Papstes, die dem hl. Michael geweiht war.

Nördlich des Großen Turmes erstreckte sich ein Palastflügel, der auf der einen Seite vom Klosterhof, auf der anderen vom Garten flankiert wurde. Im Erdgeschoß lagen die Große Schatzkammer und der Saal Jesu (so benannt nach dem Christusmonogramm an den Wänden), im ersten Stock das bereits erwähnte Petit Tinel, wahrscheinlich eine Privatkapelle sowie, nach klassischem Muster, ein Ankleideraum vor dem Zimmer des Papstes.

Vom päpstlichen Quartier so weit entfernt wie möglich, nämlich in der Nordostecke des Palastes, waren die verschiedenen häuslichen und materiellen Dienstleistungen zusammengefaßt. Hier gab es die Vorratskammer des päpstlichen Mundschenks, eine Speisekammer und die Brotkammer, die Küche Benedikts XII. und die Clemens' VI.; Räume zur Lagerung von Holz und Kohle; Keller und Vorratsräume; ferner einen Karzer, ein Arsenal und Quartiere für Teile der Wachmannschaft (der sog. Trouillas-Turm). Nicht vergessen sei der Latrinenturm, der durch seine schiere Größe – er ist zwei Stockwerke hoch – davon zeugt, daß in dem Palast ständig eine große Zahl von Menschen (mehrere hundert) wohnten.

Der Ostflügel des Klosterhofs verband den Wohnflügel des Papstes mit dem Arbeitsbereich des Palastes; er stieß an das Petit Tinel und den Ankleideraum. Zu ebener Erde finden wir das Konsistorium, darüber das Grand Tinel, das gelegentlich für offizielle Bankette benötigt wurde, normalerweise jedoch als Speisesaal fungierte. Zu diesem Flügel gehörte auch ein Turm, der Johannesturm, mit zwei kleinen Kapellen im Erdgeschoß bzw. im ersten Stock.

Die größte Kapelle im Alten Palast nahm den gesamten Nordflügel ein, erstreckte sich über zwei Stockwerke – das untere, 1340 als »große, dunkle Kapelle« bezeichnet, wurde bald in ein Warenlager und einen Holzstapelplatz umgewandelt, einzig das Obergeschoß behielt seine liturgische Funktion.

Der Glockenturm oder Johannesturm verteidigte die Nordwestecke des Palastes. Er war 45 Meter hoch, hatte vier Etagen und enthielt Räume für die Verwandten des Papstes, Mitglieder des päpstlichen Hofes, Wachen und den Majordomus. Der Turm erfüllte im wesentlichen dieselben Funktionen wie das angrenzende Gebäude, das an der Westseite des Klosterhofes gelegen war und zum Familienflügel erklärt wurde; hier wohnten die Bediensteten des Papstes und andere Angehörige seiner »familia«, die im Palast lebten und arbeiteten. Benedikt XII. hatte hier eines seiner Arbeitszimmer.

Der Konklaveflügel endlich, direkt hinter dem befestigten Eingangstor im Süden gelegen, beherbergte bedeutende Gäste – König Johann II. der Gute von Frankreich hielt sich hier auf, einige Jahre später Kaiser Karl IV.

Im Turm des weißen Kardinals, der das Viereck abschloß, waren unter anderem Mundschenke und Brotmeister untergebracht.

Wir haben unseren Rundgang vollendet und können erkennen, daß der Papstpalast für eine Vielzahl von Aufgaben gut gerüstet war. Er war eine Festung mit einer Wachmannschaft, deren Größe je nach den Umständen variierte. Er war ein Palast, der alle Einrichtungen bot, deren der päpstliche Hof für die von ihm erwartete Entfaltung von Reichtum und Macht bedurfte. Und er war die Schaltstelle einer Bürokratie, die für ihre Kompetenz und ihren Eifer bekannt war. Dies alles spiegelt sich in der strengen Gliederung des Innenraums, obschon eine absolute Trennung zwischen öffentlichem und privatem Leben, zwischen der Arbeit der Kurienbeamten und ihrer Privatexistenz vermieden war. Zweifellos war der Raum, den man im Alten Palast für die Verwaltung vorgesehen hatte, zu knapp bemessen gewesen, denn im Neuen Palast Clemens' VI. waren hauptsächlich Ämter, zumal Gerichte (großer und kleiner Gerichtssaal), untergebracht.

Es wäre jedoch ein Irrtum anzunehmen, Benedikt XII. und sein Baumeister seien Neuerer gewesen, bloß weil sie dem Palast einen relativ rationalen oder jedenfalls »lesbaren« Plan zugrunde legten. Das, was

Papstpalast, Avignon: Latrinenturm, erbaut von Benedikt XII. (Nach L.-H. Labande.)

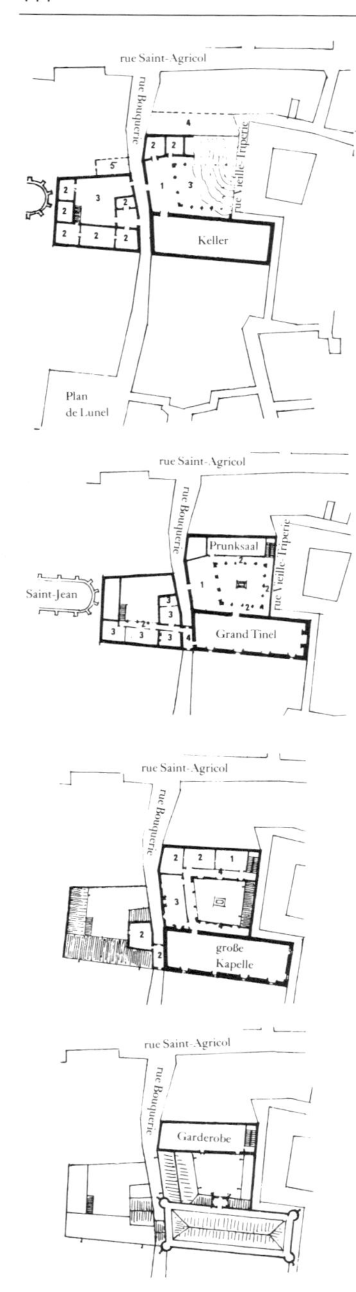

Grundriß der »livrée« des Kardinals de la Jugie in Avignon, 1374. Links von der rue Bouquerie stand die »kleine livrée« mit den Wirtschaftsgebäuden, rechts davon die »große livrée« mit der Residenz des Kardinals. (Nach P. Pansier.)

wir aus den wenigen Dokumenten über den Palast Johannes' XXII. wissen, deutet darauf hin, daß dieser Bau unter ähnlichen Gesichtspunkten entworfen worden ist: auf der einen Seite die Privatgemächer des Papstes und die Empfangsräume, auf der anderen die Küche und Haushaltsämter, während die »Büros« einem dritten Bereich vorbehalten waren.

War diese Art Plan für das 14. Jahrhundert neu? Es ist keineswegs ausgeschlossen, daß schon im 12. und 13. Jahrhundert weltliche und kirchliche Châteaux und Paläste auf ähnliche Weise geplant worden sind, angeregt vom Vorbild des Klosters, das wiederum eine Adaption der Paläste und Villen der spätrömischen Kaiserzeit gewesen sein mag. Alles, was wir sagen können, ist, daß vor dem 14., ja, dem 13. Jahrhundert einschlägige historische und archäologische Zeugnisse entweder fehlen oder, wo sie vorhanden sind, zu unpräzise sind, um mehr als eine weithin imaginäre Rekonstruktion zu gestatten.

Höfe und Gärten

Der Papstpalast war im 14. Jahrhundert keineswegs das einzige Bauwerk in Avignon, das um einen Innenhof oder Kreuzgang zentriert war. Die Residenzen – »livrées« – der Kardinäle mit ihrem Gefolge von Pagen, Kaplanen und Bediensteten waren, obwohl in kleinerem Maßstab, nach denselben Kriterien gestaltet. Ein Dokument aus dem Jahre 1374 vermittelt eine ungefähre Vorstellung von der nicht mehr existierenden Residenz des Kardinals Guillaume de la Jugie – eines Neffen von Papst Clemens VI. –, der den Bau nach 1350 ausführen ließ. Das Bauwerk hatte zwei Teile. Die »petite livrée« umschloß einen Hof und bildete ein eher zufälliges Ensemble aus Kammern, Türmen, Sälen und Galerien, das offenbar für die Bediensteten, die Pferde und Maulesel des Kirchenfürsten reserviert war. Die »grande livrée«, in der der Hausherr residierte, bestand aus drei Gebäuden, die um einen Obstgarten gruppiert waren. Es gab 1. im Untergeschoß einen Keller mit unterirdischen Räumen, 2. im Erdgeschoß überdachte Wandelgänge, ein Grand Tinel mit Kamin, einen bemalten Portikus, einen »großen Ankleideraum« und eine Wendeltreppe, 3. im ersten Stock wiederum überdachte Wandelgänge, welche die fünf Räume (Kapelle, Schlafzimmer, Vorzimmer, alter und neuer Ankleideraum) miteinander verbanden, und 4. ein Obergeschoß mit einer Garderobe, einer überdachten Veranda sowie, rund um das Kapellendach, einem gefliesten Wandelgang, der durch eine zinnenbewehrte Mauer gesichert war und von einem Glockenturm und vier Ecktürmchen gekrönt wurde. Vom »petite« zur »grande livrée« führte eine Brücke, sie überspannte die Straße und beherbergte in Höhe des ersten Stockes eine Galerie, in Höhe des zweiten Stockes ein Schlafzimmer. Von außen muß der Bau streng, ja abweisend gewirkt haben. Das Ganze gemahnt an florentinische Paläste des 15. Jahrhunderts oder an das »hôtel« Jacques Cœurs in Bourges oder, mit Einschränkungen, an den Fondaco dei Tedeschi in Venedig. Allerdings waren traditionelle Klöster ähnlich angelegt, ebenso die viereckigen

Zwischen Hof und Garten. Das Hôtel de Cluny in Paris, erbaut zwischen 1485 und 1498 auf Befehl des Abts Jacques d'Amboise von Cluny; Rekonstruktion von Viollet-le-Duc.

Châteaux, die in Frankreich seit der Zeit des Philipp August sehr verbreitet waren. Das originellste Element an der »grande livrée« des Kardinals de la Jugie waren vermutlich die Wandelgänge, welche die verschiedenen Räume eines Stockwerks miteinander verbanden.

Anders präsentiert sich das »hôtel« Pierre Legendres in Paris (um 1500). Der Eingangshof an der rue Bourdonnais wurde von Galerien und Wirtschaftsräumen eingerahmt, während die Hauptresidenz sowohl zum Hof als auch zum Garten (oder hinteren Hof) an der rue Tirechappe hinausging. Auch das »hôtel« der Äbte von Cluny, zwischen 1485 und 1498 für Jacques d'Amboise erbaut, bestand aus einem Eingangshof, einem Hauptgebäude samt angrenzenden Flügeln und einem Garten. Beide Bauwerke sind frühe Beispiele für das zwischen Hof und Garten plazierte »hôtel«, ein Schema, das in der klassischen Zeit des 17. und 18. Jahrhunderts zur Regel werden sollte. Der Adel – ob Kirchen- oder Hofadel, Amts- oder Handelsadel – war mittlerweile fest in das städtische Leben integriert und suchte sich auf diese Weise von seiner Umgebung zu unterscheiden.

Schlösser

Außerhalb der Städte gründeten die Herrensitze des Spätmittelalters auf einer räumlichen Untergliederung in großen Hof, kleinen Hof und Garten; hieraus spricht der Wunsch, die »vornehmen« Funktionen des Bauwerks vom materiell-häuslichen Sektor sowie von der Privatsphäre

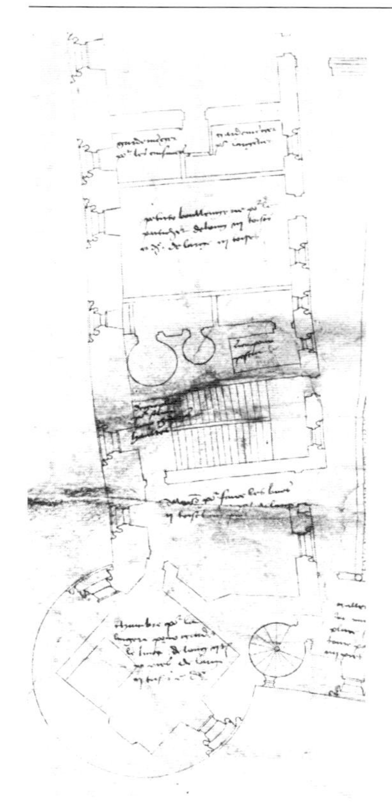

Ausschnitt aus dem Plan zum Wiederaufbau des Schlosses von Gaillon zeigt (von oben nach unten): Speisekammer, Bäckerei mit Backöfen und Knetrögen, eine Leiter in den ersten Stock, einen Waschraum sowie das Schlafzimmer der ersten Waschfrau.

zu trennen. Die Schlösser (Châteaux), die in Angers, Tarascon und Saumur von den Herrschern aus dem Hause Valois-Sizilien (Ludwig II. von Aragon, René von Anjou) erbaut wurden, sind von dieser Idee inspiriert. Der beste Beleg dafür ist wohl das Château de Gaillon, und zwar weder das von Kardinal d'Amboise tatsächlich errichtete Schloß aus dem frühen 16. Jahrhundert, dessen imposante Reste noch heute zu sehen sind, noch der von Androuet du Cerceau stammende Grundriß, sondern das ursprüngliche, recht italienisch anmutende Projekt, das glücklicherweise erhalten geblieben ist. Der unbekannte Zeichner dieses Plans hat sein Werk mit Legenden versehen, aus denen wir schließen können, daß das Schloß in einem Rechteck von 34 mal 18 Klafter (68 mal 32 Meter), d. h. auf einer Fläche von 2400 Quadratmetern gebaut werden sollte. Der gewaltige Bau sollte sich in drei Teile gliedern: einen rückwärtigen Garten mit einem Brunnen und gesäumt von einer Galerie, einen mittleren Innenhof mit mehr als 1000 Quadratmetern Fläche und einen kleineren Hof hinter dem Eingangsportal, das die Überreste der mittelalterlichen Festung einbeziehen sollte; auf diesem Hof sollte Platz für einen Kräutergarten und für ein Waschhaus sein.

Der Grundriß zeigt nur das Erdgeschoß, das drei architektonische Akzente tragen sollte. An einer Ecke sollten die Kapelle und das Oratorium stehen. Die Kapelle war der obligatorische Treffpunkt sämtlicher Schloßbewohner, unabhängig von ihrer Funktion und Position in der Hierarchie. Rings um den kleinen Hof und den Kräutergarten, indes links und rechts weit ausgreifend, waren die Wirtschaftsgebäude vorgesehen: Bäckereien, Küchen, Sattlerei und die Quartiere der Mägde, Köchinnen und Dienstboten. In der anderen Ecke und mit dem schönsten Ausblick, in der Nähe des Brunnens, des Gartens und der Galerie, sollten die Wohnräume des Hausherrn entstehen – auf einen großen Saal von 16 mal 8 Meter (128 Quadratmeter) folgten ein kleiner Ankleideraum, ein für derartige Herrensitze damals charakteristisches privates Refugium, eine Garderobe und – Ausdruck der hohen Stellung des Hausherrn in der Kirchenhierarchie – ein Arbeitszimmer und eine Betkapelle.

Neben diese horizontale Dreiteilung trat eine vertikale Gliederung zwischen dem Erdgeschoß und dem ersten Stock, über deren Charakter wir jedoch nur spekulieren können. Ferner gab es eine Links-Rechts-Aufteilung – links vom Hof befanden sich die Küche, die Vorratskammer des Mundschenks sowie die Speisekammer für den allgemeinen Speisesaal, rechts die gleichen Räume, aber für den Speisesaal des Hausherrn. So wie beim Papstpalast in Avignon sahen die Pläne also zwei verschiedene Küchen vor.

Vom 15. Jahrhundert an geht aus Kostenvoranschlägen, die häufig zusammen mit den Bauplänen eingereicht wurden, hervor, daß der französische Adel vernünftige, solide Bauten mit Annehmlichkeiten wie Wendeltreppen, Dachkammern und Galerien bevorzugte. Man wollte Häuser, die gut zu bewohnen und leicht zu heizen waren, Räume mit getäfelten Wänden, Fenster mit festen Läden und sorgfältig geflieste Böden. Mitunter wird ausdrücklich bestimmt, daß bewohnte Zim-

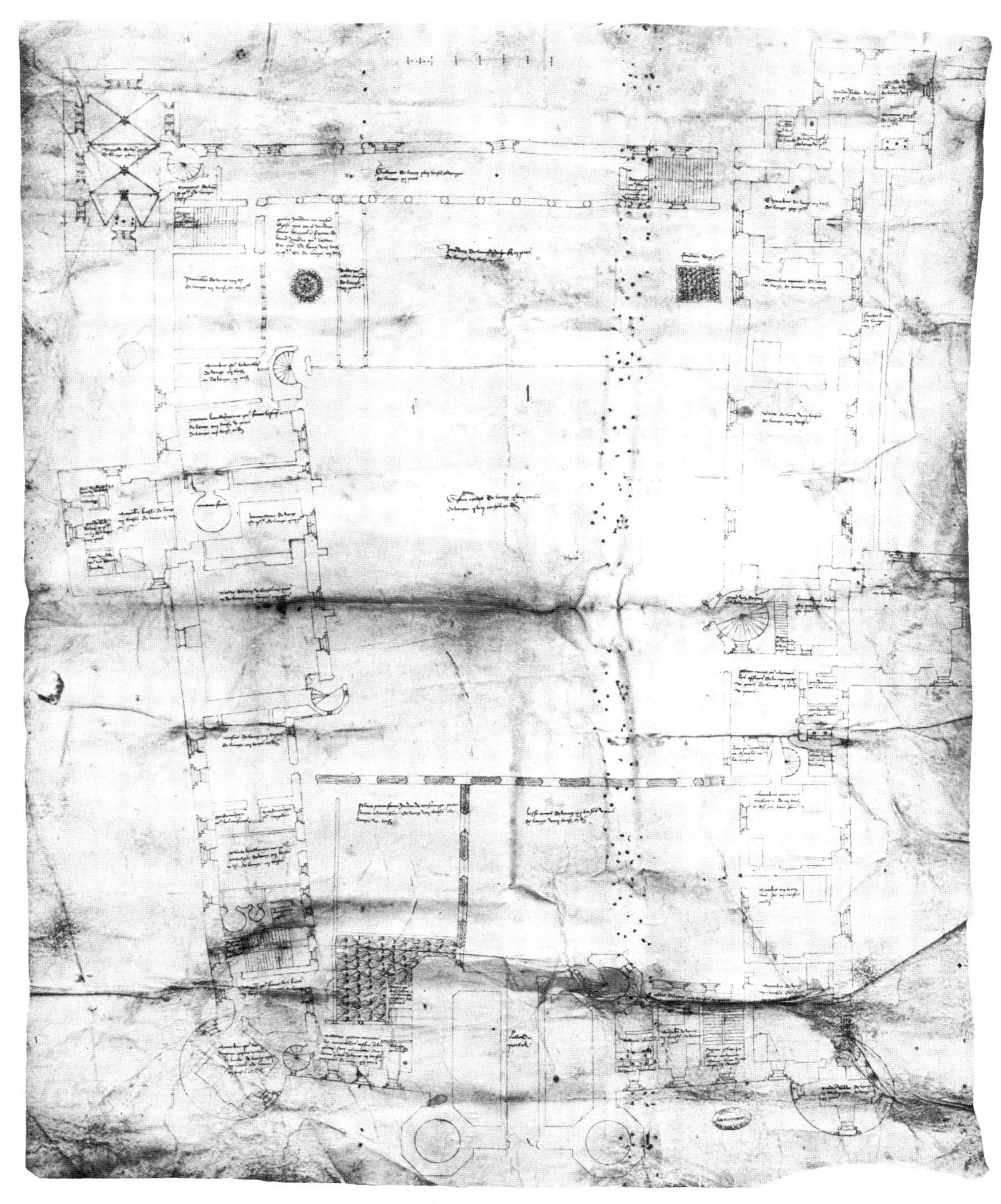

Plan zum Wiederaufbau des Schlosses von Gaillon; zu Beginn des 16. Jahrhunderts dem Erzbischof von Rouen, Kardinal Georges d'Amboise, unterbreitet. Hier der Gesamtplan des Projekts; Abmessungen in Ellen, Fuß und Zoll. In manchen Räumen ist der Standort des Bettes angegeben.
(Archives de la Vienne, Karton 37, Dokument 8)

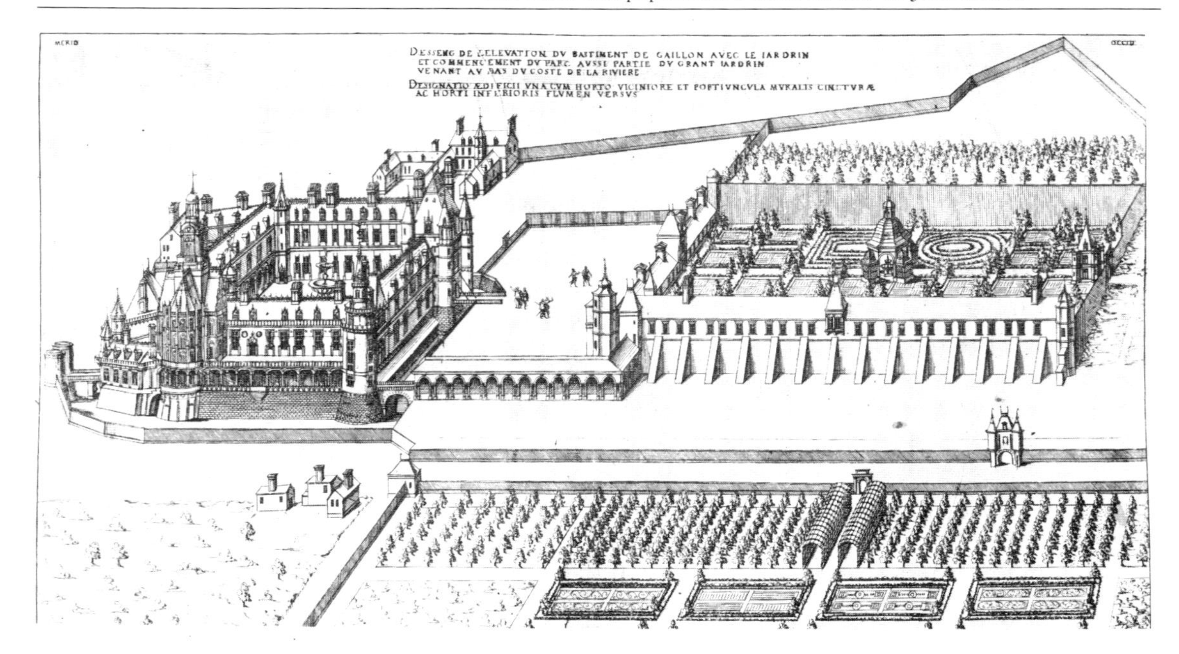

Stich von Androuet du Cerceau, 16. Jh.: Schloß Gaillon, wie es in Wirklichkeit für Kardinal Georges d'Amboise errichtet worden ist. (Paris, Bibliothèque Nationale)

mer fest abzudichten sind. Dampfbäder und Badestuben sind keine Seltenheit, und Bibliotheken, Plätze für das Paumespiel, Billardzimmer und andere Spielzimmer werden häufig erwähnt. Für die Damen gab es eigene Ankleidezimmer. Eine sicherlich einmalige Kuriosität war die Jagdgalerie im Schloß von Blois, von der Beatis 1518 bewundernd schreibt: »Unter dem Palast erstrecken sich drei Gärten, die reich an Obst und grünem Laub sind; um zu ihnen zu gelangen, geht man durch eine überdachte Galerie. Diese Galerie ist auf beiden Seiten mit echten Hirschgeweihen geschmückt, die auf täuschend echt bemalten Hirschen aus Holz befestigt sind. Die Geweihe hängen in zehn Handspannen [ca. zwei Meter] Höhe an der Wand, und man sieht von dem Tier nur Hals, Kehle und Vorderläufe. Auf Steinen, die aus der Mauer hervorragen, hat man eine Reihe hölzerner Hunde aufgestellt, dazu Hasen, die von den Hunden gehetzt werden – alles täuschend echt nachgeahmt, was Größe, Gestalt und Fell betrifft. Auch einige Falken sitzen auf künstlichen Händen, die ebenfalls an der Wand befestigt sind.«

Manche Herrenhäuser waren von hervorragender Qualität, was heißt, daß die Baukosten enorm waren. Zur Zeit der englischen Besetzung der Normandie wollte sich Edmond Beaufort, Graf von Dorset, Mortain und Harcourt, in Elbeuf am Ufer der Seine ein »befestigtes Haus und Gebäude« mit zwei Etagen plus Erdgeschoß errichten lassen. Die zwei ersten Stockwerke sollten jeweils 3,60 Meter hoch sein, das dritte 2,40 Meter. Darüber sollte es Mansarden geben, die Licht durch Dachgauben empfingen. Von rechteckiger Form und mit einer Reihe von Kaminen bestückt, hätte das Bauwerk 24 mal 10 Meter gemessen. Türmchen und sorgfältig ausgetüfelte Latrinen an den vier Ecken hätten die vier Seiten noch erweitert. Außer einer großen Wendeltreppe waren zwei weitere Treppen vorgesehen. Geplant waren ferner dicke

Mauern, ein Schindeldach samt »vergoldeten und bemalten Kupferbannern«, die das Wappen des Grafen tragen sollten, ein Innenhof nebst Garten und eine geflieste Küche. Das alles hatte natürlich seinen Preis. Für ein Gebäude mit einer Gesamtnutzfläche (ohne Dachboden) von kaum 800 Quadratmetern hätten sich die Kosten der Maurer-, Schreiner-, Gipser- und Dachdeckerarbeiten, Installation und Landschaftsgärtnerei auf 6700 Francs belaufen. Hinzu kam der Preis für das Grundstück sowie für »Schränke, Schlösser, Glas und sonstiges Gerät«. Alles in allem hätte das Schloß 8000 Francs verschlungen – hundertmal mehr, als das Pfarrhaus von Touville mit seinen 200 Quadratmetern Nutzfläche gekostet hatte.

Der Wirtschaftsbereich war ähnlich wie in den städtischen »hôtels« organisiert, wobei die traditionellen Aufgaben jeweils einem bestimmten Raum zugeordnet waren. So finden wir in Angers 1471 neben der Küche und der Speisekammer eine »saucerie« für die Zubereitung der Soßen, eine »eschançonnerie« für Getränke, eine »paneterie« für das Brot und eine »fruiterie« für das Obst.

Gemeinschaftsunterkünfte

Herrenhäuser und Schlösser waren die Residenz eines Mannes bzw. einer Frau samt seiner bzw. ihrer Familie. Doch beherbergten sie zugleich eine beträchtliche Zahl von Domestiken für die attraktiven und weniger attraktiven Dienstleistungen. Verheiratet oder alleinstehend, die Domestiken bekamen Kost und Logis. Der typische Domestiken-

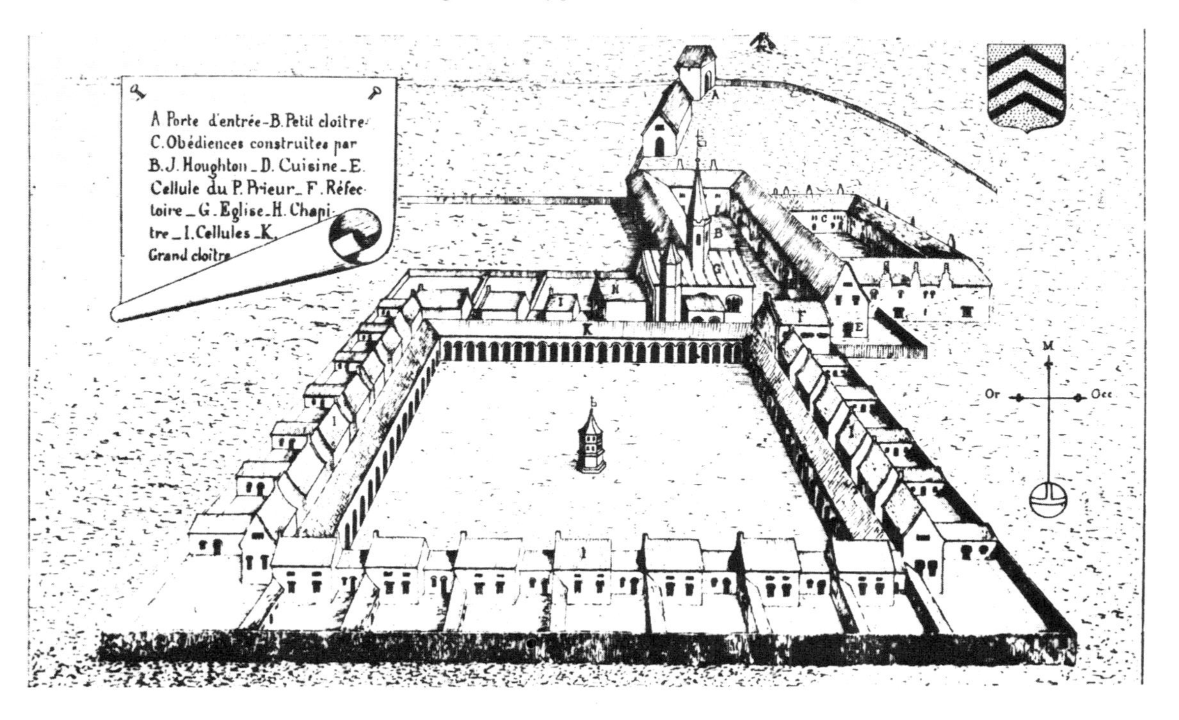

Die Kartause von London, im 14. Jahrhundert nördlich der Stadtmauern erbaut. Der große Klosterhof beherrscht die Anlage; er ist umgeben von den Mönchszellen, die jeweils mit eigenem Garten versehen sind. Die Gemeinschaftsbauten hinten rechts wirken demgegenüber beengt.

stab scheint im Hochadel einige Dutzend Leute gezählt zu haben, beim mittleren Adel rund ein Dutzend und beim Kleinadel vielleicht ein halbes Dutzend. Aus diesem Grund hatten viele Räume im Schloß das Gepräge von Schlafsälen oder Gelassen; in ihnen standen vier oder fünf Betten und ebenso viele verschlossene Truhen für die Habseligkeiten jedes Dienstboten. Andere Räume waren für einen einzelnen wichtigen Amtsträger des Hauses reserviert, etwa für den Majordomus, den Schatzmeister, den Geldeinnehmer oder Kaplan. Diese Leute beschäftigten ihrerseits oft einen Kammerdiener, der in demselben Zimmer wie sie oder in einem Nebengemach schlief. Die meisten Domestiken nahmen ihre Mahlzeiten gemeinsam in einem dafür vorgesehenen Raum ein; den privilegierten von ihnen wurden Essen, Trinken und Kerzen auf ihre Zimmer gebracht.

Das Schloß verwirklichte also, ebenso wie die Burg oder das städtische »hôtel«, eine bestimmte Vorstellung vom Gemeinschaftsleben. Kasernen gab es erst sehr viel später, doch finden wir bereits Universitätskollegien, Hospitäler, Leprosorien und, insbesondere, die unterschiedlichsten Klöster. Jahrhundertelang hatte in den größten, schönsten, komplexesten Klosteranlagen der reguläre Klerus gewohnt, der noch im ausgehenden Mittelalter in Blüte stand.

Ein erster Klostertypus verknüpfte das Gemeinschaftsleben mit dem Leben in der Isolation. Namentlich die Kartäuser hatten mit diesem Modell Erfolg – im 14. Jahrhundert vermehrten sie die Zahl ihrer Gründungen in der christlichen Welt um 110, im 15. Jahrhundert um 45. Das offizielle Register von 1510 führt 191 aktive Kartausen auf, darunter 75 für Nonnen. Entsprechend den Wünschen des Ordensgründers, des hl. Bruno, waren die Kartäuser ein Einsiedlerorden, doch gab es auch klösterliche Elemente im Chor, im Kapitelsaal, im Refektorium und bei der Erholung. Bei den gemeinsamen Gottesdiensten war tägliche Anwesenheit gefordert, das Refektorium wurde jedoch nur sonntags benutzt, der Kapitelsaal an Festtagen, in der Weihnachts-, Oster- und Pfingstwoche, bei Begräbnissen und bei der Einsetzung eines neuen Ordensoberen. Die übrige Zeit aß der Kartäusermönch allein in seiner Zelle ein karges Mahl, das ihm von einem anonymen Diener durch ein Klappfenster hereingereicht wurde. Nach den Ordensstatuten muß der Kartäuser »sorgfältig darüber wachen, daß er keine Gründe schafft, die Zelle zu anderen Zwecken zu verlassen als zum Besuch der regelmäßigen, gemeinsamen Andachten; vielmehr muß er seine Zelle als ebenso notwendig für sein Seelenheil betrachten, wie es das Leben im Wasser für die Fische und der Schafpferch für die Schafe ist. Je länger er in seiner Zelle bleibt, desto mehr wird er sie lieben, vorausgesetzt, er beschäftigt sich zuchtvoll und nützlich mit Lesen, Schreiben, Psalmensingen, Gebet, Meditation, Kontemplation und Arbeit, wohingegen er die Zelle rasch unerträglich finden wird, wenn er sie häufig und ohne Not verläßt«. 1398 stiftete Philipp der Kühne der Kartause Champmol zehn kleine Bibeln; sie sollten in den Zellen verteilt werden, »so daß alle Mönche, die an einer Krankheit leiden, um deretwillen sie die Kirche verlassen müssen, ihre Andacht verrichten können, ohne den Krankenwärter vom Kirchenbesuch abzuhalten, und die Bibel lesen können, wenn sie

Kartäuserzellen in Villeneuve-lès-Avignon, 14. Jh.

keine Gelegenheit haben, ihre Zelle zu verlassen, um die Kirchenbibel zu lesen oder miteinander zu sprechen«.

Der Plan einer typischen Kartause läßt erkennen, wie sehr das Einsiedlerleben dominierte. Verglichen mit dem riesigen Klosterhof, um den sich die Häuser der Mönche gruppieren, wirken die übrigen Bauten unbedeutend. Die Häuser selbst, ebenerdig oder einstöckig, boten ordentliche und sogar bequeme Unterkunft. Das Asketische dieses Lebensstils entsprang nicht der Qualität der Behausung, sondern der freiwilligen Selbsteinschließung.

Die flandrischen Beginenklöster, die im 13. und vor allem im 14. und 15. Jahrhundert in der Rheingegend und in Nordfrankreich ihre Hochblüte hatten, waren ganz anders geartet. An die Stelle des kartäusischen Eremitentums trat hier die normale individuelle Lebensführung. Man denke an den Beginenhof von Paris, der 1266 von Ludwig IX. gegründet wurde – diese »Einfriedung von Häusern« nahm ein weites Gelände auf dem rechten Seineufer, unweit der Porte Babel, aber außerhalb der »Mauer des Philipp August«, in Anspruch. In der Regel war der Hof nach Sonnenuntergang von der Außenwelt abgeschnitten. Wie Geoffroi de Beaulieu, der Beichtvater des Königs, vielleicht zu optimistisch bezeugt, wohnten hier vierhundert »honestae mulieres« oder »povres beguines«, von denen einige adlig waren. Sie profitierten von reichlich bemessener öffentlicher und privater Mildtätigkeit und verdienten sich durch mancherlei Tätigkeiten innerhalb und außerhalb des Klosters etwas dazu. Die Vorsteherin der Beginen wurde vom Hofkaplan des Königs eingesetzt und regierte über eine Stellvertreterin, eine Pförtnerin und einen Ältestenrat, die ihr zur Seite standen. Sie schuldete dem Prior der Pariser Dominikaner Rechenschaft über das Verhalten, die Kleidung, das Tun und Lassen ihrer Schützlinge. Ohne ihre Erlaubnis durfte niemand den Beginenhof betreten. Die Beginen legten keine Gelübde ab; sie verpflichteten sich zur Keuschheit, konnten jedoch jederzeit von dieser Verpflichtung abrücken und in die Welt zurückkehren. Normalerweise mußten sie im Beginenhof essen und schlafen und bestimmte Gottesdienste in der Klosterkapelle besuchen, die übrigens auch den Laien in der Nachbarschaft offenstand. Einige »Kloster«-Beginen nächtigten gemeinsam in einem Dormitorium und aßen im Refektorium, während andere Zimmer in Häusern außerhalb des Klostertraktes hatten, wo sie von einer »maîtresse de chambre« beaufsichtigt wurden. Die Disziplin in diesem überwiegend weiblichen Raum* war flexibel. Unter den Klosterbewohnerinnen gab es junge und alte, wahrhaft fromme und – was gern kritisiert wurde – heuchlerische und bigotte. Alle wahrten ein erhebliches Maß an persönlicher Freiheit, während sie gleichzeitig die Sicherheit einer sie behütenden Institution genossen.

Mönche aller Orden müssen begierig gewesen sein, einer Lebensweise die Treue zu halten, die – oft schon im 11. oder 12. Jahrhundert – von ihren Vorgängern peinlich genau erdacht worden war. Selten gab es Anlaß, den Grundriß einer Zisterzienser- oder Benediktinerabtei oder -priorei zu verändern, und in der Regel hat er sich auch nicht geändert, was eine Untersuchung der Ruinen von englischen Klöstern wie z. B. Fountains und Tintern beweist, wo das mönchische Leben mit der Auflösung der Klöster um 1530 allmählich erlosch. Gleichwohl erzwangen innere Erschütterungen, in einigen Fällen wohl auch der Mangel an Geldmitteln radikale Eingriffe. In vielen Klöstern, so schreibt Francis Rapp, »blieb nach der Wahl des Priors, des Speisemeisters, des Krankenpflegers und des Verwalters kein einfacher Mönch mehr übrig. Ohne Truppen war es diesem Generalstab unmöglich, Regeln wie dem Alleinsein, dem Schweigegebot und der Meditation, die als Quintessenz des mönchischen Lebens galten, Achtung zu verschaffen. Da die Klosterfinanzen nicht ausreichten, um auch nur die elementarsten Bedürfnisse der Mönche zu erfüllen, mußten die Ordensoberen Verstöße gegen das Armutsgebot stillschweigend dulden. Die Mönche erhielten gegen Bezahlung das Recht, außerhalb des Klosters zu leben, als Pfarrverweser zu fungieren und sogar Spenden entgegenzunehmen.« Diese Beobachtungen stützen sich auf eine Studie über Klöster im Elsaß, sie gelten jedoch für viele andere Gegenden gleichermaßen. Eine sehr bedeutsame Veränderung betraf das Dormitorium der Mönche, das jeden Abend auf einen Wink des Klosteroberen verschlossen werden mußte und nur einfache Strohlager enthalten durfte; nun aber wurde der Schlafsaal gelegentlich durch Vorhänge oder Zwischenwände in Zellen

* Es gab auch ein männliches Pendant zu den Beginen, die Begharden, die sich der Krankenpflege und Totenbestattung widmeten. *A. d. Ü.*

aufgeteilt, gelegentlich sogar abgeschafft und durch »camerae« oder »camerulae« ersetzt, in denen die Mönche allein oder zu zweit, zu dritt oder zu viert schliefen.

Inspektionsberichte über cluniazensische Klöster strotzen von Klagen und Instruktionen zu diesem Thema. Nach dem Besuch des Klosters Saint-Victor in Marseille stellt Beatis fest: »In dieser Abtei wohnen annähernd fünfzig Mönche vom Orden des hl. Benedikt; sie essen hier und leben getrennt.« Das Dormitorium der Benediktinerpriorei Littlemore (Oxfordshire) zeigt Spuren einer Unterteilung in separate Räume, die jedoch alle vom Prior überwacht werden konnten, der sein eigenes Zimmer auf derselben Etage hatte. Andere englische Klöster wiesen schön getäfelte »Arbeitsräume« mit gemalten Glasscheiben in den Fenstern auf. In den Krankenrevieren gab es jetzt Privatzimmer für kranke und alte Mönche. Nicht nur Äbte und Priore, sondern auch wichtige Klosterbeamte hatten Privatzimmer oder sogar Privatwohnungen, und ein Mönch, der einen akademischen Grad erworben hatte oder erwerben wollte, bekam ebenfalls sein eigenes Zimmer. Die folgende Anordnung, das Ergebnis einer Inspektionsreise zu einem englischen Kloster im 15. Jahrhundert, verzeichnet einschlägige Empfehlungen: »Eßt und trinkt in *einem* Saal, schlaft in *einem* Raum, betet und dient Gott in *einer* Kapelle. [...] entschlagt euch ganz und gar aller privaten Winkel und aller einzelnen Räume und Wohnungen.«

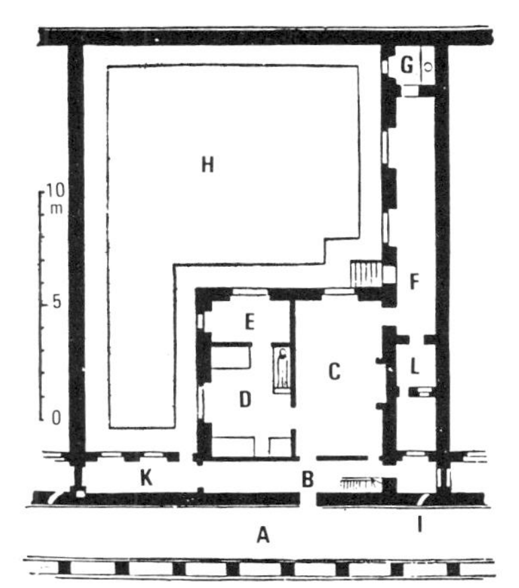

Typischer Grundriß eines Kartäuserhauses nach Viollet-le-Duc.
A Klostergalerie
B Hauptgang
C Hauptsaal (geheizt)
D Zelle mit Bett und drei Möbelstücken
E Kapelle
F überdachter Gang mit Latrinen (G) am Ende
H Garten
I Turm zum Speichern von Lebensmitteln
K kleiner Portikus, von dem aus der Prior den Garten überblickte und den Mönchen Holz und andere Dinge reichen konnte.

Bei derartig weitverbreiteten Verstößen gegen die ehrwürdigen Grundsätze mönchischen Betragens ist es gewiß verlockend, von sittlichem und geistlichem Verfall zu sprechen, von einem Mangel an Disziplin bei den Mönchen ohne Gelübde, die ihrem eigenen Wohlergehen zuviel Wert beimaßen und der Klosterregel zuwenig. Doch ist auf dreierlei hinzuweisen.

1. Schon lange vor der sogenannten »Krise« des Spätmittelalters hat man begonnen, die Zwänge des Gemeinschaftslebens zu meiden. Der »Verfall« hat in der Geschichte der religiösen Orden früh eingesetzt, und in manchen Fällen war der Schwung der anfänglichen Begeisterung bereits erlahmt, als die ersten Pioniere gerade von der Bühne abgetreten waren.

2. Verallgemeinerungen sind irreführend. Zweifellos hat es Klöster gegeben, die den offiziellen Observanzen treu blieben. Dies galt beispielsweise, wenn wir Christine de Pisan Glauben schenken dürfen, von der Dominikanerinnenpriorei Poissy – das Sprechzimmer blieb der einzige Ort, an dem die Nonnen mit Fremden in Kontakt treten durften, und auch das Dormitorium scheint der Ordensregel entsprochen zu haben. Als die gefeierte Literatin das Kloster besuchte, mußten die sie begleitenden Männer am Eingang zum Schlafsaal der Nonnen zurückbleiben: »Mais encor volrent / Plus nous monstrer les dames, qui moult sorent, / Car leur dortouer ordonné comme ilz l'orent / et leur beaulz liz que sur cordes fait orent / Ilz monstrerent, / Mais en ce lieu de nos hommes n'entrerent / Nul, quel qu'il fust, car hommes ne monterent / Oncques més la, par droit s'en deporterent / A celle fois.« (»Sie wollten uns aber noch immer die Damen zeigen, deren es viele waren, denn der Schlafraum war angeordnet, wie es sich schickt, und ihre schönen Gurt-

betten zeigten sie uns; doch trat an diesem Ort keiner unserer Männer ein, wer er auch sei, denn nach der Regel hatten sie sich von hier zu entfernen.«)

3. Vor allem mag es die Fortentwicklung der Spiritualität selbst mit sich gebracht haben, daß den Mönchen eigene Räume für ihre geistige Arbeit und ihr stilles Gebet, ja, sogar zum Schlafen zugestanden wurden. Hier mag sich auch der Einfluß von Gepflogenheiten der Bettelorden ausgewirkt haben – schon Dominikus hatte im Obergeschoß des Klosters in Toulouse Zellen einrichten lassen, in denen seine Anhänger studieren und schlafen konnten: »ad studendum et dormiendum desuper satis«. Gewiß waren das sehr kleine Zimmer, gerade lang genug für ein Bett und 1,50 Meter breit. Doch immerhin konnte jeder Bruder für sich sein. Im Laufe der Zeit wurden die Zellen geräumiger, so daß nun ein Schreibpult und ein Stuhl Platz fanden. Im Kloster Sant'Eustorgia in Mailand ersetzte man im späten 13. Jahrhundert die hölzernen Trennwände durch leichte Zwischenmauern, die jedoch so beschaffen waren, daß der »circator« beim Abschreiten der mittleren »via« des Dormitoriums mit einem Blick feststellen konnte, ob die Brüder fleißig an ihrem Pult saßen oder züchtig im Bett lagen. Einzig die amtierenden Lehrer (»lectores actu agentes«) hatten Anspruch auf einen eigenen Raum im strengen Sinne, nämlich einen, den sie von innen verschließen konnten. Die meisten dieser Räume befanden sich in einem anderen Trakt des Klosters.

Fromme und mildtätige Einrichtungen des Spätmittelalters verzichteten nicht selten auf das gemeinsame Dormitorium. William de La Pole bestimmte für das von ihm gegründete Hospital von Ewelme, daß die Bewohner über »einen gewissen Raum für sich selbst« verfügen sollten, »ein kleines Haus, ein Zimmer, eine Zelle samt Kamin und sonstigen Notwendigkeiten dieser Art, worin jeder für sich essen, trinken und ruhen kann«. 1380 gab es im Collegium Dainville in Paris für jeden Zögling einen eigenen Raum, doch konnten alle Räume vom Meister kontrolliert werden. »Tag und Nacht, bis sie schlafen gehen, muß die Tür offenbleiben, so daß der Meister jeden besuchen kann, den er will, und die Schüler ihren Lerneifer vermehren und sich davor hüten, in Müßiggang oder schlechte Gewohnheiten zu verfallen. Wenn er es für nötig hält, soll es dem Meister erlaubt sein, den Schlüssel zu jedem Raum zu behalten.« Die Statuten des King's College (Cambridge) sahen 1443 für jeweils zwei oder drei »fellows« (»socii«) einen gemeinsamen Raum vor, in dem es für jeden ein Bett und einen Arbeitsplatz (»loca studiorum«) geben sollte. Einzelzimmer waren nicht vorgesehen – das mag als zu kostspielig oder als zu freizügig erschienen sein, doch verglichen mit dem gemeinsamen Dormitorium und dem überfüllten Studiensaal war diese Regelung sehr wohl ein Fortschritt. Mehr noch, derjenige »fellow«, der die anderen »an Reife, Bescheidenheit und Wissen« überragte, genoß besondere Autorität. Bezeichnenderweise wohnt der arme Student Nicholas, die Hauptfigur in Chaucers *Miller's Tale*, im Hause eines Oxforder Schreiners, wo er ein Zimmer für sich hat, »allone, withouten any compaignye« (Zeile 3204).

Mitte des 16. Jahrhunderts erinnert sich der Jurist Hermann von

Das Leben im Collegium Ave-Maria (Hubant) in Paris; 14. Jh. Diese Miniatur gehört zu einer Serie, auf der die Andacht, die guten Taten, die Spiele und die Arbeit der Schüler dargestellt sind. Man sieht sechs Schüler, die paarweise in drei Betten sitzen und die Hände zum Abendgebet gefaltet haben; die Anfangsworte ihrer Gebete stehen auf den symbolischen Schriftrollen. (Paris, Archives nat., AE II 408)

Weinsberg mit liebevoller Wehmut an das Zimmer, das ihm sein Vater zwanzig Jahre zuvor im obersten Stock des großen Hauses der Familie zur Verfügung gestellt hat: »Nun zu einem kleinen Zimmer, meinem *studiolo*. Als mein Vater 1529 bauen ließ, entstanden in der Nähe des großen Raumes zwei kleine Zimmer übereinander. Ich nahm das obere in Besitz. Mein Vater ließ ein Fenster und eine Tür mit Schloß anbringen. Ich trug einen kleinen Tisch, einen Stuhl und einen Wandtisch nach oben und richtete mein *studiolo* ein: Bücher, Schubladen, Papier, Schreibpult usw., und was ich nur erraffen konnte, schleppte ich nach oben. Auch machte ich einen Altar, auf den ich stellte, was man mir geben mochte. Ich hielt den Raum verschlossen, so daß niemand außer meinem Vetter und Schulkameraden Christian Hersbach hineinkonnte, der immer bei uns wohnte. Hier verbrachte ich meist meine Zeit. Wenn ich von der Schule heimkam, ging ich nach oben, um zu lesen und zu schreiben; ich begann zu malen, denn mein Vetter war ein guter Maler und half mir viel. Und mein Vater freute sich sehr, mich dort oben eingerichtet zu sehen, und half mir, das Zimmer herzurichten, was mich davor bewahrte, auf der Straße herumzulungern. Er hielt diesen kleinen Raum immer zu meiner Verfügung, auch als ich in Emmerich war; und wenn ich heimkam, fand ich alles so, wie ich es zurückgelassen hatte.«

Das Bett

Die Menschen im Mittelalter hatten ein klares Bewußtsein davon, in einer armen Welt zu leben, in der jedes Ding seinen Wert hatte, und so scheinen auch Haushaltsutensilien sie fasziniert zu haben. Dichter scheuten sich nicht, diese »oustillements d'ostel« eher in Versen als in Prosa und lieber in der Muttersprache als lateinisch zu besingen. Es genügte nicht, daß ein Haus gut gebaut war; es mußte auch gut ausgestattet (»garni«) sein. Von allen erwähnten Gegenständen taucht das Bett am häufigsten auf und behauptet den obersten Platz.

Nach Guillaume Coquillart gehört das Bett zum bescheidensten Besitz selbst des »Armen und Elenden«, »N'a vaillant que ung lict, une table, / Ung banc, ung pot, une saliere, / Cinq ou six voirres de feuchiere, / Une marmite ou cuyre poys« (»der nichts hat als ein Bett, einen Tisch, eine Bank, einen Topf, ein Salzfäßchen, fünf bis sechs Gläser und einen Kessel zum Bohnenkochen«). Ähnlich ausgestattet war die »povre filleresse« im *Ménagier de Paris*, und Sprachführer, die dem Engländer beim Erlernen des Französischen helfen sollten (und umgekehrt), spiegeln dieselbe Einstellung wider:

»Ores vous convient avoir lits«:	»Now you muste have bedde«
»lyts de plummes«:	»beddes of fetheris«
»pour les povres suz gesir«:	»for the poure to lye on«
»lyts de bourre«:	»beddes of flockes«
»sarge«, »tapites«:	»sarges«, »tapites«
»kieultes pyntes«:	»quilted painted«
»pour les lits couvrir«:	»for the beddes to covere«
»couvertoyrs ainsi«:	»coverlettes also«
»bankers qui sont beaulx«:	»bankers that ben fayr«
»dessoubs le lit ung calys«:	»under the bedde a chalon«
»estreins dedens«:	»strawe therin«.

Mit dem Bett und seinen Bestandteilen beginnt die »Ballade für die Neuvermählten« von Eustache Deschamps: »Il vous faul poure vostre mesnage / Entre vous, mesnagiers nouveaulx, / Coustes, coussins, liz et fourraige« (»Für euren Haushalt, / ihr neuen Haushälter, / braucht ihr Kinderbetten, / Kissen, Betten und Füllung«). 1539 feiert Gilles Corrozet in *Blasons domestiques* entzückt das Bett, nachdem er zuvor das Schlafzimmer gerühmt hat. Erst dann wendet er sich Stühlen, Bänken, Tischen, Kommoden, Schränken und Schemeln zu. Die Begriffe, in denen er vom Bett spricht, spiegeln dessen geradezu mythische Bedeutung – es ist nicht lediglich »zart und weich«, sondern geradezu »der Schmuck des Schlafgemachs«, und es ist, jenseits aller erotischen Konnotationen, das »Bett der Ehre«, der keusche, schamhafte Zeuge des heiligen Ehebundes.

Das Bett war im Grunde das einzige Möbelstück, das man einem treuen Diener, einem bedürftigen Verwandten oder einem Hospital vermachte. In Quercy gehörte Ende des 15. Jahrhunderts das Brautbett zur regulären Aussteuer der Mädchen; sein Wert wurde auf 8 bis 10 Goldtaler beziffert. Betten konnte man, ebenso wie Kleidung, gebraucht erwerben, der Beruf des Gebrauchtbettenhändlers, von Männern und von Frauen gleichermaßen ausgeübt, war häufig mit dem des Altkleiderhändlers oder Trödlers verknüpft.

Ausländische Reisende wie Beatis hatten für die Betten, die sie in französischen Herbergen vorfanden, viel übrig, schätzten jedoch mit guten Gründen das deutsche Bett (dieses ungezieferfreie Wunderwerk) und das flämische Bett noch höher. Allerdings preisen literarische Texte schon im 13. Jahrhundert die »soefs lits«, die Federbetten nach französischer Mode.

Wie aus den Quellen hervorgeht, bestand das »vollständige Bett«, so

Graduale von Saint-Dié, spätes 15. Jh. Die Geburt Jesu. Ein großes Bett mit Baldachin, Wanne, Kübel, Wiege, Schemel – einfaches, aber gediegenes Gerät.
(Paris, Bibliothèque de Saint-Dié, Ms. 74)

wie es auf zahlreichen Kunstwerken abgebildet ist, aus drei Elementen, nämlich dem hölzernen Bettgestell, dem eigentlichen Bett und den verschiedenen auf dem Bett oder um das Bett drapierten Stoffen, die den Schlafenden vor neugierigen Blicken sowie vor störendem Licht und Luftzug schützen sollten.

Der damals geläufige Ausdruck für das Bettgestell ist heute noch gebräuchlich: »châlit«, doch sprach man auch von »couche« und »couchette«. Das Bettgestell war in der Regel aus Eiche, bisweilen aus Kiefernholz, und hatte einen Bretterboden (gewisse lateinische Texte reden dann von »lectum de tabulis«). Dies war anscheinend das »chalit bordé«, im Unterschied zum »chalit cordé« (»lectum cordegii«, »lectum cordelhium«), das beispielsweise im Hôtel-Dieu in Paris, im Dominikanerinnenkloster zu Poissy und im Schloß von Angers zur Zeit König Renés bevorzugt wurde und – ähnlich wie unsere Hängematte – Bänder oder Gurte aufwies. Solche Gurtbetten wurden von einem Mattenflechter oder Seiler hergestellt und in genau festgelegten Abständen wieder gestrafft. Es gab auch Betten, die »bordé« und »cordé« zugleich waren.

Das Bettgestell war so hoch, daß man bequem ein Kinderbett darunterschieben und bei Bedarf hervorholen konnte. »Ein Kinderbett unter dem Bett« ist in einem Inventar erwähnt, das 1453 den Hausrat von Hugues Aubert, einem Geschäftspartner des Jacques Cœur, in Rouen verzeichnete. Gelegentlich hat man Kinderbetten mit Rädern versehen: »chariolle, couchette roullonee, charliz roulerez, couchette rouleresse,

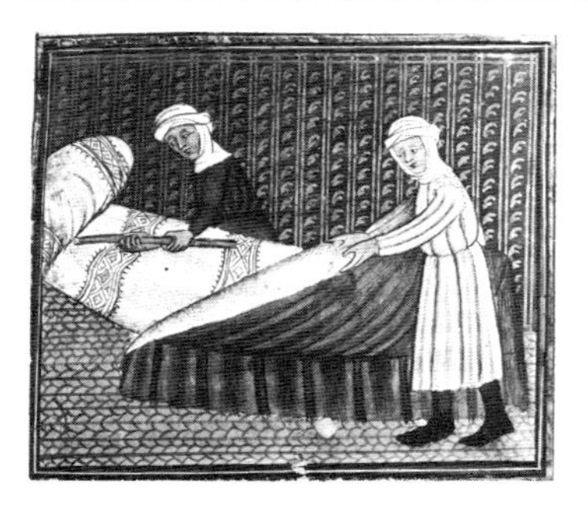

So wurden im 14. Jahrhundert die Betten gemacht. Die Miniatur gilt als Illustration zu Guillaume de Digullevilles *Pélerinage de vie humaine*. (Paris, Bibliothèque Sainte-Geneviève, Ms. 1130)

couchette basse a roulletz, qu'on boute dessous les lits«, manche Bettgestelle konnte man auseinandernehmen oder (wohl vermittels Scharnieren) zusammenklappen; das war in Kriegszeiten praktisch, wenn man ein Feldbett benötigte.

Bestimmte – nicht alle – Betten waren mit Pfeilern, Säulen oder Aufsätzen versehen, kurzum mit einer durch Eisenstreben verstärkten Vorrichtung zur Befestigung des Betthimmels. Dies war eine bedeutsame Erfindung des 13. Jahrhunderts; aus ihr entwickelten sich das Prunkbett und das »lit de justice«, d. h. ein von einem Baldachin überdachter Thronsessel (auf dem der König Gerichtstag hielt).

Die Bettgestelle waren oft so hoch, daß man, um ins Bett zu gelangen, einige Stufen emporsteigen mußte; sie waren aus Holz und vermutlich mit Stoff bezogen. In Ménitré, dem Landsitz König Renés, gab es, wie ein Inventar verrät, im Schlafzimmer des Herrschers »zwei längliche Holztruhen, als Trittbretter dienend, jede mit zwei Schlössern versehen, sowie eine Trittleiter in der *venelle* besagten Bettes«. Die Ausdrücke »venelle« und »ruelle« bezeichneten bereits im 14. Jahrhundert den Zwischenraum zwischen Bett und Wand.

In oder auf dem Bettgestell wurde Stroh (»estrain«, »fuerre«) aufgeschüttet, das das eigentliche Lager bildete. Auf dem Stroh lag manchmal, nicht immer, eine Matratze, die meist »coute«, »couette« oder »coetis« genannt wurde. Die Matratze war aus Leinen aus Caen, Lunel oder der Bretagne, aus einem Tuch namens »souille« oder aus Barchent, Wolle oder Seide gefertigt und steckte bisweilen in einem Bezug; gefüllt war sie mit Strohresten (»poussiere«, »balosse«), Hafer, Flockwolle oder, was am angenehmsten war, mit Federn oder Daunen. Neben »matheras« aus Wolle gab es, vornehmlich in Südfrankreich, »matelas« aus Baumwolle.

Auf jedem Bett lagen Kissen oder Polster (»traversier«, »traverslit«), eins oder mehrere, häufig mit Daunen gefüllte Kopfkissen, ein Paar Laken (»linceuls«) von unterschiedlicher Qualität (aus Leinen, Hanf, Baumwolle oder grobem Stoff), eine Bettspreite aus Stoff, die mit schlichtem oder kostbarem Pelz gesäumt sein konnte, sowie eine Daunendecke, die als »coustepointe« oder »lodier« bezeichnet wurde.

Bettvorhänge und Betthimmel waren in sehr verschiedener Weise angeordnet, in Form eines Zeltes oder eines Pavillons, als halber oder ganzer Baldachin. Im 15. Jahrhundert besaßen zahlreiche Betten einen Betthimmel (»dossiel«) und drei »custodes« oder Vorhänge, die an eisernen Stangen hingen und für die man Leinen, Serge, Wolle, Seide, Tapisserien, ja, selbst Tuche mit Pelzbesatz verwendete.

Unverkennbar gab es eine Hierarchie der Betten. Ein wichtiges Differenzierungsmerkmal war die Größe; die Breite variierte zwischen einem und drei »lés« (»Stoffbahnen«), wobei Decken und Laken meist eine halbe Bahn breiter als das Bett waren. Andere auszeichnende Kriterien waren die Art der Matratze, die Anzahl und Wertigkeit der Decken und Laken sowie der Gebrauch eines Kopfkissens (neben den üblichen Kissen und Polstern). Von Bedeutung war auch das Bettgestell – manche Betten hatten kein Gestell, andere nur einen rudimentären Holzrahmen, wieder andere waren sorgfältig gearbeitete

Möbelstücke. Und schließlich gab es Betten, die mit Betthimmel und Vorhängen ausgestattet waren, während andere – nach Rechnungsbüchern, Inventaren und Miniaturen zu urteilen – dergleichen nicht aufwiesen. Der geschätzte Wert eines Bettes schwankte dementsprechend zwischen ein paar Sous und mehreren Livres. In Paris galt im ausgehenden 15. Jahrhundert ein Bett im Wert von 60 Sous parisis (3 Pfund) als »normal«.

Eine Kategorie für sich sind die Asketenbetten in jenen Klöstern, die dem Geist der Armut und Buße gehorsam blieben. Diese Betten hatten ein schlichtes Gestell, keine Vorhänge und erst recht keine Laken, und statt einer weichen, warmen Daunenmatratze gab es entweder eine grobe Bettstreu oder eine harte Matratze aus »bourree lanissee« (»Krätzwolle«). Als Beatis 1517 die Große Kartause besuchte, beklagte er sich darüber, daß er und sein Herr, der Kardinal von Aragon, »in kleinen Betten aus Stroh ohne Laken und mit einem Schaffell als Zudecke« nächtigen mußten. Als Ludwig IX. vom Kreuzzug heimgekehrt war, beschloß er, sein Fleisch zu ertöten, und schlief künftig statt in einem Federbett auf einer dünnen Baumwollmatratze.

Einzelne Mönchsbetten sahen zwar schön aus, waren aber unbequem. Christine de Pisan berichtet, daß die Nonnen im Dormitorium

Nonnenschlafsaal; Miniatur aus einer Handschrift der *Chroniques de Hainaut*, 15. Jh. Der Raum ist sorgfältig in kleine Alkoven geteilt, die durch hölzerne Trennwände voneinander geschieden sind. (Paris, Bibliothèque Nationale, Ms. fr. 20128)

Resignation und Ergebung – das Bett des Armen nach Jean Bourdichon, spätes 15. Jh. Die Bettdecke ist zerrissen, Dach und Wände haben Löcher.

des Klosters Poissy nicht im weißen Nachthemd, sondern vollständig bekleidet schliefen, ohne Decken und auf Matratzen aus Flockwolle. Allerdings lagen auf den Betten als Schmuck Bettspreiten aus Arras-Tapisserie.

Mitte des 14. Jahrhunderts scheinen Patientenbetten in den Leprosorien und Hospitälern der Diözese Paris weder Rahmen noch Vorhänge gehabt zu haben; sie bestanden aus einer Matratze, einem Kissen, einem Paar Decken und einer Bettdecke. Andere Hospitäler waren da großzügiger – oder vernünftiger – und stellten im Sommer zwei Laken, im Winter drei zur Verfügung.

Für die Bergleute in Cosne im Lyonnais, die Jacques Cœur beschäftigte, gab es zwei Sorten von Betten, wie ein Inventar, das beim Prozeß gegen Cœur (1453) als Beweismaterial vorgelegt wurde, bezeugt – die einen hatten eine »couette« und federgefüllte Kissen, zwei Laken und zwei Decken, die anderen eine Matratze aus »balosse« und lediglich eine Decke. Der Schätzwert der ersteren belief sich auf 20 bis 40 Sous, der der anderen auf 10 Sous oder weniger. Bettgestelle oder Vorhänge waren nicht üblich.

Eine berühmte Miniatur von Jean Bourdichon zeigt einen Bettler – Inbegriff der Armut – in seinem Bett: Die Laken sind ausgefranst, die Strohmatratze liegt auf einem offenen Holzgestell, die karge Decke hat Löcher, durch die man die Füße des Mannes sieht, der eine bandagiert, der andere mit einer abgewetzten Sandale bekleidet. Da hatte es Ende des 15. Jahrhunderts der Koch des Bischofs von Senlis besser – sein Bettzeug war aus Leinen, das Polster mit Federn gefüllt, hinzu kamen ein Paar Laken und eine Bettdecke aus grauem Grobleinen (Schätzwert des Ganzen: 40 Sous parisis).

1403 wurde Colin Doulle aus Conches in der Normandie seiner »Verfehlungen« wegen hingerichtet; er hinterließ »ein Bett, als da sind Matratze und Polster aus Flockwolle, ein fadenscheiniges, altes Laken aus rötlichem Stoff und zwei Paar grober Decken«. Bei einer Versteigerung erzielten diese Gegenstände 40 Sous tournois.

Perrette Le Havée indes, eine Pariser »bourgeoise« und Frau des Hofbarbiers, schlief anno 1460 in einem durchaus imposanten Bett. Die Decken waren aus Leinen, die Kissen mit Federn gefüllt, Matratze und Kopfkissen aus flämischem Leinen. Das Bett maß 1,80 mal 2,10 Meter und war umrahmt von Vorhängen, Betthimmel und einem Kopfteil; es wurde auf 8 Livres 6 Sous 8 Deniers parisis taxiert. (Damals entsprachen 4 Livres parisis 5 Livres tournois; genauso war das Umrechnungsverhältnis bei Sous und Deniers.)

Nicht allein von Bequemlichkeit, sondern geradezu von Pracht der »chambre longue« kündet das Inventar des Schlosses von Thouars, wo 1470 der Vicomte de Thouars verstarb. Den Aufzeichnungen zufolge enthielt der Raum ein mächtiges Bettgestell mit Trittstufen, einer Matratze, einem Polster, einem Laken, einer Bettdecke, einer Bettspreite sowie einer »garniture«, ferner einem Betthimmel aus grüner Tapisserie, einem »entredeux« (Bezug des Kopfteiles) und drei blauen Vorhängen. Das danebenstehende kleinere Bett war aus denselben Materialien gefertigt und genauso verziert; es hatte ebenfalls einen Betthimmel. Un-

Roman de Tristan, spätes 15. Jh. Der reiche Mann auf dem Totenbett. Man beachte das kostbare Tuch, mit dem Bettdecke, Kopfteil und Betthimmel überzogen sind, und den schönen Stuhl rechts von dem Mann.
(Chantilly, Musée Condé, Ms. 404)

ter dem großen Bett befand sich ein kleines »Schiebe«-Bett. Die fünf Wandtapisserien paßten zu denen des Bettes.

Im späteren Mittelalter (die ersten bekannten Belege stammen aus dem 13. Jahrhundert) bildeten Betthimmel, Vorhänge, Kopfteil, Bettspreite und Wandbehang ein aufeinander abgestimmtes Ensemble, das man »chambre« nannte und das man ohne Mühen auf- oder abbauen und in einer Truhe, einem Kasten oder einem Schrank verwahren konnte. Sobald die jeweilige »chambre« aus der Mode gekommen war, landete sie auf dem Speicher. Leicht zu transportieren, entsprach dieser Schlafzimmerschmuck den Bedürfnissen einer Zeit, in der einflußreiche Persönlichkeiten genötigt waren, viel zu reisen.

Einige Schlafzimmer des 14. und 15. Jahrhunderts waren aufgrund ihrer üppigen Konstruktion und Möblierung bemerkenswert. Die Dokumente nennen eindrucksvolle Beispiele; ich erwähne nur die »chambre«, die Katharina von Burgund mit in die Ehe brachte, als sie 1393 in die Habsburgerdynastie einheiratete: »Eine *chambre* aus blauem

Miniatur als Verzierung in der Handschrift des *Livre de vie active de maistre Jehan Henry sur les fait des offices d'iceluy hostel Dieu* aus dem 15. Jahrhundert; Krankenbetten in einem Saal des Pariser Hôtel-Dieu. (Paris, Archives de l'Assistance Publique)

Satin, bestickt mit dem Wappen der *Mademoiselle d'Osteriche*, samt großem Betthimmel, einem Kopfteil, Vorhängen, zehn quadratischen Kissen, die ebenfalls mit dem Wappen besagter Dame bestickt waren, sowie einem schönen Bettüberwurf, vier Tapisserien für die Wände, einem Matratzenbezug, einem Bezug für die Bank und sechs wollenen Kissen mit Wappen wie oben, drei Stufen rund um das Bett und einer gefütterten blauen Decke mit Fehbesatz.« Dies war, wie man sich leicht vorstellen kann, die luxushafte Ausnahme, eine rare Kostbarkeit, die gleichwohl anderen als Vorbild und Muster erschien. Denn bald bekundete sich auch im normalen bürgerlichen Interieur die Neigung zur Dekoration; es gab Tapisserien und Pelzbesatz an Wänden, Möbeln und sogar auf dem Boden, Leinen und Serge, Vorhänge am Bett und an den Fenstern, Kissen und stoffüberzogene Bänke. Betrachten wir das Zimmer des Maître Pierre Cardonnel, des 1438 gestorbenen Domherrn von Notre-Dame. Auf den beiden Betten lagen weiße Bettspreiten; das Bett, in dem der Geistliche starb, überwölbte ein Betthimmel, es besaß ein Kopfteil und drei Kissen aus weißem Leinen. An der Wand waren drei rötliche Tapisserien aufgespannt, die eine zeigte in der Mitte einen weißen Hirsch, umgeben von weißen Rosen. Die überwiegende Mehrzahl der Betten freilich hatte nicht einmal Vorhänge und wahrscheinlich auch keinen hölzernen Rahmen. Man begnügte sich mit dürftigen Strohmatratzen auf dem Boden oder auf ein paar Brettern, und die Dekken waren fadenscheinig, zu dünn, um den Schlafenden wirklich zu wärmen.

Die Anzahl der Betten in einem Haus hing von seiner Größe, den finanziellen Ressourcen seiner Bewohner und der Bedeutung des Haushalts ab; sie schwankte zwischen einem einzigen und mehreren Dutzend. Die Bergleute in Cosne, die für Jacques Cœur arbeiteten, wohnten in mehreren Gebäuden mit insgesamt fünfzig Betten; leider wissen wir nicht, wie viele Menschen sich diese Betten teilen mußten. Im Schloß Madic zählte man Ende des 15. Jahrhunderts 31 Betten und 35

Kinderbetten. Beim Verhör durch Staatsanwalt Dauvet sagte Jacques Cœurs »despensier« (»Speisemeister«) unter anderem aus: »Das große Haus [in Bourges enthielt] fünfzehn oder sechzehn Betten, davon waren einige sehr groß, schön und von guter Qualität.« 1525 verzeichnete das Inventar, das nach dem Tode Pierre Legendres, des Treßlers [Schatzmeister] von Frankreich, von seinem Haus angefertigt wurde, ca. zwanzig Betten, davon die Hälfte Kinderbetten, die in den verschiedenen Räumen seines Pariser »hôtel« an der rue Bourdonnais standen, im Durchschnitt ein großes und ein kleines Bett pro Zimmer. Legendres Landhaus in Alincourt hatte dreißig Betten, das in Garenne ca. zwanzig; die drei Hauptwohnsitze Legendres – er besaß noch andere Wohnungen, die aber nur selten benutzt wurden – verfügten also über etwa siebzig Betten, wobei die Bettgestelle ohne Matratzen nicht mitgerechnet sind. 1542 zählte man im »château« Thouars mit seinen ca. vierzig Räumen fast ebenso viele Betten, darunter zwei Wiegen im Zimmer der Ammen und etliche Klappbetten.

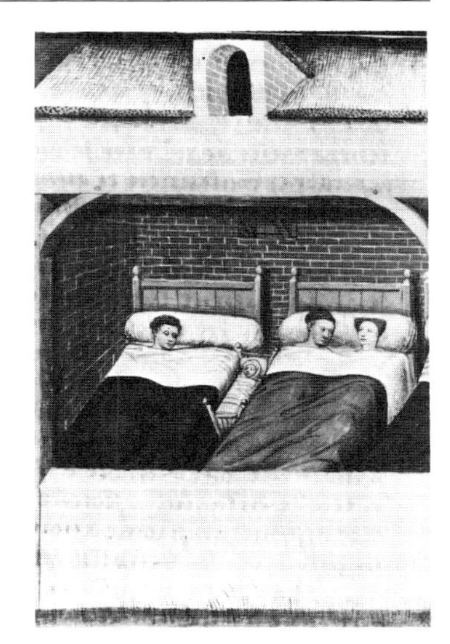

Französische Übersetzung des *Decamerone* von Boccaccio, 15. Jh. Gewöhnliche Betten. (Paris, Bibliothèque Nationale, Ms. fr. 239)

Schlafgelegenheiten gab es nicht in allen Räumen. Von Kellern, Vorratsräumen, Dachböden, Galerien und Dachstuben brauchen wir in diesem Zusammenhang gar nicht sprechen. Doch es gab auch selten Betten in der Küche, in der Speisekammer, im Kontor oder im Arbeitszimmer und niemals eines im großen Saal. Allerdings fanden sich Betten in den »chambres« (die manchmal ausdrücklich als »chambres a coucher« bezeichnet werden) und in deren Nebengelaß (Garderobe und sogar »retrait«), ja, selbst in einzelnen Wirtschaftsräumen und vor allem in den Ställen, vielleicht um Pferdediebe abzuschrecken.

Es ist eine begründete Vermutung, daß das einzelne Bett im Mittelalter nicht nur – billigerweise – dem verheirateten Paar Platz bot, sondern auch dessen Kindern, mehreren Geschwistern oder den Dienstboten ein und desselben Herrn oder sogar Fremden, die den Raum und das Lager miteinander teilen mußten. Soldaten, Studenten, Invalide und Arme teilten oft das Bett, wie schriftliche und ikonographische Quellen

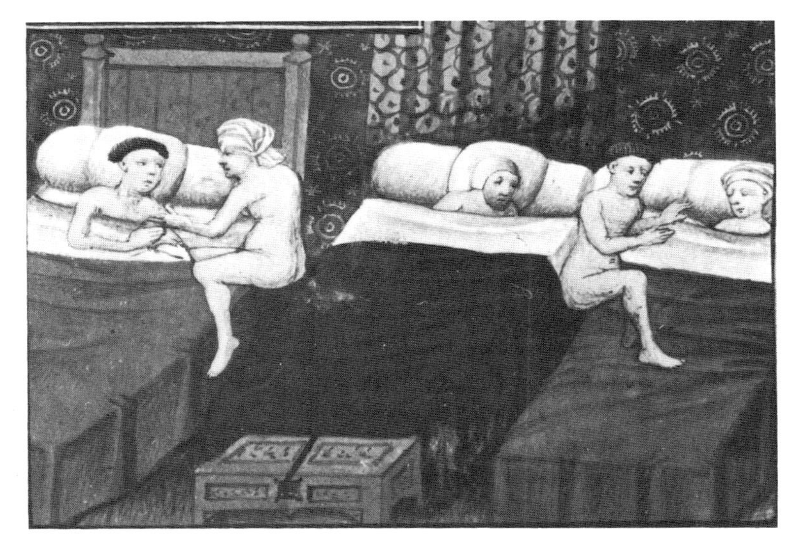

Französische Übersetzung des *Decamerone* von Boccaccio, 15. Jh. Schlafzimmer. (Paris, Bibliothèque de l'Arsenal, Ms. 5070)

hinreichend belegen. Große Betten, die nicht nur »Ehe«-, sondern tatsächlich »Familien«-Betten waren, sind keine Fiktion, wie wir aus dem Stundenbuch der Jeanne de France wissen. Gleichwohl galt solche kollektive, jedenfalls erweiterte Intimität nicht als wünschenswert – aus Gründen der Hygiene, der Bequemlichkeit, vor allem der Moral. In Jean Gersons Schrift wider die Unzucht heißt es: »Wolle Gott, daß es Brauch in Frankreich werde, Kinder in ihrem Bettchen allein schlafen zu lassen, oder allenfalls Brüder, Schwestern und andere miteinander, wie es in Flandern der Brauch ist.« Einzelbetten waren in den meisten Klöstern und in manchen Universitäten die Regel. In Krankenhäusern indes machte der Mangel an Betten dem Personal zu schaffen; im Hôtel-Dieu zu Paris beschwerten sich die Schwestern, sie seien gezwungen, »kleine Kinder, Mädchen und Jungen zusammen in Betten zu legen, in denen zuvor andere Patienten an einer ansteckenden Krankheit gestorben sind, weil es keine [Anstalts-]Ordnung und kein eigenes Bett für die Kinder gibt, die zu sechst, zu acht, zu neunt, zu zehnt oder zu zwölft in einem Bett, an Kopf- und Fußende schlafen müssen«. Zu mehreren schlafen zu müssen war ein Kennzeichen der Armut. Jeder, der es sich leisten konnte, allein zu schlafen, wollte allein schlafen, oder jedenfalls nur mit Menschen seiner Wahl.

Dagegen wurde es nicht beargwöhnt, wenn der vornehme Herr oder die feine Dame mit seinem Kammerdiener oder ihrer Kammerzofe im selben Raum nächtigte. Der Diener schlief in einem kleinen Bett im Zimmer seines Herrn oder im benachbarten Ankleidezimmer, oder es schliefen mehrere Domestiken gemeinsam in einem Nebenzimmer. Im »château« Madic beispielsweise war das Schlafzimmer neben dem der Hausherrin für die »filles de Madame« reserviert. Und im »château« von Rouen »schliefen in der kleinen Kammer die *demoiselles* der Frau des Hauptmanns«. Antonio de Beatis vermerkt, daß in den Zimmern in den Gasthäusern der Picardie nur jeweils ein Bett für den Herrn und für seinen Diener aufgestellt war, anders als in Deutschland, wo jeder Raum mit Betten vollgestopft werde. Commynes erinnert sich in seinen *Mémoires*, daß er als Kammerherr des Herzogs Karl von Burgund gelegentlich im Zimmer des Herzogs genächtigt habe. Der »mignon« (»Liebling«) des Königs oder vornehmen Herrn teilte natürlich regelmäßig mit ihm das Schlafzimmer. Und im *Ménagier de Paris* gibt der brave Biedermann seiner jungen Frau folgenden Wink: »Hast du Dienstmädchen oder Kammerzofen von fünfzehn oder zwanzig Jahren, in welchem Alter junge Mädchen närrisch sind und die Welt noch nicht kennen, laß sie in deinem Ankleide- oder Schlafzimmer schlafen, will sagen dort, wo es keine Lukarne [Dachfenster] oder niedriges Fenster zur Straße hinaus gibt.« Das soll heißen, daß nicht alle Domestiken den Vorzug ständiger Unterbringung im Haus genossen und daß man sie nicht nur deshalb im Schlafzimmer ihrer Herrschaft schlafen ließ, weil sie dann jederzeit dienstbereit waren, sondern auch, um sie unter Kontrolle zu halten. In literarischen Werken wie den *Cent nouvelles nouvelles* ist von diesem Doppelzweck mehrfach die Rede. Er hat auch die Intimitätsvorstellungen des Zeitalters geprägt – das Wechselspiel zwischen sozialer Statusbekräftigung und privater Selbstbestimmung.

Ostentation und Privatheit

Zeitgenössische Texte beschreiben das Haus als eine Welt für sich, in welcher der »chef d'hôtel« unumschränkte Gewalt ausübt. Der *Ménagier de Paris* empfiehlt, am Ende des Tages, wenn die Feuer gelöscht worden sind, die Haustüren sorgsam zu verschließen und die Schlüssel einer Vertrauensperson – der Begine Dame Agnes oder dem Speisemeister Jean – auszuhändigen, »so daß niemand ohne Erlaubnis kommen oder gehen kann«. Alain Chartier vertritt die Ansicht, daß nichts angenehmer sei, als im eigenen Hause sein eigener Herr zu sein: »Sobald deine Haustür verschlossen ist, kann niemand mehr eintreten, wenn es dir nicht gefällt.« Und François Villon behauptet: »Das Haus ist nur sicher, wenn man es verschließt.«

Der Innenraum war jedoch nicht homogen und undifferenziert, jedenfalls nicht in Häusern von Stand. Er gliederte sich nach Gesichtspunkten des gesellschaftlichen und des privaten Lebens, der häuslichen und der beruflichen Tätigkeit. Manche Bereiche des Hauses waren geheizt, andere nicht (und »geheizt« ist nicht dasselbe wie »beheizbar«). Die Küche war natürlich warm, ebenso wie das Schlafzimmer des Hausherrn; auch andere Schlafzimmer und der Saal wurden geheizt. In den Klöstern gab es Wärmestuben. In Deutschland wurde die »Stube« im Winter ganztägig geheizt, wie einem Hinweis im *Livre de la description des pays* von Gilles le Bouvier, genannt »Héraut Berry«, zu entnehmen ist: »Gegen die Kälte, die im Winter über Deutschland hereinbricht, haben sie Öfen, die so gut heizen, daß sie es in ihren Räumen warm haben, und im Winter gehen die Handwerker dort ihrer Arbeit nach und haben ihre Frau und die Kinder um sich, und diese Öfen brauchen sehr wenig Holz. Und Edelleute, Soldaten und andere Müßiggänger halten sich hier ebenfalls auf, spielen und singen, trinken und essen und vertreiben sich hier die Zeit, weil sie zu Hause keinen Kamin haben.«

Le Bouviers Bemerkungen deuten an, daß die Bräuche in Frankreich ganz anders waren – die Häuser dort hatten mehrere Kamine, die nicht ständig in Gang gehalten, sondern nur dann angefacht wurden, wenn jemand aus der Nässe und Kälte hereinkam; auch mußten sich die Mitglieder des Haushalts nicht allesamt um einen einzigen Ofen scharen. Immerhin waren Öfen nicht unbekannt, zumindest nicht in Ostfrankreich (Provence, Savoyen und Grafschaft Burgund). Im 15. Jahrhundert führte man Öfen auch andernorts ein, beispielsweise in der Region der Bergwerke Jacques Cœurs und in einigen der »châteaux« König Renés, der sie von deutschen Fachleuten installieren ließ.

Zu den Räumen, die selten geheizt wurden, zählten die Werkstatt, das Kontor, das Arbeitszimmer und die Kapelle. Als Georges de La Trémoille 1475 den Bau einer privaten Betkapelle in seinem »château« in Rochefort-sur-Loire plante, sah er ausdrücklich einen »kleinen Fußwärmer« in dem getäfelten Raum vor. Bisweilen bediente man sich transportabler Fußwärmer, die von Raum zu Raum getragen werden konnten. In der Provence hießen sie »speyrogadoria«, in Nordfrankreich, wo sie aus Eisen oder Messing waren, »fouiers« oder »fouieres«.

Stundenbuch des Louis de Laval, spätes 15. Jh. In der Intimität der Stube oder des Schlafzimmers sitzt ein Ehepaar am Kamin. (Paris, Bibliothèque Nationale, Ms. lat. 920)

Man unterschied zwar weiterhin zwischen Saal und Kammer, aber es bahnte sich ein Wandel an. Ungeachtet der Größe des kunstvoll ausgeschmückten Saals neigte man mehr und mehr dazu, ihn in eine Art Vorzimmer oder Wartezimmer umzuwandeln. Halten wir uns wieder an Alain Chartier: »Der Saal eines großen Fürsten ist für gewöhnlich stickig und verpestet vom üblen Atem der Leute, und der Pförtner schlägt ihnen mit dem Stock auf den Kopf. Manche werden mit einem Fußtritt hereingestoßen, während andere auszuharren suchen«, bis sich die Tür zum Privatgemacht des Fürsten öffnet. Eine mögliche (und auch praktizierte) Lösung des Problems bestand darin, den Saal zweizuteilen; dann entstanden ein allgemeiner Saal und ein großer Saal, oder ein unterer Saal, den man zum Wartezimmer erklärte, und ein oberer Saal, der als Empfangsraum genutzt wurde. Die Regel war jedoch, das Schlafzimmer zu teilen in das eigentliche Schlafgemach und einen offiziellen Raum (»chambre de parement« oder »chambre à parer«); in letzterem stand das Prunkbett – majestätisch, aber unberührt. In einer der *Cent nouvelles nouvelles* betritt die junge Frau zuerst den großen Saal im »hôtel« ihres Mannes und begibt sich dann in das »*chambre à parer*, das mit schönen Wandteppichen geschmückt ist« und von einem »schönen großen Feuer erwärmt« wird; hier findet sie einen »schön gedeckten Tisch« mit einem »guten Mahl« vor, wobei »der schöne Speiseschrank mit Geschirr wohl versehen« ist.

Der offizielle Raum erfüllte unterschiedliche Funktionen. Er war zwar öffentlich, gehörte aber zugleich zum innersten Kernbereich des Haushalts. Da nicht jedermann Zutritt hatte, konnte man hier unbesorgt seinen Wohlstand, das kostbare Silber und die wertvollen Wandteppiche zur Schau stellen. Im Spätmittelalter war man gehalten, nicht nur *mächtig* zu erscheinen, sondern auch *prächtig;* daher die Prunkpferde, das Prunkgeschirr, das Prunkschwert, die Prunkgewänder und die Prunkschränke.

Ein weiterer wichtiger und prestigereicher Ort des Hauses war das Schlafzimmer des Hausherrn, von dem Gilles Corrozet schreibt, es sei »gut beleuchtet und schön gefliest« oder es habe »schöne Wandteppiche, Teppiche, Fliesen und Matten«. Jean de Roye spricht von »schönen Zimmern, wohl versehen mit Teppichen und Fliesen und angefüllt mit Betten, Wandteppichen und anderen Dingen«. Und Eustache Deschamps schildert die Behaglichkeit, die dort herrschte, so: »Chaudes chambres natees sus et jus, / Les huis fermez, fenestre qui ne crie« (»Warme Zimmer, Wände und Böden mit Teppichen bedeckt, / die Türen verschlossen und ein Fenster, das nicht quietscht«). Im Schlafzimmer bewahrte man, wie die Inventare lehren, Schmuck, Silber und bedeutsame Papiere auf (Rechnungen, Schuldscheine und Obligationen, Privatbriefe); man deponierte sie in Schränken, Kommoden, »Schreinen« (Schmuckkästchen) und Truhen von unterschiedlicher Größe, die aus Eichen- oder Zypressenholz gefügt waren, bisweilen eiserne Beschläge trugen und stets sorgfältig abgeschlossen wurden. Neben dem Schlafzimmer lagen das Arbeitszimmer (gelegentlich »Geheimzimmer« genannt), das Privatkontor, die Betkapelle sowie, natürlich, das Ankleidezimmer und das »retrait« im technischen Sinne (samt dem unvermeidlichen Stuhl mit durchbrochenem Sitz), vielleicht auch eine Badestube. In das »Geheimzimmer« zog man sich zurück, um sich zu entspannen, vielleicht auch, um »Kammer-Spielen« zu frönen und für seinen Körper und seine Seele Sorge zu tragen. Hier wurde auch geschrieben. Wie Alain Chartier sagt: »Or veult l'amant faire diz, balades, / Lettres closes, segrectes ambaxades, / Et se retrait / Et s'enferme en chambre et retraict / Pour escripre plus a l'aise et a traict« (»Der Liebende erzählt gerne Geschichten oder singt, schreibt heimliche Briefe, geheime Botschaften, und zieht sich zurück, um sich in seiner Kammer und seinem Privatgemach einzuschließen und um so bequemer zu schreiben«). Normalerweise teilten sich der Mann und seine Frau diesen privaten Raum. In den Residenzen des Hochadels freilich, etwa im Hôtel Saint-Pol in Paris, machte man einen Unterschied zwischen den (wie wir leicht anachronistisch sagen könnten) »Appartements« des Herrn und den »Appartements« der Dame; beide verfügten über ein eigenes Schlafgemach und ein eigenes Ankleidezimmer.

So sah Jean Bourdichon Ende des 15. Jahrhunderts die vornehme Familie. Kleidung und Möbel, Krüge und Teller strahlen Wohlstand aus.

Die Bedeutung des Wandels

In den Kirchen gab es Privatkapellen, die durch Wände aus Holz oder Stein oder durch Eisengitter voneinander getrennt waren; jede von ihnen hatte ihre eigene Ausstattung und ihre eigene Krypta, und jede von ihnen war einer Person, Familie oder Bruderschaft geweiht. Auf Miniaturen ist mitunter eine transportable Betkapelle dargestellt, in der eine bedeutende Person, fern von ihrem Gefolge, von Höflingen und Domestiken, betet. Feste Hauskapellen aus Stein erlaubten es dem Betenden, auf den Altar und die anderen Gläubigen hinabzusehen, ohne selbst gesehen zu werden, und unauffällig zu kommen und zu gehen (so etwa die Hauskapellen Ludwigs XI. in Notre-Dame de Cléry, Notre-Dame de Nantilly und in Saumur sowie das Oratorium von Jean Bourré in Plessis-Bourré).

Zahllose Formen hatte das »Gehäuse«, in dem das Leben der Menschen sich abspielte. In vielen Städten trat der Magistrat in einem besonderen Raum oder Gebäude zusammen. Es gab spezielle Säle für das Paume-Spiel, ja sogar für Tjosten. Es gab geschlossene Räume, in denen man sich im Umgang mit Pfeil und Bogen, mit der Armbrust oder der Arkebuse üben konnte. Es gab Arsenale für die Miliz. Manche Gebäude waren ausschließlich Universitätsangehörigen vorbehalten (etwa das Archiv und die Bibliothek in Orléans). Für Schüler gab es die Schulzimmer, etwa in der Londoner St. Paul's School, die Erasmus Anfang des 16. Jahrhunderts beschreibt. Manche Städte besaßen öffentliche Bibliotheken (so Worcester und Bristol im 15. Jahrhundert). Es gab Archivräume, beispielsweise den »Trésor des chartes« im königlichen Palast auf der Ile de la Cité in Paris, nördlich der Sainte Chapelle. Auf den Märkten gab es Stände und Verschläge.

So disparat diese Daten erscheinen mögen, ihre Bedeutung ist klar, zumal im Lichte vergleichbarer Veränderungen in den städtischen »hôtels«, den Schlössern, den prächtigen Palästen. Was die Menschen frü-

Illustration zu den *Dits et faits mémorables*, der französischen Übersetzung der *Facta et dicta memorabilia* von Valerius Maximus. Das Schlafzimmer enthält eine Badewanne, Innenläden an den Fenstern, Holztäfelungen und ein ordentlich gemachtes Bett.
(Paris, Bibliothèque Nationale, Ms. fr. 6185)

Stundenbuch der Marie von Burgund. Eine typische Kapelle in einer Kirche des 15. Jahrhunderts. Die vornehme Dame – ihr Hündchen auf dem Schoß, den Rosenkranz griffbereit neben sich, das Stundenbuch in der Hand – fühlt sich zu Hause.
(Wien, Nationalbibliothek, Cod. 1857)

her vorwiegend im Freien getan hatten, taten sie nun mehr und mehr im »Gehäuse«; multivalente Gebäude oder Gebäudeteile, die einst verschiedene Aufgaben erfüllt hatten, wurden jetzt durch Räume ersetzt, deren Funktion genau definiert war. Es gab einen Ort zum Spielen, einen anderen zum Arbeiten, einen anderen, um Recht zu sprechen, wieder einen anderen für das individuelle und das kollektive Gebet, einen anderen für den Unterricht und noch einmal einen anderen für die Kultur (wir stehen vor der Heraufkunft des Theaters). So gewinnt gegen Ende des Mittelalters das Ideal des städtischen Raumes Gestalt. Dieses Ideal hatte seine Parallelen in der offiziellen Vision der idealen Gesellschaft: mehr Hierarchie, mehr Segregation, striktere Reglementierung und strengere Überwachung des Einzelnen und seines Verhaltens.

Stundenbuch aus der Bretagne, 15. Jh. Eine andere Art von Kapelle. (Paris, Bibliothèque Nationale, Ms. lat. 1159)

Zwischen dem 13. und dem 16. Jahrhundert stieg die Qualität des Wohnens in der Stadt ebenso wie auf dem Lande. Paradoxerweise waren die mächtigen Umwälzungen des Spätmittelalters die Bedingung für diese Verbesserungen. Zwar schickten die Behörden sich an, das Leben des Einzelnen nachhaltig zu reglementieren, aber gleichzeitig wurde – in einer dialektischen Gegenbewegung – die Wohnung zum Refugium, zu einem Ort, an dem man für sich sein und Atem schöpfen konnte.

Mehr Individualismus? Vielleicht. Doch vergesse man nicht, daß noch in der Renaissance das gemeinschaftliche Wohnen eine charakteristische Komponente des gesellschaftlichen Wertesystems war – bei religiösen Gemeinschaften, Schulkindern, Invaliden, Soldaten oder bei Einzelpersonen, deren Macht, Prestige und Reichtum sich vor allem in der Zahl der Menschen artikulierten, die sich ständig in ihrem Umkreis bewegten.

Anmerkungen

1 Quelle: David Herlihy und Christiane Klapisch-Zuber, *The Tuscans and Their Families*, New Haven 1984.

2 Sog. »frérèches«.

3 Emmanuel Le Roy Ladurie, *Montaillou. Ein Dorf vor dem Inquisitor 1294 bis 1324*. Übersetzt und bearbeitet von Peter Hahlbrock, Berlin 1980 (19.–21. Tsd. 1989). S. 70.

Der Bamberger Reiter – Inbegriff des Ritters; 13. Jh.

Georges Duby, Philippe Braunstein

V. Der Auftritt des Individuums

Königsportal der Kathedrale zu Chartres, um 1145.

Georges Duby

Situationen der Einsamkeit: 11. bis 13. Jahrhundert

In intensiver Berührung miteinander, zusammengepfercht, bisweilen auf engstem Raume – so lebten die Menschen im Feudalzeitalter. In der feudalen Residenz war kein Raum für individuelle Abgeschiedenheit, es sei denn in der Stunde des Todes. Wenn die Menschen sich aus der Geborgenheit des Hauses ins Freie wagten, dann taten sie es in Gruppen. Keine Reise, an der nicht mindestens zwei Personen teilgenommen hätten, und wenn sie nicht miteinander verwandt waren, dann kam es zu einer rituellen Verbrüderung, zur Bildung einer künstlichen Familie, die so lange Bestand hatte, wie die Reise dauerte. Mit sieben Jahren – dem Zeitpunkt, ab dem man ihre Geschlechtlichkeit respektierte – nahmen die adligen Knaben Abschied von der weiblichen Welt und stürzten sich ins virile Abenteuer. Dennoch blieben sie ihr Leben lang im wahrsten Sinne des Wortes »umhegt« – sei es, daß sie sich dem Dienst an Gott weihten und in einer Schule unter der Aufsicht eines Lehrers saßen, sei es, daß sie sich einem Trupp junger Leute anschlossen, die ihrem Anführer und neuen Vater überallhin folgten, sobald er das Haus verließ, um mit der Gewalt der Waffe oder des Wortes seine Rechte zu behaupten, oder zum Jagen in seine Wälder zog. War ihre Lehrzeit vorbei, empfingen die frischgebackenen Ritter *in toto*, als ein familial organisierter Bund, ihre Waffen. (In der Regel wurde der Sohn des Grundherrn gemeinsam mit dem Sohn des Vasallen zum Ritter geschlagen.) Fortan waren sie ständig beisammen; sie teilten Ruhm und Schmach, bürgten füreinander und gaben sich für den anderen als Geisel hin. Im Verband, begleitet von Dienstmannen und oft auch von Priestern, stürmten sie von Turnier zu Turnier, von Hof zu Hof, von Scharmützel zu Scharmützel und bekundeten ihre Loyalität, indem sie ihr Banner schwangen oder ihren Schlachtruf erschallen ließen. Die Ergebenheit seiner jungen Gefährten hüllte den Anführer in den unentbehrlichen Mantel familialer Vertrautheit – das Ganze glich einem Haushalt auf Reisen.

So war in der feudalen Gesellschaft der private Raum zweigegliedert und umfaßte zwei verschiedene Bereiche – der eine war unbeweglich, von einem Gehäuse umschlossen, um den Herd zentriert; der andere war ungebunden und bewegte sich in der öffentlichen Sphäre, verkörperte aber dieselben Hierarchien und wurde von denselben Kontrollen zusammengehalten. Innerhalb dieser mobilen Zelle sorgte eine Macht, deren Aufgabe es war, Übergriffe öffentlicher Autoritäten abzuwehren, für Frieden und Ordnung. Zu diesem Zweck errichtete sie gegen die Außenwelt eine unsichtbare Mauer, die ebenso undurchdringlich war wie die Einfriedung, die das Haus umgab. Diese Macht umschloß die Personen des Haushalts und legte ihnen Fesseln an, indem sie sie einer gemeinsamen Disziplin unterwarf. Macht bedeutete Zwang. Und wenn privates Leben Heimlichkeit bedeutete, dann war es eine Heimlichkeit, an der alle Mitglieder des Haushalts Anteil hatten und die daher instabil und fragwürdig war. Freilich war das private Leben mit Unabhängigkeit verknüpft, jedoch einer Unabhängigkeit kollektiven Zuschnitts. Im 11. und 12. Jahrhundert hat es solche kollektive Privatheit in der Tat gegeben. Können wir im Schoß dieser kollektiven Privatheit eine persönliche Privatheit entdecken?

Die Feudalgesellschaft war so kompakt gefügt, bestand aus so vielen dichten Gehegen, daß jeder Einzelne, der etwa versuchte, sich dieser engmaschigen und alles erfassenden Struktur zu entziehen – sich seinen eigenen Privatraum zu schaffen, seinen eigenen Garten zu bebauen –, sogleich entweder Bewunderung oder Argwohn erregte, entweder als Held oder als Aufrührer, in jedem Falle als »fremd« (im Gegensatz zu »privat« im Sinne von »vertraut«) empfunden wurde. Wer abseits stand, war, selbst wenn er nicht die Absicht hatte, Missetaten zu begehen, zwangsläufig zu Missetaten verurteilt, denn seine Besonderung machte ihn für die Versuchungen durch das Böse besonders anfällig. Kein Mensch, der nicht deviant oder besessen oder wahnsinnig war, ging aus freiem Entschluß ein derartiges Risiko ein. Wer »allein so für sich hinging«, galt nach allgemeiner Übereinkunft als geisteskrank. Männer und Frauen, die ohne Eskorte auf den Straßen reisten, forderten nach derselben allgemeinen Überzeugung Überfälle geradezu heraus, und es geschah ihnen nur recht, wenn man sie beraubte oder ausplünderte. Und es war ein Gott wohlgefälliges Werk, sie – notfalls auch gegen ihren Willen – der Gemeinschaft und jener wohlgeordneten und wohlverwalteten Welt wiederzugeben, für die Gott sie bestimmt hatte, einer Welt, die aus privaten Einfriedungen bestand und aus öffentlichen Räumen dazwischen, die man nur in Begleitung betrat.

Diese Einstellung erklärt die Bedeutung – im wirklichen Leben wie in der Phantasie –, welche die übrige sichtbare Wirklichkeit aus unbebautem Land ohne Herd und Heim hatte: Sümpfe, Wälder und andere bedrohliche oder lockende Orte, die außerhalb des Gesetzes standen, Schauplätze schauriger Begegnungen, wo jeder, der sie unbegleitet betrat, Gefahr lief, sich unheimlichen Wesen und Elfen gegenüberzufinden. Übeltäter und Ketzer suchten angeblich Zuflucht in diesen Bezirken der Ungesetzlichkeit, Angst und Begehrlichkeit, ebenso jene, die ihre Leidenschaften um den Verstand gebracht hatten. Tristan trug die schuldig gewordene Isolde in die Wildnis – weder Brot noch Salz gab es dort, nur zerrissene Kleider und eine Lagerstatt aus Ästen und Zweigen. In dem Augenblick jedoch, in dem die Wirkung des Gifttrankes sich verlor, die beiden ihrer (vernünftigen) Sinne wieder mächtig waren, befahl Isolde Tristan, sie aus dieser fremden – das heißt: vereinsamten, isolierten – Welt fort- und in die Ordnung zurückzubringen. Für beide bedeutete Reakkulturation die Rückkehr in das private Leben, an den Hof, zu einer Existenz in der Gemeinschaft.

Doch obschon sie dorthin zurückkehrten, so hatte ihre Prüfung sie doch stärker gemacht. Gefahren und die Anfechtungen der Einsamkeit zu bestehen, ob freiwillig oder nicht, war für die starken Individuen, für die Auserwählten, eine Chance der Selbstbewährung. Godelieve war »vernichtet« – ihr Mann hatte sie verlassen, sie hatte keine »Gesellschaft« mehr, doch dank der Gnade Gottes vermochte sie alle Versuchungen abzuwehren und sich Schritt für Schritt der Heiligkeit zu nähern. Wer sich aus freien Stücken entschloß, allein gegen das Böse zu kämpfen, und siegreich aus diesem Kampf hervorging, der trug einen Preis davon, welcher allen Mitgliedern der Familie, von der er sich zeitweilig getrennt hatte, zugute kam. Das war das Glück des Kämpfers, der einen Gegner im Duell bezwang, im »Einzelkampf« auf einem begrenzten Schlachtfeld; es war das Glück des Sünders, der durch die Buße in der Isolation von seiner Schande gereinigt worden war; auch das Glück der freiwilligen Klausner wie jener beiden von Köln, von denen es hieß: »Ihr heiligmäßiger Lebenswandel erfüllte die ganze Stadt mit dem süßesten Geruch des guten Rufes.« Und es war das Glück der Ritter in den Romanen, der fahrenden Ritter, die sich von der gemeinen Menge unterschieden, nicht weil sie verrückt waren, sondern weil sie allein durch die Welt zogen. Freilich, wenn eine eskapistische Literatur ihre Helden von der unvermeidlichen Geselligkeit der übrigen Menschen ausnahm, dann vielleicht deshalb, weil man im 12. Jahrhundert diese erzwungene Geselligkeit allmählich als durchaus bedrückend empfand. Träumten die Angehörigen der »guten Gesellschaft« (auf deren Untersuchung unser Buch zwangsläufig sich beschränken muß) nicht zunehmend von Flucht, obwohl der Fortschritt der Zivilisation den Einzelnen langsam, aber sicher aus der häuslichen Herde herauslöste?

Der Wunsch nach Autonomie

Anzeichen, die auf die Eroberung individueller Autonomie schließen lassen, mehren sich im 12. Jahrhundert. In dieser Zeit beschleunigte sich das Tempo des ökonomischen Wandels, und das landwirtschaftliche Wachstum beflügelte die Märkte und Dörfer. Das Ferment der Vitalität (ebenso wie der Apparat, sie zu kontrollieren) wanderte vom Land in die Stadt. Das Geld begann, in den Transaktionen des Alltags eine wesentliche Rolle zu spielen, und das Wort »gagner« (»verdienen«) wurde allgemein gebräuchlich. In den Urkunden ist immer häufiger von Truhen und Börsen die Rede, und die Archäologie entdeckt in alten Ruinen die Überreste von Schlüsseln. Offenbar hatten die Menschen mehr denn je zuvor das Bedürfnis, Besitz einzuschließen, der seiner ganzen Natur nach beweglich war; sie empfanden es als hilfreich, zu sparen, um sich von der Familie unabhängig zu machen. Der individuelle Unternehmergeist verschaffte sich Handlungsfreiheit und Spielraum. Die einfachen Leute stellten sich der Herausforderung; sie wandten sich rasch jenen Grenzgebieten zu, wo neuer Boden gerodet worden war, oder eröffneten Läden in den Vorstädten, die von Kaufleuten und

Schlüssel, um 1340. Gefunden bei den Ausgrabungen in Dracy. (Côte-d'Or)

Handwerkern wimmelten; manche sammelten in kurzer Frist ein Vermögen an. Die herrschende Klasse war nicht weniger begierig, Reichtum zu erwerben. Geistliche erwiesen sich als ebenso geschäftstüchtig und stellten ihre administrativen Fähigkeiten in den Dienst von Fürsten, während Ritter heimlich ihre Turniertrophäen für klingende Münze verkauften. Die neue Bedeutung persönlicher Initiative und privaten Reichtums schärfte die Aufmerksamkeit für den Wert des Individuums.

Zahlreiche Zeichen zeugen von diesem Wandel. Dazu gehörte auch das Bild, das sich die Gesellschaft nun von menschlicher Vollkommenheit machte. Irgendwann zwischen 1125 und 1135 bekamen die Steinmetze, die am Portal der Kirche Saint-Lazare in Autun arbeiteten, von den Männern, die für das ikonographische Programm zuständig waren, offenbar den Auftrag, von der Abstraktion Abstand zu nehmen und den Figuren einen individualisierten Ausdruck zu verleihen. Zehn Jahre später zeugt die Beseeltheit der Lippen und Augen der Figuren am Königsportal von Chartres von einer geradezu verblüffenden Authentizität. Danach wurde der ganze Körper aus der Umklammerung durch hieratische Stereotypen befreit; noch später, im letzten Drittel des 13. Jahrhunderts, kam ein neuer, entscheidender Impuls mit der Heraufkunft der Porträtkunst in der Bildhauerei, dem Streben nach Ähnlichkeit.

Türschloß, 15. Jh. (Paris, Musée de Cluny)

Diese in der »longue durée« erfolgende Evolution der Methoden plastischer Gestaltung scheint mit Veränderungen in anderen kulturellen Sektoren innig verflochten gewesen zu sein. Anfang des 12. Jahrhunderts wich die Große Vorlesung dem scholastischen »Disput«, der Tjoste, dem Duell, dem Einzelkampf zwischen Gelehrten, die wie die gegnerischen Ritter eines Turniers gegeneinander antraten. Während die Gesichter der Statuen lebendig wurden, ergriff eine neue Idee die Gelehrten, die über die Heilige Schrift nachdachten: der explosive Gedanke, daß der Mensch die Erlösung nicht durch passive, lammfromme Teilnahme an religiösen Riten erlangte, sondern sie sich durch bewußte Arbeit an sich selbst »verdienen« mußte. Da die Sünde nun nicht mehr in der Tat, sondern in der Absicht wurzelte und in den intimsten Winkeln der Seele wohnte, signalisierte die neue Konzeption die Einladung zur Introspektion, zur Gewissenserforschung. Die Agentur der sittlichen Steuerung wurde nach innen verlagert, in eine private Sphäre, die nichts mehr mit der Gemeinschaft verband. Der reuige Sünder reinigte sich vom Makel seiner Sünde durch Zerknirschung, durch den Wunsch nach Erneuerung, durch die Arbeit an sich selbst – vermittels der Vernunft, wie Abélard empfahl, vermittels der Liebe, wie der hl. Bernhard lehrte; beide Männer stimmten allerdings darin überein, daß dem Menschen Besserung not tue. In ähnlichem Sinne sind scholastische Meditationen über die Ehe zu deuten, die allmählich der Vorstellung zum Durchbruch verhalfen, daß der Ehebund aus beiderseitiger Einwilligung hervorgeht und daß deshalb das persönliche Engagement der Gatten den Vorrang vor der kollektiv gefaßten Heiratsentscheidung der jeweiligen Familienoberhäupter hat.

Ein weiteres Symptom ist der Aufschwung der Biographie im 12. Jahrhundert. Gewiß griffen Abélard und Guibert von Nogent auf antike Vorbilder zurück. Doch ihre Schriften bekundeten auf eine frappierende Weise die Autonomie des Einzelnen, der nun über seine Erinnerungen ebensosehr selbst-herrlich verfügte wie über seine Geldbörse. Das Ich schuf sich seine Identität innerhalb der Gruppe. Es nahm sich das Recht, Geheimnisse zu haben, die nicht die des Kollektivs waren. Es war kein Zufall, daß man an den Heiligen – den Helden des spirituellen Kampfes – immer wieder die Fähigkeit pries, ihre Absichten zu verhehlen und so der Feindseligkeit ihrer Umwelt zu entgehen. Die Lüge diente dem Schutz einer intimeren Privatheit. So verbarg der hl. Simon vor der Familie und den Domestiken durch einen Brustpanzer das härene Hemd, das er trug, und die hl. Hildegunde versteckte ihre Weiblichkeit im Habit eines Zisterziensermönchs.

Diese Entwicklung geht mit dem fortschreitenden Zerfall der großen »Familien« einher, für den es Anhaltspunkte in den schriftlichen Dokumenten ebenso wie in archäologischen Funden gibt. Sie geht ferner einher mit dem Seßhaftwerden der Ritter, der Auflösung der Gemeinschaften der Domherren, die nunmehr in privaten Wohnungen und nicht mehr im Domkloster wohnen, sowie der wachsenden Zahl von Eheschließungen unter den jüngeren Söhnen des Adels. Gleichzeitig setzt eine zunehmende Kolonisierung von Ländereien an den Rändern alter dörflicher Territorien ein. Auf allen Etagen des gesellschaftlichen Hauses erkennen wir im Feudalzeitalter die Tendenz zur Teilung der elementaren Zellen des privaten Lebens, deren Zahl in dem Maße stieg, wie ihre Größe schwand. Das Endergebnis freilich war die Stärkung des Haushalts, nicht des Individuums. Noch für lange Zeit blieb der Einzelne der Gefangene seiner Familie. Um die letzten Phasen seiner Befreiung verfolgen zu können, müssen wir uns auf zwei schmale Ausschnitte aus der Gesellschaft beschränken: die Klostergemeinschaft einerseits, die Spiele und Träume der Ritter andererseits. Anderswo war vor dem 14. Jahrhundert der Fortschritt nicht sichtbar.

Grab des hl. Lazarus, Autun; 12. Jh.

Anachoreten

Die Regel des hl. Benedikt von Nursia bezeichnet sich selbst als »kleine Regel für Novizen«. Sie empfahl das Klosterleben Männern, die nicht stark genug für das Anachoretentum waren. Es galt als ausgemacht, daß der höhere Grad der Vollkommenheit in der Einsamkeit zu erreichen war, in der extremen Flucht vor dem Fleische, die dem Mönch angeraten wurde. Der Zweck der Regel Benedikts war es, Bedingungen zu schaffen, welche die ersten Schritte auf dem Wege zu jenem Idealzustand erleichterten. In der Tat umschrieb die Regel nicht so sehr einen Raum als vielmehr die Zeit; der Einzelne wurde materiell und physisch isoliert, um sich ganz auf sich selbst konzentrieren zu können. Das Schweigegebot sowie die Erfahrung der Zurückgezogenheit und des Eingeschlossenseins zerbrachen die Kommunikation zwischen dem Einzelnen und der Gruppe; das war eine Entbehrung, aber es war auch das Vehikel des spirituellen Aufschwungs. In der Praxis fiel die Prüfung des Schweigens in Benediktinerklöstern weniger hart aus. Da die Mönche nun einmal in Gemeinschaft lebten, waren sie zur Kommunikation miteinander gezwungen, und in Cluny bildete sich zu diesem Zweck eine komplexe Zeichensprache heraus. Im übrigen war das Schweigegebot täglich bei der Kapitelversammlung und an gewissen Tagen im Klosterhof nach der Sext außer Kraft, im Sommer zudem täglich nach der Non und der Austeilung einer Kollation. Indessen waren »private« Gespräche (wie sie in den cluniazensischen Consuetudines hießen) in Buß- und Fastenzeiten untersagt. Insbesondere das nächtliche Schweigen wurde gefordert – für Bernhard zeugte es von der höchsten Erhebung der Seele. Außerdem war ein Teil der Schweigezeit der »privaten« Lektüre gewidmet – auch dies eine Übung in Selbstversenkung und im mystischen Zwiegespräch mit der Schrift, das heißt mit Gott. Und schließlich ermahnte die Regel den Mönch zum zwar kurzen, aber inbrünstigen und häufigen stillen (»privaten«) Gebet.

Die cluniazensische Ausformung der benediktinischen Regel verkürzte die Perioden individueller Autonomie des Mönchs und verlängerte dafür die Perioden, die der Rezitation von Psalmen und dem gregorianischen Gesang vorbehalten waren, womit die eingehegte Gemeinschaft ihren Status und ihren Charakter unterstrich. Seit dem frühen 11. Jahrhundert hatten jedoch die Öffnung der Welt und der Kontakt mit dem Ostchristentum eine Alternative zu Benedikts römischer Konzeption des Klosterlebens begünstigt, eine Konzeption nämlich, bei der Einsamkeit und Innenschau im Zentrum standen. Der Christ war aufgerufen, den Kampf mit dem Dämon nicht in der Geborgenheit einer Gemeinschaft, sondern allein und der Gefahr schutzlos preisgegeben zu bestehen. In den letzten Jahrzehnten des 11. Jahrhunderts breitete sich die neue Bewegung von der italienischen Halbinsel her im Abendland aus. Der Wunsch, in der Wüste, in der Einsamkeit zu hoher Vollkommenheit zu gelangen, bewog Robert von Molesmes zum Bruch mit den cluniazensischen Consuetudines. Er gründete ein Kloster in Cîteaux. Die Zisterzienser wollten wieder den Wortlaut der benedikti-

Der Einsiedler und der Ritter. Illustration zum *Roman de Perceval le Gallois*, 14. Jh. (Paris, Bibliothèque Nationale, Ms. fr. 12577)

nischen Regel beherzigen. So blieben sie dem Grundsatz des Gemeinschaftslebens treu. Sie suchten sich aber erst recht vom Lärm und Geschrei der Welt und hinter noch dickeren Mauern abzuschließen. Jede Abtei lag inmitten einer Waldeinsamkeit, die eifersüchtig gegen Eindringlinge verteidigt wurde. Bei den Zisterziensern mußte zumindest der Leiter jeder Mönchsgruppe das Streben nach individueller Selbstisolierung forcieren, deshalb riegelte der Zisterzienserabt sich nachts, zur Stunde der höchsten Gefahr, in seiner Zelle ein, um sich selbst zu prüfen und gleichzeitig auf dem einsamen Vorposten der Abtei Wache zu halten.

Noch weiter gingen die Kartäuser. Nicht nur, daß sie in der Wildnis lebten, unter wilden Tieren, im Gebirge als dem Symbol des spirituellen Aufstiegs; ihre Regel gebot den Mönchen auch, jeweils nur für sehr kurze Zeit am Gemeinschaftsleben des Klosters teilzunehmen – immer so lange, wie es zu bestimmten liturgischen Übungen oder Festtagsmählern unerläßlich war. Die übrige Zeit blieb der Mönch eingeschlossen in das Schweigen seiner Zelle, gehalten, so zu beten und zu arbeiten, wie es ihm zukam: allein.

Die Kartäuserbewegung ist die letzte, anarchische Gestalt der Einsamkeitssuche, die sich in den Jahren nach der Bekehrung des hl. Bruno wie ein Lauffeuer ausbreitete. Allenthalben zogen sich Eremiten in die Wildnis zurück (vielleicht nirgendwo sonst so beharrlich wie im westlichen Frankreich). Das Einsiedlertum behauptete sich gegen alle Widerstände, nicht zuletzt gegen die Zweifel vieler Bischöfe, und war so erfolgreich, daß es sogar in die klösterlichen Orden eindrang. Aufschlußreich ist die Haltung, die Cluny mit seinen kräftigen Vorbehalten gegen den Individualismus zu dieser Bewegung einnahm. (Wilhelm von

Illustration aus der *Vie des Pères au désert*, 15. Jh. (Paris, Bibliothèque de l'Arsenal, Ms. 5216)

Volpiano verurteilte sie als eine Ausgeburt des Stolzes: »Stolz wird geboren, wenn einer erklärt, daß er sich in der Heimlichkeit verbergen will, und seine Brüder nicht mehr zu sehen oder zu besuchen geruht.«) Gleichwohl gestattete Cluny in der zweiten Hälfte des 12. Jahrhunderts ein begrenztes Experimentieren mit dem Anachoretentum; die darin am weitesten fortgeschrittenen Mönche durften in Hütten leben, die sie sich in einiger Entfernung von der Abtei im Wald errichteten. Abt Petrus Venerabilis selbst zog sich in regelmäßigen Abständen gern in den Wald zurück. Dennoch wurde der Grad der erlaubten Isolierung jeweils sorgfältig auf den Einzelnen abgestimmt, denn die Bedenken gegen die Einsiedelei waren nicht ausgeräumt. Sie finden Ausdruck beim hl. Bernhard, der hier freilich zu jemandem spricht, der nicht die Konstitution eines Mönches hat, nämlich zu einer Nonne, einer Frau: »Die Wüstenei, der Schatten des Waldes und die Einsamkeit des Schweigens bieten dem Bösen reichlich Gelegenheit. [...] Der Versucher tritt unbehelligt heran.« Und von Elisabeth von Schönau hören wir: »Manche lieben die Einsamkeit mehr um der Freiheit ihres eigenen Willens als um der Hoffnung auf eine Ernte guter Werke willen.« In der Tat: Wo sollte man die Grenze ziehen zwischen Eremiten, die von ihrer Eigenwilligkeit und, wie Adam, von ihrem Stolz in Versuchung geführt wurden, und jenen entschlossenen Rebellen, die Ketzer genannt wurden und die ebenfalls in die Wüste flohen, angetrieben von der Hoffnung auf einen unmittelbaren, persönlichen Kontakt mit dem Geist?

Fahrende Ritter

Im letzten Drittel des 12. Jahrhunderts fungierte der Einsiedler als Hauptgestalt in Geschichten, die zum Vergnügen von Rittern ersonnen worden waren, und zwar vor allem im nordwestlichen Frankreich. Dafür gab es zwei Gründe: Erstens gehörte im mittelalterlichen Roman der Wald zu den bevorzugten Schauplätzen der Handlung, und der natürliche Ort des Einsiedlers in dieser Zeit und Region war der Wald; zweitens – und das war wichtiger – bildeten die *Chansons* und Romane den träumerischen Ausgleich für die Enttäuschungen in der feudalen Privatheit, die die Freiheit des Einzelnen nachhaltig beschnitt. Die Texte brachten auf die imaginäre Bühne, was die Wirklichkeit jenen jungen Männern, die der empfänglichste Teil des Publikums waren, vorenthielt. Die Literatur erhöhte das Individuum und feierte seine Befreiung von allen Zwängen – zumal von den Zwängen der Religion. Allein und nicht überwacht, repräsentierte der Einsiedler eine tolerante Version des Christentums, eine Frömmigkeit, welche die Zwangsjacke des Rituals ebenso abgestreift hatte wie die häusliche Bevormundung. Und der fahrende Ritter zog allein durch die Welt, einzig von seinen Wünschen gelenkt.

So unterrichtet diese Literatur uns zunächst einmal über das, was sie verleugnet und vor uns verbergen möchte: Sie demonstriert ex negativo die lähmende, bedrückende Gewalt der häuslichen Gemeinschaft. Zugleich steigerte sie das Bedürfnis nach Intimität und trug zu dessen Be-

Der Wald und der Hof. Illustration zu *Lancelot*, 1274. (Paris, Bibliothèque Nationale, Ms. fr. 342)

friedigung bei, indem sie auf Lücken in der Mauer hinwies, durch die das Individuum zu entrinnen vermochte, sofern es dem Beispiel der fiktiven Helden folgte. Die Romanliteratur hätte ihr Publikum nicht fesseln können, wenn sie realitätsfremd gewesen wäre; das Ideal, das sie vor dem Leser aufrichtete, durfte nicht gänzlich unerreichbar sein. Es duldet keinen Zweifel, daß die höfische Gesellschaft – ebenso wie die klösterliche – der individuellen Erfahrung wachsende Bedeutung beimaß und die Mittel zu ihrer Entfaltung bereitstellte.

Die Ritterliteratur erfüllte eine pädagogische Funktion: Sie ermahnte den Ritter, sich selbst zu übertreffen und auf dem Wege zur Vollkommenheit Prüfungen und Anfechtungen zu bestehen. So wie die Mystik der Zisterzienser und Kartäuser forderte sie den Einzelnen dazu auf, sich selbst Schritt für Schritt und schweigend zu prüfen. Die exemplarische Gestalt, die diese Literatur vorführte, war der Ritter unterwegs, allein in der Wildnis, umringt von Gefahren und bedrängt von der verstörenden Gegenwart einer Frau oder einer Fee. Hier war der Ritter der Kontrolle durch andere entrückt. Wer wäre imstande gewesen, ein Urteil über ihn zu fällen, wer hätte seinen Wert ermessen, wer ihm den Preis zuerkennen sollen? Deshalb spielt sich die Romanhandlung auf zwei verschiedenen Schauplätzen ab, einem von Menschen verlassenen und einem von Menschen wimmelnden: im Walde und bei Hofe. Die Literatur, die ich meine, heißt mit Gründen *höfische* Literatur. Zwar hegt sie eine Vorliebe für waldreiche Orte, doch sind diese Gegenbild und Gegenentwurf zur wirklichen Welt. In der Realität erfolgte die Unterweisung, deren Instrument die Romane waren, bei Hofe. Für den Ritter, der sich vor seinem Herrn hervortun wollte, kam es darauf an, die Konkurrenten zu deklassieren. Die Ritter lebten in ihren privaten Gemeinschaften ebenso streng reglementiert wie cluniazensische Mönche in ihrem Kloster; für jüngere Söhne ohne Aussicht auf eine Erbschaft war die Auszeichnung, das Sichhervortun der Hebel des sozialen Aufstiegs. Was die eskapistische Literatur mit ihren Wald-Szenarios vor Augen stellt, sind die Selektionsverfahren, mittels derer es bestimmten Rittern gelang, sich innerhalb ihrer Gruppe vor anderen auszuzeichnen. So wie der Heros der Heiligmäßigkeit, der eben jetzt individualisierte Züge anzunehmen begann, stach auch der Heros der Ritterlichkeit aus der Masse der Menschen hervor und bewies seine Tapferkeit durch individuelle Leistungen. Er vollbrachte seine einzigartige Heldentat in einem öffentlichen Triumph und erntete als einziger den Lohn – den ebenfalls einzigartigen.

Die Heldentaten des Ritters waren solche mit der Waffe, aber auch solche in der Liebe, und auf diese müssen wir schauen, um das ritterliche Gegenstück zu den kärglichen Hütten im Wald zu entdecken, in die sich um die Mitte des 12. Jahrhunderts gewisse cluniazensische Mönche auf der Suche nach sich selbst zurückzogen. In seiner Biographie über Robert den Frommen aus dem frühen 11. Jahrhundert erzählt der Mönch Helgaud die Anekdote, wie Hugo Capet in seiner Burg beiläufig den Mantel über ein Paar wirft, das zwischen zwei Türen Unzucht treibt. Der intimste Akt – der sexuelle, der nur nachts nicht anstößig ist – darf von niemandem belauscht werden; er muß ins Dunkel gehüllt, hinter Türen versteckt werden. Da die Informationen zu diesem Thema überaus spärlich sind, werde ich mir die (allerdings anachronistische) Freiheit herausnehmen, auf die Einlassungen der Dame aus Montaillou, Béatrice de Planissoles, beim Verhör durch den Inquisitor zurückzugreifen. Sie bekennt, daß sie noch zu Lebzeiten ihres Gatten vergewaltigt worden ist – bei Tage, aber in ihrem Schlafzimmer, hinter einer Trennwand. Später, als sie bereits verwitwet war, wurde sie in ihrem »château« vom Haushofmeister bedrängt, der ihr eines Abends, unter ihrem Bett versteckt, auflauerte und sich, als sie die Lampen gelöscht hatte, zu ihr stahl, worauf sie laut schrie und die Dienerinnen weckte, die im selben Zimmer, freilich in eigenen Betten schliefen. Nachdem sie wieder geheiratet hatte, gab sie sich eines Tages einem Priester hin, im Keller und während eine Dienerin Wache hielt. Zum zweiten Male verwitwet, becircte sie in ihrem Haus einen anderen Priester, dem sie sich, diesmal bei Nacht, im Eingang nahe der Haustür hingab, und als sie diese Sünde am nächsten Tag zu wiederholen gedachte, wartete sie, bis ihre Tochter und die Dienerinnen aus dem Hause waren. Das war die Realität der Unzucht in den übervölkerten,

Die Heldentat des einsamen Ritters. Illustration zum Roman *Artus le Restoré*, 14. Jh. (Paris, Bibliothèque Nationale, Ms. fr. 761)

Amors Liebespfeil und die Freuden der Liebe. Pariser Elfenbeinarbeiten, 14. Jh.
(Paris, Musée de Cluny)

offenen Häusern. Die verbotene Liebe vertrug sich gut mit der familiären Geselligkeit. Nur eine wahnsinnige Leidenschaft wie die zwischen Tristan und Isolde mußte sich in die Wildnis der Fremde und Unvernunft flüchten.

Was wir höfische Liebe oder verfeinerte Liebe nennen, richtete sich auf dasselbe Ziel und spielte sich in denselben Räumlichkeiten ab. Gleichwohl war es ein Gesellschaftsspiel, das in einer Gruppe gespielt wurde. Seine Regeln waren derartig genau den Strukturen der häuslichen Gemeinschaft nachgebildet, daß man auch die Suche nach der Liebe als eine jener Auswahl- und Förderungsprozeduren ansehen kann, die es in jedem großen Haushalt gab. Es war, als delegiere der Hausherr an seine Frau die Vollmacht, den Besten auszulesen und durch ihre Wahl diesen einen aus einer Gruppe, deren Mitglieder alle vor den Augen der Dame zu bestehen suchten, herauszuheben. Mehr noch als der sportliche Wettbewerb inspirierte die höfische Liebe den Wunsch nach persönlicher Autonomie, der im Schoße des Gemeinschaftsdranges erwuchs. Und dies um so mehr, als zu den Regeln des Spiels der Liebe absolute Diskretion zählte. Die Liebenden waren gezwungen, sich von der Gesellschaft zu lösen – nicht nur für einen kurzen Beischlaf wie die Dame aus Montaillou, sondern permanent. Sie lebten in einer unsichtbaren Einfriedung, wo sie, inmitten der Hausbewohner, eine private Zelle für sich errichteten, ein stets von eifersüchtigen Konkurrenten bedrohtes Refugium.

Richtig gespielt, erzeugte das Spiel der höfischen Liebe Intimität, zwang zur Verschwiegenheit und nötigte die Liebenden, sich durch Zeichen zu verständigen wie die Mönche in Cluny; sie machten Gesten, tauschten Blicke, trugen eine besondere Farbe, wählten ein Emblem. Als Tristan und Isolde wieder zur Vernunft gekommen sind und den Einsiedler Ogrin fragen, wie sie am besten zurück in die Gesellschaft fänden, rät er ihnen, sich zu reinigen: durch Zerknirschung, tiefe Reue und den Entschluß, hinfort der Versuchung zu widerstehen; gleichzeitig empfiehlt er, nach der Rückkehr an den Hof so zu tun, als ob nichts wäre: »Pour honte ôter et mal couvrir, on doit un peu par bel mentir« (»Um Schande zu tilgen und Böses zu decken, darf man ein wenig die Wahrheit verstecken«). Im Kreise anderer Menschen mußten sie ständig lügen. Für jene, die nicht in den Wald flohen, sondern das Spiel der Liebe auf der angemessenen Bühne spielten, war Schweigen das Gesetz der Liebe. So sagt Andreas Capellanus in seiner Abhandlung: »Wer seine Liebe möglichst lange unangekränkelt sehen will, muß *vor allem* darauf achten, sie niemandem zu entdecken und sie vor aller Augen verborgen zu halten. Denn sobald mehrere Menschen davon Kenntnis erlangen, hört sie sogleich auf, sich natürlich zu entwickeln, und beginnt zu welken.« Darum dürfen Liebende sich nicht »durch Zeichen verständigen, sofern sie nicht vor jedem Hinterhalt sicher sind«.

Die Spiele der Liebe verliehen der höfischen Gesellschaft feste Strukturen; die Liebenden waren gezwungen, inmitten des Haushaltes in der Einsamkeit ihrer Heimlichkeit zu leben, so als ob nichts zwischen ihnen wäre. Sie verbargen sich hinter einer Schutzmauer, die ihre Widersacher unablässig zu durchbrechen suchten. Mit diesen verfeinerten Beziehungen zwischen Mann und Frau, mit dieser schweren Prüfung der Diskretion und des Schweigens, mögen die ersten Samenkörner dessen gesät worden sein, was später zur Intimität im modernen Verstande wurde.

Der Körper

Das Bild des Körpers. Der Pfeil der Liebe dringt durch das Auge mitten in das Herz, das er entflammen soll. Jede Leidenschaft beginnt mit dem Tausch der Blicke; später, in der vorletzten Etappe, mag die Geliebte ihren nackten Körper dem liebenden Blick darbieten. Betroffener Körper – enthüllter Körper: In dieser vorläufigen Untersuchung des Intimsten im Schoße der feudalen Privatheit haben wir uns nunmehr mit den Einstellungen des Einzelnen zu seinem eigenen Körper und zu dem der anderen zu befassen.

Diesen Einstellungen lag dieselbe dualistische Konzeption zugrunde, auf der die Darstellung der ganzen Welt ruhte. Niemand zweifelte daran, daß jeder Mensch aus Leib und Seele, aus Fleisch und Geist zusammengesetzt sei – auf der einen Seite vergängliche, ephemere Materie, die dem Verfall unterworfen ist, die wieder zu Staub werden muß, aber zur Umkehr aufgerufen ist, um am Tage des Gerichts auferstehen zu können, auf der anderen Seite das Unsterbliche; auf der einen Seite das, was von der Bürde des Fleisches, der Opazität alles Fleischlichen niedergedrückt wird, auf der anderen Seite alles, was zur himmlischen Vollkommenheit strebt. Demnach galt der Körper als gefährlich und selber der Gefahr ausgesetzt. Vom Körper, namentlich von seinen niederen Teilen, gingen natürliche und unkontrollierbare Triebe aus. In ihm manifestierten sich Bosheit und Verderbtheit – Krankheit und Ansteckung, von denen kein menschlicher Leib verschont blieb. Und ihn unterwarf man den läuternden Strafen, um Sünde und Schande von ihm zu nehmen. Der Körper war ferner ein Zeichen: Er offenbarte die Beschaffenheit der Seele durch äußere Besonderheiten wie die Haarfarbe und den Teint, in Ausnahmefällen auch durch die Fähigkeit, die Wasser- oder die Feuerprobe zu bestehen. Die Seele schien durch ihre körperliche Hülle hindurch; der Leib war nicht mehr als ihre Wohnung, ihr Haus oder, besser gesagt, ihr Hof, ihre Einhegung. Der Körper bildete die Schale einer Sphäre, die ebenso geschützt war wie der häusliche Raum, von dem sie umgeben war. Im innersten Kern aller dieser Gehäuse finden wir die eigentliche Privatheit.

Zur Rekonstruktion des Körperbildes, das die Menschen jener Zeit hatten, benutze ich dankbar Marie-Christine Pouchelles bedeutende Studie zu dem Traktat über Chirurgie, den Henri de Mondeville Anfang des 14. Jahrhunderts in französischer Sprache in Paris verfaßt hat. Die Terminologie, deren Mondeville sich bedient, und die Vergleiche, die er entwickelt, liefern den Schlüssel zu einem symbolischen System, von dem der Körper ein Teil war, einem System, das nicht nur den Gelehrten geläufig war, sondern ebenso dem einfachen Mann; immerhin erhebt Mondeville als medizinischer Praktiker den Anspruch, Denken und Ausdrucksweise des Laien in seine Arbeit einbezogen zu haben. Was zunächst auffällt, ist, daß der Körper als Wohnung aufgefaßt wird: sein Inneres wird »domestique« (»häuslich«), sein Äußeres »sylvestre« (»waldig«, »wild«) genannt – Ausdrücke, die an die Schauplätze der höfischen Liebe, den Hof und den Wald, gemahnen.

Das Innere des Körpers ähnelt in der Tat einem Hof. Der Körper selbst ist ein Haus, das nicht minder geräumig und komplex ist wie jedes Kloster oder jede Burg, und sein Inneres besteht aus einer Hierarchie von Räumen: einem edlen Teil, einem Wirtschaftsteil und einer Wand zwischen beiden – dem Zwerchfell –, die der Barriere gleicht, die in der Feudalgesellschaft die Arbeiter von anderen Menschen schied. Unter dem Zwerchfell liegen die niederen Teile des Körpers. Naturgemäß mußten diese Teile beherrscht und unterjocht werden. Dort unten, in dem gemeinen Teil des Körpers, wo ausgeschieden wird, was überflüssig oder schädlich ist, rumoren die rebellischsten Kräfte. Wie in der herrschaftlichen Residenz hat dieser niedere, untere Teil eine nährende Funktion; er versorgt die im oberen, edlen Bereich angesiedelten Organe mit Nahrung, jene zarteren Organe, die mit den Funktionen der Stärke und der Klugheit verknüpft sind. In jedem der beiden Teile des Körpers gibt es nun, Mondeville zufolge, einen »Ofen«. Aufgabe des unteren Ofens ist es, die nährenden Säfte zu kochen; ähnlich wie ein großes Herdfeuer in der Küche dient er zum langsamen Verbrennen, zum Köcheln von Suppen und zur Bereitung sonstiger rustikaler Speisen; die obere Etage des Körpers hingegen birgt ein hell leuchtendes Feuer, das das Herz mit Freude erfüllen soll. Hier wird, wie in der

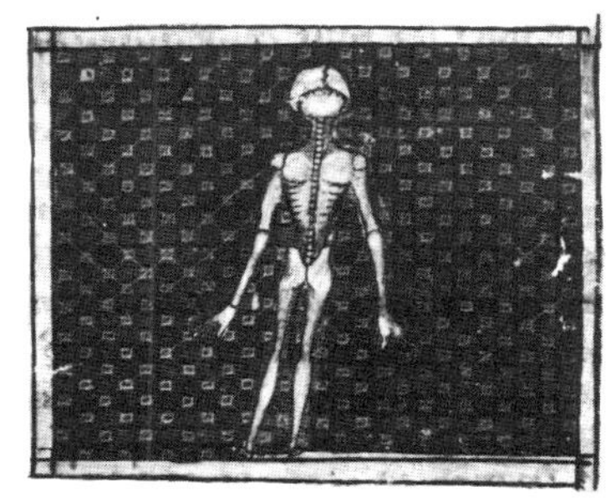

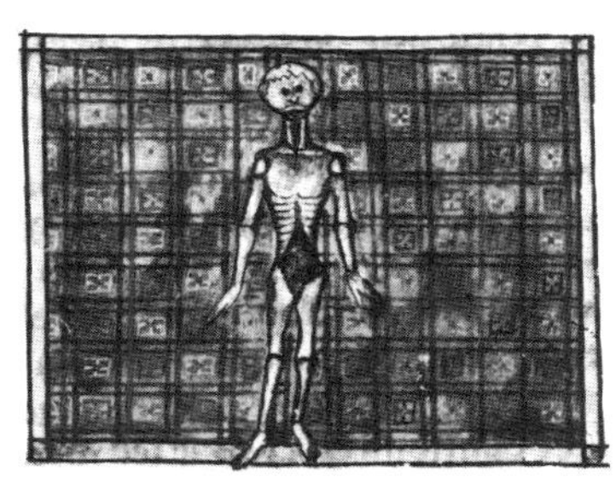

Abbildungen zu der Abhandlung *Cyrurgie de maistre Henri de Mondeville*, 14. Jh. (Paris, Bibliothèque Nationale, Ms. fr. 2030)

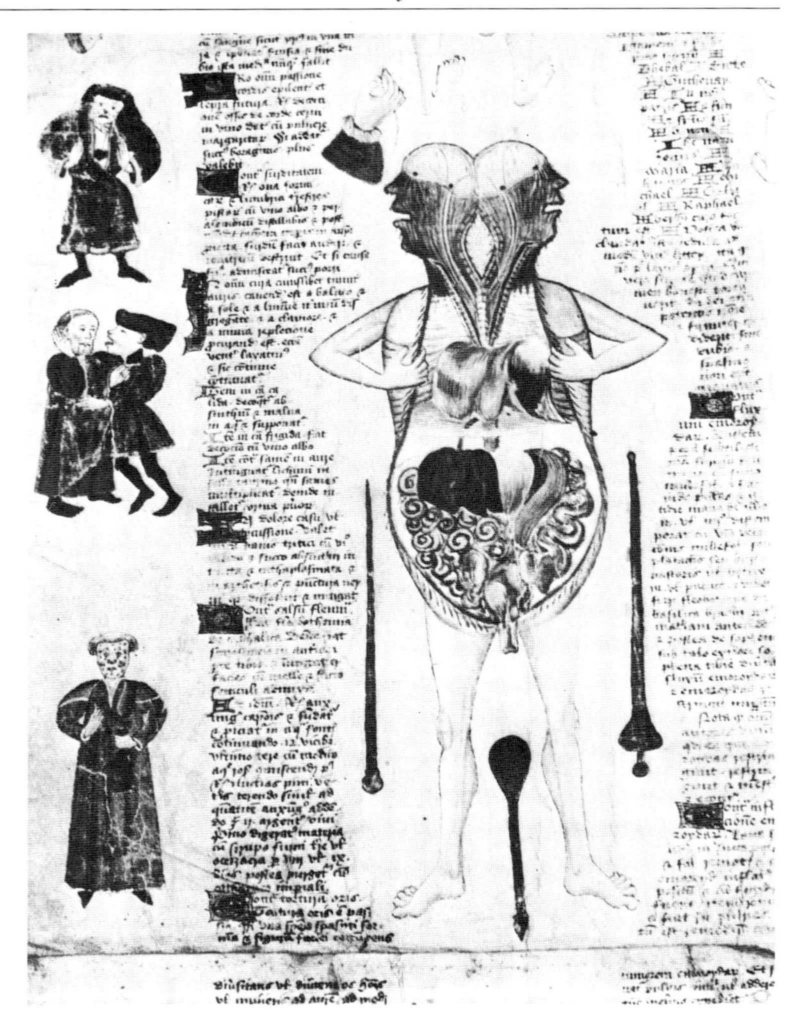

Der geöffnete Körper. Abbildung zu einer *Art de la médecine et de la chirurgie*, 1412. (Stockholm, Königliche Bibliothek)

Kirche, die in der Mitte des Klosters steht, Materie in Geist verwandelt; hier, im oberen Bereich der Flamme, wo die Feuerzungen in die Luft lecken, werden die Säfte destilliert.

Das Haus des Leibes umgibt eine Einhegung, die ebenso unantastbar ist wie die Mauer um das private Grundstück. Auf Erden ist die Hülle des Leibes die eigentliche Einhegung, die geheimste und intimste; die strengsten Verbote wehren ihrer Verletzung. Der Leib ist eine Festung, eine Einsiedelei, die freilich ständig vom Bösen bedroht und umlagert ist, so wie es die Zuflucht der Wüstenväter war. Daher ist es unerläßlich, den Leib zu bewachen, und zwar insbesondere seine Öffnungen, durch die der Feind sich einschleichen kann. Die Moralisten rieten dringend dazu, solche Tore und Fenster, etwa die Augen, die Ohren und die Nasenlöcher, besonders sorgsam zu hüten – Einfallspforten, durch die nur allzu leicht der Geschmack an der Welt und damit an ihrer Verderbtheit und Sünde den Leib erfassen konnte. Es galt, aufmerksam Wache zu halten wie an der Pforte eines Klosters oder einer Burg.

Der Körper der Frau ist ein Spiegelbild von Adams Körper; zumal ihre Geschlechtsorgane sind den männlichen strukturell ähnlich, doch sie sind umgekehrt, nach innen verlagert, geheimer, also privater und, wie alles Verborgene, auch suspekter. Der Leib des Weibes fällt leicht der Verderbtheit anheim, weil er weniger als der männliche gegen die äußere Welt versiegelt ist; er bedarf einer besonders gründlichen Bewachung, und genau diese Aufgabe fällt dem Manne zu. Das Weib kann nicht ohne den Mann leben; sie muß in der Gewalt eines Mannes sein. Es ist ihr anatomisches Geschick, in einem Ersatzgehäuse eingeschlossen zu sein, niemals ohne Begleitung aus dem Haus zu gehen, und wenn, dann eingekapselt in mehrere Hüllen aus Stoff, die undurchdringlicher sind als die des Mannes. Vor dem Leib der Frau muß eine Mauer errichtet werden: die Mauer der Privatheit. Aufgrund der Natur ihres Körpers ist sie gezwungen, keusch, zurückgezogen zu leben und sich von der Wiege bis zur Bahre der Lenkung durch den Mann zu unterwerfen, denn ihr Körper ist gefährdet, und er ist gefährlich. Der Mann läuft Gefahr, um dieses Leibes willen die Ehre einzubüßen, in die Irre zu gehen, in eine Falle zu geraten, die überaus verhängnisvoll ist, weil sie überaus verlockend ist.

Die Ethik des Körpers. Wie die Ethik des Körpers vor dem Ende des 13. Jahrhunderts ausgesehen haben mag, ist schwer zu bestimmen, denn die bildende Kunst – jedenfalls soweit sie überliefert ist – war nicht ausgeprägt realistisch, und was über das Thema geschrieben wurde, ist eher verhehlend denn erhellend. Das Gesetz war, daß der Mensch seinen Leib in Ehren zu halten habe, weil der Leib der Tempel der Seele ist und beim Jüngsten Gericht wiederauferstehen wird. Der Körper mußte umsorgt werden, allerdings vorsichtig; man mußte ihn so ehren, wie Paulus die Männer ermahnte, ihre Frauen zu ehren: argwöhnisch und mit Bedacht, denn der Leib war, wie das Weib, eine Versuchung, er weckte das Begehren an sich selbst und an anderen. Die informativsten Quellen lassen die deutliche Tendenz erkennen, den Körper zu fürchten, ihn zu vernachlässigen, ja, ihn, in den extremen Formen der Askese, den Würmern zu überlassen. (Allerdings sind diese Texte von der kirchlichen Ideologie gefärbt, das heißt von den extremistischen Ansichten der Berufsmoralisten.)

Immerhin wurde, zumindest in der herrschenden Schicht, Reinlichkeit hoch geschätzt. Im 11. und 12. Jahrhundert gab es in den cluniazensischen Klöstern und den Häusern des Laienadels nicht weniger Raum für Bäder als in den Burgen des Frühmittelalters. Kein formelles Mahl (d. h. ein Mahl im großen Saal mit einer großen Zahl von Gästen), vor deren Beginn nicht Wasserkannen zum Händewaschen herumgereicht worden wären. In der Unterhaltungsliteratur der Zeit fließt das Wasser in Strömen, sei es über den Leib des fahrenden Ritters, der stets, wenn er ein Lager für die Nacht sucht, von den Töchtern seines Gastgebers frottiert, gekämmt und gepflegt wird, sei es über den nackten Körper von Feen in Brunnen und Dampfbädern. Ein heißes Bad ist der obliga-

Frauen. La Chaise-Dieu, Haute-Loire, 14. Jh.

Frauengesicht. Grabbildnis aus Nordfrankreich; 14. Jh. (Musée d'Arras, Pas-de-Calais)

torische Auftakt aller Liebesspiele in den Fabliaux. Das Waschen des eigenen wie des Körpers anderer scheint eine spezifisch weibliche Aufgabe gewesen zu sein; die Frau galt als Herrin des Wassers – im privaten Heim ebenso wie in der unbezähmten Natur.

Von den Moralisten wurden Baden und Körperpflege freilich mit Mißtrauen beobachtet, weil sie die Attraktivität des Körpers betonten. Man hielt das Baden für das Vorspiel der Sünde, und das Bußbuch des Burchard von Worms enthält einen ganzen Katalog von Sünden, die das gemeinsame Baden von Mann und Frau heraufbeschwört. Solcher Argwohn scheint nicht nur Ausdruck kirchlicher Griesgrämigkeit zu sein. Lambert von Ardres, der Chronist der Grafen von Guines, beschreibt, wie die junge Frau eines Vorfahren seines Helden einmal vor dem versammelten Haushalt in einem Burgteich schwamm; allerdings trug sie, wie er nicht versäumt zu bemerken, ein züchtiges weißes Gewand. Ende des 13. Jahrhunderts gab es in Paris 26 öffentliche Bäder; die strengen Verhaltensvorschriften, die an diesen Orten herrschten, sind fragmentarisch überliefert. Derartige Einrichtungen waren verdächtig, weil sie öffentlich waren; besser war es, seinen Körper in der Privatheit des eigenen Heimes zu waschen. In den ordentlichsten Haushalten, den Klöstern, wurden deshalb skrupulöse, höchst restriktive Vorsichtsmaßregeln getroffen. In Cluny mußten die Mönche, den Consuetudines zufolge, jährlich zwei Vollbäder nehmen – jeweils eines an den christlichen Festen der Erneuerung, Weihnachten und Ostern; sie wurden ermahnt, dabei nicht ihre Schamteile zu entblößen. Die Sorge um die Züchtigkeit war allgegenwärtig. Die Mönche scheinen nicht die einzigen gewesen zu sein, die sich vor dem Zubettgehen nicht vollständig entkleideten. Als man Tristan und Isolde in ihrer Laubhütte überraschte, fand man sie von jeder Schuld frei – mit dem, was die beiden anhatten, hätten sie in Züchten zu Bett gehen können. Isolde trug ein Nachthemd, Tristan hatte noch die Hose an. Entkleideten sich die Menschen vor dem Liebesakt? Man möchte es bezweifeln, wenn man bedenkt, wie lange die verschiedenen Ehegatten der verschiedenen Melusinen in der Literatur brauchen, um die wahre Natur ihrer Frau zu entdecken. Auch die extreme Zurückhaltung der erotischen Literatur aus dieser Zeit ist ein Indiz dafür, daß man den Beischlaf bekleidet ausübte. Nur ein Besessener enthüllte aus diesem Anlaß den ganzen Körper.

Jedenfalls wurde der Körper sorgfältig gekleidet. Der Hauptgesichtspunkt dabei war, die Geschlechtsunterschiede hervorzukehren. Es war, wie die Moralisten unermüdlich betonten, oberstes Gebot, verschiedene »Ordnungen« zu unterscheiden und die ursprüngliche Teilung des Menschen in männlich und weiblich zu respektieren; deshalb durften die Besonderheiten, die eigentümlichen Merkmale unter der Kleidung nicht versteckt werden. Junge Dandies, die sich weibisch kleideten, wurden aus diesem Grund heftig gerügt, und die wenigen Frauen, die es wagten, sich wie Männer anzuziehen, erregten Abscheu. Allerdings sollten die Geschlechtskennzeichen auch nicht ungebührlich betont werden. Besonders an den Frisuren entzündete sich die Sorge um Mäßigung und Diskretion. Bei Frauen war die Haartracht ein unerläß-

Auferstandene Seelen. Tympanon der Kathedrale zu Bourges, 13. Jh.

licher Putz, ein natürlicher Schleier sowie ein Zeichen ihrer Minderwertigkeit und Unterwerfung. Frauen wurden deshalb ermahnt, ihr Haar zu pflegen, während Männer, die ihrem Kopfschmuck zu viel Aufmerksamkeit schenkten, geschmäht wurden. Wenn die Frau jedoch das Haus verließ und sich in der Öffentlichkeit zeigte, mußte sie darauf verzichten, ihre verführerischen Locken blicken zu lassen, denn dem Haar wurde eine furchtbare erotische Macht zugeschrieben. Die Schicklichkeit verlangte, daß die Frau ihre Haare zusammengenommen und zu einem Zopf geflochten trug, und jede Frau, die keine Prostituierte und auch kein Kind mehr war und vor die Öffentlichkeit trat, sowie jede verheiratete Frau, die ihr Zimmer verließ und den Saal des Hauses betrat, mußte den Zopf unter dem Kopftuch verbergen.

Wir haben jedoch allen Grund zu vermuten, daß weder Männer noch Frauen Hemmungen hatten, ihre körperlichen Reize einzusetzen, wenn es darum ging, ihren persönlichen Einfluß geltend zu machen oder zu stärken. Man erinnere sich, wie ausführlich Henri de Mondeville Verschönerungsmittel und kosmetische Techniken beschreibt. Mondeville gibt dafür zwei Gründe an. Der erste ist pragmatischer Art: Der Arzt, der die Künste der Verführung kennt, kann mit deren Preisgabe viel

Adam. (Paris, Musée de Cluny)

Geld verdienen; denn die Nachfrage ist groß. Der andere Grund ist nicht minder aufschlußreich: Mondeville hält es für selbstverständlich, daß ein Mensch wissen muß, wie er seine physischen Vorzüge am wirkungsvollsten anwendet, um seine Konkurrenten auszustechen und sein Fortkommen in einer Gesellschaft zu fördern, in welcher der Geist des Individualismus die Lebensverhältnisse nachdrücklich prägt.

Mondeville schrieb an der Schwelle zum 14. Jahrhundert, auf dem Höhepunkt einer Entwicklung, in deren Verlauf der Leib rehabilitiert wurde, die Ideologie der Verachtung des Fleisches verblaßte, während die Bürde der sexuellen Schuldgefühle die abendländische Christenheit noch nicht bedrückte. Einen Beweis für diese Behauptung sehe ich in der gewandelten Darstellung menschlicher Nacktheit. Die nahezu einzigen Beispiele solcher Aktdarstellung, die wir kennen, stammen aus der sakralen Kunst. Vor 1230 hatten Bildhauer und Maler bewußt die Perversität der Nacktheit akzentuiert: kaum eine nackte Figur, die nicht entweder im Banne des Bösen oder eine Aufstachelung zum Bösen war. Danach aber sehen wir nackte Gestalten, die jung, strahlend, zufrieden und versöhnt aussehen – man denke etwa an die Darstellung der Auferstandenen auf dem Tympanon von Bourges, an die Gestalt des Adam auf dem Lettner von Notre-Dame in Paris oder an den Cupido von Auxerre. Welche Rolle spielten bei diesen Veränderungen der Humanismus, die wiedererwachte Besinnung auf den Geist der Antike, und der neue Naturalismus, der so folgenreich für die hohe Kultur war? Wie auch immer, es ist klar, daß der Einzelne bei dem Versuch, die Anerkennung von seinesgleichen zu gewinnen, zunehmend auch auf seine körperliche Schönheit setzte.

Private Andacht

Dieselbe allgemeine Entwicklung veranlaßte den Einzelnen, sich erneut mit seiner Seele zu befassen, die der Körper gleich einer Burg mehr oder weniger gut vor den Attacken Satans, des öffentlichen Feindes, schützte. Die Sorge um die Seele wurde zu einem individuellen Verhaltensprogramm und der Kontrolle durch die Gemeinschaft mehr und mehr entzogen; Religion galt bald als Privatsache. Das Gebiet, das sich hier der Forschung eröffnet, ist unermeßlich; ich muß mich darauf beschränken, einige Markierungszeichen zu setzen.

Zu Beginn des Feudalzeitalters legte das »Volk«, d. h. die Gemeinschaft der Gläubigen, seine Erlösung vom Bösen in die Hände delegierter Stellvertreter. Dies war vornehmlich die Funktion der Klöster, also einer Gruppe von Menschen, die der Vollkommenheit näher als andere waren, weil sie in äußerster Privatheit lebten. Die Mönche hatten die Aufgabe, öffentlich für die Lebenden ebenso wie für die Toten zu beten und gleichsam den Gewinn aus ihrer eigenen, reinigenden Buße dem Konto der übrigen Menschen gutzuschreiben. Das Kloster war, mit anderen Worten, der Mund des Volkes, aus dem die Lobgesänge und Gebete der ganzen Menschheit aufstiegen. Eine ähnlich vermittelnde Funktion kam dem Fürsten zu. Seine Frömmigkeit garantierte das Heil

Gebet mit dem Psalter in der Hand und im Angesicht des Muttergottes-Bildes. Illustration aus dem *Stundenbuch von Paris*, 1400–1410. (Paris, Bibliothèque Nationale, Ms. lat. 1161)

seiner Untertanen: Wenn der Fall eintrat, daß er sündigte, dann entlud sich der Zorn Gottes über seine Untertanen. Als öffentliche Persönlichkeit war auch er verpflichtet, unablässig zu Gott zu beten. Im dritten Jahrzehnt des 12. Jahrhunderts berichtet Galbert von Brügge, daß Graf Karl der Gute von Flandern jeden Morgen nach dem Aufstehen sogleich in die Donatus-Kirche geeilt sei, um im Kreise seiner Helfer, der Domherren, zu singen und Psalmen zu lesen, während die Armen – genau registriert und zugelassen – aus seiner rechten Hand eine Münze empfingen. Die meisten Leute verfolgten derartige Schauspiele aus der Ferne; sie sahen, daß ihre Stellvertreter die kollektiven Heilsriten vollzogen, und vertrauten darauf, daß sie ihre Sache ordentlich machten.

Indessen war nicht jeder mit diesem Zustand zufrieden. Schon im frühen 11. Jahrhundert wurden manche Männer und Frauen als Ketzer verfolgt, weil sie die Gebetsspezialisten nicht als ihre Mittler zur Transzendenz anerkennen mochten, sondern vielmehr danach trachteten, selber mit dem Heiligen Geist zu kommunizieren und sich durch gute Werke eigenhändig ihr Seelenheil zu erwirken. Diese Menschen wurden als Störung der öffentlichen Ordnung empfunden, verfolgt und unterjocht; denn noch waren sie nur eine kleine Minderheit. Zu Beginn des folgenden Jahrhunderts traten andere Menschen mit denselben Ansprüchen auf, aber diesmal so lautstark, daß die Kirche die Herausforderung erkannte und das System modifizierte. Sie stützte sich weiterhin

Giotto, *Franziskus vor dem Kreuz.* (Assisi, Franziskuskloster, Oberkirche)

auf die Fürsten, besser gesagt auf die unzähligen kleinen Territorialherren, die aus der feudalen Zersplitterung der Befehlsgewalten hervorgegangen waren. Jeder Fürst war dafür verantwortlich, die Religionsausübung aller Mitglieder seines Haushalts zu überwachen. Doch gleichzeitig wies die Kirche dem Klerus eine wichtigere Rolle zu als früher; Aufgabe der Geistlichen war nicht mehr, wie bei den Mönchen, der fromme Gesang in der Isolation des Klosters, sondern die Verbreitung der Sakramente und des Wortes Gottes im Volk. Allerdings wurde das Volk jetzt in überschaubare kleine Herden, die Pfarrgemeinden, aufgeteilt und genau beobachtet. Die Menschen wurden überwacht, »eingekapselt«, wie Robert Fossier zutreffend sagt, und an die Kandare gelegt. Dennoch wäre es der etablierten Kirche niemals gelungen, die Ketzerbewegungen niederzuwerfen, wenn sie nicht auch den Erwartungen des Volkes entgegengekommen wäre und persönlichere Formen der Religionsausübung angeregt hätte.

Die Kirche gestattete dem gewöhnlichen Laien nun eine Einstellung zum Sakralen, die früher ausschließlich dem Klerus erlaubt gewesen war. Sie rief das Individuum dazu auf, die ganze Verantwortung für seine Vervollkommnung zu übernehmen. Die Verinnerlichung christlicher Praktiken ging freilich langsam vonstatten. Sie begann bei den »Mächtigen«, bei jenen, deren offizielle Pflicht es war, ein Beispiel zu geben, das dann von den oberen Schichten der Gesellschaft aus nach unten wirkte. In den Schulen, die auf der Höhe der geistigen Regsamkeit standen, entdeckten die Lehrer die Wege der Selbsterkenntnis wieder. Gleichzeitig belehrte die Hohe Kirche Fürsten und vielleicht erst recht Fürstinnen – Frauen, die in der Bitternis ihrer Ehe ihren geistlichen Ratgeber um Trost baten. Die Reichen waren die ersten, die ermutigt wurden, den Wortlaut ihrer Gebete – wie Mönche – aus Büchern abzulesen. Die Beliebtheit solcher Lektüre nahm im 12. Jahrhundert stetig zu; auch kam man vom lauten Lesen, das den Offizianten begleitete, ab und ging zu einem eher privaten Lesen mit gedämpfter Stimme über, auf das ein geflüsterter Gottesdienst folgte. In großen Adelshäusern zählte der Hausherr zu seinen privatesten Besitztümern eine Psalmodie, einen Psalter. Männer und Frauen lernten, den Psalter selbständig zu gebrauchen. Der Psalter wurde, teils wegen seines Textes, vor allem aber aufgrund seiner Bilder, zum Vehikel verinnerlichter Meditation. Im 13. Jahrhundert waren noch andere Objekte individueller Frömmigkeit weit verbreitet, etwa private Reliquienschreine in Gestalt winziger Kapellen, die bisweilen sogar am Leib getragen wurden. Allmählich lernten die Laien, in eine mystische Kommunion mit den Figuren einzutreten, die auf den Reliquienschreinen abgebildet waren: einem Heiligen, der Jungfrau Maria, Christus. Diese Kommunion fand in der Kapelle oder der Kirche ihre Fortsetzung vor anderen, öffentlicheren Bildern – man denke an Franziskus im Gebet mit dem Kruzifix. Solche Zeugnisse fordern eine gründliche Untersuchung mit sorgfältiger Beachtung der Chronologie, denn sie signalisieren eine Ausbreitung der individuellen Frömmigkeit, die im 14. Jahrhundert auch die untersten Schichten der Gesellschaft erfaßt hatte. Sogar in einem abgelegenen Dorf wie Montaillou war das persönliche Gebet eine althergebrachte Gewohnheit, und zwar nicht nur bei den Außenseitern, die der Ketzerei verdächtig waren.

Die Verinnerlichung der Frömmigkeit war das Ergebnis eines Erziehungsprozesses, der hauptsächlich vom Klerus betrieben und im 13. Jahrhundert von Bettelmönchen unterstützt wurde, die vor mitunter riesigen Menschenmengen ihre Vorträge, Andachten und Strafpredigten hielten. Alle Menschen wurden ermahnt, in der Privatheit ihrer Seele Christus und den Heiligen nachzufolgen und ihren Willen und ihr Herz von innen heraus zu verwandeln. Dieser moralische Appell verhallte nicht ungehört, was nicht zuletzt dem Gebrauch des *exemplum* zu danken war, einer schlichten, erbaulichen Geschichte, die dem Gewissen des Einzelnen als Richtschnur dienen sollte. Eine der umfangreichsten Sammlungen von *exempla* wurde im ersten Viertel des 13. Jahrhunderts vom Zisterziensermönch Caesarius von Heisterbach angelegt und war für die Hand des Predigers bestimmt. Sie hat die Form von Zwiegesprächen; Meister und Schüler treffen sich zu privater Belehrung, wie es jeder gute Prediger gerne mit seiner Herde getan hätte. In allen diesen Anekdoten hat der Held ein individuelles Abenteuer zu bestehen. Er muß seine Prüfungen allein absolvieren und vertieft sich danach in ein Zwiegespräch, bisweilen auf der Straße, häufiger zu später Stunde in der stillen Abgeschiedenheit des Schlafzimmers, wo er sich mit einem Freund oder Vertrauten berät, vielleicht sogar mit einem Engel, einem Geist, der Jungfrau Maria oder einem versucherischen bösen Dämon. Die Gespräche sind stets privat und kreisen um eine persönliche Entscheidung. Häufig kommen Mitglieder des Haushalts als unerwünschte Eindringlinge vor, die wieder hinauskomplimentiert werden müssen.

In den Jahrzehnten um 1200, als das Tempo des Fortschritts besonders schnell war, erlebte die religiöse Praxis eine ungeheure Erschütte-

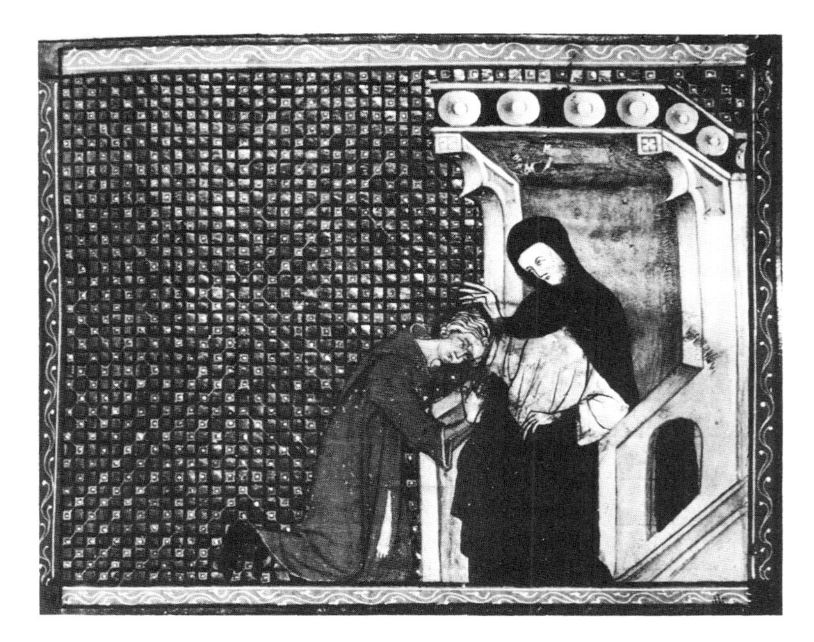

Die Ohrenbeichte. Illustration in einem Andachtsbuch, 14. Jh. (Chantilly, Musée Condée)

Jan van Eyck, *Stundenbuch des Jean Duc de Berry*. »Geburt des hl. Johannes des Täufers«; 1415–1417. (Turin, Museo Civico d'Arte antica)

rung; sie hing mit dem neuen seelsorgerlichen Programm zusammen, das mit einem gewandelten Gebrauch der Sakramente einherging. Nunmehr wurden die Gläubigen aufgefordert, das Brot des Lebens wirklich zu verzehren, den Leib des Herrn in einer innigen Begegnung in den eigenen Körper aufzunehmen. Diese Praxis erhöhte das Bild des Menschen von sich selbst, denn nun glich er einem Tabernakel inmitten der drangvollen Enge des Hauses. Noch bedeutsamer war die Verwandlung der Buße, die ursprünglich ein seltener und öffentlicher Akt gewesen war. Nach einer langen Entwicklungsphase, die bis in karolingische Zeiten zurückreichte, beschloß 1215 das IV. Laterankonzil, gestützt auf gelehrte Untersuchungen über die »inwendigen« Ursachen der Sünde, daß die Beichte künftig privat, regelmäßig und obligatorisch zu sein habe. Der Beschluß, alle Christen mindestens einmal jährlich beichten zu lassen, war teilweise eine repressive, inquisitorische Maßnahme zu dem Zweck, einer im individuellen Gewissen lauernden Auflehnung und Ketzerei auf die Spur zu kommen. Aber kann man sich eine radikalere Revolution, eine tiefergreifende und nachhaltigere Auswirkung auf mentale Einstellungen denken als den Übergang von einer so ostentativen Zeremonie wie der öffentlichen Buße zum schlichten Zwiegespräch der *exempla* zwischen Sünder und Priester, das heißt zwischen Seele und Gott, zur Ohrenbeichte, die ein unverbrüchliches Geheimnis und wertlos war, sofern ihr nicht der schweigende Versuch der Selbstkorrektur folgte?

In Cluny, der Hochburg des Gemeinschaftsgeistes, sahen die Statuten, die Abt Hugo II. zwischen 1199 und 1207 einführte, die private Beichte mindestens einmal wöchentlich vor. Die Buße wurde zur Privatangelegenheit, eine Form des individuellen Gebets, das man mit leiser Stimme rezitierte. Wenige Jahre später erlegte das Laterankonzil eine ähnliche Pflicht allen Christen auf. Nahte das Osterfest heran, so hatte sich jeder auf die Kommunion vorzubereiten, indem er sein Gewissen erforschte, seine Seele prüfte und dieselben geistlichen Übungen vollzog, die ein paar fromme Männer bereits im frühen 12. Jahrhundert praktiziert hatten, um schon den Vorschein eines perversen Gelüsts in sich aufzudecken. Ich spreche von den Verfassern der ersten Autobiographien, und das waren nicht nur Abélard und Guibert, sondern auch die zahlreichen Mönche, die von Kloster zu Kloster korrespondierten und einen Briefwechsel führten, der zwar nicht intim war, aber zwei von Angst umgetriebene Personen miteinander verband. Zuerst die Introspektion, dann die geheime Beichte und die Ertötung des Fleisches – künftig verbarg sich die Frömmigkeit hinter Mauern, in privaten Gärten. Ein langsamer Umschwung kam endlich zum Abschluß. Das Laterandekret von 1215 wurde nicht überall sogleich in die Tat umgesetzt. Aber im Laufe eines Jahrhunderts hatten seine Folgen – verbunden mit denen der Erziehung durch Predigten und die Kasuistik der Liebe sowie mit einer ökonomischen Entwicklung, die durch Beschleunigung der Geldzirkulation das Individuum befreite – die Bedeutung des Wortes »privat« zu verändern begonnen. Unmerklich bildete sich im Schoße der geselligen Großfamilie eine neue Konzeption des privaten Lebens heraus. Fortan bedeutete Privatheit, daß man inmitten der anderen man selbst war, im eigenen Zimmer, am eigenen Fenster, mit eigenem Besitz und eigener Börse, mit seinen eigenen Fehlern – eingestandenen und verziehenen –, mit seinen eigenen Träumen und Wünschen und seinem eigenen Geheimnis.

Bernhard Strigel, *Konrad Rehlinger d. Ä. mit seinen acht Kindern.* (München, Alte Pinakothek)

Die Beziehungen zwischen Eltern und Kindern – unter das Zeichen der Vorsehung gestellt oder im Spiel der Blicke erfaßt – kommen in der Malerei des 15. Jahrhunderts mit ebenso großer Wahrheit zum Ausdruck wie in den biographischen Zeugnissen dieser Zeit.

Philippe Braunstein

Annäherungen an die Intimität: 14. und 15. Jahrhundert

Die Geschichte der privaten Räume, der Phasen des Rückzugs in sie und der Intimität in ihnen, ist die Geschichte von Empfindungen, Gedanken und mentalen Bildern, die zwar heimlich kultiviert, aber gelegentlich sehr wohl schriftlich fixiert wurden. Verglichen mit voraufgegangenen Jahrhunderten, ist die Quellenlage für das Spätmittelalter sehr günstig. Mit dem Beginn des 13. Jahrhunderts wächst die Zahl der Zeugnisse merklich an, sogar ein beachtlicher Teil privater Dokumente hat sich erhalten. Deshalb können wir mit einiger Zuversicht das private Leben bestimmter Personen betreten, die uns, weil sie Aufzeichnungen gemacht haben oder sich haben malen lassen, ein Beweisstück ihrer Identität, ihres Wesens und/oder ihrer Sprechweise hinterlassen haben und deren Spur in den Archiven nicht verwischt worden ist.

Wir müssen jedoch sorgfältig die Grenzen dieses gewagten Unternehmens abstecken. Der Blick eines Menschen, der über sein Leben schreibt oder es in Romanform ausbreitet, ist, wiewohl nach innen gerichtet, nicht ungetrübter als der Blick, mit dem derselbe Mensch die Außenwelt ergreift. An welchem Kriterium also sollen wir die individuelle Botschaft, die sich jeder Verallgemeinerung entzieht, messen? Wie stellt sich der Historiker zu der Irrationalität persönlichen Verhaltens, zu der Banalität eines individuellen Betragens, und wie soll er einzigartiges, einmaliges Schreiben von der es auslösenden allgemeinen Erfahrung unterscheiden?

In dem Maße, wie privates Schreiben und Schreiben über Privates üblicher wurden, muß es zu tiefgreifenden Veränderungen in den Einstellungen des Einzelnen zu seiner Familie und seinen gesellschaftlichen Bezugsgruppen gekommen sein. Es entstand der Wunsch, Reaktionen auf Ereignisse, über die frühere Generationen kein Wort verloren hatten, weiterzugeben oder jedenfalls zu beschreiben. Hüten wir uns jedoch vor der anmaßenden Vorstellung, es müsse sich alles gewandelt haben, weil die Natur unserer Quellen sich gewandelt hat. Was der Historiker zunächst erfaßt, sind Modifikationen, die mit der neuen Gepflogenheit des Schreibens und vielleicht mit der durch sie ermöglichten Spiegelung einhergehen. Wir dürfen nicht annehmen, daß man in früheren Epochen Selbstbewußtsein, Vergnügen am Privaten und Interesse an dessen Schutz nicht gekannt hätte.

Schreibfertigkeit war im Spätmittelalter ziemlich weit verbreitet, in den großen Städten mehr als in kleinen ländlichen Siedlungen, aber bei Laien ebenso wie bei Klerikern. Gleichwohl blieb sie das Privileg einer

Minderheit der europäischen Bevölkerung. Die schriftlichen Quellen berichten von den intimen Erlebnissen und dem Erlebnis der Intimität einer relativ kleinen Zahl von Menschen und erlauben nur gelegentliche Seitenblicke. Immerhin kann uns das Zeugnis der Malerei, Bildhauerei und Archäologie helfen, unzulängliche oder unvollständige Einsichten zu korrigieren oder zu ergänzen.

Eine Gefahr steckt in der Versuchung der Moderne, die letzten Jahrhunderte des Mittelalters als Vorläufer von Künftigem zu begreifen, nur weil sich die Menschen damals – wie die heutigen – redseliger über die Geheimnisse ihrer Nachbarn und Bekannten verbreiteten als ihre Ahnen. Das private Leben gehört ohne Zweifel zu den heikelsten Terrains der Geschichte, und die Instrumente der wirtschaftlichen, sozialen und kulturellen Strukturanalyse sind zu schwerfällig, als daß sie das mannigfaltige Subjektivitätsgefüge, mit dem wir es hier zu tun bekommen, verläßlich erschlössen. Die Historiker sind für den Diskurs allgemeiner Ideen besser gerüstet als für den Anruf der Stimme der Vergangenheit. Für diese Stimme empfänglich zu sein heißt, sich anrühren zu lassen von dem Freimut eines Bekenntnisses, der Kühnheit eines Ausdrucks, dem Traum, der aus einem Text aufsteigt, der Liebe, die aus der Klage um den Tod eines Kindes spricht. Doch alles, was uns einer jahrhundertealten Intimität näherbringt, birgt die Gefahr in sich, daß wir die Distanz zwischen uns und der verlorenen Zeit verdrängen. Die Falle der Modernität besteht in der Annahme, daß es nichts Neues unter der Sonne gebe und daß die Menschen bei ihren privaten Äußerungen durch die Jahrhunderte stets dieselbe Sprache gebraucht hätten.

Die Fülle der Quellen aus dem 14. und 15. Jahrhundert stellt uns vor zwei Probleme: Wir dürfen nicht einen scharfen Bruch gegenüber früheren Epochen annehmen, und wir dürfen diese Epochen nicht als Vorstufen zur Moderne betrachten. Jedes Dokument – die meisten stammen aus Italien und aus Deutschland – und alle Ausdrücke müssen sorgfältig im Lichte anderer zeitgenössischer Dokumente und Ausdrücke gewogen werden. Zu der Freude, die Stimme zu vernehmen, muß sich die Sorge um die Identifizierung und Lokalisierung des Sprechenden gesellen. Zum Nachteil historischer Gewißheit werden diese Zuordnungen nicht immer möglich sein. Manche Texte – allzu heftige oder allzu dunkle – bleiben unsichere Orientierungsmarken für eine künftige Historiographie der Empfindungen und ihres Ausdrucks.

Die Erfindung des Subjekts

Eingebunden in das vielgliedrige System einer geschlossenen Welt, definiert sich das Individuum durch den Kontrast, d. h. durch den Bruch mit den Kreisen des sozialen Lebens: Familienverband, Traditionsgemeinschaft, Berufsgruppen, die Masse der Untertanen. Selbstbewußtsein entsteht, sobald der Einzelne sich in ein perspektivisches Verhältnis zu seinem Mitmenschen setzen kann; das Ergebnis kann eine radikale Infragestellung der Gesellschaftsordnung sein. Wer das Risiko eingeht, seinen Ort zu verlassen, der büßt sogleich – auf Straßen und in

Wäldern – seinen gesellschaftlichen Status ein. Doch die ruhelosen Wanderer, die Schattengestalten und Wahnsinnigen aus den Abenteuerromanen, die im ausgehenden Mittelalter gerne gelesen wurden, waren im Wald der Gesetzlosigkeit nicht allein, wo Köhler, Ausgestoßene und Einsiedler begierig nach einer anderen Welt suchten.

Aber das Selbstbewußtsein, so wie es sich im Geschriebenen bekundete, überschritt die Grenzlinie zwischen dem Geselligen und dem Unorganisierten nur selten. Im innersten Bezirk der mentalen Haltungen und sozialen Verpflichtungen, die ihn umgaben, blieb der spätmittelalterliche Bürger empfänglich für jene Ideologie des Gemeinwohls, welche die »utilitas« aller über die »commoditas« Einzelner stellte. Ist es lediglich ein Topos, wenn Guicciardini einen Gegensatz herstellt zwischen der ehrenvollen Karriere, die nur eine im Dienst der Öffentlichkeit sein kann, und einem »müßigen Leben, ohne Würde und völlig privat«? Sein Zeitgenosse Willibald Pirckheimer aus Nürnberg macht in seiner Autobiographie eine ähnliche Bemerkung. Er spricht dort von

Pienza (Toskana): Palazzo Piccolomini, erbaut von Rossellino; 15. Jh.

den drei Jahren nach dem Tod seines Vaters, die er »privatus« verbracht habe, nur sich selbst und seinen Freunden lebend; ins öffentliche Dasein zurückgekehrt, betrachtet er ein Standbild von sich selbst und brandmarkt alle, die ihre »Privatgefühle« über den »öffentlichen Nutzen« erheben. Für Pirckheimer ist die Teilnahme am öffentlichen Geschehen eine Ehre – der bürgerliche Humanismus hat den Weg über die Alpen gefunden. Würde und Selbstbewußtsein des Einzelnen kamen am klarsten in der Mitwirkung an der »res publica« zum Ausdruck. Andere Chronisten machen weniger Pose und ziehen es, wie der Florentiner Velluti, vor, in ihrer Autobiographie nur von solchen persönlichen Belangen zu berichten, die direkt mit Ereignissen des offiziellen Lebens zusammenhängen. Es fiel den Memoirenschreibern nicht leicht, Öffentliches und Privates zu trennen. Hans Porner aus Braunschweig betont zwar, daß sein Buch von ihm und nicht vom Rat der Stadt Braunschweig handele; aber in Wirklichkeit befaßt er sich ausschließlich mit Gemeindeangelegenheiten, in denen sich die persönlichen Bemerkungen verlieren. Das Selbstbewußtsein ist noch ein stammelndes oder unglückliches und bestätigt sich meist durch zaghafte Berufung auf das Verhaltensideal des guten Bürgers.

Noch ein anderer Referenzrahmen beeinflußt den Ausdruck der persönlichen Geltung: der familiäre. In dem Willen zur Angleichung der Palastfassade an die Fluchtlinie der Straße, der im 15. Jahrhundert in Florenz hervortrat, hat man die Abkehr von der architektonischen Verkörperung der Familie im Häuserblock (der »insula«) vermutet. Von dem Bedürfnis des Einzelnen, seine Unabhängigkeit von der Sippe zu demonstrieren, kündet die Einstellung, einen geschäftlichen Erfolg oder eine erfolgreiche Karriere als Beispiel für die »res privata« zu rühmen. Doch täusche man sich nicht: Die Geltung des Einzelnen mochte sich nicht mit der Bestätigung im Familienverband zufriedengeben. Hinter der familiären Fassade beharrte man auf Intimität und Verinnerlichung; davon zeugt die Verteilung der Räume. Am meisten profitierte hiervon der Hausherr, der nun ein privates »studiolo« sein eigen nannte. Es war dies vielleicht der einzige Platz im Haushalt, wohin sich der Geschäftsmann, der »pater familias«, der Humanist zurückziehen konnten, um allein zu sein.

Certaldo (Toskana): Palazzo Pretorio, spätes 13. Jh. Öffentlicher Stolz, privates Renommieren: Die Fassade des Bauwerks zeigt Wappen, die von ruhmreichen Hochzeiten und dem Überdauern der Zeit künden. Der Innenhof hingegen ist ein abgeschlossener, friedlicher Ort.

Tätigkeit zum Nutzen der Gemeinschaft oder des »Hauses« gereichte dem Einzelnen, der sich seiner Verantwortung bewußt war, zur Ehre. Arbeit und produktive Reflexion im Interesse der Gruppe ließen für das private Leben wenig Zeit, wenn wir den Darstellungen Glauben schenken dürfen, die prominente Männer von ihrem Lebenslauf gegeben haben. Wer versucht war, Zeit und Ressourcen für sich selbst zu verwenden, den hielt die Furcht zurück, in der Meinung anderer als selbstsüchtig oder eitel dazustehen; das Private war das »Niederträchtige«. Außerhalb des öffentlichen Geschehens war keine Reputation zu gewinnen: »Fama non est nisi publica.«

In diesem strengen Rahmen, in den das Schreiben als Reflex einer theoretischen Konstruktion das Private einfaßte, gewährte die unabdingbare Geselligkeit der natürlichen Entfaltung des Ichs wenig Spielraum: Manche Autoren präsentierten sich im Schmuck von Tugenden, der die Lektüre des Cicero oder Titus Livius unentbehrlich erscheinen ließ. Wohl würden wir einen weniger ausgefeilten Stil, eine minder rigide Haltung, eine weniger selbstgewisse Stilisierung vorziehen; aber es unterliegt keinem Zweifel, daß das streng durchgeformte Selbstbild, das diese Männer der Nachwelt hinterlassen haben, in mancherlei Hinsichten ihr öffentliches Wirken widerspiegelt und daß das von einigen Autoren proklamierte Verhaltensmuster ein Ideal war, das sich im urbanen Europa des Spätmittelalters großer Beliebtheit erfreute.

Donatello, *Marzocco;* 1420. (Florenz, Bargello)

Wo finden wir nun intimere Formen des Selbstbewußtseins? Hatte nicht der Panzer der Tugend die Funktion, den Gefühlserguß, den Taumel der Geständnisse und Bekenntnisse zu unterbinden? Müssen wir die Welt der Städte verlassen, um mit der Einsamkeit auch die Posenlosigkeit wiederzufinden, die Schlichtheit der Empfindungen, in denen sich die Person in ihrer Privatheit ausdrückt?

In einer schönen, von lateinischer Rhetorik nicht gänzlich unversehrten Textstelle zeigt Ulrich von Hutten, daß die Entgegensetzung von Stadt und Land das falsche Mittel wäre, das Geheimnis des Menschen zu entschlüsseln. Der Humanist, der sich seiner Rolle in der adligen wie in der bürgerlichen Gesellschaft bewußt ist, muß sich davor hüten, den Anstoß zur Selbstvervollkommnung auf dem Lande finden zu wollen. Das Alleinsein verarmt; der Rückzug in die »Wüste«, und sei es die einer Familienburg, zieht Unruhe nach sich; vielmehr nährt sich der Geist von der Menge und von der Bewegung:

»Das Land, das ist der Lärm und die Hast.

Du sprichst von den Reizen des Landlebens, du sprichst von Ruhe, du sprichst von Frieden. [...] Mag die Burg auf einem Hügel errichtet sein oder in der Ebene, sie ward nicht zur Lust errichtet, sondern zur Wehr, umgeben von Gräben und Wall, innen eng, belastet mit Ställen für Rinder und Kleinvieh, mit dunklen Kammern für die Bombarden, mit Vorratslagern für Pech und Schwefel, mit Räumen für die Waffenlager und Kriegsmaschinen; über allem der Gestank von Pulver; und dann die Hunde und der Hundekot – fürwahr, ein lieblich Gedüft! Reiter kommen und gehen und mit ihnen Räuber, Banditen und Diebe; denn meistens stehen unsere Häuser weit offen, und wir wissen nicht, wer wer ist, und wir kümmern uns auch nicht groß darum. Man hört Schafe blöken, Kühe muhen, Hunde bellen, Menschen auf den Feldern rufen, Karren und Fahrzeuge kreischen und klappern, ja an unserem Hause Wölfe heulen, da der Wald nicht fern ist. Jeder Tag bringt aufs neue Mühe und Sorge, der Betrieb muß weitergehen, die Jahreszeiten wechseln, der Acker ist zu pflügen und zu bestellen, der Weinberg zu bearbeiten, Bäume sind zu pflanzen, die Wiesen zu wässern, man muß rechen, säen, düngen, ernten, dreschen; es kommt die Zeit der Ernte, es kommt die Zeit der Weinlese. Und wenn in einem Jahr einmal die Ernte schlecht ausfällt, welch verwunderungswürdiger Mangel, welche verwunderungswürdige Armut; und so fehlt es nie an etwas, das einen bewegt, einen beschäftigt, einen ängstigt, einen bedrückt, einen betrübt, einen zum Wahnsinn treibt – oder in die Flucht.« (Ulrich von Hutten an Willibald Pirckheimer, *Vitae suae rationem exponens*, 1518)

Hutten, von keinem anderen politischen Ehrgeiz beflügelt als dem,

Bernhard Strigel, *Geburt Mariä.* (Berlin, Staatliche Museen Preußischer Kulturbesitz) Geburtsszenen erlauben es uns, mit dem Maler in den intimsten Bereich des Hauses zu blicken: das Zimmer, in dem die Wöchnerin von anderen Frauen umsorgt wird.

die Mächtigen zur Förderung der Gelehrsamkeit zu ermutigen, beschreibt sein Leben am Hofe des Erzbischofs zu Mainz; er gibt sich als jemand, der mitten im Trubel allein sein kann: »Saepe in turba solus sum.« Die wahre Freiheit, die Bewährung der eigenen Identität, ist die Frucht einer privaten Übung: Lesen und Schreiben erlauben es, die Grenzen des Selbst zu überschreiten, unbehelligt von jeder Verpflichtung gegenüber der Öffentlichkeit und der Familie, mit der frohgemuten Leichtigkeit des Austauschs zwischen Ich und Welt. Dieser Austausch ist ein Privileg, zu dem auch die Mystiker gelangen, wenngleich mit anderen Techniken. Bruder J. Mombaer sagt über die »vita communis« des Klosters: »Ob du wachst oder schläfst, du bist inmitten der anderen allein.« Hutten stellt dieses Privileg dem harten Dasein des Bauern gegenüber, der weder die Möglichkeiten noch die Zeit für das große Glück der Begegnung mit seiner eigenen Seele hat.

Erste Person Singular

Von sich selbst zu sprechen bedurfte der Rechtfertigung; die Autoritätskräfte der *Sprüche Salomons*, des Aristoteles und des Thomas von Aquin wirkten zusammen, um das Sprechen in der ersten Person Singular verdächtig zu machen. Manche Autoren sind der Meinung, daß es die von jedem Zwang entbundene Autobiographie erst in der Moderne gebe; erst die Moderne habe eine Weise des Erzählens von sich selber erfunden, die von historiographischen Ansprüchen ebenso wie von Apologie entlastet sei. Es ist offenkundig, daß der Mensch, der sich im Mittelpunkt des Universums, zwischen zwei Unendlichkeiten fand, darüber jubelte, von Gott die Fähigkeit empfangen zu haben, sich in seinen Möglichkeiten und Neigungen vervollkommnen zu können; die Autobiographie proklamierte die Würde des singulären Schicksals.

Freilich ist das autobiographische Erzählen nicht in voller Rüstung dem Kopf des nunmehr legitimen individuellen Helden entsprungen. Es entwickelte sich allmählich aus anderen narrativen Formen, die den sozialisierten Einzelnen auf die Bühne stellten. Die Freuden und Leiden der Existenz inspirierten den Autor dazu, sich selbst ins Wort zu fallen – sei es, daß er zu erkennen gab, am Rande jener Straße gestanden zu haben, auf der sich seine Geschichte zutrug, sei es, daß er das rhapsodische Geschehen mit privaten Anmerkungen kommentierte, sei es, daß er ein exemplarisches Abenteuer, das seine eigenen Anfechtungen wiedergab, vor das Angesicht Gottes stellte. Mit anderen Worten, das Spiel des »Ich« mit dem »Mich« wurzelte entweder in dem augustinischen Modell der »confessio« oder in dem Vorsatz, tagtäglich zu notieren, was ein guter Haushälter für sich und die Seinen im Kopf behalten muß, oder in dem Verlangen, denkwürdige Tatsachen in der Welt und neben dem Erzähler zu registrieren.

Das Bekenntnis, das Tagebuch, die Chronik sind im Spätmittelalter Informationsquellen, in denen das Individuum über seine Privatsphäre, d. h. über seinen Körper, seine Wahrnehmungen, seine Gefühle und Vorstellungen Auskunft gibt, aufrichtig, soweit Memoiren aufrichtig

Ambrogio Lorenzetti, *Die gute Regierung*, »Aufbruch zur Falkenjagd« (Ausschnitt), 1338–1341. Das Leben der Adligen dringt in die Arbeitswelt der Bauern ein. (Siena, Palazzo Pubblico)

sein können, und mit dem Anspruch, »das Sein en face, nicht im Profil abzubilden«.

In der Malerei erscheinen, nachdem die Landschaft aus der Porträtkunst verbannt worden war, die menschlichen Gesichter vor neutralem Hintergrund; ihren Zügen wird Unsterblichkeit verliehen, um sie vor dem Zugriff des Verfalls zu bewahren. Doch schon davor gab es auf Retabeln und Fresken Komparsen, die wahrer wirkten als die Heiligen oder die Hl. Drei Könige, die vorgeblich das Thema des Werkes waren. In dieser Komparserie finden wir häufig den Maler selbst, der den Anschein erweckt, er habe das Geschehen, das er im Bild darstellt, miterlebt. Zaghaft betritt das Individuum die Gewölbe der Weltgeschichte, eingeschüchtert vom Widerhall seines Namens an diesem heiligen Ort. Die Verlockung, das winzige Selbst zu feiern, gerät in Konflikt mit der Majestät des Göttlichen, und so zieht sich das Individuum hinter das Erzählen in der dritten Person Singular oder den metaphorischen Diskurs zurück. Die Sprache diente in vielfältiger Weise der Verhüllung des privaten Gefühls. Neben einigen wenigen Beispielen authentischer Selbstbewährung gibt es unzählige Fälle von Zurückhaltung und Zaudern, deren Kontext und Häufigkeit nützlich sein mögen, um verschiedene Formen intimen Schreibens voneinander zu unterscheiden. In einem Werk, das zwischen Autobiographie und Roman steht, erwähnt Kaiser Maximilian seinen Schmerz über den Tod seiner jungen Frau, »denn sie liebten einander sehr, worüber es viel zu schreiben gäbe«. Aber er zog es vor, es nicht zu schreiben.

Die Sprache des Bekenntnisses

Mehr als jede andere narrative Form ermutigt das Bekenntnis den Autor dazu, sich zum Protagonisten eines spirituellen Abenteuers zu erklären. Vorbilder des spätmittelalterlichen Bekenntnisses waren außer der franziskanischen Modellbiographie die Selbstrechtfertigung Abélards, diese literarische Meditation über eine Katastrophe, und vor allem die *Bekenntnisse* des Augustinus. Während die dramatische Bekenntnisschrift Abélards Ereignisse aneinanderreiht und die heitere Konfession des Adam von Salimbene die Silhouette des Sünders in franziskanisches Licht zu tauchen sucht, hat die Autobiographie des Augustinus – das Muster einer Kristallisation der Gefühle, die mit einem Schlage das ganze bisherige Leben beleuchtet – zahlreiche hervorragende italienische Autoren zur Nachahmung angeregt. Die schönsten Sätze der Empfindsamkeit bei Dante, Petrarca und Boccaccio verdanken sich der folgenden tiefsinnigen Bemerkung des Augustinus: »Das Gedächtnis bringt nicht die Wirklichkeit selbst herauf, denn sie ist für immer entschwunden. Aber es weckt die Worte, die die Wahrnehmung der vergehenden Wirklichkeit durch Vermittlung der Sinne als Spur im Geist hinterlassen hat.« Vor dem Auge Gottes ist die innere Zeit die Auferstehung vergangener Augenblicke, die durch die Gegenwart wiederbelebt werden. Indem er denkt und schreibt, gibt der neue Mensch dem stokkenden Fortschritt des Sünders Gestalt und Sinn; die Erzählung beginnt mit der Konversion, so wie die geschaffene Welt mit der Erlösung der Menschheit beginnt.

Die organisierende Kraft der augustinischen Vision wirkte inspirierend auf Menschen, die sich zwar in einer anderen Situation als Augustinus befanden, aber von seiner Methode fasziniert waren und sich ihm spirituell verwandt fühlten. Derlei Gefühle bewegten das Herz Petrarcas, der bei der Lektüre der *Bekenntnisse* Tränen vergoß (»inter legendum fluunt lacrimae«) und in einer Mimesis der Konversion die Seelenqualen des Augustinus nachempfand (»transformatus sum in alterum Augustinum«). Es ist bekannt, daß sein Zwiegespräch mit der Seele – das einem Schema aus den Beichtbüchern folgte – ihn veranlaßte, den Mont Ventoux zu besteigen, und ihm das Bild einer Zitadelle vor Augen rückte, in der er sich mit dem Buch seines Meisters einschloß.

Paolo Uccello, *Reiterstandbild des Sir John Hawkwood*, um 1436. Grandezza und Geometrie: der Condottiere. (Florenz, S. Maria del Fiore)

Dante beginnt seine poetische Autobiographie, *Vita nuova*, mit einer methodologischen Präambel, die sich durchaus der geistigen Atmosphäre privater Lektüre verdankt: »In jenem Teil des Buches meiner Erinnerung, vor welchem nur wenig zu lesen ist, findet sich eine Überschrift, die da lautet: *Incipit vita nova* [›Hier beginnt das neue Leben‹]. Und unter dieser Überschrift finde ich Worte, welche ich in diesem Büchlein nachzuzeichnen gedenke, und wenn nicht alle Worte, so doch wenigstens ihren Sinn und Gehalt.« (Übs.: Karl Federn) Die reduktive Trockenheit der Analyse läßt die erinnerte Erfahrung eher als vorherbestimmt denn als frei ausgewählt erscheinen; doch durch das ordnende Prisma wird plötzlich jenes gloriose Geschöpf des Geistes, die verklärte Beatrice, sichtbar: »la gloriosa donna della mia mente.« Dante zögert nicht, sich in dem Raum zu zeigen, in den er geflohen war, um sich auszuweinen zu können: »nella mia camera, la ov'io potea lamentarmi senza essere udito.« Die Intensität der Empfindung hängt einzig von der Alchimie des Schreibens ab. Das Schreiben ordnet die Vergangenheit und erhält so die Quellen des Gedächtnisses lebendig; es ist eine Liturgie der Liebe, ein Kult des Erinnerns, der das schmerzhafte Bewußtsein des Subjekts konstituiert und erneuert.

Das Werk Petrarcas enthält autobiographische Elemente, »versprengte Fragmente seiner Seele«. Die Literatur erlaubt es dem Dichter, sein zerstückeltes Ich, das aus lauter gelebten Momenten besteht, neu zusammenzusetzen. Daraus erklärt sich Petrarcas hartnäckige Praxis, die ihm gehörenden Handschriften mit Notizen zu versehen. Auf den Rändern einer mit Miniaturen von Simone Martini verzierten Handschrift der *Aeneis* unterhielt Petrarca eine heimliche Korrespondenz mit denjenigen Helden Vergils, die in der Blüte ihrer Jahre gestorben waren, indem er zwischen 1348 und 1372 die Namen ihm naheste-

Giovanni di Paolo, *Der hl. Hieronymus erscheint dem hl. Augustinus*, 1465. Worte rufen Gedanken und Gestalten – das ist das Abenteuer des Intellektuellen im 15. Jahrhundert wie zu allen Zeiten.
(Berlin, Staatliche Museen Preußischer Kulturbesitz)

hender Menschen notierte, die seiner Zuneigung entrückt waren. Als erste wird Laura erwähnt, und zwar auf der Rückseite des Deckblattes, »an der Stelle, die mir am meisten vor Augen kommt«. Dieser unsterblichen Frau widmet Petrarca eine zärtlich-feierliche Grabschrift, die alle Fragmente des Liebesdiskurses durchkonjugiert: »Laura, berühmt dank ihrer eigenen Tugenden und dank meiner Gedichte, die sie nach Herzenslust besangen, trat mir zum ersten Male vor die Augen in meiner frühesten Jugend, im Jahre des Herren 1328, am sechsten Tag im April, des Morgens, in der Kirche der hl. Clara zu Avignon; und in der nämlichen Stadt, im nämlichen Monat April, am sechsten Tage des Monats, zur nämlichen Stunde am Morgen, ging sie ein ins Licht, während ich in Verona weilte, ach! und nichts wußte von dem Schicksal, das sich erfüllt hatte. Die traurige Kunde erreichte mich in Parma durch einen Brief meines lieben Ludwig, am Morgen des zehnten Tages im Mai 1348. Ihr so reiner, so schöner Leib fand bei den Minderbrüdern seine Ruhe, am Tage ihres Todes, gegen Abend. Ihre Seele aber kehrte, wie die des Afrikaners, von der Seneca spricht, zum Himmel zurück, von wo sie gekommen war: Das ist mein unerschütterlicher Glaube.«

Es war Petrarcas häufiger Kontakt mit Vergil, der seinen Worten wiederholt das Gefühl einprägte, alles verloren zu haben. In einem Brief an Philippe de Cabassoles schreibt er: »Ich sterbe täglich« (»quotidie morior«). Ein Mensch hinterläßt nur Spuren. An den Rändern des *Canzoniere*, dem einzigen Ort, wo Petrarca fortlaufend seine Gedanken notierte, beschrieb er seine tägliche Mühsal: eine Erinnerung, die fünfundzwanzig Jahre lang vergessen war und in einer schlaflosen Nacht wiederkehrte; eine Einladung zum Essen, deretwegen er einen Moment der Inspiration versäumen mußte. Nur Gott vermöchte aus solchen Notizen, solchen Momenten das Geflecht eines ganzen Lebens zu rekonstruieren; aber das Werk ist da, mit seinen Schreien und seinem Geflü-

Kupfergravüre zu Dantes *Göttlicher Komödie* nach Sandro Botticelli von Baccio Baldini (zugeschrieben), 1481. (Paris, Bibliothèque Nationale)

ster. Die Erinnerung und ihre Orchestrierung, die Literatur und die Dinge des Lebens – alles ist unauflöslich miteinander verwoben. Über sich selbst hinterließ Petrarca nur eine Nachschrift, eine *Epistel an die Nachwelt*. Seine Stimme klingt durch die Zeit, sie bedeckt jedoch sorgsam seine Gefühle. Trotz der Distanz, die er zwischen der Person, die er gewesen ist, und dem Dichter, der er bleiben wird, herstellen möchte, kann er der Versuchung nicht widerstehen, von sich selbst zu sprechen: »Vielleicht hat einer von euch einmal etwas von mir gehört. [. . .] Ich war einer der Euren, ein kleines Menschlein unter den Sterblichen. [. . .] Obgleich nicht gesegnet mit einer erstrangigen Physis, hatte ich doch die Vorzüge der Jugend: einen guten Teint, weder glänzend noch blaß, einen strahlenden Blick und gute Augen, die noch bis nach meinem sechzigsten Lebensjahr scharf zu sehen vermochten; dann wurden sie so schwach, daß ich widerstrebend Augengläser in Anspruch nehmen mußte.« Dieses Selbstbildnis verweist uns plötzlich wieder in jene Miseren des privaten Lebens, die Boccaccio in seinem literarischen Porträt Petrarcas zu vertuschen versucht hat, indem er persönliche Erinnerungen mit antiken Klischees verquickte.

Nach Petrarca beriefen sich die Humanisten oft auf die römische Literatur oder ahmten sie nach. Im 15. Jahrhundert wurde die Analyse des Gefühls merklich leichter und heiterer; die Schriftsteller zeigten sich in ihrem Stil konformistisch und entlehnten ihre Sittenlehre den bewährten Autoren der Vergangenheit. Das Erzählen in der ersten Person Singular orientierte sich zwar weiterhin an der christlichen Übung der spirituellen Bilanz, aber philologische Umschweife, konventionelle Landschaftsschilderungen, der Sinn für das Bemessene und das Begehren nach dem eigenen Ruhm ließen für wirkliche Introspektion nur wenig Raum. Giovanni Conversini aus Ravenna, der Kanzler von Francesco da Carrara, verdankt den Titel seiner Selbstprüfung – *Rationarum vitae* – der wiederbelebten augustinischen Tradition, doch fehlt seinem Diskurs der angstvolle Akzent des Zwiegesprächs mit der Seele. Poggio durchforschte die Seiten der antiken Autoren (»jeden Tag spreche ich mit den Toten«) nach tugendhaften Praktiken, aber über sein eigenes Gewissen sagt er kein Wort. Pier Paolo Vergerio gefällt sich in der Attitüde des jüngeren Plinius und schildert einen Aufenthalt auf dem Lande. Selbst Enea Silvio Piccolomini, der spätere Papst Pius II., dessen scharfer Geist in seinen Schriften immer wieder sichtbar wird, entwickelt in seinen *Commentarii* eine Autobiographie, die freilich so lange fad und seicht bleibt, wie sein privates Leben nicht die Weihe der Tiara empfangen hat; dann jedoch eifert er seinem literarischen Vorbild Caesar nach und beginnt, von sich in der dritten Person zu schreiben: Enea Silvio wirft seiner Lebensgeschichte den Mantel des Papsttums über. Gelegentlich verrät eine Abweichung von seinem »objektiven« Stil den Klang seiner wahren Stimme. So wird er sarkastisch, wenn er die Machenschaften bei dem Konklave beschreibt, das ihn gewählt hat: »Die meisten Kardinäle versammelten sich bei den Latrinen; hier, an diesem der Diskretion und Geheimhaltung günstigen Ort, verabredeten sie Mittel und Wege, um Papst Wilhelm zu wählen.« Melancholie überkommt ihn, als er die Gegend besucht, in der er aufgewachsen ist:

Schule des Antonio Pollaiuolo: Das Lesen als Arbeit und als Vergnügen. (Paris, Bibliothèque Nationale)

Vittore Carpaccio, *Szenen aus dem Leben der hl. Ursula*, »Abschied der Gesandten« (Ausschnitt), 1490–1496. (Venedig, Galleria dell'Accademia)

»Überall traf der Papst auf untrügliche Zeichen seines Alters.« Und er ist resigniert, wenn er sich, vor den Toren Anconas, zum Kreuzzug rüstet, dem letzten Akt seiner Geschichte: »Wenn dieser Marsch die Christen nicht zwingt, in den Krieg zu ziehen, so wissen Wir kein anderes Mittel. [...] Was Uns betrifft, so wissen Wir, daß der Tod Uns erwartet, und Wir fliehen ihn nicht.« Obschon das ebenfalls Konformismus ist, so ist es doch gelebter Konformismus – Nachfolge der Heiligen und der Märtyrer.

Kommentare und Taten

Mit den *Commentarii* Pius' II. sind wir bei einer Schreibweise angelangt, in der das Subjekt das einzige Bindeglied zum privaten Leben bildet. Wir haben es nicht mehr mit jenen privilegierten Augenblicken zu tun, in denen sich die vergangene Zeit konzentriert, auch nicht mehr mit dem innerlichen Vorsatz, Licht in die Regungen des eigenen Bewußtseins zu bringen. Hier gilt die Wiederherstellung von Ereignissen in der Reihenfolge der gelebten Zeit – Ereignisse, die es verdienen, dem Vergessen entrissen zu werden, wobei die persönlichen Emphasen und Entscheidungen hinter der scheinbaren Objektivität des Erzählten zurücktreten.

Der Zweck spätmittelalterlicher Memoiren und Kommentare, so wie ihn Geschichtsschreiber wie Froissart und Villani verstanden, war die Prüfung der Vergangenheit im Lichte der Erfahrung. Die Betonungen und Auslassungen des Erzählers, seine Aufzählungen und Abweichungen, seine großzügigen Pinselstriche ebenso wie die akribisch geschilderten Details erzeugen gleichsam ein negatives Selbstporträt (zumal wenn der Autor apologetische Absichten verfolgt).

Der »Bürger von Paris«, der in schwierigen Zeiten Tagebuch führte, ist der ohnmächtige und zornige Beobachter von Ereignissen, die ihn überwältigen. Philippe de Commynes wiederum war nicht nur ein enger Vertrauter seiner Protagonisten, des Herzogs Karl und des Königs

Piero della Francesca, *Bildnis des Sigismondo Malatesta*, 1451. Die Strenge der Komposition verleiht dem Porträt eines Potentaten archetypischen Rang. (Paris, Louvre)

Ludwig, sondern auch offiziell mit öffentlichen und geheimen Missionen betraut. Seine Sätze, seine Urteile, Beschreibungen und Porträts sind gefärbt von seinen Empfindungen und, weil an seinem Lebensabend formuliert, gezeichnet von der Distanz zwischen politischem Handeln und erzwungenem Ruhestand. Der Autor aber als Privatmann wird nur dann kenntlich, wenn man sich die Mühe macht, seine Absichten zu erraten. Die Personen im Zentrum seiner Bühne läßt Commynes nur unter Umständen und Bedingungen auftreten, welche die Absicht seines Schreibens rechtfertigen. Wir sehen die Wut des getäuschten Herzogs von Burgund, wir sehen den König von Frankreich in seinem Landhaus und in der Agonie des Todes, die Commynes bis zum letzten Atemzug miterlebt haben will.

Urs Graf d. Ä., *Bannerträger*, 1514. Der Schweizer Künstler verewigt – bewundernd oder sarkastisch – die kampfesmutigen und ruhmreichen Helden, denen er im Krieg begegnet ist.
(Basel, Kunstmuseum)

Manchen Autoren, denen es darauf ankam, ihre Erlebnisse in einer historischen Perspektive zu erzählen, die ihrer antiken Vorbilder würdig wäre, gelang es nicht, die schmale Linie zwischen Öffentlichem und Privatem einzuhalten. Guicciardini verfaßte drei Bücher, eines über das öffentliche Leben, ein zweites über die Geschichte seiner Familie und ein drittes über sein eigenes Leben: die *Florentinische Geschichte*, die *Familiengeschichte* und die *Erinnerungen*. Doch wenn er in die Rolle des Historiographen schlüpft, gibt er ein Porträt seines Vaters, ohne auch nur zu erwähnen, daß er der Sohn dieses Mannes ist. Und wo er sich anheischig macht, »die Erinnerung an gewisse Dinge zu bewahren, die mit mir persönlich zu tun haben«, beschränkt er sich darauf, die Etappen seiner Karriere zu schildern und sich die Note »befriedigend« zu erteilen, weil er ein guter Sohn und Gatte gewesen sei. So ist bei ihm das private Leben kaum mehr als die Reputationsfolie eines Mannes, der dafür bekannt ist, ein wackerer Akteur auf der öffentlichen Bühne gewesen zu sein.

Andere Autoren suchten ihr eigenes Verhalten zu verteidigen oder zu erläutern, um öffentliche Handlungen zu legitimieren. Jörg Kazmeier, Ende des 15. Jahrhunderts Bürgermeister von München, schildert die Ereignisse jener Zeit der großen Wirren nur, um seine Flucht aus der Stadt zu erklären. Arnecke, um die Mitte des 15. Jahrhunderts Bürgermeister von Hildesheim, wehrt sich gegen den Vorwurf der Unfähigkeit und Pflichtvergessenheit. Götz von Berlichingen, der im Alter von achtzig Jahren ein Vierteljahrhundert als Reiter zwischen der Schweiz und Hessen Revue passieren läßt, bringt hartnäckige Verleumdungen dadurch zum Schweigen, daß er es mit der Wahrheit seiner Rolle in den Bauernkriegen nicht sonderlich genau nimmt. Sein Bericht beginnt mit der Kindheit: »Erstlich hab ich wol etwa von meinem Vatter und Mutter seel. auch meinen Brüdern und Schwestern (die älter waren dann ich) und auch von alten Knechten und Mägden, so bey ihnen gedienet, vielmahls gehört, daß ich ein wunderbahrlicher junger Knab gewesen und mich dermassen in meiner Kindheit erzeiget und gehalten, daß männiglich daraus gespührt und abgenommen, daß ich zu einem Kriegs- oder Reiters-Mann gerathen würde.« Wenn gar nichts mehr hilft, dann geht der Angegriffene zur Gegenattacke über.

Benvenuto Cellini, dessen Ruhm ebenso groß war, wie es nachmals seine Schande werden sollte, reagierte ähnlich auf seine Verfolger: Er

Marinus van Roymerswaele, *Der Geldwechsler*. (München, Alte Pinakothek)

zählt die Wunder auf, die zu verschiedenen Zeiten sein privates wie sein öffentliches Leben begleitet haben. Hinweise auf Helden und Schurken verleihen der Erzählung Farbe und Rhythmus, angefangen beim Wirken des Künstlers in den Diensten Clemens' VII. bis zu seiner Einkerkerung 1556. Es mangelt nicht an Vorboten des außerordentlichen Schicksals dieses Knaben: der Gründer von Florenz als Vorfahr, die biblischen Großeltern, der neben dem Säugling spielende Salamander. Eine mythologische Vorgeschichte hebt den Akteur über die Schranken seines Zeitalters hinaus. Diese extreme Autobiographie verläßt den Bereich des Öffentlichen sogar dort, wo sie mit der verbürgten Reputation ihres Autors spielt. Erzählung und Symbolik meisterhaft mischend, verzerrt oder verhehlt sie die Realität des privaten Lebens.

Mit Cellini um die Mitte des 16. Jahrhunderts haben wir den Endpunkt einer Entwicklung der Selbst-Erzählung erreicht. Die Fiktion – die Ausschmückung von nur wahrscheinlichen oder nicht verifizierbaren Vorfällen – war das Resultat verschiedener Komponenten: der spirituellen Introspektion, des Nachdenkens über vergangene Erfahrungen und der Familienhistorie.

Familienerinnerungen

Laien, denen das Schreiben vertraut war, pflegten private Papiere und Aufzeichnungen aufzubewahren. Notare und öffentlich bestellte Schreiber, Kaufleute, von kleinen Einzelhändlern bis zu international agierenden Unternehmern, und sogar einige Handwerker bildeten eine Gruppe, die zwischen dem 13. und 16. Jahrhundert größer wurde und die Eliten aller europäischen Städte umfaßte. Adlige waren aus dieser Gruppe ebensowenig ausgeschlossen wie Frauen, die in manchen Fällen die Feder dort aufnahmen, wo ihre Väter oder Ehegatten sie hatten aus der Hand legen müssen. Das Schreiben war mit dem Willen verbunden, den Besitz ordentlich zu verwalten und den Erben ein Kapital zu hinterlassen, das nicht lediglich aus Immobilien bestand, sondern auch aus geistigen Ratschlägen und aus Erinnerungen.

Allerdings war es schwierig, dieses spirituelle Kapital zu verwalten oder zu vermachen, wenn es nicht organisiert war. Seit etwa 1350 bemühte man sich, das Material, das in Familienarchiven, in Geschäftsräumen, Büros und »studioli« lagerte, zu ordnen und zu katalogisieren: Verträge, Abrechnungen, Verzeichnisse von Geburts- und Todestagen, Arzneien und Tränken, Briefwechsel, Stammbäume. Ursprünglich wurden diese Daten auf losen Karten festgehalten – Gedächtnisstützen, wie man sie auf Porträts von Kaufleuten oder Handwerkern häufig an die Wand geheftet sieht. Dann ging man allmählich zu Notiz- und Hauptbüchern über, in denen man auch Soll und Haben vermerkte. Es dauerte eine Weile, bis man die geschäftliche Kontoführung

Marinus van Roymerswaele (um 1493–nach 1567), *Bankiers*. (London, National Gallery) Geschäftsbeziehung, Buchhaltung, Rechnung – die spätmittelalterliche Gesellschaft gewöhnte sich an, ihr Tun und Planen in Tabellen und Zahlen zu fassen.

Marinus van Roymerswaele, *Bildnis eines Unbekannten* (Ausschnitt). (Paris, Collection Porgès) Öffentliche Papiere, private Papiere: Auch der Aktenwust des modernen Lebens drang in die realistische Genremalerei des 15. Jahrhunderts ein.

von der privaten trennte und zwischen dem Häuslich-Familiären und der Erinnerungsschrift unterschied.

Die umfassendsten Handels- und Finanzaufzeichnungen gab es anfangs in den Städten Mittel- und Norditaliens, später, seit dem Ende des 14. Jahrhunderts, auch in Deutschland. Der Gebrauch spezieller Rechnungsbücher für Zwecke der Kontoführung hatte zur Folge, daß aus den geschäftlichen Protokollen das Nichtgeschäftliche allmählich verschwand. Dies wiederum beförderte die Neigung, sogenannte Geheimbücher anzulegen, Journale, »mémoriaux« und »ménagers«, »livres de raison« und Merkbücher, denen man Informationen privater Natur anvertraute, um sie überliefern zu können. Bis zum 16. Jahrhundert und noch darüber hinaus variierte der Inhalt dieser Bücher erheblich, je nach dem intellektuellen Status der Familie. Sie trugen Merkmale der Willkür, was mit ihrer Entstehung aus einer bloßen Sammlung von täglichen Notizen zusammenhing. Auf eine Liste von Vornamen mochten die Klauseln eines Ehevertrages folgen. und den Eintrag über einen Pferdeverkauf rundeten vielleicht Angaben zu einem Heilmittel für Pferdekrankheiten ab.

Kaufmannspraktiken sprechen aus den Bilanzen, die man aus Kontobüchern herauszog, und aus der Bedeutung von Verzeichnissen; so registriert Lucas Rem aus Augsburg die Nachthemden und den Schmuck, die er seiner Frau geschenkt hat, während Nicolaus Muffel aus Nürnberg seine Reliquiensammlung inventarisiert. Kaufmannsgeist waltet freilich auch in dem Brauch, auf der Liste der Kinder die Namen der verstorbenen zu tilgen wie eine verjährte Forderung oder eine beglichene Schuld.

Noch im 15. Jahrhundert pflegten die minder versierten Kaufleute eine Vielzahl nebensächlicher Informationen in ihre Rechnungsbücher einzutragen, während findige Geschäftsmänner wie Giovanni Barbarigo in Venedig und Anton Tucher in Nürnberg deutlich zwischen Geschäftsprotokollen und privaten Aufzeichnungen trennten, was nicht hinderte, daß sie weiterhin in ihr Haushaltsbuch die Domänenerträge sowie persönliche Bemerkungen und Anekdoten einstreuten. Trotz seinem Titel hat das »libro segreto« des Goro Dati aus Florenz nichts gemein mit den Kontobüchern der Firma Alberti und weist, ungeachtet einer melancholischen Präambel über die Vergänglichkeit, nirgendwo über persönliche und familiäre Belange hinaus. Der *Zibaldone* des Venezianers da Canal enthält Anmerkungen zu mediterranen Handelsusancen, wie man sie in jedem Firmenbüro finden konnte, während Giovanni Rucellai in Florenz mit demselben Titel ein Kompendium seiner Erfahrungen in Politik und Wirtschaft bezeichnet, dem er Erwägungen zur Haushaltsführung sowie Schilderungen vom Bau der Fassade von Santa Maria Novella und der Brancacci-Kapelle beimischt. Im ersten Viertel des 16. Jahrhunderts versuchte Lucas Rem in Augsburg, sein Datenmaterial in Rubriken über seinen Werdegang, über seine Aufwendungen für Bauten und über seine Kinder zu gliedern, behielt jedoch die irreführende Bezeichnung »Tagebuch« bei.

In diesen Büchern steckt eine Fülle von Informationen aus den Rand-

Domenico Ghirlandaio, *Verkündigung an Zacharias* (Ausschnitt), 1486–1490.
(Florenz, S. Maria Novella, Cappella Tornabuoni)

zonen beruflicher Tätigkeit, so daß wir aus verschiedenen Blickwinkeln persönliche Antriebe und Absichten erkennen, die sorgfältig vor der Öffentlichkeit geheimgehalten werden mußten. Das Buch der Florentiner Familie Valori trägt die Aufschrift: »Questo libro non si mostri a nessuno« (»Dieses Buch darf niemandem gezeigt werden«).

Zwangsläufig mußte jede Generation ihre Wahl treffen und entscheiden, welche Informationen sie der Nachwelt überliefern wollte. Dabei ließen sich die schreibenden Kaufleute von den beiden Kriterien der Nützlichkeit und der Würde leiten. Allein in seiner »camera privata« sitzend, aber im Gedanken an seine Zeitgenossen sowie seine Nachkommen und die Nachwelt, pochte der Schreibende auf das Unveräußerliche und das Beispielhafte. Dazu rechneten Entscheidungen, welche die Gesellschaft oder die Familie gestärkt oder geschwächt hatten, vielleicht auch das Lob eines Vorfahren oder das Eingeständnis eigener Irrtümer, und schließlich Kenntnisse, die für das Wohlergehen der Familie unentbehrlich waren, ob es dabei nun um die Entleerung der Versitzgrube hinter dem Haus ging oder um die Aufrechterhaltung der familiären Geschäftskontakte und Bekanntschaften.

Nehmen wir zum Beispiel das »livre de raison« des Étienne Benoist aus Limoges, der in der ersten Hälfte des 15. Jahrhunderts ein »Familienmemorandum« (J. Tricart) für seine Kinder verfaßte. In ihm registrierte er Geburten, Heiraten und Todesfälle, ferner Verträge (die mehr als ein Viertel des Buches einnehmen) und endlich »geistliche Winke«, nämlich Gebete, eine von der ganzen Familie getroffene Auswahl von Zitaten aus frommen Texten sowie das undatierte »politische Vermächtnis« eines mit dem Verfasser homonymen Vorfahren, einen Verhaltenskodex, der schon in der vorangegangenen Generation ko-

Pieter Bruegel d. Ä., *Die Zahlung des Zehnten.*
(Paris, Musée des Arts décoratifs)

piert worden war. Der Inhalt dieses Testaments ist im wesentlichen privat; politische Ereignisse im Limousin sind nur insoweit berücksichtigt, als sie die Familie berührten. Im Grunde verfolgt das Buch die Absicht, der Familie Benoist ein gutes Leben in den kommenden Jahren zu gewährleisten.

An gedruckten wie an ungedruckten europäischen Chroniken bietet Florenz das numerisch umfänglichste, aber auch ergiebigste Quellenmaterial. Familienhistorie war en vogue, weil der »Bürgerhumanismus« Geschmack an der Antike hatte, weil blutige Familienrivalitäten die politische Geschichte der Stadt begleitet hatten und weil die führenden Bürger sich nur selten zu jenen maritimen Abenteuern hinreißen ließen, die andernorts so häufig in eine Umorientierung der Familiengeschäfte oder in eine Unterbrechung der Familienaufzeichnungen mündeten.

Zwei von den besser bekannten Texten repräsentieren zwei verschiedene Kategorien von »Familienmemorandum« – der eine betont das persönlich Erlebte und Erfahrene, der andere die zeitüberdauernde Erinnerung. Giovanni Morelli war sich des Alters seiner Familie genau bewußt und leidenschaftlich an der Rekonstruktion der Genealogie interessiert. Dennoch ist der Zweck seiner *Ricordi* überwiegend ein erzieherischer: »ammaestrare i nostri figliuoli« (»Unterrichtung unserer Söhne«). Morelli spricht von sich in der dritten Person, er entpuppt sich als Verkörperung von Mäßigung und politischem Konformismus – ein vorbildlicher Kaufmann, der seinen Erfolg seinem Wissen verdankt. »Von Gewicht und Größe durchschnittlich, [...] verabscheute er alles Böse, zumal wenn es zum Schaden des Gemeinwesens ausschlagen konnte. [...] Stets war er bestrebt, ohne Aufsehen zu leben, und niemals widersetzte er sich in Wort oder Tat der Obrigkeit.« Seine Ethik war die des »juste milieu«, der Zurückhaltung, namentlich von der Steuerhinterziehung, und so ist denn der Beschreibung seines privaten Lebens wenig zu entnehmen außer dem Tode seines Sohnes, der für den Vater und die gesamte Familie eine Tragödie bedeutete, mit der diese utilitaristischen Erinnerungen abrupt schließen.

Donato Velluti gehörte der vorangegangenen Generation an; er verdankte seinen Sinn für Kontinuität und seine historische Methode vielleicht seinem Beruf, er war Jurist. In dem Rückblick auf sein Leben und seine Karriere sowie auf seinen Platz im lebendigen Organismus der Familie spricht er von sich in der ersten Person: »Es ist mir vorgekommen, als hätte ich zuviel von Dingen geschrieben, die mir zum Lobe gereichten. [...] Ich habe das nicht um meines Ruhmes willen getan, sondern zur Erinnerung an die Tatsachen, die geschehen sind, und weil ich dachte, daß es meinen künftigen Lesern willkommen sein würde, ihr Wie und Warum zu erfahren.« Daten und Details sorgfältig sichtend, bringt er sie in Zusammenhang mit der komplexen Wirklichkeit, die ihn umgibt, und mit der langen Geschichte, in die er sich gestellt sieht. Er beschreibt die Gicht, die ihn seit 1347 plagt, weil sie ihn an der Übernahme eines öffentlichen Amtes gehindert hat. Seine Ehe erörtert er unter dem Gesichtspunkt der Familienkontinuität. Er verknüpft seine Karriere mit diversen Episoden der florentinischen Politik. Seine

»häusliche Chronik«, die mehr und mehr zu einer Erzählung öffentlicher Ereignisse gerät, hört ebenso plötzlich auf, wie es die »Erinnerungen« Morellis taten: mit dem Tod seines zweiundzwanzigjährigen Sohnes Lamberto, der an einer Krankheit starb, die seine Geschlechtsteile zerfraß. Der junge Tote bildet das fragile Gegenstück zu der mythischen kernigen Gesundheit des Stammvaters der Familie, Bonaccorso.

Erzählen von sich

Die Privatchronik kehrte natürlich die Rolle des Erzählers hervor. Ob er sich ins Rampenlicht drängte oder nicht, es war seine Stimme, die zu hören sein, seine Interpretation der Vergangenheit, die Geltung behalten würde. Nach 1400 scheuten sich die Memoirenschreiber nicht länger, auch das Nicht-Nützliche und das Nicht-Würdige in ihren Schriften zu erwähnen. Manche von ihnen näherten sich dem Frivolen und dem Pikaresken: Die Geburt des Romans kündigte sich an. Wir wollen uns auch hier auf Florenz konzentrieren, und zwar auf Bonaccorso Pitti. Im ersten Drittel des 15. Jahrhunderts verfaßte er eine Chronik, in welcher der genealogische Kontext des Autors auf ein Minimum reduziert und dessen Kindheit kaum bedacht wird. Statt dessen machte sich Pitti daran, seine Irrfahrten zu beschreiben: »Jetzt werde ich meine Irrfahrten durch die Welt schildern, die ich nach dem Tod meines Vaters unternahm.« Das Werk ist insofern neuartig, als es, sobald der obligatorische Prolog absolviert ist, mit dem traditionellen Muster des persönlichen Berichts bricht. Mit unverhohlener Freude und ohne zu beschönigen erzählt der junge Autor von einer Liebesgeschichte, dem

Vittore Carpaccio, *Das Wunder der Kreuzesreliquie* (Ausschnitt). (Venedig, Galleria dell'Accademia) Gruppenbild mit Amtsträgern. Angehörige der florentinischen Familie Tornabuoni und der Scuola di S. Giovanni Evangelista werden in die heilige Geschichte verwoben.

Matthäus Schwarz (1497–1574), *Trachtenbuch.* Drei von 137 Selbstporträts des Künstlers, die er selbst datiert und mit Erläuterungen versehen hat. 1509 will der zwölfjährige Schwarz Mönch an der Augsburger Ulrichskirche werden; wir sehen ihn bei der Ausschmückung eines Altars, den er in seinem Zimmer errichtet hat. 1516 ist der neunzehnjährige Kaufmannssohn von einer Bildungsreise nach Italien heimgekehrt und präsentiert sich im Gewand des vornehmen Mannes. 1547, mit fünfzig Jahren, versteht er sich als Bürger mit Schwert, Barett und Handschuhen. Das Gewand aus Taft trägt er zu Ehren eines öffentlichen Anlasses, bei dem er zugegen sein muß: der Ankunft Kaiser Karls V. in Augsburg, der zu einer Sitzung des Reichstags erwartet wird.
(Paris, Bibliothèque Nationale)

Mord an einem Maurer und von einer Familienfehde im Feuerschein der Erhebung der Ciompi. Nicht sittliche Tugend, Familienehre oder die Eitelkeit des Erfolges leiten ihn beim Schreiben, sondern die Entfaltung des Ichs. In dem Maße, wie die Jahre vergehen und die Irrfahrten des Autors sich ihrem Ende nähern, beschweren geschäftliche Erwägungen und öffentliche Ämter den Diskurs; die Chronik erdrückt die Autobiographie mit der Bürde des Nützlichen und Schicklichen.

Der Durchbruch des Natürlichen in diesem Text bezeugt, wie weit die ersten persönlichen Aufzeichnungen schon zurückliegen. Bevor das Leben als Roman aufgefaßt werden konnte und der Mensch die Scheu vor dem intimen Selbstporträt verlor, mußte er zu der Überzeugung gelangen, daß er sich selbst und seiner Hände Arbeit mehr verdankte als seiner Herkunft oder dem göttlichen Geleit. Der Stolz auf das Erreichte, eingebettet in den Dialog mit der Vergangenheit, trug entscheidend zu den Darstellungen des privaten Lebens in seiner organischen Entwicklung bei. Allerdings war die Beleuchtung hier anders als bei der reuigen Gewissensprüfung, die den neuen Menschen beim Rückblick auf den Wirrwarr und die Absurdität seiner Vergangenheit zeigte. In der neuen Biographie lag der Akzent auf der Jugend: auf den häufig ernsten, häufig schwierigen Jahren der Kindheit und der beginnenden beruflichen Ausbildung. Auf Tagebücher und Dokumente gestützt und oft den Blick auf den dramatischen Gang der allgemeinen Ereignisse gerichtet, leugnen diese Texte niemals den Zusammenhang mit der Familie, der Politik und mit geistigen Entwicklungen. Sie bündeln in sich alle Tendenzen, die seit der Mitte des 14. Jahrhunderts der persönlichen Stimme, der individuellen Existenz, der Erfahrung einen inneren Wert und eine soziale Funktion zuschreiben. So wie das Selbstporträt, das in einem Spiel der Spiegel die Ewigkeit eines Blickes zu behaupten wagt, zeugt die Autobiographie, in der sich eine individuelle Bestimmung verdichtet und die oft erst im Herbst des Lebens verfaßt wird, von der schöpferischen Kraft des Selbstbewußtseins.

Es ist dieser konstruktive Blick des Autors – mitunter streng, bisweilen resigniert –, der die einzigartigen Abenteuergeschichten auszeichnet, die Ende des 15. und Anfang des 16. Jahrhundert zumal im deutschsprachigen Raum geschrieben wurden. Dem Bildungsroman war nördlich der Alpen eine glanzvolle Zukunft beschieden. So hebt Johannes Butzbach, der sein Leben als Prior von Maria Laach in der Eifel beschloß, in seiner *Chronica eines fahrenden Schülers* (1505) die Not seiner Jugendzeit hervor. Die Beschwernisse und die Trübsal des kleinen Märtyrers und Waisenkindes setzt er gegen die stillen Jahre der Vorbereitung auf den Tod: Unerforschlich sind die Wege der Vorsehung.

Oder man denke an Matthäus Schwarz aus Augsburg. Schon als Knabe, in einem Alter, in dem Dürer sein erstes uns überliefertes Selbstbildnis malte, packte ihn der Ehrgeiz, eine Autobiographie zu verfassen – ein Vorhaben, das er fünfzehn Jahre später verwirklichte, nachdem er mit fünfundzwanzig Finanzdirektor der Hauptniederlassung der Fugger geworden war. Damals schrieb er einen Bericht über sein privates Leben unter dem Titel *Der Welt Lauf* und malte gleichzeitig mehrere Aquarelle, auf denen er sich selbst in unterschiedlicher Tracht darstellte: Narzißmus in Vollendung. Dieser brillante Kopf, Vertrauter eines der mächtigsten Männer seiner Epoche, wählte bewußt den äußeren Schein, die Eitelkeit, die Selbstgefälligkeit, obwohl er ein erfülltes Leben führte. Eine andere Zeit war angebrochen, die Zeit der Provokation und des Snobismus, und doch bargen der Blick des Arrivierten auf seine Kindheit und seine sentimentalen oder bissigen Kommentare zu diesen Silhouetten die ganze Gewalt der Emotion in sich, mit der – nach mehreren Generationen schriftlicher Selbstbestimmung – der Renaissancemensch Zeugnis von seiner Vergangenheit ablegte.

Giovanni Pisano, *Margareta von Brabant* (gestorben 1311), die Gemahlin Kaiser Heinrichs VII.; Teilansicht ihres Grabmals (1313). Ein Bild der Königin, vor allem aber eine machtvolle Bekundung ihrer Persönlichkeit.
(Genua, Palazzo Bianco)

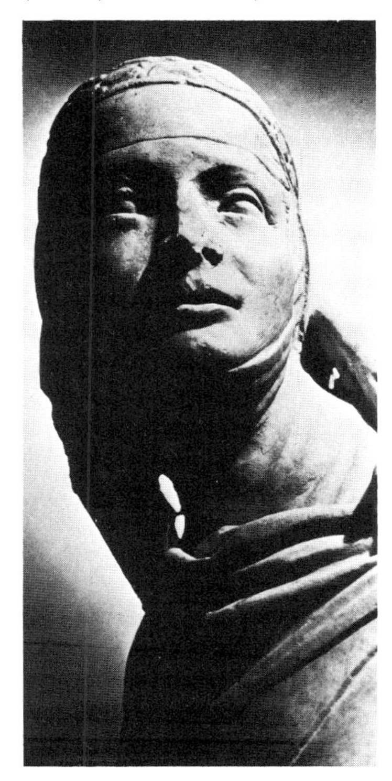

Das Individuum im Spiegel

Identität. Ein Veroneser Historiker hatte den Plan gefaßt, die verstreuten Porträts von 150 Zeitgenossen des Cangrande della Scala, der im 14. Jahrhundert Herr von Verona gewesen war, zu sammeln und zu identifizieren. Bildnisse aus Stein ausfindig zu machen und ihnen ihre Identität zurückzuerstatten, die Honoratioren in den Skulpturen-Gruppen zu ermitteln, in denen sie zu verschwinden drohen – das ist in der Tradition Michelets der ehrgeizige Wahn, diejenigen Individuen, deren Taten und deren Leidenschaft, im Verein mit den namenlosen Zeitgenossen, eine Gesellschaft geprägt haben, bei ihren Namen zu nennen – Persönlichkeiten, deren gemaltes oder in Stein gemeißeltes Konterfei von Macht oder Reputation zeugte und dem Blick der Masse erschloß, was ihm gehörte: Gesicht und Haltung der öffentlichen Repräsentanz.

Die Darstellung des Menschen ist weder in allen Zivilisationen noch zu allen Zeiten der Brauch. Im Abendland spiegelte das Wiederaufleben der Porträtkunst um die Mitte des 14. Jahrhunderts die zunehmende Befreiung des Individuums von gesellschaftlichen und religiösen Zwängen. In Mittel- und Norditalien war die Porträtkunst zweifellos mit der laizistisch-öffentlichen Sitte verknüpft, an den Stadtmauern das

Bild verurteilter Verbrecher anzubringen und sie so dem Schimpf der Gemeinschaft zu überantworten. Und schließlich bekundete die Porträtkunst die erinnerungsschwere Bindung an jene Menschen, die mit dem Faden der Zeit das familiäre Geflecht gewirkt hatten und für die man – vielleicht im Gedenken an ein etruskisches Ritual – Wachsbildnisse als Votivgaben in der Kirche Santa Maria Annunziata aufzustellen oder in Privaträumen aufzubewahren und bei Festlichkeiten oder Prozessionen öffentlich zu zeigen pflegte, um Alter und Macht der Familie zu bekräftigen.

Königsporträts

Die ersten individuellen Porträts sind so sehr mit exemplarischer Tugendhaftigkeit besetzt, daß sie zu Spekulationen über ihre Authentizität einladen. Nicht zufällig hat man den prächtigen Bamberger Reiter mit

Diese Miniatur aus einer illustrierten Handschrift von Ciceros *Rhetorik* aus dem späten 15. Jahrhundert zeigt einen Maler bei der Arbeit. Ein Gehilfe bereitet in kleinen Schälchen die Farben zu. Der Auftraggeber ist bei der Sitzung des Modells zugegen; sein Bild ist an den Wänden zu sehen. (Gent, Universitätsbibliothek)

König Ludwigs des Heiligen idealisiertem Porträt verglichen. Mentale Kategorien kommen in den figürlichen Darstellungen in ähnlicher Weise zum Vorschein wie Vorstellungen und Empfindungen in literarischen Beschreibungen. Beides machten sich die politischen und die religiösen Gewalten geschickt zunutze, zumal in jenen Jahrhunderten, in denen die Symbolik einer geordneten Welt dominierte: Hieratik der Attitüde, Demonstration der Gebärde, Sprache der Wappen. Die totemistische Beschwörung von Formen und Farben hallt noch heute durch die Gewölbe von Westminster. Karl IV. war der erste Souverän des abendländischen Mittelalters, welcher der Selbst-Abbildung und der Wiedergabe seiner Familie im Prager Veitsdom bewußt nicht die Vollkommenheit monarchischer Zeichen, sondern Lebensähnlichkeit verleihen ließ; er war zudem der erste Kaiser, der eine Autobiographie schrieb und in den Bericht von seinen Taten beiläufig private Ereignisse einflocht.

Als Werk weder eines Malers noch eines Bildhauers, sondern eines Schriftstellers hatte das physisch-moralische Porträt eines Menschen seine Wurzeln in der Antike; eine Zwischenstation waren die »Res gestae« zum Ruhme des Herrschers, aus denen im städtischen Milieu des Spätmittelalters die Chroniken hervorgingen, die subtile Bande zwischen der Welt der Lebenden und der Toten und der Ewigkeit der fiktiven Helden knüpften. Von den literarischen Porträts aus dem Spätmittelalter sind diejenigen von Königen besonders interessant für den Nachweis und die Datierung der Bemühung um physische Ähnlichkeit. Nicht, daß das 15. Jahrhundert von der Symbolik abgerückt wäre oder daß die vorangegangenen Jahrhunderte für Realismus der Beschreibung keinen Sinn gehabt hätten; aber die Darstellung der Gestalt des Königs bewegte sich zwischen zwei Tendenzen: der Konvenienz, die sich an die Rolle des Monarchen heftete und den König an seiner Miene kenntlich machte, und der Evidenz seiner privaten Vorzüge, die in seiner physischen Gegenwart ans Licht kamen. Zwischen dem 12. und 16. Jahrhundert drang die Wahrheit des Details in den Diskurs über den König ein, und zwar in dem Maße, wie dieser Diskurs die zelebrierende Funktion verlor und den freien Ton des Chronisten oder des Diplomaten in seinen Geheimdepeschen annahm.

Auf Kaiser Ludwig den Bayern (gestorben 1347) gibt es vier Nachrufe. Der eine rühmt lediglich seine elegante Erscheinung; die drei anderen differenzieren diesen ersten Eindruck mit einer Reihe von Adjektiven, die wie Farbtupfer wirken – der Kaiser war schlank und beweglich, wiewohl nicht mager, wohlproportioniert, groß und von guter Haltung. Diese Präzisierungen liefen praktisch auf das »elegante Bildnis« hinaus, das zwar der Typologie des Fürsten entsprach, aber sicherlich die Beobachter verblüffte. Einer der vier Nachruf-Schreiber, Albertino Mussato, gab von König Heinrich VII., dem Vorgänger Ludwigs, ein physisches Porträt, in dem er denselben allgemeinen Eindruck hervorhob, der auf die Statur des Herrschers und seine harmonischen Körperproportionen zurückging: Man begegnet in der Beschreibung beider Herrscher dem Begriff der »gemessenen Gleichförmigkeit« (»commensurata conformitas«), die eines Standbildes würdig

Andrea della Robbia, *Bildnis eines Jünglings*, Terrakotta; Donatello, *Büste eines Unbekannten*, Bronze. Diese Werke aus emaillierter Terrakotta bzw. aus Bronze sind von einem ebenso sorgsamen Realismus wie die Wachsbilder von florentinischen Großen. Es handelt sich vielleicht um Angehörige der Familie Medici. (Florenz, Bargello)

Aus der Werkstatt des Peter Parler stammt diese zwischen 1375 und 1385 entstandene Porträtbüste Karls IV. Sie gehört zu den 21 dynastischen Büsten vom Triforium des Prager Veitsdomes.

sei, was sich bei Heinrich VII. auf die Proportion von Leib, Beinen und Füßen, bei Ludwig dem Bayern auf die von Schultern und Hals bezog.

Außer mit dem Gesamteindruck befaßten sich drei der vier Autoren noch mit der Haartracht des Königs. Wenige Haare und ins Rötliche spielend, das ist ein Detail, das bei Albertino Mussato durchaus glaubwürdig klingt, wenn ihm darin nicht die anderen drei Autoren widersprächen – und wenn man es nicht bereits Wort für Wort in dem erwähnten Porträt Heinrichs VII. fände. Die Farbe des Teints, bei dem einen Autor kräftig, bei dem anderen hell und rosa, scheint eine rhetorische Figur zu sein. Ein paar Besonderheiten des Gesichts (dichte Augenbrauen, große Nase) vervollständigen die Silhouette. Albertino Mussato fügt zum Schluß noch einige Charaktereigenschaften des Königs hinzu – er war unternehmungslustig, ausdauernd, höflich, liebenswürdig und galant. Einigkeit in den Bemerkungen über die allgemeine Erscheinung, Uneinigkeit in den Details und eine Vielzahl qualifizierender Adjektive wecken gleichermaßen Zweifel an dieser Rekonstruktion. Was bleibt, ist die Eleganz, das heißt die durch Augenzeugen oder figürliche Darstellungen übermittelte Erinnerung an eine physische Präsenz, auf die das Scherzwort Heinrich Rebdorfs paßt: Warum kann ein König nicht wie ein König aussehen?

Für die Scholastik verriet die sichtbare Form das Unsichtbare, die geschaffene Ordnung entzifferte sich. Harmonie organisierte die Rhythmen der Architektur, die Proportionen des menschlichen Körpers, die Struktur der Gesellschaft, und höchster Ausdruck des Ganzen war die Person des Königs. Belehnt mit einer göttlichen Sendung, mußte die königliche Persönlichkeit in Erscheinung, Gebärde und Stimme dem Bild genügen, das man sich von dieser Aufgabe machte und das die Christenheit wiederzuerkennen vermochte. Man brauchte ihn nur anzusehen, um seinen Rang zu erkennen: Johanna von Orléans erkennt Karl VII. im Menschengedränge des Saals im Château Chinon. Es entsprach der Ordnung der Dinge, daß seine Haltung der Funktion, die er wahrnahm, würdig war: »Aus seinem Gesicht strahlte Majestät« (»in vultu majestas«), sagte Poggio vom alten Sigismund, der zu seiner Krönung in Rom einzog. Friedrich III., dessen breite Schultern nicht über seine kleine Körpergestalt (»statura plus quam mediocri«) hinwegtäuschen konnten, hatte laut Johannes Grünbeck von Jugend an seinen Gesichtsausdruck stilisiert; ins Gesicht geschrieben waren ihm die Merkmale seines Charakters; die Beobachter waren von dem versammelten Ernst und der freundlichen Bescheidenheit des Kaisers ebenso beeindruckt, wie der elegante Ludwig der Bayer seine Zeitgenossen fasziniert hatte. Friedrich III. verstand es, seine natürlichen Defekte (längliches Gesicht, gedrungene Gestalt, Schüchternheit) in den Ausdruck seiner Majestät umzumünzen, und bewies damit, daß das Bewußtsein seiner Mission dem Herrscher helfen konnte, durch Betragen wettzumachen, was ihm an natürlicher Grazie versagt geblieben war. Der literarische Diskurs wußte die psychologische Wahrheit mit den üblichen Gemeinplätzen zu verbinden und in der schiefen Perspektive des Nachrufs ein wesentliches Datum des privaten Lebens wiederzuentdecken:

Das Gesicht des Königs ist, offenkundiger als die Gesichter anderer Menschen, eine Konstruktion.

In bezug auf Kaiser Maximilian findet man bei verschiedenen Autoren, so bei dem Wiener Humanisten Johannes Spießheimer (Cuspinian), die scholastische Metapher vom »viereckigen« König (»statura quadrata«, »figura quadrata«), der gefügt ist wie eine Kirche, von der der Glanz Gottes widerstrahlt. Schon Vitruv kannte die Analogie zwischen der Gestalt des menschlichen Körpers und der eines Gebäudes. Die Zusammenhänge zwischen der als Bauwerk wahrgenommenen Erscheinung und der Empfindung des Schönen (»forma-formosus«) waren ein Lieblingsthema scholastischer Reflexion über die Schöpfung und später der Zahlenspekulation in der Geometrie und Kunst der Renaissance. Auf die Person des Fürsten angewendet, beleuchtete diese Symbolik durch ihre suggestive Kraft physische Qualitäten ebenso wie Qualitäten der Seele. So wie gefärbtes Glas das göttliche Licht filtert und strahlen macht, so lag im Auge Maximilians ein unwiderstehliches Leuchten. Johannes Grünbeck, von dem Blitz dieser Augen wie von der Gewalt eines Gestirns getroffen, beschwor den Zauber dieses Kaisers, dem Männer wie Frauen erlagen.

Die erstaunliche Erzählung von einer Verführung zeigt, daß der Kaiser für physische Vorzüge anderer nicht unempfänglich war. Der junge Graf von Zimmern verstand es 1497, mit der freundschaftlichen Hilfe des Herzogs Friedrich von Sachsen und unter Einsatz seiner vorteilhaften Erscheinung vom König die Wiedereinsetzung in Ländereien zu erlangen, die einst seiner Familie gehört hatten: »Herr Wernher, dem wol bewist, wie gnedigest und getrewlichen der churfürst sein, auch sainer gebrüeder sachen gemaint, gevolgt, strüch sich herfür nach dem ansehenlichesten, alsdann dozumal der sitt und gewonhait was, und nachdem er sonst ain schene und wolgestalte person von angesicht, leib und gestalt, wartet er sambt andern graven und herren auf den könig, und nach dem nachtessen, als der fürsten danz vollendet, lies sich herr Wernher auch sehen, braucht sich an denen sovil, das der könig sein etliche mal gewartet, ab sainer person ain besonders gefallen empfieng und fragt herzog Friederichen, der sich ain guete weil mit fleis zum könig allernechst gethon, wer doch dieser were.« Der Schönheit konnte man nichts abschlagen.

Andererseits befremdeten einige Herrscher des Spätmittelalters durch ihr banales Aussehen oder ihre widerwärtige Erscheinung, so daß ihr Porträt – da der Porträtist nicht gewillt war, Fehler in Vorzüge umzutäuschen – zu einer Ansammlung kritischer Beobachtungen wurde. Die Peinlichkeit, die Chronisten und Beobachter angesichts der Häßlichkeit empfanden, müßte *e contrario* für die Wahrheit der schmeichelhaften Porträts sprechen. Anstoß erregte vor allem eine geringe Körpergröße: »obwohl er klein war« (»etsi parvus statura«), wie Thomas Ebendorfer von Karl IV. sagte. Matteo Villani verfaßte, nachdem er den Herrscher kennengelernt hatte, ein schonungsloses Porträt von ihm: Der König war von untersetzter Statur, fast bucklig, und Hals und Gesicht sprangen auffallend vor; die Haare waren schwarz, die Wangenknochen zu stark, er hatte hervorquellende Augen und eine Glatze. Die

Prager Büste des Kaisers bestätigt diese realistische Beschreibung. Der Zauber der königlichen Gegenwart war an diesen ausländischen Beobachter offenbar verloren, denn wir erfahren Einzelheiten über des Königs Betragen, die zu den Stereotypen von der souveränen Majestät nicht passen wollen – bei den öffentlichen Audienzen schnitzte der Kaiser mit dem Messer an einem Stock, ohne die Bittsteller eines Blickes zu würdigen. Man spürt die Zurückhaltung des Chronisten, von Verhaltensweisen zu berichten, die offensichtlich den Konventionen zuwiderliefen. Der König kleidete sich in ein kurzes Gewand, er gab sich wie ein Armer (»formam pauperum exprimebat«), wie sein Biograph Thomas Ebendorfer bedauernd erwähnt.

Insgesamt fällt der Realismus der Beschreibung um so konkreter aus, je weniger es dem Autor gelingt, mit einem einzigen Wort das der Majestät des Königs angemessene Bild zu treffen. Die Akkumulierung wahrer Einzelheiten ersetzt den ersten Eindruck, den wiederum das suggestive Schreiben vermittelt, das auf Attributen des Wesens beruht. Immer dann, wenn hinter der spürbaren Realität das Gefühl einer vollständigen Stimmigkeit (»congruentia«) steht, immer dann, wenn die private Person scheinbar mühelos in die Rolle der öffentlichen Person schlüpft, wirkt die Tonart des gesamten königlichen Porträts überzeugender, als es die Summe seiner Noten ist. Das Bild befriedigt den Geist, obschon nicht die Neugier. Realismus hingegen wäre, in der Literatur wie in der Malerei, Realität ohne Geist, das unverbundene Nebeneinander von Details.

Wenn es im Spätmittelalter eine Evolution in der Entdeckung des Individuums gegeben hat, dann hängt sie mit Methoden der Wirklichkeitsanalyse, mit dem Instrumentarium und dem Vokabular zusammen – die Praxis der Vivisektion, die Gewohnheit häufiger Beichte, die Gepflogenheit privater Korrespondenz, die Verbreitung des Spiegels, die Technik des Malens in Öl seien hier genannt. Doch reichen die Vervielfachung der Gesichtspunkte, die Virtuosität der Nachahmung, die Zerlegung der Körpermechanismen ebensowenig aus, das Individuum in seiner Privatheit zu begreifen, wie farbige Glasscherben ausreichen, um ein Mosaik zu schaffen.

Sandro Botticelli, *Porträt der Lucrezia Tornabuoni.* (Frankfurt am Main, Städelsches Kunstinstitut)

Über die realistische Darstellung eines Gesichts oder eines Interieurs hinaus fasziniert die große flämische Malerei des 15. Jahrhunderts dadurch, daß sie von einer Idee, einer symbolischen Vision inspiriert ist. Angesichts der Oberfläche des Bildes liegt es am Auge des Beschauers, den Schlüssel zu finden, das Individuum zusammenzusetzen und ihm sein Geheimnis zurückzuerstatten.

Stifter und Helden

Wie wir an einigen königlichen Beispielen gesehen haben, erlaubt das gemalte oder in Stein gehauene Porträt im Spätmittelalter, die Quellenvergleiche zu vermehren und die Genauigkeit der Beschreibung zu verifizieren. Instinktiv neigen wir dazu, uns lieber dem Maler als dem Chronisten anzuvertrauen. Indessen birgt die Malerei eine gewisse Am-

Tuchmacher; Fresko von der Burg Issogno (Aosta-Tal), 15. Jh.

biguität in sich, die mit den gesellschaftlichen Konventionen und mit den Absichten des Auftraggebers zusammenhängt. Wenn man das Porträt als Quelle für die Historie des privaten Lebens nutzt, ist es angebracht, zunächst die Grenzen dieser Quelle zu bestimmen, die den privaten Menschen öffentlich fixiert, eine Attitüde verewigt und die Honoratioren häufig in ihr Festtagsgewand steckt. Das spätmittelalterliche Europa ist, vor allem in Kirchen und Privatkapellen, bevölkert von Porträts, auf denen die Stifter samt ihrer Familie einen Platz neben der Muttergottes mit dem Kind oder neben den Heiligen, die sie beschützen, erobert haben. Aus dem physischen Umgang mit dem Heiligen erwuchs Zuversicht. Kanzler Rolin scheint nicht erstaunt zu sein, im Arbeitszimmer des Lukas das Bildnis der Jungfrau Maria vorzufinden, und kniet vor ihm nieder, wie es sich ziemt.

Freilich verhalf der Geschmack an der Antike – von Piero della Francesca bis zu Uccello – dem scharf ziselierten Profil wieder zur Geltung, mit allen möglichen ästhetischen Varianten von Haarschmuck und Kopfbedeckung – dem aristokratischen Porträt, das die unbewegten Züge des Helden oder der Dame verklärte und idealisierte. Der Geist, in dem diese Auftragsarbeiten ausgeführt wurden, die Parteilichkeit in der Verewigung eines Gesichts oder Namens gehören zur Geschichte der Formen und der Mode, ja, was die Altarbilder betrifft, zur Sozialgeschichte der Repräsentation. Eine doppelte Entwicklung, die sich im 15. Jahrhundert in den Niederlanden ebenso wie in Italien und in den Städten des Reiches abzeichnete, gab der Kenntnis des Individuums neue Nahrung.

Eine erste Bewegung stellte den Auftraggeber wieder in den Rahmen seiner beruflichen Tätigkeit: Goldschmied, Geldwechsler, Geschäftsmann, Geometer werden in ihrer Werkstatt oder in ihrem Arbeitszimmer abgebildet, und obwohl es sich dabei um eine Inszenierung handelt, vereinen sich doch der Stolz des Auftraggebers auf seine Leistung und die

Erfindungslust des Malers auf der Suche nach einem neuen Genre und einer neuen Illusion von Realismus. Die Ähnlichkeit des Modells hebt sich von einem vertrauten Hintergrund ab, der wertvolle Hinweise auf den Arbeitsraum, dessen alltägliches Dekor und das Arbeitsgerät gibt – Hinweise, die wahrer als die Natur sind. Das Sujet des intimen Raumes, in dem sich das Denken des Humanisten schweigend über Bücher und Tintenfaß erhebt, wird schließlich, am thematischen Vorwand des hl. Hieronymus, bei Carpaccio, Dürer und anderen zum Selbstzweck.

Das Familienleben verlängerte mitunter diese Eröffnung der Privatsphäre und verdrängte die Berufsszenerie – die Türe zum Arbeitszimmer oder zum Laden schloß sich. Untersuchte man die jeweilige Entscheidung der Bürger und der Honoratioren, sich in diesem oder jenem Rahmen malen zu lassen, so ergäbe sich gewiß, daß der Familienstolz von dem Augenblick an über den Berufsstolz siegte, als die Darstellung des Auftraggebers in müßiger Intimität ausreichte, um seinen gesellschaftlichen Erfolg zu bestätigen. Nicht mehr ausschließlich auf Altarbildern – kniend und in der Rangfolge ihres Alters – dargestellt, bildeten die Familienmitglieder nun mit Hilfe des Malers einen friedlichen Kreis, in dem Alter, Charakter und individuelle Fertigkeiten die Harmonie des guten Tons nuancieren. Am Ende dieser Entwicklung ließ Konrad Rehlinger aus Augsburg seine acht lebenden Kinder und, mit einem Blick in den Himmel, sogar die verstorbenen porträtieren; damit gab er dem Maler Bernhard Strigel den Auftrag zu einem gänzlich abstrakten Interieur, einem genealogischen Tableau.

Blick und Geheimnis

Allerdings kommt es auch vor, daß die Zuneigung zwischen den Mitgliedern einer Familie das dominierende Thema des Bildes ist, aus dem

Marinus van Roymerswaele, *Der Steuereinnehmer*. (Valenciennes, Musée)

dann jeder Dekor verschwindet. Francesco Sassetti, Bevollmächtigter des Hauses Medici, ließ sich von Ghirlandaio ohne jeden gesellschaftlichen Anspruch, nur mit seinem Sohn Teodoro II., malen. Das Kind blickt vertrauensvoll zu seinem Vater auf, und der Vater hat nur Augen für sein Kind. Gleichsam zur Pose verdichtet, so wie wir sie heute auf Photos bemerken, offenbart das Porträt den Gefühlsaustausch zwischen zwei Menschen. Wir werden sogleich in ihre Zweisamkeit hineingezogen, weil uns kein Blick trifft, der Distanz provoziert, und daß wir ihnen zuschauen, stört die Zwiesprache der beiden nicht. Die franziskanische Aura aus Entäußerung und Liebe, die das Gemälde beherrscht, ist im Lichte des heiteren Ernstes zu sehen, mit dem Sassetti 1488, zwei Jahre vor seinem Tode, sein Testament verfaßte. Als Auftragsarbeit entstanden, wie noch einmal betont sei, gewinnt dieses intime Porträt den Charakter eines Manifests, da Sassetti damals für die katastrophale Finanzlage des Hauses Medici verantwortlich war.

Albrecht Dürer, *Bernhart van Resten*, 1521.
(Dresden, Gemäldegalerie)

Eine zweite charakteristische Bewegung der europäischen Malerei im 15. Jahrhundert lenkte die Aufmerksamkeit der Maler auf die Frontal- oder Dreiviertelansicht des Gesichts. Der malerische Hintergrund verschwand. Die Malerei stützte sich nun auf lebhafte Kontraste oder den Samtglanz von Schwarztönen und ließ nur noch den Kontrapunkt der Zeichen (Wappen, Sinnsprüche) sowie die stumme Sprache der Dinge (Buch, Blume, Vaterunser) gelten. Dem Betrachter begegnet ein Blick: der scharfe Blick auf Memlings Bildnis eines Mannes in der Accademia in Venedig; der sanfte, freundliche Blick von van Eycks Mann mit Nelke; der unversöhnliche Blick des Condottiere bei Antonello da Messina; der fast wilde Blick Oswolt Krels auf Dürers Gemälde. Just in dem Augenblick, da, mit der Betonung der »ars moriendi« und des Totentanzes, die Vergänglichkeit des Körpers und seine definitive Trennung von der Seele ins Bewußtsein treten, profitiert das individuelle Porträt von der Virtuosität eines technischen Wandels in der Malweise, der seit van Eyck dem menschlichen Blick unvergleichliche Tiefe und Transparenz verleiht. Das Malen in Öl sowie Feinheiten der Lasur erlaubten es, die Pupille (die »kleine Puppe«) wie in einem Spiegel erglänzen zu lassen, so daß das Porträt von einem Leuchten erfüllt war wie der Körper von der Seele. Daß Alberti von der Malerei sagte, sie sei »ein durchsichtiges Fenster«, mag man als Huldigung des Äußeren an das Innere verstehen. Das europäische Porträt des 15. Jahrhunderts läßt uns in einen imaginären Raum eindringen; es ist der inwendige, der schwindelerregende Raum. Das Bildnis geht aus der Begegnung des Malers mit seinem Modell hervor und ist dazu bestimmt, mit jedem Blick, der sich auf das Abbild des verschwundenen Modells richtet, erneut eine solche Begegnung zu stiften.

Dieses Spiel der Blicke erklärt die Faszination, die bis auf den heutigen Tag vom Doppelporträt der Arnolfini-Hochzeit ausgeht, über das so viel geschrieben worden ist; ihr eigentliches Thema ist vielleicht die Interaktion zwischen der Wirklichkeit, die entschwunden ist, und dem Kunstgebilde, das bleibt. »Jan van Eyck fuit hic« – der Maler hat seine Spur über dem Spiegel hinterlassen, der die Personen von hinten zeigt; vor ihnen, das heißt in der Tiefe des von der Spiegelsymmetrie geschaf-

Domenico Ghirlandaio, *Francesco Sassetti und sein Sohn.* (New York, Sammlung Jules S. Bache)

fenen Raumes, steht immer Jan van Eyck – an der Stelle, die jeder Betrachter des Bildes einnehmen muß.

Die Variationen über das Intime offenbaren nicht immer ihr Geheimnis – sei es, daß wir den Zugang zu der symbolischen Gedankenwelt einer untergegangenen Gesellschaft verloren haben, sei es, daß der Maler, seine Modelle und seine Auftraggeber bewußt die Anspielungen versteckt, die Spuren verwischt haben. Das ist der Fall bei Staffeleibildern von Giorgione: *Das Gewitter* oder *Die drei Philosophen* lieferten den venezianischen Kunstliebhabern Stoff zum Nachdenken über verschwiegene Freuden, die man in unzähligen Untersuchungen zu entschlüsseln gesucht hat. Symbole zu vervielfachen, die sich einzig durch die wechselseitige Beziehung zueinander klären, die durch das Insistieren auf Details den Sinn des Ganzen verschleiern, die das Wahre in den Falten des Schönen verbergen – das war der elitäre Zeitvertreib kultivierter Snobs.

In einem Milieu, das dem Rätsel günstig war, hatte auch das Bildnis seine Unschuld eingebüßt – da es der Rhetorik der Schmucklosigkeit gehorchte, sagte es mehr, wenn es weniger sagte. In den einfachsten Fällen genügten einige Gegenstände, um dem Dargestellten Signale aufzusetzen: ein Meßbuch, gestickte Initialen, ein Wechsel. Doch in der Malerei wiegt das Unausgesprochene nicht weniger schwer als in der literarischen Beschreibung.

Auf einer höheren Stufe der Kunstfertigkeit läßt das Bemühen um Distinktion subtilere und aufregendere Kompositionen entstehen, so etwa Carpaccios großes Bildnis des Herzogs von Urbino, Francesco Maria della Rovere, auf dem der Held sich über einem wahren Wald von Zeichen erhebt. Der Bildraum ist wie ein heraldisches Puzzle organisiert und scheint gleichsam in voller Rüstung dem Haupt des sinnenden und träumenden jungen Ritters mit dem sanften Blick entsprungen zu sein.

Domenico Ghirlandaio, *Großvater und Enkel.* (Paris, Louvre)

Spiegel

Eine weitere Dimension des Mysteriums wurde mit der Erfindung des Selbstbildnisses in die Malerei eingeführt. Nicht zu zählen sind die Maler, die, wie der Baumeister, der den Schlußstein des Gewölbes markiert, der Versuchung erlegen sind, ihr Gesicht zu erkennen zu geben. Zuerst schmuggelten sie sich in die frommen Gruppen und Menschenmengen ein, die sie malten, so Hans Memling, der auf dem Marienaltar des Sir John Donne neugierig hinter einer Säule hervorlugt; so Botticelli, der sich in der hochmütigen Pose der florentinischen Mächtigen gemalt hat, mit denen er verkehrte. Später gaben sie dem gebieterischen Drang nach, wenigstens einmal ihren Auftraggeber zu vergessen, und hinterließen nur noch das Bild von sich selbst. Die Kraft, mit der das Selbstbildnis auf den Betrachter wirkt, rührt daher, daß die Beziehung des Malers zu sich selbst den Spiegel in das Feld der Transparenz einbezieht; mit einem Blick und ein paar Zeichen skizziert das Selbstbildnis einen Roman des Ichs.

Zwei Selbstporträts Albrecht Dürers: *Selbstbildnis*, 1493 (Paris, Louvre); *Selbstbildnis*, 1498. (Madrid, Prado)

Den Anfang der langen Reihe von Doppelgängern in der deutschen Geistesgeschichte machte Albrecht Dürer, der sich mindestens achtmal selbst gemalt hat. Schon mit vierzehn Jahren blickte er fragend in seinen Spiegel. Seine drei in Öl ausgeführten Selbstbildnisse sind Marksteine in der Geschichte der Selbsterforschung an der Schwelle des Mittelalters zur Renaissance. Das Selbstbildnis, das im Louvre aufbewahrt wird, datiert von 1493; es entstand, während der Künstler in Basel das Titelblatt zu den *Briefen* des Hieronymus gravierte. Der junge Mann, den Ellbogen auf den Fensterrahmen gestützt – man erinnert sich an Albertis »durchsichtiges Fenster« –, hält einen Zweig Männertreu in der Hand. Sein ernster Blick und der neutrale Hintergrund konzentrieren die Aufmerksamkeit auf diese symbolische Pflanze und die Überlegungen, zu denen sie anregt. Zwei Hypothesen sind zur Deutung des Bildes vorgeschlagen worden: Albrecht Dürer steht am Vorabend seiner Eheschließung (1494), und die Blume in seiner Hand ist ein Symbol der ehelichen Treue. Oder: Die Blume, die auf griechisch »dypsakos« (»dürstend«) heißt, soll anzeigen, daß dieser junge Mann von 22 Jahren nach Wahrheit dürstet. Die fromm-naive Aufschrift »My sach die gat / als es oben schtat« bietet jedenfalls keine verläßliche Interpretationshilfe.

Eine wichtige Etappe war 1498 zurückgelegt, als Dürer sein zweites Selbstbildnis in Öl malte; es hängt heute im Prado. In Venedig hatte er das Licht und die Farbe entdeckt, aber auch Mantegna und die Kunst der Zeichnung im alten Stil. Er erfand die autonome Landschaft und das atmosphärische Aquarell. Seit der Holzschnitt-Folge der *Apokalypse*

Ein weiteres *Selbstbildnis*, 1500. (München, Alte Pinakothek)

Albrecht Dürer, *Oswolt Krel*, 1499. (München, Alte Pinakothek)

war er in ganz Europa berühmt. Ohne Überheblichkeit, jedoch selbstbewußt entwand er sich dem Milieu der Handwerker und Kaufleute, dem er angehörte, und beanspruchte stolz einen Rang in der Gesellschaft, der der Bedeutung seiner Mission entsprach. Aus Venedig schrieb er 1506 an seinen Freund Willibald Pirckheimer: »Hier bin ich ein her, daheim ein schmarotzer.« Daher die Eleganz der Pose, die trotzig herausfordernde Kleidung und die »veduta« im Stile Leonardos, die den Einklang zwischen dem persönlichen Geheimnis und dem Mysterium der Natur ausdrückt.

Das letzte Selbstbildnis verblüfft durch die strenge Frontansicht mit der erhobenen rechten Hand und der Aura mystischer Glut. Unabhängig von seiner Entstehungszeit (1500 oder 1518) legt das Münchner Gemälde den Gedanken einer bewußt erstrebten Ähnlichkeit mit dem Bild Christi nahe. Ob man den Geist dieser Darstellung nun unter dem Aspekt der Nachfolge Christi, der inneren Umkehr interpretiert oder als Deklaration der Schöpferkraft des Künstlers, die aus der Schöpferkraft Gottes hervorgeht, sicher ist, daß von nun an das Leben Dürers vom Feuer der Spiritualität erfaßt war – davon zeugen der Tonfall seines Werkes, seine privaten Schriften und das öffentliche Testament, mit dem er der Stadt Nürnberg sein letztes monumentales Werk, die *Vier Apostel*, vermachte.

Freimut

Von anderen gemalt oder sich selbst porträtierend, scheint das Individuum uns im Spätmittelalter leichter zugänglich zu sein als in früheren Epochen. Vielleicht handelt es sich sogar um eine neue Idee in Europa, wenn man darunter versteht, daß kulturell und sozial privilegierte Gruppen die gloriose Fragilität und den Wert ihrer Existenz stärker empfanden als ihre Vorfahren. Sie machten eine Tugend aus dem, was früher als Mangel an Bescheidung gegolten hätte, und wagten es, das Einzigartige ihres Wesens hervorzuheben. Zu diesem Zweck entwickelten sie neuartige Ausdrucksmittel, dank derer wir uns ihnen zu nähern versuchen können. Wir besitzen von den Gesellschaften – namentlich den städtischen Gesellschaften – des Spätmittelalters eine Vorstellung, die sich auf öffentliche Quellen sowie eine wachsende Zahl von privaten Quellen stützt; diese liefern uns von den Individuen Momentaufnahmen, die sie so zeigen, wie sie sich selber sahen oder von den Zeitgenossen gesehen werden wollten. Freilich ergibt eine Reihe von Momentaufnahmen noch keinen Film, und nur ein Film könnte die Dichte und Dynamik des privaten Lebens rekonstruieren. Wir liefen Gefahr, uns auf das Zeugnis der Körper und der Überzeitlichkeit der Gefühle zu versteifen, achteten wir nicht auf die Stimmen und den Bildausschnitt. Anderenfalls erschöpfte sich die Simulation im Katalogisieren toter Dinge.

So ist es beispielsweise nicht die Darstellung der ehelichen Liebe, die uns erstaunen muß, sondern die Erfindung des Doppelporträts der Ehegatten: von vorne die Anmut ihrer Reize, von hinten der Schrecken des

Todes. Was den Realismus physischer Beschreibungen betrifft, so muß er uns aus zwei Gründen verblüffen: Er gibt sich in der Kühnheit seiner klinischen Aufmerksamkeit ohne jede moralische Konnotation, und er verrät medizinische Kenntnisse bzw. ein intimes Verhältnis des Menschen zu seinem Körper. So gesehen, vermittelt eines der letzten Selbstbildnisse, die Dürer vor seinem Spiegel geschaffen hat, das irritierende und schamlose Bild eines verbrauchten Leibes. Das intime Bekenntnis hat sich einen weiteren Freiraum erobert – die Krankheit. Doch bevor wir uns diesem Freiraum zuwenden, wollen wir herauszufinden suchen, was uns Konvenienz und guter Geschmack über die äußere Erscheinung mitzuteilen haben.

Albrecht Dürer, *Selbstbildnis*, 1512(?). (Weimar, Staatliche Kunstsammlungen, Schloßmuseum) Ohne Rücksicht auf Ornament und Komposition verfolgt Dürer sein Vorhaben: Aus dem dunklen Spiegel sieht uns der eindringliche Blick der Wahrheit an.

Die bekleidete Gestalt

In einer Novelle Sercambis tritt ein Kürschner aus Lucca auf, der ein öffentliches Bad besucht, wo er sich seiner Kleider entledigt. Er gerät in Panik, weil er inmitten der vielen anonymen Körper seine Identität zu verlieren fürchtet. Deshalb befestigt er ein Strohkreuz an seiner rechten Schulter und klammert sich daran fest wie an einer Boje. Das Kreuz löst sich jedoch und fällt dem Nebenmann in die Hände, der daraufhin sagt: »Jetzt bin ich du! Verschwinde, du bist tot!« Und der Kürschner, außer sich, wähnt sich tatsächlich tot.

Kleidung und Gesellschaft

Schwarzen Humor hat es zu allen Zeiten gegeben, ebenso den Mann ohne Eigenschaften, den die Logik des Wortes vernichtet. Doch die toskanische Fabel hat den Vorzug, uns an die Brüchigkeit der Berufsrollen und des gesellschaftlichen Stolzes in einem Milieu zu erinnern, in dem der individuelle Erfolg oberste Priorität besaß. Die Person streift mit ihrer Kleidung ihre Identität ab, der gesellschaftliche Mensch ist ein verkleideter Mensch.

Es war boshaft von Sercambi, zum Helden seiner Novelle einen Kürschner zu wählen; denn Pelze zu tragen war ein Rangausweis. In einer hierarchisch gegliederten Gesellschaft galt der Nackte denen, die bekleidet waren, als Verrückter oder als Verfemter. Nacktheit nähert uns zudem dem Zustand der Wildheit an, der in unseren Träumen und im Dickicht unserer Lüste lauert. Am Horizont der Fabel taucht die Subversion auf – die Gesellschaft war etwas Fragiles, insofern sie ausschließlich auf dem Konsens über die äußere Erscheinung ihrer Mitglieder beruhte. Einer der ersten Schüler des Franziskus von Assisi, der Sohn eines Tuchhändlers, löste einen Skandal aus, als er sich nackt auf dem Marktplatz von Viterbo zeigte.

Die Gesellschaften des Mittelalters sind der trifunktionalen Struktur (G. Dumézil) treu geblieben, haben sie jedoch komplizierter und schwerer entzifferbar gemacht. Das wirtschaftliche Wachstum der Städte hatte neue soziale Schichten zwischen den Arbeitern und den Mächti-

Malerei auf einem »cassone« (Hochzeitstruhe). (Venedig, Museo Correr)

gen entstehen lassen. Die reichsten Produzenten waren imstande, zu ihrer Verteidigung selbst das Schwert zu ergreifen, und fühlten sich den Entscheidungsträgern näher als den unterdrückten Werktätigen. Leistungsehrgeiz und sozialer Aufstieg verwischten die klaren sozialen Teilungen. Die Statuten, welche die Hierarchie der Berufe festlegten, waren von Stadt zu Stadt verschieden. So spielten die freien Künste im Florenz des 14. Jahrhunderts eine gewichtige Rolle bei der Bestimmung des politischen und sozialen Ranges; in Venedig spielten sie überhaupt keine Rolle. Das Bild, das die urbanen Gesellschaften von sich vermittelten, spiegelte die Besonderheiten ihrer Geschichte. Eine gewisse Flexibilität war im Interesse des »Gemeinwohls« notwendig und wurde von den herrschenden Gruppen geschätzt und kanalisiert. Ende des 14. Jahrhunderts waren aber in den meisten europäischen Städten mit Selbstverwaltung die Konturen der herrschenden Klassen endgültig ausgeprägt.

Die Kleidung ist eines der Hauptmerkmale der gesellschaftlichen Konvenienz. Bei Versammlungen und Prozessionen hatten alle Schichten der Bevölkerung ihre bestimmte Funktion und ihren Platz und waren an Art und Farbe ihrer Kleidung zu erkennen. Die Tracht wurde daher zum Streitobjekt zwischen statischer politischer Ordnung und dynamischer wirtschaftlicher Entwicklung. Im Namen des »Gemeinwohls« erließ man reglementierende Kleidervorschriften, um die Bekundung privater Hoffart zu unterbinden. Zahllose Städte verabschiedeten im 14. und 15. Jahrhundert Luxusgesetze. Solange jeder Einzelne, ob mächtig oder arm, den Ort und Rang nicht verließ, den die Vorsehung ihm zugewiesen hatte, war die Harmonie des Gemeinwesens nicht bedroht; Gott – so lautete die Theorie – hatte eine unantastbare Ordnung errichtet, deren Ausdruck auch die Kleidung war. Das belegt ein um die Mitte des 16. Jahrhunderts veröffentlichtes Buch mit Kupferstichen von Jost

Amman zu den Trachten der verschiedenen Stände – eine pittoreske Soziologie auf der Basis der äußeren Erscheinung.

Seit Generationen hatte man den Kaufmann an seiner Haltung erkannt, den venezianischen Senator an seiner schwarzen Tracht, den Juden an seinem Stern, die Dirne an ihrem gelben Kleid. Ein venezianisches Gerichtsdokument aus dem späten 14. Jahrhundert spricht von einer unglücklichen Gefangenen in einer elenden Hütte – sie wurde dank der Schreie befreit, die sie ausstieß, als sie an den Kleidern, die man ihr geben wollte, ersah, welches Schicksal ihr zugedacht war.

Für die Dirne wie für den König war die Kleidung kaum mehr als ein Zeichen der sozialen Funktion, wobei es freilich Variationen gab. Die Frage, welche die Darstellung der Kleidung für den Historiker aufwirft, ist also, ob das private Leben nicht immer der verborgene Kern hinter der sichtbaren Schale war. Der Mann der Öffentlichkeit legte früher oder später seine offizielle Tracht ab; sein privates Leben war sein alltägliches, in das wir nur durch Zufall Einblick gewinnen. Wenn aber der Arme kein anderes als ein privates Leben hatte, was kann uns dann seine Kleidung darüber mitteilen, da er doch außer an Fest- und Feiertagen stets sein Arbeitsgewand trug? Die Arbeit im Freien vertrug sich kaum mit Intimität, und wenn er im Bett lag, war der Bauer nackt – ebenso wie der Bürger.

Pisanello, *Maria erscheint den Heiligen Antonius und Georg*, Ausschnitt »Hl. Georg«.
(London, National Gallery)
Der Mensch der Gesellschaft ist der bekleidete Mensch.

Beweisstücke. Zum Glück gibt es noch eine andere Möglichkeit, sich Gewißheit zu verschaffen. Dazu kehren wir dem in ihrer Kleiderordnung verankerten Selbstverständnis der Gesellschaft den Rücken und betrachten direkt den Inhalt der Kleiderschränke, so wie er uns durch Verzeichnisse und Rechnungsbücher überliefert ist. Nicht sehr informativ sind die Garderoben von Fürsten, weil es hier schwierig ist, zwischen offizieller und Alltags-Kleidung zu unterscheiden. Die gewöhnlichen Stücke sind aus diesen Garderoben zweifellos verschwunden, und der Unterschied zwischen dem Alltagskleid und dem Prunkgewand hatte weniger mit der Qualität des Stoffes zu tun als mit bestickten Ärmeln, perlenbesetzten Busenschleiern, kunstvollem Kopfputz und glänzenden Umhängen. Dagegen kann uns die Garderobe des Bürgers und des Bauern einiges verraten, was wir weder der Malerei noch der Literatur entnehmen konnten. Die mehr oder minder abgetragenen Effekten des Verstorbenen wurden vor dem Notar ausgebreitet und knapp beschrieben: »1 Paar alte Schuhe; 2 Hauben, davon 1 alt.« Ein taxierender Blick fand rasch jene Teile heraus, mit denen noch Ehre (oder ein Schein von Ehre) einzulegen war. Private Rechnungsbücher enthalten nicht nur eine Beschreibung des Stückes, sondern auch seinen Preis. Anhand solcher Informationen läßt sich ermitteln, wieviel Geld die Leute für Stoff, Verzierung und Herstellung ausgaben, und der Zyklus der Garderobenerneuerung sowie ihr Anteil am Familienetat abschätzten.

Aus der ethnologischen Untersuchung von Gesellschaften, welche die Geschlechterdifferenz betonen und den Körper verzieren statt verhüllen, kann der Historiker lernen, daß der funktionale Wert der Kleidung nicht unbedingt ihre bestimmende Qualität ist. Bei den Armen

Stiche von Jost Amman für *De omnibus artibus*, 1574. Die Berufe reihen sich zu einer Galerie der Bilder, deren Rahmen der Laden ist. Der Kunde des Brillenhändlers trägt Kleidung, die seinem Alter angemessen ist. Der Fabrikant von Kürassen und anderen Lederwaren ist nach der Mode der Kriegsleute gekleidet, die zu ihm kommen. (Paris, Bibliothèque Nationale)

freilich, die ihre Habe durchaus ungehemmt vor dem Notar ausbreiten, stehen Kleidungsstücke gegen Regen und Kälte in den Verzeichnissen des 14. und 15. Jahrhunderts obenan, namentlich Kopfbedeckungen und Mäntel.

Bäuerliche Tracht. Nachlaßverzeichnisse aus ganz Europa vermitteln, was den strukturellen Mindestbestand der bäuerlichen Garderobe betrifft, ein ziemlich monotones Bild. F. Piponnier hat unter diesem Aspekt burgundische Dörfer in der zweiten Hälfte des 14. Jahrhunderts erforscht – die drei hauptsächlichen Stücke waren Rock, pelzgefütterter Mantel und Hut. Fehlte eines dieser drei Dinge, dann in der Regel deshalb, weil es zur Bezahlung der Bestattungskosten hatte herhalten müssen. Zwischen Männer- und Frauenbekleidung gab es kaum einen Unterschied – dem Rock der Frau entsprach das Gewand oder der Überwurf des Mannes. In der Toskana bestand damals die Garderobe der Bäuerin aus zwei übereinandergetragenen Röcken und einem Mantel. Der Mantel war entweder ein Pelz, den man mit dem Fell nach innen trug, oder ein mit Kaninchenfell gesäumtes Mieder. (Die reicheren Bäuerinnen trugen ein mit Katzenfell gesäumtes Mieder.) Die Tracht wurde beim Bauern durch eine Stoffkappe (und Beinkleider) ergänzt. Auf dem Leib trugen Mann und Frau ein Hemd, der Mann außerdem eine lange Unterhose. Die Unterwäsche war aus grobem Wollstoff, der immerhin wärmte; die Wäsche des Mannes war im allgemeinen naturfarben oder beige, die der Frau blau. Die Kappe des Mannes war meist blau, die der Frau rot (es gab aber auch blaue und weiße). Wohlstand demonstrierte man in dieser ländlichen Gesellschaft mit zusätzlichen Kleidungsstücken und Schmucksachen, die man von durchreisenden Krämern erwarb. (Eine »absonderliche« Person hatte fünf Kappen in ihrer Garderobe.) Bei archäologischen Grabungen in Rougiers, Dracy und Brandes hat man silberne Gürtelschnallen und Senkelstifte, Metallapplikationen an Taschen und Knöpfe an Kappen zutage gefördert. Schmuck war, abgesehen von Ringen, selten. Handschuhe waren eine Kostbarkeit – in einem Fabliau benutzt ein junger Bauer sie als Köder, wenn er Mädchen den Hof macht.

Reiche und Habenichtse. In den unteren Bevölkerungsschichten der europäischen Städte des Spätmittelalters war die Garderobe überaus dürftig. Die systematischsten Untersuchungen haben sich freilich auf die bessergestellten Schichten der städtischen Bevölkerung konzentriert und Stoffverkäufe rekonstruiert oder die Wirksamkeit der Luxusgesetze abgeschätzt. Im Jahre 1401 hatten die Bürger der Stadt Bologna genau zwei Tage Zeit, alle Frauenkleider in ihrem Besitz von einem Ausschuß begutachten zu lassen, dem die Durchsetzung eines Luxusgesetzes gegen übertrieben aufwendige Kleidung oblag: 210 Kleider wurden beschlagnahmt, und ihre Beschreibung ist insofern ein nützlicher Indikator einer Privatgeschichte der Kleidung, als sie zu ermessen erlaubt, was in einem bürgerlichen Kontext für luxuriös gehalten wurde. Nicht mehr geduldet wurde exzessive Vielfalt der Verzierung. Silberne Sterne, goldene Ketten und Schnüre, aufgestickte Strahlen,

Heinrich Gross, *La Mine Saint-Nicolas à la Croix-aux-Mines* (Vogesen), 1. Hälfte 16. Jh. Diese Zeichnung, die letzte von fünfundzwanzig, zeigt die Bergleute mit Kappe und Lederschurz bei der Entlohnung. Buchhalter, Richter und Aufseher heben sich durch ihre Tracht, ihre Haltung und ihre Bewaffnung von den übrigen ab.
(Paris, École des Beaux-Arts, Collection Masson)

Blätter oder Tiere, Krägen und Ärmelbesatz aus Pelz, helle Farben, welche die Bearbeitung des Stoffs mit Koschenille oder Kermes erforderten, sowie aufgenähte Perlen und Edelsteine waren verboten. In einigen Fällen können wir aus dem Preis eines Kleides die anteiligen Kosten für den Stoff, für die Verarbeitung bzw. die Verzierung erschließen. So schenkte Simone Peruzzi aus Florenz im Jahre 1363 seiner Frau einen festen Rock, dessen Stoff nur 30 Prozent seines Gesamtpreises kostete; doch der Wert der silbernen Knöpfe, des Fehbesatzes und der goldenen Borten entsprach dem Arbeitslohn eines Maurers für 140 Tage. Nach diesem Maßstab ähnlich skandalös war das Brautkleid, das 1447 für eine Tochter der Familie Strozzi angefertigt wurde – für dieses Kleidungsstück hätte ein Facharbeiter 500 Tage arbeiten müssen. Die Schleppe aus achthundert Pfauenfedern, besetzt mit »funkelnden« Goldstücken, Perlen, emaillierten Blumen und vergoldeten Blättern, kostete 212 Livres – ein Drittel des Gesamtpreises für das Kleid. Freilich brauchten sich die Peruzzi und die Strozzi auf dem Höhepunkt ihres Ruhms um Beschränkungen des Luxus nicht zu scheren. Und was war die Garderobe einer Frau Spinelli, geborene Gherardini, die mit ihren rund zwanzig Kleidern 1380 auf 500 Gulden geschätzt wurde, im Vergleich zu den 50 000 Gulden, die ihr Mann bei seinem Tod hinterließ und für die ein Steinmetz acht bis zehn Jahre hätte arbeiten müssen?

Die Ökonomie der Kleidung. Die zitierten Zahlen vermitteln eine Vorstellung von der ökonomischen Dimension eines sozialen Faktums. Sie drücken die Entfernung aus, die den Planeten der Reichen, von dem wir ein wenig wissen, von dem der Armen trennte, der im Schatten liegt. Die Bedeutung des Alltagslebens war in diesen beiden Welten höchst

Der Juli: Aufbruch zur Falkenjagd (Ausschnitt); Fresko des Wenzeslaus, 15. Jh. (Trient, Castello del Buonconsiglio, Adlerturm)

unterschiedlich; in der einen war die Kleidung ein Kunstwerk, in der anderen ein Gebrauchsgegenstand. Im übrigen muß in der Kostümgeschichte die gesellschaftliche Dynamik bedacht werden. In Florenz hätte eine Bürgerin zu Zeiten Dantes deutlich weniger für ihre äußere Ausstattung aufgewendet, als es später ihre Enkelin tat. Von den kulturellen und mentalen Wandlungen, die hier zu beachten sind, einmal abgesehen, hatte der florentinische Markt vor 1300 einfach nicht so viele verschiedene und verlockende Stoffe zu bieten wie nach 1400. Wie aus florentinischen Vormundschaftsakten aus dem letzten Drittel des 13. Jahrhunderts hervorgeht, trug die Mutter der Familie Kleider aus relativ billigen Stoffen, während ihre Söhne in besseren Stoffen auftraten – im Winter in warmem »stanfort«, im Sommer in zinnoberroter Serge aus Caen. Die Garderobe wurde nur selten erneuert. In vier Jahren kaufte die Mutter lediglich drei neue Kleidungsstücke – kaum zwei vollständige Austattungen.

Zu ähnlicher Genügsamkeit raten der *Ménagier de Paris* und die privaten Aufzeichnungen venezianischer, fränkischer und hanseatischer Bürger aus dem 14. und 15. Jahrhundert. Neben den regelmäßigen Ausgaben stehen gelegentliche Extraaufwendungen, etwa bei Hochzeiten: Trauung, Geschenke und Mitgift erforderten eine Investition in Stoffe, Zierat und Schmuck. Lucas Rem aus Augsburg registriert in einem Abschnitt seines *Tagebuchs* den Preis für schwarzes Tuch aus Lindau sowie für braunen Samt und grauen Satin, woraus er sich seinen Hochzeitsanzug schneidern ließ, ferner die Ausgaben für die Rubine, Diamanten und Saphire, die er seiner Frau geschenkt hatte, und für den festlichen Empfang.

Extrakosten fielen auch dann an, wenn ein Sohn zum Studium oder einer Lehre wegen in eine weit entfernte Stadt wie Prag oder Venedig zog. Dann benötigte er eine Garderobe aus gutem, festem Material und bequeme Schuhe. Nichts verschliß so schnell wie Schuhe; das Haushaltsbuch Anton Tuchers in Nürnberg aus dem frühen 16. Jahrhundert bezeugt, daß die Schuhe der Kinder, als sie größer wurden, alle paar Monate neu besohlt werden mußten. Es war ein Ereignis im privaten Leben, wenn der zehnjährige Schüler einen Anzug bekam, und die Kinder vergaßen es lange nicht, wenn sie Sachen tragen mußten, die ihnen zu groß oder zu klein oder nicht mehr modern waren. Hans von Weinsberg aus Köln erinnert sich, wie er 1531 als junger Mann das Elternhaus verließ und das Internat in Emmerich bezog: »Mein Vater ließ mir einen Anzug aus grauem Tuch mit vielen Falten, weißer Hose und langen Beinkleidern machen, und irgend jemand setzte mir noch einen schwarzen Hut auf. Das habe ich getragen, solange ich in Emmerich war, und bessere Sachen wären auch zwecklos gewesen, weil die Schüler dort nicht auf Bänken, sondern auf dem Boden saßen. Daneben hatte ich ein paar leichte Sommersachen, die mir jedoch bald zu klein wurden.« Rückblickend billigt der reife Mann die Entscheidung seines Vaters, obschon der Jüngling es einst verständlicherweise beklagt hatte, in Grau gehen zu müssen. Die Hauptfunktion der Kleidung war es, zu wärmen. Die Privatgeschichte des Kostüms handelt von dieser Banalität ebenso wie von der sorgfältigen Berechnung der Kosten und den späteren Seufzern der Befriedigung oder der Enttäuschung. Danach beginnt die Geschichte des öffentlichen Kostüms – Geschmack und Mode, Luxus und Überfluß.

Kostüm und Betragen

Ob verschwenderisch oder bescheiden, die Kleidung hängt mit dem Intimen zusammen; das beweist der Platz, der ihr in Kostenaufstellungen eingeräumt worden ist, aber auch ihre Bedeutung für das Selbstverständnis des Individuums im Spätmittelalter. Doch müssen wir auf das Thema »Kleidung als Zeichen« zurückkommen; denn das Kostüm war mehr als bloß ein Signal des sozialen Ranges. Kleidung ist mehr als Stoff plus Verzierung; sie beeinflußt das Verhalten, prägt es und unterstreicht es. Sie markiert die Etappen des Lebens und trägt zum Aufbau der Persönlichkeit bei. Und sie betont die Unterschiede zwischen den Geschlechtern.

Ostentation. Im Spätmittelalter unterschieden sich Männer und Frauen der arbeitenden Klassen in ihrer Kleidung kaum voneinander. Und die Silhouetten der Mächtigen verschwanden unter dem Faltenwurf schwerer Tuche, die mit kostbarem Pelz besetzt waren. Zwischen diesen beiden Extremen war es die Mode, welche die Auswahl der Stoffe und Schnitte und parallel dazu die Differenzierung der Geschlechter bestimmte. Die Moden wurden kurzlebiger und diktatorischer; das lag einerseits an der gestiegenen Mobilität, andererseits am eingeschränkten Zugang zu privilegierten Kasten und Cliquen bei Hofe und in der Stadt. Die Anatomie des Körpers wurde durch Polster enthüllt oder betont, die Krümmungslinie des Leibes mit Gefaltetem, Aufgeblähtem, Wallendem und Gezacktem nachgezogen. Eine nervöse, gewalttätige, erklügelte Mode untermalte die weiblichen Reize und Vorzüge, indem sie sie entweder entblößte oder suggestiv kaschierte. Junge Geistliche zeigten ihre Gliedmaßen und Muskeln, um auszusehen wie der hl. Georg oder die Ritter der Tafelrunde und nicht wie Priester. Es ist durchaus denkbar, daß die Entwicklung der Rüstung, die den Leib in Platten, Schienen und Gelenken nachbaute, dazu beitrug, die Architektur des männlichen Körpers augenfällig zu machen, und daß das Schimmern des Metalls zur modischen Nachahmung des Militanten, Hochmütigen, Bizarren einlud. Nach der Mitte des 15. Jahrhunderts verbreiteten Kupferstiche in ganz Europa das Bild des verliebten Jünglings, für den die Eroberung einer Dame ein ebenso aufregendes Unterfangen war wie ein Waffengang.

Neben dem arroganten, seiner Reize gewissen Stutzer, dessen Bild uns die Maler von Pisanello bis Dürer überliefern, wahrte die junge Dame aus guter Gesellschaft Zurückhaltung. Ihre Silhouette, lange Zeit zierlich und schlank, mochte sich im Spätmittelalter ein wenig runden, doch die weibliche Mode, distanziert der Karriere des männlichen Kostüms folgend, beschränkte sich darauf, die Taille anzudeuten, die Schultern mehr oder weniger großzügig zu entblößen und das Haar so-

Vittore Carpaccio, *Francesco Maria della Rovere, Herzog von Urbino* (Ausschnitt), 1510. Dies ist das erste Porträt eines Stehenden, das sich in Italien findet. Der träumerische und zugleich entschlossene junge Mann ist der Neffe Papst Julius' II., dessen Truppen er in der Romagna befehligte. Der Herzog ist umgeben von persönlichen Emblemen und genealogischen Zeichen. Iris und Lilie deuten auf Maria, deren Namen der Herzog trägt; die Blätter der Roteiche (»rovere«), die hinter ihm steht, künden von seiner Identität und von seinem Sieg über Cesare Borgia beim Kampf um das Herzogtum.
(Lugano, Sammlung Thyssen-Bornemisza)

Albrecht Dürer, *Der Bauer und seine Frau;* Heinrich Aldegrever, *Paar*. Zwei Paare aus der menschlichen Komödie: die Aristokraten und die Bauern. Obschon sie sich durch ihre Tracht unterscheiden, sind die Bauern keineswegs im Elend. (Paris, Bibliothèque Nationale)

wie den Ansatz des Busens entweder zu verhüllen oder aufzudecken. Busentuch, Haube, Kopftuch, Spitzen hielten zwischen dem Öffentlichen und dem Intimen zarte, verfängliche Wacht. So verführerisch und unterwerfungswillig die Frau auch sein mochte, sie durfte sich nicht zu rasch von dem diskreten Verhalten abbringen lassen, das der Chevalier de La Tour Landry Ende des 14. Jahrhunderts in seiner Abhandlung über die Erziehung der jungen Mädchen empfahl.

Auf Reisen sieht man oft Dinge, für die man zu Hause keinen Blick gehabt hat. Als Petrarca 1333 in Köln war, fiel ihm die bestürzende Schlichtheit und Natürlichkeit einer Gruppe von Frauen auf, die am Rheinufer einem ihm unverständlichen Ritus oblagen. »Welche Gestalt! Welche Haltung!« (»Que forma! quis habitus!«) schrieb er aus Lyon an seinen Freund, den Kardinal Giovanni Colonna. »Den Kopf mit duftenden Kräutern umwunden, die Arme bis über die Ellbogen nackt, tauchten sie ihre weißen Hände und Arme in den Strom und sangen in ihrer Sprache leise eine liebliche Weise.« Petrarca war überrascht, einem solch harmonischen Bild »fern jeder Zivilisation« zu begegnen, das heißt fern von den raffinierten, perversen Bildern der freizügigen, agilen Mittelmeer-Gesellschaft. Dennoch wurden die jungen Florentinerinnen in demselben Geist der Züchtigkeit und Würde erzogen wie ihre Gefährtinnen in Frankreich und in Deutschland, wenn man den Privatkorrespondenzen glauben darf oder den Homilien des hl. Antonino, der um die Mitte des 15. Jahrhunderts Erzbischof von Florenz war. In ganz Europa war es der nämliche Sinn für Schicklichkeit, der Kostüm und Verhalten der verheirateten wie der unverheirateten Frauen prägte.

Geschlecht und Alter. Die Luxusgesetze richteten sich hauptsächlich gegen übertriebene Prachtentfaltung bei der weiblichen Kleidung, worin sich die tiefverwurzelte Frauenfeindlichkeit des mittelalterlichen Gesetzgebers ebenso verrät wie sein patriarchalisches Verständnis der Geschlechterbeziehungen. »Reif für den Mann [d. h. für die Ehe], von göttlicher Haltung und Gestalt«, mit diesen Worten beschrieb Poggio 1416 ein paar junge Schweizerinnen, die er zufällig in der Nähe von Zürich sah: »Puellae jam maturae viro [. . .] in dearum habitum ac formam.« Ein junges Mädchen war ein Kapital, und im Sinne einer vernünftigen Investition war es am besten, sie mit einem Mann im gesetzten Alter, ja einem Graubart zu verheiraten. Regelungen gegen Luxus und überhöhte Mitgift sollten u. a. eine einigermaßen gerechte Konkurrenz auf dem Heiratsmarkt gewährleisten.

Der verehelichte Bürger begrub das Junggesellendasein in seinem Tagebuch und breitete einen dunklen Mantel über die Torheiten seiner Jugend. Er duldete natürlich nicht, daß seine junge Frau sich im privaten Raum herausputzte und zur Schau stellte. Nach Sassetti sollte der »vollkommene Kaufmann« eine freundliche, doch würdevolle Miene tragen; er sollte sich geschmackvoll kleiden und an seinem Auftreten und seinen Gebärden feilen. Der »vollkommene Höfling« – ein Vorläufer des »honnête homme« im 17. Jahrhundert – studierte sein Verhalten sorgsam ein; die Kleidung spielte eine wesentliche Rolle. Nach Baldas-

Perugino, *Szenen aus dem Leben des hl. Bernhard* (Ausschnitt), 1473. Die »terribilità« der Bewaffneten kontrastiert mit der ruhigen Gelassenheit der elegant posierenden Jünglinge.
(Perugia, Galleria Nazionale dell' Umbria)

sare Castiglione, der Gespräche aus der Umgebung von Lorenzo dem Prächtigen aufzeichnete, verband der Mann von Geschmack die Achtung vor der Konvenienz mit kalkulierter Eleganz. Ein soziales Unterscheidungsmerkmal, erlaubte die Kleidung es dem Einzelnen, in einer seinem Alter angemessenen Weise aufzutreten. Die Mode war die Angelegenheit der Jugend – eine Periode flammender Farbenfreude zwischen dem Grau der Kindheit und den gedämpften Farben der Reife und des Alters.

In den Jahren zwischen Jugendzeit und Ausbildung ermöglichte die Kleidung, persönliche Gefühle auszudrücken. Das Spätmittelalter war nicht die einzige Epoche, in der man durch codierte Details seine Vorlieben, Absichten und Wünsche bekundete; mit der Mode zu gehen hat zu allen Zeiten bedeutet, sich der Allgemeinheit anzupassen und sich gleichzeitig von den anderen zu unterscheiden. Doch kamen im Spätmittelalter mehrere Faktoren zusammen, die das Individuum in seinem Willen zur Unterscheidung bestärkten: die kontrollierende Macht des Staates, die aus freien Menschen Untertanen machte; die zunehmende Abschottung der Institutionen, die den Einzelnen zwang, sich privaten Zirkeln anzuschließen; die fortdauernde Beliebtheit der Ritterromane, die König Artus und seinesgleichen zum Vorbild für gekrönte Häupter, von Karl VI. bis zu Karl VIII., werden ließ. Für die jungen Leute von vornehmer Geburt ging die Erfindung des Ichs durch eine Phase der Unterweisung in Zeremonie und Symbolik hindurch – unter Karl VI. fungierten persönliche Moden, am französischen Hof entstanden, als Kontrapunkt zu den immer strenger werdenden Regeln der Etikette.

Albrecht Dürer, *Wappen mit dem Totenkopf*.
(Paris, Bibliothèque Nationale)

Zeichen und Codes. Unterscheidungs- und Erkennungszeichen militärischen, politischen oder häuslichen Ursprungs, Wappen, Wahlsprüche, Trachten integrierten ihren Träger in die große Gruppe seiner Gefähr-

Bemalte Holztafel, 15. Jh. (Paris, Musée de Cluny)

ten und Freunde. Die genealogischen Forschungen toskanischer Honoratioren stützten sich in manchen Fällen auf derartige Hinweise, und Georg von Ehingen, ein fränkischer Ritter des 15. Jahrhunderts, beschreibt in seinem Erinnerungsbuch die geduldige Rekonstruktion des Familienbesitzes anhand diverser Kreuze, Schilde und Wappen, die er zwischen Donau und Main verstreut vorfand. Im Spätmittelalter nahm die Anzahl der Zeichen in dem Maße zu, wie die Gesellschaft sich regimentsgemäß formierte. Rheinische, hanseatische und sächsische Honoratioren hatten ihre »Clubs«, nämlich die »Stuben«; junge italienische Patrizier taten sich zu Gesellschaften wie der venezianischen »Calza« zusammen, die Carpaccio durch ihr Kostüm andeutet; überall bildeten sich Bruderschaften, die mit verschiedenfarbigen Kutten und Kerzen in Prozessionen mitzogen. Selbst bei öffentlichen Lustbarkeiten wie dem Nürnberger Schembartlaufen oder dem sienesischen Palio bildeten einzelne Gruppen eine heraldische Figur und produzierten sich mit ritualisierten Vorführungen. In ganz Europa entstanden seit dem zweiten Viertel des 14. Jahrhunderts weltliche Ritterorden; ihre Mitglieder erkannten einander an einem Kreuz, Band oder Umhang, wodurch sie bekundeten, daß sie freiwillig gelobt hatten, die Ordensregeln einzuhalten.

Schließlich kam der Brauch auf, daß Fürsten jährlich uniforme Bekleidungsstücke verteilten – einerseits, um ihre Großzügigkeit unter Beweis zu stellen, andererseits, um ihre Untertanen an einheitlichen Abzeichen und Farben identifizieren zu können. Aus dem späten 15. und frühen 16. Jahrhundert sind entsprechende Dokumente der Häuser Sachsen und Bayern erhalten – diese Herzöge liebten es, Untergebene vorzuweisen, die ihre Insignien trugen; in regelmäßigen Abständen fügten sie den Livreen bestimmte Details hinzu, um sie »up to date« zu halten. Die imperiale Tradition fand bürgerliche Nachahmer in der Renaissance – die Fugger verteilten an ihre Mitarbeiter Uniformen, rote bei der Hochzeit und schwarze beim Begräbnis eines Firmenchefs.

Lehrjahre in Kostümkunde. Wenn Kleidermoden ein codiertes System waren, dann mußten die Menschen lernen, den Code zu lesen, um peinliche Fehler zu vermeiden und um Anspielungen zu verstehen. Zwei französische Texte aus der Mitte des 15. Jahrhunderts, in denen die Unterweisung in der rechten Art, sich zu kleiden, ein wesentlicher Bestandteil der Erziehung des Jünglings ist, haben Männer der Tat zum Verfasser, die sich auf die Sprache der Zeichen verstanden: Jean de Bueils *Le Jouvencel* und Antoine de La Sales *Jehan de Saintré.* Das letztere Buch berichtet von einem dreizehnjährigen Knaben, dem eine vornehme Dame dabei hilft, sein eigenes Erkennungssystem zu erfinden. In einem Klima der höfischen Bildung und der Liebesunterweisung konstruiert der Jugendliche bedachtsam den öffentlichen Ausdruck seiner intimen Gefühle. Von der Dame nach seinem Schmuck befragt, beschreibt Saintré die Wappen, die er für sich entworfen hat: »Und eines ist aus schwarzem Damast und mit silbernen Fäden gesäumt, und das Feld ist mit grünen, violetten und grauen Straußenfedern in Euren Farben besetzt, und dazwischen sind schwarze Federn und Hermelin.«

Freilich mußten der Erfindung in einer so zeichenträchtigen Umwelt gewisse Grenzen gezogen werden. Es galt, sich das Vokabular und die Grammatik anzueignen: Monogramme, gestickte Devisen – bei Charles d'Orléans und Margarete von Burgund ebenso wie bei Personen von ge-

Matthäus Schwarz (1497–1574), *Trachtenbuch.* Mit siebenundzwanzig Jahren posiert der junge Finanzdirektor des Hauses Fugger in Augsburg für die Nachwelt in einer Tracht, die er wahrscheinlich zu irgendeinem Fest getragen hat (S. 538 unten).
(Paris, Bibliothèque Nationale)
1549 war Schwarz zweiundfünfzig Jahre alt. Er hatte einen Herzinfarkt hinter sich und nahm in die Galerie der verschiedenen Trachten, die er seit seiner Kindheit getragen hatte, auch dieses Bild eines müde gewordenen Mannes auf, der sich in einem nach eigenen Entwürfen gebauten Wagen kutschieren läßt.

ringer Bedeutung –, heraldische Embleme aus der Tier- und Pflanzenwelt sowie eine ganze Sprache der Farbe, in der die traditionelle Farbsymbolik der Mystiker und Gelehrten mit der des Volksglaubens verschmolz. Als Karl VII. als Grüner Ritter ins Turnier zog, verstand der Hof die ritterliche Anspielung; die Florentiner wußten mindestens seit dem frühen 13. Jahrhundert, daß »der Rotgewandete« der reiche Mann war; wenn Matthäus Schwarz sich einen Kranz aus Rosen aufs graue Haar setzte, mochte er von Lancelots Kappe aus Rosen träumen; und Anna von der Bretagne, die sich in Schwarz kleidete, weil sie um Karl VIII. trauerte, formulierte damit eine politische Botschaft, denn Schwarz war die übliche Trauerfarbe in der Bretagne, während es in Frankreich Weiß war.

Kurzum, indem der Einzelne sich in einer bestimmten Weise präsentierte, teilte er etwas mit (an das sich wiederum die Interpretationen heften mochten). Manche Botschaften waren klar und öffentlich; andere brachten die individuelle Freiheit gegen die institutionellen Zwänge zur Geltung; wieder andere waren gänzlich privat und nur einem einzigen Menschen oder den Mitgliedern einer bestimmten Gruppe verständlich: herausforderndes Geheimnis, Rebus, Rätsel, zum Beispiel die Liebesqual eines gebrochenen Herzens, zum Beispiel ein Fest mit Freunden, bei dem alle Gäste eine Sanduhr an der Wade trugen – die Zeichensprache dieser Soirée werden wir niemals entschlüsseln.

Mode, Alter, Erinnerung

Verschiedene Autoren des Spätmittelalters und der Frühen Neuzeit stellten bewußt einen Zusammenhang zwischen ihrem eigenen Erscheinungsbild und bestimmten Entwicklungen in ihrem privaten oder im öffentlichen Leben her. Graf von Zimmern beschreibt die Unzufriedenheit mit seinen Eltern, die keinen Sinn für Mode hatten und ihren heranwachsenden Sprößling in lange Gewänder steckten, als kurze in Mode waren. Die Limburger Chronik registriert mißbilligend die Kleidung der jungen Leute um 1360. Und die Haushaltschronik des Konrad Pellikan aus Rufach vermerkt 1480 den ungünstigen Eindruck, den die Landsknechte mit ihrer wilden Tracht hervorriefen.

Urs Graf, *Der gefiederte Landsknecht*, 1523. Extravaganter geht es nicht mehr: Der Landsknecht ist hinter seinen Federbuschen verschwunden. (Basel, Kunstmuseum)

Der aufschlußreichste Kommentar zu den Kleidersitten des Spätmittelalters bzw. der Frührenaissance ist zweifellos das *Trachtenbuch* des Matthäus Schwarz; es besteht aus Vignetten, die den Verfasser in seinen vielfältigen »Trachten« zeigen, sowie seinen Bemerkungen dazu. Ihn interessiert nicht die öffentliche Mode, in der er nur Karnevalsexaltationen erblickt, sondern das, was er selbst in den verschiedenen Phasen seines Lebens trug – an Geburtstagen, bei Hochzeiten, zu Festtagen. Schwarz vergleicht die zeitgenössische Mode mit derjenigen früherer Perioden; er war wahrscheinlich der erste Kostümkundler und bewies ein unbestechliches Auge für den Wandel ebenso wie für die Wiederkehr des Gleichen. Aus einem Katalog von Kleidungsstücken gestaltet er eine veritable Chronik seines privaten Lebens, in der den Erinnerungen des Vierjährigen (»mir ist sam wers ein traum«) nicht weniger Platz eingeräumt ist als den Windeln des Säuglings in der Wiege (»und dises wart die erste klaydung in der welt: in der fetschen«) und der Hausbekleidung des alten Mannes, den »gottes gwaldt« (ein Schlaganfall) getroffen hat und der in einem braunen Überzieher, eine Kappe auf dem Kopf, an einem Stock durch die Stube humpelt.

Was in diesen intimen Porträts fehlt, ist allein der nackte Leib, der die sozialen Unterschiede zwischen dem Invaliden auf dem Krankenbett und dem geängstigten Kaufmann, dem vor Kälte zitternden Armen und dem in Samt und Seide gehüllten Fürsten rücksichtslos aufhebt. Der blanke Körper – neben dem Tod der andere gewaltige Egalisierer – wird beschwiegen.

Der nackte Körper

Entblößung. Ob Schutz oder Ornament, die Kleidung war die letzte Hülle der sozialen Existenz; dahinter lagen die weichen Geheimnisse des Körpers. Erinnern wir uns an den Kürschner aus Lucca in Sercambis Novelle, der seine Identität zu verlieren fürchtete, als er zum Baden seine Kleidung ablegte. Jahrhunderte christlicher Wachsamkeit und moralisierender Verbote hinderten ihn daran, sich in seinem nackten, opaken Körper wiederzuerkennen.

Pisanello, *Allegorie der Wollust*. (Wien, Albertina)

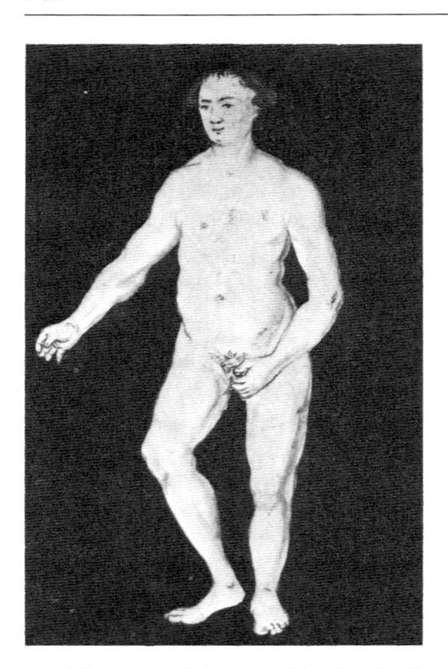

Matthäus Schwarz, *Trachtenbuch*. Eines der frühesten bekannten Beispiele für einen Männerakt. (Paris, Bibliothèque Nationale)

Nacktheit bedeutete den Rückzug vom gesellschaftlichen Austausch. Selbst auf den Tympana der Kathedralen waren die Erlösten und die Verdammten bekleidet. Die Nacktheit des Weibes, das war die Wollust, die krankhafte, rothaarige, wie Pisanello sie darstellt; das waren gefangene Frauen, die sich im Roman vor dem Kaiser ausziehen mußten, auf daß er unter ihnen eine Gemahlin wähle; das waren Bilder der Gewalt beim Schein der Fackel. Die Nacktheit des Mannes ist in der Literatur mit Wahnsinn und Barbarei verknüpft. Das Wolfskind und der geistig verwirrte Ritter verloren nicht nur das Gedächtnis, sondern auch die Kontrolle über ihre Gesten und schlüpften in Tierfelle. Als entgegen jeder Konvenienz ein Wilder an den Hof Karls VI. gebracht wurde, führte das Volk das alsbald hereinbrechende Unheil (»bal des Ardents«) auf diese frivole Verletzung eines Tabus zurück. Bei öffentlichen Hinrichtungen entblößte man die Delinquenten. Pisanellos und Villons Zeichnungen von Gehenkten und die Skizzen von Andrea del Sarto zu den Gemälden von den Schandtaten der 1530 hingerichteten florentinischen Hauptleute zeigen grotesk verdrehte bekleidete Puppen.

Glorie und Folter. Zweifellos spiegeln sich in diesen Bildern bestimmte Obsessionen, die Verurteilten werden auf gewaltsame, skandalöse, erniedrigende Weise des stabilisierenden und auszeichnenden Schutzes ihrer Kleidung beraubt. In anderen Bildern erscheint Nacktheit als Erfindung der christlichen Kultur: Adam in seiner Glorie und der gegeißelte Jesus, der Glanz des jungfräulichen Leibes und die Qual des gemarterten Leibes bildeten für den Gläubigen die beiden Chiffren der Geschichte von Schöpfung und Erlösung. Im Spätmittelalter wurde dieses symbolische Schauspiel Fleisch (die deutsche Sprache unterscheidet, anders als etwa die französische, nicht zwischen dem Fleisch des Menschen und dem des Tieres). Diese Ambiguität erhellt aus der Betonung des Menschlichen in der nordeuropäischen Malerei nach 1400, in der die siegreiche Nacktheit Adams und Evas neben der Nacktheit des zu Tode gefolterten Christus steht. Die Virtuosität der Künstler und der Ausdruck einer morbiden Frömmigkeit bekunden sich in zahlreichen Darstellungen toten Fleisches. Von Enguerrand Quartons *Pietà* über die deutschen Vesperbilder bis zu Mantegnas *Toter Christus* und Holbeins d. J. Predella im Baseler Kunstmuseum (in Gestalt eines Sarges) haben Maler eindrucksvoll den Weg zum Heil markiert.

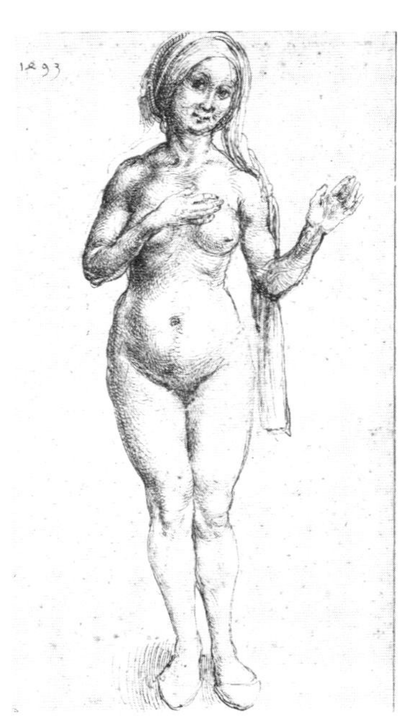

Albrecht Dürer, *Nackte Frau*, 1493. (Bayonne, Musée Bonnat)

Der neue Adam löste aber auch das Versprechen ein, das im ruhmreichen Leib des ersten Menschen angelegt war. Auf den geöffneten Außenflügeln des Genter Altars von Jan van Eyck – der *Anbetung des Lammes* – sind Adam und Eva zum ersten Mal in der Geschichte der abendländischen Malerei mit Hautfarbe und Haaren, Rundungen und Falten, als Wesen aus Fleisch und Blut dargestellt. In Venedig erschauern sie in ihrer exemplarischen Nacktheit unter dem Meißel Rizzos. Von Dürer gemalt oder gestochen, bezeugen sie mit anmutiger Gebärde die Eleganz der wiederentdeckten Antike. Diese in sich gestillten, edlen Bildnisse domestizierten den jugendlichen Leib und brachten die Schönheit einer Welt zum Vorschein, in welcher der Mensch zum Maß aller Dinge wurde.

Hausaltar, 15. Jh. Der gemarterte Leib des an die Säule gefesselten Christus weckt das Mitleid der Gläubigen. Es handelt sich um ein Altarblatt, das so klein ist, daß man es zu privaten Andachtszwecken im Schlafzimmer aufstellen konnte. (Paris, Musée de Cluny)

Die erste Studie eines vor einem Maler posierenden Aktmodells ist wahrscheinlich die von Dürer stammende Zeichnung einer stehenden jungen Frau von 1493. Ihre Hüllen hat sie fallen lassen, doch sie trägt noch ihre Pantoffeln. Dieses private Detail belebt die Studie; der Körper bietet sich ohne Vorwand oder Hinterhältigkeit einem Blick dar, der ihn prüft wie eine Blume oder eine Frucht. Offenkundig ist ein weiter Weg zurückgelegt worden seit jener metaphysischen Eva von Autun, die keine Zeichen ihrer Schwangerschaft erkennen läßt. Die junge deutsche Frau von 1493 ist eines von vielen im 15. Jahrhundert möglichen Porträts der Eva und kann nicht als deren Muster gelten.

Der Dialog zwischen dem Menschen und seinem Bild, wie ihn die Künstler inszenierten, war Teil des neuen Bewußtseins, das die Männer und Frauen des Spätmittelalters von ihrem enthüllten Körper hatten. Dabei machte man sich keine Illusionen über den reizvollen, sündigen Leib, aus dem die Seele beim letzten Atemzug entweichen wird, um

Pisanello, *Gehenkte.* (London, Sammlung Oppenheimer)

in das Schattenreich einzuziehen, während der Leib im Fegefeuer schmachtet.

Obschon das Spätmittelalter die Aussöhnung mit der Nacktheit bewerkstelligt hat, darf man nicht erwarten, hier nun dem Intimen auf die Schliche gekommen zu sein. Das Private verweigert sich uns, wenn wir glauben, wir bekämen es unter dem Mantel der Konventionen und Zeichen tatsächlich zu fassen. Man kann das Intime nicht entblättern wie eine Zwiebel mit ihren Häuten. Wohl ist das Intime der innerste Kreis des Privaten; doch entbirgt es sich notwendig im aufgedeckten und aufgestörten Körper? Der Mediävist, der mit der Laterne in der Hand an das spätmittelalterliche Bett tritt und die Decke lüftet, findet darunter nur nackte, schlafende Leiber. Seit der Frage im Paradies muß Nacktheit sich als wahrgenommene Nacktheit wissen, um Nacktheit zu sein. Versuchen wir also in diesem Stadium, wenigstens den Blick zu bezeichnen, mit dem die Männer und Frauen des Spätmittelalters selber ihre Körper gesehen haben.

Körperfunktionen

Die Gesundheit ist ein wesentlicher Faktor im privaten Leben des Menschen, doch um sie einschätzen zu können, müssen wir auf die Statistik zurückgreifen. Die ikonographischen Zeugnisse werden nach 1470 reichlicher und zuverlässiger, und so ist es vernünftig, Porträts aus dieser Zeit unter dem Aspekt zu prüfen, was sie statistisch über das körperliche Befinden verraten. Bei Betrachtung der Gemälde würde man zu dem Schluß kommen, daß städtische Honoratioren wohlgenährte Leute waren; indes mögen diverse Einzelheiten Dispositionen und Probleme enthüllen, die für das Verständnis der physiologischen Geschichte dieser sozialen Gruppe von Bedeutung sein könnten. Zumindest eine Klassifizierung der verschiedenen Temperamente müßte nützlich sein, da dem *Calendrier des bergers* zufolge das Gesicht den Charakter offenbart. Der Teint – Ausfluß körpereigener Dekokte, wie man annahm – war für die mittelalterliche Wahrnehmung der Identität einer Person so beredt, daß die Heroinen in der Literatur sich das Gesicht bemalten, wenn sie unerkannt bleiben wollten. Unter der Haut und unter dem Teint lag das Skelett. Auch Knochen erlauben Rückschlüsse auf die Gesundheit. Wie groß waren Gräber und Grabplatten, ganz zu schweigen von Rüstungen, von denen es Sammlungen in ganz Europa gibt und die nicht den Eindruck machen, als seien die Turnierritter des Mittelalters klein gewesen? In den letzten Jahren hat die sorgfältige Erforschung von Dorffriedhöfen Aufschlüsse über das größte Segment der spätmittelalterlichen Bevölkerung erbracht: die Bauern. Bauern hatten keine Zeit, über ihr Temperament nachzudenken; ihr Teint war dunkel und wettergegerbt – genauso, wie es die literarischen Texte beschreiben. Die wenigen Porträts, die sie nicht als Stereotypen, sondern als Personen darstellen, zeigen gesunde, kräftige Menschen, wie die lächelnde slowenische Frau, die Dürer Modell stand, oder der bärtige Mann mit Schaffellmütze, den Lucas Cranach d. Ä. gemalt hat.

Lucas Cranach d. Ä., *Bildnis eines Bauern.* (London, British Museum)

Untersuchungen an Skelettresten, wie sie von F. Piponnier und R. Bucaille in Saint-Jean-le-Froid durchgeführt worden sind, haben interessante neue Einsichten in die physische Konstitution, die Ernährung und sogar die Blutgruppen der Landbevölkerung ermöglicht. Im Gegensatz zu Bergleuten, die infolge ihrer Arbeitsbedingungen an Bleivergiftung und Knochendeformationen litten (so in dem Dorf Brandes in Oisans), waren burgundische Bauern unverkennbar gesund – sie waren stabil gebaut und hatten kräftige Zähne, und ihre Knochen wiesen keine Spuren chronischer Erkrankungen auf. Die Ergebnisse dieser bahnbrechenden Forschungen lassen sich zwar nicht automatisch auf ganz Europa übertragen, aber die archäologischen Befunde bestätigen immerhin das Bild des Bauern, das uns in den Fabliaux oder den Novellen Sercambis oder auf Miniaturen wie denen zu den *Très Riches Heures du duc de Berry* entgegentritt. In der Blütezeit ihres Lebens waren die Bauern von der nämlichen unschuldigen, harten Vitalität, die Le Roy Ladurie bei der Bevölkerung Montaillous festgestellt hat. Mit Lust und Laune aßen und tranken sie, erleichterten sich und liebten einander.

Sich ernähren. Ohne Zweifel war der gesunde Körper im Spätmittelalter besser genährt als in früheren Epochen. Die Überlebenden der Großen Pest und ihre Nachfahren hatten, jedenfalls in bestimmten Regionen, bessere Daseinsbedingungen als früher. Dafür sprechen zwischen dem 13. und 16. Jahrhundert u. a. höhere Getreideerträge, ein höherer Fleischverbrauch in den Städten und eine erhebliche Zunahme des

Jörg Breu d. Ä., *Wirtshaus.* Einige Gäste prassen, andere spielen Backgammon, wieder andere wärmen sich am Kachelofen.
(Paris, École des Beaux-Arts)

Bier- und Weinkonsums in ganz Europa, von der Gascogne bis zum Baltikum. Andere Indikatoren, etwa die Reallöhne von Bauarbeitern, die Speisepläne der Krankenhäuser und die Ernährung des typischen Bürgers von Arles im 15. Jahrhundert (Untersuchungen von L. Stouff), deuten darauf hin, daß das Geld weniger knapp bemessen war als früher und die Menschen genauer auf den Nährwert dessen achteten, was sie aßen.

Natürlich sollte dieser allgemeine Eindruck nicht darüber hinwegtäuschen, daß es einen stetigen Strom von Vagabunden gab, der sich vom Land in die übervölkerten Städte ergoß, daß zahllose Menschen das Opfer von bewaffneten Überfällen und kriegerischen Auseinandersetzungen wurden und daß auch der Bestgenährte nicht gegen eine Epidemie gefeit war. Der köstliche Schmaus war für viele – siehe Till Eulenspiegel – ein durchaus rares Vergnügen; meist blieben aus der Küche der Reichen nur Düfte und Gerüche für die Armen übrig. Vom Schlaraffenland, wo einem die gebratenen Tauben in den Mund fliegen, konnte man nur träumen. Immerhin gehörten die Rabelaisschen Orgien in die Tradition einer Geselligkeit, die – wenn auch selten genug – alle Schichten des Volkes zusammenführte. Ob daheim oder im Gasthaus, man aß und trank meist in Gesellschaft. Doch schon das Trinken aus demselben Krug rührte an Grundsätze der Etikette – wer durfte zuerst trinken?

Die anderen Leibesfunktionen wurden (und werden in allen Gesellschaften) diskreter behandelt. Sogar die relativ zahlreichen dokumentarischen Belege des 14. und 15. Jahrhunderts enthalten über das Urinieren und Defäkieren wenig mehr als dürftige Hinweise, auch nicht die Abhandlungen über Medizin und Chirurgie, deren Verfasser, wie M.-C. Pouchelle nachgewiesen hat, bei den Zeitgenossen nicht besser angesehen waren als Latrinenreiniger und Schlächter.

Sich erleichtern. Der Chirurg Henri de Mondeville, Autor der ersten französischen Abhandlung über die inneren Organe des Körpers, hat Philipp den Schönen und Ludwig den Zänker einbalsamiert und seinen Blick auch auf die minder edlen Teile des Körpers gerichtet, die unterhalb des Zwerchfells liegen – dort, wo die nährenden Körpersäfte gebraut werden und sich der Unrat des Leibes zur Ausscheidung sammelt.

Die Beseitigung dieses Unrats stellte die Stadtverwaltungen des Spätmittelalters vor enorme Schwierigkeiten. Bürger und Baumeister bildeten Ausschüsse, in denen das stets aktuelle Problem, das lediglich die Potenzierung eines vertrauten und individuellen Problems ist, beraten wurde. Alle Häuser, alle Wohnungen brauchten »Bequemlichkeiten« und »Heimlichkeiten«, d. h. leicht zugängliche Abtritte und Latrinen, wo die Bewohner einen Moment allein sein konnten. In Burgen und ummauerten Städten gab es öffentliche Latrinen, die sich in Wassergräben und Abzugsrinnen öffneten. (Im Wachraum des Grafensteins zu Gent sind derartige Latrinen noch heute zu besichtigen.) Im 15. Jahrhundert hatte in Nürnberg jedes Haus an der Pegnitz einen offenen Latrinenabzug, der geradewegs in den Fluß mündete; wenn sich wegen Niedrigwasser der Kot dort häufte, dann mußte er mit Karren abtransportiert und vor die Tore der Stadt geschafft werden. Aus den Akten über Reparaturen an den Schlössern der Herzöge von Burgund und über die von S. Roux untersuchten Prozesse in Sainte-Geneviève in Paris erfahren wir einiges über die Streitigkeiten, die sich an der Bereitstellung von privaten »Bequemlichkeiten« entzündeten. Als Dürer 1506 in Venedig wohnte, fertigte er von dem Haus einen Plan an, auf dem er sorgfältig für jede Etage die Lage der Toilette bezeichnete.

Es gab eine Situation, in der die aufgenötigte Nähe eine Verletzung des Schamgefühls erzwang: die lange Seefahrt von Jerusalempilgern auf einer Galeere. Männern und Frauen aller Stände blieb nichts anderes übrig, als einander in den intimsten Stellungen zu beobachten. Der Dominikanermönch Felix Faber aus Ulm, der zweimal, 1480 und 1483, ins Heilige Land reiste, verfaßte zu Nutz und Frommen seiner Nachfolger einen Text von krassem Realismus. In die Geborgenheit seines schwäbischen Klosters zurückgekehrt, schilderte er seine Erlebnisse und verband damit einige Ratschläge:

»Wie der Dichter sagt: Ein dringendes Bedürfnis ist eine unerträgliche Last [›ut dicitur metrice: maturum stercus est importabile pondus‹]. Einige Worte über die Art, sich an Bord zu erleichtern.

Jeder Pilger hat neben seinem Bett ein Urinal – ein Gefäß aus Terrakotta, eine kleine Flasche –, in das er uriniert und sich erbricht. Da aber die Unterkünfte bei der Fülle der Menschen sehr beengt und außerdem dunkel sind, und da ein ständiges Kommen und Gehen herrscht, kommt es selten vor, daß diese Gefäße nicht schon vor Abend umgestoßen werden. Ja, mit schöner Regelmäßigkeit stößt irgendein Tölpel, getrieben von einem dringenden Bedürfnis, das ihn aufstört, im Vorübergehen fünf oder sechs dieser Gefäße um und hinterläßt einen unerträglichen Gestank.

Wenn die Pilger morgens aufstehen und ihre Bäuche um Entladung bitten, erklettern sie die Brücke und streben zum Bug, wo zu beiden Seiten des Schiffsschnabels Abtritte eingerichtet sind. Manchmal warten dreizehn Leute oder mehr darauf, einen Sitz zu bekommen, und wenn einer zu lange braucht, herrscht nicht Verlegenheit, sondern eher Zorn [›nec est ibi verecundia sed potius iracundia‹]. Ich würde dieses Warten mit dem vergleichen, das die Leute bei der Fastenbeichte zu erdulden haben, wenn sie anstehen müssen und zornig über die endlosen Beichten sind und übellaunig darauf warten, an die Reihe zu kommen.

Nachts ist es ein schwieriges Geschäft, zu den Latrinen vorzudringen, weil auf den Decks der Galeere zahllose Menschen liegen und schlafen. Jeder, der dort hin will, muß über mehr als vierzig Menschen steigen und sie dabei notgedrungen stoßen; bei jedem Schritt läuft er Gefahr, einen Mitpilger zu treten oder auf einen Schlafenden zu fallen. Wenn er auf seinem Weg jemanden anrempelt, fliegen Flüche hin und her. Wer weder Angst noch Schwindel kennt, kann sich an der Außenwand des Schiffes von Tau zu Tau hangeln, was ich selber trotz der Gefahr oft getan habe. Man kann auch aus einer Ruderluke steigen und sich rittlings von Ruder zu Ruder vorarbeiten. Das ist aber nichts für Hasenfüße, und die Seeleute sehen es auch nicht gern.

Aber wirklich ernsthaft werden die Schwierigkeiten bei schlechtem Wetter, wenn die Aborte ständig von Wellen überspült werden und man die Ruder einholt und auf die Bänke legt. Will man also mitten in einem Sturm auf den Abort, läuft man Gefahr, von Kopf bis Fuß durchnäßt zu werden, weshalb viele sich vorher ihrer Kleider entledigen und splitterfasernackt nach vorn gehen. Hierbei hat das Schamgefühl [›verecundia‹] viel zu leiden, was nur die Schamteile [›verecunda‹] um so mehr erregt. Wer sich nicht so sehen lassen möchte, hockt sich an irgend einer anderen Stelle hin, die er verunreinigt, was die Wut reizt und zu Schlägereien führt, wobei sich sogar ehrbare Leute vergessen. Manche entleeren sich gar in ihre Bettflasche, was abscheulich ist und die Nachbarn vergiftet und nur bei Schwerkranken geduldet werden kann, denen man daraus keinen Vorwurf machen darf. Wenige Worte reichen nicht aus, um zu schildern, was ich durch einen kranken Bettgefährten dieserhalb zu leiden hatte.

Der Pilger muß darauf achten, daß er nicht aus falscher Scham sich verhält und den Darm nicht erleichtert; denn das ist für den Reisenden höchst schädlich. Auf See bekommt man leicht Verstopfung. Als guten Rat kann ich dem Pilger empfehlen, drei- oder viermal täglich auf den Abort zu gehen, auch wenn er keinen natürlichen Drang verspürt, um mit unauffälligen Bemühungen die Entleerung zu fördern; auch verliere man nicht die Hoffnung, wenn sogar beim dritten oder vierten Male nichts kommt. Man gehe oft, löse den Gürtel und alle Knoten des Gewandes über der Brust und dem Bauch, und die Entleerung wird folgen, hätte man gleich Steine in den Eingeweiden. Diesen Rat hat mir einst ein alter Seemann gegeben, als ich mehrere Tage an einer fürchterlichen Verstopfung litt. Auf See ist auch das Einnehmen von Pillen oder Zäpfchen [›pilulas aut suppositoria accipere‹] kein sicheres Mittel, weil zu starkes Purgieren noch schlimmer wirken kann als Verstopfung.«

Dieser Text, auf eigenes Erleben gegründet, bezeichnet eine wichtige Etappe bei der Beschreibung intimer Körperfunktionen. Mit Wortspielen, respektlosen Vergleichen und kluger Analyse von Beispielfällen hat uns der unverwüstliche Bruder Felix, mit offensichtlicher Lust am Schreiben, einen wohlgesetzten Essai über ein heikles Thema hinterlassen. Übrigens ist die Erwähnung von Zäpfchen ebenso bemerkenswert wie die mündliche Unterweisung in Hygienepraktiken, in diesem Fall von Mann zu Mann. Der Autor entschuldigt sogar die ununterdrückbare sexuelle Erregung des Menschen beim Anblick von anderer Leute Genitalien. Drei Jahrhunderte zuvor hatte Guibert de Nogent in seiner Autobiographie noch geschrieben, dergleichen Reaktionen verrieten böse Gedanken. Felix weiß es besser: Das, was das Auge wahrnimmt, setzt einen komplexen physiologischen Mechanismus in Gang – alle Bewegungen des Leibes führen durch den Kopf.

Sich lieben

»Felix coniunctio«, glücklichen Beischlaf, wünschen die *Carmina burana*. Vom Ausdruck körperlichen Begehrens auf den Pergamenten der Ottobeurer Mönche bis zu den Liebesliedern der Renaissance verläuft eine Tradition der physischen Lust, die im Spätmittelalter sich verdichtete und weniger zurückhaltend war als in früheren Jahrhunderten. Aber wie verhielt sich das gesungene Lied zum besungenen Akt?

Der Beischlaf war zwar seiner Natur nach ein privater Akt, aber einer, der Familien stiftete und daher von einer Reihe öffentlicher Rituale eingerahmt war. Die frisch Vermählten stiegen vor den Augen ihrer Familie und Freunde ins Bett und zeigten am nächsten Morgen die Bettlaken vor, um zu beweisen, daß die Ehe vollzogen worden war. Doch wurde die Braut dem Blick der Öffentlichkeit ebensowenig enthüllt wie die Vereinigung mit ihr und das Vergnügen daran. Der Geschlechtsakt – der erste wie alle folgenden, der legitime ebenso wie der heimliche und verbotene – verlangte Dunkelheit und Privatheit. Die Schicklichkeit gebot, daß in Texten über hochgestellte Personen nichts erwähnt wurde, was nach den Präliminarien der körperlichen Liebe klang. Einige Bilder haben sich erhalten, zum Beispiel das Ludwigs des Bayern, wie er, mit Ausnahme der wichtigsten Diener, allein in seinem Schloß ist und sich selbstverloren darauf vorbereitet, seine zweite Frau, Margarete von Holland, an der ihm viel gelegen ist, in seinem Bett zu empfangen.

Was die Paarung selbst betrifft, so war ihre bildliche Darstellung nur dann erlaubt, wenn sie monströs war oder ins Reich der Sage gehörte. Wir sehen Unholde, die ihr Opfer besitzen, das aus einem Bestiarium zu

Michelangelo, *Die Entführung Ganymeds.* (Paris, Bibliothèque Nationale)

Les Fables de Bidpaï, 15. Jh. (Chantilly, Musée Condée)

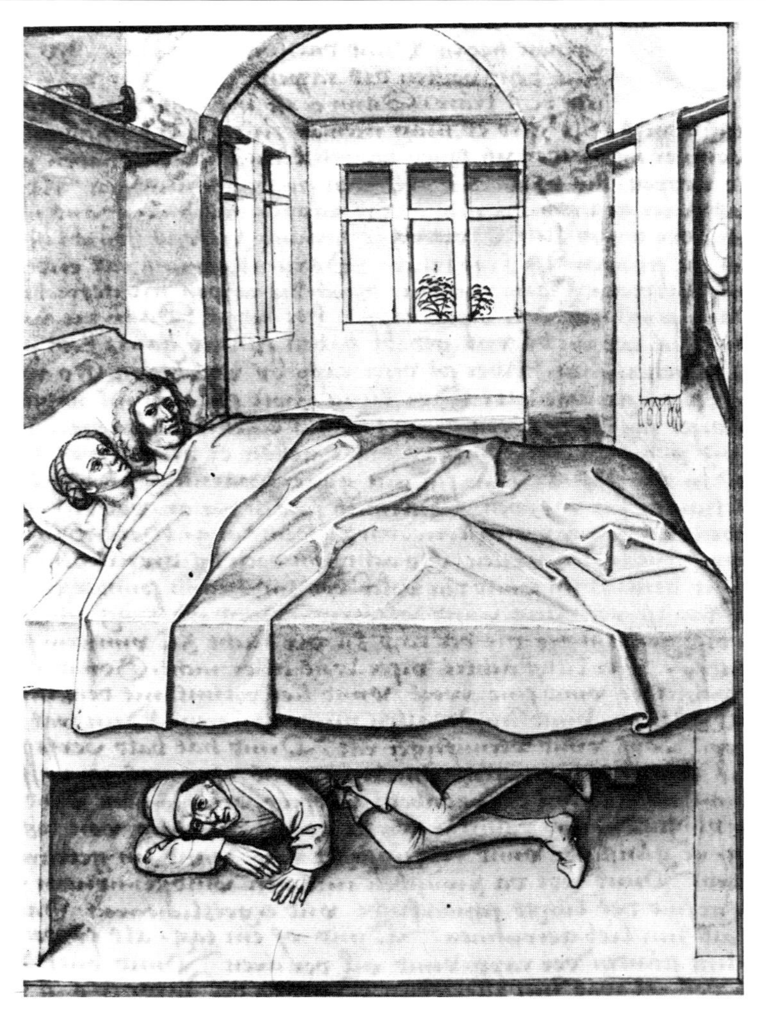

stammen scheint. Leda, die vollkommene Dame, wird von ihrem Schwan geplagt, Ganymed auf befremdliche Weise von Michelangelos Adler bedrängt. Zwischen Dämonologie und Sage liegt das Normale, Banale, das nicht dokumentiert wird.

Es gibt bestimmte spätmittelalterliche Textarten, die es unserer Phantasie gestatten, sexuelle Verhaltensweisen zu rekonstruieren: Gespräche zwischen Liebenden, Beschreibungen von Gebärden, Gesetze und Prozesse, die Sexuelles benennen, verurteilen und ahnden. Aber können wir die sexuelle Normalität aus Sonderfällen und generellen Regeln eruieren? Antonius von Florenz beschwor die Mütter, ihre Töchter zu ihm in die Kirche zu bringen; hier klärte er sie in seinen Predigten über widernatürliche Praktiken des ehelichen Verkehrs auf, die sie sich andernfalls als verheiratete Frau wohl hätten gefallen lassen. Was uns verblüfft, ist nicht nur die erstaunliche öffentliche Erörterung des Analverkehrs, sondern ebenso die offenkundige Beliebtheit dieser Praktik. Doch hat sich der fromme Erzbischof zu seinem Aufruf entschlossen, nachdem er die ersten beunruhigenden Beichten abgenommen hatte, oder erst, als so viele seiner Schäfchen ähnliche Enthüllungen gemacht hatten, daß er besorgt wurde?

In Aussagen, die unter Eid gemacht wurden, wie etwa jenen, denen wir beachtliche Erkenntnisse über die Pfarrkinder von Montaillou und ihren Curé verdanken, erscheint der Geschlechtsakt als Befriedigung eines elementaren Bedürfnisses des Mannes, der dafür immer – durch Überredung oder mit Gewalt – eine Partnerin findet. Gewalt spielt häufig eine Rolle; sogar die Kastellanin von Montaillou wendet sie an, um den Vetter des Curés, den sie begehrt, zu bekommen. Manchmal geht die Initiative auch von der anderen Seite aus. Der Vikar Barthélemy Amilhac berichtet folgendes Gespräch: »Sie sagte zu mir: ›Komm' heute abend zu mir‹, worauf ich sie fragte: ›Was willst du von mir?‹ Sie sagte: ›Ich liebe dich, ich will mit dir schlafen‹, und ich sagte: ›Gut.‹« Heilige Einfalt . . . In Montaillou garantierte das Vergnügen an einer Affäre deren Unschuld, zumal wenn es einen ambitionierten jungen Mann nach einer »übel vermählten« Frau gelüstete, d. h. nach einer Frau, die mit einem älteren Mann verheiratet war. Das war ein Lieblingsthema der Literatur des »langue d'oc«; ein gutes Beispiel ist der aus dem 13. Jahrhundert stammende Roman *Flamenca*.

Dieselbe atemlose Hast schlägt uns aus Gerichtsakten entgegen, wo dem unterworfenen Leib Gewalt angetan und Lust abgezwungen wird. Freilich sind die Partner nur allzu oft ungleich – anständige Frauen werden geschändet, Knaben und Mädchen fallen einem Geistesgestörten in die Hände. 1412 wurden die beiden Söhne des reichen venezianischen Seidenhändlers Amado di Amadi eines Tages in das Hinterzimmer des väterlichen Geschäfts gelockt und mißbraucht, während ihr Privatlehrer eine Minute entfernt in einer Taverne saß und über einer Partie Schach brütete. Und die Homosexualität – unter Erwachsenen streng bestraft – war vielleicht doch keine rein städtische Erscheinung, wie Jacques Fournier aufgrund seiner Untersuchung der südfranzösischen Katharer anzunehmen scheint. Sie war wohl in allen gesellschaftlichen Schichten und besonders einer bestimmten Altersgruppe verbreitet. Das unterschiedslose gemeinschaftliche Schlafen in einem Bett hatte Folgen: Arnaud de Verniolles, eine der Hauptgestalten in Montaillou, wurde in Pamiers im Alter von zwölf Jahren von einem Bettgenossen in das Mysterium eingeweiht. Die Gepflogenheit, Knaben zwischen zehn und fünfzehn Jahren getrennt schlafen zu lassen, verweist deutlich auf die Häufigkeit sexueller Spielereien am eigenen Körper und am Körper anderer. Über das Verhalten junger Mädchen besitzen wir noch weniger Informationen als über das der Knaben. Frauenfeindliche Autoren äußerten sich argwöhnisch über die Vorgänge in der Kemenate: »Wenn sie unter sich sind, führen die Weiber lästerliche Reden«, weiß Jean Dupin 1340 zu vermelden. Im *Roman de la Rose* baden die jungen Damen miteinander. Die aristokratische Malerei des frühen 16. Jahrhunderts kennt das Thema der jungen Freundinnen bei der Toilette, die einander mit der selbstvergessenen Schamlosigkeit von Göttinnen liebkosen und necken.

Den Körper im Zaum halten

Der Körper war im Spätmittelalter freier, als er es zuvor gewesen war – wenn nicht im wirklichen Leben, so doch in der Darstellung; er war aber auch Gegenstand bewußter Pflege und Fürsorge. Verschiedene Tendenzen der Erkenntnis und der Empfindsamkeit mündeten in eine praktische Sittlichkeit, deren Zweck es war, den Mechanismus des Leibes funktionstüchtig zu erhalten. Zwar gab es neue Formen religiöser Andacht, die im 14. Jahrhundert aufgekommen waren und Anleihen bei der asketischen Tradition der Leibeskasteiung machten. Höchste Heiligkeit implizierte die Verachtung des sterblichen Fleisches, und die Geißlerbewegung machte die Flagellanten zu Spezialisten der Leibesertötung und -erniedrigung.

Gleichwohl wurde die Mehrheit der Gläubigen ermahnt, Christus nachzufolgen, der schließlich kein Einsiedler, sondern ein Mann des Volkes gewesen war. Der hl. Antonius und Geiler von Kaysersberg wetterten nicht gegen den Leib schlechthin, sondern gegen das Übermaß seiner Beachtung, das die Menschen von einem Dasein im Geiste abhielt. Insofern widersprachen diese Lehren nicht dem Neuen Aristoteles, der das Geheimnis der Körperfunktionen zu ergründen suchte, um den Menschen dabei helfen zu können, ihr Gleichgewicht zu finden: Medizin und Ethik, untrennbar miteinander verbunden, votierten für die Idee der Mäßigung. Das war der zentrale Gedanke in dem *Buch der Natur* (1349) des Konrad von Megenberg, das einen unasketischen Lebensstil vorschlug, der mit spiritueller Verinnerlichung sehr wohl verträglich war. Richtige Ernährung, körperliche Betätigung, frische Luft, häufige Bäder – »mens sana in corpore sano«. Die Prediger hatten keine Einwände gegen die von den Rittern im Turnier vollbrachten physischen Leistungen, die den spirituellen Verdiensten dieser Athleten in Christo keinen Abbruch taten. Im Grunde hätte jeder Christ ein solcher Ritter sein sollen, und nicht zufällig wurden im Spätmittelalter der hl. Georg und der hl. Michael in ganz Europa glühend bewundert und verehrt.

Lebensrezepte. Anweisungen zu einer gesunden Lebensführung schrieb man sich in das Familienbuch, zwischen Abrechnungen und Gebete, oder man bündelte sie zu kleinen Broschüren. In diesen Kompendien des Wissens und der Erfahrung fand sich mancher hochtrabende und obskure Unsinn, doch verzeichneten sie auch traditionelle Arzneien und erprobte Hausmittel sowie die Lehrmeinungen akademisch geschulter Hof- oder Stadtärzte. Es mangelte im 15. Jahrhundert nicht an Ratschlägen für die Kinderaufzucht. Eine Abhandlung von Dr. Bartholomeus Metlinger aus Augsburg von 1475 enthält ausführliche Erörterungen über das Stillen, Entwöhnen und Zahnen des Säuglings, über Wiegen, frische Luft, richtige Ernährung und das Laufenlernen.

Auch zahlreiche Winke zur Vorbeugung gab es; man schwor auf Dampfbäder, Ketten aus Bernstein und venezianischen Theriak. Anzeichen einer wachsamen Prävention gibt es im 14. und 15. Jahrhundert allenthalben. Für Reisende waren Vorsichtsmaßregeln gegen das ungewohnte Klima ratsam, um die Gefahr einer Ansteckung oder eines unerwarteten Pestausbruchs zu verringern. Schriften, für venezianische Botschafter bestimmt, informierten über den Zustand der Straßen in Mitteleuropa und über vernünftiges Verhalten beim Reiten und in Herbergen.

Fürsten und Sammler wie der Nürnberger Arzt Hartmann Schedel trugen medizinische Abhandlungen zusammen, in denen sich antike Wissenschaft mit anderen Erkenntnisquellen verband – mit Informationen über Edelsteine, Anatomie, Gestirne, Pflanzenheilkunde und diverse wohltätige Tränke. Denn der menschliche Körper war ein enzyklopädisches Thema, das von der Alchimie bis zum Zodiakus reichte. Man sprach diverse Formeln, die, wenn man sie richtig benutzte, plötzlicher Erkrankung wehrten. Jemand aus der Umgebung des Kaisers Maximilian kompilierte eine Sammlung von Formeln »contra pestilenciam«, die angeblich diese Krankheit verhüteten: »Es ist kein Fall bekannt, daß ein Mensch, der täglich morgens und abends von dieser ›aquavita‹ genossen, an einem Gift oder einem schweren Ausbruch der Pestilenz gestorben wäre. Und jeder, der diese Gewohnheit annimmt, eliminiert aus seinem Körper jedes Gift, das ihn fällen will.« Das Streben nach Immunität und der Begriff einer gesunden Ernährung sind in das Bewußtsein der Öffentlichkeit gedrungen, die sich gegen die Krankheit wappnet.

Der Böse geht um. Dennoch ruhte der Feind niemals, und während die Doktoren noch die Symptome erforschten, tat die Ansteckung ihr Werk. Erkrankte ein Mensch, so kam es darauf an, ihn so weit bei Kräften zu halten, daß er seine weltlichen Angelegenheiten ordnen konnte, und ihn nicht dem bösen Geist in die Hände fallen zu lassen. Das private Leben endete mit einem öffentlichen Kampf, in dem übernatürliche Kräfte eine Hauptrolle spielten. In fliegender Hast verfaßte man Nachträge zu seinem Testament und schrieb Abschiedsbriefe an die Angehörigen daheim, wenn sich der Tod in der Fremde näherte. Selbst die Stärksten starben schnell; dagegen war kein Kraut gewachsen. Spätmittelalterliche Schilderungen der letzten Lebensaugenblicke, wenn der Geist noch lebendig ist, sind außerordentlich bewegend. Einige Beispiele mögen helfen, uns den Tod des privaten Einzelnen vor Augen zu führen.

1478 wurde Venedig von der Pest ereilt. Heinrich von den Chaldenherbergen, ein einflußreicher Kaufmann aus dem Norden, erkannte, daß seine letzte Stunde gekommen war. Er lag im Fondaco, dem Deutschen-Viertel der Stadt, in einem Zimmer zu Bett und bat seine Geschäftsfreunde um Hilfe bei der Regelung seiner komplizierten Unternehmungen, die sich seit 1476 – dem Jahr, aus dem sein in Rom formuliertes Testament datierte – erheblich verändert hatten. Wir haben den folgenden Bericht:

»Ich, Heinrich Kufuss aus Antwerpen, bezeuge auf Seele und Gewissen, daß Heinrich von den Chaldenherbergen, Kommissionär des Herren Andolph von Burg, mich bat, in sein Zimmer zu kommen. Ich ging zu ihm und fand ihn schwer krank. Und besagter Heinrich bat mich, zum Bankhaus Soranzo zu gehen und einen Wechsel zugunsten des Herren Piero Grimani auszustellen, was ich in seinem Namen tat. Und ich sagte zu ihm, daß er die Beichte ablegen und sein Testament machen und fürderhin als Christ leben müsse und daß er darum nicht schneller sterben werde. Und er gab zur Antwort, daß das in der Tat gut für ihn wäre und daß er es so tun wolle. Und ich erwiderte ihm und sagte: ›Als du in Rom warst, hast du vor zwei Jahren, soviel ich weiss, ein Testament gemacht und Anordnungen getroffen‹, und ich sagte auch: ›Soll das Testament, das du in Rom gemacht hast, gültig bleiben?‹ Und ich sagte: ›Wer sind deine Testamentsvollstrecker?‹ Und er erwiderte, ein Testament gäbe es wohl, aber das andere wußte er nicht mehr.«

In demselben Jahr erkrankte die vornehme Anna von Zimmern, lag auf den Tod darnieder, schrieb ihr Testament und starb: »Als sie aber des trubens in der handt nit besonders geachtet, ist ain clains, gelbs würmblin, zugleich denen regenwürmlin, aus dem trauben krochen, der hat sich umb iren clainen finger, den man den goldtfinger nempt, an der linken handt geschlagen und angehenkt. Wie sie sollichs gewar worden, hat sie obernennten Sixten von Hausen gehaißen, ir das würmblin ab dem finger zu thun. Sobald sollichs beschehen, ist ir gleich so whe worden, das sie vom spill glassen und von den jungkfrawen, auch andern, die auf sie gewartet, auf ain bet tragen worden; und eilends hat man aus irem bevelch gen Zürich, so nit über ain deutsche meil davon gelegen, nach aim medico geschickt.

Dergleichen hat sie irem son, herr Johannsen Wernher, und seinem gemahl eilents geschriben vermög einer missif des inhalts:

›Mein müetterlich trew und was ich guts vermag, herzlieber son und

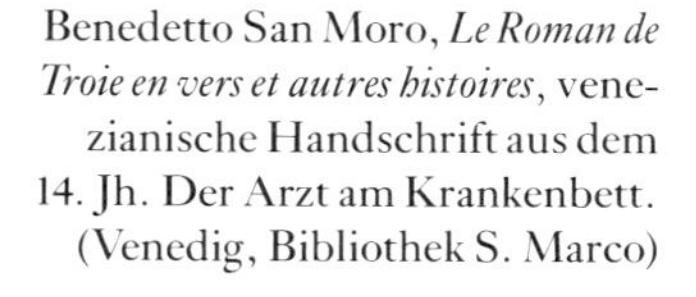

Benedetto San Moro, *Le Roman de Troie en vers et autres histoires*, venezianische Handschrift aus dem 14. Jh. Der Arzt am Krankenbett. (Venedig, Bibliothek S. Marco)

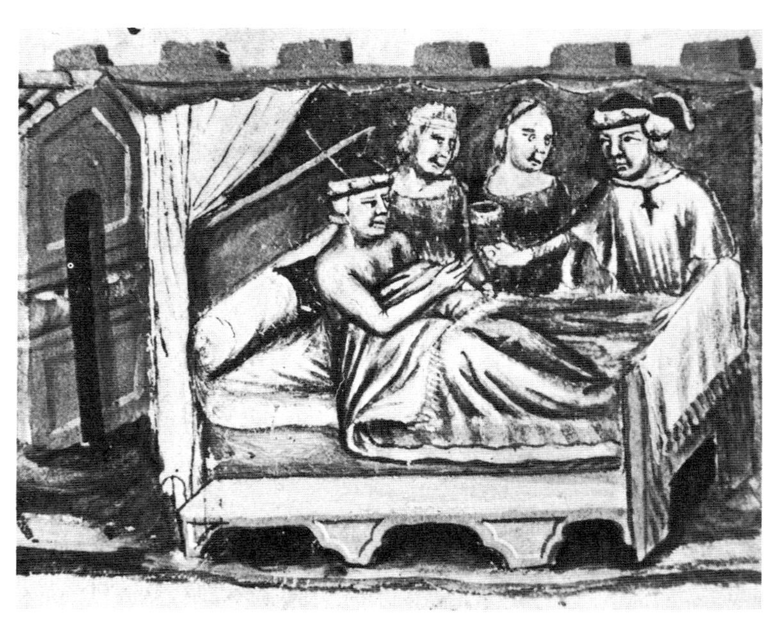

herzliebe dochter! Wissent, das mich ain würmle außer ainem trauben an ainem finger verunrainet, und das sich dasselb geiblet hat, das ich ganz betligrig und aller dingen fast krank bin und schwecher, dann ich euch schreiben und erbieten kann. Darumb, herzliebe kündt, so wellen nit lassen, ir wellen mir gewisse pottschaft thuon und mich bei derselben wissen lassen, wie meine herzliebe kündt, die jungen, leben, dann mich herzlich übel zu euch und nach inen verlanget. Doch erschreckent nit zu übel, und vor allen dingen so lassen mich von der jungen künder wegen wissen. Geben zu Baden an montag unser lieben Frawen abent nativitatis anno 1478.‹

Ich kan nit underlassen, die ander missif auch zu inserieren, des inhalts:

›Herzlieber son! Wiss, das sich mein sach also üblet, das ich nit mer trosts hab, dann mich Gott dem allmechtigen zu bevelchen; in dessen gewalt bin ich iezo gefangen, der mag nach seinem göttlichen willen mit mir würken; den ich hab mich mit allen sacramenten christenlich versehen lassen, ilendts auf dise nacht, das ich nit wais, wie sich meine sachen biß morgen werden schicken. Darumb so laß dich alle deine gescheft nit irren, sonder schick mir von stund an meinen ablaßbrief, wie es gang, das ich ine bei mir hab. Versihe mir das zum bösten und erzaig mir bei meinem leben und nach meinem abgang küntliche trew. Herzlieber son, der ablassbrief ligt oben in der almareien, da die schlüssel an dem ledlin sein, Geben an unser lieber Frawen tag nativitatis anno 1478.‹

Aber ehe diese brief geen Mösskirch kommen, ist sie verschaiden gewest.«

In einem der beiden überlieferten Fragmente seines Rechnungsbuches für 1503 hat Dürer das Leiden und Sterben seines Vaters und dann seiner Mutter festgehalten. Er war zu spät geweckt worden, so daß er nichts mehr für seinen Vater tun konnte, der einen furchtbaren Schweißausbruch erlitt, bevor er verschied. Vom Todeskampf seiner Mutter bewahrte er das Bild eines sehr ungleichen Ringens; sie starb einen schweren und grausamen Tod. Dürer selbst starb in ähnlicher Agonie, als sein Körper ihm den Dienst verweigerte. Er war sich seiner unheilbaren Krankheit bewußt; auf der Zeichnung, die ihn nackt zeigt, deutet er auf eine bestimmte Stelle seines Körpers, und die Unterschrift lautet »Do ist mir weh«.

John Ardenne of Nawark, *De arte phisicali et de cirurgia*, englische Handschrift, 1412. Die kranke Frau.
(Stockholm, Königliche Bibliothek)

Obschon der Todeskampf zu allen Zeiten ein einsames Geschehen ist, ist die bedeutende Persönlichkeit es sich selbst und ihrer Umgebung schuldig, mit beispielhaftem würdevollen Gleichmut zu sterben. Margarete von Österreich schrieb ihrem geliebten Neffen, Kaiser Karl V., folgenden Brief, der ihr Leben gleichsam wie ein offizielles Dokument besiegelt:

»An Karl V. Malines, am letzten Tag des November 1530

Monseigneur –

Die Stunde ist gekommen, da ich nicht mehr mit eigener Hand schreiben kann, weil ich mich so elend fühle, dass ich glaube, mein Leben wird nicht mehr lange währen. In meinen Gedanken bin ich gefasst und gewillt, alles hinzunehmen, was Gott mir schicken wird; ich leide keinen anderen Schmerz als den, daß ich Eurer Gegenwart beraubt bin, daß ich Euch vor meinem Ende nun nicht mehr sehen werde, nicht mehr mit Euch sprechen kann. So muss meine Worte ein wenig dieser Brief hier an Euch ersetzen, der, wie ich fürchte, der letzte sein wird, den Ihr von mir erhaltet.

Ich habe Euch zu meinem Universalerben eingesetzt, und ich hinterlasse Euch Eure Länder, die ich während Eurer Abwesenheit nicht nur so bewahrt habe, wie Ihr mir sie vor Eurer Abreise anvertraut habt, sondern beträchtlich gemehrt, und ich lege die Herrschaft so in Eure Hände zurück, dass ich glaube, nicht allein Eure Zufriedenheit, Monseigneur, verdient zu haben, sondern noch mehr den Dank Eurer Untertanen und den Lohn des Himmels. Vor allen Dingen empfehle ich Euch den Frieden, und ich bitte Euch, Monseigneur, im Namen jener Liebe, die Ihr diesem armen Leibe erzeigt habt, auch das Andenken an meine Seele zu hüten. Ich empfehle Eurer Gnade meine armen Diener und Dienerinnen und entbiete Euch einen letzten Gruss. Ich flehe zu Gott, Monseigneur, dass Er Euch Glück und ein langes Leben schenken möge.

Eure Euch sehr zugetane Tante Margarete.«

Rituale der Reinigung

Der reizvolle jugendliche Körper wurde gerade um seiner Verletzlichkeit willen gefeiert. Das gute Aussehen des blondgelockten Giuliano de' Medici ließ die Bürger von Florenz auf der Straße zusammenlaufen, als sie die Stadterneuerung feierten. Das Alter, so erklärte Petrarca in einem Brief an Guido Sette, sei das körperliche Gegenstück zum Schiffbruch und keiner großen Aufmerksamkeit wert. Johannes Geiler von Kaysersberg spottete von der Kanzel herab über eine verhutzelte alte Frau aus Straßburg, die sich »ausputzen« lassen wollte und hinterher häßlicher war als zuvor. Es gab ein Alter, in dem man sich mit Recht schön machte; der Jugend konnte man es nachsehen, wenn sie ihre natürlichen Qualitäten herausstrich, solange das in einer einigermaßen vernünftigen Weise geschah. Die kosmetische Körperpflege hatte, so glaubte man, nicht zuletzt therapeutischen Wert, und Kapitel über die Bewahrung der Schönheit finden sich selbst in den trockenen medizinischen Traktaten.

Sebastian Brant, *Stultifera navis Parisiis*, 1498. (Paris, Bibliothèque Nationale) Entlausen ließ man sich von einem Menschen, den man liebte. Samson verriet Dalila sein Geheimnis, während er ihr sein Haar anvertraute.

Parasiten. Reinlichkeit war wichtig; doch bevor der Körper gesäubert werden konnte, mußte man ihn von Parasiten befreien. Entlausen ließ man sich von jemandem, den man liebte. In Montaillou waren es die Ehefrauen und Mätressen, die diesem Geschäft beim hellsten Sonnenschein, auf dem Hausdach oder den Treppenstufen, nachgingen. Pierre Clergue hielt mit Béatrice de Planissoles ein Schwätzchen, während sie sein Kopfhaar mit einem Kamm nach Läusen absuchte. Oder werfen wir nochmals einen Blick in den Mikrokosmos der Pilgergaleere, Bruder Felix ist auch in diesem Falle höchst beredt. Parasiten, so sagt er, werden blühen und gedeihen, sofern man keine Vorsichtsmaßregeln trifft: »Auf einem Schiff gibt es zu viele Reisende, die nie die Kleidung wechseln; sie leben in Schweiß und in üblen Dünsten, worin die Würmer

M. Albir, *Tractatus de pestilentia*, 15. Jh.
(Prag, Nationalbibliothek der Universität)

Zu den Heilberufen des 15. Jahrhunderts gehörten der Barbier und der Bader. Der Barbier wusch dem Kunden den Kopf, schnitt Haupt- und Barthaar und applizierte Pflaster und Verbände. Der Bader ließ seine Kunden zur Ader, massierte sie und behandelte Verstauchungen. Ein Jahrhundert zuvor waren die Grenzen zwischen beiden Berufen noch fließend. Sie hatten auf jeden Fall mit Gesundheit, Körperpflege und Wohlbehagen zu tun.

Jost Amman, 1574.
(Paris, Bibliothèque Nationale)

Johannes de Cuba, *Hortus sanitatis*, 1491. (Paris, Bibliothèque Nationale)

gedeihen. Die Würmer sitzen nicht nur in den Kleidern, sondern auch im Bart und in den Haaren. Daher darf der Pilger sich nicht gehen lassen, sondern muß sich täglich säubern. Wer jetzt keine einzige Laus hat, kann eine Stunde später, nach der leisesten Berührung mit einem verseuchten Pilger oder Matrosen, Tausende haben. Man sorge jeden Tag für den Bart und die Haare, denn wenn die Läuse dort überhand nehmen, ist man gezwungen, sich den Bart zu scheren und seine Würde zu verlieren; denn es ist anstößig, auf See keinen Bart zu tragen. Umgekehrt ist es sinnlos, die Haare lang zu tragen, wie es einige Vornehme tun, die dieses Opfer nicht bringen wollen. Ich habe diese Leute so bedeckt mit Läusen gesehen, daß sie damit alle ihre Freunde versorgt und alle ihre Nachbarn belästigt haben. Ein Pilger darf sich nicht schämen, andere um das Entlausen seines Bartes zu bitten.«

Schmutz, an dem die Keime epidemischer Krankheiten hafteten, mußte beseitigt werden; darin waren sich der gesunde Menschenverstand und das allgemeine Interesse einig. Körperpflege war freilich nicht nur gut für die Gesundheit, sondern bereitete auch Lust. Helden und Heroinen mit schönem Haar und weißer oder rosiger Haut verbrachten nicht wenig Zeit mit ihrer Toilette. Die Menschen des Spätmittelalters wuschen sich häufiger und ließen sich öfter massieren als ihre Nachkommen; jedenfalls gewinnt man diesen Eindruck aus der großen Zahl von Quellen, die sich mit der Verschönerung und Pflege des Körpers befassen.

Verschönerung. Bei Männern beschränkte sich die Schönheitspflege auf gymnastische Übungen sowie Waschungen und Massage; Schere und Kamm bearbeiteten Haupthaar und Bart nach den Geboten der Mode, die sich, wenn man die überlieferten Porträts anschaut, ebenso rasch wandelte wie die Kleidermode. Diese Verrichtungen und der Gebrauch von Körperlotionen waren alles, was sich mit der Männlichkeit vertrug. Ovid, noch im 15. Jahrhundert der »arbiter elegantiarum«, hatte bereits im Altertum betont, daß der männliche Körper keiner großen Aufmerksamkeit bedürfe; die geschniegelten Stutzer in Venedig und Florenz, Brügge und Paris taten entschieden zuviel des Guten. Frauen gaben sich reichlich Mühe, verführerisch zu wirken. Und da Hippokrates gelehrt hatte, daß ein guter Arzt keine den Körper betreffende Frage offenlassen dürfe, beschrieben Abhandlungen über Chirurgie verschiedene Mittel der Verschönerung, darunter Kosmetika, Enthaarungsmittel, Busensalben, Haarfärbetinkturen und sogar Pomaden aus gestoßenem Glas, Adstringentien und Färbemitteln, mit denen eine Frau Jungfräulichkeit vortäuschen konnte.

Fernab von der Welt stämmiger Bauersfrauen, wie sie in den *Très Riches Heures* geschildert wird, von den Spinnerinnen und Hasplerinnen der tucherzeugenden Städte, von den Wäscherinnen und Sortiererinnen der vogesischen Bergwerke eines Heinrich Gross und der böhmischen Bergwerke eines Mathias Illuminator – fernab von dieser Welt nahm, trotz der Kritik der Kirche, ein künstliches Ideal der Weiblichkeit Gestalt an. Dieses Ideal verkörperte, mit ihrem blassen Teint und den gezupften Augenbrauen, Agnes Sorel, die es wagte, barbusig als

Muttergottes zu posieren. Später, zur Zeit der Bauernkriege, finden wir es in dem frappierenden, puppenhaften Mädchen wieder, das Hans Baldung Grien gemalt hat: pastellweiß unter einem großen schwarzen Hut.

Lange Haare bedeuteten Trauer, und in einem Anfall von Melancholie ließ Karl der Kühne sich die Fingernägel wild wachsen. Normalerweise indes suchte man das ungezügelte Wuchern der Natur zu hemmen und zu beschneiden. Als ein Geschöpf der Kultur mußte die Frau glatt sein, um angenehm zu wirken. Medizinische Traktate erläuterten, daß Haare das Kondensat widriger Dämpfe seien und daß ein Überschuß an weiblicher Feuchtigkeit, die keinen natürlichen Ausweg finde, zur Bildung von Moos führe, das entfernt werden müsse. Zur Entfernung von Haaren benutzten die Frauen in Pech getauchte Stoffstreifen, oder sie brannten den Haarbalg mit einer heißen Nadel aus; auch starke Enthaarungsmittel wurden gebraucht. In einem *Mystère de la Passion*, das die Pariser Sittenlosigkeit geißelte, wird Magdalena von ihrer treuen Dienerin Pasiphaë folgendermaßen angesprochen: »Hier sind reiche Salben, damit Eure Haut schön und frisch bleibt.« – »Bin ich auch schimmernd genug?« fragt nach einigen Augenblicken die Schöne. – »Schimmernder als ein Bild!«

Pisanello, *Jüngling, sich entkleidend.* (Paris, Louvre, Sammlung Rothschild)

Sich baden. Eine saubere, glatte, glänzende Haut war das Ergebnis wiederholter Bäder und umsichtiger Pflege, deren krönender Abschluß das Auftragen von Salben war.

Im Spätmittelalter hörten die mönchischen Moralschriftsteller auf, vor den Gefahren des Badens zu warnen. Wasserbad und Dampfbad hatten sich in allen Schichten der Bevölkerung durchgesetzt, so daß es mittlerweile nicht mehr angemessen schien, die Praxis der häufigen Waschung von Kopf bis Fuß zu beargwöhnen. Wie wir gesehen haben, war der Dominikanermönch Felix Faber ein strikter Befürworter der körperlichen Sauberkeit; auch forderte er dazu auf, regelmäßig die Leibwäsche zu wechseln. In den Augen vieler Leute mag häufiges Waschen sogar denselben spirituellen Wert angenommen haben wie häufiges Beichten.

Es gab zwei Möglichkeiten zu baden: in der Badewanne oder im Dampfbad, also allein oder in Gesellschaft. Das häusliche Bad wurde im Schlafzimmer bereitet, in der Nähe des Feuers, auf dem das Wasser erwärmt wurde. Zu den obersten Pflichten der Gastfreundschaft zählte es, dem Gast ein Bad zu richten. Als Herr Barnabas Visconti in der Geschichte von Petro Azario die Versprechen einlöst, die er inkognito jenem Bauern gegeben hat, der ihm den rechten Weg wies, bereitet er ihm zuerst ein heißes Bad und dann das luxuriöseste Bett, das der arme Wicht in seinem Leben jemals gesehen hat.

Der wohlhabende Bürger badete in der Privatheit seines Heims. Im Haus Anton Tuchers in Nürnberg entkleidete sich der Hausherr (um 1500) in einem kleinen, mit Fliesen ausgelegten Nebengelaß seines Schlafzimmers, wo auf einem hölzernen Lattenrost eine Badewanne und ein messingner Wasserkessel standen. Ins Badewasser mischte man gern aromatische Kräuter. Galen empfahl, den Badenden mit Rosen-

G. D. Platzi, *Die Hexe*, 16. Jh. Was immer auch das Thema des Bildes sein mag, die Spiegel, das Wasserbecken und die am Boden verstreuten Blumen weisen darauf hin, daß diese junge Frau, die in ihrem Privatgemach mit offenem Haar und Sandalen an den nackten Füßen umhergeht, sich die Zeit mit Körperpflege vertreibt. (Leipzig, Museum der bildenden Künste)

blättern zu bestreuen, und genau das berichtet der Held in einem höfischen Epos von Ulrich von Lichtenstein aus dem späten 13. Jahrhundert.

Nach den Fabliaux zu urteilen, war das Baden auf dem Lande ebenso verbreitet wie in der Stadt. Man badete vornehmlich im Haus, aber auch im Freien. Der Badende kauerte sich in eine mit heißem Wasser gefüllte Wanne, die mit einem straff gespannten Tuch bedeckt wurde, um den Dampf nicht entweichen zu lassen. Manchmal badeten zwei oder mehr Personen gemeinsam, aus Gründen der Geselligkeit oder der Gastfreundschaft. So gab es das Bad nach der Weinlese und das Bad, das Braut und Bräutigam am Vorabend der Hochzeit getrennt nahmen – er mit seinen Jugendfreunden, sie mit ihren Jugendfreundinnen.

In ländlichen wie in städtischen Gebieten gab es öffentliche Bäder, die mitunter von der Gemeinde verwaltet wurden. Einige dienten nicht nur der Reinigung, sondern auch therapeutischen Zwecken; die antike

Tradition des Badens in heißen Quellen lebte an Orten fort, deren Quellen für ihre Heilkraft berühmt waren. Im 15. Jahrhundert kamen Thermalkuren in Mode, so in Teinach im Schwarzwald, wo das Wildbad 1476 den Sachsenherzog Wilhelm samt Leibarzt anlockte, oder Hall in Tirol, wo Botschafter Agostino Patrizi 1471 auf dem Weg nach Regensburg Station machte und eine Beschreibung der kunstvollen Installationen anfertigte.

Wasserfreuden waren im Spätmittelalter sehr verbreitet. Nördlich der Alpen kannte man das Dampfbad schon seit langem. *De ornatu*, eine italienische Abhandlung über weibliche Schönheit, deutet an, daß das Dampfbad, »stuphis«, eine deutsche Erfindung ist. Eine der ältesten Beschreibungen der Sauna findet sich in den Schriften des Geographen und Diplomaten Ibrahim ben Yacub, der 973 Sachsen und Böhmen bereiste. In slawischen und germanischen Gegenden war die Sauna überaus beliebt. In den meisten Dörfern war das Dampfbad an mehreren Tagen der Woche in Betrieb; seinen Standort bezeichnete die Abbildung einiger Zweige mit Blättern.

Frau mit Zuber.
(Paris, Bibliothèque Nationale)

Man badete gemeinschaftlich in fließendem Wasser oder einzeln im Dampfbad, um das Schwitzen zu fördern.

Ein dem Österreicher Seifried Helbling zugeschriebenes Epos aus dem späten 13. Jahrhundert schildert in allen Einzelheiten das Dampfbad, das ein Ritter mit seinem Knappen und anderen Leuten nimmt. Kaum hatte der Bademeister ins Horn gestoßen, da eilten die Menschen, barfuß und ohne Gürtel, herbei, ein gefaltetes Hemd oder Gewand über dem Arm. Sie legten sich auf Holzbänke, wo sie von dicken Dampfschwaden eingehüllt wurden, die von heißen, regelmäßig mit Wasser besprengten Steinen aufstiegen; Masseusen walkten ihre Arme, Beine und den Rücken und peitschten ihre Haut mit Zweigen, um das Schwitzen zu fördern. Der Körper wurde mit Asche oder Seife abgerieben, und ein Barbier beschnitt den Badenden Haupthaar und Bart. Zuletzt hüllten sie sich in ihr Gewand und legten sich in einem Nebenraum nieder, um zu ruhen.

Diese Beschreibung deckt sich weitgehend mit den Illustrationen in der Bibel des Böhmenkönigs Wenzel und im *Calendrier des bergers* auf das Jahr 1491. Dampfbad und Sauna waren Orte der Erholung, an denen man nicht nur seinen Körper reinigte, sondern sich auch unterhielt, ausruhte und vergnügte. Gab es einen besseren Platz für Liebeshändel aller Art? Manche Bäder genossen einen so schlechten Ruf, daß es bisweilen als anrüchig galt, in einem Badehaus oder als Masseuse zu arbeiten. In *Flamenca*, einem okzitanischen Text über schuldhafte Liebe, sind es die erotischen Konnotationen des Wassers, welche die Beschreibungen von verstohlenen Begegnungen in den Bädern von Bourbon-l'Archambault beflügeln. Die Schamlosen ebenso wie die Harmlosen kamen im Bad zusammen; die Badenden wurden gemustert, taxiert, begehrt, verführt. Der Tausch der Blicke, der sich hier ereignet haben muß, ist unschwer vorzustellen. Wir können unsere Suche nach dem Privaten sogar noch weiter führen, und zwar mit Hilfe eines zeitgenössischen Augenzeugenberichts über das Treiben im Badehaus. Der unvoreingenommene Blick des Fremden – in unserem Fall ist es Poggio, der die Schweiz besuchte – vermag unsere Vorurteile zu korrigieren.

Piero d'Eboli, *Die Bäder von Pozzuoli*, 14. Jh.
(Paris, Bibliothèque Nationale)

Johannes Stumpf, *Schweizer Chronik*, 1586. Dargestellt sind verschiedene Arten des Badens: in einer großen Wanne zu mehreren und mit einem kleinen Imbiß; in den berühmten Bädern von Baden bei Zürich, wo vor den Augen der Besucher Jung und Alt, Männer und Frauen, Gesunde und Kranke ein und dasselbe öffentlich zugängliche Becken benutzen; und in einem Badesee in freier Natur, der Urform des »Wildbades«. (Paris, Bibliothèque Nationale)

Lust des Körpers, Bad der Seele. Der Modeautor Poggio hatte 1414 Papst Johannes XXIII. als apostolischer Sekretär zum Konstanzer Konzil begleitet. Er war mit den florentinischen Humanisten befreundet und ein bekannter Sammler antiker Handschriften. Als jedoch sein Gönner Baldassare Cossa plötzlich abgesetzt wurde, sah Poggio sich ohne Funktion und Beschäftigung. So reiste er 1416 als müßiger Betrachter nach Baden bei Zürich, und was er dort beobachtete, erstaunte ihn:

»Baden ist eine recht blühende Stadt; sie liegt in einem Tal, das von sehr hohen Bergen beherrscht wird, an einem breiten, rasch strömenden Fluß, der 6000 Schritte von der Stadt entfernt den Rhein gewinnt. Nicht weit von der Stadt, vier Stadien entfernt, befindet sich am Flußufer eine prachtvolle Badeeinrichtung. Ein riesiger Innenhof wird von großartigen Gebäuden umgeben, die enorme Menschenmengen aufnehmen können. In diesen Gebäuden sind Bäder, zu denen jedoch nur gewisse Leute Zutritt haben. Einige der Bäder sind öffentlich, andere privat; insgesamt sind es dreißig.

Öffentlich sind zwei Bäder, die von jeder Seite des Hofes her zugänglich sind. Sie sind für das gemeine Volk und die breite Masse, für Männer, Frauen, Kinder und junge Mädchen, die hier in großer Zahl zusammenkommen.

In diesen Becken hat man eine Art Palisadenzaun errichtet, obwohl die Menschen friedlich sind; er trennt Männer und Frauen voneinander. Es ist wahrhaft lächerlich, hinfällige alte Weiber neben jungen Schönheiten baden zu sehen. Sie steigen nackt ins Wasser, unter den Augen der Männer, und weisen ihnen den Hintern oder ihre Schamteile. Ich habe oft über ein solches malerisches Schauspiel gelacht und es mit Blumenspielen verglichen, und im Innersten mußte ich die Unschuld dieser Menschen bewundern, die diese Dinge nicht anstarren und nichts Böses denken oder sprechen.

Die Bäder in Privathäusern sind recht stilvoll und werden ebenfalls von Männern und Frauen gemeinsam benutzt. Einfache Gitter trennen die Geschlechter; sie weisen zahlreiche Fenster auf, so daß die Menschen miteinander trinken und sprechen und einander ansehen und sogar berühren können, wie es der Brauch ist. Über den Becken sind Galerien, wo die Männer sich niederlassen, um sich zu unterhalten und die Badenden zu beobachten. Denn jeder darf in das Bad der anderen gehen, sinnieren, plaudern, spielen und den Kopf auslüften. Die Männer bleiben auch sitzen, wenn die Frauen das Becken betreten oder verlassen und jedermann ihre Nacktheit präsentieren. Kein Wächter paßt auf, wer kommt, kein Tor verhindert den Zutritt, und von Lüsternheit ist keine Spur. Meist benutzen Männer und Frauen sogar denselben Eingang, und die Männer begegnen halbnackten Frauen, während die Frauen nackten Männern begegnen. Die Männer tragen bestenfalls eine Art Badeanzug, während die Frauen Gewänder tragen, die oben oder an der Seite offen sind und weder Hals noch Brüste, weder Arme noch Schultern verhüllen. Oft nehmen die Leute im Wasser auch eine Mahlzeit ein, für die sie beim Eintritt bezahlen; man stellt Tische im Wasser auf, und oft essen Besucher zusammen mit den Badenden. [. . .]

Was mich betraf, so sah ich von der Galerie aus zu und verschlang mit den Augen die Sitten, Gebräuche, Annehmlichkeiten und Freiheiten, ja die Großzügigkeit dieses Lebens. Es ist wirklich erstaunlich, die Unschuld und Wahrheit zu sehen, mit der die Menschen hier leben. Ehegatten sahen zu, wie ihre Frauen von Fremden berührt wurden, und nahmen keinen Anstoß daran, ja achteten nicht einmal darauf, weil sie alles im günstigsten Licht ansahen. Dank dieser Bräuche werden sogar die delikatesten Dinge leicht. Sie hätten sich leicht mit Platons *Staat* anfreunden und alles miteinander teilen können, denn ohne seine Lehren zu kennen, gehörten sie instinktiv zu seinen Anhängern. In manchen Bädern mischen sich die Männer direkt unter Frauen, die mit ihnen blutsverwandt sind oder ihnen sonst nahestehen. Sie baden jeden Tag drei- bis viermal und verbringen einen guten Teil des Tages mit Singen, Trinken und Tanzen. Sie singen sogar im Wasser, zum Klang der Zither, indem sie leicht in die Hocke gehen. Und es ist bezaubernd, die jungen Mädchen zu sehen, bereits reif für die Ehe, in der Fülle ihrer mannbaren Formen, das Gesicht von Adel gezeichnet, mit Gebärden und Bewegungen wie Göttinnen. Beim Singen treiben ihre Gewänder wie eine schwimmende Schleppe auf dem Wasser, so daß man sie leicht für geflügelte Venusse halten könnte.«

Konrad Keyser, *Bellifortis*, Göttinger Handschrift 1405. Das warme Bad, entworfen von einem berühmten Erfinder von Maschinen und Apparaten. Hier gibt es zwei Baderäume, einen für Männer, einen für Frauen. Das Wasser wird in dem großen kugelförmigen Behälter erhitzt.
(Paris, Bibliothèque Nationale)

Später beschreibt Poggio Spiele auf einem weiten, baumbestandenen Feld am Fluß, insbesondere Speerwerfen und Tanzdarbietungen, und bemerkt dazu: »Ich glaube wirklich, daß die ersten Menschen an solchen Orten geboren wurden – diesen Orten, die der Jude Eden nennt; sie sind wahrhaftig der Garten der Lüste. Wenn Freude das Leben glücklich machen kann, dann wüßte ich nicht, was hier fehlt, um die höchste Vollkommenheit zu erreichen.«

Konnte der Körper entblößt und zugleich rein sein? Wie in einem Tagtraum verliert dieser Mann von Welt und Kultur seine Maßstäbe – die literarischen, nationalen und moralischen. Das freudige Schauspiel,

Das Mittelalterliche Hausbuch, eine Handschrift des späten 15. Jahrhunderts (Sammlung der Fürsten Waldburg-Wolfegg). Diese Federzeichnung versammelt um das Badezimmer alles, was man zu seinem Vergnügen braucht: ein musikalisches Divertimento, erfrischenden Wein und einen Garten mit Tieren, in dem man sich ergehen kann.

das Jung und Alt, Männlein und Weiblein zusammenführt, bringt sein Gefühl für Schicklichkeit durcheinander. Die alte Frau verbirgt nicht ihre verwelkte Gestalt, löst aber auch nicht Heiterkeit aus. Fast nackte junge Leute streifen einander mit den Blicken, ohne daß in ihren Augen Begehren aufflammte. Die Scheidelinie zwischen Gut und Böse ist auf geheimnisvolle Weise ausgelöscht; Körper berühren einander, Frauen bedecken weder Hals noch Brüste, weder Arme noch Schultern. Poggio ist es, der sie mit den Augen, mit seinen lasziven Gedanken entkleidet. Die Szene atmet Schlichtheit und Gesundheit; das Unschickliche existiert einzig im Lexikon des Humanisten. Hat er Angst davor, sich selber zu entblößen? Die wohlgesetzte Rede ist sein Geschäft. Kann ein Intellektueller neben jungen Damen im Bade sitzen, ohne blenden zu wollen? Doch Poggio kann kein Deutsch. Gleichviel – er wandelt sich zum Voyeur vor dieser harmonischen Gemeinschaft im Fleische, die freudvoll und begierdelos ist, weil ihr nichts fehlt. Doch quält ihn der Gedanke, bei diesem Schauspiel ein Außenseiter zu sein.

Zu Poggios Unbehagen trägt der Umstand bei, daß dieser Garten der Lüste, dieses Eden, nördlich der Alpen liegt. Platons Idealstaat scheint zum Leben erwacht zu sein, in einem neuen Gesellschaftsvertrag, harmonisch, ohne Gewalt und Rivalität – es gibt keine Wächter an den

Toren und keine eifersüchtigen Ehegatten wie in Italien. Trotzdem liegt Zürich jenseits der nördlichen Grenze von Poggios Zivilisation. Mit Leib und Seele ist er ein Kind des Mittelmeers. Für ihn ist der Norden der Ort der antiken Handschriften, die er karrenweise aus Cluny, Köln und St. Gallen abtransportiert. Manches davon war seinen Zeitgenossen gänzlich unbekannt, beispielsweise dreizehn Reden des Cicero, die *Institutio Oratoria* des Quintilian und alles von Lukrez. Die Kultur der Antike war seine wahre Heimat. Was vermochte der beunruhigende Anblick eines hyperboreischen Paradieses dagegen auszurichten? Poggios kurzer Augenblick der Betroffenheit mag mit der zeitweiligen Unterbrechung seiner Karriere im Zusammenhang gestanden haben. Jedenfalls hatte er sich bald wieder in der Gewalt, und eine enigmatische Bemerkung beschließt die Episode der fröhlichen Badenden, diesen Vorgriff auf die Renaissance mit Michelangelos muskulöser Muttergottes im Kreise sportlicher junger Männer und den hüllenlosen Lustbarkeiten bei Lucas Cranach.

Der Körper im Bade hatte für das Spätmittelalter noch andere Konnotationen. Renaissance bedeutete nicht lediglich die räumliche Vision des Glücks, sondern ebenso die Tiefenvision eines inneren Weges. Neben dem Jungbrunnen des ewigen Frühlings gab es den Lebensbrunnen – den Brunnen des ewigen Lebens. Der vom Vergnügen der Sinne erhellte Körper inspiriert auch die Gebärden und das Unternehmen einer Reform im Geiste. Das Wasser der Erlösung war die Inspiration für die *Geistliche Badenfahrt* (1514) des Straßburger Barfüßermönchs Thomas Murner. Das Gedicht ist eine Allegorie, in der Christus selbst zum Bade bläst:

»Got det sich darnach selbs erbarmen
Uber uns, fieng lernnen an,
Wie man in das bad solt gan,
Zuo weschen, reinigen sich nit schamen
In kraft und macht des heiligen namen.
Daß er so offenlichen dat
Daß alle welt gesehen hat
Und niemans mit der wahrheit sag
Reden mocht er noch füren klag
Das er von got verkürtzet were
Und het gewüßt nit diese mere,
Wie man baden solt / sich reinigen,
Mit got sich widerum vereinigen,
Uffrichten wider adamß fal,
Den der tauff nimpt uber al
Hinweg und gibt dar zuo genad,
Das unß kein erbsünd nümer schad.
Sölchs ist durch got so offlich gschehen
Das ale welt das hat gesehen:
Got hat uns selb ins bad geblasen,
Ab zuo weschen unser masen [...]«

Thomas Murner, *Geistliche Badenfahrt*, 1514. Drei Augenblicke aus dem Leben eines Christen. (Paris, Bibliothèque Nationale)

Das Gedicht ist mit bewunderungswürdigen Holzschnitten illustriert, die ganz normale Badeszenen darstellen, so als ginge das göttliche Wort aus den einfachsten Gebärden hervor. Das Leben des Körpers war dem der Seele kongruent – jenes war ein Zeugnis für dieses. Die Bekehrung war keine exotische Pilgerfahrt ans Ende der Welt, sondern ein Alltags-Vorgang, bei dem die Sinne den Weg wiesen. Jedesmal, wenn du diese Gebärde ausführst, ist Christus ein Stück näher gekommen. Nimm die Einladung ins Bad an, wirf deine Laster ab, befreie dich von deinen Sünden, wecke in dir den Eifer, Gutes zu tun, und sage dem Bader Dank.

»*Das Bad der Seele*

die badecur	Läuterung
in das bad laden	Offenbarung
sich selbst unrein erkennen	Beichte
sich abziehen	seine Laster abtun
vor Gott nackent stehen	Scham
die füs weschen	Demut
den leib reiben	die Beichte abnehmen
die haut kratzen	Reue
in bad lecken	den Eifer zum Guten erwecken
der badmantel	das Leichenhemd
das ölbad	Taufe und Letzte Ölung
das täglich bad	Messe
das wildbad	Bekehrung vor dem Tod
dem bader dancken	Dankgebet.«

Heilige Liebe, profane Liebe: Körper und Wasser sind sowohl Symbol als auch Gefäß des Geistes. Was ist Humanismus anderes als der Wunsch, das Außen und das Innen miteinander zu versöhnen? Und zwischen beidem – der Blick und alle Wahrnehmungen der Welt. Versuchen wir, aus dem uns Überlieferten die Instrumente sinnlicher Erkenntnis zu ermitteln.

Empfindungen, Gefühle

Bei der Untersuchung des Intimen sind wir von den Formen seines Ausdrucks abhängig. Scheinbar gibt es nichts Konstanteres als die Wahrnehmungsfunktionen des Menschen; in Wirklichkeit steckt in unseren Sinnesgewohnheiten ein variables Geflecht von Lebens-, Empfindungs- und Denkweisen, und nur indem wir seine Diskontinuität zu gegenwärtigen Formen hervorheben, können wir das Intime vergangener Zeiten – oder besser gesagt: die Schwierigkeiten bei seiner Abgrenzung – ermessen.

Der Gesichtssinn

Mehr als der Geruchs- und der Geschmackssinn wird der Gesichtssinn als der für das Befragen historischer Zeugnisse unentbehrlichste anerkannt. Um den Raum zu messen, den er nutzen wollte, bediente sich der Mensch der Maßeinheiten, die er am Leibe trug: Handbreit, Spanne, Fuß. Sogar Maßeinheiten wie »Steinwurf« oder »Morgen« sind unmittelbar auf den Selbstentwurf des abendländischen Menschen als »homo faber«, Sämann oder Krieger bezogen. Hinter dem vertrauten Gesichtsfeld – begrenzt vom Hochwuchs des Getreides, vom Rand des Waldes, dem Palisadenzaun, der Burgmauer, der Wand – erstreckten sich Räume, die schwer zu meistern waren: Wüsteneien, Gebirge, Sümpfe. Da Sehfehler früher nicht durch Augengläser korrigiert werden konnten, nimmt es nicht wunder, daß Landschaftsschilderungen in der Literatur erst spät und auch dann nur symbolisch vorkommen. Die Nahsicht der Dinge entsprach dem Vorrang des Symbolischen; sie begründete übrigens eine dauerhafte Diskordanz zwischen dem Illusionismus der bildenden Künste und der Beschreibung des Wirklichen in der Schrift.

Fresko des Wenzeslaus, *Die Ernte*, 15. Jh. (Trient, Castello del Buonconsiglio, Adlerturm)

Albrecht Altdorfer, *Landschaft*. Eine elegante Nachbildung des Wirklichen. (München, Alte Pinakothek)

Nehmen wir als Beispiel den Raum. Die illustrierte Pädagogik des Christentums hat von Beginn an großzügigen Gebrauch von Zeichen gemacht, deren Bedeutungsreichtum allen zugänglich war, ohne die logische Organisation eines Raumes vorauszusetzen. Einbildungskraft und Erinnerungsvermögen erlaubten es den allermeisten Gläubigen, die Elemente einer gemalten oder in Stein gehauenen Szene zu analysieren, zu zerlegen und wieder zusammenzusetzen. Seit dem 14. Jahrhundert kam nun eine andere Art der figürlichen Darstellung auf; es wurde möglich, die freie Bewegung von Figuren im Raum anzudeuten. Die Gebärden, die fiktiven Wände, die Tiefenstaffelung von Vorder-, Mittel- und Hintergrund, mit einem Wort: der Trompe-l'œil-Effekt, machten die Perspektive zu einer neuen Kategorie der symbolischen Formen. Was wir versucht sind, für die spätmittelalterliche Herausbildung des Realismus in der Darstellung zu halten, war im Grunde eine elegante Simulation der Wirklichkeit zur Befriedigung einer Klientel, für die sich Reichtum in den Gegenständen und Denken in dem sie zusammenfassenden Raum manifestierten. Die wahrhaft Frommen fühlten sich weiterhin zu sinnlich erfahrbaren Bildern hingezogen, deren symbolische Kraft durch Kontemplation erhöht wurde. Das ist der Kern des Renaissance-Streites um das Bild des Profanen und des Heiligen,

Albrecht Dürer, *Burg*. Landschaftsaquarell aus der Zeit von Dürers erster italienischer Reise, 1494/95, die ihn durch das Trentino führte. (Paris, Louvre)

der auf physischen und kulturellen Merkmalen der Wahrnehmung beruhte.

Das Vokabular der Farben enthüllt nicht minder als die Wahrnehmung des Raumes eine Annäherung an das Intime. So gesehen, scheinen die Heraldik, die Kleidermode und die Bilder von Innenräumen zu bestätigen, daß die Menschen des 15. Jahrhunderts denselben Geschmack an Gegensätzen und denselben Sinn für Nuancen hatten wie wir. Wir vergessen dabei oft, daß der symbolische Wert der Farben den Reiz eines Bildes erhöhte, dessen Intentionen damals noch wahrgenommen wurden, für uns heute jedoch verborgen sind. Noch seltsamer berührt der Gegensatz zwischen dem scheinbaren Realismus der Malerei und der Skulptur des 14. und 15. Jahrhunderts einerseits und der Dürftigkeit des beschreibenden Vokabulars in den zeitgenössischen Texten andererseits.

Als Froissart bei seinem Aufenthalt am Hofe des Grafen von Foix, Gaston Phébus, die Landschaft um Ariège beschrieb, sprach er von »lachenden« Hügeln und »hellen« Flüssen; das Interesse des Chronisten galt nicht der Schilderung des Malerischen oder Natürlichen, sondern der Verherrlichung der Macht seines Gastgebers und seiner reichen Besitzungen. Wenn er dagegen den Einzug der Königin Isabella von Bayern in Paris beschreibt, dann macht er mit dem Hofstaat an jeder Ehrenstation Halt, und seine Feder flammt rot, blau und golden; doch dient die Farbe nur dazu, mittels ihres Symbolcharakters die Huldigung der Pariser Bürger an die Monarchie zu bezeugen.

Man muß in der historischen Literatur des Spätmittelalters lange nach einem deskriptiven Vermögen suchen, das demjenigen Dürers in seinen Aquarellen aus den Alpen vergleichbar wäre, den ersten Landschaften in der Geschichte der abendländischen Kunst, die frei von jeglichem Nutzwert und jeglicher allegorischen Bedeutung sind. Die symbolische Konvention wich der erlebten Wirklichkeit nur in seltenen emotionsgeladenen Texten, in denen die Landschaft den Rahmen für ein erinnertes Abenteuer lieferte: die schwarzen Wasser des Brunnens von Vaucluse, die bei Nacht ihre verstörende Faszination auf Petrarca ausüben; die verlorenen, wilden Wälder von Cadore, die Karl IV. mit seinem Heer durchquert; die Wüste Sinai, in der der Mönch Felix Faber, verlockt von der unermeßlichen Weite, fast ums Leben kommt.

So müssen uns einige nächtliche, beklemmende Szenen den Versuch einer Beschreibung ersetzen. Es gibt nichts, was sich den Reiseschilderungen des 19. Jahrhunderts an die Seite stellen ließe. Selbst die Orientpilger, die für exotische Eindrücke besonders empfänglich waren und – bisweilen unter Tränen – die biblischen Stätten betraten, die sie sich so oft vorgestellt hatten, beschränkten sich darauf, ihren Lesern die Wahrheit jener Informationen zu bestätigen, über die sie vor der Abreise verfügt hatten. Nicht, daß sie unempfänglich für das Lokalkolorit gewesen wären; aber sie besaßen nicht das für seine Beschreibung notwendige Vokabular. Von den fünf Sinnen ist der Gesichtssinn vielleicht doch nicht der sinnlichste.

Die anderen Sinne

Tatsächlich verweilten dieselben touristischen Texte gerne bei den Gärten des Heiligen Landes, die für die Europäer alles irdische Entzükken in sich zu vereinen schienen und als Vorahnung des Paradieses wirkten. Der Gesang der Vögel, das Plätschern der Wasserspiele, der Duft der Pflanzen verzauberten die Sinne der Ritter, Bürger und Kirchenmänner, die hierher gekommen waren, um von den Freuden des Orients zu kosten. Sogar in Europa bot der umfriedete Garten den Großen, Liebenden und Genießern ein Fest der Sinne, das dem Vergnügen an polyphoner Musik oder der kulinarischen Mischung von Bitterem und Süßem ähnelte. Und selbst die weniger Begüterten hatten ihre Freuden: Gewürze mannigfacher Art, Schnittblumen, Vögel im Käfig. In einer Welt, die nicht so antiseptisch und uniform wie die unsere war, müssen Geruch, Gehör und Geschmack noch eine wesentliche Rolle bei der Definition dessen gespielt haben, was in der Wirklichkeit ebenso wie in der Phantasie als sinnliches Glück empfunden wurde. Beschreibungen und Bilder des Glücks rekurrieren lieber auf harmonische Klänge und schwebende Düfte als auf seraphische Visionen, um einen Zustand der Gnade anzuzeigen. Als die Mystikerin Margaretha Ebner

Meister E. S., *Liebesgarten mit Schachspielern*, 15. Jh. (Paris, Bibliothèque Nationale)

ihre unsagbaren Verzückungen beschrieb, manifestierte sich die Gegenwart Gottes im Chor ihrer Kirche in einem süßen Wehen der Lüfte und einem wundervollen Duft.

Andererseits definieren unerträgliche Gerüche die Grenzen der Zivilisation und die Konturen des Fremdenhasses. Gestank haftet gewissen Berufen an, grenzt Stadtteile aus, verbindet Bevölkerungsgruppen. Der Mönch Felix Faber, der, wie wir sahen, unter der drangvollen Enge auf seiner Galeere litt, behauptet, er habe im Bad zu Gasa Muselmanen und Juden an ihrem Geruch unterscheiden können. Unter den Gemeinplätzen, die italienische Autoren gerne auf Deutsche anwenden, figuriert »der üble Geruch des Reiches«, den sie, gleichgültig welchen Standes, überallhin mitschleppten. Campano, ein Humanist, der 1471 zum Regensburger Reichstag entsandt wurde, beklagt den dort herrschenden widerwärtigen Geruch, der den Fremden nötige, sich in seiner Wohnung fünf- bis siebenmal zu waschen, um ihn loszuwerden. Wenn man von der polemischen Übertreibung einmal absieht, ist es durchaus möglich, daß Ernährungsgewohnheiten und die damit verknüpften Alltagsgerüche dauerhafte kulturelle Differenzierungen begründeten. André Siegfrieds Geographie der Gerüche war mehr als bloß die Marotte eines im übrigen seriösen Nationalökonomen.

Daß ein Mönch, der an die Stille seines Klosters gewöhnt war, die Kakophonie der Geräusche an Bord eines Schiffes als unerträglich empfand, verwundert kaum. Felix Faber registrierte sorgfältig alle Beschwerlichkeiten einer Pilgerreise, und der Lärm war eine von ihnen. Heftige Naturlaute – Klagen über Arbeitslärm finden sich nur in städtischen Quellen – begleiteten Ereignisse von böser Vorbedeutung, etwa den Tod eines Tyrannen oder das Kommen des Teufels. Nach Auskunft des florentinischen Geschichtsschreibers Goro Dati kündeten in der Nacht, in der Gian Galeazzo Visconti starb, ein Sturm und sintflutartige Regenfälle an, daß die Seele des Toten zur Hölle fuhr. Schilderungen von Exkursionen in die St.-Patricks-Höhle, nach der Überlieferung der Eingang zum Inferno mitten in der irischen Landschaft, berichten von unerschrockenen Rittern, die sich in den Bauch der Erde wagten; dort stießen sie auf peitschende Winde, markerschütternde Schreie und ein solches Höllenspektakel, daß »alle Flüsse der Welt nicht lauter sein konnten«.

Wenn es um das Glück oder um ganz und gar unerträgliche Situationen ging, war es die Gesamtheit der Sinne, die von den Einflüssen der Außenwelt bedrängt wurde. Es war diese Außenwelt, in der jede lebendige Seele von Geistern umringt war, wo die roten und blauen Engel Fouquets die Muttergottes mit Kind flankierten und wo selbst in der Wüste Dämonen am Werk waren.

Der Ausdruck des Gefühls

Gegenüber der Gewalt des Wirklichen suchte sich das Individuum im Ausdruck seiner Gefühle zu bemeistern. Pädagogen, *Chansons de geste* und *Fürstenspiegel* schrieben vor, was sich in der Öffentlichkeit ziemte und was dem Privaten vorbehalten war. Scham verbot, freizügig von dem eigenen Glück zu sprechen oder eigenes Unglück auszubreiten. Ludwig von Diesbach berichtet, daß er beim Tode seiner Frau die Dienstboten entließ, um ungestört der Sterbenden Kühlung zufächeln und an ihrem Bett wachen zu können. Als Anna von der Bretagne um elf Uhr nachts erfuhr, daß Karl VIII. in Amboise gestorben war, zog sie sich in ihre Gemächer zurück und wollte niemanden sehen; am nächsten Tag nahm sie die Beileidsbekundung des Kardinals Briçonnet wortlos entgegen und schloß sich dann für weitere vierundzwanzig Stunden in ihrem Zimmer ein. Natürlich können wir nicht sagen, wieviel an diesem Verhalten Ausdruck echter Trauer war und wieviel politische Berechnung. Jedenfalls lag ihr daran, Fassung zu beweisen, was ihr nur im Alleinsein mit sich und vielleicht ihrem Gott gelang.

Manche Väter artikulierten das Gefühl der Vernichtung beim Tod eines Kindes. Lucas Rem aus Augsburg stimmte in seinem Tagebuch die Litanei auf die Toten seiner Familie an und beschrieb das Aussehen seiner frühverstorbenen Kinder. Ein Junge mit schwarzen Augen lag zwanzig Wochen krank, bevor er starb – es war das Herzzerreißendste, was der Vater in seinem Leben gesehen hatte. Giovanni Conversini aus Ravenna erklärte, daß allein die Scham ihn hindere, »den Schmerz zu zeigen, den ich im Herzen trage«. Weniger lakonisch und sehr bewegend äußert sich Giovanni di Pagolo Morelli aus Florenz, nachdem er den Tod seines Sohnes Alberto geschildert hat: »Monate sind seit seinem Tod vergangen, aber weder ich noch seine Mutter können ihn vergessen. Sein Bild ist uns ständig vor Augen und erinnert uns an seine Art und seine Gewohnheiten, seine Worte und Gebärden. Wir sehen ihn Tag und Nacht vor uns, beim Frühstücken und beim Mittagessen, im Haus und im Freien, schlafend oder wachend, in unserer Villa oder

Matthias Grünewald, *Isenheimer Altar* (geschlossener Zustand), »Kreuzigung Christi« (Ausschnitt), 1511–1516. Der verdichtete Schmerz. (Colmar, Unterlinden-Museum)

in Florenz. Wie wir uns stellen, es ist ein Messer, das uns ins Herz fährt. [...] Über ein Jahr konnte ich sein Zimmer nicht betreten, aus keinem anderen Grund als meinem übergroßen Schmerz.«

Einkehr und Entsagung

Die »Denkerzelle«

Das Sich-Zurückziehen, das freiwillige Sich-Einschließen wurde nicht nur von Kartäusermönchen praktiziert, sondern auch von Bürgern, die sich, wenn sie allein sein wollten, in ihrer »Denkerzelle« verkrochen. Montaignes »arrière-boutique« (»Hinterstübchen«) gehört in die Reihe der Privaträume, wie sie von spätmittelalterlichen Dichtern, Humanisten und Geistlichen benutzt wurden. Es handelte sich im Grunde um das »studiolo« im italienischen Stil, um jenes »Gehäus« zum Arbeiten und Meditieren, in dem Carpaccio, Ghirlandaio und Dürer den Hieronymus gemalt haben. Und es bereicherte schließlich auch nördlich der Alpen die Gewohnheiten des privaten Lebens – als »studiolo« bezeichnete Konrad von Weinsberg das verschließbare Spielzimmer, in das er seine Schätze trug und in dem er als Priester an einem Altar des Glücks fungierte.

In einem derartigen Zimmer schloß sich Dante in der *Vita nuova* ein, um ungehört schluchzen zu können. In einem solchen Raum ließ Petrarca bei der Lektüre der *Bekenntnisse* des Augustinus seinen Tränen freien Lauf, schlug sich die Stirn und rang die Hände, so sehr nahm er sich als empfindsamer Leser die Seelenqualen seines Vorbilds zu Herzen, und natürlich wollte er sich die Peinlichkeit ersparen, hierbei beobachtet zu werden. Die spirituelle Einkehr wurde durch die Stille eines abgelegenen Ortes gefördert. Die Genossenschaftssatzung der Brüder des gemeinsamen Lebens und der Kanon von Windesheim empfahlen dem Gläubigen, »sich von der Welt abzukehren, um sein Herz mit um so größerer Inbrunst zu Gott zu wenden«.

»Einkehr«, »Rückzug« – gemeint war die Einsamkeit, der Wille, der Welt zu entsagen. Anders als Datini, der Kaufmann aus Prato, der nur zögernd dem Wunsch seiner Frau und seiner Freunde nachkam, die Gedanken auf sein Seelenheil zu konzentrieren, schloß der »vollkommene Kaufmann«, dessen Ideal Benedetto Cotrugli in seiner Abhandlung über praktische Moral zeichnete, seine Kontobücher ab und zog sich in sein Landhaus zurück, wo er den Rest seiner Tage mit der Sorge um sein Seelenheil verbrachte.

Im spirituellen Sinne bedeutete »Einkehr« eine Aufwärtsbewegung, die in einem intimen, symbolischen Ort der Erhebung gipfelte. Beim Aufstieg auf den Mont Ventoux wurde Petrarca der Beispielhaftigkeit dieses Unterfangens inne, das es ihm erlaubte, die Bilder seines Lebens an sich vorbeiziehen zu lassen und sich dem Wesentlichen zu nähern. Ludolf von Sachsen schreibt: »Der Mensch, der sich in die Lüfte erhebt, verändert sich wirklich.« Der Rückzug in sich selbst war eine »Festung des Schweigens«, die der Mensch entleert, um Jesus Christus

Domenico Ghirlandaio, *Hl. Hieronymus im Gehäus*, 1480. (Florenz, Ognissanti)

Beide Maler zeigen das Studierzimmer eines Gelehrten und – Dürer noch deutlicher als Ghirlandaio – die Elemente der christlichen Ikonographie: Löwe, Hut, Kruzifix. Der »doctor sanctus« bei Ghirlandaio unterbricht seine Bibelübersetzung, um zu dem Maler und den neugierigen Betrachtern des Bildes aufzusehen. Der Stich von Dürer hat sogar eine kosmogonische Deutung erfahren: Der Hund ist Sirius, der Löwe Leo, die Kürbisranken bedeuten den Kleinen Bären – Hieronymus meditiert über die Unermeßlichkeit des Himmelsgewölbes.

zu empfangen. Von allen Definitionen der Seele, die Meister Eckhart in seinen *Sermones* gibt, gehört zu den erstaunlichsten jene, welche die Seele als befestigtes Haus beschreibt: »Dieses kleine, feste Haus ist so hoch über der Welt und so gewaltig, daß allein der Blick Gottes darin einzudringen vermag. Und weil Er der Eine und Einige ist, kommt er in dieser Einheit in das, was ich das kleine feste Haus der Seele nenne.«

In diesem letzten Stadium ist die isolierte Kammer nicht an einem idealen Ort zu finden, sondern in unserem Innern, wenn wir es nur verstehen, sie herzurichten und uns in sie zurückzuziehen. In sich selber emporzusteigen und die Pforten zur Welt hinter sich zu schließen, das hieß, jenes »inwendige Schweigen der Seele« zu erzeugen, von dem die Mystikerin Mechthild von Magdeburg sprach. Und so konnte man, »ob wachend oder schlafend, sitzend, essend oder trinkend, auch inmitten der anderen allein sein, allein mit Christus« (J. Mombaer).

Freilich war diese höchste Verinnerlichung im 15. Jahrhundert ebensowenig wie zu anderen Zeiten für jedermann erreichbar. Charles

Albrecht Dürer, *Der hl. Hieronymus im Gehäus*, 1514. (Paris, Bibliothèque Nationale)

Albrecht Dürer, *Der hl. Antonius vor der Stadt*, 1519. Schweigende Buße vor dem Treiben der Welt. (Paris, Bibliothèque Nationale)

d'Orléans, der eine umfangreiche philosophische und theologische Bibliothek besaß, schlug zwar in seiner »Denkerzelle« die Leier der Schwermut, ließ sich aber niemals auf den bedeutungsschweren Schritt der Selbsterforschung ein. Gleichwohl zog die Introspektion, die im 14. und 15. Jahrhundert bei vielen Autoren vorkommt, auch wenn sie sich gelegentlich auf testamentarische Floskeln beschränkt, unwiderruflich am Horizont der großen Verstörungen herauf. Davon zeugen das im 15. Jahrhundert neu erwachte Interesse für die asketischen Orden, der Erfolg der Genossenschaften der Devotenbewegung, die spektakulärsten Argumente in der Predigt der Bettelorden und vor allem die zahllosen Bekundungen persönlicher Frömmigkeit.

Die Disziplin der Erinnerung

Offensichtlich wurden derartige Dispositionen des Geistes durch Unterricht in der Selbstbeherrschung fundiert. Die Lehrjahre der Disziplinierung begannen in der Schule, wo die Schüler zum Schweigen angehalten wurden, das man als genauso wichtiges Element der Erziehung ansah wie das Abc. Ein fränkischer Goldschmied aus dem frühen 16. Jahrhundert nennt in seinen Kindheitserinnerungen das »Stillesitzen« in einem Atemzug mit dem »Buchstabieren«. Das Schweigen erzeugt mentale Strukturen, wenn es die Erinnerung in Tätigkeit versetzt. Die Erinnerung wird durch visuelle Techniken entwickelt; die Rekapitulation wird zur Gewohnheit.

Es gibt eine Fülle von Beispielen für die Kraft und die Genauigkeit der Erinnerung im mittelalterlichen Jahrtausend, in dem, da es an Büchern fehlte, das Bild zum Referenzdokument wurde, vornehmlich das religiöse Bild. Dies war nicht nur bei den Gebildeten so, sondern auch im Volk – die Gerichtspraxis der Zeugenaussage belegt es. Die Pfeiler des privaten Lebens gründeten auf Erinnerungen, in denen sich das Ergebnis von Studien und das Selbsterlebte mit der mündlichen Überlieferung der Gruppe verbanden.

Die Familienerinnerung scheint in der Regel drei Generationen umfaßt zu haben; was darüber hinausging, mußte aus Urkunden, Berichten und Legenden rekonstruiert werden. Doch ist das Gedächtnis des Einzelnen imstande, mit erstaunlicher Lebendigkeit Ereignisse und sogar Worte heraufzubeschwören, die ein Vierteljahrhundert zurückliegen. Petrarca, der in den *Rerum vulgarium fragmenta* täglich den Fortgang seiner Arbeit festhielt, notierte: »Freitag, 19. Mai 1368; ich fahre aus meiner Schlaflosigkeit hoch, denn plötzlich kommt mir die Erinnerung an etwas, das fünfundzwanzig Jahre zurückliegt.« Noch frappierender sind die Aussagen der Kastellanin von Montaillou vor dem Inquisitor; sie erinnert sich an ein Ereignis, das sich sechsundzwanzig Jahre zuvor im August zugetragen hatte. Und die arme Arbeiterin aus Douai erinnerte sich nach dem Tod des mächtigen und gefürchteten Tuchhändlers Jehan Boinebroke noch nach dreißig Jahren an die höhnischen Worte, mit denen der Geschäftsmann einst ihre junge Mutter bedacht hatte.

Die Welt des Geistes

Die Praxis der Erinnerung war unabdingbar in Gesellschaften, in denen das Schreiben das Referenzsystem für eine Macht- und Wissens-Elite blieb. Drucktechniken trugen seit dem frühen 14. Jahrhundert dazu bei, Bilder zu verbreiten, die häufig mit begleitendem Text versehen waren, und diese Art der Gedächtnisstütze in ganz Europa zirkulieren zu lassen. Das Bild erleichterte das Memorieren, und die religiöse Unterweisung machte hiervon den geschicktesten Gebrauch.

Techniken der Frömmigkeit. Wir haben gesehen, wie Petrarca sich am Rand geliebter Bücher Notizen machte, die zeichenhaft die Mechanik des Erinnerns in Gang setzen und ihm das bei der Lektüre empfundene Leid und die dabei vergossenen Tränen ins Gedächtnis rufen sollten. Diese simplen Erinnerungsspuren bezeugen Denkgewohnheiten, die im Mittelalter weit verbreitet waren. So zeigt ein italienischer Druck aus dem 14. Jahrhundert die Jungfrau Maria, wie sie nach der Himmelfahrt über das Mysterium der Erlösung meditiert, die sie soeben miterlebt hat. Rund um die Muttergottes ordnet das Blatt Episoden dieser Geschichte in chronologischer Reihenfolge an, und zwar mit Hilfe von Zeichen, die Ähnlichkeit mit Ideogrammen oder Bilderrätseln haben – die Krippe wird durch einen Ochsen und einen Esel angedeutet, der Garten Gethsemane durch Schwert und Lanze zwischen den Bäumen, die Himmelfahrt durch zwei Fußabdrücke auf einem Hügel. Über das Leben Christi zu meditieren hieß, sich wie Maria, die »alle diese Worte behielt und sie in ihrem Herzen bewegte«, in der graphisch vorgegebenen Anordnung eine Reihe wohlbekannter Episoden aus dem *Neuen Te-*

stament ins Gedächtnis zu rufen und durch volle Konzentration des Geistes auf sie fromme Gefühle in sich wecken.

Gleichzeitig wurde die Entfaltung frommer Gefühle durch das monotone leise Lesen angeregt, durch jenes Murmeln wie beim Gebet oder bei der Beichte – die »Stimme der Seele«, wie sie das Laterankonzil von 1215 nannte. Hinzu kam die Technik der peinlich genau bestimmten Wiederholung, die zu den ältesten religiösen Praktiken gehört. Die Perlenschnur, Vorläuferin des Rosenkranzes, ist schon im 4. Jahrhundert bezeugt. Das Einfügen eines *Pater noster* nach zehn *Ave Maria,* von einem Kartäusermönch aus Köln zu Beginn des 15. Jahrhunderts empfohlen, war eine Etappe des komplexen Prozesses, der das *Ave Maria* direkt mit den fünfzehn Geheimnissen der Erlösung verknüpfte. Die verdichteten Formeln – »clausulae« – hatten den Sinn, die Meditation an die Perlenschnur zu binden, an der sie sich entzünden konnte, anstatt sie ziellos schweifen und sich womöglich verlieren zu lassen. Diese Formeln mündeten gegen Ende des Spätmittelalters in einer frommen Rechenhaftigkeit, deren Automatismus man mitunter geschmäht hat, ohne ihre asketische Intention zu würdigen. Man hat in ihr eine ritualistische Übertreibung gesehen und sie in die Nähe jener maßlosen, in die Tausende gehenden Seelenmessen gerückt, die in manchen Testamenten verfügt wurden. In Wirklichkeit erlaubte es das Herzählen der Wunden Christi oder der blutigen Schritte der Kreuztragung durch seinen repetitiven Formalismus, die unermeßliche Zeit des göttlichen Lei-

Hugo van der Goes, *Der Tod Mariä.* Gebärden und Meditation bändigen und kanalisieren den Gefühlsausdruck. Im Vordergrund die beiden üblichen Gegenstände der privaten mittelalterlichen Frömmigkeit: das Stundenbuch und der Rosenkranz. (Berlin, Staatliche Museen Preußischer Kulturbesitz)

dens nachzuvollziehen und die immer neuen Blicke des Gläubigen auf das Mysterium der Passion zu vervielfachen oder zu verringern.

So wie spätmittelalterliche Chronisten oft persönliche Empfindungen mit erfreulichen oder tragischen Begebenheiten oder Erinnerungen verbanden, so richtete die christliche Unterweisung der Bettelorden, besorgt um das Seelenheil einer möglichst großen Zahl, das Augenmerk auf vermittelnde Gegenstände wie den Rosenkranz (in ganz Europa durch den Erfolg der 1274 in Köln gegründeten »Kollegialität« populär geworden), Reliquien (deren private Sammlungen mitunter an das Manische grenzten), Andachtsbilder (vor denen man in seiner Stube meditierte) und geschriebene Gebete (die man bei sich trug, während man seinen Geschäften nachging). In diesem Punkt klären uns archäologische Funde im Chor des ehemaligen Zisterzienserinnenklosters Wienhausen bei Celle auf rührende Weise über private Andachtsgewohnheiten seit dem späten 13. Jahrhundert auf. Außer Nadeln, Messern und Brillen im Holz- oder Ledergestell haben die Forscher unter den Stühlen der Kanoniker Bilder entdeckt, die aus dem Missale oder aus der Kleidung gefallen sein müssen, kolorierte Drucke auf Holz, auf Bleimodeln gepreßte Papierreliefs sowie kleine Päckchen mit Knochen und Seidenresten, die auf den Gebrauch heimlicher Reliquien schließen lassen. In diese Kategorie gehört auch die schematische, in Tinte ausgeführte Kreuzigungsszene, die Dürer am Leibe trug und die keinerlei Kunstanspruch erhob.

Westfälischer Meister, *Die Messe des hl. Gregor*, um 1473. Die Leidensgeschichte wird durch Meditationsobjekte versinnbildlicht. (Soest, St. Maria zur Wiese)

Welche Zeichen und Bilder wurden am häufigsten reproduziert? Ohne Zweifel bevorzugte die Frömmigkeit des Spätmittelalters eher Darstellungen oder Andeutungen der Menschlichkeit Christi und seines Leidens als solche seiner göttlichen Erhabenheit. Die Betrachtung der Leiden Jesu und das Mitleiden des Gläubigen entzündeten sich zeichenhaft an der Anspielung auf die Marterwerkzeuge (Geißel) und auf Gegenstände (Fackeln am Ölberg). Solchen instrumentellen Zwecken diente die Darstellung der fünf Wunden Christi, die in einer für Wappen und Wahlsprüche empfänglichen Gesellschaft das mystische Emblem des Menschensohnes bildeten. Inmitten von Gegenständen, die alltäglich und heilig zugleich waren – Stöcke, Nägel, Schwamm, Leiter –, meditierte der Fromme über die klaffende Wunde Christi, die offenstand wie eine Mandorla.

Der »unermeßliche Appetit auf Göttliches«, von dem Lucien Febvre spricht und den Emmanuel Le Roy Ladurie auf die brutale Formel bringt: »Sie lieben ihren Christus blutig«, gemahnt an den physischen Realismus der Nachfolge Christi. Nachfolgen heißt nicht, ein abstraktes Verhalten entwickeln, welches den Habitus eines vollkommenen Vorbilds unvollkommen reproduziert; für die Christen, mochten sie sich in frommen Bruderschaften zusammengefunden haben oder einzeln ihren geistlichen Exerzitien obliegen, bedeutete es, auf eine für Körper und Geist gleichermaßen anstrengende Weise jede Episode der Passion nachzuleben. In welche Verfassung soll der Fromme sich bringen? Er muß die Passion »ohne Unterlaß im Geiste haben« (»frequenter in mente«, so G. Groote), er muß sich rüsten »durch fromme Ergüsse« (»per pias affectiones«, so das Kapitel über die Messe in der Satzung der

Brüder vom christlichen Leben), er muß »langsam und mit Tränen« meditieren (Bonaventura in seiner Abhandlung über die Unterweisung der Novizen). Bonaventura schreibt: »Bedenke den blutigen Schweiß, die Schläge ins Angesicht, die Hartnäckigkeit der Geißel, die Dornenkrone, den Spott und das Speien, das Treiben der Nägel durch die Handflächen und die Füße, die Aufrichtung des Kreuzes, das verzerrte Gesicht, den entfärbten Mund, die Bitterkeit des Schwammes, den schwer nach unten hängenden Kopf, den qualvollen Tod.« Der Gläubige war aufgerufen, sich die Stationen der Marter einzeln vorzustellen, sich wie in Zeitlupe die Zeichen und Wirkungen der Hinrichtung zu vergegenwärtigen und in seinen Gedanken und im Fleisch die schändliche Todesqual nachzuleiden, die man dem Erlöser der Welt angetan hatte.

Geschult in solchen Techniken des Erinnerns und Empfindens, gemahnt uns der Blick, mit dem die Zeitgenossen jene Bilder betrachteten, die wir heute in erster Linie als hervorragende Gemälde bewundern, an die ursprüngliche Ambiguität der religiösen Kunst des 15. Jahrhunderts. So ist es bei der *Kreuzabnahme Christi* von Rogier van der Weyden, die für die Liebfrauenkirche in Löwen entstand. Im Mittelpunkt steht ein bestimmter Augenblick in der Leidensgeschichte, der durch die Haltung der Figuren angedeutet wird. Diese verschwenderisch gestaltete Darstellung enthält dasselbe doppelte Zeichen, das zur gleichen Zeit die bescheidenen, von einer diskreteren Frömmigkeit erfüllten Drucke verbreiteten: den bleichen, leidenden Leichnam des toten Christus und das Mitleiden der in Ohnmacht gesunkenen Jungfrau Maria. Ein noch subtileres Beispiel ist Bellinis *Madonna* in der Accademia von Venedig; die anbetende Jungfrau kann das künftige Geschick des göttlichen Kindes mit den wie tot herabhängenden Armen nicht vergessen. Diese Beispiele beweisen, daß das Altarbild und das persönliche Andachtsbild nicht voneinander unabhängig und das Liturgische und das Intime nicht immer Gegensätze waren. Es gab zwar Nuancen in der Wahrnehmung des Heiligen und in der Wirksamkeit der Zeichen, aber die intensivste Innerlichkeit vertrug sich durchaus mit dem öffentlichen Raum.

Bicci di Lorenzo, *Verkündigung*. Der Englische Gruß war ein Hauptthema der spätmittelalterlichen Malerei. (Paris, Louvre)

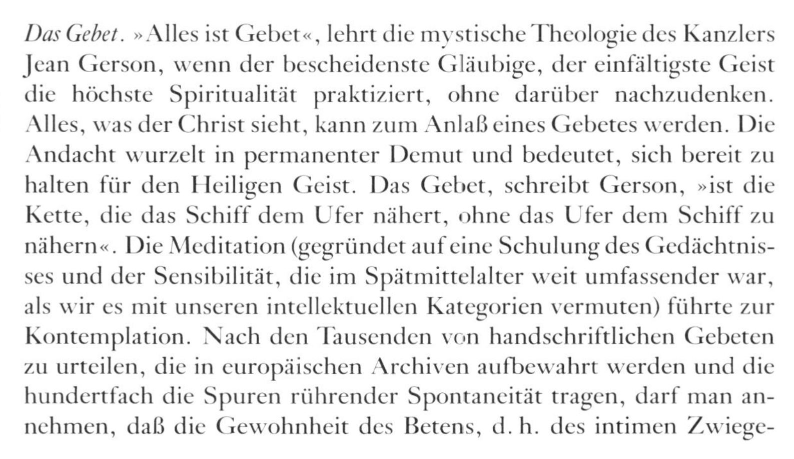

Das Gebet. »Alles ist Gebet«, lehrt die mystische Theologie des Kanzlers Jean Gerson, wenn der bescheidenste Gläubige, der einfältigste Geist die höchste Spiritualität praktiziert, ohne darüber nachzudenken. Alles, was der Christ sieht, kann zum Anlaß eines Gebetes werden. Die Andacht wurzelt in permanenter Demut und bedeutet, sich bereit zu halten für den Heiligen Geist. Das Gebet, schreibt Gerson, »ist die Kette, die das Schiff dem Ufer nähert, ohne das Ufer dem Schiff zu nähern«. Die Meditation (gegründet auf eine Schulung des Gedächtnisses und der Sensibilität, die im Spätmittelalter weit umfassender war, als wir es mit unseren intellektuellen Kategorien vermuten) führte zur Kontemplation. Nach den Tausenden von handschriftlichen Gebeten zu urteilen, die in europäischen Archiven aufbewahrt werden und die hundertfach die Spuren rührender Spontaneität tragen, darf man annehmen, daß die Gewohnheit des Betens, d. h. des intimen Zwiege-

Sano di Pietro, *Verkündigung an die Hirten* (Ausschnitt), 15. Jh. Sehen ist glauben? Glauben ist sehen? (Siena, Pinacoteca)

sprächs des Menschen mit einer überirdischen Macht, die geheimsten Aspekte des privaten Lebens im 14. und 15. Jahrhundert beeinflußt hat.

Wie bei den frommen Bildern gab es keinen scharfen Gegensatz zwischen dem offiziellen, liturgischen und dem persönlichen, intimen Gebet. Gleichwohl muß man neben den großen Psalmen und den Gebeten, die man den Kirchenvätern und Mystikern zuschrieb und die in zahllosen Abschriften und Drucken kursierten, eine Fülle von Gebeten konstatieren, die für Gelegenheiten des täglichen Lebens niedergeschrieben und gesammelt wurden. Besonders auffallend ist die Inflation der Mariengebete. Es gab zudem regelrechte Gebets-Moden, und von einer Generation zur anderen, von einer Region zur anderen wechselte mitunter bei unverändertem Gebetstext der angerufene Heilige oder Mittler. Niedergeschrieben für Festtage und für Wochentage, als Orientierungshilfe bei Entscheidungen und als Dank nach einer Zeit der Anfechtung, ließen die Gebete häufig dem Ausdruck des spontanen Gefühls freien Lauf. Neben den Stundenbüchern, in denen man täglich las, und den Handschriftensammlungen, in denen die Gebete neben Kochrezepten und Formeln rangierten, sind uns Gebete überliefert, die auf Pergamentrollen geschrieben, in Kleider eingenäht oder in Kästchen eingeschlossen worden waren; sie künden von der prophylaktischen Funktion, die man diesen materiellen Zeugen einer Bindung zwischen dem Menschen und dem Unsichtbaren einstmals zuschrieb.

Ekstase. Die Grenze zwischen Meditation und Gebet war fließend. Beides war ein Mittel, Zugang zu einer umfassenderen, höheren und lichtvolleren Wirklichkeit zu erlangen. Die Welt des Geistes erlaubte kraft der Vision Einblicke in die Welt der Geister. Die Mystik, selbst wenn sie nicht mehr war als eine extreme Manifestation des Spirituellen, fand im Spätmittelalter in ganz Europa ein enormes Echo. Definiert man die Mystik als Auslöschung des Ichs, um Platz für Gott (für den Himmel auf Erden) zu schaffen, so bezeugen autobiographische Berichte oder »Offenbarungen« hinter der Erfahrung des Unsagbaren den intimen Dialog von Männern und vor allem von Frauen mit dem Jenseits. In ihren Gesprächen mit Christus will die Nonne Margaretha Ebner viele Antworten empfangen haben, »die unmöglich nach der Wahrheit dieser Welt wiederzugeben sind; denn je reicher die Gnade fließt, desto weniger ist es möglich, sie durch Gedanken auszudrücken«. Derlei ekstatische Manifestationen wurden in der deutschsprachigen Welt seit dem 13. Jahrhundert als »kunst« bezeichnet, verdankten sich also eher einer Technik oder Bereitschaft als einer Befindlichkeit. Man hat sie seither unter psychologischen, psychoanalytischen und klinischen Gesichtspunkten untersucht und dabei mit Recht die somatischen Momente des mystischen Erlebens hervorgehoben. Aber keine verkürzende Interpretation der von den Mystikern beschriebenen inneren Erschütterungen

Altar aus der Abtei Everborn, 15. Jh. Die private Andacht bot Veranlassung, Kunstwerke in Auftrag zu geben. Die Bedeutung der Werkstätten in Flandern und Brabant sowie der Serienproduktion von geschnitzten und bemalten Altären für den europäischen Devotionalienmarkt des 15. Jahrhunderts ist erwiesen.

kann von der reinen und schmerzlichen Wahrheit einer Liebe ablenken, die die Mystiker als göttliche verstanden.

Margaretha Ebner war eine Nonne aus Medingen, die 1351 nach jahrelangem Leiden starb. Ihre Visionen gingen mit Überempfindlichkeit und Lähmungserscheinungen einher. In ihrer hypersensiblen Phase hörte sie Musik, sah leuchtende Schemen und stammelte in einer unbekannten Sprache. »Als ich mein Vaterunser begann, wurde ich von der Gnade ergriffen und ich weiß nicht wohin getragen. Manchmal vermochte ich nicht zu beten und blieb von der Matin bis zur Prim in einer göttlichen Freude. Manchmal tat sich ein Weg vor mir auf, und Rede geschah zu mir. Und manchmal wurde ich emporgehoben, so daß ich den Boden unter den Füßen verlor.« Ihre Lähmungserscheinungen wurden zunächst durch Beschreibungen des Leidens Christi, später allein durch Nennung seines Namens ausgelöst. In immer kürzeren Abständen wurde sie unfähig, ihre Glieder zu gebrauchen und zu sprechen, und verfiel in einen kataleptischen Zustand, den sie »swige« (»Schweigen«) nannte. In ihrem Fall haben wir ein extremes Beispiel religiöser Hingabe vor uns; mit bewundernswerter Standhaftigkeit beschrieb diese Frau die Chronologie des sie verzehrenden Feuers. In der ganzen Gefühls- und Liebesliteratur, die uns mittelalterliche Frauen hinterlassen haben, sind die Augenblicke des freimütigsten Ausdrucks und der erstaunlichsten Offenbarungen dem brennenden Wunsch zu verdanken, solche mystischen Erfahrungen ins Wort zu bannen.

Jungfrau mit Kind, Anfang des 14. Jh.
(Orvieto, Museo dell'Opera del Duomo)

So erschien den Nonnen im späten 14. Jahrhundert häufig Christus in Gestalt des göttlichen Kindes. »Wer ist dein Vater?« pflegten sie das Kind zu fragen, das sie im Kloster sahen. »Pater noster!« antwortete es und verschwand. Eine Nonne in Adelshausen war jahrelang untröstlich und jammerte Tag und Nacht, weil sie das kleine Kind, dem sie einmal begegnet war, nicht mehr sah. Umiliana dei Cerchi war glücklicher und zehrte jahrelang von der Erinnerung an den Besuch des »bambino«. Eine eifernde Agnes von Montepulciano mochte der Muttergottes das Kind nicht mehr zurückgeben, das ihr für eine Stunde anvertraut worden war; sie behielt von dem Erlebnis ein kleines Kreuz zurück, das das Kind um den Hals getragen hatte. Die Identifikation mit der Jungfrau Maria offenbarte sich in der realen Fürsorge für hölzerne oder gipserne Püppchen oder für den im Traum zur Welt gebrachten Heiland; sie hatte ihren Ursprung in der religiösen Unterweisung und in der Anteilnahme an der biblischen Geschichte. Die Phantasie verwandelte die Enttäuschungen der jungen Nonnen durch den visuellen Kontakt mit frommen Bildern. Margaretha Ebner hatte in ihrer Zelle eine Wiege stehen, in der sie das Jesuskind wiegte, das nicht schlafen wollte, so daß sie es auf den Arm nehmen mußte.

Noch häufiger erschien Christus in Gestalt des himmlischen Bräutigams. Adele von Breisach spricht von einer »Vereinigung mit Gott, die in einen Kuß mündete«. Margaretha Ebner drängte sich so heftig gegen den Leib Christi »wie das Wachs, worein sich das Siegel drückt«. Adelheid Langmann sah Christus in ihre Zelle treten und ihr ein Stück Fleisch reichen (»Das ist mein Leib«). Margaretha Ebner sah den Ge-

Tilman Riemenschneider, *Christus* – Erlöser der Welt, himmlischer Bräutigam. (Heidelberg, Windsheimer Triptychon)

kreuzigten sich vom Kreuz zu ihr hinunterneigen, um sie zu umarmen; sie lag an seiner Brust wie der Apostel Johannes und nahm Nahrung von ihm auf. Solche inbrünstigen Szenen haben kaum noch etwas mit den eleganten und keuschen Gemälden eines Raphael oder Perugino von der mystischen Hochzeit der hl. Katharina zu tun; diese Bilder wendeten sich an ein Publikum, das verstörende Darstellungen nicht toleriert hätte.

Die Ekstasen und Visionen des Mystikers ließen die Frage nach ihren Ursprüngen aufkommen. Margaretha Ebner war sich bewußt, daß der Teufel als Engel des Lichts zu erscheinen pflegt: »Plötzlich wurde alles in mir dunkel, bis zu dem Punkt, da ich zu zweifeln und dann, wider meinen Willen, zu glauben begann.« Erst die Erneuerung ihres körperlichen Leidens gab ihr die Heilsgewißheit zurück. Für Robert d'Uzès war ein Zweifel ausgeschlossen; beim Morgengrauen aber wandelte ihn die Schwermut an: »Satan wollte mich täuschen, indem er mir in der Gestalt unseres Herren Jesus Christus erschien.« Die ausgedünnte Atmosphäre, in der sich die Mystiker bewegten, verlieh der Gegenwart des Göttlichen greifbare Gestalt und erlaubte es ihnen, aus intimen Zeichen die Wahrheit ihrer Visionen zu entziffern.

Das Unsichtbare sehen

Andere Menschen, berühmte wie unbekannte, haben ebenfalls Zeugnis von ihrer gelegentlichen Fähigkeit gegeben, des Unsichtbaren in den verschiedensten Formen ansichtig zu werden, welche die Wirklichkeit verlängerten oder verdoppelten: in düsteren oder lichten Träumen, Nachtmahren, rätselhaften Begegnungen und kurzen Kontakten mit Phantomgestalten oder Toten.

Vision und Angst. Manche Visionen leiten sich von der antiken Tradition des prophetischen Traums her; ihr literarischer oder politischer Charakter nimmt ihnen den Wert eines Zeugnisses für intime Empfindungen. Gleichwohl unterrichten sie über die mentalen Bilder und die Vorstellungen, die man sich gemeinhin von Geistern machte. Der spätere Kaiser Karl IV., der mitten in der Nacht in seinem Zelt bei Parma von einem Engel Gottes geweckt wurde, war sich über die Identität des Boten keinen Augenblick im Zweifel und redete ihn mit »Herr« an. Mit diesem Geist überflog er, an den Haaren gepackt, weite Länder; am Morgen erwachte er völlig zerschlagen.

Einer frommen Legende zufolge, die in der Familienchronik des Grafen von Zimmern überliefert wird, war der Graf Zeuge und Akteur einer phantastischen Szene. Er hatte sich in einem Wald verirrt und sah eine schweigende menschliche Gestalt vor sich auftauchen, die ihm eine Offenbarung zu machen hatte. Da von Gott die Rede war, willigte der Graf ein, hinter der Gestalt herzureiten. Man gelangte zu einem verzauberten Schloß, dessen Bewohner schweigend ein nicht endendes Fest feierten – ein Bravourstück in der Zauberliteratur. Doch dann löste die Szene sich auf, die Figur verschwand, und unter Schwefelgestank und lautem Geschrei zeigte sich dem Grafen die Hölle. Erschrocken über den Anblick seines Onkels, der hier zu ewiger Pein verurteilt war, beschloß der Graf auf der Stelle, eine Sühnekapelle zu stiften. Seine Freunde erkannten ihn kaum wieder, denn Haare und Bart waren ihm schneeweiß geworden.

Eine Geschichte in der Autobiographie des Augsburgers Burkard Zink beschreibt eine ähnliche Angst, ist aber noch ungewöhnlicher, weil sie keine moralischen oder literarischen Absichten verfolgt. Nachdem er zwei Reitern, die auf dem Weg vor ihm hergeritten waren, durch einen ihm unbekannten Wald in Ungarn gefolgt ist, findet sich der Autor plötzlich von den Reitern verlassen und allein in der Abenddämmerung, von Wildschweinen bedroht, vor einem jammervollen Schloß. Er ruft Gott um Beistand an, und das Schloß verschwindet; an seiner Stelle tut sich ein Weg auf – der Ausweg aus der Gefahr. Da erkennt der Autor, daß er durch den Wald hindurch einem Trugbild gefolgt ist und daß bei der Anrufung Gottes und dem Kreuzeszeichen alle Illusionen vor seinen Augen erloschen sind.

Der altböse Feind ließ sich sogar an gut behüteten Plätzen sehen, wie eine merkwürdige Anekdote beweist, die Karl IV. in die politisch-militärische Schilderung seiner Jugendjahre eingeflochten hat: Ein Poltergeist macht sich dadurch bemerkbar, daß ein Weinpokal zu Boden fällt und Schritte zu hören sind. Am nächsten Morgen wird der Pokal in der Tat gefunden, so daß die Geschichte in die Kategorie »unerklärliche Schrecknisse« fällt. Die Anwesenheit des Teufels, dessen Name nie genannt wird, verriet sich durch ein plötzliches Erröten oder panisches Herzklopfen. Diese Körperreaktionen ließen, zumal in der Einsamkeit oder an widrigen Orten, Illusionen und Unbegreifliches vor einem aufsteigen.

Die diffuse Unruhe, die sich mitunter in Furcht verwandelte, macht die Dualität der mittelalterlichen Teufelsvorstellung begreiflich. Diejenigen, die ihm noch nicht begegnet waren, beschrieben ihn mit unrealistischer Präzision, während jene, die er heimgesucht hatte, unter der Ungreifbarkeit seiner Erscheinung litten. Prüfen wir Beschreibungen seines Eingreifens in das tägliche Leben des spätmittelalterlichen Menschen, so stellen wir fest, daß der Dämon, sobald er erkannt (und das heißt: verschwunden) ist, von ganz gewöhnlichem Aussehen war und daß die körperlichen Veränderungen, die sein Auftreten hervorgerufen hat, durchaus reale sind: vorzeitiges Alter, Lethargie, Symptome der Hysterie. Es gab ohne Zweifel die subjektive Erfahrung einer Gegenwart des Bösen; doch die schlimmsten Dämonen sind bekanntlich die in der eigenen Brust.

Das Wirkliche und das Wahre. Umstellt von den Mächten der Höhe und den Mächten der Tiefe, die ihnen mit göttlicher Erlaubnis bisweilen erschienen und sie heimsuchten; bis zum letzten Atemzug aufgefordert, Partei zu ergreifen für das Gute oder für das Böse, dessen Kohorten noch das Totenbett bedrängten, hatten die Menschen des Spätmittelalters offene Augen für das Unsichtbare. Geistliche und Analphabeten, die nichts miteinander gemein hatten als ihre Angst, Edelleute und Ta-

Der Triumph des Todes (Ausschnitt), 15. Jh. Eine Welt der Träume und Gesichte. (Palermo, Palazzo Sclafani)

gelöhner, die der Tod mit gleicher Beliebigkeit fällte, sie alle lebten in einer Welt, die mit Geistern bevölkert war und in der die Grenze zwischen dem Wirklichen und dem Wahren auch für das geschärfte Auge nicht auszumachen war.

»Seelen haben Fleisch, Gebeine und alle Glieder« – davon war Armande Rives aus Montaillou aus Erfahrung überzeugt. Einige Generationen später fragte der Ritter Georg der Ungar den Engel, der ihm das Fegefeuer zeigte, ob die Heiligen, die er da sah, Leiber hätten. Das Unsichtbare war im Körperlichen verwurzelt, und die Gemeinschaft der Toten und der Geister verlängerte ihre irdische Existenz, indem sie sich gelegentlich unter die Lebenden mischten. Eines Tages würden alle Auserwählten in die Glorie von ihres Vaters Haus eingehen, in die geistliche »domus« des Paradieses, auf welche die hierarchische Struktur menschlicher Gesellschaften projiziert wurde.

Aber schon im 14. Jahrhundert dämmerte eine neue Welt herauf. Das Individuum verspürte zunehmend das Bedürfnis, sein Bild und seine Erinnerung hier und jetzt zu wahren. Eine machtvolle Bewegung, die von den städtischen Gesellschaften des Abendlandes ausging, verschob die Grenzen des Bekannten und versetzte die Säulen des Himmels. Um die menschliche Gestalt entstand ein geometrischer, empfindungsloser Raum; Tränen, Staunen und Wunderglaube blieben fortan den Armen im Geiste überlassen.

Werfen wir einen Abschiedsblick auf alle diese materiellen Objekte, auf Dokumente und Darstellungen, Briefe und Chroniken, schlichte und erhabene Bilder, zerlesene Stundenbücher, Notariatsregister, Reste von Kleidungsstücken – lauter verwischbare, ungewisse Zeichen, kommentarlos hinterlassen. Es gibt keine unwiderlegliche, definitive Lesart oder Schlußfolgerung. Die Suche nach den Spuren der Intimität ist noch lange nicht zu Ende.

Anhang

Bibliographie

I. 11. bis 13. Jahrhundert

A. Geschichte, Recht, Anthropologie

Barthélemy, D., *Les Deux Ages de la seigneurie banale. Coucy (milieu XIe–milieu XIIIe siècle)*. Paris: Publications de la Sorbonne 1984.

Bloch, M., *Die Feudalgesellschaft*. Übers. E. Bohm u. a. Frankfurt/Main–Berlin–Wien: Propyläen 1982.

Bonassie, P., *La Catalogue du milieu du Xe à la fin du XIe siècle. Croissance et mutation d'une société*. 2 Bde. Toulouse: Université de Toulouse–Le Mirail 1975.

Bouchard, C. B., ›Consanguinity and noble marriage in the tenth and eleventh centuries.‹ *Speculum* 56-2, 1981, S. 268–287.

Dauvillier, F., *Le Mariage dans le droit classique de l'Église, depuis le décret de Gratien (1140) jusqu'à la mort de Clément (1314)*. Paris 1933.

Duby, G., *Ritter, Frau und Priester*. Übs. M. Schröter. Frankfurt/Main: Suhrkamp 1985.

– *Guillaume le Maréchal oder der beste aller Ritter*. Übs. R. Kaiser. Frankfurt/Main: Suhrkamp 1986.

– *Hommes et Structures du Moyen Age*. Paris: Mouton – de Gruyter 1973. (Sammlung von Aufsätzen, von denen sich einige mit den Verwandtschaftsverhältnissen im Adel und mit genealogischer Literatur befassen.)

– *Saint Bernard. L'art cistercien*. Paris: AMG 1976, sowie Flammarion: Reihe »Champs 77« 1979.

– *La Société aux XIe et XIIe siècles dans la région mâconnaise*. Paris: Mouton 1971 (2. Aufl.).

Famille et Parenté dans l'Occident médiéval. Hrsg. G. Duby und J. Le Goff. Paris–Rom: EFR [École française de Rome] 1978.

Fossier, R., *Enfance de l'Europe*. 2 Bde. Paris: PUF 1982.

– *La Terre et les Hommes en Picardie jusqu'à la fin du XIIIe siècle*. 2 Bde. Paris–Löwen: Nauwelaerts 1968.

Gaudement, J., *Église et Société en Occident au Moyen Age*. London: Variorum Reprints 1984. (Sammlung von Aufsätzen, von denen einer der römisch-kanonischen Definition der Ehe und ein anderer dem kirchlichen Zölibat gewidmet ist.)

Génicot, L., *Les Généalogies (Typologie des sources du Moyen Age occidental, 15)*. Turnhout: Brepols 1975.

– *La Noblesse dans l'Occident médiéval*. London: Variorum Reprints 1982. (Sammlung von Aufsätzen, von denen sich mehrere mit den Verwandtschaftsstrukturen im Adel befassen.)

Goody, J., *The Development of the Family and Marriage in Europe*. Cambridge und New York: Cambridge University Press 1983.

Grisward, J. J., *Archéologie de l'épopé médiévale*. Paris: Payot 1981.

Guerreau-Jalabert, A., ›Sur les structures de parenté dans l'Europe médiévale‹, *Annales ESC* 36, 1981, S. 1028–1049.

Héritier, F., *L'Exercice de la parenté*. Paris: Éd. du Seuil 1981.

– ›La Femme dans la civilisation des Xe–XIIIe siècles (Actes du colloque de Poitiers, 23–25 septembre 1976).‹ *Cahiers de civilisation médiévale* XX, 1977, S. 93–263.

Le Goff, J., *La Civilisation de l'Occident médiéval*. Paris: Arthaud 1972. (2. Aufl.).

Les Domaines de la parenté. Hrsg. M. Augé. Paris: Maspéro 1975.

Lévi-Strauss, C., *Die elementaren Strukturen der Verwandtschaft*. Übs. E. Moldenhauer. Frankfurt/Main: Suhrkamp 1981.

Molin, J.-B., und Mutembé, P., *Le Rituel du mariage en France du XIIe au XVIe siècle*. Paris: Beauchesne 1974.

Musset, L., ›L'aristocratie normande au XIe siècle‹. *La Noblesse au Moyen Age*. Hrsg. Ph. Contamine. Paris: PUF 1976, S. 71–86.

Poly, J.-P., und Bournazel, E., *La Mutation féodale*. Paris: PUF 1980.

Toubert, P., *Les Structures du Latium médieval*. 2 Bde. Paris–Rom: EFR 1974.

– ›La théorie du mariage chez les moralistes carolingiens.‹ *Settimane di studio del Centro italiano di studi sull'alto me-*

dioevo, XXIV, 1976: il matrimonio nella società altomedievale. Spoleto 1977, S. 233–285.

Valous, G. de, *Le Monachisme clunisien des origines au XVe siècle*. 2 Bde. Paris: Picard 1935.

Vauchez, A., *La Spiritualité du Moyen Age occidental*. Paris: PUF 1975.

Vercauteren, F., ›Une parentèle dans la France du Nord au XIe et XIIe siècle.‹ *Le Moyen Age* 4e s., XIX, 1963, S. 223–245. (Es geht um den Familienverband des Lambert von Wattreloos.)

Warlop, E., *The Flemish Nobility before 1300*. Courtrai: G. Desmet-Huysman 1975.

B. Archäologie

Boüard, M. de, *Manuel d'archéologie médiévale*. Paris: SEDES 1976.

– ›De l'*aula* au donjon. Les fouilles de la motte de la Chapelle à Doué-la-Fontaine (X^e^–XIe).‹ *Archéologie médiévale* III, Caen 1973, S. 5–110.

– ›La salle dite de l'Echiquier, au château de Caen.« *Medieval Archeology* IX, London 1965, S. 64–81.

Callebaut, D., ›Le château des comtes à Gand.‹ *Château-Gaillard* XI, Caen 1983, S. 45–54.

Colardelle, M., ›L'habitat médiévale immergé de Colletière à Charavines. Premier bilan des fouilles.‹ *Archéologie médiévale* X, 1980, S. 167–203.

Debord, A., ›Fouille du *castrum* d'Andonne à Ville-Joubert (Charente).‹ *Château-Gaillard* VII, Caen 1975, S. 35–48.

– ›Motte castrale et habitat chevaleresque.‹ *Mélanges d'archéologie et d'histoire médiévales en l'honneur du doyen M. de Boüard (Mémoires et documents publiés par la Société de l'École des chartes*, XXVII). Genf–Paris 1982, S. 83–90.

Decaëns, J., ›La motte d'Olivet à Grimbosq (Calvados), résidence seigneuriale du XIe siècle.‹ *Archéologie médiévale* IX, S. 167 ff.

›Les Fortifications de terre en Europe occidentale du Xe au XIIe siècle (colloque de Caen, 2–5 octobre 1980).‹ *Archéologie médiévale* XI, 1981, S. 5–123.

Fournier, G., *Le Château dans la France médiévale*. Paris: Aubier Montaigne 1978.

Héliot, P., ›Sur les résidences princières bâties en France du Xe au XIIe siècle.‹ *Le Moyen Age* 4e s., X, 1955, S. 27–61, S. 291 ff.

– ›Les origines du donjon résidentiel et les donjons-palais romans de France et d'Angleterre.‹ *Cahiers de civilisation médiévale* XVII, Poitiers 1974, S. 217–234.

– ›Nouvelles remarques sur les palais épiscopaux et princiers de l'époque romane en France.‹ *Francia* IV, 1976, S. 139 ff.

Lorren, C., ›La demeure seigneuriale de Rubery (milieu XIIe-début XIIIe).‹ *Château-Gaillard* VIII, Caen 1977, S. 185–192.

Mortet, V., *Recueil de textes relatifs à l'histoire de l'architecture et à la condition des architectes en France au Moyen Age (Collection de textes pour servir à l'étude et à l'enseignement de l'histoire)*. Paris: Picard 1911.

Pesez, J.-M., und Piponnier, F., ›Les maisons fortes bourguignonnes.‹ *Château-Gaillard* V, Caen 1972, S. 143–164.

Van de Walle, A., ›Le château des comtes de Flandre à Gand: quelques problèmes archéologiques.‹ *Château-Gaillard* I, Caen 1962, S. 163–169.

II. Das Zeugnis der Literatur

Baumgartner, E., *L'Arbre et le Pain, essai sur la Queste del Saint Graal*. Paris: Sedes 1981.

Bezzola, R., ›Les neveux.‹ *Mélanges Frappier*. Genf: Droz 1970.

Dragonetti, R., ›Pygmalion ou les pièges de la fiction dans le *Roman de la Rose*.‹ *Mélanges Bezzola*. Bern: Francke 1978.

Hasenohr, G., ›La vie quotidienne de la femme vue par l'Église: l'enseignement des ‚journées chrétiennes' de la fin du Moyen Age.‹ (Kremser Konferenz, 2.–5. Oktober 1984, *Frau und spätmittelalterlicher Alltag*.)

Laurioux, B., ›De l'usage des épices dans l'alimentation médiévale.‹ *Médiévales* 5, November 1983.

Lorcin, M.-Th., ›Le corps a ses raisons dans les fabliaux: corps féminin, corps masculin, corps de vilain.‹ *Le Moyen Age* 3–4, 1984.

Marchello-Nizia, Ch., ›L'historien et son prologue: forme littéraire et stratégies discursives.‹ *La Chronique et l'Histoire au Moyen Age*. Hrsg. D. Poirion. Presses universitaires de Paris: Sorbonne 1984.

– ›Le roman du Châtelain de Coucy et de la Dame de Fayel.‹ *Perspectives médiévales* 3, 1977.

– ›La rhétorique des songes et le songe comme rhétorique dans la littérature française médiévale.‹ *Actes du colloque ›Les songes au Moyen Age‹*. Rom, Oktober 1983.

– ›Entre l'histoire et la poétique, le ‚songe politique'.‹ *Revue des sciences humaines, Moyen Age flamboyant*, 1981–3.

Ménard, Ph., *Les Fabliaux. Contes à rire du Moyen Age*. Paris: PUF 1983.

Monfrin, J., ›Joinville et la prise de Damiette.‹ *Académie des inscriptions et belles lettres*. Sitzungsbericht 1976. Paris: Klincksieck 1976.

Pastoureau, M., ›Et puis vint le bleu . . .‹ *Europe, Le Moyen Age maintenant*. Oktober 1983.

Perret, M., › . . . A la fin de sa vie ne fuz-je mie‹ (Joinville), *Revue des sciences humaines, Moyen Age flamboyant*, 1981–3.

Poirion, D., *Le Poète et le Prince. L'Évolution du lyrisme courtois de Guillaume de Machaut à Charles d'Orléans.* Paris: PUF 1965.
– ›Le temps perdu et retrouvé . . . au XVᵉ siècle.‹ *Revue des sciences humaines, Moyen Age flamboyant*, 1981–3.
Pouchelle, M.-Ch., *Corps et Chirurgie à l'apogée du Moyen Age.* Paris: Flammarion 1983.
Zink, M., ›Musique et subjectivité. Le passage de la chanson d'amour à la poésie personelle aux XIIIᵉ siècle.‹ In: *Cahiers de civilisation médiévale.* Ausgabe Juli–Dezember 1982.
– *La Subjectivité littéraire autour du siècle de Saint-Louis.* Paris: PUF 1985.

III. 14. bis 15. Jahrhundert

A. Toskana

Neben unveröffentlichten Dokumenten aus den Archiven der Stadt Florenz wurden folgende gedruckte Quellen benutzt:

Alberti, L. B., *I Libri della famiglia.* Hrsg. R. Romano und A. Tenenti. Turin 1969.
– *De re aedificatoria*, ital. Übs. C. Bartoli. Florenz 1550.
Antonius von Florenz, *Opera a ben vivere.* ›Biblioteca dei santi‹, Bd. 11. Mailand 1926.
Barbaro, F., *De re uxoria*, in *Prosatori latini del Quattrocento, La Letteratura italiana, storia e testi.* Hrsg. E. Garin. Mailand–Neapel 1952. Bd. 13, S. 101–137.
Bernhardin von Siena, *Le Prediche volgari.* Hrsg. P. Bargellini. Mailand–Rom 1936.
Boccaccio, *Decamerone*, in *La Letteratura italiana (. . .)*, op. cit., Bd. 8, S. 3–764.
– *L'Elegia di madonna Fiammetta, ibd.*, S. 1060–1217.
Brucker, G., *Firenze nel Rinascimento.* Florenz: ›Documenti‹ 1980, S. 233–399.
Dallari, U., ›Lo stato suntuario bolognese del 1401 e il registro delle vesti bollate.‹ *Atti e Memorie della R. deputazione di storia patria per le provincie di Romagna*, Folge 3, Bd. 4 (1889), S. 1–44.
Dominici, G., *Regola del governo di cura familiare.* Hrsg. D. Salvi. Florenz 1860.
Francesco da Barberino, *Reggimento e Costumi di donna.* Krit. Ausg., Hrsg. Ge. E. Sansone. Turin 1957.
Giordano da Pisa, *Prediche del beato fra G. da Rivalto dell'ordine de' predicatori, recitate in Firenze dal MCCCII al MCCCVI.* 2 Bde. Hrsg. D. Moreni. Florenz 1831.
Giovanni (ser), *Il Pecorone.* ›Classici italiani minori‹. Ravenna 1974.
Lenzi, M. L., *Donne e Madonne, l'educazione femminile nel primo Rinascimento italiano.* Turin 1982.
Le Lettere di Margherita Datini a Francesco di Marco (1384–1410). Hrsg. V. Rosati. Prato 1977.
Masuccio Salernitano, *Il Novellino.* Hrsg. A. Mauro. Bari 1940.
Mazzei, L, *Lettere di un notaro a un mercante del secolo XIV, con altre lettere e documenti.* 2 Bde. Hrsg. C. Guasti. Florenz 1880.
Morelli, G. di P., *Ricordi.* Hrsg. V. Branca. Florenz 1956.
Motti e Facezie del Piovano Arlotto. Hrsg. G. Folena. Mailand–Neapel 1953.
Palmieri, M., *Della vita civile.* ›Scrittori politici italiani‹ 14. Bologna 1944.
Paolino Minorita (fra), *Del reggimento della casa* [. . .] Perugia 1860.
Paolo da Certaldo, *Libro di buoni costumi.* Hrsg. A. Schiaffini. Florenz 1945.
Paradiso degli Alberti, ritrovi e ragionamenti del 1389, romanzo di Giovanni da Prato. Hrsg. A. Wesselofsky. Bologna 1867.
Platina, B., *L'Ottimo Cittadino.* Hrsg. F. Battaglia. Bologna 1940.
Perosa, A., *Giovanni Rucellai e il suo zibaldone*, I: *Il Zibaldone quaresimale.* London: The Warburg Institute 1960.
Sacchetti, F., *Il Trecentonovelle.* Hrsg. V. Pernicone. Florenz 1946.
Sercambi, G., *Novelle.* ›Scrittori d'Italia‹ (250–251). Hrsg. G. Sinicropi. Bari 1972.
Statuta communis Parmae, ab anno 1266 ad annum circiter 1304. Parma 1867.
Statuti della Repubblica fiorentina. Hrsg. R. Caggese. Florenz 1910–1921. 2 Bde.: *Capitano del popolo, 1322–1325; Podestà, 1325.*
Strozzi, A. Macinghi, in: *Lettere di una gentildonna fiorentina del secolo XV ai figliuoli esuli.* Hrsg. C. Guasti. Florenz 1877.
Verde, A., *Lo Studio fiorentino (1473–1503), ricerche e documenti* III, 2: *Studenti ›fanciulli a scuola‹, 1480.* Pistoia 1977, S. 659 ff., *Michael ser Ugolini Vieri;* S. 759 ff., *Orsinus Johannis Lanfredini.*
Zoli, A., *Statuto del secolo XIII del comune di Ravenna.* Ravenna 1904.

Weitere Literatur

Archeologia medievale VII (1980), ›Per una storia delle dimore rurale.‹ Kolloquium Cuneo, 8.–9. Dezember 1979.
Balestracci, D., und Piccinni, G., *Siena nel Trecento, assetto urbano e strutture edilizie.* Florenz 1977.

Belgrano, L. T., *Vita privata dei Genovesi*. Genua 1875 (Nachdruck Rom 1970).

Bellomo, M., *Profili della famiglia italiana nell'età dei comuni*. Catania 1975 (2. Aufl.).

Cherubini, G., *Signori, Contadini, Borghesi: Ricerche sulla società italiana del Basso Medioevo*. Florenz 1974.

Cognasso, F., *L'Italia nel Rinascimento: Società e Costume*. Bd. V, 1: *Vita privata*. Turin: UTET 1965.

Davidsohn, R., *Storia di Firenze*. 8 Bde. Florenz 1956–1968.

Daffis-Felicelli, C., *Le ›popolo San Lorenzo‹, un quartier florentin au XIVe siècle (structures, patrimoines, société), 1318–1378*. Dissert. Aix–Marseille I, I, 1983.

Delort, R., *La Vie au Moyen Age*. Paris: Éd. du Seuil, Reihe ›Points Histoire‹, 1982.

– *Le Moyen Age. Histoire illustrée de la vie quotidienne*. Paris: Éd. du Seuil 1983.

Frati, L., *La Vita privata di Bologna*. Bologna 1900.

Heers, J., *Le Clan familial au Moyen Age*. Paris: PUF 1974.

– *Esclaves et Domestiques au Moyen Age dans le monde méditerranéen*. Paris: Fayard 1981.

Herlihy, D., und Klapisch-Zuber, C., *Les Toscans et leurs familles. Une étude sur le ›catasto‹ florentin de 1427*. Paris: Fondation nationale des Sciences politiques 1978.

Kent, F. W., *Household and Lineage in Renaissance Florence: The Family Life of the Capponi, Ginori and Rucellai*. Princeton 1978.

Mazzi, M. S., und Raveggi, S., *Gli Uomini e le Cose nelle campagne fiorentine del Quattrocento*. Florenz 1983.

Molmenti, P., *La Storia di Venezia nella vita privata*, I: *La Grandezza*. Bergamo 1905.

Schiaparelli, A., *La Casa fiorentina e i suoi arredi nei secoli XIV e XV*. Florenz: Sansoni 1908.

Strutture familiari, epidemie, migrazioni nell'Italia medievale. Hrsg. R. Comba, G. Piccinni und G. Pinto. Neapel 1984.

Tamassia, N., *La Famiglia italiana nei secoli Decimoquinto e Decimosesto*. Mailand–Palermo–Neapel 1910 (Nachdr. Rom 1971).

Zdekauer, L., *La Vita privata dei Senesi nel Dugento*. Siena 1896.

B. Der private Raum

Bardet, J.-P., Chaunu, P., Désert, G., Gouhier, P., Neveux, H., *Le Bâtiment. Enquête d'histoire économique, XIVe–XIXe siècle*, I: *Maisons rurales et urbaines dans la France traditionelle*. Paris–La Haye: Mouton 1971.

Artikel ›Bauernhaus‹ im *Lexikon des Mittelalters*, I. München 1980.

Boüard, M. de, op. cit.

Chapelot, J., und Fossier, R., *Le Village et la Maison au Moyen Age*. Paris: Hachette, Reihe ›Bibliothèque d'archéologie‹ 1979.

Chevalier, B., *Les Bonnes Villes de France du XIVe au XVIe siècle*. Paris: Aubier-Montaigne 1982.

Contamine, Ph., *La Vie quotidienne pendant la guerre de Cent Ans. France et Angleterre, XIVe siècle*. Paris: Hachette, Reihe ›Vies quotidiennes‹, 1978 (2. Aufl.).

Demians d'Archimbaud, G., *Les Fouilles de Rougiers (Var)*. Paris: CNRS 1982.

Eames, P., *Furniture in England, France and the Netherlands from the Twelfth to the Fifteenth Century*. London 1977.

Gonon, M., *La Vie familiale en Forez au XIVe siècle et son vocabulaire d'après les testaments*. Universität Lyon 1961.

Herlihy, D., und Klapisch-Zuber, C., op. cit.

Hervier, D., *Une famille parisienne à l'aube de la Renaissance. Pierre le Gendre et son inventaire après décès. Étude historique et méthodologique*. Paris: Champion 1977.

Leguay, J.-P., *La Rue au Moyen Age*. Rennes: Ouest-France, Reihe ›De mémoire d'homme‹, 1984.

Lehoux, F., *Le Cadre de vie des médecins parisiens aux XVIe et XVIIe siècles*. Paris: Picard 1976.

LeRoy Ladurie, E., *Montaillou. Ein Dorf vor dem Inquisitor 1294 bis 1324*. Übs. P. Hahlbrock. Frankfurt/Main–Berlin: Ullstein 1980.

La Maison de ville. Autorenkollektiv, Hrsg. J. Guillaume. Paris 1984.

Pesez, J.-M., ›Une maison villageoise au XIVe siècle: les structures‹. *Rotterdam Papers* 2 Rotterdam 1975, S. 139–150.

Piponnier, F., ›Une maison villageoise au XIVe siècle: le mobilier‹. *Rotterdam Papers* 2 Rotterdam 1975, S. 151–170.

Quenedey, R., *L'Habitation rouennaise. Études d'histoire, de géographie et d'archéologie urbaines*. Rouen 1926.

Roux, S., *La Maison dans l'histoire*. Paris: Albin Michel 1976.

Wood, M., *The English Mediaeval House*. London 1965.

C. Auftritt des Individuums

Appuhn, H., ›Das private Andachtsbild im Mittelalter an Hand der Funde des Klosters Wienhausen.‹ *Leben in der Stadt des Spätmittelalters*. Wien 1977, S. 159–169.

Baudrillart, H., *Histoire du luxe privé de l'Antiquité à nos jours*. Paris 1880.

Beyer-Fröhlich, M., *Die Entwickelung der deutschen Selbstzeugnisse*. München 1930.

Buchner, E., *Das deutsche Bildnis der Spätgotik und der frühen Dürerzeit*, Berlin 1953.

Cohen, K., *Metamorphosis of the Death Symbol*. London 1973.

Le Diable au Moyen Age. Serie ›Sénéfiance‹, Nr. 6. CUERMA, Aix-en-Provence 1979.

Dinfelbacher, P., *Vision und Visionsliteratur im Mittelalter*. Stuttgart 1981.

Eisenbart, L. C., *Kleiderordnungen der deutschen Städte zwischen 1350 und 1700.* Göttingen 1962.
Erickson, C., *The Medieval Vision. Essays in History and Perception.* Oxford 1976.
Études sur la sensibilité au Moyen Age. Actes du 102e Congrès national des sociétés savantes (Limoges 1977). Paris 1980.
Faire croire. EFR 51, 1981.
Fink, A., *M. und K. V. Schwarzsche Trachtenbücher.* Berlin 1963.
Frey, D., *Kunstwissenschaftliche Grundfragen.* 1946 (Neuausgabe Darmstadt 1972).
500 Jahre Rosenkranz: Kunst und Frömmigkeit im Spätmittelalter. Köln 1976.
Gmelin, H., ›Personendarstellung bei den florentinischen Geschichtsschreibern der Renaissance.‹ *Beiträge zur Kulturgeschichte des Mittelalters und der Renaissance* 31, 1927 (Neuausgabe 1973).
Guglielminetti, M., *Memoria e Scrittura. L'Autobiografia da Dante a Cellini.* Mailand, Reihe ›Piccola Biblioteca Einaudi‹ 199, 1977.
Heyne, M., *Fünf Bücher deutscher Hausaltertümer,* III: *Körperpflege und Kleidung.* Leipzig 1903.
Hinz, B., *Das Ehepaarbildnis. Seine Geschichte vom 15. bis zum 17. Jahrhundert.* Dissert. Münster 1969.
Imhof, A.-E., *Der Mensch und sein Körper von der Antike bis heute.* München 1983.
Kriegk, G.-L., *Deutsches Bürgertum im Mittelalter.* Frankfurt/Main 1868–1871.
LeRoy Ladurie, E., op. cit.
Misch, G., *Geschichte der Autobiographie.* Frankfurt/Main 1949–1955.
Murner, Th., *Die Geistliche Badenfahrt, mit Erläuterungen über das altdeutsche Badewesen.* Hrsg. E. Mart. Straßburg 1887.
Payen, J.-Ch., *Littérature française: Le Moyen Age.* Paris: Arthaud 1970, Bd. I.
Poirion, R., *Littérature française: Le Moyen Age.* Paris: Arthaud 1970, Bd. II.
Post, P., *Die französisch-niederländische Männertracht 1350–1475.* Dissert. Halle 1910.
La Prière au Moyen Age. Reihe ›Sénéfiance‹ Nr. 10, CUERMA, Aix-en-Provence 1981.
Scheffler, W., ›Die Porträts der deutschen Kaiser und Könige im späteren Mittelalter (1292–1519).‹ *Repertorium für Kunstwissenschaft* 33, 1910.
Schultz, A., *Deutsches Leben im 14. und 15. Jahrhundert.* Wien 1892.
Suckale, R., ›Arma Christi. Überlegungen zur Zeichenhaftigkeit mittelalterlicher Andachtsbilder.‹ *Städelsches Jahrbuch* 6, 1977, S. 177–200.
Vogt, K., *Italienische Berichte aus dem spätmittelalterlichen Deutschland, von Francesco Petrarca zu Andrea de' Franceschi (1333–1492).* ›Kieler Historische Studien‹ Bd. 17, 1973.
Vogt, M., ›Beiträge zur Geschichte der Visionenliteratur im Mittelalter.‹ *Palaestra* 146, 1924.
Zoepf, L., ›Die Mystikerin Margaretha Ebner (1291–1351).‹ *Beiträge zur Kulturgeschichte des Mittelalters und der Renaissance* 16, 1914.
Waas, A., *Der Mensch im deutschen Mittelalter.* Köln 1964.

Bildnachweise

Die in diesem Band enthaltenen Abbildungen haben uns die folgenden Personen, Archive und Institutionen zur Verfügung gestellt: Aerofilms, London 372; R. Agache 56, 70; Bildarchiv Foto, Marburg 87, 93, 122, 140, 144, 153; Bildarchiv Stiftung Preußischer Kulturbesitz, Berlin (Fotos J. P. Anders) 188 o., 214, 218, 242, 243, 502, 505 l., 578; Bulloz 76–77, 350, 410 o., 437, 455, 533, 549, 574; A. Chatelain 376, 379, 382, 393; G. Dagli Orti 101, 136, 163, 166, 171, 172, 174, 194, 237, 244, 293, 312, 316, 324, 326, 345, 361, 392, 396, 486, 499, 500, 501, 503, 505 r., 515, 519, 527, 528, 534, 537 o., 554, 555, 557 o., 568, 581, 583; F. Garnier 16, 46, 66 o., 81, 142, 149, 150, 458, 460, 493; Giraudon 219, 287, 300, 308, 310, 319 o., 323, 328; CFL 331, 357, 366 u., 431, 461, 462, 467 o., 470, 483, 485, 487, 488, 510, 512, 523, 524, 526, 530, 541, 543 u., 545, 550, 569, 570; Alinari-Giraudon 175, 177 o., 178 l., 179, 180, 182, 185 o., 186, 187, 189, 190, 192, 213, 216, 225, 228, 258, 263, 276, 277, 280, 492, 504, 522, 525, 575 o.; Anderson-Giraudon 18, 169, 177 u., 179 r., 179 u., 181, 183, 184, 185 u., 188 u., 195, 215, 219 u., 223, 227, 233, 247, 257, 259, 262, 265, 266, 267, 269, 271, 278, 282, 292, 294–295, 296, 508 o., 513, 515, 544, 586; Bridgeman-Giraudon 246, 560; Brogi-Giraudon 178 r., 179 l.; Bruckmann-Giraudon 496, 511, 579; Hanfstaengl-Giraudon 511; Lauros-Giraudon 542 u., 584; R. Goguey, Dijon 388; M. Langrognet 176, 190, 191, 195 o., 196, 197 o., 199, 229, 231, 291; ARXIU MAS, Barcelona 92; Rapho/J.-M. Charles 384; Réunion des Musées nationaux, Paris 220, 221, 241, 274, 281, 309 u., 389 o., 476 u., 508 u., 538 o., 543 o., 580, 582; Roger-Viollet 297, 432, 433, 527 u., 559; Anderson-Viollet 251, 260, 531; J. Roubier 51, 59 o., 381, 385, 477, 489–490; G. Saint-Yrieix 386; Scala, Florenz 164, 167, 193, 203, 206, 226, 236, 261, 270, 275, 277 o.; Studio M. Delcroix 321; J. Vigne 368 o., 457; YAN 83, 88, 412; Zodiaque 57, 58–59, 451; Archives de la Drôme 44, 86, 400, 401; Archives départementales de Meurthe-et-Moselle 157 o.; Archives départementales du Nord 156; Archives départementales de l'Oise 417; Archives de Poitiers (Fotos A. Maulny) 447; Archives Nationales/Seuil 408; Bibliothèque municipale, Avignon 444; Bibliothèque municipale, Carcassonne 320; Bibliothèque Nationale, Paris 8–9, 50, 73, 99, 113, 116, 135, 137, 157 u., 160, 201, 204, 211, 212, 239, 245, 254, 285, 302, 303, 304, 309 o., 311, 313, 314, 315, 329, 332, 333, 335, 338, 343, 346, 348, 349, 351, 353, 354, 356, 359, 360, 362, 363, 364, 365, 366 o., 368 u., 369, 370, 402, 403, 406, 407, 409/414, 410 u., 411, 415, 418, 434, 435, 438, 448, 459, 463, 465, 467 u., 469, 479, 480, 481, 482, 485, 491, 506 u., 516, 532, 536, 537 u., 538 u., 539, 542 o., 556, 557 u., 558, 561, 562, 572, 575 u., 576; Bibliothèque Nationale/Seuil 442, 443, 440, 441, 449, 562, 563, 564, 565, 567; CAHMGI, Grenoble 78, 82, 84; Centre d'études supérieurs de civilisation médiévale, Poitiers 111; CNMH/SPADEM (Fotos J. Feuillie) 59, 65; (Fotos Lefevre-Pontalis) 155; (CNMH-SPADEM) 67, 96, 110, 378, 472; CRAM, Caen 71, 374, 375, 377, 383; EHESS 427, 428, 476 o.; IRHT, Orléans 60, 61 o., 62, 63, 64, 65 o., 68, 90, 94, 98, 124, 133, 134, 139, 152; Laboratoire d'archéologie médiévale méditerranéenne, Aix-en-Provence 69, 79, 389; Musées d'Arles 85; Archives auteurs 54, 386 o., 453; Archives Seuil 398, 506 o., 517, 520; Bibliothèque royale, Brüssel 61 u., 66 u., 89; Bibliothèque de l'université, Gent 518; Staats- und Universitätsbibliothek, Göttingen 127; Bibliothèque de l'université, Lüttich 347; Biblioteca Trivulziana, Mailand 279; Bayerische Staatsbibliothek, München 319 u.; Pierpont Morgan Library, New York 48, 429; Stiftsbibliothek, St. Gallen 53; Bildarchiv Österreichische Nationalbibliothek, Wien 468; Öffentliche Kunstsammlung, Basel 509, 540; Städelsches Kunstinstitut, Frankfurt am Main 197; Galerie Thyssen, Lugano 535; Museo civico, Turin 494; Schloßmuseum, Weimar (Foto E. Renno) 529;

Farbige Abbildungen zwischen den Seiten 288–289 (in dieser Reihenfolge): Musée Condé, Chantilly (Giraudon) Bibliothek des Escorial, Madrid (G. Dagli Orti); Bibliothek des Escorial, Madrid (Giraudon); Bibliothek des Escorial, Madrid (G. Dagli Orti); Dom, Verkündigungskapelle, Prato (Scala); Castello di S. Giorgio, Mantua (G. Dagli Orti); San Giovanni, Baptisterium, Urbino (G. Dagli Orti); Galleria Nazionale d'Umbria, Perugia (G. Dagli Orti); Musée Condé, Chantilly (G. Dagli Orti); Musée Condé, Chantilly (Giraudon); Musée Condé, Chantilly (G. Dagli Orti); British Library, London (Edimédia © Archives Snark); Cappella S. Nicola, Tolentino (G. Dagli Orti); Musée des Beaux-Arts, Straßburg (G. Dagli Orti); Museo S. Carlos, Mexico City (G. Dagli Orti); Galleria Nazionale d'Umbria, Perugia (G. Dagli Orti).

Die Autoren und Herausgeber fühlen sich verpflichtet, den Herren Michel de Boüard, Michel Fixot und Jean-Marie Pesez, die großzügig kostbare Dokumente zur Verfügung gestellt haben, ihre Dankbarkeit auszudrücken.

Register

Sachregister

Abenteuer 302, 307, 312, 318, 362, 473, 493
Aberglaube 332
Abgaben 38, 399
Abort siehe Latrine
Absolution 64
Abstammungsrechnung siehe Filiation
Adel 31, 49, 68–87, 98, 106 f., 113, 114, 121, 143, 149, 158 f., 180, 232, 234 f., 236, 240, 386, 387, 388 f., 396, 431, 445, 487, 510
Adoleszenz 220–224, 238
Aggression, Aggressivität 294, 351
Ahnenporträts 251
Alleinsein (siehe auch Einsamkeit) 56, 68, 70, 215, 305 f., 318, 341, 500 f.
Allodialgut 112, 157
Almosen 138
Alter 224 f., 536 f., 540 f., 556
Analverkehr (in der Ehe) 212, 550
Anciennität 124
Andacht 291, 296, 450, 490–495, 552, 579, 580
Angst 56, 305, 365, 584 f.
Arbeit 36, 89 f., 200, 208, 210, 221 f., 223, 238, 450, 454, 469, 479, 523 f.
Armut, Arme 36, 60, 93, 174 f., 183, 225, 234, 253, 255, 260, 266, 404, 417, 435, 456, 459 f., 464, 491, 532 f.
Askese 341, 459, 487, 495, 552
Ästhetik 342
Auflehnung 205, 223 f., 253, 494
Aufruhr 230
Aula 66, 375, 376, 378 f., 380, 382, 392 f., 395, 435 f.
Autobiographie 358, 495, 499 f., 502 f., 504–507, 509 f., 515–517, 519, 585
Autonomie 161, 223, 256, 475–477, 483
Autorität 34, 80, 89, 117, 123, 140, 204 f., 207, 209, 222, 255, 286, 291–297

Backofen 418, 420, 429
Backtrog 183, 199, 226
Bäckerei 52, 84, 446
Bad, Bäder 54, 346–348, 351, 354, 448, 487 f., 559–561, 563–567
Baldachin 188, 288, 458, 460 f., 462
Bank 188, 234, 238, 429, 439
Bann 108, 110, 385
Banner 26, 473
Basilika 77
Bastard 122, 143, 152, 155, 165
Bauern 113 f., 165, 173, 181, 183, 192 f., 198, 213, 224, 245, 256, 387 f., 417, 532, 544 f.
Bauernhaus 387 f., 415–430
Bauernhof 422 f.
Begehren 134, 308, 310, 322, 335, 354, 356, 358, 487, 549
Beginenhof 451 f.
Begräbnis 243 f., 263, 268 f., 290
Beichte 65, 263, 294, 494 f., 559, 578
Beileidsbezeugung 268
Bekenntnis 357, 359, 498, 501 f., 504–508
Beleidigung 145, 225
Beleuchtung 71, 85, 191 f.
Benediktinerkloster 52, 452 f., 478 f.
Bergfried siehe Donjon
Berufung, religiöse 293
Besitz 26, 38, 100, 109, 204, 406, 475
Bett 74, 139 f., 186–188, 212 f., 220, 314–316, 454, 455–464
Bettlerorden 294, 297, 454, 493, 576, 579
Bevölkerung 172, 225, 228, 377, 399–405, 406, 413, 430 f.
Bewässerung 416
Bibliothek 81, 270, 442, 448, 467, 576
Bigamie 202, 286, 290
Bildung, christliche 294
Biographie 374, 477, 482
Blick 277 f., 292 f., 303 f., 309, 330, 334 f., 345 f., 351–354, 363, 368 f., 484, 524–526, 543 f., 564 f.
Blutsverwandtschaft 95, 105, 121 f., 128, 154
Brachland 405 f.
Brandstiftung 28, 424
Briefe 147, 208, 215, 247, 248 f., 259 f., 265 f., 268, 294, 318, 341, 553, 555 f.
Briefwechsel 216, 245–250, 260, 495
Briganten 161, 171
Brigate 169 f., 234 f., 238
Brot 32 f., 67, 84 f., 86
Bruderschaft (siehe auch Kongregation) 62, 67, 94, 168, 223, 432, 538, 574, 579
Brunnen 70, 200, 234, 277, 331, 433, 446, 487
Bündnis 100, 109 f., 112 f., 123, 126, 128 f., 135, 147 f., 166, 173, 234, 328
Bürger 32, 35, 164 f., 176 f., 198, 212, 224, 225 f., 236, 240, 245, 270 f., 431, 436 f., 499, 534
Bürgerhaus 182, 225, 270
Burg (Château, Schloß) (siehe auch festes Haus) 33, 70, 108, 149, 374 f., 376 f., 380 f., 382–387, 396 f., 409, 445–449, 450
Buße 64, 459, 475, 494 f.
Butigler 83, 84

Camerlengo 436
Chanson de toile 89, 330
Château siehe Burg
Chronik 102, 105, 302, 355, 358 f., 374, 502, 514 f., 519, 584 f.
Cognatio 98, 104
Commendatio 23, 37
Consortes 231, 239, 241, 242 f., 244 f., 250, 253 f., 258, 289
Cortile 178, 180, 183, 235, 429
Courtoisie 77, 319
Curtis 27, 29, 30, 35, 50, 65

Dach 421, 426, 429 f., 432, 434, 449
Dame (im Ritterroman) 91, 148
Dekor 176
Desponsatio 135 f., 138, 140, 150
Dichtung 356 f., 358, 360, 566 f.
Diebstahl 28, 274
Diener (siehe auch Gesinde) 74, 82, 84, 394
Disziplin 293, 340, 452 f., 474, 576 f.
Domestiken 39, 165, 225–228, 449 f., 464
Dominus siehe Hausherr
Domus 28, 32, 378, 387, 426
Donjon (auch Bergfried) 70, 373, 376 f., 379 f., 382 f., 386, 391 f., 439
Doppelgänger 301, 309, 316, 328, 331, 341
Ehe 90, 129, 132–143, 279–284, 321, 477, 549 f.
Ehebruch 91, 92, 151 f., 252 f., 316, 321, 324
Ehepaar 79, 98, 100, 125–132, 147, 149–154, 162, 209, 211–213, 252 f., 265, 321, 333 f.
Eheschließungen 132–140, 212, 242

Ehevertrag 133, 283
Ehre 91, 104, 114, 118 f., 123, 253, 276, 287 f., 487, 500
Ehrerbietung 30, 209, 227, 249
Eifersucht 324
Eigentum 26, 93, 102, 109, 175, 204, 231 f.
Einfriedung 27, 28, 29, 33, 35, 70, 235, 303 f., 305, 375, 406 f., 409
Einhegung 26 f., 303, 329, 406 f., 421
Einsamkeit (siehe auch Alleinsein) 67, 120, 147, 161, 225, 296, 302, 306 f., 309, 312, 360 f., 475, 478–480, 574
Einsiedler 161, 306 f., 450 f., 478–480
Ekstase 366 f., 582–584
Emanzipation 132, 151, 223
Enterbung 156
Entführung 92, 130, 146
Entlausen 88, 201, 211, 556
Entvölkerung 406, 425
Entwöhnung (des Säuglings) 217
Epidemien 172, 218, 240, 263, 430, 546
Epos 103, 116 f., 560 f.
Erbschaft 94, 114, 121, 152 f., 227, 254 f., 290
Eremit siehe Einsiedler
Erinnerungen (Memoiren) 167, 214, 231 f., 250–252, 257 f., 258 f., 266, 302, 355, 358 f., 500, 508 f., 515
Ernährung 545 f., 552 f.
Erotik 346 f., 488, 561
Erzählen 202, 238 f., 313, 502, 507, 515–517
Erziehung 206 f., 209, 217, 219, 269–272, 294, 297, 335 f., 537, 539, 576 f.
Exemplum 493–495
Exil 245 f., 247, 321, 324, 326
Exogamie 140 f., 142

Familia 28, 35, 37, 95, 235, 385, 443
Familie 23, 32, 42 f., 52, 76, 97 f., 100, 106 f., 113, 154 f., 158 f., 162–166, 180, 205, 214, 225 f., 231 f., 238 f., 244, 245 f., 252, 268, 269 f., 289 f., 293, 321 f., 391, 402 f., 464, 477, 500, 510–514, 524 f., 577
Familienname (Sippenname) 99 f., 166, 230 f., 359
Familienrat 117
Familienverband 96, 500
Familienvereinigung 36
Farben 310, 362 f., 484, 530 f., 537, 538 f., 540, 570 f.
Feen 309, 316, 319 f., 322, 345, 348, 351, 363, 481
Fenster, Fensterläden 74 f., 176, 190 f., 276–279, 280, 330, 380, 382, 429, 433, 439, 442, 446
Fest 21, 50, 75 f., 80, 223, 238, 243, 276 f., 279, 286 f.
Festmahl 31, 67, 70, 86, 134, 138, 243, 287 f., 443
Feudalisierung 24, 31, 39, 390
Filiation (Abstammungsrechnung) 97, 100, 106, 120 f., 123, 126, 128
Fiskus 108, 232
Fleisch 84 f., 86, 198, 545 f.
Fluch (über einer Sippe) 104
Foganha 427 f.
Frau 28, 33, 36, 50, 62, 74, 82, 87–92, 107, 114, 125 f., 128 f., 132, 138, 143–149, 151 f., 170, 195, 205, 206 f., 207–209, 215, 225, 244, 264, 274–279, 291, 296 f., 308 f., 317, 324, 329–333, 334–337, 338, 339 f., 417, 451 f., 481, 487–490, 511, 535, 542 f., 551, 582–584
Frauengemach (Kemenate) 86 f., 276 f., 301 f., 312 f., 317, 322, 329–333, 395
Freier (Heiratskandidaten) 131, 280
Fresken 196, 264, 283
Freundschaft 23, 30, 33, 41, 166 f., 232, 236, 249, 277
Friede, Friedensordnung 25, 27, 29, 40 f., 42 f., 93, 119, 149, 208, 290, 386, 473
Friedenskuß 63, 65
Friedhof 55, 93, 413, 544
Frisur siehe Haare
Frömmigkeit 276, 291 f., 296 f., 335, 340, 480, 490 f., 492 f., 495, 542, 576, 577–581
Frohsinn 195 f.
Frondienste 38

Garderobe (Ankleidezimmer) 442, 444, 446, 448, 467
Garten 51, 74, 176 f., 180, 235, 308 f., 330 f., 408 f., 414, 429 f., 435, 442, 444 f., 446, 449
Gastfreundschaft 38, 60, 77, 240, 273 f., 559 f.
Gattenliebe 149 f., 155
Gebärde 31, 63, 136, 264, 319, 337, 341, 361, 369, 483, 566 f.
Gebet 66, 89, 211, 223, 250, 291, 340, 450, 454, 469, 478 f., 492, 495, 578 f., 580 f.
Gefängnis 205, 308
Gefühle (Empfindungen) 215, 217, 264–269, 315, 498, 504–506, 509, 528 f., 568–574, 578, 580
Gefühlsbezeugung 249, 267 f., 287, 326, 329, 539, 573 f. 579 f., 581
Gehäuse, privates 39, 210, 313, 473
Geheimnis 90, 227 f., 236, 284, 302, 307 f., 316, 319 f., 327, 332, 363, 477, 524–526
Geld 59, 94, 138, 159, 475, 546
Geleit, geistliches 294, 339 f.
Gemeinschaft, Gemeinschaftsleben 23, 32, 40 f., 49–52, 56, 89, 149–154, 200–209, 329, 334–337, 449–455, 469, 474, 478 f., 481
Genealogie 100, 114, 124 f., 143, 514 f.
Gerät (landwirtschaftliches) 429
Gerechtigkeit 29
Geruchssinn 293, 343 f., 571 f.
Gesang 66, 236, 450
Geschenke 30, 81, 136, 138, 168, 227, 243, 286, 318 f., 321
Geschirr 72, 183 f., 188, 397
Geschmack 293, 295, 536 f., 571
Geschmeide 196, 229, 290, 318 f., 532
Geselligkeit 30 f., 68, 166, 169, 170 f., 240, 308 f., 316 f., 347, 474 f., 500, 546, 560
Gesellschaft 42, 87, 95, 98, 114–120, 148, 158 f., 297, 351, 352 f., 469, 473 f., 520, 529–531, 538
Gesichtssinn 295, 568–571
Gesinde 55, 226, 339
Gesundheit 313, 342, 344, 413, 544 f., 552 f., 560 f.
Getreide, Getreidespeicher 198, 420, 435, 545 f.
Gewalt 28, 86, 87, 88 f., 102, 108, 113, 131, 133, 140, 159, 204 f., 210, 222, 289, 305, 473, 551
Gewalttätigkeiten 28, 40, 86, 230
Gewissen 292, 476 f., 493, 494 f., 507
Gewürze 313
Glas 191, 433
Goldschmiedearbeiten 396
Gottesurteil 151 f.
Gräber 93, 231
Gregorianische Reform 111
Gruppe, Gruppenbildung 30, 98, 100, 105, 161 f., 168 f., 170, 223, 237 f., 289, 316, 331, 473, 537 f.
Güter 173, 234 f., 248, 255, 408, 423 f.

Haare (auch Frisur) 289, 344 f., 488 f., 520, 523, 558 f.
Halbpacht 423
Halle (siehe auch Saal) 77, 380, 389, 391, 392–395
Händler 184
Handwerk 55, 200, 432, 476
Haus 23, 27, 31, 33, 50 f., 173 f., 176, 177 f., 337–339, 378, 465, 546 f.
Haus, festes (siehe auch Burg) 69, 70, 158. 232, 387–390
Haus, langes 417–422
Hausarbeit, weibliche 89 f., 208, 216, 221 f., 229, 276, 330 f., 340
Haushalt 24, 32, 45, 75, 81 f., 161, 162 f., 164 f., 173, 225 f., 228, 385, 391. 399–405, 477
Hausherr 24, 28, 36, 37, 42, 79, 88 f., 214 f., 227 f., 387, 446, 466
Hausherrin 81, 87, 226, 229 f.
Hauswirtschaft 152, 198 f., 216
Heilige 39, 131, 231, 477, 581
Heimlichkeit 22, 90 f., 284–286, 309, 319, 362, 474, 480, 483 f.
Heirat 108, 109 f., 112 f., 121, 123, 126 f., 128, 132 f., 147 f., 166, 222, 279 f., 286

Herberge 55, 456
Herd, Herdstelle 162–164, 192 f., 337 f., 399 f., 402–405, 418, 425, 433, 473
Herrschaft 81, 158, 294, 317, 376
Hexerei 292
Hierarchie 34, 78, 83, 84, 123, 143, 209, 255, 266, 338 f., 469, 485
Hochzeit, Hochzeitsfeier 78, 241 f., 242 f., 290, 560
Hörige 40
Hof (eines Hauses oder einer Burg) 176 f., 180, 378, 429, 433, 435, 438, 441, 442 f., 444 f., 446, 449, 451
Homosexualität 67, 90, 171, 284 f., 290, 551
Hospital siehe Krankenhaus
Hospiz 218
Hôtel 394 f., 431, 436–439, 449, 450, 466 f., 469
Huldigung 77, 118, 120
Humanisten 202, 207, 221, 245, 294, 297, 500 f., 507, 524, 563
Hygiene 200, 345, 464, 546–548
Hypergamie 128, 147

Ich 355, 356–358, 359–361, 477, 502 f., 505, 516, 582
Identität 327, 355, 362–369, 477, 500, 517 f., 541
Ikone 188 f., 211, 213, 215, 291
Impotenz 154 f., 354
Inneneinrichtung 194–200
Innerlichkeit 340, 355 f., 358, 492 f., 574–577, 580
Interieur 188, 382, 462, 524
Intimität 22, 176, 211–213, 264 f., 268 f., 274, 302, 333 f., 346 f., 362, 464, 480, 483 f., 497 f., 500, 524, 544
Inzest 91, 126, 140 f., 143, 284, 290, 321, 323 f., 331
Isogamie 110, 128

Jagd 30, 81, 237, 388, 408 f.
Jawort 212, 283
Jugend 33, 86, 117 f., 169, 172, 235–238, 292, 537, 556
Jungfräulichkeit 80, 131, 212, 354, 408

Kamin 193 f., 380 f., 430, 433, 442, 444, 448, 465
Kammer 30, 50, 71 f., 176, 181 f., 185 f., 213 f., 217 f., 274, 310 f., 329 f., 374, 390 f., 418 f., 465
Kämmerer 33, 59, 83, 84, 394, 442
Kanalisation 200
Kapelle 30, 74, 215, 231, 250, 375, 378, 380, 435, 436, 437, 438, 439, 442 f., 444, 446, 452, 460 f., 465, 467, 492, 523
Kartäuser 450 f., 479, 481, 574, 578
Kataster 255, 257, 290, 414
Kaufmann 207, 245, 476, 510 f.
Keller 52, 54, 432 f., 435, 436, 442, 444
Kellermeister 59
Kelter 436
Kemenate siehe Frauengemach
Kerker 376
Kerzen, Kerzenleuchter 86, 191–193
Kessel 183
Ketzerei 426 f., 428, 480, 491 f., 494
Keuschheit, Keuschheitsgürtel 147, 276, 487
Kinder 79, 135, 168 f., 172, 202 f., 203 f., 205, 207, 209, 217–219, 222 f., 235 f., 253, 257 f., 270, 322, 524 f.
Kindsmord 218, 253, 266
Kirchen 40, 52, 66, 93, 100 f., 132, 231 f., 250, 277, 411 f., 413 f., 467, 492, 523
Klausner siehe Einsiedler
Kleiderordnungen 284, 290, 530 f., 538
Kleidung (siehe auch Tracht) 59, 94, 184 f., 188, 194 f., 218 f., 229 f., 288 f., 290, 301, 319, 349–354, 488, 529–541
Kleriker, Klerus 43, 76, 80, 90, 124 f., 132, 136, 138, 205, 240, 292 f., 339 f., 431, 435 f., 450, 490 f., 492 f., 495
Klientel, Klienten 31, 168, 175, 234, 248 f., 432
Kloster 22, 52–68, 93, 110 f., 145, 210, 297, 413, 440 f., 444, 450–455, 459 f., 464, 465, 477, 487 f., 490
Klosterhof 65 f., 234, 440 f., 442 f., 444, 451, 478
Klosterleben 52–68, 478–480, 502
König 29, 30, 31, 33, 114, 141, 144, 204, 394, 464, 518–522
Körper 230, 317, 336, 341–355, 362, 364, 484–490, 520 f., 525, 528 f., 535 f., 541–567
Körperschaften siehe Zünfte
Kollektivität 22 f.
Komfort 189–194, 213, 348, 383, 386, 438, 446 f., 464, 466
Kommunion 65
Konflikte 125, 145, 252 f., 254 f., 317, 325 f., 329, 411 f.
Konkubine 109, 253, 317
Konnetabel 59
Konsul 42 f.
Kontobücher 511–513, 531
Konvenienz 345, 530, 537, 542
Konversation 202, 211, 238 f., 278, 318, 330
Konzil 34, 35, 136, 142, 147, 494 f., 563, 578
Kopfbedeckung 523, 532
Krämer 200, 245, 432
Krankenhaus 63 f., 191, 260 f., 450, 460, 464
Krankheit 64 f., 239 f., 260 f., 413, 528, 553, 558
Kreuzgang 65 f., 234, 444
Kreuzzug 147 f., 459
Krieg 112, 120 f., 144 f., 147 f., 158 f., 285, 373, 376, 379, 387, 425, 430 f.
Kruzifix 297, 492
Küche 52, 54, 73, 181, 198 f., 378, 389, 427 f., 435, 442, 446, 449, 465
Kunst 12, 196 f., 264, 476, 487, 490, 503, 517 f., 518 f., 525, 542 f., 569–571, 580
Kurie 29

Lärm 572
Laterne 192
Latrine 54, 60, 380 f., 430, 433 f., 448, 546 f.
Laudatio parentum 101, 109, 153, 159
Lebensmittel 55, 59, 74, 198
Lehen, Lehnswesen, Lehnsherr 34, 77, 159
Leibgedinge (Wittum) 152 f., 156
Leichenzug 244
Leiden (körperliches) 260 f., 264, 579 f., 583 f.
Lektüre, lesen 202, 215, 332, 340 f., 355 f., 358, 450, 478, 492, 502, 504, 574, 578
Leprosorium 357, 450, 460
Letzte Ölung 65, 263
Liebe 51, 151, 238, 265 f., 267, 308, 323, 350, 352, 356, 360 f., 482–484, 495, 506, 549–551, 561
Liebe (höfische) 50 f., 86, 91, 319, 324, 369, 483
Literatur 74 f., 91, 102 f., 114–120, 226, 265, 301–369, 374, 394, 395–397, 475, 480 f., 505, 507, 519 f., 570, 583
Loggia 182, 232, 234, 238 f.
Lohn 222
Lust, sexuelle 549, 551
Luxusgesetze 290, 530, 532 f., 536

Macht, öffentliche 24, 26, 29, 70
Macht, private 23, 31–45
Magistrat 25, 26, 28, 289 f., 413, 467
Make-up 196, 288 f.
Mansus 27
Matrone 131, 147, 201, 216, 229, 239, 276, 332
Meditation 294, 340, 356, 450, 492, 578, 580
Medizin 213, 343, 348, 485, 552 f., 556, 558 f.
Memoiren siehe Erinnerungen
Metapher 95, 301, 319, 321, 327, 341 f., 343 f., 352, 354, 485 f., 503, 521
Mieter 175
Milieu (privates) 161–172, 256 f.
Mitgift 147 f., 152 f., 204, 254, 256, 280, 283, 290
Mode 290, 336, 535 f., 537, 539 f.
Möbel 183–186, 199, 382, 456
Mönch 39, 52, 54 f., 60, 297, 431, 450 f., 452, 478 f., 488, 490, 492 f., 495
Moral 136, 336, 464, 487–490, 536, 550, 552, 559

Mord 123, 255
Mortalität 218, 402 f.
Musik 313, 397, 438 f.
Mutterschaft 79 f., 209, 217
Mystik 224, 502, 582–584

Nachbarschaft 161 f., 166 f., 168, 232, 235 f., 240
Nachlaßverzeichnis 186, 189, 196, 215, 217, 234, 289, 434 f., 436, 460, 466, 531 f.
Nacktheit 195, 212, 301, 349 f., 351–354, 484, 488, 490, 529, 541–544, 564 f.
Narr 212
Neffen 43, 100, 104, 107, 110, 118 f., 230, 322–324
Nekropole 93, 110
Notar 42, 43, 183, 402, 510
Novizen 54, 62 f., 580

Obstgarten 74, 308, 408, 444
Öffentliche Meinung 274 f.
Öl 198
Öllampe 191 f.
Onkel 100, 107, 138, 230, 271, 322–324
Ordal siehe Gottesurteil
Orden (religiöse) 145, 294, 296, 431, 453 f., 479, 576

Päderastie 285
Palast 29, 30, 31, 235, 439
Palazzo 176, 178 f., 197
Papstpalast (Avignon) 439–444
Parasiten 556–558
Park 235 f., 407–410
Pater familias 20, 23, 78, 80, 92, 105, 203–207, 283, 290, 500
Patriarchen 173, 205 f., 224 f., 417
Patron (siehe auch Schutzherr) 33 f., 75 f., 89, 168
Perspektive 569
Pest, große 11, 12, 263, 545
Pfarrkirche 234, 421
Pilger 170, 547 f.
Pomp 85 f., 263
Popolo grasso 176 f., 286
Popolo medio 175 f., 226
Porträt 363 f., 476, 503, 509, 517 f., 518–522, 522 f., 525, 544
Prachtentfaltung 70, 85 f., 159, 180, 286–289, 460 f., 465–467, 535 f.
Predigt 294, 339, 493, 495, 550
Prestige 183, 387, 389 f., 408, 469
Privatheit 22, 26, 52, 62, 70, 93, 170, 189–194, 210, 230 f., 238, 252–256, 308, 317, 334, 394, 465–467, 480, 484, 488, 490, 495
Privatus 21, 22, 500
Prostitution 284, 489
Prunk 85 f., 466, 531
Psalmodieren 478, 492
Pubertät 257 f.
Publicus 20, 29

Putz 89, 288 f., 320 f., 336, 342 f., 396, 488 f., 531

Rache 42, 96, 109, 118 f., 145
Raum, öffentlicher 25, 70, 139, 232, 286 f., 410–415, 580
Raum, privater 22, 69, 70, 213 f., 216, 229, 294, 312–314, 330, 362, 473 f., 574
Rechnungsbücher 251, 260, 555
Recht 26 f., 28, 74, 97, 101, 102, 112, 117, 123, 136, 140 f., 151, 153 f., 204 f., 207, 222, 289–291, 327, 406, 411 f., 469
Refektorium 52, 56, 60, 67, 450, 452
Reichtum 135, 159, 234, 384, 389, 417, 443, 469, 476, 532 f.
Reisen 58, 86, 91 f., 131 f., 170, 207, 245 f., 317, 324, 547 f.
Reliquiar 492
Reliquien 110, 327, 579
Reliquienkasten 43, 318 f., 321
Res familiaris 23, 30
Res privata 20, 21, 24, 500
Res publica 20, 21, 22, 24, 25, 42, 500
Respekt 205, 207, 209, 267
Retrait lignager 121, 142, 153, 159
Revolution, feudale 24
Ring 138, 242, 283, 319, 369
Ringmauer (Stadt, Burg) 375, 410
Riten 34, 41, 56, 64, 74, 86, 93, 117, 132, 136, 138, 150, 169, 223, 237, 242, 244, 283, 286, 311, 317, 332, 349, 351 f., 353, 549, 577–581
Ritter 34, 39, 50, 76, 103, 113, 384, 475, 477, 480–484, 539
Ritterschlag 63, 82, 86, 244
Rivalität 86 f., 109, 118, 120, 154, 158, 169, 237, 289, 321, 328 f.
Roman 88 f., 91, 103, 360 f., 363, 395 f., 480 f., 516 f.
Roman, höfischer 116, 302, 322 f.
Rosenkranz 578 f.
Ruhe 309, 313

Saal 73, 74, 77, 84 f., 176 f., 197, 202 f., 234, 310 f., 312, 438 f., 465 f.
Säugamme 80, 217, 226, 253, 266, 269 f., 322, 332
Säugling 80, 217 f., 266
Sakramente 137, 492, 494
Scham 140, 349, 353 f., 547 f., 573
Schande 91, 485
Schenkung 39, 109, 138 f.
Scheune 424, 429 f., 436
Schlacht 81, 144 f.
Schlafsaal 60, 67, 70, 450, 452 f., 454, 459 f.
Schlafzimmer 70, 74, 176, 181, 183, 186–189, 197, 203, 211 f., 213, 214 f., 220, 224, 229, 274, 296 f., 393, 435, 436, 444, 461 f., 464, 465 f., 559
Schloß (Tür usw.) 189 f., 211, 213, 429
Schloß siehe Burg

Schlüssel 190, 211, 228, 229, 429, 475
Schmerz 261 f.
Schmuck 94, 301, 466, 532
Schönheit 309, 341 f., 344, 354, 490, 521, 556, 558 f., 561
Schrank 466
Schreiben 90, 247, 320, 450, 497 f., 500, 502 f., 505, 510 f.
Schutzherr, Schutzherrschaft 31, 32 f., 34 f., 38, 75
Schweigen 62 f., 209, 356, 362, 478 f., 484, 576
Schwitzbad 346, 448, 559 f., 561
Selbst 317–321, 358, 360
Selbstbildnis 507, 526–528, 529
Seneschall 83, 84, 317
Sexualität 90 f., 136, 212 f., 223, 265, 295, 319, 321, 325, 482, 488, 490, 549–551
Siegel 321
Sinne 259–264, 295 f., 309 f., 364, 566 f., 568–573
Sinnlichkeit 295, 309, 566 f.
Sippe 45, 95, 97–125, 146, 153, 154 f., 156, 158 f., 166, 173, 230 f., 254 f., 256
Sklaven 228–230, 284
Söhne 107, 108, 109, 118 f., 132, 222 f., 282 f., 286, 322
Sold 82
Solidarität 41, 105, 112, 121, 123, 148, 158, 166, 232, 234, 239, 245–256, 268, 385
Sorgen 208, 265, 267 f.
Sparsamkeit 475
Speck 85
Speisekammer 198
Spiegel 355, 368 f., 525, 526–528
Spiel 170 f., 202, 218 f., 236 f., 313, 438 f., 448, 469
Spielzeug 219
Stadt 29, 34, 42 f., 49 f., 161, 164 f., 174, 182 f., 212, 228 f., 234, 289–291, 374 f., 376, 390, 404, 410–415, 430 f., 467 f., 475, 529 f., 532 f., 546
Stadthaus 190, 192, 430–439
Stall 73, 418, 424, 429 f., 436
Sterben 240, 262 f., 553–556
Stolz 250, 480, 523 f., 528
Strafe 28, 42, 66 f., 68, 104, 205, 207, 290 f., 485
Studio 182 f., 214
Studiolo 455, 500, 511, 574
Subjekt 358, 498–502, 508
Sünde 64, 94, 295, 354, 476 f., 485–487, 488, 494 f., 504
Symbol 32, 34, 49, 70, 77, 138, 141 f., 146, 230 f., 301 f., 304, 307–316, 319, 322, 346, 354, 408, 485 f., 519, 521, 526 f., 537, 540, 542, 566 f., 568–571, 574 f.

Tabu 28, 91, 140 f., 143, 292, 308, 319 f., 542
Tagebuchschreiber 173, 250–253, 260, 283, 502, 508 f., 573 f.

Tanz 236
Tapeten 196
Tapferkeit 482
Tapisserie 196, 288, 382, 436, 462, 466
Taufe 241, 286
Taufpate 167 f., 241, 252
Testament 81, 93, 226 f., 260 f., 403, 553 f.
Thron 30
Tisch 201, 438
Tod 64 f., 93 f., 149, 260, 263, 268, 356, 361, 369, 553–555, 573
Töchter 91, 109 f., 110, 132, 204, 221 f., 272, 275 f., 279 f., 282 f., 335, 550
Toilette 195, 201, 216, 343, 558
Tor, Tür 190, 210 f., 213, 276, 280, 304 f., 426, 433
Toten, die 83, 93 f., 110, 231, 291
Totenklage, rituelle 269
Tracht (siehe auch Kleidung) 195, 530 f., 532, 540 f.
Tradition 214, 251, 286 f., 507, 519, 523, 577
Tränen 94, 267–269, 504
Trauer 264, 345, 573
Traum 49 f., 215, 276, 302, 307, 330, 355, 364–368, 584
Treuga Dei 40
Trouvère (Troubadour) 118, 151, 302, 356 f., 385
Truhe 185, 186–188, 211, 213, 320 f., 450, 458, 466, 475
Turm 69, 70, 190, 232, 307 f., 373, 374–379, 389, 391 f., 441–443, 444
Turnier 81, 132, 147 f., 238, 348, 473

Unfruchtbarkeit 208
Universität 271, 450, 464, 467, 476
Unzucht 464, 482
Urkunden 37, 100 f., 103

Vasallität 95, 120, 122, 129, 151, 156 f., 473
Vatermord 322
Verbrechen 41, 42, 103, 113, 315 f.
Verführung 230, 238, 278, 280, 308, 342 f., 345, 489 f.
Vergewaltigung 91, 321, 482
Verlassenheit 361
Verlobung 135 f., 138, 283, 286
Vermählung 136, 138, 143, 203, 283
Vermögen, Vermögensdeklaration 72, 290
Verschwörung 104 f., 144
Versuchung 276–278, 293, 294 f., 484, 487
Vertrag 133, 138, 223, 227, 327 f., 402
Vertrauen 23, 31, 229, 231
Vervollkommnung 52, 236, 321, 339 f., 476, 478, 481, 484, 490, 501 f.
Verwaltung, öffentliche 248, 290, 546 f.
Verwandtschaft, Verwandtschaftsverhältnisse 31, 45, 95–125, 156, 158 f., 167, 241 f., 243, 252, 400 f.
Viehzucht (-haltung) 388, 416, 418–421, 424 f., 429
Villa 52, 234 f.
Virilität (Männlichkeit) 342, 354, 473
Visionen 50, 364, 582–584, 584 f.
Vita contemplativa 297, 339 f.
Vorfahren 123 f., 141, 166, 231, 245, 250 f.
Vornamen 107 f., 231, 359
Vorzimmer 183, 215, 444, 466

Waffen 21, 28, 33, 318, 375, 473
Wahnsinn 230, 349–351, 368, 474, 483, 542
Waise 154–157, 165, 230, 253
Wald 304, 305 f., 331, 350 f., 367, 408 f., 474, 478, 480 f., 482, 484, 584 f.
Wappen 231, 437, 519, 537 f.
Waschungen 64, 201, 487 f., 558 f.
Wasser 85, 200, 346, 348, 487 f., 559 f., 566 f.
Weiblichkeit 477, 558 f.
Weinbau 416
Weizen 198, 421
Weltflucht 297, 574–577
Werkstatt 432 f., 523 f.
Wiederfinden 267, 287
Wiederverheiratung 287
Wiege 217 f.
Wildheit, Wildnis 306 f., 326 f., 349 f., 474, 478 f., 480 f., 483, 529
Wirtschaft, wirtschaften 533 f.
Wissenschaften, okkulte 332
Witwen 62, 154–157, 225, 253
Wochenbett 215, 241
Wohnen, Wohnformen, Wohnung 65 f., 70, 74, 95 f., 105, 114, 120, 173–200, 210 f., 254 f., 318, 374–382, 386 f., 388 f., 390–397, 424 f., 426 f., 428 f., 446 f., 449–455, 469, 485

Zärtlichkeit 211, 264, 266, 322
Zeit, innere 309 f., 329 f., 355 f., 358–361, 478, 504, 576
Zisterne 201
Zisterzienser 452 f., 478 f., 481, 493, 579
Zölibat 219 f., 286
Zünfte 168, 432
Zuneigung 122, 226 f., 230, 265, 266 f., 323, 334, 542 f.
Zusammenhalt 101, 141, 230–245, 311 f., 339
Zweikampf 87, 103, 115, 151, 325, 475 f.
Zwillinge 317, 325–329, 351

Namenregister

Aachen (Kaiserpfalz) 29, 30, 375
Abälard 477, 495, 504
Acciaiuoli 239
Adele von Flandern 91 f.
Aélis 314, 339, 344
Alberti, L. B. 162, 165, 166, 167, 173, 186, 195, 196, 201, 202, 205, 206 f., 210 f., 214, 222, 224 f., 226, 230, 234 f., 239 f., 250, 265, 266, 270, 276, 282, 294, 512, 525, 527
Alet 436
Alexander 348
Amadas 350 f., 352
Amadi, Amado di 551
Amboise (Sires von) 87
Amboise, Corba von 92
Amboise, Jacques d' 445
Amman, Jost 530 f.
Andone 388
Andreas Capellanus 484
Andrea del Sarto 542
Androuet du Cerceau 446
Angers 72, 395
Angers (Château) 446, 449, 457
Anjou 100, 406
Anna von der Bretagne 540, 573
Antinori (Palazzo) 180
Antonello da Messina 525
Antonino 276, 285, 293, 295, 340, 537
Antonio (florentinischer Lederhändler) 184
Antonius (Hl.) 292, 294, 550, 552
Ardres 72, 74, 392
Ardres (Burg) 80
Ardres (Herr von) 72, 82, 87, 114
Argenton 423
Ariège 426, 570
Arles 414, 546
Arnecke 509
Artus (König) 116, 118, 119, 302, 304, 311, 312, 314 f., 320, 323, 348, 352, 355, 397, 537
Aubert, Hugues 457
Aucassin 341, 362
Aude (Braut des Roland) 138, 311
Augsburg 512, 517, 524, 534, 552, 573
Augustinus 502, 504, 574
Auxerre 490
Avignon 414, 440
Avignon (Papstpalast) 439–444, 446
Axat 403
Aymeri de Narbonne 117, 118, 133 f., 156
Azario, Petro 559
Azzo (Jurist) 204

Baden 563
Baldung Grien 559

Bamberger Reiter 518 f.
Bar-le-Duc 399
Barbarigo, Giovanni 512
Barbaro, E. 205, 208
Barbaro, F. 166, 270, 272
Barberino, Francesco di 221, 227, 236, 270, 276, 293
Barna Ciuriani, Valorino di 263
Bartolo de Castelfiorentino 211
Bayern 538
Beatis, Antonio de 409, 413, 448, 453, 456, 459, 464
Beatrice 504
Beatrix 325
Beaufort, Edmond 448
Beaulieu, Geoffroi de 451
Beaumanoir, Philippe de 121, 141, 153
Belforti 256
Bellême, Mabille de 112, 154
Bellême (Herren von) 108, 112
Bellini, Giovanni 580
Ben Yacub, Ibrahim 561
Bene, Giovanni del 242
Benedikt (Hl.) 21, 39, 52, 55, 453, 478
Benedikt von Nursia 478
Benedikt XII. 426, 440 f., 442 f.
Benedikt XIII. 441
Benincasa, Bonaventura 237
Benincasa, Caterina siehe Katharina von Siena
Benoist, Etienne 513 f.
Berlichingen, Götz von 509
Bernhard (Hl.) 477, 478, 480
Bernhard von Clairvaux 50
Bernhardin von Siena 166, 208, 212, 274, 285, 292, 294, 297
Béroul 305, 320
Bertulf 103, 104, 105, 132 f., 392
Berzé (Dekanat) 56
Bezzola, R. 323
Blanchandin 354
Blanca von Champagne 148, 157
Blanca von Frankreich 148, 157
Blanchefleur 395 f.
Blesot, Guillaume 430
Bloch, Marc 95–97, 98, 101, 122, 125, 126, 128, 154, 158
Blois (Château) 448
Blois-Champagne 99
Boccaccio 167, 209, 210, 212, 214, 224, 238, 266, 267, 268, 273, 276, 277, 286, 504, 507
Bodel, Jean 357
Böhmen 561
Boileau, Etienne 399
Bologna 162, 163, 172, 173, 174, 190, 191, 200, 204, 230, 243, 284, 286, 289, 290, 532 f.
Bombeni 178
Bonaventura (Hl.) 340, 580
Bonifatius (Hl.) 49
Bonnassie, Pierre 395
Borsiard 104, 105
Botticelli 526
Boüard, Michel de 71, 376
Bourbon, Stefan von 90
Bourbon-l'Archambault 346, 561
Bourdichon, Jean 460
Bourges 431, 437, 444, 490
Bournazel, Éric 129
Bourré, Jean 467
Brancacci (Kapelle) 512
Brandes 532, 545
Brangäne 316
Braunschweig 500
Bretagne 404, 406 f., 419 f.
Briçonnet (Kardinal) 436, 573
Breisach, Adele von 583
Bristol 467
Brügge 26, 72, 93, 103, 104, 130, 375, 376, 392, 558
Bruni, Leonardo 272, 297
Bruno (Hl.) 450, 479
Bucaille, R. 545
Bueil, Jean de 539
Burchard von Worms 488
Burellin Guillaume 435
Bürger von Paris 508
Burgund 69, 70, 389, 405, 425
Butzbach, Johannes 517

Caen (Burg) 71, 72
Calvisson 435
Cambrai 124, 404
Campano 572
Cappelli 178
Capponi, Cappone 164, 172 f., 180, 255, 266
Caramanly 403
Carcassonne 384
Cardonnel, Me Pierre 462
Carmine 196
Carpaccio, Vittore 188, 194, 525, 526, 538, 574
Carpentras 403
Carrara, Francesco da 507
Castelfiorentino 170
Castelpers 395 f.
Castiglione, Baldassare 536 f.
Cellini, Benvenuto 509 f.
Cerchi, Umiliana dei 583
Chaldenbergen, Heinrich von den 553
Chambéry 404
Champmol (Kartause) 450
Charles d'Orléans 355, 358, 360, 539, 576
Chartier, Alain 358, 367, 465 f., 467
Chartres 476
Chastel, André 436
Chastellain, Georges 359
Chastellain, Pierre 360
Château-Gaillard 384
Chaucer 342, 344 f., 454
Choiseul 402
Chrétien de Troyes 115, 118, 151, 304, 317, 318, 320, 321, 341 f., 360, 363
Christine de Pisan 339, 358, 359, 409, 453, 459
Cîteaux 478
Clemens V. 439, 442
Clemens VI. 440, 442, 443 f.
Clemens VII. 510
Cluniazenser 453, 479 f.
Cluny (Abt von) 55, 56
Cluny (Äbtehaus) 445
Cluny (Abtei) 23, 37, 56, 59, 60, 62, 64, 65, 69, 76, 80, 478, 479 f., 483 f., 488, 495, 566
Cluny (Ortschaft) 41
Coeur, Jacques 437, 444, 457, 460, 462 f., 465
Colardelle, Michel 388
Colletière 388
Commynes, Philippe de 423, 464, 508 f.
Compiègne 376, 394
Conches 460
Condé, Baudouin de 352
Conques 50, 378
Conrad, Joseph 146
Conversini, Giovanni 507, 573
Coquillart, Guillaume 456
Corbie 55
Corrozet, Gilles 456, 466
Cosne (Bergwerk) 460, 462
Cotrugli, Benedetto 574
Coucy 131, 384, 387
Coucy, Enguerran (Herr von) 98, 145, 146
Coucy, Raoul I. (Herr von) 147, 148
Coucy, Thomas de Marle (Herr von) 156
Cour-Marigny 392
Cranach d. Ä., Lucas 544, 566
Crépy, Simon de 130, 131
Crest 434
Cuspinian 521

Da Uzzano 178
Dainville 454
Dalarun, Jacques 145
Dante 196, 224, 285, 504, 534, 574
Dati, Goro 512, 572
Dati, Gregorio 262, 283
Datini, Francesco 225, 574
Datini, Margherita 227, 284
Davanzati (Palazzo) 178, 180, 183, 197
Davanzi 178
Dei, Bartolomeo 248, 249
Della Rovere, Francesco Maria 526
Della Scala, Cangrande 517
Demangeon, Albert 416
Deschamps, Eustache 360, 456, 466
Diesbach, Ludwig von 573
Dollfuss, Jean 416
Dominici, Giovanni 201, 205, 207, 209, 218 f., 275, 282, 294, 295 f.
Dominikus (Hl.) 454
Donne, John 526
Doué-la-Fontaine 376, 381

Dracy 405, 425, 532
Dubuisson-Aubenay 418 f.
Dudo von Saint-Quentin 21, 51
Dumézil, Georges 529
Dupin, Jean 441, 551
Dürer, Albrecht 517, 524, 525, 527 f., 535, 542 f., 544, 547, 555, 571, 574, 579

Ebendorfer, Thomas 521 f.
Ebner, Christina 583
Ebner, Margaretha 571, 582–584
Échauffour, Érnaud d' 111, 129, 154
Eckhart, Meister 575
Ehingen, Georg von 538
Elbeuf 448
England 376, 379, 421, 424 f., 429, 452
Énide 305, 312, 315, 337
Érec 305, 306, 309, 312, 313, 314 f., 337
Erembaud 99, 103–106
Euriaut 329, 349
Ewelme 454

Faber, Felix 547 f., 556 f., 559, 571, 572
Fail, Noël du 427
Fastoul, Baude 357
Fécamp 30
Ferrara 164, 172
Fiamma, G. 277
Fiesole 201, 280
Flamenca 342, 346 f., 356, 364
Flandern 100, 406, 464
Flandern (Graf von) 93
Florenz 161–297, 400, 403, 500, 510, 512 f., 515, 530, 534, 556, 558, 573
Fontains 423 f.
Fontevraud (Orden von) 145
Fossier, Robert 417 f., 492
Fouquet 573
Fournier, Jacques (siehe auch Benedikt XII.) 13, 426, 551
Foy (Hl.) 39
Fra Angelico 187 f.
Franziskus (Hl.) 202, 492, 529
Frescobaldi (Palazzo) 176
Friedrich III. 520
Friedrich von Sachsen (Herzog) 521
Froissart 362, 508, 570
Fugger 517, 539
Fulko (Graf von Anjou) 143, 146
Fulko Nerra 376

Gahériet 119
Gaillon (Château) 409, 446
Galahad 315
Galbert von Brügge 26, 102, 103, 104, 105, 120, 375, 491
Gallet, J. 402 f.
Ganelon 114, 115, 365
Gaston Phébus 570
Gawain 98, 119, 306, 312, 315, 323, 324, 352, 365, 394
Gello 205
Gent 386, 395, 542, 547
Gent (Grafenstein) 381, 386, 390, 395 f.
Genua 42, 174, 181, 191, 196, 227, 228, 229, 230, 232 f., 235, 239, 278 f., 284, 286, 290
Geoffroi, Martel 382
Georg der Ungar (Ritter) 587
Gerson (Kanzler) 464, 580
Ghirlandaio, Domenico 289, 525, 574
Gilles le Bouvier 465
Ginori 180, 255
Ginori, Gino 205 f.
Giordano von Pisa 284
Giorgione 526
Giotto 187, 264
Giovanni da Milano 187
Giroie 99, 103, 106–114, 117, 129
Giustinian, Lionardo 278
Giustiniano, Marino 433
Godeleva (Hl.) 90, 130, 132 f., 147, 475
Goldthwaite, Richard 180
Gondi (Palazzo) 180
Gottfried von Straßburg 323
Grandmesnil, Guillaume 123
Grandmesnil, Robert de 111
Grimbosq 378
Grisward, Joël 344
Groß, Heinrich 558
Grünbeck, Johannes 520
Guénée, Bernard 141
Guenièvre 103, 113, 151, 312, 314, 315, 316, 394
Guibert de Nogent 62, 90, 102, 124, 145, 149, 154 f., 157, 477, 495, 548
Guibourc (Dame von) 138, 156
Guicciardini, Piero 266, 499, 509
Guigemar 319
Guillaume 307, 308, 311, 318, 330, 339, 364
Guillaume de Machaut 319, 358, 364
Guillaume de Nevers 366 f.
Guillaume d'Orange 323
Guilliadon 313
Guînes (Château) 387
Guînes (Grafen von) 72, 488
Guînes (Gräfin von) 140
Guînes, Balduin II. (Graf von) 80, 152

Hainaut 82, 84, 85
Hainaut (Graf Balduin IV. von) 147, 148
Hainaut (Balduin V. von) 83, 93
Hainaut (Hof) 82
Haket, Didier 105
Harold 131
Harrison, William 424 f.
Hasenohr, Geneviève 339 f.
Hastings 131
Heinrich I. Beauclerc (König von England) 143, 144
Heinrich VII. 519 f.
Hektor 306, 365
Helbling, Siegfried 561
Helaine von Konstantinopel 331, 363
Helgaud (Mönch) 482
Helgon 108
Hélinant de Froidmont 341, 356
Héliot, Pierre 379 f., 395
Héritier, Françoise 128
Herlihy, David 162
Hermanjart 133 f., 156
Hermann von Tournai 130
Hieronymus (Hl.) 524, 527, 574
Hildegunde (Hl.) 477
Hildesheim 509
Ho, Robert de 303
Holbein 542
Houdenc, Raoul de 303
Hugo (Hl.) 55
Hugo Capet 482
Hugo II. (Abt) 495
Hugo von Auxerre (Bischof) 382 f., 384
Hutten, Ulrich von 501 f.

Isabella von Bayern 570
Isolde 151, 307, 316, 320, 363, 474, 483 f., 488

Jean de Meung 345
Jean de Paris 302
Jean le Chartreux 340
Johannes von Thérouange (Bischof) 70
Johannes XXII. 440
Johannes XXIII. 444, 563
Joinville 95, 358, 394
Jouvenel, Jacques 411

Karl der Große 27, 29, 114, 115, 116, 117, 138, 375
Karl der Gute 26, 72, 103, 104, 376, 491
Karl der Kühne 14, 559
Karl IV. 443, 519, 521, 571, 584 f.
Karl V. 438 f., 555
Karl VI. 409, 438 f., 537, 542
Karl VII. 411, 437, 520, 540
Karl VIII 436, 537, 540, 573
Katharina von Burgund 461
Katharina von Siena 202, 220 f., 222 f., 235 f., 275, 280, 292, 294, 584
Kazmeier, Jörg 509
Keu 314
Kaysersberg, Geiler von 552, 556
Klapisch, Christiane 162
Köln 348, 475, 534, 536, 566, 574, 578 f.
Krel, Oswolt 525

La Halle, Adam de 344, 357
La Marche, Olivier de 359
La Roche-Guyon, Gui de 145
La Sale, Antoine de 539
La Tour Landry (Chevalier de) 333, 335, 336, 337, 339, 342, 368, 536
La Trémoille, Georges de 436, 465
Lambert (Kaplan) 152
Lambert de Wattrelos 124
Lancelot 103, 118, 119, 305, 307, 312, 313, 314, 315, 316, 320, 348, 362, 365, 396, 540

Landino, Cristoforo 271, 297
Landulf der Alte 32
Lanfredini, Orsino 254, 260, 262
Langeais 376
Langmann, Adele 583
Lanval 348
Laon 41, 128, 149, 153, 376, 435
Laudine 344, 345
Le Roy Ladurie, Emmanuel 11, 13, 545, 579
Legendre, Pierre 436, 445, 463
Lemarignier, J.-F. 24
Lévi-Strauss, Claude 126
Libourne 412
Lichtenstein, Ulrich von 560
Lille 84
Limoges 32, 513
Loches 434
Lodi 173, 182, 190, 193
Loire-Tal 113, 376
London 377, 467
Lorenzetti 190, 191, 193, 196
Lorenzi, Lorenzo 271
Lorenzo der Prächtige 537
Lorren, Claude 389
Lothringen 40, 405, 423
Louvres, Jean de 440, 442
Löwen 580
Lucca 162, 163, 176, 541
Lucrezia 215
Ludwig der Bayer (Kaiser) 519 f., 549
Ludwig der Fromme (Kaiser) 30, 52
Ludwig IV. der Überseeische 376
Ludwig IX. (der Heilige) 117, 123, 157, 394, 451, 459, 519
Ludwig VI. 104, 135, 146, 156
Ludwig VIII. 157
Ludwig X. der Zänker 546
Ludwig XI. 409, 436
Ludwig XII. 409, 436
Lukas (Evangelist) 523
Lunete 344
Lyon 404, 437, 536
Lyon (Marktrechte) 413

Madic (Château) 462 f., 464
Maignelay, Tristan de 423 f.
Mailand 32, 248, 270, 276, 454
Mainz 502
Mâle, Émile 391
Mallorca 32, 35
Mantegna, Andrea 527, 542
Marco Datini, Francesco di 165, 208 f.
Marco, Giovanni di 243
Margarete von Burgund 539
Margarete von Holland 549
Margarete von Österreich 555 f.
Margherita di Cortona 215, 253 f.
Marie de France 304, 313, 319, 321, 324, 348
Marke (König) 302, 305 f., 316, 320, 323
Marmoutier, Jean de (Johannes von) 82, 114
Martini, Simone 187, 191, 217, 505
Masaccio 191, 196
Maule, Anseau de 147, 149
Mauvoisin, Gui de 95
Maximilian (Kaiser) 503, 521, 553
Mazzei, Lapo 202
Mazzi, M. A. 191
Mechelen 413
Mechthilde von Magdeburg 575
Medici (Palazzo) 180, 183
Medici, Cosimo de' 167, 168, 245
Medici, Giuliano de' 556
Medici, Lorenzo de' 215, 270
Medici, Nannina de' 286
Medingen 583
Megenberg, Konrad von 552
Méléagant 344
Melusine 307, 319, 320, 345, 367
Memling, Hans 525, 526
Ménitré 458
Merlin 365
Metlinger, Bartholomeus 552
Mez, Guillebert de 437 f.
Michault Taillevent 436
Michelangelo 550, 566
Mir, Arnal 72
Modena 243
Molin, Jean-Baptiste 132, 136
Molinet, Jean 359
Mombaer, J. 502, 575
Mömpelgard (Montbéliard) 404, 433
Monceau, Arnoul de 152 f.
Mondeville, Henri de 343, 485 f., 489 f., 546
Monfrin, J. 358
Mons 83, 84, 85
Monstrelet, Enguerran de 359
Montaillou 12, 51, 427 f., 429, 482 f., 492 f., 545, 551, 556, 577, 587
Montbéliard siehe Mömpelgard
Monte Oliveto (Kloster) 210
Montepulciano, Agnes von 170, 221, 583
Montfort, Bertrada von 146
Montserrat (Abtei) 307
Mont Ventoux 504, 574
Mordred 119, 323 f.
Morelli 222, 253
Morelli, Giovanni 167, 231, 250, 251 f., 258, 262, 266, 270, 514 f., 573
Morgane 320
Mostardi, Piero 234
Mozzi (Palazzo) 176
Muffel, Nicolaus 512
München 509
Murner, Thomas 566 f.
Mussato, Albertino 519 f.
Musset, Lucien 106
Musso, G. 193
Mutembé, Protais 132, 136

Nancy 432
Nansay, Sone de 346
Neapel 181, 215, 235, 240, 249, 270, 284
Niccolini 167
Niccolini, Lapo 167
Nicolette 362
Normandie 21, 99, 109, 113, 376, 399, 430, 436, 448, 460
Notre-Dame de Cléry 467
Noyers 382, 384, 387
Noyon 394
Nürnberg 499, 512, 528, 534, 538, 546 f., 553, 559

Oda (Hl.) 131
Ogrin 306, 307, 320, 484
Orléans 467
Orson 322, 327, 328, 349, 351

Padua 238, 264
Palagio, Guido del 266
Palermo 277 f.
Palmieri, Matteo 166, 205, 224, 270, 272, 292 f.
Paolino (Fra) 161 f., 205, 211, 276, 295
Paolo da Certaldo 190, 198, 221, 224, 226, 275
Parenti, Marco 268, 288
Paris 375 f., 394, 404, 411, 413 f., 433, 435, 436, 437, 439, 445, 451, 454, 459, 460, 463, 467, 488, 490, 547, 558, 570
Parma 290
Patrizi, Agostino 561
Pecorone 215, 277
Pellikan, Konrad 540
Perceval 115, 306, 355, 363, 395 f.
Perret, Michèle 344, 358
Perugia 290
Perugino 584
Peruzzi 235, 253, 533
Peruzzi (Palazzo) 176
Peruzzi, Simone 533
Pesez, Jean-Marie 72, 387, 416, 426
Petrarca 504–507, 536, 556, 571, 574, 577
Petrus Venerabilis (Abt) 23, 480
Philipp August 13, 116, 157, 445, 451
Philipp der Kühne 450
Philipp der Schöne 546
Philipp I. 130, 146
Piacenza 193, 200
Pica, Mona 280
Picardie 42, 464
Piccolomini, Enea Silvio 507
Piero della Francesca 523
Piero di Giovanni 248
Pinabel 115
Piponnier, Françoise 72, 387, 532, 545
Pirckheimer, Willibald 499 f., 501, 528
Pisa 32, 176, 191, 232, 284
Pisa (Fürsterzbischof von) 32 f.
Pisanello 535, 542
Pitti, Bonaccorso 515 f.
Pitti (Palazzo) 180
Pius II. 507 f.

Platina 167, 245
Plessis-Bourré 467
Poggio 297, 507, 520, 536, 563–566
Poisson, Pierre 440
Poissy (Dominikanerinnenpriorei) 453, 457, 460
Pole, William de La 454
Poliziano, Angelo 271
Poly, Jean-Pierre 129
Pontano, Giovanni 273
Pontassieve 170
Poppi (Burg) 196
Porner, Hans 500
Porrentruy 404
Pouchelle, Marie-Christine 343, 485, 546
Prato 165, 172, 198, 224, 279, 280, 574
Primaticcio 566

Quarton, Enguerrand 542
Quierzy, Gérard de 145

Raimondin 307, 320, 367
Raphael 584
Ravenna 201, 244, 507, 573
Rebdorf, Heinrich 520
Regensburg 561, 572
Rehlinger, Konrad 524
Reims 400, 403, 404, 414, 432, 436
Rem, Lucas 512, 534, 573
René d'Anjou 446
René (König) 457, 458, 465
Rhuddlan, Robert de 111
Richard Löwenherz 384
Richard von der Normandie (Herzog) 30
Ritter, Raymond 381
Rizzo 542
Robert Curtehose 112
Robert das Kind 105
Robert de Blois 303, 317, 334, 343, 345
Robert de Molesmes 478
Robert der Fromme 482
Robert von Uzès 584
Robert le Frison 21, 22
Roland 114, 138, 311, 323, 360
Rolin (Kanzler) 523
Rosso, Jacopo di 176 f.
Roucy, Hilduin de 130
Rouen (Château) 376, 464
Rouen 400, 433, 434, 436, 437, 457
Rougiers 532
Roux, S. 547
Roye, Jean de 466
Rubercy 388 f.
Rucellai 164, 180, 225, 226, 231 f., 250, 255, 266, 286, 288, 512
Ruffach 540
Rugney 423
Rutebeuf 303, 357, 359

Sacchetti 170, 207, 211, 212, 215, 224, 238 f., 240, 253, 291
Sacchetti, Forese 248 f.
Sachsen 538, 561
Sachsen, Ludolf von 574
Saint-Bertin (Kloster) 21
Saint-Cénery (Robert I. de) 111
Saint-Évroul (Abtei) 108, 109, 110, 112
Saint-Flour 411 f.
Saint-Lazare (Autun) 476
Saint-Louis de Poissy (Priorei) 409
Saint-Pathus, Wilhelm von 123
Saint-Pathus, Guillaume de 394
Saint-Victor (Kloster in Marseille) 452
Salimbene, Adam von 504
Salutati, Coluccio 297
San Colombano 173
San Gimignano 162, 191, 227
San Marco 188
Santa Croce 187
Santa Maria del Fiore 283
Santa Maria Novella 289, 512
Sant'Eustorgia (Mailand) 454
Sassetti, Francesco 525, 536
Saumur 446, 467
Schedel, Hartmann 553
Schönau, Elisabeth von 480
Schwarz, Matthäus 517, 540 f.
Schwarzwald 561
Scrovegni (Kapelle) 187, 264
Sega, Lippo del 224 f., 284
Senlis 405, 435 f., 460
Sercambi 529, 541, 545
Sette, Guido 556
Siena 162, 174, 176, 190, 191, 193, 200, 206, 232, 234, 236, 237, 239, 243, 244, 247, 252, 275, 279, 285, 290, 294, 538
Simon (Hl.) 477
Sorel, Agnes 558 f.
Spinelli 533
Spini (Palazzo) 176
Spini, Geri 167
Spinola 234
St. Gallen (Abtei) 21, 27, 30, 52, 55, 566
Strigel, Bernhard 524
Strozzi 178, 240, 268, 533
Strozzi (Palazzo) 180
Strozzi, Alessandra 191, 229, 239, 240, 246, 247, 249, 257, 261, 265, 267, 282 f., 294
Suger (Abt von Saint-Denis) 136, 144, 145

Tornabuoni 289
Toskana 161–297, 403, 533
Toubert, Pierre 148
Toulouse 429, 454
Tournai 429, 432, 434
Tours 92, 404 f., 434
Treviso 238
Tristan 74, 316, 319, 323, 363, 474, 483 f., 488
Tristan de Nanteuil 349, 352
Troyes 72, 136, 393, 413
Tucher, Anton von 512, 534, 559
Tydorel 316, 322

Uccello, Paolo 523

Val d'Elsa 169, 210, 256
Valenciennes 25, 41, 42, 83
Valentin 327, 328
Valla 297
Van Eyck 525 f., 542
Van der Weyden, Rogier 12, 580
Vasari 231
Veggio, Maffeo 270, 272, 276, 292
Veitsdom (Prag) 519
Velluti, Bernardo 241, 251
Velluti, Donato 242, 255, 258 f., 500, 514
Vendôme 72, 382
Venedig 174, 188, 193, 194, 200, 215, 228, 229, 235, 238, 270, 284, 286, 290, 291, 444, 512, 527, 530, 542, 547, 553, 558
Verdiana (Hl.) 169, 170
Vergerio, Pier Paolo 507
Vergil 505
Verini, Michele 196, 202, 207, 240, 260, 261 f., 266 f., 271 f.
Verini, Ugolino 207, 266, 294
Verona 290, 517
Vettori, Piero 266
Vexin 436
Villani, Matteo 215, 508, 521
Villon, François 356 f., 360, 432, 465, 542
Villy-le-Moutier 72
Vincennes 394, 409
Vincennes (Château) 439
Vincennes (Wald) 439
Visconti, Barnabà 559
Visconti, Gian Galeazzo 572
Vitalis, Orderic 21, 102, 106, 108, 109, 110, 112, 113, 120, 131, 144, 146, 147, 385
Volpiano, Wilhelm von 479 f.

Wace 21
Weinsberg, Hans von 534
Weinsberg, Hermann von 454 f.
Weinsberg, Konrad von 574
Werner, Karl Ferdinand 108
Wharram Percy 421, 425
Wilhelm der Eroberer 112, 130, 131, 144, 147
Wilhelm von Sachsen (Herzog) 561
Wilhelm (Marschall von England) 81, 93 f.
Windesheim 574
Worcester 467

Ypern 403
Yvain 306, 345, 349, 350 f.

Zimmern, Anna von 554 f.
Zimmern (Graf von) 521, 540, 584 f.
Zürich 536, 563, 566

Geschichte des privaten Lebens

Herausgegeben
von Philippe Ariès
und Georges Duby

S. Fischer

Grundriß der deutschen Ausgabe

1. Band:
Vom Römischen Imperium
zum Byzantinischen Reich

Herausgegeben
von Paul Veyne

Einleitung von Paul Veyne
I. Paul Veyne, Das Römische Reich
II. Peter Brown, Spätantike
III. Yvon Thébert, Privates Leben und
Hausarchitektur in Nordafrika
IV. Michel Rouche, Abendländisches Frühmittelalter
V. Evelyne Patlagean, Byzanz im 10. und 11. Jahrhundert

2. Band:
Vom Feudalzeitalter zur Renaissance

Herausgegeben
von Georges Duby

Einleitung von Georges Duby
I. Georges Duby, Private Macht, öffentliche Macht
II. Georges Duby, Dominique Barthélemy, Charles de La Roncière, Porträts: *Französische Adelshaushalte im Feudalzeitalter; Gemeinschaftsleben; Verwandtschaftsverhältnisse und Großfamilie; Gesellschaftliche Eliten an der Schwelle zur Renaissance. Das Beispiel Toskana*
III. Danielle Régnier-Bohler, Fiktionen: *Die Erfindung des Selbst; Auskünfte der Literatur*
IV. Dominique Barthélemy, Philippe Contamine, Interieur und privates Gehäuse: *Domestizierte Festung – 11. bis 13. Jhdt., Bäuerlicher Herd und päpstlicher Palast – 14. und 15. Jhdt.*
V. Georges Duby, Philippe Braunstein, Der Auftritt des Individuums: *Situationen der Einsamkeit – 11. bis 13. Jhdt., Annäherungen an die Intimität – 14. und 15. Jhdt.*

3. Band:
Von der Renaissance zur Aufklärung

Herausgegeben
von Philippe Ariès
und Roger Chartier

Einleitung von Philippe Ariès
I. Yves Castan, François Lebrun, Roger Chartier, Figuren der Modernität
II. Jacques Revel, Orest Ranum, Jean-Louis Flandrin, Jacques Gélis, Madeleine Foisil, Jean Marie Goulemot, Formen der Privatisierung
III. Nicole Castan, Maurice Aymard, Alain Collomp, Daniel Fabre, Arlette Farge, Gesellschaft, Staat, Familie: *Bewegung und Spannung*
Epilog von Roger Chartier

4. Band:
Von der Revolution zum Großen Krieg

Herausgegeben
von Michelle Perrot

Einleitung von Michelle Perrot
I. Michelle Perrot, Lynn Hunt, Catherine Hall, Der Vorhang hebt sich: *Die Französische Revolution und das private Leben; Sweet Home*
II. Michelle Perrot, Anne Martin-Fugier, Die Akteure: *Die Familie triumphiert; Riten der Bürgerlichkeit*
III. Michelle Perrot, Roger-Henri Guerrand, Szenen und Orte: *Modelle des Verhaltens; Private Lebenswelten*
IV. Alain Corbin, Kulissen: *Das Geheimnis des Individuums; Intimität und Vergnügungen im Wandel; Krise und Geflüster*
Resümee von Michelle Perrot

5. Band:
Der Erste Weltkrieg und die Gegenwart

Herausgegeben
von Antoine Prost
und Gérard Vincent

Einleitung von Gérard Vincent
I. Antoine Prost, Grenzen und Zonen des Privaten
II. Gérard Vincent, Geheimnisse der Geschichte und Geschichte des Geheimen
III. Gérard Vincent, Perrine Simon-Nahum, Rémi Leveau, Dominique Schnapper, Die Vielstimmigkeit der Kultur
IV. Sophie Body-Gendrot, Kristina Orfali, Einverleibung oder Öffnung: die fremden Muster